P9-CML-560

HISTORIA DE LA LITERATURA ESPAÑOLA

TOMO III

JUAN LUIS ALBORG

HISTORIA
DE LA
LITERATURA ESPAÑOLA

SIGLO XVIII

EDITORIAL GREDOS

MADRID

© JUAN LUIS ALBORG, 1985.

EDITORIAL GREDOS, S. A.

Sánchez Pacheco, 81, Madrid. España.

PRIMERA EDICIÓN, diciembre de 1972.
1.ª reimpresión, febrero de 1975.
2.ª reimpresión, diciembre de 1978.
3.ª reimpresión, octubre de 1980.
4.ª reimpresión, marzo de 1983.
5.ª reimpresión, mayo de 1985.

Depósito Legal: M. 13384-1985.

ISBN 84-249-3130-0. Tela.

Impreso en España. Printed in Spain.
Gráficas Cóndor, S. A., Sánchez Pacheco, 81, Madrid, 1985. — 5858.

A Concha, mi mujer

NOTA PRELIMINAR

A pesar de que en el plan inicial de esta *Historia* su volumen III estaba destinado conjuntamente a los siglos XVIII y XIX, este que tiene en sus manos el lector abarca tan sólo el siglo XVIII. Es muy probable que la amplitud concedida ahora a este período parezca desproporcionada dentro del conjunto, pero creemos haber tenido razones válidas para semejante dilatación. Dos —entre otros muchos— han sido hasta hoy los más vulgares tópicos que pesan sobre este siglo: su escasa importancia, y lo poco que se sabe de él. Este último va siendo cada día más insostenible, pues aunque abundan aún los puntos poco o nada estudiados o mal dilucidados, la investigación sobre el XVIII es ya casi una moda, y los índices bibliográficos, acumulados en el último par de décadas, comienzan ya a ser abrumadores.

Mas si es bien cierto que el siglo XVIII va dejando de ser un desconocido para el estudioso especializado, continúa siéndolo para el lector común, a quien los nuevos resultados llegan con lentitud y dificultad. En consecuencia, dado el propósito divulgador que orienta de manera esencial la redacción de estos volúmenes, hemos creído que ningún otro período de nuestra historia literaria exigía ser presentado con semejante «aumento»; había que rechazar los apresurados resúmenes habituales y ofrecer un cuadro más minucioso, capaz de sujetar la curiosidad del lector y conducirla hacia un campo tan poco frecuentado. Por otra parte, la mencionada abundancia de estudios recientes, la novedad de muchos puntos de vista —inequívocamente revolucionarios en muchas ocasiones— exigen ancho espacio y hacen difíciles, o ineficaces, las síntesis que pueden ser tan útiles sobre temas o autores más conocidos.

Queda además el problema de la importancia. Todas las páginas que siguen se proponen combatir la vulgar y necia opinión, que viene haciendo del siglo XVIII un período sin interés entre dos épocas de oro. Como éste ha de ser un tema capital a lo largo de todo el volumen, no precisamos desarrollarlo en este instante. Ahora bien: es imposible persuadir del significado de un escritor o del alcance de un problema sin concederle atención holgada, sobre todo si hay que enfrentarse de camino con errores inveterados, ignorancias o equivocadas valoraciones. Ni por un solo instante hemos pensado, por ejemplo, que Torres Villarroel, a quien va dedicado un largo capítulo, posea mayor peso que Quevedo o que fray Luis; pero era imprescindible poner de relieve el alto interés de este prosista, habitualmente menospreciado, lo cual no es fácil sin hacerle recorrer al lector anchas parcelas de su obra. Contarnos ahora las páginas —en este caso como en otros— para hacer estadísticas y deducir por ellas nuestros criterios de valoración, sería poco justo. El siglo XVIII no puede ser descrito al mismo aire que otro período cualquiera; requiere otra andadura, más todavía que por su índole especial, por la peculiar actitud renuente que hemos de suponer en no pocos lectores. Por esto mismo era forzoso llevarlo a un volumen aparte, donde, como en su casa propia, se le atendiera con independencia y sin prisas, liberándolo de su tópica servidumbre como apéndice o rabadilla de otros siglos.

Deseamos agradecer a la «Editorial Gredos», y de muy especial manera a ese modelo de editores y amigos que es don Hipólito Escolar, su generosa comprensión al permitir modificar el primitivo plan de la obra, con el consiguiente aumento del esfuerzo y el retraso inevitable en su terminación. Queremos también dar las gracias, como en ocasiones anteriores, a don Segundo Álvarez, que ha dirigido la confección de este volumen y preparado el índice.

Pur due University, diciembre de 1972.

CAPÍTULO PRIMERO

INTRODUCCIÓN

En una conferencia sobre el siglo XVIII, leída hace ya más de cincuenta años[1], afirmaba Américo Castro que el Siglo de la Ilustración, al que se suponía que no estudiaba nadie, no estaba peor conocido que el XV o incluso el XVI, y subrayaba que quienes lamentaban la escasez de noticias sobre el siglo de Feijoo, no advertían la ausencia de un solo libro legible sobre Cervantes. Desde aquella fecha, la investigación sobre los Siglos de Oro o la Edad Media ha efectuado enormes progresos, pero tampoco ha sido pequeña la atención dedicada al siglo XVIII, y hasta casi podría sostenerse que, sobre todo en las dos últimas décadas, proporcionalmente al menos es ésta mayor. Aunque queden, no obstante, y quedarán por largo tiempo, numerosos problemas que investigar y resolver —algunos básicos, y aun quizá elementales— es ya ridículo seguir hablando del Siglo de la Ilustración como de «ese desconocido».

En cambio, continúa siendo difícil absolver a esta centuria de muchos de los sambenitos con que ha sido infamada. Al XVIII le cabe, para empezar, la mala suerte de su emplazamiento cronológico, de haber venido a continuación de los Siglos de Oro, y lo que todavía es peor: de haberse tenido que alzar sobre el vacío de la desoladora decadencia[2], que se abre

---

[1] «Algunos aspectos del siglo XVIII», en *Lengua, enseñanza y literatura*, Madrid, 1924, págs. 281-334.

[2] Los esfuerzos para negar esta decadencia, que cubre más de un tercio del siglo XVII, con el propósito de restar importancia a la empresa reformadora del Setecientos, tienen un ejemplo ilustre en *La ciencia española* de Menéndez y Pelayo. Estudios muy recientes han puesto de relieve los intentos de renovación y reforma que tuvieron lugar en las últimas décadas del Seiscientos y las primeras del Siglo Ilustrado antes de la obra de Feijoo con la que se supone comúnmente iniciado el nuevo espíritu. Antonio Mestre, en dos documentadas monografías sobre la obra y el pensamiento de Mayáns —*Ilustración y reforma de la Iglesia. Pensamiento político-religioso de don Gregorio Mayáns y Siscar (1699-1781)*, Valencia, 1968; *Historia, fueros y actitudes políticas. Mayáns y la historiografía del XVIII*, Valencia, 1970—, ha exami-

con el último Austria. Por su especial carácter, que luego veremos, el XVIII desatendió particularmente los géneros en que la Época Áurea había sobresalido: novela, teatro y lírica. Colocados detrás de los gigantes del Renacimiento y del Barroco, los novelistas, dramaturgos y líricos del Setecientos son casi raquíticos, y la inevitable comparación —cómoda y fácil, por lo demás— los reduce a la nada. Pero el parangón es reversible y podría alumbrar sorpresas; porque si atendemos a los géneros de contenido ideológico, el Siglo Barroco es casi un vacío en el dominio del pensamiento filosófico, teológico, político y social, de la crítica y erudición literaria, de la investigación histórica, del quehacer científico en cualquiera de sus ramas. Bajo el criterio de estos géneros, que no parecen despreciables, el siglo XVII representa el mismo fracaso que se atribuye al XVIII en orden a sus novelistas y dramaturgos. Podría, pues, preguntarse, imitando los cargos que se le hacen al Siglo de la Ilustración, sólo que a la inversa, qué filósofo, qué pensador político, qué sociólogo o científico de proyección universal alumbró nuestro Barroco. El prestigio y la popularidad de los géneros de creación son propicios al mito. Sería, por tanto, necesaria una cierta audacia, un olvido —aunque fuera momentáneo— de los grandes tabús, para preguntarse —¿y quién se atrevería a intentarlo?— qué es lo que está más vivo en nuestros días, los dramas de honor o el pensamiento de Jovellanos, las sátiras de Quevedo a sastres y cornudos o la gigantesca tarea depuradora de Feijoo, las *Empresas* de Saavedra Fajardo o las *Cartas Económico-Políticas* de León de Arroyal.

El siglo XVIII, como es bien sabido, es la gran época de la controversia intelectual, de la revisión del complejo de ideas y valores sobre los que hasta entonces se había basado la cultura de Europa; entre finales del XVII y las primeras décadas del XVIII se produce esa revolución del pensamiento de Occidente que Hazard ha definido, con fórmula feliz, de «crisis de la conciencia europea». Todo ese conjunto de normas y conceptos, que de modo genérico se califica de «antiguo régimen», fue sometido durante el siglo XVIII a un agresivo examen que afectó sobre todo, y en muchas ocasiones de manera definitiva, a los cimientos religiosos y políticos. Debido a ello, el XVIII se ha incorporado a la Historia bajo la acusación de siglo heterodoxo, sobre todo en países como el nuestro de tan sostenida tradición católica y conservadora; no en balde, según hizo notar Amé-

---

nado rigurosamente esta avanzada del movimiento reformista que se produce especialmente en torno de la Universidad de Valencia, sostenido por un notable y crecido grupo de estudiosos. Pero la eficacia es también un valor primordial en toda actividad pública; y sin negarle importancia a este grupo reformador, que cuenta sobre todo con la gran personalidad de Mayáns, es innegable que no pudieron, o supieron, saltar por encima de su pequeño círculo y lograr una trascendencia nacional, como habían de conseguir más tarde otros ilustrados quizá menos profundos. El esfuerzo de aquellos hombres, por su misma singularidad precisamente, no consigue negar el general vacío en que se debatía la nación; y de esto se trata.

rico Castro en la conferencia mencionada, una crecida parte de la *Historia de los heterodoxos españoles* de don Marcelino, está consagrada a dicha época.

Este carácter ha condicionado, y torcido, toda interpretación crítica sobre dicha centuria. Desde el momento en que se presenta como algo «comprometido», ya no ha podido hablarse de ella sino como objeto de controversia y desunión. Como tendremos ocasión de ver a propósito de sus hombres más representativos —Feijoo, Jovellanos, Meléndez, Moratín—, los escritores y actitudes del XVIII han sido juzgados, y continúan siéndolo, con actitud partidista; se les elogia o denigra interesadamente de acuerdo con la particular ideología del crítico; y lo que es peor aún: se desvirtúa o falsifica su pensamiento o conducta para acercarlos a la posición que a cada comentarista le conviene. De ningún otro momento de nuestra historia podría decirse tan merecidamente como del siglo XVIII que las cosas son del color del cristal con que se las mira. Los críticos de tendencia progresista han exagerado en su provecho los rasgos de posible heterodoxia que han podido encontrar, mientras los tradicionalistas y conservadores han lanzado sus anatemas contra los hombres y las ideas de la Ilustración. Debemos aclarar que, para mal del siglo XVIII, los de este último grupo han resultado mucho más eficaces. Los conceptos más acreditados y arraigados son los que ha puesto en circulación Menéndez y Pelayo a partir sobre todo de su mencionada *Historia de los heterodoxos;* y aunque atenuó después muchos de sus juicios en su *Historia de las ideas estéticas* o en otros estudios más breves, su apreciación global sobre el siglo XVIII es casi por entero negativa. Como quiera que ningún otro crítico o historiador en más de siglo y medio ha ejercido un magisterio similar al suyo, sus opiniones han adquirido el rango de definiciones inapelables. Así, mientras al ocuparse de otras épocas ha enriquecido nuestra crítica con luminosas interpretaciones, su valoración del XVIII ha dado origen a graves malentendidos y apasionadas deducciones que es preciso rectificar.

Lo más curioso de la situación consiste en que hasta los comentaristas ideológicamente hostiles a don Marcelino, que han rechazado en buena parte sus conclusiones en lo que respecta a la religión o al campo social, las han aceptado en lo que concierne a problemas estéticos, literarios, corrientes de influencia, etc., etc., contribuyendo más aún a la inadecuada valoración global que de dicho siglo poseemos.

Paralelo, y tan grave como el de la supuesta heterodoxia, es el problema del extranjerismo. El siglo XVIII representa en España un intento de renovación que abarca por igual todos los aspectos de la cultura: literatura, artes, ideología, ciencia, política, religión. Tras el fracaso absoluto de nuestra «teocracia casera», como la llama Américo Castro, mantenida a lo largo de dos siglos, y la innegable decadencia que desde hacía una centuria padecía el país, el siglo XVIII —a partir, sobre todo, del reinado de Carlos III— encarna el deseo de incorporarnos al espíritu de Europa, es decir: de adoptar las formas de cultura internacional que en las primeras décadas del siglo representaba Francia de manera inequívoca. Se ha dicho ya infinitas veces que la causa menor que pudo originar nuestro discutido, y problemático, afrancesamiento fue la entronización de los Borbones en España. Francia era entonces el norte ideal para todos los países, a pesar de que en ninguno de ellos reinaban los Borbones, y el afrancesamiento era un fenómeno general en toda Europa. Pero lo que pudo haber de extranjerización entre nosotros —luego lo veremos con algún detalle— y que en otras naciones pudo ser asimilado sin mayor riesgo o problema, en España, por la peculiar condición de nuestra historia, adquirió el carácter de una importación suicida, casi de una traición. Quizá ningún otro país de Europa puede caracterizarse en la medida del nuestro por la existencia de una sola tradición. Circunstancias especiales —que no es ahora el momento de detallar ni de comentar— fundieron entre nosotros las más diversas ramas de la cultura en un apretado haz inseparable. Lo «español» estaba constituido por unas creencias religiosas, una estructura social, una organización política, unas ideas morales, unos conceptos estéticos y literarios que se consideraban hipostasiados. Un alemán podía ser católico o protestante, barroco o clásico, sin dejar de sentirse profundamente alemán, porque los había de todas las especies; nada digamos de un francés, que podía sentirse continuador de las herencias más dispares. Pero la «integración» hispana, que había proporcionado, evidentemente, en ciertos momentos históricos la «unidad» apetecible para la más eficaz utilización de todas nuestras energías, se había convertido en una construcción de problemático equilibrio al llegar el momento de discutir, modificar, reajustar, sustituir uno solo de sus sillares. La más pequeña objeción, una ligera crítica contra cualquier componente de la estructura hispánica, tomaba enseguida el carácter de un delito de lesa patria; discutir, por ejemplo, el teatro de Calderón, el problema de las unidades dramáticas, la ventaja de una determinada escuela lírica, acarreaba entre nosotros la acusación de antipatriotismo en la misma medida que el abandono de la religión tradicional, las objeciones contra el Santo Oficio o el desacato al rey. La descomposición del barroco literario, según tendremos ocasión de comprobar a lo largo de este libro, era un fenómeno evidente en todos los dominios de la literatura; no sólo era explicable sino absolutamente necesaria la reacción hacia un austero clasicismo, que devolviera a las letras la claridad y el orden perdidos, requeridos además por la literatura predominantemente didáctica que imponía la época. Este retorno al clasicismo —como también tendremos ocasión de ver— se efectuó entre nosotros, en gran parte, a través de una corriente de admiración por los viejos maestros renacentistas; en algunos géneros, sin embargo, como el teatro, Francia, que no había abandonado su tradición clásica, fue el modelo propuesto por muchos de nuestros reformadores. Pues bien: la discusión de este magisterio —mera cuestión de orden literario— no pudo plantearse sin provocar agrias polémicas, en las cuales más que problemas de literatura se ventilaban acusaciones de nacionalismo y patriotismo. Es decir: durante el siglo XVIII —y hasta hoy mismo para los críticos de la banda tradicionalista— preferir un teatro con unidades era sinónimo de ser antiespañol.

Un estudio cualquiera sobre el siglo XVIII no puede, pues, llevarse a cabo sin enfrentarse, por lo menos, con tres problemas capitales: la supuesta ausencia de una producción literaria valiosa; la difusión y valoración de la heterodoxia; y la medida en que arraiga la extranjerización.

Esta problemática ha de entrañar inevitablemente toda una tarea de nuevos planteamientos y de abundantes reivindicaciones. Pero, por esto mismo, importa advertir que nada podría dañar en mayor medida a la recta comprensión del siglo XVIII que el prurito de hallarle excelencias por doquier. El Siglo Ilustrado tiene las suficientes para que no precise vestirse con plumas ajenas. No obstante, esto es lo que en buena medida están llevando a cabo algunos críticos menores que han acudido al reclamo de esta nueva «California» literaria; para hacerse oír y sentar sus reales en la nueva «especialidad» andan afirmando en cada caso lo contrario de lo que se había dicho antes, descubriendo raptos de pasión donde se decía frialdad, excelsa poesía donde se hablaba de prosaísmo, profundidades metafísicas donde se habían visto lugares comunes. Esta técnica oportunista que propondríamos calificar de «crítica rosa», parece suponer que toda nueva consideración sobre el XVIII entraña necesariamente la obligación de hallar perlas en cada esquina y de adular a cada escritor o escritorzuelo como a monarca recién entronizado. El procedimiento, aparte de carecer de todo valor, puede desacreditar en breve tiempo el renacido interés por la Época de las Luces.

A propósito del valor relativo de los escritores del siglo XVIII es preciso afirmar que no se dieron los genios, ciertamente; pero, aun sin serlo, existe un grupo de alta calidad que abre las nuevas rutas del pensamiento, de la investigación y de las nuevas formas en los distintos géneros literarios. El XVIII, como hemos dicho, no es un siglo de creación, sino de estudio y de análisis, de revisión de cuentas, de investigación y sistematización, de inquietudes y de proyectos. Su campo más fértil es, por lo tanto, la didáctica en todas sus especies. Ahora bien: ni aun en este terreno se le pueden pedir hombres geniales. Si ni siquiera un dramaturgo o un lírico pueden brotar de la nada, mucho menos hay que esperarlo en aquellas disciplinas que requieren instrumentos y técnicas nuevas de difícil y lenta adquisición. La historiografía, por ejemplo, no podía desarrollarse sino tras la previa y lenta tarea de numismáticos, epigrafistas, paleógrafos, pacientes investigadores de archivos; lo conseguido en este campo es, sin embargo, impresionante y constituye la base primordial de toda la historiografía posterior, que sería inconcebible —lo mismo que sucede con toda la ciencia moderna— sin el esfuerzo tenaz del siglo XVIII. Pero sería absurdo esperar la aparición de genios o de obras definitivas; basta con su condición de adelantados o exploradores que hacen posible la ulterior conquista. Su importancia es mayor aún, no sólo por la casi ausencia de precedentes, sino por las resistencias que hubo que vencer; cada nuevo planteamiento de un problema, cada idea nueva, cada pregunta tenían que vérselas con todo un sistema —más que establecido, petrificado— que los calificaba y recibía como enemigos. Como les sucede a muchos políticos, todos los innovadores del siglo XVIII hubieron de consumir mayor esfuerzo para sostenerse que para trabajar.

Este hecho nos conduce al segundo frente, el de la heterodoxia, aunque quisiéramos utilizar este término en un sentido más amplio que el de la sola religión; ya hemos dicho que en el siglo XVIII cabía la heterodoxia literaria en la misma medida que la religiosa o la económica o la historiográfica; por cualquiera de ellas podía temerse un sambenito.

Es curioso que desde el siglo XVIII parece que no puede emprenderse el examen de ningún escritor sin pedirle previamente su filiación ideológica; hasta entonces no había sido necesario porque se daba por supuesta. Pero en el Siglo de las Luces cualquier hombre de letras de mediana importancia se define por su actitud crítica —sea respecto al drama barroco o a la venida de Santiago— y su pensamiento ya no es indiferente.

Como llevamos dicho, apenas hay escritor del XVIII cuya ortodoxia no haya sido puesta en litigio por la crítica liberal y defendida heroicamente por la tradicional. Y según parece —de ello tendremos que ocuparnos en diversos pasajes de este libro— la ortodoxia ha quedado bien demostrada en la mayoría de los casos. Al comparar nuestra centuria ilustrada con la de otros países se subraya siempre el carácter más sumiso, tradicional y conservador de nuestros reformadores, que ni siquiera aproximaron su crítica hasta el borde de ningún dogma religioso o político y se atrevieron muy levemente con las instituciones eclesiásticas. De este hecho se deriva el particular carácter de nuestra Ilustración y en ello parece guardar cierta afinidad con el Renacimiento. Del mismo modo que éste, a diferencia de las otras naciones de Europa, conservó la herencia medieval y de ahí la originalidad de su síntesis, la Ilustración española conservó igualmente la mayor parte del legado anterior, distinguiéndose así de otras Ilustraciones europeas y mereciendo los plácemes de la crítica tradicionalista. Consecuentemente, quienes no se ciñen a este canon, son los «garbanzos negros» del siglo.

Parece, sin embargo, que buena parte de lo viejo conservado, o respetado, por nuestra Ilustración no siempre era digno de tanto respeto, y que forzosamente habrá que volver a juzgar las actitudes y propósitos de los «garbanzos negros». El regalismo, por ejemplo, que ha permitido estigmatizar a muchos ilustrados, resulta ahora, según las más recientes y ortodoxas interpretaciones [3], que no era tan malo, y que había sido, por añadidura, practicado y defendido por los Reyes Católicos, y por los más católicos de los Austrias, con mayor tesón y eficacia que por los Borbones. Igualmente, los años transcurridos desde entonces se han encargado de demôstrar que el régimen económico de la Iglesia española vigente en el siglo XVIII era incompatible con su misión esencial e inadmisible para las necesidades de un Estado moderno. Las últimas orientaciones de la Iglesia de Roma han aprobado decididamente las reformas por las que lucharon los ilustrados y afrontaron los anatemas: repudio de la Inquisición; libertad religiosa; acrecentamiento de la autoridad episcopal; aceptación de las formas religiosas nacionales .comenzando por las lenguas, incluso de las regiones; cercenamiento de toda aparatosidad en el culto; cultivo de una religiosidad interior cada vez más depurada de fórmulas externas; rechazo de tradiciones pueriles y eliminación de innumerables santos inexistentes, que poblaban hipotéticas mansiones celestiales. Tras estos resultados de hoy, en los que se cifra la verdadera religiosidad, habrá que variar inexcusablemente la opinión sobre muchos ilustrados españoles, y en lugar de situar su excelencia en su conformismo y moderación, acusarlos de ineficacia y debilidad, de no haber sido capaces de colocarse a la altura de los tiempos combatiendo enérgicamente por las reformas necesarias. Parece, pues, que comienza a verse claro que la causa de muchos males posteriores de nuestro país procede de que no hayamos tenido un auténtico siglo XVIII y sólo un simulacro de él.

Unas palabras sobre el problema de la extranjerización. Hemos aludido al carácter morboso, fácilmente enconado, que adoptó entre nosotros durante el siglo XVIII la más leve sospecha de imitación o deuda al extranjero. El nacionalismo de la época —un nacionalismo erizado de inquietudes— revela a gritos el complejo que se aposenta en el ánimo español y el temor no ya de perder sino de ver en entredicho su personalidad; enfermedad, pues, propia de débiles y de inseguros. Pero este morbo no se produce, sin embargo, sin causas suficientes. Tras un aislamiento secular, alimentado de su propio orgullo, España se asomaba a Europa en el momento de su máxima internacionalización. Los valores nacionales que habían constituido el ser de España, dejaban de ser cotizables; su literatura, ejemplo y cantera en otro tiempo, decaída desde hacía un siglo,

---

[3] Para el estudio de todos estos problemas —sobre el regalismo de nuestros gobernantes, la corrupción de la Curia y su actitud respecto de España, las relaciones económicas entre ambos poderes, etc.— véase el libro fundamental, ejemplarmente objetivo, del jesuita padre Rafael Olaechea, *Las relaciones hispano-romanas en la segunda mitad del XVIII. La Agencia de Preces*, 2 vols., Zaragoza, 1965.

se veía estigmatizada por una literatura de signo clásico, cerebral, ordenada, metódica, internacional como la cultura a la que servía; Europa se orientaba hacia una meta laica y racionalista, contraria a la tradición y mentalidad españolas, y avanzaba resueltamente por el camino de la ciencia, que era la ruta menos frecuentada en nuestro país; descuidada de sus bienes materiales, incluso en los días de su mayor prosperidad, nuestra nación abundaba en lacras y pobrezas que contrastaban con la creciente prosperidad europea.

Consciente por primera vez de su decadencia y atraso, su sensibilidad se encrespaba ante cualquier censura ajena y creía defenderse negando todo lo extranjero, particularmente lo francés, que era su vehículo más común. Es innegable que la moda de lo francés, invadiendo costumbres, vocabulario, vestidos, actitudes, pudo llegar a extremos ridículamente viciosos. Pero este mimetismo no afectaba sino a lo más superficial, y de no existir otros aspectos, ni siquiera valdría la pena mencionarlo. Los saineteros y costumbristas en particular tuvieron en ello buena materia para sus sátiras, y hasta los mismos ilustrados mas cosmopolitas ridiculizaron los galicismos tanto en los libros como en las costumbres. Pero la minoría ilustrada, aunque se excediera a veces en la condena o menosprecio de lo propio, sabía que sólo del contacto de lo de fuera podía llegarle a su patria la renovación. Desde el punto de vista de un nacionalismo miope ha sido fácil tachar a los ilustrados de extranjerizantes y acusarles de haber corrompido el ser de España. Pero quizá de ninguna otra mengua puede defendérseles con más facilidad. La internacionalización de la cultura —ya lo hemos dicho— era precisamente la meta del siglo XVIII. El intercambio de ideas y de influencias siempre fue un hecho universal y sólo las particulares condiciones de nuestro país en aquel momento podían considerarlo como un morbo. El influjo francés, concretamente, fue poderosísimo a lo largo de toda la Edad Media en todos los campos de la cultura, y nadie sería hoy capaz de considerar dañino su influjo. El italianismo que lo sustituyó durante el Renacimiento, fue una corriente igualmente general en toda Europa, y nadie se atrevería a negar ahora la transcendencia y ventajas que produjo en el proceso de nuestra poesía; cierto que hubo Castillejos que pretendieron detenerla, aunque también acabaron por aceptarla luego, pero la gloria de Garcilaso consiste precisamente en la feliz absorción de aquella savia extranjera. La presión e influjo de lo exterior han sido luego igualmente poderosos hasta en movimientos tan «nacionalistas» como el Romanticismo, y en la Generación del 98, y en las tendencias poéticas del siglo actual. La capacidad de asimilar y hacer propio lo ajeno es la prueba más evidente de buena salud, lo mismo en el cuerpo humano que en el orden de la cultura. Durante el siglo XVIII los ilustrados de todos los países pretendieron aprovechar y difundir lo que estimaban útil en cualquier parte que se hallara; los primeros grandes avances de la ciencia moderna fueron posibles gracias a la comunicación internacional, que el Siglo de las Luces descubre y desarrolla; uno de los mayores hallazgos de la época fue el del derecho natural, común a todos los humanos; por su parte, la literatura clásica pretendía ser el equivalente de este derecho natural, con sus leyes de universal validez. Una ligera mirada al mundo de hoy con sus ilimitados contactos culturales, sus intercambios casi absolutos en todos los órdenes de la vida, su afán de comunicación y cooperación, convertidos realmente en insoslayable necesidad, pueden darnos idea de lo que el siglo XVIII pretendía para absolverlo de cualquier posible exceso o error en ese punto. Nadie censuraría hoy a un compatriota porque introdujera en su país algo aprovechable, cualquiera que fuese su origen; pues bien: como tendremos ocasión de ver, la pretensión, por ejemplo, de mejorar las condiciones materiales de los teatros adoptando procedimientos técnicos franceses, era tachada de galomanía.

Esta pugna entre patriotismo y extranjerización dificulta, cuando no esteriliza por entero, buena parte de los posibles logros de la Época Ilustrada. La simple sospecha de origen foráneo ponía en movimiento, como un resorte, la resistencia de los patriotas. Por su parte, todos cuantos proponían una reforma cualquiera o formulaban juicios adversos respecto de alguna realidad nacional, se veían precisados a justificarse alegando y demostrando su intención patriótica y afirmando que nada les movía sino el afán de evitar las censuras de los extranjeros. La disputa se agriaba, como era inevitable, porque el patriotismo cubría muchas veces intereses y abusos que se deseaba mantener.

La hostilidad, o los reparos cuando menos, que los ilustrados oponían a la literatura del Barroco era uno de los mayores puntos de fricción entre ambos grupos. Pero las nuevas exigencias de la época, el racionalismo científico y utilitario, el predominio cada vez mayor de una literatura de ideas, forzaban a menospreciar toda aquella masiva producción de literatura imaginativa y recreativa que había constituido la gloria del siglo XVII. Colocados ante realidades que exigían eficaces reformas, los ilustrados se avergonzaban de la casi total ausencia de obras científicas y doctrinales en el siglo inmediato, y dedicaban sus preferencias al XVI, sobre todo en su primera mitad, donde encontraban pensadores de rango europeo y una prosa sencilla y clara, muy alejada aún de los atormentados rebuscamientos del Barroco, absolutamente inadecuados para la cultura de la época.

Esta tensión interna explica la dificultad con que arraigan en nuestro país las nuevas tendencias ideológicas y literarias de la Ilustración. De hecho, puede decirse que la primera mitad del siglo es una época de esfuerzos y tanteos en buena parte estériles, a pesar de que aparezcan ya entonces, con Feijoo y con Luzán, los máximos representantes del nuevo espíritu en el orden de las ideas y en el de las tendencias literarias. Tan sólo bien mediado el siglo y con la entronización de Carlos III, el equipo ilustrado asciende al poder y cambia el signo de la época. En el orden eclesiástico, económico y social los logros del reinado no fueron despreciables, pero se perdieron en buena parte debido a los acontecimientos de la política europea. El estallido de la Revolución Francesa asustó a nuestros gobernantes —lo mismo, por lo demás, que sucedió en todos los países de Europa—, y lo que había sido un esperanzador camino de reformas acabó en un movimiento represivo, que en muchos aspectos representaba una regresión total. Pero el comentario de estos hechos, harto conocidos por otra parte, no cabe en estas páginas.

En lo que afecta al campo literario, los frutos de la nueva mentalidad clásica e ilustrada fueron inevitablemente tardíos; en realidad, las obras representativas en los géneros de creación —teatro y lírica— se producen en las dos últimas décadas del siglo o incluso dentro ya del inmediato, cuando en toda Europa estaban en plena acción las nuevas orientaciones románticas. Suele afirmarse a este respecto que los breves logros del neoclasicismo quedaron segados casi en el mismo momento de nacer. No cabe duda que de haberse producido con anterioridad, la cosecha de nuestra literatura clásica pudo haber sido mucho mayor. Sin embargo, es erróneo suponer que se malograra por entero. Hasta en los aspectos específicamente literarios la herencia del siglo XVIII es mucho más copiosa de lo que se imagina. Lo mejor de la prosa del siglo XIX sigue las rutas que le señaló el estilo magro, objetivo y directo de los reformadores ilustrados; y hasta el teatro, que suele estimarse como de tan corto interés, da, como veremos, la fórmula del futuro.

Lo que llevamos dicho sugiere claramente una de las características fundamentales de esta época. El movimiento ilustrado en todas sus ramas —política, religión, economía, reformas sociales, administración, literatura, bellas artes— es, en una medida muy superior a lo acontecido en otras épocas, el esfuerzo de una minoría renovadora frente a la resistencia, o la pasividad, de una mayoría aferrada a sus tradiciones, forma de vida, gustos literarios, etc., etc. Los reformadores ilustrados advierten muy pronto la dificultad de lograr la apetecida transformación con su solo esfuerzo, y desde fechas muy tempranas tratan de conseguir la ayuda del poder central para todos sus planes, incluso en aquellos campos, como el teatro, donde toda injerencia oficial hubiera sido hasta entonces inconcebible. Esta pretensión encuentra su molde en la política absolutista y centralista de los Borbones. La conocida fórmula con que se define vulgarmente el Despotismo Ilustrado —«todo para el pueblo, pero sin el pueblo»— es certera en sustancia. Durante el siglo XVIII puede hablarse con toda propiedad de una *cultura dirigida*, que si no es impuesta directamente por el Estado, lo es a través de los organismos —Academias, Instituciones, Sociedades, publicaciones— sostenidas o protegidas por él. En todos los órdenes de la vida los organismos oficiales van sustituyendo lo que hasta entonces había dependido de la acción espontánea de los particulares. En multitud de problemas se considera indispensable la autoridad conminatoria del rey, como sucede —y veremos— a propósito de la reforma universitaria y de los Colegios Mayores. Pensadores, sociólogos, políticos, literatos, deseosos de planes muy radicales de reforma, halagan al monarca, persuadidos de que sólo con la ayuda de los resortes del poder podrán llevar adelante sus propósitos. Ni la Ilustración ni el Despotismo Ilustrado son democráticos en manera alguna, contra lo que se piensa a veces de forma muy superficial, aunque los cambios efectuados por este camino desemboquen lógicamente en un liberalismo que acabará por destruir al propio Despotismo que lo había engendrado. Hacia el final del siglo, cuando con la muerte de Carlos III se produce la disolución del equipo ilustrado que había tenido en sus manos los años cruciales de la reforma, se acusan ya nuevas tendencias de pensamiento liberal, para las cuales son insuficientes, ineficaces y problemáticos —puesto que dependen de la circunstancial, y problemática, capacidad del monarca— los caminos del Despotismo. Pero, en el dominio del arte y la literatura, la situación prosigue como una lucha —con protección oficial o sin ella— entre concepciones minoritarias y una cultura mayoritaria y popular. El predominio de la literatura didáctico-científica y el carácter racional y metódico que define a la literatura neoclásica son los menos adecuados para obtener una masiva aceptación; de aquí que resulte imposible —aunque hubieran sido capaces de potentes genialidades— que los escritores del siglo XVIII alcancen la popularidad que había distinguido a los grandes representantes del Barroco.

CAPÍTULO II

INSTITUCIONES CULTURALES Y LITERARIAS

ACADEMIAS, TERTULIAS, SOCIEDADES, PERIÓDICOS, UNIVERSIDADES

LA REAL ACADEMIA ESPAÑOLA

La vida cultural del siglo XVIII está caracterizada por una serie de instituciones que le dan un perfil muy particular y definen en múltiples aspectos los rasgos esenciales de la época. Todas ellas podría decirse que coinciden en la tendencia que hemos calificado de *cultura dirigida;* una minoría se considera poseedora de una ilustración superior y trata, desde la plataforma en que se instala —academia, tertulia, periódico o socie-dad—, de regir o encauzar las corrientes de opinión. La historia de esta vertiente del siglo XVIII ha de comenzarse inevitablemente por la funda-ción de la Real Academia Española, que precede en el tiempo y en im-portancia a todas las demás instituciones de parecida naturaleza.

Las Academias, en una u otra forma, no fueron, sin embargo, inven-ción del siglo XVIII. Al historiar los orígenes de la Española, recuerda Cotarelo [1] que las numerosas academias literarias que florecieron en Italia a partir del Renacimiento no podían considerarse ajenas entre nosotros desde la época medieval, y menciona a este respecto las *escuelas* de sabios reunidas por Alfonso X en Toledo y Sevilla, la corte de Juan II, la de Alfonso el Magnánimo en Nápoles y el *Consistorio de la Gaya Ciencia* de Barcelona, centros de creación e irradiación literaria. Más afines con las que van a ocuparnos en el siglo *ilustrado* fueron las numerosas acade-mias poéticas que, a imitación de las italianas, se fundaron durante los siglos XVI y XVII en diversas ciudades españolas. Entre las más famosas deben recordarse la de los *Nocturnos* de Valencia, la de los *Ociosos* de

---

[1] Emilio Cotarelo, «La fundación de la Academia Española y su primer director D. Juan Manuel F. Pacheco, marqués de Villena», en *Boletín de la Real Academia Española*, I, 1914, págs. 4-38 y 89-127.

Zaragoza, las varias sevillanas, como las presididas por Francisco Pacheco y el marqués de Tarifa, y las muy numerosas de la corte: la *Academia de Madrid*, la *Selvaje*, la *Peregrina*, la *Mantuana*, etc.[2]. Pero de ninguna de ellas —todas poéticas y, con frecuencia, festivas o burlescas— hubiera podido derivarse, como subraya Cotarelo[3], la Real Academia Española, creada con propósitos muy diversos por el tenaz entusiasmo de don Juan Manuel Fernández Pacheco, marqués de Villena.

Había desempeñado éste diversos cargos políticos y militares durante el reinado de Carlos II y sirvió después con entusiasmo a Felipe V, que le nombró virrey de Sicilia y luego de Nápoles. En la campaña de Italia, durante la Guerra de Sucesión, fue apresado por los imperiales y encerrado en la fortaleza de San Telmo, donde permaneció varios años, hasta que en 1711 fue canjeado por dos generales aliados y regresó a España. Sus estancias en Italia, donde también había sido embajador extraordinario cerca del Pontífice, le convirtieron en admirador de su literatura y le dieron conciencia del estado de decadencia de la nuestra. A poco de su llegada a Madrid inició en la biblioteca de su palacio de la Plaza de las Descalzas unas tertulias a las que concurrieron escritores y hombres de ciencia, y de estas reuniones surgió el proyecto de fundar una Academia a semejanza de la italiana de La Crusca, establecida en Florencia con el fin de depurar la lengua, y de la Academia Francesa de París, fundada en 1635 bajo la protección de Richelieu. Deseaban los contertulios que la proyectada institución «tuviese por primero y principal instituto el trabajar un Diccionario de la lengua», según se dice en el punto tercero de la *Historia de la Real Academia Española*, que se incluyó en la edición del mencionado *Diccionario*[4]; propósito que se especifica más claramente en las primeras líneas del «Prólogo»: «El principal fin, que tuvo la Real Academia Española para su formación, fue hacer un Diccionario copioso y exacto, en que se viese la grandeza y poder de la Lengua, la hermosura y fecundidad de sus voces, y que ninguna otra la excede en elegancia, frases, y pureza: siendo capaz de expresarse en ella con la mayor energía todo lo que se pudiere hacer con las Lenguas más principales, en que han florecido las Ciencias y las Artes»[5].

[2] Para el estudio de estas instituciones, cfr., José Sánchez, *Academias literarias del Siglo de Oro español*, Madrid, 1961.

[3] «La fundación...», cit., pág. 16.

[4] *Diccionario de la lengua castellana, en que se explica el verdadero sentido de las voces, su naturaleza y calidad, con las phrases o modos de hablar, los proverbios o refranes, y otras cosas convenientes al uso de la lengua*, tomo primero, Madrid, 1726, pág. X. Existe edición facsímil, Gredos, Madrid, 1963.

[5] Idem, íd., pág. I. Explica Gili Gaya (Samuel Gili Gaya, *La lexicografía académica del siglo XVIII*, «Cuadernos de la Cátedra Feijoo», núm. 14, Oviedo, 1963) que a fines del siglo xv y en todo el siglo xvi a nadie se le hubiera podido ocurrir componer un diccionario español para españoles; pues ¿qué utilidad habría de tener un libro que registrase y explicase las palabras que todos usaban sin necesidad de libro alguno?

El 3 de agosto de 1713 se procedió a la constitución formal de la Academia, de la cual fue elegido presidente el marqués de Villena, y secretario don Vincencio Squarzafigo, señor de la Torre del Pasaje. Se informó entonces al rey acerca del proyecto, solicitando su aprobación y pidiendo para los individuos, cuyo número máximo se fijaba en veinticuatro, los honores y privilegios de «criados de la Real Casa», título que entrañaba el de gozar fuero y jurisdicción especiales en los pleitos y causas que se les propusieran. Felipe V aprobó la creación de la Academia, pero algunos enemigos de Villena en el Consejo de Castilla dilataron el despacho de la Real Cédula, que no fue expedida hasta el 3 de octubre de 1714. Como emblema, para el que se presentaron 26 proyectos, se aceptó al fin el ideado por el conde de Saldueña; un crisol puesto en el fuego con esta divisa: *Limpia, fija y da esplendor.* Entre los primeros académicos elegidos, tenidos como fundadores, deben destacarse don Juan de Ferreras, párroco de San Andrés, bibliotecario mayor del rey; don Gabriel Álvarez de Toledo; don Andrés González de Barcia, recopilador de las *Crónicas de Indias*; el Padre Maestro Fray Juan Interián de Ayala, catedrático de «lenguas sagradas» en la Universidad de Salamanca; el jesuita Padre José Casani, profesor de matemáticas en el Colegio Imperial; don Francisco Pizarro, marqués de San Juan; y el conde de Saldueña, don José de Solís.

Antes de exponer los planes y trabajos de la Academia, es interesante recordar que su fundación despertó no pocos recelos en todo el país. «Lo más común —dice Cotarelo— era asegurar que la Academia, con autoridad regia, prohibiría el uso de cierta clase de palabras e impondría el empleo de otras, variando también el modo de escribirlas todas» [6]. Un historiador y genealogista, don Luis de Salazar y Castro, resentido de que Villena no le hubiese propuesto para académico, publicó anónimo un folleto titulado *Carta del maestro de niños*, en el que ridiculizaba a la Academia, tomando como blanco principal a don Gabriel Álvarez de Toledo, a quien acusaba de no saber escribir en castellano. El marqués de San Felipe, uno de los

Recuerda a este propósito que Nebrija se había hecho esta pregunta, precisamente, en el famoso prólogo de su *Gramática castellana*, y la justificaba por razones imperialistas, es decir, por la necesidad que tendrían de ella los pueblos que iban a incorporarse a la corona de Castilla. Las que después se imprimieron —sigue explicando Gili Gaya— estaban concebidas como un escalón previo para comprender mejor la lengua latina. En cuanto a los primeros diccionarios se habían compuesto para ayudar la versión del latín a la lengua vulgar, y aun a lo largo de los siglos XVI y XVII los diccionarios bilingües y plurilingües estaban destinados, como ahora, a la traducción y aprendizaje de lenguas vivas. «Salvo algunas voces aisladas y sin eco en la sociedad y en la enseñanza, hay que adentrarse mucho en el siglo XVIII para que se abra camino la idea de estudiar el español por sí mismo, sin ulterior finalidad» (pág. 10). No obstante, Aldrete en su *Origen y principio de la lengua castellana* y Covarrubias en su *Thesoro* habían ya apuntado una actitud puramente científica, al tratar de servir no a la utilidad práctica de la traducción, sino «a intereses múltiples de curiosidad erudita y ciencia pura» (pág. 11).

[6] «La fundación...», cit., pág. 89.

académicos últimamente elegidos, contestó bajo seudónimo a Salazar con otro folleto titulado *Palacio de Momo*, al tiempo que aparecía otro anónimo bajo el título de *Apuntaciones contra la Carta del Maestro de niños*. Salazar respondió a los dos con un libro, *Jornada de los coches de Madrid a Alcalá*, en el que mezclaba algunos insultos con argumentos más o menos técnicos. Debe notarse que Salazar protesta por el hecho de que la mayoría de los académicos proceden de provincias no castellanas, y aun algunos son originarios de reinos extranjeros, pues, para él, sólo la corte puede proporcionar modelos de buen decir y propiedad en el idioma; y condena lo que en aquel momento debía de constituir el argumento más grave contra la Academia, es decir, la pretensión de que un pequeño número de hombres, «por antojo y sin necesidad se constituyan en maestros de todos y graduándolos de niños arrebaten la enseñanza pública»[7]. La polémica continuó, dando la tónica de lo que iba a ser tan común en los ambientes literarios del siglo, hasta que la aparición de la Real Cédula, otorgando carácter oficial a la Academia, la hizo cesar.

El marqués de Villena había propuesto una lista de ciento diez autores, de donde tenían que extraerse las voces del futuro *Diccionario*, y los repartió entre los académicos; se distribuyeron también entre éstos las definiciones de las diversas ciencias, artes y oficios. La tarea, por lo ambiciosa y nueva, se presentaba llena de dificultades; los académicos tenían muy desigual preparación y distaban aún mucho de poseer los métodos científicos que habían luego de emplearse en este género de trabajos. Sin embargo, asombra la alta calidad del resultado[8] y, sobre todo, la cautela, la ponderación y la modestia con que llevaron a cabo su cometido, huyendo de posiciones dogmáticas, conscientes como eran de la dificultad de establecer normas y criterios de aplicación general. Para el nuevo *Diccionario* tomaron como base principal el *Thesoro de la Lengua Castellana* de Covarrubias, y también diccionarios extranjeros, especialmente el *Vocabulario* de La Crusca de Florencia y el de la Academia Francesa. En el prólogo del primer volumen la corporación explica sus propósitos y las normas adoptadas. Su finalidad principal consistía en dotar a la lengua española de un diccionario a la altura de los existentes en otros países, «sin que sea su fin emendar, ni corregir la Lengua (con cuya vulgaridad se ha impugnado su instituto), sí sólo explicar las voces, phrases, y locuciones, desterrar y dar a conocer los abusos introducidos, para lo qual no ha omitido explicar muchas voces antiquadas, algunas que

---

[7] Cit. por Cotarelo en ídem, íd., pág. 97.

[8] «No es una obra cualquiera —afirma Gili Gaya—, sino una labor colectiva egregia, que compite con los grandes diccionarios de la Academia florentina de La Crusca y de la Academia Francesa; muchas veces los supera, y siempre ofrece, en su técnica y en su redacción, caracteres propios que diferencian netamente nuestra lexicografía académica de las que por la misma época desarrollaron sus congéneres europeas» (*La lexicografía académica del siglo XVIII*, cit., pág. 8).

tienen ya menos uso, y calificar la energía y elegancia de la Lengua, así para el uso de extranjeros, como para curiosidad de la Nación: y sobre todo para su mayor aplauso y gloria, porque es común vanidad de todas hacer pública la vivacidad y pureza de su Lengua» [9].

Las diferencias de criterio entre la Real Academia Española y las dos —la de La Crusca y la Francesa— que le sirvieron de modelo principal, son, sin embargo, muy grandes, según explica Gili Gaya [10]. La florentina, cuyo *Diccionario* se imprimió por primera vez en 1612, impone con rigor el léxico de los escritores toscanos del siglo XIV, en especial Petrarca y Boccaccio; no incluye las voces artesanas y las científicas y se cierra a los dialectalismos distintos del toscano, aun siendo tan vivaces en toda Italia. Estimaba La Crusca —sigue diciendo Gili Gaya— que la lengua italiana había llegado a la perfección y concluido su proceso, como el latín, y no había otra cosa que hacer sino ajustarse a sus modelos. Semejante afán de regularidad y norma llevaba igualmente a La Crusca a velar por el cumplimiento de las *reglas del arte* según la preceptiva aristotélica y horaciana.

Por su parte, la Academia Francesa, inspirada también en La Crusca florentina, se propuso crear el gran diccionario normativo de su lengua —la primera edición apareció en 1694—, para lo cual se basó en la autoridad de los mejores escritores, pero no imprimió los textos en que se apoyaba al redactar las definiciones, con lo cual, a pesar de que los tuvo bien presentes, el *Diccionario* descansa aparentemente en la sola autoridad de la Academia, que se presenta como suficiente por sí misma. El *Diccionario* excluía el vocabulario de ciencias y artes, no admitía las voces provinciales, y se desentendió por entero de la literatura medieval para basarse tan sólo en los grandes escritores del Siglo de Oro, desligándose así de la tradición lingüística de su Edad Media. Con ello, la Academia Francesa inicia entonces su peculiar separación entre el *buen francés* literario y docto y el habla cotidiana y popular, convirtiéndose de este modo su lengua en la más codificada del mundo.

Por el contrario, la Academia Española, aunque parezca por definición que representa el lenguaje de los doctos, demostró —afirma Gili Gaya [11]— desde su primer *Diccionario*, la escasa consistencia que tiene entre nosotros toda diferenciación interna entre lo popular y lo sabio, entre la lengua escrita y hablada. Por ello aceptó en masa como autoridad toda la literatura medieval entonces conocida: la prosa histórica desde Alfonso el Sabio hasta Hernando del Pulgar, los textos jurídicos desde el *Fuero Juzgo* y las *Partidas* hasta la *Nueva Recopilación*, y en los géneros de creación desde el *Conde Lucanor* hasta *La Celestina*. La misma amplitud

---

[9] *Diccionario*, cit., I, pág. IV.
[10] *La lexicografía académica del siglo XVIII*, cit., pág. 14.
[11] Ídem, íd., pág. 17.

de criterios se encuentra en la selección de autoridades de los siglos XVI y XVII, ni siquiera fueron excluidos los más característicos escritores barrocos, como Carrillo de Sotomayor, Góngora, Quevedo, Paravicino, Saavedra Fajardo, Gracián, Calderón, a pesar de que se les achacaba la corrupción del lenguaje; tan sólo quedaron fuera la mayor parte de los líricos postgongorinos, los últimos dramaturgos del barroco degenerado y el «gerundianismo alocado en el púlpito» [12]. Atentos a recoger todo lo que fuera *castizo*, es decir, claro y propio, pudieron igualmente los académicos incluir los romances, la poesía popular y el refranero, considerándolos «como *autoridades* que garantizaban la tradición oral y escrita de los vocablos tan bien como los autores de nombre conocido» [13]. Del mismo modo, dieron cabida a toda la literatura picaresca, cultivada, al fin y al cabo, por los más sobresalientes escritores cultos; y lo que es más aún: a las palabras de la *jerigonza* o *germanía*, «de que suelen usar los que vulgarmente se llaman gitanos, y los preciados de guapos para entenderse entre sí» [14], por entender que casi todas estas palabras son castellanas en su origen, y con el fin de que pueda conocerse su sentido cuando se encuentren en las obras jocosas de los autores clásicos que las usan; de auténtica sorpresa califica Gili Gaya la incorporación casi total del *Vocabulario de germanía*, atribuido a Juan Hidalgo, «con lo cual —dice el mencionado investigador— se chapuzaba la Academia en los estratos más bajos, aunque quizás también castizos, del habla rufianesca. Bien es verdad que el uso de vocablos jergales estaba sancionado por numerosos escritores que gozaban de gran reputación literaria, como Quevedo, toda la novela picaresca y la intervención de los graciosos en el teatro clásico» [15].

Finalmente incluyó el *Diccionario* dialectalismos de todas las regiones —aunque no siempre estuvieran respaldados por citas literarias—, especialmente de Aragón, Andalucía y Murcia, con criterio enteramente opuesto al espíritu académico italiano o francés; no obstante, fueron suprimidos en el reino de Aragón los vocablos procedentes de la lengua lemosina, que no estuvieran autorizados «con los fueros, leyes y ordenanzas de aquel reino» [16].

En materia de *ortografía* la Academia reconoce la gran variedad de criterios seguidos en los numerosos tratados existentes; y sin pretender impugnar ni calificar ninguno de ellos, adopta su propia norma ante la precisión de unificar la escritura, siguiendo las reglas que le parecen más próximas al uso de los escritores seleccionados. Cotarelo resume las

---

[12] Ídem, íd., pág. 18.
[13] Ídem, íd., pág. 19.
[14] *Diccionario*, cit., I, pág. V.
[15] *La lexicografía...*, cit., pág. 20.
[16] *Diccionario*, cit., I, pág. V.

decisiones que hubo de tomar la Academia para llevar a cabo esta unificación: «Las innovaciones más importantes de la Academia, en cuanto a ortografía, habían sido: acabar de una vez con la absurda confusión de la *b*, la *u* y la *v* estableciendo en primer lugar la diferencia entre estas dos últimas, haciendo siempre vocal la *u* y consonante la *v*; y luego fijar los casos en que debía emplearse con preferencia a la *b* y viceversa. Establecer diverso empleo de la *z* y la *ç* escribiendo *z* entre dos vocales (azada, destrozar) y *ç* después de consonante (arçon, trença). Uniformar también el empleo de la *x* con sonido de *j*, acordando que las voces que proceden de otras que tienen *s* (simple o doble) y *ps* se escriban con *x* (*x*abón) y las que tengan en la original *c*, *p*, *l*, *i*, con *j*. Se adoptaron reglas acerca de la *h*, de la doble *ss*, de la *q* o la *c* y de la *ch* y *q*; reglas todavía imperfectas e indecisas, por no atreverse a romper con el uso establecido. Y más extraño es todavía que en la discusión habida (13 de febrero de 1722) sobre la *ll* prevaleciese, por votación, el criterio de considerarla al igual del latín como dos letras, aunque con sonido especial y propio de una sola. Es el caso más declarado de la tiranía del idioma latino» [17]. La Academia no adoptó estas decisiones sin demorado estudio; buena prueba de ello es el haber dedicado a estos problemas el más extenso de los *Discursos Proemiales* [18] que acompañan al *Diccionario*, en el que, antes de formular sus propias reglas, estudia la confusión y variedad de la ortografía existente y la dificultad de fijarla.

Respecto de las *etimologías* la Academia confiesa sus problemas y el gran riesgo de equivocarse, por lo que, en casos de duda, prefiere abstenerse a caer en error. Ofrece para el futuro la confección de un *Diccionario* separado para las artes liberales y mecánicas, pero se decide a incluir de momento las más comunes y precisas.

El *Diccionario*, como es sabido, se llama comúnmente *de Autoridades*, porque sus redactores apoyaron la definición de cada palabra con el respaldo de un clásico. Las citas de estos autores sirven unas veces como autoridad, y otras como ejemplo, porque muchas palabras ya no están en uso «y el olvido las ha desterrado de la Lengua» [19]; los académicos en este caso no pretenden imponer o restaurar su uso, sino tan sólo explicar la voz [20]. En los autores elegidos para acreditar las voces como castizas y

---

[17] «La fundación...», cit., pág. 119.

[18] «Discurso proemial de la orthographía de la Lengua Castellana», tomo I, cit., páginas LXI-LXXXIV.

[19] *Diccionario*, cit., I, pág. V.

[20] Los académicos, a quienes urgía defenderse de la acusación de que pretendían imponer su propio criterio como norma general, aclaran su postura al servirse de las Autoridades; así, en las páginas dedicadas a la *Historia de la Academia*, puntos doce y trece, escriben: «12 El poner estas autoridades pareció necesario, porque deseando limpiar, purificar, y fijar la lengua, es obligación precisa que la Academia califique la voz, y manifieste los méritos de su juicio: pues con este método muestra la moderación con que procede, y desvanece las inventadas objeciones de querer

elegantes «se ponen las citas, sin graduación ni preferencia entre sí, evitando hacer este juicio comparativo, siempre odioso; pues sólo ha puesto el cuidado de citar los que usaron con la mayor propiedad la voz de que se habla» [21]. Junto a las voces dominantes en cada uno, el *Diccionario* acoge los refranes que se estiman más morales, pero se suprimen los demasiado sencillos, habida cuenta de que existían extensas colecciones de ellos, como las publicadas por el Pinciano y Juan de Mal Lara, entre otros. La Academia excluye del *Diccionario* los nombres propios de personas y lugares, que pertenecen a la Historia y a la Geografía y «los que significan desnudamente objeto indecente» [22]. Persuadidos de las dificultades de tan nueva y enorme tarea, los académicos admiten «con la más ingenua sinceridad» [23], que su trabajo no puede salir perfecto sino al cabo de largos años de esfuerzo y después de algunas reimpresiones, y requieren el prudente juicio de los lectores para corregir las faltas en que hayan podido incurrir [24].

Al hacer después la *Historia de la Academia,* afirman su convencimiento de que la lengua había llegado a su perfección en el siglo anterior, por lo que era necesario *fijarla* y limpiarla además de todas las impurezas que se le hubiesen adherido; en consecuencia, había que «desterrar las Voces nuevas, inventadas sin prudente elección, y restituir las antiguas, con su propiedad, hermosura, y sonido mejor, que las subrogadas» [25].

El esfuerzo de los académicos dio al fin su fruto, y después de vencer numerosas dificultades, incluso la falta de papel, que hubo de ser traído de Génova, apareció el primer volumen del *Diccionario,* correspondiente a las dos primeras letras, en abril de 1726. Los restantes volúmenes, hasta los seis de que consta, se publicaron en 1729, 1732, 1734, 1737 y 1739.

---

constituirse maestra de la lengua: porque calificada la voz por limpia, pura, castiza y Española, por medio de su etimología, y autoridades de los Escritores; y al contrario, castigada por anticuada, o por jocosa, inventada, o usada sólo en estilo libre, y no serio: viene a salir al público, con notoriedad de hecho, que la Academia no es maestra, ni maestros los Académicos, sino unos Jueces, que con su estudio han juzgado las voces: y para que no sea libre la sentencia, se añaden los méritos de la causa, propuestos en las autoridades que se citan.

»13 En este propio asunto ha usado la Academia de la mayor modestia, porque a todas las voces expresivas, y propiamente Castellanas no las añade calificación, teniendo por inútil la sentencia, por estar comprobadas con el mismo hecho de ser usadas de nuestros Autores, y sólo da censura a las que por anticuadas, nuevas, superfluas, o bárbaras la necesitan» (*Diccionario,* cit., I, págs. XVIII-XIX; hemos modificado en lo indispensable la ortografía).

[21] Idem, íd., págs. V-VI.
[22] Idem, íd., pág. VI.
[23] Idem, íd., pág. VIII.
[24] Véanse las correcciones que propuso el padre Martín Sarmiento, «Reflexiones sobre el Diccionario de la Lengua Castellana que compuso la Real Academia Española en el año de 1726», en *Boletín de la Real Academia Española,* XV, 1928, págs. 23-38.
[25] *Diccionario,* cit., I, pág. XVII.

La Academia emprendió también la redacción de un tratado de *Orto-grafía*, que se imprimió por primera vez en 1742 y fue reimpreso varias veces (1754, 1762 y 1770). Advierte Gili Gaya [26] que, en materia ortográfica, la Academia, fiel al espíritu neoclásico, había hecho algunas concesiones a la ortografía etimológica —son las tiranías del latín que menciona Cotarelo—, y así, había restaurado la grafía y pronunciación de *solemne*, *digno*, *efecto*, *doctrina*, contra el uso ya consolidado en el siglo XVII, y escribía *phísica* y *christiano* de acuerdo con el origen griego de estas palabras. Pero abandonó luego progresivamente la mayor parte de aquellos intentos de reacción cultista y tendió cada vez más a aproximar la grafía a la pronunciación, según se advierte ya en la primera edición de la *Ortografía*.

Desde 1740 comenzó la Academia a trabajar en la *Gramática*, pero su confección resultó más difícil de lo previsto y la obra quedó interrumpida hasta que en 1767 se volvió a ella, para imprimirla por primera vez en 1771. Fue reimpresa en 1776 y 1781.

A la Academia se le ha atribuido —y no sólo por algunos de sus contemporáneos, sino también por comentaristas de nuestros días— el propósito de proponer reglas de buen gusto para pensar (?) [27] y para escribir. Menéndez y Pelayo, en las páginas que dedica a los comienzos de esta institución, desmiente categóricamente tales pretensiones y añade que jamás procedió con el criterio estrecho y pedagógico que algunos imaginan oyendo el nombre de Academia, conforme a la opinión que de tales cuerpos suele tener el vulgo: «Pocas instituciones —dice— ha habido menos *académicas* en tal concepto que la Academia Española. Fundada, sobre todo, para hacer el inventario de la lengua, para depurarla y acrisolarla de los vicios que un siglo de decadencia literaria la había legado, y para oponer un dique a la invasión ya temible del galicismo, su misión, fue, y tenía que ser, filológica más bien que crítica ni estética, y sólo de un modo muy remoto podía influir en la dirección del gusto de prosistas y poetas» [28]. Nunca —añade— se propuso legislar en materia retórica, y en la gramatical y lexicográfica procedió con tan ancho criterio que, en su selección de *autoridades*, prefirió muchas veces tomar ejemplo de los escritores más culteranos y conceptistas del siglo XVII que de otros autores «limpios, tersos y elegantísimos del siglo XVI, que habían usado las mismas palabras y debían servir de autoridad en aquel caso» [29]. Lo cual demuestra que andaban muy lejos de pretender una corrección «a la francesa» y que prefirieron, dentro del gusto nacional, lo más contrario

[26] *La lexicografía...*, cit., pág. 22.

[27] Así lo afirma, por ejemplo, Antonio Papell, «Las instituciones literarias del siglo XVIII», en *Historia General de las Literaturas Hispánicas*, dirigida por Guillermo Díaz-Plaja, IV, Primera parte, Barcelona, 1956, pág. X.

[28] M. Menéndez y Pelayo, *Historia de las ideas estéticas en España*, edición nacional, III, 3.ª ed., Madrid, 1962, pág. 196.

[29] Idem, íd., pág. 197.

a todo canon preceptista y disciplina académica. La Academia —añade don Marcelino más abajo— nunca pensó seriamente en redactar una *Poética*, dejando materias tan opinables a la libre iniciativa individual; sus únicas relaciones con la literatura consistieron en haber reimpreso, «como textos de lengua» [30], algunos autores clásicos, y en convocar de tarde en tarde concursos de oratoria y de poesía; por cierto —dice— que, a la hora de conceder los premios, no pecaron de intolerantes, pues dejaron sin él a los dos Moratines, y galardonaron, en cambio, a escritores excéntricos e indisciplinados como Vaca de Guzmán, Forner y Vargas Ponce; y no pertenecieron a la corporación los escritores más *académicos*, como Tomás de Iriarte, Moratín y Gómez Hermosilla.

Con tal repaso de cuentas no se propone Menéndez y Pelayo probar la eficacia de la Academia, que sólo pretendió influir de modo indirecto a través del estudio de los modelos y de la lengua nacional, manteniéndose aparte de las modas transitorias y las disputas de escuela.

Lázaro Carreter ha estudiado también las directrices iniciales de la Academia para establecer las diferencias entre dos movimientos que, equivocadamente, suelen algunos considerar sinónimos: academicismo y neoclasicismo. Aunque la Academia —dice Lázaro [31]— confiesa, por boca de su fundador, que se establece a imitación de la de París, los fines fundacionales de la Española distan mucho de las tendencias clasicistas que dominan la institución francesa. Ésta aparece en un momento culminante de su idioma; la nuestra, por el contrario, surge en un momento de decadencia y corrupción con el propósito de defender la lengua contra los barbarismos, léxicos y sintácticos, introducidos por el barroco decadente. Estos *barbarismos* eran casi siempre cultismos procedentes del latín, pero absurdos e inoportunos, y también popularismos inadecuados (el problema de los galicismos, que tanto había de debatirse luego a lo largo del siglo, todavía no parece inquietar demasiado a la Academia). Sin embargo, según puntualiza Lázaro Carreter [32], la Academia no rechaza al barroco como tal, y hasta se siente orgullosa de los logros de dicho gusto literario; por eso, pues, puede poner en la lista de las *autoridades* nombres como Quevedo, Góngora, Carrillo, Paravicino o Calderón, que habían de ser después rechazados por los neoclasicistas. Para la Academia, en suma, el barroco representa una plenitud del idioma [33] y lo que pretende introducir no es sino el *casticismo* léxico. El neoclasicismo, por el contrario, que había de arraigar después, extiende este *casticismo* a las

---

[30] Idem, íd., pág. 198. Cfr.: Emilio Cotarelo, *Discurso acerca de las obras publicadas por la Real Academia Española*, Madrid, 1928.

[31] Fernando Lázaro Carreter, *Las ideas lingüísticas en España durante el siglo XVIII*, Anejo XLVIII de la *Revista de Filología Española*, Madrid, 1949, pág. 204.

[32] Idem, íd.

[33] Idem, íd., pág. 224.

formas literarias: no sólo deben utilizarse las palabras de abolengo castellano, sino que hay que escribir además como los maestros del quinientos; es decir: el barroco representa la corrupción y hay que saltar por
encima de él para volver al recto camino. Queda, pues, bien claro que el
llamado *academicismo* aparecía con un criterio de gran amplitud en materia artística y nada tenía que ver con las doctrinas literarias clásicas,
que habían de configurar el carácter básico del siglo [34].

OTRAS ACADEMIAS

La «Academia de la Historia». Esta Academia tuvo un origen parecido
a la de la Lengua [35]. Algunos literatos e investigadores comenzaron a reunirse en 1735 en casa del abogado don Julián de Hermosilla y decidieron
constituirse en Academia particular. Los primeros asistentes, que se estiman como fundadores, fueron don Francisco Zabila, capitán de las Reales
Guardias de Infantería; don Juan Antonio de Rada, secretario del rey y
abogado de los Reales Consejos; el abogado don Manuel de Roda del Consejo de Hacienda; el conde de Torrepalma; don Jerónimo Escuer, secretario de la Mayordomía Mayor del Rey; don Agustín de Montiano y Luyando; y dos capellanes de San Isidro, que habían de hacerse famosos
como fundadores del *Diario de los literatos de España*: don Juan Martínez Salafranca y don Leopoldo Jerónimo Puig.

Los primeros pasos de la Academia fueron bastante inciertos, porque
sus miembros no tenían idea clara de las tareas que se proponían llevar
a cabo. Al principio decidieron llamarse *Academia Universal de la Historia*, pero pronto convinieron en limitar su campo de acción a la sola
historia de su país —tarea ya de por sí bastante ardua—, y cambiaron su

---

[34] Cfr. además: Juan Sempere y Guarinos, *Ensayo de una biblioteca española de
los mejores escritores del reynado de Carlos III*, volumen I, Madrid, 1785, págs. 55-
63 (hay edición facsímil, Gredos, Madrid, 1969). A. Ferrer del Río, *Reseña histórica de
la fundación, progresos y vicisitudes de la Real Academia Española*, Discurso, Madrid,
1860. Del mismo, «Directores de la Real Academia Española», en *Revista Ibérica*, Madrid, II, 1862, págs. 322-336. Del mismo, *Noticias de dos certámenes literarios de la
Real Academia Española*, Discurso, Madrid, 1866. Armando Cotarelo Valledor, *Bosquejo histórico de la Real Academia Española*, Discurso, Madrid, 1946. Ángel González
Palencia, «Noticias de cuando la Academia no tenía casa», en *Boletín de la Real Academia Española*, XXV, 1946, págs. 303-311; reproducido en *Eruditos y libreros del
siglo XVIII*, Madrid, 1948, págs. 283-293.

[35] Cfr.: Vicente Castañeda, «La Real Academia de la Historia», en *Boletín de la
Real Academia de la Historia*, XCVI, 1930, págs. 525-544. «Noticia del origen, progresos
y trabajos literarios de la Real Academia de la Historia», en *Memorias de la Real
Academia de la Historia*, tomo I, Madrid, 1796, págs. I-CLXI (van a continuación de
la pág. 408; existe reproducción facsímil por Kraus Reprint, Nendel / Liechtenstein.
1969). La «Noticia», muy amplia y minuciosa, va anónima, pero existen fundadas razones para suponerla redactada por Antonio de Capmany (véase el artículo del conde
de Cedillo, cit. luego).

nombre por el de *Academia Española de la Historia*. Al relatar su fundación dice Sempere y Guarinos que aquellos literatos e investigadores «se
habían propuesto por objeto de sus estudios el expurgar la Historia de
nuestra Nación de las fábulas con que la habían manchado, por una parte
la credulidad, y por otra la malicia de ciertos impostores» [36]. Como primera empresa se propusieron la redacción de unos *Anales* de cuyo índice
se formaría un *Diccionario histórico-crítico-universal de España*. En la
primavera de 1736 los académicos trataron de hallar para sus reuniones
un lugar más adecuado que la casa de Hermosilla, y, por mediación de
Blas Antonio Nasarre, bibliotecario mayor, lograron que se les permitiera
tener sus juntas en la biblioteca del rey, cuya protección pensaban granjearse. En 1738, efectivamente, Felipe V aprobó oficialmente la constitución del nuevo Instituto, elevándolo al honor de Academia Real y concediendo a sus miembros las prerrogativas, exenciones y privilegios que
tenían los *criados* de la Real Casa. Su primer director fue don Agustín de
Montiano y Luyando, secretario del rey, que había presentado a éste el
Memorial para solicitar su aprobación.

Como plan de trabajo, los académicos establecieron distintos campos
de investigación, que se distribuyeron según sus especiales aficiones: de
la Historia en general y sus utilidades; Geografía antigua; Geografía moderna; Historia Natural; primeros pobladores; lengua primitiva; religión
y costumbres; cronología; genealogía; medallas, inscripciones, privilegios
y demás monumentos de la Historia; Cronicones falsos y autores que se
valieron de ellos; los que merecen entera fe; reglas críticas; exposición
del método que ha de observar la Academia en sus publicaciones.

La flamante Academia tuvo que enfrentarse con los problemas que
provocó la fundación del *Diario de los literatos de España*. Sus fundadores eran miembros de la Academia, y en un principio se pensó que ésta
respaldara la publicación, que tuvo incluso su primera sede oficial en la
misma biblioteca del rey. Pero las críticas del *Diario* provocaron la inevitable hostilidad y, de rechazo, las prevenciones contra la Academia, pues
los artículos aparecían sin firma y nadie sabía con certeza a quién atribuírselos. Los académicos exigieron entonces que los *diaristas* firmaran
sus colaboraciones, pero éstos se disgustaron con sus colegas y abando-
naron la Academia para actuar con independencia a partir del número
tercero [37].

En octubre de 1744, desde La Granja, Felipe V dictó tres decretos, en
los cuales otorgaba a la Academia, para su mantenimiento, una pensión
anual de cuatro mil ducados; y le atribuía los oficios de cronistas gene-

---

[36] *Ensayo...*, cit., I, pág. 63.
[37] Cfr.: Nicolás Marín, «El Conde de Torrepalma, la Academia de la Historia y el
Diario de los Literatos de España», en *Boletín de la Real Academia Española*, XLII,
1962, págs. 91-120.

rales y particulares, con sus sueldos respectivos, a medida que fueran vacando, así como el título y cargo de cronista de Indias. De este último no entró en posesión la Academia hasta 1755, en que el rey confirmó el nombramiento por nuevo decreto. Pedía éste que la Academia se aplicase especialmente «a la Historia de las Indias, como la más principal e importante de todos sus dominios».

La proyectada confección de los *Anales* y del *Diccionario* se acreditó enseguida como muy difícil, pues exigía el estudio previo de los escritores de la Antigüedad y de las fuentes medievales; para la historia moderna, a su vez, era urgente explorar los principales archivos del reino y sacar a luz los instrumentos más necesarios para aquel objeto. Como la Academia carecía de posibilidades para tal empresa, el rey, a petición de su director, comisionó a varios sabios, concediéndoles su protección y auxilios económicos; el padre Burriel, don Francisco Pérez Bayer y don Luis José Velázquez, con la ayuda de varios colaboradores, emprendieron la exploración de diversos archivos y como fruto de sus viajes ofrecieron a la Academia su primera gran colección: más de 13.500 documentos originales para la historia de España, 7.000 diplomas, más de 4.000 inscripciones, 2.000 medallas y 62 monumentos de pintura, escultura y arquitectura. En 1752 publicó la Academia el *Ensayo sobre los Alfabetos de las letras desconocidas, que se encuentran en las más antiguas Medallas y Monumentos de España*, que por encargo suyo escribió Velázquez. En 1755, por consejo de Campomanes, emprendió la Academia la confección de un *Índice Diplomático*, que había de comprender tratados de paz, alianza, tregua y neutralidad, declaraciones de guerra, casamientos, capitulaciones y testamentos, y todo instrumento notable referente a Cortes, Concilios, fueros de ciudades, estatutos de Órdenes Militares, etc.

La Academia de la Historia comenzó enseguida a formar su propia biblioteca, cuya fundación oficial data de 1751. Se inició con fondos muy modestos, ya que en 1767 todavía no excedían de mil catorce volúmenes: novecientos cuarenta y seis impresos y sesenta y ocho manuscritos; pero su acrecentamiento fue constante, hasta llegar a poseer, con fondos de distintas procedencias, una riqueza documental de primer orden. También ha reunido la Academia un Gabinete de Antigüedades, al cual regaló Felipe V un importante monetario, acrecentado por otras donaciones particulares. La Academia fue publicando sucesivamente ediciones de textos fundamentales para la historia de España [38], como las *Siete Partidas* y las *Colecciones de las Cortes de varios de los antiguos reinos*, si bien muchas de estas publicaciones corresponden ya, en parte o en su totalidad, al

---

[38] Cfr.: Conde de Cedillo, «Las grandes colecciones publicadas por la Real Academia de la Historia», en *Boletín de la Real Academia de la Historia*, XCII, 1928, páginas 334-401.

siglo XIX. Mención especial requiere la *España Sagrada* del padre Flórez, de la que daremos cuenta en su lugar.

Desde los mismos comienzos tuvo la Academia el deseo de dar al público periódico conocimiento de sus tareas mediante una revista, que recogiera artículos de corta extensión y noticias de actualidad. A este fin obedecieron los *Fastos* [39], que sólo duraron tres años y se extinguieron en 1741. El propósito de editar una revista periódica de la institución no tuvo realidad hasta la fundación del *Boletín de la Real Academia de la Historia* en 1877. También desde el principio resolvieron los académicos, para estudiar determinados puntos controvertidos, redactar disertaciones históricas, que se leían en las sesiones de la Academia y que acordaron luego reunir en una colección impresa que se tituló *Memorias de la Real Academia de la Historia*. Estos volúmenes han ido apareciendo sin plazo fijo, a veces con largos intervalos. Al siglo XVIII corresponden tan sólo los tres primeros volúmenes, publicados en 1796 los dos primeros y en 1799 el tercero.

Para que pudiera instalar mejor su domicilio social, la Academia fue trasladada en junio de 1773 a la Plaza Mayor, al edificio conocido por la Real Panadería, ocupado anteriormente por la Academia de Bellas Artes de San Fernando. Allí permaneció hasta que a mediados del siglo XIX se le concedió el caserón llamado del Nuevo Rezado, en la calle del León, donde sigue en la actualidad. La Academia de la Historia conoció en el siglo XVIII seis directores: después de Montiano lo fueron el conde de Torrepalma, Campomanes, el duque de Almodóvar, Llaguno y Amírola, que renunció a los pocos días, y don Vicente María de Vera Ladrón de Guevara, duque de la Roca [40].

La «Real Academia de Buenas Letras» de Barcelona [41]. Esta Academia tuvo su precedente en la llamada *Academia Desconfiada*, o *de los Desconfiados*, que había comenzado a existir en los primeros días de junio de 1700. La *Desconfiada* nació de las reuniones de varios nobles catalanes, que decidieron fundar esta Academia con organización y fines parecidos a las otras muchas literarias de Italia y de España. Como presidente fue elegido don Juan Antonio de Boxadors, y celebró sus sesiones hasta 1703, en que la Guerra de Sucesión interrumpió su actividad.

---

[39] Madrid, 1739-1741.

[40] Para la noticia de los directores de la Academia cfr. el artículo de Vicente Castañeda, cit. Véase además, Cayetano Rosell, *Noticia de las actas de la Real Academia de la Historia*, Madrid, 1876.

[41] Cfr.: Sempere y Guarinos, *Ensayo...*, cit., I, págs. 71-73. *Historia y labor de la Real Academia de Buenas Letras de Barcelona desde su fundación en el siglo XVIII*, «Real Academia de Buenas Letras», Barcelona, 1955 (contiene un crecido número de monografías sobre varios aspectos de la actividad de la Academia).

En 1729 el conde de Peralada, don Bernardo Antonio de Boxadors, organizó de nuevo la sociedad reuniendo a quince personas destacadas entre la nobleza y las artes del Principado con el fin de cultivar «la historia sagrada y profana, y con especialidad la de Cataluña», aunque se invitaba también a todo género de estudios, con lo cual —como advierte Martín de Riquer [42]— se daba a entender la necesidad que había de ellos en momentos en que Barcelona se hallaba privada de Universidad. La Historia fue, sin embargo, la principal actividad de la institución. Hasta 1751 siguió funcionando esta que se podría titular *Academia sin nombre*, cuyos componentes fueron casi exclusivamente aristócratas y eclesiásticos. Pero en dicho año el marqués de Llió logró que Fernando VI la acogiera bajo su protección, sancionara su denominación definitiva y aprobara sus estatutos. Desde entonces —dice Riquer [43]— la Academia adquirió un sentido de responsabilidad y un tono serio y consciente que hasta el momento no la había caracterizado; dejó de consistir en un grupo de amigos, aficionados a las letras, que se leían mutuamente sus composiciones, para emprender tareas colectivas y de colaboración, que tuvieron su fruto en diversos trabajos impresos. En sus primeros años de actividad se relacionó con otras instituciones similares de la Península, admitiendo historiadores y literatos correspondientes y adquiriendo crédito y consideración en todo el país.

Entre las tareas colectivas que se impuso la Academia destaca la redacción de la *Historia de Cataluña*, proyecto heredado de la Academia antigua. Los académicos se repartieron las distintas épocas, pero el trabajo avanzó muy escasamente durante el siglo XVIII y sólo se leyeron algunas comunicaciones monográficas de índole preparatoria. La Guerra de la Independencia cortó los nuevos planes para la confección de dicha *Historia* propuestos ya dentro del siglo XIX, señal inequívoca de que se había adelantado muy poco. También pensó la Academia en redactar un *Diccionario* de la lengua catalana, a imitación del *de Autoridades* de la Española, para lo cual se escogieron los autores medievales que se estimaban fuentes lexicográficas; pero la idea fue pronto abandonada aunque resurgió en los últimos años del siglo.

Se proyectó asimismo la publicación de un *Semanario*, que incluiría memorias y documentos sobre historia de España y sobre todo del Principado con el fin de «aficionar a los jóvenes españoles al estudio de la historia y de las buenas letras». Pero el *Semanario* fracasó también y hasta 1901 no contó la Academia catalana con una publicación periódica. En cambio, la institución desempeñó una tarea asidua y eficaz en la cen-

---

[42] Martín de Riquer, «Breve historia de la Real Academia de Buenas Letras de Barcelona», en *Historia y labor...*, cit., págs. 3-32 (la cita en pág. 5).

[43] Idem, íd., pág. 13.

sura y aprobación de libros, tanto de los propios académicos como de otros autores.

La principal labor de la Academia durante el siglo XVIII —dice Riquer [44]— hay que buscarla en los trabajos leídos en las sesiones, muchos de los cuales son de interés y corresponden a los progresos de las ciencias históricas de la época. En 1756 se publicó el primer volumen de sus *Memorias* (el segundo no apareció hasta 1868), en el cual se incluía un tratado de *crítica historial* redactado por el marqués de Lló, bajo el título de *Observaciones sobre los principios de la Historia*, con reglas y criterios para el estudio de los documentos y orientación de las tareas investigadoras. Menéndez y Pelayo califica este trabajo de Lló como «uno de los más brillantes testimonios del positivo adelanto de la cultura española a mediados del siglo XVIII» [45].

La Guerra de la Independencia ocasionó la ruina de la institución, si bien ya mucho antes había entrado en un período de gran decadencia originada por la escasez de recursos económicos y la falta de interés de sus miembros, que se revela en el bajo nivel de las comunicaciones y el escaso número de sesiones celebradas (tan sólo dos en 1782; ninguna entre julio de 1797 y marzo de 1799). La Academia, restaurada en 1815, fue suspendida durante la reacción absolutista, en 1824, por una Real Orden de Fernando VII. Pero en junio de 1833 se abría de nuevo para comenzar un brillante período que corresponde a la época de la *Renaixença*, si bien esos años caen ya fuera del espacio reservado a este volumen.

Aunque este esquema de la vida de la *Academia de Buenas Letras* durante el siglo XVIII no parece mostrar un balance de gran actividad, su existencia no carece de aspectos fecundos. En lo que concierne a su campo preferente, la Historia, dice Ramón de Abadal [46] que si la Academia fracasó como foco de creación conjunta durante dicho siglo, fue en cambio lazo de relación y contacto entre los sabios dedicados a los trabajos históricos, con lo cual la Historia, si no fue la obra de la Academia, fue la obra de los académicos. Aunque de varios de ellos hemos de ocuparnos en las páginas dedicadas a la erudición, recordemos ahora que a la Academia de Buenas Letras, según enumera Abadal, pertenecieron hombres como el premonstratense padre Caresmar, gran diplomatista, cuya información hizo posible el volumen 28 de la *España Sagrada* del padre Flórez; Antonio de Capmany, que publicó en 1779 sus *Memorias históricas sobre la marina, comercio y artes de la antigua ciudad de Barcelona*; y el padre Masdeu, que comenzó en 1781 su *Historia crítica de España*.

---

[44] Idem, íd., pág. 16.
[45] *Historia de las ideas estéticas...*, cit., III, pág. 201.
[46] Ramón de Abadal y de Vinyals, «Doscientos años de historia de Cataluña en la Real Academia de Buenas Letras», en *Historia y labor...*, cit., págs. 55-67 (la cita en página 58).

La **«Academia Sevillana de Buenas Letras»** [47]. Debió su nacimiento al esfuerzo de don Luis Germán y Ribón, individuo supernumerario de la Real Academia de la Historia, que reunió en su casa a un grupo de amigos interesados en diversas tareas culturales. En 1752 fue aprobada por el monarca, que les ofreció para sus juntas una de las salas del Alcázar de Sevilla. Con el fin de atraerse a los estudiosos de las más varias materias, la Academia Sevillana no quiso proponerse el cultivo de ninguna disciplina en particular, sino la «erudición universal de toda especie de buenas letras». No obstante, de hecho se dedicó con preferencia a las investigaciones arqueológicas, según se echa de ver en la índole de los trabajos incluidos en el primer volumen de sus *Memorias*, publicado en 1773. Según hace notar Menéndez y Pelayo [48], el movimiento literario que a fines de siglo promovió la llamada «escuela sevillana» tuvo por centro otras academias particulares, como la *Horaciana* y la *de Letras Humanas*.

La **«Biblioteca Nacional»**. Al lado de estas fundaciones oficiales es necesario incluir la *Biblioteca Nacional*, que les precedió a todas. Fue fundada en 1712 por Felipe V con los fondos de la antigua biblioteca llamada «de la Reina Madre» y otras colecciones traídas de Francia por el rey. Fue instalada en un pasadizo del Palacio Real, junto a lo que es hoy el Teatro Real o de la Ópera, y constaba en sus comienzos de unos 8.000 volúmenes entre impresos y manuscritos. El primer bibliotecario fue don Juan de Ferreras [49], elegido después miembro de la Academia de la Lengua, como vimos. El jesuita padre Guillermo Daubenton, confesor de Felipe V, redactó las primeras constituciones [50], que fueron sustituidas en 1761 por las que presentó el bibliotecario Juan M. de Santander; éste propuso a Carlos III que se estimase como mérito para el ascenso de los funcionarios de la Biblioteca el conocimiento de las lenguas orientales. En 1788 Jovellanos aconsejó también otras reformas en los estatutos, entre ellas que hasta los escribanos de la institución poseyeran las lenguas clásicas.

Desde el día de su fundación la Biblioteca Nacional obtuvo el privilegio de recibir un ejemplar de todos los libros, folletos, e impresos en general, que salieran de las prensas españolas. Además de ello, se fue enriqueciendo

---

[47] Cfr.: Sempere y Guarinos, *Ensayo...*, cit., I, págs. 73-78. «Historia de la Real Academia Sevillana de las Buenas Letras», en las *Memorias literarias* de la misma, I, Sevilla, 1773, págs. XV-LXXVI. Francisco Aguilar Piñal, *La Real Academia Sevillana de Buenas Letras en el siglo XVIII*, Madrid, 1966; estudio fundamental sobre esta institución.

[48] *Historia de las ideas estéticas*, cit., III, pág. 201.

[49] Cfr.: A. Pérez Goyena, «Los primeros directores de la Biblioteca Nacional», en *Razón y Fe*, LXIII, 1925, págs. 519-529.

[50] M. L. Cuesta, *Una vida inédita del primer Director efectivo de la Biblioteca Nacional (el P. Daubenton)*, Madrid, 1958.

con donaciones o compras de bibliotecas particulares, entre ellas las de Suárez de Guevara, el doctor Salcedo, el conde de Miranda, la condesa de Campo Alange, Böhl de Faber, el duque de Osuna, Gayangos, etc., etc.

La Biblioteca Nacional fue trasladada en 1809, durante el reinado de José Bonaparte, al edificio que había de ocupar después, en la calle de Atocha, el Ministerio de Fomento; más tarde, en 1826, fue instalada en una casa próxima a la Plaza de Oriente, propiedad del marqués de Alcañices. En 1866 Isabel II inauguró las obras del edificio que hoy ocupa y que fue abierto al público en 1894.

ACADEMIAS NO OFICIALES Y TERTULIAS

La «Academia del Buen Gusto». Aunque los mencionados organismos oficiales iban sustituyendo lo que había sido hasta entonces acción espontánea de los particulares, subsiste, sin embargo, la vieja institución de las Academias privadas a la manera italiana o española, influida entonces por la moda de los *salones* literarios al gusto francés. La más famosa reunión de esta especie durante el siglo XVIII español fue la llamada *Academia del Buen Gusto*, que por los años 1749-1751 reunía en su palacio de la calle del Turco la condesa viuda de Lemos, luego marquesa de Sarriá. Las dotes personales de esta mujer unidas a su prestigio cortesano dieron realce e influjo a dicha Academia, que, en opinión de Valmar [51], forma época en la historia poética de aquel siglo, tanto por ser la última importante de su especie como porque contribuyó a dar fuerza y autoridad a las nuevas ideas literarias.

Se alude siempre, inevitablemente, al ocuparse de la *Academia del Buen Gusto*, al famoso *salón* francés del *Hotel de Rambouillet* presidido por la hermosa Julie d'Angennes. Como éste, el *salón* de la condesa de Lemos tuvo un carácter elegante y aristocrático, según convenía a la índole de la literatura que allí se cultivaba. Este hecho y el tono de superioridad intelectual que asumen sus miembros, al calificarse como defensores del *buen gusto*, explica su nombre y su actitud rectora. Los que se tienen como fundadores de la *Academia del Buen Gusto*, con la excepción de Montiano, pertenecían a la nobleza; después fueron admitidos los que cabía estimar como representantes de la aristocracia literaria: Luzán, Nasarre y Velázquez —si bien éste era, a su vez, marqués de Valdeflores—, genuinos representantes del gusto neoclásico, y afines, por tanto, a las tendencias minoritarias que aquéllos representaban. A la Academia se incorporaron también algunos otros poetas, como José de Villarroel, clérigo

---

[51] Leopoldo Augusto de Cueto, marqués de Valmar, *Poetas líricos del siglo XVIII*, I, B. A. E., LXI, nueva ed., Madrid, 1952, pág. LXXXIX.

chancero y extravagante, cuyo papel en semejante reunión no acaba de
verse claro; debía de ser algo así como el bufón de aquella corte en miniatura[52]. Por su llaneza y desenfado, y debido también a su condición
sacerdotal, se le celebraban audacias y hasta insolencias y descortesías,
inconcebibles en los otros miembros, entre las cuales no eran las menores
el burlarse de los poetas de la Academia y de sus obras. Aunque sus
propios versos, que ni siquiera él mismo podía tomar en serio, repetían
los tópicos del peor barroco o caían en el más pedestre prosaísmo, le
hacía simpático a los contertulios su intransigente patriotismo, que le
llevaba a satirizar todas las ideas y estilos que le sonaban a francés; y
aunque la mayoría de los componentes de la *Academia* simpatizaba con
las corrientes más o menos afrancesadas, todos ellos eran patriotas fervorosos, sin olvidar además la tolerancia y amplitud de criterio que reinaba
en la reunión.

A ella se incorporaron asimismo algunos miembros de la Academia granadina llamada *del Trípode*, fundada por el conde de Torrepalma. Éste y
su amigo el canónigo Porcel, con otros varios poetas, cultivaban el más
desaforado barroquismo en sus composiciones y defendían además teóricamente las libertades de los líricos del Seiscientos, ponderando en particular
la obra de Góngora y condenando la estrechez de las reglas neoclásicas.
En uno de sus trabajos leídos en la *Academia*, Porcel ponía en boca de
Garcilaso estas palabras: «Confieso el juicio que entre los mortales hice,
que la poética no es más que opinión. La poesía es genial, y a excepción
de algunas reglas generales y de la sindéresis universal que tiene todo
hombre sensato, el poeta no debe adoptar otra ley que la de su genio.
Se ha de precipitar como libre el espíritu de los poetas; por eso nos pintan al Pegaso con alas, y no con freno; y si éste se le pone, como intenta
el que modernamente ha erigido el Parnaso Francés, es desatino... En
vano se cansan los maestros del arte en señalar estas ni las otras particulares reglas, porque esto no es otra cosa que tiranizar el libre pensar del
hombre, que en cada uno se diferencia, según la fuerza de su genio, el

---

[52] Algunos manuales de literatura confunden burdamente a este José de Villarroel
con el famoso Diego de Torres Villarroel, quizá por haber leído muy de prisa los
comentarios de Valmar sobre el primero de ellos y no haber advertido que se trataba de otra persona. Uno de estos manuales, el de Díez Echarri-Roca Franquesa
(*Historia de la Literatura Española e Hispanoamericana*, 2.ª ed., Madrid, 1966),
llega a citar (pág. 656), atribuyéndoselos a don Diego, por supuesto, los mismos versos, exactamente, de José de Villarroel que aduce Valmar (cit. pág. XCIV), sazonán-
dolos con los comentarios «pertinentes». José de Villarroel y Diego de Torres Villarroel fueron posiblemente parientes y tuvieron una cierta relación literaria y de
amistad, pues se hicieron aprobaciones recíprocas, pero existen muchos puntos oscuros en torno a estos problemas. Sobre todos ellos cfr., Guy Mercadier, «Joseph de
Villarroel et Diego de Torres Villarroel: parenté littéraire et parenté naturelle», en
Mélanges à la mémoire de Jean Sarrailh, II, París, 1966, págs. 147-159.

valor de su idioma, la doctrina en que desde sus primeros años lo impusieron, las pasiones que lo dominan y otras muchas cosas» [53].

Ante la misma concurrencia en que Porcel leyó este manifiesto de libertad literaria, dio a conocer Montiano sus tragedias neoclásicas y su primer discurso sobre las tragedias españolas, y Velázquez sus ataques contra el teatro español del Barroco. Parece, pues, cierto el juicio de Menéndez y Pelayo cuando afirma [54] que no debe mirarse la *Academia del Buen Gusto* como una ciudadela de las corrientes galoclásicas, pues lo que constituye su gloria, es precisamente la tolerancia que gobernó sus reuniones y permitió contrastar ideas y corrientes opuestas.

Montiano, que era el secretario de la *Academia*, redactaba de su mano las actas, del modo más concienzudo y grave, incluyendo los trabajos leídos. Estas *Actas*, conservadas en parte, se guardan en la Biblioteca Nacional de Madrid.

La **«Tertulia de la Fonda de San Sebastián».** Muy distante del ancho eclecticismo de la *Academia del Buen Gusto* estuvo la famosa *Tertulia de la Fonda de San Sebastián*, que debe estimarse, por el contrario, como el núcleo principal de las tendencias neoclásicas. La *Tertulia* fue fundada por Nicolás Fernández de Moratín y celebraba sus reuniones en la fonda que le dio su nombre, propiedad de un italiano llamado Juan Antonio Gippini, que les alquiló una habitación [55]. Moratín el Joven cuenta en la *Vida* de su padre [56] que, a la caída del conde de Aranda, los hombres más distinguidos de todas las clases tomaron el prudente partido de oscurecerse para evitar los posibles resentimientos ocasionados por el vaivén de la política. Con un buen grupo de estos hombres, casi todos antiguos favorecidos por el conde, se formó la *Tertulia*, en la cual, para alejar suspicacias, estaba prohibido hablar de política y sólo se permitía ocuparse «de teatro, de toros, de amores y de versos» [57]. La *Tertulia*, según dice Valmar [58], fue como una reproducción de la *Academia del Buen Gusto*, pero con elementos más avanzados y en forma más adecuada a las nuevas costumbres. Las mujeres no tenían cabida, con lo cual queda dicho que el carácter mundano de aquella *Academia* quedaba aquí sustituido por pro-

---

[53] Cit. por Valmar en *Poetas líricos del siglo XVIII*, cit., pág. CI.

[54] *Historia de las ideas estéticas*, cit., III, pág. 263.

[55] Cfr.: Ángel González Palencia, «La Fonda de San Sebastián», en *Revista de la Biblioteca, Archivo y Museo del Ayuntamiento de Madrid*, II, 1925, págs. 549-553; reproducido en su libro *Entre dos siglos*, Madrid, 1943, págs. 117-124. Este artículo se ocupa solamente del establecimiento de la Fonda y de su carácter como institución hotelera, pero no alude para nada a la *Tertulia*.

[56] *Vida de don Nicolás Fernández de Moratín*, en *Obras de don Nicolás y don Leandro Fernández de Moratín*, B. A. E., II, Madrid, nueva ed. 1944, pág. XIII.

[57] Idem, íd.

[58] *Poetas líricos del siglo XVIII*, cit., pág. CV.

pósitos más específicamente críticos y literarios. Así se explica que su influjo fuera más profundo, y no es exagerado afirmar que de allí salieron los impulsos más eficaces para el cambio de ideas y sensibilidad estética que tuvo lugar durante el reinado de Carlos III. Moratín el Joven dice de la *Tertulia* de su padre que fue «escuela de erudición, de buen gusto, de acendrada crítica; y las cuestiones que allí se ofrecían daban motivo a los concurrentes de indagar y establecer los principios más sólidos, aplicados en particular al estudio y perfección de las letras humanas»[59]. Informa Cotarelo[60], al referirse al influjo ejercido por la *Tertulia*, que los juicios y opiniones que allí se adoptaban eran acatados y reproducidos luego en multitud de folletos y hojas volantes que publicaban escritores de segundo orden, cuando aún no se habían fundado los principales periódicos de la época, que habían de convertirse después en los órganos de la opinión literaria.

Entre los principales miembros de la *Tertulia* deben mencionarse, además del fundador, a don Ignacio López de Ayala, catedrático de Poética en los Reales Estudios de San Isidro y autor de la tragedia *Numancia destruida*; José Cadalso; Juan Bautista Muñoz, historiador del Nuevo Mundo; el bibliógrafo y anticuario valenciano Francisco Cerdá y Rico; el arabista Mariano Pizzi; el botánico Casimiro Gómez Ortega; el artillero Vicente de los Ríos, autor de la primera biografía de Cervantes; Guevara Vasconcellos, secretario de la Academia de la Historia; Tomás de Iriarte; y varios eruditos italianos residentes en Madrid, entre ellos Juan Bautista Conti, traductor al italiano de varios poetas clásicos españoles, y Napoli Signorelli, autor de una *Historia crítica de los teatros*.

En la *Tertulia*, según refiere Moratín el Joven, se leyeron las mejores tragedias del teatro francés, las *Sátiras* y la *Poética* de Boileau, las *Odas* de Rousseau, muchas composiciones de poetas italianos; allí leyó Cadalso sus *Cartas marruecas*, Ayala su *Numancia destruida* y el primer tomo de las *Vidas de españoles ilustres*, Iriarte algunas de sus obras. Los contertulios sometían a crítica las diversas obras que aparecían en el país y se ayudaban con mutuos consejos. Por estímulo de Moratín el Viejo, dice don Leandro, prosiguió Conti sus traducciones de poetas españoles; y también aconsejó a Signorelli en lo referente al teatro español, proporcionándole además abundantes materiales; Moratín —dice su hijo—, que cuando hablaba a sus compatriotas era el más rígido censor de los defectos de nuestro teatro, hizo ver, en cambio, a Signorelli los méritos de nuestros grandes dramaturgos, influyendo en los ponderados juicios del crítico italiano.

---

[59] *Vida*, cit., pág. XIV.
[60] Emilio Cotarelo, *Iriarte y su época*, Madrid, 1897, pág. 125.

La *Tertulia de la Fonda de San Sebastián* fue perdiendo importancia por la ausencia de algunos de sus miembros: Conti se fue a Italia, Cadalso a Salamanca, Iriarte pasaba largas temporadas en los Reales Sitios, Ayala sufría frecuentes dolencias. Los que permanecían no creyeron oportuno sustituir a los ausentes, porque no era fácil —dice don Leandro— encontrar, en quienes pretendían reemplazarles, la amistad, la identidad de principios e inclinaciones, la moderación y la prudencia que habían sostenido durante varios años la vida de aquella reunión. Cotarelo afirma, sin embargo, que a fines de siglo todavía duraba la *Tertulia*, aunque entonces dominaban ya en ella escritores enteramente alejados de la erudición y del buen gusto que la habían caracterizado en sus primeros tiempos, entre ellos nada menos que Comella y Zavala, representantes del peor teatro de la época, que Moratín el Joven había de ridiculizar.

Menéndez y Pelayo, siempre llevado por su prurito de rebajar en lo posible el influjo francés durante toda la centuria ilustrada, ha puesto de relieve [61] que en la *Tertulia de la Fonda de San Sebastián* predominaba más bien la corriente latino-itálica que la del clasicismo francés, excepto en los problemas del teatro; orientación a la que no era ajena, naturalmente, la presencia de varios italianos. En la lírica, según recuerda don Marcelino y hemos de ver en el capítulo correspondiente, los restauradores de nuestra poesía en el siglo XVIII nada debieron a Francia, y no puede citarse —dice— ni un solo poeta que muestre especial conocimiento o imitación de los líricos franceses. Admiraban el teatro de la nación vecina y recibían las ideas de sus libros en prosa, pero en lo demás se conservaban fieles a la tradición clásica del XVI, y, a imitación de los poetas de aquella época, tenían vueltos los ojos a Italia, con cuyos escritores mantenían amistoso contacto. Cotarelo reproduce, y acepta, esta interpretación de Menéndez y Pelayo. Pellissier [62] subraya, en cambio, que, aun siendo cierto lo que a la lírica se refiere, lo más importante de la *Tertulia de la Fonda de San Sebastián* fue la difusión de los principios neoclásicos, y en este sentido se orientaron todos sus esfuerzos, sin que importe mucho bajo qué etiqueta circulaban; para los contemporáneos de la *Tertulia* —añade— el neoclasicismo era evidentemente una forma del pensamiento francés.

Los salones de Olavide. En plural decimos, porque fueron varios los que mantuvo este famoso y discutido personaje [63], tan vinculado a las ideas y actividad reformista durante el reinado de Carlos III. Durante sus años

---

[61] *Historia de las ideas estéticas*, cit., III, pág. 294.

[62] Robert E. Pellissier, *The Neo-Classic Movement in Spain during the XVIII Century*, Stanford University, California, 1918, pág. 101.

[63] Para el estudio de Olavide véase el libro, capital, de Marcelin Defourneaux, *Pablo de Olavide, el afrancesado*, trad. española, México, 1965. Cfr. también, Cayetano

de residencia en Madrid, que alternaba con sus viajes al extranjero, particularmente a Francia, Olavide convirtió su casa en un centro de vida
mundana e intelectual; trajo de París gran cantidad de libros y de cuadros, y para difundir el gusto por las obras maestras de otras literaturas
hizo construir en su palacio su propio teatro, en donde él y sus amigos representaban las tragedias y comedias que componían o traducían [64].
En esos años —década del sesenta— había llegado a su punto culminante
la polémica sobre el teatro, y Olavide para ayudar a la tarea de los reformadores y proporcionar nuevos modelos del gusto clásico, contribuyó con
diversas traducciones, todas las cuales pertenecen a este período, antes
de que comenzaran sus actividades políticas. De las diez traducciones o
adaptaciones que, con bastante certidumbre, pueden atribuírsele —dice
Defourneaux [65]—, nueve lo fueron de autores franceses: dos de Racine
(*Mitrídates* y *Fedra*), dos de Le Mierre (*Lina* e *Hypermenestra*), dos de
Voltaire (*Olimpia* y *Zaira*), y las restantes de Regnard (*El jugador*), Du
Belloy (*Celmira*) y Sedaine (*El desertor*) [66]. Olavide, que tenía también
gran afición a la música, montó en su teatro particular algunas óperas
cómicas francesas, cuyos libretos había traducido, y hasta compuso una
zarzuela, *El celoso burlado*, con muchas reminiscencias de *L'École des
maris* y *L'École des femmes*, que fue representada en el teatro del Buen
Retiro. Al salón de Olavide en Madrid asistían famosos magistrados ilustrados, como don Juan Carrasco, luego marqués de la Corona, y Campomanes, ambos fiscales del Consejo de Castilla, escritores y eruditos como
Clavijo y Fajardo, y miembros de la alta nobleza, como el duque de Mora
y la duquesa de Huéscar, madre de la famosa duquesa de Alba, Cayetana,
retratada por Goya, que representaron papeles en el teatro de Olavide.
El principal papel femenino del salón, y uno de los grandes encantos que
contribuyeron a su fama, lo desempeñaba no la mujer de Olavide, personalidad más bien oscura, sino su hermanastra Gracia, muy identificada
con su hermano y capaz de traducir asimismo obras dramáticas francesas.

Durante su época de colonizador en las fundaciones de Sierra Morena,
Olavide quiso prolongar en su residencia el salón ilustrado que había
mantenido en Madrid [67]. En el palacio que se hizo construir en La Carolina,
desplegó el mismo lujo que había mantenido en la corte, se llevó allí

Alcázar Molina, *Los hombres del reinado de Carlos III. Don Pablo de Olavide (el
colonizador de Sierra Morena)*, Madrid, 1927.
   [64] *Pablo de Olavide...*, cit., pág. 51.
   [65] Idem, íd., pág. 54.
   [66] Cfr.: Estuardo Núñez, «Consideraciones en torno de la obra literaria de don
Pablo de Olavide», en *Actas del tercer Congreso Internacional de Hispanistas*, México,
1970, págs. 643-648. Núñez atribuye *El desertor* no a Sedaine, como hace Defourneaux,
sino a Louis-Sébastien Mercier; y señala, como seguras, otras dos obras de Voltaire:
Cassandre y *Mérope*.
   [67] *Pablo de Olavide...*, cit., págs. 180-182.

buena parte de su biblioteca y de sus cuadros, y procuró rodearse de cuantas personas de la colonia consideraba adecuadas al tono de su casa. Esta fue además obligada estación de cuantos personajes hacían el viaje entre Madrid y Andalucía, y por ella pasaron políticos y escritores famosos. A sus más íntimos amigos Olavide prestaba de su biblioteca libros prohibidos, para cuya lectura y posesión tenía permiso, y nuevamente hacía los honores a los invitados su hermana Gracia, que le acompañó casi todo el tiempo y fue eficaz colaboradora de las tareas de su hermano.

De mayor eficacia, quizá, en la empresa divulgadora de las *luces* fue la tertulia sevillana durante su gobierno como intendente de Andalucía. En el Alcázar de Sevilla, donde instaló Olavide su salón, se reunían los ilustrados andaluces y cuantos viajeros notables llegaban a la capital. Estableció Olavide una «academia de música» [68], donde se oían las últimas composiciones francesas e italianas; en su salón se comentaban los últimos libros recibidos y se discutía con gran libertad sobre problemas de arte, religión, economía o política. En 1768 organizó Olavide por vez primera en la ciudad un baile de Carnaval, a semejanza de los patrocinados en Madrid por el conde de Aranda, para lo cual hizo publicar un reglamento, y fue tanto su éxito que se renovó la autorización para años sucesivos.

El principal interés de Olavide en materias literarias se concentró de nuevo en el teatro. Las representaciones dramáticas estaban vedadas en la capital andaluza desde hacía muchos años, sin que todos los esfuerzos hubieran logrado anular la prohibición. Olavide, sin contar con el asentimiento del Cabildo, abrió un local para el teatro y organizó una compañía y un repertorio. Se propuso construir un gran edificio a propósito en los terrenos que le cedió para ello el duque de Medina Sidonia, pero entretanto levantó uno provisional de madera en el centro de la ciudad. Con el fin de que las representaciones alcanzaran el nivel debido, redactó un minucioso reglamento y fundó un verdadero conservatorio de arte dramático, destinado a instruir a los actores y formar futuros comediantes para su propio teatro y para los de la corte [69]. En el repertorio incluyó varias de sus antiguas traducciones y otras varias tragedias y comedias francesas; Cándido María Trigueros escribió para este teatro *La hipocresía castigada*. La resonancia de la actividad teatral de Olavide llegó más allá de Sevilla; un francés de Cádiz le pidió su intervención cerca de Aranda y Campomanes para levantar en aquella ciudad un teatro, que abrió efectivamente sus puertas en 1769, y en él se representaron varias tragedias de Voltaire; lo mismo le fue pedido desde la pequeña ciudad de Écija. Desde la misma corte solicitaron su colaboración; el ministro Grimaldi, encarga-

---

[68] Idem, íd., pág. 216.
[69] Idem, íd., pág. 212.

do por el rey de la dirección de los teatros de Madrid, pidió a Olavide el envío de cómicos formados en su escuela. Trató a su vez Olavide de estimular la creación de obras nacionales, que alternaran con las extranjeras, pero dentro de los cánones clásicos, y debido a esta emulación y estímulo escribió Jovellanos en 1769 su tragedia *Pelayo*, y su comedia *El delincuente honrado*, obra compuesta, según declara el propio autor, a consecuencia de una controversia mantenida en la tertulia de Olavide sobre los rasgos de la nueva «comedia lacrimosa»; se convocó una especie de concurso, en el que tomaron parte el propio Olavide y otros ilustrados de la tertulia. Además de este impulso para la renovación del arte dramático, debe subrayarse la gran importancia que para la formación doctrinal de Jovellanos tuvo su contacto con el salón de Olavide, en cuya casa conoció muchas obras que fueron base de sus doctrinas.

LOS PERIÓDICOS

El más importante vehículo para la divulgación de las nuevas ideas e inquietudes que se agitan en el panorama español del Setecientos lo representa el periodismo; institución que no es privativa de nuestro país, sino de toda Europa, ya que es en este siglo cuando se difunde ese nuevo instrumento, que había de ser calificado andando el tiempo de «cuarto poder». Con la multiplicación de las hojas periódicas se transforman los medios de comunicación social, pues debido a su cómoda lectura y bajo precio, el periódico va a cumplir desde entonces una tarea informativa y crítica incomparablemente mayor que la alcanzada por ningún otro género de publicaciones. Al ocuparse en su *Ensayo* de los «Papeles periódicos», Sempere y Guarinos subraya la primordial función que estaban desempeñando para la mayor y más rápida extensión de los conocimientos; «la pereza —añade— ha sido el enemigo más terrible que ha tenido la Literatura. Los hombres que constituyen regularmente su felicidad en no hacer nada, acostumbrados a mirar las cosas por la superficie, y a no pararse en pensar sobre la forma del globo en que habitan, sobre la constitución del gobierno que obedecen, ni sobre los objetos que miran y tocan continuamente, con dificultad se resuelven a devorar tomos en folio, ni a leer las obras completas de los sabios que han contribuido con sus luces a los progresos de la razón y al bien de la humanidad. Por otra parte, reducido hasta ahora el estudio de las ciencias a cierta clase de Profesores, el resto de la Sociedad quedaba en la ignorancia de un gran número de objetos, de lo qual resultaba, que ni los sabían apreciar, ni los buscaban, careciendo de este modo de la cultura que adquiere el espíritu con la extensión de los conocimientos de las cosas que pueden interesarle de varios modos» [70]. Y aunque insiste luego, como tantas veces había de hacerse en el futuro, en las deficiencias de estas publicaciones y en los riesgos que la verdad corría frecuentemente en ellas, admite que, ni aun con esto, se perjudicaba su mérito principal.

Richard Herr hace una aguda observación para subrayar la excepcional importancia que estaba llamada a tener la prensa periódica en este siglo [71]. Entre 1784 y 1785 —dice—, una tercera parte de los 460 libros aproximadamente que se publicaron en España, trataba de asuntos religiosos: colecciones de sermones, vidas de santos, libros de devoción, tratados de teología, etc.; tan sólo un siete por ciento de aquel número eran libros científicos, y apenas un tres por ciento trataba de industria, artes y comercio; un dos por ciento escaso discutía problemas filosóficos, principalmente morales, de índole no estrictamente religiosa. El predominio absoluto de los temas religiosos en las publicaciones españolas no periódicas pondera por sí mismo la capital misión que, en la España del XVIII, estaba reservada a la prensa periódica como vehículo de las *luces* y de todo género de problemas económicos, políticos, sociales, artísticos y literarios [72].

Sin que falten publicaciones importantes de gran resonancia, como el *Diario de los literatos de España* de que hablaremos luego con algún detalle, puede afirmarse, como puntualiza Enciso Recio [73], que el periodismo español durante la primera mitad del siglo XVIII «apenas está en los balbuceos». A partir de 1750 cambia por entero el panorama y comienza una nueva época que se prolonga hasta la Guerra de la Independencia. Este medio siglo puede a su vez ser dividido en dos mitades: la primera está presidida en particular por la obra periodística de Francisco Mariano Nipho; la segunda, que se inicia, más o menos, hacia 1770, es el período de la prensa polémica sin que falten tampoco algunos periódicos cultos y eruditos. En esta época alcanza el periodismo su primer momento de madurez y se consolida como insustituible realidad social.

La prensa periódica no nace, sin embargo, en el siglo XVIII, y, aunque sea en forma esquemática, es indispensable dar una idea de su origen y primeros pasos. Las «hojas volanderas» —*fogli a mano*— hacen su apa-

---

[70] Juan Sempere y Guarinos, *Ensayo...*, cit., IV, Madrid, 1787, págs. 176-177.

[71] Richard Herr, *The Eighteenth-Century Revolution in Spain*, Princeton, 1958, páginas 193-194; existe traducción española (Madrid, 1971), pero citamos, salvo advertencia, por la edición original.

[72] Informa también Herr (pág. 194, nota 135) de que las oraciones fúnebres y los poemas en honor de la familia real representaron en los años dichos el ocho por ciento de los libros publicados. Aunque el balance de sólo un bienio no puede aducirse como prueba concluyente, diríase que la salud y las efemérides de la real familia interesaban en el país bastante más que todas las ciencias, las artes y las filosofías reunidas.

[73] Luis Miguel Enciso Recio, *Nipho y el periodismo español del siglo XVIII*, Valladolid, 1956, pág. 152.

rición en el siglo XV y alcanzan luego, con la invención de la imprenta, gran difusión y popularidad; estas hojas, que recogían sucesos o noticias de interés general, tuvieron sus principales centros en Venecia y Viena y circularon por toda Europa. El siglo XVI conoció ya la existencia de «almanaques anuales» y hasta de publicaciones semestrales, impresas sobre todo en Alemania. A comienzos del XVII aparecen ya las *gacetas hebdomadarias*, facilitadas por la creación de los correos que salían semanalmente de las grandes ciudades; esta innovación cunde rápidamente por casi todos los países de Europa, y hacia mediados de siglo se consolida ya el tipo de gaceta oficial, monopolizada frecuentemente por los gobiernos o, a lo menos, obligada a recoger las informaciones oficiales. Junto a las *gacetas* alemanas, inglesas y francesas, deben destacarse las de Holanda, redactadas frecuentemente por emigrados políticos, sobre todo franceses, que aprovecharon la libertad concedida a los impresores en los Países Bajos. Casi todos los poderes políticos europeos acudían a las gacetas holandesas como fuente de información para las noticias de actualidad, y con frecuencia desempeñaron dichas publicaciones un importante papel político y diplomático.

También desde comienzos del siglo XVI, y paralelo a las gacetas, aparece otro género de publicaciones, denominadas *mercurios*; nacidos en Alemania como periódicos semestrales dedicados a la actividad comercial de las ferias, fueron imitados enseguida por otros países, sobre todo Inglaterra y Francia. Frente al carácter semanal de las *gacetas*, los *mercurios* cuajaron como publicaciones mensuales —equivalentes, más o menos, a una *revista* de nuestros días—, que sin prescindir de la información noticiosa, adquirieron un tono más literario y mundano y, sobre todo, de comentario político; en Inglaterra se convirtieron en vehículos de la inquietud política del país y dieron acogida a colaboraciones literarias de primera calidad debidas a Steele, Addison, Defoe, Swift y otros muchos escritores de los más notables de la época.

La «Gaceta de Madrid». En España, en el último tercio del siglo XVII, existió, según precisa Eulogio Varela [74], una importante actividad periodística, poco estudiada todavía, y sobre la cual no es posible aún formular conclusiones rigurosas. De todos modos, la existencia de la *Gaceta* oficial del gobierno español puede documentarse desde 1661; aparecía mensualmente y era su redactor Fabro Bremundan, secretario de lengua alemana de don Juan de Austria. Algunos años más tarde se convirtió en semanario. A la muerte de Bremundan, Carlos II vinculó el privilegio de la *Gaceta* a las rentas del Hospital General por Real Cédula del 20 de agosto de 1690.

---

[74] Eulogio Varela, *Gazeta nueva 1661-1663. Notas sobre la historia del periodismo español en la segunda mitad del siglo XVII*, edición facsimilar, Madrid, 1960, páginas LXVIII-LXIX.

Pero, ante la marcha poco brillante del periódico, un caballero navarro, Juan de Goyeneche, «ejemplo vivo del espíritu emprendedor del siglo siguiente» —dice Enciso [75]—, adquirió el privilegio y desde el 2 de abril de 1697 prosiguió la publicación con el nombre de *Gaceta de Madrid*.

Con ello penetramos ya en los límites del siglo XVIII. El privilegio de la *Gaceta* estuvo vinculado a los herederos de Goyeneche hasta que por una Real Orden del 24 de febrero de 1761, Carlos III lo reintegró a la corona, «porque conviene al Real Servicio que la *Gaceta* se maneje por la vía reservada del Estado» [76]; y a partir de 1762 la Secretaría de Estado, efectivamente, se hizo cargo de su impresión.

La *Gaceta de Madrid*, que desde septiembre de 1778 comenzó a publicarse dos veces por semana, gozó de general aceptación y contó con gran número de lectores debido a sus noticias de actualidad, para cuya obtención sirvió de mucho la ayuda oficial, y a una eficaz organización de venta. Las noticias, aparte las nacionales, se obtenían de otras *Gacetas* y publicaciones extranjeras, de las cuales se traducían, aliñándolas luego los revisores de acuerdo con los propósitos oficiales. Con aquellas publicaciones se mantenía una especie de intercambio o se les pagaba una cantidad por la información utilizada. A pesar de la acogida que dispensaba el público a la *Gaceta* como elemento indispensable de información y de curiosidad, la publicación española apenas puede contarse entre los principales vehículos de difusión ideológica, característicos de la época, a que deseamos referirnos. Ni en su contenido ni en su estructura, dice Enciso [77], ofreció ninguna novedad sobre los prototipos europeos; no se distinguió ni por su afán ideológico ni por ninguna intención política; la tutela oficial, orientada hacia los particulares intereses del Gobierno, ahogó toda posibilidad crítica: «La fisonomía poco caracterizada con que se envuelve —dice Enciso—, su escasa densidad, obedecen al rigor progresivo de la censura y a la reproducción demasiado literal casi siempre de las fuentes: la *Gazette* francesa, sobre todo, las de Amsterdam y Bruselas, el manuscrito de Génova y otras publicaciones periódicas» [78].

Los «mercurios». Tuvieron su representación española con el *Mercurio histórico y político* de Salvador José Mañer, que apareció en enero de 1738, con privilegio real para seis años; pero la corona se anexionó el derecho

---

[75] Luis Miguel Enciso Recio, *La Gaceta de Madrid y el Mercurio Histórico y Político, 1756-1781*, Universidad de Valladolid, 1957, pág. 25.

[76] Cit. por Enciso Recio en ídem, íd., pág. 28.

[77] Idem, íd., págs. 136-137.

[78] Idem, íd., pág. 136. Cfr.: Aureliano Fernández-Guerra y Orbe, «Historia de la *Gaceta de Madrid*», en *Gaceta de Madrid*, 1 de enero de 1860. Juan Pérez de Guzmán y Gallo, «La *Gaceta de Madrid*», en *La Ilustración Española y Americana*, 23 a 30 de noviembre de 1901. Del mismo, *Bosquejo histórico-documental de la Gaceta de Madrid* Madrid, 1902.

de publicación en enero de 1756. Desde 1784 se tituló *Mercurio de España*
y prolongó su vida más allá de los límites del siglo. Aparecía mensualmente y publicaba de vez en cuando algunos suplementos. El *Mercurio* representó en nuestro país una novedad, pues aunque se tienen noticias de otros
Mercurios aparecidos en el siglo anterior, debió de tratarse de publicaciones ocasionales sobre sucesos concretos y quizá no posean otra cosa en
común fuera del título. Durante la época de Mañer parece que el *Mercurio*
se limitaba a trasladar del francés el *Mercure historique et politique*, editado en La Haya, según se afirmaba en el subtítulo: *Traducido del francés
al castellano del Mercure de El Haya por M. Le Margne*, anagrama que
ocultaba el nombre de su verdadero redactor, Mañer; aunque no es
improbable que éste hiciera también alguna aportación personal. Se tomaban asimismo noticias de otras diversas publicaciones extranjeras y
se añadían a su vez de la propia vida nacional. El *Mercurio* tuvo algunos
directores famosos en las letras, como Leopoldo Jerónimo Puig, Tomás
de Iriarte, Clavijo y Fajardo, Cienfuegos, que trataron de mejorar su calidad. El *Mercurio*, según escribe Trenas [79], pretendió ser un «monitor histórico del siglo XVIII», para lo cual recogía especialmente informaciones
político-militares de toda Europa y comentarios sobre ellas. Incluía además
sucesos curiosos, descripciones de países, noticias de artes e industrias,
alguna información económica y mundana, etc. Al igual que la *Gaceta*,
tampoco el *Mercurio* alcanzó profundidad intelectual ni representó afán
alguno renovador o crítico, dependiente como estaba de la tutela del
Gobierno. Cuidó con preferencia de satisfacer la curiosa avidez de novedades y noticias. Sin embargo, contó el *Mercurio* con gran aceptación entre
el público y no pequeña estima entre la minoría intelectual, que veía en la
revista un medio eficaz de vulgarización de la cultura [80].

---

[79] Julio Trenas, «Periódicos madrileños del siglo XVIII: 'El *Mercurio Histórico y
Político*'», en *Gaceta de la Prensa Española*, Madrid, 1942, I, núm. 6, págs. 340-368;
la cita en pág. 341.

[80] Para los orígenes y desarrollo del periodismo español cfr.: Pascual Gayangos,
«Orígenes del periodismo en España», en *Boletín de la Universidad de Madrid*, I, 1869,
págs. 526-539. Juan Pérez de Guzmán, «Catálogo de ilustres periodistas españoles desde
el siglo XVII», en *Almanaque de la Ilustración*, Madrid, 1876. Del mismo, «Orígenes
históricos del periodismo en España», en *La ilustración española y americana*, XXXV,
1891, págs. 214-218. Juan P. Criado Domínguez, *Antigüedad e importancia del periodismo español*, Madrid, 1892. Eugenio de Hartzenbusch, *Apuntes para un catálogo
de periódicos madrileños desde el año 1661 al 1870*, Madrid, 1894. Eugenio Sellés, *Periodismo en España*, Discurso de ingreso en la Real Academia Española, Madrid,
1895. Edmundo González Blanco, *Historia del periodismo desde sus comienzos hasta
nuestra época*, Madrid, 1919. Milton A. Buchanan, «Some Aspects of Spanish Journa-
lism before 1800», en *Revue Hispanique*, LXXXI (Deuxième Partie), 1933, págs. 29-45.
Antonio Asenjo, *Catálogo de las publicaciones madrileñas existentes en la Heme-
roteca Municipal de Madrid (1661-1930)*, Madrid, 1933. Del mismo, *La prensa madrileña a través de los siglos (Apuntes para su historia desde 1661 hasta 1925)*, Madrid,
1933. A. Hamilton, «The Journals of the Eighteenth Century in Spain», en *Hispania*,
Stanford, 1938, págs. 161-172. Martín Alonso, «Bibliografía especializada sobre perio-

El «**Diario de los literatos de España**». En la primera mitad del siglo aparece, sin embargo, una de las publicaciones periódicas más notables del XVIII, el *Diario de los literatos de España*, revista trimestral, cuyo primer número o volumen vio la luz en la segunda quincena de abril de 1737 —el mismo año que la *Poética* de Luzán—, aunque correspondía teóricamente al primer trimestre del año [81]. Pertenecía el *Diario* a la modalidad llamada literario-erudita, muy cultivada ya por los ingleses y franceses durante el siglo anterior, y a él le cabe parte muy decisiva en la difusión de las nuevas ideas y gustos literarios. Fueron sus fundadores don Francisco Manuel de Huerta, que se retiró después del tercer número, don Juan Martínez Salafranca y don Leopoldo Jerónimo Puig, y su propósito principal el emitir un juicio ecuánime de todos los libros que se imprimieran en España. El periódico fue dedicado a Felipe V, cuya protección se solicitó haciéndole ver que le animaba el mismo espíritu que había conducido a la fundación de la Real Academia Española y otros organismos semejantes establecidos por aquellos años [82]. En la introducción del primer número, los redactores demostraban su necesidad por la urgencia de acudir a resúmenes ante la creciente ampliación de la cultura: «Si vivimos por compendio —dicen—, también por compendio debemos ser instruidos». De hecho, sus planes fueron más vastos y transcendentes, como veremos.

---

dismo español e hispanoamericano», en su libro *Ciencia del lenguaje y arte del estilo*, Madrid, 1953, págs. 605-618. Véase además la abundante bibliografía recogida por Luis Miguel Enciso Recio en *Nipho y el periodismo español del siglo XVIII*, cit., págs. 357-371.

[81] Los tres primeros volúmenes, correspondientes a los tres primeros trimestres de 1737, se publicaron dentro del mismo, aunque siempre con retraso; el cuarto no apareció hasta mediados de 1738; el quinto, que hubiera correspondido al primer trimestre de 1738, se publicó en febrero de 1739; el sexto, que correspondía al segundo trimestre de 1738, no se publicó hasta finales de marzo de 1740; y el séptimo y último, correspondiente al tercer trimestre de 1738, apareció en febrero de 1742. A partir del número cuarto el *Diario* se imprimió, con privilegio, en la Imprenta Real. Los siete números del *Diario* constan, respectivamente, de las siguientes páginas: 360, 388, 414, 384, 358, 350 y 403.

[82] En su dedicatoria al rey, los *diaristas* aluden además particularmente a las publicaciones de este género existentes en varios países europeos, calificándolas de «admirable invención», y escriben: «Y reflexionando lo que esta sabia conducta puede beneficiar a nuestra Patria, encontramos tan conocidas utilidades en imitarla, que creemos hallará igual atención en V. M. como la que consiguió en otros Príncipes Estrangeros, que persuadidos de lo mucho que se interesaba el recíproco comercio literario con las Naciones cultas, de la mayor ocasión de conocer los más selectos Autores, assí los propios para el premio, como los estraños para el uso, y de ser medio eficacíssimo para contener la importuna presunción de los que sin el estudio conveniente usurpan el carácter de escritores, y de otras causas, que por notorias a V. M. se omiten, no se escusaron diligencia alguna para su establecimiento y subsistencia» (Vol. I, sin paginación). En todas las citas que hacemos del *Diario*, hemos corregido levemente la puntuación, ya que el exceso de comas de que se sirven sus autores, más que ayudar, obstaculiza la lectura.

En el prólogo del volumen VII del *Diario* se hacía constar que el propósito de hacer una crítica regular de las publicaciones españolas databa ya de varios años. En 1723, alguien, en efecto, propuso que el bibliotecario real redactara un resumen de cada libro impreso en España y lo enviara a las Academias de París y de Trevoux, donde nuestros libros jamás eran reseñados. Los editores de estas publicaciones se excusaron de su aparente indiferencia alegando que no tenían ninguna comunicación literaria con Madrid. Don Juan de Ferreras se opuso al proyecto, diciendo que los libros españoles que entonces se editaban no contenían cosa que pudiera interesar fuera del país; y por su parte los redactores de Trevoux sólo publicaron los títulos de algunas de las reseñas que se les remitieron, alegando que su Instituto tenía por objeto informar a Europa de los avances en las Artes y Ciencias, «y no habiendo novedad considerable en los libros que se imprimían en España no han querido hacer memoria de ellos»[83].

Cuantos se han ocupado del *Diario de los literatos de España* han subrayado que sus dos fundadores y principales redactores, Salafranca y Puig, no sólo carecían de renombre literario, sino que incluso lo poco que habían publicado hasta entonces era de escaso nivel. Y, sin embargo, su trabajo científico en la revista ha sido siempre considerado como de los más meritorios llevados a cabo durante aquel siglo. Menéndez y Pelayo se pregunta cómo puede explicarse la alta calidad de sus artículos, la variedad de conocimientos que revelan, lo atinado de sus juicios, la solidez de la doctrina, que considera superior en ocasiones a la del mismo padre Feijoo, el brío del estilo, y lo que era más decisivo y capital, «la ausencia de temor con que declararon guerra a toda casta de preocupaciones, la familiaridad que manifiestan tener con lo más selecto de la cultura extranjera, la unidad firme de propósitos, y tantas cualidades como se admiran reunidas en los siete volúmenes de esta publicación verdaderamente monumental, que concitó las iras de todos los malos escritores de España, y fue uno de los grandes y positivos servicios a la cultura nacional»[84]. Don Marcelino llega a sospechar que detrás de los *diaristas* visibles, que durante dos años resistieron valerosamente el furor *vengativo* de sus enemigos, se escondían otros escritores de más talla, que sólo dieron la cara en contadas ocasiones. No existe, sin embargo, prueba alguna para negar la paternidad de los trabajos atribuidos a Salafranca y a Puig, y sólo cabe admitir que, si mal dotados para la creación personal, poseían un sentido crítico de primera línea, unos conocimientos sólidos y, sobre todo, una «voluntad resueltamente encaminada al bien», que potenciaba sus medianas facultades[85]. Valmar, no sin cierto entusiasmo retórico, pon-

---

[83] Prólogo del volumen VII, sin paginación.

[84] *Historia de las ideas estéticas en España*, cit., III, págs. 202-203.

[85] Los propios *diaristas* tuvieron que hacer frente a tal acusación en la Introducción al tomo II; no sin cierto orgullo, afirman su capacidad para la tarea que des-

dera la obra de los *diaristas* equiparándola a la de aquellos adalides que peleaban a todo trance en los «juicios de Dios», «sin más mira ni más impulso que el entusiasmo que inspira la convicción de la buena causa»[86].

La información y la crítica de libros entrañaban, naturalmente, la exposición de opiniones sobre las más diversas materias, y así, el propósito declarado de ofrecer un resumen de las publicaciones se convirtió de hecho en una batalla doctrinal, en la que los *diaristas* trataron de destruir el mal gusto reinante, atacar todo género de rutinas, abrir el camino a la razón, difundir los nuevos conocimientos, combatir la ignorancia, y juzgar con severa imparcialidad sin doblegarse ante tendencias ni renombres establecidos. Menéndez y Pelayo afirma que el *Diario* no fue, a pesar de todo, un periódico de combate, sino una revista *académica*, una revista *sabia;* sus redactores cumplieron, dice, su promesa de ecuanimidad y cortesía en el estilo, conduciéndose, según anunciaron en su presentación, por la política del *Journal de Trévoux*, periódico que justamente por estas virtudes se había hecho superior a todas las demás publicaciones de Europa que se ocupaban de literatura contemporánea[87]. Pero el hecho cierto es que no actuaron siempre del mismo modo durante el tiempo de su corta vida, y este cambio o evolución puede ilustrar precisamente el medio hostil en que el *Diario* hubo de actuar y la índole de sus problemas. Pellissier ha puesto de relieve[88] que los *diaristas* no tenían en principio ningún género de respetuosa superstición por las ideas francesas, aunque sabían

---

empeñaban, porque, dada la escasa importancia de sus publicaciones anteriores, se les negaba la adecuada preparación y se maliciaba la existencia oculta de otros críticos de más talla. Aludiendo a su propósito de que los artículos aparecieran sin firma, escriben: «...Sino que estamos expuestos a otras persecuciones que hemos experimentado, tan graves, que estuvimos casi resueltos a suspender la continuación de este trabajo, reconociendo quán inútil es oponerse a muchos sin el escudo descubierto de una protección Real, que afiance la permanencia; y quán violento al genio de los Literatos, consumir el tiempo en otra cosa que el estudio; pues aun empleándolo todo en nuestras tareas literarias, no hemos podido librar nuestra reputación de la malignidad de muchos embidiosos, que viendo que no podían desacreditarnos por otro camino, quisieron inventar otros Autores de este *Diario*: siendo tan fácil salir de esta duda, como lo es tratar a qualquiera de los que firmamos, para hacer juicio si nuestros estudios bastan a desempeñar lo que hemos intentado».

[86] *Poetas líricos del siglo XVIII*, cit., pág. LVI.

[87] En la Introducción al tomo I, los *diaristas*, después de enumerar diversas publicaciones literarias de esta especie, todas ellas del siglo XVII, fundadas en varios países europeos, aluden a las *Memorias de Trevoux* y confiesan que se las proponen por modelo: «Siguieron a estos Jornales [sic; los *diaristas* usan siempre este enorme galicismo para referirse a tales publicaciones] las *Memorias de Trevoux*, que comenzaron con el siglo presente, empleándose en ellas con manifiestas ventajas a todos los demás Jornalistas, los Padres de la Compañía de Jesús, como se demuestra en lo selecto de las Obras que extractan, en la exactitud y extensión de los Extractos, en la equidad con que critican los Libros y en el urbano artificio con que dan a conocer los defectos de algunos Escritores; circunstancias que no se hallan juntas en ninguna otra compañía de Jornalistas».

[88] *The Neo-Classic Movement...*, cit., pág. 49.

muy bien lo mucho que podía haber en ellas de aprovechable para el pensamiento y la vida española. Las clases educadas, al no poder hallar en su país los libros que exigía su afán de ilustración, acudían cada vez más a las publicaciones extranjeras, particularmente a las francesas, que les ponían en contacto con todo el movimiento intelectual de Europa. De este modo, la obligada lectura de los libros nacionales permitió a los *diaristas* comprobar la gran diferencia de nivel que separaba entonces a su patria de los demás países y les hizo patente la necesidad de ejercer una crítica sin diplomacias ni contemplaciones; pero, si semejante tarea ha sido difícil en cualquier ocasión, en aquélla iba a demostrarse particularmente comprometida. Quienes habían ya declarado la guerra al *Diario* desde el mismo día de su aparición, redoblaron los ataques, y hasta los mismos amigos aconsejaron a los editores moderar el tono. Los *diaristas* tuvieron que explicar de nuevo su propósito en prólogos sucesivos y aclarar, según iba a ser de rigor en toda la centuria, que sólo les movía el más generoso afán patriótico: era imposible usar de paciencia con la turba de escritores que cada día rebajaban más el nivel de la literatura española y que, cuando prometían llevar a cabo alguna obra de investigación, no hacían sino copiar o resumir de mala manera los trabajos extranjeros. Para responder a los amigos que les recordaban el ejemplo de Trevoux y comparaban con su aspereza la templanza de los periódicos extranjeros, los *diaristas* los invitaron a parangonar los libros de fuera con los nacionales [89].

---

[89] Los redactores y críticos de otras revistas extranjeras —tuvieron que afirmar los *diaristas* en el Prólogo al tomo V— «no necesitan censurar tan ásperamente como nosotros, que encontramos muchos Libros sin estilo, sin méthodo, sin invención, sin pensamiento, sin inteligencia de la Lengua Latina, sin erudición, si no es la que copian de Autores vulgaríssimos, sin elección de Autores, porque no los conocen, y sin exactitud en la verdad, porque sin crítica no pueden tenerla: y así ahora creemos que tienen razón los que dicen que no debemos censurarlos; porque basta decir que no son Libros, ni pueden serlo; y si algún nombre puede ponérseles, es de *Molas* literarias, informes e inútiles por defecto de actividad intelectual». La comparación con los libros extranjeros hubo de hacerse más explícita todavía en el Prólogo al tomo VI: «En las mismas Escuelas nos educamos que todos nuestros Patricios, y de ellas salimos casi con las mismas aprehensiones o preocupaciones; de suerte que nos interessábamos como todos en la estimación de nuestras costumbres Españolas literarias, nos dexábamos ocupar de la admiración de nuestros Escritores, o leíamos qualquier Libro necessario para nuestra enseñanza, y pensábamos baxamente de los Estrangeros; pero deseosos de informarnos de todo comenzamos a leer los Autores modernos; y esta curiosidad nos excitó el ansia de saber algunos idiomas y algunas Artes y Ciencias estrañas a nuestro estado, aunque no a nuestra alma racional; y a éste se siguió el conocer la infelicidad de nuestra crianza y la perdición de quantos nos imitan en ella. Con este conocimiento lastimados del daño propio y ageno, propusimos aplicar nuestras fuerzas a desengañar nuestros Patricios por medio de esta *Invención*, que gobernada con mayor fortuna entre los Estrangeros, no ha dexado de ser perseguida con Sátyras y otras hostilidades, como saben los Eruditos; pero con la protección de sus Soberanos ha subsistido con general estimación. Porque tuvimos, pues, las mismas passiones, las conocemos y las impug-

Contra el *Diario*, como recuerda Valmar [90], se emplearon las armas del insulto, de la calumnia, de la intriga y de la amenaza. El *Diario* hubo de interrumpir su publicación después del quinto volumen, y sólo pudo reanudar su vida gracias al ministro Campillo, que consiguió el apoyo de Felipe V, a cuyas expensas siguió editándose el *Diario*. Pero sólo por dos números más. En el prólogo del sexto volumen los redactores replicaron acerbamente a aquel religioso que, cuando el *Diario* fue suspendido, lo comentó gozosamente en una reunión, diciendo: «Bendito sea Dios que ya se acabaron estos hombres» [91]. Los *diaristas*, comenta Pellissier, perdieron su calma; exasperados —dice— por la estupidez de unos y por la

---

namos; militando contra ellas sin más interés que la pérdida de nuestros intereses y comodidades». En el Prólogo al tomo VII los *diaristas* vuelven a la carga para defender su postura más inequívocamente aún: «Tampoco —dicen— podemos prometer estilo más templado, pues aunque muchos días ha conocemos el que podíamos imitar, no tenemos los assuntos tan felices y acomodados; pues los Padres de Trevoux se escogen los Libros y se toman el tiempo que quieren; y en nuestro *Diario* nos vemos precisados a censurar los que no quisiéramos, y dentro del espacio de tres meses. Los Estrangeros también encuentran el buen gusto de las letras conocido entre sus autores, y nosotros trabajamos a introducirle; lo que no puede conseguirse con indulgencias y aplausos de lo que torpemente se yerra y con obstinación se defiende. Solicitamos, en fin, restablecer el honor antiguo tan celebrado de los Libros Españoles, y debemos preferir la honra de la Nación y la instrucción de la juventud a toda opinión loable, pero contraria a estos fines... El que desconfiare de nuestra moderación, remita el libro que le pareciere injustamente censurado a cualquiera de las Academias de la Europa, que con su aprobación no reusaremos retractar nuestro juicio, constándonos de la verdad del informe o respuesta».

[90] *Poetas líricos...*, cit., pág. LVI.

[91] La sarcástica respuesta de los *diaristas* definía perfectamente la situación de nuestras letras en aquel momento y los daños que iban a seguirse de la ausencia de una crítica severa y responsable: «La misma expressión de las palabras que referimos de este R. Padre, da a conocer quán distante está su espíritu de considerar si era útil esta obra o si podía mejorarse; pues absolutamente dixo: *Bendito sea Dios, que se acabaron ya estos hombres;* con cuyas palabras solamente expresó el contento de verse libre de nuestros desengaños, pero no de los daños que se siguen de carecer de una invención tan necesaria, como testifican todas las naciones; y si no, expliquemos brevemente su sentido que es decir

Bendito sea Dios, que todos los ignorantes y bárbaros podrán escrivir lo que se les antojare.

Bendito sea Dios, que todo ocioso podrá sin trabajo ni vergüenza ninguna trasladar y robar los escritos agenos, sin elección, orden ni fidelidad.

Bendito sea Dios, que con títulos embusteros se robará el dinero a los afectos a las letras; y escarmentados de los malos libros, no comprarán los buenos, ni se compran.

Bendito sea Dios, que el honor de las letras de España permanecerá despreciado de los sabios estrangeros.

Bendito sea Dios, que las fábulas y mentiras passarán por las más averiguadas verdades.

Bendito sea Dios, que las péssimas costumbres podrán aumentar su perdición con la propagación de los Libros malos.

Bendito sea Dios, que los sabios callarán de vergüenza de los ignorantes, y éstos parecerán sabios y robarán el premio de los sabios».

superficial impertinencia de otros olvidaron sus ideales de corrección, y su lenguaje se hizo tan violento como el de sus enemigos.

· En opinión de Pellissier[92], el fracaso del *Diario*, extinguido definitivamente después del séptimo volumen, tuvo un influjo pernicioso en el desarrollo del movimiento neoclásico. Hasta entonces los argumentos pretendían basarse en la lógica, en las reglas de Aristóteles o, simplemente, en el sentido común; aunque los hombres del movimiento reformista partían de la comparación de su país con los vecinos ilustrados, no habían hecho demasiado hincapié en el origen de sus ideas. Pero, arrastrados por la violencia de la disputa, acabaron por arrojar a la cara de todos los españoles la supuesta vergüenza de su patria. Desde ese momento, el reformismo perdió su oportunidad de convertirse en un movimiento nacional y apareció como *algo* que venía de fuera, es decir, *algo* que iba a ser odiado por quienes no tenían talento suficiente para distinguir la verdad y aceptarla de donde viniere. El reformismo fue desde entonces el esfuerzo de una minoría, aristocrática como tal, mirado con recelo por quienes no participaban en él y sistemáticamente acusado, con razón o sin ella, de representar la invasión del extranjerismo; en una palabra: se abrió una brecha insalvable entre los defensores de las nuevas doctrinas y los que iban a tenerse por defensores de los ideales nacionales.

Pero el *Diario* —sigue comentando Pellissier[93]— no feneció estérilmente, pues demostró que el neoclasicismo ilustrado podía propagarse al menos como un lento proceso, mantenido por el esfuerzo de unos pocos, capaces de ir modificando el gusto general.

El *Diario de los literatos de España* se ocupó con preferencia de obras científicas y filosóficas, y sólo en contadas ocasiones de las de amena literatura. De hecho, sus redactores no se plantearon abiertamente el problema del neoclasicismo literario, aunque la dirección de sus ideas no deja lugar a dudas acerca de su actitud en esta materia. Menéndez y Pelayo subraya[94] que a propósito de una comedia de Alarcón, *La crueldad por el honor*, reeditada por entonces, alabaron con entusiasmo su teatro, y hasta tuvieron palabras elogiosas para «los últimos degenerados retoños del arte nacional», entre los cuales cita a Torres Villarroel y a dos o tres predicadores culteranos; con ello pretende poner de relieve Menéndez y Pelayo las grandes concesiones de los *diaristas* a la tradición del siglo XVII y su inclinación al espíritu nacional más bien que «instintos de reforma a la manera francesa o italiana que Luzán y Montiano preconizaban»[95]. Pero es lo cierto que los *diaristas* habían declarado en la Introducción al primer volumen su propósito de combatir aquellas obras más atentas

92 *The Neo-Classic Movement...*, cit., pág. 58.
93 Idem, íd., pág. 61.
94 *Historia de las ideas estéticas...*, cit., III, pág. 205.
95 Idem, íd., pág. 204.

a divertir que a enseñar y que contribuían a perpetuar lo que calificaban de defectos nacionales, entre ellos el espíritu caballeresco, las ridículas exigencias de la etiqueta, y las costumbres amatorias aprendidas en los libros de caballerías, las novelas y las comedias de amor, que, con sus intrigas fantásticas, habían hecho las delicias de los españoles en los siglos pasados. Estas palabras, según comenta Pellissier [96], demuestran una estrecha comunidad de pensamiento con la *Poética* de Luzán. De acuerdo con él, afirman que la mencionada comedia de Alarcón sólo podía gustar a un público más ansioso de maravillas que de verdad; y aunque, a pesar de esto, elogian, como es cierto, el teatro de Alarcón en su conjunto, no debe olvidarse que ningún otro autor del XVII se aproximaba más a los ideales dramáticos del neoclasicismo. Al ocuparse de una comedia religiosa de Tomás de Añorbe, titulada *La tutora de la Iglesia y doctora de la ley*, no mencionada por Menéndez y Pelayo, aluden con sarcasmo a las tramoyas y adornos escénicos que serían precisos para montar adecuadamente semejantes fantasías [97]. En general, la aversión de los *diaristas* va siempre encaminada contra la brillantez, la extravagancia y el ingenio con detrimento de la lisa verdad humana. Por lo que se refiere al juicio sobre Villarroel, ya veremos en su lugar que las palabras de los *diaristas* son de gran justeza y ponderación, lo mismo en lo que elogian que en lo que censuran: sin mencionar lo inaceptable de incluir a Villarroel, tan despectivamente como hace don Marcelino, entre los «últimos degenerados retoños del arte nacional» y calificar sus escritos, sin más, de «enormes desafueros».

Por lo que toca a Luzán ya comentaremos también oportunamente la moderación del *Diario*. El hecho de que le prestara tan gran atención, tratándose exclusivamente de problemas literarios, demuestra que habían comprendido muy bien el sentido reformador de la *Poética*, cuya orientación general era precisamente la suya, aunque discrepasen en algunos detalles y tuvieran por excesivas algunas de las críticas de Luzán contra los autores del XVII, en lo cual sólo demostraban tener mejor sentido crítico que el aragonés.

Hemos dicho que los *diaristas* apenas se ocuparon de obras literarias; de hecho las hemos mencionado ya casi todas, es decir: dos comedias de Alarcón y una de Añorbe, la *Poética* de Luzán, y un *sueño moral* de Torres Villarroel, *Los desahuciados del Mundo y de la Gloria;* a las cuales sólo falta añadir el *Menosprecio de Corte y alabanza de Aldea* de Fray Antonio de Guevara, reeditada en 1735, los *Orígenes de la Lengua Española* de Mayans, y el tomo V del *Diccionario de la Lengua Castellana*, de la Real Academia, aparecido en 1737. Entre los libros que se critican, calificados más o menos generosamente como «científicos», figuran algunos de histo-

---

[96] *The Neo-Classic Movement...*, cit., pág. 51.
[97] *Diario*, vol. IV, pág. 358.

ria y muchos de medicina, pero predominan los de religión, sin duda porque eran entonces los que fatigaban con mayor insistencia las prensas españolas, tanto por su número como por su volumen. La tarea de los *diaristas* debió de ser poco grata en muchas ocasiones, y aun sin los ataques de que eran objeto quedaría justificado que hubieran perdido la paciencia a veces con sólo tener que leer y comentar muchos de los libros que se imprimían. Los religiosos, a que hemos aludido, se llevan la palma en el terreno del despropósito y la vacuidad, y la sola relación de algunos títulos puede constituir para el lector de hoy una experiencia divertida. Citamos unos pocos de los libros examinados, para mostrar los excesos a que el barroco degenerado era capaz de llegar; M. R. P. Fr. Joseph Cillero, *Perla preciosa, incomparable Margarita, fundamental Piedra en que con solidez se establece el más alto mysterioso Edificio Christiano, sacada del insondable piélago de la Escritura Sagrada, a común utilidad de los menos instruidos en los Mysterios de la Fe Cathólica* (Madrid, 1735; 748 páginas) [98]; el autor se titula Hijo de la Santa Provincia de Burgos, y trasladado a ésta del Santo Evangelio, Lector Jubilado, Comissario del Santo Oficio de la Inquisición, Examinador Synodal de este Arzobispado de México, Padre de esta Santa Provincia, y Guardián de este Convento de nuestro Seráphico Padre San Francisco, intitulado de nuestra Señora de la Assumpción de la Ciudad de Toluca. M. R. P. Presentado Fr. Gil Rubio de Lara, *Historia del Cárdeno Lyrio, deshojado en los Campos de Atocha por unos Hereges, el Santo Christo de la Oliva* (Madrid, s. f.; 105 págs.) [99]. R. P. Fr. Joseph de la Assumpción, *Voces sonoras evangélicas, que salen a luz en sermones de varios assuntos, convocado en la Militante Iglesia a sus Obreros Apostólicos, para que se sienten a la Mesa de la Sabiduría transfigurada, que está dispuesta para que registren, como Mýsticas Aves, lo que oculta debaxo de las Letras del Abecedario Evangélico* (Salamanca, 1736; 351 págs.) [100]; el autor, que promete cinco tomos, es Predicador y ex-Definidor de la Provincia de San Pablo Apóstol, de Franciscos Descalzos, en Castilla la Vieja. P. D. Isidoro Francisco Andrés, *Oración Panegýrica a el Grande Apóstol de Navarra S. Saturnino, que en la solemne festividad, que con asistencia del Illustrísimo Cabildo de la Santa Iglesia, le consagró la Nobilísima ciudad de Pamplona, agradecida al beneficio de haver plantado en su ameno fertilíssimo terreno la Santa Fe, arrancando las espinas y abrojos de la Gentilidad* (Madrid, 1737) [101]; su autor se acredita con estos títulos: Monge Benedictino de la Congregación Cisterciense, de la Corona de Aragón y Navarra, en el Monasterio de Santa Fe, Lector, entonces, de Artes en la Real Casa de Nuestra Señora de la Oliva, Doct.

---

[98] Idem, íd., vol. I, art. VII, pág. 108.
[99] Idem, íd., vol. I, art. VIII, pág. 111.
[100] Idem, íd., vol. II, art. III, pág. 135.
[101] Idem, íd., vol. II, art. XXIII, pág. 341.

en Sagrada Theología, Examinador Synodal del Obispado de Albarracín, y Lector actual de Theología en su Religión, etc. R. P. Fr. Diego de Madrid, *Nada con voz, y voz con ecos de nada. Multiplicada y expressada en varias Oraciones Evangélicas, Morales y Panegýricas. Hechas y dichas en varios tiempos* (Madrid, 1737; 456 págs.) [102]; el autor se califica como del Orden Seráphico de Capuchinos de N. S. P. S. Francisco de esta Provincia de la Encarnación de los Reynos de Castilla; Guardián que ha sido muchas veces: tres de este Convento de San Antonio del Prado; muchas veces Definidor de la Provincia; al presente Primer Custodio; y Predicador de Su Magestad. Pedro Nolasco de Ocejo, *El sol de los Anacoretas, la luz de Egypto, el Pasmo de la Tebayda, el Assombro del mundo, el Portento de la Gracia, la milagrosa Vida de San Antonio Abad, puesto en octavas* (Madrid, 1737; 200 págs.) [103]. PP. Missionarios del Seminario de S. Miguel de Escornalbou, *Assuntos Apostólicos Predicables, Literales, Tropológicos, Alegóricos, y Anagógicos, sobre los tres Capítulos primeros del Evangelio de San Mateo. Correspondiendo uno por verso: Dado un Prefacio de selectas glossas de Padres, y Expositores, compuesto; sobre cuyas inteligencias están levantados con fundamento sólido. Adornados con ideas ya autorizadas, ya Especulativas: cuyas tres partes van ponderadas con muchos discursos; siendo el primero, por lo común, sobre el texto corriente* (Barcelona, 1736; dos volúmenes de 556 y 600 págs.) [104].

Según en otras muchas ocasiones habremos de subrayar, es de justicia tener en cuenta estos productos literarios de la más inconfundible estirpe barroca —cierto que en sus etapas postreras y degeneradas— para entender y valorar la enemiga de los neoclásicos contra semejantes excesos, y su tenaz campaña en pro de un estilo sencillo, claro y racional, que devolviera a la prosa su dignidad y su eficacia.

Merece la pena aducir ahora un curioso texto del padre Isla, para comprobar el recuerdo que dejó el *Diario* en la vida intelectual de España y conocer la tenaz resistencia que se opuso a su meritoria pretensión crítica; en aquel primer tercio del XVIII era punto menos que utópico, y consecuentemente heroico, enfrentarse con una ideología y un estilo literario, que se habían hecho consustanciales con la entraña de la nación. En 1763, veinticinco años después de haberse extinguido el *Diario*, un extranjero residente en España, Mr. Langlet, pretendió fundar una publicación parecida, que contendría resúmenes y crítica de libros y comentarios sobre temas actuales de bellas artes, política, filosofía, etc. El señor Langlet escribió al padre Isla comunicándole el proyecto y pidiéndole consejos. Isla le respondió con una muy larga y sabrosísima carta, desnudando su desolado escepticismo y tratando de disuadir a aquel entusiasta extran-

---

[102] Ídem, íd., vol. IV, art. IV, pág. 142.
[103] Ídem, íd., vol. IV, art. XVI, pág. 340.
[104] Ídem, íd., vol. IV, art. V, pág. 146.

jero, que estaba dispuesto a comprometer sus caudales y su tranquilidad en tan quimérica empresa. La cita, aun siendo larga, no reproduce sino una pequeña porción de la carta del padre Isla, pero basta para el objeto: «La experiencia de lo pasado es lección y es escarmiento para lo presente. Cortóse nuestro *Diario* puntualmente cuando todos teníamos consentido en que iba a tomar el mayor vuelo debajo de la protección real. Siguióse algunos años después un cierto *quid pro quo* en el *Cordón crítico*, que prometía lo mismo debajo de diferente título; pero apenas le dejaron salir del informe estado de embrión. Mucho es de temer que suceda lo propio a cuantos se empeñen en llevar adelante el mismo intento. El genio de la nación no se ha mudado, ni verisímilmente se mudará en este particular. Nuestros autores no entienden *raillerie*, ni mucho menos nuestros *autorcillos*, que en España, como en todas partes, son en mucho mayor número. O se les ha de alabar, o no se les ha de contradecir. No reconocen otro tribunal para juzgarlos, que el de la Fe y el de las buenas costumbres y regalías. Niegan la jurisdición a la crítica, y si ésta quiere erigir algún tribunal con autoridad privada, no es ya liga, es conspiración, es furor, es alboroto popular el que se levanta para aniquilarle, y a título de la paz se ve en precisión el magistrado de sosegar el motín, quitándole la materia. Acaso disimulará con usted por los respetos de extranjero, y querrá añadir esta atención más a las otras muchas de que usted mismo se reconoce deudor, no tanto en beneficio de la hospitalidad, como de su extraordinario mérito; pero yo no salgo por fiador de que llegue a tanto su deferencia, y más cuando no es muy añejo el ejemplar de otro nacional de usted, a quien el público español tributó iguales atenciones hasta que se metió en hacer la crítica de cierta clase de escritos. Entonces cesaron las *politesses*, y comenzaron los gritos y las invectivas, pues aunque le confesó la razón en los verbi-gracias que puso, se la negó en la generalidad con que quiso extenderse a todos los desaciertos de algunos. No temo que incurra usted en el mismo descuido; mas no por eso dejo de recelar, como usted mismo lo recela, que le traten muy mal todos aquellos que salieren reprendidos, y mucho peor los que más merezcan serlo»[105].

El Duende crítico. También a la primera parte del siglo pertenece una curiosa muestra del periodismo satírico, si bien por sus especiales características constituye más bien un caso aislado que auténtica manifestación de la prensa periódica; aludimos a *El Duende crítico*, semanario manus-

---

[105] *Obras escogidas del Padre José Francisco de Isla*, B. A. E., XV, nueva ed., Madrid, 1945, pág. 598.

crito de tan corta como novelesca existencia[106]. Su autor fue el carmelita descalzo portugués fray Manuel de San José, agente político de su país en España durante la crisis que llevó a la ruptura con Portugal en 1735. *El Duende* apareció puntualmente todos los jueves desde el 8 de diciembre de dicho año hasta el 17 de mayo del siguiente; se repartía con tanta eficacia como secreto en copias manuscritas, y mantuvo en jaque a la policía del Gobierno con su misteriosa circulación, que justifica el nombre escogido. El «duende», que gracias a su actividad de agente político secreto, estaba enterado de los más ocultos planes, intrigas y actividad de los distintos gabinetes, ejerció una implacable sátira contra el rey Felipe V, la reina Isabel Farnesio y sobre todo contra el ministro Patiño, el cardenal Molina, presidente del Consejo de Castilla, y cuantos tenían algún papel activo en el gobierno español, a los que el satírico engloba frecuentemente con el nombre de «covachuela», empleados burócratas de la administración central. La crítica se cebaba particularmente en la ignorancia de los gobernantes y el desacierto de su política, tanto interior como exterior, pero estaba movida —según Egido López ha puntualizado[107]— por razones más hondas, que son las que dan al *Duende* su peculiar significado. La oposición a la nueva burocracia centralista revela la resistencia de buena parte de la aristocracia a la nueva política borbónica, que la desplazaba del Gobierno, sustituyéndola por administradores profesionales. Por otra parte, dice Egido, entre los hechos que ambientaron la actividad del *Duende* debe verse también una reliquia austracista, es decir, la de aquéllos que advertían la decadencia de España, pero no la admitían como consecuencia de los Austrias, sino de los Borbones recientes; no les interesaba tanto la decadencia en sí misma, como el achacársela al «mal gobierno» de Patiño y a su «absolutismo ministerial». Complemento, y consecuencia a la vez, de esta actitud era la posición antifrancesa: hería a unos la influencia de los franceses en la política española, al acaparar cargos y honores, e irritaba a los más —en aquella circunstancia— el modo con que Francia traicionaba el Pacto de Familia en el Tratado de Viena de 1735.

El Duende, pues, se presenta como portavoz de un sector social de descontentos y expresión de una opinión pública que, casi por primera vez, consigue hacerse oír; temas de auténtica importancia para la vida española se barajan en las páginas de la publicación. No obstante —comenta Egido López[108]—, si por su global actitud crítica *El Duende* encarna la mentalidad de su siglo, dos cosas le alejan del espíritu ilustrado dieciochesco: su oposición al reformismo borbónico, que parece no com-

---

[106] Cfr.: Teófanes Egido López, *Prensa clandestina española del siglo XVIII: «El Duende crítico»*, Universidad de Valladolid, 1968.

[107] Idem, íd., págs. 173-175.

[108] Idem, íd., pág. 173.

prender en absoluto, y su reacción frente al gobierno por razones más bien de clase —cuando no por mero resentimiento personal e intrigas de partido— que de interés nacional de largo alcance.

Desde el punto de vista literario, *El Duende* no ofrece ninguna calidad. Pero su fin —como subraya Egido López [109]— no era la belleza literaria, sino la eficacia satírica, y en este aspecto su redactor posee los recursos del periodista más avezado. Su gracia y desenvoltura son notables, y no menor la habilidad para conducir a su propósito todos los materiales y noticias; cierto que su falta de escrúpulos para recurrir a la calumnia, si es necesario, su habilidad para jugar informaciones secretas, su desvergüenza para servirse a veces de un lenguaje soez y la seguridad de ampararse tras el anónimo y el misterio, le conceden unas facilidades de uso poco común. Libre de toda censura, no sintiéndose cohibido por la calidad de las personas ni por el carácter de las instituciones, pudo mostrar, como nadie podía hacerlo, el descontento de una parte al menos del país. Se comprende su éxito: «Todo —dice Egido López— contribuyó al suceso de este insólito semanario que entusiasmaba a los madrileños. *El Duende* llegó a constituir la obsesión de la Corte y el regocijo de la Villa, que devoraba y esperaba ansiosamente todos los jueves la burda e hiriente sátira. La fiebre por copiar los papeles se hizo enfermiza en Madrid, colaborando insensiblemente a su difusión» [110]. El propio Patiño se quejaba de que *El Duende* se leía públicamente «en casas y tertulias de grandes, ministros y toda suerte de gremios y hasta en los conventos de religiosos», y se vendía por cuatro cuartos en el cuartel de guardias walonas y se celebraba en las más altas oficinas.

Egido López señala, pese a todo, que *El Duende*, aceptado como lo que fue, tiene un valor peculiar innegable, y destaca algunas piezas que califica de «maestras» dentro de su estilo. Entre ellas deben mencionarse unas parodias del catecismo, como el llamado «Catecismo Político Patiñano», el «Credo de los Covachuelistas», los «Mandamientos de la Ley de Patiño», los «del Presidente del Consejo» equivalentes a los de la Iglesia, las obras de misericordia de la covachuela, etc., etc., con algunos episodios notables como la confesión que hacen todos los «covachuelos» ante el «Padre Patiño»; «Tiene este catecismo, además —escribe Egido—, el mérito indiscutible de haber impulsado definitivamente un género especial iniciado ya antes y cultivado también por Quevedo: el de la parodia de las verdades de la doctrina cristiana aplicada a fines satíricos. Así veremos que poco después aparecerán los mandamientos contra los franceses, el padrenuestro, el credo antigabacho, en franca dependencia de lo que antes hiciera *El Duende*, pero sin la gracia y el atrevimiento de éste» [111]. El proce-

---

[109] Idem, íd., pág. 92.
[110] Idem, íd., pág. 84.
[111] Idem, íd., pág. 95.

dimiento tuvo muchos imitadores y hemos de verlo repetido hasta en un escritor como Cadalso.

El «duende» fue apresado por fin debido a la denuncia del nuevo Superior General de los Carmelitas Descalzos, a quien disgustaba la actividad del padre Manuel, que, al parecer, tenía también relaciones de espionaje con otros reinos. Pero el fraile logró escapar a los nueve meses de encarcelamiento y se refugió en Portugal, cuyo rey Juan V le pagó generosamente sus servicios.

Algunos otros periódicos de no mucha importancia completan el panorama de esta primera mitad del siglo XVIII; todos ellos adolecen de una excesiva dependencia de las fuentes extranjeras de que se nutren, hasta el punto de que no son en ocasiones más que una traducción.

Del tipo del *Diario de los literatos*, aunque de tendencias opuestas, fue el *Mercurio literario* o *Memorias sobre todo género de Ciencias y Artes, colección de piezas eruditas y curiosas, fragmentos de Literatura para utilidad de los estudiosos*, que sólo publicó ocho números. Una simple versión hecha al castellano por Joseph Vicente de Rustant, de las famosas *Memorias de los Padres de Trevoux*, fueron las *Memorias para la Historia de las Ciencias y de las Artes*, de las que sólo aparecieron dos volúmenes en 1752. El franciscano fray José Álvarez de la Fuente publicó durante 1732 una revista mensual titulada *Diario Histórico, Político-económico y Moral*, enciclopedia vulgarizadora de los más variados asuntos y de actualidad [112]. Como precedentes del periodismo científico deben mencionarse las *Efemérides Barométrico-médicas*, iniciadas en 1747 y dirigidas, entre otros, por Francisco Fernández Navarrete [113]; y los *Discursos Mercuriales* o *Memorias sobre la agricultura, marina, comercio y artes liberales y mecánicas*, de Juan Enrique Graef, de los que aparecieron veinte números en dos épocas: 1752 y 1755-1756; se inspiraba preferentemente en el *Journal Économique* de París.

---

[112] Se considera este periódico como el iniciador en España del diarismo del siglo XVIII; afirma Asenjo que fue el primero publicado en Madrid después de la *Gaceta* iniciada en 1661. Cfr.: Antonio Asenjo, *Prensa Iberoamericana. Índice de las publicaciones periódicas antiguas y modernas, editadas en lenguas ibéricas, que figuran en el Pabellón de Prensa Iberoamericana de la Exposición de Sevilla*, Madrid, 1929.

[113] Se tiene por el más antiguo periódico científico español. Cuando fue creada en 1734 la Real Academia de Medicina y Cirugía, comenzaron a redactarse las observaciones médicas y meteorológicas, que constituían el núcleo de esta publicación mensual. Cfr.: Francisco Méndez Álvaro, *Breves apuntes para la historia del Periodismo Médico y Farmacéutico de España*, Madrid, 1883.

FRANCISCO MARIANO NIPHO

El periodismo de la segunda mitad del siglo se inicia con la abundante aportación de Francisco Mariano Nipho [114], personaje discutidísimo y denigrado, cuya reivindicación ha emprendido en nuestros días Luis Miguel Enciso Recio con una excelente monografía [115].

Nipho, que por tantas razones merece un puesto de honor en la historia del periodismo español, ha tenido, en general, muy «mala prensa». Le perjudicó, sobre todo, el haber intervenido en la polémica de los autos sacramentales contra Clavijo y Fajardo, y luego contra Forner con ocasión de su famosa *Apología;* malos enemigos, que acuñaron los dicterios, convertidos inmediatamente en tópicos por la literatura polémica de la época; Moratín el Joven remachó el clavo con feroces sarcasmos. Nipho ha pasado a la historia con los calificativos de *pestilente* y *famélico, tabernario, coplero infeliz, prosista aplebeyado.* Sempere y Guarinos le dedicó juicios muy comprensivos [116], y desde fines del pasado siglo no le han faltado defensores, que no han logrado, sin embargo, contrarrestar eficazmente la opinión de sus detractores más encarnizados. Cierto es que Nipho ensayó todos los géneros y en casi todos ellos fue manifiesta su escasa calidad; Menéndez y Pelayo, que inició su defensa, ganado por su «tradicionalismo» en el problema de los autos, no puede menos de lla-

---

114 Nipho nació en Alcañiz, provincia de Teruel, probablemente en junio de 1719. Su padre, teniente coronel del ejército y gobernador de Maella, procedía de Nápoles. Nipho residió casi toda su vida en Madrid, donde murió en enero de 1803. Parece que fue poco feliz en su vida familiar. Era hombre inquieto, lleno de afanes y proyectos, pero con frecuencia poco constante en sus empresas. Fue un verdadero galeote del periodismo, a cuya difusión dedicó la asombrosa laboriosidad de que era capaz. Tomó aquella tarea como una profesión de la que ambicionaba sacar dinero, pero sintió a la vez toda la trascendencia y misión de la obra que llevaba entre manos; era una extraña mezcla de idealista y vividor, de fracasado y hombre de negocios, escrupuloso y aprovechado espigador de cuantos papeles, libros o publicaciones cayesen en su poder. Sus múltiples tareas le obligaron a trabajar de prisa y su prosa es descuidada y pedestre a veces; pero encontró frecuentemente el estilo moderno y eficaz que los nuevos tiempos demandaban. Al morir, después de haber conocido épocas de grave estrechez, dejó una fortuna considerable, ganada con sus publicaciones.

115 *Nipho y el periodismo español del siglo XVIII,* cit. arriba. Cfr. además: Domingo Gascón y Guimbao, *Don Francisco Mariano Nipho y su Diario curioso, erudito y comercial, público y económico,* Zaragoza, 1904. Joaquín de Entrambasaguas, «Algunas noticias relativas a don Francisco Mariano Nipho», en *Revista de Filología Española,* XXVIII, 1944, págs. 357-377.

116 «Los escritores de muchas obras trabajadas en distintos tiempos —dice Sempere—, y con diferentes motivos y ocasiones, no pueden estar libres de defectos. Las del Señor Nifo abundan de ellos. Mas no por eso dexa de tener bastante mérito en la Literatura Española. Se puede decir que es el principal Autor de los Papeles periódicos. La Política Económica le debe muchos esfuerzos, y una gran copia de datos, que son los que más en ella se necesitan. Ha introducido con sus traducciones varias obras de piedad sólida» (*Ensayo...,* cit., IV, 1787, págs. 145-146).

marle «detestable poeta lírico y dramático», «escritor de tijera» [117], y Sarrailh le califica de «polígrafo tan infatigable como mediocre» [118].

Todo ello no puede, sin embargo, menguar su importancia en la historia del periodismo de su época. Nipho fue un periodista por esencia; a
pesar de carecer, como admite Enciso [119], de talento creador, fue uno de
los principales vulgarizadores de las ideas de su siglo, introdujo en España el periodismo diario y el político a la manera francesa, cultivó la
prensa erudita y costumbrista y creó un nuevo tipo de periódico literario,
todo lo cual otorga a su tarea una innegable transcendencia. Nipho, afirma
Enciso [120], tuvo clara conciencia de la importancia de su obra, en un momento en que la mayoría de los ideólogos y políticos desconocían, o despreciaban, la función del naciente periodismo. Tuvo Nipho perfecta idea
de su papel de engarce entre los intelectuales de nivel superior y el pueblo,
y sobre todo de la eficacia de la prensa para difundir entre un público,
sin tiempo ni posibilidades para lecturas más detenidas, los avances científicos en todos los países y las nuevas ideas, plantear los problemas de
la nación, interesar en las cuestiones económicas, informar sobre la actividad del Gobierno, divulgar la obra de los escritores, avivar los deseos
de saber. Nipho que llegó a fundar, y mantener a veces él solo, más de
veinte periódicos de muy distintos tipos según la índole de los lectores
a que se destinaban, bien puede ser considerado, dice Enciso [121], como el
fundador del periodismo moderno español.

El 1 de febrero de 1758 apareció en Madrid el *Diario noticioso, curioso-
erudito y comercial, público y económico,* primer periódico diario publicado en nuestro país. Tan sólo hasta el 29 de mayo de 1759 fue obra de
Nipho, pues en dicha fecha lo vendió a su colaborador don Juan Antonio
Lozano. La importancia de esta publicación —y el mérito de su fundador,
concretamente— consistió en entender cómo la información, la publicidad
y la erudición unidas podían hacer viable el periódico *diario,* que había
luego de ser el nervio de la prensa. Que el empeño fue un éxito —dice
Enciso [122]— lo atestigua el hecho de que aquellas pocas hojas fueron la
base de un periódico oficial —el *Diario de Madrid*— que prolongó su
existencia hasta 1918. El *Diario* de Nipho, que a partir de 1759 adoptó el
título más abreviado de *Diario Noticioso Universal,* constaba al principio
de sólo cuatro páginas; incluía un artículo de fondo, noticias de comercio,
una sección de anuncios —compras, ventas, pérdidas y hallazgos, casas

---

[117] *Historia de las ideas estéticas,* cit., III, pág. 282.
[118] Jean Sarrailh, *La España ilustrada de la segunda mitad del siglo XVIII,* trad.
española, México, 1957, pág. 492.
[119] *Nipho...,* cit., pág. XIX.
[120] Idem, íd., pág. 144.
[121] Idem, íd., pág. 151.
[122] Idem, íd., pág. 153.

para alquilar, oferta de servicios—, que era la parte más innovadora del periódico, y diversos artículos *cultos* sobre las más variadas materias, de historia, política, ciencias, etc.; se informaba también sobre los escritos importantes publicados en los países cultos de Europa y los nuevos descubrimientos en ciencias prácticas y especulativas y en las artes liberales y mecánicas. Enciso señala el propósito moralizador que movía a Nipho, pero, al mismo tiempo, el matiz utilitarista, que refleja los modos ilustrados de la época, con su particular interés por las cuestiones económicas y su atención a las necesidades y problemas del país. Subraya Enciso [123] que, cuando apareció el *Diario* de Nipho, el único *diario* europeo capaz de subsistir había sido el *Daily Courant* de Londres, fundado en 1702 y extinguido en 1735; Francia no conoció su primer *diario* —el *Journal de Paris*— hasta 1777, y Estados Unidos hasta 1784. El *Diario* de Nipho ostentó, pues, por cierto tiempo, el primer puesto en la prensa diaria continental, que sólo comenzó a florecer después de 1789. Para nutrir su periódico, Nipho se sirvió de las más diversas fuentes, libros o publicaciones periódicas de toda Europa, que copiaba, extractaba o arreglaba a su comodidad [124].

A fines de 1760 emprendió Nipho la publicación de uno de sus periódicos más importantes, el *Caxón de Sastre* [125], que duró, sin embargo, un solo año. Con excepción del *Diario de los literatos* y el *Mercurio literario*, el *Caxón de Sastre* fue el primer periódico literario español del siglo XVIII. Aparecía semanalmente, aunque se repartían dos pliegos por semana; llegaron a imprimirse sesenta números, que se agruparon en siete tomos. En 1779, habiéndose agotado la colección, Nipho volvió a imprimirla, y de nuevo en 1781 en seis volúmenes. El *Caxón* no pertenecía al género de los periódicos de noticias, pues no incluía novedades; constaba de uno o más artículos de fondo sobre materias político-sociales, culturales, morales o eruditas, y de una serie de trozos o composiciones completas de escritores clásicos españoles, acompañados de notas o comentarios. En realidad, se trataba de una antología literaria, en la cual se pretendía divulgar autores clásicos o dar a conocer otros menos famosos; pero Nipho

---

123 Idem, íd., pág. 186.

124 El *Diario* apareció como publicado por Manuel Ruiz de Uribe, uno de los muchos seudónimos utilizados por Nipho en su tarea periodística.

125 Su título completo era: *Caxón de Sastre o montón de muchas cosas buenas, mejores y medianas, útiles, graciosas y modestas, para ahuyentar el ocio sin las rigideces del trabajo, antes bien a caricias del gusto*. Cuando reeditó la colección, modificó el título, que es el que da Menéndez y Pelayo al comentar el periódico en su *Historia de las ideas estéticas*, cit., III, pág. 283: *Caxón de Sastre literato, o percha de maulero erudito, con muchos retales buenos, mejores y medianos, útiles, graciosos y honestos, para evitar las funestas consecuencias del ocio* (cfr. Enciso, *Nipho...*, cit., pág. 197 y notas 1 y 3). A la vista de estos títulos no es difícil caer en la tentación de repetir el conocido dicterio de que Nipho tenía con harta frecuencia un gusto chabacano. Cfr.: Julio Trenas, «Periódicos madrileños del siglo XVIII: *Caxón de Sastre*», en *Gaceta de la Prensa Española*, febrero 1943, 9, págs. 555-569.

tenía también un propósito instructivo o moralizador, para lo cual seleccionaba los textos de acuerdo con un tema dominante en relación con un problema social, moral, económico o político, y dedicaba un número a cada tema. Menéndez y Pelayo tenía considerable estima por el *Caxón de Sastre*: «Nipho —dice— era bibliófilo y bibliófilo bastante afortunado para haberse hecho con piezas muy raras, que fielmente reprodujo en su libro, y aunque su gusto no era muy de fiar, a veces acertó en la elección, dando, de todas suertes, el primer ensayo que vio el siglo XVIII de una Antología de poetas españoles, mucho más próxima, por el espíritu de libertad que en ella domina, a lo que luego fue la riquísima *Floresta* de Böhl de Faber, que a las que formaron con alarde de rigorismo clásico Sedano, Estala y sus colaboradores» [126]; y añade con ironía reivindicadora: «El *famélico* y *tabernario* Nipho había llegado a ser poseedor de libros que el colector del *Parnaso Español* no da muestras de haber conocido ni por el forro, y así, en el *Caxón de Sastre* abundan los extractos del *Cancionero general*, los de Castillejo y Gregorio Silvestre, y aun otros muchos más peregrinos, v. gr., los que toma de la *Theórica de virtudes*, de don Francisco de Castilla, o de las *Tríacas*, de Fray Marcelo de Lebrixa, o de los *Avisos Sentenciosos*, de Luis de Aranda. En llamar la atención sobre este género de literatura fue único en su siglo, y de aquí procede sin duda el aprecio con que Böhl habló siempre de él, aprecio que contrasta de un modo singular con los denuestos que tradicionalmente le han propinado nuestros críticos» [127]. También, aunque en número mucho menor, incluyó Nipho en su *Caxón* diversos escritores extranjeros, «en un alarde de erudición y ansia ilustrada»; en conjunto, dice Enciso, el *Caxón de Sastre* es «un conato de prensa culta» [128] de la que ya se conocían magníficos ejemplos en Europa y también en España, aunque éstos menos afortunados. Interesa notar, como dato curioso, que el *Caxón de Sastre* inició el procedimiento de venta por suscripción.

El 5 de abril de 1763 emprendía Nipho otra publicación semanal, el *Diario Estrangero*, que concluyó el 30 de agosto del mismo año después de 22 números. El *Diario Estrangero*, situándose más en la línea del *Mercure de France*, del *Journal des Savants* o del de *Trévoux*, pretendía dedicarse en particular a las noticias literarias de toda Europa, crítica de libros, resúmenes de obras recientemente aparecidas, comentarios literarios, etc., y noticias también sobre descubrimientos e invenciones en ciencias y artes. Para todo ello Nipho se sirvió, según costumbre, de todo género de publicaciones extranjeras, particularmente francesas, pero le dio novedad con sus notas críticas y sobre todo con sus comentarios sobre las obras estrenadas en los coliseos de Madrid. Incluyó además

---

[126] *Historia de las ideas estéticas*, cit., III, pág. 283.
[127] Idem, íd., págs. 283-284.
[128] *Nipho...*, cit., pág. 205.

varios artículos de tono polémico sobre el estado de la escena española, proyectos de reforma, temática de las comedias, la moral en el teatro, participación de las mujeres en la representación, intervención estatal; todo lo cual representa una interesante aportación a la polémica sobre el teatro que tanto apasionó y dividió a los escritores de su época. Con su crítica teatral, Nipho inauguró esta actividad nunca hasta entonces ejercida en España, por lo menos de manera regular y periódica, según puntualiza don Marcelino.

Con la *Estafeta de Londres*, también semanal, aparecida a fines de 1762, intenta Nipho el periodismo político: «Hebdomadario político —dice Enciso—, culto a la vez e informativo, trata, primero, de la cosa pública con ánimo de influir en ella, critica la obra de gobierno —a salvo siempre el Monarca y la institución que encarna—, y acusa, finalmente, una evidente preocupación por los problemas económico-sociales» [129]. El periódico se presentaba en forma de cartas, dirigidas desde Inglaterra a personas imaginarias, con el propósito de informar al lector sobre los usos y prácticas de aquel país que pudiesen servir de aviso al español. Nipho, que, como Enciso subraya, no tenía un buen concepto global de los ingleses, admira, sin embargo, sus progresos en el comercio marítimo, la industria y la agricultura, que desea proponer como estímulo contra la negligencia de su patria.

Como continuación de la *Estafeta*, que no fue más allá de quince cartas, y concluyó el 28 de diciembre del mismo año, emprendió Nipho el *Correo general de Europa*, también semanal, cuyo primer número apareció el 11 de enero de 1763; duró el año completo y sus cuadernos se agruparon en cuatro volúmenes, correspondientes a los cuatro trimestres. En la Introducción al tomo primero Nipho explica que había resuelto salirse de Inglaterra para abarcar aspectos más diversos de la política general de Europa, y declara su propósito de ejercer una función crítica y educadora al servicio de su país: «Lo que yo intento tratar en esta obra —escribe— absolutamente es útil y necesario para la Patria; no en cuanto a corregir costumbres indiferentes y variables, sino para volver a ella un esplendor anochecido y una felicidad oportuna y muy nuestra, que se huyeron de nuestro suelo arrojados a empellones de la pereza y desatenciones groseras del descuido» [130]. Subraya Enciso [131] que el pensamiento ilustrado está presente en esta publicación más que en ninguna otra de Nipho; su atención a la economía es extraordinaria, y la mayoría de las *Cartas* versan sobre asuntos de agricultura, industria, comercio, reivindicación del trabajo, cultivo de las ciencias. Nipho aborda en torno a estos temas las ideas que fueron tan comunes entre los ilustrados sobre

---

[129] Ídem, íd., pág. 238.
[130] Cit. por Enciso en ídem, íd., pág. 249.
[131] Ídem, íd., pág. 249 y ss.

el absentismo de la nobleza, la instrucción de los campesinos, la decadencia del comercio nacional, desarrollo de las manufacturas, problemas de educación y diversas cuestiones de política.

En 1770 lanzó Nipho el *Correo General de España*, periódico protegido por el Estado a través de la Real Junta de Comercio, con el cual, dice Enciso [132], abre la puerta a esta nueva modalidad, es decir, la publicación protegida «destinada a facilitar las tareas de los poderes públicos». La finalidad del periódico no difiere del *Correo General de Europa*, es decir: combatir la escasa laboriosidad de los españoles y su despreocupación por los problemas económicos, para lo cual propone el ejemplo de otros países europeos. El periodista pondera la actuación del monarca y de sus ministros, pero condena la inhibición de los ricos y poderosos, que la debieran secundar sumándose a la gran tarea nacional. Nipho se propone llevar a cabo un *interrogatorio* o encuesta nacional sobre los problemas del país, con plena conciencia de la importancia que podría tener, para el presente y para el futuro, la suma de noticias recogidas en las páginas de la publicación; pregunta además sobre datos concretos de cada región o pueblo, que, en cierta forma, vendrían a continuar el catastro de Ensenada; pretende asimismo informarse sobre los más varios problemas de educación, sanidad, condiciones climáticas, índice de mortalidad, etc. Pese a la superficialidad de muchos puntos de la encuesta, la tarea de Nipho —dice Enciso— «hubiera constituido una obra de envergadura considerable» [133], pero se vio obstaculizada por la apatía de los corregidores e intendentes que no enviaban sus informes. El periódico sólo duró hasta 1771 y en sus cinco tomos se incluye el examen de un reducido número de poblaciones y de sus comarcas: «A esta incompleta relación —comenta Enciso— quedaba reducido ese empeño gigantesco que era una *descripción natural, política y económica de todos los pueblos de España*, es decir, una geografía e historia de España vista en la pantalla del periodismo» [134].

La incansable actividad periodística de Nipho se manifestó también en otros campos muy diversos. *El Murmurador Imparcial* [135], aparecido hacia 1761, era una publicación humorística con propósito de crítica de costumbres, social y literaria a la vez; como el *Caxón de Sastre*, incluía fragmentos de diversos autores sobre un determinado tema. *El Pensador Christiano. Meditaciones provechosas para todos los días de la Cuaresma* se publicó las siete semanas de dicha época en 1763; sólo los prólogos son de Nipho, pues el texto era una traducción italiana del jesuita padre Juan

---

[132] Idem, íd., pág. 260.
[133] Idem, íd., pág. 278.
[134] Idem, íd., pág. 280.
[135] Su título completo era: *El Murmurador Imparcial y observador desapasionado de las locuras y despropósitos de los hombres. Obra periódica que ofrece en obsequio de las personas de buen gusto* don Francisco Mariano Nipho.

Buseo. *El Bufón de la Corte*, semanario humorístico, resistió 16 números en 1767; también como el *Caxón*, acoge fragmentos de escritores, agrupados sobre un tema específico; periódico de contenido literario, con intención satírica, costumbrista y moralizadora [136].

Entre las publicaciones periódicas anuales merece destacarse la *Guía de litigantes y Pretendientes*, especie de anuario de personas sobresalientes en los distintos campos de la vida nacional. También se deben a la incansable actividad de Nipho otras diversas colecciones de aparición más o menos periódica y escasa fortuna.

A Nipho se le ha atribuido también, con bastante fundamento, la existencia de otro importante periódico, el *Correo de Madrid o de los ciegos*, cuyo primer número apareció el 10 de octubre de 1786, y que a partir del 8 de abril de 1787 se tituló simplemente *Correo de Madrid*. El título inicial se debía a que su venta habían de hacerla los ciegos en las calles; si el periódico fue, pues, obra de Nipho, habría que concederle además la innovación de esta venta callejera y no exclusivamente en las librerías como hasta entonces. La publicación era bisemanal. Se advertía en su presentación que su propósito consistía en fomentar el gusto de la lectura por medios curiosos y deleitables; se trataban, efectivamente, los más diversos temas —historia, economía política, moral— y se recogían novedades y curiosidades tomadas de otras publicaciones nacionales o extranjeras. En el *Correo* colaboraron escritores importantes —frecuentemente bajo seudónimo—, como el famoso médico Casal, Manuel de Aguirre, Cadalso, Moratín el Joven; el periódico se hizo eco muchas veces de las polémicas de la época y acogió artículos sobre temas económicos, procedentes en ocasiones de comunicaciones leídas en las Sociedades de Amigos del País. El *Correo* dejó de publicarse en febrero de 1797.

Nipho —concluye Enciso Recio [137]—, hombre de vida inquieta y poco feliz, temperamento extraño, personalidad literaria de segunda fila, triunfó sin embargo, con armas muy modernas, y aunque ninguna de sus publicaciones alcanzara particular altura ni decisiva transcendencia, su obra conjunta tuvo el mérito indiscutible de haberle dado al periodismo español el impulso que había de convertirle en una institución de primer orden. Se debatió Nipho contra todas las dificultades inevitables en un período de iniciación, tuvo que luchar contra angustiosos problemas económicos y sortear dificultades de todo género. Pero además de positivos adelantos en la técnica periodística, desde la confección hasta la venta de los periódicos, y de aportaciones fundamentales como la información comercial y la publicidad que hicieron posible la existencia del primer diario del país y uno de los primeros de Europa, Nipho llenó la principal

---

[136] Cfr.: Julio Trenas, «Periódicos madrileños del siglo XVIII: *El Bufón de la Corte*», en *Gaceta de la Prensa Española*, septiembre, 1943, 16, págs. 217-224.

[137] *Nipho...*, cit., pág. 333.

tarea de convertir el periódico en un instrumento accesible a todas las gentes, infundiéndole la amenidad y variedad de que carecía la prensa erudita precedente, y servir de inapreciable vehículo divulgador de conocimientos, de ideas y de preocupaciones de toda índole.

Enciso Recio ha dedicado abundantes páginas al estudio de la ideología de Nipho. El periodista aragonés no fue ajeno a ninguna de las inquietudes de la época ilustrada, fue un hombre «moderno», abierto a todas las experiencias de las naciones europeas y particularmente interesado en la reforma económica de su país con plena aceptación de las premisas ideológicas implicadas en dicho cambio. Participó, como todos los reformadores de su tiempo, en el deseo de una cultura utilitaria, patrocinó la reforma de los estudios, tuvo clarísima conciencia de los defectos de sus compatriotas y del atraso de su nación, admiraba la tenacidad y el sentido práctico de otros pueblos en la misma medida en que censuraba la indolencia del propio, luchó contra la «deshonra legal del trabajo» reivindicando la dignidad de los mecánicos y mercantiles, le preocupó hondamente el problema de la instrucción —«no admitiría, dice, al estado de matrimonio a ningún hombre que no supiera leer a lo menos»[138]—, sugirió la creación de Academias locales de ciencias y de agricultura, y defendió la fundación de Sociedades Económicas. Estaba persuadido asimismo de la necesidad de depurar la religión de prácticas viciosas. desenmascarar la falsa piedad y corregir abusos eclesiásticos.

En ninguna de estas materias, sin embargo, fue Nipho un pensador profundo y original, y ni siquiera sistemático: la dispersión y agobio de su tarea periodística se lo impedía; de muchos problemas tenía más una impresión apriorística y teórica que práctica y directa. Su importancia —digámoslo una vez más— estriba en esa actividad vulgarizadora de inquietudes, puente entre los reformadores de mayores vuelos y originalidad y el gran público. Su reformismo, indudable, se contuvo siempre dentro de una «prudencia» delimitada por su espíritu religioso y su arraigado patriotismo; estaba dispuesto a recibir del extranjero todos los conocimientos técnicos y eruditos que beneficiaran la economía y la ciencia de su país, pero siempre dentro del espíritu tradicional, que debía ser puesto a salvo de todas las innovaciones. En cuanto a la dirección política, Nipho aceptaba sin reservas los procedimientos del Despotismo ilustrado, de acuerdo con el criterio predominante entre los reformadores de su generación; aprobaba la concepción paternalista y absolutista de la monarquía, convencido de que la apetecida reforma no era viable sin la constante intervención del Estado, que movilizara y coordinara las acciones individuales.

---

[138] Cit. por Enciso en ídem, íd., pág. 109.

Como decíamos arriba, corresponde al último tercio del siglo el desarrollo y mayor actividad de la prensa polémica; sin abandonar su tarea informativa y vulgarizadora, las principales publicaciones periódicas de esta época se convierten en conductoras de la ideología reformista en sus niveles más avanzados y con ritmo de creciente aceleración. Desde este momento, la prensa periódica asume un papel de primer orden en nuestro país.

El periódico más representativo de este período es *El Censor*, fundado en Madrid en las primeras semanas de 1781 por el abogado de los Reales Consejos, Luis García del Cañuelo. En cierta medida el semanario de Cañuelo venía a proseguir la línea iniciada por *El Pensador* de Clavijo y Fajardo; pero así como éste no había rebasado, en general, la crítica de costumbres, Cañuelo somete a examen el funcionamiento todo de la sociedad española. Sempere y Guarinos, en su breve nota dedicada a la publicación de Cañuelo, había subrayado ya esta diferencia: «Hasta ahora —dice— el *Pensador*, y los Autores de otros papeles periódicos, no se habían propuesto otro que el de ridiculizar las modas, y ciertas máximas viciosas introducidas en la conducta de la vida. El Censor manifiesta otras miras más arduas y más arriesgadas. Habla de los vicios de nuestra legislación; de los abusos introducidos con pretexto de Religión; de los errores políticos, y de otros asuntos semejantes» [139]. «El proyecto de Cañuelo —comenta Elorza— se integra así en los modelos generales del racionalismo crítico ilustrado, tipificado en Voltaire, y tendente a denunciar la irracionalidad y la arbitrariedad de un sistema social —el del Antiguo Régimen—, mostrando la necesidad para los hombres de intervenir en la transformación de la realidad, con el fin de crear nuevas formas sociales que restituyesen la vida humana a una totalidad regulada por la ley natural» [140].

La crítica de Cañuelo respeta, en efecto, a pocos grupos e instituciones sociales: la nobleza ociosa, el clero, los apologistas, la tortura, el despotismo, las vinculaciones y los mayorazgos son objeto de su examen; o, como dice Elorza, los fundamentos mismos de la estructura social del Despotismo ilustrado. En su Advertencia preliminar había prometido Cañuelo criticar lo que fuera, siempre que la religión, la decencia o consideraciones de orden político no se lo impidieran: «Ninguna autoridad humana, ni la costumbre más antigua, ni la moda más general, es capaz

---

[139] *Ensayo...*, cit., IV, pág. 191.
[140] Antonio Elorza, *La ideología liberal en la Ilustración española*, Madrid, 1970, página 210.

de persuadirme lo que mi corazón repugna, y acostumbrado a meditar en todo, ya apenas leo sino errores, no oigo sino necedades, no veo sino desorden. En todas partes hallo cosas que me lastiman... Para colmo de desgracias, no puedo callar nada»[141].

Dicho queda que a la crítica de Cañuelo tenía que enfrentársele una cerrada resistencia, según Sempere señalaba: «La entereza con que declamaban los Autores de aquella obra contra ciertos usos, que les parecían dignos de la censura pública, desagradó a muchos, por lo qual, y por otros obstáculos que tienen regularmente en España las obras periódicas de aquella naturaleza, se suspendió su continuación»[142]. El semanario fue suspendido, en efecto, a fines de 1781 con motivo del discurso número 46, en que Cañuelo atacaba las supersticiones que manchaban el culto católico en España. La suspensión duró hasta noviembre de 1783, en que *El Censor* reapareció con el discurso 47, para proseguir durante veinte discursos más y ser nuevamente suspendido. Reaparece en septiembre de 1785, es prohibido nuevamente a fines de noviembre, reaparece otra vez para publicar ochenta y ocho discursos más, hasta que, a consecuencia de su ataque contra la *Apología* oficial de Forner a mediados de 1787, se produce la suspensión definitiva después del discurso 167. Cañuelo fue procesado entonces por la Inquisición y se vio obligado a abjurar *de levi*.

Algunos puntos de la tarea crítica de *El Censor* merecen ser destacados. En el discurso tercero puso Cañuelo de relieve las duras condiciones de vida de los trabajadores, enfrentándolas con las más benignas que gozaban los mendigos profesionales. En el discurso cuarto, titulado *Carácter de Eusebio, o reflexiones sobre la ociosidad*, describe la vida de un hombre sin interés por nada, cuya subsistencia garantizan, en cambio, las tierras heredadas de un padre rico, que cree en Dios «a puño cerrado» sin profundizar en la religión, que reza y da limosnas, confiado en tener asegurada con ello su salvación eterna. Cañuelo, como subraya Elorza[143], no idealiza el carácter de los pobres; piensa, por el contrario, que la situación extrema en que viven, favorece su sumisión pasiva, sus vicios y su corrupción física y moral. Cañuelo no ataca a los ricos, sino a quienes poseen la riqueza heredada en la ociosidad sin deberla a su propio esfuerzo. En un diálogo entre un noble y un burgués, éste se defiende de la despectiva calificación de «nuevo» afirmando: «Soy nuevo: eso es decir que vine al mundo antes que mi fortuna; que ésta es obra mía; que soy original, no copia. Soy nuevo, es verdad»[144]. En el discurso 162, Cañuelo repite su ataque contra la nobleza inútil y su apología del ilustrado estamento burgués. «Quien hace a una nación opulenta, ilustre y respetable no

---

[141] Cit. por Elorza en ídem, íd., pág. 210.
[142] *Ensayo...*, cit., II, pág. 132.
[143] *La ideología liberal...*, cit., pág. 215.
[144] Cit. por Elorza en ídem, íd., pág. 216.

son sus hidalgos, sino sus hábiles y activos comerciantes, y artistas y grandes literatos» [145].

En nombre de estos principios Cañuelo emprende la defensa del lujo, tan discutido en su tiempo; la riqueza —viene a decir— es aceptable, siempre que su conservación y aumento suponga una constante actividad por parte de su poseedor; el lujo y la inacción reunidas provocan la ruina del Estado; por el contrario, cuando el lujo procede del trabajo, no solamente no perjudica a la nación sino que engendra su progreso. La crítica de la nobleza ociosa enfrenta a Cañuelo con el problema del campo español, el absentismo de los grandes propietarios, la injusta distribución de la tierra, la existencia de jornaleros miserables, desmoralizados por la pobreza y movidos a trabajar lo menos posible.

La oposición de que fue objeto por parte de las fuerzas conservadoras, que le acusaron de «enemigo del Estado y de nuestra constitución» y de «fautor de la impiedad», motivó el discurso de Cañuelo *Sobre el abuso de tratar de herejes a los que no se conforman con nuestros dictámenes.* «Son páginas admirables —comenta Elorza— para estimar la tensión entre escritores progresivos y fuerzas e instituciones retrógradas en la España de 1780» [146].

La actitud crítica de Cañuelo frente al clero español se pone de relieve sobre todo en su utopía religioso-social, en que describe el país de los Ayparcontes, la única contribución —afirma Elorza [147]— del Setecientos español a la abundante literatura utópica de la época. Cañuelo refiere, poniendo la explicación en boca de un ilustrado indígena, cómo se han superado en aquel país los obstáculos e instituciones, que se correspondían, transparentemente, con las de la España de aquel momento. El autor, con falsa ingenuidad, en que descansa toda su sátira, finge defender las prácticas y tradiciones de su país, contra las cuales el ilustrado ayparconte opone la justicia y ventaja de las reformas; los sacerdotes han sido desposeídos de sus tradicionales ventajas, ha sido suprimida toda jurisdicción especial, anulado su poder económico; pero esta reforma no produce, como imagina el «asombrado» autor, la destrucción de su sacerdocio, sino el acrecentamiento de su eficacia y de su prestigio; los hombres más mundanos se habían apoderado hasta entonces del santuario; ahora lo administran los más virtuosos.

En el orden político, Cañuelo identifica el despotismo —refiriéndose incluso al *ilustrado* de entonces— con la tiranía y la arbitrariedad. A la monarquía de su época prefiere una monarquía moderada, en la que estén asegurados los derechos de los ciudadanos libres: «La felicidad de un Estado —dice Cañuelo en el Discurso 127— no se distingue de la felicidad

[145] Cit. ídem, íd., pág. 216.
[146] Ídem, íd., pág. 221.
[147] Ídem, íd., pág. 222.

política de sus individuos, y ésta consiste principalmente en la seguridad y confianza con que cada uno vive de que sus derechos serán siempre respetados y de que nada tiene que temer de la injusticia de otro hombre»[148]. Con ello se configura el pensamiento demócrata-liberal, contrario al reformismo de reglamentos y ordenanzas, típico del *despotismo ilustrado*: «Nada —dice en otro discurso— apresura más la decadencia y ruina de un Estado que esa manía de sujetarlo todo a la ley, de convertir en reglamentos y ordenanzas los que no deben ser sino preceptos de las artes, y de obligar al ciudadano a que haga lo que a nadie le es más útil que a él mismo»[149]. «Frente al espíritu de legislar sobre todo —comenta Elorza—, se alza la libertad civil formulada según el clásico esquema del pacto social, que se viene repitiendo asimismo en todos los liberales de nuestra Ilustración»[150].

Al producirse la polémica en torno a la famosa pregunta de Masson, «*¿Qué se debe a España?*», y aparecer la *Apología* de Forner, Cañuelo arremetió contra éste, y en el discurso 165 de *El Censor* publicó su *Oración apologética por el Africa y su mérito literario*, parodia de la *Apología*, de la cual publicaba muchos fragmentos, sin alteración alguna, sustituyendo las palabras «España» y «español» por «Africa» y «africano» respectivamente. Cañuelo ridiculiza la desestimación hecha por Forner de los científicos y filósofos europeos; y al referirse al elogio de Forner sobre la atención dedicada en España a «hablar de Dios y sus inefables fines», confirma *El Censor* sarcásticamente: «Ninguna parte del mundo puede en esto disputar al Africa la palma; en ninguna se ha gastado tanto tiempo ni papel en hablar de Dios»[151]. «Frente al incipiente nacionalismo de hombres como Masdeu y Forner —resume Elorza comentando el sentido de la polémica—, Cañuelo se mantiene dentro del esquema del cosmopolitismo ilustrado, en su prolongación final con el triple círculo individuo-nación-humanidad. Para él, es una 'miserable pequeñez' la de aquellos que permanezcan circunscritos a su nación, enfrentándola al resto del universo 'al cual quisieran, para engrandecerla a ella, poner en cadenas y reducir a la esclavitud'»[152].

La controversia con el protegido oficial, Forner, trajo, como hemos dicho, la suspensión definitiva de *El Censor*, «demasiado débil en fuerza y armas para la función que en un principio se fijó». «De todas maneras —añade Elorza—, por su liberalismo económico y político, sus lúcidas críticas de la sociedad tradicional, puede decirse que *El Censor* de Luis

---

[148] Cit. ídem, íd., pág. 225.
[149] Cit. ídem, íd., pág. 226.
[150] Idem, íd.
[151] Cit. en ídem, íd., pág. 228.
[152] Idem, íd.

Cañuelo cubrió una de las etapas más brillantes en la formación de la conciencia burguesa en España»[153].

Otras varias publicaciones periódicas prosiguieron la línea de *El Censor* en los años inmediatos. El primero fue *El apologista universal*, que apareció en 1786, dirigido por el padre Pedro Centeno, religioso agustino. *El Apologista* se aplicó preferentemente a ridiculizar la literatura religiosa de aquel tiempo, pero fue pronto denunciado a la Inquisición como tocado de diversas herejías y sospechoso de jansenismo. La desazón que le produjo el proceso y el verse además forzado a abjurar de opiniones de que estaba persuadido, le hicieron perder al padre Centeno la razón y murió al poco tiempo en el convento donde se le había confinado[154].

El más importante continuador de *El Censor* fue *El corresponsal del Censor*, periódico bisemanal, dirigido por Manuel Rubín de Celis, hermano del futuro revolucionario, Miguel. La publicación consistía en cartas dirigidas a *El Censor*, en las cuales criticaba la situación de las clases trabajadoras, la discriminación penal entre pobres y ricos, los privilegios de la nobleza, las supersticiones religiosas, el exceso de clérigos, las apologías. El ejemplo de su antecesor y la menor calidad del periodista mantuvieron, sin embargo, la crítica de *El corresponsal* en un tono discretamente moderado. En contra de las apologías sostiene Rubín la condición progresiva de las ciencias, por lo que nunca es legítimo conformarse con lo ya existente, sino proseguir sin interrupción en la búsqueda de la verdad. Se muestra partidario de la protección estatal a las ciencias y propugna la creación de una junta que examinaría los proyectos presentados y rechazaría los inútiles; de hecho, pues, se enmarca en este punto dentro de la política dirigida del Despotismo ilustrado. La defensa contra sus posibles errores consiste en la libertad que debe tener el ciudadano para decir y escribir sus opiniones, pues «sin la preciosa libertad de pensar» «jamás se descubrirán aquellas enfermedades que padece un Estado». *El corresponsal* resistió 51 números, al cabo de los cuales, en junio de 1788, interrumpió la publicación[155].

Menor importancia tuvo *El Duende de Madrid*, que sólo publicó siete números; hacía burla de la ignorancia de ciertas órdenes religiosas y de la pobre educación que daban a los jóvenes, y atacaba a la nobleza por su desprecio de los campesinos y comerciantes.

En 1788 —en los últimos meses del reinado de Carlos III— aparecieron tres números de unas *Conversaciones de Perico y Marica*, publicadas en

153 Idem, íd., págs. 228-229. Cfr., además, la citada obra de Herr, págs. 184-187.
154 Cfr. Herr, cit., págs. 187-188.
155 Cfr. Antonio Elorza, *La ideología liberal...*, cit., págs. 229-231.

Madrid sin nombre de autor[156]. El principal aspecto de estas *Conversaciones* fue la discusión de las *apologías*, problema puesto al rojo por la de Forner, aparecida dos años antes. El autor hace burla de los apologistas, y afirma que no hay mejor apología que esforzarse en avanzar y ser cada día mejor. La realidad no puede permanecer oculta ni remediarse con palabras; el aducir la infinidad de obras pías de nuestro país sólo demuestra la debilidad de su economía y de su ilustración, de su agricultura y de sus artes; hay una tradición de pobreza y de ignorancia tan antigua como la más acendrada nobleza de nuestros nobles; la particular insistencia de los apologistas en lo que fuimos y tuvimos «es testimonio innegable de nuestro abatimiento, de lo que hemos perdido (si ha sido cierto que lo hemos tenido) y en fin de la infamia más atroz de no recuperarlo. ¿Quién nos lo estorba? Si no es la ignorancia, es la malicia»[157]. Si se dice que el pueblo necesita apologías porque es ignorante y precisa argumentos para rebatir a los extranjeros, la explicación es todavía peor; porque si el pueblo es ignorante, y no lo es sino por su gran necesidad, ¿cómo ha de progresar? «El tema de la participación del pueblo en la riqueza económica y cultural de la nación —comenta Marías— aparece aquí con fuerza desusada, y termina el argumento con la explicación del éxito de los apologistas, aduladores del Poder, optimistas oficiales que impiden que se remedien los problemas; una vez más se anticipan en el siglo XVIII acentos que aparecerán con mayor energía y madurez en Larra»[158]. Al final de la segunda conversación, Perico declara su propósito: «Mi interés sólo es cumplir con mi obligación; descubriendo errores perjudiciales a la Religión, a las Regalías de nuestro Monarca amado y al bien de sus vasallos y compatriotas nuestros: en una palabra, amando a Dios y al prójimo como debo, y obrando para ello lo que debo, quéjese quien se queje». Y responde Marica: «¿Descubrir errores dijiste? Nuestra persecución es cierta por más que digas»[159].

Mucha más transcendencia tuvo otra publicación, el *Espíritu de los mejores diarios literarios que se publican en Europa*, que el 2 de julio de 1787 lanzó por primera vez el mallorquín Cristóbal Cladera[160]. El periódico, bisemanal, que vivió tres años y medio, tenía el propósito de dar a conocer en España la situación de las ciencias, arte, literatura y economía de Europa durante aquella centuria, que considera superior a toda la historia precedente; para ello publicaba críticas y resúmenes de libros aparecidos en el extranjero. Según Varela Hervías, setenta y seis publi-

---

[156] Cfr.: Julián Marías, *La España posible en tiempo de Carlos III*, Madrid, 1963, páginas 85-92.
[157] Cit. por Marías en ídem, íd., pág. 89.
[158] Idem, íd., pág. 90.
[159] Cit. en ídem, íd., pág. 91.
[160] Cfr.: Eulogio Varela Hervías, *Espíritu de los mejores diarios que se publican en Europa*, Madrid, 1966.

caciones extranjeras fueron expresamente utilizadas como fuente de noticias en el *Espíritu*, francesas en su mayoría, pero también algunas
inglesas, alemanas, italianas e incluso holandesas. El *Espíritu* logró gran
aceptación, según se desprende del estado de cuentas que presentó Cladera
a Floridablanca, a sólo un año de su existencia, cuando le propuso fun-
dirlo con el periódico oficial, el *Mercurio de España*. Contaba entonces el
Espíritu con casi seiscientos suscriptores en provincias y trescientos en
Madrid, además de los ejemplares que se vendían sueltos en los puestos;
cifras indudablemente grandes para aquella época. Algún tiempo después
el *Espíritu* comenzó a incluir colaboraciones de escritores españoles,
entre las cuales destacaron las *Cartas sobre los asuntos más exquisitos
de la economía política*, de Valentín de Foronda, de las cuales trataremos
luego a propósito de las Sociedades Económicas, pues fue a través de
ellas donde se reveló principalmente la actividad de este economista y
escritor político.

En realidad, el *Espíritu* había venido a continuar otra publicación, de
carácter mucho más oficial, el *Correo literario de la Europa*, que apareció
en dos etapas: 1780-1781 y 1786-1787. Se confeccionaba semanalmente en
la Imprenta Real y se proponía igualmente difundir los progresos científicos y literarios del continente, pero con criterio mucho menos avanzado
que el periódico de Cladera.

Continuación también de los propósitos de El Censor fue una publicación efímera, *El Observador*, aparecida en el último trimestre de 1787,
dirigida por el famoso abate Marchena, muy joven entonces, todavía
estudiante en Salamanca [161]. La publicación no pasó de la sexta entrega,
porque la censura inquisitorial la prohibió en febrero de 1788. En sus
seis discursos publicados Marchena defiende la filosofía sensista de Locke
y Condillac y el utilitarismo de Bentham, y ataca a los apologistas españoles, particularmente a Forner, que incitan, dice, a enorgullecerse de la
propia ignorancia. Dedicó sistemáticos elogios a los historiadores, literatos y filósofos franceses.

Con propósitos más específicamente literarios, aunque también doctrinales, Antonio Valladares de Sotomayor fundó en 1787 el *Semanario
erudito* [162]. Valladares no se propone divulgar escritores extranjeros, sino

---

[161] Cfr.: Marcelino Menéndez y Pelayo, *Obras literarias de D. José Marchena* (*el
abate Marchena*), *recogidas de manuscritos y raros impresos, con un estudio crítico-
biográfico*, 2 vols., Sevilla, 1892-1896. Emilio Alarcos, «El Abate Marchena en Salamanca», en *Homenaje a Menéndez Pidal*, II, Madrid, 1925, págs. 457-465. François López,
«Les premiers écrits de José Marchena», en *Mélanges à la mémoire de Jean Sarrailh*,
II, París, 1966, págs. 55-63.

[162] Su título completo es: *Semanario erudito, que comprende varias obras inéditas,
críticas, morales, instructivas, políticas, históricas, satíricas y jocosas, de nuestros
mejores autores antiguos y modernos;* se publicó desde 1787 a 1791, y aparecieron 34
volúmenes.

los nacionales, difundiendo los conocimientos que los sabios españoles nos dejaron; recuerda la pasada grandeza del Siglo de Oro español, durante el cual fue España maestra de otras naciones, preeminencia perdida luego por la intromisión de los poderes religiosos. La lectura del *Semanario*, promete Valladares, puede descubrirnos páginas de nuestros escritores, que dijeron profundas y útiles verdades. El *Semanario* publicó numerosos documentos contra los jesuitas, en especial los referentes a la enemiga de éstos contra el arzobispo de Méjico, don Juan de Palafox, y la carta de Carlos III al Papa sobre la beatificación del arzobispo; editó asimismo un informe sobre la reforma del clero ordenada por los Reyes Católicos, y documentos sobre abusos eclesiásticos; incluyó también muchos manuscritos inéditos sobre problemas políticos y coloniales, temas de literatura y economía, biografías de españoles célebres, y muchos documentos de utilidad para la historia de España. Publicó también escritos de eruditos e investigadores contemporáneos, como el padre Burriel y el padre Sarmiento; y comentarios diversos de políticos y escritores, como Macanaz, el marqués de la Ensenada, Capmany, Mayáns y Siscar, etc.

Otra publicación de contenido literario, si bien de opuesta vertiente, fue el *Memorial literario, instructivo y curioso de la corte de Madrid*, mensual, dedicado a informar sobre la actividad de las Academias, Universidades, órdenes religiosas, con noticias también de libros y otras publicaciones.

Aunque los más importantes periódicos tenían su sede en Madrid, las provincias no fueron ajenas a este movimiento. En Barcelona, el 7 de enero de 1762, cuatro años después de haber sido fundado el *Diario de Madrid*, apareció el *Diario curioso, histórico, erudito y comercial, público y económico*, que fue el segundo periódico diario publicado en España; pero dejó de existir a finales de aquel mismo año. En 1772 aparecieron otros dos, también de corta duración: el *Diario evangélico, histórico-político*, y el *Diario curioso, erudito, comercial, civil y económico*. De hecho, la prensa diaria no se aclimató en Cataluña hasta la fundación del *Diario de Barcelona* en octubre de 1792. Palma de Mallorca tuvo su primer periódico, semanal, a partir de marzo de 1779; se llamaba *Noticia periódica*, título que cambió después por el de *Palma de Mallorca*. Era órgano de la Sociedad de Amigos del País de aquella capital, y duró veintinueve años. En Valladolid se fundó en febrero de 1787 el *Diario Pinciano*, que dejó de publicarse a mediados del año siguiente, pero se distinguió por su gran espíritu crítico, en relación sobre todo con la vida intelectual de la Universidad, a la cual pertenecía su fundador, el presbítero don José Mariano Beristain. Valencia tuvo su periódico a partir de julio de 1790, el *Diario de Valencia*; Murcia —el *Diario de Murcia*— en enero de 1792, de muy corta vida; Sevilla en septiembre de 1792, el *Diario histórico y polí-*

tico de Sevilla, que sólo vivió diez meses; en Zaragoza, el *Diario de Zaragoza* inició su publicación en enero de 1797 con muy escaso contenido, pero iba a durar hasta comienzos de este siglo. También Cartagena tuvo su periódico, el *Semanario literario y curioso de la ciudad de Cartagena*, que además de información local publicó artículos sobre ciencias y agricultura [163].

A pesar de la escasa importancia y corta vida de la mayoría de estas publicaciones, no debe pensarse que las provincias viviesen indiferentes al movimiento intelectual que representaban los periódicos de Madrid, porque entonces, lo mismo que ahora, la prensa de la capital circulaba ampliamente por las provincias. Richard Herr, uno de los primeros que ha valorado la importancia de la prensa periódica en el proceso ideológico español del siglo XVIII, ha recogido importantes datos sobre el volumen de dicha circulación [164]. Entre 1787 y 1790 casi la mitad de las suscripciones del *Correo de Madrid* iba a provincias, y otro tanto sucedía con un tercio de las del *Memorial literario*. En las más importantes ciudades del Reino —Barcelona, Cádiz, Sevilla, Valencia, La Coruña, Málaga, Valladolid— había numerosos suscriptores a las diversas publicaciones de la capital.

El número total de los suscriptores puede a primera vista parecer pequeño para las tiradas de nuestros días, y también en comparación con los que alcanzaban algunas publicaciones de Francia y de Inglaterra. El *Memorial literario*, uno de los más favorecidos, rebasaba los 700; el *Semanario erudito* oscilaba entre los 200 y los 300; el *Espíritu de los mejores diarios* se acercaba a los 800 en 1788. Los suscriptores, claro está, no revelan la tirada total del periódico, y hay que advertir además que en bastantes ocasiones se reimprimieron números o volúmenes agotados; Herr recuerda, por ejemplo, la reimpresión hecha en 1789 por el *Espíritu de los mejores diarios* de sus nueve primeros volúmenes; a lo que habría que añadir, entre otros, las varias reimpresiones del *Caxón de Sastre* de Nipho y de otros de sus periódicos.

---

[163] Para la prensa de provincias, cfr.: A. Elías de Molíns, «El periodismo en Cataluña desde mediados del siglo XVII (1641) hasta 1868», en *Revista de Archivos, Bibliotecas y Museos*, III, 1899, págs. 106-114. Joan Torrent, *La presse catalane depuis 1641 jusqu'à 1937. Essai d'index*, Barcelona-París, 1937. Antonio Asenjo, *Diario de Barcelona (1792-1929). Monografía bibliográfica del decano actual de la prensa periódica española*. Madrid, 1929. Antonio María Fabié, «Historia del *Diario de Barcelona*», en *Gaceta de la Prensa Española*, I, oct. 1942, págs. 259-280. Esteban Molist, *El Diario de Barcelona (1792-1963). Su historia, sus nombres y su proyección pública*, Madrid, 1964. Manuel Aznar Gómez, *El periodismo en Sevilla*, Sevilla, 1889. Manuel Chaves, *Historia y bibliografía de la Prensa sevillana*, Sevilla, 1896. José Blasco Ijazo, *Historia de la prensa zaragozana (1681-1947)*, Zaragoza, 1947. *Diario Pinciano*, reproducción facsímil en el *Boletín de la Academia de Bellas Artes de Valladolid*, 1933-1936, núms. 8 a 15; prólogo de Narciso Alonso Cortés.

[164] *The Eighteenth-Century Revolution in Spain*, cit., pág. 194 y ss.

En la medida en que pueden componerse estadísticas sobre la naturaleza de los lectores, Herr ha llegado a interesantes resultados. Una considerable parte de suscriptores eran clérigos o instituciones religiosas, y miembros de la nobleza; pero en su mayoría pertenecían a la clase de hidalgos o gentes comunes y también a la burocracia del gobierno desde las más altas a las más bajas categorías, así como médicos, abogados y profesores. Importante también era el número de industriales y comerciantes. Puesto que casi todos los periódicos de la época —dice Herr— [165] eran partidarios de una reforma en las costumbres y organización de la Iglesia española, es forzoso admitir que la mayoría de los clérigos suscritos a tales periódicos pertenecían al grupo de los ilustrados; básicamente, los periódicos propugnaban los ideales de la clase media: trabajo, frugalidad, curiosidad intelectual y reformas económicas.

Herr pone de relieve, para cohonestar las aparentemente cortas tiradas de aquella prensa periódica, el alto precio del correo, que a veces encarecía tres veces el del periódico fuera de Madrid, convirtiéndolo casi en un objeto de lujo. Sin contar, además y necesariamente, con que las cifras deben valorarse con las medidas de la época. Es seguro, como todavía podría comprobarse hoy, que cada periódico, sobre todo en provincias y más aún en las pequeñas poblaciones, tenía varios lectores; supuesto, además, que todas las otras publicaciones, de cuya tirada no se posee dato alguno, alcanzaba parecida circulación, se puede calcular que varios miles de personas y de instituciones en España estaban suscritas a algunos de estos periódicos y que el número de lectores era mucho mayor. Tales cifras quedan, sin embargo, muy por debajo de las conocidas en otros países de Europa y ponen de relieve la lentitud y dificultad con que el nuevo espíritu se difundía por España, donde multitud de ideas sobre religión, política y organización social no podían ser discutidas. Pero, en último extremo, lo que más importa ahora destacar es el papel primordialísimo, dentro de los límites posibles, que en la renovación intelectual del país estaba correspondiendo a la prensa periódica, esa nueva forma literaria, que el siglo XVIII había visto surgir y prosperar.

LAS SOCIEDADES ECONÓMICAS

De entre las muchas reuniones o tertulias, que acabaron por elevarse al rango de Academias o instituciones oficiales, hay que destacar especialmente a la que dio origen a la Sociedad Vascongada de Amigos del País,

---

[165] Ídem, íd., pág. 198.

modelo y estímulo a su vez de las numerosas Sociedades Económicas fundadas en la segunda mitad del siglo XVIII [166].

La Sociedad Vascongada nació de las reuniones que un grupo de hidalgos jóvenes, educados en Francia, y algunos clérigos ilustrados venían celebrando en Azcoitia, Guipúzcoa, a partir de 1748; se trataban allí las más diversas cuestiones de ciencias, literatura, artes, historia, problemas de actualidad política y social, se comentaban libros y se celebraban conciertos, dedicando a cada materia un día de la semana. El alma de estas reuniones de Azcoitia fue el joven conde de Peñaflorida, Xavier María de Munibe, apasionado de la música y de las ciencias, que había estudiado física experimental con los jesuitas de Toulouse. Inspirándose en diversas instituciones extranjeras, cuyo funcionamiento había examinado, pensó en fundar una Sociedad encaminada a fomentar el desarrollo económico de su región, y en 1763 presentó a las Juntas de Guipúzcoa el *Plan de una Sociedad Económica o Academia de Agricultura, Ciencias y Artes útiles y Comercio, adaptado a las circunstancias y economía particular de la muy noble y muy leal provincia de Guipúzcoa*. Después de vencer no pocas resistencias, Peñaflorida fundó oficialmente la Sociedad en 1764, y en abril del año siguiente el ministro Grimaldi le concedía por carta la necesaria autorización y le comunicaba la satisfacción del propio rey al ver establecerse una Sociedad, que deberían imitar todas las provincias de España.

No se posee noticia detallada de los primeros tiempos de la Sociedad, porque no publicó sus primeros *Extractos de las Juntas generales* hasta 1772; pero se incluye en ellos el discurso pronunciado por Peñaflorida en la reunión preparatoria del 7 de febrero de 1765, en el que se enumeran las principales actividades de la institución y se pone de manifiesto su espíritu: se subraya la importancia de las ciencias modernas, sobre todo las prácticas y útiles, aunque insistiendo igualmente en el valor de la literatura y las bellas artes, y se recomienda el estudio de las lenguas vivas. Entre las distintas secciones de que constaba la Sociedad merecen destacarse la de agricultura, particularmente orientada a la utilización de nuevos instrumentos, la repoblación del arbolado y la economía rural; la de la industria y el comercio, que se pretendía coordinar con la agricultura; la de arquitectura, encaminada a mejorar la construcción de las ciudades; la de «economía animal», para vigilar las epidemias del ganado; y la de economía doméstica, atenta a difundir los nuevos medios para la conservación de alimentos.

---

[166] Cfr.: Jean Sarrailh, *La España ilustrada de la segunda mitad del siglo XVIII*, cit., págs. 230-289, con abundante bibliografía; Sarrailh dedica dos capítulos completos de la segunda parte al estudio específico de las Sociedades Económicas: el primero a la Sociedad Económica Vascongada y el segundo a las restantes Sociedades de España. Véase además, Julio de Urquijo, *Los Amigos del País (según cartas y otros documentos inéditos del XVIII)*, San Sebastián, 1929.

Numerosos comentaristas, siempre alarmados por los movimientos «progresistas» del siglo XVIII, han calificado a veces de *ingenuos* los esfuerzos de estos entusiastas hijos de la Ilustración. Asombra, sin embargo, la variedad de problemas, desde los más nimios a los más fundamentales, siempre utilitarios y encaminados al bien común, que ocupó la atención de aquellos caballeros vascongados; recomiendan, por ejemplo, el modo de bautizar a los recién nacidos sin necesidad de desnudarlos por completo; aconsejan normas para distribuir la habitación de modo más racional y construir «lugares comunes» en forma más higiénica; enseñan nuevos productos y procedimientos para el abono de las tierras, el ahumado de la pesca, el perfeccionamiento de la metalurgia, la difusión de nuevos cultivos: atenciones todas ellas, que son ahora harto comunes y constituyen tareas esenciales de cualquier comunidad, y que sólo con necia miopía o mala fe pueden tildarse de *ingenuas*. Como era natural, la Sociedad se interesó vivamente en todas sus Juntas por el problema de la enseñanza, favoreciendo la fundación de escuelas por todo el país y proponiendo la de una Escuela de Náutica en San Sebastián. Para el mejor conocimiento de la gramática y de la ortografía difundió libros sencillos en forma popular y dialogada. A pesar del fuerte sentimiento regionalista dominante y de la oposición de algunos miembros, la Sociedad recomendó especialmente que se enseñara a los niños el castellano, considerándolo como la única lengua materna y vehículo indispensable para la mejor comunicación nacional.

La Sociedad envió becarios a diversos países de Europa, solicitó informes de sabios extranjeros sobre mineralogía y metalurgia, y abrió sus puertas a personalidades extranjeras del mundo científico. Una de sus principales atenciones fue la formación de una biblioteca, para la cual efectuó muchas adquisiciones el hijo del presidente, Ramón de Munibe, durante su pensionado en París. El propio rey hizo un importante donativo de libros en 1771, y la biblioteca adquirió considerables fondos de obras científicas y literarias, principalmente francesas. En 1772 se compró la famosa *Enciclopedia*, que estaba prohibida en España desde 1759, pero Peñaflorida pidió autorización para utilizarla. Luego solicitó nuevo permiso para que pudieran consultarla también los miembros de la Sociedad que eran profesores en el Real Seminario de Vergara, de que luego hablaremos. Años más tarde, en 1793, cuando ya decaía la Sociedad, la Inquisición de Logroño mandó recoger la *Encyclopédie méthodique* del editor Panckoucke, pero el entonces director, marqués de Montehermoso, logró que los 166 volúmenes regresaran a la biblioteca del Seminario.

Muchos de los «amigos» de la Sociedad, según recuerda Sarrailh [167], lectores de la *Enciclopedia*, comenzaron muy pronto a discutir diversos

---

[167] Idem, íd., pág. 242.

problemas ajenos a los económicos. Uno de ellos fue el de la condición y valor de la nobleza y su compatibilidad con la profesión mercantil; otro, muy controvertido durante todo el siglo XVIII en toda Europa, era el del lujo, que mientras unos —todos los moralistas y algunos economistas— consideraban culpable, como origen de excesos y pecados, representaba para otros el progreso de la humanidad y era fuente de innumerables beneficios. Un miembro anónimo de la Sociedad publicó una entusiasta apología del lujo, que causó cierta alarma y obligó a una prudente «rectificación»; pero poco después, el padre agustino Gómez del Casal, lector de Teología en Salamanca, reivindicó en una larga carta apologética el discurso de la Sociedad, demostrando que el lujo, considerado desde el punto de vista económico, era «inocente» y «legítimo», y no debía confundirse con el lujo «ruinoso» ni con el «voluptuoso», proscritos por la Iglesia.

El examen de los candentes problemas políticos preocupó enseguida también a los miembros de la Sociedad, tanto en lo referente a los asuntos concretos de la administración como en los temas generales sobre las formas de gobierno; asunto éste de capital importancia, que trataremos luego con alguna extensión.

Junto a Peñaflorida tuvieron gran importancia en la Sociedad el marqués de Narros y Manuel Ignacio de Altuna, que constituyen el llamado «triunvirato de Azcoitia». Fue Narros famoso por su elegancia y su afición al juego y al teatro e igualmente por su admiración a todo lo francés. Alardeaba de haber leído a Voltaire, Rousseau, Montesquieu, D'Holbach y otros enciclopedistas, por lo cual tuvo que vérselas con la Inquisición, aunque el proceso no tuvo consecuencias graves. Narros admitió los cargos que se le hacían, pero hizo protestas de su catolicismo y aseguró que «sólo por el deseo de ser tenido por el hombre más instruido de su época» había hecho exhibición de tales ideas. Posteriormente, casó con una dama muy religiosa y hasta llegó a ser familiar del Santo Oficio, aunque cabe dudar de lo sincero de esta actitud.

Altuna viajó mucho por Europa y fue amigo de Rousseau, a quien conoció en Venecia en 1744. En sus *Confesiones*, Rousseau se refiere a este personaje y pondera su gran tolerancia en materia de religión.

La tendencia enciclopedista de estos y otros miembros de la Sociedad Vascongada, movió a Menéndez y Pelayo a condenar ásperamente a los que él denomina los «caballeritos de Azcoitia». Julio de Urquijo [168] ha rechazado los cargos formulados por don Marcelino, defendiendo a la Sociedad y demostrando con abundante documentación que, a pesar de su admiración por los filósofos «modernos», su libertad de espíritu, sus

---

[168] Julio de Urquijo, *Menéndez Pelayo y los Caballeritos de Azcoitia*, San Sebastián, 1925. Véase también, del mismo, *Los Amigos del País*, cit.

audacias en ocasiones, sus sátiras e irreverencias incluso contra la Iglesia, no fueron hombres irreligiosos, en su conjunto al menos, aunque quizá no sea correcto tampoco extremar la supuesta «devoción» de los miembros más destacados. Algunos otros, más o menos relacionados con la Sociedad, como el marqués de Foronda, el embajador Nicolás de Azara o Vicente María Santibáñez pueden considerarse, según precisa Sarrailh [169], como «emancipados de la influencia católica». El mismo investigador ha trazado un juicio de conjunto sobre los hombres de la Sociedad Vascongada, que nos parece ponderado y justo: «Sin duda su elocuencia y la terminología de que se sirven recuerdan las de los escritores franceses; sin duda el nombre de Dios no se pronuncia con mucha frecuencia; pero de esto no se puede concluir que hubiera una hostilidad declarada para con la Iglesia. Tal como no fue una logia masónica ni un grupo antipatriótico en los días de la invasión francesa de 1794, la Sociedad no fue tampoco un centro heterodoxo. Pero por la audacia de sus miembros más ilustres, por su afán de difundir la cultura, por su curiosidad y su conocimiento de los pensadores franceses, es un centro de progresos económicos y espirituales y de liberación de los espíritus» [170].

Una de las más sobresalientes realizaciones de la Sociedad Vascongada fue la creación del Real Seminario de Vergara. Desde su comienzo había preocupado a la Sociedad, como dijimos, el problema de la educación, y se tenía el proyecto de establecer, aparte las numerosas escuelas que se iban fundando, un colegio moderno y modelo, donde se diera particular importancia a los estudios especializados de ciencias naturales, física, matemáticas, lenguas vivas y agricultura, con el fin de formar sujetos hábiles para las carreras y profesiones de inmediata utilidad para el Estado. Semejantes estudios serían destinados a quienes no pensaban dedicarse a las carreras tradicionales de la Iglesia, la jurisprudencia o las distintas ramas de la milicia.

Cuando en 1767 fueron expulsados los jesuitas, la Sociedad Vascongada solicitó el Colegio de Loyola para establecer una «escuela patriótica», pero se le concedió el de Vergara, también de la Compañía de Jesús. La institución, denominada Real Seminario Patriótico Vascongado, se inauguró oficialmente, después de una etapa provisional, en noviembre de 1776, y fue producto de la tenacidad del conde de Peñaflorida. Menéndez y Pelayo lo ha calificado, con intención peyorativa, de «la primera escuela laica de España»; es cierto que la enseñanza religiosa —no excluida tampoco— quedaba en lugar muy secundario respecto de las de tipo técnico y profesional, pero éste precisamente era su objeto. Sarrailh ha dicho con justicia que el Real Seminario representaba «un progreso notorio en

[169] *La España ilustrada...,* cit., pág. 250.
[170] Idem, íd., pág. 251.

relación con los colegios de la época» [171]. Las enseñanzas estaban divididas en dos grupos: el primero comprendía religión, primeras letras, humanidades y elementos de matemáticas y de física; en el segundo, de estudios superiores y especializados, se estudiaba comercio, lenguas modernas, química, mineralogía, metalurgia, geometría, agricultura y política. Aparte estas enseñanzas oficiales, se daban clases de música, baile, florete, se practicaban deportes y se cuidaba todo lo referente al desarrollo de la actividad social. Desde el comienzo, varios miembros de la Sociedad actuaron como profesores del Seminario, y el rey concedió una subvención a las cátedras de química y mineralogía, así como a los laboratorios, y dio validez a los estudios que allí se cursaran, para las carreras universitarias, eclesiásticas y militares. También se trajeron algunos profesores extranjeros para la enseñanza de disciplinas técnicas, como Proust, Chavaneaux y los dos Elhuyard. Estos últimos obtuvieron por primera vez el volframio, en Vergara, y aplicaron métodos para la purificación del platino.

Cuando en 1794, durante la guerra contra la Convención, entraron los franceses en Vergara, destrozaron el Seminario. Éste fue abierto nuevamente en 1798, pero en 1804 el gobierno de Madrid se hizo cargo de él para convertirlo en Real Seminario de Nobles. Durante la invasión francesa, en 1808, fue definitivamente cerrado.

Durante sus casi veinte años de prosperidad, la Sociedad creó los llamados «socios beneméritos», en su mayoría residentes en países de ultramar; éstos enviaban donativos, fundaban becas y dejaban legados testamentarios, que ayudaron eficazmente a la vida del Seminario. En 1785 la Sociedad aprobó el proyecto de un Seminario de Señoritas en Vitoria, pero no llegó a realizarse.

La Sociedad Vascongada, además de su propia importancia, tuvo la de servir de estímulo y modelo para las muy numerosas que se establecieron luego en toda la nación. Los *Extractos* de la Sociedad correspondientes a 1774 dan cuenta, con la natural alegría, de haberse creado en Baeza la *Sociedad de Verdaderos Patriotas* y en Cádiz la de *Amigos del País*. Pero el impulso mayor para la fundación de tales instituciones partió del poder central, gracias sobre todo al ministro conde de Campomanes, quien en noviembre de aquel mismo año dirigió una circular a todas las autoridades locales, ordenándoles la fundación de Sociedades Económicas a imitación de la Vascongada. El llamamiento del Gobierno fue atendido con entusiasmo en muchas partes. En mayo de 1775 tres importantes ciudadanos de Madrid, Vicente de Rivas, director de la Compañía de Caracas, José Faustino Medina y José Almarza, gobernador de San Fernando, fundaron la Sociedad de Madrid, que obtuvo enseguida la autorización real y se inauguró solemnemente el 16 de septiembre bajo la presidencia del propio

---

[171] Idem, íd., pág. 212.

Campomanes. La Sociedad de Zaragoza, que había de ser una de las más activas, inició sus tareas en noviembre de 1776; las de Valencia y Sevilla se establecieron en 1777; Palma y Tudela las fundaron en 1778; Segovia en 1780; Oviedo en 1781. En 1804 la *Guía de forasteros* daba cuenta de 63 Sociedades en todo el país, algunas en poblaciones muy modestas, como Almuñécar, Osuna, Chinchón, La Bañeza, Baza, Requena, Tordesillas, Cabra, Burgo de Osma.

La organización de estas Sociedades se atuvo generalmente a los *Estatutos* de la de Madrid, que examinaba los distintos proyectos antes de presentarlos a la aprobación real. El número de socios no era fijo, y los había residentes y correspondientes; se repartían en varias comisiones —agricultura, industria, comercio—, y debían reunirse una vez por semana; quienes ocupaban cargos administrativos —director, censor, secretario, tesorero— no recibían paga alguna, y, según rezan los *Estatutos* de Zaragoza, debían cumplir celosamente los encargos que habían aceptado por honor y amor a la Patria; cada año habían de publicar una Memoria dando cuenta de los trabajos realizados; debían constituir una biblioteca y fundar «escuelas patrióticas» bajo la vigilancia de los socios. Sarrailh ha descrito felizmente la composición de estas Sociedades, animadas por el optimismo más generoso: «En todas partes es lo mismo: unos pocos aristócratas *ilustrados*, orgullosos de secundar la voluntad del Rey y de difundir las luces llevando a cabo en sus propiedades o en sus villas algunas mejoras agronómicas, industriales o escolares; prelados o sacerdotes que ven, en general, en el desarrollo de los métodos técnicos una manera de socorrer a los desgraciados consiguiéndoles trabajo; burgueses, ricos o modestos, empeñados en discutir las teorías económicas, de las cuales tienen algún barniz, adquirido casi siempre al azar de sus lecturas en obras extranjeras; algunos *especialistas* de las ciencias nuevas, química, mineralogía y botánica; a veces, sobre todo en Madrid, algunos *filósofos* cuya voz es escuchada con deferencia, porque es tan generosa y convencida como prudente en caso necesario; y por último, naturalmente, simples comparsas, cuyo ardor se apaga tan aprisa como la vanidad que los arrastra al comienzo. Sea como fuere, se puede afirmar que la parte principal de la minoría selecta española figura entre los Amigos del País»[172].

A pesar de la diversidad de las regiones, la principal actividad de las Sociedades fue la agricultura, cuya supremacía había declarado la escuela económica de los fisiócratas franceses y que además requería en España la más urgente atención. Así pues, multiplicaron las memorias sobre estos problemas y llevaron a cabo numerosos experimentos para ensayar nuevos cultivos e introducir árboles de otras regiones: la mayoría de los

---

[172] Idem, íd., pág. 257.

Jardines Botánicos se fundaron entonces. No descuidaron, sin embargo, la Industria y el Comercio, que Campomanes había encarecido en dos famosos escritos, redactados por el tiempo en que había lanzado la idea de las Sociedades: *Discurso sobre el fomento de la industria popular* y *Discurso sobre la educación popular de los artesanos y su fomento.* En el primero, Campomanes recomendaba que los labradores y su familia aprovecharan sus horas de ocio para realizar trabajos accesorios y construir diversos objetos relacionados con la agricultura; y en el segundo se ocupaba de los artesanos de las ciudades. Según este programa, la Sociedad Vascongada venía dedicando particular atención a la metalurgia, la Valenciana a la industria de la seda, la de Valladolid a la antigua industria de la lana, muy decaída por entonces, la de Palma de Mallorca a la fabricación de aceites y al tejido de la lana, el lino y el cáñamo; en Barcelona, la Junta de Comercio, que hizo las veces de Sociedad, fomentó sobre todo la industria del algodón, el trabajo de la lana, de la seda y del lino, y se cuidó de incrementar el tráfico de su puerto.

La beneficencia constituyó otra de las grandes preocupaciones de las Sociedades Económicas. Se trataba no de dar limosnas, siempre humillantes, sino de crear ocupaciones que permitieran a los pobres el ganarse honradamente la vida, aunque para los casos necesarios se fundaron también hospicios o casas de misericordia. El problema de los mendigos profesionales preocupó hondamente y se trató por todos los medios de dedicarlos a trabajos que redimieran su vagancia y los convirtieran al mismo tiempo en hombres útiles a la comunidad.

Respecto a la enseñanza, las Sociedades crearon numerosas escuelas elementales y también centros técnicos para diversos fines. La de Madrid estableció una escuela de «máquinas e instrumentos» y otras cuatro para la enseñanza de varias clases de hilados; la de Zamora, una de hilaza para las doncellas y tres de enseñanza industrial y agrícola; la de Zaragoza, una, muy importante, de agricultura y otra para tejidos; en Barcelona, la Junta de Comercio fundó una Escuela Náutica de grandes resultados. Asimismo se establecieron escuelas de dibujo en Valladolid, Palma y Zaragoza.

Merece destacarse que el reglamento de algunas Sociedades admitió la participación de las señoras, aunque los prejuicios tradicionales les hicieron fuerte oposición. La Sociedad de Madrid había hecho enseguida la propuesta, que fue apoyada por Campomanes y refrendada por el rey, pero sin éxito inmediato; Jovellanos volvió a discutir la medida, oponiendo reparos, pues no creía que la intervención femenina fuese eficaz. Sin embargo, la admisión de las señoras fue refrendada por decisión de Carlos III el 27 de agosto de 1787, y catorce damas de la aristocracia fueron nombradas socias de mérito. Entre las que figuraron en la de Madrid debe destacarse a doña María Isidra Guzmán y Larache, hija del conde de

Oñate, doctora en filosofía por la Universidad de Alcalá; la condesa de Benavente, que había ayudado mucho a su marido mientras fue presidente de la Sociedad; la marquesa de Sonora, y la condesa de Montijo. En provincias destacaron doña María Reguera de Mondragón en la de Lugo, la marquesa de Fuentehíjar en la de Valladolid, y en la de Zaragoza doña Josefa Amar y Borbón, celosa defensora de los derechos de la mujer, cuya educación física y moral, así como su capacidad para las tareas de gobierno, propugnó en diversos escritos [173].

Muy importante también fue la participación de los eclesiásticos en las Sociedades Económicas; en realidad, dentro de la ideología del Despotismo Ilustrado, las Sociedades habían de ser el instrumento para incorporar el clero y la nobleza, como estamentos dirigentes, a los esfuerzos del Gobierno en favor del crecimiento y mejora del país. La mencionada doña Josefa Amar y Borbón tradujo y publicó en 1789, por encargo de la Sociedad Aragonesa, una obra del italiano Francesco Griselini, titulada *Discursos sobre el problema de si corresponde a los párrocos y curas de las aldeas instruir a los labradores en los buenos elementos de la economía campestre.* Un miembro de la misma Sociedad Aragonesa, don Sinforiano Blanco, defendió públicamente una tesis sobre este tema: «Estimamos una ocupación la más digna de las personas eclesiásticas versarse en los negocios del instituto de las Sociedades económicas» [174]. Jovellanos se ocupó de este mismo problema en varias ocasiones, para alabar, siempre que tuvo ocasión, la participación de los eclesiásticos; en su plan de estudios para el Colegio de Calatrava sugiere que los individuos destinados al ministerio sacerdotal «hallarán en las ciencias naturales, no sólo un recurso contra el fastidio de la vida solitaria y aldeana, sino también un tesoro de útiles conocimientos que, bien dispensado entre sus feligreses, puede contribuir en gran manera a la instrucción y felicidad de los pueblos agrícolas»; y en su famoso *Informe sobre la Ley Agraria* expone también su deseo de que, con el desarrollo de las ciencias útiles, puedan los párrocos ser también en este aspecto «los padres e institutores de sus pueblos». De hecho, al menos en la etapa inicial, los eclesiásticos, tanto del clero regular como del secular, dieron muchos nombres a las listas de socios, y algunas Sociedades, como las de Lugo y de Medina Sidonia, fueron fundadas por el obispo de la diócesis. Los individuos de la Sociedad Económica de Segovia —según recuerda Gonzalo Anes [175]— pensaron muchas veces

[173] Tres, por lo menos, fueron los publicados por doña Josefa Amar y Borbón sobre estas materias: *Importancia de la instrucción que conviene dar a las mujeres,* Zaragoza, 1784; *Discurso en defensa del talento de las mujeres y su aptitud para el gobierno,* Madrid, 1786; y *Discurso sobre la educación física y moral de las mujeres,* Madrid, 1790.

[174] Sarrailh, *La España ilustrada...,* cit., pág. 260.

[175] Gonzalo Anes, «Coyuntura económica e *ilustración:* las Sociedades de Amigos

pedir al Consejo de Castilla que en los seminarios conciliares se estableciera una cátedra de Economía Política y otra de Agricultura, para que los párrocos pudieran difundir estas enseñanzas; aunque no llegaron a proponerlo por parecerles «mucha novedad». La Sociedad de Sevilla —sigue informándonos el citado investigador— era partidaria de que se exigiera a los eclesiásticos que pretendieran beneficios, prebendas o canonjías, el haber asistido, por lo menos durante dos años, a las Juntas de la Sociedad, «porque asistiéndoles la cualidad de ciudadanos y, como tales, la misma obligación de atender y mirar por el bien público, se hallan, por lo regular, con mayores proporciones para ello, y su ejemplo, sus consejos y sus insinuaciones pueden ser de grande auxilio y de muy poderoso incentivo a los demás conciudadanos, para mover sus ánimos, alentar su tibieza y desvanecer sus errados conceptos».

Aunque las Sociedades Económicas desarrollaron con preferencia la actividad a que nos hemos referido, como corresponde a su título, fueron a la vez, y en gran medida, focos de difusión de las nuevas ideas y del espíritu reformador del siglo; aspecto éste que nos interesa de modo particular en estas páginas, puesto que el económico sólo tangencialmente puede tener cabida aquí. El famoso político y economista Francisco Cabarrús, miembro muy destacado de la Sociedad Económica de Madrid, al ocuparse en 1778 de la libertad de comercio, concedida recientemente por el rey, destaca la importancia del reformador dentro de la España ilustrada a través del casi único vehículo posible que constituían las Sociedades: «Separados por nuestra constitución de la administración —dice Cabarrús— no podemos hacer más que gemir sobre los abusos, buscar su origen y proponer los medios de su reforma» [176]. «Es —comenta Antonio Elorza— la función subsidiaria que desempeñan instituciones como las Sociedades Económicas, que en su labor de difusión intelectual hacen familiares 'las nociones de libertad, de propiedad y de justicia' —primera formulación de los derechos naturales—, y sirven para valorar aquellos estorbos, nacidos con frecuencia de una equivocada acción estatal» [177]. Multitud de problemas, hasta los de tipo más inmediato y práctico, requerían la aceptación de nuevos conceptos y, en consecuencia, la sustitución de muchas ideas sobre la economía y la política: «Para llevar a cabo reformas —comenta Anes—, para suprimir los obstáculos que impedían el *fomento*, era necesario disponer de argumentos, conocer el funcionamiento de la economía y forjar y esgrimir una ideología que permitiese convencer a los posibles oponentes, en el caso de que se debatiesen pro-

---

del País», en *Economía e «ilustración» en la España del siglo XVIII*, Barcelona, 1969, págs. 13-41; la cita en págs. 35-36.
    [176] Cit. por Antonio Elorza en *La ideología liberal...*, cit., pág. 144.
    [177] Idem, íd.

blemas sobre los cuales el acuerdo ya no pudiese ser general. Los socios más conscientes procuraron fomentar el estudio de la Economía Política, porque sabían que, con la difusión de los principios de esta ciencia, pronto se formaría una opinión favorable a las reformas. Ya Campomanes quería que las Sociedades Económicas fuesen 'como una *escuela pública* de la teórica y práctica de la Economía Política en todas las provincias de España', y Jovellanos señalaba a la Real Sociedad de Amigos del País de Asturias la necesidad de que los socios estudiasen Economía Política, la conveniencia de que hubiese 'algunos individuos consumados en ella' y el adelanto que supondría el que muchos conociesen 'sus elementos y principios'. Sin esos elementos, expresaba Jovellanos, la Sociedad de Amigos del País de Asturias podría 'incurrir en muchos errores perniciosos al bien público y aun a su propia estimación'» [178].

Es necesario insistir, pues, en la importancia que tuvieron las Sociedades Económicas como centros de fermentación ideológica, orientados hacia la transformación del país en sus más variados aspectos. Cierto que, como hemos visto, estaban aquéllas constituidas, en su mayor parte, por aristócratas, sacerdotes y propietarios de reconocida ortodoxia y, con frecuencia, declaradamente hostiles a toda innovación de orden doctrinal. Pero entre tales miembros había, como puntualiza Sarrailh, algunos otros de espíritu menos dócil o más exigente, que al mismo tiempo que la mejora del suelo mediante abonos o la fabricación de telares, deseaban una reforma de la moral, de la religión o del Gobierno. Las bibliotecas de las Sociedades acogieron muchos libros y publicaciones extranjeras, y sus miembros las leyeron y difundieron, no sólo en forma particular sino por medio de discusiones públicas, artículos, extractos y traducciones.

De la inquietud ideológica de las Sociedades y de su repercusión pública en los medios hostiles a las nuevas corrientes de pensamiento dan buena idea los famosos sucesos acaecidos al profesor Normante, encargado de la cátedra de Economía Civil en la Sociedad de Zaragoza, episodio bien investigado por Sarrailh [179]. Lorenzo Normante había publicado tres opúsculos, en los que recogía las principales ideas del economista francés Mélon, que dos de sus discípulos debían defender en el certamen de aquel año. En estos escritos exponía la utilidad del lujo, la legitimidad del rédito del dinero y la precisión de alargar la edad para la profesión religiosa con el fin de poner coto al celibato. En el Adviento de 1786 llegó a Zaragoza el famoso misionero capuchino fray Diego José de Cádiz, a quien se reputaba como santo y cuyos sermones provocaban en todas partes un ardor frenético. Después del «sonadísimo triunfo de sus sermones en el Pilar», fray Diego, en unos ejercicios reservados a los ecle-

---

[178] «Coyuntura económica...», cit., págs. 33-34.
[179] *La España ilustrada...*, cit., págs. 278 y ss.

siásticos, atacó violentamente las lecciones de Normante, y aunque una reacción popular obligó al fraile a salir de Zaragoza, Normante hubo de pedir protección al ministro Campomanes, que ordenó una investigación. La Audiencia de Zaragoza, a pesar de hacer elogios del predicador, solicitó la decisión de tres eclesiásticos de nota, entre ellos el famoso investigador, canónigo de San Isidro de Madrid, don Francisco Martínez Marina, los cuales se declararon en favor de Normante, sosteniendo que nada heterodoxo había en sus escritos. Por su parte, la Sociedad Económica quiso defenderse de las injurias del capuchino y publicó un expediente de protesta que fray Diego denunció a la Inquisición, pero al fin quedó a salvo la ortodoxia de Normante y el honor de la Sociedad. Ésta, para asegurar su buena reputación, dirigió una circular a las demás Sociedades, las cuales respondieron en su mayoría expresando su confianza en los *Amigos* aragoneses y condenando al fraile.

Quizá la más importante contribución ideológica de las Sociedades Económicas sea el *Informe sobre la Ley Agraria*, de Jovellanos, del que nos hemos de ocupar en las páginas dedicadas al gran asturiano, y a ellas remitimos al lector. Importa, sin embargo, mencionar al menos a algunos de los más destacados miembros de las Sociedades y resumir la línea de sus ideas reformistas, cuya difusión, en muchas ocasiones, tan sólo fue posible —repetimos— gracias a la plataforma de aquellas instituciones.

Entre 1780 y 1783 el bilbaíno José Agustín Ibáñez de la Rentería leyó ante las Juntas Generales de la Sociedad Vascongada tres *Discursos*, de los cuales el más importante es el tercero, titulado *Reflexiones sobre las formas de gobierno*. En éste, sobre todo, Rentería avanza conceptos muy característicos de la ideología liberal: «La conciencia liberal y burguesa del pensador bilbaíno —comenta Elorza— se observa muy pronto, desde las primeras palabras del tercer discurso, con la referencia al fundamento racional de la existencia del Estado. No posee éste ya, como en los portavoces del despotismo ilustrado, una justificación intrínseca, sino que aparece respecto al individuo en una conexión de medio a fin. Es el punto de inflexión del pensamiento político en que comienza a hablarse de derechos del hombre antes que de sus obligaciones, en que decididamente los súbditos pasan a ser *ciudadanos*, no como antes: *vasallos*»[180]. Rentería, siguiendo el relativismo de Montesquieu, afirma que el problema sobre cuál sea la mejor forma de gobierno, no puede plantearse en forma teórica y abstracta, sino que depende de la situación, tamaño y otras propiedades de los Estados: «Aunque en otras ocasiones —dice Elorza— proteste de respetar en sus argumentos las regalías del monarca y aun exalte esta forma de gobierno, es fácil observar el poder de erosión que, respecto a la situación anterior, encierra el nuevo planteamiento. La monarquía

---

[180] *La ideología liberal...*, cit., págs. 79-80.

carece ya en él de una justificación *per se;* es un régimen político cuya validez reposa en circunstancias concretas»[181]. Rentería hace una inteligente defensa de la democracia y se ocupa de los partidos políticos —gran novedad para ser tratada en la España de 1783 y que sólo comenzaba a apuntar en la escena política europea, particularmente en Inglaterra—, que considera pieza esencial en el engranaje democrático. Manifiesta Rentería su admiración por la constitución inglesa, que prueba, dice, «la excelencia de la democracia en un gobierno mixto»[182], y su pesimismo respecto al panorama político de España, que estima necesitado de reforma.

De capital importancia para el proceso del pensamiento político español son las publicaciones de otro miembro de la Sociedad Vascongada, Valentín de Foronda, profesor en el Seminario de Vergara, cónsul de España en Filadelfia, miembro activo de la política radical durante los años de la Guerra de la Independencia, perseguido por la reacción fernandina, y ministro del Tribunal Especial de Guerra y Marina por las Cortes liberales del trienio 1820-1823[183]. Foronda leyó ante la Sociedad Vascongada sus primeros trabajos, entre los que cabe destacar su defensa de la nobleza del comercio, pero rompió más tarde con la Sociedad, al negarle ésta la licencia para imprimir un *Compendio histórico cronológico de Historia Moderna.* En Burdeos publicó su traducción de la parte relativa a España de las *Instituciones políticas* del barón de Bielfeld, y unas *Cartas* en que describía la sociedad vasco-navarra; tradujo asimismo el *Belisario* de Marmontel, cuya publicación fue también denegada; en 1787 imprimió una *Miscelánea* donde reunió los trabajos leídos ante la Sociedad junto con otros nuevos; y poco antes las *Cartas sobre los asuntos más exquisitos de la economía política,* que aparecieron parcialmente en el *Espíritu de los mejores diarios* y que hubo de interrumpir ante la reacción hostil que desataron. En esta obra, comenta Elorza[184], Foronda «intentaba abiertamente la ruptura en sentido liberal respecto a la ideología de defensa del Antiguo Régimen, asentando toda la conducta política en el respeto inexcusable de los tres derechos naturales de propiedad, libertad y seguridad», derechos que considera anteriores a la ley y al poder, y que éstos no pueden dejar de respetar sin incurrir en tiranía. Aunque Foronda era mayorazgo, rechaza el valor de una nobleza sólo justificada por viejos perga-

---

181 Idem, íd., págs. 80-81.
182 Idem, íd., pág. 84.
183 Cfr.: Robert S. Smith, «Valentín de Foronda, diplomático y economista», en *Revista de Economía Política,* mayo-agosto 1959. José de Onís, «Don Valentín de Foronda en los Estados Unidos», en *Cuadernos Hispanoamericanos,* marzo 1967; Justo de Gárate, «El caballero Valentín de Foronda», en *Boletín de la Sociedad Vascongada de Amigos del País,* cuaderno 2.º, 1967. Antonio Elorza, «El pensamiento financiero de los Amigos del País», en *Boletín de la Sociedad Vascongada de Amigos del País,* cuadernos 3-4, 1965 (bibliografía cit. por Elorza en *La ideología liberal...,* cit., pág. 120, nota 1 bis).
184 *La ideología liberal...,* cit., pág. 121.

minos, y defiende el de una nobleza auténtica, basada en la utilidad de sus funciones para la sociedad, entre las cuales el comercio era una de las primeras. «La defensa del comercio —dice Elorza— nos muestra ya un Foronda partidario pleno del racionalismo burgués y enfrentado violentamente a los prejuicios procedentes del orden estamental» [185]. Foronda, en su defensa del libre juego de las fuerzas del mercado, formula inequívocamente el principio del *laissez faire*, siendo quizá el primero, según dice Elorza, que lo expone con toda claridad en nuestro país. Se declara enemigo de las industrias privilegiadas, de las manufacturas del Estado y de toda situación de monopolio; el privilegio, dice, viola la propiedad común, pues entrega a uno lo que es patrimonio de todos; en consecuencia, se muestra también partidario del trabajo libre y pide que sea eliminada la organización gremial, que contradice el derecho libre al trabajo.

En 1780 lee Foronda en la Academia Histórico-Geográfica de Valladolid su disertación *Sobre la libertad de escribir*, que se imprime el 4 de mayo de 1789 en el *Espíritu de los mejores diarios*: «Recogiendo —comenta Elorza— la vieja reivindicación que treinta años antes apuntara el abate Gándara, Foronda se lanza en ella a una abierta defensa de la razón crítica, frente a la opresión ideológica que caracteriza a la circunstancia española. El punto de partida es 'hacer ver que el error ha sido admitido infinitas veces por los hombres como una verdad infalible' y que precisamente 'los que han querido descubrirlo han sido perseguidos'. Luego, 'si no hay libertad de escribir y decir cada uno su parecer en todos los asuntos, a reserva de los dogmas de la religión católica y determinaciones del gobierno, todos nuestros conocimientos yacerán en el error'» [186]. La ausencia de libertad de expresión —sigue comentando Elorza—, sin la cual es imposible cualquier progreso, conduce al enfrentamiento del conocimiento ilustrado con el tradicional y a la formulación de los derechos naturales como base fundamental del orden político, y clave de la reforma política y económica que se pretende. Desde ese momento, Foronda piensa que con la difusión de las luces en el cuerpo social, la reforma está asegurada; con el progreso de la razón desaparecerán los abusos existentes y los pueblos serán más razonables, más libres y más industriosos. Foronda se entrega entonces a una entusiasta tarea de divulgación, lo mismo de problemas químicos que económicos o sociales, sin importarle, como cosa secundaria, la originalidad de su pensamiento.

En materias penales Foronda se opone a la tortura, y solicita que tanto el procedimiento judicial como la sentencia sean públicos, se supriman las delaciones y se implante el derecho del *habeas corpus*. Defiende la unificación —propuesta por tantos ilustrados— de leyes, pesas y medi-

---

[185] Idem, íd., pág. 125.
[186] Idem, íd., pág. 128.

das en el interior del reino, y, no obstante su condición de vasco, aboga por el empleo de un solo idioma, aunque no con medidas forzadas sino haciendo que se enseñe la lengua oficial en todas las escuelas. Las *Cartas sobre policía*, publicadas en 1801, perfectamente ajustadas al marco de la vida burguesa, describen las condiciones de la vida ciudadana con minuciosos detalles sobre el estado de las calles, caminos, paseos, teatros, cafés, cuidado de las letrinas, disposición de los mataderos, provisión de agua potable, aseo de las casas, desagües, trazado de las calles, establecimiento de casinos como sustitutos de la tertulia aristocrática ilustrada, etc., etc. Aunque en numerosos aspectos, sobre todo en los concernientes a las mejoras materiales, Foronda parece estar en la línea más estricta del Despotismo Ilustrado, por su neta formulación del liberalismo burgués se evade inequívocamente de aquél al enfrentar el individualismo a la acción estatal, cuyos excesos deben ser limitados para la eficaz salvaguardia de la libertad. En su conjunto la obra de Foronda —resume Elorza— «no pretende ser más que un vehículo de penetración de las ideas de reforma, y, dentro de sus características... de superficialidad y dispersión, responde plenamente a ese intento. Apenas hay tema del naciente pensamiento burgués —desde la economía al urbanismo y la química— que no sea abordado por Foronda, quien, en su coherencia, nos da asimismo la medida del aislamiento y las dificultades con que tropezaron los primeros expositores de la ideología liberal en España» [187].

Más importante que Foronda es todavía el político y economista Francisco Cabarrús, de vida y actividades complejísimas, que participa activamente en la Sociedad Económica de Madrid, desde donde lanza sus primeros escritos. Nacido en Bayona, de una familia de armadores y comerciantes franceses, se nacionalizó español; creador en nuestro país de la «aventura del crédito», fue fundador y director del Banco de San Carlos y dueño por largo tiempo de las finanzas españolas, hasta que fue denunciado a la Inquisición y encarcelado durante tres años, después de habérsele concedido el título de conde. Libertado de la cárcel, asciende de nuevo al primer plano de la política y se convierte en consejero de Godoy en la crisis ministerial de 1797. Al producirse la invasión francesa, aceptó la cartera de Hacienda del rey José, rompiendo entonces con Jovellanos, de quien había sido amigo y protector. Ocupaba todavía aquel puesto, cuando murió en Sevilla en 1810.

En una *Memoria relativa al comercio de Indias*, leída en la Sociedad Económica de Madrid en 1778, Cabarrús propugna la libertad de comercio para arrancarlo de las manos de una minoría y favorecer la igualdad económica: «La riqueza de un pueblo —dice Cabarrús— no consiste en el fausto de pocos, sino en las conveniencias de muchos; menos opulencia

---

[187] Ídem, íd., pág. 138.

para los unos y que a nadie falte lo necesario es el principio de una buena
legislación» [188]. Lo mismo que en el terreno económico, prevalece una situación social de gran desigualdad. En su *Memoria para la formación
de un Banco Nacional*, de 1781, Cabarrús atribuye las causas fundamentales del atraso económico de España a la desigualdad de fortunas y a la
lenta circulación de las mismas; urge, pues, movilizar la riqueza; es falso
que los españoles sean ineptos para la actividad mercantil: lo que hace
falta es facilitarles medios de inversión y acabar con toda forma de concentración monopolista. Contra la injusta situación de monopolio financiero, propone la creación del Banco de San Carlos, que fue aprobada por
el rey. Poco después, leía Cabarrús en la Sociedad dos célebres *Elogios*:
el *del conde de Gausa* (1786), que había sido ministro de Hacienda, y el
de Carlos III (1789); ambos fueron impresos bajo los auspicios de la
Sociedad Económica de Madrid. En el primero de ellos, que Elorza califica de «una de las piezas impresas más avanzadas de la Ilustración» [189],
afirma Cabarrús que sólo un cambio profundo en la estructura política
española puede producir consecuencias positivas, y que es inútil toda reforma parcial basada en nuevos reglamentos; apunta entonces la necesidad
de que todo régimen político se base en la libertad y señala el descontento popular nacido de los privilegios y desigualdades. Cabarrús no
niega la importancia histórica del Despotismo Ilustrado, que ha concluido
con la sociedad feudal y abierto ciertas posibilidades a las clases inferiores. Pero es necesario continuar el proceso, porque quedan aún clases
enteras exentas de cargas fiscales; para ello hay que ordenar la política
sobre la base de la libertad y el interés individual, y seguir el seguro
axioma de «pocas leyes, dejar hacer y observar»; sólo la libertad permitirá
difundir las luces para crear paulatinamente una opinión pública que será
el resorte más útil para un gobierno acertado. La constitución existente
—concluye Cabarrús— favorece a las clases estériles a costa de las pro-
ductivas.

Idénticas ideas de reforma total dominan en el *Elogio de Carlos III*,
leído en la Sociedad en 1789, y que, como dijimos, fue denunciado a la
Inquisición y originó su encarcelamiento de tres años. En él afirma Cabarrús que si la industria en España no había florecido como era de esperar y exigía el estado de las demás naciones de Europa era, «digámoslo
abiertamente, porque nuestro sistema es esencialmente malo» [190]. Como
fuente de legitimación del poder político establece la del pueblo, que es
el llamado a aceptar o no a los gobernantes, porque «al cabo —dice—,

---

[188] Cit. en ídem, íd., pág. 145.
[189] Ídem, íd., pág. 148.
[190] Cit. en ídem, íd., pág. 142.

prevalece la voz de la naturaleza que les grita que sólo merece gobernarlos aquel que los hace más felices» [191].

Mientras estaba en prisión escribió Cabarrús la obra que, según Elorza, constituye su principal aportación al pensamiento español de la época: las *Cartas sobre los obstáculos que la naturaleza, la opinión y las leyes oponen a la felicidad pública*, dirigidas a Jovellanos y dedicadas a Godoy en 1795, aunque permanecieron inéditas hasta 1809. Cabarrús fundamenta la sociedad en el interés de los individuos, y explica su génesis por el pacto o contrato social que es posterior al derecho de propiedad, nacida a su vez del trabajo: «La sociedad se formó para mantener un justo equilibrio entre todas las pasiones y fuerzas individuales y dirigirlas hacia la felicidad común». Cuando el interés particular suplanta al general, la sociedad se corrompe; tal es, para Cabarrús, el caso de España. Para volver a la justicia perdida es necesario prescindir del ejemplo, de la autoridad, de las tradiciones, y redescubrir mediante la razón las verdades elementales, oscurecidas por la costumbre y demás elementos irracionales. La obligación fundamental del Gobierno consiste en eliminar las trabas al libre juego de los intereses: «La felicidad del individuo no tiene más límites que la prosperidad común». La forma de gobierno es problema de poca monta para Cabarrús: «Llámese a mi Gobierno como se quisiera —les diría a los charlatanes que discuten sobre monarquía o democracia—; dejémonos de nombres y tratemos de la esencia de las cosas: lo que exijo es *la seguridad de las personas, la propiedad de los bienes y la libertad de las opiniones*; éste fue el objeto de toda sociedad. Asegúreseme en tales términos que la fuerza está siempre de acuerdo con la voluntad y el interés general y después haya un solo magistrado encargado de hacer ejecutar esta voluntad. Subdivídase la ejecución en seis o veinte ministros. ¿Qué me importa cómo ni aquél ni éstos puedan alterar la felicidad que busqué en el pacto social?» [192].

Como para todo buen ilustrado, la educación es un problema básico para Cabarrús y la condición de todo posible progreso. Cabarrús propugna una escuela común desde la infancia, sin distinción de clases, con enseñanza laica. Pide la reducción de las vocaciones eclesiásticas a las estrictamente necesarias. Exige que los estudios superiores tiendan sobre todo a proporcionar los conocimientos útiles para la vida de la comunidad.

Para eliminar los obstáculos de la naturaleza, el Estado debe desarrollar las obras públicas, sobre todo caminos y canales; para lo cual juzga conveniente que se aproveche el ejército, que de este modo sería de alguna utilidad. Dentro de la sociedad, exige que el Estado cuide de la sanidad pública; desea que se procure disminuir el número de solteros; propugna

---

[191] Cit. en ídem, íd., pág. 148.
[192] Cit., en ídem, íd., págs. 150-151.

el divorcio; considera un error el celibato de los clérigos y lo considera susceptible de revisión conciliar, si la moral pública lo aconseja; pide que el número de plazas en los seminarios se ajuste a las necesidades del obispado, y que se suministren en ellos enseñanzas de ciencias y de economía política. Respecto de la nobleza adopta Cabarrús la actitud negativa tan común a la mayoría de los ilustrados.

Otro importante pensador político vinculado a la Sociedad Económica de Madrid fue Martín Fernández de Navarrete [193], que leyó su discurso de ingreso en enero de 1791. Elorza destaca el interés de esta disertación como una de las más entusiastas declaraciones de fe en el progreso y en el triunfo absoluto de las luces, y su valor como un intento de programación científica de las tareas económicas dentro de las ideas del liberalismo.

Por su parte, en la Sociedad Segoviana destacó la actividad teórica, también como economista, de Vicente Alcalá Galiano [194], hermano del célebre marino muerto en Trafalgar y tío del escritor y político ochocentista. Alcalá Galiano fue secretario y el alma de la Sociedad Económica de Segovia, y a él se deben los más valiosos informes recogidos en las actas de la institución, orientados también en la línea de pensamiento del liberalismo económico recibido de Adam Smith.

Los datos precedentes, que sólo representan un pequeño índice de las inquietudes ideológicas promovidas en el seno de las Sociedades Económicas, permiten comprobar que estas organizaciones, además de las tareas económicas que les eran propias y para cuyo fin fueron específicamente fundadas, constituyeron uno de los focos más eficaces y característicos del fermentar intelectual, en todos los órdenes del pensamiento, que caracteriza al siglo XVIII, y que es justa la apreciación de Herr cuando sitúa a las Sociedades Económicas de Amigos del País entre los que califica de «canales de la Ilustración», o la de Sarrailh que las incluye entre «los principios y las armas de la cruzada».

Sería ingenuo, no obstante, suponer que los logros de las Sociedades fueran siempre, y en todas partes, de alta calidad y positiva eficacia. Cabarrús, en sus *Cartas* citadas, decía con malhumorado pesimismo que «estos establecimientos, admirables en su objeto, han permanecido en una infancia de que sería ya tiempo sacarlos» [195]. La pasión renovadora de Cabarrús no podía sentirse satisfecha, evidentemente, con los incompletos resultados obtenidos, y de ahí su peyorativa estimación. Pero el balance general, sin ser todo lo copioso que hubiera sido de desear, fue inequívocamente positivo según nos revelan otros testimonios. Sempere y Guarinos sugiere ya su importancia con las muy abundantes páginas que les

---

[193] Cfr. Elorza, *La ideología liberal...*, cit., págs. 164-166.
[194] Véase ídem, íd., págs. 167-185.
[195] Cit. por Sarrailh, en *La España ilustrada*, cit., pág. 288.

dedica en los volúmenes V y VI de su *Ensayo*, en el que se ocupa minuciosamente no sólo de la institución en general sino de muchas Sociedades en particular, cuya aparición califica como «uno de los sucesos más notables y gloriosos del Reynado de Carlos III». «Sin grandes gastos —añade a continuación—, sin salarios, y sin los demás embarazos y riesgos que suelen ocasionar otros proyectos menos importantes, se encuentra España con un gran número de Escuelas utilísimas, y de Ministros a quienes poder confiar el examen, y la execución de muchas providencias relativas al fomento de la Agricultura, Artes, Comercio y Policía» [196]. «No podía haberse imaginado —dice más adelante— establecimiento más útil que éste, para adelantar con la mayor rapidez posible la Agricultura, las Artes y el Comercio, en cualquiera nación que sea; pero mucho más en España por sus particulares circunstancias» [197].

Sempere enumera las razones que restaron eficacia a las Sociedades y los obstáculos con que tuvieron que enfrentarse. El hecho —dice— de que el Gobierno concediera tan notoria protección al establecimiento de aquellas entidades, movió a muchos a solicitar su fundación en pueblos donde no había proporciones para ellas y sin que existieran personas adecuadas para sus cargos dirigentes: «El amor propio, el deseo de acreditarse, la satisfacción de ver su nombre en los papeles públicos, ha sido lo que ha llenado las primeras Juntas de las Sociedades, y las ha dexado desiertas pasado el primer ímpetu y logrados aquellos fines» [198]; y así pudo suceder que muchas de ellas «apenas han dado más pruebas de su existencia, que la de haberse anunciado su fundación en la Gazeta, y conservarse su nombre, y los de sus Directores y Secretarios en la Guía de Forasteros» [199]. Por otra parte, la poca unión entre los individuos, la pugna de intereses particulares, la escasez de fondos y la multitud de objetivos a que quisieron extender sus miras, dificultó mucho su actividad. Los obstáculos exteriores fueron también de enorme peso: los Tribunales, Ayuntamientos y demás jueces y cuerpos civiles inferiores —dice Sempere— fueron los enemigos natos de las Sociedades, «porque quieren mandar despóticamente; y cualquiera otro cuerpo o individuo que pueda descubrir sus injusticias, o disminuir de algún modo su autoridad y representación, mereciendo la confianza del Soberano para los informes o para la dirección de algunos ramos de la policía, como recogimiento de mendigos, hospicios, limpieza, plantíos y otras obras públicas, no pueden serles indiferentes» [200]. Las gentes conservadoras, a quienes alarmaba la más pequeña innovación, las oligarquías rurales y toda la gente rutinaria, obstaculizaron todo lo posi-

---

[196] *Ensayo...*, cit., V, pág. 135.
[197] Idem, íd., pág. 140.
[198] Idem, íd., pág. 149.
[199] Idem, íd., pág. 148.
[200] Idem, íd., pág. 150.

ble la vida de las Sociedades. Los eclesiásticos —sigue explicando Sempere—, que contribuyeron positivamente en muchos lugares, no sólo se manifestaron muy indolentes en otros, sino que opusieron en ocasiones manifiesta hostilidad.

Pese a todos estos obstáculos, Sempere afirma el balance favorable de las Sociedades: «¿Qué medio podía inventarse mejor —comenta— que el establecimiento de las Sociedades Económicas? El estudio, la continua práctica, el mirar las cosas más de cerca, el tratar con toda clase de personas, las ilustran y enseñan lo que más conviene, así al Reyno en general como a las Provincias; y la clase de los sujetos de que se componen las hace más capaces de resistir al soborno y a la recomendación, lo que no es tan fácil quando los informes se fían a particulares, que no tienen responsabilidad ninguna, ni más respetos que los de su persona»[201]. En el recuento de las ventajas, Sempere enumera también la de tener ocupados a los nobles y hacendados, naturalmente inclinados a la ociosidad; el infundir el gusto por la lectura de obras útiles y contribuir a difundirlas por el reino; multiplicar las ideas económico-políticas; y hasta menciona la posible mejora del estilo literario con la ocasión de hablar y escribir sobre múltiples asuntos. Sempere subraya finalmente el influjo intelectual y científico, que es el que aquí más nos importa, y sobre el cual hemos tratado de insistir: «Si vamos a buscar los hechos —dice—, que son los que tienen más fuerza para convencer a la multitud, se verá que en ningún otro tiempo se han impreso en España más obras (originales o traducidas, que todas contribuyen a la ilustración general) acerca de las Matemáticas, Física, Chímica, Botánica y Política Económica, que desde la fundación de estos cuerpos patrióticos. En ninguno ha habido tanto ardor de promover la Agricultura, oficios y Comercio. En ninguno se han expedido leyes más útiles. Y en ninguno finalmente se han dado tantos auxilios a la industria, tanto en dinero, como en demostraciones de aprecio del trabajo y la aplicación»[202]. Elorza, por su parte, amplía estos conceptos y destaca algo muy importante: el papel de «órgano cuasi-legislativo para la consulta y preparación de proyectos legales»[203] que desempeña la Sociedad de Madrid; y menciona en particular la abolición de la vileza para las artes mecánicas y el famoso expediente de la ley agraria, preparado por dicha Sociedad. Elorza cita un texto del canónigo Mayoral, luego arzobispo, censor de la Sociedad de Amigos del País de Valencia, en el que queda patente el positivo influjo de las Sociedades en el proceso de la legislación sobre materias económicas, y, a través de ellas, en el desarrollo de una nueva mentalidad: «Las leyes políticas —dice Mayoral— se varían y mejoran según la necesidad y conveniencia de los

---

[201] Ídem, íd., págs. 141-142.
[202] Ídem, íd., pág. 148.
[203] *La ideología liberal...*, cit., pág. 58.

tiempos. Esto procede más frecuentemente en las materias económicas porque las circunstancias se mudan con facilidad. Pero la noticia de estas circunstancias, su cálculo, combinaciones y consecuencias son asuntos que deben llegar al supremo legislador y sus ministros por un conducto fiel, desinteresado, exacto, instruido y juicioso» [204].

LAS UNIVERSIDADES: ESTADO GENERAL

Richard Herr coloca a las Universidades a la par de la prensa y de las Sociedades Económicas como *canales* de la Ilustración. Su inclusión dentro de estas páginas podría ser discutible, sin embargo, porque si pretendemos agrupar en este capítulo las instituciones nacidas a lo largo del XVIII y que, como tales, le dan carácter, las Universidades no están en dicho caso ya que contaban con siglos de existencia. Pero también es muy problemática su condición de *canales ilustrados;* la casi totalidad de los testimonios coetáneos conviene en condenar las Universidades españolas durante la mayor parte del Setecientos por su ineficacia, o incluso como focos de resistencia a las innovaciones. La necesidad de su reforma y los esfuerzos para efectuarla, de que vamos a ocuparnos brevemente, demuestran, en efecto, cuál fue su situación real y en qué medida resultaban, más que un estímulo, una rémora. Traemos aquí, no obstante, instituciones tan capitales para la vida intelectual del país, porque ésta no puede entenderse adecuadamente sin conocer el estado de la enseñanza universitaria y porque, en fin de cuentas, algo aportaron también al desarrollo de la Ilustración. Lo que sí debe ser aducido, precisamente, en relación con la Universidad, como específico del siglo XVIII, es la proliferación, si no el comienzo, de abundantes escritos encaminados a criticar las deficiencias universitarias y a proponer remedios; es decir, es en esta centuria cuando se produce la crisis de la Universidad española en el sentido de que es entonces cuando se adquiere conciencia nacional del problema.

Aguilar Piñal, en la Introducción a su *Antología de textos* sobre esta materia [205], subraya que el fallo más evidente de aquellas universidades, desde un punto de vista moderno, era la falta de uniformidad, de coordinación y de propósito comunitario a escala nacional, ya que no internacio-

---

[204] Cit. en ídem, íd.
[205] Francisco Aguilar Piñal, *Los comienzos de la crisis universitaria en España (Antología de textos del siglo XVIII),* Madrid, 1967, pág. 17. Para el estudio de las Universidades españolas es obra clásica la de Vicente de la Fuente, *Historia de las Universidades, Colegios y demás establecimientos de enseñanza en España,* 4 vols., Madrid, 1884-1889.

nal o mundial. Hasta los días de la Ilustración —según recuerda a renglón seguido el citado investigador— la transmisión de la cultura no se consideraba una tarea de gobierno, sino un acto de beneficencia pública ligado esencialmente a las instituciones eclesiásticas. Tanto la enseñanza primaria como la secundaria residieron durante siglos en conventos e iglesias, ajenas a todo plan general de educación; algunas órdenes religiosas, como los jesuitas, dominicos, agustinos o franciscanos, se dedicaron de manera especial a formar a la juventud y consiguieron hacerse populares en esta ocupación. Por su parte, los centros universitarios procedían de alguna bula papal o de alguna fundación real, o bien, habiendo nacido de alguna de aquéllas, habían sido aprobadas luego por el monarca; este diverso origen ocasionó constantes pleitos sobre las respectivas jurisdicciones, que se agravaron durante la época borbónica a consecuencia de las nuevas concepciones regalistas.

A lo largo del siglo XVIII, 22 centros de enseñanza —según puntualiza Aguilar Piñal [206]— exhibieron el título de Universidad o de Estudios Generales, y Gil y Zárate da noticias de hasta 40 Universidades españolas a lo largo del tiempo [207]. Además de las antiguas y famosas de Salamanca, Alcalá, Valladolid, Santiago, Valencia y Sevilla, se añadían diversos *Estudios* localizados en conventos de cierta importancia: así, se titulaba Universidad el convento de Nuestra Señora del Rosario que tenían los dominicos en Almagro, y también los que regían en Ávila y Orihuela; los benedictinos tenían Universidad en Irache, y los jerónimos en San Lorenzo del Escorial; las había también de fundación episcopal, como las de Burgo de Osma y Baeza, o nobiliaria, como las de Osuna y Oñate.

Tales centros ocasionaban, por su misma existencia, uno de los más agudos peligros para la enseñanza universitaria. Estas universidades «menores», establecidas casi siempre en conventos de religiosos autorizados con diversos privilegios, concedían frecuentemente los grados, sobre todo el de Bachiller, sin las mínimas exigencias científicas; debido a esto, los estudiantes acudían a dichos centros, donde encontraban mayor facilidad, y revalidaban después sus títulos en las Universidades «mayores» mediante una incorporación puramente formularia [208]. Las Universidades mayores, que vieron descender por dicha razón el número de sus alumnos, pusieron especial interés en atajar estas corruptelas. Se hacía indispensable reducir drásticamente —como luego veremos— el número de Universidades existentes en el país (evidentemente desproporcionado para

---

[206] *Antología*, cit., pág. 18.
[207] Antonio Gil de Zárate, *De la instrucción pública en España*, 3 vols., Madrid, 1855; cit. por Antonio Álvarez de Morales, *La «ilustración» y la reforma de la Universidad en la España del siglo XVIII*, Madrid, 1971, pág. 18, nota 17.
[208] Véase ídem, íd., pág. 85.

la cifra de estudiantes) suprimiendo todas aquellas que no contaran con un mínimo de requisitos capaces de respaldar la seriedad de sus títulos [209]. Esto requería además una política de uniformidad en la enseñanza, pues solamente al imponerse una rígida igualdad en todos los centros, se suprimía la causa para que los estudiantes acudieran a aquéllas en donde era menos costoso obtener los grados. Semejantes facilidades habían llegado incluso a extremos delictivos, pues algunas Universidades menores vendían llanamente los títulos. En una representación elevada a Felipe V en 1734 por la Facultad de Cánones de la Universidad de Alcalá, se acusaba concretamente a varias «menores» como las de Almagro, Ávila y Sigüenza, pero además se declaraba que la compraventa de grados se realizaba en la misma Alcalá con la intervención del propio Rector del Colegio Mayor de San Ildefonso [210]. Pérez Bayer refiere idénticas corruptelas en la Universidad de Salamanca [211], y La Fuente menciona a un estudiante de dicha Universidad que fue ajusticiado por traficar con grados [212]. En el *Memorial* presentado al Consejo en 1771, el Diputado de la Universidad de Sevilla, Alonso María de Acevedo, dirigía duros ataques al Colegio dominico de Santo Tomás a propósito de los grados que éste concedía: los abusos de este Convento-Universidad —dice— «tan conocidos, enormes y perjudiciales a la causa pública, no se ignoran en aquella ciudad [habla desde Madrid] ni aun por las mujeres y demás vulgo, que comúnmente llaman a los graduados en dicho Colegio *Doctores de tibi quoque*, porque tal es la fórmula de que usan el Prior y frailes para conferir los grados, que las más veces dan de una vez a muchos, porque el Ceremonial que suple por examen les sea menos molesto: todo esto pide la *reforma* que sólo V. A. puede autorizar y que ciertamente es necesaria» [213].

En la mayoría de las Universidades existentes, incluso las mayores, el dominio eclesiástico era absoluto, pues el cargo de Rector recaía de oficio en alguna canonjía o dignidad catedralicia, como sucedía en Granada, Palma de Mallorca, Santiago, Toledo, Valencia y Zaragoza; sólo en Salamanca y Valladolid el Rector era nombrado por el Consejo de Castilla, aunque a propuesta del obispo, del Colegio Mayor y de la propia Universidad. Este predominio eclesiástico no sólo se ejercía en orden a la autoridad universitaria, sino en las materias que se cursaban. En uno de sus numerosos trabajos sobre la enseñanza, Jovellanos recuerda a este propósito el origen de nuestras Universidades, su preferencia por las obras

---

[209] Idem, íd., pág. 86.
[210] Idem, íd., págs. 15-16.
[211] Francisco Pérez Bayer, Memorial *Por la libertad de la literatura española*, en F. Aguilar Piñal, *Antología*, cit., págs. 138-139.
[212] Cit. por Álvarez de Morales, cit., pág. 16.
[213] Cit. por Francisco Aguilar Piñal, *La Universidad de Sevilla en el siglo XVIII. Estudio sobre la primera reforma universitaria moderna*, Publicaciones de la Universidad de Sevilla, 1969, pág. 165.

de ingenio e imaginación, su carácter casi exclusivamente eclesiástico, y su desprecio por las ciencias útiles: «Vino después otra época —dice Jovellanos— en que los riesgos de la religión arrebataron toda su atención hacia su estudio. Vino el tiempo de las herejías y las sectas, tanto más ominosas a los Estados, cuanto entrándose a discurrir sobre los derechos de los príncipes y los pueblos parecían atacar la autoridad pública y presentar la horrible imagen de la anarquía y el desorden. Desde entonces, las ciencias eclesiásticas merecieron todo su cuidado; y de cuantos progresos hicieron en ellas pueden ser ejemplo el Concilio de Trento y las insignes obras que nos dejaron. / En esta época nacieron nuestras universidades, formadas para el mismo objeto y sobre el mismo gusto. Ellas fueron desde el principio unos cuerpos eclesiásticos; como tales, se fundaron con autoridad pontificia. Tuvieron la preferencia en las asignaturas de sus cátedras la teología y el derecho canónico. La filosofía se cultivó solamente como un preliminar para entrar a estas ciencias; y aun la medicina y la jurisprudencia hubieran sido descuidadas, si el amor del hombre a la vida y a los bienes pudiese olvidar el aprecio de sus defensores» [214].

Cuando los nuevos conceptos traídos a la enseñanza por la Ilustración, la necesidad de centralizar y de uniformar, y la urgencia de orientar la Universidad por el camino de las ciencias prácticas y útiles demostraron lo imprescindible de su reforma en una línea de secularización, ésta chocó inevitablemente con las autoridades y corporaciones eclesiásticas, que habían tenido en sus manos durante siglos el timón universitario. Pero sucedía además que la mayoría de las cátedras estaban sostenidas por rentas eclesiásticas; el Gobierno, falto de medios económicos suficientes, no sólo no podía renunciar a tales fuentes de ingresos, sino que contaba con ellas para toda reforma, con lo cual se creaba una situación tan paradójica como difícil de solucionar.

Las *facultades* que se enseñaban en los centros universitarios revelan este mismo carácter eclesiástico a que nos hemos referido. De hecho se reducían a cuatro: Artes o Filosofía, Teología, Jurisprudencia y Medicina, aunque en la mayoría sólo se estudiaban las dos primeras, pues el Derecho se cursaba por lo común en academias particulares, y la Medicina se reducía a silogismos y repeticiones memorísticas de los aforismos de Hipócrates. Los estudios teológicos eran los predominantes; todas las universidades tenían cátedras de Teología, y, en algunas, estas solas cátedras constituían la Universidad, como sucedía en casi todos los Conventos-Universidades. La Facultad de Artes agrupaba, en teoría, los estudios literarios, filosóficos y científicos que se estimaban preparatorios para las Facultades

---

[214] *Plan para arreglar los estudios de las Universidades,* en Aguilar Piñal, *Antología,* cit., pág. 131.

mayores, pero como éstas sólo consistían en Teología y Cánones, aquéllos eran tan limitados como deficientes. No existían los estudios de Lengua y Literatura Españolas, y el castellano estaba prácticamente desterrado de las universidades en beneficio del latín, sobre cuyo uso existían rigurosas prescripciones. Este cultivo del latín no suponía, sin embargo, el estudio de la literatura clásica latina, ni mucho menos el de la griega, pues aunque en casi todas las universidades se habían creado cátedras de estas disciplinas, dejaron de proveerse con el tiempo y desaparecieron, según hacía constar Alcalá en su informe de 1771 [215]. Tampoco existían cátedras dedicadas a los estudios históricos, ni siquiera de historia eclesiástica en las Facultades de Teología.

Los estudios científicos no existían prácticamente. Sobre la cátedra de Matemáticas de Salamanca es famoso el testimonio de Torres Villarroel, y la de Alcalá en su informe de 1774 confesaba también que llevaba muchos años vacante [216]. Tampoco había cátedras de Física, pues ésta se estudiaba como parte de la filosofía escolástica y se desconocía, por tanto, la física experimental. Tampoco la Química estaba incluida en los planes de estudio, y menos todavía las Ciencias Naturales. La Medicina, que había florecido durante los siglos xv y xvi, sufrió más que ninguna otra enseñanza el influjo del método escolástico; situación agravada por el escaso aprecio en que se tenía esta *facultad*, considerada como de inferior categoría. Por todo ello, cuando, a consecuencia de la crisis económica, disminuyeron las rentas universitarias, muchas cátedras de medicina fueron suprimidas. La escasez de médicos, y sobre todo de cirujanos, para atender las necesidades del país y en particular las del ejército, obligó a recurrir a profesionales extranjeros, hasta que a mediados del siglo, un catalán, Pedro Virgili, cirujano de la Armada, pidió como recompensa a sus servicios la creación de un Colegio de Cirugía en Cádiz con el fin de adiestrar a tales facultativos [217]. Ensenada acogió muy bien la propuesta y se fundó el establecimiento, con lo cual se produjo un renacimiento de estos estudios, pero que trajo como consecuencia la equivocada separación de la Cirugía y la Medicina, que se estudiaron desde entonces en centros distintos, como si se tratara de materias sin ninguna conexión.

A todos estos fallos que habían afectado, en mayor o menor grado, incluso a las más gloriosas universidades del país, se habían añadido al correr del tiempo los originados por la decadencia general, y eran tan graves como numerosos: «Su paralizante temor a todo lo nuevo —enumera Aguilar Piñal—, su desprecio por las ciencias útiles, la esterilidad o la rutina de los métodos de enseñanza, el descuido, la incapacidad o el ab-

---

[215] Cit. por Álvarez de Morales, cit., pág. 23.
[216] Ídem íd., pág. 24.
[217] Cfr.: D. Ferrer, *Historia del Real Colegio de Cirugía de la Armada de Cádiz*, Cádiz, 1961. Del mismo, *Pedro Virgili*, Barcelona, 1963.

sentismo del profesorado»; y añade: «Pero nada más peligroso para el ser mismo de la Universidad que los abusos, introducidos en la provisión de cátedras, en la relajación de la disciplina, en el predominio de los colegiales mayores y en las insuficientes dotaciones, que hacían de la cátedra un mero escalón en la vida profesional. Los catedráticos, sin vocación docente en su gran mayoría eran ajenos al espíritu universitario, y estaban atentos sólo al medro personal y a la consecución de sus intereses» [218].

Feijoo denunció el temor a la novedad de nuestros universitarios en uno de sus más valientes ensayos —*Causas del atraso que se padece en España en orden a las ciencias naturales*—, que mencionaremos más tarde al ocuparnos expresamente del gran benedictino.

El absentismo del profesorado llegaba a extremos casi grotescos, según lo reflejan las anécdotas referidas por Pérez Bayer en su famoso Memorial *Por la libertad de la literatura española*, de que luego hablaremos, recogidas algunas de ellas en su *Antología* por Aguilar Piñal [219].

Una de las más graves rémoras para la enseñanza era el espíritu de partido, mantenido principalmente por las órdenes religiosas, que defendían por sistema las ideas filosóficas o teológicas peculiares de su institución. Feijoo había escrito duras palabras contra este espíritu de escuela, que convertía las cátedras universitarias en un estéril vocerío: «He oído —dice— y leído mil veces que el fin de las disputas escolásticas es la indagación de la verdad. Convengo en que para esto se instituyeron las disputas; mas no es ése por lo común el blanco a que se mira en ellas. O todos o casi todos los que van a la aula, o a impugnar o a defender, llevan hecho propósito firme de no ceder jamás al contrario, por buenas razones que alegue. Ha siglo y medio que se controvierte en las aulas con grande ardor sobre la física predeterminación y ciencia media. Y en este siglo y medio jamás sucedió que algún jesuita saliese de la disputa resuelto a abrazar la física predeterminación, o algún tomista a abandonarla. Ha cuatro siglos que lidian scotistas con los de las demás escuelas sobre el asunto de la distinción real formal. ¿Cuándo sucedió, que movido de la fuerza de la razón el scotista, desamparase la opinión afirmativa, o el de la escuela opuesta, la negativa? Lo propio sucede en todas las demás cuestiones que dividen escuelas, y aun en las que no las dividen. Todos o casi todos van resueltos a no confesar superioridad a la razón contraria. Todos o casi todos, al bajar de la cátedra, mantienen la opinión que tenían cuando subieron a ella. Pues ¿qué verdad es ésta que dicen van a descubrir? Verdaderamente parece que éste es un modo de hablar puramente teatral» [220].

---

[218] *Antología*, cit., pág. 21.
[219] Páginas 133-135.
[220] Cit. por Alberto Jiménez, *Historia de la Universidad Española*, Madrid, 1971, página 265.

Olavide, al presentar al Gobierno su plan de reforma para la Universidad de Sevilla, denunció también esta política partidista, que, en unión del método escolástico, había destruido el espíritu científico: «En la actual constitución de las escuelas —dice— es preciso ser tomista, jesuita, baconista o escotista, según los maestros que el acaso o la proporción representan. Y se defiende con tenaz obstinación una doctrina que sin ilustrar ni aun ocupar el entendimiento, pasa a desazonar la voluntad» [221]. El mencionado diputado sevillano, Acevedo, en su referido *Memorial* dedica igualmente palabras severísimas contra el partidismo de los *regulares*, a los que acusa de corromper hasta las mismas ciencias teológicas: «Creció —dice— este descuido y mal método de estudiar entre los Regulares con las frívolas Disputas que se suscitaron entre los Dominicos y Franciscanos, y se aumentó con las diferentes Escuelas de Scoto, Bacon, Egidio, Lulio, los Nominales y otros en que se dividieron los Regulares, y que tanto conmovieron a las Universidades que por los mencionados frailes miraban como punto de honor que interesaba a sus Órdenes el quedar victoriosos con sus sistemas. Y aunque no puede negarse que este espíritu de parcialidad, que reinaba entre los frailes del Orden de Santo Domingo y de San Francisco se disminuyó luego que el Orden de la Compañía se apoderó de la principal parte de la enseñanza, porque sus Individuos tuvieron arte para unir a sí como tropas auxiliares a los Franciscanos para hacer más cruda la guerra a los Dominicanos, abatir su poder y oscurecer su fama, por lo mismo fue natural que naciese una parcialidad mayor y más sangrienta que la que hasta entonces había predominado: de todo lo cual redundaba entretenerse en las Disputas que entre ellos se suscitaron sin cuidar de instruirse en las que conducían para ilustrar y aclarar la Tradición y defender la Religión en el Dogma y en la Moral...»; y añade luego: «En la enseñanza de la Teología Escolástica creció con más escándalo de los pueblos, aunque con menos daño de los fieles, la disensión y espíritu de parcialidad entre los Regulares del Orden de Santo Domingo y de la Compañía, pues desde fines del siglo XVI se ocuparon de combatirse mutuamente sobre la naturaleza de la gracia y libre albedrío, como si en la Teología no hubiese otras cuestiones tan importantes que tratar, o como si en este punto lo que pertenecía ciertamente al Dogma no se hubiese definido en el Concilio de Trento» [222].

También Campomanes, en su Informe del 23 de mayo de 1775, al responder al recurso elevado por los dominicos de Sevilla contra los planes de reforma de la Universidad, denunciaba igualmente el partidismo de los religiosos con frases inequívocas: «En los Estudios privativos de los Regulares es donde suele hallarse más comúnmente arraigada la facción

---

[221] Cit. por Álvarez de Morales, cit., pág. 22, nota 27 bis.
[222] Cit. por Aguilar Piñal, *La Universidad de Sevilla...*, cit., pág. 166.

escolástica, y los sistemas partidarios de su escuela con tanta adhesión que generalmente se empeñan en sostener el método de estudio y doctrina de su Escuela como único y privativo, declamando contra todo lo que no sale de sus aulas, creyendo esta máxima como inseparable de la representación, honor y gloria de su Orden, a la cual quisieran dar el privativo dominio de las Letras y que éstas no variasen un ápice de su actual sistema» [223].

El mal, ya muy antiguo, en lugar de remediarse, se había ido agravando con la creación de nuevas cátedras de Teología que se entregaban a las diversas escuelas. El duque de Lerma, durante su valimiento, creó en Salamanca, Valladolid y Alcalá cátedras tomistas para los dominicos; más tarde, la reina Mariana de Neoburgo, por presión del padre Nitard, creó cátedras suaristas para los jesuitas, y dentro ya del siglo XVIII —en 1735— los franciscanos establecieron en Alcalá cátedras escotistas y pretendieron, como en Salamanca, que se estableciera un turno de escuelas para explicar la filosofía. También los carmelitas las quisieron establecer; pero el claustro se opuso y la petición fue denegada.

LOS COLEGIOS MAYORES

Pero, además de los defectos nacidos de la propia vida universitaria —de su temor a la novedad, de sus viciosos métodos, de su menosprecio por las ciencias útiles y la técnica experimental, de las estériles disputas escolásticas, de la ineptitud del profesorado, de su absentismo, etc., etc.—, existían los procedentes de la presión que sobre ella ejercían los Colegios Mayores, famosa institución que, si fue gloriosa en sus comienzos, se convirtió después en uno de los más decisivos factores de la decadencia universitaria.

Estos Colegios, creados para ayudar a los jóvenes «virtuosos y aplicados» pero faltos de recursos, nacieron a lo largo de los siglos XV y XVI. El primero de ellos, llamado de San Bartolomé el Viejo, fue fundado en 1408 en Salamanca por el obispo de Cuenca don Diego de Amaya Maldonado, a imitación del de Bolonia creado en 1367 por el cardenal Gil de Albornoz. Don Pedro González de Toledo, arzobispo de esta misma ciudad, fundó el de Santa Cruz de Valladolid en 1480; Cisneros, el de San Ildefonso de Alcalá, en 1500; don Diego Ramírez, arzobispo de Cuenca, el llamado Colegio de Cuenca, en Salamanca, en 1506; también en Salamanca, el obispo de Oviedo, don Diego de Muros, fundó en 1517 el Colegio de San Salvador, llamado comúnmente de Oviedo; y el arzobispo de Toledo,

---

[223] Cit. en ídem, íd., pág. 331.

don Alfonso Fonseca, fundó asimismo en Salamanca, en 1521, el llamado del Arzobispo [224].

Estos seis Colegios, estrechamente unidos entre sí por intereses comunes, dieron muy pronto origen a una casta cerrada, que llegó a tener en sus manos los puestos principales del gobierno, las cátedras y los cargos dirigentes de la Universidad, con lo cual ejerció un completo monopolio de la enseñanza. Disponían estos colegiales de un instrumento legal, también privilegiado, la Real Junta de Colegios, creada a mediados del siglo XVII para entender exclusivamente en sus asuntos; estaba formada por consejeros y camaristas de Castilla «con la expresa condición de haber sido colegiales, los cuales, como fácilmente se comprende, se opusieron siempre a toda evolución y fueron acérrimos defensores de situaciones privilegiadas y abusos inveterados» [225]. Dentro de la universidad trataron los colegiales de usurpar todo género de privilegios; en las tres mayores —Alcalá, Salamanca y Valladolid— consiguieron la exclusiva de la provisión de cátedras, que les habían de ser otorgadas por turno en las Facultades de Derecho Civil y Canónico, y con prioridad en las de Artes y Teología; tan sólo habían dejado libre la de Medicina, porque su ejercicio era entonces muy poco apreciado. En lo que respecta al régimen interior de los Colegios habían introducido igualmente todos los abusos imaginables, lo mismo en la provisión de becas, edad y fortuna de los candidatos que en lo referente a las costumbres, régimen de clausura, celibato, absentismo, juegos, etc., etc.

La pobreza, que había sido el requisito principal para la entrada en los Colegios, fue por entero soslayada, hasta el punto de que eran los colegiales pobres quienes no podían mantener la pompa de trajes y criados que ostentaban los poderosos; de hecho, estas instituciones se convirtieron en un dominio de la aristocracia, que disponía de ellas como de un feudo. La indisciplina y petulancia de que los colegiales hacían gala, provocaban frecuentes conflictos y hasta alborotos públicos por meras cuestiones de etiqueta o de preeminencia social, dando ocasión incluso a desafíos sobre cuestiones como quién había de ceder la acera. De estos Colegios manejados y protegidos por las casas nobles, colmados de honores, privilegios, distinciones y prerrogativas, ensalzados y favorecidos por los monarcas y los gobiernos, salía la casi totalidad de quienes iban a ocupar los cargos públicos, sedes episcopales y demás dignidades eclesiásticas, Audiencias, Cancillerías, Fiscalías, Alcaldías de Corte, Consejos; todos los ministros togados del Reino, salvo contadas excepciones, habían

---

[224] Cfr.: Luis Sala Balust, *Catálogo de fuentes para la historia de los antiguos Colegios seculares de Salamanca*, «Instituto Enrique Flórez», Madrid-Barcelona, 1954. Del mismo, *Constituciones, Estatutos y Ceremonias de los antiguos Colegios seculares de la Universidad de Salamanca*, 3 vols., C. S. I. C., Madrid, 1962-1964.
[225] F. Aguilar Piñal, *Antología*, cit., pág. 25.

sido Colegiales Mayores. Cuando, más tarde, la reacción contra los Colegios les obligó a defenderse, uno de los escritos —que luego mencionaremos— aparecido con este fin, aducía los inmensos servicios prestados a la nación por sus miembros, y ofrecía una inacabable relación de los que habían ocupado puestos importantes en el gobierno de la Iglesia y el Estado. Los nombres pasan de 5.500, y allí se enumeran 135 cardenales, 133 arzobispos, 470 obispos, 27 inquisidores generales, 19 confesores de santos, reyes e infantes, 47 virreyes, 90 capitanes generales, 49 presidentes del Consejo de Castilla, 347 consejeros, tres santos canonizados, nueve venerables en proceso de canonización, 135 sujetos de especial santidad... Como quiera que entre los seis Colegios Mayores —comenta Alberto Jiménez que recoge estas cifras— no sumaban más de 128 becarios y las becas duraban ocho años, «se tiene la sensación de que no había colegial mayor que no alcanzase un puesto importante»; «probablemente —comenta luego— esta exposición sería contraproducente, ya que la acusación sostenía que los colegiales, los ex colegiales y los demás afiliados a ellos formaban una asociación con visos de secreta y juramentada, que se extendía por toda España, que todo lo tenía invadido y que ejercía omnímodo poder en el Estado. El espíritu de pobreza impuesto por los fundadores se había burlado, las becas pasaron a ser patrimonio de estudiantes nobles y ricos, quienes permanecían en el Colegio hasta alcanzar un puesto de grande importancia, quedando así convertida la aristocracia del mérito en una aristocracia de la sangre y del dinero» [226].

---

[226] *Historia de la Universidad Española*, cit., pág. 274. La independencia jurisdiccional de que gozaban los colegiales merece también ser destacada: «Gracias a los privilegios que habían recibido —explica Álvarez de Morales— y a la existencia de la Real Junta de Colegios, se permitían invocar en cada caso la jurisdicción que más les convenía, de tal forma, que dicha elección suponía ya implícitamente el triunfo en el caso o litigio de que se tratara. Esto hacía decir a Pérez Bayer, que 'en el punto de la jurisdicción pasiva o fuero de los Colegios y colegiales, confieso ingenuamente que ni sé ni hallo donde poner pie'. De la jurisdicción real solían eximirse cuando les convenía, recurriendo a la jurisdicción eclesiástica, que invocaban porque las fundaciones fueron hechas por obispos e impetrada la confirmación pontificia; del fuero académico que tenían todos los estudiantes, también se eximieron, desde la fundación de la Real Junta de Colegios, que se constituyó en su propio tribunal; y cuando tampoco les convenía someterse a esta jurisdicción, apelaban directamente al rey» (*La «ilustración» y la reforma...*, cit., pág. 32). El P. Olaechea informa por su parte: «En uno de los decretos, el rey había calificado a los colegiales 'de cavilosos, injustos y perjuros', por haber relajado los juramentos y la disciplina, 'primero con varios fraudes y artificios', y después, por medio de dispensas particulares de Roma y de la nunciatura, obtenidas subrepticiamente, contra el expreso juramento que hacían de no pedirlas ni usar de ellas. El obispo Beltrán atestiguaba 'que en los archivos de los 4 Colegios de la Universidad de Salamanca había legajos enteros de estas dispensas'» (Rafael Olaechea, S. I., *Las relaciones hispano-romanas en la segunda mitad del siglo XVIII. La Agencia de Preces*, Zaragoza, 1965, vol. I, pág. 312). En las nutridas páginas que dedica este investigador al problema de «la coligación del Colegialismo» puede hallarse abundante información con datos nuevos y un utilísimo resumen de noticias más conocidas (véase I, págs. 304-318).

Enfrente de los *colegiales* se hallaba el resto de los estudiantes que, al no haber logrado el ingreso en los Colegios, carecía del rico y seguro porvenir de aquéllos. Por su largo manteo, característico de quienes no podían usar la beca propia de los Colegiales, recibían el nombre de *Manteístas.* Éstos fueron quienes a lo largo de todo el siglo XVIII combatieron con mayor tenacidad contra la casta colegial y defendieron los proyectos de reforma; ellos fueron los partidarios de toda innovación, mientras los colegiales se acreditaban como mantenedores del tradicionalismo. La lucha entre ambos bandos, aun siendo en gran parte ideológica, no lo era de forma exclusiva; había también, inevitablemente, una rivalidad profesional y un odio de clase acumulado durante siglos, estimulado por los abusos de la casta privilegiada, detentadora de todas las ventajas.

LAS PRIMERAS REFORMAS DE LOS COLEGIOS

Como puntualiza Aguilar Piñal, los gobiernos de los primeros Borbones hicieron lo que ningún otro anterior había hecho en España: interesarse por los problemas docentes a escala nacional [227]. Mucho antes, sin embargo, había comenzado ya la preocupación por los Colegios Mayores [228]. Hemos aludido arriba a la Junta creada por Felipe IV a fines de 1623. Esta Junta, establecida teóricamente «para la reforma de los abusos y gastos excesivos que se introdujesen en las Comunidades mayores» [229], estaba constituida por seis ministros del Consejo, excolegiales, que representaban a sus Colegios respectivos. Con esta Junta se trataba de remediar la falta de visitas anuales prescritas por las Constituciones de todos ellos; los fundadores las habían confiado a los cabildos eclesiásticos, pero los colegiales, para librarse de ellas, exigieron a los visitadores información de limpieza de sangre lo mismo que a los candidatos a las becas, con lo cual aquéllos se fueron retrayendo. La Junta, no obstante, hubo de enviar visitadores en 1635, 1648 y 1653, pero sus informes y disposiciones sólo sirvieron para poner de relieve los excesos que se cometían en los Colegios sin que se aplicara ningún remedio eficaz. En el reinado de Carlos II se hicieron nuevas visitas con idéntico resultado [230].

---

[227] *Antología*, cit., pág. 28.

[228] Para todo lo referente a las reformas anteriores a Carlos III cfr., Luis Sala Balust, *Reales reformas de los antiguos Colegios de Salamanca anteriores a las del reinado de Carlos III*, Facultad de Filosofía y Letras de la Universidad de Valladolid, 1956.

[229] Cit. en ídem, íd., pág. 7.

[230] Sala Balust comenta de este modo el informe redactado por el visitador don Matías de Rada en 1668, durante la minoría de Carlos II: «La lectura de este informe de visita nos hace ver, una vez más, cuán distantes están los Colegios Mayores de su primer instituto. Nadie reconocería ya en el lujo de que viven rodeados los colegiales a aquellos estudiantes pobres que quisieron remediar los fundadores de estas

Otro hecho debe ser destacado todavía. El mismo año en que fue creada la Junta, Felipe IV traspasó al Consejo la provisión de cátedras, que hasta entonces se hacía por voto de los estudiantes, dando ocasión a sobornos, revueltas e incluso muertes. Pero el resultado, según ya sabemos, fue que los miembros del Consejo, todos antiguos colegiales, nunca dieron las cátedras sino a sus hermanos de Colegio, carentes casi siempre de vocación científica; y lo que era peor aún: desde estas cátedras saltaban en dos o tres años «a ser ministros de las chancillerías o audiencias y a sentenciar vidas, honras y famas ajenas, cuando un catedrático graduado manteísta se tiene por milagro que salga a una plaza» [231]. Las consecuencias científicas de semejante corrupción pueden resumirse en pocas palabras: «La facilidad de conseguir buenos puestos sin mayor esfuerzo ha apartado a todos del interés por el estudio» [232].

Como hemos dicho, la verdadera preocupación por el problema de los Colegios y la reforma universitaria comienza con la llegada de los Bor-

---

casas. Y a la superfluidad de los vestidos, a la ostentación de la mesa, a los gastos excesivos de criados, muebles y caballos ha venido a sumarse también en los últimos tiempos el vicio del juego. Se han abandonado los ejercicios literarios: conclusiones, conferencias, lecturas de extraordinario apenas se practican. Y la falta de respeto a las constituciones y estatutos que regulan la justa distribución de las becas para que todas las naciones tengan su parte en los Colegios, sigue tan parecida a la que denunciaron las visitas anteriores sin conseguir remedio, que Matías de Rada se atreve a exponer a la Reina doña Mariana de Austria que le parece que el ponerlo eficaz 'excede de la fuerza de un visitador, y que ha menester todo el brazo y potestad de Vuestra Majestad y la intervención de los de Vuestro Consejo'. Pero nada se hizo porque la visita fue boicoteada. Una nota al pie del informe anterior, de mano distinta, dice en la copia que se conserva en Simancas: 'Se había formado una junta de seis ministros del Consejo para esta visita y la de la Universidad, pero nada se resolvió'. Lo mismo se nos dice en otro de los documentos: 'Quedó sin efecto esta visita'» (ídem, íd., págs. 36-37). Sala Balust reproduce completo el informe de Matías de Rada, como Apéndice núm. 3, págs. 110-116.

[231] *Papel curioso en punto de Colegios*, Memorial dirigido a Felipe V, cit. por Sala Balust en ídem, íd., pág. 48. Para poner de relieve los «méritos literarios» —verdaderamente lastimosos— de estos colegiales, Sala Balust reproduce otro de los párrafos del mencionado Memorial: «Los ejercicios literarios que hacen estos colegiales mayores en la Universidad es entrar en los Colegios regularmente muchachos, o acabando de cursar, o con cursos fingidos, sin ir a oír a los maestros primeros a la Universidad, porque dicen son maestros, lo cual es imposible, no sirviéndoles la cuna de Universidad y la felicidad de sabiduría. Salen a leer los más de ceremonia unos cortos días a la explicación de la *Instituta*, que se llaman lecturas de extraordinario, con corto número de estudiantes, regularmente combinados; cuando los profesores graduados y demás manteístas continúan incesantemente estas lecturas desde principio hasta el fin del curso con todos los concursos de estudiantes. Y en los nueve años que en estos Colegios están hasta salir a la oposición (que llaman huéspedes) presiden 4 ó 5 actos de oposición o conclusiones de unas materias cortas y trilladas, hechas por otros, y con esto salen a oponerse a las cátedras que llevan, con uno o dos años de opositores y con tres o cuatro lecciones de oposición, y a veces con una; cuando al profesor manteísta, por insigne que sea, le cuesta llevar una cátedra diez y doce años de opositor y cincuenta y sesenta lecciones de oposición» (ídem, íd., pág. 48).

[232] Ídem, íd., pág. 49.

bones. Al reinado de Felipe V pertenecen diversas cédulas y provisiones, pero aún no se llega a resultados positivos, porque según advierte Aguilar Piñal [233], se fija la atención tan sólo en aspectos parciales y muy limitados. Al nuevo monarca le preocupaba en particular elevar la cultura de la nobleza, para lo cual se propuso la creación de varios Seminarios de Nobles. En el campo puramente universitario se pretendió cortar los abusos en la provisión de cátedras, ocupar las vacantes, exigir el cumplimiento de los deberes docentes, y remediar otras corruptelas, pero no se emprende todavía una política de carácter amplio y sistemático.

En 1713 hubo un movimiento de positiva hostilidad contra los Colegios, dirigido por Melchor de Macanaz, fiscal entonces del Consejo de Castilla, a quien secundaron el abate Alberoni y el confesor del rey, padre Robinet. Macanaz presentó al rey un plan de reforma de los estudios jurídicos —el primero, dice Aguilar Piñal [234], que responde a una concepción «ilustrada» de la enseñanza— proponiendo el estudio intensivo del Derecho patrio, hasta entonces prácticamente desconocido en nuestra Universidad. A este momento corresponde el informe redactado por don Luis Curiel [235] con graves denuncias contra los Colegios y contra el mismo Consejo que permitía los abusos. Pero apenas dos años más tarde, el destierro o la Inquisición [236] daban al traste con los desafectos a los Colegios y se volvía a la antigua política.

Habían de transcurrir muchos años hasta que la corona se ocupara nuevamente de los Colegios y de la reforma universitaria. En 1750, durante el reinado de Fernando VI, se dirigió a los primeros una Real Provisión, «centón de todos los capítulos de reforma» [237] que hasta el momento se habían ido arbitrando, y que quedó una vez más sin eficacia alguna. Es ésta la última disposición regia sobre la materia, anterior a las reformas de Carlos III.

Sin embargo, el ambiente general de hostilidad contra los Colegios había ido extendiéndose y los *manteístas* habían conseguido llegar a los más altos puestos del Gobierno. Al advenimiento de Carlos III los Colegios, conscientes del peligro, sentían la necesidad «de atraer al rey a su lado y hacérselo propicio» [238]. En los años de 1760 y 1767 aparecieron dos libros, dirigidos al monarca, que pretendían ser una apología de dicha institución. El primero llevaba el extraño título de *Genitivo de la sierra* [239]; cons-

---

[233] *La Universidad de Sevilla...* cit., págs. 111-112.
[234] Idem, íd., pág. 113.
[235] Cfr.: Luis Sala Balust, *Reales reformas...*, cit., págs. 52-57.
[236] Idem, íd., pág. 57.
[237] Idem, íd., pág. 62.
[238] Idem, íd., pág. 74.
[239] El título completo es: *El genitivo de la sierra de los temores contra el Acusativo del Valle de las roncas, o un licenciado en cerro, en pelo, sin otra sociedad y por sí solo, contra un Doctor, Don, Padre, Fray o Frey, graduado en la Universidad*

taba de dos volúmenes, de los cuales sólo se conoce por el momento el segundo. El otro libro, escrito por un antiguo colegial, el marqués de Alventos, era una *Historia del Colegio Viejo de San Bartolomé*, en tres volúmenes, pero apareció cuando ya estaba en marcha el movimiento de reforma y careció de eficacia.

LAS REFORMAS DE CARLOS III

Las reformas llevadas a cabo durante el reinado de Carlos III fueron dirigidas por tres hombres procedentes del *manteísmo* y ligados por estrecha amistad: el obispo de Salamanca, don Felipe Beltrán; el preceptor de los príncipes y antiguo catedrático de hebreo de Salamanca don Francisco Pérez Bayer, y el ministro don Manuel de Roda [240]. La amistad entre Beltrán y Pérez Bayer, ambos castellonenses, databa de sus años de estudio en la Universidad de Valencia; Roda, desde su puesto de oficial de la Secretaría de Estado, intimó con Bayer cuando éste fue designado visitador del Colegio de Bolonia por orden de Fernando VI. Cuando Roda fue nombrado secretario de Gracia y Justicia y mientras se preparaba la expulsión de los jesuitas, pensó en Pérez Bayer para preceptor de los infantes. Su llegada a la Corte puso en estrecha relación a los tres personajes y permitió que se comunicaran detenidamente sus opiniones sobre los Colegios Mayores y los problemas de la Universidad. Una conversación ocasional con el Dr. don Pedro Fernández de Villegas, que había sido profesor de Bayer en Salamanca, decidió a éste a poner por escrito sus ideas. Revolvió incansablemente librerías y bibliotecas hasta reunir cuanto pudiera relacionarse con los Colegios Mayores, revisó sus propias

de Cosmópoli, y enjaezado con la brillante secular compañía de varios Tertulianos pseudo-político literatos. La obra se publicó bajo el nombre supuesto de Domingo Serrano, sin indicación de lugar ni de impresor, pero Sala Balust afirma que se publicó en Pamplona. «Escrito de una manera un tanto estrafalaria —dice Sala Balust de *El genitivo*—, literariamente abarrocado, es molesto de lectura y hay que recorrer decenas de páginas para sacar unos conceptos. Va dirigido contra un religioso, acaso jesuita, que pretendió insinuar un plan de reforma que hubiese convertido los Colegios Mayores en los más austeros monasterios. Al prurito de la ciencia frecuente de Feijóo, junta la mentalidad más cerrilmente colegial que imaginarse puede. Nos pasma ver aludir con encomio a aquellas mismas corruptelas que censuraban sus críticos y habían pretendido enmendar las reales provisiones de reforma» (*Reales reformas...*, cit., pág. 75).

[240] Para todo lo concerniente a la reforma de los Colegios, cfr. el estudio fundamental de Luis Sala Balust, *Visitas y reforma de los Colegios Mayores de Salamanca en el reinado de Carlos III*, Universidad de Valladolid, 1958 (lleva un prólogo de Vicente Palacio Atard). Cfr. además, Leopoldo Juan, *Pérez Bayer y Salamanca. Datos para la biografía del hebraísta valenciano*, Salamanca, 1918. Sobre la personalidad de don Manuel de Roda y sus diversas actividades como agente de Preces en Roma y en el Ministerio de Gracia y Justicia, cfr., Rafael Olaechea, *Las relaciones hispano-romanas...*, cit., I, págs. 237-336.

notas tomadas durante sus residencias en Salamanca, y en el verano de 1769 emprendió la redacción de una Memoria que concluyó en abril del año siguiente y que fue presentada al rey con el título de *Por la libertad de la literatura española*. En esta Memoria Pérez Bayer denunciaba vigorosamente los abusos arraigados en los Colegios y los daños ocasionados a la Universidad, y proponía los remedios, entre los cuales destacaba la avocación al rey de la provisión de becas en los seis Colegios Mayores. Carlos III encargó a Bayer que redactara los decretos de reforma, que fueron expedidos por dos Reales Cédulas de 23 de febrero y 3 de marzo de 1771 [241]; poco después el obispo Beltrán era nombrado visitador de los Colegios de Salamanca, y en agosto de 1772 concluía el informe general de su visita.

Como era de esperar, los colegiales, presentes y antiguos, iniciaron inmediatamente su resistencia contra las medidas reformadoras, y los forcejeos de toda índole se prolongaron durante años, lo que demuestra la fuerza política acumulada por la casta colegial. Al fin, en febrero de 1777, Carlos III expidió los definitivos decretos de reforma preparados por el obispo Beltrán y por Pérez Bayer, que habían redactado a su vez las nuevas Constituciones por las que habían de gobernarse los Colegios. Pérez Bayer refirió minuciosamente todo el proceso de la reforma en una Memoria en tres volúmenes titulada *Diario histórico de la reforma de los seis Colegios Mayores de Salamanca, Valladolid y Alcalá desde 15 de febrero de 1771 en que el rey N. S. don Carlos III dio principio a ella, hasta 21 del mismo mes de 1777.*

Los Colegios, con sus nuevas Constituciones, volvieron a poblarse con estudiantes nombrados por el propio rey, pero «a los dos o tres años de la repoblación de los Colegios —resume Sala Balust [242]— era patente el fracaso de la reforma preparada con tanto cuidado»; los nuevos colegiales apenas se diferenciaban en nada de los anteriores, aunque mostraron, en general, alguna mayor aplicación al estudio y carecieron en la Corte del poderoso respaldo excolegial: precisamente, fueron los antiguos colegiales quienes trataron, no sin lógica, de hacer difícil la vida de los nuevos, hostigándolos en la calle, en la Universidad y en los Cabildos, y hubieron de ser entonces los *manteístas* quienes, por ironía de los hechos, dice Sala Balust [243] —aunque ironía harto explicable—, tuvieron que erigirse en sus defensores. Pero la misma antigua libertad y el mismo apetito de preeminencias corrompieron enseguida a los nuevos habitantes de los

---

[241] Cfr.: G. Desdevises du Dezert, «Les *Colegios Mayores* et leur reforme en 1771», en *Revue Hispanique*, VII, 1900.

[242] *Visitas y reforma...*, cit., pág. 313.

[343] Idem, íd., pág. 312. Cfr.: Luis Sala Balust, «Sátira inédita de los viejos colegiales contra los colegiales nuevos de la reforma de Carlos III», en *Salmanticensis*, IX, 1962.

Colegios. Floridablanca, que sucedió a Roda, tenía también muy escasa simpatía por aquellos centros, sobre todo después de los últimos informes que confirmaban su descomposición; desde agosto de 1785 dejaron de proveerse las becas; los Colegios se vaciaron totalmente, y al fin Carlos IV por decreto de 19 de septiembre de 1798 ordenó que fueran extinguidos.

LA REFORMA UNIVERSITARIA

Al tiempo que tenía lugar la reforma de los Colegios se planteó igualmente el problema universitario, puesto que aquélla no era en sustancia sino escalón o camino para el remedio de éste. El modelo y estímulo para la reforma de las Universidades los dio la de Sevilla bajo el impulso a su vez del famoso político Pablo de Olavide. Aguilar Piñal, en la rigurosa y extensa monografía que ha dedicado al estudio de esta reforma, después de aducir los testimonios oportunos sobre el estado de la enseñanza universitaria en aquella ciudad, que sería igualmente válido para cualquiera de las de España, resume la situación de esta manera: «La provisión de cátedras estaba absolutamente mediatizada por el Colegio; la enseñanza de Artes y Teología era desconocida en la Universidad, impartiéndose en los conventos de religiosos, y principalmente en Santo Tomás y San Hermenegildo; la única enseñanza efectiva en Leyes y Medicina se hacía irregularmente y por sustitutos; los grados se concedían por dinero, sin asistencia obligada a las clases; el Colegio usurpaba todos los ingresos de la Universidad; en fin, nadie se preocupaba sinceramente de la transmisión ni del progreso de la ciencia, antes bien, se miraba el centro universitario como un simple peldaño en la escala ascendente del ambicioso medro personal»[244].

---

[244] *La Universidad de Sevilla en el siglo XVIII...*, cit., pág. 122. Refiriéndose al sistema de aprobar los cursos por *cédula*, que firmaba el catedrático, comenta: «La facilidad con que los catedráticos firmaban estas cédulas, sin exigir la asistencia a clase, y a veces sin que existiera realmente la enseñanza de la asignatura, es una de las causas lógicas de la decadencia universitaria. Así lo reconoce en 1757 el Rector de la Universidad, Rodrigo Cavallero, que el 10 de noviembre manifestó que 'cediendo en grave perjuicio y grave deshonor de esta Universidad la casi total deserción o falta de asistencia de estudiantes a sus respectivas clases y cátedras, experimentada de muchos años a esta parte, no correspondiendo el corto concurso de los individuos cursantes en ella al crecido número que actualmente se matriculan, y teniendo entendido que este abandono procede no sólo de la desidia de los estudiantes, sino también de la demasiada benignidad de los catedráticos en firmar las certificaciones necesarias para comprobación de sus cursos, era urgentísimo aplicar a este grave daño los posibles remedios, para cuyo efecto mando se haga saber a todos los catedráticos de esta Universidad, así Propietarios como los que leen en Regencia, que en lo sucesivo no firmen certificaciones de asistencia de los estudiantes que hayan cometido tres faltas de ella a sus clases en cada tercio del año, o de cumplir con la obligación de escribir las materias que le son correspondientes a su tiempo y facultad'» (página 129).

Es común opinión de los investigadores que la expulsión de los jesuitas en los primeros días de abril de 1767 es el punto de partida indispensable para entender los sucesos posteriores y, en general, toda la campaña docente llevada a cabo por el Gobierno «ilustrado». La hostilidad del grupo reformador hacia la Compañía de Jesús es bien conocida y se apoyaba primordialmente en dos razones: en la baja calidad de sus sistemas de enseñanza y en ser los aliados de los Colegios para la captura de los puestos claves del Estado [245]. En su *Diario histórico* afirma Pérez Bayer que, ya en 1763, un «importante sujeto», cuya identidad se desconoce, aseguraba «que jamás se reformarían los Colegios si antes no se reformaba la Compañía» [246]. En unos *Diálogos de Chindulza*, subtitulados *Del estado presente de la literatura en España*, compuestos en 1762 por el Fiscal del Consejo de Indias, don Manuel Lanz de Casafonda, se decía de los jesuitas que su propósito no consistía en formar sabios, sino en monopolizar los acomodos: «Porque como en todas partes tengan la fama estos Padres de que son los únicos que profesan todo género de letras y que no hay otros como ellos para educar a la juventud, y han tenido arte para hacerlo creer, no se cuidan de aprender las ciencias para enseñarlas y todo su anhelo es atraer a sus estudios gentes de todas clases y arruinar los de otras Religiones y Universidades, lo que han llegado a conseguir por su poder y mando». Y añadía: «Ellos han sido la causa de la ruina de las letras en España». Se han hecho los árbitros «de los acomodos para los hombres de letras... y como todos los que tiran por la carrera de los estudios quieren acomodarse, procuran acudir a sus escuelas por la esperanza cierta del premio» [247] El obispo Beltrán, mientras se hallaba visitando los Colegios de Salamanca, decía en carta a Pérez Bayer (septiembre de 1777): «Yo cada día me confirmo más en la persuasión de que llegó el tiempo en que Dios tiene determinado poner remedio a tanto mal y derribar los dos más altos y soberbios cedros, jesuitas y colegiales mayores»; y en otra carta posterior insiste: «Los jesuitas han venido al extremo, que pronosticó Melchor Cano, de persuadirse que toda la Iglesia reside en ellos y en los que siguen su doctrina. Los colegiales creen que no hay crianza ni sabiduría sino en los colegios, y que nada hay en ellos

---

[245] Sobre las concomitancias entre los colegiales y los jesuitas véase el parágrafo «Colegiales y jesuitas» del libro de Rafael Olaechea, cit., I, págs. 308-312, modelo de recto juicio y de imparcialidad. Recuerda Olaechea que en su Memorial *Por la libertad de la literatura española*, Pérez Bayer había dedicado un largo Apéndice al «cotejo entre los Colegios Mayores y los jesuitas en cuanto a su gobierno y sistema político» en España, estableciendo 31 puntos de semejanza en su actuación como corporaciones (pág. 211).

[246] Cit. por Olaechea, cit., I, pág. 315.

[247] Cit. por V. Palacio Atard, en su prólogo al libro de Sala Balust, *Visitas y reforma...*, cit., pág. XVIII. Valladares publicó los *Diálogos* en el tomo XVIII de su *Semanario Erudito;* la «Cátedra Feijoo», de la Universidad de Oviedo, anuncia su próxima publicación con prólogo y notas de Francisco Aguilar Piñal.

digno de reforma, o que no sea propio de las gentes de honor y de buen nacimiento. Ni unos ni otros tienen más remedio que la extinción, en los primeros absoluta, en los segundos respectiva, sacándolos a todos de los Colegios y poblándolos de jóvenes, con arreglo a sus constituciones»[248].

La hostilidad de los intelectuales contra la enseñanza de los religiosos, y de los jesuitas en particular, tenía ya larga fecha. Antonio Mestre señala que en 1729, con ocasión de la polémica sobre las escuelas de Gramática, Mayáns y Siscar había atacado la enseñanza del latín que practicaban los jesuitas, y recuerda asimismo las palabras del deán Martí, cuando pedía al rey que hiciera callar a los frailes porque eran «sica bonarum artium»[249]. La expulsión de los jesuitas representaba, pues, para los ilustrados el momento justo para emprender la reforma de los estudios en todo el país; en carta a Mayáns decía Cerdá y Rico: «Ya avrá salido Vm. de la duda que tanto deseava aclarar. Este golpe de la expulsión de los jesuitas ha sido el más bien dado. No ha causado el menor movimiento i se ha governado con una prudencia indecible. Ahora es la ocasión más a propósito para que levanten la cabeza las letras, pues se ha quitado el mayor estorvo. Mucho que hacer tendrá Vm. ahora. Aquí se piensa en esto con seriedad, especialmente el govierno que dará a este fin mui sabias providencias...»[250].

Por otra parte, la expulsión de los jesuitas, que, además de tener cátedra de su escuela en todas las Facultades de Teología, monopolizaban la enseñanza del Latín y de la Gramática en las Facultades de todo el país, dejaba un enorme vacío, que era urgente llenar; se contaba además con que sus edificios y rentas podrían aplicarse a financiar la reforma que se proyectaba. A fines de 1766 el ministro Roda le había encargado a Mayáns de parte del rey un informe sobre la reforma de los estudios, que el erudito valenciano comenzó a redactar en enero de 1767; y mientras se pasaba a limpio el escrito de Mayáns tuvo lugar la expulsión de los jesuitas: «No puede menos de surgir la idea —dice Mestre— de que los ministros plantearon la reforma de los estudios y buscaron la colaboración de eruditos e intelectuales reformistas para suplir el vacío que dejarían los expulsos»[251].

Por lo que se refiere a Sevilla, donde, como hemos dicho, iba a tener lugar la primera reforma universitaria, ambos hechos —expulsión y reforma— están en estrecha relación. A los pocos días de la expulsión, la Real Academia Sevillana de Buenas Letras se dirigió a Carlos III ofreciendo el servicio de sus miembros para atender las cátedras que los jesuitas

---

[248] Cit. por Olaechea, cit., I, págs. 310-311.
[249] Antonio Mestre, *Ilustración y reforma de la Iglesia. Pensamiento político-religioso de don Gregorio Mayáns y Siscar (1699-1781)*, Valencia, 1968, pág. 320.
[250] Cit. en ídem, íd., pág. 322
[251] Ídem, íd., pág. 320.

hubieran dejado vacantes o desempeñar alguna nueva que pudiera establecerse, puesto que no existía en la Universidad enseñanza de Filosofía Moral, Derecho Público, Real Español y Matemáticas. La Academia se ofrecía además para redactar un plan de estudios útil y adecuado a las necesidades de la nación. Subraya Aguilar Piñal [252] que si la Academia Sevillana no estaba previamente enterada de los proyectos del Gobierno, hay que admitir al menos, dada la rapidez de su actuación, que tenía muy clara conciencia de lo que aquél pretendía en materia de reforma universitaria; no en vano eran *manteístas* los más destacados miembros de la Academia.

En el mes de junio siguiente a la expulsión de los jesuitas era nombrado Asistente de Sevilla Pablo de Olavide, a quien se encargaba decidir el destino de las casas que había tenido la Compañía, proyecto al que iba aneja la tarea de impulsar la reforma de la enseñanza y promover el florecimiento de la Universidad. Alonso María de Acevedo, diputado en la Corte por la Universidad de Sevilla, presentó al Consejo un largo Memorial en el que expresamente se pedía que la enseñanza fuera privativa de la Universidad, con exclusión de los colegios religiosos existentes. Todo este escrito —puntualiza Aguilar Piñal [253]— es un alegato contra la enseñanza de las órdenes religiosas, aunque la condena no se basa tan sólo en las deficiencias de la enseñanza, sino en las ideas secularizadoras de la época. Desde que se tiene conciencia de la decadencia nacional —dice el mismo investigador en la Introducción a su *Antología* mencionada [254]—, la enseñanza se convierte en uno de los más apremiantes objetivos del quehacer político; según las nuevas orientaciones, es una inequívoca tarea del Estado y una función de carácter laico: *la secularización de la enseñanza es la directriz más característica de la Ilustración*. El Memorial de Acevedo acusaba a los regulares de haber introducido en la enseñanza sus eternas disputas y rivalidades, anteponiendo la defensa de las teorías de su escuela y el triunfo de sus respectivos patronos al propósito de ilustrar la tradición y defender la religión en el dogma y en la moral.

A los pocos meses de residencia en Sevilla, Olavide remitió a Campomanes un extenso y detallado *Informe* sobre el estado de la ciudad y sus diversos problemas, la segunda parte del cual estaba dedicado a la reforma universitaria. Olavide, según subraya Aguilar Piñal [255], indica claramente que ésta no responde a un deseo particular sino a uno muy explícito del Supremo Consejo de Castilla: «Quiere el Consejo —dice— que esta Universidad y Colegio florezcan, no en las Ciencias inútiles y frívolas, sino en los verdaderos conocimientos permitidos al Hombre»; y añade

---

[252] *La Universidad de Sevilla...*, cit., pág. 152.
[253] Idem, íd., pág. 165.
[254] *Los comienzos de la crisis universitaria en España...*, cit., pág. 29.
[255] *La Universidad de Sevilla...*, cit., pág. 225.

luego que es necesario «crear de nuevo las Universidades y Colegios por principios contrarios a los establecidos». Olavide propone remover primeramente los dos obstáculos que impiden el progreso: el espíritu de escuela y el método escolástico: «Mientras las naciones cultas, ocupadas en las Ciencias prácticas, determinan la figura del Mundo, o descubren en el cielo nuevos luminares para asegurar la navegación, nosotros consumimos nuestro tiempo en vocear las *quididades* del ente o el principio *quod* de la generación del Verbo»[256]. Propugna el reformador un justo equilibrio entre autoridad y libertad: «La Universidad debe ser un Cuerpo sujeto a las leyes o Estatutos que se le dieren; pero libre en la elección de sus miembros, para que la noble emulación no desfallezca»[257]. Olavide, dentro de las líneas más genuinas de la Ilustración, concibe la institución universitaria como una oficina pública dedicada a hacer florecer en el país las artes útiles, la agricultura, las ciencias prácticas, donde han de formarse los hombres que han de regir el Estado y gobernar al pueblo. Esta última función requiere algo que difícilmente puede aceptar una mentalidad de nuestros días, pero que respondía exactamente al espíritu ilustrado: la Universidad no debía abrirse para todos, sino tan sólo para quienes habían de constituir la clase dirigente. La segunda exigencia debe asombrarnos menos: los Regulares deben también ser excluidos de la Universidad, puesto que ellos no están destinados al servicio del Estado, y la vida religiosa no es compatible con el bullicio de las escuelas y las máximas del mundo, y el estudio de las ciencias útiles y prácticas es ajeno a su ocupación y vida ascética, y, sobre todo, porque si los Regulares son admitidos en la Universidad será imposible desarraigar de ella ni el espíritu de partido ni el escolasticismo, las dos peores rémoras que hay que desterrar. Los religiosos, pues, deberían enseñar y aprender en sus propios conventos las materias necesarias para su ministerio. En cuanto a los Colegios Mayores se debería cortar de raíz su poder, reduciéndolos a Seminarios de estudios, dependientes de la Universidad[258].

A las disciplinas tradicionales de Artes o Filosofía, Teología, Cánones y Leyes, y Medicina, añadió Olavide un Curso de Matemáticas. Para atajar el espíritu partidista, propuso que se suprimieran los diferentes trajes de los universitarios y se introdujera otro general de toda la nación. Encarecía Olavide la creación de una nueva biblioteca universitaria, que podría formarse con los libros de los jesuitas, pero entresacando los más útiles; el reformador tiene palabras de dura condena para los libros del Siglo Barroco, que considera «llenos de errores, futilidades, malas doctrinas y

---

256 Idem, íd., pág. 227.
257 Idem, íd., pág. 228.
258 Idem, íd., pág. 231.

peores máximas» [259]. Aguilar Piñal hace notar a este propósito la hostilidad que sentían los ilustrados hacia la literatura imaginativa de creación y entretenimiento de dicha época, lastimados por el bajo nivel de nuestra producción doctrinal y científica, y cómo por ello apreciaban mucho más las obras de la primera mitad del siglo XVI.

Olavide se enfrenta finalmente con el grave problema de los medios económicos. Las cátedras solían estar miserablemente retribuidas, como que no se apetecían por sí mismas sino como escalón transitorio para mejores puestos. Olavide advertía bien que sin una remuneración suficiente era imposible la plena dedicación del profesor y mucho menos atraer hacia la enseñanza a los verdaderamente capacitados. Para proveer las cantidades necesarias contaba Olavide con los bienes de los jesuitas; pero al saber que el rey les había dado ya otro destino, ideó —aparte otros varios, como el disponer de un impuesto sobre el vino— un curioso arbitrio que merece ser recordado. Los gastos de la nueva Universidad ascendían a unos 10.500 ducados; las canonjías de la catedral tenían de renta 3.000 ducados cada una, por lo que suprimiendo cuatro de ellas y dedicando sus rentas a la Universidad, le sobraba todavía dinero con que comprar libros para la biblioteca e instrumentos y máquinas para las clases de Física y de Matemáticas: «El Cabildo de esta Santa Iglesia —dice— se compone del crecido número de 91 individuos, entre los que hay 11 Dignidades, 40 canongías y 40 Prebendas, entre Raciones y medias Raciones. De las cuales tiene aplicadas dos Canongías y tres Prebendas al Santo Oficio de la Inquisición y para músicos de su Capilla. Nos parecía que, aunque se suprimiesen cuatro Canongías para destinar su congrua a la Universidad y Seminario de Estudios, a fin de ayudar a mantener sus catedráticos y Maestros en beneficio común de la misma Iglesia y de la Provincia, que la sostiene con sus diezmos, nada perdería la Catedral de su decoro y dignidad» [260]. Y comenta a continuación: «¿Qué es lo que importa más al Cabildo y a la Nación entera, que haya cuatro individuos más en una Iglesia donde quedarán 87, o que haya en Sevilla una Universidad sabia y floreciente de la que salgan no sólo doctos Canónigos, sino grandes Obispos, y además de esto, eximios Juristas, Médicos y Matemáticos?» [261].

El *Plan* de Olavide fue remitido a Campomanes que lo elogió con entusiasmo ante el Consejo y ponderó la *sanidad de sus ideas;* como que respondían —comenta Aguilar Piñal [262]— a sus propios conceptos, compartidos por ambos desde sus entrevistas de Madrid. Campomanes propuso

[259] Idem, íd., pág. 234.
[260] Idem, íd., págs. 242-243.
[261] Idem, íd., pág. 243.
[262] Idem, íd., pág. 245.

el plan de Olavide como modelo digno de imitación, y Carlos III lo aprobó para la Universidad de Sevilla en agosto de 1769 [263].

Pero el proyecto de reforma tropezó con enormes dificultades de dos
especies. La primera fue la falta de los recursos económicos adecuados
para ponerla en marcha; en general puede decirse, como subraya repetidamente Aguilar Piñal, que ésta fue la gran contradicción que esterilizó
los esfuerzos de los ilustrados: era absurdo pretender controlar y dirigir
la Universidad sin proporcionar los medios necesarios [264]; en el caso concreto de la de Sevilla no pudieron establecerse en ella algunas de las
cátedras creadas ni dar comienzo a varias de las instituciones comple-
mentarias establecidas en el Plan.

La segunda serie de obstáculos provino, como es fácil de presumir,
de todos aquellos que se veían afectados por la reforma, heridos en sus
intereses o privilegios tradicionales o en sus conceptos políticos o religiosos. Al punto comenzaron las protestas públicas o secretas y los manejos
de toda índole para hacer intervenir a la Inquisición, presentando la reforma universitaria como un movimiento heterodoxo. La consecuencia final,
aunque no inmediata, fue el famoso proceso contra Olavide, a pesar de
que el Plan de reforma había sido preparado y firmado conjuntamente
por el Regente de la Audiencia y el Cardenal Arzobispo de Sevilla [265].

---

[263] Existe edición moderna: *Pablo de Olavide. Plan de Estudios para la Universidad
de Sevilla*, Ed. «Cultura Popular», Barcelona, 1969.

[264] «Una de las más evidentes contradicciones de este proceso institucional que
venimos comentando —escribe Aguilar Piñal— es la total carencia de medios económicos de la Universidad reformada. El gobierno la había dejado en un total desam-
paro, desentendiéndose de este problema, que vino a ser la más grave causa de su
fracaso. Los pleitos se hubiesen podido resolver o, en todo caso, ignorar, ya que
se ceñían a causas de competencia y rivalidad; mientras que una poderosa o simplemente suficiente ayuda económica hubiera bastado para ejercer con normalidad
la enseñanza» (*La Universidad de Sevilla...*, cit., pág. 313). Aguilar Piñal reproduce
poco después unas palabras del conde del Águila —uno de los más ilustrados próceres sevillanos— que alude a esta escasez de medios al enjuiciar el Plan de Olavide:
«Proyecto verdaderamente magnífico, y de aquellos que no encuentran dificultades
en el papel, siendo casi imposibles en la práctica, y más habiéndose comenzado por
vender las fincas de las mismas Casas que podían y en parte debieran servir a su
dotación» (ídem, íd.).

[265] Claro está que no podemos detenernos aquí en referir o comentar los sucesos
posteriores, que condujeron al proceso del poblador de Sierra Morena; baste, de
momento, reproducir dos juicios del investigador a quien seguimos preferentemente para todo este problema, porque responden a una nueva actitud sobre la personalidad y actividad del discutido personaje. A propósito de los Colegios, dice Aguilar
Piñal: «El resultado, como se sabe, es el procesamiento de Olavide por la Inquisición, veladas las causas por unas acusaciones concretas de conducta privada, pero
sostenidas en el fondo por esta postura política de mucho mayor transcendencia
nacional. Parece bien claro que este *miembro podrido de la religión* —como se le
calificó en el autillo— era, ante todo, el osado mortal que pretendía trastornar
aspectos tan relevantes de la sociedad española del antiguo Régimen como los privilegios de la *casta colegial* y el control religioso y cultural de la *casta conventual*»
(*La Universidad de Sevilla...*, pág. 231). Y refiriéndose a la totalidad de sus planes

La alarma provocada por la reforma sevillana era mayor aún porque se habían hecho visibles los propósitos del Gobierno de efectuar la reforma a escala nacional. Desde comienzos de siglo, todos cuantos habían sugerido la necesidad de dicha reforma, consideraron imprescindible la intervención del poder central como único medio de llevarla a cabo. La demandaba el sentido laico y centralizador de la época, pero además una elemental razón de eficacia: la abundancia y variedad de abusos y la extensa red de intereses implicados en ellos exigían un poder fuerte, capaz de afrontar todas las resistencias previsibles, que sólo existía en manos del Estado. Había que enfrentarse con el monopolio tradicional de las órdenes religiosas, resolver el problema de las universidades «menores» cuya supresión era imprescindible, como vimos, reglamentar en todo el país la concesión de grados eliminando las corruptelas derivadas de su diversidad, uniformar la enseñanza en todas las Universidades. No es de extrañar, por tanto, que el problema se planteara como una empresa nacional y que todos los que clamaban por su solución la esperaran únicamente de la actividad del Gobierno. Las propias Universidades, conscientes también de esta necesidad, habían enviado numerosas «representaciones» al poder central proponiendo reformas.

No obstante, el mismo Gobierno hubo de reconocer muy pronto la magnitud de obstáculos que había de superar y la dificultad de establecer un plan general de estudios para todas las Universidades. Por esto —según ha puesto de relieve Álvarez de Morales [266]—, los propósitos primeros fueron muy pronto abandonados para emprender el camino de las componendas parciales; había una gran diferencia —dice el mencionado investigador— entre el radicalismo que pretendían los reformistas teóricos y la reforma concreta que el Gobierno creyó posible llevar a cabo. No podemos seguir aquí en detalle el complicado vaivén de la política universitaria durante los años que siguieron a la expulsión de los jesuitas. Digamos tan sólo que, renunciando enseguida al proyecto de hacer un plan general de estudios, el Consejo solicitó de cada Universidad la confección

---

de reforma, escribe: «Don Pablo de Olavide, Asistente de Sevilla, Intendente de los Reinos de Andalucía y Colonizador de Sierra Morena, que está viendo socavada en estos momentos, por acusaciones inconsistentes y fanáticas, la honestidad de su actuación pública y privada, mantiene aún *quijotescamente* el ideal *ilustrado* que compartió en días de ilusión con los mismos que ahora esconden sus intenciones por miedo a las represalias del fanatismo. La víctima propiciatoria sería él, un peruano al servicio de España, de pocos escrúpulos, es cierto, pero fiel servidor de una política de progreso y bienestar que encontraba insalvables obstáculos en la mentalidad tradicional de gran parte de España» (ídem, íd., pág. 327). Véanse los dos libros citados, *Pablo de Olavide, el afrancesado*, y *La Sevilla de Olavide*, de Defourneaux y Aguilar Piñal, respectivamente.

[266] Cfr.: Juan Florensa, Sch. P., «Reforma en la Universidad de Valencia a fines del siglo XVIII y el P. Benito Feliu», en *Analecta Calasanctiana*, XII, 1964, págs. 409-444, y XIII, 1965, págs. 83-106. Del mismo, «Hacia el Plan Blasco. Reforma en la Universidad de Valencia en 1787», en *Analecta Calasanctiana*, XV, 1966, págs. 107-127.

de un plan particular, que fue redactado no sólo por cada Universidad sino por cada una de sus Facultades separadas. Estos planes particulares fueron remitidos, discutidos y aprobados entre 1771 y 1777; Valencia se retrasó y no tuvo su plan hasta 1787.

Según Álvarez de Morales [267], la lectura de dichos planes pone de manifiesto que el espíritu de la Ilustración había penetrado profundamente en muchos claustros y que no todos ellos eran tan reaccionarios como se ha solido afirmar. Por descontado, los proyectos de reforma o planes de estudio varían mucho de una Universidad a otra, y de una a otra Facultad, por lo que constituyen un índice valiosísimo del pensamiento coetáneo en los diversos ambientes y a propósito de las varias materias. La Universidad de Salamanca vino a convertirse en la representante del espíritu reaccionario, hostil a las reformas, sobre todo en los estudios teológicos, mientras que Alcalá señaló la pauta de las Universidades innovadoras, entre las que deben señalarse las de Sevilla, Granada y Valencia.

Respecto a la Teología, las nuevas ideas de la Ilustración exigían que junto a la llamada Teología Dogmática —única cultivada hasta entonces— se estudiara la *Teología Práctica*, es decir, la Moral y la Pastoral; se pedía sobre todo el estudio directo de las Sagradas Escrituras, y además el de la historia de los Concilios, tanto generales como nacionales, en lo cual alentaba un transfondo de las ideas regalistas y jansenistas [268]. El estudio directo de las Escrituras demandaba a su vez la restauración de los estudios de griego y de hebreo, de acuerdo con las tendencias culturales del movimiento teológico *ilustrado*, que exigía mayor atención a las fuentes de la ciencia sagrada [269].

Las Facultades de Leyes fueron las más agitadas por las ideas reformistas. La crítica de estos estudios apuntaba preferentemente a rechazar el Derecho Romano como disciplina fundamental; éste es despojado de su valor mítico y normativo para estudiarlo tan sólo como encarnación histórica de un derecho determinado [270], aunque contenga múltiples aspectos de permanente utilidad. En cambio, de acuerdo con las ideas de Hugo Grocio y sus discípulos, se reclama el estudio del *Derecho Natural y de Gentes* como básico de la carrera, y además el del *Derecho Nacional* que era el vigente y el que, en último extremo, tenían que aplicar los juristas; recuérdese el proyecto de Macanaz, a principio de siglo, de establecer los estudios de Derecho patrio, prácticamente desatendidos entonces en nuestras Universidades. No todas ellas crearon la cátedra de *Derecho Natural*; precisamente —dice Álvarez de Morales [271]— en esta cuestión se

---

[267] *La «ilustración» y la reforma...*, cit., pág. 61.
[268] Idem, íd., pág. 99.
[269] Idem, íd., pág. 104.
[270] F. Aguilar Piñal, *La Universidad de Sevilla...*, cit., pág. 182.
[271] Álvarez de Morales, *La «ilustración» y la reforma...*, cit., pág. 110.

diferencian los claustros de tendencia innovadora de los aferrados a lo tradicional. Sevilla fue la primera Universidad (plan de Olavide) que propuso su creación, seguida luego por Granada y Valencia [272].

Los planes reformistas tendieron asimismo a separar los estudios de Derecho Civil del Canónico, mezclados hasta entonces; y dentro del Canónico se procuró la adopción de textos de tendencia regalista y jansenista, pues, como aclaraba la Universidad de Alcalá, los autores de nuestro país «habían sido muy poco cuidadosos en respetar los derechos de la Corona y las libertades de la Iglesia española, como habían sabido hacer, por ejemplo, los autores franceses» [273]. Por influjo de estas mismas ideas se introdujo el estudio de los Concilios nacionales y de la disciplina particular de la Iglesia española, con el fin de cimentar las nuevas corrientes sobre la exaltación del poder civil y del conciliarismo.

De gran entidad fueron también los problemas planteados en torno a la reforma de la Facultad de Artes. Como sabemos, esta Facultad, considerada como «menor», agrupaba los estudios que se estimaban preparatorios para las Facultades «mayores». La importancia concedida por los ilustrados a los estudios científicos explica que la reforma consistiera en introducir enseñanzas de Matemáticas, Física, Química, etc., aunque conservando a esta Facultad su tradicional carácter «de segunda clase», «pues ninguna Universidad —dice Álvarez de Morales—, por mucha importancia y extensión que dio a estas nuevas enseñanzas, planteó el problema de la igualdad de esta Facultad con las demás, por lo que aquellos estudios se concebían en la mayoría de los casos como preparatorios para la Facultad de Medicina»; tan sólo tímidamente —añade— los planes más avanzados, que fueron los que redactaron Sevilla y Granada, establecieron unos estudios de Matemáticas con extensión suficiente como para poder calificarlos en cierto sentido de Facultad propia, aunque dependiente de la de Artes [274].

En la Facultad de Medicina la más sustancial renovación consistió en la introducción de los métodos científicos del holandés Boheraave, creador en la Universidad de Leyden de la medicina moderna. Se trató de restablecer la enseñanza de la Anatomía y los cursos de Patología, que en las universidades más innovadoras tenía un carácter esencialmente práctico, para lo cual se debía contar con un hospital anejo [275], según se espe-

---

[272] Idem, íd., pág. 111. Cfr.: R. Riaza, «El Derecho Romano y el Derecho Nacional durante el siglo xviii», en *Revista de Ciencias Jurídicas y Sociales*, XLVI, 1929.

[273] Cit. por Álvarez de Morales, cit., pág. 117.

[274] Idem, íd., pág. 123.

[275] Idem, íd., págs. 120-121. Cfr.: J. M. López Piñero, *La tradición científica de la Facultad de Medicina de Valencia*, Valencia, 1969. Vicente Peset, «Gregorio Mayáns (1699-1781) y la historia de la Medicina», en *Cuadernos de Historia de la Medicina Española*, IV, 1, 1965, págs. 3-53. Del mismo, «La Universidad de Valencia y la renovación científica española», en *Asclepio. Archivo Iberoamericano de Historia de la*

cifica en el Plan de la de Valencia. La Cirugía ocupó menor atención debido a la existencia, a que hemos aludido, de los Colegios de Cirugía de Cádiz y Barcelona. No obstante, las principales y más efectivas medidas de reforma en esta Facultad se produjeron en medios extrauniversitarios, como veremos luego.

EL FRACASO DE LAS REFORMAS

Pero los planes descritos, felizmente renovadores en bastantes puntos, apenas pasaron de proyectos. Varias fueron las causas del fracaso. En primer lugar —concreta Álvarez de Morales— la oposición de los reaccionarios. Las órdenes religiosas, en general, colaboraron en un principio con el poder central mientras se trató de expulsar a los jesuitas, persuadidas de que heredarían su valimiento y sus cátedras. Pero, cuando advirtieron los proyectos secularizadores de los ilustrados y que sus planes iban más allá de lo que ellos habían supuesto, se enfrentaron decididamente a las reformas: «Religiosos y colegiales, fundamentalmente —dice el comentarista—, se negaron a perder su privilegiada situación y adoptaron una actitud reaccionaria frente a cualquier reforma, incapaces siquiera de presentar una aportación, en algún sentido constructiva»[276]. Y refiere a continuación, como prueba de la hostilidad reaccionaria, lo sucedido con Olavide y su propuesta de reforma de la Universidad de Sevilla. El propio Campomanes, que había encomiado y recomendado el plan del Asistente, fue cediendo ante el movimiento de oposición, dejando prácticamente paralizada la reforma.

El Gobierno —según explica el mencionado investigador[277]— había aprobado los planes y promulgado las disposiciones legales pertinentes que acogían los ideales reformistas; pero dada —dice— la situación en que se hallaban las Universidades, el dejarlas a su suerte para que aplicaran

---

Medicina, XVI, 1964, págs. 214-231. Sempere y Guarinos, en las páginas que dedica a los *Planes de Estudios* (*Ensayo...*, cit., IV, págs. 207-251), concede especial atención al de la Universidad de Valencia (págs. 234-245), y describe minuciosamente las investigaciones y trabajos de índole práctica que habían de efectuarse en las clases de Medicina, sirviéndose del hospital anejo a la Facultad, y en las de Química y Botánica, utilizando para la primera el laboratorio y para la segunda el Jardín Botánico; la clase de Anatomía había de tener lugar en el «teatro anatómico del Hospital», y se pide la utilización de láminas, esqueletos y figuras de cera, y la práctica de treinta disecciones cada año en cadáveres y algunas en animales vivos. Sempere comienza la descripción del Plan valenciano con este elogio de conjunto: «O sea que este Plan se ha extendido con vista de los que le han precedido, o que en la Ciudad de Valencia hay más luces, y mayores proporciones que en otras, para el cultivo de las Ciencias y Artes, es sin duda el más juicioso de quantos se han publicado hasta el presente».

[276] *La «ilustración» y la reforma...*, cit., pág. 126.
[277] Idem, íd., pág. 129.

las reformas era lo mismo que condenarlas al fracaso total, ya que, como estaba bien comprobado, tan sólo la enérgica actitud del poder público podía llevarlas a término. Las mismas Universidades advirtieron enseguida su propia ineficacia. La renuncia del Gobierno a imponer la apetecida uniformidad trajo como consecuencia que las que habían acogido las reformas, ofrecían planes más exigentes y difíciles, por lo cual los estudiantes desertaron hacia las aulas de las Universidades «menores», que seguían funcionando y expidiendo títulos [278].

La segunda gran causa del fracaso fue la falta de recursos económicos, según hemos ya dicho repetidamente a propósito de la reforma de Olavide. Se contó en principio con disponer de los bienes y locales de los jesuitas, pero ni siquiera se conocía exactamente a cuánto ascendían y resultó al cabo que no eran tan abundantes como se esperaba; por otra parte, no fueron destinados íntimamente a tales fines, ya que el Estado, falto de dinero, tenía otras necesidades que cubrir. Las Universidades elevaron al Gobierno repetidas solicitudes de fondos, pero ninguna pudo ser atendida; se pensó incluso en extender el sistema de las *pabordías* de la Universidad de Valencia, cuyas cátedras de Teología estaban vinculadas a las canonjías de la catedral, y así se trató de que en Alcalá se nombrara a los catedráticos canónigos de San Justo, pero no llegó a implantarse el sistema.

Dificultad no menor hubiera representado la falta de profesores competentes, adecuados a los nuevos métodos y espíritu científico, según hacía notar Olavide; pero la paralización de las reformas hizo menos agudo este problema.

En 1786 se expidió una Real Cédula que «pretendía dar uniformidad a la enseñanza universitaria, sintetizando en un solo texto legal las disposiciones más acertadas de los años precedentes» [279]. Según se hace constar en el preámbulo, esta uniformidad había sido uno de los capitales objetivos del Gobierno en los planes recientemente elaborados, aunque la falta de rentas en muchas Universidades no había pemitido establecer el número de cátedras que exigía «la sólida y verdadera instrucción de las ciencias». Se reconoce asimismo que el caos económico había impedido hasta el momento el éxito de las reformas, a pesar de lo cual se pretende al menos desterrar los abusos y racionalizar la enseñanza, uniformándola en todas las Universidades a base de extender a todas ellas las normas por las que se regía la de Salamanca: «Sin que sea mi Real intención —dice la Cédula— el facilitar la mayor o menor concurrencia a esta o a la otra Universidad, he creído que debe rectificarse el estudio en todas, y proporcionar el aprovechamiento con uniformidad, ocurriendo al frau-

---

[278] Véase, muy particularmente, ídem, íd., pág. 130, nota 264.
[279] F. Aguilar Piñal, *La Universidad de Sevilla...*, cit., pág. 382.

de en las aprobaciones de cursos y a la desigualdad con que se ganan»[280].
Comenta Álvarez de Morales que, aunque los problemas se enjuician con
lucidez, la trascendencia de la *Cédula* es menor de lo que podría esperarse, pues después de admitir que el fracaso de las reformas se había debido
primordialmente a la carencia de recursos, se eludían las soluciones y se
dejaban las cosas como estaban. Dando implícitamente por descontado
que la falta de dinero haría imposible a la mayoría de Universidades ajustarse al plan de estudios ni al número de cátedras de la de Salamanca,
se esperaba al menos que todas podrían cumplir ciertas disposiciones que
se estimaban básicas. Se daban, pues, normas sobre la designación del
rector; se establecía un examen de ingreso con el fin de elevar el nivel
de los alumnos universitarios; se ordenaba la asistencia a clase de profesores y alumnos con severas medidas disciplinarias; para la provisión de
cátedras se establecía el régimen de oposiciones eliminando las antiguas
corruptelas de las alternativas; y se fijaban los requisitos de las Universidades «menores», que subsistían en buen número, para la concesión de
grados.

La Cédula de 1786 ha sido diversamente juzgada. Para Álvarez de Morales su importancia, más que en su contenido, radica «en el significado
que tiene como expresión de que, a pesar del fracaso de las reformas,
permanecía en el Estado el interés por la Universidad»[281]; y rechaza el
parecer de Ajo, para quien esta Cédula contiene «el primer plan de estudios, carta magna carolina o ley orgánica general de las Universidades
todas»[282]. Aguilar Piñal subraya la transcendencia de la Real Cédula, con
la cual —dice— comienza de hecho la centralización y se robustece la
enseñanza oficial frente a los conventos y academias privadas, pero puntualiza a su vez que las dificultades económicas y los peculiares problemas
de cada centro hicieron ineficaz la reforma en muchos de sus puntos:
«Decididamente —explica—, la política cultural de este medio siglo *ilustrado*
no fue ni coherente ni realista, fracasando en sus directrices fundamentales. La división de España era mucho más profunda de lo que suponían,
y frente a las disposiciones gubernamentales se alzó el individualismo
español —certeramente diagnosticado por Olavide— con su menosprecio,
su desobediencia, su soberbia, su anarquismo, en fin, postergando los
beneficios del bien común a sus particulares, y casi siempre no santos,
intereses. Para la Universidad de Sevilla, como para las demás, esta R. C.
marca un nuevo punto de partida hacia un futuro incierto, en busca de
soluciones aceptables, que la mantuvieron en una especie de *suspense*

[280] Cit. por ídem, íd., pág. 383.
[281] *La «ilustración» y la reforma...*, cit., pág. 97.
[282] C. Ajo González, *Historia de las Universidades Hispánicas*, 7 tomos, C. S. I. C.,
Madrid, 1954-1968; V, pág. 68, n. 112 (citado por Álvarez de Morales, pág. 97).

continuado, sin posibilidad de acertar con el recto camino de la modernidad y del progreso»[283].

LA ILUSTRACIÓN EXTRAUNIVERSITARIA

Preferimos este título, utilizado por Alberto Jiménez[284], al de *Reforma extrauniversitaria* propuesto por Álvarez de Morales, ya que en este campo no se trataba de reformar lo existente, sino de crear. Ambos autores, sin embargo, subrayan un mismo hecho, es decir: que el nuevo fomento de las ciencias, las letras y las artes no tuvo lugar en las Universidades, sino en las muchas instituciones de cultura ajenas a la vida universitaria, establecidas a lo largo del siglo y de modo particular durante el reinado de Carlos III: «No sólo —escribe Jiménez— fueron esas fundaciones extrauniversitarias: bibliotecas, archivos, colecciones de documentos, Reales Academias, Colegios de Medicina y Cirugía, Colegios Militares, Gabinetes de Historia Natural, Gabinetes de Máquinas, Observatorios, Jardines Botánicos, Escuelas de Ingenieros, de Veterinaria, de Hidrografía, Estudios Reales de Ciencias, laboratorios, etc., las que impulsaron enérgicamente el desarrollo de la cultura, sino también el fomento que el Estado hizo de la producción científica, de las pensiones de ampliación de Estudios en países extranjeros, de las expediciones y exploraciones científicas, y de la traída a España de sabios extranjeros»[285]. Y, según más adelante hace constar, estas instituciones extrauniversitarias no sólo se desarrollaron por iniciativa del poder público, sino también de individuos del clero, la nobleza y la clase media, inspirados en las corrientes ilustradas y filantrópicas de la época[286]. Álvarez de Morales explica que, ante el fracaso de la reforma universitaria, se extendió por los círculos ilustrados del país el convencimiento de que las Universidades eran instituciones anticuadas, que no era posible actualizar; de aquí nació el esfuerzo para crear establecimientos de enseñanza nuevos, en donde nada se opusiera a la introducción del nuevo espíritu científico[287].

Las páginas que tanto Sarrailh como Herr dedicaron generosamente a ponderar la penetración del espíritu ilustrado en las Universidades producen pues, no escasa confusión, porque sus deducciones se basan preferentemente en los informes y planes presentados por los diversos claustros; pero ya hemos visto, con la ayuda de más recientes investigadores, el fracaso real de la pretendida reforma y la ineficacia práctica de muy buenos propósitos. Todo lo cual hace dudar —como sugerimos al comienzo

[283] *La Universidad de Sevilla...*, cit., pág. 386.
[284] *Historia de la Universidad Española*, cit., pág. 263.
[285] Idem, íd., pág. 264.
[286] Idem, íd., págs. 278-279.
[287] *La «ilustración» y la reforma...*, cit., pág. 145.

de este apartado— de que las Universidades españolas del siglo XVIII puedan ser calificadas con justicia, según propone Herr, de «canales de la ilustración». Precisamente el propio Herr aduce unas palabras de Cadalso tremendamente reveladoras [288]. Cadalso, que residió en Salamanca entre 1771 y 1774, escribió en sus *Cartas marruecas* que se sentía satisfecho de que los planes oficiales no esclavizaran necesariamente las mentes de los profesores, pues había muchos en España «que siguiendo por carrera o por razón de estado el método común, se instruyen plenamente a sus solas de las verdaderas ciencias positivas, estudian a Newton en su cuarto y explican a Aristóteles en su cátedra» [289]. El sarcasmo que encierran estas palabras de Cadalso es terrible, pero Herr parece no haberlo comprendido; es posible que el lector español, que ha conocido en muchas ocasiones situaciones semejantes, lo pueda entender mejor que Herr. Lo que Cadalso dice claramente es que, a pesar de las reformas oficiales, que se quedaban en el papel, la ciencia nueva tenía que aprenderse en privado o en centros al margen de la Universidad, porque en las aulas de ésta seguía mandando lo antiguo; y hasta los mismos ilustrados tenían que enseñar públicamente cosa distinta de la que estudiaban en su cuarto, a solas [290].

Álvarez de Morales enumera diversas instituciones extrauniversitarias, que fueron canales mucho más eficaces de la Ilustración. El antiguo Colegio Imperial de los jesuitas, que había sido cerrado tras su expulsión, fue abierto de nuevo con el nombre de *Reales Estudios de San Isidro;* allí se crearon diversas cátedras para las nuevas ciencias y se proveyeron mediante oposiciones libres, con lo cual se formó un claustro de profesores muy distinto del habitual en las Universidades. Su alumnado superó muy pronto al de Alcalá, y fue tal su prestigio, que obtuvieron del rey —aunque esto iba en contra de la política oficial— que los estudios cursados en *San Isidro* tuvieran validez en todas las Universidades del Reino [291].

---

[288] Richard Herr, *The Eighteenth-Century Revolution in Spain,* cit., pág. 166.

[289] Ed. Lucien Dupuis y Nigel Glendinning, Londres, 1966, pág. 173.

[290] El propio Herr, páginas más adelante, aduce unas palabras de Blanco-White, publicadas en *El Español,* casi idénticas a las de Cadalso. Las frases de Blanco se refieren al momento posterior en que las Universidades, bajo el influjo de la Revolución Francesa, se estaban convirtiendo en focos de agitación ideológica; pero la situación real, a efectos «oficiales» —esta vez por el pánico del Gobierno a la infiltración revolucionaria— seguía siendo la misma. He aquí las palabras de Blanco: «En todas las universidades se formaban partidos de jóvenes que se instruían a su costa y peligro, y mui a disgusto de los maestros. Entre éstos había ya hombres llenos de buen gusto y de ciencia, y que aunque en la cátedra seguían la rutina a que los obligaba el estado de opresión general, fomentaban quanto podían los estudios privados de sus discípulos» (pág. 271 de la edición española).

[291] Cfr.: J. Simón Díaz, *Historia del Colegio Imperial de Madrid,* 2 tomos, C. S. I. C. Madrid, 1952-1959.

Parecidos propósitos tuvo la reapertura del Seminario de Nobles, también regido antes por los jesuitas; se encomendó a la dirección del famoso marino Jorge Juan y sus estudios tenían carácter más técnico; no obstante, su éxito fue menor que el de *San Isidro*.

Los estudios jurídicos se desarrollaron en diversas Academias fundadas en Madrid; allí se formaban los juristas que iban a dedicarse a la abogacía, sin necesidad de recibir grados en las Facultades ordinarias, pues sólo se les exigía un examen en el Colegio de Abogados.

El mayor esfuerzo fuera de las Universidades existentes fue el propósito de organizar un gran centro de enseñanza en la capital de la nación, una nueva *Universidad de Madrid*, compuesta de Facultades científicas en lugar de las tradicionales [292]. La idea, que partió, al parecer, del conde de Aranda, entrañaba la creación de un Museo de Historia Natural, Jardín Botánico, Observatorio Astronómico, Colegio de Medicina y de Cirugía, Escuelas de Química, Farmacia y Agricultura. Complicaciones políticas y cambios de ministros fueron demorando el proyecto, y sólo el Jardín Botánico comenzó a funcionar enseguida. Tras una serie de esfuerzos obstaculizados por viejas instituciones, como el Real Protomedicato, se estableció en Madrid el *Colegio de Cirugía de San Carlos*, que abrió sus puertas en 1787 [293].

El cultivo de los estudios científicos recibió un gran impulso de otras instituciones fuera de la Universidad: nos referimos a las *Sociedades de Amigos del País*, de cuya actividad hemos hablado en páginas anteriores. También hemos aludido al esfuerzo cultural llevado a cabo por la Junta de Comercio de Barcelona. Y baste sólo mencionar la diversa labor científica desarrollada por las múltiples Academias establecidas a lo largo del siglo XVIII, varias de las cuales hemos enumerado en este mismo capítulo. «En resumen —escribe Álvarez de Morales—, podemos decir que a estas instituciones extrauniversitarias correspondió el único esfuerzo que se hizo en el país para introducir el estudio de las ciencias utilitarias, especialmente físico-matemáticas como vino a reconocer oficialmente la Cédula de 1787, por la cual, 'teniendo en cuenta la necesidad y utilidad de que se propague el estudio de las Matemáticas, cuya enseñanza falta en muchas Universidades, por no haber cátedras de estas ciencias, ni proporción por ahora para dotarlas', se admitió que tuvieran validez, al efecto de la incorporación de los grados, los cursos de Matemáticas y Física cursados en algunos de estos establecimientos docentes, como los Estudios de San Isidro, Seminario de Nobles de Madrid, y el Seminario de Vergara» [294].

---

[292] *La «ilustración» y la reforma...*, cit., pág. 147.
[293] Cfr.: M. Usandizaga, *Historia del Real Colegio de Cirugía de San Carlos de Madrid (1787-1828)*, Madrid, 1948.
[294] Idem, íd., págs. 155-156.

Importa todavía añadir unos detalles. En general, puede decirse que las Universidades miraron a las Academias y demás instituciones de nueva creación como cuerpos enemigos que venían a disputarles el puesto que ellas ocupaban, y las obstaculizaron cuanto pudieron, atacando preferentemente a aquellas que, por no ser de directa fundación real, parecían más vulnerables. Caso famoso de estas luchas fue la hostilidad de la Universidad de Sevilla contra la *Sociedad Médica* de dicha ciudad a lo largo de casi todo el siglo. Aguilar Piñal ha recogido muchas noticias de este tenaz antagonismo [295], y Álvarez de Morales aduce el dato de que la Universidad de Sevilla instó oficialmente a la de Granada para que informara también al Consejo contra la *Sociedad Médica*, porque trataba de introducir «doctrinas modernas cartesianas, paracélsicas y de otros holandeses e ingleses, cuyo fin parece ser pervertir la célebre de Aristóteles, tan recibida en las Escuelas Católicas Romanas, despreciando el siguiente las de Hipócrates, Galeno y Avicena» [296]. También merece la pena leer, por ejemplo, el Informe que fray Manuel Bernardo de Ribera, catedrático de Salamanca, dio contra el proyecto del conde de Fuentes para fundar una *Academia del Buen Gusto* en Zaragoza [297]; en el Informe del padre Ribera —el mismo que se opuso a que Torres Villarroel fundara una Academia de Matemáticas en Salamanca— quedan patentes dos cosas: su hostilidad a las nuevas ideas y sus recelos de que semejantes fundaciones pudieran «desterrar el método de las Universidades y extinguir éstas, pasado algún tiempo».

LA POLÍTICA UNIVERSITARIA DURANTE EL REINADO DE CARLOS IV

En conjunto, la política oficial durante el reinado de Carlos IV fue de hostilidad contra las Universidades, pues entonces precisamente, bajo el influjo de la Revolución Francesa, se estaban convirtiendo en focos de agitación ideológica [298]. Con el fin de atajarlos se dictaron numerosas provisiones para impedir la entrada de libros, y se prohibieron muchos que habían sido propuestos como textos en los planes universitarios del reinado anterior; igualmente, se prohibió el envío de pensionados para estudiar en el extranjero y hasta se cerraron Academias de enseñanza donde se daban cursos de francés. De gran importancia y significación fue el hecho de que en 1794 se suprimieran en las Facultades de Leyes

295 *La Universidad de Sevilla...*, cit., págs. 133-136. Cfr.: José Arriaga Cantullera, «Historia de la Regia Sociedad de Medicina y demás Ciencias de Sevilla», en *Archivo Hispalense*, XIV, 1951, págs. 373-411.
296 *La «ilustración» y la reforma...*, cit., pág. 43, nota 70.
297 Véase Sempere y Guarinos, *Ensayo...*, cit., V, págs. 13-16.
298 Cfr.: Álvarez de Morales, *La «ilustración» y la reforma...*, cit., págs. 159 y ss.

todas las cátedras de *Derecho Natural y de Gentes* fundadas durante el reinado de Carlos III [299]. Esta actitud sólo en parte fue compensada con la creación de algunas instituciones científicas, como el Real Instituto Pestalozziano, precedente de las Escuelas Normales, la primera Escuela de Veterinaria, abierta en Madrid en 1793, el Colegio de Medicina y Cirugía de Madrid, y la Escuela de Ingenieros de Caminos, Puentes y Calzadas.

Aunque todas las Universidades acogieron entonces, en mayor o menor medida, las ideas de la Revolución, destacaron como focos más importantes las de Salamanca y Sevilla y el Seminario de Vergara. En la de Salamanca fue rector durante 1787-1789 Muñoz Torrero, futuro presidente de las Cortes de Cádiz, y obtuvieron cátedras diversos personajes, que fueron luego diputados en aquellas mismas Cortes, entre ellos Ramón de Salas. En la de Sevilla se formaron durante estos años famosos escritores de ideología liberal, como Alberto Lista, Blanco-White, Reinoso, Arjona y otros. En Vergara enseñaban entonces, entre otros, Valentín de Foronda, Santibáñez y Eguía y Corral, futuros «afrancesados».

A pesar de todos los obstáculos, un nuevo grupo de «ilustrados» sostuvo durante el reinado de Carlos IV el programa de la reforma universitaria. A estos años pertenecen los numerosos escritos de Jovellanos sobre la Universidad y, en general, sobre los más diversos problemas de la enseñanza, acerca de lo cual algo diremos en el capítulo expresamente dedicado al gran reformador. A propósito de las Sociedades Económicas hemos insinuado algunas de las ideas pedagógicas de Cabarrús. Quizá no sorprenda ahora demasiado su opinión de que debían desaparecer las Universidades: «Ciérrense por de contado —dice en una de sus *Cartas a Jovellanos*—, ciérrense aquellas universidades, cloacas de la humanidad, y que sólo han exhalado sobre ella la corrupción y el error. Es fácil reemplazar el poco bien de que son susceptibles, y no puede atajarse con demasiada prontitud el daño que causan» [300]. La hostilidad de Cabarrús a la Universidad —muy significativa— no sólo se basa en la índole de las ideas que allí se enseñaban, sino también —y sobre todo— en su carácter abstracto, memorístico y teorizador, en su manifiesta ineficacia práctica; por eso solicita en compensación, según venía ya efectuándose, la creación de establecimientos especializados, seminarios, colegios de medicina y de jurisprudencia, en donde la admisión se conceda sólo al talento después de severos exámenes. En las escuelas públicas, que habrían de ser

---

[299] Cfr.: Gonzalo Anes, «La Revolución Francesa y España», en *Economía e «ilustración» en la España del siglo XVIII*, cit., págs. 141-198, con abundante bibliografía y documentación. Marcelin Defourneaux, *L'Inquisition espagnole et les livres français au XVIII siècle*, París, 1963. Véase también, de Richard Herr, «El pánico de Floridablanca», cap. VIII de *España y la revolución del siglo XVIII*, cit.
[300] Cit. por Jean Sarrailh, *La España ilustrada...*, cit., pág. 217.

gratuitas, debería reducirse el número de los aspirantes a ciertas funciones poco útiles, es decir, «las vocaciones al sacerdocio, al estado religioso, a la milicia, a la jurisprudencia y a todas las clases parásitas de procuradores y agentes, de oficinistas y de criados», para aumentar, en cambio, el número de los agricultores, artesanos, industriales y comerciantes.

A fines del reinado de Carlos IV tuvo lugar la reforma universitaria de José Antonio Caballero, el famoso ministro que persiguió y sustituyó a Jovellanos al ser éste apartado del ministerio de Gracia y Justicia. Por este hecho y por las medidas reaccionarias que emanaron de él durante aquellos años, Caballero ha sido considerado siempre como elemento capital del partido ultramontano. Álvarez de Morales trata de reivindicar en cierto modo su personalidad política, y en lo que respecta al problema que ahora nos ocupa sostiene que su gestión fue beneficiosa para la suerte de la instrucción pública, a la que dedicó preferente atención, y logró llevar a buen término la elaboración de un Plan general de reforma de las universidades, consiguiendo lo que no pudieron los gobernantes de Carlos III [301]. El hecho de que tuviera lugar en los últimos años del reinado y en vísperas de estallar la Guerra de la Independencia, hizo que se frustrara en gran parte su eficacia práctica.

Después de algunas medidas particulares encaminadas a reformar los estudios jurídicos y disminuir el número de abogados, y a fomentar los estudios médicos y farmacéuticos suprimiendo el Protomedicato, se llegó al Plan general de reforma de 1807, al cual contribuyeron nuevamente las propias Universidades elevando proyectos al Gobierno. Se decidía primeramente la supresión de todas aquellas Universidades «menores», que por la escasez de sus rentas no podían mantener dignamente sus enseñanzas. Cumpliendo, pues, un deseo muchas veces expuesto por los reformistas del reinado anterior, fueron suprimidas las Universidades de Toledo, Osma, Oñate, Orihuela, Ávila, Irache, Baeza, Osuna, Almagro, Gandía y Sigüenza [302]. La segunda medida fue encaminada a lograr la también apete-

---

[301] *La «ilustración» y la reforma...*, cit., pág. 176.

[302] Se habrá observado que en estas páginas no hemos mencionado a la Universidad de Barcelona, y esto por la sencilla razón de que no existía. Al terminar la Guerra de Sucesión, Felipe V, para castigar —o vengar, si se prefiere— el apoyo de Cataluña al archiduque Carlos, suprimió todas las Universidades existentes en el Principado: Lérida, Barcelona, Gerona, Tarragona, Vich, Solsona y Tortosa, y las sustituyó por una sola, que fue creada en Cervera en 1717, tomando como base la organización de Salamanca. Cervera quedó prácticamente en manos de los jesuitas hasta su expulsión, y desde entonces se inició su decadencia. La Universidad de Barcelona fue restaurada en 1837. Cfr.: J. Mercader Riba, «La Ordenación de Cataluña por Felipe V. La Nueva Planta. La refundición escolar: la Universidad de Cervera», en *Hispania*, XLIII, 1951, pág. 358 y ss. M. Rubió Borrás, *Historia de la Universidad de Cervera*, 2 vols., Barcelona, 1915. F. Vila Bartrolí, *Reseña histórica y guía descriptiva de la Universidad de Cervera*, Barcelona, 1923. F. Soldevila, *Barcelona sense Universitat i*

cida uniformidad. Dentro de cada Facultad se efectuaron reformas, inspiradas en ocasiones en la ideología ilustrada: en la de Filosofía se incluían por primera vez cátedras de Historia Natural y de Química, sólo existentes hasta entonces en instituciones extrauniversitarias, y se aumentaban los estudios de Matemáticas; se sustituía la Física escolástica por la experimental. En la Facultad de Leyes las reformas atendían con preferencia a la duración de los estudios y reglamentación de los grados; la principal novedad científica fue la creación de un curso de *Economía Política*. En las demás no fueron muchas las novedades importantes.

La reforma, que sólo parcialmente, a nuestro juicio, justifica la calificación de ilustrada que le atribuye Álvarez de Morales, volvía a fallar por el sempiterno problema económico. La disposición oficial reconocía la falta de fondos, pero dejaba sin resolver el modo de obtenerlos; afirmaba su propósito de unificación científica en todas las Universidades, pero dejaba la parte económica a las circunstancias particulares de cada una, con lo cual ni siquiera aquella uniformidad podía alcanzarse. La Universidad de Salamanca había sido utilizada y propuesta como patrón, pero las que carecían de fondos —y eran todas, prácticamente— para igualar el número de sus cátedras, tenían que atenerse a sus disponibilidades, con lo cual persistía la diversidad. Por si algo faltaba, en materia de régimen de gobierno se permitía soslayar aquellas normas de la Universidad de Salamanca que no fueran aplicables a una universidad determinada.

Aunque Álvarez de Morales encarece la transcendencia del Plan de reforma de 1807 por lo que tiene de afianzamiento de las ideas pedagógicas de la Ilustración, se ve forzado a reconocer el fracaso efectivo de la reforma; «el Plan —dice —estaba en el aire»[303] y las Universidades abrieron el nuevo curso sin apenas variación, cuando el estallido de la Guerra de la Independencia cortó las pocas ilusiones que quedaban. Como en tantos otros campos, la centuria ilustrada fue más afortunada en la promoción de ideas que en logros positivos, debido especialmente al cúmulo de resistencias que hubo de enfrentar y al volumen de las reformas que eran necesarias. Pero la sola agitación ideológica era ya valiosísima de por sí. Sarrailh puntualiza que tan importante como las reformas y avances concretos fue el interés que se difundió en todo el país por los problemas de la enseñanza: «libros sobre educación, artículos de diarios, polémicas y discusiones atestiguan a porfía este gran interés, así como la fundación de institutos modelo, brotes de la nueva pedagogía, el más célebre de los

la *restauració de la Universitat de Barcelona (1714-1837). Contribució al centenari*, Barcelona, 1938. Ignasi Casanovas, S. I., *Josep Finestres. Estudis Biogràfics*, Barcelona, 1932. Del mismo, *La cultura catalana en el siglo XVIII. Finestres y la Universidad de Cervera*, Barcelona, 1953.
303 *La «ilustración» y la reforma...*, cit., pág. 201.

cuales es, con justa razón, el Instituto asturiano»[304]. Hasta los mismos escritos —dice— de ideas retrógradas, surgidos con carácter polémico contra los planes de los innovadores, patentizan que existía en España un evidente interés por los problemas de la educación, privada y pública. Es preciso, no obstante, tener bien en cuenta que este movimiento no llega a madurez sino en la última década del siglo, lo que demuestra el retraso y la lentitud con que se produce y avanza. De hecho, el XVIII no consigue sino sembrar con grandes dificultades una ideología pedagógica que sólo a lo largo del siglo XIX conseguirá arraigar.

---

[304] *La España ilustrada...*, cit., pág. 215.

CAPÍTULO III

FEIJOO Y EL NUEVO ESPÍRITU CIENTÍFICO

EL P. FEIJOO: VIDA Y PERSONALIDAD

La nueva inquietud intelectual y el movimiento renovador que caracteriza al siglo XVIII están representados inequívocamente, durante su primera mitad, por la persona y la obra del padre Feijoo[1]; persona y obra decimos porque quizá no fue menos importante que la obra lograda, la personalidad y condición humana del autor, capaz, por su tesón excepcional, de dar eficacia a sus escritos.

Benito Jerónimo Feijoo nació en Casdemiro, provincia de Orense, en octubre de 1676 de familia hidalga y acomodada, uno de los linajes más ilustres y antiguos del reino de Galicia[2]. Aún no cumplidos los catorce años ingresó en el Real Monasterio de San Julián de Samos, de la Orden benedictina, y al concluir sus dos años de noviciado recibió —en 1690— el hábito monástico. Estudió Artes en el Colegio de San Salvador de Lérez,

---

[1] El apellido Feijoo se ha venido escribiendo de muy diferentes formas y con diversa acentuación; durante el siglo XVIII se acentuaba indistintamente *Feijóo* y *Feijoó*, hasta en las mismas ediciones de sus obras. Según Juan Domínguez Fontenla —«El apellido Feijóo. Cómo debe escribirse», en *Boletín de la Comisión Provincial de Monumentos Históricos y Artísticos de Orense*, IX, 1932, págs. 424-425— la forma *Feijóo* es la más congruente con el origen y evolución del apellido. El padre Sarmiento, en una erudita disertación —cit. por Gregorio Marañón en *Las ideas biológicas del P. Feijóo*, 4.ª ed., Madrid, 1962, pág. 16, nota 1—, asegura que debe escribirse *Feixoo* o *Feixo* y no *Feijóo*. Según las normas ortográficas actuales de la Academia debe escribirse sin acento; no obstante, respetaremos en las citas la grafía adoptada por cada autor.

[2] Cfr.: Narciso Alonso Cortés, «Datos genealógicos del P. Feijóo», en *Boletín de la Comisión Provincial de Monumentos Históricos y Artísticos de Orense*, X, 1932, páginas 417-424. Alfredo A. Cid Rumbao, «La verdadera patria del Padre Feijóo y otras notas inéditas sobre su apellido y su familia», en *Boletín del Museo Arqueológico Provincial de Orense*, IV, 1948, págs. 3-38.

Teología en el de San Vicente de Salamanca, anejo a su Universidad, y pasó luego al de San Pedro de Eslonza, en tierras leonesas, para ampliar sus conocimientos bíblicos, patrísticos y literarios. Tras estos nueve años de estudio enseñó en distintos colegios de su Orden y en 1709 se le envió al de San Vicente, de Oviedo, como maestro de novicios, cuando tenía 33 años. Desde entonces, y hasta el fin de su larga vida, permaneció en dicha ciudad, con la única excepción de dos o tres breves viajes a la Corte. Durante tres décadas desempeñó en la Universidad de Oviedo diversas cátedras de Teología, ganadas todas por oposición. En 1729 fue elegido abad de su monasterio, dignidad que había rechazado anteriormente, así como un obispado en América ofrecido por el rey Felipe V [3]. Murió Feijoo en su celda de San Vicente el 26 de septiembre de 1764, a punto de cumplir los 88 años [4].

Encerrado en aquella modesta celda de un convento provinciano, llegó a ser uno de los españoles más cultos de su tiempo, y su insaciable avidez de adquirir conocimientos y de comunicarlos le permitió llevar a cabo una de las obras de mayor influjo y transcendencia que conoce nuestra historia literaria. Reunió Feijoo una copiosa biblioteca y un pequeño museo de curiosidades; allí, a su celda, acudían las personas de mayor relieve de la ciudad, y por ella desfilaron, a lo largo de los años, personalidades eminentes, españolas y extranjeras, que iban a verle, atraídas por su renombre, para hacerle consultas sobre los temas más diversos. Con el mismo propósito le escribían desde todas partes de España y

---

[3] Feijoo redactó su propio *curriculum vitae* en carta escrita a Mayáns en enero de 1733. Puede verse reproducida en Marañón —*Las ideas biológicas...*, cit., páginas 20-21. Fue publicada anteriormente en los *Anales de la Universidad de Oviedo*, IV, 1905-1907, págs. 379-381.

[4] Cfr.: Conde de Campomanes, «Noticia de la Vida y Obras del M. I. y R. P. D. Fr. Benito Jerónimo Feijóo», introducción al tomo I del *Teatro crítico* en la edición de Ibarra, Madrid, 1777, págs. I-XLVI. J. Roca y Cornet, *Vida de Feijóo. Biografía eclesiástica completa*, Barcelona, 1847. José María Anchóriz, *Biografía y juicio de las obras que escribió el ilustrísimo y reverendísimo Padre Fray Benito Jerónimo Feijóo*, Oviedo, 1857. Vicente de la Fuente, Noticia biográfica y juicio crítico de los escritos del padre Feijoo, publicada como «Preliminares» a su edición de *Obras escogidas*, en B. A. E., LVI, luego cit., págs. V-LIV. Teodosio Vesteiro Torres, *Galería de gallegos ilustres*, VI, apéndice, Lugo, 1879. Fermín Canella y Secades, «El Padre Feijoo en Oviedo», en su libro *Estudios Asturianos*. Oviedo, 1886, páginas 149-167; reproducido en *El P. Feijoo y su siglo*, «Cuadernos de la Cátedra Feijoo», núm. 18, III, Oviedo, 1966, págs. 663-675. B. Fernández Alonso, *Orensanos ilustres*, Orense, 1916, págs. 95-106. Fr. Justo Pérez de Urbel, *Semblanzas benedictinas*, II, Madrid, 1926, págs. 301-308. Armando Cotarelo Valledor, «A mocedade do Padre Feixoo», en *Nos*, Orense, 1930, núm. 81, págs. 172 y ss. J. A. de Argumosa y Valdés, «Enfermedad y muerte del P. Feijóo», en *Boletín del Instituto de Estudios Asturianos*, VII, 1953, págs. 73-81. Ramón Otero Pedrayo, «Coordenadas históricas de la vida del P. Feijoo», en *Ocho ensayos en torno a Feijoo*, Santander, 1965, págs. 199-213. Ciriaco Pérez Bustamante, «La España del P. Feijoo», en ídem., íd., págs. 7-19. Ramón Otero Núñez, «Iconografía del Padre Feijoo», en *El P. Feijoo y su siglo*, III, cit., págs. 511-559.

Europa, hasta el punto de sentirse abrumado por ello, pues tenía que dedicar varias horas diarias a contestar esta correspondencia; en alguna ocasión, en los prólogos de sus libros, hubo de quejarse de la multitud de cartas que recibía y rogar a sus corresponsales que se moderaran, pues no le era posible atenderlas todas.

Su aislamiento monacal y provinciano entrañaba inevitablemente una limitación que explica algunas deficiencias de su obra; pero Feijoo la pudo compensar en gran medida con su inquietud intelectual, el aludido contacto epistolar y la incesante lectura de libros que le llegaban de todas partes, para lo cual contó con la ayuda de numerosos amigos y sobre todo de sus colegas de la Orden. El retiro monástico benefició su salud, aparentemente débil, y le permitió la plena entrega a su tarea con portentosa laboriosidad, mantenida sin prisas pero también sin interrupciones.

Los testimonios de algunos contemporáneos nos han conservado noticias sobre la atractiva personalidad de Feijoo. Era alto y bien formado, salado y amenísimo en su conversación, siempre rebosante de humor y cuajada de saberes y anécdotas. Poseía un carácter equilibrado que conservó hasta la vejez; él mismo se describe así en una de sus cartas: «Es cierto que no soy de genio tétrico, arisco, áspero, descontentadizo, regañón, enfermedades del alma comunísimas en la vejez, cuya carencia debo, en parte al temperamento, en parte a la reflexión. Tengo siempre presente, que cuando era mozo, notaba estos vicios en los viejos, observando, que con ellos se hacían incómodos a todos los de su frecuente trato; y así, procuro evitar este inconveniente, que lo sería, no sólo para mis compañeros de habitación, mas también para mí; pues no puedo esperar muy complacientes aquéllos, que me experimentan desapacible. Sobre todo, huyo de aquella cantinela, frecuentísima en los viejos, de censurar todo lo presente y alabar todo lo pasado... Yo he vivido muchos años, y en la distancia de los de mi juventud a los de mi vejez, no sólo no observé esta decantada corrupción moral; antes combinado todo, me parece que algo menos malo está hoy el mundo que estaba cincuenta o sesenta años ha». Y añade luego: «Otra cosa en que pongo algún cuidado, por no hacerme tedioso a las gentes, cuya conversación frecuento, es no quejarme inoportunamente de los males o incomodidades corporales de que adolezco. Hágome cuenta de que Dios me impuso esta pensión para que padezca yo y no para que la padezcan otros»[5].

No fue Feijoo un escritor precoz, pues no dio a la imprenta el primer volumen de su *Teatro crítico* hasta cumplidos los cincuenta años; pero

---

[5] *Cartas eruditas y curiosas*, tomo V, carta XVII, *Con ocasión de explicar el autor su conducta política, en el estado de la senectud, en orden al comercio exterior, presenta algunos avisos a los viejos, concernientes a la misma materia*, Madrid, 1765, págs. 344-345.

toda su vida estuvo entregado a una rigurosa preparación, lo cual explica la madurez de su obra desde su mismo comienzo. Como señala Marañón [6], la aparición del *Teatro crítico* no reveló a un desconocido; la precocidad con que obtuvo sus resonantes triunfos universitarios y los puestos magistrales de su Orden demuestra que su fama había cundido por toda la grey benedictina y la región en que habitaba; su eliminación de los cargos más elevados pero más trabajosos de la Orden, comprueba que aquélla era la preparación permitida y alentada por sus superiores para que pudiera dedicarse a la vasta empresa que de varios años venía meditando. Suele, sin embargo, repetirse rutinariamente que al producirse la polémica sobre la enseñanza de las ciencias, desatada por el médico Martín Martínez, e intervenir Feijoo en su defensa con la publicación de su primer escrito, a que luego nos referiremos, se despertó su deseo de enjuiciar el panorama de la cultura española; y así nació el propósito de su obra crítica. Nada, sin embargo, menos cierto. Pocos meses después de que se imprimiera su libro en defensa de Martínez, salió Feijoo para Madrid con el fin de preparar la edición del volumen I de su *Teatro crítico*, que apareció al año siguiente. Diez y seis *discursos* comprende este volumen, cuya redacción debió de requerir largo tiempo, y pueden fácilmente imaginarse los largos estudios y meditaciones que hubieron de precederle. Marañón subraya en otro pasaje de su libro citado [7] que la actitud intelectual de Feijoo venía determinada como una «predestinación» desde su misma juventud, y aduce su famoso experimento sobre el chocolate que efectuó «siendo muchacho». Las *Relaciones* mencionadas demuestran que Feijoo vivía en cuerpo y alma, desde largos años atrás, entregado a la gestación de su gran obra.

---

[6] *Las ideas biológicas*..., cit., págs. 277-279. Marañón reproduce un fragmento de ciertas *Relaciones enviadas al P. General, P. Antonio Sarmiento en el año 1723* —cuyo manuscrito se conserva en el Monasterio de Samos— y en el cual se habla de Feijoo como de «uno de los mejores ingenios que tiene al presente la Orden»; y se añade más abajo: «No solamente para la escolástica, pero para la expositiva me atrevo a afirmar que es de lo mejor que tiene hoy España. Es también dotado de excelentes noticias en cualquier Facultad, y al fin, una habilidad a quien nada le es imposible». Subraya Marañón que la citada *Relación* fue escrita en 1723, es decir, tres años antes de la aparición del tomo I del *Teatro Crítico*, lo que «demuestra que una gran celebridad rodeaba ya al futuro escritor». A su vez, la *Relación* enviada por el Colegio de San Vicente decía de Feijoo: «Trocó el gobierno del Monasterio por el retiro de su celda, en que desembarazado del manejo, vive empleado en el estudio de letras divinas y humanas, las que excediéndose a sí mismo manifiesta en ambas cátedras, no sin admiración de los que le escuchan».

[7] Páginas 48-49.

El siglo XVIII tiene fama bien merecida de ser el siglo de las polémicas, pero ningún escritor las provocó en tan gran medida como Feijoo; no por su voluntad, precisamente, sino por la gran variedad temática de su obra y la resonancia que ésta tuvo. Durante los dos primeros años —1726-1727— que siguen a la publicación del primer volumen del *Teatro crítico* aparecieron más de sesenta opúsculos en pro y en contra de dicho volumen, que pueden agruparse en seis polémicas diferentes. Después, disminuye el número de tales escritos, pero no se interrumpen hasta que en 1750 el rey Fernando VI, gran admirador de Feijoo, prohibe por una Real Orden, muy discutida, que se impriman impugnaciones contra las obras del benedictino. Toda esta efervescencia polémica, que ocupa lugar importantísimo no sólo en la biografía de Feijoo sino en el ambiente cultural de la época, ofrece, según subraya Pérez-Rioja [8], dos aspectos distintos: de un lado pone de relieve las insidias, la malevolencia y la envidia que se conjuraron contra la obra de Feijoo al servicio de una mentalidad rutinaria que se cerraba a toda innovación y a las corrientes europeístas; de otro —y ésta es la parte positiva—, descubre en qué medida lograba la obra de Feijoo producir una fecunda agitación ideológica como nunca se había conocido hasta entonces ni quizá después se ha vuelto a repetir; quiere decirse que gran número de gentes hubieron de ejercitarse en contrastar opiniones, consultar libros, enfrentarse con problemas inéditos, todo lo cual condujo a la difusión de nuevas ideas y provocó una diferente modalidad en el pensamiento y la expresión [9].

La obra de Feijoo, por la índole de sus temas y la actitud de su autor, no podía menos de provocar aquel combate ideológico, aunque es bien cierto que se mezclaron en él bajas motivaciones personales y rivalidades monásticas, que, en ocasiones, dieron al traste con la paciencia del benedictino y le arrancaron respuestas desabridas o altivas. La influencia social de los médicos, tan insistentemente vapuleados por Feijoo, contribuyó a mantener la polémica. No obstante, hasta ese aspecto negativo —dice Pérez-Rioja— [10], y la susceptibilidad del escritor que no siempre

---

[8] José Antonio Pérez-Rioja, *Proyección y actualidad de Feijoo*, Madrid, 1965, página 70.

[9] Sempere y Guarinos expresa ya este concepto que había sido el de muchos de sus contemporáneos: «Las obras de este sabio —escribe— produxeron una fermentación útil; hicieron empezar a dudar; dieron a conocer otros libros muy distintos de los que había en el país; excitaron la curiosidad; y en fin abrieron la puerta a la razón, que antes habían cerrado la indolencia, y la falsa sabiduría» (*Ensayo de una biblioteca española de los mejores escritores del reynado de Carlos III*, tomo III, Madrid, 1786, pág. 24; reproducción facsímil, Madrid, Gredos, 1969).

[10] *Proyección y actualidad de Feijoo*, cit., pág. 74.

supo ignorar elegantemente los ataques[11], sirvieron para despertar el aletargado ambiente espiritual de los españoles en la primera mitad de la centuria.

El primer impugnador importante de Feijoo fue Salvador José Mañer, quien después de aparecer el volumen segundo del *Teatro crítico* publicó su *Anti Theatro Crítico* (1729), en el cual examinaba con gran minuciosidad 26 de los *Discursos* de Feijoo y señalaba «setenta descuidos» en datos y citas. Feijoo respondió con su *Ilustración apologética* (1729), en la que deslizó algunas frases injuriosas. Mañer publicó la segunda parte de su *Anti Theatro* (1731) en la que decía haber descubierto novecientos noventa y ocho errores en el volumen tercero de Feijoo. En defensa de éste salió entonces su gran colaborador y fiel amigo, fray Martín Sarmiento, con su *Demostración apologética* (1732), pues Feijoo había prometido no continuar esta polémica.

La más ruidosa de todas fue, sin duda, la suscitada por sus opiniones sobre el *Arte Magna* de Raimundo Lulio. Feijoo dedicó su primer escrito al filósofo mallorquín en el tomo I de sus *Cartas eruditas y curiosas*, carta XXII, *Sobre la Arte de Raymundo Lulio*, seguida de una «Nota». Aunque en ésta dice que dicho autor «merece aplausos por otros capítulos», en la *carta* arremete abiertamente contra el *Arte Magna*: «La *Arte* de Lulio —afirma— con todo su epíteto de *magna*, no viene a ser más que una especie nueva de lógica, que después de bien sabida toda,

---

[11] Feijoo no era, quizá, buen polemista, como señala Lázaro Carreter, por ser puntilloso en demasía. Menéndez y Pelayo en sus páginas menos favorables a Feijoo escribe: «Recuérdese su altanera respuesta al P. Soto-Marne, lo más insolente que he leído en castellano, fuera de los *Opúsculos* de Puigblanch» (*Historia de los Heterodoxos Españoles*, ed. nacional, 2.ª ed., V, Madrid, 1965, pág. 79, nota 1). Pero también Marañón, tan entusiasta siempre de Feijoo, tiene que reconocer el escaso aguante del benedictino, aunque pone insistentemente de relieve la ruindad interesada y mezquina o simplemente la envidia resentida que inspiraron en la mayoría de ocasiones a los contradictores de Feijoo: «El P. Feijóo —escribe— tuvo la debilidad de contestar a sus detractores. Es el único lunar que encontramos hoy en su noble biografía» (Gregorio Marañón, *Evolución de la gloria de Feijóo*, «Cuadernos de la Cátedra Feijoo», núm. 1, Oviedo, 1955, pág. 25). McClelland defiende, sin embargo, a Feijoo de su supuesta arrogancia o falta de paciencia para aguantar a los necios. El benedictino —dice— fue atacado muchas veces por un género de tontos de los cuales está protegido por lo común un especialista de nuestros días; un investigador actual, que escribe en publicaciones profesionales, es sólo vulnerable por otros investigadores del mismo o parecido nivel; ante críticos semejantes Feijoo fue siempre correcto, propicio a la aclaración, modesto incluso. Pero cuando sus oponentes se servían de objeciones pueriles y anacrónicas o de innobles procedimientos, sus respuestas se hacían agresivas; en semejantes casos —dice McClelland— hasta los santos se sienten dispensados de ser corteses. Cuando Feijoo no podía disipar la ignorancia con razones, lanzaba ataques calculados, palabras despectivas, como gritos de guerra. Feijoo tenía espíritu misionero, y su propósito, aprobado por la posteridad, consistía en hacer saltar el conformismo de sus compatriotas y hacer pensar a los perezosos. Generalmente —resume McClelland— cuando sus maneras parecen inciviles, debemos admitir que se trata de una constructiva provocación (I. L. McClelland, *Benito Jerónimo Feijoo*, Nueva York, 1969, págs. 21-22).

deja al que tomó el trabajo de aprenderla tan ignorante como antes estaba...» [12]; y con su desenfado crítico habitual añade luego este comentario: «Así la *Arte* de Lulio en ninguna parte del mundo logró ni logra enseñanza pública, exceptuando la isla de Mallorca, de donde fue natural el autor, por donde es claro que acaso debe esa honra, no a la razón, sino a la pasión, de sus paisanos» [13]. El profundo disgusto causado entre los lulistas españoles por el escrito de Feijoo provocó una réplica de los padres Marcos Tronchón y Rafael de Torreblanca, titulada *Apología de la Arte luliana*, que fue publicada por el capuchino Luis de Flandes como introducción a su obra polémica, *El antiguo Académico contra el moderno Scéptico* (Madrid, 1742). Feijoo replicó a Luis de Flandes en extensa carta —la XIII del tomo II, *Sobre Raymundo Lulio*—, también seguida de un «Apéndice», y los nuevos ataques de Feijoo desataron a su vez la contrarréplica de los padres franciscanos Bartolomé Fornés y Francisco de Soto Marne, y del cisterciense padre Pasqual. La controversia tuvo esta vez un aspecto curioso; pues resultó que Feijoo no había leído el *Arte Magna* de Lulio, según declaró llanamente en su segundo escrito, y así sucedía que él, tan enemigo de los argumentos de autoridad, condenaba la obra del famoso mallorquín, sin conocerla, apoyado tan sólo en la opinión del canciller Bacon y del padre René Rapin que la habían desaprobado. Desde este momento, todo el peso argumental descansó sobre si era mayor o menor el número de los lulistas y los antilulistas y sobre la mayor o menor autoridad científica de unos y otros; y ambos contendientes parecieron sacarse de la manga nombres y más nombres cuya posición e importancia exageraban a porfía [14]. Feijoo argumentó con su característica habilidad, pero el hecho de que no adujera ningún juicio propio sobre el *Arte* de Lulio dejó un tanto en entredicho su reputación [15].

---

[12] *Obras escogidas del Padre Fray Benito Jerónimo Feijoo y Montenegro*, ed. de Vicente de la Fuente, B. A. E., núm. LVI, nueva ed., Madrid, 1952, pág. 498.

[13] Idem, íd.

[14] Cfr.: Armand Llinarès, «Un aspect de l'antilullisme au XVIIIe siècle: les *Cartas eruditas* de Feijoo (1675-1764)», en *Bulletin Hispanique*, LXIV bis, 1962, *Mélanges offerts à Marcel Bataillon*, págs. 498-506.

[15] Carreras Artau, lulista acreditado, trata de aclarar, y justificar, las razones de la hostilidad de Feijoo contra el *Arte* de Lulio; se engañaría —dice— quien atribuyera la postura antiluliana de Feijoo a simples querellas de escuela, pecado en el que incurrieron por cierto sus contradictores con excepción del padre Pasqual. El antilulismo de Feijoo respondía a una actitud casi unánime entonces en el pensamiento filosófico de Europa. El *Arte* de Lulio gozó de general aceptación durante el Renacimiento, cuando se la tenía por un método aplicable a todas las ciencias, algo como una panacea universal del saber. Pero el fracaso de esta pretensión y la difusión de las ideas de Bacon y Descartes produjeron el descrédito del *Arte* luliana, situada en los antípodas de las nuevas tendencias; «el factor principalísimo que inspiró a Feijoo sus críticas sobre el *Arte* luliana —dice Carreras Artau— fue su europeísmo...; harto le constaba al buen monje que el ambiente europeo estaba cambiando rápidamente en sentido desfavorable al *Arte* luliana. Como de tantas otras ideas y ten-

Al padre Pasqual le respondió todavía Feijoo en la carta XXVI del tomo III —*Respuesta al Rmo. P. M. Fr. Raymundo Pasqual, en asunto de la doctrina de Raymundo Lulio*—, que concluyó la polémica por este lado, y aun se cuenta que ambos religiosos quedaron muy amigos. Pero hubo antes un intermedio de muy subido color: el mencionado padre Soto Marne [16], cronista general de la Orden Franciscana, publicó sus *Reflexiones crítico-apologéticas sobre las obras de Feijoo*, en dos volúmenes (Salamanca, 1748-49), en las cuales atacaba violentamente al benedictino bajo el aspecto científico y literario, pero a la vez, y entre dicterios de índole personal, insinuaba acusaciones de herejía. Feijoo respondió con idéntica destemplanza en su *Justa repulsa de inicuas acusaciones* (Madrid, 1749). Fue entonces cuando, ante el cariz y difusión que alcanzaba aquella disputa, prohibió Fernando VI que se imprimiesen nuevos ataques contra Feijoo. Soto Marne dirigió al rey cuatro memoriales pidiendo permiso para publicar otros volúmenes contra Feijoo, que ya tenía escritos, pero el monarca mantuvo su decisión [17].

---

dencias europeas, Feijoo se hace también eco de ésta en España. Una vez más, Feijoo se ha mostrado a la altura de su europeísmo». No obstante, Carreras Artau añade que en Alemania y demás países del Este de Europa, dominados por la corriente racionalista, todavía un Leibnitz soñaba con transformar el *Arte Magna* en una verdadera enciclopedia, precedente de la lógica matemática de nuestros días; y un discípulo de Leibnitz, Ivo Salzinger, había concluido por aquellos mismos días, bajo el mecenazgo del Gran Elector, una edición de Lulio en ocho volúmenes (Maguncia, 1721-1742), en la cual habían colaborado, sin que Feijoo se hubiera enterado de ello, los padres mallorquines Fornés y Pasqual, cuya irritación contra el benedictino parece, pues, suficientemente justificada. El antilulismo de Feijoo resultó, sin embargo, eficaz, pues la polémica asestó un golpe de muerte a la enseñanza del lulismo en las Universidades españolas (Joaquín Carreras Artau, «La postura antiluliana del P. Feijoo», en *El P. Feijoo y su siglo*, «Cuadernos de la Cátedra Feijoo», número 18, vol. II, Oviedo, 1966, págs. 277-284). Cfr., además: Tomás y Joaquín Carreras Artau, *Feijoo y las polémicas lulianas en el siglo XVIII*, Santiago de Compostela, 1934. García M. Colombás Llull, «Feijoo y el Lulismo», en *Estudios Lulianos*, Palma de Mallorca, VII, 1963, págs. 1-18.

[16] El padre Soto Marne era particularmente conocido por un *Florilegio sacro*, publicado años antes —Feijoo lo ridiculizaba llamándolo *Floriloco*—, cuyo título vale la pena reproducir completo porque tiene un valor de época inconmensurable y define además perfectamente al famoso Cronista de la Orden franciscana: *Florilegio sacro que en el celestial ameno frondoso Parnaso de la Iglesia riega (místicas flores) la Aganipe Sagrada, fuente de Gracia y Gloria de Cristo. Dividido en Discursos Panegíricos, Anagógicos, Tropológicos y Alegóricos, fundamentados en la Sagrada Escritura*. No obstante, en sus escritos contra Feijoo, Soto Marne se despojó un tanto de retóricas y procuró que su prosa fuera más al grano.

[17] La orden real prohibiendo impugnar los escritos de Feijoo ha sido objeto de encontradas interpretaciones. Menéndez y Pelayo, en su época menos *liberal*, se irritaba vehementemente contra aquella medida, que consideraba un «alarde de arbitrariedad», y ridiculiza los motivos aducidos en el decreto, pues el rey prohibía imprimir los ataques contra el benedictino «por la razón poderosísima que los escritos del P. Feijóo eran del *real agrado*» (*Heterodoxos*, cit., pág. 87). Después de reproducir unas palabras de protesta de Soto Marne contra aquel privilegio concedido a Feijoo y nunca antes otorgado a otro escritor, comenta: «*Vox clamantis in deserto*. Los gobernantes del siglo XVIII se habían propuesto civilizarnos *more turquesco* y con

Otras polémicas importantes fueron: la sostenida por el padre Jacinto Segura en su *Norte crítico* (Valencia, 1733), porque Feijoo había escrito en defensa de Savonarola; la que mantuvo el jesuita P. Joaquín Javier Aguirre contra el parecer de Feijoo que sostenía la superioridad de Lucano sobre Virgilio; y la que sostuvo con Mayáns, de índole más personal, a propósito de la indebida atribución a éste de la *Ortografía* publicada por el erudito e impresor valenciano Antonio Bordázar, polémica en la cual actuó Feijoo con apasionamiento y escasa discreción [18]. También fue interesante la provocada por el discurso de Feijoo, *Astrología judiciaria y almanaques*, contra los almanaques adivinatorios, muy en boga entonces, en la cual intervino Torres Villarroel, y la tan prolongada a que dieron lugar los repetidos escritos de Feijoo sobre los médicos y la medicina, aunque no se produjo ninguna réplica de auténtica calidad. Otros muchos problemas tratados por Feijoo suscitaron igualmente polémicas; así, por ejemplo, la música en los templos, la defensa de las mujeres, el paralelo de las lenguas castellana y francesa, etc., etc. De hecho, apenas hubo tema comentado por el Padre Maestro que no levantara un número mayor o menor de contradictores [19].

---

procedimientos de déspota. Así se proclamaba solemnemente, y se imponía como ley del reino, la infalibilidad de un escritor polígrafo, que trató de todas materias, en algunas de las cuales no pasaba de *dilettante*» (ídem, íd.). Por el contrario, el *liberal* Marañón aprueba el *ukase* de Su Majestad con muy atendibles razones: «Voy a decir una cosa —escribe Marañón— que extrañará a muchos: yo creo que el rey don Fernando VI hizo bien en dar esta orden. Creo en la eficacia insustituible de la polémica recta y objetiva, la que ayuda a construir la verdad; pero esa otra disputa interesada, que sólo sirve para que la verdad se despedace y sus fragmentos sean pasajero cebo de la pasión personal de los contrincantes, esa, debe ser suprimida, aunque sea por Real decreto» (*Las ideas biológicas...*, cit., pág. 252). Uno y otro comentarista deciden, pues, en contra de sus principios respectivos, aunque de acuerdo con su particular valoración de la obra y persona del autor. Parece evidente que en esta ocasión la orden real favorecía justicieramente al mejor; pero, ¿qué hubiera sucedido si el *real agrado* se hubiera inclinado de parte de Soto Marne y hubiera hecho callar a Feijoo?

[18] Cfr.: Agustín Millares Carlo, «Feijoo y Mayáns», en *Revista de Filología Española*, X, 1923, págs. 57-62. Juan Antonio Tamayo, «Mayáns y la *Ortografía* de Bordázar», en *Revista de Filología Española*, XXV, 1941, págs. 205-224. V. Peset Llorca, «Feijoo y Mayáns», en *Boletín de la Sociedad Española de Historia de la Medicina*, V, 2, 1965, págs. 20-29. Antonio Mestre, «Correspondencia Feijoo-Mayáns en el Colegio del Patriarca», en *Anales del Seminario de Valencia*, IV, 8, 1964, págs. 149-186. Antonio Mestre, *Historia, fueros y actitudes políticas. Mayáns y la historiografía del XVIII*, Valencia, 1970, parágrafo «Los *Novatores* valencianos ante la obra de Feijoo»; páginas 79-87.

[19] Para el conjunto de las polémicas sobre Feijoo véase la «Bibliografía cronológica de las polémicas feijonianas» reunida por Pérez-Rioja en *Proyección y actualidad de Feijoo*, cit., págs. 245-267, que «pretende ser una completa recapitulación bibliográfica sobre este punto capital» (pág. 267). Amplía, en efecto, la bibliografía reunida por Morayta, Marañón, Millares Carlo, etc.; éste último en un «Apéndice» al prólogo de su edición antológica de Feijoo, luego citada (I, págs. 63-86), agrupa la bibliografía por temas polémicos y períodos; Marañón recoge solamente, en orden cronológico, las que tratan sobre medicina.

Pero el padre Feijoo tuvo a la vez una legión no menos entusiasta de admiradores y apologistas. Entre los médicos hay que destacar al doctor Martín Martínez [20], que dio lugar a la primera obra del benedictino y que publicó después varios escritos en su defensa, y a Gaspar Casal [21], uno de los más sólidos valores de la medicina española en el siglo XVIII, en opinión de Marañón, habitual contertulio de Feijoo en la celda de San Vicente. Entre los más ilustres defensores de Feijoo hay que colocar además al padre Isla [22], al padre Flórez, al obispo de Segorbe fray Alonso Cano, al famoso viajero Antonio Ponz, a los redactores del *Diario de los literatos*, y a don Juan de Iriarte que defendió al *Diario* contra el ataque del padre Segura, que acusaba a los redactores de «feijoístas» [23]. Apologista de excepción es el político Melchor de Macanaz, que compuso sus *Notas al «Teatro crítico» del eruditísimo Feijoo* [24]. Y fuera de España son de señalar los elogios de famosos cardenales como Cienfuegos y Querini y sobre todo los del papa Benedicto XIV, quien, en carta pastoral a los obispos del Estado Pontificio sobre la música religiosa, exponía las ideas desarrolladas en un discurso de Feijoo, citándole en tres ocasiones.

Decididos protectores de Feijoo fueron los tres primeros monarcas de la Casa de Borbón. Felipe V le ofreció un obispado en América; Fernando VI le nombró Consejero del Reino y dictó en 1750 la Real Orden, ya mencionada, prohibiendo que se publicaran ataques contra la obra del benedictino. Finalmente, Carlos III le colmó de elogios y le regaló las antigüedades de Herculano.

Mención aparte, como colaborador del padre Feijoo, debe hacerse de su compañero de Orden fray Martín Sarmiento, residente en el convento de San Martín, de Madrid, hombre de portentosa erudición, ya mencionado, y de quien luego trataremos más detenidamente. Sarmiento fue en la Corte corresponsal permanente de Feijoo y se encargó de la edición del *Teatro crítico*, para el cual, con la mayor abnegación, compulsó todo género de citas y datos; Feijoo recurría frecuentemente al saber inagotable de fray Martín, quien, con detrimento de sus propios trabajos, cuidó

---

[20] Véase Marañón, *Las ideas biológicas...*, cit., passim, pero en especial págs. 119-124.

[21] Idem, íd., págs. 125-131. Cfr., además: Gregorio Marañón, «Los amigos del Padre Feijoo», en *Vida e historia*, 8.ª ed., Madrid, 1962, págs. 72-93. De la obra capital de Gaspar Casal, *Memorias de historia natural y médica del principado de Asturias*, Madrid, 1762, existe edición moderna preparada por A. Buylla y R. Sarandeses, con noticias biográficas de Casal por Fermín Canella y un prólogo del doctor Ángel Pulido, Oviedo, 1900.

[22] Cfr.: Baudilio Arce Monzón, «Sobre uno de los escritos del Padre Isla en defensa del Padre Feijoo», en *Revista de la Universidad de Oviedo*, LVII-LVIII, sep.-dic. 1948, págs. 109-121.

[23] Cfr.: Jesús Castañón Díaz, «Presencia y defensa del P. Feijoo en el *Diario de los Literatos de España*», en *El Padre Feijoo y su siglo*, cit., I, Oviedo, 1966, páginas 37-45.

[24] Publicadas en el *Semanario Erudito* de Valladares, tomo VII, Madrid, 1788, páginas 205-280, y tomo VIII, págs. 3-135.

hasta de la venta y administración de las obras de Feijoo, cuyos ingresos se destinaban al Monasterio de Samos.

DIFUSIÓN DE LOS ESCRITOS DE FEIJOO

Las obras del padre Feijoo alcanzaron una difusión nunca hasta entonces igualada en nuestro país. De algunos volúmenes del *Teatro crítico*, según testimonio del propio autor, se hicieron tiradas de tres mil ejemplares, cifra entonces extraordinaria y aún notable en nuestros días para este género de libros; pero las ediciones se multiplicaron, y el número total de ejemplares de las distintas obras de Feijoo vendidos hasta su muerte se calcula entre los cuatrocientos mil y el medio millón. Según los datos bibliográficos reunidos por Pérez-Rioja [25], entre 1725 y 1787 se hicieron hasta doscientas reimpresiones de los diferentes libros de Feijoo, lo que supone —aparte los otros escritos— una veintena de ediciones —cinco completas y quince parciales— del *Teatro crítico* y once ediciones completas de las *Cartas eruditas*. De cinco a seis reimpresiones —afirma el mencionado investigador— fueron el promedio anual más frecuente; catorce llegaron a hacerse en 1765, después de la muerte de Feijoo, y con parecido ritmo se siguieron editando hasta 1787.

Las obras de Feijoo fueron traducidas durante el siglo XVIII a cinco idiomas: francés, italiano, portugués, inglés y alemán; aunque a esta última lengua sólo después de la muerte de Feijoo. También importa señalar, como prueba de su extraordinaria difusión [26], que se imprimieron índices y diccionarios destinados a facilitar la lectura y manejo de los volúmenes del benedictino; el primero de dichos índices, editado en Lisboa en 1752, fue compuesto, todavía en vida del autor, por el noble portugués don Diego de Faro y Vasconcelos, y le siguieron otros tres en el espacio de cincuenta años [27].

Los datos que anteceden ponen de relieve uno de los rasgos más notables de la obra feijoniana: la de su inmensa penetración social, con la cual no puede compararse la que alcanzaron anteriormente escritores

---

[25] *Proyección y actualidad de Feijoo*, cit., págs. 136 y 285 y ss.

[26] Capítulo importante en éste de la difusión y fama de Feijoo es el de su penetración e influjo en tierras americanas. Marañón refiere con emoción que a lo largo de sus viajes por tierras españolas de América encontró multitud de veces viejos volúmenes de las obras de Feijoo hasta en modestas bibliotecas familiares. Cfr.: Agustín Millares Carlo, «Feijoo en América», en *Cuadernos Americanos*, III, núm. 3, 1943, págs. 139-160. Vicente Palacio Atard, «Feijoo y los americanos», en *Estudios Americanos*, Sevilla, XIII, 1957, págs. 335-349. Del mismo, «La influencia del P. Feijoo en América», en *El P. Feijoo y su siglo*, cit., I, págs. 21-31. Salvador Cruz, «Feijoo en México. Notas de asedio», en *El P. Feijoo y su siglo*, cit., I, págs. 47-54. Enrique Martínez López, «Sobre la fortuna del P. Feijoo en el Brasil», en *El P. Feijoo y su siglo*, cit., I, págs. 55-76.

[27] Referencia bibliográfica en *Proyección y actualidad de Feijoo*, cit., pág. 147, nota 19.

como Guevara, Gracián o Quevedo, ni habían luego de conquistar Jovellanos, Larra, Costa, Ganivet «y ni siquiera —afirma Pérez-Rioja—, los más representativos escritores del 98». «No deja de ser un tanto sorprendente —añade el citado comentarista— que, una vez más, la rezagada España, por obra y gracia en este caso de un monje que escribe desde un provinciano y apartado convento, se anticipe —no con teorías, sino con el hecho mismo de su arrolladora personalidad y el amplio mensaje de su obra— a lo que tres cuartos de siglo después iba a entenderse como la proyección o dimensión social de la literatura» [28].

A partir de la citada fecha de 1787 decae, sin embargo, de forma casi vertical, el interés por la obra feijoniana, que no se imprime de nuevo, y sólo en parte, hasta 1852; tan sólo tres ediciones de «obras escogidas» vieron la luz durante todo el siglo XIX. La obra de Feijoo fue afectada profundamente por la general hostilidad de esta centuria hacia el XVIII, en especial durante la época romántica [29]; tan sólo en el último tercio del XIX revivió algún tanto, estimulada por la conmemoración del segundo centenario del monje de Casdemiro y por los comentarios de Menéndez y Pelayo. En tres ocasiones se ocupa éste del gran benedictino. En los *Heterodoxos* trata a Feijoo no sin cierta injusticia, tan sólo disculpable por haberla dictado su fervoroso patriotismo; para Menéndez y Pelayo la gloria de Feijoo como debelador de la ignorancia y la credulidad entrañaba la condena de su propio país, por lo que sólo ve un medio de reivindicarlo, que es mantener a raya a los incondicionales del fraile: «Ni Feijoo está solo —escribe—, ni los resultados de su crítica son tan hondos como suele creerse, ni estaba España, cuando él apareció, en el misérrimo estado de ignorancia, barbarie y fanatismo que tanto se pondera» [30]. «Alguna culpa, quizá no leve —añade— tenga en esto el mismo Feijoo, que de modesto no pecó nunca, y parece que puso desmedido empeño en que resaltase la inferioridad del nivel intelectual de los españoles respecto del suyo. Hay en sus escritos, por mucha indulgencia que queramos tener, ligerezas francesas imperdonables, que van mucho más allá del pensamiento del autor, y que denuncian, no ciertamente desdén ni me-

---

[28] Idem, íd., pág. 14.

[29] Gregorio Marañón, al comentar el renacimiento de la fama de Feijoo en los últimos tiempos, escribe: «Todavía don Vicente de la Fuente comenzaba su discurso preliminar a la edición de las obras feijonianas en la Biblioteca de Autores Españoles preguntándose si merecían ser impresas». Pero estas palabras, repetidas con más o menos variación por algunos comentaristas, a veces como propias, desfiguran el pensamiento de La Fuente; la pregunta de éste al frente de sus «Preliminares» es meramente retórica, pues se dirige a un supuesto lector, escéptico respecto a la valía de las obras del benedictino, y todo su estudio tiende a demostrarle la importancia y vigencia de sus libros; los reparos que aduce —sobre el lenguaje, por ejemplo, en el que señala algunos galicismos— son poco importantes, y el comentario en su conjunto representa una inequívoca apología de Feijoo.

[30] *Heterodoxos*, cit., V, pág. 78.

nosprecio ni odio, pero sí olvido y desconocimiento de nuestras cosas, hasta de las más cercanas a su tiempo; como que para hablar de ellas solía inspirarse en enciclopedias y diccionarios franceses»[31]. Después de un vago encomio global de su obra, aclara: «Lo que me parece mal es el estudiar a Feijoo solo, y mirarle como excepción en un pueblo de salvajes, o como una perla caída en un muladar, o como el civilizador de una raza sumida hasta entonces en las nieblas del mal gusto y de la extrema insipiencia»[32]. Y añade más abajo: «No exageremos la decadencia de España para realzar el mérito de Feijoo. Aun sin tales ponderaciones es bien grande, y más grande nos parecerá si no nos empeñamos en verle aislado, sin maestros ni discípulos, en medio de una Beocia inculta y hasta enemiga fanática del saber. Pues qué, ¿si en tal ambiente hubiera vivido, cree de buena fe ninguno de sus admiradores que Feijoo tuviera fuerza inicial bastante para levantarse, como se levantó, y remover tantas ideas y dejar tales rastros de luz?»[33]. Entre elogios inequívocos y ásperas censuras, Menéndez y Pelayo acierta, no obstante, en subrayar algunos reparos que luego examinaremos. Lo cierto es que don Marcelino rectificó en buena medida su posición reticente de los *Heterodoxos* cuando en su *Historia de las ideas estéticas* propone llamar al XVIII «siglo de Feijoo» y escribe: «¡Qué espíritu tan moderno y al mismo tiempo tan español era el del P. Feijoo!»[34]; y lo mismo en *La ciencia española*, en donde afirma: «Feijoo es el hombre a quien más debió la cultura española en el siglo XVIII».

Actitud mucho más entusiasta que Menéndez y Pelayo había sostenido doña Emilia Pardo Bazán, triunfadora en el certamen convocado en Orense para celebrar el mencionado centenario de Feijoo en 1876. En su *Examen crítico de las obras del P. Maestro Feijoo*, la obra premiada[35], y en su discurso *Feijoo y su siglo*, de 1887[36], prodiga sus elogios al monje de Casdemiro al que tiene por maestro y oráculo de la España de su siglo. Su admiración por Feijoo queda de manifiesto cuando años más tarde funda en su homenaje la revista titulada *Nuevo Teatro Crítico* (1891-1893). Pérez-Rioja señala la posibilidad de que esta simpatía hacia Feijoo —aparte la sincera admiración por su persona y obra— fuera estimulada, en una «adelantada del feminismo» como doña Emilia, por la apología de la mujer que hizo el benedictino; y lo mismo supone respecto de Concepción

---

[31] Idem, íd., pág. 79.
[32] Idem, íd.
[33] Idem, íd., pág. 82.
[34] *Historia de las Ideas Estéticas en España*, ed. nacional, III, 3.ª ed., Madrid, 1962, pág. 112.
[35] Incluido en *Certamen literario en conmemoración del segundo centenario del nacimiento de Fray Benito Jerónimo Feijoo, celebrado en Orense el 8 de octubre de 1876. Obras premiadas*, Madrid, 1877, págs. 17-164.
[36] Incluido en su libro *De mi tierra*, La Coruña, 1888, tomo IX de sus *Obras Completas*.

Arenal [37], igualmente entusiasta, aunque a ésta lo que le atrae sobre todo de Feijoo es su espíritu de tolerancia.

Dentro todavía del siglo XIX es también de notar el elogioso prólogo puesto por Pi y Margall a una *Antología* del *Teatro crítico*, publicada en Oporto (1887).

Con el siglo XX se intensifica el interés hacia Feijoo, iniciado por la Generación del 98; Morayta [38], Américo Castro [39], Cossío [40], Salinas [41], Montero Díaz [42], Gregorio Marañón le dedican investigaciones de diversa importancia. El estudio preliminar de Millares Carlo a su edición antológica de 1923 aporta datos y puntos de vista esenciales que han orientado muchos de los trabajos posteriores; el libro de Marañón, repetidamente citado, sobre *Las ideas biológicas del P. Feijoo*, que estudia aspectos mucho más amplios que los enunciados en el título, tuvo la virtud de atraer la atención de un vasto público sobre la persona y la obra del monje gallego. En 1936 el erudito francés G. Delpy [43] publicó dos trabajos fundamentales sobre el benedictino, y desde entonces han sido muchos los investigadores extranjeros que le han dedicado estudios monográficos —Staubach [44],

---

[37] «Juicio crítico de las obras de Feijóo», en *Revista de España*, LV, 1877, págs. 110-117, 187-226, 398-410; LVI, págs. 348-365; LVII, págs. 174-201. Este trabajo de Concepción Arenal fue presentado al certamen del Centenario, en que se premió el estudio de doña Emilia Pardo Bazán. La deliberación fue muy complicada y el escrito de Concepción Arenal fue «unánimemente excluido» por «la marcada tendencia que el autor revela en el curso de su erudito trabajo a hacer partícipe de sus racionalistas ideas al ilustre monje, interpretando de una manera violenta el espíritu de sus inmortales obras» (cit. por Marañón, *Las ideas biológicas...*, cit., pág. 27, nota 1), aunque al fin se le concedió un accésit. Marañón, que estima mucho más valioso el estudio de Concepción Arenal que el de la condesa, lamenta la intolerancia y estrechez de criterio que gobernaron a los hombres de aquel jurado; en cambio, Menéndez y Pelayo alude brevemente en una nota al trabajo de Concepción Arenal y comenta con escasa galantería: «Otro estudio hay acerca de Feijóo, y de pésimo espíritu por cierto publicado en la *Revista de España* por Doña Concepción Arenal. Mucho habría que decir de él; pero... respetemos la filosofía con faldas» (*Heterodoxos*, cit., V, pág. 96, nota 1).

[38] Miguel Morayta, *El Padre Feijóo y sus obras*, Valencia, sin año; probablemente 1913.

[39] «Algunos aspectos del siglo XVIII», en *Lengua, enseñanza y literatura*, Madrid, 1924, págs. 281-334.

[40] José María de Cossío, «Una preocupación secular. Contribución al estudio de la historia literaria del siglo XVIII español», en *Ateneo*, I, 1914, págs. 111-118. Del mismo, «Introducción a la lectura de Feijoo», en *Escorial*, II, 1941, págs. 187-212. Del mismo, «Vuelta a Feijoo», en *Boletín de la Biblioteca de Menéndez y Pelayo*, XXXIV, 1958, páginas 321-327.

[41] Pedro Salinas, «Feijoo en varios tiempos», en *Revista de Occidente*, II, febrero 1924, págs. 259-265; reproducido en *Ensayos de Literatura Hispánica*, Madrid, 1958, páginas 229-235.

[42] Santiago Montero Díaz, «Las ideas estéticas del P. Feijoo», en *Boletín de la Universidad de Santiago de Compostela*, IV, 1932, págs. 3-95.

[43] G. Delpy, *Bibliographie des sources françaises de Feijoo*, París, 1936. Del mismo, *L'Espagne et l'esprit européen. L'oeuvre de Feijoo (1725-1760)*, París, 1936.

[44] Ch. N. Staubach, «Feijoo on Cartesianism», en *Papers of the Michigan Academy of Sciences, Arts and Letters*, XXIV, 1938, parte IV, págs. 79-87. Del mismo, «The

Kohler [45], Borghini [46], Ricard [47], Gatti [48], McClelland [49]— o lo mencionan repetidamente en sus libros sobre el siglo XVIII —Hazard [50], Sarrailh [51], Herr [52], etc.—. En nuestro propio país han sido examinados durante las últimas décadas los más diversos aspectos de la obra de Feijoo, y la reciente conmemoración del segundo centenario de su muerte ha acrecentado aún más el interés por su figura y multiplicado las publicaciones que iremos mencionando oportunamente; destacado lugar le cabe en este aspecto a la *Cátedra Feijoo* creada en la Universidad de Oviedo, promotora de reuniones científicas y de investigaciones, no sólo sobre el monje de Casdemiro sino también en torno a diversos escritores y problemas del siglo XVIII.

LA OBRA DE FEIJOO

La primera obra impresa de Feijoo fue la *Carta apologética de la medicina scéptica del doctor Martínez,* publicada en Oviedo en 1725. El doctor Martín Martínez (cuya amistad con Feijoo ya hemos mencionado, si bien en esta fecha no se conocían todavía) publicó en 1725, en Madrid, su *Medicina scéptica y cirugía moderna, con un tratado de operaciones quirúrgicas.* En esta obra, escrita en forma de diálogo entre un médico galénico, otro químico y otro hipocrático o escéptico que lleva la voz del propio autor, se censuraba duramente la medicina universitaria, llegando a decirse que los mejores médicos de Madrid eran los que no habían visitado las aulas, se atacaba a los sistemas filosóficos que reinaban entonces en la ciencia «gracias a los cuales nadie sabía medicina objetiva, seria, útil y verdadera», y se preconizaba con entusiasmo la actitud experimental de Bacon. Con este libro, dice Marañón, Martín Martínez inició la reforma de la enseñanza y del pensamiento médico en la época feijoniana. Contra

---

Influence of Bayle on Feijoo», en *Hispania,* XXII, 1939, págs. 79-92. Del mismo, «Fontenelle in the Writings of Feijoo», en *Hispanic Review,* VIII, 1940, págs. 46-56. Del mismo, «Feijoo and Malebranche», en *Hispanic Review,* IX, 1941, págs. 287-297.

[45] E. Kohler, «Der Padre Feijoo und das *no sé qué*», en *Romanisches Jahrbuch,* VII, 1955-1956, págs. 272-290.

[46] V. Borghini, *Problemi d'Estetica e di Cultura nell Settecento Spagnolo; Feijoo, Luzán,* Génova, 1958.

[47] Robert Ricard, «Feijoo et l'esprit réformateur dans l'Espagne du XVIIIe siècle», en *Revue de la Méditerranée,* n. 13, mayo-junio 1946, págs. 304-310. Del mismo, «Feijoo et la Chine», en *Les Lettres Romanes,* VI, 1952, págs. 287-299.

[48] J. F. Gatti, «Referencias a Feijoo en Inglaterra», en *Filología,* Buenos Aires, I, 1949, págs. 186-189.

[49] I. L. McClelland, *Benito Jerónimo Feijoo,* cit.

[50] Paul Hazard, *La crisis de la conciencia europea,* trad. esp., Madrid, 1941. Del mismo, *El pensamiento europeo en el siglo XVIII,* trad. esp., Madrid, 1946.

[51] Jean Sarrailh, *La España ilustrada de la segunda mitad del siglo XVIII,* trad. esp., México, 1957.

[52] Richard Herr, *The Eighteenth-Century Revolution in Spain,* Princeton, 1958; trad. esp., Madrid, 1971.

Martínez salió inmediatamente el *Centinela médico-aristotélico contra scépticos* de Bernardo López de Araujo y Azcárraga, médico, como Martínez, de los Reales Hospitales de Madrid, defendiendo la medicina universitaria contra «la secta scéptica pyrrhónica». Feijoo se lanzó entonces a su primera aventura literaria publicando la mencionada *Carta apologética* en defensa de Martínez, en la cual, según escribe Marañón, están ya esbozados todos los temas médicos que había de ir desarrollando después a lo largo de los trece volúmenes de su obra, y se dibujan a la vez las líneas capitales de su actitud intelectual. Al año siguiente —1726— aparecía en Madrid el volumen primero de su *Teatro crítico universal* con este subtítulo: *Discursos varios en todo género de materias para desengaño de errores comunes.* Consta el *Teatro* de ocho volúmenes, que vieron la luz entre 1726 y 1739. Siguieron después las *Cartas eruditas y curiosas,* en cinco volúmenes, impresas entre 1741 y 1760. Publicó además Feijoo la *Ilustración apologética* (1729) contra los ataques de Mañer, y la *Justa repulsa de inicuas acusaciones* (1749) contra Soto Marne. En la noticia biográfica anónima —atribuida con mucho fundamento a Campomanes—, que precede al tomo primero del *Teatro crítico,* se mencionan otros escritos del Padre Feijoo [53], pero ninguno es de gran importancia [54].

Tomada la palabra *teatro* en su sentido etimológico de *escenario,* el *Teatro crítico universal* venía a significar algo así como *escenario crítico de todas las materias.* Sus ocho volúmenes contienen 118 discursos sobre

[53] Puede verse reproducida esta relación en el prólogo de Vicente de la Fuente a su edición cit., págs. xxv-xxvi.

[54] Para las ediciones antiguas de Feijoo véase la bibliografía reunida por Pérez-Rioja, cit.: «Ediciones en castellano de las obras de Feijoo (Bibliografía cronológica)», páginas 285-307; véase también Sempere y Guarinos, *Ensayo...,* cit., III, págs. 25-46. Cfr. además: C. Pelaz Francia, *Contribución al estudio bibliográfico de Fray Benito Jerónimo Feijoo,* México, 1953; y los dos estudios de Delpy, cits. Ediciones modernas: *Obras escogidas del Padre Fray Benito Jerónimo Feijoo y Montenegro,* ed. de Vicente de la Fuente, B. A. E., LVI, nueva ed., Madrid, 1952; contiene una selección del *Teatro* y de las *Cartas,* pero algunos de estos escritos están incompletos. Para completar la obra de Feijoo la B. A. E., le ha dedicado tres nuevos volúmenes: CXLI, CXLII y CXLIII (Madrid, 1961), ed. preparada por Agustín Millares Carlo; con ello queda completo el *Teatro crítico,* pero siguen sin publicar en su totalidad las *Cartas eruditas,* de las que sólo existen, en ediciones modernas, la selección citada de La Fuente y las que se mencionan a continuación (en el primero de los tres volúmenes dichos se incluye, a título de «Introducción», el estudio de Gregorio Marañón, *Las ideas biológicas del P. Feijoo,* cit.): *Feijoo. Teatro crítico Universal,* ed. de Agustín Millares Carlo, «Clásicos Castellanos», 3 vols., Madrid, 1923-1925 (comprenden 22 discursos en total): *Feijoo. Cartas eruditas,* ed. de Agustín Millares Carlo, «Clásicos Castellanos», Madrid, 1958 (contiene 23 cartas). *Feijoo. Discursos y cartas,* selección y estudio de J. M. Alda Tesán, «Ebro», Zaragoza, 1941. *Feijoo. Antología,* ed. y prólogo de Joaquín de Entrambasaguas, 3 vols., Madrid, 1942. *Ensayos escogidos del P. Feijoo,* ed. y prólogo de F. C. Sáinz de Robles, Madrid, 1942. *Escritos políticos de fray Benito Jerónimo Feijoo,* selección preliminar de Luis Sánchez Agesta, Madrid, 1947. *Feijoo. Ideas literarias (Antología),* ed. y prólogo de José Vila Selma, Madrid, 1963.

temas tan variados que casi es imposible reducirlos a sistema. La Fuente propone una clasificación que puede al menos dar idea de la diversidad de asuntos tratados por el fraile: artes, astronomía y geografía; economía y derecho político; filosofía y metafísica; filología general y particular de España; física y matemáticas; historia natural; literatura y estética; moral cristiana y filosófica; medicina; historia y crítica histórica; supersticiones. La finalidad enciclopédica queda de manifiesto: Feijoo se proponía ofrecer una información y comentario de todo cuanto podía ser objeto de curiosidad dentro del mundo de la cultura o de la vida ordinaria introduciendo nuevas ideas y, preferentemente, tratando de desterrar errores y supersticiones. Tan polifacético contenido parece encerrar un riesgo de dispersión, pero lo amalgama y le da unidad la intención didáctica, pedagógica y como *misional* del escritor de educar y modernizar a sus conciudadanos, lo cual exigía la más derramada variedad de temas y de aspectos. Feijoo no escribe, pues, tratados para especialistas, sino que emprende una tarea vulgarizadora dirigida a una vasta gama de lectores. Y a tono con el propósito está la forma de sus escritos, compuestos en un tono ameno y coloquial, salpicados de anécdotas y digresiones, pero llenos también de conocimientos eruditos [55].

Por estos rasgos se tiene a Feijoo como precursor del moderno ensayismo, aunque cabría afirmar que más que precursor fue ya un ensayista logrado —«padre de ensayistas», y sobre todo de los escritores del 98, lo llama Salinas [56]; de «nuestro primer ensayista» lo califica Gustavo Bueno [57]—, pues ninguna de las características de este género se echan de menos en los *ensayos* del benedictino: voluntad crítica, finalidad didáctica, deseo de proyección social, actitud experimental e innovadora, síntesis y actualización de los problemas, brevedad de exposición, estímulo anticipador, hipótesis·verosímil allí donde la ciencia no ha llegado

---

[55] «Si Feijoo nos ofrece un *Teatro* —escribe José Luis Varela— sabemos, pues, que tomamos asiento ante un retablo ameno, no científico, con presentaciones y representaciones de temas y problemas de la ciencia contemporánea. Al denominarlo *Universal*, tenemos derecho a suponerlo variado, no monográfico-monolítico. Y si el autor lo quiere, además, *Crítico*, hemos de esperar, a pesar de su amenidad, que no se proponga el mero entretenimiento, sino la verdad o sus contrarios, mentira y error» (José Luis Varela, «Feijoo y la ciencia», en *Homenaje al Profesor Alarcos*, II, Valladolid, 1965-67, págs. 495-530; reproducido, con el título de «El ensayo de Feijoo y la ciencia», en su libro *La transfiguración literaria*, Madrid, 1970; citamos por esta edición; la cita en págs. 101-102).

[56] «Feijoo en varios tiempos», cit., pág. 222 (citamos por la ed. de *Ensayos de Literatura Hispánica*).

[57] Gustavo Bueno, «Sobre el concepto de *ensayo*», en *El Padre Feijoo y su siglo*, cit., I, Oviedo, 1966, págs. 89-112; la cita en pág. 99. El trabajo de Bueno estudia el *ensayo* como género, pero con aplicación muy pormenorizada a la obra de Feijoo. Cfr. además: Alfredo Carballo Picazo, «El ensayo como género literario», en *Revista de Literatura*, V, 1954, págs. 93-156.

todavía [58]. Este medio expresivo, que había tenido ya grandes maestros en Europa con Montaigne y Bacon, no había sido cultivado entre nosotros, aunque deben aducirse como precedentes las *misceláneas* y *silvas de varia lección* al modo de las de Mejía y Zapata o las *cartas* de Guevara, el *Jardín* de Torquemada, la *Floresta* de Santa Cruz o el *Thesoro de diversa lición* de Ambrosio Salazar. Todos estos libros habían gozado de extraordinaria difusión, y en los mismos días de Feijoo seguían reeditándose; los puntos de contacto entre ellos y los escritos del benedictino son muy numerosos, y hasta es posible señalar una buena porción de temas comunes; las diferencias son, sin embargo, muy profundas, como corresponde a la distancia cronológica y fin de la obra y, sobre todo, a la nueva actitud crítica incorporada por Feijoo. Además de Montaigne y de Bacon como maestros capitales y del estímulo de la mencionada *literatura mixta* de índole miscelánea recibido de la tradición nacional, Feijoo toma el ejemplo de los ensayistas ingleses de su tiempo, como Addison y Steele, y el de algunos escritores franceses como Fénelon y Fontenelle. No faltan quienes han equiparado a Feijoo con los actuales periodistas, y la comparación nos parece exacta, tomado el periodismo en su mejor sentido. Menéndez y Pelayo, cuya baja estima del periodismo puede disculparse por el tono general del que hubo de sufrir en su época, decía a este propósito: «No quiero hacerle la afrenta de llamarle periodista, aunque algo tiene de eso en sus peores momentos, sobre todo por el abandono del estilo y la copia de galicismos» [59]. Pero el llamar periodista a Feijoo no sería injusto, y define precisamente una de su más positivas cualidades, como fue la capacidad de difusión y penetración social, gracias sobre todo a la sencillez, claridad y eficacia vulgarizadora de su estilo. De haber tenido a su disposición las páginas de los grandes rotativos contemporáneos, tenemos por seguro que Feijoo hubiera escrito incansablemente para ellos [60].

---

[58] La misma palabra *discurso*, utilizada por Feijoo, designaba al género ensayístico cuando éste no poseía todavía forma específica y aceptación genérica. Quevedo llama *discursos* a los *Ensayos* de Montaigne, y *discursos* denominan también a sus escritos algunos costumbristas barrocos, como Santos y Zabaleta, cultivadores de un género entre el costumbrismo prerromántico y el *ensayo* de Feijoo. Cuando éste —dice José Luis Varela («El ensayo de Feijoo y la ciencia», cit., pág. 117)— recoge la palabra *discurso*, venía el vocablo arrastrando una significación un tanto híbrida, entre literaria y científica, subjetiva, curiosa y amena: es el género que el propio Feijoo califica de «literatura mixta» (vol. IV, carta X).

[59] *Heterodoxos*, cit., V, pág. 84.

[60] José Luis Varela rechaza el paralelo, sin embargo: «Si bien Feijoo —dice— toca temas de máxima actualidad en su tiempo, su método es cabalmente opuesto al practicado por el periodismo del nuestro. Feijoo no pretende monumentalizar lo anecdótico-actual y fugitivo, sino precisamente demolerlo mediante categorías universales» («La Literatura Mixta como antecedente del ensayo feijoniano», en *El Padre Feijoo y su siglo*, cit., I, págs. 79-88; la cita en págs. 79-80). El enunciado parece cierto, pero debe ser matizado: ni todo periodismo monumentaliza lo anecdótico y fugitivo, ni

Todo esto plantea el problema, tan discutido, del estilo de Feijoo. En su tiempo ya se le acusó de incurrir en galicismos, opinión acogida por Vicente de la Fuente y reforzada por Menéndez y Pelayo, que tenía en poco la prosa de Feijoo, aunque admitía su amenidad y facilidad. Pi y Margall le acusa de difuso y vulgar en la locución, aunque encomia también lo fácil y claro, lo sentencioso y varonil de su estilo; tampoco Concepción Arenal ni la Pardo Bazán lo tuvieron como modelo literario. Pero los críticos de nuestro siglo han sido, en conjunto, mucho más favorables al estilo de Feijoo, y todos destacan en él los caracteres esenciales de una buena prosa didáctica: la eficacia persuasiva, la fluidez y claridad, el tono familiar; ninguno, sin embargo, tan entusiasta del estilo feijoniano como Marañón: «A mí —dice—, como espectador literario, me parece maravilloso el lenguaje de Feijoo. No me importan sus galicismos, sus ligerezas, sus provincianismos. No sólo no me importan, sino que me encantan sus innovaciones. Y añado que la inmensa mayoría de los libros famosos de aquel siglo y de buena parte del siguiente ya no los puede sufrir la sensibilidad actual, y en cambio los escritos del monje de San Vicente corren sin sobresalto como en su cauce propio, por el gusto de hoy... Porque lo típico del lenguaje de Feijoo es que es un lenguaje esencialmente científico, en el cual la única elegancia permitida es la claridad... En este sentido didáctico me atrevo a repetir que Feijoo es el creador, en castellano, del lenguaje científico» [61].

Esto último es, en efecto, la gran verdad, y lo que explica que solamente en nuestro siglo, cuando la prosa didáctica ha conquistado, con su plena eficacia, la adhesión de todos los estudiosos, se le haya hecho a Feijoo la justicia que merece. No fue Feijoo, por fortuna, lo que se llama un estilista, sino que tuvo el gran acierto de crear el vehículo más oportuno para el objeto que perseguía. El padre Juan Andrés, su casi contemporáneo, dijo que el aire de extranjerismo de la prosa de Feijoo le qui-

---

las páginas del periódico excluyen necesariamente cualquier propósito de mayor transcendencia y universalidad; recuérdese, por ejemplo, la calidad de la tarea periodística llevada a cabo, entre otros muchos, por Ortega y Unamuno. Tampoco se olvide la condición que poseen —y han poseído— tantas publicaciones semanales, campo mixto para la noticia y el comentario ensayístico, donde innumerables páginas de Feijoo, con su propósito polémico y divulgador, tendrían su más adecuado lugar. El mismo Varela describe certeramente a Feijoo bajo este aspecto: «La *prima facies* feijoniana es la de un luchador: la de un formidable polemista y contradictor, que provoca y replica, que no da su brazo a torcer, que está y estará en sus trece, que obstinadamente sigue su camino atendiendo a la obra emprendida y al mismo tiempo a los que salen con piedras a su paso» («Feijoo y la ciencia», cit., pág. 500). ¿Qué otra cosa es este escritor sino un periodista? (Importa aclarar que el artículo de Varela, «La *Literatura Mixta*...», está sustancialmente incorporado a «El ensayo de Feijoo y la ciencia», salvo breves pasajes como el que se cita).

[61] Gregorio Marañón, *Vocación, preparación y ambiente biológico y médico del P. Feijoo,* Discurso de recepción en la Real Academia Española, Madrid, 1934, páginas 62-67.

taba la fuerza y la gracia que tanto agradaban en nuestros clásicos; lo cual puede admitirse, si se quiere, en cuanto a la gracia, pero es un serio error respecto a lo primero. Es necesario tener muy en cuenta lo que había llegado a ser la prosa en los días de Feijoo —aquel detritus barroco que había de ridiculizar el padre Isla en su *Fray Gerundio*— y compararla con la sobriedad del instrumento forjado por el monje de Casdemiro, para valorar el esfuerzo gigante, casi milagroso, que suponía esta transformación. Y ni siquiera la prosa de los grandes maestros del Barroco, aun la de más calidad literaria, hubiera servido en absoluto para expresar el mundo ideológico de Feijoo; es casi ridículo pensar que la atormentada prosa de Quevedo —con toda la *gracia* expresiva que echaba de menos el padre Andrés— o la rebuscada y artificiosa de Gracián o de Saavedra Fajardo hubieran sido aptas para la rápida y eficaz comunicación intelectual que los nuevos tiempos requerían[62]. En cuanto al supuesto aire de extranjerismo —y lo tenía, ciertamente, por comparación con los artificios tradicionales—, no consiste sino en la novedad estilística, verdaderamente revolucionaria en su tiempo, de servirse de una prosa flexible basada en la naturalidad, insustituible para desarrollar ideas científicas[63].

---

[62] Sánchez Agesta subraya el golpe decisivo dado por Feijoo al estilo literario que había caracterizado al pensamiento político de la época barroca; estilo, había dicho Feijoo, que procede por conclusiones, empresas y aforismos, y que sólo enseña reglas generales al alcance de cualquier hombre de mediano entendimiento. Esta literatura política, compuesta con carácter pedagógico-moral y propósito oficioso y cortesano pero carente de pensamiento especulativo, había fallado —dice Sánchez Agesta— no sólo por el vicio intrínseco de la materia, sino por la misma forma y estilo de su exposición. «Después de Feijoo —añade— ya no volverá a aparecer este género en la literatura española, si no es como una curiosidad arcaizante o erudita; ya no encontraremos más *avisos, emblemas, blasones*, ni *empresas* de cláusulas cortadas y arredondadas con afectación para retintín del oído, ni más advertencias políticas deducidas de Tácito o Salustio, en que el aliño de la erudición trata de suplir la pobreza de fondo. Antes bien, el pensamiento político se expresará en la nueva forma que Feijoo ha acuñado y hasta con sus propios títulos: Discursos, Cartas». Y explicando a continuación cómo Feijoo descubre en el ensayo un nuevo vehículo literario para la exposición de semejantes temas, añade: «Con ello Feijoo ha dado una nueva fórmula, sencilla en la palabra, directa y natural en el párrafo, asistemática pero ordenada y monográfica en la composición, amena y original en la exposición, fijando lo que va a ser uno de los nuevos módulos de expresión del pensamiento político hasta nuestros días. Más claro: Feijoo ha cuajado el *ensayo* como nueva forma literaria de pensamiento político. Basta recordar el estilo escolástico de nuestros teólogos del Siglo de Oro y la fórmula barroca del XVII para advertir el profundo giro que Feijoo ha impreso al pensamiento político, acuñando esta nueva forma de estilo; ella en sí pesa sobre los temas y crea un nuevo arte de exponerlos; pero, además, abre infinitamente el ámbito del público al que se dirigen» (Luis Sánchez Agesta, *El pensamiento político del despotismo ilustrado*, Madrid, 1953, página 46).

[63] En más de una ocasión habla Feijoo de este carácter de su prosa, con plena conciencia de su importancia y no menor satisfacción de haberlo hecho suyo: «Pregúntame V. md. —dice al comienzo de su carta *La elocuencia es naturaleza y no arte*— qué estudio he tenido y qué reglas he practicado para formar el estilo de que uso

Este nuevo rumbo que Feijoo imprime a la prosa, tiene el doble mérito de no haber tenido prácticamente precedentes y de haber impuesto el camino del futuro. Antes de él, no existía diferencia entre la prosa científica y la prosa literaria; después de él, fue ya imposible, sin riesgo de universal reproche, vestir el pensamiento con los espesos ringorrangos que decoraban la prosa didáctica anterior. La supuesta condición de periodista, a que hemos aludido, que se atribuye a Feijoo, es el más alto elogio si pensamos que el periodismo, como hemos podido ver en las páginas correspondientes, aún no existía realmente en su tiempo, y fue el benedictino justamente quien creó la prosa que había de ser imprescindible para el instrumento de comunicación que el periodismo pretendía ser. Los periodistas más «modernos» del último tercio del siglo no consiguieron rebasar la «modernidad» de la prosa de Feijoo; y ténganse bien presentes estas fechas: cuando en 1740 habían sido ya publicados los ocho tomos del *Teatro crítico*, faltaban todavía tres lustros para que Nipho, precursor de periodistas, comenzara su tarea.

Reproche repetido contra Feijoo es el aludido empleo de galicismos. En su afán de lograr una prosa directa y sencilla, Feijoo había estudiado los rasgos de la lengua francesa, y al compararla con la castellana había escrito: «Consiste la propiedad del estilo en usar de las locuciones más naturales y más inmediatamente representativas de los objetos. En esta parte, si se hace el cotejo entre escritores modernos, no puedo negar que por lo común hacen ventaja los franceses a los españoles. En aquéllos se observa más naturalidad; en éstos más afectación. Aun en aquellos franceses que más sublimaron el estilo, como el arzobispo de Cambray, autor del *Telémaco*, y Madalena Scuderi, se ve que el arte está amigablemente unido con la naturaleza. Resplandece en sus obras aquella gala nativa, única hermosura con que el estilo hechiza al entendimiento. Son sus escritos como jardines, donde las flores espontáneamente nacen; no como lienzos, donde estudiosamente se pintan. En los españoles, picados de cultura, dio en reinar de algún tiempo a esta parte una afectación pueril de tropos retóricos, por la mayor parte vulgares, una multitud de

---

en mis libros, dándome a entender que le agrada y desea ajustarse a mi método de estudio para imitarle. Siendo este el motivo de la pregunta, muy mal satisfecho quedará V. md. de la respuesta, porque resueltamente le digo que ni he tenido estudio, ni seguido algunas reglas para formar el estilo. Más digo: ni le he formado ni pensado en formarle. Tal cual es, bueno o malo, de esta especie o de aquella, no le busqué yo; él se me vino...». Y añade casi a continuación: «Sin la naturalidad no hay estilo, no sólo excelente, pero ni aun medianamente bueno. ¿Qué digo ni aun medianamente bueno? Ni aun tolerable. Es la naturalidad una perfección, una gracia, sin la cual todo es imperfecto y desgraciado, por ser la afectación un defecto que todo lo hace despreciable y fastidioso. Todo, digo, porque entienda vuestra merced que no hablo sólo del estilo. A todas las acciones humanas da un baño de ridiculez la afectación. A todas constituye tediosas y molestas» (*Cartas eruditas*, ed. Millares Carlo, cit., «Clásicos Castellanos», págs. 37-38).

epítetos sinónimos, una colocación violenta de voces pomposas, que hacen el estilo, no gloriosamente majestuoso, sí asquerosamente entumecido. A que añaden muchos una temeraria introducción de voces, ya latinas, ya francesas, que debieran ser decomisadas como contrabando del idioma, o idioma de contrabando en estos reinos. Ciertamente en España son pocos los que distinguen el estilo sublime del afectado y muchos los que confunden uno con otro» [64].

Como se ve, alude Feijoo a la *temeraria introducción* de voces cultas y extranjeras, es decir, rechaza la importación cuando carece de necesidad, pero no si la abonan razones suficientes. En su carta *Sobre la introducción de voces nuevas*, afirma que es menester para ello un tino sutil: «Supongo —dice— que no ha de haber afectación, que no ha de haber exceso. Supongo también que es lícito el uso de voz de idioma extraño, cuando no hay equivalente en el propio; de modo que, aunque se pueda explicar lo mismo con el complejo de dos o tres voces domésticas, es mejor hacerlo con una sola, venga de donde viniere. Por este motivo, en menos de un siglo se han añadido más de mil voces latinas a la lengua francesa y otras tantas, y muchas más, entre latinas y francesas, a la castellana. Yo me atrevo a señalar en nuestro nuevo diccionario más de dos mil, de las cuales ninguna se hallará en los autores españoles que escribieron antes de empezar el pasado siglo. Si tantas adiciones hasta ahora fueron lícitas, ¿por qué no lo serán otras ahora? Pensar que ya la lengua castellana u otra alguna del mundo tiene toda la extensión posible o necesaria, sólo cabe en quien ignora que es inmensa la amplitud de las ideas, para cuya expresión se requieren distintas voces» [65]. Y añade luego: «Los que a todas las peregrinas niegan la entrada en nuestra locución, llaman a esta austeridad *pureza de la lengua castellana*... ¡Pureza! Antes se deberá llamar *pobreza*, desnudez, miseria, sequedad. He visto autores franceses de muy buen juicio, que con irrisión llaman *puristas* a los que son rígidos en esta materia; especie de secta en línea de estilo, como la hay de puritanos en punto de religión» [66]. Acude Feijoo a la objeción de que recurrir a idiomas extraños pudo ser lícito en otro tiempo, porque el español no poseía entonces la riqueza necesaria, pero no lo es ahora cuando ya tenemos voces para todo; a lo cual responde Feijoo: «En una clase sola de objetos les mostraré que nos faltan muchísimas voces. ¿Qué será en el complejo de todas? Digo en una clase sola de objetos; esto es, de los que pertenecen al predicamento de *acción*. Son innumerables las acciones para que no tenemos voces, ni nos ha socorrido con

---

[64] Ed. La Fuente, cit., pág. 46.
[65] Ed. La Fuente, cit., pág. 507. El título completo de la *Carta* es: *Defiende el autor el uso que hace de algunas voces, o peregrinas, o nuevas en el idioma castellano*; pero ni La Fuente ni Millares dan el título correcto.
[66] Ídem, íd.

ellas el nuevo diccionario. Pondré uno u otro ejemplo. No tenemos voces para la *acción de cortar*, para la de *arrojar*, para la de *mezclar*, para la de *desmenuzar*, para la de *excretar*, para la de *ondear el agua* u otro licor, para la de *excavar*, para la de *arrancar*, etc. ¿Por qué no podré, valiéndome del idioma latino para significar estas acciones, usar de las voces *amputación, proyección, conmixtión, conminución, excreción, undulación, excavación, avulsión*? Asimismo padecemos bastante escasez de términos abstractos, como conocerá cualquiera que se ocupe algunos ratos en discurrir en ello. Fáltannos también muchísimos participios. En unos y otros los franceses han sido más próvidos que nosotros, formándolos sobre sus verbos o buscándolos en el idioma latino. ¿No sería bueno que nosotros los formemos también, o los traigamos del latín o del francés?». Y cierra el comentario con esta ironía cazurra: «¿Qué daño nos hará este género peregrino, cuando por él los extranjeros no nos llevan dinero alguno?» [67]. Más abajo escribe, confirmando su agudeza lingüística: «Luego que en el párrafo inmediato escribí la voz *asequible*, me ocurrió mirar si la trae el *Diccionario* de nuestra Academia. No la hay en él. Sin embargo, vi usar de ella a castellanos que escribían y hablaban muy bien. Algunos juzgarán que *posible* es equivalente suyo, pero está muy lejos de serlo». Y no sólo la necesidad, sino también razones estéticas pueden aconsejar el neologismo: «Ni es menester, para justificar la introducción de una voz nueva, la falta absoluta de otra que signifique lo mismo: basta que lo nuevo tenga o más propiedad o más hermosura o más energía» [68].

La teoría de Feijoo no admite reparos y apenas podrá encontrarse en nuestros días filólogo que no la suscriba; lo que dice más que de sobra sobre la modernidad del benedictino. No obstante, en la práctica, no siempre actuó Feijoo con el tino que recomendaba, lo cual nada tiene de extraño y es harto disculpable, no habiendo, como no la hay, en su prosa esa demasía de que le han acusado sus censores; cierto que algunos de los latinismos que introduce no responden a necesidad técnica alguna ni suponen mayor energía o hermosura, y la posteridad los ha rechazado, como *pondus* por *peso*, *damnable* por *dañoso*, *apingir* por *añadir;* lo mismo sucede con algunos galicismos, tales como *tirar* por *sacar*, *revenir* por *volver*. Otras peculiaridades estilísticas son también poco afortunadas, como el uso plural de ciertos nombres abstractos —*acerbidades, raridades*—, o el empleo insistente de superlativos absolutos, muchos de los cuales los ha rechazado el uso —*bastantísimo, verdaderísimo*—.

Estos desaciertos ocasionales están, a su vez, sobradamente compensados por innovaciones muy oportunas, que han sido asimiladas por el lenguaje e incorporadas con sanción oficial y de hecho, a pesar de los repa-

---

[67] Idem, íd., pág. 508.
[68] Idem, íd.

ros temporales —hoy olvidados— de los puristas. En todo caso, por encima de cualesquiera defectos aislados, la prosa de Feijoo no sólo posee las excelentes cualidades que hemos descrito, inherentes a su peculiar condición didáctica, sino méritos literarios muy diversos, aunque es costumbre el negarlos, no sabemos si después de leer las obras del benedictino o sólo por rutina. Incluso no todo es sencillez y tono familiar. Varela ha señalado muy oportunamente que hay en Feijoo primores de estilo y contaminaciones retóricas, que remiten a la oratoria del púlpito barroco; hay además «deliciosas, tornasoladas muestras de humor —del chiste directo a la ironía más fina—, que revelan hasta qué punto sabía gozar de los remansos o del envés de las cosas (o dicho de otro modo, hasta qué punto se sabía centro de un auditorio a quien gustar)» [69]. El mismo comentarista señala hallazgos expresivos que parecen —dice— anticiparse a la *greguería*: «es el cometa una fanfarronada del cielo», imagen ya destacada también anteriormente por Vicente Risco [70]. Más, sin embargo, que en agudezas específicas o en galas de lenguaje, la maestría literaria de Feijoo se acredita en sus constantes aciertos descriptivos y en la incisiva precisión con que plantea un caso, relata un hecho, dispone y maneja las armas de su implacable dialéctica. Hay párrafos innumerables en Feijoo que nos sorprenden por la modernidad de su andadura, afín en muchas ocasiones a la prosa de Larra.

EL PENSAMIENTO DE FEIJOO

La compleja multiplicidad de asuntos tratados por Feijoo en su *Teatro* y en sus *Cartas* se deja muy difícilmente esquematizar en unas pocas fórmulas que resuman su pensamiento. La *filosofía* de Feijoo es su *actitud*. No cabe, pues, sino acotar los campos más frecuentados por la crítica del benedictino y señalar sus temas predilectos.

En su quijotesca campaña contra el *error común* combatió insistentemente Feijoo lo mucho que había en el sentimiento religioso español de supersticioso y milagrero. Deseaba el benedictino que la religión fuera entendida y practicada con la pureza y dignidad que le correspondía, y además de las innumerables alusiones que esparció por todos sus escritos, dedicó exprofesamente a estos problemas varios *discursos y cartas*; entre los primeros, *Milagros supuestos, Purgatorio de San Patricio, Toro*

[69] «Feijoo y la ciencia», cit., pág. 497. Véase el excelente apunte de Rafael Lapesa, «Sobre el estilo de Feijoo», en *De la Edad Media a nuestros días. Estudios de historia literaria*, Madrid, 1967, págs. 290-299.

[70] Vicente Risco, «El Padre Maestro Fray Benito Jerónimo Feijoo Montenegro», en *Historia General de las Literaturas Hispánicas*, dirigida por G. Díaz-Plaja, IV, primera parte, Barcelona, 1956, págs. 205-234; la referencia en pág. 220.

de San Marcos [71]; entre las segundas, *Sobre la sagrada ampolla de Reus, Sobre un fenómeno raro de huevos de insectos que parecen flores, Sobre la continuación de milagros en algunos santuarios, Sobre la multitud de milagros, Campana y crucifijo de Lugo, con cuya ocasión se tocan algunos puntos de delicada Física, Examen de milagros;* aún habría que agregar el discurso sobre las *Peregrinaciones sagradas y romerías,* justa condena de algazaras paganas, efectuadas bajo pretexto de religión. «En dar o suspender el asenso a los milagros, caben dos extremos, ambos viciosos: la credulidad nimia y la incredulidad proterva» [72], dice en *Milagros supuestos,* donde con gran desenfado examina las razones que, ya desde el nacimiento de la Iglesia, originaron leyendas milagreras. «Dios —escribe al comienzo del *Purgatorio de San Patricio*— no sólo quiere en los hombres religión verdadera, sino pura, y con tal pureza, que excluya, no sólo errores perniciosos, más también fábulas inútiles o noticias inciertas. Aquéllos la destruyen, éstas la afean. El grano del Evangelio no presta nutrimento seguro, sino separado de la paja. Paja llamo a las relaciones de revelaciones y milagros, que carecen de fundamento sólido, y aunque vulgarmente se crea que éstas alimentan en algún modo la piedad, digo, que ese es un alimento vicioso, sujeto a muchos inconvenientes, que hemos ponderado en otros lugares. La doctrina celestial por sí misma sola tiene todo el influjo que es menester para conducirnos a la patria. Todo lo que se le sobreañade es superfluo, y las superfluidades, no menos que en el humano, son nocivas en el cuerpo místico» [73]. Feijoo desea que la fe descanse sobre un convencimiento racional y no en pueriles sentimentalismos; después de rechazar la creencia de que el territorio de Nieva estaba libre de tempestades por intercesión de la Virgen, escribe: «Y por decir a vuestra merced todo lo que siento en el asunto, no sólo dudo mucho de ese milagro preservativo del furor del rayo, pero quisiera que dudasen todos como yo. Mas ¿a qué propósito, me dirá vuestra merced, el deseo de comunicar a todos mi poca fe? Respondo, que al fin de convertir una piedad de mera apariencia en una piedad sólida» [74]. Parécenos estar oyendo a Unamuno en su afán de remejer conciencias. «Confieso —dice Feijoo en el ya mencionado discurso sobre los *Milagros supuestos*— que no puedo tolerar que a expensas de la piedad se haga capa al embuste». Y añade más abajo: «Siempre que se pueda descubrir, es justo perseguir la mentira en cualquier parte que se halle, y mucho más cuando

[71] Cfr.: Julio Caro Baroja, «El toro de San Marcos», en *Revista de Dialectología y Tradiciones Populares*, I, 1944, págs. 88-121. M. García Matos, «Curiosa historia del *toro de San Marcos* en un pueblo de la Alta Extremadura», en *Revista de Dialectología y Tradiciones Populares*, IV, 1948, págs. 600-611. M. de la Quintana, «El P. Feijoo y el toro de San Marcos», en *Finisterre*, Madrid, I, 1948, págs. 275-281.
[72] Ed. La Fuente, cit., pág. 112.
[73] Idem, íd., págs. 366-367.
[74] *Sobre la continuación de milagros en algunos santuarios*, en ídem, íd., pág. 506.

se acoge a sagrado, pues sólo entra en él para profanar el templo... No esperemos a que la enemiga de los herejes descubra lo que erró la falsa piedad de algunos católicos. Seamos nosotros los delatores de la impostura, antes que nuestros contrarios nos den con ella en los ojos, haciendo guerra a nuestras verdades con nuestras ficciones» [75].

No obstante, muchos espíritus pacatos de su tiempo entendieron torcidamente los propósitos de Feijoo o temieron que sus ataques contra las supersticiones y prácticas viciosas desprestigiaran el catolicismo español ante Europa; no es, pues, de extrañar que se originaran de aquí muchas de las aludidas polémicas feijonianas. Los padres Tronchón y Torreblanca atacaron a Feijoo por su supuesta —y peligrosa— preferencia por «el hereje Bacon»; en la *Gaceta de Londres* se publicó una tendenciosa noticia insinuando la posibilidad de una reforma religiosa en España dirigida por Feijoo, el cual tuvo que defenderse probando su ortodoxia [76]. Se le delató además ante la Inquisición por unos párrafos de su discurso *Importancia de la ciencia física para la moral*, y sólo la intervención del rey Fernando VI evitó el proceso. Muy ruidoso fue el debate promovido por el famoso «milagro de las flores de San Luis» [77], que desató la hostilidad de los franciscanos con la publicación de las *Reflexiones* de Soto Marne, ya mencionadas.

Las acusaciones contra Feijoo subsistieron mucho después de su muerte como parte de su biografía; todavía a comienzos del siglo XIX se cantaba una copla, muy significativa, que ha recogido Mesonero Romanos:

> *El que leyere a Fraijóo,*
> *El que traduce el francés,*

[75] Idem, íd., pág. 114.
[76] Feijoo da cuenta de este hecho y se defiende de semejante impostura en el discurso V del tomo VIII, titulado *Fábulas gacetales*, párrafos X y XI (ed. La Fuente, cit., págs. 449-451).
[77] De «su gran hazaña antimilagrera» lo califica Marañón (*Las ideas biológicas...*, cit., pág. 73). Se creía que el día de San Luis, obispo de Tolosa, en la ermita dedicada a este santo en Cangas de Tineo, durante la misa mayor «las paredes y puerta de la Hermita, juntamente con el Altar, Vestiduras del Sacerdote, Cáliz y Corporales, repentinamente se pueblan de unas muy pequeñas florecitas blancas, en gran copia; y que éstas se aparecen precisamente en aquel puesto, en aquel día y en aquella hora, no viéndose jamás en otro sitio, ni en aquél, sino al tiempo de cantar la Misa en el día señalado» (carta XXX, tomo I). Feijoo demostró en esta carta que las tales flores no eran sino huevecillos de insectos que existían por todas partes, pero que dentro de la ermita, debido al calor de la multitud congregada por la fiesta, aumentaban en poco tiempo de volumen, haciéndose visibles. La explicación de Feijoo irritó a los franciscanos, ya que el «milagro» había sido autorizado por varios cronistas de su Orden. Se hizo una información que resultó desfavorable para el benedictino, pero éste insistió, y con ayuda del obispo de Oviedo pudo llegar al total esclarecimiento de los hechos y a confirmar su primer dictamen. Feijoo compuso una minuciosa y larga relación de todo lo sucedido en su escrito *Hecho y derecho en la famosa questión de las Flores de San Luis del Monte*, que va como apéndice a la carta XXVIII, sobre el *Milagro de Nieva*, con que termina el tomo II.

> *El que gasta capingote,*
> *¡Hugonote!* [78].

Menéndez y Pelayo lo hizo comparecer, sintomáticamente, en sus *Hetero-doxos;* cierto que para «vindicar» su ortodoxia, pero tampoco sin distiñ-gos y salvedades. Pi y Margall, en el prólogo de su edición antológica mencionada, malicia que el benedictino, temeroso entre sus hábitos reli-giosos y viejas creencias de una parte y el deseo —por otra— de abrir camino a sus ideas, andaba entre cautelas, obligado con frecuencia a decir lo que no sentía. Montero Díaz [79] también imagina a Feijoo ator-mentado por íntimas luchas de conciencia. Y Morayta afirma tajante-mente: «Feijoo no quiso descatolizar a España; pero, sostengámoslo con entereza, si se lo hubiera propuesto, habría de todas maneras empezado por lo que hizo» [80]. Todavía en nuestros días María Ángeles Galino supone a Feijoo escindido dramáticamente entre el creyente y el racionalista [81].

Pero apenas nadie sospecha hoy de la sincera religiosidad del autor del *Teatro crítico:* «Feijoo —escribe Sánchez Agesta— es tan profunda-mente cristiano como su bautismo y sus órdenes exigían de él, y tan pro-fundamente razonable como el cristianismo lo es. Sólo la frecuente igno-rancia de la libertad y racionalidad que es connatural al catolicismo ha podido suscitar en pensadores ultracatólicos, recelos, y en sectarios, mal-intencionadas complacencias e insinuaciones sobre la sincera piedad y

---

[78] Ramón de Mesonero Romanos, *Memorias de un setentón,* ed. de Carlos Seco Serrano, B. A. E., núm. CCIII, Madrid, 1967, pág. 8.

[79] «Las ideas estéticas del padre Feijoo», cit.

[80] *El Padre Feijoo y sus obras,* cit., pág. 103.

[81] «En Feijoo —dice— pugnan dos espíritus: el de su formación tradicional y el de su postura innovadora. El drama de este hombre consiste en sentir como español y pensar como inglés, en leer en francés y escribir en castellano, en una palabra, en argüir con la heterodoxia y concluir con la ortodoxia» (*Tres hombres y un problema,* cit., pág. 48). Galino no duda, evidentemente, de la ortodoxia de Feijoo, pero atribuye consecuencias nocivas a su campaña antimilagrera y a su lucha contra las supers-ticiones y creencias pueriles: «El pensamiento de Feijoo en su lucha contra el falso milagro —escribe Galino— consiste en un objetivo depurador, un servicio que la razón haría a la fe, podándola de falsas excrecencias. No tenemos derecho a dudar de su propósito, así como antes defendimos la autenticidad de su propia fe religiosa. Lo que podemos condenar es el exagerado prurito nivelador que le lleva demasiado le-jos en sus reacciones contra la vana credulidad. Hoy nos resultan excesivos sus recelos al culto de la Madre de Dios con los diversos nombres de los respectivos san-tuarios, así como su aversión a las peregrinaciones jacobeas, y condenación general de las romerías. En otro orden de cosas, nos duele que regateara a Santa Juana de Arco la divina asistencia y que, en éste como en otros casos, su afán de *racionali-zar* le diera una visión alicortada de la historia. Esto hace que su magisterio haya tenido, en parte, una consecuencia descristianizadora y que deba considerársele como uno de los escritores que más activó el proceso de laicización nacional patente en la época de Carlos III, la cual, por más de un aspecto, podía declararse hija y heredera suya, sin que, por otro lado, haya razón de atribuir a Feijoo toda la co-rriente irreligiosa del despotismo ilustrado en España» (ídem, íd., págs. 64-65).

ortodoxia del benedictino» [82]. Marañón, cuyo testimonio no puede ser recusado a tal respecto, ha defendido insistentemente la intachable ortodoxia de Feijoo: «Se derramó en sus páginas —escribe— con un candor singular, en el que se hubiera transparentado la menor de sus inquietudes teológicas» [83]; y alega su contacto de muchos años con las obras feijonianas sin que jamás le hubieran hecho esa impresión de conciencia decepcionada que refiere Pi y Margall: «Si hubiera sido un escéptico embozado no tendría el menor interés para nosotros su posición ante el problema del milagro. Si lo tiene tan alto es porque precisamente cree en el milagro verdadero, lo cual le permite aplicar al falso el criterio experimental, no sólo con autoridad, sino con exacto rigor» [84]. «Ni deliberada ni involuntariamente —escribe comentando la mencionada afirmación de Morayta— impugnó la obra de Feijoo el espíritu católico de su país, sino el fanatismo yuxtacatólico, con lo que hizo sin duda un bien a sus creencias» [85]. Y resumiendo su pensamiento expuesto una y otra vez a lo largo de su estudio, escribe estos párrafos finales: «Caso típico de la influencia creadora del clima histórico, Feijoo fue el más genuino representante de la crítica experimental del siglo XVIII; pero hay que decirlo firme y claramente: con completa independencia de la trayectoria del enciclopedismo francés; enciclopédico, pues, no de Francia ni de ninguna otra parte, sino *de la época;* por espontánea generación y con todas las características ibéricas, entre ellas la ortodoxia más estricta. Los que ligeramente le comparan con Diderot y discuten su catolicismo, desvirtúan su verdadera significación. Feijoo no tuvo nunca que 'palparse el catolicismo', como Torres de Villarroel en sus momentos de duda, porque nunca dudó; ni nadie pudo dudar fundadamente de él. Si alguna vez ha despertado sospechas su actitud filosófica ha sido, mucho tiempo después de su muerte, por el pueril afán de los liberales del siglo XIX de incorporar al benedictino a las gentes de su bandería; o bien por los propios católicos: estos católicos nuestros, fieles a su instintiva precaución contra todo lo que significa inteligencia viva y libre. Hombre universal y, a la vez, español por los cuatro costados, Feijoo se sentía incorporado al ansia renovadora de su siglo sin que se rompiese una sola de las raíces de su tradición nacional» [86].

---

[82] Prólogo a su edición antológica, *Escritos políticos de Feijoo,* cit.
[83] *Las ideas biológicas...,* cit., pág. 69.
[84] Ídem, íd., pág. 70.
[85] Ídem, íd., pág. 70, nota 1, v.
[86] Ídem, íd., pág. 294. McClelland hace, sin embargo, una aclaración que nos parece interesante. Reconoce, sin duda posible, la firme ortodoxia del benedictino, pero afirma que no se advierte en su obra que su vida religiosa interior estuviera muy desarrollada. En los pasajes devotos, aun siendo fervorosos, Feijoo es retórico; demuestra piedad, pero ninguna actitud personal que revele profundas experiencias religiosas; en la mayoría de los temas fue original y creador, pero en los religiosos

En los mismos conceptos abunda José Luis Varela, que hace suyas las conclusiones de Marañón. Varela rechaza las insinuaciones formuladas contra Feijoo por los críticos mencionados, y subraya la «actitud bifronte» del benedictino, que le permitía ejercer una función integradora y al propio tiempo depuradora: «Integradora de lo científicamente aprovechable de los heterodoxos, al margen de su doctrina, y depuradora en el seno de la Iglesia misma»[87]. Recuerda Varela que la simple cronología rechaza la supuesta dependencia de Feijoo respecto de la *Enciclopedia*, cuyo primer volumen aparece en 1751, fecha en la cual Feijoo había ya publicado los ocho tomos de su *Teatro* y los tres primeros de las *Cartas eruditas*. Los puntos comunes proceden de que ambos tienen el mismo maestro, el Canciller Bacon, que había esbozado el plan de un diccionario de ciencias y de artes. El sincronismo —y el influjo— existe entre Feijoo y los precursores inmediatos de la *Enciclopedia* —Malebranche, Bayle, Fontenelle—, todos ellos divulgadores científicos, compiladores, escépticos, pero de cuyas actitudes radicales se separa completamente el monje de Casdemiro; de ellos —explica Varela— toma el método y los temas, los utiliza a todos como referencias y fuentes de información. Así, Malebranche le interesa como enemigo de la superstición y de prejuicios populares, pero no como filósofo; rechaza el materialismo de Bayle, pero le acepta sus ideas contra las opiniones del vulgo, sobre las causas naturales de muchos prodigios falsos, sobre la posibilidad de una vida justa al margen de la fe. Este concepto integrador, raíz de la característica «tolerancia» de Feijoo tan encarecida por Marañón y Concepción Arenal, es el que le llevaba a tomar cualquier saber aprovechable allí donde estuviere, dejando aparte las creencias religiosas de sus autores; posición difícilmente aceptable en sus días y que le había de acarrear tantas incomprensiones

---

fue sólo un erudito. No era un místico, por supuesto, pero tampoco parece haber sentido ninguna urgencia de serlo. El intelectual práctico y realista eclipsaba al hombre interior. Dice McClelland que si Feijoo hubiera vivido más tarde, es muy probable que no hubiera sido monje; podríamos imaginarlo tal como es, desempeñando una cátedra de Medicina, de Filosofía o de Historia, viviendo retiradamente —monje de la ciencia— como profesor de cualquier universidad. (*Benito Jerónimo Feijoo*, cit., págs. 7-8).

[87] «Feijoo y la ciencia», cit., pág. 506. En parecidos términos se expresa también Lázaro Carreter: «Fr. Benito —dice— no sale a la palestra con propósitos que no sean, a la vez, una disipación de errores y una defensa cerrada de la religión. Por eso las cuestiones por él examinadas no siguen más orden que el puro azar o la pura ocurrencia. En este sentido podemos afirmar que Feijóo posee una mente enciclopédica, pero no enciclopedista. Entre una y otra, entre lo enciclopédico y el enciclopedismo media un abismo cuyo salto jamás tentó a este piadoso varón que alguna pluma necia ha llamado el Voltaire español. El cristianismo íntegro del P. Feijoo es su rasgo diferencial más profundo frente a los escritores filósofos de allende los Pirineos... Conocido es el ardor con que el Padre Maestro se aplicó a un meticuloso deslinde entre los órdenes natural y sobrenatural, entre la religión y la magia. Era, por tanto, una empresa de preclara naturaleza cristiana» (*Significación cultural de Feijóo*, «Cuadernos de la Cátedra Feijoo», núm. 5, Oviedo, 1957, pág. 23).

cuando no cerrada hostilidad. Recuérdese la envenenada intención con que los padres Tronchón y Torreblanca decían que «el Adonis del padre Maestro era el hereje Bacon de Verulamio». En su respuesta a éstos, Feijoo precisó su opinión, que ya había expuesto en otras ocasiones: «He elogiado por filósofo y como filósofo a Bacon. ¿Qué hay en esto contra la Santa Madre Iglesia? ¿La filosofía natural, ni aun la moral, está ni estuvo nunca estancada en la verdadera religión? ¿El ser gentil le quitó a Aristóteles escribir bien de la primera y aún mejor de la segunda? ¿Está tan identificada en un hereje la herejía con la filosofía, que no se pueda elogiar ésta y abominar aquélla? Eso parece que quieren dar a entender los Apologistas; porque, si no, ¿a qué propósito es recalcarse tanto en la herejía de Bacon, que nunca le nombran sin clavarle el execrable epíteto de hereje?... Déjese a la gente ruda esa vulgar cantinela de despreciar cuanto hay en los herejes, sólo porque lo son. Lo bueno se puede apreciar en cualquiera parte que esté. Nadie desprecia un diamante por hallarle entre inmundicias. Los herejes, por serlo, no dejan de ser hombres. Ni Dios repartió las almas con una providencia tal, que todos los grandes ingenios hubiesen de caer precisamente dentro de la Iglesia. Como dejó las de Aristóteles, Platón y Tulio entre los gentiles pudo dejar otros ingenios iguales entre los herejes... Separar y distinguir lo precioso de lo vil, cuando uno está mezclado con otro, dando a cada uno su justo valor, es lo que dicta la razón. Confundir lo precioso con lo vil, y despreciar aquello porque está mezclado con esto, sólo la sinrazón puede dictarlo» [88]. Unos párrafos antes, casi al comienzo del ensayo, había desenmascarado con valentía y claridad la razón de muchos remilgos hipócritas, aducidos contra los «herejes»: «El nombre odioso de hereje, cuando tan fuera de propósito se toma por pretexto para hacer aborrecible la cita de algún autor que lo fue, es un coco de que artificiosamente usan algunos para amedrentar a los párvulos de la república literaria, cuando la cita los incomoda» [89].

En Filosofía mantuvo Feijoo una postura ecléctica, sin adherirse a ningún sistema; ninguno tampoco trató, por su parte, de construir, pues sería vano buscar en Feijoo un filósofo sistemático. Su *filosofía*, como llevamos dicho, es su *actitud* científica, caracterizada por su insaciable curiosidad, su sentido crítico y, sobre todo, por su afán de remediar nuestro aislamiento y encauzar la vida de su patria por las corrientes intelectuales europeas. Su formación había sido básica, e inevitablemente, escolástica, y a cada paso lo delatan sus hábitos silogísticos; pero, en sustancia, combatió contra el viejo escolasticismo, denunciando el tiempo que se consumía en el estudio de cuestiones inútiles, y trató de incorporar las

---

[88] Tomo II, carta XIII, *Sobre Raimundo Lulio*, ed. La Fuente, cit., págs. 529-530.
[89] Idem, íd., pág. 528.

nuevas corrientes positivistas y empiristas de Bacon, Descartes, Gassendi, Newton, etc.

Pero de todos ellos, como hemos insinuado repetidamente, el gran maestro y centro de sus más entusiastas preferencias fue Bacon. De él aprende el culto a la experiencia arrinconando el abuso de la argumentación que substituye por el método inductivo, propio de las ciencias naturales, aunque sin renunciar a combinar la observación con el entendimiento y no limitándose, por tanto, al mero empirismo; de Bacon extrae también Feijoo sus métodos para liberarse de los *idola* o errores originados por los prejuicios, que nos impiden la visión clara y concreta de los hechos; también como él, reprocha a la Escolástica el abuso del principio de autoridad, la pedantería argumental, la oscuridad del lenguaje, el abuso de una dialéctica sutil y casuística, y, muy en particular, el tratamiento metafísico de problemas físicos. En su carta sobre las *Causas del atraso que se padece en España en orden a las ciencias naturales* (carta XVI, tomo II), ridiculiza Feijoo una y otra vez a los filósofos escolásticos de su tiempo; después de referirse a la lección que el anatómico francés Juan d'Elgar había dado en el propio convento de Feijoo sobre el corazón de un carnero, comenta sarcásticamente el benedictino: «Mientras nosotros, los que nos llamamos aristotélicos, nos quebramos las cabezas y hundimos a gritos las aulas sobre *si el ente es unívoco o análogo; si transciende las diferencias; si la relación se distingue del fundamento,* etc.»[90]; y torna a sus burlas páginas más adelante: «Considera un anciano doctor (quiero llamarle Theopompo) muy bien puestos sus créditos en orden a aquellas facultades que se enseñan en nuestras aulas. Especialmente se atribuye el honor de gran filósofo, porque disputó quinientas veces públicamente, a su parecer muy bien, sobre *si la materia tiene propia existencia; si la unión se distingue de las partes; si la sustancia es inmediatamente operativa,* etc.»[91].

Contra las prácticas comunes en su tiempo, Feijoo estaba persuadido de la absoluta inutilidad de llevar disputas metafísicas al estudio de los problemas de la naturaleza: «Yo concederé sin mucha dificultad —dice en su discurso *De lo que sobra y falta en la enseñanza de la medicina* (XIV, tomo VII)— que alguna filosofía es útil, y aun en alguna manera necesaria para la medicina, pero ¿qué filosofía? ¿La que se enseña en las Escuelas? Ninguna más inconducente ni más fuera de propósito. ¿Qué hará al caso saber que los principios del ente natural son tres (doy que ello sea así), materia, forma y privación? Que la materia es pura potencia; que tiene apetito a todas las formas; que la forma sustancial es acto primero...»[92]; «No es sola la filosofía aristotélica —insiste luego, cada vez

---

[90] Ed. La Fuente, cit., pág. 542.
[91] Ídem, íd., pág. 544.
[92] Ed. Millares Carlo, B. A. E., CXLII, cit., pág. 468.

más seguro de sus razones— la que consideramos inútil para la Medicina. A todos los sistemas filosóficos extendemos la misma censura»[93]. Y en su discurso sobre *Lo que sobra y falta en la Física* (XIII, tomo VII) —las más brillantes páginas, tal vez, escritas por el benedictino contra las abstracciones metafísicas y en defensa de la ciencia experimental, severa denuncia, además, contra la «casi universal conspiración de los sujetos doctos de todas las Religiones, a que concurrían muchos de fuera de ellas, a favor de Aristóteles, contra todos los filósofos innovadores»[94]— define enérgicamente su doctrina: «No pretendo yo que no se lea en las Escuelas la doctrina que Aristóteles enseñó en los ocho mencionados libros, sino que esa doctrina se dé purgada de tantas inútiles cuestiones, en quienes se consume buena porción de tiempo, el cual fuera más justo emplear en explorar más de cerca la naturaleza»[95]. Y páginas más abajo expone con frase felicísima, y justamente famosa, el programa que había informado su vida entera: «Así yo, ciudadano libre de la República Literaria, ni esclavo de Aristóteles ni aliado de sus enemigos, escucharé siempre con preferencia a toda autoridad privada lo que me dictaren la experiencia y la razón»[96].

Junto a la gran influencia de Bacon es muy notable también la recibida de otros filósofos franceses: Descartes, Bayle, Fontenelle, Malebranche, según Staubach ha puesto de relieve en los artículos mencionados[97]. Respecto a Fontenelle, cuyas virtudes como escritor y pensador encarece Feijoo repetidas veces, afirma Staubach que es el primero, después de Bacon, a quien más debe el benedictino en sus esfuerzos tras el método experimental. De él aprendió igualmente a rechazar los milagros y a buscar en todo las causas naturales, persuadido de que el maravilloso orden de la naturaleza era la prueba más convincente de la existencia de Dios. A Fontenelle debió asimismo su interés por todo género de investigación científica y el deseo de propagarla al mayor número posible de lectores, lo que exigía simplificar el lenguaje de los científicos y presentar la ciencia nueva en forma comprensible. Todo lo cual no fue obstáculo para que el benedictino discrepara de Fontenelle en numerosos puntos concretos, como en el caso de la «pluralidad de mundos». María Ángeles Galino ha señalado también el influjo global recibido de Fontenelle, a pesar de las múltiples divergencias en problemas particulares: «Quizá haya sido Fontenelle —dice— uno de los que más ha contribuido a formar la profunda admiración feijoniana por la física y la matemática, que le lleva a ponerlas a la cabeza de todas las disciplinas científicas. Pero Feijoo es,

---

[93] Idem, íd., pág. 469.
[94] Idem, íd., pág. 459.
[95] Idem, íd., pág. 455.
[96] Idem, íd., pág. 460.
[97] Véase arriba, nota 44.

sobre todo, deudor de Fontenelle, en cuanto éste llega a convertir la física en la filosofía por antonomasia y hasta en una especie de teología. Gusta Feijoo también de contraponer la sabiduría que se alcanza con la física, como descubridora del plan de Dios en la naturaleza, al efímero saber de las humanidades» [98].

En lo que concierne a Malebranche, no le interesa a Feijoo como metafísico ni mucho menos como filósofo cartesiano, sino como afanoso indagador de las causas de los errores y debelador de supersticiones y prejuicios; de aquí que la *Recherche de la vérité* del francés, especialmente, haya podido desempeñar, en opinión de Staubach, un decisivo papel en la concepción total de la obra del benedictino. Lo mismo que en el caso de Fontenelle, también rechaza Feijoo muchas de las opiniones de Malebranche; con frecuencia, como en el caso de los procesos psicológicos, Feijoo aprovecha muchas de las ideas del francés pero extrae distintas conclusiones y las adapta a sus propios fines.

Aparte el influjo recibido de los filósofos concretos mencionados, se ha señalado siempre la importancia que tuvieron para Feijoo, como fuente de temas y de inspiración para sus ensayos, las grandes revistas cultas de la época, sobre todo las *Memorias de Trevoux;* fuentes que se han señalado en ocasiones para disminuir la originalidad del benedictino. De muy distinto modo piensa McClelland. De las *Memorias* —dice esta investigadora— [99] recogió Feijoo noticias de los descubrimientos, inventos y teorías de todo género; pero, contra quienes le acusan por esto de plagio, dice McClelland que sólo pueden afirmarlo los que no han leído la fuente original; porque Feijoo digirió y filosofó sobre todo ello, ampliándolo e indagando sus implicaciones, criticándolo y modificándolo, y buscando sobre todo su aplicación a las circunstancias españolas. A diferencia de otras publicaciones de la época —sigue diciendo McClelland— las *Memorias de Trevoux* tenían mayor interés en difundir los nuevos conocimientos que en interpretarlos; el lector francés estaba mejor preparado que el español y, por lo tanto, no precisaban disponerlo con las enérgicas sacudidas que constituyen uno de los más vigorosos aspectos de la personalidad literaria de Feijoo. Comparado con las *Memorias* o cualesquiera otros periódicos científicos de la época, ingleses o franceses, el *Teatro crítico universal* es mucho más personal. Feijoo no se proponía solamente, como aquéllos, comunicar avances científicos relacionándolos unos con otros con académica objetividad, sino combatir contra la inercia mental de su pueblo y hacerlo pasar del prejuicio a la reflexión, para lo cual injiere constantemente sus argumentos personales, sus sentimientos, sus propias reacciones, sus recuerdos y experiencias, convirtiendo, en una

---

[98] *Tres hombres y un problema...*, cit., pág. 70.
[99] *Benito Jerónimo Feijoo*, cit., pág. 36.

palabra, la fría exposición científica en una obra polémica y, a la vez, en una obra de arte [100]. Donde los otros periódicos son académicos —dice McClelland— Feijoo es dramático; donde aquéllos persuaden, él engatusa; cuando aquéllos son sarcásticos, él es chistoso; cuando aquéllos se contienen, él es expresivo; cuando aquéllos ponen ejemplos, él cuenta anécdotas [101].

La misma actitud tiene Feijoo respecto del *Journal des Savants* o el *Spectator* inglés, si bien no le servían estas publicaciones como autoridad, en la misma medida que las *Memorias* de los jesuitas, para difundir en su país las enseñanzas de los científicos no católicos, contra los cuales estaban predispuestos sus conciudadanos. Pero, cuando Feijoo extrae de estas revistas cualquier género de información científica, nunca copia ni plagia, según subraya insistentemente McClelland; sencillamente toma de ellos noticias o temas que eran objeto general de preocupación y discusión en todos los países cultos de Europa.

Digamos finalmente que, junto a Bacon y los demás científicos mencionados, es también importante, aunque sea menos visible, el influjo recibido por Feijoo de la tradición filosófica nacional, en particular de Luis Vives, del cual heredó el aludido eclecticismo y la armoniosa combinación de cristianismo y criticismo; de Vives también, que no sólo de Bacon, aprendió a valorar el testimonio de la razón por encima del dogmático criterio de autoridad; de Vives igualmente, de su filosofía ondulante y asistemática, recibió Feijoo su peculiar tendencia ética y pedagógica. Su deuda mayor con el gran renacentista valenciano, del que toma casi literalmente multitud de detalles, está, sin embargo, en su actitud contra la corrupción de la enseñanza y los modos de mejorarla. Por todos estos aspectos son exactas las palabras de Américo Castro, cuando afirma que la obra de Feijoo nos produce «la impresión de volver a situarse en el punto donde quedó interrumpida la obra del erasmismo en el siglo XVI» [102].

Sobre todos estos problemas escribió Feijoo numerosos *discursos* y *cartas*, cuyos solos títulos —algunos ya mencionados— son lo bastante significativos: *De lo que conviene quitar en las súmulas, De lo que conviene quitar y poner en la lógica y metafísica, Abusos de las disputas verbales, Desenredo de sofismas, Dictado de las aulas, Argumentos de autoridad, El gran magisterio de la experiencia*, etc. Con carácter metodológico y para precisar el nivel intelectual de su país escribió *Sobre el adelantamiento de ciencias y artes en España, Sobre el retraso que padece España en orden a las ciencias naturales, Sobre un proyecto de una Historia general de Ciencias y Artes*, etc.

---

[100] Idem, íd., pág. 37.
[101] Idem, íd., pág. 38.
[102] «Algunos aspectos del siglo XVIII», cit., pág. 297.

En conexión con el problema de la enseñanza está la actitud de Feijoo ante las lenguas clásicas y las modernas. Con su fundamental sentido práctico Feijoo propugna como más importante el cultivo de estas últimas, pues las literaturas clásicas están ya traducidas a las lenguas de hoy y el conocimiento de éstas, particularmente del francés, es decisivo como instrumento vivo y vehículo de cultura. Para Feijoo las lenguas clásicas no poseen ventaja sobre las modernas en su actual estado de madurez, antes son éstas superiores como enriquecidas que están por incesantes aportaciones léxicas. A estos problemas, aludidos en varios lugares, dedicó expresamente Feijoo dos *cartas*: las XXIII y XXIV del tomo V. En la primera de ellas, la más importante —*Disuade a un amigo suyo el Autor el estudio de la lengua griega y le persuade el de la francesa*—, trata la lengua y literatura griegas con un desparpajo, que debió de irritar entonces, y sigue irritando hoy, a buen número de humanistas. A Feijoo no le interesa la erudición por la erudición, sino tan sólo cuando posee un valor científico, ético o didáctico; pero cuando la erudición es meramente literaria, su despego sube de punto. Así, pudo tratar de las letras e idioma griegos con un criterio, que si no iguala del todo al de un tendero —criterio muy de ahora, por lo demás— es por las felices rociadas de humor con que se burla de los dómines, que sólo quieren al griego para moler al prójimo con pedanterías. Su preferencia por el francés, según se anticipa inequívocamente en el título de la carta, es razonada en varios pasajes: «No por eso llamaré *Fuente de toda Erudición* a la lengua francesa; pues no me autoriza a adularla con un elogio indebido el que hayan celebrado con el mismo sus profesores a la griega. Pero diré con verdad que hoy el idioma galicano, aunque no Fuente, es una copiosísima Cisterna, donde se recogió cuanto de erudición sagrada y profana vertieron las cuatro Fuentes de Jerusalén y Roma, Atenas y Alejandría. De suerte, que en su vecindad tiene España provisión bastante para saciar la sed del alma más estudiosa, sin ir a buscar socorros distantes en Egipto, Palestina, Grecia o Italia» [103]. «Para todo género de literatura —añade más abajo—, entre todas las lenguas, la inteligencia que más nos importa es la de la francesa. La razón es porque todas las ciencias y artes útiles hablan y escriben en francés, o el francés habla y escribe todas las ciencias y artes útiles... Puesto en salvo el aprecio, que por los capítulos y para fines referidos merecen la lengua latina y su primogénita la italiana, para todo lo demás, a todas las demás debe ser preferida la francesa. No hay cosa alguna de cuantas o son necesarias o cómodas a la vida humana, para cuyo uso no prescribe reglas esta lengua. Ha siglo y medio que la francesa está continuamente produciendo maestros en todas Facultades, y autores y libros para todas materias. Llámese norabuena vul-

---

[103] *Cartas eruditas y curiosas*, tomo V, Madrid, 1765, pág. 423.

gar su lengua y gocen el decoroso título de nobles la griega y la latina. Es ciertamente nobilísima la griega. Pero, ¿de qué nos sirven sus timbres? De lo mismo que los blasones de muchos nobles, a quienes adulan nuestros respetos, no por lo que ellos merecen, sino por lo que merecieron sus mayores; los nobles, digo, ociosos o holgazanes; y por tanto enteramente inútiles al público» [104].

Feijoo tiene de la lengua un concepto dinámico: «No hay nación que pueda sufrir hoy el lenguaje que en ella misma se hablaba doscientos años ha —escribe en su *Paralelo de las lenguas castellana y francesa*—. Los que vivían en aquel tiempo gustaban de aquel lenguaje, sin tener el órgano del oído diferente en nada de los que viven ahora; y, si resucitasen, tendrían por bárbaros a sus propios compatriotas» [105]; y a dicho dinamismo lingüístico puede referirse su aludido parecer sobre la introducción de neologismos y préstamos tomados a otras lenguas. Con el mismo sentido práctico se declaró Feijoo partidario de la ortografía fonética.

La actitud estética de Feijoo ofrece particular interés. Suele afirmarse que su retiro monacal desde edad tan temprana le impidió desarrollar su gusto estético, lo que podría explicar, entre otras cosas, su escaso interés por la literatura española; Cervantes, por ejemplo, no es mencionado en sus escritos ni una sola vez. Pero no parece probable que aquel aislamiento, que no limitó su formación enciclopédica, pudiese coartar sus pasos en el camino de lo literario o de lo estético. Acabamos de ver que la erudición literaria de cualquier procedencia, no sólo la española, le interesaba a Feijoo muy escasamente. Sus conocimientos de las letras clásicas no eran pequeños y a cada paso aduce casos y nombres sacados de los libros de la Antigüedad; pero esta cantera literaria le atrae sólo como ejemplario didáctico y moral, y no por sus méritos artísticos: cuando el personaje o la situación no le sirven para este fin, o, más bien, son reprobables en su concepto, les da de lado. Creemos, pues, que su escasa atención al hecho literario no procede de su supuesto aislamiento, sino que nace de la misma raíz que originaba y alimentaba su tarea. Con gran

---

[104] Ídem, íd., págs. 423-425. Sobre esta actitud de Feijoo comenta con oportunidad Julio Caro Baroja: «La postura de Feijoo es de las que ponen de malhumor a los humanistas, aun en nuestros días. No creo que se defienda en ningún caso. Puestos en la alternativa de que un hombre culto sepa griego o francés, hay que convenir que lo mejor es que sepa francés y griego. Los tiempos del utilitarismo han pasado al hablarse de cultura verdadera. A nadie asustan hoy los atrevimientos del P. Feijoo, tampoco sus radicalismos. Pero, visto en su época y con su fe, es como debemos quererle y admirarle: no con los ojos de hombres de izquierda o de derecha de tiempos posteriores a él y anteriores a nosotros, sean éstos don Francisco Pi y Margall y don Miguel Morayta, o don Vicente de la Fuente y don Marcelino Menéndez y Pelayo» («Feijoo en su medio cultural, o la crisis de la superstición», en *El P. Feijoo y su siglo*, cit., I, págs. 153-186; la cita en pág. 178).

[105] Ed. La Fuente, cit., pág. 47.

exactitud, a nuestro juicio, dice Pérez-Rioja [106] que la actitud científica e innovadora de Feijoo, acentuada por su carácter concreto y utilitario es la que le impele a tomar de nuestra literatura tan sólo aquello que le sirve concretamente para sus fines de reforma y educación del país. Nunca lee por leer. Su actitud no es la del literato curioso de las letras de su patria o de donde fueren, sino la del hombre práctico, científico, metódico, que únicamente busca en ellas, como podría hacerlo en un laboratorio, aquellos ingredientes o reactivos que necesita para el más perfecto logro de su obra; y a esta obra —nunca se olvide— la rige una finalidad social y educativa, pero no literaria [107].

Feijoo suplió, no obstante, con agudas intuiciones su posible falta de formación, o de curiosidad, en este terreno, cuando todavía la ciencia literaria no existía y estaban aún muy lejos quienes iban a ser sus iniciadores. Menéndez y Pelayo estimaba de manera particular el discurso titulado *El no sé qué*, y no sin causa, pues nada era tan grato a don Marcelino como rastrear en el siglo XVIII la veta romántica que estimaba consustancial a la tradición española; y el mencionado discurso de Feijoo podía tomarse, en efecto, como una anticipada declaración de romanticismo (de «verdadero manifiesto romántico» llega a calificarlo) [108]. Así como no admitía Feijoo ninguna autoridad en la ciencia, tampoco aceptaba reglas estéticas; pensaba que el genio se desarrolla en libertad, y que en la mente del artista hay una luz superior a todas las reglas que se enseñan;

---

[106] *Proyección y actualidad de Feijoo*, cit., pág. 170.

[107] De todos modos parece innegable que Feijoo no sintió nunca demasiada afición por las letras castellanas, «incluso a lo que no era amena literatura», según advierte Caro Baroja («Feijoo en su medio cultural...», cit., pág. 175, nota 84) a propósito de ciertos textos de la *Guerra de Granada* de Hurtado de Mendoza, que pudo haber aducido en su carta sobre *Batallas aéreas y lluvias sanguíneas* (carta IX, tomo I) y que probablemente desconocía. No es injusto del todo el suponer que Feijoo citaba con mayor placer las fuentes extrañas que las domésticas, y él mismo hubo de acusarse en ocasiones de graves lagunas en materia de cultura española —y muchas de que no se acusa son más graves aún—. La carta XXVIII del tomo III —*Del descubrimiento de la circulación de la sangre hecho por un Albéytar español*— está dedicada casi por entero a recordar inventos españoles olvidados por nuestros compatriotas y apropiados por extranjeros; y con este motivo nos revela que él vino en conocimiento del famoso libro de Huarte de San Juan, *Examen de ingenios* —que no era ciertamente amena literatura—, por hallarlo citado en *The Spectator* de Addison y que fue luego a buscar en la *Biblioteca Nueva* de Nicolás Antonio. Diríase que toda la carta está pensada para cohonestar hábilmente su propia laguna, haciendo partícipe de parecida negligencia a toda la nación: «¿Puede llegar a más nuestra desidia? —escribe—. O por mejor decir, ¿puede llegar a más nuestro oprobio, que el que los mismos extranjeros nos den en rostro con la desestimación de nuestros más escogidos autores?». Pero, ¿se había esforzado lo bastante Feijoo para remediar esta desidia?; porque debió de tener a mano más fuentes españolas de las que aprovecha, ya que, según recuerda Caro Baroja («Feijoo en su medio cultural...», cit., página 157) las bibliotecas que manejó en Madrid y en Oviedo debían de contener muchos libros de autores españoles de los siglos XVI y XVII.

[108] *Ideas estéticas...*, cit., III, pág. 106.

los verdaderos genios no se someten a normas comunes y sólo la falta de talento obliga a esa servidumbre: actitud hostil frente a cualquier legislación estética, que puede ponderarse como sinónimo de rebeldía española y afirmación de la propia personalidad. «Con letras de oro debiera estamparse, para honra de nuestra ciencia —dice don Marcelino después de reproducir uno de los párrafos del mencionado discurso de Feijoo—, esta profesión de libertad estética, la más amplia y la más solemne del siglo XVIII, no enervada como otras por restricciones y distingos, e impresa (y esto es muy de notar) casi treinta años antes de que Diderot divulgase sus mayores y más felices arrojos» [109]; y a propósito de otro escrito semejante —la *Carta XXXIII* del tomo I— escribe exaltadamente: «¡Qué espíritu tan moderno y al mismo tiempo tan español era el del P. Feijoo!», y afirma a continuación que «era un verdadero insurrecto», y añade más abajo que «erà una naturaleza antirretórica» [110].

La interpretación feijoniana del *no sé qué* como anticipación romántica, que parecía tan clara a Menéndez y Pelayo, ha provocado, sin embargo, bastantes comentarios, que revelan por sí solos la complejidad del problema. Russell P. Sebold afirma [111] que la «noción de la licencia artística», que es la base de todo el mencionado discurso del benedictino, pudo provenirle del *Essay on Criticism* de Alexander Pope, lo que equivale a decir que *el no sé qué* es un principio clásico, o neoclásico, por serlo dicho autor, pero no una anticipación romántica, como quería don Marcelino. Lo que con esta argumentación se pretende es situar a Feijoo dentro del más estricto redil del clasicismo, para acrecer así la importancia de dicha escuela con la adquisición de un elemento tan capital; hay que defender —ésta es la táctica de Sebold— la *pureza clásica* de Feijoo, para que no se lleven la gloria los contrarios.

Pero no se trata de pegarle a Feijoo una u otra etiqueta, sino de comprender su compleja personalidad; sin olvidar, por otra parte, que el siglo XVIII, en todo lo que tiene de valioso —y lo mismo Feijoo, o cualquiera— no se disminuye porque se le suponga heredero de alguna veta barroca y tradicional, o porque sea avanzadilla del romanticismo. El argumento de Sebold es además sofístico en su misma raíz; unas páginas antes del párrafo aludido, para defender a Pope esta vez del juicio peyorativo de Alcalá Galiano, que lo califica de «hombre de la escuela francesa», escribe lo siguiente: «avaloración [sic] que espantaría a siete generaciones de ingleses (entre ellos a Byron, que prefería los versos de Pope

---

[109] Idem, íd., pág. 109.

[110] Idem, íd., pág. 112.

[111] Russell P. Sebold, «Contra los mitos antineoclásicos españoles», en *Papeles de Son Armadans*, CIII, octubre 1964, págs. 83-114; reproducido en su libro *El rapto de la mente. Poética y poesía dieciochescas*, Madrid, 1970, págs. 29-56; la referencia en páginas 47-48, nota 25, de esta última edición.

a los de cualquier otro poeta), sobre todo cuando se recuerda que fue justamente del canto tercero del *Essay on Man* de Pope, del que tomaron Rousseau y otros franceses del XVIII muchas de sus ideas románticas sobre el hombre y la soledad» [112]. Resulta, pues —aceptando la lógica de Sebold—, que si Pope fue padre de románticos, al inspirarse Feijoo en él podría demostrarse igualmente que era un romántico más, como los mismos Byron o Rousseau pudieran serlo; o que, en todo caso, Feijoo tomó de Pope no lo que tenía de clásico, sino lo que, precisamente por no serlo, o serlo menos, se avenía perfectamente con su concepto de la *licencia artística*.

La gran excelencia de Feijoo, que en estas páginas estamos tratando de encarecer, contribuye a la gloria del siglo XVIII, y esto es lo que importa, lo mismo si es un clásico monolítico que si está compuesto de vetas tan diversas como un ágata. Los pasajes en que Feijoo sostiene la libertad del artista y del escritor, en que defiende la espontaneidad contra todo género de ortopedias, el estilo personal contra toda retórica, la supremacía del genio sobre la servidumbre de las reglas, en que sostiene la primacía del *tino mental* frente al estudio, en que dice que la oratoria es naturaleza y no arte —afirmación que había de indignar a Forner y otros neoclásicos de la segunda mitad del siglo—, son tantos, decimos, los lugares en que Feijoo proclama enérgicamente esta independencia, que su sola enumeración y comentario llenaría un libro [113].

Siendo esto así, no parece un delito calificar de romántico a Feijoo, porque la mitad de los románticos no dijeron tanto. Pero insistimos en que no es la etiqueta lo que importa, sino entender esta actitud y tratar de ensamblarla en el conjunto de la personalidad y la obra del benedictino. Raimundo Fernández y González [114] ha dado, a nuestro entender, con el criterio justo. La postura de Feijoo —dice— arranca de una base emocional-ideológica, que está en la misma línea que su postura crítica ante la vida y las cosas; al enfrentarse con el problema de la validez de las reglas parte de un principio que no puede considerarse totalmente

---

[112] Idem, íd., pág. 40.

[113] Entre los ensayos donde Feijoo desarrolla particularmente estas ideas, sembradas, por lo demás, en otros muchos pasajes de sus libros, deben destacarse los discursos del *Teatro crítico: Razón del gusto, El no sé qué, Glorias de España, Reflexiones sobre la Historia, Paralelo de las lenguas castellana y francesa, Desagravio de la profesión literaria;* y *Sobre la elocuencia* y *El estudio no da entendimiento,* en las *Cartas eruditas.* «Quienes en estética —resume a este respecto con acertada fórmula Lázaro Carreter— vayan a buscar en él [Feijóo] un reflejo de las doctrinas clasicistas francesas, hallarán sólo desprecio por las reglas y fe por el *impetus sacer* como motor poético. De ahí el error de cuantos hablan de un Feijóo prerromántico, interpretándolo desde el neoclasicismo, esto es, desde la esclavitud artística que había de sucederle... y atacarle». (*Significación cultural de Feijóo,* cit., págs. 34-35).

[114] Raimundo Fernández y González, «Ideas estéticas y juicios críticos del P. Feijoo en torno a la problemática del teatro del siglo XVIII», en *Ocho ensayos en torno a Feijoo,* cit., págs. 23-39; la primera referencia en pág. 33.

romántico, aunque lo sean sus consecuencias: su actitud crítica. Del mismo modo que no aceptaba sin examen las ideas comunes, las opiniones populares y pseudocientíficas de la época, tampoco podía admitir la rígida imposición de unas reglas, sobre todo cuando se las quería aplicar no en sus principios generales sino en sus detalles. Frente a cualquier postura dogmática se rebela Feijoo arrastrado por su temperamento y su educación, su autodidactismo del que se enorgullecía, su desprecio a toda retórica y convención, por su sentido crítico, precisamente. Fernández y González aduce un comentario muy oportuno de Azorín sobre Feijoo: «Feijoo —dice el autor de *La voluntad*— con su crítica había hecho por adelantado imposible la instauración del clasicismo. Clasicismo es, aparte otras cosas, certeza en un dogma. Clasicismo es propugnación de un método. Y la crítica de Feijoo, de que quedó empapada toda la segunda mitad de nuestro siglo XVIII, era la negación de todo sistema, la duda, la incertidumbre sobre lo sancionado, la apología del propio arbitrio y del personal gusto. ¿Sobre qué base, sobre qué tradición íbamos a edificar en España una estética clasicista?» [115].

Feijoo, *remejedor de conciencias*, como hubiera dicho Unamuno, ambicionaba cualquier cosa menos el reposo estatuario en una postura intocable, definida y conclusa. Así se explica —según comenta por su parte Fernández y González— la paradoja de un Feijoo defensor a ultranza de la razón y del espíritu crítico, que en nombre de esta misma razón niega validez eterna a las normas, a la excesiva reglamentación de la creación literaria; «sólo en este sentido podemos hablar de un Feijoo que hizo imposible la instauración de un clasicismo en España, él que era más un clásico que un romántico. Y lo hizo en nombre de la razón crítica, la misma que le impedía ser un romántico» [116]. José Luis Varela define agudamente a Feijoo por «su miedo al propio racionalismo, su eclecticismo concebido como libertad entre la atracción de teorías o escuelas divergentes, *su miedo a las formulaciones radicales*» [117], frase, esta última —que subrayamos—, felicísima. Feijoo defendió la razón —he aquí al clásico, al ilustrado, al crítico— con una pasión por la independencia que le salía de la entraña, de su raíz más íntima y personal —he aquí al romántico—. El propio Varela, para explicar el carácter ensayístico de los escritos de Feijoo, pone de relieve su temperamento híbrido, su formación no experimental sino argumental [118]; por esto —dice— es un *intelectual* y no un *científico;* lo revela constantemente su carácter misceláneo, asistemático; recomendaba —también como Unamuno— la lectura simultánea de más

---

[115] Cit. en ídem, íd., pág. 34; el pasaje de Azorín pertenece al prólogo de su libro *Rivas y Larra.*
[116] Ídem, íd., pág. 34.
[117] José Luis Varela, «El ensayo de Feijoo y la ciencia», cit., pág. 144.
[118] Ídem, íd., págs. 93-94.

de un libro, para descansar con uno de la fatiga del otro; «no tiene paciencia —ni empacho alguno en reconocerlo— para *andar atisbando átomos;* renuncia a la experimentación, jamás a la lectura de las experiencias ajenas» [119]; cambia de temas y de lectura «con lo que hurta su actividad a toda disciplina rigurosa» [120]. No es necesario más para calar en su íntima motivación emocional-ideológica que lo empujaba a la rebeldía contra las normas y lo conducía a las interpretaciones personales.

McClelland comenta, bajo el epígrafe de «Los derechos del genio» [121] esta misma tendencia de Feijoo a propósito de otro tema que es casi sorprendente. En su discurso titulado *Reflexiones sobre la Historia* niega Feijoo que el modo de escribirla dependa solamente de aplicación y de memoria; la investigación histórica requiere *imaginación*, cualidad —dice— que puede llevar a los grandes historiadores a caer en leves defectos que los pequeños no cometen con su pedestre andadura, pero que vale mucho más que la pedante meticulosidad de los mediocres. Esta afirmación —dice McClelland— podría discutirse, claro es, pero sirve para mostrar, relacionándola con los otros discursos mencionados, la comunidad de espíritu entre Feijoo y los grandes científicos de hoy, que claman por la importancia de la imaginación para saltar por encima de los hechos conocidos e intuir lo desconocido. Afirma Feijoo en dicho ensayo, con palabras que reproduce McClelland, que los mediocres no caen porque no se remontan, y proclama la excelsitud de quienes son capaces de apartarse de las reglas y seguir rumbo superior a los preceptos ordinarios. Todas las conclusiones de Feijoo en este caso como en cualesquiera otros referentes a materias literarias o artísticas conducen —dice McClelland— a un inequívoco estallido de independencia, y como resumen de todo su comentario escribe la mencionada investigadora que si Feijoo no fue un místico en el sentido religioso, lo fue casi como artista al admitir la esencial realidad de la inspiración.

Queda todavía un aspecto del problema, tal como lo planteó Menéndez y Pelayo. Dice éste que en las referidas opiniones de Feijoo sobre la libertad y las reglas, tanto como una anticipación romántica podía verse

---

[119] Idem, íd., pág. 141.

[120] Idem, íd., pág. 144. Sobre la interpretación feijoniana del *no sé qué* han escrito también, entre otros, S. Montero Díaz, «Las ideas estéticas del P. Feijoo», cit., y E. Koehler, «Der P. Feijoo und das *no sé qué*», en *Romanische Forschungen*, VII, 1955-1956, págs. 272-290. Los dos aceptan, en conjunto, el carácter prerromántico del ensayo de Feijoo, propuesto por Menéndez y Pelayo. Alberto Porqueras Mayo ha rastreado los avatares del *no sé qué*, a lo largo de la literatura española, en dos artículos: «El *no sé qué* en la Edad de Oro española», en *Romanische Forschungen*, 1966, págs. 314-337; «Función de la fórmula *no sé qué* en textos literarios españoles (siglos XVIII-XX)», en *Bulletin Hispanique*, LXVII, 1965, págs. 253-273; refundidos y modificados, bajo el título de «El *no sé qué* en la literatura española», en su libro *Temas y formas de la literatura española*, Madrid, 1972, págs. 11-59.

[121] *Benito Jerónimo Feijoo*, cit., págs. 100-102.

también la persistencia doctrinal de los tratadistas españoles de los siglos XVI y XVII —Luis Vives, el Pinciano, el Brocense, Herrera, González de Salas—, *tan bizarros y robustos siempre*, dice don Marcelino [122]. José Luis Varela [123], por su parte, sostiene que la noción de licencia artística, «que es la insólita novedad *revolucionaria* en un escrito del siglo XVIII», se encuentra en *El Héroe* de Gracián (Primor XIII). Varela, que rechaza el paralelo de Sebold entre Pope y Feijoo, niega también, en consecuencia, el supuesto prerromanticismo del benedictino, pero vendría a coincidir con Menéndez y Pelayo en señalar otro caso de inspiración feijoniana en la tradición culta de la literatura nacional, aunque Feijoo lo silencie una vez más.

En el terreno político también las ideas de Feijoo provocaron suspicacias, a pesar de estar enraizadas en la tradición clásica del pensamiento político español, la misma que habían representado Luis Vives, el padre Mariana, Vitoria, Saavedra Fajardo y tantos otros; pero Feijoo escribía en romance, y en estilo claro y directo, y sus palabras debieron de sonar frecuentemente con cierto timbre de demagogia en los oídos alarmados de sus contemporáneos: «...esos grandes héroes que celebra con sus clarines la fama —escribe en su discurso *La ambición en el solio* (XII, tomo III)— nada más fueron que unos malhechores de alta guía. Si yo me pusiese a escribir un catálogo de los ladrones famosos que hubo en el mundo, en primer lugar pondría a Alejandro Magno y a Julio César» [124].

Feijoo es un moralista católico, pacifista fervoroso, enemigo de toda violencia y engaño (de aquí su hostilidad contra cualquier maquiavelismo, expresada en el discurso mencionado y, más aún, en *La política más fina* —IV, tomo I—) [125]; persuadido de que las guerras incesantes habían sido

---

[122] *Historia de las ideas estéticas*, cit., III, pág. 114.

[123] «El ensayo de Feijoo y la ciencia», cit., págs. 130-134.

[124] Ed. Millares Carlo, B. A. E., vol. 141, cit., pág. 331.

[125] Al estudiar este importante aspecto del pensamiento feijoniano, advierte Sánchez Agesta (*El pensamiento político del despotismo ilustrado*, cit.) que, lo mismo que para cualquier otro escritor político del siglo XVII, Maquiavelo, y sus *malditas máximas*, representa una primera preocupación para el benedictino; frente a la calculada astucia del Príncipe, Feijoo opone la abierta virtud del príncipe cristiano, dotado de prudencia, justicia y fortaleza. Pero Feijoo señala enseguida que la política no puede ser tampoco otra cosa sino «el arte de negociar la conveniencia propia», propósito que no está reñido necesariamente con la virtud, pues la conveniencia puede negociarse sin abandonar la justicia. Con esto, dice el mencionado investigador, «Maquiavelo está siendo ya medido con la tabla de valores del siglo XVIII» (pág. 60). Por otra parte, Feijoo desmonta el mito de Maquiavelo, tema obsesionante del pensamiento político español, con su aureola *satánica* de príncipe del mal, «que sembrara la ciencia de la tiranía y la política mendaz entre los hombres». Maquiavelo —dice Feijoo— no ha inventado las máximas de la mala política; se ha limitado a registrar la práctica del mundo; el maquiavelismo debe su existencia a los más antiguos príncipes conocidos y a Maquiavelo sólo el nombre. El destronamiento de Maquiavelo, que lleva a cabo Feijoo, se funda en la vulgaridad de sus máximas, basadas

parte principal de la decadencia en que estaba sumido su país, condena la guerra una y otra vez en sus escritos, apenas se ofrece la ocasión; con noble retórica escribe en su discurso *Honra y provecho de la agricultura* (XII, tomo VIII): «La guerra más feliz es una gran desdicha de los reinos. Mucho más importan a la república las campañas pobladas de mieses, que coronadas de trofeos. La sangre enemiga que las riega, las esteriliza, cuanto más la propia. Marte y Ceres son dos deidades mal avenidas. La oliva, símbolo de la paz, es árbol fructífero, y el laurel, corona de militares triunfos, planta infecunda. Los azadones transformados en espadas son ruina de las provincias; las espadas convertidas en azadones hacen la abundancia y riqueza de los pueblos» [126].

Feijoo no podía interpretar el patriotismo a la manera que había de entronizar más tarde el nacionalismo romántico, sentimiento que con injusto anacronismo se suele echar de menos en su obra. Como religioso, tenía en cuenta la igualdad esencial de todos los hombres, y como hombre de su tiempo sentía el cosmopolitismo por encima de las diferencias locales y, sobre todo, de los intereses egoístas que enfrentaban a los príncipes y a las naciones. En su famoso —y muy discutido— discurso *Amor de la patria y pasión nacional*, distingue entre el *amor* «justo, debido, noble y virtuoso» a la patria y la *pasión nacional*, ídolo —dice— al que se sacrifican millares de víctimas en guerras injustas, movidas por la codicia de estipendio y despojo o por afán de dominio y gloria en el caso menos innoble. Con su habitual agudeza crítica desenmascara Feijoo aquellas —reales o imaginadas— conveniencias, hábitos, fuerza de la costumbre, ventajas de la «uniformidad de idioma, religión y costumbres, que hace grato el comercio con los compatriotas, como la diversidad le hace desapacible con los extraños» [127], que se confunden comúnmente con lo que se llama amor a la patria. «El pensar ventajosamente de la región donde hemos nacido sobre todas las demás del mundo, es error entre los comunes, comunísimo. Raro hombre hay, y entre los plebeyos ninguno,

---

en las pasiones más comunes. «Con ello —dice Sánchez Agesta— Feijóo cierra el tema de Maquiavelo, clave de tantos libros y tantos matices de pensamiento de la literatura del XVII en el pensamiento político español, casi en el sentido literal del término, porque después de él apenas si puede contarse otro estudio sobre este problema» (pág. 63). El verdadero maquiavelismo —dice Feijoo— reside en la misma naturaleza demoníaca del poder, con su pasión por dominar el mundo; y de esta persuasión arranca la hostilidad del benedictino contra todo príncipe conquistador, tan tirano de sus enemigos como de sus mismos súbditos, puesto que a unos y otros destruye por igual. «Con ello —dice Sánchez Agesta— Feijoo está dando al primer aliento del sentido pacifista y antiheroico del pensamiento del siglo XVIII» (página 66); un pensamiento que enfrenta la política *heroica*, «hidrópica de dominio», con la política de paz y fomento económico, propia del despotismo ilustrado. Corolario legítimo de toda esta actitud es el propósito de Feijoo de destruir otro mito político: el de la divinización del soberano «que la literatura del absolutismo y la soberanía había proyectado sobre la humanidad de los monarcas».

[126] Ed. La Fuente, cit., pág. 460.
[127] Idem, íd., pág. 143.

que no juzgue que es su patria la mayorazga de la naturaleza o mejorada en tercio y quinto en todos aquellos bienes que ésta distribuye, ya se contemple la índole y habilidad de los naturales, ya la fertilidad de la tierra, ya la benignidad del clima. En los entendimientos de escalera abajo se representan las cosas cercanas como en los ojos corporales, porque aunque sean más pequeñas, les parecen mayores que las distantes. Sólo en su nación hay hombres sabios; los demás son punto menos que bestias; sólo sus costumbres son racionales, sólo su lengua es dulce y tratable; oír hablar a un extranjero les mueve tan eficazmente la risa como ver en el teatro a Juan Rana... Ni se eximen de tan grosero error, bien que disminuido de algunos grados, muchos de aquellos que, o por su nacimiento o por su profesión, están muy levantados sobre la humildad de la plebe, o que son infinitos los vulgares que habitan fuera del vulgo y están metidos, como de gorra, entre la gente de razón. Cuántas cabezas bien atestadas de textos he visto yo muy encaprichadas de que sólo en nuestra nación se sabe algo; que los extranjeros sólo imprimen puerilidades y bagatelas, especialmente si escriben en su idioma nativo. No les parece que en francés e italiano se pueda estampar cosa de provecho, como si las verdades más importantes no pudiesen proferirse en todos los idiomas» [128]. La vanidad y la emulación, padres de la *pasión nacional*, arrastran a las mentes menos vulgares: «La vanidad nos interesa en que nuestra nación se estime superior a todas, porque a cada individuo toca parte de su aplauso, y la emulación con que miramos a las extrañas, especialmente las vecinas, nos inclina a solicitar su abatimiento. Por uno y otro motivo atribuyen a su nación mil fingidas excelencias aquellos mismos que conocen que son fingidas. Este abuso ha llenado el mundo de mentiras, corrompiendo la fe de casi todas las historias» [129].

Pero los errores del patriotismo que se aplica al conjunto de la república, o patria común, aún son leves al lado de los que a veces se cometen por la patria pequeña, «la provincia, la diócesis, la ciudad o distrito donde nace cada uno y a quien llamaremos patria particular»: «El amor de la patria particular —escribe Feijoo—, en vez de ser útil a la república, le es por muchos capítulos nocivo. Ya porque induce alguna división en los ánimos que debieran estar recíprocamente unidos para hacer más firme y constante la sociedad común; ya porque es un incentivo de guerras civiles y de revueltas contra el soberano, siempre que, considerándose agraviada alguna provincia, juzgan los individuos de ella que es obligación superior a todos los demás respetos el desagravio de la patria ofendida; ya, en fin, porque es un grande estorbo a la recta administración de justicia en todo género de clases y ministerios» [130]. No condena Feijoo aquel

[128] Idem, íd.
[129] Idem, íd., pág. 144.
[130] Idem, íd., pág. 145.

amor al suelo natal «que sea sin perjuicio de tercero», «inocente y moderado», pero denuncia a continuación la peste a que da lugar cuando la pasión del paisanaje interfiere en la provisión de empleos o «en el paraíso de una comunidad eclesiástica» para «introducir sediciones, desobediencias, cismas, batallas» [131].

Sobre un problema afín con el del patriotismo y la *pasión nacional* escribió Feijoo un importante discurso titulado *Mapa intelectual y cotejo de naciones* (XV, tomo II). La igualdad de los hombres es para Feijoo, teólogo católico, un postulado básico, pero, a la vez, una realidad demostrable por la experiencia. Feijoo reconoce las innegables diferencias en fortaleza, agilidad, hermosura, etc., que distinguen a los hombres de los varios países, y consecuentemente sus diversas disposiciones físicas, calidades de ánimo, inclinaciones, costumbres, temperamentos; pero rechaza como un error común el sostener que poseen también distinta capacidad racional o desigual aptitud para los frutos de la inteligencia. Feijoo pasa revista a pueblos de todos los continentes poniendo de relieve las ventajas conseguidas por cada uno en aquello a que se dedican; las desigualdades en las ciencias, artes o letras no proceden de la mayor o menor capacidad nativa de los pueblos, sino de circunstancias históricas, transitorias, de la aplicación y el esfuerzo puestos por cada nación en esas materias y tiempos concretos. Pueblos otrora bárbaros han alcanzado después alto nivel al ser impulsados por algún personaje o suceso, como es el caso de los rusos; otros, en cambio, como los griegos, han decaído luego sin que hayan variado las condiciones físicas de su país o de su raza. «Minerva —dice Feijoo— anda peregrina por la tierra» [132], y, «si el mundo dura mucho», pueblos que hoy miramos con desdén poseerán las ciencias en grado eminente; profecía ya confirmada hoy por varias naciones de Asia. La superioridad actual de la nación inglesa la explica históricamente Feijoo por la mayor difusión entre ellos de los conocimientos, debido a las abundantes y excelentes bibliotecas, y la presencia de genios de la filosofía y de las ciencias como el Canciller Bacon. Las deducciones de Feijoo son de inequívoco optimismo, pues supone que todos los pueblos podrán alzarse al mismo nivel cuando la aplicación y circunstancias favorables permitan desarrollar las aptitudes de su común naturaleza humana. La afirmación, por tanto, de la superioridad de unas naciones sobre otras, raíz del orgullo nacionalista y de la política agresiva, carece de sentido. Feijoo admite, claro está, la legítima existencia de esas realidades históricas nacionales, constituidas por grupos homogéneos en sus costumbres, lengua, cultura, unidos por una comunidad histórica que engendra la conciencia de una vida y tarea en común. Pero su fe en la

---

[131] Idem, íd., pág. 147.
[132] Idem, íd., pág. 92.

capacidad pareja de todos los pueblos y en la igualdad del linaje humano
le exige rechazar el nacionalismo como *pasión nacional* dispuesta a sostener la préeminencia de un país y a convertirla en hegemonía. En el pensamiento político de Feijoo se articula, pues, la pluralidad de naciones
con la solidaridad y comunidad internacional, que reclama idénticos derechos para todos los hombres; concepto modernísimo y a la vez genuinamente representativo, como Feijoo mismo, del optimismo progresista del
pensamiento ilustrado y del cosmopolitismo universalista propio del siglo XVIII [133].

Nada de esto empece, por descontado, para el profundo patriotismo
de Feijoo, frecuentemente incomprendido o incluso negado; pero creía el
benedictino que ninguna turbia pasión nacional debía obstaculizar los
más altos intereses de la comunidad humana [134], y así como en lo que
afecta a la religión sabía que los falsos milagros no la beneficiaban sino
que la corrompían, del mismo modo en el orden de la patria pensaba
también que cerrar los ojos a sus defectos y elogiarla rutinariamente no
suponía mayor amor sino culpable insensatez. A cantar las *Glorias de España* dedicó el benedictino dos largos discursos (XIII y XIV del tomo II),
en los que enumera los repetidos ejemplos de inteligencia y capacidad
ofrecidos por los españoles en todos los campos, de donde queda bien patente que no es España inferior a ninguna otra nación y en muchos aspectos las excede a todas. Impugna las insidias de la *leyenda negra* y
defiende calurosamente a su patria de las calumnias difundidas por los
extranjeros a propósito sobre todo de la conquista y colonización americana. Encarándose resueltamente con el problema de la decadencia española, ya planteado por algunos escritores del siglo XVII, ataja Feijoo la
opinión de los extranjeros que «regulan a España —dice— por la vecindad de la África. Apenas nos distinguen de aquellos bárbaros, sino en
idioma y religión. Nuestra pereza, o nuestra desgracia, de un siglo a esta

[133] Cfr.: Luis Sánchez Agesta, «El *Cotejo de naciones* y la igualdad humana en
Feijoo», en *El Padre Feijoo y su siglo*, cit., I, págs. 205-218.

[134] Razones religiosas, políticas y de experiencia —repitámoslo— conducen a Feijoo a rechazar los nocivos estímulos de un patriotismo mal entendido, pero también, y a la vez, su radical intelectualismo, que no puede admitir deleznables *razones*
concretas, propias de la gente común, nacidas de cualquier sentimentalismo, comodidad o conveniencia, frente a los altos conceptos abstractos de universal validez. He
aquí unas palabras inequívocas a este respecto, nobilísimas pero quizá, por otra parte,
no muy distantes de la utopía: «Por conclusión digo que en caso que por razón
del nacimiento contraigamos alguna obligación a la patria particular o suelo que nos
sirvió de cuna, esta deuda es inferior a otras cualesquiera obligaciones cristianas o
políticas. Es tan material la diferencia de nacer en esta tierra o en aquélla, que otro
cualquiera respecto debe preponderar a esta consideración» (*Amor de la patria y
pasión nacional*, ed. La Fuente, cit., pág. 147). Cfr.: Ramón Pérez de Ayala, «Patriotismo», en *Política y toros, Obras Completas*, III, Madrid, 1966, págs. 674-691. Pérez
de Ayala matiza y humaniza sagazmente algunas de las abstractas conclusiones de
Feijoo.

parte, ha producido este injurioso concepto de la nación española; error
que el debido afecto a la patria me mueve a impugnar, y es justo salga
a este *Teatro*, por tan común»[135]. De acuerdo con los principios feijonia-
nos, que hemos expuesto arriba, demuestra el benedictino que no puede
tratarse sino de una decadencia circunstancial, histórica, y consecuentemente remediable, si se aplica el esfuerzo necesario porque «en el mismo
clima vivimos, de las mismas influencias gozamos que nuestros antepasados. Luego cuanto es de parte de la naturaleza, la misma índole, igual habilidad, iguales fuerzas hay en nosotros que en ellos, y acaso superiores
a las de otras naciones»[136]; por ello desea Feijoo mostrar a sus contemporáneos, para que les sirvan de estímulo y lección, los hechos de sus
padres.

Pero esta admiración de las glorias pasadas y su fe en la futura recu-
peración no le vedan a Feijoo la severa denuncia de los males de su país,
subrayados en cien pasajes pero a los cuales dedica algunos ensayos en
particular. En su carta sobre las *Causas del atraso que se padece en
España en orden a las ciencias naturales* escarba Feijoo en hondos estratos del problema: «la segunda causa —dice— es la preocupación que
reina en España contra toda novedad. Dicen muchos que basta en las
doctrinas el título de nuevas para reprobarlas, porque las novedades en
punto de doctrina son sospechosas»[137]. Y el religiosísimo Feijoo comenta
con esa amplitud de espíritu que constituye su gloria: «Mas sea norabuena sospechosa toda novedad. A nadie se condena por meras sospechas... La sospecha induce al examen, no a la decisión; esto en todo género de materias, exceptuando sólo la de la fe, donde la sospecha objetiva
es odiosa, y como tal, damnable»[138]. «La quinta causa es un celo, pío sí,
pero indiscreto y mal fundado; un vano temor de que las doctrinas nuevas en materia de filosofía traigan algún perjuicio a la religión. Los que
están dominados de este religioso miedo, por dos caminos recelan que
sucede el daño: o ya porque en las doctrinas filosóficas extranjeras vengan
envueltas algunas máximas que, o por sí, o por sus consecuencias, se
opongan a lo que nos enseña la fe; o ya porque haciéndose los españoles
a la libertad, con que discurren los extranjeros (los franceses, verbi gracia) en las cosas naturales, pueden ir soltando la rienda para razonar
con la misma en las sobrenaturales»[139]. Y con el mismo espíritu dicho escribe Feijoo estas palabras, que, al cabo de dos siglos, no han perdido
vigencia entre nosotros: «Doy que sea un remedio precautorio contra el
error nocivo cerrar la puerta a toda doctrina nueva. Pero es un remedio,

---

[135] Ed. La Fuente, cit., pág. 194.
[136] Idem, íd.
[137] Idem, íd., pág. 541.
[138] Idem, íd.
[139] Idem, íd., pág. 543.

sobre no necesario, muy violento. Es poner el alma en una durísima esclavitud. Es atar la razón humana con una cadena muy corta. Es poner en estrecha cárcel a un entendimiento inocente, sólo por evitar una contingencia remota de que cometa algunas travesuras en adelante. / La sexta y última causa es la emulación (acaso se le podría dar peor nombre), ya personal, ya nacional, ya faccionaria. Si vuestra merced examinase los corazones de algunos, y no pocos, de los que declaman contra la nueva filosofía, o generalmente, por decirlo mejor, contra toda literatura distinta de aquella común que ellos estudiaron en el aula, hallaría en ellos unos efectos bien distintos de aquellos que suenan en sus labios. Óyeseles reprobarla, o ya como inútil, o ya como peligrosa. No es esto lo que pasa allá dentro. No la desprecian o aborrecen; la envidian. No les desplace aquella literatura, sino el sujeto que brilla con ella» [140].

«El descuido de España lloro porque el descuido de España me duele» [141], exclama Feijoo con frase que casi a la letra, y por supuesto con el mismo espíritu, había de tomarle Unamuno; «gotosa está España —escribe más adelante—. Los pobres pies de este reino padecen grandes dolores, y de míseros, debilitados y afligidos, ni pueden sustentarse a sí mismos ni sustentar el cuerpo» [142]. Y el descuido y el mal de su patria le duelen a Feijoo tanto más cuanto mayor es la distancia entre el ideal que anhela para ella y las flaquezas y postración presentes; dolor que siente y que proclama no por ausencia de patriotismo sino por plétora de él; su obra entera no estaba concebida sino como un servicio a su país que consistía en hacer a España más europea y más moderna, limpiarla de sus lacras y devolverla luego a la tradición de Europa, de la que España había sido siempre parte esencial.

Aparte estos problemas capitales, trató Feijoo innumerables puntos de índole política o de interés para el estado, cuya sola enumeración sería interminable; pueden citarse como ejemplo su rechazo de la tortura, entonces tan común en los tribunales de justicia (*Paradojas políticas y morales* —discurso I, tomo VI—, paradoja décima) [143], o su atención a cuestiones prácticas, estudiadas con sorprendente modernidad, como el exceso de días festivos, nada favorables a la religión y sumamente dañosos para la economía del país (paradoja segunda). En relación con los jóvenes pide que la justicia no sea con ellos más benévola que con los mayores, pero en cambio razona la conveniencia de que en la promoción a

---

[140] Idem, íd., págs. 543-544.

[141] *Honra y provecho de la agricultura*, ed. La Fuente, cit., pág. 460.

[142] Idem, íd., pág. 462.

[143] Cfr.: Valentín Silva Melero, «La faceta criminológica en el pensamiento del Padre Feijoo», en *Anuario de Derecho Penal y Ciencias Penales*, Instituto Nacional de Estudios Jurídicos, Madrid, IX, 1956, págs. 33-41. Manuel Casas Fernández, «El P. Feijoo y la justicia», en *Boletín de la Real Academia Gallega*, XXV, 1951, págs. 191-222.

los cargos públicos sean preferidos los jóvenes, porque «en igualdad de prendas intelectuales» prevalecen en la edad media «el vigor de alma y cuerpo, importantísimo uno y otro para la buena administración de cualquier empleo».

Es constante en Feijoo la preocupación por el mérito personal y el servicio útil al Estado y, consecuentemente, su hostilidad hacia los nobles carentes de méritos propios, parásitos de la república en posesiones y dignidad. «Un gran bien haría a los nobles quien pudiese separar la nobleza de la vanidad» [144], escribe en su discurso *Valor de la nobleza e influjo de la sangre* (II, tomo IV), expresamente dedicado a este tema; pero se ocupa de él en numerosos lugares, siempre con arriscada desenvoltura: «Miradas las cosas a la luz de la razón, lo más útil al público es lo más honorable, y tanto más honorable cuanto más útil. Tanto en los oficios como en los sujetos, el aprecio o desprecio debe reglarse por su conducencia o inconducencia para el servicio de Dios en primer lugar y en segundo de la república... ¿Qué caso puedo hacer yo de unos nobles fantasmones, que nada hacen toda la vida sino pasear calles, abultar corrillos y comer la hacienda que les dejaron sus mayores?... Al contrario venero por sí mismo, o por su propio mérito, a aquél que sirve útilmente a la república, sea ilustre o humilde su nacimiento; y asimismo venero aquella ocupación con que la sirve, graduando el aprecio por su mayor o menor utilidad, sin atender a si los hombres la tienen por alta o baja, brillante u oscura» [145].

En la carta XXII del tomo III escribe Feijoo *Sobre la grave importancia de abreviar las causas judiciales*, aportando argumentos tan agudos como variados sobre aspectos prácticos no menos vigentes todavía hoy que en los días del benedictino. La carta siguiente del mismo volumen se ocupa de la *Erección de hospicios en España;* en ellos habrían de recogerse los mendigos que lo fueran por necesidad, cribando así a la turba innumerable de pícaros, vagabundos y mendigos profesionales, peste incurable de nuestro país, a los cuales se obligaría a trabajar bajo severas penas, liberando a la república de los peligros y daños que ocasionaban; son admirables las provisiones de Feijoo, convertidas después en todas partes en normas de aceptación común. La carta XXIV, que en buena medida prosigue el tema de la anterior, se ocupa del *Exterminio de los ladrones* con sagaces medidas tan severas como bien encaminadas.

Los problemas científicos —física, química, biología, matemáticas— ocupan mayor extensión que otros cualesquiera en la obra de Feijoo. Es fácil pensar que, debido al avance prodigioso de todas las ciencias en los últimos tiempos, los escritos científicos de Feijoo han quedado ridícula-

---

[144] *Honra y provecho de la agricultura*, cit., pág. 149.
[145] Idem, íd., pág. 456.

mente anticuados. Ya en 1787 Valentín Foronda propuso reeditar las obras de Feijoo corrigiendo y actualizando sus puntos de vista de acuerdo con los últimos descubrimientos de la ciencia; propósito no llevado a cabo, por fortuna. Vicente de la Fuente, profano en la materia sin duda alguna, suponía, sin meterse en averiguaciones, que los escritos médicos de Feijoo no valdrían gran cosa. Por esto mismo sorprende realmente leer estas palabras de Marañón: «Cotejada su obra experimental a la luz de los criterios científicos actuales, resulta extraordinariamente profunda y clarividente; desde luego, la más importante a mi juicio, de cuantas ocuparon su insaciable curiosidad». Y luego: «Sus ideas médicas y, en general, biológicas son lo más perdurable y significativo de su obra» [146]. En su libro sobre estas últimas, tantas veces citado, escribe asimismo, a propósito de la visión enciclopédica de Feijoo sobre todo en las ciencias naturales, «que fueron lo más característico de su obra», «y a demostrarlo —añade— tiende este libro mío» [147]. Otros científicos sostienen el mismo parecer: «El P. Feijoo —dice el profesor Masriera—, en la mayor parte de los problemas que su época se había planteado, acertó con la solución justa, muchas veces contra la mayoría de sus contemporáneos, adelantándose en mucho al saber de su tiempo. De un modo especial sucedió esto en lo referente al atomismo, que había tan sólo asomado una vez la cabeza con Boyle y Gassendi. Descartes había lanzado su teoría cosmológica de los torbellinos (los *turbillones*, dice Feijoo con marcado galicismo). Feijoo, contra viento y marea, defendió el atomismo, aunque no a Descartes. Intuyó el verdadero papel del átomo en la física y en la química. Explicó las formas de los cristales cuando aún Hany no había creado la cristalografía...» [148].

Sin duda alguna, las aportaciones positivas y permanentes de Feijoo no consistieron en descubrimientos científicos concretos, sino en problemas de método y en siembra de inquietudes, sin descontar los vislumbres de asombrosa perspicacia, como los mencionados, y, por descontado, la gran labor divulgadora alimentada por su insaciable curiosidad, que tanto hizo por difundir en nuestra patria los saberes científicos y el interés por ellos. Todo lo cual es ya una gloria más que sobrada.

La afición de Feijoo por la medicina fue casi una pasión. Sus sátiras contra los médicos son bien conocidas, pese a lo cual Marañón asegura que en el benedictino había un «médico frustrado»; era su propio amor por aquel oficio y el convencimiento de las enormes deficiencias científi-

---

[146] *Vocación, preparación y ambiente biológico...*, cit., págs. 8 y ss.

[147] *Las ideas biológicas del P. Feijoo*, cit., pág. 54, nota 1.

[148] Cit. por Pérez-Rioja en *Proyección y actualidad de Feijoo*, cit., pág. 220. Cfr., Juan Rof Carballo, «Medicina crítica y medicina comprensiva en la obra del P. Feijoo», en *Ocho ensayos en torno a Feijoo*, cit., págs. 43-70. M. Crusafont Pairó, «El enciclopedismo ortodoxo del P. Feijoo y las ciencias naturales», en ídem, íd., páginas 73-105.

cas que lo entorpecían quienes le arrancaban sus frecuentes sarcasmos contra los malos médicos [149]. En todo caso, Marañón ha mostrado cumplidamente los numerosos aciertos —muy concretos en este campo— que delatan su gran capacidad clínica; de hecho ejerció la medicina en el círculo no pequeño de sus relaciones personales, y aunque le faltó preparación profesional —de que muchos médicos auténticos carecían también— y su información fue a veces deficiente, las suplió con su constante observación y estudio práctico [150].

El aspecto más popular de la obra de Feijoo es, sin duda, el que trata de las brujerías, supersticiones y hechizos, a los cuales dedicó muchos de sus más conocidos discursos y cartas: *Astrología judiciaria y almanaques, Profecías supuestas, Artes divinatorios, Vara divinatoria y zahoríes, Piedra filosofal, Cuevas de Salamanca y Toledo y mágica de España, Saludadores, Uso de la magia,* etc., etc. [151]. De todos estos trabajos podría de-

[149] En su maravilloso discurso *Sabiduría aparente* (VIII, tomo II), al comentar los estudios escolásticos que cursaban los alumnos de medicina, y que tienen que ver con ésta «menos que la geometría con la jurisprudencia», dice, por ejemplo: «El doctísimo comentador de Dioscórides, Andrés de Laguna, dice que la providencia que, si se pudiese, se debiera tomar con estos mediquillos flamantes, que salen de las universidades rebosando las bravatas del *ergo* y del *probo*, sería enviarlos por médicos a aquellas naciones con quienes tuviésemos guerra actual, porque excusarían a España mucho gasto de gente y de pólvora. Seguramente afirmo que no hay arte o facultad más inconducente para la medicina que la física de la escuela. Si todos cuantos filósofos hay y hubo en el mundo se juntasen y estuviesen en consulta por espacio de cien años, no nos dirían cómo se debe curar un sabañón; ni de aquel tumultuante concilio saldría máxima alguna que no debiese descaminarse por contrabando en la entrada del cuarto de un enfermo. El buen entendimiento y la experiencia, o propia o ajena, son el padre y madre de la medicina, sin que la física tenga parte alguna en esta producción. Hablo de la física escolástica, no de la experimental» (Ed. La Fuente, cit., pág. 80).

[150] La Regia Sociedad de Sevilla, la primera de las corporaciones médicas de España, nombró a Feijoo miembro de honor, distinción que fue para el benedictino de las más estimadas y de la que se envanece en varias ocasiones. Comentando este nombramiento dice Marañón: «Al final de su vida podía vanagloriarse de haber reformado profundamente las costumbres españolas *en orden*, como él gustaba tanto de decir, a las relaciones de los enfermos con los médicos, al uso de los medicamentos y a la práctica de los regímenes alimenticios» (*Las ideas biológicas...*, cit., página 19). Cfr.: Julio Morros Sarda, «La medicina, los médicos y el P. Feijoo», en *El P. Feijoo y su siglo*, cit., II, págs. 407-432.

[151] Aparte la índole tan arraigadamente popular de estos temas, es innegable que el propio Feijoo, con su insistencia en ellos y la casi diríamos traviesa complacencia con que los destripa y aporrea, contribuyó a ligar su nombre de manera especial a este campo de su crítica: «Quien se tome la molestia —escribe Sánchez Agesta— de recorrer los títulos de los varios discursos y cartas de Feijoo advertirá la insistencia tópica del benedictino en determinada especie de temas. La astrología, los duendes, las artes divinatorias, la magia, los *saludadores*, las fábulas y los falsos milagros, los sátiros y la alquimia, los tesoros escondidos y hasta la taumaturgia de la época, todos los elementos de creencia irracional con que los hombres rellenan los huecos de su saber del mundo y satisfacen una necesidad de ilusión y esperanza preternatural, son combatidos sañudamente por Feijoo con el soplo helado de la razón. Feijoo lució en esta tarea un ingenio verdaderamente notable, y esta fue una de las

cirse que constituyen lo menos vigente de la obra de Feijoo, pues es casi impensable que nadie crea hoy lo que allí se refuta. Según Menéndez y Pelayo, ni siquiera en los mismos días del escritor tenía creyentes en nuestro país. Don Marcelino se indigna una vez más contra el benedictino por este motivo: muchas de las supersticiones por él impugnadas —dice el polígrafo montañés— eran exóticas entre nosotros y él sólo las conocía por lectura de libros extranjeros; entonces —se pregunta— «¿a qué impugnar lo que nadie creía ni sabía, como no fuera a título de curiosidad? ¿Sería aventurado decir que de gran parte de las patrañas impugnadas por Feijoo tuvimos aquí la primera noticia por sus escritos?» [152]. Pero las cosas no parece que fueron tan sencillas; algunas supersticiones combatidas por Feijoo subsisten hoy o subsistían hasta fechas recientísimas, y sería muy arriesgado asegurar que la creencia en brujerías, magias, adivinaciones, saludadores, etc., etc., haya desaparecido por completo, incluso en medios de elevada civilización. Aun dado el caso de que las publicaciones sobre tales materias fueran más escasas en España que en otros países, falta demostrar que no anduvieran entre nosotros aquellos libros, sin contar la arraigada existencia de tradiciones difundidas por vía oral; el propio Feijoo puntualiza que «en materia de hechicerías, tanto como en la que más, circulan y se propagan las fábulas del vulgo a los escritores y de los escritores al vulgo» [153]. Caro Baroja, en el estudio mencionado, recuerda que Feijoo utilizaba tres métodos distintos para combatir los errores y supersticiones difundidos en su época: discutir una idea general de aceptación universal como la magia; examinar una creencia generalizada pero de menos alcance, como la de los zahoríes, duendes, especies de adivinación, etc.; o tratar casos muy concretos, como la leyenda del obispo de Jaén, el toro de San Marcos, la campana de Velilla, etc., etc. Nada obsta, por tanto, para que Feijoo combatiera creencias no específicamente nacionales, pero difundidas más o menos en España: «No había sido propio de la flaqueza de mente de los españoles tan sólo —dice Caro Baroja— el creer en brujas, hechiceros, magos, duendes, espíritus familiares, milagros problemáticos, pronósticos astrológicos, etc. Todo esto y más era patrimonio común de los europeos en general, y algunos

---

causas a que debe la celebridad entre sus contemporáneos. Es, si se quiere, un don a la larga triste, pero sin embargo curioso y apasionante; por lo menos tal fue el juicio de quienes convivieron con el benedictino». Y añade con frase feliz —más feliz, creemos, que calificar de *triste* virtud tan necesaria para la asepsia mental de sus contemporáneos—: «Feijoo parece poseer una varita mágica cuyo sortilegio estuviera invertido para hacer familiar y sencillo todo lo extraño y maravilloso» (*El pensamiento político del despotismo ilustrado*, cit., pág. 54).

[152] *Historia de los Heterodoxos...*, cit., V, págs. 91-92.

[153] *Uso de la mágica*, discurso V, tomo II, ed. Millares Carlo en B. A. E., 141, página 161.

antiguos biógrafos de nuestro autor ya señalaron que escribió no sólo
para los españoles, sino también para otros muchos pueblos... Lo que,
en suma, atacó fue aspectos de la vieja cultura internacional de la Europa occidental, basada en el criterio de autoridad, en las tradiciones medievales y en el humanismo acrítico de muchos autores del Renacimiento,
para los cuales un texto de Plinio, Eliano o Solino era siempre algo de
valor incuestionable. En este ataque un católico piadoso podía coincidir
de modo más o menos parcial con el canciller Bacon o con Montaigne,
con Voltaire o con Bayle...»[154]. Añade luego el mismo comentarista que
Feijoo combatió al vulgo, pero a éste no lo componían tan sólo los aldeanos y las viejas, sino muchas otras gentes supuestamente dotadas de más
elevada condición mental; piénsese en los jueces de brujas y en los legisladores de delitos relacionados con hechicerías, los cuales debían de creer
en ellos pues que los castigaban; sin contar a numerosos médicos, escritores, teólogos, hombres de ciencia incluso. La labor de Feijoo en su cruzada por la verdad y la luz es impagable, cualquiera que sea el *vulgo* al
que combata, nacional o extranjero, alto o bajo, y su eficacia, sin ser
absoluta, fue inmensa; Feijoo —dice Caro Baroja— fue «testigo y testimonio de una *mutación cultural*, ni más ni menos»[155]; «en tiempo de Carlos IV —añade luego— un hombre de la burguesía que creyera en hechizos era ya una especie de supervivencia rara de lo que con escasa propiedad se llamaban *ideas góticas*. Esto, gracias, sobre todo, a Feijoo»[156].

Aceptando, no obstante, lo que pueda quedar de vivo en los escritos
científicos de Feijoo o en sus ataques contra las supersticiones populares, creemos que el Feijoo más perenne no reside en este o aquel aspecto concreto sino en su global actitud crítica, en su alerta permanente
contra el tópico, contra la aceptación no razonada de lugares comunes,
contra enquistados convencionalismos, contra rutinas y gazmoñerías, patriotismos sentimentales, tradiciones interesadas o ñoñas, pereza mental:
en su constante apelación, en suma, a la inteligencia, a desconfiar, a examinar, a buscar la verdad oculta tras la maraña de las apariencias. Y
en este campo los libros de Feijoo permanecen vivos y su lectura es una
inagotable y fresca lección. Dice Américo Castro[157] —y su observación
nos parece de particular importancia para juzgar la actualidad del benedictino— que lo interesante no es que examine, por ejemplo, las im-
posibilidades físicas de los duendes y espíritus familiares, sino el análisis que lleva a cabo de las causas psicológicas de tales invenciones y de
su persistencia; lo importante —podemos añadir— en el «milagro» de las

---

[154] Julio Caro Baroja, «Feijoo en su medio cultural», cit., págs. 181-182.
[155] Ídem, íd., pág. 182.
[156] Ídem, íd., págs. 182-183.
[157] «Algunos aspectos del siglo XVIII», cit., pág. 305 y ss.

flores de la ermita de San Luis, más que la prueba palpable de su falsedad
—mera anécdota, al fin y al cabo— es descubrir las razones interesadas,
y tan «humanas», de que aquellas intervenciones divinas tuvieron lugar
en ese y otros santuarios; del mismo modo, las causas que convierten el
patriotismo en pasión nacional no están en las cosas sino en el prejuicio, en la deformación estimativa, en la rutina mental de los patriotas.
Ahora bien: todos estos errores que no se destruyen con una prueba
material, como la que puede llevarse a cabo con los duendes o con las
florecillas, son tan resistentes como lo es siempre el egoísmo, la necedad o la maldad humana, y contra ellos la crítica feijoniana conserva
íntegra su actualidad en cada escrito, no importa cuál sea su tema ni el
tiempo que transcurra.

Baquero Goyanes [158] ha examinado agudamente los cien recursos de técnica perspectivista de que se vale el monje de Casdemiro para ejercer su
tarea crítica y encaminar la inteligencia del lector al descubrimiento de
la verdad; recursos tan variados que sólo en forma de unos pocos ejemplos podemos mencionar aquí. Adelantándose al perspectivismo de nuestro
siglo, concretamente al de Ortega —dice Baquero— alude Feijoo a la
imposibilidad de separar nuestro juicio de la perspectiva adoptada; pero
éstas son innumerables y muchas de ellas pueden ser igualmente correctas, de donde la necesidad de contrastarlas con la habitual de cada uno
para descubrir la falsedad, o relatividad al menos, de infinitas nociones
tradicionalmente aceptadas por mera pereza mental. La propia condición,
proyectándose sobre la conducta ajena, deforma fácilmente nuestras opiniones: tal es el caso, recuerda Feijoo, de la vejez —tema tradicional,
por lo demás— que ve las deficiencias del mundo a través de las propias;
o las pasiones, vicios o defectos de cada cual, que juzga al prójimo según
lo ve reflejarse en el espejo de su propia conciencia. Enfrenta Feijoo
constantemente las apariencias externas de las cosas con su interior, de
donde surgen valoraciones antagónicas; la simple presión de la costumbre
embota nuestras facultades receptivas y deforma el juicio; por el contrario, nada más estimulante que contemplar lo usual y cotidiano como
si nos fuera desconocido para descubrir en ello realidades insospechadas.
Conceptos tan vulgares como los de la belleza y fealdad dependen de la
costumbre, de la perspectiva valoradora usual: la idea de la hermosura
es distinta en cada país y en cada época, de donde se infiere —escribe
Feijoo— «que lo que llamamos belleza depende en gran parte de nuestra
imaginación». El constante empleo de la paradoja que hace Feijoo fuerza
al lector a sustituir su perspectiva habitual por otra nueva, a cuya luz

---

[158] Mariano Baquero Goyanes, «Perspectivismo y desengaño en Feijoo», en *Atlán-
tida*, III, núm. 17, sept.-oct. 1965, págs. 473-500; reproducido en su libro *Temas, formas
y tonos literarios*. Madrid, 1972, págs. 63-102.

adquieren las cosas configuraciones sorprendentes. Dicho se está a dónde se encamina la persistente técnica perspectivista de Feijoo; en ese afán de relativizarlo todo —dice Baquero Goyanes— para llegar a la almendra de la verdad perdida o envuelta en el laberinto de los prejuicios y rutinas late la tenaz preocupación de Feijoo de incitar a sus compatriotas a que abandonen la pereza mental y dejen las perspectivas en que han vivido instalados para examinar las nuevas que el escritor les ofrece: «Desde ellas puede, al menos, considerarse desengañadamente que no todo es tan sólido, seguro y nítido como parecía desde la ofuscadora perspectiva que se había venido utilizando, sin someterla a revisión o crítica. Caer en la cuenta de los engaños óptico-morales, descubrir la relatividad de los gustos, las posibilidades aberrantes que las deformadoras estimativas particulares suelen imponer, percibir lo usual como fantástico, delinear las limitaciones de la estrecha perspectiva que el hombre supone frente a la de Dios, desmontar científicamente las que la rutina mental venía considerando abstrusas paradojas, frenar los entusiasmos y los excesos con algunos oportunos toques de moderado escepticismo; todo esto y más se articula y organiza dentro de los esquemas perspectivísticos de Feijoo» [159].

En este camino de criticismo, de cautela y de nuevo examen la actitud y el espíritu importan muchísimo más que el resultado, es decir, la verdad concreta que pueda obtenerse en cada caso; por eso decíamos que nada importa para la vigencia de Feijoo que sus hallazgos científicos hayan quedado astronómicamente rebasados o que los duendes hayan dejado de aparecerse, porque la rutina, el error común, la apreciación interesada o deformadora —duendes tenaces contra los cuales combatió Feijoo— no se han desvanecido todavía [160].

---

[159] Idem, íd., págs. 499-500.

[160] Permítasenos reproducir aún las bellas palabras de Lázaro Carreter, con las que resume la titánica labor —y su gran mérito— del entusiasta benedictino: «Resulta pasmoso este auténtico milagro que fue el P. Feijoo. Cuando Luzán, Sarmiento, Torres, Mayáns, Flórez o Isla, esta primera promoción de prohombres dieciochescos, tienen ocasión de asomarse a la vida del país, el panorama se ofrecía ligeramente favorable, si no totalmente cambiado. Pero Feijóo, bastante mayor que todos ellos, había tenido que realizar un hercúleo esfuerzo en plenas tinieblas, y además, esto es lo portentoso, iba a llegar más lejos que ninguno, dueño como era de una superior capacidad de interés y de una razón más lúcida. Quien se acerque a su *Teatro Crítico* o a sus *Cartas eruditas* sin más objeto de consideración que las obras mismas, tendrá mucho que admirar; quien además se tome el trabajo de leer a muchos de sus contradictores, o simplemente, cualquier otro libro contemporáneo, tendrá motivos más que sobrados para el pasmo» (*Significación cultural de Feijóo*, cit., pág. 17).

EL PADRE MARTÍN SARMIENTO

VIDA Y PERSONALIDAD

Hemos mencionado páginas arriba al padre Martín Sarmiento como eficaz colaborador de Feijoo y celoso defensor de sus escritos. Pero su obra y personalidad humana requieren un estudio más detenido. El Padre Sarmiento, cuyo nombre de familia era Pedro José García Balboa, nació en Villafranca del Bierzo en 1695 [161]. A los quince años ingresó en la orden benedictina y pasó casi toda su vida en el convento de San Martín, de Madrid, donde murió en 1771. Sarmiento fue un estudioso infatigable, devorador de libros —llegó a reunir en su celda una biblioteca particular de siete mil quinientos volúmenes, según afirma en su testamento—, y no menos diligente observador de la naturaleza [162]. Escribió incansablemente, pero dejó inédita toda su obra a excepción de los dos volúmenes en defensa de Feijoo. Se negó siempre a publicar y declaró en diversas ocasiones que no escribía para la imprenta sino para sí mismo; «yo sólo escribo para mi instrucción y para complacer a cuatro amigos». En un ensayo o artículo titulado *El porqué sí y el porqué no del P. Sarmiento*, escrito hacia 1759 [163], respondió a la pregunta de por qué no publicaba, pero, de hecho,

---

[161] Para la vida y personalidad de Sarmiento cfr., primeramente: Antolín López Peláez, *El gran gallego. Fr. Martín Sarmiento*, La Coruña, 1895; del mismo, *Los escritos de Sarmiento y el siglo de Feijoo*, La Coruña, 1904. Véase además: Teodosio Vesteiro Torres, «El padre Sarmiento», en *El Heraldo Gallego*, Orense, tomo IV, núm. 8, 1876, páginas 57-59. López de la Vega, «Gallegos ilustres. El sabio benedictino Fr. Martín Sarmiento», en *Revista Contemporánea*, Madrid, XIII, 1878, págs. 164-179 y 288-320. E. Álvarez Jiménez, *Biografía del R. Padre Fr. Martín Sarmiento y notas de sus obras impresas y manuscritas*, Pontevedra, 1884. Marcelino Gesta y Leceta, *Índice de una colección manuscrita de obras del Rmo. P. Fr. Martín de Sarmiento, seguido de varias noticias bio-bibliográficas del mismo*, Madrid, 1888. Juan Domínguez Fontenla, «Fray Martín Sarmiento. Su autobiografía», en *Boletín de la Comisión Provincial de Monumentos Históricos y Artísticos de Orense*, VII, 1925, págs. 153 y ss. Fr. Justo Pérez de Urbel, *Semblanzas benedictinas*, II, Madrid, 1926, págs. 309-317. Edith F. Helman, «Viajes de españoles por la España del siglo XVIII», en *Nueva Revista de Filología Hispánica*, VII, 1953, págs. 618-629. Salvador Lorenzana, «El P. Sarmiento y Galicia», en *Papeles de Son Armadans*, IV, 1957, págs. 30-52.

[162] «Sarmiento pregunta por todo, primero a los que le rodean, a sus padres, a sus amigos, a todo el mundo, luego a los libros y finalmente, ante la blanca soledad de los pliegos, se pregunta a sí mismo para contestarse a sí mismo. Un ansia de saber corroe su vida y sólo vive para saber. Lee, lee incansablemente, sin tregua; y cuando no, mira, observa, pregunta, viaja, reúne todo lo que le interesa y le interesa todo. Todo menos cargos, honores, distinciones, todo menos esto que le aparta de su vida sedienta de saber» (José Luis Pensado, *Fray Martín Sarmiento: sus ideas lingüísticas*, «Cuadernos de la Cátedra Feijoo», núm. 8, Oviedo, 1960, pág. 11).

[163] Fue publicado por Valladares en su *Semanario erudito*, tomo VI, Madrid, 1777, páginas 111-189.

no alega otras razones que las de su omnímoda voluntad; escribía para su propia perfección y no buscaba otra meta que su enriquecimiento intelectual: «nunca escribió para enseñar sino para aprender —dice José Luis Pensado—...; saber era su deseo, una sed infatigable, una molesta inquietud de la que sólo la pluma le liberaba»[164].

Asombra esta actitud en quien, como Sarmiento, llegó a ser un verdadero sabio, y no es fácil de explicar lo que podría tildarse de egoísmo caprichoso o ausencia de voluntad rectora. En una carta a don José Antonio de Armona, corregidor de Madrid, Sarmiento alude a las molestias materiales originadas por el engorro de la lucha con los impresores, pero no cabe duda que le frenaban razones más profundas: «Hoy más que nunca —dice— son muy peligrosas las resultas de un libro después de impreso; aunque guste a muchos, y muchos le aplaudan, como no guste a dos o tres...»; y añade luego: «España no está para imprimir, ni aun para saber, sino cada uno para sí mismo»[165]. Y en su respuesta a la carta de Armona, provocada por la suya anterior, escribe: «El mayor peligro de la tranquilidad humana es decir lo que se piensa; decir lo contrario de lo que se piensa es ignominia de la racionalidad y de la sociedad humana. Pues ¿qué remedio? El que yo he escogido. Es vivir retirado en un rincón; abstenerme de todo comercio mundano, político, literario y epistolar; y vivir sólo para Dios, para mí y para los amigos»[166]. En la primera carta mencionada aludía también a su renuncia a publicar diciendo que estaba «escarmentado ya en cabeza ajena», refiriéndose, evidentemente, a las polémicas provocadas por cada nuevo escrito de Feijoo.

María Ángeles Galino comenta[167] que, aparte estas «razones» que inhibían al padre Sarmiento, había otras en la propia idiosincrasia del autor: «profundo y desordenado, era rebelde a cualquier disciplina intelectual»; curioso de todos los saberes que apasionaban a su época, tentado, podríamos decir, de la ambición enciclopédica de su siglo, su producción, dice Galino, no nacía tan organizada como requiere el género didáctico, sus observaciones se enlazan como cerezas, con una incoherencia natural, dejándolas brotar espontáneamente, y así, resulta imprevisible el fluir de las materias» Cabría, con todo, preguntarse si su renuncia a la impresión nacía de este desorden previo, o era la previa renuncia a publicar la que, eximiéndole de todo rigor didáctico, le permitía dejar correr su pluma con tan anárquica despreocupación. Su estilo nace también, precisamente, de ese mismo destino que daba a sus escritos. Se jactaba de la llaneza de su prosa, que «es lengua viva, palpitante, llena de personalidad»,

---

[164] *Fray Martín Sarmiento: sus ideas lingüísticas*, cit., pág. 8.
[165] Cit. por Pensado, en ídem , íd., págs. 17-18.
[166] Ídem, íd., pág. 19.
[167] María Ángeles Galino, *Tres hombres y un problema. Feijoo, Sarmiento y Jovellanos ante la educación moderna*, Madrid, 1953, págs. 126-127.

como dice Pensado [168]: «No sé hablar sino como pienso; no sé escribir sino como pienso y hablo», dice en *El porqué sí y el porqué no;* y añade luego: «Yo me lo quiero hablar todo y, sin tropezar en barras, hablaré con libertad cristiana...; y, en suposición de que nada de esto se ha de imprimir, me tomaré la libertad de usar de algunas chanzonetas, chistes y frases vulgares cuando se me ofrecieren a la pluma. Y no por eso dexaré de usar de otras expresiones que se me presenten, aunque tengan algo de aceite y vinagre, y con su puntica de sal y pimienta. Sin esto no hay conversación bien guisada. Ahorraré lo más que pudiere de latines, que son los huesos de las conversaciones y de los escritos. Aquí no hay que buscar estilo, ya que soy incapaz de tenerle, porque escribo como hablo». Lo que da claramente a entender que la previamente decidida intimidad de sus escritos le permitía en cuanto a la idea y la expresión la misma libertad y desenvoltura que concedía al estilo de su prosa. «Como hablaba con harto desenfado —dice Galino— y pensaba con escasos miramientos y sobrada libertad, los escritos del P. Sarmiento quedaron expuestos con un realismo que a veces calificaríamos de brutal. Sus obras no se publicaron, pero buena parte de ellas tampoco se podían publicar» [169]. En su decisión de que no lo fueran, y hasta de que no pudieran serlo, no sería difícil hallar su punta de altivez, que compensaba suficientemente su voluntaria oscuridad como escritor y su renuncia al magisterio; era el suyo un desdén heroico y genial, muy humano, que nada tiene que ver con género alguno de renuncia ascética. La descripción que hace de su genio y persona confirma que aquella actitud no le era ajena; a quienes le reprochaban la prontitud de su genio y la demasiada viveza en la expresión, responde: «Mi voz es naturalmente clara y alta. No soy balbuciente por la gracia de Dios, y no puedo negar que mientras otro pronuncia seis dicciones, pronunciaré yo diez... Si la voz clara alude a que digo algunas claridades y que no digo sí a todo, digo que algo de eso tengo cuando es materia de erudición e intelectual la de conversación familiar. Si oigo alguna necedad de cal y canto o algún desatino garrafal, sería fatuo o vil adulador si permitiera que se me embocase cara a cara» [170]. Con un cierto regusto de coquetería, que recuerda, hasta en su misma exuberancia verbal, la estudiada modestia de Villarroel y su calculado autodesprecio, escribe: «Yo soy en boca de todos... un hombre ridículo, duro, adusto, hipocondríaco, insociable, seco, serio, desabrido, incomunicable, melancólico, intratable, indómito, terco, tenaz, testarudo, huraño, inurbano, descortés, grosero, inmanejable, voluntarioso y, en fin, si le hay en ridiculizarme, que soy otro Timón ateniense, nuevo misántropo en Madrid. A estas dos docenas de lisonjas que inventó la retórica

---

[168] *Fray Martín Sarmiento...,* cit., pág. 8.
[169] *Tres hombres y un problema...,* cit., pág. 127.
[170] Cit. por Galino en ídem, íd., págs. 129-130.

de la envidia, y que son veinticuatro imposturas garrafales, se añaden las reprehensibles acciones que el mismo lenguaje retórico y político me atribuye: Que no visito a nadie; que cierro la puerta a toda visita; que si admito alguna, no la pago; que no salgo de casa ni aun de la celda; que rarísima vez se me ve en la calle, o en el campo; que no recibo cartas; que si las recibo, las más no las abro; y a las más de las que leo no respondo; o que, si respondo, que es con tanta sequedad que se quitan las ganas de repetir; que, a veces, devuelvo las cartas cerradas con sobrescrito al que las escribió... Que después de cuarenta y ocho años que conozco a Madrid no tengo comunicación alguna ni alta ni media ni ínfima; que, por lo mismo, soy muy inútil para un empeño en la Corte; que afecto no querer comer fuera de casa; que me niego a algunos convites honrados para esparcirme fuera de Madrid; que convidado, por esquelas, para algunas funciones eclesiásticas o seculares jamás asisto a ellas; que ni aun a funciones literarias quiero asistir; que si me dan alguna esquela para uno o, no la admito o no la entrego; que si alguna señora me llama en la iglesia o en la portería que no quiero baxar... A este tenor me cargan de otros muchos ques... Es notorio que yo vivo y quiero vivir siempre retirado y como recluso entre las cuatro paredes de mi celda, huyendo todo comercio fuera de ella... Las cartas las considero como visitas de gorra de entrometidos y a los más de los cuales no abriría yo mi puerta, si viniesen en persona a molestarme... Y ¿quiénes me probarán que es capítulo de residencia contra un religioso el vivir retirado y abstraído?» [171].

No es de extrañar que quien, sin serlo —pues era, a la vez, bien conocido su carácter jovial, dicharachero y generoso, dispensador de la más franca amistad al corto número de personas que juzgaba dignas de ello— se jactaba de huraño, renunciara tan sistemáticamente los honores como la gloria de escritor; se burlaba de ellos, simplemente. Refiere Galino[172] que cuando le propusieron para abad mitrado del monasterio de Ripoll, Fernando VI, que conocía bien al monje, dijo a sus cortesanos: «No lo aceptará, no lo aceptará». Y acertó el monarca, en efecto [173].

---

[171] Cit. por Francisco J. Sánchez Cantón, *Ideas de los PP. Feijoo y Sarmiento sobre la organización de los estudios*, «Cuadernos de la Cátedra Feijoo», núm. 10, Oviedo, 1961, págs. 17-18.

[172] *Tres hombres y un problema...*, cit., pág. 130.

[173] Merece la pena añadir todavía un pasaje —pertenece a la carta, citada, a José Antonio de Armona— en que el benedictino revela una vez más la entereza de su carácter: «Yo no tengo, ni jamás he tenido, amanuense, y por lo mismo no me quedo con copia de las cartas que escribo. Eso de copias es bueno para los que tienen trabacuentas, para los que escriben con pensamientos vagos y acomodaticios. No necesito copiar lo que escribo para precaver que me cojan en mentira o contradicción; que me acuerde o que me olvide, jamás diré lo contrario. Ese es el privilegio de los que hablan y escriben con realidad y según lo que piensan...» (fragmento citado por José M.ª Chacón y Calvo, «El P. Sarmiento y el *Poema del Cid*», en *Revista de Filología Española*, XXI, 1934, págs. 142-157; la cita en 144).

Por lo demás, la celda de Sarmiento fue, como la de Feijoo, centro de reunión de la intelectualidad de la época; más importante todavía —comenta Galino— [174] que la del monje de Oviedo, que al lado de la de Madrid nos parece más provinciana. A la celda de Sarmiento, que recibía a sus amigos casi todas las tardes, acudía don Juan de Iriarte, primer bibliotecario de la Biblioteca Real, perteneciente al grupo reformador, colaborador del *Diario de los literatos de España*, la más avanzada publicación de aquellos días; don José Quer y Martínez, apasionado botánico como Sarmiento, viajero por el norte de África; el padre Flórez, el mayor historiador de su siglo, autor de la monumental *España Sagrada*, que recibió de Sarmiento valiosas noticias para la redacción de su obra; don Agustín Montiano, fundador y primer director de la Academia de la Historia; el paleógrafo padre Terreros; el padre Andrés Marcos Burriel, que exploró e inventarió el tesoro manuscrito de la catedral de Toledo; el orientalista don Miguel Casiri, que catalogó los códices arábigos de la biblioteca de El Escorial y publicó la *Bibliotheca Arabico-Hispana Escurialensis* en donde describe casi dos mil documentos; y otros varios.

OBRA DEL P. SARMIENTO

La mayor parte de la obra del padre Sarmiento continúa inédita; algunos de sus escritos fueron publicados en antiguas revistas de muy difícil acceso [175], y solamente una parte muy exigua conoce ediciones modernas. El duque de Medina Sidonia, amigo de Sarmiento, recogió en diez y nueve tomos las obras manuscritas del benedictino; en 1775 se inició su publicación, pero no se pasó del tomo primero, *Memorias para la Historia de la Poesía y Poetas españoles*, reeditada en la Argentina no hace muchos años [176]. La Real Academia Española publicó en su *Boletín* distintos trabajos del benedictino bajo el epígrafe común de *Escritos filológicos del Padre Sarmiento*; comprenden los siguientes títulos: «Reflexiones sobre el Diccionario de la Lengua Castellana que compuso la Real Academia Española en el año de 1726», «Elementos etimológicos según el método de Euclides», «Prólogo a los que han de enseñar a los niños el Christus y la cartilla», «Origen y formación de las lenguas bárbaras», «Tentativa para una lengua general», «Método de Euclides» y otros escritos menores [177]. Se han publicado además el *Onomástico Etimoló-*

---

[174] *Tres hombres y un problema...*, cit., pág. 131 y ss.

[175] El *Correo Literario de Europa* publicó en 1782 varios artículos de Sarmiento, y el *Correo erudito* de Valladares incluyó otros diversos trabajos en los volúmenes V, VI, XIX, XX y XXI.

[176] Buenos Aires, 1942.

[177] Han sido publicados en el mencionado *Boletín de la Real Academia Española:*

gico de la Lengua Gallega [178], el *Viaje a Galicia* [179] y algunas cartas [180]. María Ángeles Galino, en su libro citado, ha editado como *Apéndice* un trabajo del autor sobre *La educación de los niños*, y *Fragmentos varios sobre educación*, extraídos de las *Notas al Privilegio de Ordoño II al Monasterio de Samos* y de *Reflexiones previas*.

Sarmiento fue un apasionado de las Ciencias Naturales, sobre todo de la Botánica, de la cual llegó a poseer muy extensos conocimientos. Redactó una *Historia Natural* gallega en su *Obra de los seiscientos sesenta pliegos*. Aparte el valor que sus estudios sobre estas materias puedan conservar en la actualidad, y de las constantes digresiones hacia otros ramos del saber, las páginas de Sarmiento sobre Botánica importan sobre todo porque insiste en ellas respecto de uno de los métodos de educación que le son más caros: la observación directa del natural y la atención intuitiva como punto de partida de la educación de los niños. Sus penetrantes dotes de observación se ponen de manifiesto en estos escritos, donde da ejemplo por sí mismo, con los innumerables datos atesorados y sus inteligentes descripciones, de las normas que propugna.

Los dos aspectos más importantes de la obra estudiada de Sarmiento son la educación y la lingüística. De la mano de Ángeles Galino podemos seguir las principales directrices del benedictino respecto de la primera. Como hombre de su siglo, Sarmiento «concibe el marasmo nacional como un ingente problema de incultura que sólo puede remediar la educación» [181]. Pero, a diferencia de Feijoo, que deseaba el comercio literario y científico con el exterior, la difusión de obras francesas en ediciones españolas y la imitación de las técnicas extranjeras, Sarmiento, más enraizado en la historia de su país, como familiarizado que estaba con la lectura de cientos de documentos antiguos y de los clásicos españoles,

XV, 1928, págs. 22-38 y 670-684; XVI, 1929, págs. 244-255 y 366-382; XVII, 1930, págs. 275-290, 571-592 y 721-742; XVIII, 1931, págs. 118-135.

[178] Tuy, 1923.

[179] Transcripción de un manuscrito de la Abadía de Silos por Fr. Mateo del Álamo y Fr. Justo Pérez de Urbel; edición y notas de Francisco Javier Sánchez Cantón y J M. Pita Andrade, *Cuadernos de Estudios Gallegos*, Anejo III, Santiago de Compostela, 1950.

[180] Informa Chacón y Calvo en el artículo citado (págs. 145-146), que cuando el benedictino Fr. Juan Sobreyra y Salgado fue trasladado al monasterio de San Martín de Madrid, se dedicó enseguida a recoger y seleccionar los escritos de Sarmiento y encontró «arrobas de papeles viejos», que eran en su mayoría cartas dirigidas a él, en cuya lectura estuvo ocupado Sobreyra un año entero. Con una parte seleccionada de estas cartas formó quince volúmenes en cuarto, de los cuales envió dos a la Academia de la Historia, pero se desconoce el paradero de los otros. El padre Avalle —sigue informando Chacón— que predicó el sermón en las exequias del P. Sarmiento, refiere que a su muerte se encontraron en su celda muchas cartas de «los mejores sabios de Suecia, Inglaterra, Francia, Italia y América»; lo que da idea del interés que pudo tener la perdida colección de Fr. Juan Sobreyra.

[181] María Ángeles Galino, *Tres hombres y un problema...*, cit., pág. 147.

desea que la educación extranjera sirva de ejemplo y de estímulo inci-
tante, pero no sea nunca una importación servil ni una copia impuesta.
Le preocupa el exceso de traducciones y quisiera verlas disminuir porque
una rica producción nacional las hiciera innecesarias; «No se trata, pues
—comenta Galino—, de un corte rotundo del comercio cultural con otros
pueblos, sino de una virilización de nuestras producciones, que nos permitiera mejor un digno intercambio». Y añade luego: «Sarmiento quiere
implantar los métodos modernos, conservando el sentido y carácter de la
educación española» [182].

Altamente preocupado por la Historia —había enumerado en sus *Reflexiones* hasta dieciséis enseñanzas que pueden sacarse de la lectura de
un documento antiguo [183]—, consideraba urgente la redacción de un Diccionario Geográfico de España en muchos volúmenes, con la exacta descripción de todos sus pueblos y accidentes; de una Historia Natural,
que enumerara y describiera cuantas plantas, hierbas, metales, minerales,
animales, peces, aves, insectos se dan en la Península; de una Historia
literaria y una Hispania Catholica, en la que venía a postular la *España
Sagrada* del padre Flórez; de un Theatro genealógico de todas las familias
nobles de España; y de historias particulares de cada ciencia y arte: de
la lengua, de la poesía, de la música, del teatro, de la pintura, de la escultura y arquitectura, además de la historia del comercio, de la náutica,
de la milicia, de las matemáticas, de las artes mecánicas, y se extrañaba
«de que careciéramos de historias de las cuatro facultades mayores, cuyo
arraigo en España es bien notorio». Pedía además glosarios de nuestro
latín medieval y castellano antiguo, así como un «Diccionario castellano
de las voces peculiares de cada país y lugar que hablan el castellano y no
se escribe»; y finalmente una Historia general de España, aunque admite
que ha de comenzarse por la redacción de historias particulares, «sin las
cuales es quimérico que pueda hacerse historia general».

---

[182] Idem, íd., pág. 157.

[183] Comentando el «severísimo sentido» que tenía Sarmiento de lo que debía ser
la obra histórica, escribe Chacón y Calvo: «Agonizaban los falsos cronicones en tiempo
del benedictino, y él propugnaba, como único medio de darles definitiva sepultura,
basar toda historia general o particular en una escrupulosa y honrada investigación
en los archivos. En el final de su vida, cuando da su parecer al P. General de los
Benedictinos de la Congregación de Valladolid acerca de la diplomática española
proyectada por el P. Ibarreta y alentada por Campomanes, declara de una manera terminante que en un Monasterio importa más el Archivero que el Abad: 'Abad
lo podría ser cualquiera, pero el Archivero pide prendas muy singulares'. Antes,
en una carta al duque de Medina Sidonia, había escrito estas palabras: 'Si como es
razón se sacude el polvo de los archivos, se leen, transcriben, coordinan y reflexio-
nan los instrumentos que aún hoy se conservan, no será difícil formar historias
particulares con mucho acierto, y en virtud de ellas, una historia general de España...'»
(«El P. Sarmiento y el *Poema del Cid*», cit., págs. 148-149).

Fue Sarmiento —afirma Galino [184]— quien primero llamó la atención sobre la necesidad de cultivar las nuevas generaciones con una educación más utilitaria para promover en nuestra patria las industrias mecánicas y toda clase de manufacturas; y criticaba el método libresco y vanamente memorizante, que roía la misma raíz de los estudios.

Sarmiento tuvo especial preocupación por la enseñanza de la niñez, época, dice, en que se decide la suerte del hombre: «Tuvo una comprensión —dice Galino— desusada entonces, de la irrepetibilidad de los procesos de crecimiento» [185]; el tiempo perdido en estos años de desarrollo, dice Sarmiento, «no sólo se pierde como tiempo, sino como ocasión». Para la más temprana edad debían ser los mejores maestros; tenaz autodidacta, pensaba, en cambio, que eran bastante menos necesarios en las Facultades superiores, en donde los libros los suplían. Afirmaba que cada niño es un sujeto de aptitudes distintas y posibilidades diferenciadas, que el maestro debe explorar y estimular; exigencia —dice Galino— que se anticipa con mucho a los descubrimientos de Rousseau y que sorprende «en una época en que el racionalismo pedagógico quería legislar universalmente para un niño abstracto» [186]. Había que crear en el niño situaciones que provocaran el libre juego de su personalidad, y juzgar de su talento por sus reacciones espontáneas en las situaciones imprevistas.

A Sarmiento le preocupaba hondamente la antinomia pedagógica autoridad-libertad; pedagógicamente, defiende Sarmiento la inclinación congénita y la libre elección del educando, y abomina de la presión y de los castigos; el maestro debe estimular el gusto y la apetencia del muchacho y servirse de la amigable persuasión, porque en el orden de la enseñanza nada se logra por la fuerza: «mía es la reflexión —dice Sarmiento genialmente— de que el verbo volo, vis, no tiene imperativo» [187].

Sarmiento —afirma Galino— es «el máximo representante del *realismo pedagógico* a lo Comenio, con que cuenta España en toda la centuria» [188]; realismo que se apoya en dos principios fundamentales. El primero es la «gradación rigurosa del aprendizaje, pasando de los objetos sencillos a los abstractos y espirituales». La intuición es el primer medio didáctico indispensable: «Por vez primera —escribe Galino— una pluma autorizada postula en España un procedimiento, que, como el intuitivo, estaba llamado a triunfar en la pedagogía moderna. No es posible que respondiera en 1752 a la influencia de Rousseau, cuyo *Emilio* se había de publicar en 1763, ni a la de Pestalozzi, cuyo primer libro tardaría más de treinta años

[184] *Tres hombres y un problema...*, cit., págs. 156-157.
[185] Idem, íd., pág. 160.
[186] Idem, íd., págs. 162-163.
[187] Cit. por Galino en ídem, íd., pág. 166.
[188] Idem, íd., pág. 173.

en publicarse, y, sin embargo, la intuición que postula Sarmiento es la intuición sensible y no otra, una intuición tal como la escuela pestalozziana había pronto de concebirla» [189]. Todo lo que el niño ha de colocar en la memoria en su temprana edad ha de entrarle por los sentidos externos, todo ha de ser expectable y visible, sin otra ayuda fuera de las palabras descriptivas de los objetos «para formar una clarísima y evidente idea de ellos». El educando debe ver, informándose de su técnica y nomenclatura, una imprenta, una fábrica de vidrio, una herrería, un molino de agua, de viento, de aceite, de azúcar, una tahona, un telar, las herramientas de un platero, las vasijas de un químico, las partes que componen un navío. En lugar de explicaciones prolijas, dejar que la observación del alumno trabaje por sí misma; el *silencio* puede contar entre las grandes virtudes del maestro [190]. Sólo después de ver, palpar y entender las cosas naturales y las cosas visibles fabricadas por los hombres, vendrá el conocimiento de las sustancias espirituales, cuidando de no nombrar jamás ningún ser de ficción, pues poblar las imaginaciones infantiles —dice Sarmiento— «con la turbamulta de espantajos, espectros, huestes, difuntos y disciplinantes, no es sino una de las más nocivas necedades que pueden cometerse en la educación» [191].

Estos principios de intuición —comenta Galino— [192] empalman con la costumbre de los viajes didácticos recomendados por Locke al hijo de Lord Shaftesbury y por Rousseau a su Emilio. Durante ellos el joven debe observar la naturaleza, y sobre todo las plantas que, para Sarmiento, constituyen «un acicate inagotable de su curiosidad y estudio».

El segundo principio fundamental de la enseñanza es la «nominación precisa y correlativa en lengua vernácula, de los objetos que se van conociendo». Quiere el padre Sarmiento que el maestro enseñe al niño una infinidad de palabras «cuyos objetos se puedan señalar con el dedo al tiempo de nombrarlos». Este vocabulario se tendría que disponer con arreglo a un plan concebido en función del interés infantil, y comenzando por los alimentos más comunes seguiría por los objetos de su adorno personal, el ajuar y los animales domésticos, las partes del cuerpo, los vegetales y animales más comunes, etc.

Para pasar del mundo sensible al intelectual, Sarmiento estima como camino ideal el estudio de las matemáticas, sobre todo de la geometría, porque ésta permite manejar objetos concretos y evidentes. Piensa Sarmiento que quien de niño no se haya ejercitado en las matemáticas se hallará siempre desambientado e incapacitado para todo género de especulaciones.

[189] Ídem, íd.
[190] Ídem, íd., pág. 175.
[191] Cit. por Galino en ídem, íd.
[192] Ídem, íd., pág. 176.

En este deseo de Sarmiento de estructurar todo el edificio de la enseñanza sobre la base de las matemáticas señala Galino [193] uno de los rasgos más típicos del positivismo: «La captación matemática del hecho como aspiración suprema de la ciencia». Sarmiento aborrece los conceptos lógicos —a la manera de la lógica escolástica, tal como se enseñaba— y metafísicos, que, según él, sirven tan sólo para embrollar el entendimiento. La formación intelectual consiste para Sarmiento en aprender el nombre de las cosas con una clara descripción de las mismas. El conocimiento de las esencias no es para los hombres en esta vida; tan sólo llegamos a conocer algunos pocos atributos.

La postura final de Sarmiento es el escepticismo, más o menos moderado, del que sólo excluye, como hombre religioso que es, las verdades de la revelación. Fuera de las matemáticas no se da verdadera ciencia; respecto a todo lo demás no pueden conocerse sino los pareceres sobre las cosas y los problemas más debatidos. Lo cual le lleva a la aceptación del saber histórico como método científico universal: un gran filósofo sólo es quien puede dar cuenta de las principales doctrinas filosóficas que a lo largo de la historia se han sustentado, y lo mismo sucede con las distintas opiniones teológicas; el saber no es sino el ahondar en las distintas soluciones, diversas y contradictorias. Sarmiento, que —como dice Galino— estampa siempre su parecer sin rodeos ni atenuaciones, sale al paso de la posible objeción: «Diráseme que esto no es saber, sino referir, y yo le respondo que, si se sabe lo que se refiere, no podemos saber otra cosa, pues la verdad se quedará, como hasta aquí, en el pozo de Demócrito» [194]. De este modo —comenta Galino— Sarmiento, veinte años antes de la Revolución Francesa, se adelanta en más de un siglo al historicismo formulado casi en nuestros días por la ciencia alemana; puesto que «la mayor parte de nuestros conocimientos no se reducen a verdades, sino a opiniones, y a saberlas y referirlas, toda la ciencia del hombre se reduce o podrá reducirse a historia» [195]. Toda abstracción, siendo imposible el conocimiento de las esencias, se le hace a Sarmiento sospechosa y le conduce hacia el escepticismo: «Más sabe el que sabe todas las opiniones y sistemas, aunque suspenda el asenso, que el que toda su vida ha estudiado y defendido una opinión o la cree verdadera» [196].

Por esto mismo encarece Sarmiento la ciencia de su tiempo que exige a cada disciplina la publicación de su historia y el diccionario técnico respectivo; que son cuanto hay que saber. Tales conclusiones: empirismo, nominalismo y relativismo historicista —comenta Galino— [197] colocan a

---

[193] Ídem, íd., pág. 182.
[194] Cit. por Galino en ídem, íd., págs. 185-186.
[195] Ídem, íd., pág. 186.
[196] Cit. por Galino en ídem, íd.
[197] Ídem, íd., págs. 186-187.

Sarmiento entre los escritores españoles de su tiempo más influidos por el pensamiento de la Ilustración. Con ello contrasta, en cambio, el arraigado casticismo que revela en otras materias, y que crea esa interna tensión de fuerzas encontradas, que distingue a tan gran número de españoles del setecientos.

Idénticos principios orientan el pensamiento del benedictino sobre la lingüística, ciencia a la que dedicó prolongadas meditaciones [198]. Para Sarmiento era imposible el conocimiento de las cosas sin un adecuado conocimiento de las voces; pero éstas, a su vez, no podían entenderse debidamente sin penetrar su origen y seguir su historia, es decir, el cambio de significados que han sufrido hasta llegar a nuestros días; son muchas las voces vulgares —dice— cuyo sentido actual está muy distante de su primitiva significación y por eso jamás se entenderá bien un libro escrito en otras épocas. Para lograr este conocimiento, Sarmiento postula la confección de un Diccionario, muy distinto de los comunes, en los cuales las voces se hallan colocadas sin método y sin señalar el tiempo de sus distintos significados; cada voz vulgar —dice— debería tener en el Diccionario la historia «de sus sucesivas significaciones, de sus derivados, de su antigüedad y de sus metáforas, y con textos concisos de los autores que primero usaron de dicha voz en su significación primitiva, en la segunda, tercera, etc., y en la metafórica. Y finalizando si es o no es del uso actual, y en qué sentido» [199]; «el saber que tal voz no se usó hasta tal tiempo, y que hasta tal tiempo no se usó en tal significación, es un fecundo principio de crítica y capaz de decidir un pleito, una cuestión, y una duda en materia de unas equívocas expresiones en los libros o en los instrumentos manuscritos» [200]. Con estas concepciones, tan claramente expuestas, que aplica por igual a la lengua latina y a las romances, Sarmiento —dice Pensado— se adelanta en muchos años a los grandes creadores de la filología románica, que han hecho realidad en nuestro siglo las geniales anticipaciones del monje de San Martín.

Pide también Sarmiento un Diccionario por materias, porque sólo así podrán explicarse y entenderse debidamente las palabras: «Los vocabularios —dice— que únicamente ponen las voces por el alfabeto, no son para instrucción, sino para refrescar la memoria de lo que ya se ha estudiado. Las voces por alfabeto son escobas desatadas, ocasionan mil confusiones, y jamás se entienden bien, porque no se entienden junto a su raíz y en su matriz» [201].

---

[198] Cfr., José Luis Pensado, *Fray Martín Sarmiento: sus ideas lingüísticas*, cit.
[199] Cit. por Pensado en ídem, íd., pág. 35.
[200] Ídem, íd., pág. 34.
[201] Ídem, íd., pág. 40.

Sarmiento, según explica Pensado, tiene una clara intuición de la lingüística románica cuando afirma que las lenguas de Italia, la francesa, la lemosina, castellana, portuguesa y gallega no son sino dialectos de la latina, «y que cada nación no hizo más que torcer las narices a las voces latinas, con esta o con la otra inflexión, según el clima, el labio y los órganos de la loquela»; «el que penetrare —añade— el sistema de estas inflexiones, con sólo saber con extensión la lengua latina, entenderá la mayor parte de las voces de todos los dialectos dichos» [202]. Tiene que haber —piensa Sarmiento— un sistema, un conjunto organizado y no caprichoso de inflexiones y modificaciones que expliquen la transformación de las voces latinas en cada una de las lenguas o dialectos románicos: «Aquí está —comenta Pensado— la Filología, mejor, la Lingüística Románica plenamente intuida. La Fonética Románica es un hecho, una realidad. Fray Martín no tiene su secreto, pero sabe de su existencia, más de un siglo antes que F. Diez la haga realidad. La palpa, la adivina, la toca casi; su fe de lingüista se lo asegura. Él ya tiene la clave para el gallego, portugués y castellano, la de otras lenguas todavía no, tiene mucho que hacer en la filología gallega y no tendrá tiempo para penetrar en las lenguas vecinas. Su vida se acerca al final y son trece, y acaso menos, los años de que dispone». «Es triste pensar —añade el comentarista— que la lección de este maestro no haya sido aprovechada. Un discípulo fiel, una vocación decidida, hubiera dado a España la gloria de haber creado la ciencia que profesamos. El camino se cierra en la tumba del maestro y nosotros, que estuvimos a punto de coronar las cimas del secreto románico, hemos de esperar a que la ciencia germánica nos vuelva a poner en la senda verdadera» [203].

Dedicó Sarmiento gran atención y amor a leer y comentar antiguos textos literarios medievales, que examinó con agudo sentido artístico, pero sobre todo con rigor de filólogo y de lingüista. Soñaba Sarmiento con una edición de las obras de Berceo acompañada de un vocabulario de sus palabras y frases más difíciles. Una edición así, dice, sería como una clave del dialecto castellano antiguo y de la más remota poesía medieval; por ella podría conocerse cómo se fueron corrompiendo las voces latinas, se observaría la primitiva ortografía castellana, y podría estudiarse la verdadera etimología de muchas palabras. Con idéntica veneración estudia los textos del Rey Sabio, «original y preciosísimo thesoro de la lengua castellana del siglo décimo tercio», y pide que se registren todos los archivos y bibliotecas para dar con los originales o copias más coetáneas, a fin de rectificar el texto y hacer una correcta edición de todo cuanto dicho rey mandó escribir: «Ese juego —dice Sarmiento— sería

---

202 Idem, íd., pág. 41.
203 Idem, íd., págs. 41-42.

entonces la principal clave de nuestra lengua, para proceder sin escrúpulo en la investigación de la orthografía, antigüedad, etymología y primaria significación de sus voces y frases» [204]. «La postura de Sarmiento ante los textos medievales —comenta Pensado— es la de un cumplido filólogo, ve su utilidad lingüística, su importancia para la historia del lenguaje, de la ortografía, de la sintaxis, etc.»; y añade luego: «su profunda y enraizada vocación y su postura ante el texto literario es reflexiva, serena, apuradora de todas sus esencias, y éstas no pueden alcanzarse más que a través del camino largo y penoso de la crítica textual, de la lingüística que analiza sus voces, de la etimología que las engarza en las puras fuentes de la latinidad, de la semántica que desvela sus sentidos, de la ortografía que le lleva a su recta interpretación sonora». «Sarmiento —concluye— es un medievalista de primer orden» [205].

Veintinueve años antes de que Tomás Antonio Sánchez publicara el *Cantar de Mío Cid*, según recuerda Chacón y Calvo [206], el padre Sarmiento se enfrentaba con el poema, hacía su primer resumen extenso y escribía unos comentarios. Cuando redactó en 1745 sus *Memorias para la Historia de la Poesía y Poetas españoles* no conocía del *Mío Cid* sino unos pocos versos; pero cinco años más tarde había leído el poema entero. En la nota que entonces le dedica, hace diversas afirmaciones capitales: sostiene que el *Poema* es la más antigua obra castellana que se ha descubierto; subraya su irregularidad métrica, definitivamente aceptada por Menéndez Pidal tras larga controversia; y afirma que esta irregularidad es señal de la mayor antigüedad del *Cantar* con relación al *Libro de Alexandre* y los poemas de Berceo. Notable también es el comentario que dedica Sarmiento al Arcipreste de Hita.

Durante el siglo XVIII apasionó a muchos sabios de todos los países el proyecto de crear una lengua universal, que hiciera posible el ansia ecuménica de comunicación; proyecto que fue definiéndose al fin como una bienintencionada pero imposible utopía de aquella centuria racionalista y humanitaria. Sarmiento sintió también la inquietud de este problema, y hacia 1760 escribió una *Tentativa para una lengua general* [207], a la que clasifica de entrada «inter chimoeras scientiarum». El saber filológico de Sarmiento, a que nos hemos referido, con su concepto claro y realista de la evolución lingüística y de las leyes fonéticas, le impedía soñar en la fantasía de la lengua única: «Es quimera —dice— que todas las naciones del mundo puedan concordar en pronunciar tales y tales letras de un mismo modo; aun, dentro de una nación, sucede esto entre diferentes

---

[204] Ídem, íd., pág. 71.
[205] Ídem, íd., págs. 70-72.
[206] «El P. Sarmiento y el *Poema del Cid*», cit., págs. 153-154.
[207] Publicado, como hemos dicho, en el *Boletín de la Real Academia Española*, XVI, 1929, págs. 373-382 y XVII, 1930, págs. 275-278.

territorios. A diez leguas que disten entre sí estos países, aun usando de la misma lengua, no concuerdan en la pronunciación, no sólo de una dicción, pero ni de tal y tal letras, ni del acento o tonillo» [208]. No obstante, su preocupación científica universalista le empuja a buscar alguna solución: renuncia a la lengua universal, pero propone una *lengua general* que se limite a «las cosas que Dios ha criado, dejando las cosas que el capricho humano o fabricó o fingió» [209]. Asoma aquí de nuevo el Sarmiento enamorado de las matemáticas y de la botánica; «porque existen —dice— dos series naturales: la de los números y la de las cosas que Dios creó». «La tentativa —comenta Lázaro Carreter— aparece así, muy recortada. Sarmiento ha abandonado la quimera para sumirse en una realidad más concreta: la de establecer una nomenclatura de validez universal para los objetos reales» [210]. Sarmiento se extiende en la exposición de su sistema, en el cual trata de coordinar la serie de los objetos naturales con un lenguaje matemático, dotado de tales condiciones fonéticas que pueda ser fácilmente pronunciado en todas las naciones. No podemos detenernos en los detalles de esta exposición, muchas de cuyas ideas deben bastante —según explica Lázaro Carreter [211]— a diversos teorizantes de la época sobre la pretendida lengua universal. Nos importa sólo destacar la polifacética inquietud del monje de San Martín, y la parte original de su sistema; aunque se basa, al modo de otros anteriores, en la ordenación numérica de los conceptos y su correspondencia entre cifras y letras, «sus soluciones —afirma Lázaro— son totalmente originales. Un profundo sentido filológico, de inmediata aplicación, preside todo el sistema. Y, sobre todo, su originalidad se patentiza al ponerlo al servicio de un fin totalmente alejado de la utopía: la nomenclatura científica de las especies e individuos de la historia natural» [212]. Sarmiento, en efecto, resume sus fines en estas palabras: «Véase aquí cómo, aunque no invento lengua universal en todo el mundo, lo que juzgo una quimera, doy a lo menos, una clara idea de formar una lengua muy general para materia determinada, y en especial para la historia natural en sus tres reinos» [213].

[208] «Tentativa...», cit., XVI, pág. 373.
[209] Idem, íd., pág. 376.
[210] Fernando Lázaro Carreter, *Las ideas lingüísticas en España durante el siglo XVIII*, Anejo XLVIII de la *Revista de Filología Española*, Madrid, 1949, pág. 119.
[211] Véase para el estudio general del problema y los distintos filósofos o escritores que se ocuparon de él, todo el Cap. III de la Primera Parte: «La lengua universal. El P. Sarmiento», págs. 113-124.
[212] Idem, íd., pág. 124.
[213] «Tentativa...», cit., XVII, pág. 278. Lázaro Carreter cita estas palabras de Sarmiento a continuación de las suyas, que hemos reproducido; pero como aduce el texto incorrectamente, lo citamos por nuestra cuenta.

CAPÍTULO IV

LA POÉTICA DE LUZÁN Y EL NUEVO ESPÍRITU LITERARIO

Si con el padre Feijoo aparece y se consolida el espíritu crítico, eje cardinal sobre el que ha de girar la vida intelectual de la centuria, con Luzán adquiere forma y sistema el conjunto de ideas estético-críticas que van a dar carácter a toda su vida literaria. La obra de Luzán que lleva a cabo esta tarea es *La Poética o Reglas de la Poesía*, cuya primera edición se publicó en Zaragoza en 1737. La general incomprensión que se ha venido dispensando a todo el siglo XVIII ha convertido a Luzán en uno de los más atrayentes blancos; la opinión más común hace de él el desafortunado introductor de acongojantes codificaciones, enemigas de toda libertad, ajenas a nuestro genio literario, y responsables, en consecuencia, del gusto afrancesado que agosta nuestro teatro y nuestra lírica hasta el feliz advenimiento del romanticismo.

La escasa bibliografía existente sobre Luzán demuestra el corto interés que ha merecido su obra. Pero, con la visible alza de los estudios sobre el siglo XVIII, parece que está en camino la reivindicación de su gran importancia y una interpretación más justa de su obra.

VIDA Y ESCRITOS DE LUZÁN

Don Ignacio de Luzán nació en Zaragoza en marzo de 1702 [1]. Fue el hijo menor de don Antonio de Luzán, señor de Castillazuelo y gobernador entonces del Reino de Aragón, y de doña Leonor Pérez Claramunt de Suelves y Gurrea; era, pues, de ilustre ascendencia por ambas ramas. Murió doña Leonor a poco de nacer su hijo Ignacio, y en 1706 fallecía el

---

[1] La fuente casi única para la vida de Luzán está en las *Memorias de la vida de D. Ignacio de Luzán*, escritas por su hijo Juan Ignacio (véase luego, nota 3).

padre a su vez en Barcelona, a donde se había trasladado a causa de la Guerra de Sucesión que encendía a la ciudad. Huérfano a los cuatro años, cuidó de él su abuela materna, y, a la muerte de ésta, fue recogido por un tío suyo eclesiástico, don José de Luzán, que se refugió en Palma de Mallorca, huyendo de la guerra, y lo llevó consigo después a Génova y a Milán. En esta última ciudad residió cinco o seis años, estudió latín y retórica y frecuentó el Seminario de Nobles de Patellani. Se trasladó luego a Nápoles y finalmente a Palermo, en cuya Universidad cursó jurisprudencia. En 1727 se graduó de ambos derechos por Catania. Atraído por las humanidades estudió filosofía, música, arqueología, historia, dibujo, y también matemáticas y física. Aprendió a la perfección francés, alemán, inglés y griego; podía recitar de memoria multitud de poemas de los clásicos de todas estas lenguas. Al fallecer en 1729 su tío y protector, volvió a Nápoles, donde su hermano, el conde de Luzán, era gobernador del castillo de San Telmo. Allí residió, entregado a tareas intelectuales, hasta que en 1733 regresó a Aragón como administrador de su hermano, el conde. Vivió alternativamente en Monzón y en Huesca, prosiguiendo sus obras literarias, y en 1736 casó con doña María Francisca Mincholet, hija de un hacendado. En 1737 publicó su *Poética*, y en 1741 fue nombrado miembro honorario de la Academia de la Lengua. Se trasladó entonces a Madrid, donde fue elegido de número, y poco después académico de la Historia. En 1747 fue nombrado Secretario de la Embajada española en París, donde vivió tres años. A su regreso fue elegido miembro del Consejo de Hacienda y de la Junta de Comercio, superintendente de la Casa de la Moneda y tesorero de la Real Biblioteca. Al fundarse la Academia de San Fernando formó parte de su número. La muerte le sobrevino el 19 de mayo de 1754, cuando el rey, que le había protegido con largueza, iba a concederle un nombramiento «de mucho mayor entidad»[2].

---

[2] Merece ser recordado un interesante proyecto de Luzán, que patrocinó en los últimos años de su vida. Luzán era amigo y protegido de Carvajal, el ministro de Estado, a quien debió su Secretaría en París y de quien era, en cierto modo, consejero literario. Decidieron ambos —no se sabe, en realidad, de quién partió la idea inicial— resucitar un viejo proyecto del marqués de Villena, antes de ser fundada la Academia de la Lengua, y nuevamente acariciado por Ensenada durante el reinado de Fernando VI, de crear una Academia de Ciencias, Letras y Artes, que reuniera y sustituyera a todas las otras Academias existentes. Los académicos formarían, pues, una sola corporación, de la cual se esperaba mayor actividad y una cooperación en los distintos campos, que hasta entonces no parecía posible. Luzán redactó el reglamento, muy minucioso, de la proyectada institución, compuesto de 153 artículos, y formó la lista de los miembros. El plan no se convirtió en realidad, pero dio origen a otro menos ambicioso, la creación de la Academia de San Fernando, que Carvajal tomó bajo su protección y de la cual Luzán fue elegido miembro. El manuscrito del proyecto de Luzán, que se tenía por perdido, ha sido descubierto recientemente por el investigador francés Didier Ozanam en el Archivo Histórico Nacional de Madrid. Cfr., Didier Ozanam, «L'idéal académique d'un poète éclairé: Luzán et son projet d'Académie Royale des Sciences, Arts et Belles-Lettres (1750-1751)», en *Bulletin Hispanique*, LXIV bis, 1962, *Mélanges offerts à Marcel Bataillon*, págs. 188-208.

Un hijo de Luzán, Juan Ignacio, canónigo de la catedral de Segovia, escribió unas *Memorias de la vida de D. Ignacio de Luzán*, que antepuso a la segunda edición de la *Poética*[3]. Aunque estas páginas biográficas ceden levemente a la admiración y afecto hacia su progenitor, nos dan una imagen sustancialmente justa del gran preceptista. Su tenaz dedicación al estudio y una memoria prodigiosa le permitieron adquirir una profunda cultura: «Luzán no tenía espíritu de invención ni amor a las aventuras científicas —dice Menéndez y Pelayo—, pero sí sólido saber, buen sentido, poderoso y grande amor a la verdad y constancia en profesarla»[4]. Lázaro Carreter escribe que la idea que se desprende de las *Memorias* y la consideración de su obra permiten formar de Luzán la imagen de «un *honnête homme*, aquel prototipo humano que modeló para Europa el siglo del Rey Sol: poseedor de una *médiocre teinture* en las más agradables cuestiones que son tratadas por las gentes cultas, imbuido de varias ciencias mejor que sólidamente profundo en una sola, ameno conversador, discreto, virtuoso... Nuestro Luzán, filósofo, escriturista, jurista, filólogo, autor de una *Retórica de las conversaciones* para enseñar a hablar en sociedad, moralista, político, historiador, poeta y tratadista de poética, tertuliano en Italia, Madrid o París de los más exquisitos cenáculos literarios, nos ofrece en clave los rasgos de un hombre a la moda»[5]. Afirmación esta última que creemos entender en el sentido de una ambiciosa curiosidad enciclopédica, tan arraigada y peculiar en los hombres de su siglo.

Luzán dejó, en efecto, una considerable, y muy variada, producción literaria. Además de una serie de discursos leídos en las diversas Academias italianas y españolas a que perteneció, de su obra poética, de una comedia —*La virtud coronada*— y la traducción de otra —*La razón contra la moda*—, de diversas versiones, entre ellas varios cantos del *Paraíso perdido* y numerosas composiciones de clásicos griegos y latinos, comenta-

---

[3] Reproducidas por el marqués de Valmar en sus *Poetas líricos del siglo XVIII*, I, B. A. E., LI, Madrid, nueva ed., 1952, págs. 95-105. Luigi de Filippo, en su edición de la *Poética* luego citada, excluye las *Memorias* sin ninguna razón plausible; él mismo afirma, al comienzo de su propio comentario de la *Poética*, que son «de sumo interés no sólo para la biografía del escritor, sino, sobre todo, para conocer su formación intelectual, su carácter moral, sus talentos, las razones que motivaron la composición de la *Poética* y el juicio que de sus obras, así impresas como inéditas, hicieron ya sus maestros ya sus contemporáneos» (tomo II, pág. 211). ¿Por qué, pues, privar al lector de páginas tan necesarias? De Filippo se limita a tomar de las *Memorias* unos breves datos sobre la vida de Luzán, sólo alusivos a los años que preceden a la redacción de la *Poética*.

[4] Marcelino Menéndez y Pelayo, *Historia de las ideas estéticas en España*, ed. nacional, 3.ª ed., III, Madrid, 1962, pág. 116.

[5] Fernando Lázaro Carreter, «Ignacio Luzán y el Neoclasicismo», en *Universidad*, Zaragoza, XXXVII, 1960, págs. 48-70. Se trata de la conferencia pronunciada en Zaragoza el 12 de mayo de 1955, con motivo de los Coloquios literarios en homenaje a Luzán, organizados por la Institución «Fernando el Católico» de dicha ciudad.

rios a Descartes, glosas morales, etc., etc., compuso una *Carta en defensa de España* y varios trabajos arqueológicos e históricos, uno de ellos *Sobre el origen y patria primitiva de los godos* [6], que son los que le llevaron a la Academia de la Historia. De mayor interés que todos ellos son las *Memorias de París*, de que nos hemos de ocupar más tarde. Sin embargo, la fama de Luzán está ligada muy especialmente a su *Poética o Reglas de la Poesía*. Durante su estancia en Palermo leyó, en 1728, en la Academia fundada por el canónigo Panto, seis discursos titulados *Raggionamenti sopra la Poesia*, que tradujo más tarde al castellano con algunas modificaciones, y otro llamado *Sogno d'il buon gusto*; en ellos está la base de su futura obra.

«LA POÉTICA»: SU CONTENIDO

En diversos lugares de este libro —tanto en la Introducción como a propósito de la lírica o del teatro— nos ocupamos de la situación de nuestras letras en las primeras décadas del XVIII. Ni siquiera los más recalcitrantes enemigos de la literatura neoclásica pueden negar la evidencia de un barroquismo degenerado, tan vacío de contenido como de belleza, tosco residuo de una brillante época literaria, consumida por sus mismos excesos no menos arriesgados que geniales. Luzán había estudiado detenidamente la literatura de su propio país, y su larga estancia en Italia le había permitido compararla con la de otras naciones de muy distinta orientación. Sin dejar de reconocer las altas cualidades de los escritores españoles, pensaba que su tendencia a la demasiada lozanía, al rebuscamiento y a la oscuridad había conducido inevitablemente a la actual situación, que sólo podía remediarse con el retorno al buen juicio y el respeto a las reglas.

Antes de ocuparnos de los diversos problemas que plantea *La Poética* de Luzán, es indispensable exponer con algún detalle su contenido; los lectores de la obra deben de ser hoy poco numerosos, habida cuenta además de que, prácticamente, no hay ediciones asequibles [7].

La obra, cuya primera edición apareció, como hemos dicho, en Zaragoza, en 1737, consta de cuatro libros: trata el primero «Del origen, progresos y esencia de la poesía»; el segundo, «De la utilidad y del deleite de la poesía»; el tercero, «De la tragedia y comedia y otras poesías dramáticas»; el cuarto, «De la naturaleza y definición del poema épico».

---

[6] Esta *Disertación* fue impresa en las *Memorias de la Real Academia de la Historia*, tomo I, Madrid, 1796, págs. 99-140 (existe reproducción facsímil por Kraus Reprint, Nendeln-Liechtenstein, 1969).

[7] Desde sus dos ediciones del siglo XVIII —Zaragoza, 1737, y Madrid, 1789— la *Poética* no había sido reeditada hasta la edición, en dos tomos, de Luigi de Filippo, «Selecciones Bibliófilas», Barcelona, 1956, de la cual tan sólo se tiraron 300 ejemplares

Luzán antepone una breve nota «Al lector» sobre el carácter general de las reglas; no ignoraba, evidentemente, con quien tenía que habérselas y desea curarse en salud. Advierte Luzán que las reglas expuestas en su libro, aunque quizá se lo parezcan al lector «por lo que tienen de diversas y contrarias a lo que el vulgo comúnmente ha juzgado y practicado hasta ahora» [8], no son nuevas en modo alguno, pues hace dos mil años que las codificó Aristóteles, fueron luego epilogadas por Horacio, y comentadas y divulgadas, aprobadas y obedecidas por muchos sabios y eruditos de todas las naciones cultas. Y añade que todavía se les puede conceder mayor antigüedad, porque todo lo que se funda en razón es tan antiguo como la razón misma, y ésta es tan vieja como la capacidad del hombre para hablar. Fuera de esto, añade, «¿qué importa que una opinión sea nueva, como sea verdadera? ¿Aprobaríamos, por ventura, la terquedad de aquéllos que hubiesen continuado hasta ahora el bruto manjar de silvestres bellotas, despreciando el noble alimento del pan, por parecerles novedad el uso de él? Bueno fuera que desecháramos el oro de Indias porque viene de un Nuevo Mundo...» [9].

El «Libro primero» tiene un capítulo introductorio de la mayor importancia, porque en él declara Luzán su concepto global de la literatura española y expone lo que podría llamarse su «profesión de fe» en la eficacia de las reglas. Afirma que sólo en España, «por no sé qué culpable descuido» [10], muy pocos se han aplicado a dilucidar los preceptos poéticos, y no por falta de ingenio y erudición, sino por la errada presunción de creer que sólo con los naturales talentos puede lograrse una obra perfecta; a esta grave falta atribuye Luzán la corrupción de la poesía en el siglo XVII, particularmente en el teatro, y su estado presente. Para Luzán es incuestionable que si Lope de Vega, Calderón, Solís y otros semejantes hubieran añadido arte y estudio a sus naturales y muy elevadas dotes, tendríamos en España comedias tan bien escritas que serían la admiración y envidia de todas las naciones. Pero la confianza excesiva en su propio genio les condujo a todos los yerros y desatinos imaginables. Se perdió la memoria de los insignes maestros anteriores, que hubieran podido servir de norma y dechado a los modernos; «y éstos, con el vano, inútil aparato de agudezas y conceptos afectados, de metáforas extravagantes, de expresiones hinchadas y de términos cultos y nuevos, embelesaron al vulgo; y, aplaudidos de la ignorancia común, se usurparon la gloria debida a los buenos

---

«numerados y nominativos», con lo que queda dicho lo limitado de su circulación. De Filippo reproduce completa la edición de 1737, y da después, en forma de Apéndice, las variaciones y añadidos de la edición de Madrid; con ello resulta bastante fácil comparar las diferencias entre ambas ediciones. Citamos siempre por la edición de De Filippo.

[8] Ed. cit., I, pág. 26.
[9] Ídem, íd., pág. 27.
[10] Ídem, íd., pág. 31.

poetas» [11]. Los ignorantes, sin tener quien les abriera los ojos, seguían a ciegas el vocerío de los aplausos populares, y los pocos doctos, como González de Salas o Cascales, que pretendieron contener la corrupción, no consiguieron atajarla. Lope de Vega, con su *Arte nuevo de hacer comedias*, acrecentó los errores del vulgo, sin que nadie tratara de volverlo al camino de la verdad. Estas consideraciones han movido a Luzán, aunque consciente de sus propias limitaciones, a escribir su *Poética* para que el público «reconozca finalmente el error y deslumbramiento de muchos, que más ha de un siglo hasta ahora, han admirado como poesía divina la que en la censura de los entendidos y desapasionados está muy lejos de serlo» [12]. Sólo entonces, añade, veremos «rejuvenecer la poesía española, y remontarse a tal grado de perfección, que no tenga la nuestra que envidiar a las demás naciones, ni que recelar de sus críticas, que el verdadero mérito convertirá en aplausos» [13].

Varias conclusiones hay que extraer de estas palabras: el reconocimiento de cualidades geniales en muchos escritores de su país; la necesidad de normas que las encaucen; la fe en la eficacia de estas normas; y la intención patriótica del preceptista, a quien preocupan sobremanera, con obsesión que atormentaba a todo español de su siglo, las censuras de los extranjeros.

Luzán traza primero un breve esquema del origen y desarrollo de la poesía entre los antiguos y prosigue luego con la aparición y proceso de la literatura en lengua vulgar, hasta llegar a Lope, Gracián y Góngora, que trajeron la corrupción: el primero, al teatro con sus irregularidades y extravagancias; el segundo, a la prosa con la depravada acumulación de sus agudezas; y el tercero, a la lírica con su pomposo y hueco estilo, «lleno de metáforas extravagantes, de equívocos, de antítesis y de una elocución a mi parecer del todo nueva y extraña para nuestro idioma» [14]. Es de advertir que Luzán subraya el afortunado cultivo entre nosotros de la lírica popular con «coplas y décimas y otras especies de versos cortos, en los cuales es cierto que nuestros poetas han manifestado singular ingenio y agudeza extremada»; «pero la grandeza y majestad de la verdadera poesía, y su mejor artificio no puede caber en tan pequeños límites, y sólo puede enteramente lucir en los grandes poemas, en los dramas y en las poesías líricas de mayor extensión que una redondilla o unas décimas» [15].

Después de una consideración de escasa monta sobre las diferencias entre la poesía de los griegos y de los romanos, pasa Luzán a tratar

[11] Idem, íd., pág. 33.
[12] Idem, íd., pág. 35.
[13] Idem, íd., pág. 36.
[14] Idem, íd., pág. 45.
[15] Idem, íd., pág. 46.

(cap. V) «de la esencia y definición de la poesía»; que es para él, «imitación de la naturaleza en lo universal o en lo particular, hecha con versos, para utilidad o para deleite de los hombres, o para uno y otro juntamente» [16]. Luzán considera el verso «absolutamente necesario a la poesía» [17], aunque no posee sino carácter de instrumento, lo mismo que los pinceles y colores lo son para la pintura y los cinceles para la escultura; contra la opinión de algunos preceptistas, niega el nombre de poesía «a los diálogos y otras especies de prosas» [18], por estimar más fuertes las razones de quienes sostienen que el verso le es indispensable. La diversidad de «instrumentos» le permite separar la poesía de otras artes, como la pin-

---

[16] Ídem, íd., pág. 58. Al referirse a la *materia* que puede ser objeto de imitación, Luzán la extiende, de hecho, a todo lo existente. Según advierte Juan Cano (*La Poética de Luzán*, Toronto, 1928, pág. 15), cuando Luzán afirma que la *poesía* es *imitación de la naturaleza*, toma esta última palabra en su más lata extensión: «Cuando hemos dicho —escribe Luzán— ser la poesía imitación de la naturaleza, la hemos dado un objeto dilatadísimo o, por mejor decir, un número infinito de objetos, en cuya pintura puede, sin fin, ejercitarse la imitación poética» (ed. cit., I, pág. 64). En esto sigue Luzán a Muratori, de quien traduce un pasaje casi a la letra; Muratori había señalado la existencia de tres mundos, el celestial, el humano y el material, admitiendo que los tres pueden ser objeto de la poesía. Luzán hace suya esta idea y se opone a los que habían reducido el objeto de la imitación a sólo las acciones humanas, usurpándole los otros dos reinos, que de derecho le pertenecen. Con ello rechaza la opinión de Minturno, que excluía la imitación de los objetos del mundo material, alegando que Homero, que había excedido a todos los poetas en la descripción de cosas materiales, había recibido de Petrarca, por ello mismo, «el renombre de pintor»: «Y comúnmente, por esta misma razón, con expresiva metáfora, llámase la poesía pintura de los oídos y la pintura poesía de los ojos; a lo que aludió el célebre Tomé de Burguillos (o como comúnmente se cree, Lope de Vega, que con este nombre supuesto escribió en estilo jocoso con singular gracia y acierto) cuando dijo en uno de sus sonetos:

> *Marino gran pintor de los oídos,*
> *y Rubens gran poeta de los ojos»*

(ed. cit., I, pág. 65).

Igualmente se opone Luzán a Cascales que en sus *Tablas Poéticas* había dicho expresamente: «La *Materia* poética es todo quanto puede recibir imitación: por tanto no introduzcáis persona, ni cosa en vuestra Poesía, que no sea imitable. Y si no se encierra cosa en la materia Poética que no esté sujeta a la imitación, mal hecho es sacar en el theatro a la Virgen María y a Dios: que ¿quién podrá imitar las divinísimas costumbres de la Virgen? Pues a Dios, que nadie lo ha visto, y es incomprensible, ¿quién osará imitarle y representarle?» (cit. por Cano, ídem, íd., pág. 16). Luzán reconoce que la poesía no puede tratar de Dios y de sus atributos sino muy imperfectamente, pero no lo excluye de su campo de acción.

[17] Ed. De Filippo, cit., I, pág. 55.

[18] Ídem, íd., pág. 59. La actitud de Luzán a este respecto es por entero ilógica, según De Filippo ha hecho notar (Introducción a su edición cit., II, pág. 224). Aristóteles había dicho que no es poeta el que no «imita» a la naturaleza, y que hay versos que no son poesía. Pero si toda poesía es *imitación* y el verso es tan sólo el instrumento para ello, ¿por qué —comenta De Filippo— niega Luzán a la prosa su capacidad para servir a dicho fin, si ésta, además de tener su propia cadencia y medida, está perfectamente dotada para imitar las costumbres y expresar los afectos?

tura y la escultura, que también *imitan*, pero sirviéndose de otros medios. Justifica luego la segunda parte de su definición con las palabras de Horacio: «Aut prodesse volunt, aut delectare poetae, aut simul...»; y aunque son diversas las preferencias sobre este punto, acepta el parecer del mismo Horacio: «Omne tulit punctum qui miscuit utile dulci». Y razona con prudente eclecticismo: «Sin embargo, me ha parecido muy justo y razonable el admitir en el número de poetas tanto a los que sólo para aprovechar cuanto a los que sólo por deleitar escribieron, supuesto que el deleite no sea nocivo a las costumbres ni contrario a las reglas de nuestra santa religión; pues, si bien se mira, ni en los primeros falta el deleite, que la armonía del verso y la locución poética suplen abundantemente, ni tampoco falta en esotros la utilidad de una lícita y honesta diversión» [19].

Pasa luego a razonar las causas del placer que nos produce la imitación. Desde niños, dice, tenemos todos la propensión de hacer lo que vemos que hacen otros, y casi todos los juguetes de aquella tierna edad proceden de este natural deseo de imitar; y añade a seguido una explicación, que parece negar todo «misterio» a la creación artística y que revela luminosamente el criterio racionalista de su siglo: «Y como nada hay más dulce ni más agradable para nuestro espíritu que el aprender, nuestro entendimiento, cotejando la imitación con el objeto imitado, se alegra de aprender que *ésta es la tal cosa* y, al mismo tiempo, se deleita en conocer y admirar la perfección del arte que, imitando, le representa a los ojos como presente un objeto distante» [20].

Por imitación de lo universal entiende Luzán la de aquellos seres que pueden ser idealizados. Tal es el hombre, ya que, al estar dotado de libertad, puede adquirir mayor perfección de la que ahora posee, y al poeta le es permitido tomar los rasgos no de un sólo individuo, sino de varios, y construir con ellos el dechado ideal que ha concebido en su mente de aquel carácter o genio que quiere mostrarnos; aunque siempre, claro está, que este retrato ideal no exceda los límites de lo verosímil. Esta imitación de lo universal, que describe las cosas, no como son, sino como pudieran o debieran ser, no es aplicable a las del mundo material que no está en la mano del poeta el mejorar o empeorar, porque el autor de la naturaleza las ha dotado de la debida perfección: «antes bien cuanto más parecida y más natural fuere la pintura de tales cosas, será tanto más apreciable. Así, si el poeta hubiere de pintar la aurora o el sol, o el arco iris, o el mar embravecido, o el curso de un río, o la amenidad de un prado, o cualquier otra cosa, que no toque en las costumbres ni pertenezca a la moral, no está obligado entonces de echar mano de las ideas

---

[19] Ed. De Filippo, cit., I, pág. 60.
[20] Idem, íd., pág. 62.

universales ni a perfeccionar la naturaleza, sino a copiarla lo más fielmente que pueda. Si bien es verdad que puede hacer la copia hermosa sin que deje de ser natural; porque nadie le irá a la mano en las flores con que pretenda matizar el prado, ni en los colores con que quiera arrebolar la aurora, como sean naturales. Pero no sólo en la imitación de lo particular, sino también en la de lo universal y en lo heroico de las costumbres, es menester seguir la naturaleza, o, a lo menos, no perderla de vista, y hacer que el héroe (por ejemplo), puesto en tal lance, agitado de tal pasión, obre y hable según su genio y costumbres» [21].

Luzán juzga legítima la imitación de lo universal, porque, si bien es cierto que los más de los hombres no verán representado allí su retrato ni podrán aprovechar de esa imitación como de un espejo que les recuerde sus defectos, contemplarán, en cambio, un dechado o ejemplar perfecto «en cuyo cotejo pueden examinar sus mismos vicios o virtudes, y apurar cuanto distan éstas de la perfección, y cuanto se acercan aquéllos al extremo» [22].

Tampoco piensa Luzán que la imitación de lo universal sea apropiada para todos los géneros literarios. No lo es, por ejemplo, en la comedia: «Porque, como el auditorio observa que las personas de la comedia son sus iguales y semejantes, esto es, caballeros particulares, damas, criados y gente plebeya, las supone también semejantes a sí en la medianía de vicios y virtudes, cuyo exceso le sería increíble; y no podría cotejar ni enmendar sus defectos con los de las personas de la comedia, como muy desemejantes de los propios. Lo mismo digo de los casos muy enmarañados y muy extraordinarios, porque siendo también diversos de los que de ordinario suelen suceder entre particulares, no puede el auditorio aprender de ellos ningún conocimiento ni enseñanza alguna para su gobierno en los casos propios» [23].

En el último capítulo de este libro primero, torna Luzán a ocuparse del fin de la poesía. Afirma Pellissier, después de exponer las ideas de Luzán, que lo que queda en pie al cabo de todo es el básico deber del poeta de enseñar moral [24]. Pero no nos parece así, exactamente. Luzán trae de nuevo los citados versos de Horacio, y afirma con él que la poesía que junta el deleite a la utilidad le parece la más perfecta, aunque acepta la legitimidad de que ambos vayan separados. Un poeta, dice, que considere la poesía como subordinada a la moral o a la política, podrá proponerse tan sólo la utilidad en una sátira, una oda o una elegía; si

---

[21] Idem, íd., págs. 77-78.
[22] Idem, íd., pág. 71.
[23] Idem, íd., págs. 70-71.
[24] Robert E. Pellissier, *The Neo-Classic Movement in Spain during the XVIII Century*, «Leland Stanford Junior University Publications», Stanford University, California, 1918, pág. 28.

atiende sólo a entretener su propia ociosidad o la de sus lectores, sin más fin que el deleite, podrá escribir un soneto, un madrigal, una canción, una égloga, unas coplas o unas décimas. Asigna, pues, breves composiciones a la sola utilidad o al solo deleite, pero cree que las grandes de la poesía épica y dramática deben unir, en atención a su mayor importancia y esfuerzo, lo útil y lo deleitable: «Porque —dice— como nuestra naturaleza es (por decirlo así) feble y enfermiza, y nuestro gusto descontentadizo, están igualmente expuestos a fastidiarse de la utilidad o estragarse por el deleite. Y así el discreto y prudente poeta no debe ni ser cansado por ser muy útil, ni ser dañoso por ser muy dulce: de lo primero se ofende el gusto, de lo segundo la razón»[25]. La «liberalidad» de Luzán se muestra aún mayor si recordamos unas palabras anteriores, en las que acepta incluso *«la utilidad de una lícita y honesta diversión»*[26], es decir, que el solo deleite, en cuanto que es apetecido y esencial para la vida humana, es tan legítimo en el arte literario como lo es en el comer y en el beber, actividades en las que el placer y la utilidad van igualmente juntos.

Por lo demás, al fundir en la poesía ambas funciones, Luzán no trata realmente de subordinar el deleite a la enseñanza, sino de mostrar en qué medida puede acentuarse la eficacia de ésta en virtud del placer que puede aquél comunicarle[27]. No sólo el entendimiento, sino también el sentimiento —mucho más éste, por supuesto— debe ser persuadido; la idea abstracta sólo a pocas inteligencias es asequible, y servirse de cualquier género de arte para comunicar ideas cualesquiera —no sólo de moral o de virtud— es un hecho tan universal que no requiere demostración. Hay obras de arte puro, pero son infinitas, sobre todo en el campo literario, las que han nacido y nacen como vehículo para mostrar y persuadir algo que está fuera del arte y la belleza. Sin negar los fueros de esta última, la literatura de hoy, sobre todo en la novela y en la dramática, exige perentoriamente algo más que el mero pasatiempo; la diversión intranscendente queda residenciada en el relato y la comedia para tontos. Y claro está que la pura belleza —y, por supuesto, la pura poesía— puede ser de larga transcendencia en sí misma; pero sólo cuando su calidad y vuelo es tal que remonta el dato anecdótico para elevarse a categoría, sentido de la vida, interpretación metafísica de la realidad: didáctica, en suma.

---

[25] Ed. cit., I, págs. 83-84.

[26] Ídem, íd., pág. 60.

[27] Después de referirse a la dificultad de enseñar por los solos medios didácticos la justicia y el bien tanto en el orden de la vida eterna como en la temporal, escribe Luzán: «La poesía sola ha hallado el modo de allanar lo arduo de estas dificultades. Las otras artes atienden sólo al provecho, sin hacer caso del deleite; la poesía, uniendo el deleite al provecho, ha logrado hacer sabroso lo saludable; al modo que al enfermo niño se suele endulzar el borde del vaso, para que así, engañado, beba sin hastío ni repugnancia cualquier medicamento, por amargo que sea» (ed. cit., pág. 72).

La preocupación docente de Luzán, que no es otra cosa sino afán de transcendencia y peso en la obra literaria, no es una rancia vejez de dómine pedante, sino eterna exigencia. Para entenderlo así, es indispensable, sin embargo, leer por debajo de los secos términos en que se expresa la preceptiva del XVIII, y, en general, toda preceptiva. Entender la *Poética*, en una palabra, no a la letra sino de acuerdo con su espíritu.

De todos modos, la primordial preocupación de que la obra literaria sirva «para algo» objetivo —deleite o enseñanza— determina una consecuencia esencial a los efectos de su creación; de hecho les obstruye a los neoclásicos una de las rutas capitales para producir y valorar la obra literaria. José Jurado, basándose en la exposición del profesor Weinberg, explica que el punto de partida de Luzán es sustancialmente el mismo de todos los teóricos neoclásicos, pero opuesto al seguido por Aristóteles. Éste atiende primeramente a las características del poema, y después de examinar los elementos que ocasionan en él la belleza, estudia las reacciones que puede provocar en el público. Los neoclásicos, por el contrario, partiendo de un tipo de audiencia o lector determinados, deciden la clase de reacción —placer o utilidad— que desean crear en él, y, en consecuencia, estudian los medios apropiados para alcanzar dicha finalidad. «Esto es así —dice Jurado— desde la *Poética* de Castelvetro y claramente se acusa en los *Discursos sobre la poesía dramática* de Corneille, donde en función del público se determina lo que debe ser un poema y sus reglas; en la obra de Boileau, que al dirigirse a un público de selección le obliga a implantar el *utile dulce* horaciano como fin de la poesía; y en los tratadistas todos del siglo XVIII, más o menos alejados de Despreux, para quienes el nuevo 'hombre de gusto' con sus sentimientos, prejuicios, costumbres e inclinaciones hace de motor principal en la construcción de cualquier teoría poética». «En las del siglo XVIII —sigue diciendo—, es evidente que el primordial propósito es dar normas que conduzcan al descubrimiento de los medios para agradar a un público determinado. La utilidad y el placer se logran con la observancia de esta serie de normas, muy complejas porque el hombre a quien van dirigidas lo es también. Esta certera visión de Weinberg se manifiesta acaso con mucha más evidencia que en otros en Luzán. Sus ataques a la literatura barroca parten del modo de ser del hombre 'distinto', que ha formado unos principios artísticos propios. La reversión de valores en lo estético ha llegado en el siglo XVIII a su punto álgido: en el binomio obra literaria-público, lo que importa ahora —en Luzán, p. e.— es lo segundo; lo literario, y en general lo artístico, viene dado partiendo del público, de la concepción especial del 'hombre de gusto' del tiempo, y en función de él» [28].

---

[28] José Jurado, «La imitación en la *Poética* de Luzán», en *La Torre*, XVII, núm. 63, 1969, págs. 113-124; las citas en págs. 114-115.

Estos hechos, que nos parecen ciertos, explican que las preceptivas neoclásicas anulen el «misterio» de la creación poética, es decir, los «derechos del autor» a expresarse desde el fondo de su peculiar intuición artística. La obra de arte es *para el público*, no para su creador; por lo tanto, debe consistir en la realidad objetiva —de aquí, el requisito máximo de la imitación—, y hay que servírsela al consumidor artísticamente aderezada pero en forma lógica y razonable. La poética es la encargada de enseñar ahora los medios para la más cabal ejecución de dicho propósito.

Este criterio racionalista es el que preside toda la *Poética* de Luzán, según ha podido ya comprobarse, y, en general, de todos los preceptistas neoclásicos. Enteramente imbuido del concepto aristotélico de la imitación, le era imposible a Luzán superar el objetivismo radical que se derivaba lógicamente de ese concepto; de ahí la incapacidad para admitir el carácter subjetivo de la poesía y considerarla como actividad creadora y manifestación o proyección de las pasiones del poeta.

El «Libro segundo» comienza con tres capítulos completamente innecesarios y diríamos que poco afortunados. Luzán tiene el defecto de repetir y machacar hasta que deja las cosas para el arrastre. La necesidad o conveniencia de que la poesía encierre, junto a su belleza, una utilidad, quedaba ya suficientemente declarada y en su punto. Pero Luzán necesita demostrar todavía con ejemplos su tesis, y no como quiera, sino deteniéndose particularmente en cada especie de poesía. Detalla, pues, la utilidad de la épica, en cuya lectura pudieron formarse «héroes militares» como Alejandro Magno y Carlos XII; la de la tragedia, que enseña a los príncipes a moderar su ambición; la de la comedia, donde la gente común se mueve a reformar sus vicios; y la de la lírica, de la cual recorre todas sus especies, cada una de las cuales puede contribuir a convertir a los hombres en buenas personas. No contento con esto, explica todavía, desmenuzándolo con ejemplos, cómo la poesía puede instruirnos «en todo género de artes y ciencias, directa o indirectamente»[29]. La teoría general, que es correcta, en líneas generales, queda así puerilizada y, lo que es muchísimo peor, desvirtuada en su profundo sentido. Se comprende la reacción de algunos lectores ante semejante valoración pedagógica de la poesía, y queda justificado que Menéndez y Pelayo dijera, no sin gracia, que de este modo la epopeya vendría a ser «la poesía didáctica de los cuarteles, y una especie de suplemento de las ordenanzas»[30].

Síguense después tres capítulos en los que expone Luzán los medios para conseguir la dulzura y la belleza poéticas. Su principal declaración

---

[29] Ed. cit., I, pág. 96.
[30] *Historia de las ideas estéticas...*, cit., III, pág. 232.

en esta parte consiste en afirmar que la belleza no puede existir sin la verdad; lo cual le lleva a tratar de ésta y a decidir sus clases. «Dirán muchos —escribe Luzán al comienzo del capítulo VIII— que ando muy errado en asentar la verdad por base y fundamento de la belleza poética, cuando nadie ignora que la poesía es una continua fragua de mentiras. La invención de tantas falsas deidades y de tantas fábulas, y la vanidad de los conceptos de los poetas, que juran que los mata un desdén y luego los resucita un favor, que el sol se confiesa vencido de los ojos de Filis, a cuya presencia reverdece el prado y se adorna de rosas y azucenas nuevamente producidas por el contacto de su pie, y otras mil expresiones de este género, desmienten este principio, y, al contrario, prueban que, no la verdad, sino la mentira es el fundamento de la belleza de la poesía»[31]. Pero la dificultad queda obviada al distinguir a continuación entre la verdad científica y la poética. Ya no debe extrañarnos que la justificación de esta última consista, para Luzán, en el hecho de que hasta en las fábulas más imposibles, en las hipérboles, fantasías y demás figuras poéticas «se halla mucha parte de la verdad real y existente»; pero añade, echando por los suelos, según muchas veces le sucede, lo certero de su aclaración: «ya de historia, ya de geografía, ya de moral, ya de física»[32]. Por fortuna, mejora luego sus ejemplos para justificar los encarecimientos y fantasías de los poetas: «No es verdad absoluta, antes bien es falso —dice— que la presencia de una dama haga reverdecer el prado y nacer a cada paso azucenas y claveles, que codiciosos y atrevidos aspiran a la dicha de ser pisados de tan hermosos pies; pero en la *hipótesis* de que las flores tuviesen sentido y conocimiento de la hermosura de aquella dama, y estuviesen tan enamoradas como el poeta, es verdad que formarían tales pensamientos y tendrían tales deseos. Asimismo es verdad *hipotética* que un hombre agitado de una violenta pasión, olvidándose de que los cielos, los árboles y las peñas son incapaces de entender sus quejas y de interesarse en sus pasiones, no obstante les hable como si tuviesen alma y sentido y les atribuya pensamientos y discursos de racionales. El poeta, con tales encarecimientos y figuras, no quiere engañarnos, sino sólo darnos a entender, sin quedar corto, la extremada hermosura de aquella dama y la violencia de aquella pasión que le trae como fuera de sí. De manera que todo lo que al vulgo parece mentira poética, si bien se mira, contiene siempre, directa o indirectamente, alguna verdad, ya absoluta, ya hipotética, ya cierta y real, ya probable, verosímil y posible»[33].

El final de este párrafo conduce necesariamente al estudio de la *verosimilitud*, a la cual concede Luzán límites ciertamente muy amplios, distinguiendo entre la verosimilitud *popular* y la *noble* y otorgando a la

---

[31] Ed. cit., I, pág. 123.
[32] Idem, íd., pág. 124.
[33] Idem, íd., págs. 126-217.

primera muy generosos derechos: «Que el ave fénix —dice— renazca de sus cenizas, que el viborezno rompa al nacer las entrañas de su propia madre, que el basilisco mate con su vista, que el fuego suba a su esfera colocada debajo de la luna, y otras mil cosas semejantes que las ciencias contradicen o impugnan, pero el vulgo aprueba en sus opiniones, se puede muy bien seguir y aun a veces anteponer a la verdad de las ciencias, por ser ahora, o haber sido en otros tiempos, verosímiles y creíbles entre el vulgo y, por eso mismo, más acomodadas para persuadirle y deleitarle» [34].

Hemos de preguntarnos ahora por qué Luzán, concediendo tan anchos fueros a la imaginación, pudo condenar en páginas anteriores las metáforas de Góngora en nombre de la verdad como fundamento de la belleza poética [35]. El repudio se basa simplemente en la *oscuridad*, en la dificultad de hallar el sentido de lo que se pretende por la distancia que media entre el objeto aludido y la imagen que lo expresa; cuando las relaciones no son evidentes, o resultan desproporcionadas, no se produce sino desorden y caos. Pero, como se ve, lo difícil en este caso era trazar los imprecisos límites de la oscuridad, decidir cuándo el nexo metafórico se había pasado de la raya. Lo cual era un problema de gusto y de estimativa, quizá también de agudeza para percibir el juego poético, y no de reglas concretas que se pudieran aplicar como quien maneja una vara de medir. Lo que Luzán pretende —vaga, inconcreta, problemática pretensión— es que la razón modere los excesivos atrevimientos de la fantasía; *se trata, en suma*, repetimos, *no de un problema de reglas sino de opuestas concepciones del fenómeno poético, sobre lo cual toda disputa resultaba vana.* Más adelante volveremos sobre este hecho, en el cual descansa en realidad toda la controversia literaria del siglo XVIII.

En los capítulos siguientes se ocupa Luzán de los diversos artificios poéticos, de las imágenes, simples y naturales o fantásticas y artificiales, procedentes de la imaginación o del ingenio, con sendos capítulos encaminados a moderar por medio de la razón los excesos de ambas. Aduce Luzán en todas estas páginas multitud de ejemplos en que apoyar sus disquisiciones teóricas, mostrando en general un excelente gusto y discreción para valorar las bellezas literarias, y subrayando en particular el mérito de los poetas españoles anteriores a la boga gongorina. Al tratar en el capítulo XV «De la proporción, relación y semejanza con que el juicio arregla las imágenes de la fantasía» escribe el famoso comentario sobre el soneto de Góngora dedicado a la *Historia pontifical* del Doctor Babia, al que califica de extravagante y monstruoso. Pero el conjunto de sus juicios deja, como dice Pellissier [36], una más alta opinión de su calidad como

---

[34] Idem, íd., pág. 134.
[35] Idem, íd., pág. 121.
[36] *The Neo-Classic Movement...*, cit., pág. 34.

crítico que como teórico; el preceptista —añade— no embaraza al crítico, que da pruebas constantes de equilibrado sentido estético.

En los capítulos siguientes trata Luzán «De los tres diversos estilos», dedicando uno en particular «al estilo jocoso». Observa que no sólo un autor se distingue de otro por su estilo, sino que «una nación suele tenerle diverso de otra por la diversidad de las costumbres, del clima y de la educación. Por eso no nos debe causar extrañeza si en la Escritura hallamos un estilo tan diverso del nuestro» [37]. Pero advierte casi a continuación, vuelto enseguida a su papel de preceptista clásico, «que la más cierta y segura regla, que se debe seguir para determinar el estilo, no ha de ser ni la nación, ni el siglo, ni el genio, sino la materia misma, que es la que señala al poeta y al orador aquel género de estilo en que debe escribir» [38]. Distingue los tres estilos, elevado, mediano y bajo, con las observaciones de rigor y la consiguiente condena de los términos resonantes, huecos y pomposos.

Al ocuparse del estilo jocoso dice, con palabras que parecen anticiparse a Bergson, que aquél consiste «en la desproporción, desconformidad y desigualdad del asunto respecto de las palabras y del modo, o al contrario, de las palabras y del modo respecto del asunto, y por este medio viene a ser muy apreciable en lo burlesco lo que sería muy reprensible en lo serio». Y añade más abajo: «La risa que de las cosas medias procede, trae su origen y principio del engañar la expectación ajena con respuestas y dichos impensados, o del entender o fingir que se entienden los dichos ajenos diversamente de lo que suenan» [39]. Encarece los equívocos, «que en el estilo serio suelen ser muy fríos y pueriles, [pero] en el burlesco se pueden usar sin recelo» [40]; y las hipérboles, entre las cuales alaba el soneto de Quevedo que comienza «Érase un hombre a una nariz pegado».

El capítulo XXI, dedicado a la *locución poética*, nos parece del mayor interés, porque se tratan en él muchos aspectos debatidos a lo largo del siglo. «La perspicuidad y claridad de la oración —dice—, la propiedad y pureza de las voces son las principales virtudes de la locución. La perspicuidad hace que se entienda claro y sin tropiezo alguno el sentido, al modo que por un terso transparente cristal se ven distintamente los objetos. La propiedad de voces puras y castizas hace que se comprendan perfectamente los pensamientos que se quieren expresar en las palabras y discursos y que se impriman mejor y más vivamente los objetos» [41]. Rechaza luego, en consecuencia, según había venido insistiendo, el vicio de

---

[37] Ed. cit., I, pág. 223.
[38] Ídem, íd., pág. 224.
[39] Ídem, íd., pág. 238.
[40] Ídem, íd., pág. 240.
[41] Ídem, íd., pág. 243.

la oscuridad, aunque aprueba la que «con leve atención se vence y penetra», la que no procede de confusión de pensamientos, ni de impropiedad de voces, ni de mala colocación, sino de alguna erudición no vulgar, y de lo raro y peregrino de los mismos pensamientos, y de la elegancia de la locución» [42]. «Los solecismos, barbarismos y arcaísmos son los defectos que empañan y afean la belleza y pureza de la locución» [43]. Reprueba igualmente el uso de voces extranjeras y nuevas y que no estén aún avecindadas: «Es insufrible —dice— la afectación de algunos, que (como dice el P. Feijoo) salpican la conversación de barbarismos y de voces de lenguas extranjeras, y especialmente de la francesa, por afectar que la saben» [44]. «Los *latinismos*, que algunos de nuestros poetas han usado sin motivo y sin moderación, son buenos para el estilo jocoso; pero en lo serio, a mi ver son muy fríos y pueriles» [45]. Y también rechaza las voces anticuadas, no por impropias, «sino por desusadas y poco inteligibles» [46], aunque su uso moderado puede ennoblecer el estilo. Resumiendo su parecer sobre el empleo de los términos nuevos o antiguos, afirma que no hay mejor regla que la enseñada por Cicerón, «que es evitar los extremos: como en la elección del vino, ni tan nuevo que sea mosto, ni tan añejo que sea intolerable» [47]. Después de hablar de la disposición y conexión de las voces, que deben ser las más naturales y conforme al uso, concluye con un «aviso importantísimo», tomado de Quintiliano a los oradores: «es a saber, que la primera, la principal y la mayor aplicación se debe a los pensamientos antes que a la locución, y lo que sólo es atención del poeta en las palabras, ha de ser esmero en las cosas». Y añade: «Con lo cual admirablemente concuerda lo que dice el ingenioso, elegante y erudito poeta don Juan de Jáuregui en la introducción de sus *Rimas*, donde hablando de la locución, advierte no ser sufrible que la dejemos devanear ociosamente en lo superfluo y baldío, contentos sólo con la redundancia de las dicciones y número; y añade, que no pretendan estimación alguna los escritos afeitados con resplandor de palabras, si en el sentido, juntamente, no descubren mucha alma y espíritu, mucha corpulencia y nervio» [48].

El libro tercero está dedicado, como dijimos, a «la tragedia y comedia y otras poesías dramáticas». Por la importancia de su materia, una de las más controvertidas a lo largo de todo el siglo, la estudiamos en el capítulo correspondiente al teatro, ya que, sin esta parte de la *Poética* de Luzán, la gran polémica dieciochesca quedaría falta de su primero, y quizá principal, capítulo. A dichas páginas remitimos, pues, al lector.

---

[42] Idem, íd., pág. 244.
[43] Idem, íd.
[44] Idem, íd.
[45] Idem, íd., pág. 245.
[46] Idem, íd.
[47] Idem, íd., pág. 246.
[48] Idem, íd., pág. 249.

No todo el libro posee, sin embargo, el mismo interés en relación con nuestra dramática; de hecho, la mayor parte de sus capítulos están dedicados al estudio de problemas teóricos sobre el origen de los diversos géneros, carácter de la «fábula», modo de «formarla», diversas especies y requisitos de ella, condiciones que requiere, partes episódicas, manera de enlazar la acción, etc., etc.; cuestiones todas ellas de preceptiva general, basadas principalmente en las ideas de Aristóteles, en las que no merece la pena detenerse ahora.

Algo parecido podemos decir del libro cuarto, sobre la «naturaleza y definición del poema épico», que por atender básicamente a las grandes epopeyas griegas y latinas y no contener apenas doctrinas originales de Luzán, encierra escaso interés para nuestro objeto.

Muy grande lo tiene, sin embargo, la reacción que provocó en sus contemporáneos la aparición de la *Poética*. Mas por estar también estrechamente enlazada con la gran polémica aludida, es allí donde debe buscarla el lector. Resta, pues, señalar algunos de los problemas de diversa índole que plantea la obra de Luzán.

SEGUNDA EDICIÓN DE «LA POÉTICA»: SU CARÁCTER

De la *Poética* apareció una segunda edición en Madrid, en 1789, treinta y cinco años después de la muerte de su autor y a cincuenta y dos de la edición primera. Cuidaron de esta segunda su hijo Juan Ignacio y su amigo y discípulo Eugenio de Llaguno y Amírola. Éstos se encargaron de ordenar y situar en el lugar correspondiente las numerosas adiciones y hasta capítulos enteros que Luzán había dejado preparados para la nueva edición. Menéndez y Pelayo admite que, en general, tales adiciones y enmiendas mejoran el texto; frecuentemente se refieren a libros o autores que Luzán no había leído antes: así, por ejemplo, aumenta las noticias históricas acerca de nuestra poesía antigua, y el número de los preceptistas antiguos, de los cuales tan sólo había mencionado en la edición primera a González de Salas y a Cascales [49]. Pero Menéndez y Pelayo se-

---

[49] En su estudio preliminar a la *Poética*, De Filippo detalla los preceptistas españoles omitidos por Luzán en la primera edición y añadidos en la segunda: «En el primer capítulo de la *Poética* —dice—, después de afirmar que muy pocos en España se habían aplicado a dilucidar los preceptos poéticos y que él, personalmente, no conocía otros tratados que no fueran la *Ilustración de la Poética de Aristóteles* de José Antonio González de Salas y las *Tablas poéticas* de Francisco de Cascales, Luzán escribe: 'de otros españoles no he visto tratado alguno, ni sé que le haya con la perfección que se requiere'. / No cabe duda que esta afirmación del escritor aragonés, y además conociendo su cultura, es bastante extraña. Y sin embargo todo deja creer que, al redactar y publicar su obra, él desconocía, o, a lo menos no la había encontrado con la perfección que hubiera deseado en ellos, *La philosofía antigua poética* de Alonso López Pinciano, sin duda el más grande de los preceptistas aristotélicos que

ñala a su vez que en la edición de 1789 se advierten «pequeñas supresiones de carácter muy sospechoso» [50]. En la primera, comenta don Marcelino, «Luzán, bien porque así lo sintiera, bien por no atacar de frente la opinión común, hacía notables concesiones al teatro español» [51]; y menciona, como prueba, el pasaje del capítulo XV del libro III, en que Luzán admira la elegancia de la locución calderoniana y el ingenio para enredar los lances de las comedias. Todo este pasaje, dice Menéndez y Pelayo, ha desaparecido en la segunda edición; y se pregunta el polígrafo santanderino si fue Luzán quien cambió de parecer con los años, o es que Llaguno tuvo la osadía de alterar el texto, en apoyo de sus propias opiniones, más radicalmente neoclásicas que las de Luzán.

Russell P. Sebold, en su estudio sobre la obra [52], se propone desmentir primeramente «la noción de que la *Poética* es todavía más antinacional en la segunda edición que en la primera» [53]. En cuanto a la supuesta falsificación de Llaguno, Sebold la rechaza de plano, aduciendo que los hijos de Luzán dieron su aprobación a la segunda edición, que Llaguno trabajó sobre el ejemplar personal de Luzán de la edición de 1737, donde éste había señalado el lugar de las correcciones y adiciones que dejó escritas de su letra, y que todo ello había sido conservado por don Agustín de Montiano y Luyando, según declara el editor Sancha en nota preliminar [54]. Descartado este hecho, afirma Sebold que el supuesto *antinacionalismo* de Luzán en la segunda edición, sugerido por Menéndez y Pelayo, es poco convincente porque se basa en un solo caso de supresión favorable al teatro calderoniano; pero resulta, además, que el párrafo citado no ha sido suprimido en manera alguna, sino que ha sido trasladado, casi sin variación, a otro lugar del libro (del capítulo XV al I del Libro III). Denunciado este fallo, el comentarista cree resuelto el pleito.

Pero el problema dista mucho de ser tan simple como Sebold nos lo propone. Debemos aclarar, antes que nada, que nunca calificaríamos el discutido incremento de *antinacional*. Las censuras contra la lírica y la dramática barroca —fueran justas o no, que esto no importa ahora—

---

el Renacimiento español produjo, el *Heráclito y Demócrito* de Antonio López de la Vega, la *Poética de Horacio* traducida por Vicente Espinel y las *Epístolas* que componen la *Estafeta del dios Momo* de Alonso Jerónimo de Salas Barbadillo, tratados y autores todos que, con el Marqués de Villena, Juan del Encina y Cervantes, aparecen, en cambio, recordados en la edición de 1789» (ed. cit., tomo II, pág. 216).

[50] *Historia de las ideas estéticas...*, cit., III, pág. 220.

[51] Idem, íd.

[52] Rusell P. Sebold, «A Statistical Analysis of the Origins and Nature of Luzan's Ideas on Poetry», en *Hispanic Review*, XXXV, 1967, págs. 227-251; reproducido, en versión castellana del propio autor, bajo el título de «Análisis estadístico de las ideas poéticas de Luzán: sus orígenes y su naturaleza», en *El rapto de la mente. Poética y poesía dieciochescas*, Madrid, 1970, págs. 57-97; citamos por esta última edición.

[53] Idem, íd., pág. 80.

[54] Idem, íd., págs. 84-85, nota 15.

estuvieron siempre movidas por la patriótica ambición de depurar nuestras letras de lo que se estimaba nocivo, y recuperar la estima de los extranjeros; así lo declararon todos los censores y lo afirma Luzán una y otra vez. Considerar *antinacional* esta tarea crítica es una necedad sobre la que no precisamos insistir por haber quedado suficientemente declarada en otros muchos lugares de este libro.

Vayamos ahora a la cuestión. Es evidente que Menéndez y Pelayo sufrió un lapsus —relativo, ya lo veremos— al suponer eliminado un pasaje, que no lo había sido. Pero debemos poner en claro inmediatamente que la palabra *antinacional*, para referirse en este caso a los juicios sobre Calderón, no la utiliza Menéndez y Pelayo en modo alguno; Sebold, en cambio, lo afirma así, cuando dice: «Menéndez Pelayo fue por lo visto el primero en llamar la atención sobre el supuesto aumento de espíritu antiespañol en la segunda edición» [55]. La atribución, hábilmente deslizada, sirve al articulista para urdir una argumentación, que es un puro sofisma. La afirmación de *antinacionalismo* fue formulada posteriormente por Fitzmaurice-Kelly y Cejador, según declara el propio Sebold en otro pasaje, a pesar de lo cual se la atribuye también a Menéndez y Pelayo; una vez agrupados los tres en un frente común, pasa Sebold a demostrar que la *Poética* es, por el contrario, mucho más nacional en la segunda edición, ya que, como puede probarse, echando mano de la estadística, se triplica el número de citas de autoridades españolas y se acrecienta de modo visible la curiosidad del autor por la poesía española, sobre todo por la historia de esta última [56]. Pero adviértase bien que la salvedad de Menéndez y Pelayo se había formulado concretamente respecto a la actitud, mejor o peor, de Luzán respecto de Calderón y la dramática del barroco. Ahora, en cambio, disparando al frente del nacionalismo, se contradice esta salvedad aduciendo lo que añade Luzán sobre la poesía lírica y los preceptistas. Es decir, se ataca un tema, que nada tiene que ver con la cuestión del párrafo suprimido y las palabras *no dichas* por Menéndez y Pelayo, y se busca el refuerzo de otros géneros, del todo ajenos al problema de la dramática que se discute. La incoherencia de agrupar ambas cosas es aun más palpable si pensamos que Luzán, que no era antiespañol, sino apasionado patriota, añadió en la edición segunda, con amorosa diligencia, cuantas noticias pudo adquirir sobre la poesía de su país. Pero, precisamente por idéntico patriotismo, pudo insistir a la vez, como lo hizo, en los excesos del teatro barroco, que consideraba equivocado. No son dos cosas que se opongan, y, en consecuencia, no sirve lo primero para destruir lo segundo [57].

[55] Idem, íd., pág. 82.
[56] Idem, íd., pág. 81.
[57] Importa aclarar que hemos tenido que hacer no leve esfuerzo para poner algún orden en la argumentación de Sebold y exponer con la coherencia posible lo que él

Veamos ahora el texto para comprobar si existe o no mayor hostilidad contra el teatro barroco —este y no otro, repitámoslo, es el problema propuesto por Menéndez y Pelayo— y examinar la posible intervención de Llaguno. Según nuestro entender, la enemiga contra toda la dramática barroca se intensifica en la segunda edición de una manera clamorosa. Los cambios principales sobre el teatro en la edición de 1789 corresponden a dos capítulos, muy extensos y enteramente nuevos, que el autor coloca al comienzo del libro III: se titulan, «De la poesía dramática española, su principio, progresos y estado actual», y «Sobre las reglas que se supone hay para nuestra Poesía dramática». El párrafo inicial del primero revela inequívocamente la nueva actitud del crítico, que en la primera edición pedía tímidamente excusas por sus censuras, y ahora nos las promete al por mayor: «Dirigiéndose esta Poética —escribe— a reducir la poesía española a las reglas que dicta la razón y ha calificado y confirmado el unánime consentimiento de las naciones cultas, no deberá extrañarse que, tratándose en este libro de la poesía dramática, dé yo a la censura más lugar que al elogio. Para ejecutarlo me ha sido preciso vencer la repugnancia de mi genio, antes inclinado al elogio que a la censura, estimulándome a ello la consideración de que para enmendar las imperfecciones se necesita conocerlas: pues si nuestra poesía dramática se halla todavía lejos de llegar al punto a que pudiera haberla llevado el ingenio español penetrante y extenso, acaso dimana de haberse creído comúnmente que, por haber en ella muchas buenas cualidades, tiene todas las que puede y debe tener. Los romanos creían lo mismo de sus poetas, hasta que, habiendo empezado a pensar y a escribir como los griegos cuando más brillaron en Atenas las artes y el buen gusto, se atrevió Horacio a criticar a Plauto, que había sido la admiración de sus abuelos» [58].

sostiene y nuestras razones para rechazarlo. En la página 82 escribe las palabras que ya conocemos: «Menéndez Pelayo fue el primero en llamar la atención sobre el supuesto aumento de espíritu antiespañol en la segunda edición»; pero en la página 85, dice: «...sin citar el *ejemplo* de Menéndez Pelayo ni aportar naturalmente ningún otro, Fitzmaurice-Kelly y Cejador extienden el cargo ya dicho a todos los aspectos de la segunda edición, y fueron también los primeros en usar concretamente del término *antinacional*». ¿En qué quedamos, pues? ¿Quién fue el primero? Obsérvese, sin embargo, que en este último párrafo dice Sebold —como es bien cierto— que los dos críticos citados extendieron «el cargo ya dicho» —es decir, lo referente a Calderón y al párrafo suprimido— a todos los aspectos de la segunda edición; ¿por qué, pues, se pretende refutar a Menéndez y Pelayo *haciéndole los mismos cargos que a los otros dos críticos*, que «fueron los primeros» —acabamos de oírlo— en usar el término *antinacional*? Cinco o seis líneas más arriba —página 84—, después de reproducir el referido párrafo sobre Calderón y prosiguiendo la argumentación contra Menéndez y Pelayo —refiriéndose, pues, a él concretamente y al problema del párrafo—, vuelve a atribuirle «el cargo de antinacionalismo hecho a la edición de 1789», sin perjuicio de afirmar seis líneas más abajo, como acabamos de ver, que fueron Fitzmaurice-Kelly y Cejador quienes extendieron este problema a toda la *Poética* y utilizaron *por primera vez* el término *antinacional*.

[58] Ed. cit., II, pág. 295.

Luzán describe luego la trayectoria del teatro español desde sus orígenes; al llegar a Lope, elogia primero, como hace siempre, «la extensión, variedad y amenidad de su ingenio, la asombrosa facilidad, o por mejor decir, el flujo irrestañable con que produjo tantas obras de especies tan diversas, y la copia y suavidad de su versificación», que le colocan «en la clase de los hombres extraordinarios»[59]; pero cuando toca a su dramática, la despectiva actitud del preceptista no precisa ser subrayada: «fue desgracia que alcanzase una edad en que aún no había hecho grandes progresos la buena crítica, esto es, el arte de juzgar rectamente de las obras del entendimiento y de la imaginación; y así un hombre que nació para la gloria de España, abusando de sus mismas cualidades superiores, lejos de cumplir su destino, contribuyó infinito a que otros grandes ingenios que vinieron después y le quisieron imitar, tampoco cumpliesen el suyo; porque Lope no es un modelo para imitado, sino un inmenso depósito de donde saldrá rico de preciosidades poéticas quien entre a elegir con discernimiento y gusto»[60]. «La pobreza entonces —aclara poco después— le obligó a valerse del arbitrio con que otros se ayudaban, y se ayudan ahora, para mantenerse escribiendo comedias a destajo, que se pagaban a quinientos reales»[61]. Añade luego: «...dejando correr después su lozana imaginación por las líneas que halló indicadas, tortuosas y sin orden, lejos de corregir los defectos de la comedia que estaba en uso, se dedicó, con cierta ciencia de que hacía mal, a aumentarlos, colorarlos, engalanarlos y hacerlos sumamente vistosos y agradables al vulgo. Quedó éste sorprendido con la novedad de tantas cosas que le parecieron bellezas; y desde entonces, para darle gusto, fue menester que los autores de compañías cómicas acudiesen casi exclusivamente a Lope»[62]. Refiriéndose más abajo al increíble número de obras que dejó escritas, comenta: «¿Cómo pudo ser esto por más fecundidad que tuviese? No parándose a elegir asuntos propios para imitados en la representación; tomando a veces por argumento la vida de un hombre, y por escena el universo todo; trastornando y desfigurando la historia, sin respetar los hechos más notorios, con la mezcla de fábulas absurdas y con atribuir a reyes, príncipes, héroes y damas ilustres caracteres, costumbres y acciones vergonzosas o ridículas; haciendo hablar a los interlocutores según primero le ocurría; a las mujeres ordinarias, criados y patanes como filósofos escolásticos, vertiendo erudición trivial y lugares comunes, defecto que comprende a todas sus obras, y a los reyes y personajes como fanfarrones o gentes de plaza, sin dignidad ni decoro alguno»[63].

---

[59] Ídem, íd., pág. 305.
[60] Ídem, íd.
[61] Ídem, íd.
[62] Ídem, íd., pág. 306.
[63] Ídem, íd.

Prosiguen aún por largo trecho los ataques a Lope, ampliados todavía en el segundo capítulo, cuando reproduce íntegro y comenta sarcásticamente su *Arte nuevo de hacer comedias;* pero vayamos ya a Calderón. Después de enumerar los tres géneros de comedias por él cultivadas, escribe: «En las dos primeras clases siguió, como todos, el rumbo de Lope, aunque con alguna más nobleza y regularizada [sic]; pero en las de capa y espada no sé que tuviera modelo. La invención, formación y solución del enredo complicadísimo; las discreciones, las agudezas, las galanterías, los enamoramientos repentinos, las rondas, las entradas clandestinas y los escalamientos de casas; el punto de honor; las espadas en mano, el duelo por cualquier cosa y el matarse un caballero por castigar en otro lo que él mismo ejecutaba; las damas altivas y al mismo tiempo fáciles y prontas a burlar a sus padres y hermanos, escondiendo a sus galanes aun en sus mismos retretes; las citas nocturnas a rejas de jardines; los criados pícaros, las criadas doctas en todo género de tercería, por cuya razón hacen siempre parte principal de la trama; y en fin, la pintura exagerada de los galanteos de aquel tiempo, y los lances a que daban motivo, todo era suyo»[64]. La opinión despectiva que semejante género de enredos y personajes le merece al autor, parece harto patente. Es ahora, a continuación, cuando inserta el párrafo aludido por Menéndez y Pelayo, cambiado de lugar, pero que aquí hasta pierde casi toda su eficacia; porque, en realidad, aunque es una concesión a cualidades evidentes, queda ahogado entre las censuras transcritas y éstas que siguen: «Algunos le tachan de poca variedad en sus asuntos y caracteres, diciendo que el que haya visto lo que hacen y dicen el Don Pedro y la Doña Juana de una Comedia, puede figurarse lo que harán y dirán el Don Enrique y Doña Elvira de otra. No es mal fundada esta crítica; pero a quien tiene las calidades superiores de Calderón, y el encanto de su estilo, se le suplen muchas faltas, y aun suelen llegar a calificarse de primores; hasta que viene otro, que igualándole en virtudes, carezca de sus vicios. Como éste no se ha dejado ver todavía entre nosotros, conserva Calderón casi todo su primitivo aplauso: sirvió y sirve de modelo; y son sus Comedias el caudal más redituable de nuestros teatros»[65].

Más abajo se refiere Luzán a los «dramas con música» que se representaban en palacio, «adornados con toda la máquina y decoración teatral que nos vino de Florencia»[66]; y dice de ellos: «Eran obras que se encargaban por la corte a los poetas más estimados, como Calderón y, después de él, don Agustín de Salazar, don Francisco Bances Candamo y otros. Los asuntos se tomaban comúnmente de la mitología; y como el principal fin era entretener la vista con máquinas, tramoyas y apariencias, y ejerci-

---

[64] Idem, íd., págs. 309-310.
[65] Idem, íd., pág. 310.
[66] Idem, íd., pág. 312.

tar el oído con estrépito, clausulones, conceptos y tiquismiquis, se deja conocer cuán insensatas serán estas composiciones, aunque tengan sembrados algunos buenos versos» [67].

A Moreto y a Rojas, seguidores de la escuela de Calderón, y a quienes no se menciona en la edición primera, les dedica Luzán sendos párrafos igualmente despectivos, que nos dispensamos de copiar. Y cuando se ocupa en conjunto de los dramaturgos de la época, escribe palabras como éstas: «Dudo se halle poeta cómico de aquel tiempo que no participe de esta jerigonza energúmena, mucho menos tolerable en los Dramas que en ninguna otra especie de composición. Habiendo ellos mismos estragado el gusto de la multitud, al fin se veían casi obligados a escribir así para agradarla; y como los malos hábitos tienen larga y difícil enmienda, todavía, por desgracia, logran entre muchos aceptación estas fatuidades» [68].

¿Puede afirmarse que no ha variado en esta segunda edición la actitud global de Luzán hacia la dramática barroca? Media un abismo, en conceptos, tono y hasta en vocabulario, entre el Luzán de la primera, siempre tan cauto, tan ponderado, tan cuidadoso del matiz, que apenas en contadísimas ocasiones dice una palabra más alta que otra, y esos párrafos agresivos, y hasta petulantes, que apenas dejan resquicio a la aceptación [69].

---

[67] Idem, íd., pág. 313.

[68] Idem, íd., pág. 312.

[69] Si pretendiéramos apurar el detalle, podríamos patentizar aún más la debilidad dialéctica de Sebold en todo este problema. Dice, por ejemplo, que el mencionado párrafo fue quitado de su sitio en la nueva edición, porque aquél «no era el mejor lugar para un elogio», «que no podía ser sino una digresión en tal capítulo» (página 83). Esto no es cierto, en primer lugar, porque se trataba de una salvedad justa y necesaria al lado de las censuras que iban a formularse; pero ¿acaso era *mejor lugar* «para un elogio» el nuevo capítulo, escrito todo él, desde las primeras palabras, para denostar la dramática barroca? Ya hemos visto cómo, emparedado entre acres censuras, el elogio queda ahora más pálido todavía y pierde la mitad de su fuerza anterior. Por esto mismo dijimos que el lapsus de Menéndez y Pelayo era tan sólo *relativo*. Tampoco podemos aceptar, además, que el párrafo en cuestión, que no ha sido reproducido a la letra, sino con algunas variaciones, «lejos de traslucir una disminución de entusiasmo, refleja una admiración aún más fervorosa por Calderón» (Sebold, pág. 83). Por de pronto comienza con una salvedad, no existente en la versión primera, que el autor parece conceder a regañadientes: *«no se puede negar* que, sin sujetarse Calderón a las justas reglas...» (ed. cit., II, pág. 310); y concluye con otra reticencia muy significativa: «...pero a quien tiene las calidades superiores de Calderón, y el encanto de su estilo, se le suplen muchas faltas, y aun suelen llegar a calificarse de primores» (ídem, íd.); es decir: Luzán ni siquiera formula esta vez el elogio por cuenta propia, como primero había hecho, sino que lo atribuye a un sujeto innominado: «suelen...». Todo el capítulo está hablando del *vulgo ignaro* y de su falta de gusto y sentido crítico, corrompido por los mismos dramaturgos; ¿no se ve claro que carga a cuenta de aquél la muy corta alabanza que propone?

Deseamos aclarar que, aunque toda la argumentación de Sebold es un puro sofisma, no suponemos ni por un momento que esto sea debido a mala fe. Su entusiasta actitud reivindicadora del siglo XVIII, patentizada en numerosos trabajos, le arrastra con alguna frecuencia a forzar su defensa con demasías, y ceguedad, de enamorado.

Justamente, esta diferencia de tono y de vocabulario nos induce a pensar que no es tan improbable la intervención de Llaguno en la segunda edición de la *Poética* como Sebold supone; el problema, en todo caso, no creemos que esté resuelto, y que pueda, por tanto, calificarse, a paso de carga, de *patraña*. Los añadidos o correcciones breves, que son los más, conservan siempre la prudente cautela y discreción que caracteriza a Luzán. Pero los dos capítulos aludidos respiran del principio al fin las ideas y terminología que comenzó a difundirse precisamente después de la muerte de Luzán en 1754, al iniciarse la gran polémica sobre el teatro con los escritos de Nasarre, Velázquez, Clavijo y Fajardo, Nicolás Fernández de Moratín y todos los que siguieron. Sería muy tentador un cotejo detenido de estos dos capítulos de la segunda edición de la *Poética* con los textos de los autores mencionados. Antes de 1754 es bastante improbable que hubieran podido escribirse semejantes requisitorias contra nuestra antigua dramática; pero en 1789, en plena batalla teatral, estaban muy en su punto. Llaguno, convencido neoclásico, traductor de Racine, pudo muy bien lanzar a la palestra la obra clásica de su maestro, autoridad suprema de las reglas, adicionándola con dos capítulos propios, pertrechados de la agresividad que Luzán, más de medio siglo antes, no hubiera querido ni podido darles.

Nuestra sospecha se agrava aún más con otra razón. Aparte la «metralla», nos parece evidente que las censuras antibarrocas de los nuevos capítulos no añaden ideas sustanciales a lo que ya se había dicho en los capítulos xv y xvi de la edición primera. En realidad, siendo así que éstos iban a conservarse en la segunda, las nuevas censuras sobraban por entero; representan una desafortunada repetición de conceptos, con la agravante de que están bastante peor escritos, y expuestos en forma mucho más vaga y general. Si Luzán, tan minucioso y cuidadoso de su obra, deseaba ampliar o perfilar su primera exposición, cuesta imaginar que no lo hiciera entretejiendo sus nuevas ideas en la trama de lo anterior. Además, es aquí precisamente, al final del libro, como se hace en la edición primera, donde el juicio sobre el teatro español tenía su puesto, es decir: después de haber trazado a lo largo de todo él sus teorías sobre la poesía dramática. En cambio, comenzar, como sucede en la nueva edición, por acusar al reo antes de haber escrito el código de la ley, es un error de táctica, y de simple estructuración del libro, de que no creemos capaz a Luzán. Los dos nuevos capítulos, aunque aprovecharan el material reunido por Luzán para la historia de nuestro teatro, parecen escritos, en efecto, por una plu-

---

Su deseo, que compartimos como el que más, de limpiar el siglo xviii del sambenito antinacionalista, le ha llevado esta vez, apenas ha visto agitarse el trapo de lo antiespañol, a embestir con más ímpetu que discernimiento. La mejor manera de destruir una *leyenda negra* —tal la que pesa sobre el xviii— no consiste en enfrentarle una *leyenda blanca*, sino en poner las cosas en su punto.

ma ajena, que, sin tomarse el trabajo de una engorrosa refundición, cargó el vehículo con aquel exceso de equipaje de su personalísima propiedad.

Todavía merece la pena añadir que la referencia dada por Sebold sobre la introducción puesta por Sancha a la segunda edición, dista mucho de ser correcta. Sancha dice que cuando Llaguno pidió al hijo de Luzán, el canónigo Juan Ignacio, las adiciones y correcciones de su padre —que él mismo había tenido antes en su poder al recibirlas de Montiano, a quien se las había entregado a su vez la viuda del preceptista—, le ofreció arreglarlas y prepararlas para la imprenta, si el autor no las había dejado en condiciones, con lo cual pagaría una deuda de gratitud por su antiguo magisterio. El canónigo envió el ejemplar de Luzán y las notas, y prometió escribir, para la nueva edición, la vida de su padre. Sancha añade que ambos cumplieron su promesa: Juan Ignacio con la ofrecida biografía, y Llaguno «colocando en sus lugares las adiciones y enmiendas que no lo estaban, y señaladamente *los capítulos que ya dexó extendidos, aunque no perfeccionados*, el señor Luzán, *rectificándolos donde lo necesitaban en la parte histórica de nuestra versificación, y poesía dramática*, y añadiendo algunas especies que resultaban de varios apuntamientos». Lo cual, muy al contrario de lo que Sebold dice, es casi una expresa declaración de que Llaguno había puesto su mano en el texto de Luzán. Sebold soslaya tan transparentes palabras y dice vagamente que «hay muchos motivos —¿cuáles?— para creer que al preparar el texto de la segunda edición de la *Poética*, Llaguno reflejó la voluntad de Luzán tan bien como hubiera podido hacerlo cualquier otro»[70]. Hay algo más. Cejador, al recoger la hipótesis de la intervención de Llaguno, había recordado que éste, años antes, había suprimido ciertos pasajes en su edición de la *Crónica de don Pero Niño*; Sebold rechaza la sugerencia diciendo que «es manifiestamente incorrecto aplicar aquí el viejo adagio de que 'A los años mil, vuelve el agua por do solía ir'»[71]. Pero cualquier aprendiz de historiador sabe muy bien que la conducta literaria de un autor es argumento de mucho peso para decidir el crédito que merece y, en consecuencia, la autenticidad de la fuente que aduce o del testimonio que presenta; y todo juez tendría muy en cuenta la actividad anterior del reo[72].

* * *

---

[70] «Análisis estadístico...», cit., pág. 84, nota 15.

[71] Ídem, íd.

[72] No ignoramos que también otros comentaristas coinciden con Sebold en rechazar la intervención de Llaguno, pero sin mayores razones que las suyas. Cano, por ejemplo, después de reproducir las palabras del editor Sancha, que hemos citado, comenta: «Como se ve por estas palabras del editor, las adiciones y enmiendas de la segunda edición son del señor Luzán, aunque fueron puestas en su propio lugar por el señor Llaguno» (*La Poética de Luzán*, cit., pág. 6). Pero no creemos, en modo alguno, como llevamos dicho, que de las palabras del editor se deduzca esa conclu-

Preparadas ya estas páginas para la imprenta, llega a nuestra noticia un artículo de Amalio Huarte [73], que acogemos todavía aquí porque resuelve la cuestión de modo inequívoco. Huarte publica diversas cartas cursadas entre el canónigo Luzán y Llaguno a propósito de la segunda edición de la *Poética* y además algunos borradores autógrafos de Llaguno, todo lo cual está coleccionado en el Ms. 17521 de la Biblioteca Nacional de Madrid. Tales papeles confirman sin posible duda la intervención de Llaguno, según venimos defendiendo en estas páginas. El número de documentos y la variedad de cuestiones que quedan implicadas, nos impiden tratarlas todas ellas; baste tan sólo este pasaje para nuestro objeto. En una nota de su puño y letra dice Llaguno lo que sigue: «Véase el prólogo que puse en la edición de la *Poética* publicada por D. Antonio Sancha el año de 1789, y cotéjese lo impreso con las adiciones y correcciones de Luzán que van dentro de este tomo de la primera edición, y se advertirá que por el honor a la memoria de este amigo, y por gratitud a lo que me estimó quando joven, y a los útiles consejos que le debí, puse el mayor cuidado y estudio en ordenar, *añadir y retocar algunos capítulos que estaban déviles y diminutos, empleando en esto y atribuyendo a Luzán las observaciones que eran propias mías, y pudieran haberme servido en ocasión oportuna*» [74] (el subrayado es nuestro). Como se ve, la intervención de Llaguno, expresamente declarada por él y no sin cierto tono de jactancia, no es una «patraña», como pretende Sebold. Todavía es necesario destacar algunos otros puntos interesantes que se deducen de los documentos publicados por Huarte: *Primero*: La intervención de Llaguno cerca de Sancha y del canónigo Luzán para ponerse de acuerdo sobre la edición, demuestra —aunque aquí no se trata de materias verdaderamente graves— que a Llaguno no le embarazaban demasiado los escrúpulos cuando podía conseguir alguna ventaja o satisfacer su vanidad; Huarte comenta: «Sin duda la Secretaría de Estado le había enseñado a disimular y a proceder de manera que obtuviese prestigio a costa de quien fuera. Este disimulo, que no molestaba a Sancha, le permitía vender al canónigo un favor que le había llovido del cielo y le ponía en condiciones de intervenir entre Sancha y Luzán hasta conseguir que el primero reimprimiese la *Poética* y el segundo desistiese de hacer la publicación de las obras com-

sión, a lo menos de manera tan clara que salte a la vista; esa alusión a *capítulos extendidos pero no perfeccionados* y a la *rectificación de Llaguno donde era necesario*, es harto sospechosa. J. G. Robertson, en el décimo capítulo —«Italian Influence in Spain: Ignacio de Luzán»— de su libro *Studies in the Genesis of Romantic Theory in the Eighteenth Century*, Cambridge, 1923, después de referirse a la posible intervención de Llaguno en la segunda edición, escribe estas palabras: «No creo que este punto de vista pueda ser defendido» (pág. 227); pero no aduce ni la más pequeña razón para rechazarlo ni explica por qué le parece a él tan evidente el problema.

[73] Amalio Huarte, «Sobre la segunda impresión de la *Poética* de Luzán», publicado en *Revista de Bibliografía Nacional*, Madrid, IV, 1943, págs. 247-265.

[74] Ídem, íd., pág. 225.

pletas de su padre» [75]. *Segundo*: por una carta del canónigo Luzán a Llaguno se comprueba que las adiciones y correcciones originales del autor
de la *Poética* no fueron preparadas por él solo, sino en colaboración con
Montiano, lo cual explica, y justifica, que sean, en efecto, más acusada-
mente neoclásicas, según hemos creído advertir. *Tercero*: la vida de su
padre no la escribió el canónigo tan llana y diligentemente como se dice
en el prólogo de Sancha; como tardaba mucho en remitir el original,
Sancha y Llaguno, para no detener más tiempo la edición, resolvieron
publicar un primer original del canónigo, que éste decía estar corrigiendo; cuando aquél llegó al fin, dejaron la parte impresa como estaba y sólo
en el pliego y medio finales reprodujeron el nuevo original; pero no sin
que Llaguno hubiese retocado lo que le plugo de los dos; el canónigo
se indignó, y Llaguno se disponía a darle explicaciones, cuando falleció
aquél en Segovia. Llaguno, en nota autógrafa publicada por Huarte, dice
lo siguiente: «Cuando el canónigo Luzán escribió la carta que va dentro
con fecha de 27 de junio 1789 se hallaba poseído de una melancolía tan
negra, que se podía llamar locura. Así me lo avisaron de Segovia, y la misma carta lo da a entender. No bien la había escrito, quando se le agravó
la enfermedad, y le llevó a la sepultura, sin dar tiempo para que yo le
respondiese, como lo hubiera hecho, manifestándole que lexos de haber
desmerecido nada las *Memorias* de la vida de su padre con las correcciones hechas por mí al primer manuscrito de ellas, que me remitió Quadra,
ganarán mucho, pues verifiqué algunos hechos, y corregí otras cosas, que
juzgo dará por bien corregidas qualquiera que coteje las *Memorias* impresas con el segundo manuscrito que el mismo canónigo me envió, y es el
adjunto» [76]. Está, pues, bien claro que Llaguno no sólo puso sus manos en
el texto de Luzán, sino hasta en las *Memorias* que fueron redactadas por
su hijo.

FUENTES Y ORIENTACIÓN DE LA «POÉTICA»

El punto más controvertido hasta la fecha en torno a la *Poética* es el
problema de sus fuentes. En el caso de Luzán, como sucede en toda cuestión del siglo XVIII, el tema excede con mucho la mera curiosidad erudita
para convertirse casi en un litigio en el que, según ya señaló Juan Cano [77],
parece hallarse comprometido el honor nacional. Ya tenemos visto —y habremos de volver aún sobre ello en muchas ocasiones— que casi todos
los prejuicios sobre el XVIII arrancan precisamente de su supuesta condición de extranjerizante, antiespañol y antinacional. Tratándose de Luzán,

---

[75] Ídem, íd., pág. 254.
[76] Ídem, íd., págs. 259-260.
[77] Juan Cano, *La Poética de Luzán*, cit., pág. 9.

preceptista máximo de las doctrinas clásicas y patriarca reconocido de la mentalidad que informa las teorías literarias de la época, el problema sube de punto, porque se trata de saber quién es el responsable iniciador de tal «desviación» y en qué medida nos vino de fuentes extranjeras, particularmente francesas.

Sebold, en el artículo mencionado, hace un minucioso recuento de todos los escritores que cita Luzán en su Poética, haciendo listas separadas para cada edición; y apoyado rígidamente en este método estadístico llega a las siguientes conclusiones: el número de autoridades italianas citadas por Luzán es mayor que el número de las clásicas, pero la doctrina de la Poética es casi dos veces y media más clásica que italiana; el número de las fuentes clásicas es sólo el doble de las fuentes francesas, pero la doctrina de la Poética es aproximadamente cuatro veces más clásica que francesa, es decir, Luzán cita a una autoridad clásica cuatro veces por cada vez que cita a una francesa; más aún, la doctrina es una vez y media más clásica que italiana y francesa juntas. Los datos precedentes le permiten concluir al comentarista que «la influencia francesa ejercida en la Poética de Luzán, es una influencia completamente secundaria» [78]. Este veredicto, apoyado en la fuerza de los números, parece, pues, dejar de una vez zanjado el pleito y permite despojar a Luzán del sambenito de afrancesamiento, que tan tenazmente se le atribuye.

Una vez más conviene, sin embargo, matizar un poco. El propio Sebold confiesa que, al hacer el recuento numérico de las fuentes, tiene en cuenta lo mismo las autoridades que Luzán aprueba que las que refuta, por la razón, un tanto discutible, de «que la oposición al punto de vista de otro respecto de un problema determinado es con frecuencia una de las formas más decisivas de influencia en la crítica literaria» [79]. Sebold reconoce que el único modo seguro para establecer los orígenes de las ideas poéticas de Luzán sería un recuento estadístico no del número de autoridades que cita, sino del número de ideas que adopta de cada autoridad. Le reprocha a Cano el que no lo intentara [80], pero tampoco lo intenta él, y va a ser muy difícil llevarlo a cabo, porque, como admite el propio Sebold, semejante recuento es «absolutamente imposible», «dada la semejanza de las ideas sobre una misma cuestión, el número casi ilimitado de combina-

---

[78] «Análisis estadístico...», cit., pág. 72.

[79] Idem, íd., págs. 60-61.

[80] De hecho, Cano sí lo intenta, aunque limitándose, como él declara, a las teorías poéticas fundamentales y prescindiendo de las ideas de Luzán sobre la parte histórica de la poesía y los problemas de estética y moral. En el campo escogido, Cano realiza el esfuerzo más considerable llevado a cabo hasta hoy; y aunque quizá, por la misma delimitación propuesta, caiga en algún error —según dice Sebold (pág. 59, nota 3)— al aventurar conclusiones respecto a ciertas autoridades y ciertos grupos de ellas, llega en sus deducciones a resultados muy valiosos de considerable aproximación, que no deben ser desdeñados tan a la ligera.

ciones que son posibles con tales ideas y las muchas variedades de influencia tanto directa como indirecta»[81]. El escrupuloso respeto de Luzán en sus citas, que identifica siempre con el mayor cuidado —añade Sebold—, permite, sin embargo, llegar a una «valoración estadística en conjunto muy exacta de la importancia relativa de las diversas fuentes teóricas de la *Poética*»[82]. Conste, de todos modos, dicha importante salvedad, y permítasenos aproximarla cautamente a la rotunda afirmación hecha por Sebold, páginas más adelante, de haber resuelto el problema «de modo definitivo»[83]. De todas maneras, lo que realmente importa, de momento al menos, es llegar a la conclusión global a que nos conduce su estudio y poder rechazar la irresponsable afirmación del sustancial afrancesamiento del preceptista aragonés.

Sebold añade además algunas autoridades que escaparon a la atención de otros críticos y mejora, o corrige, algunas apreciaciones de detalle.

Para demostrar el grado de error a que se había llegado en todo este problema, Sebold pasa revista a las opiniones más generalizadas sobre las fuentes de Luzán, y resume lo dicho por Simonde de Sismondi, Alcalá Galiano, Blanco-White, el conde Schack, Ticknor, el marqués de Valmar, Menéndez y Pelayo, Fitzmaurice-Kelly, Cejador, Pellissier, Barja, Ernest Mérimée y Griswold Morley, Valbuena Prat, Díaz-Plaja, Papell y Adams, y Keller. El conjunto de sus juicios y su cotejo con las tablas permite comprobar, dice Sebold, «lo muy incorrectas que son la mayoría de las opiniones existentes, y lo increíblemente vagas que son incluso las más correctas»[84]. Buena parte de los críticos mencionados insiste, efectivamente, en la opinión del gran influjo que tienen en la *Poética* de Luzán los preceptistas franceses, particularmente Boileau. Debemos aclarar, no obstante, que aunque Sebold no cuida de establecer una gradación de errores —tarea que deja a cargo del lector— existen grandes diferencias de apreciación entre los críticos de la citada lista. Que sus juicios, aun los más correctos, sean incompletos, no puede negarse, aunque no es de extrañar, pues no se había intentado aún la rigurosa valoración cualitativa de las fuentes de Luzán, cuya «imposibilidad», por otra parte —Sebold dixit—, nos es ya conocida. En cambio, no es enteramente correcto agrupar a todos los «enemigos» en un frente común para batirlos con mayor eficacia y presentarse además como solitario paladín heroico frente a la cáfila de malditos. Sebold insiste una y otra vez en la cerrada uniformidad del frente enemigo: «la noción más antigua es la de que las fuentes francesas —con Boileau a la cabeza— sobrepasan en número a todas las demás»[85];

---

81 «Análisis estadístico...», cit., pág. 60.
82 Ídem, íd.
83 Ídem, íd., pág. 77.
84 Ídem, íd., pág. 62.
85 Ídem, íd., pág. 58.

esta opinión —aclara— cambia luego en favor de la superioridad numérica de los italianos, capitaneados por Muratori [86]; «la noción de que Luzán frecuentó más las fuentes francesas está gozando de una nueva boga que casi no encuentra oposición» [87]; los estudiantes que «no pretenden tener ningunos conocimientos sobre el siglo XVIII —quiere decir «que no tienen»— aseguran con la mayor confianza y obstinación que Luzán plagió toda su *Poética* de los franceses» [88]; «por pereza mental, se sigue como siempre diciéndonos que las ideas de Boileau son las que dan forma a la *Poética* de Luzán, y a través de ésta a todo el neoclasicismo español» [89].

Cierto que se han emitido al respecto opiniones insostenibles y a veces irritantes. Blanco-White afirma con irresponsable frescura que había aprendido italiano cotejando la obra de Muratori, *Della perfetta poesia*, con la *Poética* de Luzán, lo que equivale a acusarle del plagio más extremo. Wolf, a quien Sebold no aduce, aunque hubiera podido acrecer con él su relación, y muy meritoriamente por cierto, llama a Luzán «dogmatizador de la escuela galo-hispana», y califica a su *Poética*, «harto conocida y decantada por los clasiquistas», de «mera copia de las de Aristóteles, Horacio y Boileau» [90]. Exagerados también, y a veces mucho, son los juicios de Alcalá Galiano, de Schack, de Ticknor, de Fitzmaurice-Kelly, de Cejador.

Pero discrepan de ellos otros muchos, y los de más peso por cierto. El marqués de Valmar, en su semblanza de Luzán, aunque expone reparos sobre su *Poética*, de que no está libre, en efecto, formula juicios inequívocos sobre su orientación dominante, en el mismo sentido que Sebold: «Se ha querido algunas veces —dice (y menciona concretamente a Ticknor)— presentar a Luzán como mero iniciador de la escuela del siglo de Luis XIV. Esto es desconocer el alcance de sus ideas y el carácter relativamente libre de su doctrina. Había pasado su juventud en Italia, engolfado en el estudio de la antigüedad y de los grandes escritores italianos, y esta educación especial había dado a sus principios críticos mayor amplitud que la que cabía en los dogmas de los preceptistas franceses, consignados con tanta elocuencia en el *Arte Poética* de Boileau» [91]; al referirse a la rigidez de algunos preceptos de Luzán, escribe: «No está Luzán al abrigo de esta censura, porque el amaneramiento y el espíritu de imitación eran resabios de escuela, que constituían en no pequeña parte las máximas generales de aquella edad. Pero conocía y admiraba a los poetas más insignes de Grecia, de España y de Italia, y ellos le habían infundido

---

[86] Idem, íd., págs. 58-59.
[87] Idem, íd., pág. 59.
[88] Idem, íd.
[89] Idem, íd., pág. 78.
[90] En Valmar, *Poetas líricos del siglo XVIII*, cit., B. A. E., LXI, pág. 107.
[91] Idem, íd., pág. LVII.

cierto espíritu de independencia, a cuya luz discernía claramente el error de algunas doctrinas inspiradas por la rutina. Con muchos ejemplos podríamos comprobar esta observación; pero a fin de evitar digresiones aquí intempestivas, nos limitaremos a hacer notar el antagonismo de opiniones que resalta, entre Luzán y Boileau, en un punto en que de tal manera se han aferrado la costumbre y los preceptistas, que aun hoy día no falta quien sustente con el ejemplo la doctrina derrocada en el presente siglo por los mejores críticos y poetas» [92]; después de aducir los ejemplos prometidos, añade: «Luzán comprendía con su claro sentido crítico que la poesía de mayores quilates es la que emana de la inspiración directa y sincera, y que son su mayor fuerza y su lumbre más pura las verdades del cielo y las verdades de la tierra. Tenía instrucción y aliento para volar con alas propias; y, lejos de ser un mero propagador de ideas francesas, se aparta mucho en ciertos casos de Boileau, y manifiestamente le superaba en el sano y filosófico espíritu de las doctrinas» [93]; «Luzán profesa más ancha y flexible doctrina» [94], comenta más abajo; y luego: «No hay para qué encarecer la distancia que media entre los principios críticos de Boileau y los de Luzán. Aquél se encierra en la elegancia aristocrática de la forma, en la imitación exclusiva de ciertos modelos, en los atildamientos de la frase. Para él la poesía sin la lima académica no es poesía. Éste no consigue desprenderse completamente de las perfecciones calculadas de escuela; pero su crítica no es, como la de Boileau, exclusivamente preceptiva *a posteriori*: abre más dilatados espacios a la fantasía humana, y tiene más en cuenta el imperio de los sentimientos morales» [95].

Las afirmaciones de Menéndez y Pelayo, en idéntico sentido, son igualmente explícitas, y el demostrarlo cumplidamente exigiría reproducir todo su estudio sobre Luzán; basten, pues, unos pocos pasajes. Alude Menéndez y Pelayo a lo expuesto por Valmar y Fernández y González, y dice: «Uno y otro han dejado fuera de toda duda que, lejos de ser Luzán un repetidor servil de las poéticas de los franceses, su clasicismo es mucho más italiano que francés, y difiere y se aparta profundamente del de Boileau en puntos tan esenciales como admitir o rechazar lo maravilloso cristiano a título de fuente de inspiración poética... por esta razón y otras muchas se parece más a las poéticas de nuestro siglo XVI, penetradas de influencia italiana, como la del Pinciano o la de Cascales, que no a las obras críticas de Boileau, D'Aubignac, Le Bossu y Batteux, las cuales en alma y cuerpo intentaron transplantar algunos discípulos y sucesores de Luzán a nuestro suelo» [96]. Más abajo: «Luzán, más bien que

---

[92] Ídem, íd., págs. LVII-LVIII.
[93] Ídem, íd., pág. LIX.
[94] Ídem, íd., pág. LX.
[95] Ídem, íd.
[96] *Historia de las ideas estéticas...*, cit., pág. 216.

como el primero de los críticos de la escuela francesa, debe ser tenido y estimado como el último de los críticos de la antigua escuela *italo-española*, a la cual permanece fiel en todo lo esencial y característico, teniendo sobre el Pinciano o sobre Cascales la ventaja de haber alcanzado una cultura más varia y más extenso conocimiento de extrañas literaturas como la francesa y la inglesa» [97]. Refuta don Marcelino las opiniones de Blanco-White, de Lista, de Wolf, de Alcalá Galiano: «Afirmaciones todas —dice— tan contrarias a la verdad de los hechos que casi nos hacen sospechar que los literatos de principios de nuestro siglo, aunque tan cercanos a Luzán por el tiempo, no tenían de su persona y de sus obras más que una idea confusa y superficial, ni leían ya la *Poética*, ni la consideraban ya como un libro, sino como una *fecha*». Y añade: «Quizá la relativa independencia de Luzán, quizá lo mucho que tiene de latino y de italiano más bien que de francés, contribuyó al desdén con que en los últimos años del siglo XVIII se miraba su libro, desdén del cual se advierten huellas aun en el mismo Quintana, que, por otra parte, habla de él con más conocimiento y con algún elogio...» [98].

Mérimée-Morley se expresan en parecida forma; baste con el resumen de sus opiniones ofrecido por el propio Sebold: «Este *Arte de la poesía* en cuatro libros deriva no directamente de Boileau, según se ha venido afirmando incorrectamente, sino de las doctrinas clásicas y las tradiciones italianas... Las enseñanzas de Luzán son más amplias y más liberales que las de Boileau» [99].

Juan Cano dista muchísimo de atribuir a Boileau y a los franceses, ni tampoco a los italianos, el origen exclusivo de las ideas de Luzán. Las conclusiones a que llega no difieren en sustancia de los resultados estadísticos obtenidos por las tablas de Sebold. He aquí las que se refieren a las influencias principales: «Aristóteles —resume Cano— le suministra a Luzán la mayor parte de las ideas sobre la tragedia y sobre la comedia, una gran parte de las ideas acerca del poema épico y muchas acerca de la imitación. Se puede afirmar que el libro tercero, que trata de la tragedia y de la comedia, es un buen comento de la *Poética* de Aristóteles»; el exégeta de Aristóteles que más influyó en Luzán fue Benio, y después de él, Robortello; los franceses André Dacier y Corneille «han ejercido sobre Luzán, en lo referente a la tragedia y a la comedia, casi tan gran influencia como los comentadores de Aristóteles y autores de poética italianos»; «la influencia de Muratori sobre Luzán en teorías poéticas es bastante pequeña, aunque en otras materias sea grande»; «Horacio es la fuente de muy pocas ideas, y Boileau de casi ninguna» [100]. Sebold rectifi-

[97] Idem, íd.
[98] Idem, íd., pág. 219.
[99] «Análisis estadístico...», cit., pág. 68.
[100] *La Poética de Luzán*, cit., pág. 131.

ca algunas conclusiones de Cano, sobre todo respecto de las influencias secundarias; pero debe tenerse en cuenta que Cano, según arriba vimos, limita su campo a las teorías poéticas fundamentales de Luzán y prescinde de la parte histórica y de los problemas de estética y moral. Los supuestos errores sobre el influjo de ciertos autores y comentaristas, que Sebold denuncia rígidamente con la estadística en la mano, pueden deberse a que el punto de acción de éstos no está en la parte de la teoría poética que Cano estudia; esta misma causa puede explicar los diferentes resultados a que ambos llegan respecto de Horacio. Y una vez más conviene repetir que si lo que importa efectivamente, según admite el propio Sebold, no es el número de autoridades que Luzán cita, sino el número de ideas que toma de cada autoridad, no puede argüirse tan a rajatabla con la sola estadística, por mucho crédito de que ésta goce en los problemas económicos referentes a la venta o consumo de detergentes y de cigarrillos.

Quedan aún dos opiniones valiosísimas, no aducidas por Sebold: la de De Filippo y la de Lázaro Carreter. De Filippo, en su citado estudio preliminar a la *Poética*, aunque sin estadísticas a la mano, llega a las siguientes conclusiones. Leyendo las páginas de Luzán, el primer nombre que acude a la mente es el de Aristóteles; innumerables son las ideas, tanto en lo que concierne a problemas aislados como a las teorías fundamentales y de mayor transcendencia crítica, que Luzán toma de Aristóteles, y los puntos básicos de apoyo de todo su libro descansan en la más estricta tradición clásica, lo mismo cuando se ocupa de la poesía en general que cuando trata de valorar la española en particular; pero el preceptista aragonés advierte enseguida que Italia y Francia, por antigua tradición, habían dado los mejores intérpretes aplicados a la investigación, explicación y enseñanza de los preceptos poéticos de los antiguos; en consecuencia, deriva de aquéllos multitud de conceptos, tomándolos, según los temas, de los comentaristas franceses o italianos, pero en mucho mayor amplitud de estos últimos, porque éstos no solamente habían precedido a los franceses sino que habían sido mucho más numerosos y perspicaces, y, por supuesto, más afines a la actitud global de Luzán.

En cuanto al mencionado trabajo de Lázaro Carreter —no citado por Sebold, aunque data ya de 1955— volveremos a utilizarlo inmediatamente, porque plantea la cuestión en los términos que estimamos más justos.

Quede, pues, claro que el concepto de una *Poética* de Luzán miméticamente inspirada en modelos franceses o italianos no cuenta con un asentimiento tan general como Sebold afirma, ni es sostenido con tan universal *obstinación*.

Si la obra del preceptista aragonés no es nada de esto, precisa indicar ahora su verdadera fuente y orientación, si bien algunas alusiones anteriores nos han puesto ya en camino de ello. Después de los estudios de

Valmar, de Menéndez y Pelayo, de Pellissier, de Juan Cano, de De Filippo —cualesquiera que puedan ser sus errores de interpretación en ciertos detalles—, y del reciente análisis de Sebold, podemos llegar a las siguientes conclusiones. La amplitud de los conocimientos de Luzán sobre teoría literaria es prodigiosa. Informa Sebold que las únicas poéticas anteriores de cierta importancia que no cita son el *De arte poetica* de Marco Girolamo Vida y el *Essay on criticism* de Alexander Pope [101]; Menéndez y Pelayo había ya dicho [102] que, en materia de preceptiva, Luzán sabe cuanto se sabía en Italia y Francia en su tiempo, y había señalado páginas más arriba [103], al ocuparse de sus directrices filosóficas, que todas las literaturas de su tiempo le eran familiares, no sólo la italiana, que podía considerar como propia, sino la francesa, la inglesa, «que él dio a conocer el primero en España», la alemana, cuya lengua hablaba y escribía con facilidad, y nada se diga de las literaturas clásicas, de las que poseía la más severa y sólida instrucción, a lo cual aún ha de añadirse el estar versado en la teoría y la práctica de la música y en las bellas artes del diseño. De todo este inmenso caudal literario, las fuentes primordiales para Luzán fueron los preceptistas de la Antigüedad, y de muy principal manera Aristóteles y Horacio; recordemos el cómputo de Sebold sobre el número de veces en que exceden a todos los demás las citas de estos dos. El influjo de Aristóteles es particularmente intenso en el Libro III de la *Poética*, pero es también muy importante en los otros tres libros. Ahora bien: después de Aristóteles y de los demás teóricos clásicos, Luzán acude con mayor frecuencia a los italianos y a los franceses; pero no por deseo alguno de extranjerización, sino por el hecho inequívoco

---

[101] «Análisis estadístico...», cit., pág. 76.
[102] *Historia de las ideas estéticas...*, cit., pág. 218.
[103] Ídem, íd., pág. 116. Sobre la vasta ciencia poética acumulada y digerida por Luzán no existen discrepancias entre los comentaristas. La *Poética* de Luzán, afirma Cano, cualquiera que haya podido ser su influjo en las letras españolas, «tiene un gran valor absoluto. Si se la compara con otras poéticas famosas, hay que reconocer que es la más completa y documentada que existe: la de Aristóteles, que ha servido de base a casi todas las otras, es fragmentaria y, en muchos lugares, oscura e incomprensible a pesar de los muchos comentadores de gran saber que desde 1548 han dedicado su vida a aclarar sus muchas dificultades; la de Horacio es aún menos completa que la de Aristóteles, a quien en casi todo sigue; la de Boileau es una imitación (casi una copia) de la de Horacio, como ha demostrado el Sr. Barbier; la de Vida más bien que poética, es un tratado de pedagogía, y las pocas ideas que expresa son las ya expresadas por Horacio, a quien sigue en lo poco que dice sobre teorías poéticas. La *Poética* de Luzán es el tratado más completo que se ha escrito sobre teorías poéticas...» (*La Poética de Luzán*, cit., págs. 4-5); y repite para cerrar las conclusiones de su trabajo: «Podemos concluir diciendo que Luzán no ha expuesto ninguna teoría poética de importancia que sea nueva, pero ha expresado muchas de las antiguas teorías de una manera original, y ha demostrado gran poder de selectividad. De fuentes tan heterogéneas, ha formado un armonioso conjunto y, sin duda alguna, ha escrito la poética más completa y documentada que existe, exponiendo de una manera lúcida y metódica las mejores ideas de sus más famosos predecesores desde Aristóteles en adelante» (ídem, íd., pág. 132).

de que en Italia de modo principal y luego en Francia existía una más poderosa tradición de comentaristas y exégetas de la *Poética* de Aristóteles.

La actitud de Luzán debe ser entendida, pues, desde este doble supuesto, que provoca y orienta su obra crítica. En primer lugar, durante el siglo XVIII, siglo racionalista y generalizador, la teoría se considera como universalmente válida; las leyes poéticas, según ya vimos que declara expresamente Luzán, son principios naturales, fundados en razón, independientes por lo tanto del tiempo y el lugar y nada se diga de la arbitrariedad y capricho de cada escritor. La fidelidad al espíritu nacional, inequívocamente sostenido por Luzán, preocupaba mucho a los neoclásicos, según puntualiza muy bien Sebold, pero tan sólo en el plano de la ejecución —«el modo con que cada nación o cada autor pone en práctica los preceptos»—, y por eso Luzán «acude constantemente a los poetas españoles en busca de ilustraciones concretas del uso de las técnicas poéticas»[104], sobre todo a los grandes poetas españoles del Renacimiento, durante el cual se habían recibido las teorías clásicas con el mismo espíritu de validez universal que durante el siglo XVIII. A Luzán no le mueve, como ya sabemos, ningún propósito de originalidad, según declara en su misma introducción, sino el deseo de reunir y condensar todo aquel depósito de la tradición occidental, fundado por los antiguos, y convertido en patrimonio común de todas las naciones de Europa, en ninguna de las cuales podía tenerse por extranjero. Los preceptos poéticos, descubiertos por los clásicos, habían sido aclarados y dilucidados en los últimos siglos, especialmente en Italia y Francia; sólo en España —dice Luzán, como sabemos, en el primer capítulo de su obra—, por no se sabe qué descuido muy pocos se habían aplicado a esta tarea; los grandes poetas, como Garcilaso, los Argensola o Herrera tuvieron muy en cuenta aquellos preceptos, pero no se cuidaron de su enseñanza; y la falta de tales estudios «con que arreglar nuestras poesías»[105], ha hecho posible su corrupción en el siglo anterior y su total ruina en el presente.

Esto último nos conduce al segundo enunciado: Luzán escribe su *Poética* con el fin de restaurar la poesía en su país y enfrenar los desmanes del barroco; para ello acude al solo remedio posible: a la teoría aristotélica, universal por su validez y única eficaz por contener la disciplina del orden.

Lázaro Carreter, en el artículo aludido, expone, sobre el conjunto del problema, la interpretación que consideramos más lúcida y que puede dejar resuelto el odioso debate del supuesto extranjerismo. Ni italiana ni francesa, dice de la *Poética* el comentarista, pero tampoco una ecléctica

---

104 «Análisis estadístico...», cit., pág. 90. Cfr., Ricardo del Arco, «La estética poética de Ignacio de Luzán y los poetas líricos castellanos», en *Revista de Ideas Estéticas*, VI, 1948, págs. 27-57.

105 Ed. cit., I, pág. 31.

compilación a medio camino de las dos. Lo que Luzán hizo —explica Lázaro Carreter— fue seguir el mismo camino que habían andado los preceptistas galos cuando se propusieron acabar con el fermento anárquico introducido por Ronsard y los poetas de la Pléiade; lo que escribió Luzán fue una *Poética como la habían hecho los franceses;* su *Poética* es francesa e italiana a la vez, pero es italiana en la misma medida en que son italianas las poéticas francesas: «Prácticamente, la masa total de reglas y preceptos que constituyen el glorioso yugo de esta literatura, han sido importados de Italia. Pero la obra de los italianos era sobre todo erudita; tenía el indigesto aspecto medieval de los comentarios a Aristóteles y de los comentarios de comentarios. Los franceses peinaron este abigarrado amasijo, lo clasificaron, lo coordinaron y, sobre todo, lo refirieron a la poesía que debía sufrirlo. Frente a las controversias de los preceptistas de Italia, los de Francia muestran una coincidencia mayor, sobre todo a partir de 1660; sólo una disidencia, si bien gloriosa: la de Corneille. Los franceses no inventaron una sola regla; pero hicieron todas claras. En este sentido podemos concluir que el clasicismo francés es la última consecuencia ideológica del Renacimiento italiano»[106]. Luzán actúa, pues, sigue diciendo Lázaro Carreter, conducido por los mismos móviles que un Chapelain o un D'Aubignac, porque la corrupción no había sido exclusiva de los españoles, «y adopta contra el mal la terapéutica que tan evidentes resultados ha dado en Francia. Como sus colegas ultramontanos, Luzán hará pasar ante sus ojos lo mejor de la preceptiva italiana y extraerá unas reglas —el subrayado es nuestro— *válidas para la concreta realidad de nuestra Literatura.* Ideas falsas, pues, las de que Luzán hizo una *Poética* francesa, italiana, o a mitad de camino entre ambas. *Lo que Luzán hizo fue una 'Poética' como los franceses.* No se limitó a trasegar un vino elaborado, sino que las mismas uvas las hizo fermentar aquí, y a la española. Quiere esto decir que no copió una poética francesa dada, sino que recorrió el mismo camino que los preceptistas galos. Y ello le obligó a disentir con alguna frecuencia de ellos, bien desde presupuestos personales, bien tomando apoyo en la tradición poética de su patria»[107].

Resta añadir, contra la supuesta extranjería de Luzán, un argumento más, aducido por Sebold, que nos es particularmente grato y que utilizamos por nuestra cuenta en otros varios lugares de este libro. En la comunidad de Occidente la literatura ha sido siempre, desde sus mismos orígenes, internacional a la par que nacional, y nada más nocivo para las letras de cualquier país que el aislamiento y el provincianismo; el flujo y reflujo de influencias ha sido el hecho más constante de las literaturas

---

[106] «Ignacio Luzán y el Neoclasicismo», cit., págs. 56-57.
[107] Idem, íd., págs. 57-58.

europeas. Es muy curioso, pues, que quienes consideran «interesante e incluso deseable» el influjo francés a lo largo de todo el Medioevo español, admirable la introducción del italianismo durante el Renacimiento, perfectamente legítima la irrupción romántica desde todos los frentes europeos, altamente beneficiosa la múltiple influencia exterior sobre los hombres del 98, se indignen tan sólo cuando se trata de abrir ventanas durante el siglo de la Ilustración, precisamente cuando el fenómeno era más universal que nunca y era además, para España, una necesidad vital después de más de una centuria de aislamiento. «En el siglo XVIII, dice Sebold, —período que experimentó con lenguas internacionales, que vio convertirse en comunes las revistas de circulación internacional, que estudió el derecho y las instituciones políticas con criterios comparatistas, que forjó los ideales del humanitarismo, de la hermandad de todos los hombres y de 'Los derechos del hombre', etc.—, casi todo escritor de auténtica valía fue cosmopolita» [108].

VALOR Y SENTIDO DE LAS REGLAS

El resumen de la *Poética* que hemos trazado en las páginas precedentes, puede bastar para persuadirnos de la minuciosidad con que Luzán regula todos los aspectos imaginables de los géneros literarios que examina; condición que, por lo demás, es común a todas las preceptivas antiguas. Rigor tan detallista puede dar la impresión de una agobiante carga, capaz de obstaculizar toda novedad creadora. Se comprende bien que cuando soplaron vientos de mayor libertad, la *Poética* de Luzán y todas sus congéneres fueran archivadas como instrumentos de siglos pretéritos, y que ningún escritor de hoy acuda a ellos en busca de consejos.

No obstante, si se examina con detención, se advertirá enseguida que una grandísima parte de las nociones examinadas, reglamentadas y codificadas en la *Poética* —y en todas las poéticas— pertenecen al más elemental sentido común, y si en los días de Aristóteles era deseable precisar y definir lo que venía siendo práctica espontánea de los escritores y dar nombres y clasificación a sus productos, en los días de Luzán casi todo el contenido del código poético formaba ya parte de una circulación normal que no precisaba explicaciones.

Esto aclara perfectamente las palabras de Pellissier citadas más arriba: en Luzán el preceptista no anula al crítico, es decir: después de acumular preceptos, que en su gran mayoría son indiscutibles por ser de razón común, es sólo el crítico, dotado de tacto y gusto personales, quien decide el más y el menos de cada caso concreto y matiza en la práctica lo que

---

[108] «Análisis estadístico...», cit., pág. 97.

en la ley escrita semejaba norma inflexible; porque fuera de las ciencias exactas no hay cantidades precisas, y todo límite tiene la imprevisible elasticidad que caracteriza a todo lo humano.

¿Cuál era, pues, la eficacia y la aportación real de la *Poética* en los días en que fue escrita? Russell P. Sebold, movido por el noble deseo de reivindicar el siglo XVIII —que nosotros, debemos repetirlo, compartimos como pueda hacerlo el más entusiasta—, antepone a su mencionado libro, *El rapto de la mente*, como definición de los principios que orientan los trabajos allí reunidos, una introducción titulada «Sobre la actualidad de las reglas» [109]. Pero, nuevamente, la pasión proselitista juega una mala pasada al bienintencionado investigador. Sebold, aduciendo una serie de textos desde Feijoo hasta Juan Ramón Jiménez, pasando por Bécquer, Edgar Allan Poe, Baudelaire, Lorca y otros muchos, hace patente que es necesario enfrenar la inspiración, meter en cintura lo espontáneo, aguzar la técnica, volver una y cien veces sobre lo escrito para pulir y perfeccionar cada pieza de la obra. Así es, en efecto; ni siquiera los más desaforados románticos pensaron que no fuera preciso corregir —¿acaso no se trata de la más rudimentaria experiencia de todo escritor?—, porque cuando dijeron públicamente lo contrario, deseaban tan sólo jactarse de su presunto numen y facilidad. Pero —nos preguntamos con el mayor asombro—, ¿qué tiene que ver todo esto con las reglas clásicas? ¿No fue precisamente Lope, el mayor enemigo de toda coacción, quien dijo: *ríete de poeta que no borra*? El escritor piensa, medita, se estruja el seso, se afana en busca de la palabra más eficaz para sus fines, lo mismo si pretende seguir como un cordero las reglas de Aristóteles que si quiere encontrar la más extraña metáfora al margen de toda codificación o ejemplo precedente; mucho más, sin duda posible, cuanto más audaz y revolucionaria pretenda que sea su invención. Góngora, como tenemos ya sabido, era la oveja negra de toda la hostilidad antibarroca de Luzán; pues bien: todos los gongoristas han puesto de relieve la férrea estructura, la severa construcción arquitectónica, la estudiada y muy consciente disposición que ordena y rige cada una de sus composiciones, desde los sonetos hasta sus grandes poemas. ¿Acaso Góngora era oscuro porque no disciplinaba su inspiración y no corregía sus versos, o justamente por todo lo contrario? Exactamente lo mismo, sin necesidad de detenernos en ello, puede decirse de Quevedo, que comparte con Góngora la audacia de sus metáforas y la más trabajada y exigente arquitectura.

Para ejemplificar lo que califica Luzán de extravagancias gongorinas aduce, según ya sabemos, el soneto que dedicó a la *Historia pontifical* del Doctor Babia. Luzán se irrita porque Góngora llama a los papas *claveros celestiales*, *bronces* a los escritos de la Historia y *llave de los tiempos* a

---

[109] Págs. 9-26.

la pluma [110]. Sería ridículo pensar que estas metáforas, consideradas por Luzán oscuras y extravagantes, se le ocurrieran a Góngora sin hacer trabajar su magín y las encajara tan perfectamente, una vez halladas, sin llamar en su auxilio a su disciplinada habilidad técnica.

Repitámoslo: ningún poeta ni crítico de nuestros días negará la necesidad, universalmente aceptada, de someter a estudio y trabajo la inspiración, pero jamás en nombre de las reglas, sino por la simple razón perogrullesca de que la poesía es un quehacer difícil, y lo que no se hace bien, suele salir mal (sin negar tampoco que a veces la sola inspiración acierta de lleno en la diana). ¿Podemos imaginar a Lorca trabajando febrilmente sus prodigiosas metáforas para ajustarse a las reglas de Aristóteles? Pues bien: Sebold aduce a Lorca y su apelación a la técnica y el esfuerzo [111], para probar la vigencia actual de las reglas clásicas.

Cierto es que Luzán se descarría a veces —haciendo descarriarse a Sebold— cuando se opone a la oscuridad de Góngora *en nombre de las reglas*. Luzán está diciendo que las metáforas poéticas deben ser —he aquí la regla— proporcionadas, juiciosas y claras, y las de Góngora no se lo parecen. Pero, ¿dónde existe el barómetro que precise el grado de proporción y claridad de una metáfora? Los *diaristas* que comentaron la *Poética* de Luzán, se enfrentaron ya con él porque ellos encontraban dichas metáforas legítimas y claras. El problema, como se ve, no era de reglas, sino de dos cosas muy distintas: de estimativa, y del concepto que se tuviera sobre lo poético. Lo primero, según venimos repitiendo, era cuestión de gusto personal, y por lo tanto rebelde a toda codificación y medida exacta y rigurosa. Lo segundo era aún más arduo: se trataba, nada menos, de decidir en qué consiste el hecho poético. Como el tema ha sido tratado una y otra vez a lo largo de toda esta historia literaria, basta con resumirlo ahora apretadamente. Con la lírica italianista se inicia el convencimiento, que sigue un proceso ascendente desde Garcilaso a Góngora, de que la poesía ha de poseer un lenguaje especial, que no es mero adorno o vestidura, sino su propia esencia; una metáfora es tanto más justa y bella cuanto más distantes estén los objetos que enlaza; y el placer de la lectura poética consiste precisamente en recorrer de un salto esta distancia, propuesta por la imaginación creadora del escritor. El siglo XVIII, por el contrario, siglo renovador, científico, pedagogo, reformador, por mil razones todas ellas igualmente legítimas y admirables, no *creía* en la poesía como un valor autónomo, sino tan sólo, según había dicho siglos atrás el marqués de Santillana, como una *fermosa cobertura* de cosas útiles. Lo que importaba, por encima de todo, era *la cosa útil*, y, en consecuencia, la *cobertura* no debía ser tan *fermosa* que oscurecie-

---

[110] Ed. cit., I, pág. 181.
[111] «Sobre la actualidad de las reglas», cit., pág. 12.

ra o dificultara la pretendida utilidad. En suma: se trataba de dos conceptos de lo poético radicalmente enfrentados, entre los cuales había que tomar partido. Las necesidades del siglo y el hecho incuestionable de que la *poesía poética* hubiese llegado a sus últimas posibilidades —*poesía límite*, la de Góngora— por el camino, único conocido hasta entonces, de la tradición renacentista, justificaban y hacían de todo punto necesaria la severa abstinencia clásica después de la orgía barroca. Para enfrenarla y volver a tensar los muelles exageradamente distendidos, codificó Luzán las reglas y llamó al orden en su nombre. Pero la pretensión equivaldría al hecho de negar la opulencia de una dama en nombre de las fajas de goma. Las reglas por su mismo carácter abstracto precisamente, por lo que tenían, cuando eran legítimas, de vulgar codificación, y, sobre todo, porque legislaban dentro de un concepto poético determinado pero negaban dogmáticamente el opuesto, ni entonces servían para nada ni sirven ahora.

Y, sin embargo, el papel de Luzán fue primordialísimo, no por las reglas que aducía y en las cuales justificaba sus opiniones, llevado de un espejismo bien pueril, sino por esas mismas *opiniones*, que desliza constantemente entre el aburrido tinglado de las reglas y las citas innumerables de las quinientas autoridades que llama en su socorro. Estas opiniones, que hubiera podido extraer de su libro y agruparlas en un ensayo de cien páginas, son las que definen en su tiempo los nuevos conceptos de la poesía y el teatro, la nueva sensibilidad artística, la nueva valoración de la literatura. Estas *opiniones* las aceptaron unos y las rechazaron los demás, pero a unos y a otros les sirvieron tanto las reglas como sirven las matemáticas para determinar la buena calidad de un flan. Por esto pedimos una y otra vez, y pediremos insistentemente después en el capítulo sobre el teatro, que se interprete la *Poética* no según la letra sino de acuerdo con su espíritu, no por la ley que aduce, sino por el sentido común con que la aplica y el gusto, las más veces certero, de su personal interpretación.

EL INFLUJO DE LUZÁN

Estos últimos comentarios nos llevan de la mano insensiblemente a preguntarnos cuál fue en su siglo el influjo real de la *Poética* del aragonés. Acabamos de sostener que Luzán fue el definidor en nuestro país de los nuevos conceptos literarios que habían de informar lo que de forma global denominamos literatura neoclásica. La afirmación, sin embargo, debe ser completada, y más todavía cuando en el artículo mencionado cuyo contenido estimamos básicamente certero en su interpretación de la

Poética, nos dice Lázaro Carreter que «Luzán no fue un neoclásico» [112]. Semejante afirmación, que expuesta así, en forma rotunda, nos parece del todo inaceptable, es, sin embargo, el resultado de un conjunto de razones, cuyo examen puede conducirnos a precisar cuál fue la autoridad y peso de la *Poética* luzanesca.

Lázaro Carreter aduce primeramente el testimonio del hijo de Luzán, editor de la *Poética* de Madrid, según el cual la obra de su padre era entonces muy conocida [113]; Menéndez y Pelayo asegura también que el libro de Luzán «gozó autoridad de código por más de una centuria» [114], opinión repetida por casi todos los comentaristas, entre ellos Pellissier [115], para quien el movimiento neoclásico fue la lenta pero segura difusión de los principios contenidos en la *Poética* de Luzán. Lázaro Carreter opone a estos juicios la afirmación de Quintana —«testigo más imparcial que el canónigo Juan Ignacio, y más próximo a los hechos que Menéndez Pelayo»—, para el cual el influjo de la *Poética* fue «más bien nulo» [116].

La disidencia de Quintana, cualquiera que sea la autoridad que quiera concedérsele en este caso —Lázaro Carreter parece que se la otorga bastante crecida—, no nos parece suficiente para contradecir los otros muchos testimonios de escritores del siglo XVIII, que acudieron a la autoridad de Luzán para apoyar sus propias opiniones. No hemos llevado a cabo este recuento erudito, ni podemos intentarlo ahora, pero estamos persuadidos de que no fue solamente el hijo del autor quien adujo en su siglo la vigencia de la *Poética.* Permítasenos —siquiera como índice de una posible investigación y a título de muestra— una mención apresurada de los primeros autores que se nos vienen a la mente, y de algunos principios básicos propuestos por Luzán y tenazmente defendidos por los neoclásicos a lo largo de todo el siglo.

En el *Prólogo sobre las Comedias de España,* antepuesto a su edición de las comedias y entremeses de Cervantes, Nasarre repite sustancialmente las ideas de Luzán, haciendo suyo su concepto de la comedia, insistiendo particularmente en la *ilusión de realidad* que ésta debe producir, y aprobando específicamente las *comedias de figurón* por su carácter esencialmente cómico, según la teoría expuesta en la *Poética.*

En sus dos *Discursos* sobre la tragedia, publicados quince años después de la *Poética,* Montiano se apropia la casi totalidad de las ideas de Luzán sobre la materia, y discute por extenso las sugerencias del arago-

---

112 «Ignacio Luzán y el Neoclasicismo», cit., pág. 70.
113 En Valmar, cit., pág. 95.
114 *Historia de las ideas estéticas...,* cit., pág. 215.
115 *The Neo-Classic Movement in Spain...,* cit., pág. 44.
116 «Sobre la poesía castellana del siglo XVIII», en *Manuel José Quintana. Obras completas,* B. A. E., XIX, nueva ed., Madrid, 1946, pág. 147.

nés sobre los problemas de escenificación, incluso en lo concerniente al escenario múltiple.

En la parte que dedica a la comedia en sus *Orígenes de la poesía castellana*, Velázquez se limita a repetir lo dicho por Luzán y los otros dos comentaristas citados, dando su aprobación por entero.

Clavijo y Fajardo, en su *Pensador*, entre las innumerables ideas de Luzán que desarrolla e intensifica, insiste especialmente en la condena del *gracioso* por su comicidad inesencial, según el concepto expuesto por Luzán, y acepta en particular dos sugerencias de éste, repetidas luego durante todo el siglo: la conveniencia de rehacer comedias barrocas de acuerdo con las reglas, y la necesidad de una censura literaria que prohibiese las obras no ajustadas a los cánones de la razón.

Nipho rechaza, con Luzán, el predominio en las comedias españolas de la intriga amorosa.

En su prólogo a *La Petimetra*, Nicolás Fernández de Moratín repite la doctrina de Luzán sobre las unidades, defiende como él la finalidad moral del teatro, y lo cita expresamente, aduciendo su autoridad, para demostrar la base racional de las reglas clásicas.

Tomás de Iriarte condena también, con Luzán, el carácter accidental de las intervenciones del *gracioso*.

Sebastián y Latre, que emprende la tarea de rehacer comedias barrocas para ajustarlas a las reglas, aduce a este respecto la sugerencia de Luzán, al que estudia con detención y del que reproduce muchas ideas, sobre todo en lo relativo a la ilusión dramática.

Sempere y Guarinos, en su traducción libre de Muratori, titulada *Reflexiones sobre el buen gusto en las ciencias y en las artes*, publicada en 1782, hace historia de la crítica de su siglo, a partir de Luzán, y pondera su saludable influjo —importa poco que no fuera cierto— en la restauración del buen teatro.

El *Memorial literario*, publicado a partir de 1784, en su campaña en defensa del teatro neoclásico, repite en sus artículos todo el conjunto de ideas de la *Poética*, citando a su autor en diversas ocasiones; en varias críticas sobre autores contemporáneos se repiten, citándolo, las ideas de Luzán sobre el acierto de las *comedias de figurón* por el carácter esencial de su comicidad.

El mismo año en que apareció la segunda edición de la *Poética*, el *Diario de Madrid* publicó una larga serie de artículos, que vulgarizaron esencialmente las ideas sobre el teatro expuestas por Luzán, tratando aspectos concretísimos y muy característicos de sus teorías.

En el prólogo que antepone a su traducción de la tragedia de Voltaire, *La muerte de César*, Luis de Urquijo repite las mismas objeciones de Luzán sobre los dramaturgos del XVII, y propone, entre sus planes para la reforma del teatro, las repetidas ideas luzanescas sobre las refundiciones y la censura literaria.

Jovellanos, como repetiremos más abajo, en su *Memoria sobre espectáculos* aduce la autoridad de Luzán para condenar el teatro español de su tiempo y proponer su reforma.

Las referencias a Luzán podrían seguirse hasta llegar, bien entrado el siglo XIX, a la *Poética* de Martínez de la Rosa. Quizá sea innecesario puntualizar que la definición de la comedia dada por Moratín es idéntica a la de Luzán, y que todas las comedias moratinianas están basadas en sus teorías sobre la verosimilitud, propiedad, unidades, ilusión dramática, acción sencilla, escaso número de personajes, etc., etc.; conceptos que ya ni siquiera, al llegar a los días de don Leandro, podrían atribuirse a padre conocido, puesto que, desde la aparición de la *Poética*, habían ido convirtiéndose en ideas mostrencas, que todos los neoclásicos repetían, con más o menos gracia, sin modificar o añadir apenas más que leves detalles [117].

Quizá, sin embargo, falte añadir todavía uno de los más importantes influjos ejercidos por la *Poética* de Luzán: es el *Fray Gerundio de Campazas*, del padre Isla, publicado veintiún años después, y que casi no puede concebirse sin ella [118]. En realidad, no es más que el ataque novelado a uno de los géneros no estudiados por Luzán, pero cuyos excesos estaban virtualmente denunciados por toda la argumentación expuesta en la *Poética* de cabo a rabo. La tremenda andanada de Isla contra la corrupción a que había llegado la oratoria sagrada del barroco, resultaba sólo posible después que Luzán había despejado el campo para una literatura

---

[117] Para probar lo que decimos puede servir de ejemplo el texto, mucho más moderno todavía, publicado por Pierre Guénoun, «Un inédit de José Amador de los Ríos sur Leandro Fernández de Moratín», en *Mélanges à la mémoire de Jean Sarrailh*, I, París, 1966, págs. 397-412; el texto en cuestión es la memoria presentada por Amador de los Ríos para obtener en la Universidad de Madrid su título de Licenciado: un título —téngase bien presente— que obtenía no de muchacho, sino cuando ya pertenecía a la Academia de la Historia y había sido nombrado profesor titular de la Facultad de Filosofía sin poseer oficialmente títulos académicos. Amador de los Ríos, notable autodidacta, para cumplir los requisitos vigentes, leyó «ante sus pares» el referido trabajo, titulado *Juicio Crítico de D. Leandro Fernández Moratín como autor cómico comparado con el célebre Molliere*. En esta memoria, defendida el 26 de septiembre de 1848, cuando el teatro de Moratín podía considerarse barrido de la escena por las nuevas corrientes literarias, Amador de los Ríos explica «el gran servicio que Moratín había rendido a nuestra literatura», y detalla los rasgos que distinguen a sus comedias, encareciéndolos como ajustados a los preceptos clásicos, para lo cual —he aquí el hecho que nos importa— repite exactamente, punto por punto, aunque nunca le nombre, toda la teoría de Luzán sobre la comedia, hasta el extremo de que no creemos posible que escribiera estas páginas sin tener ante los ojos la *Poética;* a menos que se la supiera de memoria.

[118] «Las normas estilísticas antibarrocas de Isla son iguales a las de Luzán, cuya *Poética* conocía muy bien», escribe Russell P. Sebold en su excelente prólogo al *Fray Gerundio*, ed. «Clásicos Castellanos», vol. I, Madrid, 1960, pág. LVIII.

razonable, inteligente, clara, eficaz, condiciones de que ningún género estaba tan necesitado como la oratoria. Las citas de Luzán demuestran que el padre Isla lo había tenido muy presente; en el *Prólogo con morrión*, «declaración de principios» del autor, Isla cita concretamente a Luzán, llamando «insigne» a su *Poética*, y repite como ejemplos de absurdos e inverosimilitudes, exactamente los mismos que había aducido Luzán en el capítulo 15 de su Libro III, para referirlos al teatro.

Convengamos, pues, en que las afirmaciones de Quintana y de Lázaro Carreter son, por lo menos, arriesgadas.

De todos modos, repetimos, nos interesan mucho los argumentos de Lázaro Carreter, que vamos ahora a considerar. Según dicho comentarista, existió una evidente antipatía espiritual entre los hombres que vivieron la Guerra de Sucesión y los que alcanzaron la Revolución Francesa: «Lo cual significa —dice— que el espíritu neoclásico no se explica como una mera continuación del que anima a estos primeros reformadores del XVIII, sin atenuaciones»[119]. Los principales movimientos culturales de la primera mitad del siglo XVIII —sigue diciéndonos— no rompieron abiertamente con el barroco; así, por ejemplo, el *Diccionario de Autoridades* publicado en 1726, Feijoo, el padre Isla, Mayáns, el propio Luzán, combaten más bien los *detritus* del postbarroco o del ultrabarroco, apoyándose en las mismas bases que adoptó el clasicismo francés para combatir la «corrupción» de las letras. En el caso de Luzán ya sabemos que no está tan claro que sólo le preocupen los *detritus*, dado que manifiesta su hostilidad contra Góngora, la máxima cima de la lírica barroca; pero pueden aceptarse —no sin alguna buena voluntad—, como propone Lázaro Carreter, en apoyo de la aceptación luzanesca del barroco, los leves elogios —ya sabemos que son muy leves— a los grandes dramaturgos de aquella época. El comentarista puntualiza las diferencias existentes entre Luzán y los preceptistas galos, diferencias señaladas por muchos, y que nos han permitido sostener la independencia de Luzán y su relativa originalidad.

Al llegar a este punto expone Lázaro Carreter el hecho decisivo de que los tratadistas españoles, que aparecieron después de Luzán, actuaron de muy distinta forma: «Se limitaron a adoptar las reglas tal como habían sido elaboradas por los franceses, concretamente, por el máximo legislador del gusto galo Nicolas Boileau. No habría que esperar mucho para que esto ocurriese: un contemporáneo de Luzán, el mordaz «Jorge Pitillas», componía su famosa *Sátira contra los malos escritores* plagiando a Boileau»[120]. Semejante interpretación —añade— nos permite comprobar que Luzán no influyó, en efecto, en la poesía española del setecientos y que tenía

---

[119] «Ignacio Luzán y el Neoclasicismo», cit., pág. 53.
[120] Idem, íd., pág. 63.

razón Quintana; los jóvenes que le sucedieron, prefirieron tomar las fórmulas ultramarinas, porque Boileau decía tanto como Luzán y con más claridad; es muy probable —escribe Lázaro— que si Luzán no hubiera existido, el fenómeno neoclásico se hubiera producido de la misma manera: Moratín, Cadalso, Iriarte, Meléndez, no precisaban de él; había un ambiente declaradamente antibarroco y Francia tenía la receta.

Lázaro señala algunos puntos concretos, que patentizan esta disidencia entre Luzán y los neoclásicos más jóvenes: uno, por ejemplo, es el problema de lo «maravilloso», que acepta Luzán en cierto grado, pero que rechazan los franceses; otro, es su preferencia por lo «maravilloso cristiano», negado por Boileau, a quien siguen en esto los neoclásicos españoles, sobradamente racionalistas para interesarse en tales asuntos; otro, es la conveniencia, defendida por Luzán, de que la tragedia se inspire en la historia nacional, en contra del parecer de los más importantes teóricos franceses, partidarios de remitir a Grecia y Roma los problemas trágicos; otro, es la admiración por los antiguos, a quienes Luzán concede gran ventaja sobre los modernos, mientras que Jovellanos, por ejemplo, rechaza la ciega idolatría por la Antigüedad; otro, es el juicio sobre la poesía misma, a la que Luzán coloca a la par de la filosofía moral, estimándola vehículo adecuado para convertirse en maestra de los pueblos, mientras que, a criterio de los más —oigamos a Jovellanos de nuevo—, «la poesía es poco digna de un hombre serio» [121], y es la prosa el nuevo instrumento al que se confía la importante tarea de la persuasión. Escépticos, deístas, llenos frecuentemente de lubricidad y volterianismo, poco entusiastas de la antigua España con su religión y sus glorias, los jóvenes neoclásicos —resume Lázaro Carreter— no podían hallar nexo alguno que los ligase al preceptista de la primera hora. De todo lo cual extrae Lázaro la consecuencia que ya conocemos: Luzán no fue un neoclásico; y explica: «Es el único representante, si nuestra opinión es cierta, de un espíritu, el espíritu clásico que pudo ser y no fue en nuestra Patria» [122].

Estos puntos de discrepancia, señalados por Lázaro, cada uno por separado, pueden ser ciertos; el comentarista cuida además de advertirnos que no son cuestiones de matiz, sino que afectaban «a sus más hondas y radicales esencias humanas». A pesar de lo cual, nos parecen del todo inaceptables las deducciones de su argumentación. Todo su fallo consiste en que Lázaro Carreter magnifica hiperbólicamente cada uno de los aspectos que aduce y dilata sus consecuencias hasta proyectarlas sobre un conjunto de hechos a los que no afectan para nada.

Que a lo largo de todo un siglo se produjeran discrepancias, incluso graves, entre los seguidores de una misma dirección cultural, nada tiene

---

[121] Véase luego, en el capítulo dedicado a Jovellanos, págs. 821-822.
[122] «Luzán y el Neoclasicismo», cit., pág. 70.

de extraño; lo asombroso sería la persistencia del acuerdo y la uniformidad; acostumbrados a contemplar los siglos y épocas lejanas como bloques monolíticos, nos sentimos tentados a pensar en el siglo XVIII como en una entidad compacta; pero nada más inexacto.

El proceso del siglo XVIII se produce en un sentido de creciente intensificación. Los primeros neoclásicos proceden todavía muy moderadamente; gravita sobre ellos el peso de un siglo literariamente glorioso, las tradiciones nacionales, la resistencia a todo lo que les parece extraño a su espíritu después de un siglo de casi autarquía cultural. De aquí precisamente la autoridad que todavía concede la Academia a los grandes escritores barrocos, y la prudencia con que actúa Luzán, pidiendo perdón y dando explicaciones, cuando tiene que censurarlos. La Ilustración y el neoclasicismo, como corrientes ideológicas y literarias, arraigan en nuestro país con la lentitud y dificultades que ya conocemos; lo que distingue —por esta razón, precisamente— a nuestro siglo XVIII, es lo tardío de sus frutos, que apenas tienen tiempo de madurar; los que podemos calificar de grandes ilustrados y neoclásicos aparecen ya en las postrimerías del siglo, y algunos géneros —tal el teatro, por ejemplo— florecen rebasados ya sus estrictos límites cronológicos. Lo lógico, pues, lo estrictamente histórico en este caso, es que el arraigo, la acentuación o radicalización, si se quiere, de las corrientes neoclásicas, se produzca con el paso de los años, y que la última generación aporte aspectos nuevos, que las avanzadas del siglo no se atrevieron a proponer. Semejante hecho no niega la realidad de que toda esta evolución se produzca dentro de las directrices sembradas al comienzo. Luzán, en su *Poética*, afirmó los cimientos de una literatura basada en razón, defensora a ultranza de la claridad y de la eficacia, negadora del «misterio» poético; y toda la literatura del siglo —entendemos la que le define y caracteriza— camina inequívocamente en este sentido y lucha por la realización de este ideal, lo mismo en la lírica que en el teatro o en la prosa.

Los puntos concretos aducidos por Lázaro Carreter, por muy sustanciales que se les suponga —y vamos a ver si lo son—, no afectan la raíz del hecho fundamental que hemos señalado. Nada, por ejemplo, supone que los últimos neoclásicos rechazaran, más o menos, lo maravilloso, que Luzán admite todavía como herencia de la pasada edad y que era una inconsecuencia en su sistema; nada tiene de extraño que lo «maravilloso cristiano» sea rechazado por unos escritores inspirados en el racionalismo de su siglo, de ese racionalismo que precisamente Luzán había traído al campo de la literatura. Luzán reverencia todavía el magisterio de los antiguos; estos antiguos, justamente, le habían enseñado la preeminencia de la razón que él enseña a su siglo. Pero luego, con arrolladora lógica histórica, los ilustrados del XVIII pensaron que aquel instrumento racionalista tenía que ser manejado desde bases nuevas, que pudieran hacerlo realmente eficaz. Jovellanos rechaza, en efecto, la idolatría de los antiguos, en cuanto éstos supongan una rémora para el progreso [123], mas cuando ataca al teatro lo hace en nombre de las reglas clásicas, y cuando escribe versos los adereza todavía con citas mitológicas y cuida primorosamente el peinado de sus estrofas sáficas. El propio Jovellanos dudaba de la dignidad y utilidad de la poesía, pero la cultivó toda su vida con devoción y rubor de enamorado; y si prefiere la prosa como vehículo más apto de sus ideas —no siempre, tampoco; sus sátiras, lo mejor de su obra estrictamente literaria, son versos— es justamente por seguir el espíritu de Luzán, que pretendía adensar con enseñanzas todos los géneros literarios. Es este mismo espíritu de Luzán el que le impulsa a aconsejar a los poetas de Salamanca que escriban poemas filosóficos.

Lázaro Carreter aduce la lubricidad de algunos poetas —y cita *Los besos de amor* de Meléndez y los procaces *Cuentos* de Samaniego— y la ausencia de patriotismo en algunos escritores. Pero lo primero es ocasional y no define a sus autores en modo alguno; en todo caso, si esa lubricidad puede servir para distinguirlos de Luzán —tampoco tenían por qué ser todos tan castos como su maestro— ¿no sirven las poesías filosóficas del primero y las *Fábulas* del segundo para proclamarlos fanáticos discípulos de su manía pedagógica? En cuanto a la ausencia de patriotismo es atribución insostenible. Recordemos, sin más, el discutido «nacionalismo» de Luzán; no vamos a insistir ahora en la querella sobre el patriotismo de los ilustrados, tantas veces tratada en las páginas de este

---

[123] Adviértase la sutil habilidad con que Lázaro Carreter dispone su capciosa argumentación. Reproduce las palabras de Jovellanos en un discurso pronunciado en el Instituto de Gijón: «¿Hasta cuándo ha de durar esta veneración, esta ciega idolatría, por decirlo así, que profesamos a la antigüedad? ¿Por qué no habemos de sacudir alguna vez esta rancia preocupación, a que tan neciamente esclavizamos nuestra razón y sacrificamos la flor de nuestra vida?» (ed. Cándido Nocedal, B. A. E., XLVI, nueva ed., Madrid, 1951, pág. 331). Pero lo que Jovellanos propone rechazar —dirigiéndose a aquellos jóvenes del Instituto, que iban a prepararse para actividades eminentemente prácticas— es el estudio de disciplinas que nada importan para dicho objeto, y sobre todo la pérdida de tiempo que supone el aprendizaje del griego y del latín, obligatorio entonces, según declara expresamente líneas más arriba; los antiguos —dice— pueden ser conocidos en versiones modernas, y por eso recomienda en forma inequívoca: «Estudiad las lenguas vivas, estudiad sobre todo la nuestra» (ídem, íd., pág. 332), que son indispensables para apropiarse el mundo de la nueva cultura. Lázaro Carreter cita las palabras de Luzán: «En la ejecución y en uso de los preceptos poéticos, nos llevan los antiguos gran ventaja», y las enfrenta con las reproducidas de Jovellanos, que, como se ve, se refieren a aspectos muy distintos. Precisamente, en el discurso mencionado, Jovellanos se extiende en alabanzas a numerosos escritores de la Antigüedad, proponiéndolos como modelos, porque ellos crearon imitando directamente a la naturaleza y nosotros —dice— nos limitamos a copiar. Adviértase bien, además, que, en materia literaria, Jovellanos acepta en su integridad el magisterio de los antiguos, directamente o a través de sus comentaristas. En su *Memoria sobre espectáculos*, ataca duramente el teatro de su tiempo y el del barroco, y en apoyo de sus palabras cita *concretamente* a Luzán y a otros varios preceptistas que le habían seguido (véase en edición y volumen cit., pág. 491).

libro; desear la mejora, o el cambio, de las cosas de su país fue llamado antipatriotismo por quienes no deseaban cambiar nada, pero la Historia ya ha denunciado suficientemente esta hipocresía. Lázaro Carreter incluye en la lista, entre otros, a Cadalso y a Quintana. Pero Cadalso sufrió dolorosamente del más atormentado patriotismo; y Quintana no «maldice» de las glorias de España, sino de ciertas «glorias» que no se lo parecían: ¿hubo alguien, acaso, más patriota que Quintana?

Finalmente, es muy posible que, según dice Lázaro Carreter, el neoclasicismo de Moratín, Cadalso, Iriarte y Meléndez se hubiera producido lo mismo sin la *Poética* de Luzán, porque el espíritu antibarroco estaba en el aire. Pero esto no invalida el hecho de que Luzán se anticipara con mucho a definirlo y codificarlo, y no como quiera, mediante alguna declaración ocasional, sino con la más compacta y sistemática ordenación que conocen las letras españolas.

Todavía merece la pena puntualizar un capital aspecto del influjo de Luzán en los neoclásicos posteriores. Hemos visto que Lázaro Carreter aduce como ejemplo de discrepancia con los preceptistas franceses —y, consecuentemente, según su teoría, con los neoclásicos españoles— la conveniencia, defendida por Luzán, de que la tragedia se inspire no en temas clásicos sino en la historia nacional. Pues bien: la casi totalidad de las tragedias originales españolas, escritas durante el siglo XVIII, y por descontado las más importantes y representativas, tuvieron por tema asuntos españoles [124]; y aunque en la técnica siguieron con frecuencia normas francesas, que eran casi las mismas, por lo demás, que se habían codificado en la *Poética*, en los temas, en las ideas y en el espíritu hicieron suya la teoría de Luzán.

En resumen: Luzán sí fue un neoclásico; fue el patriarca y definidor de un clasicismo, que él no inventó, naturalmente, pero que estructuró y propuso como norma para la literatura de su país. Las discrepancias de sus seguidores —producidas en un lapso de muchas décadas— son las diferencias naturales entre personalidades diversas y momentos históricos distintos y las inevitables rectificaciones y ampliaciones de todo sistema. Y las exageraciones también. Las nuevas generaciones neoclásicas dejaron atrás a Luzán en muchos puntos, porque «afrancesaron» más sus doctrinas y buscaron soluciones más radicales, que las que él había propuesto, pero en su misma línea. Ya hemos dicho, a propósito de la posible intervención de Llaguno en la segunda edición de la *Poética*, que a finales de siglo estaba el ambiente mucho más maduro para recibir con menor protesta afirmaciones que cincuenta años antes resultaban escandalosas. Los

---

[124] Cfr.: Daniel-Henri Pageaux, «Le thème de la résistance asturienne dans la tragédie néo-classique espagnole», en *Mélanges à la mémoire de Jean Sarrailh*, II, París, 1966, págs. 235-242. Aunque Pageaux estudia en concreto este grupo de obras, hace importantes consideraciones sobre todo el problema a que aludimos.

neoclásicos, como Quintana, que apenas estimaban a Luzán, reaccionaban así porque, para ellos, Luzán se había quedado corto o resultaba ya anticuado en muchos detalles a más de medio siglo de distancia y cuando flameaban ya en el horizonte nuevos problemas. Pero no lo estaba en 1737 cuando sembró en su *Poética* las ideas literarias que iban a ser las de su siglo.

Lo que quizá debe ser concedido es que en los últimos años del XVIII, los neoclásicos ya no precisaban volver a las páginas de Luzán, porque las doctrinas de éste formaban parte del más común torrente circulatorio; y el español, poco dado a la lectura de ningún género de «biblias», no acudía a la neoclásica de Luzán en demanda de autoridad. La autoridad estaba ya entonces en las manos de la Razón, que acababa de ser coronada en Francia como diosa.

CAPÍTULO V

LA PROSA SATÍRICO-NOVELESCA: EL PADRE ISLA Y
TORRES VILLARROEL

Si el siglo XVIII no se caracteriza, como sabemos, por su riqueza en los géneros de creación, no es de extrañar que tampoco muestre particular abundancia en la novela; su escasez, precisamente, es una de las menguas que se vocean cuando se pretende rebajar la importancia de esta centuria para la historia literaria. De todos modos, nos atreveríamos a decir que en este campo el evidente descenso es menos grave; el siglo XVII había dado en español la mayor novela del mundo: el *Quijote*, y un género de incomparable magnitud: la novela picaresca. Pero el primero, aunque contenía los gérmenes para todas las rutas narrativas, como un rayo de luz capaz de descomponerse en todos los colores, no era libro para imitar; era un modelo demasiado grande para engendrar fácil descendencia. En cuanto a la picaresca puede decirse que había concluido su trayectoria y agotado en buena parte sus posibilidades, innegablemente limitadas, y era difícil prolongarla sin grave riesgo de amaneramiento y repetición. Podía fructificar transplantada, que es lo que sucedió, en efecto.

De hecho, a pesar de tan grandes precedentes, la novela no era todavía el género popular que el teatro había llegado a ser; sus logros habían sido cumbres aisladas; y ninguna literatura de Europa imaginaba entonces una producción novelesca continuada y masiva, capaz de compartir su existencia con otras formas literarias secularmente arraigadas. Durante la primera mitad del siglo XVIII no existe novela válida en ninguna parte; sólo durante la segunda mitad se inicia su ascenso en Inglaterra y Francia, preparando el florecimiento del género, que no había de lograrse hasta el siglo XIX, que es el siglo de la novela. En España, durante los primeros cincuenta años del siglo XVIII el género literario dedicado a la diversión popular y al recreo imaginativo era el teatro, incluso para leer;

la gente leía teatro; y también romances, y vidas de santos o de bandoleros sacadas de las comedias; por eso fueron tan abundantes las ediciones
de comedias en impresiones populares. Pedir novela al siglo XVIII, sobre
todo en su primera mitad, es un anacronismo casi tan grave como pedirle
cine.

Sin demasiado rubor puede, pues, aceptarse que durante el período que
nos ocupa no existe en español novela propiamente dicha. Existen, sí,
producciones literarias híbridas, donde la forma novelesca se combina o
alía con otros géneros, pero sin adquirir conciencia autónoma ni serlo
tampoco, pues es el componente novelesco el que se pone al servicio de
otra intención. Tan sólo dos escritores, el padre Isla y Torres Villarroel,
escriben libros de relativa andadura novelesca, pero cuya finalidad esencial es la sátira doctrinal o el cuadro de costumbres de intención igualmente satírica. Ambos adoptan la forma novelada porque desean comunicar a sus libros una eficacia popular que la didáctica pura no podría
darles. Entonces, imitan los modelos novelescos disponibles, aprovechando
sus técnicas en la medida en que pueden ser incorporadas a sus fines
particulares, pero sin que se propongan estrictamente novelar, pues, aun
en los momentos de predominio narrativo, la preocupación doctrinal o
satírica ahoga el relato.

Siempre podrá decirse que en nuestra literatura setecentista faltó el
genio capaz de pensar en la novela como género moderno, portador de
inmensas posibilidades; ingleses y franceses lo habían de descubrir después y adelantársenos en él. Pero creemos que fue el exceso de teatro,
representado y leído, el que hizo que en nuestro país no se echara de
menos la literatura propiamente narrativa. Educado, más que en la lectura reposada, en los *corrales* de comedias, el español disponía a raudales
del vehículo popular que canalizaba hasta su curiosidad la acción, la aventura, la peripecia de todos los estilos; y por tenerla ya tan a mano, no
la echó de menos en otra forma equivalente. Es un fenómeno parecido,
según creemos, al que había de repetirse después durante la época romántica, en la que España, con su inagotable cantera épica tradicional, no
produjo más que una raquítica novela histórica, que había de ser el género más popular en los otros países europeos.

EL PADRE ISLA

DATOS BIOGRÁFICOS

José Francisco de Isla nació en Vidanes, pequeño pueblo de la provincia de León, el 25 de abril de 1703, cuando sus padres iban de camino a

cierto santuario para cumplir una promesa[1]. El padre, José Isla Pis de la Torre, procedía de Asturias, donde tenía su casa solariega, y la madre, doña Ambrosia Rojo, de un pueblo de León, cerca de Valderas; ambos eran hidalgos, y, en la época del nacimiento de José Francisco, el padre era corregidor de aquella localidad, que dependía de los condes de Altamira. Doña Ambrosia, mujer muy piadosa y de cierta cultura, dirigió la primera educación de su hijo con la ayuda de algunos padres jesuitas que frecuentaban su casa.

José Francisco fue un niño muy precoz, aunque, como subraya Sebold, no deba concederse demasiada importancia, dada la decadencia de los estudios en aquella época, al hecho de que a los doce años se graduara de bachiller en leyes. A los quince dio palabra de casamiento a una muchacha de su misma edad, pero como ninguno de los dos poseía medios económicos y las perspectivas de herencia quedaban muy lejanas, de común acuerdo renunciaron al proyectado matrimonio. Un año después, tras unos días de ejercicios espirituales con los jesuitas, decidió ingresar en la Compañía. Hizo el noviciado en Villagarcía de Campos, provincia de Valladolid, y estudió después filosofía y teología en Salamanca durante siete u ocho años. La famosa Universidad estaba entonces quizás en su nivel más bajo, pero los jesuitas tenían su propio colegio donde enseñaban profesores extranjeros de matemáticas y ciencias naturales y otros buenos maestros de la orden, gracias a lo cual el futuro escritor pudo adquirir una instrucción sólida. Uno de estos maestros, el jesuita Luis de Losada, autor de un *Cursus philosophicus*, orientó a Isla en el conocimiento de la filosofía moderna, prácticamente ignorada por los profesores de la Universidad[2]. Con el padre Losada escribió Isla la *Juventud triunfante* (1727) para describir las fiestas organizadas por los jesuitas de Salamanca en honor de San Luis Gonzaga y San Estanislao de Kostka, que aca-

[1] Para la biografía del padre Isla, cfr.: José Ignacio de Salas (seudónimo de Juan José Tolrá, S. I.), *Compendio histórico de la vida, carácter moral y literario del célebre P. José Francisco de Isla, con la noticia analítica de todos sus escritos*, Madrid, 1803. Ramón Diosdado Caballero, S. I., *Bibliothecae scriptorum Societatis Jesu supplementa*, tomo I, Roma, 1814, págs. 161-165. Pedro Felipe Monlau, *Noticia de la vida y obras del P. Isla*, Introducción a su edición de las *Obras escogidas del Padre José Francisco de Isla*, B. A. E., XV, nueva ed., Madrid, 1945. Bernard Gaudeau, S. I., *Les prêcheurs burlesques en Espagne au XVIIIe siècle. Étude sur le P. Isla*, París, 1891. Narciso Alonso Cortés, «Datos genealógicos del P. Isla», en *Boletín de la Real Academia Española*, XXIII, 1936, págs. 211-224. Russell P. Sebold, Introducción a su edición del *Fray Gerundio de Campazas*, «Clásicos Castellanos», vol. I, Madrid, 1960. Para la bibliografía del padre Isla, además del libro citado de Gaudeau, cfr.: Augustin y Aloys de Backer, *Bibliothèque de la Compagnie de Jésus. Première partie: Bibliographie*, Nouvelle édition par Carlos Sommervogel, S. I., tomo IV, Bruselas-París, 1893, col. 655-686. Samuel Gili Gaya, «Contribución a la bibliografía del P. Isla», en *Revista de Filología Española*, X, 1932, págs. 65-70.

[2] Cfr.: Luis Fernández, S. I., «La biblioteca particular del P. Isla», en *Humanidades*, Comillas (Santander), IV, 1952, págs. 128-141.

baban de ser canonizados. Probablemente fue también el padre Losada quien sugirió a Isla la idea primera de su *Fray Gerundio;* años más tarde, para rechazar la acusación de que había utilizado los materiales reunidos por aquél con dicho propósito, afirmó Isla que el padre Losada había tenido, en efecto, el deseo de escribir un libro sobre el mismo asunto, «pero por rumbo muy diferente».

En 1727 fue nombrado profesor de Sagrada Escritura, y hasta 1754 desempeñó diversas cátedras de filosofía y teología en Medina del Campo, Segovia, Santiago, Pamplona, San Sebastián y Valladolid; alternó esta actividad con la predicación, en la cual adquirió considerable fama. En esta época hizo un viaje a Portugal y publicó sus dos primeras traducciones: *El héroe español. Historia del emperador Teodosio*, del francés Fléchier, y el *Compendio de historia de España*, del padre Duchesne, preceptor de los infantes españoles. Emprendió también la traducción del *Año cristiano*, del padre Croiset, jesuita francés, versión famosa, muy unida a su nombre, que apareció en Madrid entre 1753 y 1767. Publicó también dos obras originales: las *Cartas de Juan de la Encina, contra un libro que escribió don José de Carmona, cirujano de la ciudad de Segovia, intitulado: Método racional de curar sabañones* (Segovia, 1732), y su *Triunfo del amor y de la lealtad, Día grande de Navarra* (Madrid, 1746), que fue uno de sus grandes éxitos literarios.

Sin vivir en la corte, el padre Isla anudó durante estos años importantes relaciones: fue amigo de don Leopoldo Jerónimo Puig, capellán del rey y uno de los antiguos redactores del *Diario de los literatos de España;* de don Juan Manuel de Santander, bibliotecario del monarca; de don Agustín de Montiano y Luyando, secretario de la Cámara de Gracia y Justicia y renombrado escritor; y del propio marqués de la Ensenada, famoso ministro de Fernando VI. A través de Ensenada logró que el rey aceptara la dedicatoria del primer volumen del *Año cristiano* y que diera dinero para su impresión, favor que Isla pagó dedicando el segundo volumen al marqués. En 1754 se retiró a Villagarcía de Campos, donde tenía la Compañía el colegio de la provincia de Castilla, para trabajar en el *Fray Gerundio*. Poco después, y por mediación de Ensenada, la reina doña Bárbara de Braganza pretendió nombrarlo su confesor, pero el padre Isla rehusó el cargo, alegando que no poseía capacidad para ello, pero pensando sin duda, según sugiere Sebold[3], que un confesor real no podría publicar una sátira como la que preparaba, sin implicar a los reyes en un antagonismo entre los jesuitas y las demás órdenes religiosas.

Entre 1761 y 1767 el padre Isla residió habitualmente en el colegio de Pontevedra. Al producirse el decreto de expulsión de los jesuitas, Isla, con todos sus compañeros de colegio, se encaminó a El Ferrol pasando

---

[3] Introducción, cit., pág. XXXVI.

por Santiago y La Coruña; en el trayecto sufrió un ataque de parálisis que casi le ocasionó la muerte, pero insistió tan tenazmente en proseguir el viaje, que su ejemplo estimuló a todos [4]. Embarcado en el *San Juan Nepomuceno*, mejoró durante la travesía y llegó a Civitavecchia, punto de destino de todos los jesuitas desterrados, pero no se les permitió desembarcar y tuvieron que pasar año y medio en Córcega, devastada entonces por la guerra entre los nacionalistas corsos y los aliados franceses y genoveses [5]. En Calvi, en medio de la mayor escasez, escribió un *Memorial*, dirigido a Carlos III, que nunca fue entregado [6].

A fines de 1768 pudo por fin llegar a Crespelano, cerca de Bolonia, y allí fue acogido en el palacio de verano del conde Grassi. Tras un nuevo destierro, por haber defendido a los jesuitas en una fuerte disputa sobre la canonización de Juan de Palafox y Mendoza, que había sido obispo de Puebla de los Ángeles, en Méjico, pudo por fin regresar a Bolonia, donde fue a vivir con los condes Tedeschi. Allí redactó la traducción del *Gil Blas* de Lesage y el *Arte de encomendarse a Dios* del padre Bellati. Otro ataque de parálisis sufrido en 1779 debilitó mucho su salud y al fin murió en Bolonia el 2 de noviembre de 1781 [7].

El padre Isla, según refieren sus biógrafos, era de pequeña estatura pero bien proporcionado; encendido de rostro, de ojos vivos y brillantes, ágil y gracioso. Su conversación era amenísima, siempre sazonada de anécdotas y de agudezas. Soportó en toda ocasión con inalterable paciencia todo género de contrariedades. Era muy sencillo de costumbres y llevó una vida religiosa verdaderamente ejemplar; su única flaqueza fueron los placeres de la mesa, a los cuales debió sus dolencias físicas y muy probablemente la arterioesclerosis que padecía y que fue causa de su muerte. Su gran pasión afectiva fue su hermana, María Francisca [8], a la cual, así como a su cuñado, Nicolás de Ayala, dirigió una copiosa correspondencia, que es modelo en su género.

---

[4] Algunos admiradores de la obra literaria del padre Isla trataron de exceptuarlo de la expulsión o, por lo menos, de retrasar su partida, pero Isla rehusó tal favor y se empeñó en correr a la suerte de sus hermanos de hábito. Cfr.: Constancio Eguía, S. I., «El autor de *Fray Gerundio* expulsado de España (1767)», en *Hispania*, Madrid, VIII, 1948, págs. 434-455; véase también, del mismo: «El Padre Isla, tan buen religioso como literato. Historia verídica de su espíritu», en *Razón y Fe*, CXXXVI, 1947, págs. 229-248.

[5] Cfr.: Constancio Eguía, S. I., «El padre Isla en Córcega», en *Hispania*, Madrid, VIII, 1948, págs. 597-611.

[6] Su título completo es, *Memorial en nombre de las cuatro provincias de España de la Compañía de Jesús desterradas del Reino a S. M. el Rey don Carlos III, por el P. José Francisco de Isla, de la misma Compañía*. Ha sido editado por el padre José Eugenio de Uriarte, S. I., Madrid, 1882.

[7] Cfr.: Constancio Eguía, S. I., «Postrimerías y muerte del P. Isla en Bolonia. Su testamento hológrafo», en *Razón y Fe*, C, 1932, págs. 303-321, y CI, 1933, págs. 41-61.

[8] Cfr.: Constancio Eguía, S. I., «La predilecta hermana del P. Isla y sus cartas inéditas», en *Humanidades*, Comillas, VII, 1955, págs. 255-268.

Sebold, en su prólogo mencionado, ha puesto de relieve el carácter aristocrático del padre Isla; una aristocracia de espíritu, que no provenía de snobismo, sino de un íntimo sentido de superioridad moral e intelectual por encima de todas las especies de vulgo. No alardeaba de nobleza, pero se sabía hidalgo y respetaba las exigencias de esa condición. Cuando vivía de la caridad en casa de los condes Tedeschi, escribía a su hermana: «Mis condes cada día me oprimen más a beneficios; carga pesadísima para quien es pobre y no nació plebeyo» [9]. Mantuvo frecuente correspondencia con gente de la nobleza, con damas sobre todo, y aun de fuera de España; pero se diferenciaba de los abates mundanos a la moda, italianos y franceses, «en que su mundanidad era sobre todo *por carta*. No hubo correo que no trajese a su *tabulino* las últimas noticias del tumulto madrileño» [10]. La aristocrática seguridad de tono, que le permitió enfrentarse con los más poderosos enemigos y acerar tan asombrosamente su sátira, procedía, sin embargo, de diversas causas enraizadas en el carácter de la época. Isla —según puntualiza certeramente Sebold— podía sentirse respaldado por la propia orden a que pertenecía, pero lo estaba sobre todo por aquella minoría de intelectuales, a la cual tenía también conciencia de pertenecer, «aquella aristocracia que quería que aun las clases más bajas se beneficiaran de los últimos progresos de la razón, pero que huía de esa misma gente grosera» [11]; actitud, como ya sabemos, muy peculiar del siglo ilustrado. Más aún dominaba en Isla la conciencia de su nivel intelectual, de estar por encima de apariencias y vanidades que sólo servían para ocultar decrépitas ignorancias, de sentirse árbitro del gusto contra la corrupción del barroco decadente. Esta íntima fuerza, que explica su audacia satírica, no obstaculizaba su congénita sencillez ni su humildad religiosa, íntima y esforzadamente profesada, porque se sabía sólo instrumento de una verdad que estaba por encima de él; pero le ocasionaba graves escrúpulos, según advierte Sebold [12], por la dificultad de conciliar la caridad propia del sacerdote con la crítica que ejercía «y con su propio genio burlón, a veces mordaz e irritable». El padre Isla creía primeramente que su sátira contra los vicios de la oratoria sagrada le iba a garantizar la salvación eterna; en carta escrita después de una grave enfermedad aseguraba que su *Fray Gerundio* «era la única obra en que confiaba (después de la misericordia de Dios) en el peligro en que me vi el día 11 del pasado» [13]. Pero en otras ocasiones se muestra lleno de escrúpulos por el tono de su invectiva; en carta a su cuñado, el 18 de mayo de 1760, declara que el decreto de la Inquisición contra su libro no

---

[9] Ed. Monlau, cit., pág. 530; cit. por Sebold, Introducción, cit., pág. XVIII.
[10] Sebold, Introducción, cit., pág. XVII.
[11] Idem, íd., pág. XVI.
[12] Idem, íd., pág. XI.
[13] Ed. Monlau, cit., pág. 590.

alteró su serenidad «porque este sacrificio estaba ofrecido a Dios muy de antemano, por no echar a perder el mérito que sin duda tuve en la formación de la obra; porque Dios no descuenta los desaciertos del entendimiento en los cargos de la voluntad» [14]. Es decir, estaba seguro de la justicia esencial de su sátira, pero temía a la vez no haber acertado en la medida [15].

OBRAS MENORES

El padre Isla escribió incansablemente; la edición completa de sus obras sumaría más de cuarenta volúmenes. Pero es difícil pensar que a ninguna de ellas, de no haber escrito el *Gerundio*, debiera excesiva fama literaria. No obstante, algunos de sus escritos encierran positivo interés, sobre todo aquellos que representan la formación o puesta a punto del gran humorista que el padre Isla llevaba en su interior, y que al fin fraguó cumplidamente en la sátira del *Fray Gerundio*.

Hemos mencionado la *Juventud triunfante*, que Isla escribió en colaboración con el padre Losada para conmemorar la canonización de dos santos jesuitas. La obrita tiene la traza de aquellas pomposas relaciones de fiestas públicas que tanto prodigó el barroco decadente. Sebold destaca, en cambio, justamente el carácter irónico de toda esta relación, en la que Isla y su colaborador se burlan veladamente de los mismos vicios que parecen compartir: Isla había publicado poco antes dos sátiras, *Papeles crítico-apologéticos* y *El Tapabocas*, impresas en Salamanca en 1726 y 1727, en defensa del doctor Martín Martínez y del padre Feijoo. El estilo de estas sátiras sobre medicina y ciencia, dice Sebold, «revela ya una preocupación por la claridad de la expresión» [16] y viene a certificarnos de la intención burlesca que anima las páginas de la *Juventud triunfante*. Algunos episodios son inequívocos porque apuntan ya a la capital obsesión de Isla por las sandeces oratorias de la época: en las citadas fiestas, un niño de diez años, grande de España, conducido por doce graves padres de la Compañía, pronuncia un sermón panegírico de San Luis Gonzaga en cuarenta y ocho octavas reales; y comentan los autores: «el coro de las musas, a puras complacencias, se derretía como una manteca; el de

---

[14] Idem, íd., pág. 506.

[15] Debido a la tolerancia del comisario encargado de la expulsión, el padre Isla gozó de cierta libertad para disponer de sus papeles y rompió muchas cartas propias y ajenas; pero dejó en su celda de Pontevedra las del General y Provinciales de su Orden en que le reprendían su conducta en la publicación del *Fray Gerundio* por haberlo hecho sin licencia de sus superiores y fijaban asimismo el castigo que había de recibir; con ello, según declaró a sus compañeros, quería que se viese que la Compañía no había aprobado ni disimulado sus faltas o posibles imprudencias. Véase, José Ignacio de Salas, *Compendio histórico*, cit., págs. 251-252.

[16] Introducción, cit., pág. XXX.

las gracias se bañaba todo de almíbar; y uno y otro andaban solícitos recogiendo por el aire melodías y acentos, para guardarlos en sus gabinetes en redomitas de cristal fino»[17].

Las *Cartas de Juan de la Encina*[18] fueron escritas con ocasión de una polémica entre galenos. Don José de Carmona y Martínez, cirujano titular de Segovia, trató de curar unos sabañones ulcerados, que padecía la hija del regidor perpetuo de la ciudad. La lesión se agravó con sus remedios, hubo junta de profesores que, al parecer, se burlaron de Carmona, y éste contraatacó con una obra en doce capítulos titulada *Método racional y gobierno quirúrgico para conocer y curar las enfermedades externas complicadas con el morbo más cruel (los sabañones);* tan sólo la manía cientifista de aquel tiempo, que estrenaba ciencia y pedantería por todas las esquinas, puede explicar la publicación de tal obra con semejante título. El padre Isla, profesor entonces de filosofía en el colegio de aquella ciudad, había intervenido en las consultas médicas tratando de apaciguar a los contendientes, pero alguna destemplanza de Carmona irritó al jesuita, que replicó al *Método racional* con las *Cartas* dichas, en número de tres, fechadas, con transparente alusión a sus envenenadas intenciones, en *Fresnal del Palo.* Las *Cartas* tienen gracia a raudales. Constituyen toda una exhibición de capacidad polémica para triturar un escrito y pulverizar a un autor. Casi no puede hablarse de humor en este caso, porque las cartas más que humorísticas son ferozmente sarcásticas. La gracia viene en auxilio del sarcasmo, porque sin ella resultaría éste insufrible a fuerza de agresivo, tenaz y despiadado. El buen Carmona debía de ser un animal de cuenta para que Isla se ensañara de modo tan cruel; porque es lo cierto que el padre no perdona resquicio. Las *Cartas,* además de constituir un precioso documento de época y un manantial de regocijo, son valiosísimas para medir los puntos del autor y darnos idea de lo que hubiera podido ser el *Fray Gerundio* si la índole de su asunto, el respeto a las cosas de religión y también el temor de las inevitables consecuencias no hubieran contenido su pluma. En las *Cartas* Isla no se limita ni con mucho a ridiculizar los fallos científicos del libro de Carmona, porque los sabañones tampoco daban para tanto, sino que ataca directamente al hombre con insultos personales, merecidos sin duda, pero que no por ello dejan de ser lo que son. Creemos que habría que remontarse a las mejores páginas de Quevedo si quisiéramos encontrar una habilidad semejante para jugar con los conceptos y multiplicar la intención agresiva de los vocablos.

El padre Isla tenía mucha afición a las anécdotas y los chascarrillos, y aquí los prodiga, casi siempre con gracia y oportunidad. También sentía

---

[17] Citado por Sebold en ídem, íd., págs. XXXI-XXXII.
[18] Edición en las *Obras escogidas* de Monlau, cit., págs. 403-421.

cierta complacencia en los temas escatológicos que, dada su condición de
religioso, debían de suponer el límite de su posible atrevimiento en materias de lenguaje. Quizá no sea delito suponer que, sin aquella misma
causa de contención, el ingenioso padre hubiera deslizado también algún
chiste verde, de los que tanto gustaba la pluma de los ilustrados.

Al padre Isla no volvió a ofrecérsele tan hermosa víctima para soltar
su vena satírica con parecida libertad; no era lo mismo zarandear predicadores o poner en ridículo vanidades regionalistas que burlarse de un
pobre pedante provinciano, que sólo tenía detrás una corta camada de congéneres. Por eso asió la ocasión y la aprovechó cumplidamente. Lo único
que impide —y es mucho, claro está— que las *Cartas de Juan de la Encina* ocupen un lugar de primera fila en la prosa satírica del XVIII es la
corta trascendencia del tema, la escasa altura de la víctima y el haber hecho de estas páginas un mero ataque personal, por muchas que sean las
implicaciones de mayor alcance que burbujean entre la trama de esta
implacable requisitoria.

El *Triunfo del amor y de la lealtad, Día grande de Navarra* [19] fue la
primera obra que apareció con el verdadero nombre del autor. Consiste
en una descripción de las fiestas reales que tuvieron lugar en Pamplona
en 1746 para celebrar el advenimiento de Fernando VI al trono de España.
Isla era entonces profesor de teología en el colegio de Pamplona, y la Diputación del reino le encargó que redactara la memoria de aquel homenaje. Isla no presenció las fiestas, porque estuvo ausente de la ciudad y
regresó una semana después, pero importaba poco para el caso. Isla compuso la relación en el estilo culto y elegante que los navarros le pedían,
y la dedicó a su virrey, el conde de Maceda. Pero escondió debajo de la
aparente glorificación una sátira de la patriotería navarra como sólo el
padre Isla era capaz de escribir; no tan desnuda como la que tundió al
pobre cirujano de Segovia, pero no menos cruel y de bastante más valor
porque el tema era de más fuste. La Diputación navarra aprobó el escrito
del jesuita y dio las gracias al autor. Pero a los pocos días se dieron
cuenta de la burla y llovieron quejas y escritos. Isla se defendió alegando
la aprobación oficial y aduciendo que si la Diputación pedía que se retrac-
tara de lo que ella misma había alabado en público, sería como burlarse
de sí misma. Sempere y Guarinos refiere que la Diputación aceptó el descargo, y no sólo dejó de quejarse de la supuesta ofensa, sino que escribió
una carta al provincial haciéndole «mayor recomendación de su persona»
y felicitando a la Compañía por tener en su seno tan gran talento [20].

---

[19] Edición en ídem, íd., págs. 3-31.

[20] Juan Sempere y Guarinos, *Ensayo de una biblioteca española de los mejores escritores del reynado de Carlos III*, tomo III, Madrid, 1786, pág. 124 (existe edición
facsímil, Madrid, Gredos, 1969).

La primera edición del *Día grande* se agotó en pocas semanas y sucedió lo mismo con una reimpresión hecha casi a la vez en Zaragoza; a fines de año se hizo nueva edición añadida con una carta de don Leopoldo Jerónimo Puig en defensa de la obra, la respuesta del padre Isla dándole las gracias, su propio escrito a la Diputación, y la carta de ésta que hemos mencionado. Isla puso además «Dos palabritas del impresor, y léanse», en que se finge asombrado del revuelo que se produjo contra la obra, protestando como un bendito de su inocencia y buenas intenciones. Sempere y Guarinos alude a esta edición y dice que todavía entonces, a pesar de todos aquellos testimonios, se creía lo que al principio, es decir, «que el *Día Grande de Navarra* es una sátira muy fina de las mencionadas fiestas». Y añade: «Si esto es así, es una prueba de la travesura de ingenio del P. Isla, que no solamente tuvo habilidad para escribirlo, sino para hacer que los mismos a quienes se satirizaba le dieran las gracias, y acordaran su impresión» [21]. Pero Sempere no parece pasarse aquí de agudo; porque el *Día grande* sí es, en efecto, una sátira muy gorda, precisamente por lo fina, de aquella patriotería provinciana, que la inteligencia de vuelo internacional del padre Isla, esencial a todo «ilustrado», no podía tomar sin risa. Quien escribió —y en esas mismas páginas, por cierto— que «del hombre de bien todo el mundo es país» no podía encerrar sus entusiasmos en tan angostos límites. Sebold sugiere que Isla pudo estar influido «por el inteligente internacionalismo de Feijoo» en su discurso sobre el *Amor de la patria y pasión nacional*, pero también por el espíritu internacionalista de los críticos jesuitas del letargo español, que venían ya desde el padre Mariana [22].

Lo que resulta extraño es que los diputados navarros que leyeron el manuscrito de Isla, no advirtieran de entrada el tono de la obra y más aún que admitieran luego las traviesas justificaciones del autor, porque la broma está patente desde las primeras líneas del *Prólogo de prisa al que estuviere despacio*. Después de algunas cuchufletas sobre lo que hizo Navarra en la proclamación de Fernando VI y preguntarse por qué quería hacer papel con ello, escribe en dicho prólogo: «Hizo con Fernando el Segundo, ni más ni menos lo mismo que ejecutó con todos sus gloriosos predecesores; porque el amor del reino de Navarra a sus reyes, desde los principios subió hasta lo sumo, y fijóse: ni puede crecer ni es capaz de menguar. Pero si el Reino no hizo más, ¿qué es lo que se puede decir sobre lo que hizo el reino? Eso, señor mío, era bueno para que me diese cuidado a mí, que lo he de contar; pero a usted, ¿sobre qué carga de agua? Para que alabe usted a Dios, y vea que el que cría y mantiene a las hormigas, también cuida de los habladores, ahí le sirvo con diez y

---

[21] Ídem, íd.
[22] Introducción, cit., pág. XXXIV.

ocho o diez y nueve pliegos de *parladuría*, sobre un asunto que estaría dicho en pocos renglones» [23].

El *Día grande de Navarra*, casi de cabo a rabo, parece un paso de comedia en que un espabilado de ciudad se burla de un palurdo aldeano alabándole las cosas de su pueblo y haciéndole caer la baba de gusto sin que se dé cuenta de la guasa. Un párrafo cualquiera sirve para el caso: «...el mismo día en que recibió la diputación la carta de su majestad, disparó volantes a los lugares donde tienen su residencia ordinaria los miembros ausentes de este ilustrísimo gremio, a quien unos llaman areópago en cifra; otros quieren decir que ésta no es buena comparación, porque los areopagitas eran hombres de escuela, y los diputados del reino de Navarra no siempre son hombres de escuela, pero siempre son escuela de hombres. Por eso hay quien llame a la Diputación fragmento de los quírites y residuo de aquel tribunal que había en Roma y se decía *de los conservadores*, porque su oficio principal era velar... o desvelarse para que se conservasen al pueblo sus fueros, sus leyes, franquicias y privilegios. Y se los mantenían tan conservados o tan almibarados, que es fama que nunca perdían el punto, jamás se revenían, se enmohecían ni se acedaban» [24]. Después va trazando una por una las semblanzas de los siete diputados, comenzando por el del brazo eclesiástico, abad cisterciense del real monasterio de Leire. Relata primero la tradición de que un monje estuvo oyendo cantar a un pajarito durante trescientos años, que se le pasaron en tres minutos; y comenta: «Si los pajaritos que revolotean alrededor del monasterio son tan celestiales, los que andan dentro de sus claustros, ¿qué pájaros serán?» [25]. Pasa después a los dos representantes del brazo militar, y dice del segundo: «El compañero del señor Don Juan de Ezpeleta, por el mismo brazo militar, es el señor Don Agustín de Sarasa; y es tan compañero suyo en todas las prendas que le adornan, que más parecen gemelos que compañeros. Cuando salen juntos en las funciones de Diputación, se equivocan tanto, que algunos dicen: 'Allí van dos Sarasas'; y otros exclaman: ¡Jesús! y qué par de Ezpeletas... El señor Don Agustín es tan amante del Reino y tan padre de la patria, que cuando algún predicador cita en el púlpito a San Agustín diciendo no más: 'El gran padre Agustino': *Magnus Parens Augustinus*, más de dos ignorantes se dicen unos a otros, dándose de codo: 'Vaya, éste es Sarasa'; y aunque se equivocan (claro está) en lo que conciben, pero no yerran el concepto» [26]. Del diputado por las Universidades escribe entre otras cosas: «Otros alabarán la buena elección con que traslada desde los libros a la memoria las especies y noticias más selectas, las más escogidas, para destilarlas

[23] Ed. Monlau, cit., pág. 6.
[24] Ídem, íd., pág. 10.
[25] Ídem, íd.
[26] Ídem, íd., pág. 11.

después gota a gota por la lengua y por la pluma, en tiempo, en sazón y en oportunidad; no como otros eruditos de chorrera o de acequia de molino, que hablan de río revuelto y de borbollón, sino a manera de alambique, por donde salen las quintaesencias y los espíritus de tarde en tarde» [27].

Sería vano insistir: no parece que esta melodía sirva para cantar en serio las grandezas de tal reino y tales personajes. Cierto que a veces, como en la etopeya del virrey, el tono del cronista es menos retozón; pero está tan chorreante de alabanzas, que a poco husmear se huele también la sorna. La descripción de las fiestas callejeras y del desfile, con su derroche de galas, es una genial parodia épica; y cierra el relato informándonos, como suprema ponderación, de la rapidez con que a todos se les pasó el tiempo de la fiesta: «En conclusión, a ninguno le pasó por la imaginación que era de noche, ni tampoco lo podía conocer sino que lo adivinase; y así, cuando se hizo tiempo de tomar un bocado, nadie dijo, ni por descuido, que iba a cenar, sino que iba a comer la sopa. Y porque una pobre cocinera sacó a la mesa un poco de ensalada, el amo, que no debía ser de los más bien acondicionados, se la tiró a los hocicos, diciéndola: 'Bribona, ¿quién pone escarola cruda a mediodía?'. De lo que se resintió tanto la moza, que luego se despidió de la posada, aunque no le faltaban más que dos días y medio para cumplir el año. Dieron las doce de la noche, a tiempo que andaban en una tabernilla de lo caro ciertos cofrades del jarro; tocaron a maitines en una comunidad religiosa, y dijo a sus camaradas el que parecía de inclinación más *de bota*: 'Caballeros, jaque de aquí, que tocan a misa de doce'. En una palabra, cuando el sueño hizo su oficio, y tocó a dormir a los más dispiertos, todos se fueron a la cama en la buena fe de que iban a dormir la siesta, y es tradición que solamente se desnudaron los poltrones, y los que saben por experiencia que el acostarse a mediodía como a medianoche, es el mejor remedio contra pulgas. Esto que se ha dicho de galas, luminarias, campanas, alborozo y universal regocijo, téngase por continuado ni más ni menos en los tres días siguientes al famoso día 21, y con esto no hay más que decir» [28].

El *Día grande de Navarra* prolonga el mismo espíritu que le había animado a escribir la *Juventud triunfante*, es decir, el mismo deseo de ridiculizar aquellas exhibiciones públicas, con su vana y costosa pompa, en las cuales se derrochaba tanto esfuerzo, tiempo y dinero como mal gusto. Evidentemente, el satírico que escribió el *Fray Gerundio* no arribaba al género de forma ocasional, sino en virtud de un proceso coherente exigido por lo más genuino de su personalidad: una personalidad de la que brotaba la ironía como de fuente propia, y en la que hubo siempre, como

---

[27] Idem, íd., pág. 12.
[28] Idem, íd., pág. 23.

recuerda Sebold [29], una unidad de propósito: combatir el genio pomposo de la nación.

Los *Sermones*. Durante los primeros años de su ministerio el padre Isla se dedicó activamente a la predicación; fue justamente la fama de sus sermones la que movió a la reina a solicitarlo por confesor, puesto que no aceptó, como sabemos. En un principio Isla cedió algún tanto al gusto de la época para complacer a los oyentes; gusto y propósito que tanto había de combatir después en el *Gerundio*. Nunca tuvo intención de publicar sus sermones y los guardaba sin corregir; pero, después de muerto, su hermana María Francisca solicitó imprimirlos, y en 1792 los editó en Madrid la viuda de Ibarra en seis volúmenes, que contienen ochenta y siete piezas oratorias.

Las *Cartas familiares* [30]. También fue la hermana del padre Isla a quien se debió la publicación de sus *Cartas*, que se editaron en Madrid, en cuatro tomos, en 1786. Comprenden las llamadas propiamente *familiares*, pues son las que Isla escribió a lo largo de muchos años a su hermana y a su cuñado, y un buen número también de las dirigidas «a varios sujetos». Bajo el nombre de *Rebusco de las obras literarias, así en prosa como en verso, del P. José Francisco de Isla*, apareció un volumen en Madrid en 1790 y otros dos en 1797. Contienen diversas obras de no mucho interés, casi todas de los primeros tiempos del escritor, y alguna falsamente atribuida [31]. En dicha colección se incluyen diversas cartas, que Monlau reproduce también en su edición de la B. A. E. en número de cuarenta y cuatro. En total, suman casi exactamente quinientas cartas [32].

Pocas veces puede pensarse con mayor fundamento que no fueron escritas pensando en publicarlas, dada la condición estrictamente *familiar* de la mayoría de ellas. Monlau aduce la carta que el 11 de octubre de 1752 dirigió el padre Isla a varios amigos de Salamanca, que le habían sugerido la posibilidad de publicar su correspondencia. Isla rechaza la idea en un tono de alarma, que Monlau estima como de absoluta sinceridad [33], opinión que compartimos plenamente; y si alguna duda cupiese —añade el referido editor— respecto de las cartas enviadas a sus amigos y otros personajes, ninguna cabe en cuanto a las dirigidas a su hermana y cuñado.

Creemos que no sería injusto colocar esta correspondencia por encima de todas las obras de su autor, ni tampoco decir de ella que iguala, si no

[29] Introducción, cit., pág. XXX.
[30] Edición en las *Obras escogidas* de Monlau, cit., págs. 423-630.
[31] Cfr.: Ramón Ezquerra Abadía, «Obras y papeles perdidos del padre Isla», en *Estudios dedicados a Menéndez Pidal*, tomo VII, Madrid, 1957, págs. 417-446. Véase también Sebold, Introducción cit., págs. XXVII-XXVIII, nota 27.
[32] Posteriormente ha sido publicada otra colección: Luis Fernández, S. I., *Cartas inéditas del P. Isla*, Madrid, 1957.
[33] Introducción a su edición, cit., pág. XXIX.

excede, a cualquier otra que se haya escrito en lengua castellana. La suelta desenvoltura del padre Isla encontraba en las cartas su más natural vehículo de expresión. Como Monlau afirma, la crítica más severa no puede hallar en estas cartas más que elogios. La hermana de Isla era mujer muy culta, y el jesuita podía dirigirse a ella para tratar cualquier asunto sin rebajar un ápice su nivel mental; por otra parte, el carácter íntimo de estos escritos les confiere la espontánea naturalidad que constituye su mayor delicia. Exquisitas y familiares a la vez, las cartas de Isla son siempre modélicas. Su irreprimible propensión satírica y la necesidad, a que él se obligaba casi siempre, de escribir en tono polémico, con la inevitable carga dialéctica y aparato erudito, se excusan en estas cartas, que se benefician por ello mismo de una fluidez, de una sabia medida para decir lo justo, de una gracia finísima, de una prosa sin afectación, que brinca y corre como niño en día de asueto.

EL «FRAY GERUNDIO DE CAMPAZAS»

La fama de Isla y su puesto en la historia de la literatura española están vinculados particularmente a su sátira contra los predicadores de su tiempo, que ya, después de su libro, no pueden ser aludidos con mayor precisión y brevedad que bajo el nombre de *gerundianos*.

Cuando Isla concluyó su obra, trató de soslayar los peligros que se temía, y buscó un nombre ajeno para publicarla. Pero como el juez de imprentas no consintió que se sirviera de un anagrama o de nombre fingido, le dio al fin como autor a don Francisco Lobón de Salazar, cura de Villagarcía, hermano de un compañero de su orden [34]. El obispo de Palencia, a cuya jurisdicción pertenecía el supuesto autor, se opuso a que la obra fuera impresa en su diócesis, por lo que Isla la hizo publicar en Madrid, y el 22 de febrero de 1758 aparecía la primera parte bajo el título de *Historia del famoso predicador fray Gerundio de Campazas, alias Zotes*. El padre Isla estaba persuadido de la importancia de su obra y también del alboroto que iba a provocar. El 7 de marzo de 1755, ya muy avanzado su trabajo, le decía en carta a su cuñado: «Allá verás que no me dedico tan total y únicamente a ser copiante, que no reparta el tiempo en otra tarea original (ya muy adelantada), cuyo despacho es seguro, cuyas ediciones serán repetidas, cuya traducción en otras lenguas será muy verisímil, pero cuyo ruido y alboroto de los interesados (que son innumerables) eternizará mi nombre, mi paciencia y mi desprecio, que es grande siempre que se interesa la utilidad universal» [35]. Las previsiones de Isla se

---

[34] Cfr.: Narciso Alonso Cortés, «El supuesto autor del *Fray Gerundio*», en *Miscelánea vallisoletana*, primer tomo, Valladolid, 1955, Primera Serie, págs. 29-35.

[35] Cit. por Monlau, pág. XXVII.

cumplieron exactamente, y el *Gerundio* constituyó uno de los éxitos mayores y más fulminantes que conoce nuestra literatura. De los 1.500 ejemplares que se imprimieron, se vendieron 800 en las primeras veinticuatro horas, y la edición quedó agotada en tres días. El propio autor, con natural y legítima vanidad, refirió también a su cuñado la clamorosa acogida de la obra: «En menos de una hora de su publicación se vendieron trescientos que estaban encuadernados: los compradores se echaron como leones sobre cincuenta ejemplares en papel, que vieron en la tienda: a las veinte y cuatro horas ya se habían despachado ochocientos; y empleados nueve libreros en trabajar día y noche, no podían dar abasto: de manera que, según me escriben, hoy no habrá ya ni un solo libro de venta, consumida toda la impresión y precisados a hacer prontamente otra para cumplir con los clamores de Madrid y con los alaridos que se esperan de fuera. Convienen todas las cartas en que no hay memoria de libro que haya logrado ni más universal aplauso ni más atropellado despacho. La noche del martes subió Valparaíso al despacho del Rey, dejando en su cuarto al señor comisario general de la Cruzada. A poco rato bajó orden del Rey para que se subiese a su Majestad el tomo que se había regalado al Conde, quien certificó después no tener voces para ponderar las demostraciones de gozo con que el Rey se lo había hecho leer. Así me lo avisan de orden del Señor Comisario General. En suma, si es verdad lo que hasta ahora me han escrito todos, la obra logrará el alto fin que únicamente se pretendió con ella, y se disputará en las naciones si deja o no deja atrás al famoso *Don Quijote*. Como se consiga lo primero, lo segundo me cae muy por de fuera... Esta divulgación (aunque inculpable en mí) puede producirme algunos sinsabores domésticos, salvo que los reprima el agrado del Soberano y el increíble aplauso de la obra. Éste se cree que no será inferior en los de mi paño, por lo menos en este colegio, adonde enviaron media docena de ejemplares. Todos, sin exceptuar ni uno solo, están o borrachos o locos con el libro: de manera que en muchas noches hasta la una no se ha evacuado mi aposento con harto detrimento de mi salud, que no se ha restablecido desde el terrible día que trajimos de Valladolid»[36]. Pocos días después informa igualmente a su cuñado de que se había prohibido publicar cosa alguna contra el *Gerundio* sin que antes lo examinaran los censores nombrados por el rey. Y describe a continuación el efecto que el libro había producido en los monarcas: «La Reina se ha hecho llevar a su cuarto todas las obras del autor de *Fray Gerundio: Juventud triunfante, Historia de Teodosio, Papel de fiestas de Navarra, Compendio de la Historia de España, Año Cristiano, Muchas cartas a varios particulares;* y escriben que no acierta a leer otra cosa. Los Reyes llevan de segunda lectura la primera parte de *Fray Gerundio.*

[36] Ed. Monlau, cit., págs. 469-470.

Me aseguran que todos los ministros de los tribunales, todos los señores, todos los que no son frailes, y entre éstos casi todos los hombres graves están por la obra. El Maestro Sarmiento dice a gritos que 'sólo un badulaque dejará de aplaudirla y admirarla'» [37].

A pesar de la prohibición de escribir contra el *Gerundio*, se desató la gresca que era de esperar. La irritación de los predicadores que se vieron retratados y sobre todo de las órdenes religiosas que se sentían aludidas, y también la opinión disidente de no pocos lectores, provocaron una lluvia de escritos, enviados unos directamente al autor e impresos otros muchos. La mayor parte de la nobleza se puso de parte de Isla; los padres Feijoo y Sarmiento le escribieron felicitándole; el mismo papa encareció la obra, según informa el propio Isla a su hermana, en carta del 26 de mayo de 1758: «Es verdad que, según me escribe una Excelentísima, el Papa le ha acariciado mucho. Díceme que el Nuncio se le envió a Su Santidad; y que éste le respondió con muchas gracias por el regalo, diciéndole que le había leído todo con gran gusto, celebrando mucho el ingenio del autor, y concluyendo con que el libro nada tenía de malo sino el no haber salido mucho tiempo antes» [38].

Isla se multiplicó escribiendo cartas al Inquisidor General y a diversos personajes, y contestando bravamente a varios de sus impugnadores; pero, a pesar de todo, el Consejo de la Inquisición, el 14 de marzo de 1758, ordenó suspender «hasta nueva orden» la reimpresión de la primera parte y la impresión de la segunda. Más tarde, prohibió el libro, por decreto del 20 de mayo de 1760, después de un proceso de dos años, aunque advirtiendo que se daría licencia para leerlo a quien la solicitara. La segunda parte del *Gerundio* apareció en edición clandestina, en 1768, impresa probablemente fuera de España aunque fechada en *Campazas*, y la Inquisición la prohibió igualmente por decreto de 1776.

Las críticas que se lanzaron contra el padre Isla merecen leerse a causa, justamente, de su mezquindad, porque a través de ella informan tan cumplidamente de la situación como el propio *Gerundio* [39]. La mayor parte de estas críticas reprochaban a Isla el servirse de la ironía para corregir los vicios de cosa tan santa como la predicación [40], dar armas con ello a

---

[37] Idem, íd., pág. 471.

[38] Idem, íd., pág. 477.

[39] Monlau ha recogido en su edición un número considerable de estas críticas y de las respuestas del padre Isla y de sus defensores bajo el título de «Colección de varios escritos críticos, polémicos y satíricos, en prosa y en verso, que se dieron a la estampa o corrieron manuscritos con motivo de la Historia de Fray Gerundio», páginas 257-402.

[40] Merece la pena reproducir algún pasaje de tales escritos para mostrar los argumentos «teológicos» que se gastaban estos impugnadores. En los *Reparos de un penitente del padre fray Matías Marquina, dirigidos al autor de la Historia de Fray Gerundio de Campazas*, se leen cosas como ésta: «El decir que los santos padres y doctores no lograron el deseado fruto con sus sólidas razones, y presumir con esta

los enemigos de la Iglesia, y poner en ridículo a las órdenes religiosas, que se veían directamente retratadas por el empleo del *fray*, no utilizado por los jesuitas. Previendo esto último, el autor se había curado en salud en su «Prólogo con morrión»; lo que obliga a pensar, conociendo las mañas del padre Isla, que el tratamiento de *fray* había sido escogido muy de propósito. Dice Isla, que aunque había predicadores *gerundios* de todas las especies, con *fray* y sin él, con *don* y sin *don*, de capilla y de bonete, eran muchísimos más los que se honraban «con el nobilísimo, santísimo y venerabilísimo distintivo de *fray*»[41] por ser muchas más las familias mendicantes y las monacales, todas las cuales lo usan, que las religiones de clérigos regulares en donde no se ha introducido. Parecía, pues, puesto en razón que se tomara el modelo de donde eran más frecuentes los originales por ser más copioso su número. Tan contundente razón aritmética debió de convencer muy poco a sus víctimas, porque a pesar del «Prólogo con morrión» insistieron en el reproche. Uno de los defensores del padre Isla, que publicó una larga y contundente *Apología* con el nombre de N. Cernadas, remachó el argumento del autor con cierto lujo estadístico, que da idea a la vez de la densa atmósfera clerical que se cernía sobre la España del siglo XVIII: «En el lugar que yo estudié teología —dice— hay universidad, colegios y seminarios, y por consiguiente muchos profesores teólogos seculares; hay un numeroso cabildo en que, además de los señores canónigos de oficio, hay otros muchos que han sido colegiales y catedráticos. Predicaránse en aquella ciudad cerca de trescientos sermones en el año, y de todos ellos sólo dos o tres a lo más son de clérigos

Historia de Fray Gerundio, es no sólo injuriar a los santos, dando a entender que no hicieron todo su deber, o por no saber o por no querer, y que tú sabes y puedes más que ellos, pues has descubierto este medio y discurrido este nuevo rumbo; no sólo es, quiero decir, injuria a los santos, sino, lo que es más, al mismo Jesucristo, pues es constante que no logró con su predicación todo el fruto que deseaba, y no se valió de este medio que practica el Gerundiano» (ed. Monlau, cit., pág. 266). Al autor de estas líneas tampoco le parecía bien que se diesen motivos a los de enfrente para burlarse de la predicación de nuestros frailes, aunque se ve obligado a reconocer que el padre Isla tenía razón que le sobraba: «Concédote —dice— que nuestros predicadores cometan mil defectos por falta de oratoria y por sobra de ignorancia: ¿pero quién te ha dicho que éste es suficiente motivo para que tú los refieras a los particulares, aunque fuesen ciertos, y no fingidos como los que tú propones, teniendo a la vista tantos enemigos?». Refiere a continuación el pasaje bíblico de la muerte de Saúl, cuya noticia prohibió el rey David que se difundiera para no dar ánimos al enemigo; y comenta, retorciendo el texto descaradamente: «No sepan, dice el texto, no se rían de nosotros los infieles incircuncisos filisteos y sus hijas, que son de distinta religión, pues riéndose de la nuestra, llegará la suya a cobrar más fuerza y osadía. Este es, amigo mío, el caso en que nos hallamos; ¿y sería bien que se consultasen los defectos de nuestros predicadores a nuestros enemigos los herejes? A esto responderás que ya lo saben, y lo bien que se ríen: es verdad; pero ya se reirán mucho más con lo que tú les escribes» (ídem, íd., pág. 268). No cabe duda que al penitente de fray Matías le interesaba más tapar la caca que limpiarla. La actitud era muy «patriótica», sin embargo, y los ilustrados del XVIII sabían algo de eso.

[41] Ed. Sebold, cit., I, pág. 15.

seculares; de los regulares (a excepción de los que predican en su iglesia) apenas llegan a seis; de manera que a todo rigor, los que predican los bonetes, regulares y seculares, contando los de la cuaresma de éstos, no llegan a treinta, que rebajados de los casi trescientos, quedan para los frailes casi doscientos setenta. Véase ahora si en comparación vienen a ser excesivamente más los predicadores frailes que los no frailes; y es de notar que los sermones panegíricos (que son como se ha dicho los más ocasionados a gerundiadas) nunca o rara vez los predican los bonetes, porque como éstos no mendigan limosna, no los buscan para ganarla o no se acomodan a trabajar por ella; pues fuera de las ciudades, ¿quiénes son los que van a predicar en cuaresma y cofradías a las villas y aldeas sino los frailes? Por aquí se ha de echar la cuenta, por los que *in actu* ejercen el ministerio, no por los que tienen aptitud para eso, y de este modo es cuenta palmar que de mil sermones los novecientos son de frailes...»[42].

El casi increíble número de predicadores a que alude Cernadas explica que fueran tantos los enemigos del padre Isla, y puede ayudar también a comprender por qué la oratoria sagrada había llegado a la situación que se describe en el *Gerundio*. La oratoria, como género literario, corría paralela a todos los demás y le afectaban irremediablemente las mismas causas que habían hecho degenerar la dramática y la lírica. Se trataba de un proceso literario de curso fatal; desde el momento en que la excelencia literaria se situaba en las cumbres de la dificultad, en el hallazgo de lo más ingenioso y sorprendente, se abría el camino a todos los excesos, porque cada escritor, sediento de originalidad, tenía que avanzar un paso más que su antecesor a la caza de dicha meta: era la misma fiebre que hoy conduce a los «records» de velocidad y al regocijado vaivén de las modas: si cada semana hay que lanzar algo nuevo, la extravagancia está a la puerta. En el caso de la oratoria sagrada se acrecentaban los motivos. Siempre se habla de la relación entre el barroco y la contrarreforma con razones que nunca hemos comprendido bien; se aduce, por ejemplo, que la desconfianza en el juicio humano, impuesta por la actitud contrarreformista, acrecentaba la valoración de la autoridad y exigía por consiguiente la desbordante erudición teológica y el uso inmoderado de citas y de ejemplos. Pero la predicación *gerundiana* no consistía sólo en eso. La contrarreforma hubiera reclamado, por encima de todo, un acrecentamiento de religiosidad, con citas o sin ellas, un encendido afán de eficacia y de enseñanza. Pero precisamente de todo esto es de lo que carece. Desde los días de Paravicino, el gran campeón de la oratoria barroca y su mejor representante, padre de todas las extravagancias pulpitables, se pone de moda justamente la erudición profana,

---

[42] Ed. Monlau, cit., pág. 286.

el injerto de la mitología en los temas sagrados, el uso de «ejemplos» no religiosos, el torrente de metáforas de difícil vinculación con la teología y la moral, tomadas de una procedencia cualquiera y traídas a los sermones por los conductos más insospechados y por mero afán decorativo. En la oratoria sagrada del barroco, sobre todo en la época de decadencia que nos ocupa, había de todo menos doctrina y exhortación moral. La literatura había desplazado a la teología, y como cada orador no podía ser un Góngora, y ni siquiera un Paravicino, un sermón no era sino una sarta de palabras.

Recordemos ahora nuevamente al caballero Cernadas, defensor de Isla: si en una ciudad pequeña —todas eran pequeñas entonces— se predicaban cada año trescientos sermones (cifra impresionante, por cierto), puede imaginarse la desesperada urgencia del orador por llevar al púlpito algo capaz de entretener la atención de un público hastiado, para quien la iglesia y el sermón era parte de la vulgar actividad cotidiana, solicitada por el santo del día, conmemoración de turno, desfile de cofradía, cuaresmas, acción de gracias, rogativas, exequias, etc., etc. Al sermón se acudía entonces como a la tertulia y al café, o, mejor todavía, a un espectáculo; de las mujeres de su tiempo dice Torres Villarroel que «toda la cosecha de los sermones era la celebración de este equívoco pueril del padre Fulano, de aquella chanza importuna del doctor Tal, de un pensamiento sutil, delicado y apreciable de aquel padre; y maldecir de todos los demás» [43]. Fray Blas, en las repetidas lecciones sobre el arte de predicar que ofrece a fray Gerundio, describe claramente lo que era entonces un sermón: «El fin que debe tener todo orador cristiano, y no cristiano —dice fray Blas—, es agradar al auditorio, dar gusto a todos y caerles en gracia: a los doctos, por la abundancia de la doctrina, por la multitud de las citas, por la variedad y por lo selecto de la erudición; a los discretos, por las agudezas, por los chistes y por los equívocos; a los cultos, por el estilo pomposo, elevado, altisonante y de rumbo; a los vulgares, por la popularidad, por los refranes y por los cuentecillos encajados con oportunidad y dichos con gracia; y en fin, a todos, por la presencia, por el despejo, por la voz y por las acciones. Yo, a lo menos, en mis sermones no tengo otro fin, ni para conseguirle me valgo de otros medios. Y en verdad que no me va mal, porque nunca falta en mi celda un polvo de buen tabaco, una jícara de chocolate; hay un par de mudas de ropa blanca; está bien proveída la fresquera; y finalmente, no faltan en la naveta cuatro doblones para una necesidad. Y nunca salgo a predicar que no traiga cien misas para repartirlas entre cuatro amigos. No hay sermón de rumbo en todo el contorno que no se me encargue, y mañana voy a predicar a la colocación del retablo de..., cuyo mayordomo me dijo que la limosna del

---

[43] *Barca ae Aqueronte*, cit. por Sebold, Introducción cit., pág. XLIX.

sermón era un doblón de a ocho» [44]. «Los sermones —le dice en otra lección posterior— suelen ser unas bellas corridas de toros, ingeniosamente representadas desde el púlpito, sacando a plaza todos cuantos toros, novillos, bueyes y vacas pacen en los campos de las Letras Sagradas y profanas, y convirtiéndose el estandarte o bandera del confalón en banderilla, que comúnmente clava el auditorio al predicador, 'porque no ha dado en el chiste'» [45]. El padre exprovincial —personaje de la novela— daba la justa definición del predicador al uso cuando afirmaba que «no sube a predicar, sino a galantear; tiene más de orate que de verdadero orador» [46].

Por este camino, al cual no contribuía la Contrarreforma sino acreciendo el empacho de religiosidad y multiplicando los actos del culto, se llegó fatalmente a la oratoria *gerundiana*: una oratoria construida a base de agudezas, paradojas, dificultades pueriles montadas sobre equívocos, extravagantes combinaciones de evangelio y mitología, efectismos de todo género para sorprender [47], y todo ello aderezado con gracias, cuentos, chascarrillos, metáforas nebulosas, jocosidades y juegos de palabras, sin enjundia ni contenido, ni más propósito que llenar un número de la fiesta. La predicación, lo mismo que los autos sacramentales y otras muchas manifestaciones religiosas, se habían convertido, por exceso de uso, en fórmulas vacías como cáscaras de molusco abandonadas por sus dueños.

Todo esto aún no hubiera sido mucho sin la agravante del lenguaje, que se vestía muy adecuadamente para el caso con todas las galas de un barroco llegado al extremo de su máxima putrefacción: «Guárdate bien —le aconsejaba fray Blas a fray Gerundio— de decir nunca la *vara de Aarón*, porque juzgarán que es la vara de un alcalde de aldea; en diciendo la *aaronítica vara*, se concibe una vara de las Indias, y se eleva la imaginación. *Cecuciente naturaleza* es claro que suena mejor que naturaleza corta de vista, porque esta última expresión parece estar pidiendo de li-

---

[44] Ed. Sebold, cit., II, pág. 40.

[45] Ídem, íd., págs. 226-227.

[46] Ídem, íd., pág. 43.

[47] En el *Gerundio* se cuentan, claro es, diversos trucos de esta especie, como éstos dos que había puesto en práctica fray Blas: «Predicando un día del misterio de la Trinidad, dio principio a su sermón con este período: —Niego que Dios sea uno en esencia y trino en personas—, y parose un poco. / Los oyentes, claro está, comenzaron a mirarse los unos a los otros, o como escandalizados o como suspensos, esperando en qué había de parar aquella blasfemia heretical. Y cuando a nuestro predicador le pareció que ya los tenía cogidos, prosigue con la insulsez de añadir: —Así lo dice el ebionista, el marcionista, el arriano, el maniqueo, el sociniano; pero yo lo pruebo contra ellos con la Escritura, con los Concilios y con los Padres. / En otro sermón de la Encarnación, comenzó de esta manera: —A la salud de ustedes, caballeros. Y como todo el auditorio se riese a carcajada tendida, porque lo dijo con chulada, él prosiguió diciendo: —No hay que reírse, porque a la salud de ustedes, de la mía y de todos, bajó del cielo Jesucristo y encarnó en las entrañas de María. Es artículo de fe: Pruébolo: *Propter nos homines et propter nostram salutem, descendit de coelis et incarnatus est*» (ed. Sebold, cit., II, págs. 33-34).

mosna unos anteojos de vista cansada. Sobre todo, *ígnitas aras del deseo,* por deseo ardiente y encendido, es locución que embelesa. Basten estos verbigracias para que sepas las frases que has de estudiar, o a lo menos imitar, en el *Florilegio sacro,* y con esto solo harás un estilo cultísimo por el camino más fácil. Para que comprendas mejor qué cosa tan bella es ésta, oye una cláusula en el mismo estilo, formada casi solamente de los propios términos: 'Cuando la cecuciente naturaleza, superando los ígnitos singultos del deseo, erumpe del materno habitáculo y presenta su existencial ser a las atingencias visuales, aunque con la labe original traducida por el fomes, los circunstantes se erigen, cual aaronítica vara, ansiosos de conspicirla'. Dígote de verdad que un sermón en este estilo, no hay oro en el mundo para pagarle»[48].

Destruir esta farsa y devolver a la oratoria sagrada sus fines y dignidad son los propósitos que guían al padre Isla en su *Gerundio.* Le inspiran las mismas ideas que desarrolló Luzán en su *Poética* para combatir los excesos barrocos de la lírica y del teatro; son las ideas del neoclasicismo ilustrado, las de todos los reformadores del siglo, que desean devolver a las letras la sencillez y claridad, el orden y el buen sentido, la seriedad y la eficacia que demandaba la razón. Para lograrlo, Isla tomó el camino de la sátira, una vez visto que de nada servían las enseñanzas positivas ni las exhortaciones. A pesar de ello, dedica también muy largos pasajes a tales enseñanzas e insiste siempre, para mostrar la recta doctrina, en que la oratoria no debe perseguir otro fin que la persuasión y la utilidad, ni servirse de otros medios que los que más contribuyan a lograrlas: «El fin de éste [el verdadero orador] —dice Isla por boca del padre exprovincial— sea sagrado, sea profano, siempre debe ser convencer al entendimiento y mover a la voluntad, ya sea a abrazar alguna verdad de la religión, si el orador es sagrado, ya a tomar alguna determinación honesta y justa, si fuera profano el orador. No habrá leído ni leerá jamás el padre predicador que un orador profano, por profano que fuese, se hubiese jamás propuesto otro fin»[49]. «El predicador —dice el magistral en otro pasaje— debe enseñar de un modo claro, perspicaz, inteligible a todo el mundo, proporcionado a las ideas comunes, de manera que igualmente le comprehenda el plebeyo que el noble, el rústico que el cultivado, el rudo que el capaz, el ignorante que el sabio, proponiéndolo de suerte que al incrédulo le convenza, al disoluto le aterre, al obstinado le ablande y, en fin, a todos los persuada y los mueva»[50]. Como modelos propone Isla, además de los oradores del mundo clásico, a los grandes predicadores españoles del siglo XVI, que contenían para la oratoria sagrada el mismo magisterio que Garcilaso y fray Luis de León para los líricos neoclásicos;

---

[48] Idem, íd., págs. 228-229.
[49] Idem, íd., pág. 43.
[50] Idem, íd., III, pág. 140.

y así pondera los sermones de Santo Tomás de Villanueva, que «en la naturalidad, en la suavidad y en la eficacia son un hechizo del entendimiento y del corazón»[51], y los de fray Luis de Granada, «a quien llamaron con razón el Demóstenes español, en el nervio, en la solidez y en aquella especie de elocuencia vigorosa que, a guisa de un torrente impetuoso, todo lo arrastra tras de sí»[52]. Entre los predicadores de su época destaca al maestro Vela, de la Universidad de Salamanca, al jesuita padre Osorio, catedrático también de aquella Universidad, al capellán don José de Rada, que predicó en las exequias a Felipe V. Todos éstos siguen el estilo de los grandes oradores franceses, que Isla cita y encomia, particularmente a San Francisco de Sales, Bourdaloue, los obispos Fléchier y Lafitau, Massillon, La Colombière y otros varios. «Predicar a la francesa —subraya Sebold— no quería decir para Isla afectar el estilo de los modelos usando galicismos, sino sólo hablar clara y persuasivamente»[53]. Isla, en efecto, «archiconservador en materia lingüística», aborrecía como una especie más de *gerundismo*, la afectación extranjerizante y el uso de galicismos; contra ambas modas la emprende siempre que se le ofrece la ocasión, y para hacerlo más a su sabor trae por las orejas un personaje —en el capítulo VIII del Libro IV— llamado don Carlos, buen ejemplo del petimetre afrancesado, del que traza Isla la caricatura que acostumbra y a través de la cual hace su declaración de *españolismo*.

Casi es innecesario describirle al lector la trama del *Gerundio*, bien sencilla por cierto. Su protagonista nace en Campazas, villorrio imaginario de la Tierra de Campos, hijo del labrador Antón Zotes y de la tía Catanla Rebollo, su mujer. Tras estudiar sus primeras letras en la escuela rural de Villaornate y gramática latina con un dómine pedante y estrafalario de las cercanías, apellidado Zancas-Largas, decide de rondón meterse fraile, conquistado por la descripción de la regalada vida de convento que le hace un lego de paso por su casa. Acabado el noviciado sin haber entendido palabra en sus estudios, cae en manos del predicador mayor del convento, fray Blas, que toma a Gerundio por su cuenta, lo encamina hacia la oratoria y lo forma según su propio estilo, al que luego Gerundio, discípulo aventajado, había de darle el nombre con caracteres de patente. La novela, que consta de dos partes con tres libros cada una, es de considerable extensión, y sin embargo, no pasa de las primeras escaramuzas de fray Gerundio, que sólo predica ante el lector dos sermones y medio. El resto de la obra lo componen las enseñanzas de fray Blas a su pupilo, los razonamientos de otros religiosos, que tratan sin éxito de enderezar a estos dos y llevan a su cargo la parte doctrinal de la novela, y un buen

[51] Ídem, íd., II, pág. 189.
[52] Ídem, íd.
[53] Introducción, cit., pág. LVII.

número de «cuadros de género» o escenas costumbristas que alivian el hartazgo de oratoria religiosa, gerundiana y de la otra, con que tiene que apechugar el lector.

Generalmente se afirma que en el *Gerundio* existe una parte novelesco-satírica y otra didáctica, que contiene un tratado de oratoria sagrada. Sebold lo niega aduciendo que Isla «no propone ningún método positivo de componer sermones»[54]. Pero salta a la vista —acabamos de comprobarlo en la página anterior— que sí que existe esta parte positiva y que no se puede negar alegando despectivamente que así lo dicen los manuales. Si lo dicen, están muy en lo cierto. Claro que no se expone con todo el rigor y el orden que podría esperarse de un tratado compuesto ex-profesamente para el caso, porque eso sólo faltaría; se trata de una novela, al fin y al cabo. Pero son muy numerosos los personajes que hablan por boca del autor —el padre exprovincial, el provincial en ejercicio, el beneficiado de la villa, el magistral, el padre abad y otros varios— y que exponen muy por lo largo y lo menudo la recta doctrina de la predicación, con todo lujo de citas y de textos; y esto en tal grado, que descompone irremediablemente la novela por lo que tiene de inverosímil que tan largas requisitorias se suelten de un resuello, empedradas de autoridades que siempre se saben de memoria, y compuestas en una prosa propia para escrita pero increíble y pedante a veces para hablada. De todo lo que dicen tan sesudos varones puede deducirse toda la doctrina que se apetezca para componer piezas oratorias de todas las especies, pues que de todas ellas se trata.

Creemos que toda esta enseñanza representa el peso muerto de la novela, porque el autor hubiera podido darla sustancialmente en unos pocos sorbos y reservar mayor espacio para ver a fray Gerundio en acción, que es justamente lo que el lector echa de menos. Ya hemos dicho que fray Gerundio predica solamente dos sermones y medio; este medio —así lo llama el padre Isla— es su pequeño sermón de prueba en el refectorio del convento. La novela se acaba cuando el protagonista se estaba

---

[54] Idem, íd., pág. LV. No entendemos exactamente lo que Sebold quiere decir con esto; más abajo añade que «Isla no se muestra partidario de ningún método retórico en particular». Pero no sabemos qué especie de «método retórico» echa Sebold de menos. Todo el *Gerundio* —como llevamos dicho y el propio Sebold expone una y otra vez— es una demanda apasionada de claridad y de eficacia en la predicación; para lograrlas, cualquier *retórica* era buena —si es que la retórica, de cualquier calidad, servía para el caso—. Isla aduce —hasta la saturación— instrucciones y consejos de todo género tomados de los maestros de la oratoria, desde Cicerón y Quintiliano hasta sus contemporáneos, para explicar cómo ha de ser un sermón, cuál ha de ser su contenido y cómo ha de exponerse. Junto a toda esta parte afirmativa, cuyas reglas se refuerzan con el ejemplo de los modelos que se proponen, está la parte satírica, que realza estruendosamente todo lo que un sermón no debe ser. ¿Falta algo más para que contenga el *Gerundio* un «método positivo de componer sermones»?

preparando para predicar entera una Semana Santa, espectáculo que se nos escamotea y donde hubiera estado, sin duda, lo mejor.

Las enseñanzas de fray Blas están, en cambio, muy en su punto, porque en ellas precisamente se ponen de relieve las taras de la predicación religiosa que el padre Isla se proponía ridiculizar. Lo que sobra, en cambio, son los comentarios del autor, o los que pone en boca ajena, para explicarnos una y otra vez los despropósitos de fray Gerundio y de su maestro. El padre Isla parece concederle poca inteligencia al lector para que juzgue por sí mismo; cierto que se sabía rodeado de Gerundios y tenía que polemizar con ellos. Pero es precisamente su insistencia adoctrinadora la que mata la novela y le roba una parte muy crecida de la gracia satírica que pudo haber tenido. Hemos imaginado muchas veces lo que pudo ser el *Gerundio* si en lugar de escribirlo el padre Isla —predicador, jesuita, teólogo, pedagogo y todo lo demás— lo hubiera escrito Tomás de Iriarte o Moratín el Joven. Tal como a Isla le resultó, puede decirse que más que una novela, es una requisitoria satírico-doctrinal en forma ligeramente novelada, procedimiento al que se inclinó el autor porque así podía darle mayor juego a su irreprimible gusto por la burla, el chiste, la anécdota graciosa, la travesura y el ataque satírico.

Y también —esto nos parece innegable— porque en Isla alentaba, en efecto, un novelista de grandes posibilidades, que su predominante personalidad didáctica le impidió desarrollar. Esto explica que lo mejor del *Gerundio* sean precisamente los cuadros de costumbres a que hemos aludido, auténticas «farsas en un acto» como Edith Helman los llama[55]; ellos hacen soportable, y aun deliciosa a trechos, para un lector de hoy, la lectura de la obra, y salvan en el siglo XVIII la tradición de la novela.

Estos cuadros son muy numerosos y constituyen casi siempre un acierto. Así, por ejemplo, la procesión de disciplinantes en Campazas durante los días de Semana Santa —sátira implacable de esta ridícula y aparatosa religiosidad— durante la cual, y a fuerza de azotes, consigue el padre de Gerundio, que casi se desangraba, enamorar a su futura mujer; la comida en casa del labrador Bastián Borrego, que se explica muy a sabor sobre la costumbre de las mayordomías; y la que tiene lugar en casa de Antón Zotes después del sermón de fray Gerundio. Nada se diga de la descripción de personajes, sobre todo cuando atraen la intención satírica del autor, como sucede en particular con los predicadores *gerundios*; la etopeya de fray Blas merece ser reproducida: «Hallábase el padre predicador mayor en lo más florido de la edad, esto es, en los treinta y tres años cabales. Su estatura procerosa, robusta y corpulenta; miembros bien repartidos y asaz simétricos y proporcionados; muy derecho de andadura, algo salido de panza; cuellierguido, su cerquillo copetudo y estudiosa-

---

[55] Edith Helman, «El padre Isla y Goya», en *Jovellanos y Goya*, Madrid, 1970, páginas 201-217; la cita en pág. 205.

mente arremolinado; hábitos siempre limpios y muy prolijos de pliegues, zapato ajustado, y sobre todo su solideo de seda, hecho de aguja, con muchas y muy graciosas labores, elevándose en el centro una borlita muy airosa; obra toda de ciertas beatas, que se desvivían por su padre predicador. En conclusión, él era mozo galán, y juntándose a todo esto una voz clara y sonora, algo de ceceo, gracia especial para contar un cuentecillo, talento conocido para remedar, despejo en las acciones, popularidad en los modales, boato en el estilo y osadía en los pensamientos, sin olvidarse jamás de sembrar sus sermones de chistes, gracias, refranes y frases de chimenea, encajadas con grande donosura, no sólo se arrastraba los concursos, sino que se llevaba de calle los estrados... ¡Pues qué, dejar de meter los dos deditos de la mano derecha, con garbosa pulidez, entre el cuello y el tapacuello de la capilla, en ademán de quien desahoga el pescuezo, haciendo un par de movimientos dengosos con la cabeza, mientras estaba proponiendo el tema; y al acabar de proponerle, dar dos o tres brinquitos disimulados; y, como para limpiar el pecho, hinchar los carrillos, y mirando con desdén a una y otra parte del auditorio, romper en cierto ruido gutural, entre estornudo y relincho! Esto, afeitarse siempre que había de predicar, igualar el cerquillo, levantar el copete; y luego que, hecha o no hecha una breve oración, se ponía de pie en el púlpito, sacar con airoso ademán de la manga izquierda un pañuelo de seda de a vara y de color vivo, tremolarle, sonarse las narices con estrépito, aunque no saliese de ellas más que aire, volverle a meter en la manga a compás y con armonía, mirar a todo el concurso con despejo, entre ceñudo y desdeñoso, y dar principio con aquello de *Sea ante todas cosas bendito, alabado y glorificado*, concluyendo con lo otro de *En el primitivo instantáneo ser de su natural animación*, no dejaría de hacerlo el padre predicador mayor en todos sus sermones, aunque el mismo San Pablo le predicara que todas ellas eran, por lo menos, otras tantas evidencias de que allí no había ni migaja de juicio, ni asomo de sindéresis, ni gota de ingenio, ni sombra de meollo ni pizca de entendimiento»[56].

Aspecto importante lo constituye el hecho de que el padre Isla reproduce el habla de los campesinos con sus corrupciones populares y formas dialectales o típicas de la región, según la técnica que había de ser tan grata al realismo costumbrista del siglo XIX[57]. Semejante práctica no parece tener precedentes en nuestra novela, al menos en la medida del *Gerundio*, y quizá pueda estimarse como una innovación de largas consecuencias en nuestra literatura narrativa. Por otra parte, acredita la fuerte propensión realista del padre Isla —los sainetes de Ramón de la Cruz quedaban todavía muy lejos— en una época de acentuada teorización abs-

---

[56] Ed. Sebold, cit., II, págs. 30, 31, 32 y 33.
[57] Sobre el empleo que hace Isla de los refranes, cfr.: Ralph Steele Boggs, «Folklore Elements in *Fray Gerundio*», en *Hispanic Review*, IV, 1936, págs. 159-169.

tracta, y también la gran capacidad observadora del autor. Sebold sugiere [58] — y es bien probable— que el padre Isla tomaba notas, práctica que no constituía tampoco una novedad, pero que Isla debió de ejercitar en alto grado y que por ello mismo anticipa también la que fue luego exigencia de los naturalistas decimonónicos, con su exacta atención a los detalles físicos y cuidadosa descripción de ambientes, todo ello rigurosamente tomado de la realidad viva.

Para Sebold este realismo de Isla es consecuencia del viraje cultural de su tiempo hacia el realismo filosófico y literario, debido sobre todo a la filosofía sensualista de Locke, que había erigido las percepciones sensorias en fuente única de conocimientos ciertos. Puede ser, dado que esta corriente ideológica, que había de desatar el afán de documentación realista, estaba en el aire de la época. Pero no ha de olvidarse que Isla era un apasionado lector del *Quijote* y de toda la novela picaresca, como veremos luego, y de esta lectura, que rezuma en toda su producción —no sólo en el *Gerundio*—, pudo beber su afición al dato real, que él acentúa todavía con los rasgos locales y costumbristas que hemos señalado. De la misma fuente pudo tomar su proclividad hacia determinados aspectos materiales, en los que se regodea visiblemente: dice fray Blas a fray Gerundio: «—Chico, como la misión duró tanto, tengo gana de cierta cosa, y así con tu licencia—. Retiróse a la alcoba, tiró la cortina, hizo lo que tenía que hacer, y acabada esta función, dijo...» [59]. El licenciado Quijano, padrino de Gerundio, se disponía a marchar con él para escuchar su sermón: «Pero es tradición que cuando ya estaba aparejada la burra, se le desenfrenaron tan furiosamente las almorranas (de que adolecía), que no le fue posible montar a caballo, y así se contentó con darle un abrazo y meterle disimuladamente en la mano dos pesos gordos» [60].

Este placer en el detalle a veces grosero, de tan acreditada tradición hispánica, no impide que la refinada sensibilidad del padre Isla denuncie la zafiedad y rudeza cuando es inoportuna o desdice del sujeto: «Pasando por allí —refiere el novelista— un fraile lego, que estaba con opinión de santo porque a todos trataba de *tú*, llamaba *bichos* a las mujeres, y a la Virgen la *Borrega*, dijo que aquel niño había de ser fraile, gran letrado y estupendo predicador» [61]. Mientras Gerundio se estaba educando con otros jóvenes en casa del gramático Zancas-Largas, se entretiene con bromas de este jaez: «...aseguran los mismos autores que en todo él no había muchacho más quieto ni más pacífico. Jamás se reconocieron en él otros enredos ni otras travesuras que el gustazo que tenía en *echar gatas* a los nuevos que iban a su posada. Esto es, que después de acostados, los deja-

---

[58] Introducción, cit., pág. LXXVI.
[59] Ed. Sebold, cit., II, pág. 60.
[60] Idem, íd., IV, pág. 107.
[61] Idem, íd., I, pág. 88.

ba dormir, y haciendo de un bramante un lazo corredizo, le echaba con grandísima suavidad al dedo pulgar del pie derecho o izquierdo del que estaba dormido. Después se retiraba él a su cama con el mayor disimulo, y tirando poco a poco del bramante, conforme se iba estrechando el lazo, iba el dolor dispertando al paciente; y éste iba chillando a proporción que el dolor le afligía, el cual también iba creciendo, conforme Gerundio iba tirando del cordel. Y como el pobre paciente no veía quién le hacía el daño, ni podía presumir que fuese alguno de sus compañeros, porque a este tiempo todos roncaban adredemente, fingiendo un profundísimo sueño, gritaba el pobrecito que las brujas o el duende le arrancaban el dedo»[62]. Y comenta el autor con ironía que parece anticipar uno de los famosos chistes de Gila: «Y si bien es verdad que dos o tres niños estuvieron para perderle, pero siempre se tenía por una travesura muy inocente, y más diciendo Gerundio por la mañana que lo había hecho por entretenimiento, y no más que para reír»[63].

En todo el *Fray Gerundio* está presente el ilustrado, a quien ofenden las zafias manifestaciones de eso que, para entendernos de algún modo, seguiremos llamando «religiosidad popular»; degradaciones del culto, que si eran inaceptables para todos cuantos tenían un concepto más auténtico, más íntimo y profundo de la religión, habían de serlo mucho más para un hombre de tan honda piedad como el padre Isla. A este respecto son impagables sus ironías sobre los espectáculos de Semana Santa, que describe casi al final de su novela. Fray Gerundio había sido invitado para predicar los sermones esos días en la aldea de Pero Rubio, y el licenciado Flechilla le remite unas instrucciones muy detalladas con el fin de orientar su actuación. Dichas «instrucciones», hermanas dignísimas de la escena de los disciplinantes, constituyen un gráfico cuadro de costumbres, que todavía, a los doscientos años del *Gerundio*, no han pasado a la historia. Su extensión nos veda reproducirlo en su totalidad, pero es indispensable mostrar al menos unos fragmentos. «Primer sermón: Domingo de Ramos. Hácese la procesión al vivo. Va a caballo en la santa asna el que hace al Cristo, que es siempre el mayordomo de la Cofradía de la Cruz... Tiene el pueblo gran devoción con la santa asna, la cual va llena de cintas, trenzas, bolsos y carteras de seda; y antiguamente llevaba también muchos escapularios, hasta que un cura los quitó, pareciéndole irreverencia... Este año se llama por dicha Domingo Ramos el mayordomo de la Cruz, que representa a Cristo. De todo se ha de hacer cargo el padre predicador, si ha de dar gusto»; «Martes Santo: *Lágrimas de San Pedro*. Cántase la Pasión por la tarde; y cuando el que la canta se va acercando a aquellas palabras: *Accesit ad eum ancilla dicens*, salen de la sacristía un viejo, con una calva muy venerable, que representa a San

[62] Idem, íd., pág. 174.
[63] Idem, íd., págs. 174-175.

Pedro, y una muchachuela en traje de moza de cocina... San Pedro la da un empellón muy enfadado, y dice: 'Voto a Cristo *quia non novi hominem*'. Al fin hace como que se quiere marchar de la iglesia; y a este tiempo entra una tropa de mozancones, que mirándole de hito en hito a la cara, comienzan a berrear descompasadamente... Al oírle San Pedro, hace como que se compunge. Se va debajo del coro; se mete en una choza o cabaña, que le tienen prevenida; y en ella está durante el sermón, plañendo, llorando y limpiándose los mocos. Es función tierna y curiosa. Concurre mucha gente, y es obligación del predicador decir algunos chistes acerca de los gallos y de los capones, observándose que el que más sobresale en esto saca después más limosna de gallinas»; «Miércoles Santo: Este día no hay sermón. Después de misa y por la tarde, sale el padre predicador con la señora Justicia a pedir la limosna de los huevos y pescado; y si dio gusto en los días antecedentes, suele sacar más de doscientos huevos y una arroba de cecial, sin contar las sardinas saladas, que suelen ser más que los huevos»; «Viernes Santo: Por la mañana, a las cuatro, la Pasión. No la hay más célebre en toda la redonda. Asiste al sermón, debajo del púlpito, el mayordomo de la Cruz, vestido de Jesús Nazareno. Cuando se llega al paso del *Ecce homo*, sube al púlpito, y el predicador le muestra al pueblo, haciendo las ponderaciones y exclamaciones correspondientes a este paso. Es grande la conmoción, y se ha observado ser mucho mayor que si se mostrara una imagen del Salvador en aquel trance... Por la tarde, a las tres, el Descendimiento. Se hace en la plazuela, que está delante de la iglesia, si el tiempo lo permite... Colócase a un lado del teatro una devota imagen de la Soledad, con goznes en el pescuezo, brazos y manos, que se manejan por unos alambres ocultos para las inclinaciones y movimientos correspondientes...»; «Domingo de Pascua: Sermón de gracias a las cinco de la mañana. Es obligación precisa del predicador contar en este sermón todas cuantas gracias, chistes, cuentecillos, chocarrerías y truhanadas pueda recoger para divertir al inmenso gentío que concurre a él. No ha de ser hazañero ni escrupuloso. Sean de la especie que se fueren (puercos, sucios, torpes e indecentes), ya se sabe que en aquel día todo pasa. Debe hacerse cargo de que la gente está harta de llorar en la Semana Santa, y que es preciso alegrarla y divertirla en el Domingo de Pascua. Los padres predicadores que han traído socio o lego (porque algunos lo han traído), han dispuesto que el lego subiese al púlpito y que predicase un sermón burlesco, atestado de todas las bufonadas posibles. Por lo común, estos sermones se acaban con un acto de contrición truhanesco; y por Cristo sacaba el lego una empanada, un pernil o una bota, a la cual decía mil requiebros compungidos, que hacían descalzar de risa» [64].

---

[64] Idem, íd., IV, págs. 234-241.

Las «instrucciones», repetimos, no tienen precio, viniendo, sobre todo, de un hombre como el padre Isla, y deben tenerse muy en cuenta a la hora de enjuiciar a los reformadores del siglo XVIII, a quienes tantas veces se acusa de irreligiosidad o de enemigos de lo tradicional, con olvido de los hechos concretos que provocaban su disgusto y encendían sus protestas.

Fue Isla gran lector, y admirador, de la novela picaresca. Algunos de los pasajes reproducidos pueden dar fe de ello, pero las reminiscencias de tales lecturas pululan por todo el *Gerundio;* con frecuencia hay un visible propósito de imitación, y los modelos saltan a la vista: la descripción del dómine Zancas-Largas trae a la memoria la del dómine Cabra de Quevedo; la comida en el refectorio de las monjas recuerda también un episodio semejante del *Buscón* en el que Pablo corteja a unas monjas, si bien el padre Isla pudo tomar la estampa directamente de la realidad; el relato del nacimiento, niñez y educación de Gerundio, partiendo desde su patria y sus padres, es de pura raíz picaresca; la procesión de los disciplinantes, según señala Sebold [65], evoca el «pretensor disciplinante» de *La pícara Justina;* las escenas de igual sabor picaresco se multiplican sobre todo en los cuadros de ambientes campesinos y en las tretas de los frailes servidores de los conventos. Pero, muy en particular, fray Blas es un pícaro redomado que vive de la predicación con la misma desvergüenza y desfachatez que cualquiera de sus antecesores más acreditados, sólo que con artes y bellaquerías adecuadas a su ministerio.

Esta saturación de picardía explica que algunos críticos hayan calificado el *Gerundio* como la última novela picaresca; Sebold cita a este respecto [66] las opiniones de Morel-Fatio y de Gaudeau. Pero la idea —sigue explicando Sebold— no se le hubiera ocurrido al padre Isla, a quien lo que particularmente le ilusionaba era emular al *Quijote.* Sebold ha estudiado con agudeza este problema, que plantea la más interesante cuestión en torno al *Fray Gerundio.*

En una carta citada más arriba hemos visto cómo el padre Isla pensaba en la novela de Cervantes como norte y modelo de su propia obra. La preocupación por el *Quijote* es constante en Isla; sus cartas, sobre todo, abundan en alusiones al famoso hidalgo, al cual nunca deja de referirse apenas tiene ocasión; a todo lo largo del *Gerundio* es visible el deseo de imitar la novela cervantina en numerosos detalles, declarados unas veces, tácitos los más; y el propósito confesado por el padre Isla era lograr contra la predicación de su tiempo el mismo resultado que había obtenido Cervantes contra los libros de caballerías. Pese a lo cual, según subraya Sebold, los detalles temáticos y estilísticos tomados del *Quijote*

---

[65] Introducción, cit., pág. LXI.
[66] Ídem, íd., pág. LXII.

por el *Gerundio* nos parecen superficiales y externos en relación con sus nutridas venas picarescas. La razón ha de buscarse en el concepto que el padre Isla, y con él todos los críticos del XVIII, tenía del *Quijote*.

Para el siglo de la Ilustración, en la novela de Cervantes no había otro ingrediente que el satírico. Sebold aduce oportunamente las definiciones que da en 1737 (tomo V) el *Diccionario de Autoridades* de la Academia: *Quijote* «hombre ridículamente serio, o empecinado en lo que no le toca»; *quijotada* «la acción ridículamente seria, o el empeño fuera de propósito»; *quijotería* «el modo o porte ridículo de proceder, o empeñarse alguno». Tales definiciones «demuestran que el siglo de las luces, haciendo hincapié desde un principio en el buen sentido y en lo lógico, no ve en el *Quijote* el menor grado de fantasía heroica, ni por lo menos de signo positivo. La novela de Cervantes es para la rigurosa crítica neoclásica pura sátira» [67]. Impregnado de aquellos conceptos, definidos por el *Diccionario*, el padre Isla, y sus lectores con él, pudieron persuadirse de que el *Gerundio* era el *Quijote* de los sermones de la época; todavía Monlau dice de él que «es la historia de un *Don Quijote* del púlpito» [68]. Y sin duda alguna lo es, si atendemos tan sólo a esta vertiente del *Quijote*, que incuestionablemente existe, como hemos subrayado en otro lugar. Sólo que la genialidad de Cervantes pudo darle a su personaje proyecciones y resonancias insondables, mientras que el *Gerundio* apenas si despega del suelo. La diferencia, claro está, es un problema de genialidad en los respectivos autores, pero tenía también su parte la diferencia de asunto y personaje. Isla no podía dotar a su Gerundio de aquella raíz de todo heroísmo y grandeza que es la locura. Gerundio ni siquiera tiene la picardía y desvergüenza de fray Blas; no es más que un pobre imbécil. Isla se propuso crearlo así para mejor ridiculizar la fauna de sus congéneres y la índole de los sermones que predicaba. Desde el momento de su concepción quedaba, pues, residenciada la novela en la angosta ratera de las «obras de burlas», sin nada más allá. Fray Blas debía ser el desvergonzado que era para mostrar la hilaza que se escondía detrás de aquel «negocio» de la predicación; pero Gerundio tenía que ser un pobre badulaque, sin más que ribetes de aprovechado, para dejar bien a la luz que predicar sermones *gerundianos*, y triunfar con ellos, estaba al alcance hasta del hijo de Antón Zotes, natural de Campazas. El planteamiento de Isla era perfecto, pero encogía sin remedio su propio radio.

Montar entonces una novela picaresca genuina parece que hubiera sido el ideal, pero también lo vedaba la calidad del protagonista; aspecto éste agudamente puesto de relieve por Sebold. Los pícaros —dice— eran tan incapaces como Gerundio de individualidad autónoma «por ser espejos

---

[67] Idem, íd., pág. LXIV.
[68] Ed. cit., pág. XXVII.

genéricos de todos los males de aquella pecadora sociedad condenada por los ascetas contrarreformistas» [69]; pero el hecho de ser conscientes del mundo en torno y de su universal maldad —de la cual dan fe— y sentir, para ellos, la inevitabilidad de ser malvados, les asegura «cierta salvación y justificación personales». Gerundio, en cambio, no podía tener conciencia de su estupidez, porque desde ese mismo instante hubiera comenzado a ser inteligente, es decir, hubiera dejado de ser quien era. Gerundio, al revés de un Guzmán, no podía condenar una sociedad y su propia actividad que le parecían de maravilla.

El personaje del padre Isla no podía ser, en consecuencia, más que un producto *inconsciente* de un estado de cosas que lo habían producido tal como era y que además —creemos decisivo este aspecto no señalado por Sebold— no afectaban más que a una moda o corruptela de la predicación, susceptible de ser corregida. Nada, pues, tan *duro* ni sustancial como la humana realidad con la que el pícaro tenía que enfrentarse. De aquí la gran distancia que separa el *Gerundio* de sus posibles antepasados picarescos. Lo picaresco en la novela de Isla queda reducido al aderezo de ciertas escenas, a lo accesorio, a la salsa del guiso.

La estúpida inconsciencia del protagonista está determinada esencialmente tanto por su herencia como por su medio; sus padres, el lugar de nacimiento, sus primeros maestros, los predicadores que forman y orientan su actividad, el público que la celebra, producen un conjunto de circunstancias a las que el personaje no puede escapar; Gerundio no carece de condiciones personales: «Con este cuidado que el maestro tenía de Gerundico —dice Isla de él—, con la aplicación del niño y con su viveza e ingenio, que realmente le tenía, aprendió fácilmente y presto todo cuanto le enseñaban. Su desgracia fue que siempre le deparó la suerte maestros estrafalarios y estrambóticos como el cojo, que en todas las facultades le enseñaban mil sandeces, formándole desde niño un gusto tan particular a todo lo ridículo, impertinente y extravagante, que jamás hubo forma de quitársele. Y aunque muchas veces se encontró con sujetos hábiles, cuerdos y maduros, que intentaron abrirle los ojos para que distinguiese lo bueno de lo malo..., nunca fue posible apearle de su capricho; tanta impresión habían hecho en su ánimo los primeros disparates» [70].

Sería forzadísimo —comenta Sebold [71]— asegurar que un jesuita aceptara como principio el determinismo hereditario y ambiental, que había de ser la base de las novelas clínicas de Zola más de un siglo después; pero es un hecho que el personaje de Isla resulta prisionero de su propio medio. Sebold se extiende en explicaciones que nos parecen un tanto con-

---

[69] Introducción, cit., pág. LXVII.
[70] Ed. Sebold, cit., I, pág. 107.
[71] Introducción, cit., pág. LXXV

fusas, pues lo que al cabo viene a concluir es que Isla, en el *Gerundio*, casi parece «prever la técnica del novelista francés» [72], y había dicho páginas antes que el desenlace del *Gerundio* se anticipa al de *Germinal* de Zola, la obra maestra del naturalismo. Estos juicios nos parecen ciertos, pero contradicen la supuesta actitud antideterminista del padre Isla. Lo que cabe admitir es que el jesuita podía rechazar el determinismo en teoría, pero se chapuzó a placer en él a lo largo de su novela, fatalmente arrastrado por la índole del problema con que se enfrentaba. La predicación *gerundiana* era un hecho social —que, por añadidura, afectaba a otros círculos religiosos fuera del púlpito— del cual era Gerundio una simple célula. Así como los mineros de *Germinal* no pueden esperar su salvación —recuerda Sebold— más que con una evolución total de la sociedad, del mismo modo la predicación, y todo lo que de ella dependía, no podía esperar su reforma sino a consecuencia de una mejora de la enseñanza en los seminarios y de la cultura y gusto de las gentes [73]. En realidad —pensamos—, Isla se inscribe, por este camino, dentro del círculo de los reformadores sociales ilustrados, que deseaban transformar la

---

[72] Idem, íd., pág. XCI.

[73] Podrían multiplicarse los testimonios de que el mal que hacía posibles los *gerundios*, no estaba sólo en ellos sino en el cuerpo entero de la sociedad, aunque aquéllos halagaban, para mantenerse, la misma corrupción que habían contribuido a producir. El «penitente de fray Matías», para disculpar a los predicadores, dice en sus *Reparos* contra el padre Isla, que la causa de que fuesen tan malos los sermones no estaba sólo en quienes los hacían sino también, y más aún, en la ignorancia de los oyentes. Felipe V —recuerda el «penitente»— había hecho traer a España los mejores sermones de Francia, para que sirvieran de norma a los oradores, pero al ponerse en práctica el nuevo estilo, constituyó un fracaso, «porque gustaban los oyentes de los sermones que no entendían, más que de los sermones que tanto iluminaban. Muchos ignorantes decían que eran sermones secos, porque tenían pocos latines; otros decían que aquello era hablar, pues no citaban muchos santos padres, glosas y textos; otros, finalmente, que no les costaba mucho trabajo, pues no decían: 'Vaya otro realce', como suelen decir otros predicadores famosos que son muy celebrados». Unos aldeanos —sigue contando el penitente— encargaron un sermón en un convento de San Francisco, pero con la exigencia expresa de que les enviaran un *gerundio* de su elección, al que admiraban, y ningún otro: «'y cuidado —añadieron—, que si no nos concede usted este favor, no tiene que enviar fraile alguno a esta villa a pedir limosna: porque se vendrá sin ella'. Viéndose el Prelado amagado de esta censura y excomunión que le apartaba de los bienes temporales y del doblón de a ocho que le valía el sermón, se vio obligado a condescender con la súplica» (ed. Monlau, cit., página 269). «Si estamos viendo —comenta más abajo, después de referir otros ejemplos no menos esclarecedores— que aquellos Fray Gerundios son convidados, rogados o admitidos a predicar en las funciones más clásicas, en los auditorios más respetuosos, como son la villa de Madrid y los consejos de su majestad y supremos tribunales, sin que se los castigue ni prive de oficio, antes sí son elogiados y aplaudidos de los ignorantes, ¿qué quieren que hagan los sabios oradores (a no ser muy santos), sino tomarse este mismo rumbo de honra y provecho, como Fray Blas, para pasar su pobre vida?» (ed. cit., pág. 270). Las «disculpas» del penitente son estupendas, pues por las mismas razones hubiera podido preguntarse cómo iban los predicadores a reprender los vicios, en lugar de estimularlos, siendo así que a la gente le gusta más el pecado que la virtud.

sociedad española partiendo de la educación nacional como raíz primaria. Por eso fray Gerundio no es una personalidad individual, sino un tipo genérico, un «botón de muestra».

Queda todavía un aspecto importante del *Gerundio*, muy bien visto también por Sebold. Isla, al crear a su héroe, tuvo muy presente la teoría aristotélica de la doble imitación —la universal poética y la particular histórica— que Luzán había actualizado poco antes con su *Poética*. La literatura épica e idealista había forjado sus protagonistas mediante la imitación universal, es decir, juntando en un solo individuo los rasgos nobles de muchos. De este hecho dedujo Isla que el héroe satírico tenía que reunir todo lo ridículo de muchos seres concretos: «así conseguiría —dice Sebold— la misma síntesis que Cervantes de la imitación universal y la verdad histórica, no en los cerros del paisaje quijotesco, sino en las cunetas de la historicidad»[74]. Isla en el «Prólogo con morrión» confiesa que ha puesto en práctica aquel procedimiento, es decir, reunir las sandeces de muchos Gerundios para construir uno arquetípico, y afirma que esto es lo que hizo Quevedo con su pícaro y Cervantes con su Quijote. Para Isla, pues, lo genérico del pícaro y lo universal del héroe épico eran el mismo elemento estructural, y ambos se reunían en el *Gerundio*, que lograba así una nueva síntesis. Isla no consiguió, evidentemente, dotar a su héroe cómico de la necesaria calidad para hacerle digno de tan alta misión, porque la abstracción satírica y la hipertrofia didáctica ahogó la flexibilidad humana del personaje, pero consumó, en cambio, la prosificación del héroe épico y preparó con ello el camino de la novela realista. La técnica utilizada, es decir, la observación minuciosa de personas reales y de su medio ambiente, a que hemos aludido, completa su contribución a la novela del futuro. Es muy difícil precisar en qué medida la lección del *Gerundio* pudo aprovechar a los novelistas del xIx; pero ello no obsta para que la obra del padre Isla, frustrada en tantos aspectos, contenga aportaciones de importancia incuestionable para la historia de la novela[75].

---

[74] Introducción, cit., pág. LXXI.

[75] La fecha de la primera aparición del *Gerundio*, a mediados de siglo, parece alejarlo de la época de mayor plenitud de las ideas ilustradas; pero debe tenerse en cuenta que la prohibición inquisitorial demoró la verdadera difusión de la novela hasta finales de la centuria. Tenemos, pues, por cierta la siguiente afirmación de Edith Helman: «En realidad la obra estaba extraordinariamente viva durante las últimas décadas del siglo y su eco fue aumentando de volumen y amplitud conforme iba finalizando el siglo» («El padre Isla y Goya», cit., pág. 215). Diríamos más aún: la mayor boga del *Gerundio* corresponde a la primera mitad del siglo xIx, si nos atenemos al dato capital de las ediciones publicadas; las hubo en España en 1787, 1804, 1813, 1820 —dos, una en Madrid y otra en Barcelona—, 1822, 1830, 1835, 1842, 1846 y 1850, que es la de Monlau; sin olvidar varias ediciones aparecidas en el extranjero, particularmente en Francia (véase Sebold, Introducción, cit., págs. CIII-CV). Poco después de la invasión francesa se proyectó una edición del *Gerundio*, para la cual escribió Moratín un prólogo, más entusiasta que profundo. En esta edición, que se pretendió cuidar limpiándola de los errores de las ediciones furtivas, se iban a su-

LA TRADUCCIÓN DEL «GIL BLAS»

Entre las numerosas traducciones del padre Isla merece destacarse la del *Gil Blas de Santillana,* famosa novela de Lesage, que emprendió, como dijimos, durante su estancia en Bolonia, y, según se cuenta, a ruegos de un caballero valenciano, que se había quedado ciego y le pidió al padre la traducción del libro para venderla y remediar así sus apuros económicos. La traducción apareció en Madrid en 1787, en seis volúmenes, con este título: *Aventuras de Gil Blas de Santillana, robadas a España, adoptadas en Francia por Monsieur Le Sage, restituidas a su Patria y a su Lengua nativa, por un español zeloso, que no sufre que se burlen de su nación.* La traducción llevaba un prólogo de más de veinte páginas, en el que Isla pasaba a detallar la acusación contenida en el título. Según Isla, Lesage había estado muchos años en España como secretario o invitado del embajador de Francia en Madrid. Llevado de su afición a las cosas y gentes de nuestro país hizo amistad con un abogado andaluz, el cual le confió el manuscrito del *Gil Blas;* como quiera que esta novela contenía una sátira contra dos importantes ministros del estado español y hubiera sido imposible publicarla aquí, el autor le pidió a Lesage que la tradujera al francés y la publicara en París como si hubiera sido escrita en aquel reino; encargo que cumplió Lesage apropiándose la obra y dándole su nombre.

---

primir bastantes pasajes didácticos (según declara Moratín en su prólogo) con el fin de aligerar la novela y dejar más vivo el hilo de la acción. Pero la edición no pasó del proyecto, y el prólogo de Moratín quedó inédito hasta que apareció en sus *Obras póstumas* (tomo III, Madrid, 1867, págs. 200-210). Helman dice que «con la reacción de 1814 fue imposible publicar la edición que se había planeado» («El padre Isla y Goya», cit., pág. 215); pero no vemos esto claro: si en 1787, 1804 y 1813 se habían publicado ediciones en Madrid (que Moratín no menciona), lo cual demuestra que se había alzado la prohibición del *Gerundio,* no se comprende por qué la restauración de la Inquisición al regreso de Fernando VII, impidió reeditarlo de nuevo. Lo que quizá no pudo publicarse fue «aquella» edición de Moratín, a causa especialmente de su prólogo, que atacaba abiertamente a la Inquisición, por lo que nada tiene de extraño que ésta la prohibiera, aunque las palabras de Moratín sean todo lo justas que quepa desear: «Existía entonces (ya no existe) —dice— un Tribunal poderoso, porque usurpando la autoridad del báculo y del cetro, era temido de entrambos; opulento, porque heredaba cuando él quería a los que hallaba delincuentes; terrible, porque, facilitando los medios a la acusación, se los negaba a la defensa, y porque a honor de un Dios misericordioso le ofrecía en la hoguera víctimas humanas. Este, haciéndose del partido de los necios, de los pedantes, de los desatinados oradores que tenían convertido el púlpito en un tablado de arlequines, prohibió la *Historia de Fray Gerundio,* porque en ella se censuraban escandalosos disparates, y se enseñaba el arte de explicar al pueblo con método, con erudición oportuna, con grave y elegante estilo los altos misterios de nuestra religión y los preceptos de su moral santísima» (ed. cit., págs. 203-204).

Con tales afirmaciones el padre Isla originó un problema literario largamente debatido, que veremos luego. Digamos de momento que la versión del jesuita ha sido siempre juzgada como de escasa calidad, pues la hizo, sin duda, apresuradamente, pobre de estilo y llena de incorrecciones de lenguaje; suprimió además diversos pasajes, modificó otros con escasa fortuna y dejó sin corregir —aparte los muchos que se le fueron de su cosecha— bastantes errores del original, tipográficos o referentes a nombres de personas y lugares. La obra, sin embargo, tuvo gran aceptación popular, y durante más de medio siglo, convertida en libro de moda, conoció numerosas ediciones, contribuyendo en buena medida a la popularidad del padre Isla. Edith Helman refiere que durante muchos años los estudiantes americanos aprendían el español leyendo ediciones escolares de la traducción del *Gil Blas*. Helman se pregunta cómo era posible que utilizaran esta traducción en lugar de servirse de cualquiera de las novelas picarescas originales, y contesta recordando el extraño caso de que muchos de nuestros personajes literarios y obras de arte son más conocidos a través de las versiones francesas que en su forma original; así, el *Gil Blas*, del que sólo los elementos más superficiales recuerdan a los famosos de sus prototipos españoles, debió de parecer tan convincente, que españoles y no españoles pudieron defender la tesis de que había sido traducido o adaptado de un original español: «Gil Blas —dice Helman— juega al pícaro, pero sus reflexiones, como sus amoríos, son franceses, y las gentes que encuentra en los caminos imaginarios, frailes y bandoleros, cómicos, barberos y demás son también franceses, y las referencias a personajes literarios aluden todas a individuos determinados que eran contemporáneos de Lesage». Y añade: «Sólo el orgullo nacional exacerbado de un expatriado podía cegar de tal manera al Padre Isla, y posteriormente a Llorente, que no descubrieran el *pintoresquismo* del ambiente y de los tipos seudo-españoles retratados y no reconocieran el *Gil Blas* como la españolada que era»[76].

El problema del *Gil Blas* se desarrolló del siguiente modo[77]: Voltaire, enemigo personal de Lesage, había dicho de la novela, al componer una lista de escritores franceses de su tiempo en su *Siècle de Louis XIV*, que estaba tomada enteramente de la *Vida del escudero Marcos de Obregón*. Nadie más volvió a ocuparse de este asunto hasta que Isla dio la noticia que conocemos en el prólogo de su versión; no proporcionaba, sin embargo, prueba alguna ni daba el nombre del abogado andaluz, supuesto autor de la obra, ni declaraba cómo estos hechos habían llegado a su conocimiento. Ticknor negó la atribución del padre Isla, y dijo que Lesage actuó en este campo lo mismo que había hecho en el teatro: comenzó por traducciones

---

[76] «El padre Isla y Goya», cit., págs. 202-203.
[77] Tomamos la exposición que sigue del artículo de Francesco Cordasco, «Llorente and the Originality of the *Gil Blas*», en *Philological Quarterly*, XXVI, 1947, págs. 206-218.

y adaptaciones españolas hasta que se sintió bastante seguro para escribir una obra original; así, después de haber traducido el *Quijote* de Avellaneda y adaptado el *Diablo cojuelo* de Vélez de Guevara, se atrevió al fin con una novela de su propia invención, que es, por cierto, la más notable de las suyas.

La primera refutación francesa procedió del conde François de Neufchateau, quien en 1818 leyó ante la Academia Francesa un informe negando las afirmaciones de Isla, pero en el mismo tono polémico y sin aducir tampoco pruebas positivas en contrario. Llorente, el famoso autor de la *Historia de la Inquisición*, que se encontraba entonces en Francia, envió a la Academia una réplica del escrito de Neufchateau, y como éste insistiera con un nuevo trabajo, Llorente publicó sus *Observations sur Gil Blas*, largo estudio de trescientas páginas, que el mismo año (1822) apareció también en Madrid en versión española. En 1738 —tres años después del *Gil Blas*— Lesage había publicado *Le Bachelier de Salamanque*, que, según confiesa el propio autor, había sido tomado de un manuscrito español inédito. Llorente supone que este manuscrito, en su forma primitiva, había sido también el original del *Gil Blas* y que, en sustancia, contenía las dos novelas; Lesage había publicado primeramente los cuatro volúmenes que constituyen el *Gil Blas* sin confesar su origen, y después *Le Bachelier de Salamanque* como una traducción confesada. Llorente supone que el manuscrito español se llamaba *Historia de las aventuras del Bachiller de Salamanca Don Kerubín de la Ronda*, y que Lesage lo había adquirido de su amigo, el abate Julio de Lionne, hijo del marqués de Lionne, embajador extraordinario de Luis XIV en la corte de Madrid. En cuanto al autor, después de examinar un crecido número de autores de aquella época, Llorente se decide por don Antonio de Solís, el conocido historiador y comediógrafo.

El investigador español no adujo pruebas evidentes de sus varios asertos, pero tampoco las dieron en contrario los críticos que respondieron a su tesis [78]. El problema sigue, de hecho, sin resolver, aunque quizá lo más correcto sea una solución entre los extremos: posiblemente Lesage utilizó algunas fuentes originales manuscritas pero las elaboró por su cuenta, añadiendo episodios que son también otras tantas novelas españolas, o fragmentos de ellas, encajados en el conjunto con más o menos fortuna. Andrés Bello, en su breve comentario a la cuestión [79], rechaza la «tesis española» de Llorente y defiende la sustancial originalidad del *Gil Blas*,

---

[78] H. Robolsky, *Sur l'originalité de Gil Blas*, Berlín, 1857. C. Franceson, *Essai sur la question de l'originalité de Gil Blas; nouvelles observations critiques sur ce roman*. Leipzig, 1857. A. Ricard, *Monographie sur le Gil Blas de Le Sage*, Praga, 1884. L. Claretie, *Le Sage, romancier*, París, 1890.

[79] Andrés Bello, «El *Gil Blas*», en *Obras completas*, vol. IX, *Temas de crítica literaria*, Caracas, 1956, págs. 365-372. Este trabajo fue publicado originariamente en *El Araucano*, de Santiago de Chile, en febrero de 1841.

porque su autor, aunque con materiales de evidente origen español, construyó un conjunto distinto a los modelos, inventó multitud de pormenores, y dio a la novela lo que es más estimable en toda obra de arte: la personalidad y el estilo propios. El *Gil Blas*, en manos de Lesage, resultó una novela picaresca vista a la francesa, con no pocas deformaciones de la realidad española, pero su autor la dotó, en cambio, de una sátira delicada y punzante, de una gracia fina y urbana, de encantadora vivacidad y ligereza en la narración, y de un espíritu más afín con sus otras obras y las de su nación que con los escritores españoles de su misma época o de las anteriores.

DIEGO DE TORRES VILLARROEL

De entre los estudiosos que se han ocupado de la obra de Torres Villarroel —bien escasos, por lo demás— son muy pocos los que han valorado su personalidad con un criterio justo, y saltado por encima de los manidos tópicos con que se ha venido amasando hasta hoy el juicio sobre su obra y bulto humano. La biografía de Torres, que él mismo escribió, y que es el único libro de los suyos que suele leerse, ha contribuido a forjar esa arbitraria imagen de pícaro y estrafalario, que corre como moneda de curso común [80]. Como, por otra parte, toda obra literaria del siglo XVIII queda automáticamente condenada —por el mero hecho de haber nacido en dicha época— a ser o un apéndice del gran siglo barroco o tímido preludio del romanticismo, la producción de Torres se despacha expeditivamente endosándole el uniforme que se tiene ya confeccionado para vestir a todo escritor del Setecientos, sin molestarse en tomarle las medidas. De acuerdo con esta cómoda clasificación, Torres Villarroel ha sido definido como mero epígono de la gran novela picaresca, de la cual —se dice— vivió y escribió el último capítulo. Don Juan Valera dijo de la *Vida* de Torres que «puede considerarse como una novela picaresca, sin maldad que mancille la honra del héroe» [81]; Entrambasaguas afirma

[80] Entre los juicios incomprensivos y arbitrarios sobre Torres son ya clásicos los formulados por Marañón, que parece no haber valorado a este escritor sino a través de las muchas pullas que dirigió a los médicos: «Actuó de médico —dice— y escribió de Medicina Torres de Villarroel, famosísimo tunante, embaucador y mentiroso hasta el cinismo, que ha logrado una fama honorable porque escribía con indudable gracia, aunque es siempre fácil ser gracioso cuando no se tiene responsabilidad» (Gregorio Marañón, «Nuestro siglo XVIII y las Academias», en *Obras Completas*, III, Madrid, 1967, págs. 305-323; la cita en 315). En su libro sobre *Las ideas biológicas del P. Feijoo* lo llama «galopín de la calle» (4.ª ed., Madrid, 1962, pág. 36) a propósito de su elección para la cátedra de Salamanca; y siempre que lo nombra, lo designa con parecidos calificativos.

[81] «Poetas líricos españoles del siglo XVIII», en *Obras Completas*, Aguilar, II, 2.ª ed., Madrid, 1949, pág. 395.

que es «la última novela picaresca de nuestra literatura»[82]; y Valbuena Prat cierra su volumen dedicado a *La novela picaresca española* con la *Vida* de Torres Villarroel, después de haber afirmado en la Introducción que «es nuestra última novela picaresca en la Península»[83], delimitación geográfica que nos deja en la duda de si tenemos otras novelas picarescas nuestras fuera del recinto peninsular.

La vida *real* de Torres Villarroel se supone tan conocida, al menos en sus rasgos más generales, que casi podríamos dispensarnos de resumirla en estas páginas; pero es indispensable hacerlo porque a ella nos hemos de referir por lo menudo, y sin ella sería incomprensible su obra.

LAS DOS «VIDAS» DE TORRES

Diego de Torres Villarroel nació en Salamanca en 1694[84]. Su padre era librero. Después de aprender las primeras letras, pasó a estudiar latín en el pupilaje de don Juan González de Dios, que fue luego catedrático de Humanidades en la Universidad; tres años más tarde ganó por oposición una beca en el Colegio Trilingüe, donde emprendió los que se llamaban, sin mucha propiedad, «estudios mayores», y allí permaneció otros cinco. Los estudios de Torres, en estos años de formación, fueron tan escasos como exigía la deficiente enseñanza de la época y la corta afición que sentía el muchacho por todo trabajo escolar. En su autobiografía el autor se complace en describir las travesuras de su vida estudiantil, a lo largo de las tres citadas etapas, que al cabo le convirtieron en «gran danzante, buen toreador, mediano músico y refinado y atrevido truhán»[85]. Las picardías de Torres no nos parecen, sin embargo, cosa mayor, y no creemos que excedieran demasiado de las muy comunes entre los estudiantes de su tiempo, o de cualquiera. Los «delitos» del joven estudiante consistían en faltar a clase todo lo posible, pelear con sus condiscípulos, hurtar comida en la despensa del colegio, escaparse de noche rompiendo la clausura y torear en las capeas tan frecuentes en las aldeas del campo de Salamanca. Torres debió de tener grandes dotes para el histrionismo; se

---

[82] Joaquín de Entrambasaguas, «Un memorial autobiográfico de don Diego de Torres y Villarroel», en *Boletín de la Real Academia Española*, XVIII, 1931, págs. 395-417; la cita en pág. 396.

[83] Ángel Valbuena Prat, *La novela picaresca española*, 5.ª ed., Madrid, 1966, pág. 79.

[84] El año del nacimiento de Torres ha sido establecido por Guy Mercadier, que ha descubierto y publicado su partida de bautismo, fechada en Salamanca a 18 de junio de 1694; véase *Ínsula*, núm. 197, abril 1963, pág. 14.

[85] *Torres Villarroel. Vida*, ed. de Federico de Onís, «Clásicos castellanos», Madrid, 1912, pág. 57. Citamos siempre los textos de Torres por la edición de Madrid de 1794-1799, segunda impresa de sus *Obras completas*, en 15 volúmenes, y última hasta el presente; a excepción de la *Vida*, las *Visiones y visitas* y *La barca de Aqueronte*, que citamos por sus ediciones modernas como más asequibles al lector.

disfrazaba, según cuenta [86], treinta veces en una noche, y entretenía a los circunstantes con bufonadas y remedos; hacía juegos de titiritero, y acompañaba a la guitarra sus propias tonadillas, para lo cual acudía allí donde hubiese asomo de diversión. Nada, como se ve, que rebase mucho de lo habitual. Ya veremos la significación que tiene en la autobiografía de Torres el énfasis con que él subraya estos desórdenes de su mocedad, y que los comentaristas ponderan a veces ingenuamente.

De lo que fueron sus estudios en el Trilingüe puede orientarnos una anécdota que refiere. El catedrático de Retórica, que era la advocación de su beca, leía a Torres y a otros dos colegiales por un libro castellano que se le perdió una mañana yendo a la escuela; «puso varios carteles, ofreciendo buen hallazgo al que se lo volviese. El papel no pareció, con que nos quedamos sin arte y sin maestro, gastando la hora de la cátedra en conversaciones, chanzas y novedades inútiles y aun disparatadas» [87]. Con tales maestros no es extraño que el travieso Torres se apasionara poco por los estudios. Leyó, sin embargo, por su cuenta y al azar bastantes libros de la tienda de su padre y comenzó a interesarse por las matemáticas y la astrología leyendo un tratado de la esfera, del padre Clavio.

A poco de salir del colegio hizo una escapada, muy a lo «picaresco» esta vez, que lo llevó a Portugal. Apenas entrar dio con un ermitaño y se dejó convencer para acompañarle a su retiro. Debió de retozar un poco con una muchachuela que acudió con su familia al santuario, y asustado de la posible reprimenda escapó de allí para vivir algún tiempo como curandero, danzante y soldado de un regimiento de ultramarinos, donde resistió trece meses, para desertar al fin y regresar a su casa disfrazado entre una tropa de torerillos. Y aquí puede decirse que termina toda la parte picaresca de la vida de Villarroel. Al volver con sus padres a la vida tranquila, dio —como él refiere— «en el extraño delirio de leer en las facultades más desconocidas y olvidadas; y arrastrado por esta manía, buscaba en las librerías más viejas de las comunidades a los autores rancios de la Filosofía natural, la Crisopeya, la Mágica, la Transmutatoria, la Separatoria, y finalmente, paré en la Matemática; estudiando aquellos libros que viven enteramente desconocidos o que están por su extravagancia despreciados» [88]. Sin dirección ni instrumento alguno leyó sobre estas materias cuanto le vino a las manos, y a los seis meses emprendió la publicación, bajo el seudónimo de *El gran Piscator de Salamanca*, de sus famosos *Almanaques* y *Pronósticos anuales*, a los que estuvo, y está, tan vinculada su fama y la leyenda de su vida.

Por instigación de su padre, que solicitó con tal fin una capellanía en la parroquia de San Martín de Salamanca, decidió Torres ordenarse de

---

[86] Ídem, íd., pág. 56.
[87] Ídem, íd., pág. 53.
[88] Ídem, íd., pág. 87

subdiácono; como dice con mucha gracia, «acometióle a mi padre a este tiempo la dichosa vocación de que yo fuese clérigo...» [89]; y así quedó «entre la Epístola y el Evangelio» [90], «con el voto de castidad y el breviario, sin percibir un bodigo del altar», porque la congrua se la disputó un litigante, que decía tener mejores derechos. Algún tiempo después hizo oposiciones a dos beneficios curados del obispado de Salamanca, en los cuales obtuvo la primera o máxima censura. En este estado permaneció hasta los cincuenta y dos años de edad, en que se ordenó de sacerdote.

La *aparición de los Almanaques* y *Pronósticos* provocó una actitud general de hostilidad y recelo. Torres describe la «coyuntura desgraciada» [91] en que salieron a luz estos escritos por la ignorancia que se padecía de tales ciencias en el reino y sobre todo por el aborrecimiento en que se las tenía, hasta el punto de considerar «sospechosa» la fatiga del autor y por «abominable» su paciencia. Desde hacía veinticuatro años, escribe Torres, estaban «persuadidos los españoles, que el hacer pronósticos, fabricar mapas, erigir figuras y plantar épocas, eran dificultades invencibles, y que sólo en la Italia y en otras naciones extranjeras se reservaban las llaves con que se abrían los secretos arcones de estos graciosos artificios. Estaban, mucho antes que yo viniera al mundo, gobernándose por las mentiras del gran Sarrabal, adorando sus juicios, y, puestos de rodillas, esperaban los cuatro pliegos de embustes que se tejían en Milán (con más facilidad que los encajes), como si en ellos les viniera la salud de balde y las conveniencias regaladas. No vivía un hombre en el reino, de los ocultos en las comunidades ni de los patentes en las escuelas públicas, que, como aficionado o como maestro, se dedicase a esta casta de predicciones y sistemas» [92]. Todas las cátedras de las universidades en dichas materias «estaban vacantes, y se padecía en ellas una infame ignorancia. Una figura geométrica se miraba en este tiempo como las brujerías y las tentaciones de San Antón, y en cada círculo se les antojaba una caldera donde hervían a borbollones los pactos y los comercios con el demonio. Esta rudeza, mis vicios y mis extraordinarias libertades me hicieron infelices mis trabajos y aborrecidas con desventura mis primeras tareas» [93]. Para sosegar las «voces perniciosas» que levantaron los desocupados y envidiosos, solicitó el nombramiento de sustituto de la cátedra de Matemáticas de Salamanca que había estado «sin maestro treinta años y sin enseñanza más de ciento cincuenta» [94]. Obtuvo el puesto y enseñó durante dos años a buen número de discípulos; al cabo

---

[89] Idem, íd., pág. 92.
[90] Idem, íd., pág. 93.
[91] Idem, íd., pág. 88.
[92] Idem, íd., págs. 89-90.
[93] Idem, íd., pág. 90.
[94] Idem, íd., pág. 91.

de este tiempo, presidió un acto de conclusiones geométricas, astronómicas y astrológicas, al que asistió numerosísimo concurso y que debió de resultar un ejercicio tan raro como una función de magia.

Surgió entonces en la Universidad la pretensión de hacer alternativas las cátedras[95], y a consecuencia de las disputas promovidas Torres fue encarcelado durante seis meses, pues se le acusó injustamente de haber compuesto unas furiosas sátiras contra quienes votaron a favor de la alternativa. Al reconocérsele inocente, salió de la cárcel y se le nombró, para desagraviarle, Vicerrector de la Universidad. Pero la vida en ella, entre los dómines que la habitaban, debió de serle poco grata al joven Vicerrector, sobre el que llovió la mala voluntad y el resentimiento de muchos. Torres se desquitaba con sus zumbas habituales, como la fundación del «Colegio del Cuerno», que dio mucho que hablar, y al fin determinó salir de Salamanca y buscar «mejor opinión»[96] en Madrid. Allí vivió por algún tiempo muy estrechamente, sufriendo «horribles hambres», hasta el punto, dice, de que de tan corrido y acobardado como le tenía la necesidad «nunca me atreví a ponerme delante de quien pudiese remediar los ansiones de mi estómago. Huía a las horas de comer y de cenar de las casas en donde tenía ganado el conocimiento y granjeada la estimación; porque concebía que era ignominia escandalosa ponerme hambriento delante de sus mesas. Yo no sé si esto era soberbia u honradez; lo que puedo asegurar es que, de honrado o de soberbio, me vi muchas veces en los brazos de la muerte»[97].

De tales apuros vino a sacarle su conocida actuación en el palacio de la condesa de Arcos. Desde hacía varias noches se venían oyendo unos extraños ruidos que tenían amedrentada a la condesa y a su servidumbre. Por mediación de un sacerdote amigo, Torres fue llamado por la condesa para descubrir la causa del ruido y hacerlo cesar, pues todos pensaban que era cosa de duendes y encantamientos y se tenía a Torres por un especialista en la materia. Durante once días, Torres, armado de un espadón, trató sin éxito de descubrir el misterio; pero al cabo de ellos, le dieron los «fantasmas» tan tremendo susto, que la condesa se decidió a abandonar el palacio y trasladarse a otra residencia. No obstante, agra-

---

[95] El problema de la *alternativa* consistía en lo siguiente. En las cátedras de Filosofía de la Universidad de Salamanca, las varias materias se explicaban según los textos de diversos maestros, dominicos o jesuitas, pero con predominio de los primeros. Quienes cursaban en Salamanca tenían, pues, que estudiar básicamente las doctrinas tomistas; y la disputa versaba sobre si se había de seguir en los estudios la escuela tomista o la de los jesuitas, o *alternativamente*, según se practicaba en Alcalá. El pleito se resolvió al fin por un Real Decreto (marzo, 1718), que establecía la *alternativa*. Torres Villarroel había sido enemigo de esta solución. Cfr. Antonio García Boiza, *Don Diego de Torres Villarroel. Ensayo biográfico*, Madrid, 1949, páginas 44-47.

[96] *Vida*, ed. cit., pág. 98.

[97] Idem, íd., pág. 100.

deció la intervención de Torres ofreciéndole un puesto en su casa, a cama y mantel, donde vivió el salmantino durante dos años leyendo y estudiando lo que le apetecía.

En el *Almanaque* de 1724 pronosticó Torres, y acertó, la muerte del joven rey Luis I, que falleció efectivamente aquel mismo año. Con este motivo se desataron los ataques contra el *Piscator*, porque pocos dudaban de que había acertado por «arte del demonio» [98]. Salieron «papelones» de todo género contra el autor de los almanaques, y «entre la turba» se entrometió el famoso médico Martín Martínez, el gran amigo de Feijoo, con un *Juicio final de la astrología*, al que respondió Villarroel con su *Entierro del Juicio Final* [99]. Como la disputa continuaba, prometió Villarroel visitar los enfermos de Martínez y publicar cada semana en la *Gaceta* la historia de sus difuntos. Martínez, asustado —dice Torres— por «la facilidad con que impresionaría al público de los errores de su práctica, en la que le iba la honra y la comida» [100], pidió perdón y quedaron luego muy amigos.

Poco después, por consejo y casi presión del obispo Herrera —gran aficionado a los escritos del *Piscator*—, que había sido nombrado presidente del Real Consejo de Castilla, Torres decidió volver a Salamanca para opositar a la cátedra de Matemáticas. Las oposiciones de Torres y su triunfo hicieron época en los anales de la Universidad. Sus enemigos se multiplicaron para desprestigiarle, «asegurando que la tropelía de mi genio y la poca sujeción de mi espíritu produciría notables inquietudes en la pacífica unión de los demás doctores» [101], y propusieron un examen secreto, pero Torres hizo valer la ley, alegando que no había examinadores aptos para ello. Al acto asistió tan gran multitud que quedaron muchas personas sin poder entrar en la sala, y las intervenciones de Torres fueron celebradas con aplausos y vítores. Torres ganó la oposición por sesenta y cuatro votos contra tres, y tres abstenciones; y al conocerse el resultado, una inmensa turba de estudiantes, cargados de armas, acompañó hasta su casa al nuevo catedrático, disparando tiros y cohetes. A la noche siguiente se organizó una cabalgata de estudiantes que recorrió la ciudad con hachones y otras luminarias, fiesta a la que se sumaron los

---

[98] Idem, íd., pág. 110.

[99] Incluido en el vol. XI de sus *Obras completas*, ed. cit., págs. 191-257; su título completo es, *Entierro del Juicio Final y vivificación de la Astrología, herida con tres llagas en lo Natural, Moral y Político; y curada con tres parches. Parche primero: La Astrología es buena y cierta en lo Natural. Parche segundo: La Astrología es verdadera y segura en lo Moral. Parche tercero: La Astrología es útil y provechosa en lo Político.* Torres publicó luego unas *Posdatas de Torres a Martínez*, incluidas en el vol. cit., págs. 258-278.

[100] *Vida*, ed. cit., pág. 110.

[101] Idem, íd., pág. 116.

vecinos, y hasta en los miradores de las monjas, cuenta Torres, «no faltaron las luces, los pañuelos ni la vocería»[102].

Sería necio suponer que el entusiasmo popular por Torres procediera de su elevada calidad científica; ya conocemos cuál era entonces el nivel de los conocimientos matemáticos en España y la opinión más común que sobre ellos se tenía, incluso entre los doctos. La índole de los promotores de su triunfo callejero demuestra que la algazara estudiantil celebraba en Torres algo especial que tenía poco que ver con las ciencias. Torres, despreciado y satirizado por quienes profesaban de graves, disfrutaba, en cambio, por aquellas fechas de una enorme popularidad entre la masa del público que compraba y leía vorazmente sus almanaques. La persona de Torres gozaba además entre los estudiantes de la Universidad del prestigio ganado por su desenvoltura y sus franquezas, el tono de audacia y novedad de todas sus actitudes y el carácter extraño y casi misterioso de su ciencia y de sus escritos; después de describir su propio triunfo, añade: «Este fue todo el suceso, y todo este clamor, aplauso, honra y gritería hizo Salamanca por la gran novedad de ver en sus escuelas un maestro rudo, loco, ridículamente infame, de extraordinario genio y de costumbres sospechosas»[103]. La ciencia matemática de Villarroel debía de ser, como veremos luego, muy poco profunda; pero se beneficiaba hábilmente de la resonancia que le granjeaban por todas partes sus escritos menos científicos. Debe aclararse, además, que la matemática, para Torres y sus coetáneos, formaba parte de un conjunto de ciencias, que gozaron bien pronto de plena autonomía, pero que entonces se mezclaban y confundían en un pintoresco revoltijo; esta variedad explica que Torres tuviera materia suficiente para llenar sus clases con un mediano saber, alternando la pura matemática con otros muchos experimentos que no se diferenciaban gran cosa de la física recreativa.

Los cursos de don Diego transcurrieron con discreto éxito, y aunque nunca fueron muchos los alumnos matriculados que concurrieron a ellos, asistieron siempre curiosos que estudiaban en otras facultades.

Por aquel tiempo hizo Torres gran amistad con el caballero don Juan de Salazar, que le hospedaba en su casa de Medinaceli o de Madrid durante los períodos de vacaciones o en las escapadas que hacía de su cátedra. Salazar fue cierto día provocado por «un clérigo poco detenido», y echando mano a la espada «abrió con ella en los cascos del provocante un par de roturas de mediana magnitud»[104]. El lance, en el que juzgaron comprometido también a Torres, acabó enviando a don Juan por seis años al presidio del Peñón y desterrando a Torres sin término de tiempo

[102] Idem, íd., pág. 121.
[103] Idem, íd., págs. 121-122.
[104] Idem, íd., pág. 131.

de los dominios de España. Antes de que pudieran dar con ellos huyeron hacia Francia y llegaron hasta Burdeos con ánimo de alcanzar París, pero al fin decidieron regresar a España para pedir justicia al rey. Villarroel no la obtuvo y hubo de salir para Portugal, donde residió un par de años, hasta que, levantado el destierro, regresó a Salamanca y a su cátedra.

Con el ánimo de cumplir promesas que había hecho durante el destierro, marchó a pie a visitar el sepulcro del apóstol Santiago, «reventando de peregrino» [105], viaje en el que invirtió cinco meses. Es importante este episodio porque permite comprobar hasta qué extremo había cundido por todas partes la popularidad de Torres y qué índole de admiración provocaban en su tiempo los escritos de que era autor. Con su peculiar desenfado refiere Torres su paso por los pueblos, lo mismo de España que de Portugal, pues hizo parte del camino a través de este reino: «Convocábanse, en los lugares del paso y la detención, las mujeres, los niños y los hombres a ver el *Piscator*, y, como a oráculo, acudían llenos de fe y de ignorancia a solicitar las respuestas de sus dudas y sus deseos. Las mujeres infecundas me preguntaban por su sucesión, las solteras por sus bodas, las aborrecidas del marido me pedían remedio para reconciliarlos; y detrás de éstas soltaban otras peticiones y preguntas raras, necias e increíbles. Los hombres me consultaban sus achaques, sus escrúpulos, sus pérdidas y sus ganancias. Venían unos a preguntar si los querían sus damas; otros, a saber las venturas de sus empleos y pretensiones; y, finalmente, venían todos y todas a ver cómo son los hombres que hacen los pronósticos; porque la sinceridad del vulgo nos cree de otra figura, de otro metal o de otro sentido que las demás personas; y yo creo que a mí me han imaginado por un engendro mixto de la casta de los diablos y los brujos» [106].

Pero es el caso que no era solamente la gente del pueblo la que tributaba a Torres su admiración; quizá ningún escritor de su tiempo tuvo tal acceso con personas de elevada condición y sobre todo con la nobleza. Para hacer callar a sus enemigos, que procedían en particular de entre sus émulos y compañeros de profesión, Torres exhibe muchas veces, a lo largo de su *Vida*, la lista de sus relaciones sociales, como en este pasaje hacia el final del «Trozo cuarto»: «Hago todos los años dos o tres escapatorias a Madrid, sin el menor desperdicio de mi casa; porque en la de la excelentísima señora duquesa de Alba, mi señora, logro su abundantísima mesa, un alojamiento esparcido, poltrón y ricamente alhajado; y lo que es más, la honra de estar tan cercano de sus pies. Por los respetos de esta excelentísima señora me permiten los más de su carácter y altura

---

[105] Idem, íd., pág. 150.
[106] Idem, íd., pág. 151.

la frecuencia en sus estrados, honrando a mi abatimiento con afabilísimas piedades. Los duques, los condes, los marqueses, los ministros y las más personas de la sublime, mediana y abatida esfera, me distinguen, me honran y me buscan, manifestando con sus solicitudes y expresiones el singular asiento que me dan en su estimación y en su memoria. No he tocado puerta en la corte ni en otro pueblo que no me la hayan abierto con agasajo y alegría. El que imagine que este modo de explicar las memorables aficiones que debo a las buenas gentes, es ponderación o mentira absoluta de mi jactancia, véngalo a ver, y le cogerá el mismo espanto que a mí que le toco. Véngase conmigo el incrédulo pesaroso de mi estimación, y se ahitará de cortesías y buenos semblantes» [107].

En 1742 publicó Torres los cuatro primeros «Trozos» de su *Vida*, de la que se hicieron cinco ediciones aquel mismo año: tres legales y dos furtivas. Con este motivo se alzó de nuevo la borrasca de los maldicientes que, según dice el mismo Torres, le dispararon más de ochenta escritos satíricos, casi todos escondidos tras el seudónimo. Si sus publicaciones habituales irritaban la estirada gravedad de muchos lectores y de sus compañeros de claustro, la *Vida* debió de parecerles el límite del descaro y la presunción, más aún porque, aunque Torres jamás escribe un nombre propio sino para elogiarle, sacudía sin compasión a los fantasmones que disfrutaban cargos y sinecuras, dignidades y cátedras, oficios y puestos de autoridad.

Poco después, estimulado por una doble llamada, del cuerpo y del espíritu, ambos ya cansados, Torres solicitó el diaconado en febrero de 1754, y un mes más tarde se ordenaba de presbítero en Salamanca, cumplidos ya los 52 años de su edad y a los treinta de haberse ordenado de subdiácono. Torres confiesa que había dilatado siempre esta decisión, porque nunca se había sentido digno del sacerdocio ni capaz de conducirse con la dignidad que exigía tal ministerio.

A mediados de 1745 padeció Torres una grave enfermedad, descrita prolijamente en el «Trozo quinto» de su *Vida*, que le ofrece oportunidad para verter su inextinguible ojeriza contra los médicos, los cuales, en aquella ocasión al menos, debieron de atormentarle a conciencia.

La jubilación de don Diego merece ser comentada. En 1750, después de 24 años de cátedra, Torres pidió su jubilación, antes, sin duda, del tiempo legal, irregularidad a la que habían de sumarse las ausencias ocasionadas por su destierro, su peregrinación a Santiago y sus enfermedades, sin contar las muchas que hacía Torres por su cuenta. Don Diego envió un Memorial al Real Consejo de Castilla haciendo confesión de todas las faltas cometidas contra sus deberes de catedrático, pese a lo

---

[107] Idem, íd., págs. 154-155.

cual solicitaba el retiro que ya exigían sus achaques. El Consejo pidió informe a la Universidad, y Torres se dirigió por su parte a ésta, repitiendo su anterior confesión, pero aduciendo, en cambio, sus servicios y sus escritos. El Claustro emitió dictamen, en el que, como afirma Federico de Onís [108], se demuestra bien a las claras la inquina que sentía contra don Diego, cualesquiera que fuesen las razones legales que se aducían. Para negar la jubilación, afirmaba el Claustro que las obras de Torres carecían «de erudición selecta y doctrina sólida, ni por ellas se puede estudiar ni aprovechar en facultad alguna»; no parece razonable —comenta García Boiza— [109] que a un hombre tan loco, cuyos libros *no son del día* y en los cuales *no hay erudición escogida y docta*, tuvieran los doctores de la Universidad tanto empeño en retenerlo entonces en sus Generales; pero está claro que ya que no habían conseguido expulsarlo antes, se vengaban ahora reteniéndolo para que no se marchara antes de tiempo con su sueldo de jubilado. García Boiza rechaza oportunamente algunas acusaciones formuladas por el Claustro, ya que el destierro de Torres había sido injusto, según luego se comprobó, y el viaje a Santiago había sido autorizado por la propia Universidad. Lo cierto es que el monarca, Fernando VI, concedió por real decreto la jubilación, documento que Torres decía guardar celosamente, «para desvanecer las sombras del informe» [110]. Torres comenta con su habitual desparpajo la actitud de la Universidad en el «Trozo quinto» de su *Vida* y algunos párrafos merecen reproducirse: «Yo disculpo en la universidad el poco amor con que me ha tratado: lo primero porque yo soy en sus escuelas un hijo pegadizo, bronco y amamantado sin la leche de sus documentos. En sus aulas no se consienten ni se crían escolares tan altaneros ni tan ridículos como yo, ni en ellas se especulan ni practican los disparates y fantasías que yo agarré al vuelo por el mundo, cuando lo vagaba libre y alegre; y, a la verdad, nunca me hallé con gusto ni me sentí con humor de aprender los arrebatamientos, profundidades y tristezas con que hacen los negocios de su sabiduría. Lo segundo, porque mi temperamento y mi desenfado es enteramente enemigo a la crianza y al humor de sus escolares; porque ellos son unos hombres serios, tristes, estirados, doctos, llenos de juicio, penetraciones y ambigüedades; y yo soy un estudiantón botarga, despilfarrado, ignorante, galano, holgón, y tan patente de sentimientos, que siempre que abro la boca, deseo que todo el mundo me registre la tripa del cagalar» [111]. El tremendo contraste que la desbordada personalidad de Torres había de producir en el amojamado claustro salmantino de aque-

[108] Idem, íd., pág. 228, nota 1-2.
[109] *Don Diego de Torres Villarroel. Ensayo biográfico*, cit., págs. 115-116.
[110] *Vida*, ed. cit., pág. 230.
[111] Idem, íd., págs. 231-232.

lla primera mitad del setecientos, queda sobradamente declarado en estos párrafos.

En 1752 se publicó la primera edición completa de las *Obras* de Torres impresa durante su vida. La edición se hizo por suscripción pública: primera ocasión en que esto sucedía y de lo cual se envanece justamente el autor. La suscripción fue encabezada por el rey, y seguía la reina madre Isabel Farnesio, el cardenal infante don Luis Antonio, el marqués de la Ensenada, lo más destacado de la nobleza, bibliotecas de universidades, Colegios Mayores y principales comunidades del reino, y multitud de religiosos y particulares. Tan sólo faltó en la lista la Universidad de Salamanca. Torres, después de dar la relación de los suscriptores en el tomo primero de sus *Obras completas*, escribe esta nota: «Es muy posible que el lector, que repase esta lista, eche de menos en ella la librería de la universidad de Salamanca, que es la única que falta de las universidades y comunidades mayores del reino; yo no me atrevo a sospechar ni a desear saber la causa de tan extraño desvío. El curioso, que lo quiera saber, se lo puede preguntar a la universidad, recopilada en los comisarios de su librería, o a sus particulares doctores; y me alegraré mucho que sus expresiones dejen tan enteramente culpadas mis obras, mi ingenio o mi conducta, que nunca se sospeche que esta gran madre trata con desprecio o poco amor a sus hijos» [112]. En el «Trozo sexto» de su *Vida* Torres comenta el hecho y escribe: «Yo estoy bien persuadido a que a la severidad y circunspección de mi claustro le sería muy duro y vergonzoso ver a su venerable nombre grabado en la testera de unas obras ridículas, pueriles, inútiles y rebutidas de burlas, ociosidades y delirios desmesurados, y hechas al fin por un mozo libre, desenfadado y desnudo de aquella seria, misteriosa y encogida crianza con que dirige a sus escolares; pero este vergonzoso temor sólo debió durar hasta mejor informe» [113]. Y después de enumerar a muchos de los que honraron su edición, comenta, olvidando esta vez su tono de zumba para dejar entrever el escozor que le ocasionaba el rechazo de sus colegas: «...digo, que habiendo visto este honrado catálogo, debía la universidad haber depuesto y aburrido sus rubores y los resentimientos que podía tener de mis libertades y delirios, imitando a la piedad del rey y a la clemente bizarría de tantas ilustres, autorizadas, sabias y discretas comunidades y personas; finalmente, esperaba a que su amor y su sabiduría quitasen al mundo el motivo de haber afirmado, que en este desaire tan estudiado e importuno, más se declaran los esfuerzos de una envidia irritada, que los halagos y disimulos de una madre regularmente cariñosa» [114].

---

[112] Idem, íd., pág. 249, nota.
[113] Idem, íd., pág. 250.
[114] Idem, íd.

Después de la jubilación siguió Torres trabajando en diversas comisiones de la Universidad e interviniendo en varios asuntos de importancia, que ya no podemos, sin embargo, detallar aquí. El hecho de mayor interés es el proyecto que presentó a la Universidad, de fundar en ella una a modo de Academia para explicar el manejo de unos globos e instrumentos que, como encargado de abastecer la biblioteca en estas materias, había adquirido Torres en París. Don Diego no pedía sino el permiso del Claustro, pues se ofrecía para trabajar en la Academia sin remuneración, acompañado de un sobrino suyo, que le había sucedido en la cátedra. Se autorizó a don Diego para que «explicara los globos» en la biblioteca o en cualquier otra pieza que se fijara, y si el público respondía a este llamamiento y se comprobaba su utilidad, se trataría de la fundación solicitada. El público acudió con entusiasmo, pero enseguida se dejaron sentir los efectos de los enemigos de Villarroel. El catedrático padre Rivera se opuso a la fundación, aduciendo reparos como los que siguen, que merecen ser recordados: «¿Qué prendas han logrado los catedráticos de Matemáticas de que en adelante, si se erigiese la Academia, será igual el número de los oyentes? ¿Qué indicios ofrecen, qué exhiben de que los rige el noble impulso de instruirse? ¿De dónde nos consta su aprovechamiento?» [115]. Y comenta García Boiza: «Así sigue haciendo preguntas, que estarían bien más tarde; pero después de dos meses escasos de explicaciones, ¿qué certificaciones de suficiencia, ni qué matemáticos quería sacar el buen Padre? En cambio insinúa el reverendísimo, que, según noticias que han llegado a él, no sólo le inspira desconfianza esta Academia, sino que llega a decir que si ésta se fundase *sería* (son sus palabras) *oficina de nuestro deshonor*» [116]. La oposición del padre Rivera logró que la Universidad suspendiese «por ahora» la fundación de la Academia de Matemáticas.

De los últimos años de don Diego se tienen pocas noticias. Todavía asistía a los Claustros hasta mediados de 1769. Murió, probablemente de un ataque de apoplejía, el 19 de junio de 1770, a los setenta y siete de edad, en el palacio de Monterrey de Salamanca, donde ocupaba desde hacía bastantes años varias habitaciones que la duquesa de Alba había puesto a su disposición. Dispuso que su entierro fuera humilde, «sin ningún género de pompas, sin música ni lloronas» [117], y también por su expresa voluntad fue inhumado en la pobrísima iglesia que los padres Capuchinos tenían en la Glorieta. La Universidad tardó cuatro años en celebrar las honras fúnebres de don Diego. García Boiza no ha conseguido averiguar los motivos de esta demora, pero algo —dice— dejan entrever estas palabras, con que comenzó su oración, en la capilla de San Jeró-

---

[115] Cit. por García Boiza en *Don Diego de Torres...*, cit., págs. 146-147.
[116] Ídem, íd., pág. 147.
[117] Cit. por García Boiza en ídem, íd., pág. 181.

nimo de la Universidad, el padre Cayetano Antonio de Fayalde, doctor teólogo del Claustro: «¿Pero qué? Los defectos que realmente pudo haber en D. Diego de Torres, o los que acaso le atribuyó la malicia, ¿son bastantes para que no merezca nuestra memoria?» [118]. Creemos que estas palabras no sólo dejan entrever, sino que revelan claramente que la inquina del grave claustro contra don Diego persistía después de su muerte, y que fueron precisos varios años para que la distancia adormeciera un poco la mala voluntad.

La vida de don Diego requiere ser completada con una descripción de su persona, que él mismo nos ofrece con visible delectación: «Las corcovas —dice al comienzo del «Trozo tercero»—, los chichones, tiznes, mugres y legañas que he plantado en mi figura, las más son sobrepuestas y mentirosas; porque me ha dado la piedad de Dios una estatura algo más que mediana, una humanidad razonable y una carne sólida, magra, enjuta, colorada y extendida con igualdad y proporción, la que podía haber mantenido fresca más veranos que los que espero vivir, si no la hubieran corrompido los pestilentes aires de mis locuras y malas costumbres» [119]. Y sigue más abajo: «Yo tengo dos varas y siete dedos de persona; los miembros que la abultan y componen tienen una simetría sin reprehensión; la piel del rostro está llena, aunque ya me van asomando hacia los lagrimales de los ojos algunas patas de gallo; no hay en él colorido enfadoso, pecas ni otros manchones desmayados. El cabello (a pesar de mis cuarenta y seis años) todavía es rubio; alguna cana suele salir a acusarme lo viejo; pero yo las procuro echar fuera. Los ojos son azules, pequeños y retirados hacia el colodrillo. Las cejas y la barba, bien rebutidas de un pelambre alazán, algo más pajizo que el bermejo de la cabeza. La nariz es el solecismo más reprehensible que tengo en mi rostro, porque es muy caudalosa y abierta de faldones: remata sobre la mandíbula superior en figura de coroza, apaga humos de iglesia, rabadilla de pavo o cubilete de titiritero; pero, gracias a Dios, no tiene trompicones ni caballete, ni otras señales farisaicas. Los labios, frescos, sin humedad exterior, partidos sin miseria y rasgados con rectitud. Los dientes, cabales, bien cultivados, estrechamente unidos y libres del sarro, el escorbuto y otros asquerosos pegotes. El pie, la pierna y la mano son correspondientes a la magnitud de mi cuerpo; éste se va ya torciendo hacia la tierra, y ha empezado a descubrir un semicírculo a los costillares, que los maldicientes llaman corcova. Soy, todo junto, un hombrón alto, picante en seco, blanco, rubio, con más catadura de alemán que de castellano o extremeño. Para los bien hablados soy bien parecido; pero los marcadores de estaturas dicen

---

[118] Cit. por ídem, íd., pág. 181.
[119] *Vida*, ed. cit., pág. 71.

que soy largo con demasía, algo tartamudo de movimientos y un si es
no es derrengado de portante» [120]

Sería pecado prescindir —porque podemos gozar a la vez de la delicia
de su propia prosa— del retrato moral del *Gran Piscator*, largo en demasía para poder reproducirlo completo, pero del que cabe seleccionar
las pinceladas más notables: «Soy —dice— regularmente apacible, de
trato sosegado, humilde con los superiores, afable con los pequeños y, las
más veces, desahogado con los iguales. En las conversaciones hablo poco,
quedo y moderado, y nunca tuve valor para meterme a gracioso, aunque
he sentido bullir en mi cabeza los equívocos, los apodos y otras sales,
con que sazonan los más políticos sus pláticas. Hállome felizmente gustoso entre toda especie, sexo y destino de personas; sólo me enfadan los
embusteros, los presumidos y los porfiados; huyo de ellos luego que los
descubro; con que paso la vida dichosamente entretenido. Tal cual resentimiento padece el ánimo en las precisas concurrencias, donde son inexcu-
sables los pelmazos, los tontos y otras mezclas de majaderos, que se tro-
piezan en el concurso más escogido; pero éste es el mal de muchos y
consuelo mío; sufro sus disparates con conformidad y tolerancia, y me
vengo de sus desatinos con la pena que presumo que les darán mis desconciertos... Trato a mis criados como compañeros y amigos, y, al paso
que los quiero, me estoy lastimando de que les haya hecho la fortuna la
mala obra de tener que servirme. Jamás he despedido a ninguno; los
pocos que me han acompañado, o murieron en mi casa o han salido de
ella con doctrina, oficio o conveniencia. Los actuales que me asisten no
me han oído reñir ni a ellos ni a otro de los familiares, y el más moderno
tiene ocho años en mi compañía. Todos comemos de un mismo guisado
y de un mismo pan, nos arropamos en una misma tienda, y mi vestido,
ni en la figura ni en la materia, se distingue de los que yo les doy. El que
anda más cerca de mí es un negro sencillo, cándido, de buena ley y de
inocentes costumbres; a éste le pongo más de punta en blanco, porque
en su color y su destino no son reparables las extravagancias de la ropa;
yo me entretengo en bordar y en ingreír sus vestidos, y logro que lo vean
galán y a mí ocupado. Ni a éste ni a los demás les entretengo en las
prolijidades y servidumbres que más autoriza la vanidad que la conveniencia; y aun siendo costumbre por acá, entre los amos de mi carácter
y grado, llevar a la cola un sirviente en el traje de escolar, en ningún
tiempo he querido que vayan a la rastra. Yo me llevo y me traigo solo

---

[120] Idem, íd., págs. 72-73. No se comprende cómo Entrambasaguas ha podido decir
de don Diego que era «de fealdad incomparable» («Un memorial autobiográfico...», cit.,
pág. 396). Todo el autorretrato de Villarroel, dibujado con evidente delectación y
satisfacción de sí propio, evidencia un físico prócer, robusto y viril, como era, en
efecto, toda su persona. No tenía nada de «lindo», pero nada tampoco que ni remo-
tamente hiciera pensar en fealdad.

donde he menester; me visto y me desnudo sin edecanes; escribo y leo,
sin amanuenses ni lectores; sirvo más que mando; lo que puedo hacer por
mí, no lo encargo a nadie; y, finalmente, yo me siento mejor y más acomodado conmigo que con otro. Si este es buen modo de criar sirvientes o
de portarse como servidos, ni lo disputo, ni lo propongo, ni lo niego; yo
digo lo que pasa por mí, que es lo que he prometido» [121]. Después de un
curioso y extenso comentario —al que habremos de referirnos luego—
sobre las brujas, duendes y espíritus y el escaso temor que le ocasionan,
prosigue con su etopeya: «En el gremio de los vivientes no encuentro
tampoco espantajo que me asuste. Los jácaros de capotillo y guadajeño,
y el suizo con los bigotones, el sable y las pistolas son hombres con miedo;
y el que justamente presumo en ellos, me quita a mí el que me pudieran
persuadir sus apatuscos, sus armas y sus juramentos. Los mormuradores,
los maldicientes y los satíricos, que son los gigantones que aterrorizan
los ánimos más constantes, son la chanza, la irrisión y el entretenimiento
de mi desengaño y de mi gusto. El mayor mal que éstos pueden hacer es
hablar infamemente de la persona y las costumbres; esta diligencia la
he hecho yo repetidas veces contra mí y contra ellos, y no he conocido la
menor molestia en el espíritu; y después de tantas blasfemias, injurias
y maldiciones, me ha quedado sana la estimación; tengo, bendito sea
Dios, mis piernas y mis brazos enteros y verdaderos; no me han quitado
nunca la gana del comer, ni la renta para comprarlo; con que es disparate
y necedad acoquinada vivir temiendo a semejantes fantasmones... Finalmente, digo, con ingenuidad, que no conozco el miedo, y que esta serenidad no es bizarría del corazón, sino es desengaño y poca credulidad en
las relaciones y en los sucesos, y mucha confianza en Dios, que no permite que los diablos ni los hombres se burlen tan a todo trapo de las
criaturas. Los que producen en mi espíritu un temor rabioso, entre susto
y asco, enojo y fastidio, son los hipócritas, los avaros, los alguaciles, muchos médicos, algunos letrados y todos los comadrones; siempre que los
veo me santiguo, los dejo pasar, y al instante se me pasa el susto y el
temor» [122].

Todavía queda otro capital aspecto de la vida de Torres, el económico,
sin el cual no quedaría convenientemente trazada su silueta ni podría
entenderse del todo la significación que hay que conceder a su personalidad literaria. Posiblemente, Torres Villarroel es el primer escritor español que logró vivir desahogadamente, y hasta con lujo, del solo producto de
su pluma. Su autobiografía abunda en informaciones de esta especie, y
tal exhibición de bien remunerada profesionalidad posee el valor de una
declaración de principios. García Boiza, comentando esta faceta de la

---

[121] *Vida*, ed. cit., págs. 76-77, 79-80.
[122] Idem, íd., págs. 83-84, 85.

vida de Torres afirma que era un potentado de la época [123]; y aunque es cierto que, además del sueldo de la Universidad, disfrutaba de varias capellanías y recibía muchos regalos en especie de los nobles cuyas fincas administraba, sin contar con que vivió gratuitamente largos años en el palacio de Monterrey, los más de sus ingresos procedían de la venta de sus libros, que tuvieron una aceptación popular nunca conocida: «He derramado —dice— entre mis amigos, parientes, enemigos y petardistas, más de cuarenta mil ducados que me han puesto en casa mis afortunados disparates. En veinte años de escritor he percibido más de dos mil ducados cada año, y todo lo he repartido, gracias a Dios, sin tener a la hora que esto escribo más repuestos que algunos veinte doblones, que guardará mi madre, que ha sido siempre la tesorera y repartidora de mis trabajos y caudales. Si a algún envidioso o malcontento de mis fortunas le parece mentira o exageración esta ganancia, véngase a mí, que le mostraré las cuentas de Juan de Moya y las de los demás libreros, que todavía existen ellas, y vivo yo y mis administradores» [124]. En una declaración firmada por Torres para el *Catastro del Marqués de la Ensenada* afirma percibir una cantidad anual por la impresión de sus pronósticos que, según la estimación de García Boiza [125], iguala a la que podrían obtener en nuestros días los escritores mejor pagados. En *El ermitaño y Torres*, una de sus obras más curiosas, don Diego declara una vez más, desenfadadamente, que la necesidad de vivir era la madre de sus escritos: «Los más —dice— de los que celebran mis papeles son tan salvajes como el Autor, y sólo los aplauden los aficionados a panderos, castañuelas y cascabel gordo. La necesidad ha tenido mucha influencia en esta parte, porque yo estaba hambriento y desnudo con que no trataba de enseñar, sino de comer y de ganar para la decencia y el abrigo; esto lo he publicado muchas veces en mis impresos y es lo que debes sentir de mis obras» [126].

Pero sería muy erróneo estimar semejantes palabras como confesión de bajo interés o de pobreza, cierta o fingida, sino, muy al contrario, como una afirmación de orgullosa independencia, ganada solamente con su pluma; independencia que le libró de convertirse en un parásito o petardista, tan al uso: «Siempre —dice en la Introducción a su *Vida*— he conservado un aborrecimiento espantoso a los intereses, honras, aplausos, pretensiones, puestos, ceremonias y zalamerías del mundo. La urgencia de mis necesidades, que han sido grandes y repetidas, jamás me pudo arrastrar a las antesalas de los poderosos; sus paredes siempre estuvieron quejosas de mi desvío, pero no de mi veneración. Nunca he presentado un memorial, ni me he hallado bueno para corregidor, para alcalde, para

---

[123] *Don Diego de Torres...*, cit., pág. 207.
[124] *Vida*, ed. cit., pág. 78.
[125] *Don Diego de Torres...*, cit., págs. 204-205.
[126] En *Obras completas*, VI, pág. 39.

cura, ni para otro oficio, por los que afanan otros tan indispuestos como
yo» [127].

¿Qué clase de hombre era, pues, este Torres Villarroel, capaz de decir
que «si mi vida ha de valer dinero, más vale que lo tome yo que no otro;
que mi vida hasta ahora es mía, y puedo hacer con ella los visajes y transformaciones que me hagan al gusto y a la comodidad; y ningún bergante
me la ha de vender mientras yo viva»? [128]. La más común imagen de Torres, troquelada y difundida con la tenaz resistencia de un tópico, es la
de que fue un pícaro arquetípico, supervivencia anacrónica del siglo XVII,
de donde, en consecuencia, viene a calificarse su *Vida*, como ya vimos, de
postrera manifestación de aquel famoso género acreditado por Pablos y
Guzmán. Según repetidas declaraciones del propio Torres, también en su
tiempo se le reputó por un personaje estrafalario y picaresco: «Los tontos —dice—, que pican en eruditos, me sacan y me meten en sus conversaciones; y en los estrados y en las cocinas, detrás de un aforismo del
calendario, me ingieren una ridícula quijotada y me pegan un par de
aventuras descomunales; y, por mi desgracia y por su gusto, ando entre
las gentes hecho un mamarracho, cubierto con el sayo que se les antoja,
y con los parches e hisopadas de sus negras noticias. Paso, entre los que
me conocen y me ignoran, me abominan y me saludan, por un Guzmán
de Alfarache, un Gregorio Guadaña y un Lázaro de Tormes» [129]. Pero esta
apreciación de sus contemporáneos derivaba, más que de su persona, del
carácter de sus escritos y de la ciencia que cultivaba, tenida entonces,
como sabemos, como objeto de misterio y brujería: «La pobreza —escribe—, la mocedad, lo desentonado de mi aprehensión, lo ridículo de mi
estudio, mis almanaques, mis coplas y mis enemigos, me han hecho hombre de novela, un estudiantón extravagante y un escolar, entre brujo y
astrólogo, con visos de diablo y perspectivas de hechicero» [130].

La persistencia actual de esta torcida interpretación de Villarroel ya
no puede basarse en tales razones, dado el carácter confesado de juego
y fantasía con que don Diego componía sus almanaques y pronósticos;
y nada se diga de lo que afecta a la parte más o menos científica de sus
escritos. La fuente principal de esta convencional imagen sigue estando
en su *Vida*, porque Villarroel se complace en abultar caricaturescamente
sus rasgos y sucesos, en desnudar a veces sus vicios con desgarrado impu-
dor, y, sobre todo, en prodigar sus cínicos juicios sobre todo género de
personas, sin que le cohiban respetos hacia ninguna jerarquía o clase social. Esta visión suya de la vida, pesimista, implacablemente satírica, in-

---

[127] *Vida*, ed. cit., pág. 13.
[128] Ídem, íd., pág. 18.
[129] Ídem, íd., págs. 15-16.
[130] Ídem, íd., pág. 15.

capaz de cualquier ingenua idealización, se acerca evidentemente a la del pícaro; lo cual, unido a su autorretrato tan recargado de tintas, puede hacer pensar en su vida como en un capítulo de la picaresca.

Pero nada más inexacto. En primer lugar, la vida real de Torres, exceptuando las anodinas travesuras de juventud, que nada, como dijimos, tienen de particular, fue la de un acomodado burgués, profesional de las letras, catedrático de universidad durante casi un cuarto de siglo, gozador satisfecho de la vida que apenas le negó satisfacciones, amigo de altos personajes, protegido y estimado por los nobles, conocedor de la más alta popularidad que ningún otro escritor de su siglo hubiera conquistado. En cuanto a su libro —como después insistiremos— no posee intención picaresca de ninguna especie, ni él pretende en ningún momento ser tenido por pícaro. Cuando alude —en el pasaje que hemos visto— a que algunos le saludan como a un Guzmán o un Lázaro de Tormes, añade: «y ni soy éste, ni aquél, ni el otro; y por vida mía, que se ha de saber quién soy» [131]. En realidad —y este es el quicio básico de toda la actitud de nuestro escritor—, *Torres escribió su autobiografía para vindicación y justificación polémica de su persona y obra literaria.* Favorecido como estuvo por la fama y el éxito más halagadores, tuvo siempre quemándole en su interior, como una llaga enconada, el rechazo tenaz de que le hicieron objeto sus colegas universitarios y los cejijuntos hombres de letras, para los cuales Torres no pasaba de ser un histrión que comerciaba vulgarizando conocimientos que apenas poseía. Estos hombres, tan hinchados de suficiencia y de pedantería como vacíos de auténtico saber, despreciaban los escritos del salmantino desde la cumbre de su imaginada superioridad, y se negaron siempre a entender la fresca, humana, audaz y original vena que manaba de sus páginas inimitables. Para humillar y confundir a esta patrulla de enemigos redactó Torres el alegato de su *Vida*.

Juan Marichal, en una sagaz interpretación del *Piscator*, califica su *Vida* como el arquetipo de una «autobiografía burguesa» [132]; después, claro está, de rechazar el concepto equívoco o peyorativo que se otorga frecuentemente al calificativo de burgués. El siglo XVIII, dice Marichal, sobre todo en su segunda mitad, fue la época clásica de la autobiografía, cuyo tema preferente era «el ascenso social y económico de un hombre originariamente *oscuro*» [133]. El móvil de semejantes autobiografías, añade, es el relato de ese ascenso, y resulta forzosamente distinto al de las *vidas* anteriores, de tipo *penitencial*. El burgués es el hombre que no posee más que su tiempo, y que en consecuencia trata de venderlo. El burgués-escritor considera lógicamente sus libros como objetos de comercio, y esta

---

[131] Ídem, íd., pág. 16.
[132] Juan Marichal, «Torres Villarroel: autobiografía burguesa al hispánico modo», en *Papeles de Son Armadans*, XXXVI, 1965, págs. 297-306.
[133] Ídem, íd., pág. 298.

actitud ante el libro que aparece en el siglo XVIII, tiene entre nosotros su primer y más alto representante en don Diego; «dudo —dice Marichal— que en todo el siglo XVIII haya un escritor que haya sabido vender su tiempo y escribir libros como objetos vendibles mejor que Torres Villarroel» [134]. Toda la autobiografía del catedrático salmantino es la afirmación de esta realidad económica —«dirás últimamente que porque no se me olvide ganar dinero he salido con la intención de venderme la vida y yo diré que me haga buen provecho» [135]—, pero a la vez una orgullosa declaración de sentirse, como escritor, más libre y respetado, de poder vivir de su pluma, de haber ganado con ella no sólo dinero sino la general estimación, y, más todavía, el respaldo social de todos aquellos suscriptores que, por primera vez, hacían posible la publicación de unas copiosas *Obras completas*. Y todo ello, habiendo arrancado desde la humilde cuna de un padre librero y vivido su juventud entre alegrías e indisciplinas, que para esto, y no con propósito alguno de novelerías picarescas, se aducen en el libro y que después ya no asoman por parte alguna. Juan Marichal está rigurosamente en lo cierto cuando dice que casi se atrevería a afirmar que Torres Villarroel apenas tuvo aventura alguna en su vida; porque no lo fueron, en efecto, sus largos años de existencia reglamentada entre nobles, catedráticos, libros y trabajos de universidad. ¿Dónde está aquí la picardía? Hasta en los menores detalles cuida Villarroel de ajustarse al patrón de hombre correcto, e incluso «a la moda», que trata de ponerse al nivel de las gentes con quienes convive: «El vestido —dice— (que es parte esencialísima para la similitud de los retratos) es negro y medianamente costoso, de manera que ni pica en la profanidad escandalosa, ni se mete en la estrechez de la hipocresía puerca y refinada. El paño primero de Segovia, alguna añadidura de tafetán en el verano y terciopelo en el invierno, han sido las frecuentes telas con que he arropado mi desvaído corpanchón. El corte de mi ropa es el que introduce la novedad, el que abraza el uso y antojo de las gentes, y, lo más cierto, el que quiere el sastre. Guardo, en la figura de abate romano, la ley de la reforma clerical, menos en los actos de mis escuelas, que allí me aparezco, con los demás catones, envainado en el bonete y la sotana: que son los apatuscos de doctor, las añadiduras de la ciencia y la cobertera de la ignorancia. A diligencias de los criados voy limpio por defuera, y, con los melindres de mis hermanas, por de dentro; porque, a pesar de mi pereza y mi descuido, me hacen remudar el camisón todos los días. Llevo a ratos todos los cascabeles y campanillas que cuelgan de sus personas los galanes, los ricos y los aficionados a su vanidad: reloj de oro con sus borlones que van besando la ingle derecha; sortijón de diamantes; caja de irregular

[134] Idem, íd., pág. 300.
[135] *Vida*, ed. cit., págs. 6-7.

materia con tabaco escogido; sombrero de Inglaterra; medias de Holanda; hebillas de Flandes; y otros géneros que, por gritones y raros, publican la prolijidad, la locura, el antojo, el uso y el aseo. Mezclado entre los duques y los arcedianos, ninguno me distinguirá de ellos, ni le pasará por la imaginación que soy astrólogo ni que soy el Torres que anda en esos libros siendo la irrisión y el mojarrilla de las gentes. He sido el espanto y la incredulidad de los que buscan y desean conocer mi figura; porque los más pensaban encontrarse con un escolar monstruoso, viejo, torcido, jorobado, cubierto de cerdones, rodeado de una piel de camello, o mal metido en una albarda, como hábito propio de mi brutalidad. Este soy, en Dios y en conciencia; y por esta copia, y la similitud que tiene mi gesto con la cara del mamarracho que se imprime en la primera hoja de mis almanaques, me entresacará el más rudo, aunque me vea entre un millón de hijos de Madrid» [136].

Arturo Berenguer Carisomo, que ha penetrado agudamente, en un ceñido estudio [137], la personalidad de Torres, ha subrayado como ningún otro crítico la condición no picaresca del salmantino, siguiendo paso a paso los sucesos de su vida y las palabras del propio escritor, que basta leer sin prejuicios para que salte la evidencia de lo que fue su vida realmente. Tan sólo podemos, en apoyo de nuestra tesis, plenamente identificada con la de Berenguer, aducir alguno de sus múltiples comentarios a este respecto. El crítico argentino confirma también, en efecto, la escasa entidad de las supuestas picardías de juventud que cuenta Torres, y después de enumerarlas llega a la consecuencia de que «a pesar del empeño puesto en abultar las hazañas, éstas, en su esencia, eran harto decorosas» [138]; mas no importa esto tan sólo, sino la intención que mueve al autor al referirlas, puesta inequívocamente de manifiesto cuando no se leen estas páginas aisladamente sino en conexión con el conjunto de su obra. Berenguer deduce que detrás del relato de sus supuestas «fechorías de pícaro» y de los exagerados comentarios del autor «sólo existe el propósito de hacer más relevantes al lector las numerosas habilidades que lo adornaban» [139]; y cuando Torres pondera, disculpándose de ellas con hipócrita humildad, sus «disoluciones» de *jácaro* y *jifero*, no consigue probarnos haber vivido como tal «sino el vario ingenio de que estaba dotado para ser actor, versificador, prestímano, músico y bailarín; en suma, para traer un nuevo testimonio de su múltiple personalidad y avispada inteligencia» [140]. En todo caso, el contrapunto, siempre aducido, de la prudencia con que acertaba a salvar o compensar sus alegadas libertades, reve-

---

[136] Idem, íd., págs. 73-75.
[137] Arturo Berenguer Carisomo, *El doctor Diego de Torres Villarroel, o el pícaro universitario*, Buenos Aires, 1965.
[138] Idem, íd., pág. 14.
[139] Idem, íd., pág. 15.
[140] Idem, íd.

la «una inaudita complacencia en sus modestas travesuras y un rego-
deado engreimiento de sus méritos como hombre de ciencia y de sindéresis» [141]. Idéntico sentido tiene el relato de las andanzas del *Piscator* por
Portugal: «Las aventuras de Coimbra —vamos a reproducir completo un
pasaje de Berenguer Carisomo— no son, aunque lo parezcan, las más próximas a la picardía de filiación novelesca: se hace pasar por *químico*,
nada menos, y suministra menjunjes y emplastos a *desesperados enfermos. Mentía a borbollones, y la distancia de los sucesos y mi disimulo y
las buenas tragaderas de los que me oían, hicieron creíbles y recomendables mis embustes.* Pero aun con este convencimiento, Villarroel, que
evoca en edad madura tales aventurillas juveniles, no puede abstenerse de
su cautela e inteligencia. Siempre resultará de su *picardía* un ejemplo de
sindéresis: *fui, no obstante mi necesidad, mi arrojo e ignorancia, un em-
pírico considerado y más prudente que lo que se podía esperar de mi cabeza y mis pocos años*, y también resultará que fueron medios para mantener su decoro: *vivíamos todos, mis dolientes con sus achaques y yo con
sus alabanzas y dineros*» [142]. Al referir a continuación su actividad como
maestro de baile, «don Diego no se desmiente nunca; otra vez, en este
contradictorio oficio... encuentra forma de elogiarse, de manifestar su
preocupación por el aseo personal, sin que falte, naturalmente, el correspondiente subrayado de modestia: *A pocos días era ya la celebridad y
conversación de los melancólicos, los desocupados y noveleros. Y con sus
solicitudes y aprehensiones, arribé a juntar algunas monedas de oro, buenas camisas y un par de vestidos que me engalanaban*» [143]. Con el mismo
tono está referido el regreso de Portugal, después de haber desertado del
regimiento de ultramarinos: «Una comezón burguesa —dice Berenguer— y
perfectamente antipicaresca lo ataca a medida que se va acercando a la
frontera: *Nunca me resolví —dice— a que me viesen con la gentecilla
con quien venía incorporado*» [144].

Con tan inocentes travesuras concluyen —ya lo dijimos— las supuestas
andanzas picarescas de Torres Villarroel, y comienza la que iba a ser
«su ambición más constante: la del catedrático y el hombre de seso»; y
comenta Berenguer Carisomo: «¿No era ésta, mucho más que una historia
a la picaresca, la caprichuda vagancia de un señorito que, allá en los en-
tresijos de su conciencia, no puede olvidar nunca que se debe a una educación, a una conducta ejemplar, a un decoro y limpieza insobornables?
El tono contrito y exculpatorio del relato, a veces excesivo y reiterado, es
la fórmula de quien hipertrofia sus inocentes andanzas —el sólo ver
mundo no configura a un pícaro— a fin de ganar benevolencia en el per-

---

[141] Idem, íd., pág. 13.
[142] Idem, íd., pág. 53.
[143] Idem, íd., págs. 53-54.
[144] Idem, íd., pág. 54.

dón y, de paso, hacer gala de desenvoltura y majeza. Torres quiere siempre, en esa su continuada ambivalencia, echárselas de tunante para inquietar a los cofrades universitarios de la cábala, y, al mismo tiempo, ganar prestigio de hombre sabio, decoroso y experimentado» [145].

En el hecho de que Torres comience su _Vida_ con la historia de su _ascendencia, nacimiento_ y _crianza_ —que preceden, claro está, a las mencionadas _aventuras_— pretende ver la mayoría de los críticos la evidente existencia de un relato vaciado en los moldes picarescos, y se aducen los precedentes de Lázaro, Guzmán de Alfarache o el Buscón, que comienzan también con la historia de sus padres y lugar de origen. Pero adviértase la gran distancia, de intención y de espíritu, que separa la _Vida_ de Torres Villarroel del relato de aquellos héroes. Torres describe con orgullosa satisfacción su árbol genealógico, plantado en limpias tierras de una dorada medianía, y si aduce de los suyos, como de sí propio, levísimas sombras —que más son adornos que manchas— es para destacar precisamente la buena calidad del tronco y de sus raíces; y afirma ser de lo más dichoso con sus parientes —a los que llama _pícaros_ con incuestionable intención irónica— porque «a la hora que esto escribo, a ninguno han ahorcado ni azotado, ni han advertido los rigores de la justicia, de modo alguno, la obediencia al rey, a la ley y a las buenas costumbres. Todos hemos sido hombres ruines, pero hombres de bien, y hemos ganado la vida con oficios decentes, limpios de hurtos, petardos y picardías. Esta descendencia me ha dado Dios, y ésta es la que me conviene y me importa» [146]. «Don Diego —comenta Berenguer Carisomo— coloca el acento en hacernos llegar dos datos francamente antipicarescos de su persona: la buena crianza y el decoro de su vida, datos que, al pícaro de la ficción, se le daban un ardite» [147]. Y añade más abajo: «El pudoroso cuidado del atuendo, incluso los _apatuscos de doctor,_ los abalorios, los criados, el recuento crematístico, la misma serena templanza del ánimo con remotos dejos de caballero cristiano y culto, el aseo, el decoro, la continencia, dicen mucho más de un burgués dieciochesco que de un desharrapado vagamundos barroco aun en sus momentos de holgura» [148].

Asombra, realmente, que la _Vida_ de Torres Villarroel, escrita —repitámoslo— como altiva defensa y apología de sí propio, para reclamar orgu-

---

[145] Idem, íd., pág. 56.

[146] _Vida,_ ed. cit., pág. 33. En la dedicatoria al rey Felipe V del _Pronóstico_ para el año 1726, que del principio al fin es una hábil exposición de sus propias excelencias, escribe Torres: «Mi Padre, Pedro de Torres, es un Castellano de Salamanca, con quatro dedos de enjundia de Christiano Viejo sobre el corazón; me parece que es hidalgo porque he visto algunos rollos de papel sellado, que pasta la polilla en sus navetas: ¿noble? no lo dudo, porque lo tiene bien acreditado en sus operaciones» (_Obras completas,_ X, pág. 31); y enumera a continuación los muchos servicios prestados por su padre, con absoluto desinterés, en beneficio público. No había tales _pícaros._

[147] _El doctor Diego de Torres...,_ cit., págs. 48-49.

[148] Idem, íd., págs. 50-51.

llosamente el puesto que su persona y obra merecían a su juicio, haya podido ser conceptuada casi unánimemente por la crítica como una «novela picaresca». El único descargo de este error está en el tono dominante —tampoco el único— de la obra, que goza de expresarse frecuentemente en forma apicarada y bufonesca, tan opuesta a la realidad documentada de la vida de Torres. Pero este carácter, aparentemente contradictorio, viene también a reforzar, como vamos a ver, el significado que venimos atribuyendo a su autobiografía.

Russell P. Sebold ha señalado en su Introducción a las *Visiones y visitas de Torres* [149] el carácter bifronte de la vida y la obra del *Piscator* de Salamanca. Él mismo, en la dedicatoria de la segunda parte de las *Visiones*, se retrata como «centauro mixto de pata galana y religioso, ya moral, ya desenfadado, ya místico, ya burlón» [150]. Ni la más apresurada lectura de las obras de Torres, y particularmente de su *Vida*, puede excusar los simplistas juicios de que ha sido objeto, porque la gran complejidad de su persona salta a la vista desde las páginas primeras. Toda la obra de Torres —y tiene mucha razón Sebold [151] al afirmar que toda ella es autobiográfica— es un tejido de contrastes u oposiciones entre la más rebajada modestia y la orgullosa exhibición de su importancia, entre la gravedad y la travesura, el mayor desinterés y el afán de ganar dinero, el deseo de gloria póstuma y el desprecio por la opinión ajena. Y, sin embargo, Torres afirma insistentemente al hablar de sí que se propone declararse con desgarrada sinceridad: «soy hombre claro y verdadero —escribe en la Introducción a su *Vida*— y diré de mí lo que sepa, con la ingenuidad que acostumbro» [152]. Sebold aclara [153] que, dadas las contradicciones indicadas, la declaración de veracidad de Torres sólo puede entenderse en un sentido: tengo conciencia de mi existir sólo en cuanto contradicción; vivo en contradicción conmigo mismo; lo único que puedo contar de mí son las contradicciones que pasan por mi ser. Tras esta ambivalencia claro está que podemos encontrarnos con un histrión, que pretende burlarse tanto de los lectores como de sí mismo; pero la secreta verdad de Torres está precisamente en esconder tras la pirueta y el desenfado las inquietudes de todo género que le atormentan; luego veremos cuáles.

Explica Sebold que Torres, al pretender autobiografiarse, debió de plantearse el problema de cómo había de escribir en español la vida de un

---

[149] Torres Villarroel, *Visiones y visitas de Torres con don Francisco de Quevedo por la corte*, ed. de Russell P. Sebold, «Clásicos Castellanos», Madrid, 1966.
[150] Ídem, íd., pág. 259.
[151] Introducción a la ed. cit., pág. XXI.
[152] *Vida*, ed. cit., pág. 21.
[153] Introducción, cit., pág. XXV.

hombre ordinario, de un hombre que participara por igual de las virtudes y los vicios comunes. En nuestra literatura no existían sino las autobiografías ficticias de los pícaros y las biografías o autobiografías de los santos, frailes o monjas; así pues, para componer la historia de un hombre común había que salvar la distancia entre aquellas dos formas, pero sin abandonar ninguna de las dos, únicos modelos estilísticos de que disponía. La originalidad artística de Torres consistió en la ingeniosa acomodación a nuevos fines de formas y estilos existentes, pasando de uno a otro o fundiéndolos, saltando de la biografía del *fraile* a la del *ahorcado*: de aquí la ambivalencia ascético-picaresca de su libro.

La interpretación, muy *literaria*, de Sebold es sugestiva, pero creemos que la causa última de esta dicotomía, y sobre todo de su andadura aparentemente picaresca, hay que buscarla en raíces menos literarias que humanas; aunque lo literario venga luego en socorro de los propósitos del autor. Hemos insistido en que Torres escribió su biografía con fines de defensa personal, para vindicar su vida y su obra frente al descrédito sembrado por sus enemigos y la absurda fama esparcida por el vulgo; así, como hemos visto, lo declara insistentemente y no hay que dudarlo. En el prólogo afirma primeramente, haciendo la finta que acostumbra, que no le mueve el deseo de sosegar los chismes y parlerías con que anda alborotado su nombre y forajida su opinión: «Porque mi espíritu —dice— no se altera con el aire de las alabanzas, ni con el ruido de los vituperios. A todo el mundo le dejo garlar y decidir sobre lo que sabe, o lo que ignora, sobre mí, o sobre quien agarra al vuelo su voluntad, su rabia o su costumbre. Desde muy niño conocí que de las gentes no se puede pretender ni esperar más justicia ni más misericordia, que la que no le haga falta a su amor propio» [154]. Pero afirma a continuación que lo que le empuja a sacar su vida a la vergüenza es el «temor prudente, fundado en el hambre y el atrevimiento de los escritores agonizantes y desfarrapados», que «escriben de cuanto entra, pasa y sale en este mundo y el otro, sin reservar asunto ni persona; y temo —dice— que por la codicia de ganar cuatro ochavos, salga algún tonto, levantando nuevas maldiciones y embustes a mi sangre, a mi flema y a mi cólera. Quiero adelantarme a su agonía, y hacerme el mal que pueda; que por la propia mano son más tolerables los azotes. Y finalmente, si mi vida ha de valer dinero, más vale que lo tome yo que no otro; que mi vida hasta ahora es mía, y puedo hacer con ella los visajes y transformaciones que me hagan al gusto y a la comodidad; y ningún bergante me la ha de vender mientras yo viva; y para después de muerto, les queda el espantajo de esta historia, para que no lleguen sus mentiras y sus ficciones a picar en mis gusanos. Y estoy muy contento de presumir que bastará la diligencia de esta escritu-

---

154 *Vida*, ed cit., pág. 17.

ra, que hago en vida, para espantar y aburrir de mi sepulcro los grajos, abejones y moscardas, que sin duda llegarían a zumbarme la calavera y roerme los huesos» [155].

En muchas ocasiones reta, con no disimulada petulancia, a quien tenga algo que decir contra lo que él afirma, a que lo haga mientras esté vivo el autor para que pueda desmentirle. Y al comienzo del «Trozo quinto» escribe: «Cuando me puse a escribir los pasados trozos de mi Vida, llevaba conmigo dos intenciones principales; y aunque sospecho que estarán declaradas en aquel cartapacio, importa muy poco repetirlas. La primera fue, estorbar a un tropel de ingenios hambreones, presumidos y desesperados, que saliesen a la plaza del mundo a darme en los hocicos o en la calavera con una vida cuajada de sucesos ridículos, malmetiendo a mis costumbres con las de Pedro Ponce, el hermano Juan y otros embusteros y forajidos de esta casta. La segunda, desmentir, con mis verdades, las acusaciones, las bastardas novelas y los cuentos mentirosos que se voceaban de mí en las cocinas, calles y tabernas, entresacadas de quinientos pliegos de maldiciones y sátiras, que corren a cuatro pies por el mundo, impresas sin licencia de Dios ni del rey, y añadidas de las bocas de los truhanes, ociosos y noveleros; y crea el lector que mi fortuna estuvo en madrugar a escribir mi Vida un poco antes que alguno de estos maulones lo pensara; que si me descuido en morirme o en no levantarme menos temprano, me sacan al mercado hecho el mamarracho más sucio que hubieran visto las carnestolendas desde Adán hasta hoy. Logré, gracias a Dios, las dos intenciones, y ahora se han pegado de añadidura otras cuantas, y entre ellas una firmísima de responder con la pluma o la conversación a cualquiera reparo o duda que los asalte (sobre éste o los pasados trozos de mi vida) a los curiosos, a los impertinentes, a los bien intencionados, y aun a los atisbadores malignos de mis obras y palabras; y recibiré, sin espanto, sin aturdimiento y con los propósitos de sufrir con paciencia, las hisopadas repetidas del *bárbaro, truhán, tonto, bribón* y los demás aguaceros con que me han rociado a cántaros el nombre y la persona; pero con la condición de que me hablen con la cara descubierta o me escriban con sus verdaderos nombres y apellidos; porque si se me vienen, como hasta aquí, arrebujados en el capirote de lo anónimo o engullidos en la carantoña del Pedro Fernández, los rechazaré como siempre con el desprecio y la carcajada» [156].

La finalidad de la *Vida* queda, pues, patente hasta la saciedad. Ahora bien: Torres tenía muy clara idea de sus propias limitaciones y también, en muy buena medida, de la farsa científica que estaba tratando de representar en tantos aspectos, según veremos luego; en consecuencia, sabía

---

155 Ídem, íd., págs. 18-19.
156 Ídem, íd., págs. 165-167.

que un sostenido tono polémico, grave y doctrinal hubiera comprometido su causa en lugar de favorecerla, y que tan sólo una actitud traviesa y desenfadada, burlona y pícara, comenzando por proponerse a sí mismo como objeto de risa, alcanzaría la eficacia deseada. Frente a cualquier ataque, quizá merecido, contra sus libros, o su conducta, o sus teorías científicas o su saber, de los que él mismo no estaba muy seguro, tenía que curarse en salud comenzando por reírse de su propia persona; de ese modo, *se sirve de la bufonada y el autodesprecio como defensa*, porque, como hemos visto, «por la propia mano son más tolerables los azotes», y al dárselos a sí mismo, se los quitaba de la mano a los enemigos. Por eso exagera lo picaresco —que fue muy poco— de su vida, y dice que toma a broma sus propios almanaques y pronósticos, y se presenta de buena voluntad, entre los graves catedráticos, como «estudiantón botarga», y dice que sólo escribía por dinero y muy atropellado en los mesones, y que no sabía palabra de lo mismo que se proponía enseñar. Pero aunque el propio Torres no ignoraba lo mucho que había de cierto en esta fingida negación de sí mismo —de aquí el doble filo de su ironía y su alcance aún mayor—, sentía hondo desprecio por la vana ciencia, la hinchada petulancia, la sucia hipocresía de los otros, que no tenían dudas de su imaginaria sabiduría, y eran por esto mismo mucho más necios y despreciables que él, que comenzaba ya a ser sabio por el solo hecho de conocer y proclamar abiertamente sus debilidades y su ignorancia.

La superioridad de Torres, es decir, el nivel desde el cual dispara implacablemente sobre el desierto científico de su época, no se basa en su propia altura, sino en la baja calidad de los demás; por eso puede atacarles sin dejar de reírse de sí mismo y sentirse al mismo tiempo superior. Nadie más preocupado de sí ni más codicioso de su propia fama y nombre que Torres; nada, por tanto, más alejado de la actitud picaresca. Lo picaresco —repitámoslo— es en Torres Villarroel una estrategia de combate, una cortina de humo tras de la cual ataca y se defiende en igual medida. Basta para demostrarlo —ya lo hemos visto— la constante exhibición de sus relaciones sociales, de las atenciones que se le prodigan, de sus ingresos, de sus triunfos académicos, de su popularidad, de su altiva e independiente actitud que nunca supo importunar ni solicitar, de su vida cómoda y segura, de su casa y mesa bien provista. Los chafarrinones con que ensucia, muy estudiadamente, su retrato, son manchas calculadas para hacerse perdonar la complacida superioridad con que despliega sus múltiples excelencias. Pero además es el propio Torres el que a veces nos descubre el truco; lo declara, diríamos que descaradamente, al comienzo del «Trozo tercero», y es bien extraño que este solo pasaje no haya bastado a los críticos para deshacer la equivocada condición picaresca atribuida a la vida —escrita y vivida— de Torres: «Por desarmar de las maldiciones —dice— de los apodos y de las cuchufletas, con que han acostumbrado morder los satíricos de estos tiempos a cuantos ponen alguna obra en público; por encubrir con un desprecio fingido y negociante mi entonada soberbia; por burlarme, sin escrúpulo y con sosiego descansado, de la enemistad de algunos envidiosos carcomidos; y por reírme, finalmente, de mí propio y de los que regañan por lo que no les toca ni les tañe, puse en mi cuerpo y en mi espíritu las horribles tachas y ridículas deformidades, que se pueden notar en varios trozos de mis vulgarísimos impresos. Muchas torpezas y monstruosidades están dichas con verdad, especialmente las que he declarado para manifestar el genio de mis humores y potencias: pero las corcovas...» [157] (y aquí sigue la descripción de su físico que ya conoce el lector). Y no se olvide que también otras veces se cansaba de parapetarse en la ironía y respondía grave y destemplado a la insistente mordacidad de sus émulos, poniendo bien de relieve la finalidad esencial que movía su pluma; lo declara sin rebozo en el diálogo con el Ermitaño, para aclararle por qué no tienen siempre sus páginas el mismo tono de zumba y regocijo: «A esto —dice— puede añadirse que tengo tantos enemigos como la dieta, y éstos con sus sátiras me han destemplado el estilo, y en mis defensas he divulgado lo que me ponía en la pluma el resentimiento, y no la reflexión» [158].

En cuanto a sus escritos nos negamos rotundamente a aceptar que fueran compuestos con la premura y descuido que nos cuenta; también aquí sus afirmaciones son fintas y coqueterías de literato, estudiada actitud que se anticipa, con «desprecio fingido y negociante», a los posibles lapsus que pudieran señalársele. En la mencionada conversación entre el Ermitaño y Torres dice éste de sus papeles que «los más de ellos los he parido entre cabriolas y guitarrras, y sobre el arcón de la cebada de los Mesones, oyendo los gritos, chanzas, desvergüenzas y pullas de los Caleseros, Mozos de mulas y Caminantes, y así están llenos de disparates como compuestos sin estudio, quietud, advertencia ni meditación» [159]. Pero nada —estamos persuadidos— más distante de la verdad. Torres fue un tremendo, y consciente, profesional de la literatura; lo más de su vida fue muy de asiento, y es bien seguro que escribió muy poco en los mesones, aunque se jacte de ello astutamente. Los críticos que se han dejado sugestionar por estas palabras de Torres, califican su estilo de espontáneo y natural, pero pocos habrá más trabajados y estudiados. Si Torres hubiera escrito, como dice, entre el bullicio de los mesones, sería el caso más prodigioso de escritor. Lo que sucede es que Torres trabaja y elabora desesperadamente su prosa para darle la apetecida sensación de flexibilidad y desenfado, como el curtidor que adoba el duro cuero hasta amansarlo en la blanda piel de un guante. Pero en la misma *soltura*, tan

---

[157] Ídem, íd., pág. 71.
[158] *El Ermitaño y Torres*, ed. cit., págs. 38-39.
[159] Ídem, íd., pág. 38.

rica, compleja y matizada, se le nota a Torres el esfuerzo y el artificio
para ser natural; y nunca debe confundirse lo desgarrado y libre de lo
que dice, con la sencillez del instrumento: la prosa de Torres, muy al
contrario, es un prodigio de riqueza verbal, de esfuerzo estilístico, de
trabada textura de conceptos, de sonoridad y ritmo en la cláusula, que
son imposibles de lograr sin paciente y abnegada tarea. Torres tenía una
seria preocupación por el estilo y muy clara conciencia de cómo escribía
y de lo que pretendía hacer. El Ermitaño pondera el estilo de Torres con
palabras, claro es, escogidas por él mismo para definirlo: «Tu estilo
me agrada —dice— porque es natural y corriente, sin sombra alguna de
violencia u afectación; tus sales me divierten de modo que aun estando
sin compañía, no puedo dexar de soltar la carcajada» [160]. A lo que el propio
Torres contesta: «No dudo que mi Castellano es menos enfadoso que el
que se observa por lo común en los escritores modernos. Mi cuidado ha
sido sólo hacer patente mi pensamiento con las más claras expresiones,
huyendo de hablar el Castellano en Latín o en Griego, peste que se ha
derramado por quasi todo el Orbe de los Escritores de España. Mis invenciones más han sido juguetes de la idea que afanes de la fantasía. La
lectura de mis Obras tiene alguna cosa de deleytable, no tanto por las
sales, como por las pimientas» [161]. Ser ágil y nunca enfadoso fue la constante preocupación de Torres al escribir, y basta ver qué género de libros
condena para saber cómo quería los propios: «Los authores de libros
—dice al comienzo del prólogo general de sus *Obras completas*— son (regularmente) unos licenciados tenebrosos, pajizos, tristes, severos, tabacones, confusos, embadurnados de una presumpción pegajosa, y sumidos en
las honduras de aquella gravedad desconsolada, con que se crían en las
oscuras cavilaciones de sus Aulas, Universidades y Colegios. Sus tareas se
rezuman también de las señudas extravagancias de su educación y su
melancolía; porque nos remiten desde sus bufetes unos volúmenes regañones, hoscos y tan satisfechos de sus máximas, que desde el pergamino
empiezan jurando la utilidad y la doctrina» [162].

Torres no ignora que, con tantos aficionados a los escritos *tristes* y
tabacones, sus libros no podían contentar a todos por igual: «En las des-
pensas de la Rethórica bien sé yo que tienen los cocineros de libros quan-
tas sales, dulces y pimientas son poderosas para abrir las ganas del gusto
a los lectores; pero ninguno ha sido tan dichoso que haya hecho una pe-
pitoria generalmente agradecida a todos los labios. Las acedías, sinsabores y vicios que se encuentran en las lecturas, muchas veces no nacen de
la desazón del que las guisa, sino de la destemplanza del que las prueba.
Hai algunos paladares tan abiertos de poros que con un grano de sal se

---

[160] Idem, íd.
[161] Idem, íd.
[162] «Prólogo General», *Obras completas*, I, sin paginación.

amostazan tanto, que echan los hígados por la boca, y otros tan cerrados de carnadura que no les pueden sacar una basca todos los terrones de la Manglanilla. En un maestro solo no hai humor para contentar a todas las condiciones, edades y naturalezas. El libro alegre es enfadoso a los tristes, el serio a los festivos, el grave a los lixeros, y en un mismo plato no se puede servir un manjar tan oportuno, en que a un mismo tiempo se ceben con apetito la alegría y la tristeza, la pesadez y la agilidad, las risas y las lágrimas, los enfados y las circunspecciones». Y añade poco después con ese desenfado que hace tan atractivos sus escritos: «Tampoco has de ver en esta obra aquella costumbre de silogizar, con que se explican los venerables escritores, y en este defecto soy culpado con rebeldía, porque he puesto estudio en apartarme de su estilo; lo primero, porque nunca escribí para los porfiados lógicos ni juguetones dialécticos, sino para los cortesanos ociosos que desean saber algo de lo que se porfía en las Escuelas; lo segundo, porque no tengo por necesario para persuadir una opinión o paradoxa, vestirla con los relumbrones de los ergos; lo tercero, porque siempre he mirado con ojeriza a esta casta de locuciones, porque la contemplo chismosa y llena de artificios, y yo deseo hablar claro con todos y en todo; y lo quarto, porque tengo devoción a no desazonarme, y no siempre hemos de estar los escribientes debaxo del gusto de los lectores, y quise quedar con algún contento ya que me expuse a quedar mal pagado».

Bastarían tan terminantes declaraciones —si no fuera suficiente una sola línea de su prosa— para demostrar el serio y consciente estudio que pone Torres en la creación de su instrumento verbal, y la condición de treta metódica que hay que atribuir al intermitente tono bufonesco con que lo sazona, y a la fingida humildad con que lo excusa. Pero todavía la erudición viene en auxilio de nuestra tesis, plenamente confirmada por las noticias que comunica Guy Mercadier en el estudio preliminar a su edición de *La barca de Aqueronte*[163]. En el manuscrito autógrafo de dicha obra, que corresponde a una primera redacción, los capítulos 2 y 4 contienen, respectivamente, 101 y 172 correcciones; Mercadier asegura que no ha tenido en cuenta las que sólo consisten en lapsus o retoques ortográficos, sino las que afectan al sentido del texto[164]. Otros dos capítulos —el 3 y el 5—, que sólo contienen 8 y 13 correcciones, parecen estar escritos de un tirón, pero Mercadier supone, por los veloces rasgos de la escritura, que fueron recopiados, lo que hace sospechar, a su vez, que el exceso de correcciones debió de hacer el texto ilegible y exigió copiarlo de nuevo. Mercadier aventura además la hipótesis de que ni siquiera este manuscrito corresponde a una primera redacción, que debió de ser dife-

---

[163] Guy Mercadier, *Diego de Torres Villarroel. La barca de Aqueronte (1731)*, cit. luego.

[164] Idem, íd., pág. 27.

rente y que contenía dos capítulos menos, luego compuestos y añadidos al manuscrito que se conoce. El tono de las correcciones, examinadas por Mercadier, permite asegurar que casi todas ellas tienden a conseguir dos efectos que caracterizan la prosa de Torres y que definen su principal preocupación estilística: *el hallazgo de las fórmulas más pintorescas y el de las más agresivas* (subrayamos nosotros). Aún puede añadirse que el texto definitivamente impreso contenía nuevas correcciones respecto del manuscrito; el autor, dice Mercadier [165], solicitado por diversas palabras e imágenes, frecuentemente equivalentes, no se resigna a una elección definitiva y modifica en muchas ocasiones lo que acaba de componer o transcribir. Nada más inexacto, pues, que un Torres escribiendo de prisa en las posadas, descuidada y aceleradamente, con desaliño y despreocupación [166].

Quizá podamos ahora acabar de perfilar la silueta humana de Torres. Sebold, en la mencionada Introducción, insiste, como vimos, en el carácter bifronte del *Piscator* y en sus curiosas contradicciones. Pero, movido una vez más por su afán de cruzado reivindicador, a todo evento, de cualquier escritor o libro que pertenezca al siglo XVIII, Sebold pretende otorgar a Torres una dimensión moral y humana que supone más transcen-

---

[165] Ídem, íd., pág. 30.

[166] También Segura Covarsí reconoce el trabajado esfuerzo que pone Torres en su prosa. Distingue primero «dos variantes estilísticas, que corresponden a dos épocas diferentes: una afectada, un poco retórica, a la que pudiéramos caracterizar por el empleo de una sintaxis complicada y un vocabulario abundante, rica en palabras castizas un poco rebuscadas; el otro estilo es más sencillo y natural, siendo su muestra más acabada la *Vida de Sor Gregoria Francisca de Santa Teresa*»; y añade después: «Hay en Torres una manifiesta voluntad de estilista. Su prosa está empedrada de palabras castizas, que desentraña de los escritores más representativos de nuestro castellano clásico; estas palabras, de recia raigambre, que a veces lindan con el vocabulario rústico o dialectal, se suceden en series interminables... Acumula y prodiga el vocabulario típico, buceando en las mejores autoridades de nuestro idioma; abusa de los juegos de palabras, de los giros castizos y de los ingeniosos conceptos. Su prosa, en este primer período estilístico, que hemos señalado, se recarga de una manera abundante y agobiadora; dicho estilo carece de sobriedad y contención» («Ensayo crítico de la obra de Torres Villarroel», en *Cuadernos de Literatura*, VIII, 1950, págs. 125-164; las citas en págs. 158-160). Segura intercala una explicación del afán estilístico de Torres; según él, el salmantino escribe con preocupación casticista, movido por el afán de hacer resurgir la literatura española, decaída no porque se hubieran agotado las formas literarias tradicionales, sino por falta de individualidades que las mantuvieran. Pero nos inclinamos mucho más a la razón sugerida por Mercadier: Torres buscaba desesperadamente «las fórmulas más pintorescas y más agresivas», que exigían sus gustos y precisaba para sus fines, y fue a buscarlas con igual afán a los clásicos que las usaron y a la gente del pueblo que las usaba todavía; de ahí su referencia a los mesones, donde iba a aprender aunque no a escribir; y su particular afición a los satíricos y a los costumbristas, que registró con gran cuidado a la captura del «casticismo» pintoresco y agresivo que necesitaba; y cuando se agotaba la fuente, acudía a su propia capacidad inventiva para urdir neologismos y trenzar conceptos de parecido sabor.

dente y profunda, y trata de referir ese ondulante vaivén de antinomias, lo mismo las que afectan a su vida real que al hibridismo estilístico de su *Vida* escrita, a un íntimo conflicto religioso entre lo pagano y lo ascético [167], entre el mundo y el claustro [168], entre el *fraile* y el *ahorcado*, llegando a sostener que «por toda esta autobiografía se expresa tanto formal como episódicamente el conflicto central mundo-claustro de la vida de Torres Villarroel», y a parangonar con la de Unamuno la angustia existencial del *Piscator*. En defensa de su interpretación sobre el atormentado espíritu de Torres, Sebold capta en las páginas del salmantino dramáticos acentos —«flagelaciones del propio orgullo», *contemptus mundi* anacorético», «terror ante el abismo», «humorismo de trasfondo trágico»—, aduce diversos textos de sus obras alusivos a las postrimerías, algunos comentarios ascéticos, el hecho de que escribiera un par de vidas de Santos, las «rabiosas desazones» que precedieron a su ordenación sacerdotal, y otros detalles menores. Pero, con ello, estamos persuadidos de que se nos ofrece una imagen de Torres no solamente desorbitada, sino tan alejada de lo que fue su humanidad real, que se nos viene a la mente aquella famosa sentencia de Fontenelle: «No me convencen tanto de nuestra ignorancia las cosas que existen y cuya razón no conocemos, cuanto aquellas que no existen para las cuales encontramos una razón». Nada tiene de extraño —pensamos— que un hombre, como Torres, que fue clérigo casi toda su vida y vivió rodeado de gentes religiosas, pagara ese tributo tradicional a tales temas, del que no está exento ningún escritor español hasta llegar, precisamente, al siglo XVIII, y sembrara en sus obras, aquí y allá, frases no sólo piadosas sino hasta del más genuino ascetismo, cuyas fórmulas, rancias y amojamadas ya, estaban, por otra parte, al alcance de todos y para todo; tampoco es para asombrar que un hombre de su vitalidad exuberante sufriera en ocasiones el escalofrío del momento final que había de cerrar su aventura terrena, y sintiera con el temor de todo hombre religioso, la pesadumbre de sus faltas. Las «vidas de Santos» que Torres escribió, no le definen, en absoluto; las «vidas de Santos» eran en España un género literario como otro cualquiera, y podían escribirse por encargo, de acuerdo con fórmulas tan acreditadas como las que servían para componer una jácara o un soneto a Filis. Torres, además, escritor para consumo de multitudes, pudo cultivar las «vidas de Santos» porque eran obras de tanta aceptación popular como las comedias y las novelas. Las «desazones», finalmente, que parece haber sentido el escritor en las vísperas de su ordenación sacerdotal, huelen a falsete desde cien leguas, y no nos parecen tan «rabiosas»; si las sufrió, porque se sentía poco digno del estado sacerdotal, era llanamente sincero, y no menos de-

---

[167] Introducción, cit., pág. XI
[168] Ídem, íd., pág. XXXIII.

bieron de preocuparle, en plan humano, las nuevas ligaduras que se echaba encima; muy probablemente, fue el deseo de demorarlas lo que le hizo posponer tanto tiempo la ordenación, según costumbre muy acreditada también en los anales españoles, pues el ordenarse a la vejez y cantar entonces la palinodia era una práctica muy vulgar.

En consecuencia, pues, no creemos —ateniéndonos, claro está, a los testimonios que dejó escritos— que las presuntas «angustias» imaginadas por Sebold tengan en la vida de Torres mayor significación —sin duda alguna la tienen mucho menos— que la que hemos atribuido a sus supuestas andanzas picarescas. En una palabra: no aceptamos que Torres, con todos los torcedores íntimos que se quiera «entre lo mundano y lo ascético», sea un hombre que pueda individualizarse por eso. Sus «angustias», que sí que las tuvo y no leves, afectaron, en cambio, muy profundamente a su ser social, es decir, al conflicto entre el hombre que creía y pretendía ser, y la condición que le atribuyeron; entre la obra que escribió y el valor que le concedieron sus rivales; en una palabra: *entre la apariencia y la realidad de su persona.* Es curioso que el propio Sebold, cuando quiere trazar un gráfico de las contradicciones del salmantino, se refiera exclusivamente a las que afectan a su nombre y fama. Aunque, por una parte, menospreciaba sinceramente la opinión ajena, le escocía indeciblemente a Torres que vacíos y necios petulantes le juzgaran mal, que su franqueza y sinceridad con todos y consigo mismo se tuviera por desvergüenza, que su desprecio a las convenciones, a la rutina petrificada, a la hipócrita seriedad se estimara como cinismo, que su derramado popularismo fuera interpretado como picaresca y vulgaridad. Pero más todavía se atormentaba a causa de su obra. Torres tenía el orgullo de haber escrito unas páginas en las que había vertido, sin ergos ni tópicos, la confesión sincera de su personalidad y su concepto sobre los hombres y las cosas; pero sus libros fueron discutidos o menospreciados. Su fuerte sentido realista, muy seguro además de sí, se defendía bien, por una parte, de los juicios de sus émulos; pero era un hombre eminentemente social, volcado hacia la vida, había escrito numerosos libros dirigidos a un ancho público de lectores, cuya aprobación respaldaba y daba sentido a su obra, y el grupo más o menos crecido de los disidentes ponía en riesgo su valor, que era el de sí propio. Le irritaba además sobremanera la necedad incomprensiva de quienes le tenían por un bufón, por no entender, o haber olvidado, que la risa era tan necesaria como el pan y que podía también ser acueducto del provecho.

El conflicto *social* de Torres —único que le define— está fundido estrechamente con su papel como escritor, popular, independiente, libre, portador de un nuevo concepto profesional; y no puede entenderse sin comprender previamente el propósito reivindicador de sí mismo que hemos atribuido a su *Vida.* En este nuevo papel y este conflicto consiste la profunda originalidad de Torres, que demuestra con ello estar muy al viento de su siglo, y no ser un mero y anacrónico superviviente de ninguna picaresca ni amanerado repetidor de barroquismos agotados [169].

LA CIENCIA DE TORRES

Las «matemáticas» de don Diego han tenido también buena parte de culpa en la torcida interpretación de su personalidad. Lo que siempre se recuerda de Torres es que se aficionara a las matemáticas cuando las tenían sus paisanos por enredos de brujas y diablos, y que ocupara en Salamanca la cátedra de esta asignatura, que había estado vacía durante siglo y medio. Con esto, las pullas que disparó sobre tal cuestión y su denuncia contra la falta de libros e instrumentos que padecía la misma Universidad, se le ha tenido a Torres por un renovador de la ciencia, a tenor con el espíritu de su siglo. De este modo se corre un doble riesgo: si se aceptan, sin más, como positivas sus aportaciones, se le atribuye a Torres una importancia de la que no es merecedor; y si se examina su saber científico real, se acaba inevitablemente —como ha sucedido— por comprobar su debilidad y se extiende entonces sobre toda su obra la mengua que sólo es imputable a su ciencia. Sebold, acertado en esto, pide que se despoje al salmantino de las supuestas distinciones, que a la larga sólo pueden hacerle objeto de desprecio por parte del lector inteligente versado en la historia intelectual [170]. Más arriba hemos avanzado ya alguna idea sobre la cultura científica de Torres. Sebold comenta que cuando éste acusaba a la biblioteca de la Universidad salmantina de no poseer el *Almagesto* de Tolomeo, demostraba estar tan atrasado como

---

[169] Dispuestas ya para la imprenta estas páginas, llega a nuestra noticia el artículo de Eugenio Suárez-Galbán, «La estructura autobiográfica de la *Vida* de Torres Villarroel», publicado en *Hispanófila*, 41, 1971, págs. 23-53, referencia que debemos a la generosidad del propio Sebold, a quien queremos agradecer aquí su atención. Suárez-Galbán, que estudia con demorada amplitud la *Vida* de Torres Villarroel, coincide sustancialmente con la interpretación del salmantino que hemos sustentado. Sentimos no poder ya incorporar muchos detalles de su examen, que hubieran robustecido nuestra exposición y la hubieran mejorado sin duda; sólo nos es posible ahora recomendar al lector estas interesantes y bien meditadas páginas. En una «Nota adicional», Suárez-Galbán nos informa de que lo mismo le había sucedido a él con el libro de Berenguer Carisomo, cuya tesis fundamental coincide también, según ha podido ver el lector, con la de Suárez-Galbán y con la nuestra. Nos complace sobremanera esta triple coincidencia, que da mayor seguridad a nuestras opiniones, y que parece confirmar una nueva interpretación de la *Vida* y de la existencia real de Torres; interpretación que podría, en fórmula de urgencia, concretarse en dos puntos: el carácter no picaresco, en absoluto, de su obra y persona, y el tono esencialmente mundano de su existencia y producción, mundanidad que desmiente la supuesta imagen de un Torres atormentado por angustias de índole religiosa y escindido en contradicciones ascético-terrenales.

[170] *Introducción*, cit., pág. XXXVI.

la institución que criticaba, porque Copérnico había muerto hacía ya doscientos años, y Newton veinticinco, y Torres continuaba viviendo en una tierra tolemaica, es decir, seguía siendo lo que Feijoo hubiera llamado «un hombre de opiniones vulgares». En materia de anatomía, Torres, después de las modernas teorías de Vesalius y Harvey, también aceptadas por Feijoo, seguía rechazando —prosigue Sebold— [171] toda noción anatómica posterior a Hipócrates y Galeno, e insistía aún en el valor de la astrología para la medicina. Torres parece a veces conceder alguna importancia al testimonio de los sentidos para refutar la opinión de algún filósofo antiguo sin «más autoridad que haberse muerto quinientos años antes», y al ocuparse del *Novum organum* de Bacon de Verulamio admite que «es la verdadera lógica y el legítimo instrumento de saber; porque si se puede saber alguna cosa, es por su medio de la filosofía inductiva». Pero Sebold sostiene que «ninguno de los escritos científicos de Torres indica que él tuviera noticia de las ideas de Hobbes y Locke y otras innovaciones introducidas en el empirismo y sensualismo después de Bacon. Además, Torres no sabía distinguir entre la técnica experimental de los modernos y las rudas observaciones de los naturalistas antiguos» [172]. Mario di Pinto [173] recuerda, sin embargo, que en 1758, precisamente el año de su jubilación, se tiene noticia de alguna actividad científica de Torres más al día; es entonces, según arriba dijimos, cuando adquirió para la Universidad libros y aparatos de física experimental, y los globos fabricados por Robert Vaugondi, «los más nuevos, exactos y corregidos —dice el propio Torres— que posee Europa» [174]. Sería inexacto —dice Sebold— [175] sostener que Torres no tuvo conciencia de la decadencia científica de la España de su tiempo, pero lo sería igualmente calificarlo de un innovador, capaz de asociarse al movimiento de reforma intelectual capitaneado por el benedictino de Oviedo. Torres —resume Sebold— [176] ni pertenece al grupo de los reformadores, que veían la decadencia como un estado que había que superar emprendiendo caminos nuevos, ni al de los tradicionales; es, simplemente, un *restaurador*. Torres advierte —y en esto se aparta de aquellos últimos— que ha habido una solución de continuidad entre el glorioso pasado y el estado presente, pero su esfuerzo se encamina a recuperar aquel nivel. De aquí arranca su nostalgia y admiración por los escritores del Siglo de Oro, especialmente por Quevedo, lo cual se traduce en ciertas características de su estilo, que luego veremos.

---

[171] Idem, íd., pág. XL.
[172] Idem, íd., pág. XLIII.
[173] Mario di Pinto, *Cultura spagnola nel Settecento*, Nápoles, 1964; cap. III, «Scienza e superstizione (Torres Villarroel)», pág. 85.
[174] Cit. por García Boiza, *Don Diego de Torres...*, cit., págs. 139-140.
[175] Introducción, cit., pág. XLI.
[176] Idem, íd., pág. XLIX.

Pese a todo lo que precede, no creemos que la importancia de Torres haya de ser residenciada en sus solos valores literarios, que son, por cierto, muy grandes. Ningún avance le debe, en efecto, la ciencia, y ni siquiera fue un sistemático recopilador de los descubrimientos ajenos; pero así como, según muchas veces se ha dicho, hay hombres cuya obra es mayor que su persona, en Torres la persona es mayor que su labor científica, y sería injusto negar lo que su gesto y actuación —su pose, si se quiere— tuvo de revulsivo para agitar en cierto modo la apelmazada capa del atraso científico de su país. No puede desconocerse, además, que hay un notable avance desde el Torres de los primeros almanaques y pronósticos, al que en los últimos años de su vida defendió gallardamente, frente al rutinario claustro de la Universidad, el derecho de enseñar su nueva ciencia, poca o mucha, creando con ello un ambiente y conquistando una atención.

Lázaro Carreter, que ha visto muy bien la personalidad global de Torres, dice de él que es un temperamento mágico, como lo demuestran cumplidamente su afición a vaticinar, su formal clasificación de los demonios, sus coplas de brujas, su constante preocupación por los duendes y los espíritus, su complacencia en lo macabro, su gusto por la astrología y todo género de ciencias ocultas. En este sentido, nadie más diferente que Torres del espíritu razonador de Feijoo, que no creía en semejantes «ciencias» ni poco ni mucho [177]. En cambio, resulta difícil precisar cuál era el grado de credulidad que Torres les otorgaba. En la parte de su etopeya, sobre tales asuntos, a que hemos prometido referirnos, Torres parece mostrarse como un escéptico total: «Por la soledad —dice—, la noche, el campo y las crujías melancólicas, me paseo sin el menor recelo, y nunca se me han puesto delante aquellas fantasmas, que suele levantar en estos sitios la imaginación corrompida o el ocio y el silencio, grandes artífices de estas fábricas de humo y ventolera. Las brujas, las hechiceras, los duendes, los espiritados, y sus relaciones, historias y chistes, me arrullan, me entretienen y me sacan al semblante una burlona risa, en vez de introducirme el miedo y el espanto. Varias veces he proferido en las conversaciones, que traigo siempre en mi bolsillo un doblón de a ocho, que en esta era vale más de trescientos reales, para dárselo a quien me quiera hechizar, o regalársele a una bruja, a una espiritada que yo examine, o al que me quisiere meter en una casa donde habite un duende: me he convidado a vivir en ella sin más premio que el ahorro de los al-

---

177 Fernando Lázaro Carreter, «La poesía lírica en España durante el siglo XVIII», III, «Un rezagado: Torres Villarroel», en *Historia General de las Literaturas Hispánicas*, dirigida por G. Díaz-Plaja, IV, Primera parte, Barcelona, 1956, pág. 46. Véase también, del propio Lázaro Carreter, su luminoso ensayo *Significación cultural de Feijoo* —«Cuadernos de la Cátedra Feijoo», núm. 5, Oviedo, 1957—, en donde insiste en la condición de Torres como *mente mágica* (pág. 6).

quileres; y hasta ahora he pagado las que he vivido, y discurro que mi doblón me servirá para misas, porque ya creo que me he de morir sin verme hechizado ni sorbido» [178]. Pero añade a continuación en una de esas desconcertantes contradicciones que, como ya sabemos, hacen tan escurridiza su personalidad: «Yo me burlo de todas esas especies de gentes, espíritus y maleficios, pero no las niego absolutamente; las travesuras que he oído a los historiadores crédulos de mi tiempo, todas han salido embustes; yo. no he visto nada, y he andado a montería de brujos, duendes y hechiceros lo más de mi vida. Algo habrá; sea en hora buena, y haya lo que hubiere; para que no me coja el miedo, le sobra a mi espíritu la contemplación de lo raro, lo mentiroso de las noticias y la esperanza de que no he de ser tan desgraciado que me toque a mí la mala ventura y el mochuelo; y cuando sea tan infeliz que me pille el golpe de alguna de las dichas desgracias, me encaramo en mi resignación católica; y mientras llega el talegazo, me río de todos los chismes y patrañas que andan en la boca de los crédulos y medrosos y en la persuasión de algunos que comercian con este género de drogas» [179].

Por la «resignación católica» entiende Torres la autoridad del dogma, y ni aun éste basta para apoyar su escepticismo en brujas y hechiceros, pues lo que espera de la religión es la eficacia de sus ritos contra ellos: «y venero —dice— los conjuros con que la Santa Madre Iglesia espanta y castiga a los diablos y los espíritus; y todo me sirve para creer algo, disputar poco y no temer nada» [180]. No hay cosa alguna, como se ve —y así lo subraya Di Pinto [181] al comentar este mismo pasaje—, que proceda de un consciente escepticismo o de la busca de una explicación racional. En el fondo, se trata de una solución cómoda, un volverse de espaldas por temor de indagar más a fondo. Mario di Pinto, en su sagaz comentario sobre este capital aspecto de la personalidad de Torres, aduce como muy representativo de su actitud el episodio del palacio de Arcos. Torres dice burlarse de la credulidad de los demás, pero al final parece que tiene sus reservas o, por lo menos, deja la puerta abierta a toda solución en aquella aventura que llama «rara, inaveriguable y verdadera»; en el desconcertante juego irónico —dice Di Pinto [182]— con que cuenta la historia de los espíritus, diríase que hay, si no fuera un anacronismo, una sensibilidad moderna, un humorismo paradójico y sugestivo que podría calificarse de pirandeliano. La ironía todavía se prolonga, porque añade luego que la misericordia de Dios le proporcionó el socorro de la condesa «por el ridículo instrumento de este duende, fantasma o nada».

---

[178] *Vida*, ed. cit., págs. 81-82.
[179] Ídem, íd., pág. 82.
[180] Ídem, íd., pág. 83.
[181] *Cultura spagnola...*, cit., pág. 96.
[182] Ídem, íd., pág. 109.

Lázaro Carreter y Di Pinto coinciden en afirmar que Torres, por el mero hecho de sus preocupaciones científicas y su afición al estudio de los fenómenos naturales, demuestra estar atraído por el espíritu de las luces, porque Torres, a fuer de «astrólogo», posee una aguda sensibilidad para advertir y secundar las ideas que cruzan por el aire y a presentir la dirección de los acontecimientos. Pero sobre él pesa todavía demasiado la tradición dogmática, su erudición es fragmentaria y mal digerida, y en consecuencia no acierta a moverse en un plano de completa libertad racional, de la que sólo tiene vagas sospechas. En toda la obra de Torres —dice Di Pinto [183]— está presente el mismo contraste entre un supersticioso temor y un escepticismo ilustrado, como se demuestra en el episodio referido. Es éste su carácter peculiar, reflejo de una superficialidad que intuye sin profundizar, y que constituye, quizá por eso precisamente, el encanto de sus páginas. «Situado en su tiempo —dice Di Pinto— Torres, por temperamento y preparación, está en el nivel medio de sus contemporáneos. No es ni un anticipador ni un retardatario; refleja las incertidumbres, las aspiraciones, las rémoras y los fenómenos de la cultura española en la primera mitad del siglo XVIII» [184]; y añade: Torres posee el valor representativo de una etapa entre la ciencia y la superstición, entre los métodos científicos modernos y una erudición dogmática, sometida al principio de autoridad; y toda la importancia de Torres consiste en esta duda, en el movimiento del que ha dejado ya una estación de partida, pero no ha llegado a la meta que sólo puede entrever.

Berenguer Carisomo se siente, sin embargo, bastante menos dispuesto a tomar en serio la ciencia de Torres, ni siquiera como representante de esta incierta zona de transición; y tras haber negado, como vimos, la supuesta picardía aventurera del *Piscator*, admite que la única *picaresca* que puede atribuírsele es la que atañe al campo de la ciencia [185]. La aspiración máxima de Torres consistió durante toda su vida «en merecer consideración profesoral y científica», y toda su *picardía* —no de andanzas y de aventuras, sino de manejos académicos— consistió en «haber trampeado con garbo estupendo una situación universitaria y una consideración nacional; en haber escrito una *Vida* tan sobrada de jactancia y orgullo como admirablemente bien disimulada mediante un finísimo contrapunto de modestia y arrepentimiento» [186]. En las páginas de su etopeya, cuando alude a su propio ingenio, dice Torres de él que «no es malo porque tiene un mediano discernimiento, mucha malicia, sobrada copia, bastante claridad, mañosa penetración». «Exactísimo —comenta Berenguer—. Salvo lo de llamar *mediano* a su discernimiento, que era la luz

[183] Ídem, íd., pág. 105.
[184] Ídem, íd., pág. 118.
[185] *El doctor Diego de Torres Villarroel, o el pícaro universitario*, cit., pág. 17.
[186] Ídem, íd., págs. 51-52.

misma, pues, para aquello que le interesaba, veía crecer la yerba, el resto es de una abrumadora clarividencia, y en esa penetrante radiografía hay dos sintagmas definidores: *mucha malicia* y *mañosa penetración.* Su *Vida,* sobre todo su vida universitaria, estuvo ´esencialmente tramada con esas propiedades: *maña* y *malicia,* y es sólo por eso que, en algún sentido, Villarroel recoge, también, cierto aire de pícaro o, quizá mejor, de picardía» [187].

Berenguer Carisomo pasa revista implacablemente a la formación científica del *Piscator* en sus diversas materias. Sin que el futuro profesor de Matemáticas —dice [188]— se preocupara de los hallazgos, las teorías o los avances de Newton, de Leibnitz, de Pascal, de Fermat o de la flamante escuela italiana, se conformó «con las migajas de una ciencia trapalona, vieja y desahuciada», según confiesa el propio Torres cuando dice que «buscaba en las librerías viejas de las comunidades a los autores rancios de la Filosofía natural, la Crisopeya, la Mágica, la Transmutatoria, la Separatoria, y, finalmente, paré en la matemática, estudiando aquellos libros que viven enteramente desconocidos o que están por su extravagancia despreciados». Y haciendo gala, como siempre, de su facilidad, confiesa Torres que con sólo «seis meses de estudio salí haciendo almanaques y pronósticos». «No mucho más severos que sus cascabeleras matemáticas —dice Berenguer [189]— fueron aquellos estudios de medicina. Lo dice con desparpajo ejemplar: *De este modo y conduciendo, de caritativo o de curioso, el barreñón de sangrar de cama en cama, y observando los gestos de los dolientes, salí médico en treinta días».* Con esta práctica de un mes y con haber aprendido de memoria un compendio de medicina general del doctor Cristóbal de Herrera y el «sistema reciente» de Francisco Cypeio, cuya identidad no han sido capaces de descubrir los eruditos, corrió a graduarse de doctor en medicina en la Universidad de Ávila, centro ya agónico, que tenía que ser suprimido pocos años después; cierto que Villarroel jamás ejerció la medicina y juró no hacerlo salvo en casos de necesidad extrema.

La hostilidad de los impugnadores, que se resistieron a admitir la improvisada ciencia del *Piscator,* condicionó siempre toda su combativa actividad para hacerse reconocer en los medios universitarios como un científico, y toda su *Vida* —esa autodefensa ininterrumpida, de que hemos venido hablando— acusa, hasta en los menores episodios, la misma obsesión. Por eso se jacta de que al hacer oposición a dos beneficios curados, «antes de cumplir la edad prescrita por el Concilio de Trento», obtuvo la primera letra porque respondió a los padres examinadores «con satis-

---

[187] Idem, íd., pág. 51.
[188] Idem, íd., pág. 16.
[189] Idem, íd., pág. 22.

facción suya y honor mío»; y añade: «Todavía se refieren como dignas de alguna memoria algunas respuestas mías»[190].

Sin más que estos estudios declarados por el propio don Diego —testigo irrecusable— emprendió la *aventura* de la cátedra universitaria, que, como ya sabemos, solicitó para acallar a los maldicientes y las «voces perniciosas que contra mi aplicación soltaron los desocupados y los envidiosos». Es innecesario repetir los sucesivos éxitos de su profesorado, que Torres relata siempre con idéntico tono jactancioso, encaminado a hacer tragar a sus estirados colegas la profundidad de su saber. Según destaca Berenguer Carisomo, los profesores de Salamanca podrían ser todo lo acartonados que se quiera, pero es bien natural que miraran con escándalo y una desconfianza instintiva las actividades científicas de Villarroel, cuyo *palmarés* intelectual se basaba casi exclusivamente en sus pintorescos *pronósticos* y *almanaques*. Resulta divertido, en realidad, imaginar a través de la *Vida* del *Piscator* lo que debió de ser la sorda lucha de casi veinticinco años entre el irritado claustro salmantino y aquel atrevido

---

[190] *Vida*, ed. cit., págs. 93-94. Los pasajes en que Torres se jacta de sus conocimientos son numerosísimos, en su *Vida* y fuera de ella, pero quizá ninguno tan explícito ni detenido como el que figura en su Dedicatoria a don Juan Baptista Orandaín, marqués de la Paz, escrita desde su destierro de Portugal para impetrar el perdón; corresponde al *Pronóstico* para 1734: «A los diez años de mi edad —afirma Torres— ya entendía los Libros Castellanos y Latinos; de los Franceses, Italianos y Portugueses daba bastante noticia de sus argumentos con la fidelidad de sus traducciones; y hablaba los dos Idiomas Latino y Castellano en verso y prosa con verdad y prontitud. A los veinte años ya estaba instruido en todos los Sistemas Filosóficos de Aristóteles, Cartesio, Gasendo, Pirrón y Carneades, y en todos los miembros de la Filosofía, pues no se me escondió la Ética, Política, Mecánica, Natural, ni Experimental. Leí de esta edad las treinta y dos Ciencias Matemáticas en la Universidad de Salamanca, substituyendo la Cátedra que hoy gozo en propiedad; y fui y soy el único Maestro de estas Ciencias, pues todas las Universidades de España tienen vacante esta Cátedra por falta de Lector. De la Medicina antigua y moderna práctica y especulativa bastantes señales han dado al público mis papeles de su lección e inteligencia. De la Poética y Retórica no son menores las demostraciones que se han visto en la variedad de mis Obras. La Teología Moral la leí y estudié, hasta que conseguí en cinco oposiciones y exámenes las aprobaciones de los Doctores Teólogos de aquel concurso. Desde esta edad hasta los treinta y dos años de mi vida, ya había escrito e impreso doce tomos de a cincuenta pliegos cada uno, y en ellos se encuentran demostraciones que acreditan la universalidad de mis estudios. No cuento Pronósticos, ni los cálculos que tengo hechos hasta el siglo de mil y ochocientos, ni otros papelillos que también merecieron la admiración y el gusto de infinitos españoles, y otros extranjeros. Mis costumbres son las de un hombre que sólo tuvo inclinación a los libros, los enfermos, el campo, el retiro, y la conferencia de los Sabios; y para divertir algún breve ocio me dediqué a exercitar algunas habilidades mecánicas, y todas las gracias que acreditan el buen nacimiento y la crianza. Últimamente, V. E. puede asegurar al Rey que tendrá en sus Universidades y Colegios hombres más sabios en una o en otra facultad; pero seguramente le podrá decir que no tiene otro más variamente erudito que Torres, ni tan famoso, ni tan querido, y entren en este número todos los Doctores, Licenciados y Bachilleres que consumen al Rey copiosas rentas, y todos los que están ya arados de las arrugas y las canas» (*Obras completas*, X, páginas 207-208).

profesor, «a quien se le daba un ardite de toda Constantinopla». La desenvoltura de Torres, su innegable frescura, lo arrollador de sus maneras y procedimientos, la perenne juventud de su carácter, la novedad de sus tácticas acabaron por hacer añicos la tenaz resistencia del claustro entero. Merece la pena —porque ilumina prodigiosamente el tono de la lucha y radiografía al héroe— reproducir un párrafo del «Trozo quinto», en que aparece más al desnudo que nunca la exultante satisfacción del vencedor, que echaba a sus rivales, en sus propias narices, la petulante euforia de su triunfo: «La segunda alegría es el gozo admirable que tengo de ver que saben ellos que soy, en esta universidad y en todas las de España, el doctor más rico, el más famoso, el más libre, el más extravagante, el más requebrado de las primeras jerarquías y vulgaridades de este siglo, el más contento con su fortuna, el menos importuno, el menos misterioso, el menos grave, el menos áspero y el menos desvelado por las capellanías, las cátedras y los empleos, cuyas solicitudes ansiosas los tienen tan locos, como a mí los pensamientos de mis disparates» [191].

Por lo demás, cosas parecidas había repetido en otros muchos pasajes; Berenguer Carisomo comenta a propósito del final del «Trozo cuarto», que pudo concluirlo «con las mismas palabras con las que Lázaro pone fin a su, al parecer, inconcluso relato: *en este tiempo estaba en mi prosperidad y en la cumbre de toda buena fortuna*, pero, como no es un pícaro sino hombre de lucha, y de lucha universitaria e intelectual, una especie muy curiosa de *self-made-man* anticipado, lo que destaca, en los párrafos finales, antes de la cristiana resignación frente a la muerte que puede llegar, es, con irreprimible orgullo, la derrota de sus enemigos, aquellos altos y significativos para quienes, sin decirlo, ha escrito la autodefensa de su *Vida*» [192]. Importa mucho subrayar este último comentario frente a la interpretación de Sebold, que cree ver a Torres íntimamente desgarrado por el conflicto mundo-claustro y «la flagelación del propio orgullo». Véase la «satisfecha ironía» con que Torres desprecia a sus rivales, para encaramar sobre sus despojos el monumento de su triunfo: «No me faltan algunos enemigos veniales y maldicientes de escalera abajo, aunque ya tengo pocos y malos; y siento mucho que se me haya hundido este caudal, porque a estos tales he debido mucha porción de fama, gusto y conveniencia, que hoy hace feliz y venturosa mi vida» [193].

Como resumen de lo dicho es forzoso aceptar que la gloria de Torres no puede basarse en sus aportaciones científicas ni en su papel de reformador, y sólo un poco en haber popularizado una curiosidad por los estudios de física y matemáticas. Su excelencia indudable descansa sobre

---

191 *Vida*, ed. cit., págs. 232-233.
192 *El doctor Diego de Torres...*, cit., pág. 68.
193 *Vida*, ed. cit., pág. 156.

sus extraordinarias dotes de escritor, el más poderoso y original, probablemente, que produjo el siglo XVIII. En este campo deben emplazarse sus méritos.

LAS «VISIONES Y VISITAS DE TORRES»

Al lado de la *Vida* suelen colocarse siempre en paralelo de importancia las *Visiones y visitas de Torres con don Francisco de Quevedo por la Corte*, que fueron publicadas por separado en tres partes: la primera en 1727, y las dos siguientes en 1728, todas en Madrid. Según advierte Sebold [194], la denominación de *Sueños morales* que muchos comentaristas distraídos mencionan como parte del título de las *Visiones*, no es sino una calificación colectiva que da el autor a diversas obras de parecido género, como *La Barca de Aqueronte*, el *Correo del otro mundo*, *Los desahuciados del mundo y de la gloria*, etc.

Las tres partes de las *Visiones* tienen idéntica estructura: Quevedo se le aparece a Torres durante el sueño, le despierta, y vanse luego de paseo por Madrid, haciendo comentarios sobre las diversas gentes que encuentran. Por el libro de Torres desfilan las más variadas clases sociales y otros muchos sujetos que no pertenecen a ninguna en particular —como los petimetres y los lindos, los avaros, los escritores anónimos, los satíricos que levantan testimonios, la mujer que trae hábitos de San Antonio, etc.— y sobre todos ellos llueven los acres comentarios del *Piscator* y de su glorioso acompañante.

La presencia de éste en todo el libro bastaría para hacer patente el deseo de imitarle, si cada una de las páginas de Torres no lo delatara a gritos. Siempre que se trata de definir los rasgos estilísticos de Torres se hace preciso señalar el profundo influjo que el gran satírico del XVII ha ejercido en sus obras. No sólo en ésta sino en otras varias ocasiones, Villarroel encarece con el mayor entusiasmo el pensamiento y estilo de Quevedo, llamándole «prudente despreciador del mundo», «maestro de todas las ciencias y las artes», «sabio de los siglos», «padre de la verdad», y calificándole de Juvenal español. Los redactores del *Diario de los literatos de España*, al reseñar otro de los *Sueños morales de Torres*, *Los desahuciados del mundo y de la gloria*, subrayaron esta profunda huella quevedesca: «Lo que tenemos por cierto —dicen— es que ninguno de nuestros nacionales ha llegado tan cerca de Quevedo. No hacemos el cotejo en el fondo y gravedad de las doctrinas; pero nos parece que en estas obras se resucita el mismo género de donaire y desenfado que reina en los discursos de aquel grande español. Debe D. Diego esta propiedad de la imitación a sus nativas disposiciones, ayudadas de una continua lección

---

[194] Introducción, cit., págs. LX-LXI.

de aquellos escritos. Algunos han querido persuadir que no contienen
los de nuestro autor sino robos preciosos. No dudamos que alguna vez
se haya servido de las invenciones de Quevedo, como de los originales más
célebres, según la costumbre de los pintores; tampoco negaremos que en
unas u otras pinceladas acuerda con demasiada claridad la valentía del
original que copia, deslizándose acaso la pluma insensiblemente, sin noticia de la voluntad, adonde la lleva la memoria, o ya concurriendo casualmente con el otro escritor en unas mismas frases, de lo cual hay innumerables ejemplos. Pero no es de todos examinar ni calificar de robos los
pensamientos, y tiene su particular dificultad no caer en un juicio falso,
siendo arriesgado discernir entre el robo y la imitación, por ser los términos confines y no tan distantes como se cree vulgarmente»[195].

El concepto negativo que tiene Torres de sus contemporáneos y esa
postura de *restaurador* que hemos señalado anteriormente, le lleva a
idealizar a los escritores del Siglo de Oro y a buscar en su magisterio el
remedio para la decadencia de su época; para Torres lo que importa no
es renovar, sino retornar a la fuente de los grandes clásicos. Frente a los
propósitos de la misma Academia de limpiar y purgar la lengua, Torres
sostiene que ninguna industria es tan necesaria como la lectura y estudio de nuestros pasados escritores, «que en copia, limpieza, majestad, elegancia y sonido no deben ceder a cuantos han divulgado sus sentencias
en los otros lenguajes»; y con idéntica intención escribe: «Estoy muy lejos de juzgar que la lengua de España necesita de algún cultivo, y antes
siento con ingenuidad que es contraria a su perfección y pureza cualquier
solicitud que se ordene a mejorarla»[196]. De entre todos los maestros pretéritos Torres siente una particular afinidad con Quevedo en espíritu,
gustos, propósitos, opiniones, estilo, y hasta cree parecérsele en los trabajos y persecuciones de su vida terrenal.

Sebold subraya, sin embargo, el deseo de Torres de rehuir toda imitación servil: «Para hacer lo que todos —dice en una carta del *Correo
del otro mundo*— no hubiera yo salido a la plaza del mundo; porque estoy
muy mal con los escritores de mi siglo, pues no inventan, que trasladan».
Y al responder a la citada crítica del *Diario de los literatos*, escribe ofen-
dido: «Han caído vuesas mercedes en el error de alabarme a mí diciendo
que... me parezco al inimitable español don Francisco de Quevedo. Yo no
me parezco a nadie, ni me quiero parecer al más pintado, ni vuesas mercedes pueden dar parecer en eso, ni Dios permita que yo me parezca a
ningún escribano, escribiente ni escritor»[197]. Lo que Torres proclama es
su voluntad de poseer un estilo personal a través, sin embargo, de la

---

[195] Cit. por García Boiza, *Don Diego de Torres...*, cit., págs. 195-196.
[196] Cit. por Sebold en Introducción, cit., pág. LVI.
[197] Ídem, íd., pág. LVIII.

imitación quevedesca, que en él adquiere el prurito de una esforzada emulación.

El resultado en las *Visiones* es sorprendente, y lo que impide calificar la obra de Torres como de primerísima fila es el hecho de que, con toda su calidad, camina —quiéralo o no su autor— por el sendero que su modelo había abierto; aunque en más de una ocasión no sólo le iguale sino que le supere. Una deducción nos parece incuestionable y viene además a confirmar lo que dijimos más arriba sobre las preocupaciones estilísticas de Villarroel: la asimilación quevedesca es de tal índole y contiene a su vez tal porción de originalidad, que no hubiera podido lograrse sin un persistente esfuerzo y, sobre todo, sin un estudio heroico de las posibilidades expresivas del idioma; lo que demuestra que Torres debió de escribir muy poco en los mesones entre los gritos de los caleseros, aunque es seguro que tomaría de su boca innumerables palabras y frases que no hubiera podido hallar en los mejores clásicos.

El sabor quevedesco es mucho más patente en la ficción o idea germinal del libro que en la prosa, lo que revela que Torres tenía menos capacidad para la invención novelesca que para el manejo del lenguaje. Satirizar a los letrados o a los médicos, a los petimetres o a los poetas, a los soplones o a los avaros, a los reposteros o a los sastres, ya no podía hacerse sin grave riesgo de que la sombra de Quevedo se llevara la parte del león; y no sólo era peligrosa la elección del tema, sino la forma abstracta y deshumanizada —trillada ya por Quevedo— de ejercer la sátira. La incapacidad para ensayar otra actitud satírica distinta a la de su maestro, deja gravemente en entredicho los títulos de Torres para ocupar un puesto en su época como representante de la novela. Y, sin embargo, es evidente que Torres trataba de superar en esto a Quevedo modificando su técnica. Torres se esfuerza por acrecentar los elementos plásticos de sus tipos, sustituyendo el puro *concepto* quevedesco con manchas de color que no sería difícil extender sobre un lienzo. Pero estas pinceladas resultan a su vez terriblemente deshumanizadas a fuerza de caricatura y extremosidad; una caricatura en la que el escritor lleva al límite su virtuosismo con el lenguaje, que es, al parecer, lo que sobre todo le importa exhibir. Por otra parte, repite los mismos procedimientos invariablemente, cada vez que inicia una serie, con la agravante de que los intensifica a medida que avanza el libro; cualquiera de estos cuadros puede servir de ejemplo entre docenas: «Entre la confusión de los coches se nos iba ocultando uno en que iba envainado un demonio en hábito de hombre; dos barriles de Zamora por carrillos, ahumado el rostro con incienso de infelices; derramábansele por los ojos malvasías, vinos del Rin y cuanta especie de licores ha arrastrado a España la viciosa sed de nuestros paladares; regoldando pollas, ventoseando perdices, todo cacoquimio de manjares y apoplético de bebidas»[198]; «llegamos a la puerta y el portero tenía cara de haber almorzado ajenjos y vinagre. Gruñónos un poco al entrar; y ya en la casa vimos a un hombre machucado a mojicones de los días, engullido en un saco hasta la nuez. La frente, trepando por el testuz, no le paraba hasta derramársele desde el cerro vertical a las honduras del colodrillo, sin un matorral de pelos en el campo de su chola; un culo de bacía por casco, dos aventadores por orejas, que parecían asas; descabalado de ojos, hombre aguja con un testigo de vista solamente; tan mocoso, que acudía a sonarle la pringue por momentos; agachado de narices, calvo de dentadura, lujurioso de barbas, más largo que colación de rico, más chupado que un caramelo; y tan sutil y angosto que parecía hilado»[199]; «Ya tratamos de salir cuando encontramos con otro colegial. Era éste muy conciso de cuerpo, muy lacónico de estatura, súmula de hombre y parva materia de la humanidad; hambriento de cara, tan menudo de facciones, que casi las tenía en polvos, cabeza de títere, pelo de cofre, angustiado de frente, dos chispas por ojos, una verruga por nariz y tan sumido de boca, que me pareció sorberse los labios; él, en fin, era hombre con raza de mico»[200]; «Era el salvaje muy pleonasmo de cabeza, llevando sobre un cuello ganapán un protocimborrio; pordiosero de frente, de la que sólo tenía un retazo; carcomido de cejas, ratonado de pestañas; sus ojos tan alegres que en sus movimientos se escuchaban folías y fandangos; la vista encharcada de mosto, de suerte que miraba por azumbres. Parecióme que traía el alma en remojo; cada miradura era un cohete, y cada ojeo una chamusquina; nariz de a folio, en ademán de porra de vaquero; los dientes tan anchos y en tal disposición, que no era posible hallarle vaina en los labios; traía en el rostro abundancia de granos, que cogió en la familiaridad de los racimos; finalmente, el bestia era de tan horrible aspecto, que hedía su semblante a cuantos le miraban»[201].

Nos parece innegable que Torres deja a Quevedo muy atrás en su capacidad de imaginar monstruos, pero su desbocada zarabanda no le diversifica de la abstracción alegórica de su maestro ni el canto de una uña. Tan sólo en la elección del marco costumbrista parece que nos acerca Torres un poco a la realidad de la vida; Quevedo nos había mostrado sus peleles en los quintos infiernos, pero Torres los sitúa en lugares conocidos de la Corte y nos los presenta paseando por las calles de Madrid. El resultado global varía muy poco, pero estas pinceladas que aproximan la extravagancia a lo cotidiano, aportan otro elemento de originalidad sobre los sueños quevedescos.

---

[198] Ed. Sebold, cit., pág. 41.
[199] Ídem, íd., pág. 62.
[200] Ídem, íd., pág. 66.
[201] Ídem, íd., pág. 120.

En cualquier caso, la capacidad simbólica del arte expresionista de Villarroel es extraordinaria; puede afirmarse sin temor a exageración que no tiene semejante en ningún otro escritor, español al menos, y difícilmente se encontraría un equivalente plástico ni en las mayores audacias de Goya. Semejante excelencia hubiera sido imposible sin los recursos verbales de Torres, porque no bastaba imaginar aquella lluvia de «visiones», sino que había que expresarlas en lenguaje proporcionado a su deformidad. En este campo Torres ofrece un caudal de una riqueza impresionante; no sólo parece tener a su disposición todo el léxico de los clásicos, sino el habla de la calle, y una asombrosa agudeza para la innovación lingüística que le permite lanzar neologismos tan expresivos como audaces, y traslaciones de sentido de sorprendente originalidad.

En cuanto a la agresividad satírica creemos también que Torres aventaja a Quevedo; aun cuando las clases sociales o los oficios sean frecuentemente los mismos, Torres tiene una valentía mayor, mucho mayor descaro, y dispara inmisericorde contra los blancos que se dirían más intocables. Quevedo, con toda su aparente valentía, se anda con más tiento. Es evidente que Villarroel supo crearse todo un arrimo social, que le guardaba las espaldas; lo que patentiza una vez más, como en sus luchas universitarias, que poseía una destreza poco común para bandearse entre las gentes y hacer flechas de toda astilla para usarlas en su defensa y aprovechamiento.

Las *Visiones*, desbordantes, sobrecargadas de excentricidades y excesos, sin los cuales es imposible concebir la personalidad de Villarroel, son un libro único, una cantera de lenguaje, un prodigio de desparpajo, un derroche de ingenio y de intención. Véase —una página cualquiera serviría de ejemplo— este párrafo sobre los letrados: «Son peores que los médicos, difuntos de mi alma, que es la mayor ponderación que puedo hacer. Éstos ya desahucian a algunos enfermos, pero los letrados no hay ejemplar que desahucien a ningún pleiteante. Yo nunca quise pleitos, porque ninguno que aboga lo pierde, ni lo gana el que pleitea. En mi casa no entrarán abogados ni gatos; pues, siendo estos últimos destinados a cazar ratones, no se sabe cuáles son más perniciosos enemigos: éstos, que roen un arca, o los otros, que suelen merendar la cena. Y lo mismo sucede entre el que dice que es suya mi capa y el abogado que me la defiende; pues en caso de mucho favor mi contrario me deja la capa, y el abogado, en camisa» [202].

La interpretación de las *Visiones* ha producido, por lo menos, dos importantes estudios: el de Sebold [203] y el de Paul Ilie [204]. Sebold inicia el

---

[202] Idem, íd., 51.
[203] En la Introducción citada.
[204] Paul Ilie, «Grotesque Portraits in Torres Villarroel», en *Bulletin of Hispanic Studies*, XLV, 1968, págs. 16-37.

capítulo correspondiente de su prólogo mencionado con este epígrafe: «La forma seudomística de las *Visiones*»; con lo cual queda declarado el camino de su interpretación. Sebold habla de «ciertos elementos seudo-místicos que caracterizan el estilo de todos los *Sueños morales* torresia-nos» [205] y afirma luego que Torres «va concibiendo la forma de su obra cada vez más concretamente como símbolo de la experiencia *iluminativa* producida por la unión platónica entre su espíritu y el de Quevedo»; «la posibilidad —añade— de usar la forma seudomística como símbolo de esto, se le sugiere a Torres en parte por la parecida psicología de los sueños y ciertos fenómenos místicos, especialmente las llamadas visiones imaginarias, que en teoría pueden asociarse a cualquier grado de éxta-sis» [206], y busca puntos de contacto entre la obra de Torres y algunos pa-sajes de Santa Teresa y San Juan de la Cruz. Esta interpretación, lo mis-mo que hemos dicho respecto de la que hace el mencionado crítico sobre la personalidad global de Torres, nos parece inaceptable en su conjunto; nada tiene de extraño que Torres se sirviera de expresiones tomadas de aquellos místicos para describir sus sueños o *éxtasis*, porque el salmantino conocía muy bien los clásicos de su lengua y tomaba ladrillos de cualquier edificación para construir su propia casa. Pero su trayectoria global nos parece que camina por otro rumbo.

Paul Ilie ha destacado especialmente el carácter grotesco, deshumani-zador, con tendencia al humor negro y al absurdo, de todas estas páginas de Torres, para señalar un aspecto que nos parece exacto: el predominio absoluto de los valores estéticos sobre los morales, aunque estos últimos sean los declarados por el autor; el componente estético se desliga de su condición instrumental para convertirse en un valor autónomo, que da ca-rácter y sentido al libro. Torres tiene, evidentemente, un punto de partida: la crítica de la sociedad, que es el propósito confesado y el que le aproxi-ma o emparenta con su mentor inicial, Quevedo; las distorsiones que en-cuentra en la sociedad pueden ser reales, pero Torres proyecta sobre ellas las construcciones irracionales de su mente, en tal medida que la realidad de base acaba por no ser más que un trampolín para el relato imaginativo del autor. Ilie señala numerosos puntos que persuaden de este carácter de las *Visiones*. Las figuras de Torres no tienen pasado ni capacidad para cambiar; son gráficas, pero están congeladas en el momento en que las captura el escritor; sus retratos son más bien grotescos que críticos, no proporcionan una mirada socialmente válida de la gente, nunca aportan el rasgo psicológico que permita valorar una situación en términos humanos y éticos; el autor siente un morboso interés por el espectáculo de sus monstruos, pero ninguno consiste en el análisis de la realidad inicial; el

---

[206] Ídem, íd., pág. LXV.
[205] Introducción, cit., pág. LXI.

resultado de la deformación no remedia ni valora la situación; lo grotesco tiene su propia realidad y psicología, si así puede llamarse; nos sentimos, en consecuencia, sacudidos por las enormidades del retrato, pero no por el juicio moral que lo motiva, porque Torres parece contemplar a sus peleles como objeto de diversión, y no como seres humanos dignos de humanos sentimientos. Ilie niega la tesis de Sebold de que las *Visiones* puedan referirse a una tradición mística, ni tampoco las considera gobernadas por las normas teológicas que dirigieron la literatura del Siglo de Oro, ni por la tradición moralizadora, pues falta por entero la actitud afirmativa, implícita en cualquier deseo tradicional de reforma. La visión de Torres —dice Ilie— es un Apocalipsis invertido: en lugar de anunciar una realidad futura, pinta una situación presente con todo su absurdo; mientras que la visión religiosa ofrece una alternativa para el futuro, el sueño grotesco convierte los defectos en un absurdo irremediable; a diferencia del profeta, cuyo éxtasis le transporta a una realidad fuera de él, el delirio de Torres no conduce a ninguna especie de *comunión*, sino a un frenesí interior basado en sus personales asociaciones u obsesiones.

Este frenesí produce un grotesco y una deshumanización muy por encima de todo lo que había sido hecho hasta entonces, y como sólo iba a poder encontrarse en el romanticismo alemán; en este campo —afirma Ilie— Torres hizo todo cuanto podía concebirse —muchísimo más, diríamos— dado su medio cultural; deja muy atrás lo conseguido por Quevedo y el Bosco, al que aduce Sebold como posible estimulante del salmantino, y a lo que había de hacer el mismo Goya. Tan exagerada deshumanización y animalización —insiste Ilie repetidamente— oculta por entero todo posible valor ético para dejar incólumes los puros valores estéticos de la desenfrenada fantasmagoría.

Las observaciones de Ilie sobre el lenguaje de las *Visiones* son igualmente interesantes. Su estilo —dice— no tiene paralelo en la complejidad, amplitud y oscuridad de su léxico. Estos caracteres hacen pensar en el conceptismo, pero, al revés del tradicional, basado en latinismos y cultismos, es éste un conceptismo del *slang*, al cual aporta Torres, como ya dijimos, las más sorprendentes y bizarras novedades no usadas hasta entonces en ninguna especie literaria. La picaresca —dice Ilie— había cultivado con frecuencia lo desvergonzado, fétido y bajo, con abundantes vulgarismos, pero Torres no conserva nada de su color y dicción popular; Torres cultiva un conceptismo de su propia creación, que consiste precisamente en invertirlo; es a modo de un barroco florido y recargado, pero de signo contrario: el mismo exceso retórico y oratorio, la misma pomposidad desmelenada, pero por lo bajo.

Ilie asegura —y es un juicio incuestionable— que las *Visiones* son un libro único, situado sobre todo en el siglo XVIII, y aun diríamos que único en toda nuestra historia literaria. Pero la misma enormidad que origina

su singularidad, produce también sus fallos; como uno de sus personajes
—recuerda Ilie—, Torres «padecía diarrea en los sesos»; el lenguaje se le
va a Torres de las manos por una desmesura o desproporción, no gobierna
su material y no consigue, ni aun dentro del exceso, darle la proporción y
consistencia necesarias.

Tan sólo hay un punto en que no podemos admitir las conclusiones de
Paul Ilie. Torres rechaza repetidamente la responsabilidad de sus sueños,
pues le advienen —declara repetidamente— cuando la voluntad estaba durmiendo, «la memoria roncando», alejado el entendimiento, acostada el
alma; es entonces cuando «ligados los sentidos a escondidas de las potencias, se incorporó la fantasía, y con ella madrugaron también otro millón
de duendes que se acuestan en los desvanes de mi calvaria» [207]. Por otro
lado, la deformación de Torres —dice Ilie— estaba sustentada en un principio de razón humana y orden natural: puesto que éstos eran los principios básicos de su pensamiento, pudo concebir un mundo grotesco tan
sólo como violación del orden y la autoridad. Con ello, concluye el comentarista, este irracionalismo, que parecería incompatible con el creciente
predominio de la razón en el siglo XVIII, demostraría por el contrario que
Torres se inscribe plenamente dentro del criterio racionalista de su siglo.
Ahora bien: no creemos que pueda tomarse en serio el declarado propósito de Torres de desligarse de sus fantasías; es, cuanto menos, un truco
retórico, pero vemos en ello mucho más aún: estamos aquí ante una nueva
treta, de las muchas a que nos tiene acostumbrados la avispada cautela
del salmantino; puesto a soltar enormidades por toda la barbacana, necesitaba curarse en salud por si sus mismas demasías le metían en campo
peligroso. Torres era muy ducho en eso de echarle las culpas al vecino,
tuviera o no razón, y el ponerlas ahora a cuenta del sueño —recurso de
que se vale en tantos de sus libros— era una cómoda pantalla para tirar
la piedra y esconder la mano. A Torres no se le cogía así como así. En
cuanto a suponer que la básica estructura mental de Torres estuviera mol-
deada sobre principios racionalistas, nos parece todavía más inaceptable.
De acuerdo con Lázaro Carreter pensamos que el gran *Piscator* de Salamanca tenía, por esencia, un temperamento mágico. Es imposible desligar
las *Visiones* de las restantes obras de su autor. Su afición, nunca extinguida, por los duendes y las brujas, de los cuales se burlaba a ratos y los
temía en otros, sus aficiones, tan características, por las ciencias ocultas
y la astrología, sus constantes alusiones al mundo «subterráneo», a los demonios, a las apariciones, a los influjos misteriosos, a los sueños, a las
adivinaciones y pronósticos, en los que no creía ni dejaba de creer, hace
de todo punto imposible la imagen de un Torres inscrito en los criterios
racionalistas de su siglo; es aquí —y no en inquietudes ascéticas— donde

---

[207] *Visiones y visitas.* «Preámbulo al sueño», ed. Sebold, cit., pág. 16.

está su condición de «centauro mixto», que hace de Torres un ser tan extraño y tan singular. Las *Visiones*, en nuestro concepto, constituyen su escapada más audaz, su más arriesgada aventura por el mundo de lo imaginativo y lo fantástico, su esfuerzo más alto para quebrar amarras con la realidad y dejar vagar libérrimamente su fabulosa capacidad inventiva.

«LA BARCA DE AQUERONTE»

La Barca de Aqueronte fue publicada por primera vez en 1743 en una colección de *Sueños morales*, pero estaba terminada desde mediados de 1731. Guy Mercadier ha publicado recientemente una edición crítica de la obra, pero no sobre el texto impreso en 1743, sino sobre un manuscrito conservado en la Hispanic Society of America, que contiene una versión distinta [208]. En la impresa, Torres Villarroel satiriza en cuatro capítulos a otras tantas clases sociales o grupos humanos: médicos, gentes de justicia, mujeres y «varios»; pero el manuscrito de Nueva York contiene otros dos capítulos —números 2 y 4—, dedicados a las Universidades y a la nobleza, que no vieron la luz. Mercadier pone justamente de relieve la importancia de estos dos capítulos suprimidos en la edición. En el primero de ellos Torres saca a plaza un cierto número de ignorantes y fantasmones encaramados en cátedras y puestos privilegiados, sin otros méritos que su capacidad de intriga y su habilidad para servirse de partidos y recomendaciones. El capítulo no supera, evidentemente, a las denuncias hechas por el propio Torres en otros escritos contra la ineptitud y corrupción de la Universidad, sobre todo en las páginas de las *Visiones* [209], pero demuestra

---

[208] Diego de Torres Villarroel, *La Barca de Aqueronte (1731)*, édition critique d'un autographe inédit par Guy Mercadier, Centre de Recherches Hispaniques, París, 1969.

[209] El más importante pasaje acerca de este punto se encuentra en la «Visita undécima» de la segunda parte. Torres compara los modernos métodos pedagógicos seguidos por los jesuitas en el Seminario de Nobles con la rutina y desidia de las viejas Universidades. Torres insiste especialmente en la desordenada vagancia de los estudiantes, favorecida por la falta de interés de los «doctores» y sobre todo en las intrigas y rivalidades de estos últimos, mucho más atentos a la caza de puestos y dignidades que a la tarea que les es propia. He aquí uno de los párrafos, harto explícito, sobre este problema: «Deplorable es esta perdición; pero te aseguro —le dice Torres a Quevedo— que tienen peor condición y más indisculpables costumbres los viejos doctorados que los mancebos manteístas, porque el ansia a la cátedra, la agonía del grado, la furia a la prebenda, a la plaza y al obispado los hacen blasfemar unos de otros, tratándose (sin temor de Dios ni de su condenación) con crueldad en los informes, añadiéndose los unos a los otros pecados indignos a fin de contentar la vanidad de sus deseos. Cada uno es ceñudo fiscal del otro e incansable atalaya de su vida y costumbres, y todos se quieren matar y heredar los unos a los otros, siendo contrarios de sí mismos y de todo el linaje escolástico. Aquellas losas respiran ambición, rencor, vanidad y sabiduría loca. En lo mecánico de sus rentas, distribuciones y otros negocios claustrales son tantas y de tal calaña las quimeras que se les ofrecen y levantan, que continuamente viven en perpetua tribulación; y tienen hecho

la constante atención del escritor hacia un mal permanente, que se diría imposible de extirpar. Mercadier subraya que Torres no fue el primero, ciertamente, que tuvo conciencia de estos problemas, pero posee el mérito indiscutible de haber llevado a la literatura estas taras y abusos de la sociedad universitaria española y de haberlos desplegado en la plaza pública [210].

En el capítulo sobre la nobleza, la pluma de Torres es mucho más explícita y radical, ya desde el mismo título: «Juizio 4.° de los Condes, Duques, Marqueses, Señores hidalgos y otros fantasmas espetados, ahítos y hambreones que vivieron apestando y corrompiendo el mundo». Las acusa-

---

hábito a las inquietudes, hijas de su soberbia y criadas en aquellas aulas en donde nunca han querido poner cátedra de humildad. Cada uno se considera más sabio y más prudente que el otro, y ésta es la raíz de los desconciertos y alteraciones. / Yo, don Francisco de mi alma, soy un catedrático de la más excelente de las universidades, y explico en ella las treinta y dos ciencias matemáticas, y he visto la disculpable flojedad y el reprehensible vicio de los mozos y la poca solicitud de los doctores. Las más cátedras se pasean, y hay maestros a quien no conocen los discípulos. Los religiosos van y vienen a las aulas, y los escolares suelen ignorar el general donde se dicta la profesión que van a ejercer. Bien sé yo que si me oyeran los demás catedráticos, me reñirían la soltura con que te estoy informando. Pero como tengo a mi favor la verdad, y por testigo a ellos mismos y al concurso de los estudiantes, me burlaría de su ceño» (ed. Sebold, cit., págs. 180-182).

[210] Mercadier reproduce un pasaje de la memoria que, bajo el título de *Por la libertad de la literatura española*, presentó al rey en 1769 don Francisco Pérez Bayer, que fue estudiante en la Universidad de Salamanca entre 1733 y 1738 —es decir, por los mismos años en que Torres escribía, o corregía, las páginas de su *Barca*— y catedrático de la misma desde 1746 a 1752; las palabras de Pérez Bayer demuestran que no eran exageradas las denuncias de Torres: «En mi tiempo de cursante en Salamanca, esto es en el año 1733 y siguientes, no había en aquella universidad uno siquiera que con propiedad pudiese llamarse oyente o discípulo. Íbamos sí uno u otro, hasta seis u ocho los más, a la hora de la cátedra, sólo a que nos viera el catedrático, al qual hallábamos regularmente a la puerta del general, en pie o sentado con otros catedráticos en conversación en los bancos más inmediatos a la entrada o, si hacía frío, paseándose por el claustro. Y luego que asomábamos, nos decía: 'Déxense ustedes ver'. Pasaban cuatro días, volvíamos. Y repetía el catedrático lo mismo, hasta que hacia la mitad de la Cuaresma nos firmaba la cédula que cada uno de nosotros se escribía, y a esto se reducía la enseñanza. Yo tuve en dichos años por catedráticos a don Diego Treviño, que lo era de Prima de Cánones, Colegial del Arzobispo, a don Pedro Venero, Colegial de San Bartolomé, y a don Sebastián Guerra, de Oviedo; y puedo asegurar que a ninguno de los tres oí enseñanza, ni aun citar en la conversación un texto del derecho civil o canónico; y que todos, a lo que parecía, tenían estudiada una misma canción para despedir a sus oyentes, esto es: 'Vuelvan ustedes por acá' o 'Ya se juntarán ustedes más', como dando a entender que cuando hubiese mayor número, explicarían sus lecciones. Y si tardábamos en ir algunos días, nos decían con una sonrisa que tenía cierto aire de reprensión: 'Tiempo ha que no nos vemos', u otra cosa tal. / Lo mismo observé aún de más cerca en los años de 1746 y siguientes, porque como asistía a mi cátedra, cuyo general está en Escuelas Mayores, al lado de la puerta de San Gerónimo, veía lo que pasaba en los generales inmediatos de Leyes y Cánones. De suerte que hallé ser muy cierto lo que había antes oído y tenido por mera chanza: que en Salamanca los catedráticos no estudiaban sino el arte de alejar a los discípulos de sus aulas, para excusar el rubor de explicar o de leer en ellas» (ed. Mercadier, cit., págs. 449-450).

ciones y denuestos lanzados contra toda esta tropa de condenados son de tal dureza y de tan inequívoca claridad que no pueden menos de asombrar al lector. También sobre este tema había vuelto Torres desde sus primeros escritos. Subraya Mercadier que la crítica sobre la nobleza y las desigualdades sociales era una corriente muy difundida desde el Renacimiento y que podía remontarse hasta los mismos filósofos estoicos de la Antigüedad; pero la novedad del siglo XVIII consiste en que no sólo se apoya, como hasta entonces, en argumentos de tipo moral o religioso, abstracto y filosófico, sino en razones de índole económica, que afectan a la vida inmediata y práctica. Villarroel hace hincapié en este punto, precisamente; ya en sus *Visiones* había escrito palabras de radical denuncia sobre las injustas desigualdades alimentadas por el despilfarro de unos a costa de la miseria de los demás[211]. Mercadier destaca, de entre la sostenida requisitoria de este capítulo de *La Barca,* un pasaje generosamente indignado, que reproducimos, añadiendo al comienzo y al fin algunas líneas más de las acotadas por el comentarista, porque también valen la pena: «Restituyó al Rey en un carro de doblones poca parte de los que había rebañado en sus territorios y raído a sus vasallos, y, en premio de la restitución, le mandó que cubriese con un hábito la desnudez de su generación y que se chapuzase en un marquesado para acabar de sacudirse de el Arestín de su Alcurnia. Últimamente salió a la Plaza del mundo a enseñar lo conde, a pedir señorías, recatear excelencias, negar mercedes y a imaginarse de otra especie, creyendo este bruto que el Rey le había borrado los manchones de su condición con las lavaduras de Duque, y que los había redimido de las lacerias de su cuna con el oro de aquella Joya. Trató de olvidar la doctrina cristiana, negó el amor al prójimo, desconoció sus parientes, procuró escribir mal, trampear bien, y, últimamente, ni pagó palabra ni cumplió deuda, que son los últimos baños de la caballería cortesana. Compró las fecundas heredades y las groseras casas de unos villanos que deseaban acabar de ser mendigos para vivir más libres sin la ruda pesadumbre de las contribuciones y gabelas. Recayó en sus terrazos el título, y sobre ellos todas las mazmorras de Mequínez, pues, habiendo conseguido a menos pre-

---

[211] El pasaje de referencia, recordado por Mercadier, pertenece a la «Visita tercera» de la segunda parte; dice así: «Toda esta abundancia es hija de la universal carencia del resto de la España. A cualquiera pueblo que vieras conocerías al punto su miseria. En ellos sudan y trabajan para mantener a los ociosos cortesanos y a los que llaman políticos. Al rabo de una reja anda cosido todo el día el desventurado labrador, y el premio de sus congojas es cenar una migas de sebo por la noche y vestir un sayal monstruoso que más lo martiriza que lo cubre, y el día de mayor holgura come un tarazón de chivo escaldado en agua. Los caudales de las villas, aldeas y ciudades, todos vienen en recuas a la Corte. Aquí todo se consume, y allá quedan consumidos; aquí apoplejías y allá hambre, aquí joyas y galas y allá desnudez. Y porque vivan desperdiciando en carrozas y glotonerías y embelecos cuatro presumidos, soberbios y ambiciosos, dejan perecer y remar a todo un mundo de pobres cristianos» (ed. Sebold, cit., págs. 131-132).

cio sus haciendas, los brumó con los grillos de el vasallaje, la cadena de el señorío y la corma de el *vos*, satisfaciendo las miserias de su esclavitud con la cosecha más despreciable de sus campos; porque a los que antes vivían sobre los favores de la libertad, gozando las primeras habilidades de la naturaleza, alimentados de los recentales sabrosos, los fecundos granos y las flores tiernas, los condenó a rancias cecinas, caducos herbajes, panizos humildes y desabridas mieses. Púsoles dos alcones por alcaldes, una arpía por escribano y una cueva de ladrones por ministros. Estos doblaron el yugo a los infelices con el nombre de celo, robando para sí y para este malaventurado *Duque* la sangre pura que vertían y el copioso sudor que derramaban, fertilizando las campiñas, las heredades y las riberas que antes cultivaron como propias» [212].

Mercadier sugiere que Torres pudo escribir estas páginas en esta ocasión estimulado por el ensayo de Feijoo, *Valor de la nobleza e influjo de la sangre*, incluido en el volumen IV de su *Teatro crítico* que apareció en 1730. Pero —y he aquí lo importante—, mientras Feijoo es muy moderado en sus juicios, Torres se lanza a una violenta diatriba contra la *infame* desigualdad del nacimiento, la pésima educación de los nobles, su desprecio del trabajo manual, su frivolidad y su egoísmo; las ideas expuestas aquí por Torres —subraya Mercadier— son las mismas que han de exponer más tarde Cadalso, Jovellanos e incluso Cabarrús, muchas de cuyas fórmulas parecen sacadas de don Diego. Más aún: Mercadier invita a comparar los textos de Torres con los de reformadores como Manuel Antonio de la Gándara y Juan Francisco de Castro, y recuerda que Torres se les anticipa entre treinta y cincuenta años.

En 1730 había publicado Torres su *Vida natural y católica*, y en ella incluyó un pasaje atacando los orígenes de la nobleza e incluso de la monarquía, que fue censurado por la Inquisición en 1743 [213] (la fecha de esta publicación nos hace dudar —sin contar la de las *Visiones* que es todavía anterior— de que Torres necesitara el estímulo del ensayo de Feijoo para escribir sus propias páginas; como no sea en el sentido de que deseó sobrepujar al benedictino dibujando con trazos gruesos lo que aquél había escrito con prudente cautela). Mercadier hace notar que en el pasaje suprimido en la *Vida natural y católica* [214] parece oírse la voz de Rousseau

---

[212] Ed. Mercadier, cit., págs. 224, 226 y 228.

[213] A este suceso alude el propio Torres en el «Trozo quinto» de su *Vida*, cuando refiere que al entrar un día en la iglesia oyó a un predicador que leía una lista de libros condenados por la Inquisición, y entre ellos su *Vida natural y católica*, que había sido publicada catorce años antes (ed. Federico de Onís, cit., págs. 185-188). La obra fue reeditada sin los párrafos censurados y con un nuevo prólogo de Villarroel.

[214] El fragmento censurado en la edición de 1730 dice así: «Juzga el vano político que desde el vientre salió abrazado de la dignidad, sin persuadirse que los hombres reparten sus fabulosos accidentes a quien regularmente es más indigno. El derecho que llaman de las gentes trabajó mucho en distinguir personas y separar terrazos;

en alguno de los párrafos de su *Discurso sobre el origen y fundamentos de la desigualdad entre los hombres.* Mercadier aclara que no pretende sugerir que fuese Torres el inspirador de Rousseau; pero, ¿puede decirse algo más para demostrar la *actualidad* de Torres Villarroel en el momento en que escribía? [215].

Mercadier puntualiza finalmente que podría hallarse cierta contradicción entre los pasajes mencionados y cierto prurito que manifiesta Torres a veces de ennoblecer su ascendencia (muy débil, por cierto, diríamos nosotros). Pero este prurito —dice Mercadier— pudo estar influido por las ideas de su tiempo y —esto que sigue es lo que nos parece más incuestionable— «por táctica más que por convicción». Torres no podía presentarse como un paria cualquiera, porque entonces sus requisitorias sociales hubieran parecido nacidas de un bajo y vulgar resentimiento y habrían quitado todo valor a sus palabras.

En *La Barca de Aqueronte,* vista bajo el aspecto de su estructura y rasgos estilísticos, vuelve a mostrársenos el fantasma de Quevedo, y nueva-

---

enmendó a pocos y ha corrompido a la mayor parte de la racionalidad. A los que exaltó, los infundió de hinchada soberbia; a los que puso en las gradas más abajo, los tiene hirviendo de envidia, venganza y adulación. Moderó algunos impulsos, pero al mismo tiempo despertó terribles imaginaciones; y con esta aceptación de personas crecieron los vicios a la altura que lastimosamente están ocupando. / El príncipe, el duque, el señor ni el monarca no está dotado de mejores sentidos, de más alma ni de más puntual organización; a todos nos cubre una especie, un género y una diferencia. Y si examinamos las mejoras que les ha dado el mundo, hallaremos que tienen más de abominables que de gloriosas. Los príncipes se formaron de los tiranos que hicieron esclavas las repúblicas. Los capitanes de aquellos espíritus impíos y terribles que quemaron provincias y vertieron la sangre de otros hombres; los reyes de los que, con violencia escandalosa, tomaron posesión de aquel suelo que Dios y la naturaleza habían repartido a cada racional; mantúvolos la codicia y la violencia en el tirano señorío, hasta que ellos propios hicieron leyes, códigos y pandectas para hacer hereditarias las rapiñas. De modo que Dios le presta la vida al hombre para que la cuide y la goce y en ella observe sus preceptos; e ingrato a este bien, ha querido echar a Dios del mundo, levantándose con la tierra y lo que puede arrebañar de los otros elementos. Se han hecho deidades, partiendo entre su codicia, con la desigualdad que vemos, los bienes de Dios; hacen siervos a unos, a otros libres; a unos dan mucho, a otros nada; a unos premian, a otros ahorcan; y usan últimamente de los elementos y racionales como caudal propio, sin hacer caso ni memoria que este mundo visible es sólo del Autor que le hizo, y que de misericordia nos lo presta igualmente a todos hasta cierta edad y tiempo» (Mercadier, ed. cit., Apéndice VI-C, págs. 451-452).

[215] Todavía podría añadirse un texto, no recordado por Mercadier, también de la misma fecha. En el que llama «Prólogo cristiano y verdadero», del *Pronóstico* para 1730, escribe Torres: «La ira de la ambición, la vanidad de las pandectas, el derecho de las gentes y el tuerto de los diablos, han hecho tan desigual partija de los bienes comunes naturales, que entre quatro Monarcas, diez Príncipes, veinte duques, y catorce Hidalgos han partido toda la tierra, y a los demás que alentamos en el Mundo político, no nos han dexado suelo que pisar, ni fruto que comer, con que en algún modo estamos precisados a hurtar y mentir para sacarles algo; porque si nos confiamos en su caridad, o en el precepto que tienen, nos moriremos de hambre. Compongámonos, y hurtemos con consideración, y mintamos sin perjuicio» (*Obras completas,* X, pág. 123).

mente resultaría cómodo suponerla un pastiche de su maestro declarado. Pero la definición sería tan injusta como muchísimas otras cosas que se dicen de Villarroel. Mercadier sale al paso de esta vulgar atribución, y aunque es de lamentar que no lleve a cabo el minucioso estudio comparativo que sus conocimientos sobre Torres le .permitirían realizar, apunta los suficientes datos para persuadirnos de la originalidad de don Diego. En *El sueño del Juicio final* y en *Las zahúrdas de Plutón* sabemos —dice Mercadier— que es Quevedo el observador, pero sólo un *yo* ocasional nos lo presenta como testigo del espectáculo, que se nos ofrece como proyectado en una remota pantalla. En cambio, en *La Barca de Aqueronte,* igual que hicimos notar en el callejeo de las *Visiones,* es el propio Torres quien en cuerpo y alma se zambulle entre la turba de su sueño para convertirse en un personaje más y dar al cuadro una sensación de realidad inmediata y vivida. La diferencia es rica en consecuencias. Entre los temas de la sátira, cierto que muchos pertenecen al repertorio tradicional y el mismo Quevedo los había exprimido a conciencia. Pero, hasta en los más manidos, Torres encuentra variadísimos aspectos nuevos que pertenecen a la actualidad contemporánea y que no proceden de ninguna herencia literaria. Incluso la sátira contra los médicos debe mucho a la observación personal de Torres; el hecho —recuerda Mercadier— de que Torres aconsejara consultar a las estrellas antes de prescribir un tratamiento, no anula la exactitud de sus observaciones en otros dominios. Y si Torres —añadimos nosotros— sabía poco de medicina, sabía mucho, en cambio, de los médicos, y por lo menos podía denunciar la ignorancia y la farsa de que vivían los que atormentaban a sus contemporáneos.

En cuanto a la prosa de *La Barca* es indispensable ponderar otra vez la capacidad expresiva de Torres, que extrae de la lengua los más insospechados registros para potenciar su agresividad satírica. Podrá deberle a Quevedo innumerables imágenes, pero son no menos innumerables las que demuestran la fertilidad de su propio numen, cuyo mayor pecado consiste precisamente en la acumulación, en el permanente derroche de ingenio, en ese placer de la metáfora inédita, cada vez más atrevida y extravagante, en cuyo hallazgo se goza visiblemente el escritor, saboreándola por sí misma, con narcisismo satisfecho, que con harta frecuencia le hace olvidar la sustancia de lo que dice para quedarse con la fórmula que lo alude.

La pluma de Torres no conoce secretos, y como tampoco se propone límites, puede escribir definiciones como éstas: «Después de haber roto cuatro maridos —dice de una dama hipócrita—, sin dejar enfriar los colchones, llorando la muerte de cada uno tanto como el sepolturero y el sacristán, le pareció mejor jubilar ya de casamiento y hacer en su casa de marimacho, estirando la viudez hasta el fin de su vida, para acabar de romperla sin guardián ni sobreestante... Dióse un baño de gualda, contrahaciendo la amarillez para embocar el ayuno, afectó dificultades en el movimiento para persuadir el cilicio, y hizo un cementerio de la conversación, no hablando sino de difuntos, gusanos, podredumbre, cenizas, mortajas, ataúdes y calaveras... Metió la cabeza en la clausura de una toca muy reverenda, asomando un tarazón de cara, como quien acecha por tronera o por abujero de mirador... Ya empezaron todas las gentes a desear en su casa la reliquia...»[216]. Se ocupa ahora de un catedrático, que pasa a la corte a pretender un puesto mejor: «Esparramó en regalos, estafas y estafetas los caudales que había rapiñado en el *Torozos* de su cátedra. Hízose ladilla de los patios, almorrana de los ministros, rabo de las audiencias, corma de los tribunales, duende de antesalas y fantasmón de todo portal y meadero»[217].

TORRES, PROLOGUISTA

Ningún otro escritor, en toda nuestra historia literaria, ha cultivado el prólogo con la tenacidad de Torres, y nos arriesgamos a decir que ninguno con tanto brío ni personalidad. Torres, que siempre sentía urgencia de zarandear al lector, apenas largó tratado, «sueño», divulgación científica, moralidad o relato, a los que no adosara su prólogo correspondiente; sin contar con los que embarcó, sin perder un solo viaje, en cada uno de los *Pronósticos* que fue publicando a lo largo de más de un cuarto de siglo, y que son, por cierto, los más tonitronantes. Debió de componer el salmantino cerca de un centenar de prólogos, y en ocasiones alardeaba de esta exuberancia colocándoles una cifra, como en el que antepuso a sus *Noticias*[218] sobre las ráfagas de luz que se vieron en Madrid en una noche de diciembre de 1737, al que numera como «Prólogo sesenta y seis»; o el que precede al *Pronóstico* para el año 1750, que dice: «Sartenazo ochenta y tres (y por mí llámese Prólogo) a los Vergantes, Ociosos, Embusteros y Murmuradores, Paulinos del trabajo, Entredichos del aprovechamiento, y Censuras descomulgadas del pobre que cae en la desgracia de la aplicación»[219]. Estamos persuadidos de que una Antología de estas páginas prologales constituiría un regalo y una sorpresa para los lectores de hoy. Y como quiera que no han sido reeditadas desde el siglo XVIII y son por ello casi inaccesibles para el lector común, debe concedérsenos que citemos algunos fragmentos con generosidad. En esta forma de comunicación, que en las manos del salmantino se convierte en un peculiarísimo género literario, pueden encontrarse, a no dudar, muchas de las mejores y más sabrosas páginas de Torres. Pero son, además, capitalísimas para la cabal comprensión de su yo íntimo y confirman de modo

---

[216] Ed. Mercadier, cit., págs. 286, 288, 290 y 294.
[217] Ídem, íd., pág. 174.
[218] *Obras completas*, V, pág. 74.
[219] *Obras completas*, XI, pág. 107.

inequívoco, a nuestro entender, la interpretación de su personalidad que hemos defendido.

El prurito por dar patente de legitimidad y de calidad a su obra literaria fue siempre en Torres —ya lo sabemos— obsesivo, y sus prólogos la más repetida y vociferante demostración de esta actitud. En todos ellos se dirige agresivamente al lector para reprocharle sus censuras, o su mala intención, o su poco caletre, o la necedad de su crítica, y plantarse a sí mismo con reto de superioridad en el centro de la plaza. Torres ataca en dos direcciones opuestas: al vulgo necio, en el que incluye, naturalmente, a gentes de muy desigual altura social pero del mismo pelaje en cuestión de entendederas, y a los fantasmones «cetrinos, suspensos, magros, barbudos y espantosos», pobladores de las aulas universitarias, que le cerraron siempre las puertas de su gremio. Baste ver el tono de las dedicatorias: «A los lectores regañones o apacibles, curiosos o puercos, dulces o amargos, píos, alazanes o tordillos, vengan como quisieren, que yo no distingo de colores», dice en el prólogo al *Correo del otro mundo* [220]; «Contra los vanos, colmilludos y rabiosos lectores, que todo lo muerden, lo bueno y lo malo, lo sabroso y lo desabrido, lo flaco o lo gordo, lo duro o lo tierno. Prólogo tan cortés como su poca atención, y más blando que lo que merece su dentadura», escribe al comienzo de la segunda parte de *Los desahuciados* [221]; «Prólogo para el que venga a leer con buena o mala intención, y sea quien fuere, que ya he perdido el miedo y la vergüenza a los lectores», anuncia al emprender la tercera parte de aquella misma obra [222]. Las andanadas que vienen a continuación de tales ofrecimientos son del mismo sabor. Pero una cosa debe ser bien entendida. Torres desprecia al vulgo, en cuanto lector malintencionado o poco inteligente, pero no como público masivo y popular, porque precisamente en su aceptación basaba su orgullo de escritor y la gloria de sus libros. El íntimo torcedor de Torres —ya lo hemos dicho— consistía en el rechazo intransigente de los doctos; era la pugna entre la minoría y la élite, tan vieja como el mundo, pero que en el caso de Torres se presentaba de manera

---

[220] *Obras completas*, II, pág. 296.

[221] *Obras completas*, III, pág. 129.

[222] Ídem, íd., pág. 230. Los prólogos de los *Pronósticos* suelen ser, como dijimos, los más agresivos; además de la citada, damos algunas más de estas dedicatorias para que se haga idea el lector: «A la caterva de lectores píos o alazanes, burdos o merinos, crudos o asados, dulces o acedos, podridos o sanos, romos o agudos, que de todo matalotage somos cocineros los que escribimos» (*Pronóstico para 1728, Obras completas*, X, pág. 81); «A todo lector u oyente, bueno o malo, que no soy asqueroso de conciencias ajenas» (*Pronóstico* para 1730, X, pág. 122); «A los Lectores sean los que fueren, masculinos, femeninos o neutros, amigos o enemigos, que de todo se sirve mi Pronóstico» (para el año 1736, X, pág. 236); «Pesadumbres, retortijones y sartenazos, todo revuelto, que llevan, y se toman los tontos enemigos de mis trabajos, mis seguridades y conveniencias; y en todo caso dígote Prólogo» (*Pronóstico para 1752*, XI, pág. 153).

particular: Torres hacía profesión de escritor, y de escritor para la multitud, para la cual vulgarizaba conocimientos o componía ingeniosas moralidades de gustosa lectura; alternándolo todo ello con almanaques y pronósticos, había conseguido, como sabemos, hacer comercio de sus libros y vivir de ellos. Cuando los autores de «libros tenebrosos, severos, confusos, embadurnados de una presunción pegajosa» le reprochaban su negocio y el tono de sus obras, Torres alegaba el supremo argumento del referéndum popular: sus libros se vendían, cosa que no lograban los volúmenes «oscos y regañones» de sus rivales; y con petulante delectación les refriega por los hocicos su triunfo y su ganancia, cosa que algunos han calificado de vulgar codicia, pero que a los ojos de Torres, escritor profesional, daba la medida de su valor, porque en el siglo XVIII, y por primera vez, la calidad se medía por el dinero. En su *Vida*, ya sabemos que Torres alude a estos éxitos muchas veces, pero nunca quizá con el rotundo tono de sus prólogos: «En los muchos prólogos de mis desmembrados papeles hallarás confesadas mis necedades y mis atrevimientos —dice en el General de sus Obras, echando por delante su convencional modestia, que nunca lo es, para disparar a continuación—; es verdad que nunca los acusé de todo corazón, porque siempre se quedaban remolones en mi amor propio unos vanos consuelos y unas necias confianzas producidas ya del buen despacho de mis drogas, ya de las adulaciones y las ignorancias de otros que tenían tan poquito seso como el mío, o ya de haber visto que colaban también en aquel tiempo por oráculos muchos que debían estar escondidos como yo en las casas de los Orates...»[223]. En el mencionado «Prólogo sesenta y seis» repite la misma finta seguida de los mismos sarcasmos contra los «tenebrosos y pagizos»: «Lo cierto es —dice—, que todo lo que he escrito hasta hoy son boberías e ignorancias. Bien quisiera escribir discreciones y verdades, pero como soy hombre, lo tengo por imposible. Yo bastante me acuso, me maltrato y me satirizo, y así me quieren, y así me compran aun los que no me conocen. Ruégote por amor de Dios, lector mío, que digas mal de mi prosa, que abomines de mis versos, que escupas mis pronósticos y que te ensucies sobre mis medicinas, y que me tengas por el más necio y tonto de los Escritores. Alaba por tu vida a esos pobretes mendigos de fama, de pan y de estimación, que por las esquinas con cartelones de letras garrafales andan pidiendo una limosna de alabanza, y una caridad de ochavos. Ellos ya se esfuerzan bastante cacareando su sabiduría, y vendiéndose por las calles y las casas, por los Verulamios, los Arsdekines, los Argolios, los Quevedos, los Quixotes y los Panzas de este siglo; pero si tú no los ayudas con tu credulidad, no les valen nada sus plegarias. Cómprales sus discreciones, o echa un guante entre tus amigos; porque si no, han de morir de ham-

---

[223] *Obras completas*, I; sin paginación, como sabemos.

bre y de envidia, de saber que Torres supo juntar el año pasado quince
mil reales con sus majaderías, sin petardear con las dedicatorias, ni men-
digar adelantamientos a los Impresores; y ellos no pueden acaudalar para
recoser los desgarrones del vestido, ni para contener los gritos del estómago. No me admiro, que la virtud y la ciencia nunca han tenido premio.
¡Pobres sabios! ¡Dios os dé paciencia, y a mí bobadas! Vuelvo a rogarte
que no hagas caso de mí, que yo me ingeniaré, coman esos desventurados,
a ver si así se les tapa la boca para que no resuellen sátiras ni locuras;
y a Dios, hasta otro prólogo. Vale» [224].

En el Prólogo a los *Tratados físicos y médicos*, Torres lanza de nuevo
sus sarcasmos contra sus sañudos detractores, cuyo fracaso consistía precisamente en no saber llevar hasta el vulgo sus reales o supuestos saberes,
y de ahí que finjan despreciarlo; en la ironía de Torres está implícita,
como siempre, la propia alabanza por haber sabido granjearse esa atención popular: «Los Filósofos —dice, con palabras que recuerdan al comienzo las del Prólogo General— que habitan los pavorosos desiertos y
las melancólicas grutas de las Universidades, son generalmente (como V.
habrá conocido, señor Vulgo) unos hombres cetrinos, suspensos, magros,
barbudos y espantosos, que han dado en la majadería de andar tristes,
rotos, puercos y vacilantes, queriendo persuadir a los inocentes y descuidados, que son condiciones y alhajas de la Filosofía el desaseo y la
tristeza. Viven fugitivos de la urbanidad, están mal hallados en las conversaciones civiles, andan entre sí atónitos, alterados, ceñudos; miran con
asco insufrible a las gentes limpias y tratables, y finalmente aborrecen a
quantos no se reducen a su gremio, sus cataduras y sus andrajos. A V.,
Señor Vulgo, con especialidad (perdone V. que se lo diga en sus barbas)
le tienen una implacable ojeriza y un rencor estupendo, y allá en los escondites de sus aulas le ponen peor que a los Etíopes y los Panduros;
pues en sus bocas y en sus cartapacios, ni se leen mejores requiebros, ni
le cantan más sonoros Villancicos, que los perversos motes del *Bárbaro*,
el *Monstruo*, la *Hidra* y otros de semejante desprecio y abominación.
Algunos varones sencillos, crédulos y de tiernas consideraciones se com-
padecen mucho de la desconsolada vida de estos Físicos; pero hay otros
pícaros de buena capa, Gramáticos Pardos y Políticos astutos, que con
donayre burlón se mofan de sus extravagancias y visages, y afirman que
su aparato ridículo y solapado desabrimiento, es una abstracción mal premeditada, y un desinterés codiciosamente desfigurado: y aun se resuelven
a decir, que todo su despego es una fuga conocida, por no exponerse al
trato, comunicación y examen de las gentes de buena crianza» [225]. Y añade
luego: «Yo no me atrevo a poner en la banda de estos duros y malicio-

---

[224] Cit., V, págs. 75-76.
[225] *Obras completas*, V, sin paginación, según costumbre en estos *Prólogos generales*.

sos socarrones ni tampoco a acabarme de asentar en el banco de los bo-
quirrubios y mamarones, que se engullen por ciencia las severidades, los
silencios y las soberbias mesuradas; lo que aseguro es, que ha treinta años
que estoy atollado hasta las corvas en sus Súmulas y sus Metafísicas, y
en todo este tiempo no he podido penetrar su lenguaje, sus silogismos ni
sus propuestas: supongo que esta ignorancia más la estimo yo por gro-
sería de mis talentos, que por oscuridad de sus expresiones. Lo que es
indubitable (Señor Vulgo) es, que estos enigmáticos y desabridos Escolares han destrozado los mamotretos más únicos de la Filosofía, y han entrometido en sus tomos unas impertinentes questiones, las que porfían y
vocean furiosamente entre ellos sin alguna conveniencia propia ni utilidad
pública, queriendo probar con gestos y patadas aquel linage de controversias que en su idioma se llaman *Conclusiones*, donde triunfa regularmente el que goza de un pecho fuerte y huecarrón, una voz campanuda,
y unos movimientos destemplados».

En otro pasaje, páginas más adelante, queda de relieve otro motivo de
escozor para los habitantes de las aulas, pues Torres vulgarizaba, en prosa
llana y apetitosa para el común lector, los secretos de una imaginaria
sabiduría, que aquéllos procuraban mantener oscura para acreditarla
como profunda; el párrafo es harto transparente: «Yo bien sé que llove-
rán sobre mi nombre horribles aguaceros de murmuración secreta entre
sus ropillones, y que al fin me han de poner en la tablilla como a público
descomulgado, porque hay censuras declaradas contra los que comercian
con el pobre Vulgo, y contra los Doctores que revelaren a zurdas o a
derechas los secretos y extravagancias de sus cartapacios; pero arrojen
enhorabuena lo que les embarace el levantado estómago de su impaciencia, que a quien anda cargado y revuelto en el sayo de la apostasía de su
secta, poco le pueden brumar las nuevas maldiciones y paulinas. Yo he
de servir a V., Señor Vulgo, y después venga lo que viniere, que todo lo
espero sin el más leve temor, pues aún me han quedado costillas para
sufrir cualquier carga, y algunos bríos para sacudirme de ella si acaso me
pesare» [226].

---

[226] En el repetidamente mencionado «Prólogo sesenta y seis», que presenta las
Noticias sobre las ráfagas de luz vistas en Madrid, Torres escribe más declaradamente aún: «No me precio de Filósofo, ni he querido hablar con el vocabulario
de los Físicos en este papel, aunque entiendo alguna cosa de su greguería: escribo
para el Vulgo, porque éste es el que desea informarse de esta novedad, éste es el
que está asustado, a éste es a quien he de sacudir el polvo del espanto y la ignorancia, y a éste debo contentar (aunque me lo regañen los críticos), porque entre su
divulgada familia andan también de tapadillo muchas personas de gusto y de razón.
Los Gracianos, los Ptolomeos y los Aristóteles dirán que esta Obra no vale nada, y
a esto no puedo responder hasta que se venda» (V, pág. 75). Torres una vez más, y
son infinitas, alardea de su éxito popular y aduce jactanciosamente la irrefutable
prueba del buen despacho de sus libros.

Junto a la cuenta de su triunfo y ganancias, la afirmación constante de su condición, autoridad y derechos de escritor: «Mucha culpa tiene tu intención en estos desayres de los que te escriben —dice, dirigiéndose esta vez a los lectores indiscriminados, en el Prólogo al *Correo del otro mundo*—; pero la más grave porción de delito ha estado en los Escritores tímidos, acoquinados, que te han hablado con temor y reverencia como si fueras algún Santo Padre, y tú eres tan vergante, que en vez de agradecer estas sumisiones, sólo te ha servido su humildad de coger más plumas que añadir a las alas de tu insolencia. Amigos Escritores, estimémonos más, y creamos que para lograr los santos fines que nos mueven a tomar la pluma, nos son inútiles todos los Lectores del mundo. La doctrina que dictamos, nosotros la entendemos mejor que los que vienen a leerla, nuestro provecho consiste en su verdadera inteligencia, y en la honrada ocupación de las horas; y para nuestro premio nos sobra ganar el tiempo y entender los sistemas que nos divierten y aleccionan. Echemos enhoramala a todo Lector, sea el que fuere. ¿Qué nos importa que sean tontos? Si quieren saber y librarse de majaderos, sean humildes y más bien hablados. Dexémonos rogar, que más vale uno de nosotros que toda la casta de leyentes. ¿Qué supieran si no hubieran acudido a nuestras escrituras? No gastemos más caricias ni más agasajos con gente tan ingrata. Yo así juro que lo executaré hasta que dexe la carrera de la vida, o la de Escritor» [227]. En el Prólogo a su estudio *Sobre las lombrices*, uno de sus *Tratados físicos y médicos*, escribe estas páginas sabrosísimas: «Si Vmd. quiere saber por qué escribo, sepa Vmd. que lo hago (como he dicho en la plana primera) lo primero por divertirme, pues para mí es una huelga entretenida poner la pluma en un asunto en que no pueda peligrar mi opinión, aunque escriba muchos disparates... Escribo, lo segundo, por volverme a divertir, escuchando las maldiciones que me arrojan, las tachas que me empujan, las advertencias que me intiman, y la presunción con que me las encargan los que hubieren leído mi papel. Escribo, lo tercero, para volverme a divertir, con la seguridad de recoger a lo menos el coste de la impresión de este quaderno, sin pedir nada a ninguno, ni padecer el más leve atraso en mis comodidades. Escribo, lo quarto, por volverme a divertir, con la esperanza de ganar (que no lo dudo) doscientos reales, y si me recoge (que es muy posible) el papellillo quatrocientos, logro toda la alegría completa, porque vengo a chupar, después de bien holgado, quanto promete y puede dar de sí este negocio» [228].

La medida de su problemática ciencia era —según repetidamente hemos dicho— el otro gran torcedor de Torres; constantemente se debate entre «modestas» disculpas de su ignorancia y la afirmación de su saber,

---

[227] *Obras completas*, II, pág. 297.
[228] *Obras completas*, IV, págs. 319-320.

y así vuelve una y otra vez al mismo tema a lo largo de sus prólogos; en el que puso a su *Sala de mujeres*, tercera parte de *Los desahuciados*, escribe: «Nunca tuve vanidad ni presunción de Maestro, sólo me ha rodeado la buena condición de estudioso; acuérdate de ella para saberme perdonar los defectos que encuentres, que yo de mi parte estoy pronto para disimular tus tortuosas inteligencias, que las más veces está el pecado en el que lee y no en el que escribe, aunque sea el pobre Escritor el que siempre lleva los azotes. Si nos disimuláramos los unos a los otros, viviría más pacífico el Mundo, y esta correspondencia es imposible en ti y en mí: habla y murmura, que yo te juro defenderme a Prólogos, siempre que te vengas a poner faltas o sobras a mis papeles. Dios nos guarde al uno del otro y viviremos en paz» [229]. Pero, precisamente en el Prólogo a la parte segunda, anticipándose a quienes pudieran reprocharle que se metiera a escribir de medicina, exhibe su experiencia y títulos con una habilidad, que va a la par con lo salado de su prosa: «Esta ciencia, patarata o lo que es, se busca en los Libros, se coje en los Maestros, se bebe en las Aulas y se actúa en los Hospitales, y los Tomos, los Doctores y los enfermos están patentes para el que quisiere leerlos, consultarlos e inquirirlos. Habla, escribe, receta y te enguaja un monigote que salió a puntapiés y pescozadas de la sopa de Osuna, Irache o Gandía; ¿y te asusta ver que escriba un Doctor de Salamanca, que en sus Escuelas está oyendo y conferenciando cada día con los Maestros más temidos y más consultados de la Europa? Mírame bien, regístrame todo, que para Médico no me falta más que la mula y la codicia. Si te parece que por no haberme visto montado en un coche, o metido en un rocín, desempedrando calles y recogiendo propinas no puedo ser Doctor, te engañas, que no es del caso ir haciendo ruido, ni quitarle al enfermo el dinero, o la caxa de plata para curarlo. Yo soy, para que me acabes de conocer, Físico por el amor de Dios, Médico de gracia, y Doctor por caridad, y doy de valde mis palabras y mis recetarios a quantos por curiosos o por enfermos los quieren probar. Búscame, examíname y ponme entre los Médicos más enemigos de mis verdades, que sin desembolsar el doblón, el tabaco ni el chocolate, tendrás (además de los que pagares) otro Doctor, si la enfermedad te estrecha a las desdichas de la junta. Yo leo libros, trato hombres, hablo esqueletos, visito Hospitales, tengo grados, licencia y permisión de Dios, del Papa y del Rey, para argüir contra Médicos, examinarlos, aprobarlos o reprobarlos en los Claustros de mi Universidad y fuera de ellos; conque mira ahora si podré escribir Medicina. Esta murmuración te ha salido tan vana como otras, y tu envidia se ha visto tan al primer folio, que sin haberte arremangado más que la primera túnica de tu in-

---

[229] *Obras completas*, III, págs. 231-232.

tención, he descubierto la podre y la gusanera de tu incorregible y hedionda manía»[230].

A juzgar por las veces que habla Torres de sus enemigos y murmuradores podría pensarse que existía contra él toda una conjura nacional para robarle la fama y el dinero —cosa que contradice su éxito, del que se jacta, a su vez, constantemente—, o que sufría una especie de complejo o manía persecutoria en muy alto grado. Quizá haya una cierta parte de esto último, pero la causa primera de esta incesante enumeración y exhibición de envidiosos y perseguidores no es otra, en primer lugar, que subrayar su propia excelencia, cuya magnitud se medía por el número de los que la mordían, y sobre todo tener el derecho de alzar la voz para mejor hacerse oír, y ponderar su triunfo sobre tan gran caterva de enemigos. Recordemos el pasaje de su *Vida* arriba citado, en que hace petulante ostentación de sus rivales, a los que estima irónicamente como caudal de su propio estímulo. Sin embargo, es en los Prólogos de los *Pronósticos*, escritos todos ellos para aporrear machaconamente a sus reales o supuestos detractores, donde este tema capital de los escritos de Torres adquiere toda la intensidad, en fuerza y número, de que él era capaz. Lo que ahora queremos destacar solamente —pues el carácter general queda de sobra declarado— es el tono de altanería, con frecuencia amenazador, y casi de matonismo a veces, con que Torres se expresa. Probar esto con textos exigiría copiar más de la mitad de dichos Prólogos; pero unos pocos pasajes servirán para el caso. En el que antepuso al *Pronóstico* para 1728, escribe: «Miren ustedes que si detienen a mi Piscator o le escupen al rostro alguna sátira, que he de saberlo yo, y ha de haber carambola; más vale que no andemos a manotadas de papel, a cachetes de tinta, y a coscorrones de pluma; ya sabe el mundo que puedo aporrear las moscas, y sacudirme los Tábanos de los Censores de mal humor, y que cada día me ha salido un discreto, como quien dice una berruga, que me he visto cubierto de Críticos como de lepra, y que no tengo desarmada la boca. No ignoran ustedes que a el que mal aconsejado de la emulación se resolvió a chocar con mi nombre y alterar mi ánimo, lo he sacado a la vergüenza con la sátira colgada al cuello, desnudo de la razón, paseando las calles públicas del mundo sobre el burro de su ignorancia»[231]. En el de 1729, tan agresivo como breve, escribe: «Tú dirás que soy vano y soberbio; y yo te digo que aquí me tienes; y si no eres hombre que puedes experimentarme, calla, y procura desechar la indigestión que te pudre, y cuida de vivir y salvarte alegremente, que a estos dos fines hemos venido al mundo. La salvación y la vida son nuestros cuidados; aquélla tienes segura, guardando los preceptos de nuestra

---

[230] Idem, íd., págs. 130-131.
[231] *Obras completas*, X, pág. 82.

Religión; la vida consérvala como yo, que procuro tener el pie enjuto, la cabeza caliente, y el vientre obediente, que a estos tres aforismos he reducido toda la sanidad; y pues uno y otro nacimos sin dependencia del otro ni el uno para lo uno y lo otro, déxame en paz y quédate con Dios» [232]. En el Prólogo al *Pronóstico* de 1732, Torres escribe jactancias como éstas: «Un escritor Candonga, que sabe mucho de Química para hacer Kalendarios, y tiene una ración de hambre en su ingenio, solicitó el año pasado descomponer mi serenidad, y echar a perder mi fortuna interpretándome una copla; pero se quedó ahorcado de su misma esperanza. Desengáñense ustedes, señores cabalgaduras, que nadie tiene poder para hacerme infeliz: mi ventura la tengo encerrada en el puño, y ninguno puede abrirme la mano. Torres no teme más que a Torres, yo sólo puedo hacerme mal. Los demás tiran cornadas a su nombre y pellizcan sus escritos, que es lo mismo que contentarse con la capa. Así, no hay más sino desvelarse en mi daño, que ustedes se quebrarán los colmillos, y yo he de pasar mi vida en una carcaxada. Vuelvo a decir, que no hay que andar levantándole los faldones a mis xacarillas, que cada una es solamente un títere que va a una requisitoria de la risa y el pasatiempo. A Dios, señores majaderos» [233]. En el de 1737: «Desengáñate, bruto, que aunque siempre me las estás jurando, tú no tienes voto sobre mis disparates ni mis aciertos. Vuelve en ti, y mira que ha diez y ocho años que estás blasfemando de mis papeles y de mi persona, y yo cada día estoy más lucio, más alegre, y más acomodado; y mis obras engordan a palmos, y se dilatan a leguas, tanto que las has de ver extendidas por todo el mundo» [234].

Aunque no es prólogo, pero pudiera muy bien serlo, valgan para el caso estas palabras de las mencionadas *Posdatas a Martínez*, uno de los escritos más jactanciosos de Torres: «Y por fin, le dirá Vmd. que escribo para comer, que vendo mis desatinos, que no escribo contra ninguno; pero respondo a todos. Si soy desvergonzado, que no arriesgue su circunspección: si soy modesto, ¿para qué es mortificar mis virtudes? si soy tonto, también soy porfiado, y es gastar doctrinas sin provecho: Si soy discreto, que aprenda de mí, y no me maltrate: con que de todos modos lo yerra, como las curas el señor D. Martín. Vaya escribiendo, que a mí no me estorban las lecciones de oposición, ni otros actos literarios de mi Universidad, para ajar presumidos» [235]. Finalmente, añadamos este pasaje de su *Testamento* burlesco, que no por fingido deja de ser un testimonio irrecusable de su «última voluntad»: «Ya que estiro la pierna, echo mi bendición a todos mis enemigos (aunque nunca los haya tenido: porque

---

[232] Idem, íd., págs. 101-102.
[233] Idem, íd., pág. 167.
[234] Idem, íd., pág. 259.
[235] *Obras completas*, XI, pág. 278.

siempre he dormido a sueño suelto) ni jamás me causaron desvelo; porque de los nocturnos y anónimos me quedé a buenas noches, acostándome
temprano, y de los claros me despavilo a todas luces. No puedo decir,
que ni me deben, ni debo; pues aunque tomo, no doy, ni presto, por no
andar en dares y tomares, y perder con el dinero el amigo: nada me
deben los que se hicieron cargo de mis créditos, *pues nadie me la hizo,
que no me la pagase»* [236] (el subrayado es nuestro).

No parece necesario insistir. Los prólogos, de los que acabamos de dar
al lector una leve muestra, patentizan de modo incontrastable con relámpagos aislados todos los motivos capitales que Torres reunió y estructuró en su *Vida* a modo de una sinfonía completa y acordada. Es absurdo
pretender caracterizar a Torres por impulsos ascéticos o atormentados
desgarramientos entre el claustro y la mundanidad, como pretende Sebold. Torres fue, por encima de todo, un escritor mundano, orgullosamente preocupado por su fama terrena y con una obsesión única que guió
su existencia e inspiró cada página de sus libros: la de obtener el reconocimiento de su valor profesional y, mucho más todavía, el de la excelencia de su obra literaria. Su raíz popular —la de su formación y la de
sus propósitos—, su desenvoltura personalísima, su carácter abierto y
rebelde, le enfrentaron con la «ciencia oficial», que él despreciaba olímpicamente, tanto en sus logros como en sus personas. Contra esta ciencia
no podía aportar —y él lo sabía bien— más que un conglomerado enciclopédico tan vario como difuso, porque él no era un Feijoo, ni un investigador de gabinete, y no le era dado argüir con seriedad de sabio. Tenía
sólo su escepticismo ante el saber ajeno y la seguridad en su propia
obra, viva, fresca, descarada y agresiva, para lanzarla contra el apelma-
zado reducto universitario. Con estas armas dispuso sus ataques con la
más hábil estrategia que cabe imaginar; porque Torres fue uno de los
escritores más hábiles que han conocido nuestras letras. No tuvo otro
fin que acreditar sus libros y su persona, pero había que conjugar arte-
ramente la humildad y la rebeldía, la ciencia y la ignorancia, ponderar
la propia excelencia y hacerse perdonar la vanidad, mostrarse pecador
para desnudar la hipocresía ajena, alardear de desvalido para no empa-
char con sus jactancias, fingirse descuidado para asestar el golpe con mayor precisión, ponderar lo atropellado de sus páginas y componerlas con
los más rabiosos esfuerzos, hacerse el perseguido para tener derecho a
protestar, enumerar los enemigos para hacer más crecida la victoria, pedir excusas siempre para avanzar discretamente hasta el estrado y sen-
tarse a la cabecera. Todas las supuestas contradicciones, antinomias y paradojas de Torres, cuya solución atormenta a los eruditos, no son tales:

---

[236] Idem, íd., pág. 286.

son las fintas más naturales y obligadas de que se compone toda pelea; como buen espadachín, Torres avanza o retrocede, se agacha o se yergue, se repliega o ataca, finge temer por un momento para atraer al contrario y dispararse raudo cuando lo tiene a la punta de su estoque. En la supuesta complejidad de Torres no hay más que vaivenes de un propósito único y rectilíneo: vencer. Por esto es tan humano y tan divertido; su obra se contempla como un deporte, como un espectáculo de competición; nos entusiasma porque domina el juego; se sirve muchas veces de marrullerías, trucos, alguna que otra brusquedad, pero lo vitoreamos al fin porque vence, y porque el bando derrotado no nos era simpático.

TORRES, VULGARIZADOR

Repetidamente hemos aludido a Torres como escritor «de público». Esta condición la debió especialmente a sus *almanaques* y *pronósticos*, de los que obtuvo su mayor popularidad y más pingües ingresos. Pero una gran parte de sus libros —quizá la mayor en volumen de su producción— la constituyen obras divulgadoras de conocimientos prácticos y «científicos», particularmente médicos o, si se prefiere, de higiene doméstica para vivir sin galenos, que representaban la mayor peste para Torres. Aludida ya la densidad científica global del salmantino y no siendo éste lugar para mayor examen de sus variadísimas teorías y «saberes» sobre todo lo humano y lo divino, bastará dar idea al lector de esta faceta de su obra, que, si muerta ya en su conjunto, representa un aspecto capital para trazar su silueta humana, científica y literaria.

El volumen primero de sus *Obras completas* incluye su *Anatomía de todo lo visible e invisible: Compendio universal de ambos mundos: Viage fantástico: Jornadas por una y otra esfera, y descubrimiento de sus entes, substancias, generaciones y producciones: Noticia de la naturaleza, y movimiento de los cuerpos terrestres y celestiales; y ciencia de los influxos de los eclipses de Sol y Luna hasta el fin del mundo.* Como el título indica, se trata de una pequeña enciclopedia, o «lecciones de cosas», donde se da noticia de los asuntos más variados que pueda apetecer el lector. Los capítulos más impresionantes son, como es de esperar, los que dedica al mundo invisible, especialidad declarada de Torres; hay un capítulo que trata «De los Ángeles y demás habitantes del Cielo Empíreo» y otro «De los Ángeles malos o demonios, Bruxas, Hechiceras y Supersticiones», seres, todos ellos, que son descritos y analizados como si el autor los hubiera tratado en su mayor intimidad. El segundo capítulo es de especial valor para estudiar el grado de asentimiento, que otorgaba Torres a las brujas y hechiceras, y por sí solo exigiría un extenso estudio, aquí imposible. Otro capítulo trata «De la Facultad de las causas superiores, y cómo se avienen con las inferiores, y del influxo particular y general de los Eclipses», igualmente importante para las teorías astrológicas de Torres.

Bajo el título genérico de *Tratados físicos, médicos y morales* publicó Torres, entre otros, su *Vida natural y católica: Medicina segura para mantener menos enferma la organización del cuerpo, y asegurar al alma la eterna salud.* Torres estaba persuadido de la estrecha correlación existente entre la salud del cuerpo y la del alma; de aquí que baraje constantemente los preceptos físicos y morales, o que dedique en el mismo libro, como en este caso, capítulos conducentes a conservar la salud al lado de «Remedios universales, estoicos y christianos para lograr la serenidad del ánimo». Junto a estos consejos, el preceptor enciclopédico y popular que había en Torres, se extiende en descripciones del aire, el fuego, el agua, el ocio, la vigilia, los excrementos, la comida y bebida, las sangrías, ventosas y sanguijuelas, los ayunos, el vómito, el sudor, el baño, la dieta; y a continuación de todo ello, se dilata en comentarios sobre los mandamientos de Dios y de la Iglesia, los Sacramentos, los siete pecados y «sus hijas». No es de extrañar que semejantes polianteas entusiasmaran poco a los graves doctores de Salamanca, pero menos aún debe asombrarnos que en multitud de hogares se guardaran estos recetarios físico-espirituales de Torres como fuente de información y remedios caseros para el cuerpo y para el espíritu. Entre los tratados breves del mismo volumen debe recordarse éste, bien pintoresco, al que retrata su solo título: *Médico para el bolsillo, doctor a pie, Hipócrates chiquito. Medicina breve, fácil y barata para mantener los cuerpos con salud, y curarlos de los achaques más comunes. Sirve desde este presente año hasta el día del juicio particular de cada pobre.*

Otros tratados físicos escribió Torres sobre *Los temblores y otros movimientos de la Tierra, llamados vulgarmente terremotos; de sus causas, señales, auxilios, pronósticos e historias,* contenido que justificaría igualmente su aceptación popular; otros sobre *El globo de fuego y el cometa vistos en Madrid,* al que sigue un *Arte nuevo de aumentar colmenas,* y diversos comentarios sobre distintas fuentes y sus virtudes. Escribió asimismo tres *Cartillas: Rústica. Lecciones pastoriles y juicios de Agricultura para hacer docto al Labrador; Eclesiástica de cómputos...; y Astrológica y médica, que enseña el tiempo idóneo para la recta aplicación de los remedios en las enfermedades agudas.* El capítulo primero de esta última lleva un título de excepcional significación: «Dice quán necesaria sea al Médico la Astrología en las elecciones medicinales, y quáles deben ser sus intentos en el curar».

Estas obras indican claramente cuál era el género principal al que Torres se dedicó (hoy hubiera escrito manuales de encargo para las editoriales de divulgación) y de dónde extrajo sus mayores ingresos. Apoyado en estos libros profesionales y en los *Almanaques,* Torres podía consagrar sus mejores momentos a la redacción de otros libros —son, claro está, los capitales en su obra— en los que destilaba la parte más noble de su inspiración y ambiciones literarias, y que dan la medida del gran escritor que alentaba en él, y que pudo llegar a ser, si el profesionalismo de otras páginas, y también sus múltiples aficiones, con su tremenda dispersión, no lo hubieran limitado.

LOS «ALMANAQUES» Y «PRONÓSTICOS»

Repetidamente nos hemos referido a los *Almanaques* y *Pronósticos* como la parte de la obra de Torres que le procuró mayores ingresos y celebridad. Según afirma en el *Prólogo general* que les dedicó al incluirlos en sus *Obras completas*, comenzó a publicarlos en 1721, pero los de este año y los tres siguientes le fueron ya inasequibles al propio Torres cuando intentó coleccionarlos. Por eso comenzó su reedición a partir de 1725. Lo recogido en las *Obras* no son, sin embargo, más que *extractos*, como él mismo los llama en el título de los dos volúmenes que les dedica (X y XI); sólo ha dejado Dedicatorias, Prólogos, Introducciones y Coplas, «porque esto es lo que vi que entendían y buscaban las gentes quando salieron al público». Se extienden los *extractos* hasta 1753, y sólo a este contenido podemos referirnos.

Puesto que el propio Torres alude tantas veces a sus *Pronósticos* como cosa de burlas y disparates, y el escepticismo del lector no espera otra cosa de semejante tarea, se piensa generalmente en estos escritos del *Piscator* como cosa de muy poco valor. Sin duda alguna, Torres dejaba rienda suelta a su pluma en estas páginas, que venían a ser para él como una especie de juerga literaria anual; la condición de estos escritos autorizaba todas las desmesuras, extravagancias, caprichos y atrevimientos, entre los cuales navegaba tan a placer la audacia imaginativa del salmantino [237]. Pero no todo era así. Nos hemos referido ya a los Prólogos, que

---

[237] Torres estaba bien persuadido de sus artes y habilidad para este género de escritos. En su respuesta, *Sacudimiento de mentecatos*, al conde de Maurepaf, fiscal de la Academia de París, que había censurado su pintoresco escrito sobre la hora en que canta el gallo, escribe: «Soy un Estudiantón entre Arbolario y Astrólogo, con una ciencia mulata, ni bien prieta ni bien blanca, Licenciado de apuesta, entre si sabe o no sabe; lo que no se duda es que sé hacer Kalendarios. En punto de estilo, noticias y coplas, estoy en opiniones; pero yo para mis menesteres no necesito a ningún presumido. Si enfermo, yo me curo; si me enamoro, yo me hago las coplas y me riño las pendencias; si tuve algún pleyto, me hice el memorial; predicar sermones no es estudio de mi humor; con que para mi gasto tengo lo que me sobra, para que no me engañen los misteriosos cabizbaxos, doctos de facciones, sabios de gesto, Estudiantes de cejas, que su sabiduría la señalan en las arrugas de la frente. No se me puede negar un poquito de reminiscencia, otro tanto de manía, un gran tarazón de locura, un granito de inteligencia, y un si es, no es de sabiduría; porque hay ocasiones en que soy discreto a pesar de mis disparates... Con esta considera-

poseen un especial valor para revelarnos su personalidad, y que contienen muchos de sus más violentos ataques contra el mundo universitario, los médicos y los científicos de todo género, contra los cuales hizo siempre Villarroel implacable guerra. De hecho, todos los prólogos son uno mismo, y lo que asombra es la capacidad del escritor para componer tal cantidad de variaciones sobre el mismo tema. Comienza siempre burlándose de sus propios *Almanaques*, con la táctica que ya conocemos, afirma con su habitual descaro que no pretende más que sacarle un real de plata al lector, la emprende luego con los dómines a quienes irritan los mismos «disparates» que él finge despreciar, y acaba riéndose de todos y haciendo la apología de su talento y habilidad para organizarse una vida segura y satisfecha.

Las Dedicatorias, que nunca se le olvidan tampoco, le servían para halagar a los altos personajes, con quienes mantenía aquellas relaciones de amistad, de las cuales se envanecía, y con las cuales contaba para protegerse. Torres pondera muchas veces su desprecio por todo género de adulación, pero no debemos creerle demasiado al pie de la letra. Al fin y al cabo, propiciar el ánimo de los grandes era entonces indispensable, sobre todo para hacer posible el tono de los escritos que Torres cultivaba, y ya hemos insinuado con qué destreza se manejaba el *Piscator* en este campo. Cada línea de las recogidas en estos volúmenes de *Extractos* proclama a gritos el inmenso vividor que Torres era, y que las «flagelaciones del propio orgullo» estaban tan alejadas de su ánimo como lo estaban de sus orejas las estrellas que consultaba.

Las Introducciones «al juicio del año» merecen comentario aparte. Torres monta cada uno de sus *Almanaques* sobre un cuadro de costumbres que le sirve de base. Se trata siempre de *escenarios* de catadura excepcional, a propósito para el despliegue de los tipos anormales y extra-

---

ción, y la poca experiencia (que entonces como niño me engañó), me embarqué en mis Kalendarios, y me fui a remar a la galera del Impresor. Yo no sé cómo escribo; pero una de dos, o hay muchos necios en el mundo, o yo escribo bien; porque ninguno de quantos viejos doctos, llenos de especies y tabaco, corren esta senda, son tan bien admitidos como mis papeles. Tanta confianza tengo en mi maña y mis tontos (que todo es uno), que en viéndome descosido corto las plumas, y a la fantasía le pido el paño que tenga más a mano para vestirme; y me da cien doblones más fixos que en la caja de un Ginovés miserable. Mi estilo no es malo para viejas, mozas, y algunos aprendices de la recancanilla y el equívoco; las ideas son un moral entretenido en chanzas del tiempo, y esto con un desahogo como así me lo quiero; escribo a lo que sale, y salga lo que saliere: Escritor del año de doce con trompón y canto. Las reglas de escribir bien (si son las que enseña la Retórica) tengo vanidad de que las conozco; pero malos años para el puto que las usara: no está el siglo para estas delicadezas, tome lo que se le escribe, y dé gracias a Dios, que ni aun esto se merece. Sobre todo, Señor mío, yo trabajo para salir de la vida, el que quisiere la posteridad que la sude (y qué sabemos si el mundo irá de mal en peor); por antojo de otros no he de aventurar el caudal y la cabeza. No deseo que me aprecien sino que me compren» (*Obras completas*, XI, págs. 301 y 303-304).

vagantes que necesita; véanse algunos títulos: *La Brujas del Campo de Barahona, Los Ciegos de Madrid, Los Sopones de Salamanca, Los Pobres del Hospicio de Madrid, El·Cuartel de Inválidos, El Coche de la Diligencia, Los Bobos de Coria, Los Niños de la Doctrina, Los Enfermos de la Fuente del Toro*, etc., etc.; toda una galería, como se ve, de monstruos y «caprichos». En Torres había una tendencia invencible hacia la distorsión esperpéntica de la realidad, que cultivaba con especial delectación, y que representa la vertiente más acusada y personal de toda su obra literaria. No sólo por la insistencia, sino por la intensidad y la capacidad inagotable de parir monstruos, debe tenerse a Torres por el representante máximo de esta especialidad. Sólo el temor de prolongar con demasía estas páginas, nos veda ya reproducir algunos ejemplos de esta impresionante zarabanda, derramada en los *Pronósticos*. Importa recordarla, al menos, para dejar sentado que las *Visiones y visitas* no representan un caso único en la obra de Torres, sino tan sólo su concentración masiva, como el pintor que agrupa sus cuadros en una exposición. En la afición de Torres —hemos de decirlo una vez más— por los maestros de la picaresca, la sátira y el costumbrismo del Siglo de Oro, más que nostalgia restauradora o admiración por lo pretérito, nos parece ver un simple afán por capturar materiales para su propia obra; materiales que él potenciaba y exageraba, para llevarlos hasta el límite de extravagancia que reclamaba su propio genio.

Aparte esta galería esperpéntica, creemos que lo que más resalta en estos escritos es la capacidad satírica de Torres; el salmantino es, por esencia, un formidable satírico. Muchas de las composiciones, en verso y prosa, que da como *pronósticos*, son sátiras tremendas de la realidad contemporánea. Con su inigualable cuquería, da como futuro —para zafarse de posibles riesgos— hechos y personajes del presente; se servía de un «salto en el tiempo» con técnica en cierto modo parecida a la que es bastante común en emisiones de la televisión americana: anunciar como ocurridos en el día sucesos con fecha del año 2000, con lo cual se ridiculizan los defectos presentes al suponerlos todavía vigentes dentro de treinta años. Después de echar la piedra, Torres apostrofa violentamente al lector por haber leído entre líneas lo que él dice que no quiso decir, achacando la atribución a la malicia ajena; con lo cual no hace sino subrayar de nuevo, «a lo tonto», el blanco de su sátira, dándoselas de ingenuo y repitiendo una vez más que sus pronósticos no eran sino juguetes y disparates.

Existe en Torres un formidable escritor y un tipo humano de primera magnitud, más astuto que Ulises, a quien sus mismas tretas hacen admirable. Como científico o como pensador no pertenece apenas a las corrientes de su siglo, y es innegable que su medicina y sus astrologías le han perjudicado mucho para el juicio de la posteridad. Como escritor, en cambio, no tiene igual en todo el siglo XVIII, y si atendemos a la riqueza de su lenguaje y a su asombrosa capacidad expresiva, tampoco es fácil encontrarle rival en el mismo Siglo de Oro; es cómodo decir que imitó a los clásicos y que es un mero epígono o remedador de ellos, pero es éste un tópico en el que no deseamos caer. Torres es una incomparable fuente del idioma, afirmación que arriesgamos después de habernos chapuzado sin prisa en la torrentera —parece un juego de palabras— de sus quince volúmenes de *Obras*. Hay en éstas innumerables aspectos que merecen, y aguardan todavía, detenidos análisis; a Torres se le viene despachando sin leerlo, porque ni siquiera sus libros están muy a la mano, con cuatro frases hechas, siempre injustas. Pensamos en los estudios a que hubiera dado lugar si perteneciera a cualquiera otra literatura. Algunos trabajos recientes, que hemos mencionado, denuncian un creciente interés por la obra del salmantino, que parece anunciar su reivindicación, pocas veces tan merecida; pero con ellos no se ha pasado aún de poner la primera piedra del edificio crítico que se le debe erigir. No para elogiar todos sus escritos, con «crítica rosa», ni para inventarle excelencias o profundidades inexistentes, pero sí para subrayar los muchos aspectos de su singularidad.

TORRES, BIÓGRAFO

Torres escribió también dos «vidas de santos», a las cuales nos hemos referido ya ocasionalmente: la *Vida exemplar de la venerable madre Gregoria Francisca de Santa Teresa*, extensa biografía que comprende los volúmenes XII y XIII de sus *Obras completas*; la *Vida exemplar del venerable padre D. Gerónimo Abarrátegui y Figueroa*; y el breve *Prólogo y vida de don Gabriel Álvarez de Toledo Pellicer y Tovar*, que antepuso a la edición de sus obras, mera presentación elogiosa de escaso interés. Las dos «vidas de santos» son, en cambio, de la mayor importancia para valorar la capacidad literaria de Torres. Segura Covarsí ha señalado las diferencias que separan estas biografías del resto de sus escritos; advierte en ellas un cambio estilístico, una prosa mucho más sencilla, una menor preocupación «por buscar palabras castellanas expresivas y de rancio abolengo»[238], un vocabulario «fácil, sin estridencias ni rebuscamientos»[239]. Torres, que debió de leer intensamente a los escritores religiosos del Siglo de Oro, se muestra aquí como discípulo aventajadísimo, y nos atreveríamos a decir que estas páginas son un modelo de prosa clásica, perfecta, equilibrada, pero sin regustos arcaicos ni resabios imitativos, porque los

---

[238] «Ensayo crítico de la obra de Torres Villarroel», cit., pág. 152.
[239] Idem, íd., pág. 153.

modelos están remozados por el genio de Torres, cuya arriscada modernidad les da un andante nuevo, un distinto sabor, aunque no varíe la sustancia del guiso. Hecha esta capital afirmación, nos importa sobremanera señalar las causas de este Torres *distinto* que escribió las «vidas de santos». Torres —lo hemos dicho insistentemente— no tiene en todos sus otros escritos más que un solo tema: su *yo*, su *yo* social, entiéndase bien, que deseaba plantar orgullosamente como una bandera en lo más alto. Esta actitud de permanente algara, esta lucha ininterrumpida por la propia afirmación determinan su estilo y explican lo que hemos definido como raíz capital de su prosa: la búsqueda de la palabra y la frase más expresivas y más agresivas; eran sus instrumentos de combate. Torres trabajaba su prosa como el herrero medieval que forja armas con la mayor cantidad de hierro y puntas hirientes que puede acumular. Pero al escribir «vidas de santos» su *yo* podía tomarse este reposo; Torres Villarroel dejaba de ser su propio protagonista para convertirse en mero narrador de vidas ajenas, cuyo relato, por su propia índole, exigía la mesura y serenidad de esta nueva prosa. Torres, en estas páginas dedicadas a enaltecer personas virtuosas que no eran él mismo, quedaba dispensado de defenderse y de agredir; podía permitirse el lujo de enfundar las armas. Por lo demás, tan santa tarea tampoco caía fuera de propósito, porque le permitía, a su vez, mostrar una vertiente de gravedad y religiosidad que servía también para confundir a sus enemigos y corregir la imagen equívoca multiplicada en tantas páginas. En el inevitable «Prólogo al lector» de la vida de la Madre Gregoria habla una vez más de sí mismo, para declarar que, aunque acusado de festivo, no era «inútil para la escritura de las moralidades estrechas»; y se despide, sin perder la ocasión, con un postrer mazazo contra sus eternos detractores, cuyo comentario dejamos ya a cargo del lector: «Lo que yo te aseguro es, que estoy muy vano y muy contento de haber escrito este tomo: lo primero por haberme escogido para escritor de las glorias de esta prodigiosa Virgen unos sugetos tan escrupulosos, sabios y excelentes en todo linage de letras y virtudes, como los Carmelitas descalzos; olvidando a tantos Autores como en este siglo se presentan en la publicidad desde las Religiones, los Colegios, las Escuelas y las posadas particulares: lo segundo, porque habiendo remitido mi obra desde los primeros cartapacios, desunidos y juntos, al examen de los más prolixos y sabios Religiosos de esta virtuosa Familia, no quisieron quitar ni poner nada en mis originales, dando por buenas y por seguras mis expresiones; que aunque sea gracia, no dexarían de poner algún diligente rigor, acordándose de que era caridad corregir mis defectos»[240].

---

[240] Tomo XII, sin paginación.

Villarroel, a quien parece que ninguna de las Musas negaba su asistencia, escribió también diversas piezas teatrales. No suponemos carente de interés esta faceta del

LA NOVELA ROUSSEAUNIANA EN ESPAÑA

EL «EUSEBIO» DE MONTENGÓN

En los últimos años del siglo XVIII se publicó en España una novela —el *Eusebio*— que gozó de considerable fama y fue reeditada varias veces. Su autor, Pedro Montengón y Paret, nació en Alicante en 1745. Ingresó en la Compañía de Jesús, estudió en Valencia con el padre Eximeno y, concluidos sus estudios humanísticos, fue encargado de la cátedra de Gramática en el colegio de Onteniente. Allí le alcanzó el decreto de expulsión de la Compañía, y, aunque no había profesado aún, acompañó al destierro a sus hermanos de religión y se embarcó para Italia, donde residió la mayor parte de su vida, principalmente en Ferrara y en Venecia y finalmente en Nápoles, donde murió en 1824. Dos años después de su destierro se secularizó y contrajo matrimonio. En 1800 regresó a España con su mujer y solicitó permiso para vivir en Madrid, pues no debía —a su juicio— ser incluido en el decreto de expulsión, ya que no había profesado. Se le dio autorización, pero al año siguiente hubo de embarcar de nuevo para Italia, ante la nueva expulsión de que fueron objeto los jesuitas.

Montengón publicó, bajo el seudónimo de *Filópatro*, un volumen de odas, en seis libros, que fue editado en Ferrara y luego en Valencia y en Madrid. Algunas de estas odas iban dedicadas a héroes históricos, otras a personajes representativos del siglo XVIII, otras son filosóficas, algunas se refieren a temas americanos —desde Colón y la batalla de Otumba hasta el chocolate— y otras, finalmente, son traducciones de Horacio y de la Biblia. Publicó también Montengón un *Compendio de la Historia romana*, en italiano, seis tragedias traducidas o arregladas de Sófocles, un volumen de artículos sobre diversos temas de historia, ciencias y artes, y una versión de varios poemas de Ossian basada sobre una traducción italiana.

---

proteico doctor de Salamanca, pero tampoco creemos que merezca la pena alargar ahora estas páginas con un estudio detenido, pues poco hay en su teatro que modifique o añada rasgos a su personalidad. Torres compuso un par de comedias y varias piezas cortas, casi siempre para ser representadas —a veces con su propia participación— en fiestas o conmemoraciones de las casas de la nobleza que frecuentaba. La nota predominante en estas piezas es el humor retozón animado con pinceladas satíricas, aunque nunca —según correspondía al medio social que había de enmarcarlas— tan hirientes como en su obra lírica restante. La única edición moderna del teatro de Torres Villarroel —no completa— es la de José Hesse, *Diego de Torres y Villarroel. Sainetes*, Madrid, 1969. Sobre esta edición, evidentemente desafortunada, véase la crítica de Russell P. Sebold en *Hispanic Review*, XXXIX 1971, págs. 222-227.

Su nombre está, sin embargo, vinculado a los relatos novelescos: el *Antenor*, el *Rodrigo*, el *Mirtilo*, la *Eudoxia* y, particularmente, el *Eusebio*. Los dos primeros están concebidos como poemas épicos en prosa. El *Antenor* refiere la fundación de Venecia por este héroe y es una imitación de la *Eneida* de Virgilio. El *Rodrigo*, que subtitula «romance épico», semeja más a una novela histórica a la manera de las del vizconde de Arlincourt, entonces de moda, y está basada en la leyenda del último rey godo. El *Mirtilo, o los pastores transhumantes*, es una novela pastoril, de muy escasa acción, en la que dos caballeros, desengañados de la vida ciudadana, comparten la soledad del campo e intercambian sus pensamientos y sus versos; la novela, que casi no lo es, recoge diversos elementos de la tradición bucólica, desde Virgilio hasta Cervantes. La *Eudoxia* y el *Eusebio* son dos novelas pedagógico-filosóficas, a la manera puesta entonces de moda por el *Emilio* de Rousseau. La *Eudoxia, hija de Belisario*, intenta demostrar, con el ejemplo de la protagonista, la necesidad que tienen las damas ilustres de estudiar la filosofía moral para seguir la virtud y prevenirse contra los reveses de la fortuna.

El *Eusebio* es la novela más famosa de Montengón, y buena parte de su resonancia la debió a sus problemas con la Inquisición y algo también a sus pleitos con el editor Sancha. La novela, que apareció en cuatro volúmenes entre 1786 y 1788, tuvo ya sus dificultades con la censura. El autor explica en la introducción a su novela que se había propuesto enseñar las normas de moral prescindiendo de la religión revelada, pues aunque estaba seguro de que sólo su religión católica era la verdadera, no era posible convencer con sus doctrinas al impío y al libertino, que hacían burla de tales creencias; era, pues, necesario persuadirles primero con las máximas de la filosofía estoica y de los moralistas no religiosos, para que después de haber visto la virtud moral desnuda y sin los adornos de la cristiana, reconocieran la excelencia de ésta. Los censores se alarmaron un tanto, a pesar de las aclaraciones de Montengón, por el naturismo de corte rousseauniano que respiraba la novela, y la autorizaron después de proponer ciertas correcciones. Pero en 1790 un delator anónimo remitió a la Inquisición los cuatro volúmenes del *Eusebio*, acusándolo de cuaquerismo y tolerantismo, de incitar a la lascivia y de contener proposiciones temerarias, escandalosas y próximas a la herejía. La Inquisición, después de repetidas censuras y exámenes, prohibió el libro en 1798, cuando ya se habían impreso varias ediciones. Montengón rehizo entonces la novela, cuyo último volumen fue remitido a la censura inquisitorial en 1801, antes de la segunda salida del autor para Italia; pero el permiso, que fue objeto de larga tramitación, no fue acordado hasta 1807, en que apareció el libro de nuevo.

El pleito con Sancha es también curioso. El famoso editor, que publicó casi todos los otros libros de Montengón, ofreció a éste una cantidad firme de mil pesos por la propiedad del *Eusebio* y el *Antenor*, y acababa de obtener licencia de reimpresión por cinco años cuando el primero fue prohibido. Cuando Montengón rehizo el *Eusebio* de acuerdo con las censuras inquisitoriales, solicitó licencia para imprimirlo por su cuenta, desentendiéndose de Sancha, alegando que se trataba de un libro distinto, en cuya redacción había consumido largo tiempo y esfuerzos. El pleito fue largo y complicado, y por fin el autor, que lloriqueó bastante, acusando a Sancha de que quería «arrancarle de las manos este pedazo de pan» imprescindible para la subsistencia de su familia, obtuvo nueva licencia a su nombre.

Este pleito entre editor y autor tiene su interés porque revela que se trataba de un libro que estaba dando dinero. La versión corregida conoció, en efecto, cinco ediciones más en los años inmediatos. Pero el *Eusebio* más que de los méritos propios se beneficiaba de la boga lograda por las novelas pedagógicas, sentimentales y humanitarias de la época, inspiradas en el *Emilio*, con su fondo vagamente romántico, sus suaves paisajes y sus disertaciones filosóficas. Montengón debía de escribir bastante mal, porque en diversas ocasiones hasta los mismos censores aconsejaron a Sancha que buscara un buen corrector para remediar los muchos defectos de construcción y de lenguaje que se le escapaban al novelista. Sancha lo buscó, efectivamente, y los textos publicados de Montengón debieron bastante a lima ajena. El largo tiempo que había pasado en Italia y su casi total dedicación a la lectura de libros italianos y franceses le habían hecho perder el pulso de su lengua, de la cual dista mucho de ser un modelo.

La boga del *Eusebio* pasó con los gustos de su época, de la cual fue testimonio y pieza representativa; pero, carente de valores más esenciales, la novela ha sido olvidada sin que parezca muy probable su rehabilitación [241].

---

[241] G. Laverde Ruiz, «Apuntes acerca de la vida y poesías de Don Pedro Montengón», en sus *Ensayos críticos sobre Filosofía, Literatura e Instrucción Pública españolas*, Lugo, 1868. Angel González Palencia, «Pedro Montengón y su novela *El Eusebio*», en *Revista de la Biblioteca, Archivo y Museo del Ayuntamiento de Madrid*, III, 1926, páginas 343-365; reproducido en su libro *Entre dos siglos*, Madrid, 1943, págs. 137-180. Emilio Alarcos Llorach, «El senequismo de Montengón», en *Castilla*, I, 1940-1941, páginas 149-156. Miguel Batllori, S. I., *La cultura hispano-italiana de los jesuitas expulsos*, Madrid, 1966, págs. 52-53 y 496-498.

CAPÍTULO VI

LA LÍRICA EN EL SIGLO XVIII

LA TRADICIÓN BARROCA

La poesía lírica del XVIII encaja casi perfectamente dentro del esquema cronológico general que atribuimos en nuestra «Introducción» al proceso literario de esta centuria. Es decir: la primera mitad viene a representar una continuación de la lírica barroca del Seiscientos, que prolonga penosamente su decadencia; luego, hacia mediados del siglo, el mundo ideológico y la sensibilidad propios de la época están ya lo suficientemente difundidos para despertar una nueva expresión que..es la que viene calificándose de *poesía neoclásica*. Sus voces más representativas aparecen, sin embargo, con el retraso que afecta a todo el neoclasicismo español, y maduran, consecuentemente, cuando el siglo se encamina ya hacia su fin, es decir, cuando de hecho, o casi, han perdido vigencia en todas las literaturas de Europa y soplan ya por todas partes los nuevos vientos románticos. Debido a ello, los mismos poetas neoclásicos más genuinos reciben estos influjos y acusan en multitud de matices los síntomas que anuncian la descomposición de la misma fórmula que cultivan.

Este proceso, tan esquemáticamente expuesto —y que habremos, naturalmente, de matizar con algún pormenor—, basta para sugerir la complejidad que encierra la poesía de esta época.

Un problema que nos parece digno de atención es el de la fatigosa y larga penetración en el XVIII de la lírica barroca y, sobre todo, de su prolongada decadencia que se arrastra durante más de un siglo, ya que, de hecho, desde la muerte de Góngora en 1627 no surge un solo poeta de cierta calidad. Las posibles razones de este fenómeno nos parecen del mayor interés; por lo común ni siquiera se alude a ellas; los estudiosos se limitan a certificarlo como una realidad incontrovertible: los genios no comparecen y eso es todo. Leopoldo Augusto de Cueto, marqués de

Valmar, a quien debemos la más extensa colección comentada de lírica del XVIII [1] que todavía poseemos, apunta una razón de la decadencia poética de este período, que ha sido recogida por numerosos críticos y comentaristas. Para Valmar la decadencia de la poesía no era sino reflejo y consecuencia del mismo desmoronamiento del estado español que sobreviene con el reinado de Carlos II. Después de resumir el triste aspecto de la monarquía española en los días del último Austria y explicarnos que «*Dios, el Rey, el honor,* las tres palancas poderosas que removían y levantaban los ánimos en aquella nación de soldados, de caballeros y de poetas, perdían su fuerza o torcían y desnaturalizaban su impulso», escribe Valmar: «La historia literaria, que, entonces como siempre, caminaba al lado y al impulso de la historia política, no presenta un aspecto menos lamentable y vergonzoso. La esterilidad intelectual ha de reinar irremediablemente allí donde la sociedad entera ve cegadas las fuentes de su actividad y de su gloria. Las letras, pobres y desnaturalizadas como la nación que las producía, habían caído en un abismo verdadero de afectación y de artificio, y como no podía dejar de suceder, las ciencias y las artes habían venido a parar al mismo lastimoso estado de agonía en que se hallaba, herida de una decrepitud precoz y acelerada, la lozana y esplendorosa monarquía de Isabel la Católica, de Carlos V y de Felipe II. La poesía lírica, flor delicada de épocas tranquilas y risueñas, o centella ardiente de tiempos borrascosos, ¿cómo había de prosperar en una atmósfera sin luz, sin vida y sin calor?» [2].

Esta asociación de grandeza política nacional y Siglo de Oro de las letras se viene aceptando como un postulado incuestionable que parece apoyarse en hechos ciertos: siglo de Pericles, siglo de Augusto, Siglo de Oro e imperio español, época isabelina en Inglaterra, siglo de Luis XIV; son etiquetas que no hay quien las despegue. Pero la realidad es bastante más fluida, aunque no podemos ahora detenernos en el examen de estos diversos sincronismos. Por lo que atañe a España, creemos que, si en el siglo XVI la correlación de letras y política es indudable, durante el XVII no es sostenible en manera alguna. La decadencia de la monarquía española durante el reinado de Felipe III y mucho más aún durante el de Felipe IV sólo podía ser ya superada por el vergonzoso marasmo del último Austria; decadencia que no se manifiesta básicamente en los fracasos militares, con ser muy graves, sino en la corrupción interior, en el absoluto

---

[1] Leopoldo Augusto de Cueto, *Poetas líricos del siglo XVIII*, 3 vols., en B. A. E., núms. LXI, LXIII y LXVII, nueva ed., Madrid, 1952-1953.

[2] La antología de Valmar va precedida de un extenso *Bosquejo histórico-crítico de la poesía castellana en el siglo XVIII*, que ocupa más de doscientas páginas del volumen LXI; la cita en íd., págs. V-VI. Del mencionado *Bosquejo* de la lírica del XVIII puede afirmar todavía en nuestros días José María de Cossío que «en realidad es una definitiva historia de ella en muy poco añadida, y en ninguna línea esencial modificada» (*La poesía de don Alberto Lista*, luego cit., pág. 19).

desconcierto de la dirección política, en la ruina de la hacienda, en la pobreza general, en la desmoralización y escepticismo que cunden por todo el país. La investigación histórica ha puesto de relieve hasta el detalle todos estos hechos, que son ya vulgares conocimientos de manual. Y, sin embargo, siempre hemos creído que la gravedad y profundidad de estas realidades se difuminan y hasta se olvidan —incluso en la mente de los más doctos— bajo la sugestión del esplendor artístico y literario que echa su manto de oro —Siglo de Oro— sobre la miseria de un estado podrido. Sin los escritores, los pintores y los escultores del siglo XVII, la mueca de este siglo sería trágica. No nos parece que sea el ímpetu nacional de este período el que inspira a literatos y artistas, sino el derroche creador de éstos el que ilumina el espejismo de una supuesta grandeza. Si la decadencia de la literatura se explicara por la debilidad de la nación, las décadas de los últimos Felipes debieron producir el vacío; y alumbraron, no obstante, el esplendor que conocemos. Por lo demás, es un hecho harto comprobado que, así en el plano nacional como del individuo, el dolor no inspira menos que el optimismo satisfecho: probablemente más. Baste citar la Generación del 98, nacida de un desastre, el florecimiento de la novela realista en el pasado siglo durante años de la mayor atonía nacional, o la brillante Generación poética del 27, que da sus frutos en momentos de dramáticas crisis.

Creemos, en resumen, que la decadencia de nuestra lírica, que se prolonga desde la muerte de Góngora hasta mediados del siglo XVIII, sólo puede explicarse por meras razones literarias. En las palabras preliminares al Siglo Barroco aventuramos nuestro convencimiento, frente a las numerosas interpretaciones de otra índole, de que el Barroco es *principalmente* un fenómeno literario, y literarios igualmente son los motivos de desgaste. Repetidamente aludimos allí, con palabras de Dámaso Alonso, a la condición de «poesía límite» a que se había alzado la lírica de Góngora. Por el camino de la tradición alumbrada por el Renacimiento y madurada por el Barroco era imposible dar un paso más; todas las metáforas, todos los juegos de ingenio, todos los virtuosismos, todas las posibles bellezas poéticas habían sido exprimidas hasta la extenuación. Tan sólo una sacudida a fondo de la sociedad, una revolución de pensamiento auténtica que dejara vacío de significado, no sólo en su aderezo exterior sino en su propio meollo, como expresión de una cultura, aquel mundo poético, podían descubrir un rumbo nuevo y, con él, otro mundo de ideas y un modo distinto de expresarlas.

Ahora bien: la primera mitad del siglo XVIII apenas da entrada al complejo ideológico que conocemos con el nombre de Ilustración, debido, como sabemos, a la resistencia tenaz (y más que de resistencia podría hablarse de mera impermeabilidad) que le oponen las fuerzas de la tradición, sean éstas políticas, ideológicas o literarias. Fue necesario todo este medio siglo para que comenzara a adquirir vigencia no una opinión digamos nacional, que nunca la hubo, sino la exigua minoría que había de arriesgar la experiencia de introducir, con las nuevas ideas, una nueva lírica y una nueva dramática. Durante estos cincuenta años primeros, todos los que intentan renovar el pulso nacional, lo mismo en el campo del pensamiento que en el de la literatura, son precursores que claman solitarios en el desierto; y aunque su semilla dará después frutos más o menos lozanos, no consiguen apenas en las primeras cinco décadas sino hendir y roturar el yermo. La vida nacional, en toda su amplitud, prosigue soñolientamente la vieja rutina, y a los poetas, inmersos en ella, ni se les puede ocurrir siquiera pulsar otra lira que la que habían escuchado a los maestros del Barroco. Los poetas de esta primera mitad del siglo no sólo se visten con los antiguos ropajes poéticos, sino que machacan sobre los mismo temas; artística e ideológicamente siguen viviendo en un mundo pretérito.

Antes de ocuparnos de la lírica que define el siglo con sus peculiares características hemos de hacer sucinta mención de los poetas que durante su primera mitad prolongan la mencionada decadencia del siglo anterior; cronológicamente representan el período más largo, pero dicho se está que su significación consiste tan sólo en la circunstancia histórica de haber continuado en el siglo de las luces la tradición, ya exhausta, del Barroco secentista.

El marqués de Valmar menciona un número crecido de poetas durante esta época, a todos los cuales engloba en una común condena; algunos de ellos ocupan, sin embargo, lugar muy destacado en otros géneros, como es el caso, señaladísimo, de Feijoo, tan mediocre, en cambio, como poeta lírico. De entre esta turba innúmera pueden tan sólo seleccionarse dos o tres nombres, que son los únicos de quienes ha recogido Valmar algunas composiciones en su sección antológica.

Álvarez de Toledo. El primero de ellos es Gabriel Álvarez de Toledo, que nació en Sevilla en 1662 y murió en Madrid en 1714. Torres Villarroel, que publicó sus poesías con el nombre de *Obras póstumas poéticas*, nos ha proporcionado los pocos datos personales que poseemos del poeta, y es muy probable que estén bastante idealizados. Según la información de Torres, Álvarez de Toledo pasó su juventud en su ciudad natal entretenido en diversiones mundanas hasta que «los tremendos avisos de unas misiones que oyó en Sevilla»[3] le apartaron de aquella vida, disipada sin llegar a ser viciosa, y lo convirtieron en algo así como un asceta en medio del siglo. Su vida piadosa no fue obstáculo para sus abundantes acti-

---

[3] Cit. por Valmar en ídem, íd., pág. XXXV.

vidades políticas y literarias; ocupó altos cargos en la Cámara de Castilla y la Secretaría de Estado, fue bibliotecario mayor del rey y trabajó activamente con el marqués de Villena para la fundación de la Real Academia Española, en la cual fue el tercero de los miembros inscritos y el primero fallecido de la institución. Debió de ser muy estimado en los círculos políticos y literarios, donde gozaba fama de tan docto como virtuoso[4]; se dedicó con ahínco a las lenguas antiguas, de las cuales llegó a dominar el griego, el latín, el hebreo, el árabe y el caldeo, y poseía a la vez los principales idiomas modernos de Europa. Escribió bastantes obras de las que apenas nada ha llegado hasta nosotros. Como muestra del género de trabajos a que se entregaba tan ilustre varón debemos mencionar uno de los pocos que fueron publicados: *Historia de la Iglesia y del Mundo, que contiene los sucesos desde la creación hasta el diluvio,* al que adjuntó otras doctas disertaciones *Sobre el sitio del paraíso,* la *Lengua primitiva* y la *Estación en que fue criado el mundo.* Sólo estos títulos nos obligan a suponer que Álvarez de Toledo no pertenecía a las nuevas mentes contagiadas de la Ilustración; y así no debe extrañarnos que siguiera dócilmente como poeta los pasos de Calderón, Quevedo y Góngora. La afición a este último podía venirle incluso como herencia familiar, ya que Álvarez de Toledo era nieto por línea materna del famoso comentarista de las *Soledades,* José Pellicer de Tovar.

A su época sevillana parecen pertenecer algunas poesías burlescas y festivas, pero lo predominante en la obra de Álvarez de Toledo son las de tema religioso, inspiradas por lo común en trillados motivos de pesimismo ascético y vestidas con todos los recursos estilísticos exprimidos por los poetas conceptistas y culteranos. Valmar dice que su estilo «es casi siempre conceptuoso hasta rayar en incomprensible»[5] y afirma luego de la mayor parte de sus poesías que «causan disgusto y fatiga por la oscura afectación de su lenguaje»[6]; lo cual no le impide ponderar otras excelencias, como el rigor de las ideas y el pensamiento profundo y hondamente espiritual. De hecho, Álvarez de Toledo posee mejores intenciones morales que aptitudes para la creación poética; sus versos producen la impresión de algo trabajosamente elaborado sobre modelos, que se traduce en un espeso amontonamiento de material mitológico o religioso, irremediablemente marchito, del que el poeta pretende sacar algún efecto nuevo a fuerza de acumulación. Por algunos sonetos de intención moral y varios romances religiosos estima Valmar que Álvarez de Toledo debía

---

[4] Ponderando su mucha erudición, dice Torres que «no ignoró nada de cuanto se supo hasta su tiempo»; y en una composición poética, referida al mismo autor, escribe: «Fue del Rey bibliotecario — Y del reino biblioteca» (citado por Valmar, cit., LXI, páginas XXXVI, y XXXVII nota 2).

[5] Ídem, íd., pág. XXXIII.

[6] Ídem, íd., pág. XXXIV.

ser redimido del olvido en que lo habían dejado los anteriores críticos e historiadores de la poesía, como Velázquez y Quintana; pero sospechamos que la injusticia de éstos al olvidarse de don Gabriel no fue muy grave. Mención aparte, como fenómeno de particular curiosidad, merece el poema burlesco en octavas reales titulado *La Burromaquia*, del que Torres recogió largos fragmentos —unas 150 estrofas— pertenecientes al «Rebuzno primero» y al «Rebuzno segundo». Algunos contemporáneos del poeta ya se asombraron de que un caballero tan profundo y culto pudiera entretenerse escribiendo un poema sobre burros. Valmar asegura que algunas de sus octavas las hubiera podido prohijar el mismo Lope[7], y Lázaro Carreter escoge una estrofa que estima «de bello corte virgiliano»[8]. Pero no son muchas las que poseen tan excelentes cualidades; en conjunto, *La Burromaquia*, colmada de ajadas flores mitológicas, es de una ejemplar pesadez.

Gerardo Lobo. De mucho mayor mérito como poeta es Eugenio Gerardo Lobo, que gozó en su tiempo de gran popularidad como escritor y por sus rasgos personales. Nació en la villa de Cuerva, provincia de Toledo, en 1679 y se dedicó a la carrera militar. Era ya oficial de caballería al advenimiento de Felipe V, en cuyos ejércitos combatió con heroísmo: participó en el sitio de Lérida, entró en Toledo cuando fue reconquistado al Archiduque por las tropas borbónicas, formó parte también de las que recuperaron Zaragoza e intervino en las campañas de Extremadura; en 1732 asistió a la reconquista de Orán y es probable que participara también en la expedición que conquistó Nápoles y Sicilia en 1734-1736; combatió en Italia durante la Guerra de Sucesión de Austria y fue gravemente herido en la batalla de Campo Santo. En 1746 Felipe V recompensó sus servicios con el gobierno militar y político de Barcelona, y Fernando VI lo ascendió a teniente general. Ocupando dichos cargos en la capital catalana, murió Gerardo Lobo en 1750 de una caída de caballo[9].

A pesar de tan continuadas ocupaciones militares Lobo cultivó activamente la poesía. Muchas de sus composiciones revelan a un hombre de vasta cultura que había estudiado con detenimiento y asimilado en cierta medida la obra poética de los maestros del Barroco. Pero el Lobo más personal no hay que buscarlo en sus versos más trabajados sino en sus obras festivas y humorísticas en metros cortos —romances y decires, en particular— que le granjearon en su tiempo el nombre de «capitán poeta».

---

[7] Ídem, íd., pág. XXXV.

[8] Fernando Lázaro Carreter, «La poesía lírica en España durante el siglo XVIII», en *Historia General de las Literaturas Hispánicas*, dirigida por Guillermo Díaz-Plaja, vol. IV, primera parte, Barcelona, 1956, pág. 37.

[9] Cfr.: Jerónimo Rubio, «Algunas aportaciones a la biografía y obras de Eugenio Gerardo Lobo», en *Revista de Filología Española*, XXXI, 1947, págs. 19-79.

Lobo estaba felizmente dotado para estos géneros de poesía, que él cultivaba con desenfado y naturalidad. A diferencia de Álvarez de Toledo, Lobo no se complacía en profundidades ascéticas; los temas se los daban sus lances, sus viajes, sus aventuras, los pequeños incidentes personales, por lo que sus versos vienen a ser como una crónica poética de su vida. Lobo, que escribía con suelta improvisación, no daba mayor importancia a sus escritos, en los que no parecía buscar ninguna gloria literaria; por ello se negó a publicar sus versos, pero tenían tal aceptación que fueron reunidos sin su consentimiento en una primera colección aparecida en Cádiz en 1718 con el nombre de *Selva de las Musas*. Sólo en 1738 autorizó por fin el poeta una selección, cuyos derechos concedió a una congregación religiosa; ésta los cedió luego a su vez al impresor Ibarra, que publicó en 1758 la mejor colección de sus poesías.

Lobo no desdeñó en alguna ocasión los temas épicos de entonación más ambiciosa, como en sus composiciones a los sitios de Lérida y Campomayor y a la conquista de Orán, atestadas de imágenes rebuscadas y asfixiante hojarasca. Contra la opinión más común, Valmar asegura que pueden hallarse en ellas «robustas octavas y pensamientos nobles», pero recuerda, a su vez, el juicio de Alcalá Galiano para quien todos los versos largos de Lobo eran detestables. Mucho mejores son algunos de sus sonetos, cuya técnica había estudiado Lobo de los grandes maestros con bastante provecho. Muchos de ellos nos parecerían excelentes, si no asomara tan constantemente la sombra del modelo, a veces declarado o por lo menos aludido, como aquel que comienza «Esas, que el ocio me dictó algún día»; o el soneto compuesto para el triunfo del duque de Osuna, cuyo segundo terceto dice:

> *Hallarás en congoja dilatada*
> *Honor, riqueza, calidad y vida,*
> *En polvo, en humo, en ilusión, en nada* [10].

Los temas predominantes en estas composiciones son los discreteos amorosos de la tradición petrarquista, el desengaño provocado por la muerte de algún personaje, o la caducidad de lo terreno. Hablando de estos sonetos en conjunto dice Lázaro Carreter: «Todos ellos están incursos en la mejor tradición y nos muestran una faz simpática del poeta: la del modesto epígono que ha aprendido la difícil estructura de la estrofa y sabe enfocar y resolver bien los temas, aunque con instrumentos tomados a los maestros» [11]. También Jerónimo Rubio manifiesta una gran estima por los sonetos de Gerardo Lobo: «Si, como dijo el gran preceptista francés —escribe—:

---

[10] Ed. Valmar, cit., LXI, pág. 23.
[11] «La poesía lírica...», cit., pág. 39.

Un sonnet sans défaut, vaut seul un grand poème

Gerardo Lobo ha logrado con algunos de los suyos lo que en vano intentara cuando trató de elevar su musa a la altura de la épica, y desde luego merece ser contado entre los más afortunados cultivadores del soneto en nuestra literatura» [12]. Glendinning, en cambio, siente bastante menos entusiasmo por los sonetos de Lobo: «Lobo, como los otros imitadores de Góngora que hemos examinado [alude a varios poetas del siglo XVIII] —escribe—, se fijó más en la corteza de la obra de Góngora que en su lógica interior. Las bellezas externas le llamaron la atención, pero no su función dentro del poema». Y después de analizar con detención, precisamente el soneto cuyo terceto hemos reproducido, añade: «Toda la estructura correlativa del soneto de Góngora (que es lo que justifica plenamente el último verso plurimembre) ha quedado reducida en Lobo a los dos últimos versos. Antes de ellos no se encuentra rasgo alguno de correlaciones en su soneto. Es evidente que el ritmo retórico del verso de Góngora ha seducido a Lobo por sí mismo, no por su estrecha conexión con todo lo demás del soneto» [13].

Pero, insistimos, lo más personal de Lobo son sus composiciones ligeras, inspiradas por menos transcendentes propósitos; deben destacarse entre ellas la *Carta a su teniente coronel don Luis de Narváez, dándole cuenta de la infelicidad de los lugares... que le tocaron de cuartel;* las décimas sobre las *Ilusiones de quien va a las Indias a hacer fortuna;* algunos romances cómicos como el dirigido *A una sirvienta arrimona;* pero quizá las que gozaron de mayor popularidad son las *Irónicas instrucciones para ser buen soldado,* en que describe satíricamente los abusos que debieron de ser habituales en la práctica del alojamiento y mantenimiento de las tropas en aquellos tiempos. Muy graciosa e intencionada es la letrilla *A una viuda moza y rica:* «Si el dolor no finges — Dime, ¿por qué lloras?». Díaz-Plaja señala en esta ampliación de los elementos puramente barrocos un síntoma de la progresiva revalorización del siglo XVI [14], que estudiaremos luego al ocuparnos de la lírica neoclásica [15].

Torres Villarroel. Uno de los más sugestivos representantes de la persistencia de la tradición barroca en la primera mitad del siglo XVIII es

---

[12] «Algunas aportaciones...», cit., págs. 76-77.

[13] «La fortuna de Góngora en el siglo XVIII», en *Revista de Filología Española,* XLIV, 1961 [1963], págs. 323-349; la cita en págs. 330-331.

[14] Guillermo Díaz-Plaja, *La poesía lírica española,* Barcelona, 1937, pág. 235.

[15] Lobo cultivó también el teatro; de él se conocen dos comedias de muy escasa calidad literaria, aunque no carentes, en su tiempo, de aceptación, según informa Rubio en el trabajo citado (págs. 60-69).

Diego de Torres Villarroel, de quien nos hemos ocupado con extensión a propósito de sus obras en prosa. El hecho de que sean éstas las que le confieren toda la importancia que posee en la literatura de su siglo, hace generalmente que su obra en verso sea estimada como algo muy secundario, con el consiguiente desenfoque de su valor relativo en el panorama lírico de su tiempo. A nuestro entender, la producción en verso de Villarroel no sólo es muy notable por sí misma, sino que aventaja en su conjunto a la de todos los otros poetas coetáneos, aunque algunos de ellos cultivaran géneros poéticos que no le interesaron a Villarroel. Sin duda alguna, no era don Diego un temperamento lírico; su mundo era la prosa y, dentro de ella, la sátira mordaz y la acerada observación gallardamente agresiva y denunciadora. Como observa Lázaro Carreter, la poesía de Torres es una mera prolongación de su prosa, afirmación que habría de entenderse, a nuestro juicio, en el sentido de que nada hay en aquélla que no esté ya logrado en ésta de la manera más cabal, y con mayor plenitud y fuerza, puesto que no le cohiben las exigencias del verso, aunque tampoco éstas fueran para Torres cosa mayor. Una poesía casi uniformemente humorística y satírica no es, sin duda, vehículo para un lirismo de delicados primores. Pero, la poesía admite muchas especies, y no debe olvidarse que buena parte de la lírica a que deben su gloria Góngora y Quevedo es del género de la de Torres; al fin y al cabo, éste sigue los pasos de aquellos maestros, y cuando haya de medirse su excelencia no es en la índole de su poesía sino en su grado de perfección donde hemos de buscar el oportuno criterio. Díaz-Plaja señala que en la lírica de Torres existe un componente doblemente tradicional: la influencia barroca, encerrada en el persistente influjo de Quevedo, y la más castiza vena popular; barroquismo y popularismo son elementos sobradamente acreditados para impedir que una producción poética que los acoge en gran medida sea residenciada. Lo que impide, en cambio, que la poesía de Villarroel pueda considerarse como de gran calidad es, por un lado, la demasiada imitación quevedesca y, de otro, el desparpajo y espontaneidad del escritor, que no apura detalles y no alcanza, claro está, ese alado matiz que constituye la excelencia de Góngora. Con todo, a pesar de la constante deuda a los maestros y de su frecuente desaliño —debido en gran parte a que el propio autor no concedía apenas importancia a sus versos—, la personalidad de Torres es demasiado poderosa para no producir una obra de sello inconfundible, de acre y viril sabor, muy por encima de los trabajosos y artificiosos refritos literarios de todos los otros poetas de su tiempo. El barroco que Torres transplanta al siglo XVIII tiene vida y calor, no son flores de trapo de apolilladas guardarropías mitológicas.

La producción poética de Torres fue muy considerable y ocupa los volúmenes VII, VIII y IX de la edición de sus obras en quince tomos que apareció entre 1794 y 1799. Como su maestro Quevedo, Torres cultivó todos los planos de la lírica; pero sus poesías amatorias y religiosas ocupan una proporción mucho menor que en la obra de aquél; la musa satírico-burlesca es la inspiradora más constante de sus versos, y la más eficaz. A diferencia de Quevedo, que pudo ser, como vimos, un extraordinario poeta amoroso y filosófico tanto o más que satírico, aunque éste sea el más conocido y popular, la cantidad y calidad del Torres satírico excede con mucho a todas sus otras facetas: ésta era su vena. Muy varias también son las formas métricas de que se sirve, y, en cuanto a su manejo técnico, en todas ellas parece desenvolverse con pareja soltura. Su vocabulario, como sucede en su prosa, es prodigiosamente rico y de la mayor fuerza expresiva.

Torres escribió numerosos sonetos, muchos de los cuales son notables aciertos de fuerza y de intención. Quevedo le presta frecuentemente el motivo satírico, y Torres le toma a veces hasta las mismas palabras, cosa que sucede sobre todo cuando el poeta expone cínicamente su despreocupación ante las problemáticas riquezas del poderoso y pondera la excelencia de su pobreza apicarada; así, por ejemplo, en el soneto titulado *Vida bribona*, cuyos dos tercetos dicen:

> *El se cubre de seda, que no abriga,*
> *Yo resisto con lana a la inclemencia;*
> *El por comer se asusta y se fatiga,*
>   *Yo soy feliz, si halago a mi conciencia,*
> *Pues lleno a todas horas la barriga,*
> *Fiado de que hay Dios y hay providencia* [16].

En otro soneto Torres recuerda el de Quevedo que comienza «Mejor me sabe en un cantón la sopa...», del que toma, según declara en el título, las mismas consonantes, que son en realidad las últimas palabras de cada verso, aunque la travesura de Torres —«Engulle el poderoso rica sopa...»— queda muy debajo esta vez del potente sarcasmo de don Francisco.

Pero lo más común es que elabore el tema quevedesco con acento muy personal. Destacaríamos entre los mencionados sonetos el que comienza:

> *Oigo decir a muchos cortesanos:*
> *«Tal oficina tiene tres mil reales,*
> *Pero vale diez mil y muy cabales».*
> *¡Válgame Dios, y azotan a gitanos!...* [17].

el titulado *Infelicidad de las pretensiones*:

> *Si yo hago el memorial, tiempo perdido;*
> *Si lo hace el abogado, adiós, dinero;*

---

[16] E. Valmar, cit., LXI, pág. 56.
[17] Idem, íd., pág. 54.

Si visita el agente, mal agüero,
Y si visito yo, quedo rendido... [18].

o este otro de parecido asunto:

Lejos de mí procesos y abogados,
Párrafos, textos, plazos, peticiones... [19].

Graciosamente intencionado es el que titula Torres *Ciencia de los corte-sanos de este siglo*:

Bañarse con harina la melena,
Ir enseñando a todos la camisa,
Espada que no asuste y que dé risa,
Su anillo, su reloj y su cadena... [20].

Y más todavía el titulado *Modo de pretender*, que es tentación reproducir completo:

Hagan corregidor a Sancho Panza,
Póngase don Quijote de togado,
Sea Juan de la Encina el celebrado,
Y suba Pedro Grullo a la privanza.

Que se le dé la cátedra a Carranza,
¿A usted qué se le da? ¡Vano cuidado!
Ríase usted de ver el paloteado,
Y dé gracias a Dios que no entra en danza.

Y si quisiere usted lograr el trato
De ser mandón, justicia y aplaudido,
Ni estudie ni se esconda con recato;

Que logrará lo mismo que ha perdido,
Si se hace zalamero, mojigato,
Adulador, soplón y entrometido [21].

A veces la alusión a Quevedo es directa, como en el soneto que comienza:
«¡Ah, señor don Francisco! ¡Si usted viera — El mundo cómo está desde aquel día...!»; o el que termina:

[18] Idem, íd., pág. 55.
[19] Idem, íd., pág. 54.
[20] Idem, íd.
[21] Idem, íd., pág. 55.

> *Sobre un poyo de piedra está un candil,*
> *Que me da luz hasta que sale el sol;*
> *Ceno una sopa a veces del pernil,*
>
> *Leo en Quevedo, célebre español,*
> *Y alegre en mi tiniebla y su pensil,*
> *No se me da del mundo un caracol* [22].

Torres gustaba, y no sólo en sus sonetos, de las rimas agudas —como en este último citado— con las que logra enérgicos efectos de intención satírica; comúnmente, es en estas composiciones y género de rimas donde suele acumular un vocabulario de mayor intensidad expresiva. Véanse algunos ejemplos:

> *Un viejarrón secajo en lo cecial,*
> *Por desmentir lo flojo y lo senil,*
> *A la sombra mugrienta de un candil,*
> *Hace de su cuaresma carnaval...* [23].
>
> *Anda soberbio y hosco un charlatán,*
> *Dando celos al mundo con su tren;*
> *Mas presto la justicia de un vaivén*
> *Le pondrá de espantajo en un zaguán...* [24].
>
> *Pasa por muy celoso a falsa luz*
> *El que es más alcahuete que un tapiz...* [25].

O este otro soneto, intencionadísimo, no recogido por Valmar, perteneciente al *Pronóstico* de 1751, en el que Torres parece aludir a la caída de algún prominente personaje:

> *Ya se descubre con la luz del Sol*
> *la trampa tenebrosa de un vergel,*
> *donde siempre de miedo al cascabel*
> *sus cuernos escondía el Caracol.*
>
> *Ya no canta el altivo facistol*
> *el negro Cisne de la blanca piel,*
> *porque los soplos de traición cruel*
> *le mataron la luz a su farol.*

---

[22] Idem, íd., pág. 56.
[23] Idem, íd., pág. 60.
[24] Idem, íd.
[25] Idem, íd.

> *Viva alerta el ocioso Mayoral,*
> *y el ganado retire a su redil,*
> *que es un Lobo la envidia muy fatal;*
>
> *Y alerta viva todo Ministril,*
> *no fíe su defensa en su varal,*
> *porque no hay Alguacil sin Alguacil* [26].

Torres escribió muchas composiciones en seguidillas, que manejaba con especial soltura:

> *Hablaré en seguidillas,*
> *Verso de moda;*
> *Que con esto me excuso*
> *De gastar prosa...* [27].

Su gusto por los asuntos de brujería se manifiesta en composiciones como la dedicada *A una bruja que reventó chupando el aceite de una lámpara;* y en verso escribió también muchísimas composiciones para sus *Pronósticos*. Pero quizá lo más peculiar de Torres sean sus letrillas satíricas, que él denominaba caprichosamente *Pasmarotas*, en las que acentúa su imitación de las composiciones de igual especie de Quevedo y de Góngora, aunque sin dejar de ser muy personales a la vez por el agudo sentido de lo popular que nunca abandona a Torres. Merecen ser destacadas las que llevan por estribillo «¿Y el por qué? Ese yo me le sé, me le sé», «Y a otro perro con ese hueso», «Óyelo tú — Y siga la gresca», «Óyelo tú — Que a ti te lo digo», etc. Muy graciosa es la letrilla que comienza:

> *Andan muchos santurrones,*
> *Que se elevan por arrobas,*
> *Vendiéndonos sus corcovas*
> *Por buenas inclinaciones...* [28].

Otros escritores tan famosos como Torres en otros campos de la literatura, cultivaron también la poesía en esta época, pero con bastante menos fortuna que el autor de los *Almanaques;* tal es el caso, por ejemplo, del padre Feijoo, cuyas obras en verso no añaden un solo adarme a su gloria, aunque Valmar admite «que no carecía de vena poética».

Porcel. Más que por sus valores intrínsecos, otros poetas debemos recordar también como representantes de esa tenaz penetración de los te-

---

[26] *Obras completas*, XI, Madrid, 1798, pág. 144.
[27] Ed. Valmar, cit., LXI, pág. 77.
[28] Idem, íd., pág. 75.

mas y las formas barrocas en la primera mitad del siglo XVIII. Uno de ellos es el canónigo de Granada, José Antonio Porcel y Salablanca[29], que perteneció en su ciudad natal a la Academia del Trípode[30] y luego, en Madrid, a la famosa del Buen Gusto; fue miembro de la Real Academia española y de la de la Historia. Como otros muchos poetas de su tiempo gozó de gran popularidad y estima entre sus contemporáneos, pero sus obras quedaron luego inéditas y enteramente olvidadas, hasta que Valmar editó por primera vez la más importante de ellas: el largo poema titulado *El Adonis*, que consta de cuatro *églogas venatorias* —en silvas y tercetos—, con un total de cuatro mil quinientos versos. Valmar que justifica su publicación porque «Porcel caracteriza mejor que otros muchos la época de transición en que vivía»[31], duda, sin embargo, si fuera mejor para Porcel darlo a la luz o dejar que la gloria del escritor quedara «reducida, como lo estaba, a una aureola misteriosa, a un eco de la admiración contemporánea»[32]. Porcel se jacta en el prólogo de su poema de haber sido el primero en componer *églogas venatorias*, y con ello se disculpa de «algunas elevaciones del numen», pues quienes hablan son cazadores, que no han de ser necesariamente hombres del campo, sino que pueden serlo «reyes, príncipes y otras personas instruidas», de los cuales «no es impropia la erudición ni frase elevada»[33]. El poema fue escrito cuando su autor no había cumplido aún los cinco lustros, circunstancia atenuante para Valmar de tan laberíntico estilo y tan enorme acumulación de vanos artificios; pero lo prodigioso es que el poeta hubiese conseguido sorber tal fárrago en tan cortos años. Porcel confiesa que había pretendido imitar a Garcilaso y a «Góngora (delicias de los entendimientos no vulgares), de quien confieso se hallarán algunos rasgos de luz que ilustren las sombras de mi poema». Pero de Garcilaso apenas hay vestigio, en cuanto a su sabor poético se refiere, aunque copie de él versos enteros, y de Góngora no puede decirse que tome otra cosa sino el caudal de tópicos mitológico-renacentistas, a los que ni el genio mayor hubiera conseguido arrancar ya destellos nuevos[34]. Claro está que no faltan aciertos

---

[29] Cfr.: Emilio Orozco Díaz, «Para la biografía de Porcel y Salablanca (Comentario a unos documentos inéditos)», en *Homenaje al Profesor Alarcos García*, II, Valladolid, 1965-1967, págs. 391-399. Orozco publica la partida de bautismo del poeta, que tuvo lugar en Granada en septiembre de 1715, y aclara el misterio de su nacimiento, pues Porcel fue hijo natural y bautizado sin apellidos, como «hijo de la Iglesia»; durante sus estudios llevó el nombre de José Sánchez del Olmo.

[30] Cfr.: Nicolás Marín López, «La Academia del Trípode», en *Romanisches Jahrbuch*, XIII, 1962, págs. 313-328.

[31] *Bosquejo...*, cit., pág. LXXV. Cfr.: Ángel del Arco, «El mejor ingenio granadino del siglo XVIII: don José Antonio Porcel y Salablanca», en *Alhambra*, núms. 478-482, 1918, págs. 73-75, 97-99, 121-123, 145-157 y 169-171.

[32] Ídem, íd., pág. LXXI.

[33] Valmar, LXI, pág. 140.

[34] Joaquín Arce, que alude a Porcel sin ninguna intención peyorativa, dice que se le puede situar «en el momento de paso de la grandiosidad técnica barroca a la

momentáneos en tan largo viaje, pero tan limitados que no permiten encarecer el conjunto. Aparte el *Adonis*, Valmar ha seleccionado una *Fábula de Alfeo y Aretusa*, en octavas, un par de canciones, otra fábula, burlesca, sobre *Acteón y Diana*, y unos pocos sonetos. Quizá merezca la pena reproducir el primer cuarteto del que se dedica *A Cristo Crucificado*:

> *El demonio, feísimo* Avestruz,
> *Puso al hombre más negro que la* Pez,
> *Y por cosa que no importa una* Nuez,
> *Perdió, Señor, tu soberana* Luz...[35].

Este soneto no es burlesco, como se podría sospechar. El colector aclara, y tampoco parece decirlo en chanza, que fue compuesto con pies forzados —son los copiados en redonda— y en la *Academia del Buen Gusto*.

La obra de Porcel nos interesa enormemente, porque cuando llegue el momento de enfrentarnos con la llamada *intransigencia* de los hombres neoclásicos, todo este detritus barroco con que se topaban en cada esquina debe ser aducido en el juicio. Es claro que esto no era Góngora, pero eran sus descendientes vivos, sus consecuencias inevitables quizá, y era a través de ellos por donde los neoclásicos veían el panorama de la poética barroca.

Verdugo y Castilla. Parecido interés ofrece también otro escritor, Alfonso Verdugo y Castilla, conde de Torrepalma, que gozó asimismo en su tiempo de gran notoriedad en los círculos literarios [36]. La mayor par-

---

ligereza rítmica del rococó». Y al caracterizar la índole de su gongorismo, escribe: «El estilo gongorino se atenúa en Porcel con el recuerdo constante de Garcilaso. Pero, a ratos, se percibe cierto empequeñecimiento del escenario y de los elementos que lo componen, una interpretación agraciada y modulada que lo alejan del macizo sentido constructivo del barroco. La cuna granadina del autor podría hacernos pensar en ese primor que es característico del arte local. En todo caso, aquí nos interesa ver su posible relación con ese barroco en miniatura, de formas gentiles, que en el arte italiano se llama *barocchetto* y va transformándose en rococó». Es muy interesante, a su vez, la caracterización que hace Arce del gongorismo de los días de Porcel: «De todos modos —dice—, este gongorismo dieciochesco se ha templado. Las metáforas, la lengua y la estructura del verso siguen siendo gongorinas. La sintaxis, en cambio, a no ser en construcciones ya congeladas, ha debilitado, y mucho, su audacia latinizante» («Rococó, neoclasicismo y prerromanticismo en la poesía española del siglo XVIII», en *El padre Feijóo y su siglo*. Cuadernos de la Cátedra Feijóo, núm. 18, vol. II, págs. 447-477; todas las citas en pág. 456). También Glendinning se refiere a Porcel con algo más de respeto que a los otros imitadores de Góngora: «Se podría decir —escribe— que el uso que hace Porcel del estilo gongorino en esa obra [alude al *Adonis*] es más bien funcional que decorativo» («La fortuna de Góngora...», cit., página 338).

[35] Ed. Valmar, cit., LXI, pág. 173.

[36] Cfr.: Nicolás Marín López, «El conde de Torrepalma, ministro plenipotenciario en Viena, 1755-1760», en *Cuadernos de Historia Diplomática*, Zaragoza, IV, 1958, páginas 155-175. Del mismo, «Un barroco en el siglo XVIII. El conde de Torrepalma», en *Ínsula*, núm. 150, 1959, págs. 5 y 9. Del mismo, «El conde de Torrepalma, la Academia

te de su obra poética se ha perdido o, al menos, no ha sido publicada [37]. Su nombre está vinculado especialmente al poema *Deucalión*, inspirado en la inagotable cantera de Ovidio, aunque Torrepalma amplía considerablemente muchos pasajes. Valmar pondera las delicadas imágenes y el vigor de muchos de estos cuadros, sobre todo en la descripción del diluvio; pero, en su conjunto, el poema se distingue por la misma farragosa pedantería mitológica, acumulación de oscuras metáforas y énfasis culterano que afectaban a todos sus contemporáneos, cultivadores de parecidos temas. A Torrepalma, sin duda alguna, le encantaban, como dice Valmar, los «asuntos encumbrados», pues después de haber escrito la destrucción del género humano por el diluvio, se propuso cantar la destrucción del mundo por el fuego, y escribió un poema, felizmente inacabado, bajo el nombre de *El juicio final*, que Valmar dio a la estampa en su antología por primera vez. Sobre la índole del numen poético de Torrepalma es muy significativa la opinión de su íntimo amigo y protegido Porcel, a quien su propio *Adonis* debía de parecerle transparente; en su *Juicio lunático* pone en boca del poeta Herrera, dirigiéndolas al conde, estas palabras: «Nombre más propio que el de este académico no le ha usado alguno de sus compañeros. Llámase *el Difícil*, y con la misma justa razón se podría llamar *el Duro, el Confuso, el Misterioso*, y otros epítetos más propios de un habitador de la cueva de Trofonio que de las amenidades del Parnaso» [38].

Otras composiciones líricas de Torrepalma, reunidas por Valmar —algunos romances, sonetos y elegías—, inspiradas por idéntico delirio alegórico y colmadas de la misma afectación y pedantería, ni siquiera muestran los aislados destellos del *Deucalión*.

Numerosos poetas más, inferiores en todo a los mencionados y cuya vida y milagros nos ha revelado la diligencia de Valmar, podríamos seguir citando aquí; pero nada añadirían para trazar el cuadro de nuestra lírica en la primera mitad del XVIII: los escogidos poseen un valor de paradigma. Mas no se crea que la producción lírica de la época fue escasa; en realidad, proseguía sin desmayo el furor poético que venía fluyendo desde los días del Renacimiento: una *justa poética* celebrada en Murcia en 1727 para honrar a San Luis Gonzaga y San Estanislao de Kostka atrajo, según informa Valmar, a cinco poetisas y más de ciento cincuenta poetas.

---

de la Historia y el *Diario de los literatos de España*», en *Boletín de la Real Academia Española*, XLII, 1962, págs. 91-120.

[37] En el último de los artículos citados en la nota anterior, Nicolás Marín da cuenta de su tesis doctoral, titulada: *Un poeta español del siglo XVIII: D. Alonso Verdugo Castilla, III Conde de Torrepalma (1706-1767). Biografía, estudio crítico y edición de sus obras.* Pero no sabemos —siéndonos inasequible este trabajo— cuáles son las obras de Torrepalma recogidas en él.

[38] Cit. por Valmar en *Bosquejo...*, cit., pág. LXXVIII.

Hacia mediados del siglo XVIII, y coincidiendo casi exactamente con el advenimiento de Carlos III, el nuevo gusto literario inspirado sobre la pauta de las doctrinas neoclásicas está lo suficientemente afirmado para dar sus primeros frutos. Según hemos tratado de exponer en nuestra *Introducción*, las nuevas teorías literarias no son producto tan sólo de razones o reacciones meramente estéticas; aunque también tuvieran éstas, naturalmente, la gran importancia que trataremos de explicar. La aparición de la que, con más o menos propiedad, puede calificarse de *poesía neoclásica* es el producto de los factores más diversos; en su conjunto, es la expresión de una distinta sensibilidad y de una nueva postura frente a la vida, basadas en conceptos filosóficos, en ideas políticas y sociales, en la vigencia de nuevos criterios morales, en la distinta apreciación de la razón humana, en la nueva valoración del escritor y su quehacer literario, en la preocupación reformista que afecta a los campos más diversos, en el concepto del progreso y en la fe en la eficacia de la dirección racional y del Estado sobre las actividades particulares. Un conjunto de causas no literarias, evidentemente, pero que impregnan del modo más total la literatura de la época y que afectan en idéntica medida a la lírica. La poesía durante el siglo XVIII —entiéndase que tratamos siempre, desde ahora, de la que encierra más genuinamente el espíritu del tiempo, y que por comodidad de expresión llamaremos globalmente *neoclásica*— es menos *poesía pura* que en ningún otro momento de nuestra historia literaria. Al hablar del Barroco dijimos que, según nuestro entender, la obra literaria vivía entonces de sí misma en medida muy superior a lo sucedido en cualquier otra época. Durante el siglo XVIII, por el contrario, la poesía no puede comprenderse en modo alguno si prescindimos de todas las circunstancias envolventes, hasta de las que puedan parecernos más ajenas. Por esto dijimos al comienzo de este capítulo que la descalificación del barroquismo literario sólo podía producirse cuando una total renovación de las ideas y un distinto concepto de la vida social en todos sus planos hicieran deseable un nuevo vehículo literario y arrumbaran el viejo. El alumbramiento de esta nueva mentalidad fue producto de múltiples presiones, unas meramente críticas y negativas, creadoras otras, literarias unas veces, ideológicas las más, y a él contribuyeron por igual preceptistas y reformadores sociales, críticos literarios y filósofos; más aún los segundos que los primeros. La pugna entre estos dos mundos hostiles no terminó, como sabemos, con el siglo ni consiguió en manera alguna derrotar el mundo tradicional; pero, al mediar la centuria, existía ya una minoría suficientemente segura de sus propósitos para imponer su criterio literario. Plantear el estudio de la lírica neoclásica, en su enemiga antibarroca, como un mero problema de nacionalismo y afrancesamiento, de novedad y de tradición estéticas, de libertad y de reglas, es renunciar a entender nada. Los hombres del neoclasicismo estaban persuadidos de que el mundo del barroco había periclitado en su totalidad, como contenido y como forma: un nuevo vino en nuevos vasos tenía que ser servido. Lo que entendemos por *programa neoclásico* no era tan sólo una receta literaria o menos aún poética, sino que se extendía a todos los órdenes de la cultura [39].

Puesto que vimos en nuestra *Introducción* los rasgos capitales de la cultura del XVIII, hemos de limitarnos ahora a señalar los que de modo más concreto se manifiestan en la lírica. Conviene tener muy presente la definición de Pellissier de que *el neoclasicismo no es sino una forma del racionalismo dominante entonces en todo el pensamiento europeo* [40]. Transplantado este racionalismo a la poesía tenía que traducirse en una actitud que colocara a la mente por encima de la expresión instintiva o simplemente caprichosa, y persiguiera, en consecuencia, como ideal supremo, la claridad. Esto no suponía la condena de la imaginación —sin la cual no hay poesía posible—, pero exigía que trabajara en armonía con el entendimiento; si aquélla actúa sola, no produce sino desorden y confusión. Luzán, que admiraba muchas de las brillantes condiciones de Góngora, había ido a buscar en él ejemplos de metáforas de comprensión imposible o muy difícil para ejemplificar lo que una expresión poética no debía ser. El poeta, había dicho Luzán, ha de sacrificar las imágenes demasiado arriesgadas y frenar toda tentación de excesivo ingenio, que dañen la claridad, el orden y la armonía que debe presidir el conjunto. A vuelta de muchos detalles preceptivos, Luzán, como señala Pellissier [41], no venía

[39] «La producción dieciochista —dice Américo Castro— ofrece *carácter homogéneo, íntima trabazón* que sería vano buscar en cualquier otro momento de nuestra historia. Sobre los restos del pasado que perduran en el medio popular y que, de haber continuado rigiendo al país, habrían conducido necesariamente al *finis Hispaniae;* sobre ese fondo formado en gran parte de detritus de civilización no bien lograda, se dibujan a principios del siglo XVIII intentos renovadores, que adquieren plena forma en el reinado de Carlos III, y abarcan orgánicamente todas las manifestaciones del espíritu: las ideas, la política, la ciencia, el arte, la literatura. Idéntico es el fondo sobre el que se destacan las discretas razones del Padre Feijóo, las leyes político-sociales de Carlos III, las comedias de Moratín, la Puerta de Alcalá, los versos de Meléndez y las Sociedades económicas de amigos del país. Lo mismo que en otros períodos de la historia (el siglo V de Grecia, la plenitud cristiana del siglo XIII, y ciertos momentos del renacimiento), asistimos aquí al desarrollo de determinada concepción del mundo que marca con huella inconfundible todas las manifestaciones de la vida superior». («Algunos aspectos del siglo XVIII», en *Lengua, enseñanza y literatura*, Madrid, 1924, págs. 281-334; la cita en págs. 285-286.)

[40] Robert E. Pellissier, *The Neo-Classic Movement in Spain during the XVIII Century*, Stanford University, California, 1918, pág. 11.

[41] Idem, íd., pág. 30.

a establecer en materia literaria sino las reglas del sentido común. Este sentido común, que no consiste sino en la ausencia de cualquier exceso, es lo que vino a llamarse, con palabras que definen la mentalidad de la época, *buen gusto*. Díaz-Plaja recuerda muy oportunamente [42] que el vocablo no era nuevo: había sido aducido en el siglo XVI como receta contra el barroquismo humanista de un Juan de Mena y se aducía ahora contra el barroquismo gongorino. Digamos de pasada que, aunque la crítica del XVIII denunciaba concretamente muchas veces los excesos de Góngora —lo cual tampoco debe extrañarnos, pues lo habían hecho sus mismos contemporáneos, frecuentemente tan barrocos como él, aunque suele aducirse siempre como argumento contra la supuesta incomprensión neoclásica—, lo que colmaba el vaso de su hastío y provocaba sus ataques contra el maestro y padre de la escuela era el desfile inacabable de los epígonos de su tiempo, cuyas demasías, sin ninguna compensación de cualidades geniales, ahogaban la poesía en una inundación de vacía y necia pomposidad [43]. Léanse las composiciones de los poetas arriba comentados y las de

---

[42] *La poesía lírica española*, cit., pág. 240. Al ocuparnos del influjo que ejerció la dirección filológica de Nebrija (véase nuestro vol. I, 2.ª ed., pág. 521) para corregir los excesos cultistas de la época precedente, hubimos de reproducir las palabras de Menéndez Pidal en su estudio sobre *El lenguaje del siglo XVI*, palabras que es necesario repetir ahora, porque descubren el momento en que aparece el término que comentamos y revelan la estima que el gran filólogo siente por él: «Contra todo lo que pudiera pensarse, este aparecer del Humanismo trajo el comienzo de la reacción. Bajo la sabia dirección de Nebrija, la latinidad no podía propender a la exageración jactanciosa; y, por su parte, la Reina Católica traía a menudo en los labios una expresión desconocida en tiempo de Juan de Mena: *buen gusto*, hija de un nuevo factor moral que el Humanismo fomentaba. Solía decir la Reina Isabel que 'el que tenía buen gusto llevaba carta de recomendación', y en este dicho de la Reina vemos lanzada, por primera vez en nuestro idioma, esa afortunada traslación del sentido corporal para indicar la no aprendida facultad selectiva que sabe atinar, lo mismo en el hacer que en el decir, con los modales más agradables, los que más dulzor y grato paladeo dejan de sí».

[43] Nigel Glendinning, en su artículo mencionado —«La fortuna de Góngora en el siglo XVIII»— explica que durante buena parte del siglo XVIII, y en especial durante las cuatro primeras décadas, los críticos distinguieron cuidadosamente entre Góngora y sus imitadores, y mientras admiraban las altas cualidades de aquél, incluso en sus grandes poemas cultos, denostaban a los segundos, que no tomaban del maestro sino lo más superficial; tal fue, por ejemplo, la primera actitud de Mayáns, que en 1725 separa todavía al gran poeta de los excesos y extravagancias de sus discípulos, y así se expresaban también los críticos del *Diario de los literatos* cuando tenían que juzgar a los malos imitadores del cordobés. Pero el abuso, precisamente, y la malhadada proliferación de gongoristas estimuló la reacción de los críticos, que, persuadidos de que las demasías del estilo culto eran las responsables de la mala opinión que se tenía en el extranjero de la literatura española, la emprendieron contra el propio Góngora viendo en él los mismos defectos de sus discípulos o teniéndole en todo caso como responsable o raíz de ellos. Así fue ya la crítica de Luzán en su *Poética* en 1737; Juan de Iriarte, que rebatió en un principio los juicios de Luzán, modificó años más tarde su actitud a la vista de la pestífera herencia gongorina. A partir de la quinta década la posición contra el gongorismo, en general, está ya definida: Luis José Velázquez hablaba de Góngora como de «uno de los malos poetas de su siglo»;

muchos de sus colegas infinitamente peores, e imagínese entonces lo que podían pensar de ellos y de su arte aquellos hombres del siglo de las luces que adoraban a la razón y anhelaban la claridad y la medida en todo.

La búsqueda y conquista del *buen gusto* fue el ideal de aquella sociedad; y no es palabra de moda, puesto que no ha desaparecido nunca desde entonces del vocabulario más común para definir lo que es mesurado y digno lo mismo en una actitud que en un vestido, en las palabras o en la decoración de una vivienda. La denominación que se dio a sí misma la célebre Academia de este nombre, es sintomática; aunque no siempre lograra sus propósitos. Para los neoclásicos, ejemplificados en la *Poética* de Luzán, *buen gusto* era la reunión de la variedad, la unidad, la claridad, el orden y la proporción al servicio siempre de la verdad.

El *buen gusto*, si pretendemos quitarle aun lo que pueda tener de expresión de época, es simplemente *clasicismo;* esto explica precisamente la restauración que obtuvo en el siglo XVIII la poesía del Quinientos. Como se ha señalado tantas veces, el clasicismo francés del *Gran Siglo* vino a ser la culminación del ideal renacentista, puesto que se llega a él mediante un proceso de simplificación y depuración. Para Francia, que apenas si fue afectada por la orgía barroca, su clasicismo de los siglos XVII y XVIII era la continuación sin saltos de su tradición nacional. En España, por el contrario, donde el Renacimiento se descompone por un proceso de complicación y acumulación —recuérdese la trayectoria Garcilaso, Herrera, Góngora—, la reacción antibarroca se produce en parte dentro de los cánones del clasicismo francés —y por su influjo—, que fue, según ya vimos, el antídoto para todo el barroco europeo; pero podía también efectuarse —y así sucedió efectivamente— dentro de la tradición poética española, para lo cual bastaba con volver a los maestros del Renacimiento.

Mayáns en su *Rhetórica* de 1757 «condenó rotundamente las metáforas extravagantes y demás *vicios* de Góngora»; lo mismo hacía el Padre Burriel en su *Compendio del arte poético*, del mismo año; en 1758 lanzaba el Padre Isla su *Fray Gerundio de Campazas* para desterrar el estilo culto de la predicación; y el Padre Sarmiento que «antes —recuerda Glendinning (pág. 342)— incluía a Góngora y sus comentaristas entre los libros que merecían ser comprados por quienes deseasen poseer 'de tres a quatro mil tomos', decía en una carta del 11 de febrero de 1763, escrita a su amigo Francisco de Mena: 'Vayan por la ventana y al infierno las Soledades de Góngora, en lengua no castellana, sino de la California'». Los discípulos, evidentemente, aunque no sin parte de injusticia, habían acarreado el descrédito del maestro; Mayáns, en 1735, después de señalar las peculiaridades de la poesía de Góngora, que califica de «grave error de la literatura», afirma que aquéllas aún no eran tan graves por sí mismas como por sus detestables consecuencias, porque —y sus palabras definen exactamente las hondas razones de la resistencia gongorina— «los hombres de saber inferior, quienes, si hablasen claramente, no tendrían importancia alguna, se creen muy inteligentes al escribir en estilo oscuro (siguiendo el ejemplo de Góngora), ya que el comprender lo que escriben y apenas entienden ellos mismos, exige gran inteligencia» (cit. por Glendinning, pág. 332).

Este retorno a los grandes clásicos del Quinientos fue ya señalado por Menéndez y Pelayo [44]. Recuerda el gran polígrafo que en 1753 Luis José Velázquez reimprimió las poesías de Francisco de la Torre, aunque con el error de atribuírselas a Quevedo; en 1765 el célebre diplomático José Nicolás de Azara reeditó las poesías de Garcilaso, que no habían sido impresas desde 1622, y esta edición fue repetida tres veces durante el mismo siglo; del mismo modo, fray Luis de León, que tampoco había sido reeditado desde 1631, vio de nuevo la luz en 1761 gracias a la diligencia de Mayáns y Siscar, edición que se repitió en 1785 y 1791. Díaz-Plaja, que recoge, naturalmente, estas referencias de Menéndez y Pelayo, aduce por su cuenta varios ejemplos del culto a Garcilaso [45], manifestado por poetas del siglo XVIII (tal es el caso, por ejemplo, de Porcel, que se jactaba, como vimos, de haberse inspirado en el toledano, aunque buscaríamos en vano su influjo), y señala además, aparte los textos concretos que recoge, la huella más difusa pero evidente de la tonalidad sentimental de Garcilaso en la mayoría de los poetas bucólicos del XVIII. Otro tanto sucede con fray Luis de León, cuya huella es frecuentísima en los poetas de este siglo, particularmente en el grupo salmantino, «más —dice Díaz-Plaja— en la reposada dignidad de su tono conjunto que en los detalles de la forma» [46]. El tercer maestro del Quinientos cuya influencia es notoria en el siglo XVIII es Fernando de Herrera —«verdadero modelo para la poesía pindárica y heroica de los neoclásicos» lo llama Glendinning [47]—, sobre todo en los poetas de la llamada escuela sevillana. Díaz-Plaja señala otro signo de notable afinidad entre los siglos XVI y XVIII, que es la reaparición de las escuelas, la sevillana y la salmantina, «cuyas características acreditan —por lo menos en la intención— una conciencia de continuidad» [48], aunque muestran también otros rasgos diferentes.

Real de la Riva, en su estudio sobre la Escuela Salmantina del siglo XVIII [49], desarrolla y amplía todos estos conceptos. Recuerda la difusión de las aficiones humanísticas provocada por el renacer de la Universidad salmantina desde mediados de la centuria, humanismo que mueve a varios escritores, como Cadalso, Iglesias y Meléndez, a redactar muchas de sus cartas en latín y a componer poesías en dicha lengua. Pero al lado de este neoclasicismo de ascendencia greco-latina, el neoclasicismo salmantino —dice Real de la Riva— es «fundamentalmente español» [50]; menciona

---

[44] *Historia de las ideas estéticas en España*, ed. nacional, III, 3.ª ed., Madrid, 1962, página 308.

[45] *La poesía lírica española*, cit., pág. 232. Véase además, del propio Díaz-Plaja, *Garcilaso y la poesía española (1536-1936)*, Barcelona, 1937, págs. 127-135.

[46] *La poesía lírica española*, cit., pág. 233.

[47] «La fortuna de Góngora en el siglo XVIII», cit., pág. 344.

[48] *La poesía lírica española*, cit., pág. 233.

[49] César Real de la Riva, «La escuela poética salmantina del siglo XVIII», en *Boletín de la Biblioteca Menéndez y Pelayo* XXIV, 1948, págs. 321-364.

[50] Idem, íd., pág. 332.

Real las ediciones de los clásicos ya referidos, y añade las de otros muchos, como Villegas, cuyo influjo fue extraordinario, Ercilla, Suárez de Figueroa, Lope de Vega, y sobre todo Quevedo que se reimprime insistentemente; sin contar con otros poetas de menor importancia, como el marqués de Esquilache y Balbuena. De dicha corriente literaria puede escribir el mencionado investigador que «reanuda de este modo la tradición poética del Siglo de Oro, interrumpida por Góngora, y remata el proceso de la poesía renacentista que en su día iniciara Garcilaso, hasta dejarla en los mismos umbrales románticos» [51].

El renacido culto y las repetidas ediciones de los grandes poetas del Quinientos para oponerlos a los excesos barrocos tenían entonces la misma significación que, por ejemplo, aquella sátira de Quevedo contra Góngora, cuando, para perfumar y desengongorar la casa en que había vivido el cordobés, «quemó como pastillas Garcilasos» [52]. Creemos que atribuir a meros influjos franceses la aparición de la corriente neoclásica en la poesía del XVIII es equivocar por entero la cuestión. Sin embargo, es una idea muy común. Lázaro Carreter, después de constatar certeramente que la Academia de la Lengua, en su período fundacional, al emprender la redacción del *Diccionario de Autoridades* había incluido entre ellas a los maestros del Barroco, añade: «Pero las modas francesas introducen en el pensamiento español dos prejuicios: el neoclasicismo y el concepto de Edad de Oro, la aceptación de las reglas y la elevación del siglo XVI a canon de la lengua» [53]. No entendemos por qué ha de llamarse

---

[51] Idem, íd.

[52] Véase el vol. II de esta *Historia*, pág. 523. Menéndez y Pelayo define inequívocamente el papel que desempeñan en el siglo XVIII las ediciones de los grandes poetas del Quinientos: «Junto con las traducciones —dice— contribuían a excitar el movimiento de las ideas críticas, y dar pábulo a las polémicas, las reimpresiones, cada día más frecuentes, de los autores castellanos del siglo XVI, y principalmente de los líricos. La escuela dominante en el siglo pasado los había absuelto de sus anatemas, y sería injusto desconocer cuánto hicieron todos los humanistas de aquella era, desde Luzán hasta Quintana, para volverles el crédito y la notoriedad que habían perdido, no por influjo de los principios clásicos, sino, al revés, por la inundación de los poetas culteranos y conceptistas del siglo XVII y principios del XVIII. La mayor parte de los documentos de la mejor edad de nuestra lírica, hasta los más dignos de admiración y de estudio incesante, eran rarísimos ya en 1750, al paso que andaban en manos de todos las coplas de Montoro y las de León Marchante, que Moratín llama *dulce estudio de los barberos*. Semejante depravación no podía continuar, y fueron precisamente sectarios de Luzán los que pusieron la mano para remediarla» (*Historia de las ideas estéticas en España*, ed. cit., págs. 307-308).

[53] Fernando Lázaro Carreter, *Las ideas lingüísticas en España durante el siglo XVIII*, Anejo XLVIII de la *Revista de Filología Española*, Madrid, 1949, pág. 224. Aunque Lázaro Carreter todavía repite en dos o tres pasajes este mismo concepto, que parece entrañar la repulsa del clasicismo y de las reglas como producto de un afrancesamiento caprichoso, es lo cierto que en otros varios lugares de su estudio citado mantiene —feliz contradicción— la idea que juzgamos correcta, y fundamental, respecto a la degeneración del Barroco y la necesidad de remediarlo con una enérgica terapéutica clásica; he aquí, por ejemplo: «Los hombres del XVIII tuvieron que

a esto *prejuicios* y no simplemente *juicios*. De todos modos, lo que ahora deseamos señalar es que no fueron necesarias las modas francesas para proclamar el magisterio idiomático del siglo XVI; las breves indicaciones hechas más arriba nos han permitido recordar —sin detenernos ahora en una más amplia exposición, que no es de este momento— la polémica que llena todo el XVII entre clásicos y culteranos, polémica que no fue provocada por *modas francesas*. El influjo francés en nuestra poesía del XVIII es infinitamente menor —no aludimos a problemas de mero léxico como la introducción de galicismos, que, en todo caso, afectó muchísimo más a la prosa— de lo que suele proclamarse. El influjo francés a lo largo de todo el siglo es esencialmente ideológico, de pensamiento y de contenido; pero, proclamar la excelencia de las reglas aristotélicas y colocar a fray Luis de León por encima de Góngora lo habían hecho muchos durante el siglo XVII, cuando todavía las modas francesas no se podían ni imaginar. Lo que el XVIII se propone en este terreno no es sino volver a dar vigencia a la antigua querella, agudizada ahora por la proliferación de los peores detritus barrocos, y a la vez por la presión de razones ideológicas, que traen un nuevo concepto a la poesía, para el cual sólo podían ser vehículos adecuados la claridad y la sencillez de los maestros clásicos [54].

hacer frente a un caos. Se les enfrentaban tres problemas idiomáticos, de dificultad extrema. En primer lugar, la liquidación del barroco. Nuestros racionales se encuentran ante una lengua poética, *martirizada, exhausta, consumida en su propio delirio*. A sus espíritus clásicos y razonables aquello aparece como un bochorno. Y la primera mitad del siglo es un esfuerzo por domeñar, por reducir aquella triste herencia del seiscientos. Es un momento esencialmente crítico, *en el que triunfa una sana preocupación demoledora»* (pág. 196; los subrayados son nuestros). «El arte acusa la fatiga, produciendo criaturas delirantes y extrañas, complaciéndose en su dificultad. Ni siquiera un gran monarca hubiera podido salvarnos de la ruina. *Creo que sólo un valladar neoclásico era capaz de contener la corrupción»* (pág. 201); los subrayados son nuestros, excepto la última palabra, subrayada por el propio autor, que la comenta de este modo en nota al pie (núm. 13): «La calificación es hoy un poco temida por los historiadores literarios. Sin embargo, es exacta si se aplica a la lengua literaria de principios del siglo XVIII». «Los defensores de nuestro idioma van acallando sus voces a medida que avanza el siglo. Si a la decadencia literaria no podía salvarla, como he dicho, más que un neoclasicismo, a la lengua, hidrópica y entumecida, no podía liberarla más que un severo examen de su historia antes del pecado» (página 203).

[54] La idea de que nuestra lírica del XVIII está infinitamente más enraizada en la propia tradición nacional que en medios extranjeros, está siendo afirmada cada día con mayor decisión y por mayor número de críticos: «Todos, o casi todos los elementos que componen la poesía setecentista están ya en la misma tradición literaria española», escribe taxativamente Joaquín Arce («Rococó, neoclasicismo y prerromanticismo en la poesía española del siglo XVIII», cit., pág. 449). Bajo el título de *La literatura española del siglo XVIII y sus fuentes extranjeras*, los Cuadernos de la Cátedra Feijóo han dedicado su núm. 20 al estudio de estos problemas; el propio Arce examina el influjo italiano, y, tras minuciosa investigación, concluye así frente a la afirmación de Farinelli de que la España dieciochesca había sido la «fida ancella», sirvienta fiel, de la literatura italiana: «Distingámoslo una vez más: una cosa es difusión, presencia, conocimiento y hasta reconocimiento de cultura modélica, paradigmática, arquetípica. Y otra cosa muy distinta que haya determinado corrientes

Lo cual nos lleva al segundo rasgo fundamental de la poesía del Setecientos.

Todos los preceptistas del XVIII, con Luzán a la cabeza, habían proclamado la finalidad moralizadora y pedagógica de la poesía; consecuentemente, la dicción poética debía ponerse al servicio de la idea. Esta exigencia, que no anulaba, evidentemente, los derechos de la metáfora, base
de toda poesía, la llamaba, sin embargo, severamente al orden de la eficacia y la claridad; el habla artística, sin más justificación que su propia
belleza quedaba seriamente en entredicho. Visto bajo este aspecto, es innegable que el siglo XVIII, en lo que tiene de más genuino, muestra escasa
disposición para la poesía; de hecho, según dijimos, es ésta la época en
que la *poesía pura* —usado el término en su más amplio sentido, sin alusión a escuela o tendencia determinada— ha tenido una vigencia menor.
Su excesiva racionalización la convierte frecuentemente en vehículo de temas poco poéticos y conduce al escollo, tantas veces denunciado, del
prosaísmo.

Pero la poesía del siglo de la Ilustración para ser consecuente consigo
misma y con su tiempo no podía ser sino de aquella manera. El hombre
del XVIII estaba demasiado ocupado con el aluvión de problemas que se
había propuesto resolver, demasiado orgulloso de la razón y de su eficacia, para estimar merecedoras de su atención las vacías trivialidades que
venían manoseando los poetas. No puede ser más sintomática la conocida
respuesta que dio Jovellanos a su amigo Trigueros, que le había consultado
sobre el proyecto de escribir un poema a España: «Haga usted —le dijo—
cosas más útiles, unas memorias agrícolas, comerciales o artísticas de Sevilla, por ejemplo».

Aparte estas razones nacidas de su propio concepto de la poesía, es
indispensable tener en cuenta el hastío que a estos hombres «serios» y
ocupados debía de producirles la riada nunca menguante de pasta poética,
ofrecida en honor de temas que ya hedían; ¡cuántos miles de poemas se
habían escrito sobre los ojos o los cabellos de una dama, sobre el rigor de
la ausencia o del desprecio, sobre los celos, etc., etc., con fórmulas retóricas cada vez más ajadas, mascando metáforas que miles de poetas anteriores habían digerido ya! Se insiste en que los poetas del siglo XVIII, que
quisieron llevar a sus versos intenciones pedagógicas y moralizadoras,

vivas de poesía, que haya suscitado cambios de gusto, que haya impuesto nuevas formas, estructuras o géneros. Junto a la toma de contacto indudable con la ideología
de los reformadores y a la afición despertada en la buena sociedad por el teatro
musical, en el orden rigurosamente literario sólo podemos mencionar un afortunado
logro métrico debido al prestigio de Italia: la octavilla, justamente llamada *italiana*»
(«El conocimiento de la Literatura italiana en la España de la segunda mitad del siglo XVIII», págs. 7-45; la cita en pág. 45). En el mismo *Cuaderno* —págs. 47-93—,
Nigel Glendinning estudia la «Influencia de la Literatura inglesa en el siglo XVIII»,
y de su examen se deduce que la presencia en nuestra lírica de la literatura inglesa
no fue, sin ser despreciable, particularmente importante.

estaban esclavizados por la tiranía de la preceptiva clásica, que exigía de la poesía la condición de adoctrinar. Pero con ello se enfrenta la cuestión de modo muy mezquino. El hombre del XVIII consideraba una traición a las exigencias inaplazables de la hora el gastar puerilmente las energías que reclamaban temas apremiantes; no rechazaba el arte; tan sólo rechazaba el arte ñoño.

El hecho tiene una repetición tan patente en nuestros días, que vale la pena considerar el paralelo sin ánimo de adelantar conceptos que habremos de tratar en su lugar. De hecho, las interpretaciones vigentes sobre la poesía del Setecientos están viciadas —dejemos de momento el valor auténtico y positivo de dicha poesía— por una serie de prejuicios, que apenas nadie procura derribar. Primeramente, por el prejuicio antifrancés, que fue el gran resorte de la polémica desde el mismo siglo XVIII; en segundo lugar por el prejuicio ideológico, del que es responsable principal en este caso Menéndez y Pelayo con toda su corte de glosadores. Pero quizá el mayor de todos sea de índole estética. Lo que hoy se piensa sobre esa poesía llamada «pedagógica» o «moralizadora» del XVIII ha sido impuesto por el criterio poético que dio sentido a la moderna generación del 27 y a todos los movimientos coetáneos de «poesía pura» y de los *ismos*. Ahora bien (e insistimos en que no deseamos adelantar conceptos sino en la medida indispensable para nuestro propósito): la reacción que en estos instantes —de una manera amarga y recriminatoria a veces— se está operando contra toda aquella poesía, vuelta de espaldas al dolor humano y a la acuciante realidad cotidiana, y que ha producido entre otras manifestaciones la llamada «poesía social», ¿no es la misma actitud del siglo XVIII contra la estéril vaciedad del Barroco decadente, más justificada todavía entonces que hoy porque ni siquiera lo hacían perdonable sus propios méritos literarios? Es indispensable citar en este instante unos versos de uno de los más representativos y humanos poetas de nuestros días, Blas de Otero, en que se enfrenta dramáticamente el problema de la belleza y la realidad, y ver si no es ésta la misma actitud —claro que con distinta voz, porque la historia no pasa en vano para la poesía, y tampoco Otero viste casaca— que sentía en el XVIII Jovellanos:

> *La poesía tiene sus derechos.*
> *Lo sé.*
> *Soy el primero en sudar tinta*
> *delante del papel.*
> *La poesía crea las palabras.*
> *Lo sé.*
> *Esto es verdad y sigue siéndolo*
> *diciéndolo al revés.*
> *La poesía exige ser sinceros.*

Lo sé.
Le pido a Dios que me perdone
y a todo dios, excúseme.
La poesía atañe a lo esencial
del ser.
No lo repitan tantas veces,
repito que lo sé.
Ahora viene el pero.
La poesía tiene sus deberes.
Igual que un colegial.
Entre ella y yo hay un contrato
social.
Ah las palabras más maravillosas,
«rosa», «poema», «mar»,
son m pura y otras letras:
o, a...
Si hay un alma sincera, que se guarde
(en el almario) su cantar.
¿Cantos de vida y esperanza
serán?
Pero yo no he venido a ver el cielo,
te advierto. Lo esencial
es la existencia; la conciencia
de estar
en esta clase o en la otra.
Es un deber elemental [55].

O estos otros versos, también de Otero:

Sabed que la belleza, eso que llaman
cielo, mínima flor, Mar Amarillo,
ya lo he visto. No tengo tiempo. Antes
hay que poner los hombres en su sitio.
Existe el mar, las olas me lo dicen
haciéndome creer que las olvido.
No las olvido. No, no tengo tiempo
sino para dragar primero el río.
Así es la rosa, el ruiseñor así
como una flor que canta y vuela. Visto.
A otra cosa se van mis manos, mira
la paz al borde del precipicio.
Amo las nubes, las maravillosas

[55] En *Poesía Española Contemporánea. Antología (1939-1964). Poesía Social*, selección, prólogo y notas de Leopoldo de Luis, Madrid, 1965, págs. 141-142.

> *nubes que pasan...* (Baudelaire lo dijo.)
> *Volved la cara: están alzando un puente*
> *para pasar el tiempo que vivimos* [56].

Y no vale tomar esta actitud como la posición extremista o polémica de un grupo. Los más representativos poetas del 27 han abandonado en redondo su alcázar de marfil para bajar a la calle y cantar lo más vulgar y cotidiano, la angustia y el latido de los hombres en lenguaje directo y elemental. Si son estos mismos hombres —por cuyo magisterio y opinión se condenó como prosaica, pedestre y pedagógica la poesía de los dos siglos pasados, el XVIII y el XIX— quienes han arrumbado su precioso instrumento de herméticos buriladores, la actitud frente al *prosaísmo pedagógico* del XVIII, preocupado por los problemas reales del hombre vivo, está pidiendo una revisión urgente.

Claro está que esta nueva actitud que sugerimos no excluye la consideración más objetiva de los defectos y excelencias de la poesía neoclásica, pero siempre —éste es el problema— dentro de su propio canon y propósitos.

No toda la poesía, sin embargo, del siglo XVIII discurre por el mismo cauce educativo y doctrinal. La poesía lírica *desinteresada* tuvo también sus cultivadores, y es en ella precisamente donde hemos de encontrar las voces más delicadas. Esta poesía *desinteresada* toma en el siglo XVIII el carácter de lo pastoril.

Semejante hecho podría parecer una de las muchas contradicciones que encierra el siglo XVIII; pero no se da sin motivo. Orgulloso de su razón, pero casi avergonzado de sus sentimientos íntimos, el poeta neoclásico trata de disfrazarlos bajo la envoltura convencional y artificiosa del mundo de la Arcadia. Para lo cual existía también el magisterio y la tradición de los grandes poetas bucólicos de la antigüedad greco-romana y del Renacimiento, los dos períodos afines que eran sus modelos. Este mundo arcádico, con su naturaleza ordenada, pulcra y medida, era un marco exquisito para encerrar la belleza del mundo sensorial, del placer amable y refinado, tan peculiares de la época. Como en la misma bucólica tradicional, bajo el disfraz de los pastores dialogan serenamente gentes cortesanas, que tratan sus sutilezas amorosas y discuten los temas que constituyen la pasión intelectual del hombre ilustrado. Por otra parte, este mundo pastoril venía a resucitar el mito de la Edad de Oro, de aquella edad utópica que al fin parecía posible en una sociedad dirigida por los ideales de la Ilustración. El optimismo reformista encontraba en esta maravillosa escenografía bucólica la réplica artística a las aspiraciones ilustradas de un mundo mejor.

---

[56] En ídem, íd., págs. 142-143.

Unas precisiones o definiciones creemos necesarias tras las páginas que anteceden.

No ignoramos, ni pretendemos soslayar, la diversidad de rumbos poéticos que coexisten no ya en la época de que tratamos, sino hasta en cada escritor concreto; de aquí lo arbitrario de utilizar el nombre de *neoclasicismo* como rótulo de conjunto, sin mayor discriminación. No obstante, y sin perjuicio de matizar convenientemente en cada caso, es imprescindible servirse del más común denominador —o quizá del más aceptado, o tópico— que es el de *poesía neoclásica*, para aludir en bloque a la de este período. A pesar de lo cual debemos puntualizar ahora ciertos conceptos básicos.

Joaquín Arce, en su estudio de estos problemas [57], afirma que entre 1770 y 1790 conviven todas las corrientes o actitudes poéticas que caracterizan al siglo XVIII. La cultura literaria de entonces amalgama los elementos más dispares, y lo característico —subraya Arce— es su presencia conjunta; sin olvidar que «muchos autores, muchos temas y motivos llegan a interpretarse, a sentirse de modo distinto al suyo originario» [58]. He aquí ahora las prometidas puntualizaciones: 1.ª) Por *poesía de la Ilustración* debe entenderse la «que expresa su admiración ante la ciencia, las instituciones o los ideales contemporáneos» [59]. 2.ª) La actitud clasicista y racionalista, que caracteriza al siglo XVIII desde Luzán a Quintana, en el sentido explicado más arriba, debería rotularse con la mera denominación de *clasicismo*. 3.ª) Aunque Arce admite que no puede hablarse en la literatura española de la época de una tendencia bien delimitada de tipo *rococó*, considera insustituible esta palabra para distinguir, por contraste, «ese tono menor, elegante y frívolo de la poesía dieciochesca, siempre que vaya cargado del espíritu del siglo» [60]; término indicativo, dice luego, «de una modalidad poética que es reflejo de un gusto figurativo, de una moda y unas costumbres. Y creo conveniente utilizarlo, por el momento, no sólo como simple elemento componente de poéticas más complejas, sino como el aspecto unificador de toda una serie de corrientes entrecruzadas —bucolismo, anacreontismo, sensualismo, etc.—, en la medida en que todas ellas, aun sin ser originales, responden a actitudes peculiares de la vida y de la cultura dieciochescas» [61]. 4.ª) Con el nombre de *neoclasicismo* debe designarse tan sólo el movimiento poético que aparece en el último cuarto del siglo y se extiende a los comienzos del siguiente [62]: culminación —dice

---

[57] Joaquín Arce Fernández, «Rococó, neoclasicismo y prerromanticismo en la poesía española del siglo XVIII» cit.

[58] Idem, íd., pág. 449.

[59] Idem, íd., pág. 450.

[60] Idem, íd., pág. 452.

[61] Idem, íd., pág. 453.

[62] «Fue, creo, la historiografía literaria española de fines del Ochocientos —escribe

Arce— de toda la tendencia clasicista y racionalista que ha caracterizado la centuria, y que coincide en su aparición con el auge del *prerromanticismo*. En este período neoclásico «se vuelve a las formas métricas de la tradición italiana, como contraste con el nuevo sentido rítmico, prolongado, anhelante, entrecortado del prerromanticismo lírico, que se vierte en estrofas de estructura abierta y en versos sin rima» [63]; otros rasgos que permitirían definir este prerromanticismo son: el énfasis retórico, los motivos autobiográficos, la exacerbación del sentimiento, la abundancia de apóstrofes, interrogaciones y exclamaciones, la búsqueda de un estilo personal. De hecho, el *neoclasicismo* nace como reacción consciente, con propósitos de movimiento normativo, contra la violencia expresiva, la melancolía y la ensoñación prerrománticas. El *neoclasicismo*, pues —frente al concepto más rutinario o común—, es posterior al *prerromanticismo* y se prolonga cronológicamente bastante más.

De acuerdo con esta ordenación cronológica trazada por Arce, el *prerromanticismo* no sucede al *neoclasicismo* para introducir a su vez, en un proceso gradual, al *romanticismo*, sino que es como un movimiento anticipado, algo como una prematura erupción que, carente de una estética definida y dado su carácter de subordinación, se consume y muere entre las rigideces del neoclasicismo [64]; éste, y no el *prerromanticismo*, es el que pervive hasta la misma explosión romántica. Tal interpretación puede ser muy fecunda en consecuencias y habremos de volver a ella.

Finalmente, debe tenerse en cuenta que la *poesía de la Ilustración*, aunque suele vaciarse comúnmente y con mayor idoneidad dentro de los moldes más cerebrales y didácticos del clasicismo y el neoclasicismo, es igualmente compatible con las refinadas miniaturas de la poesía *rococó* y,

---

Arce— la que empezó a englobar, bajo el equívoco nombre de Neoclasicismo, a todas las corrientes clasicistas del siglo XVIII. Sin embargo, los contemporáneos o los inmediatamente posteriores tuvieron clara conciencia de la diversidad de tendencias. Por eso Quintana distinguía el 'gusto extraño, que parece tomado del francés, del alemán y del inglés' de aquellos otros que 'han preferido la imitación italiana', caracterizando formalmente a estos últimos, los neoclásicos, por 'su esmero en la puntual simetría de los metros, en el halago de los números, en la elegancia y pureza del estilo, en la facilidad y limpieza de la ejecución'. Y Alcalá Galiano señalaba, refiriéndose a 1806, dos bandos literarios en los que influían también sus ideas políticas, religiosas y sociales. Parece insinuarnos con ello la existencia de un arte oficial, patrocinado por Godoy y encabezado por Leandro Fernández de Moratín, que era amante de la autoridad y no de la libertad política, 'clásico en su gusto, esto es, a la latina o a la francesa'. El otro bando era de ideas revolucionarias, de un clasicismo 'menos puro', representado por Quintana y Cienfuegos» (ídem, íd., pág. 451).

[63] Idem, íd., pág. 472.

[64] «Lo típico del prerromanticismo, al menos del nuestro —escribe Arce—, es su virulencia y su énfasis, sus excesos incontrolados, a los que no han de llegar los más calificados poetas románticos cuando repitan, sin saberlo, motivos y formas tratados ya medio siglo antes. Y debe asimismo tenerse en cuenta que, si nuestro romanticismo llega con retraso, no puede afirmarse lo mismo del movimiento prerromántico» (ídem, íd., pág. 476).

por descontado, con el énfasis grandilocuente de los prerrománticos; las diferencias de estos últimos con los neoclásicos son más de índole formal que ideológica, y ambos cultivan por igual la temática ligada a los ideales humanitarios, sociales, políticos y hasta jurídicos de la época.

NICOLÁS FERNÁNDEZ DE MORATÍN

El primer gran escritor que encarna los ideales literarios de la época, siendo a la vez uno de los más eficaces reformadores del gusto poético, es Nicolás Fernández de Moratín. Nació éste en Madrid en 1737. Su padre era guardajoyas de la reina Isabel Farnesio, la cual, al morir su esposo Felipe V, se retiró a La Granja, donde residió durante todo el reinado de Fernando VI. Allí recibió Moratín su primera instrucción, hasta que fue enviado a estudiar filosofía al colegio de los jesuitas de Calatayud y luego leyes a la Universidad de Valladolid. Graduado en Derecho, regresó a San Ildefonso, donde fue nombrado ayudante de guardajoyas de la reina, pero al morir Fernando VI marchó ésta a Madrid como gobernadora, y con ella regresó don Nicolás a su ciudad natal, que de hecho no conocía. La protección de la reina y su cultura literaria, madurada en el retiro de La Granja, le pusieron en inmediato contacto con escritores y eruditos de Francia y de Italia residentes en la corte, mientras el marqués de Ossun, embajador de Francia en Madrid, le facilitó correspondencia con las más altas personalidades de su país en el pensamiento y en las letras. La Academia de los Arcades de Roma le recibió en el número de sus individuos con el nombre de Flumisbo Thermodonciaco. Se presentó al concurso para proveer la cátedra de Poética del antiguo Colegio Imperial, pero fue derrotado por Ignacio López de Ayala [65]. Incapaz, por la austeridad de su carácter —como nos refiere su hijo Leandro—, de pretender en intrigas palatinas un puesto ventajoso, se dedicó por algún tiempo al ejercicio de la abogacía, pero al retirarse Ayala de su cátedra por enfermedad, propuso a Moratín para sustituirle. De estos ingresos vivió, «en aquella medianía que tanto recomiendan los sabios», y murió prematuramente en Madrid en 1780 a los cuarenta y dos años de edad.

Cuando llegó Moratín a Madrid, las letras españolas estaban en el punto que nos describe su hijo Leandro: «El teatro, agitado por las parcialidades de chorizos, polacos y panduros, había llegado a su mayor corrupción. La poesía lírica toda era paranomasias y equívocos, laberintos, ecos, retruécanos, y cuanto desacierto es imaginable; en el género sublime, hinchazón, oscuridad, conceptos falsos, metáforas absurdas; en el gracioso,

---

65 Cfr.: José Simón Díaz, «Don Nicolás F. de Moratín, opositor a cátedras», en *Revista de Filología Española*, XXVIII, 1944, págs. 154-176.

bufonadas truhanescas, chocarrerías, chistes obscenos, ninguna imitación de la naturaleza visible o patética, ningún precepto del arte que moderase o dirigiese los ímpetus de la fantasía» [66]. Moratín sentía la pasión de la literatura —a la que sacrificó medros materiales con vocación de genuino intelectual—, y con ella la ambición de remediar su decadencia. Su adhesión al neoclasicismo arranca en Moratín desde sus primeros estudios, y su eficacia proselitista en la difusión de estas ideas es fundamental para el proceso de nuestra literatura en el siglo XVIII. Su más resonante participación estuvo en el campo del teatro, donde mucho más que por sus obras de creación influyó con sus escritos polémicos, como el prólogo de *La Petimetra* y sus *Desengaños al teatro español*, que encauzaron la campaña contra los autos sacramentales. Pero todo esto pertenece al capítulo de la dramática, donde queda estudiado. Aparte esto, el influjo del primer Moratín se ejerció particularmente a través de su prestigio en los círculos literarios de la corte, por su contacto con políticos reformistas como el conde de Aranda, su relación —personal o epistolar— con escritores de dentro y fuera del país, y sobre todo a través de la famosísima tertulia de la Fonda de San Sebastián, que, según Menéndez y Pelayo, «por algunos años dio la ley al arte patrio» y de la cual fue Moratín la voz preponderante; y no cabe olvidar tampoco el magisterio ejercido a través de sus lecciones en la cátedra del antiguo Colegio Imperial.

La obra poética de Moratín, única que ahora nos ocupa, se difundió predominantemente por los medios dichos, pues en vida suya sólo se publicó una pequeña parte de sus versos. Tenía preparada una colección de todas sus obras, pero la muerte le sorprendió sin darla a la luz, propósito que llevó a cabo su hijo, editándola en Barcelona en 1821.

Se subraya siempre la gran antinomia existente entre la apasionada actitud neoclásica de Moratín frente al teatro y el carácter nacional y tradicional de su poesía lírica, problema sobre el que dejamos expuesto nuestro parecer en el capítulo correspondiente. Limitándonos ahora a la lírica debe aclararse que si aquella veta tradicional representa lo mejor y más personal de su producción, apenas hay tema o molde de lo que suele estimarse como genuinamente neoclásico que no lo acoja Moratín en su obra lírica; en la dedicatoria al lector de su revista *El Poeta*, aparecida en 1764 y donde publicó algunas de sus poesías, expone su propósito de cultivar todos los asuntos, un poco al modo de sus hábitos de profesor, que ha de mostrar modelos de todos los géneros [67].

Neoclásicas son sus 39 *anacreónticas*, que, como todas las de su siglo, beben su inspiración en Villegas, aunque no carecen de acentos propios.

---

[66] *Vida de Don Nicolás Fernández de Moratín*, en *Obras de Don Nicolás y de Don Leandro Fernández de Moratín*, B. A. E., II, nueva ed., Madrid, 1944, pág. VIII.
[67] En *Obras...*, cit., pág. 19.

Hay en estas composiciones de Moratín una gracia más realista, diríamos, que en las poesías del mismo género de Meléndez, como en las tituladas *El premio del canto* («Dame la limetilla — Con el Pedro Jiménez, — Dorisa, si me pides — Que tus años celebre...»), *El vino dulce, La vida poltrona, Todas merecen*. Sin la dulzura que constituye la excelencia de aquél, algunas anacreónticas moratinianas son finamente delicadas, como *La barquerilla* y *Los dos niños*, en que lamenta el poeta las no cumplidas promesas del «hijo de Marte y Venus»:

> *En doloroso acento*
> *A solas me lamento*
> *Del niño aleve y doble:*
> *Pues yo obré como noble*
> *Y él como fementido:*
> *Yo cumplí mi palabra*
> *Y él no me la ha cumplido* [68].

También, al gusto neoclásico, escribió silvas *A las bodas de la infanta de España doña María Luisa de Borbón* y a diversos personajes: *Al conde de Aranda, A don Ignacio Bernascone, excelente en la esgrima, Al infante don Gabriel de Borbón, Al capitán general don Pedro Ceballos*; y elegías *A la muerte de la serenísima señora María Luisa, archiduquesa de Austria, A la muerte de la reina madre doña Isabel Farnesio* y *A las niñas premiadas por la Sociedad económica de Madrid*, todas ellas de inspiración bastante forzada; desigual por su demasiada extensión, no carece, sin embargo, de momentos sentidos la dedicada *A la muerte de Isabel Farnesio*, su protectora, a la que debió indudables favores, de quien siempre recibió un trato familiar, y a la que el poeta imagina

> *Grande amazona, ornato de esta sierra,*
> *Católica Cibeles parmesana,*
> *Y madre de los dioses de la tierra* [69].

En parecida línea deben situarse algunas de sus odas, dirigidas a personajes, como Signorelli, o sobre temas de índole moral, en los que campea la imitación de Horacio.

Entre sus 26 sonetos, de sobria construcción, predominan los amorosos, de los cuales cabe destacar *Resistencia inútil* y *Atrevimiento amoroso*, en que pide perdón por haber puesto su mano en el pecho de Dorisa —«Que si es tímido amor, no es verdadero...»—; algunos son de carácter cómico, otros aluden a temas literarios, y uno, *Ejecutoria de la verdadera no-*

---

[68] Idem, íd., pág. 2.
[69] Idem, íd., pág. 27

bleza —«Si como tengo el padre noble, fuera — El verdugo de Málaga mi padre...»—, que parece reflejar un remoto eco quevedesco.

Conservamos también de Moratín tres *sátiras* en que ataca el poeta algunos vicios de su tiempo, aunque esto es lo menos importante; su mayor interés está en la sátira literaria y en particular a propósito del género dramático. A la primera de dichas composiciones pertenece el terceto tan citado:

> *¿No adviertes cómo audaz se desenfrena*
> *La juventud de España corrompida*
> *De Calderón por la fecunda vena?* [70].

En la segunda, la sátira contra el teatro barroco ocupa más de la mitad de la composición, desde el terceto que dice:

> *Arrima los preceptos a una parte*
> *Quien pretende escribir una comedia,*
> *Y en tres jornadas o actos la reparte* [71].

No obstante, el Moratín más personal, decíamos, se encuentra en sus obras de inspiración y tema nacionales, aunque vaciados en moldes poéticos muy diversos. «En Moratín —dice Díaz-Plaja— hay un espíritu tan briosamente empapado de esencias españolas, que difícilmente puede vibrar al son de la zampoña pastoril. Su ideología patriótica es la de un español del Quinientos... Cualquier tema es bueno para que Moratín exalte su fervor patriótico; aun su poema didáctico *La Caza* le sirve para explanar su entusiasmo narrando episodios históricos, en los que circulan confusamente Viriato, Fernán González y Carlos III. El mismo sentimiento se hace patente en su poema épico *Las naves de Cortés destruidas*» [72]. Algunas de las obras que hemos mencionado, aun dentro de su textura neoclásica, como las silvas dirigidas a don Gabriel de Borbón o al capitán general don Pedro Ceballos, están inspiradas por entusiasmos patrióticos:

---

[70] Ídem, íd., pág. 31.

[71] Ídem, íd., pág. 32.

[72] *La poesía lírica española*, cit., pág. 244. El fervor patriótico de Moratín el Viejo es uno de sus rasgos más peculiares, tanto en su obra escrita como en su anecdotario personal; su hijo Leandro, en la *Vida* de su padre, citada, cuenta que, como cierto alumno le preguntara de qué nación debía preferir los poetas clásicos para formar su biblioteca, respondió don Nicolás: «griegos y españoles, latinos y españoles, italianos y españoles, franceses y españoles, ingleses y españoles» (ed. cit., página XV). Por lo que se refiere a sus fuentes literarias, Edith Helman en un artículo luego citado afirma que, aunque Moratín absorbió las teorías al uso de libros extranjeros, sus más profundas raíces siguieron siendo nacionales: los grandes poetas de los siglos XVI y XVII, Cervantes, Quevedo, la novela picaresca, e incluso las obras primitivas que estaban siendo descubiertas por Velázquez, el padre Sarmiento, y Tomás Antonio Sánchez. De todo este bagaje tradicional se elimina tan sólo, como puntualiza Díaz-Plaja, el rasgo gongorino.

la primera por la guerra de Marruecos, la segunda por la expedición a la colonia del Sacramento.

Pero sus logros mayores, que han de ser colocados sin discusión entre la lírica más alta del siglo XVIII, son dos composiciones dedicadas a tema tan popular y tradicional como los toros: las quintillas tituladas *Fiesta de toros en Madrid* y la *Oda a Pedro Romero, torero insigne*.

Las *quintillas* [73] son de lo más brioso, plástico, garboso y animado que la lírica popular ha producido en nuestro idioma. El poeta sitúa la acción en un convencional Madrid arábigo y la adorna con todos los tópicos brillantemente caballerescos de la literatura morisca; amores románticos, derroche de belleza femenina y espectacular, adalides heroicos, fiesta de toros entre clamor de multitud y galas imposibles. Hay a modo de una pompa barroco-romántica que flota por toda la composición, derramando el prestigio verbal de sonoridades orientales. Pero el nervio de las quintillas es limpiamente popular, fluido y sencillo en su construcción, vibrante y saltarín. Se ha señalado el posible influjo del *Isidro* de Lope sobre la *Fiesta de toros* por cierto parecido de ambientes, la abundancia de versos agudos y ciertos detalles descriptivos. Pero la fuente popular de Moratín es mucho más amplia; las quintillas tenían una larga tradición para describir festejos, incluso en el teatro, y el romancero presta además constantes notas al poeta. Moratín domina por igual el arte de la descripción plástica, casi pictórica, y el de la narración concisa y sugerente; entre los ejemplos de lo primero es inevitable aducir la estampa del toro preparándose para la embestida contra Rodrigo:

---

[73] Existe un interesante problema en torno al texto de estas famosas *quintillas*. Aureliano Fernández-Guerra dio cuenta en un artículo —«Lección poética. Primer bosquejo y posterior refundición de las celebérrimas quintillas de don Nicolás Fernández de Moratín», en *Revista Hispano-Americana*, Madrid, VIII, 1882, págs. 523-553— de que poseía un manuscrito de dicha composición, con una versión muy distinta de la publicada en la edición póstuma de la obra de Moratín de 1821, llevada a cabo por su hijo. Este manuscrito había pertenecido a don Fernando José de Velasco, del Consejo de Castilla, que lo recibió del propio Moratín. La versión publicada consta de sólo 72 quintillas frente a las 157 del manuscrito, y sólo 18 de aquéllas se conservan iguales en éste mientras todas las restantes aparecen profundamente retocadas. Fernández-Guerra suponía que la versión impresa era una reelaboración posterior del propio autor, que daba prueba de su madurez eliminando multitud de elementos accesorios, perjudiciales para la unidad del poema y la agilidad del relato. Fernando Lázaro Carreter en un artículo reciente —«La transmisión textual del poema de Moratín *Fiesta de toros en Madrid*», en *Clavileño*, IV, 1953, núm. 21, páginas 33-38— defiende, en cambio, la hipótesis de que no fue don Nicolás sino Moratín el Joven quien corrigió a fondo la obra de su padre antes de darla a la imprenta, y que es de su mano la afortunada poda. Las razones de Lázaro Carreter son muy agudas y su teoría es convincente (Quintana había sospechado lo mismo respecto al texto de *Las naves de Cortés destruidas*, publicado en la edición de Barcelona de 1821). No obstante, mientras no existan pruebas inconcusas de la intervención de don Leandro, hay que seguir juzgando la calidad poética de Moratín el Viejo en relación con las *quintillas* por la versión «oficial» que se le atribuye.

> *La arena escarba ofendido.*
> *Sobre la espalda la arroja*
> *Con el hueso retorcido;*
> *El suelo huele y le moja*
> *En ardiente resoplido.*
>   *La cola inquieto menea,*
> *La diestra oreja mosquea,*
> *Vase retirando atrás,*
> *Para que la fuerza sea*
> *Mayor, y el ímpetu más...* [74].

De su andadura narrativa son modelo las primeras estrofas de la composición:

>   *Madrid, castillo famoso,*
> *Que al rey moro alivia el miedo,*
> *Arde en fiestas en su coso*
> *Por ser el natal dichoso*
> *De Alimenón de Toledo.*
>   *Su bravo alcaide Aliatar,*
> *De la hermosa Zaida amante,*
> *Las ordena celebrar,*
> *Por si la puede ablandar*
> *El corazón de diamante.*
>   *Pasó, vencida a sus ruegos,*
> *Desde Aravaca a Madrid;*
> *Hubo pandorgas y fuegos,*
> *Con otros nocturnos juegos*
> *Que dispuso el adalid.*
>   *Y en adargas y colores,*
> *En las cifras y libreas,*
> *Mostraron los amadores,*
> *Y en pendones y preseas,*
> *La dicha de sus amores.*
>   *Vinieron las moras bellas*
> *De toda la cercanía,*
> *Y de lejos muchas de ellas:*
> *Las más apuestas doncellas*
> *Que España entonces tenía...* [75].

O esa preciosa quintilla, ceñida como un «recorte», que sigue a la descripción del toro en la arena:

---

[74] *Obras...*, cit., pág. 13.
[75] Idem, íd., pág. 12.

> *Todo galán pretendía*
> *Ofrecerle vencedor*
> *A la dama que servía:*
> *Por eso perdió Almanzor*
> *El potro que más quería* [76].

Para cantar a Pedro Romero, Moratín no escoge, en cambio, un ritmo popular, sino la entonación solemne de la oda pindárica; lo que nos brinda un nuevo ejemplo de que los gustos neoclásicos no se oponían al cultivo de los temas más nacionales. Moratín en su pasión por los toros, siente el orgullo de sus majezas como un hombre del pueblo, y su nacionalismo se exalta con patriótica vanagloria; así, en esos versos en que alude a la fulminante estocada que mata a la fiera,

> *Con temeraria y asombrosa hazaña,*
> *Que por nativo brío*
> *Solamente no es bárbara en España...* [77].

o cuando pondera más abajo:

> *¿Cuál vencerán a indómitos guerreros*
> *En lances verdaderos,*
> *Si estos sus juegos son y su alegría?*

La *Oda a Pedro Romero* no posee el andante narrativo de las *quintillas;* es una composición, diríamos, *escultural,* condensada en dos momentos descriptivos, que casi fijan o detienen la acción; el del torero:

> *Sereno el rostro hermoso,*
> *Desprecia el riesgo que le está esperando.*
> *Le va apenas ornando*
> *El bozo el labio superior, y el brío*
> *Muestra y valor en años juveniles*
> *Del iracundo Aquiles.*
> *Va ufano al espantoso desafío:*
> *¡Con cuánto señorío!*
> *¡Qué ademán varonil! ¡qué gentileza!*
> *Pides la venia, hispano atleta, y sales*
> *En medio con braveza,*
> *Que llaman ya las trompas y timbales...* [78].

---

[76] Idem, íd., págs. 12-13.
[77] Idem, íd., pág. 37.
[78] Idem, íd., pág. 36.

y el del toro:

> *Hácese atrás, resopla, cabecea,*
> *Eriza la ancha frente,*
> *La tierra escarba y larga cola ondea...* [79]

fundidos luego en el instante de la «suerte» suprema. El resto de la composición lo llena la descripción del marco, en un tono pindárico, que si prueba de un lado la posibilidad de adaptación de la oda clásica al héroe popular moderno, nos deja, de otro, el sabor de una aproximación quizá un tanto forzada, de discutible acierto.

La facilidad narrativa de Moratín dentro de la más genuina veta nacional torna a manifestarse en sus *Romances moriscos,* que revelan tanta estima como perfecto conocimiento del romancero tradicional. Son estos romances *Amor y honor, Consuelo de una ausencia, Abdelcadir y Galiana, Don Sancho en Zamora* y *Empresa de Micer Jacques borgoñón,* en todos los cuales se derraman las bellezas de los mejores modelos del género. A semejanza de las *quintillas,* Moratín prodiga un vocabulario de brillante argentería —nunca enemigo, como decíamos, de la ligera transparencia de la frase— que recoge de un lado la tradición del género, pero que anticipa mucho más, en su exuberancia, los derroches coloristas y espectaculares que se definen como peculiares del romanticismo, tal como habían de utilizarlos en sus romances y leyendas el duque de Rivas y más intensamente todavía Zorrilla. Los romances de Moratín el Viejo poseen en tal medida los rasgos más genuinos de lo que luego ha de proclamarse como innovación romántica, que no comprendemos con qué justicia se tiene a los tales poetas románticos como restauradores del romance tradicional ni en su técnica narrativa ni en sus aspectos puramente ornamentales o lingüísticos. Cierto que a veces se alude a Moratín como lejano precedente de aquella mencionada «restauración», pero sin destacar en toda su importancia la calidad del «precedente». Nosotros diríamos mucho más: en *Abdelcadir y Galiana* y en *Don Sancho en Zamora* no existe un germen o intento, sino toda una plenitud, lograda —no sólo intentada— más de medio siglo antes de los maestros románticos del romance histórico-legendario.

Es muy frecuente, en cambio, recabar para Meléndez Valdés, por sus romances de *Doña Elvira,* la condición de precursor del género, olvidando por entero los romances de Moratín. Así, por ejemplo, Pedro Salinas en su estudio preliminar de las poesías de Meléndez, dice a propósito de los mencionados romances que «después de tan evidente ejemplo» no es posible considerar al duque de Rivas y a Zorrilla «como los primeros cultivadores de la poesía histórico-legendaria en España, y ese título es debi-

---

[79] Idem, íd., pág. 37.

do a Meléndez Valdés» [80]. Afirmación doblemente insostenible: primero, porque los romances de Moratín son anteriores; y segundo, porque los de éste aventajan incuestionablemente a los de aquél. A lo largo de estas composiciones, el españolismo de Moratín se goza a cada instante en la sola mención de nombres de la geografía familiar, que el escritor parece recorrer palpándola sensualmente; así, en el camino que anda Abdelcadir para ver a su amada desde Guadalajara a Toledo:

> *Cada vez que a verla va*
> *Una vereda practica,*
> *Que desde Guadalajara*
> *Hasta su jardín le guía.*
>
> ....
>
> *Huyó la antigua Alcalá,*
> *Torciendo un poco la vía*
> *Por la cuesta de Zulema,*
> *Entre sus breñas erguidas.*
> *Ya de Titulcia atraviesa*
> *Los olivares y viñas,*
> *Donde Jarama a Tajuña*
> *Aguas y nombre le quita.*
> *Vadeando pasa el río,*
> *Aunque soberbio venía,*
> *Y en medio de sus toradas*
> *Cruza galopando y silba...* [81].

Y la cabalgada del moro tiene lugar en el prestigioso misterio del nocturno romántico:

> *Mas ya cierra negra noche*
> *De vendaval y ventisca;*
> *Larga la apetece el moro*
> *Y oscura la necesita...*

El españolismo en molde clásico se vuelve a manifestar en el canto épico a *Las naves de Cortés destruidas*, que Moratín presentó al concurso abierto por la Real Academia Española en 1777 y en el que fue derrotado por un poeta desconocido hasta entonces, José María Vaca de Guzmán. Moratín el Joven publicó en 1785 el poema de su padre, acompañado de unas *Reflexiones críticas* [82] que se atribuyen a su pluma. El canto, en oc-

_____

[80] *Meléndez Valdés. Poesías*, «Clásicos Castellanos», Madrid, 1955, pág. Li.
[81] *Obras...*, cit., pág. 9.
[82] Ídem, íd., págs. 44-49.

tavas reales, se inicia con una exposición del propósito tomada del comienzo de la *Eneida*:

> *Canto el valor del capitán hispano*
> *Que echó a fondo la armada y galeones...* [83]

y siguen luego invocaciones a las musas con frecuentes admiraciones e interrogaciones retóricas de idéntico corte clásico, que es el que preside toda la composición. En el poema podrían distinguirse dos mitades: en la primera, el poeta describe uno por uno la espléndida galería de capitanes y se detiene especialmente en la figura de Cortés; no es un grupo en movimiento sino un friso escultórico cuyo desfile parece detener el poeta para recrearse en sus detalles con derroche colorista y espectacular: armas, vestidos, blasones, caballos, toda la pompa marcial atraen el afán descriptivo del escritor; la convencional escenografía romántica se ajusta certeramente al severo ritmo de las estrofas clásicas y el conjunto es de gran belleza. La segunda parte, en que se desarrolla la acción, con el episodio central del hundimiento de las naves, disminuye en interés, porque el poeta remansa el fluir de los sucesos con demasiados incisos y multiplicadas exclamaciones. En su conjunto, sin embargo, el poema de Moratín muestra una innegable fuerza épica y es una obra de digna entonación que puede ponerse al lado de nuestros mejores modelos en la épica culta; Ercilla, a buen seguro, no hubiera rechazado las briosas pinturas moratinianas de los capitanes de Cortés.

Muy al gusto de la época, escribió Moratín un largo poema didáctico en sextinas de arte mayor dedicado a *La Caza*. El autor se jacta de ser el primero en cantar poéticamente este tema:

> *Pues nunca otro español subió al Parnaso*
> *Por donde yo dirijo el nuevo paso* [84]*.*

Pero Moratín amontona excesivas cosas y sobradamente diversas: personajes históricos y contemporáneos, tecnicismos cinegéticos, consideraciones filosóficas y morales, mitología, bucólica; y el poema, prolijo y desmayado a pesar de los esfuerzos retóricos del autor, se despeña en frecuentes prosaísmos.

Díaz-Plaja señala un aspecto que completa la veta nacionalista de Moratín: su madrileñismo. El poeta siente entrañable amor por su ciudad natal y alude a ella en tono ditirámbico a la menor ocasión que se le ofrece: «Madrid, castillo famoso...», «la villa que domina entrambos mundos...»; en la composición dedicada *A las niñas premiadas por la Sociedad*

---

[83] Idem, íd., pág. 39.
[84] Idem, íd., pág. 49.

económica de Madrid, toma pretexto de que aquéllas vinieron «de barrios diferentes» para hacer circunstanciada enumeración de calles, plazas y sitios pintorescos de la capital española, a la que también dedica una oda en particular: *Madrid antiguo y moderno.* «Madrileñísimo también —comenta Díaz-Plaja— el ambiente y los personajes de su comedia *La Petimetra*» [85].

A este madrileñismo podría también, en parte al menos, referirse una obra de don Nicolás, casi desconocida hoy, pero que completa su personalidad con una faceta inesperada: el *Arte de las putas,* composición en cuatro *cantos,* que circuló profusamente en forma manuscrita y acabó siendo prohibida por la Inquisición en un edicto de 1777; lo cual explica que no fuera incluida entre las obras de Moratín ni la mencionara tampoco su hijo Leandro al publicar las *Obras póstumas* de su padre en 1821. Probablemente no existe más que una sola impresión del *Arte,* en tirada muy limitada, hecha en Madrid por un editor anónimo en 1898. Edith Helman, que ha estudiado detenidamente esta obra de Moratín [86], asegura que su valor artístico no es muy grande, pero posee, en cambio, considerable interés como documento social, revelador además de la preocupación de algunos «ilustrados» por los temas eróticos y populares; y, sobre todo, como pintura del Madrid nocturno y de sus gentes: el verdadero protagonista del poema —dice Helman— es la ciudad durante la noche, sobre la cual reina el dios Eros. Además de numerosas prostitutas, Moratín —que se propone adiestrar a un joven para que pueda satisfacer sus ansias amorosas en la forma más segura y económica posible, sin malgastar dinero ni salud— menciona a muchos toreros, músicos, danzantes, artistas de teatro, pintores y escultores, y otras figuras populares por aquellos días en el mundo del espectáculo y la diversión. El interés del *Arte* puede ser todavía mucho mayor si admitimos las incitantes sugerencias de Helman; este Madrid de Moratín —dice— es el que Goya descubrió cuando fue a residir a la capital y el que exploró con la obra de don Nicolás en la mano, y el que recreó años más tarde en tantos dibujos y aguafuertes. Según Helman, este *Arte de las putas* que Goya no pudo desconocer dada su amistad con Moratín el Joven, hubo de ser el estímulo de los dibujos preliminares para los grabados de los *Caprichos;* no sólo los temas concretos tratados por Goya están todos en la obra de Moratín, sino que ésta como conjunto, su atmósfera, su descarnado naturalismo, hubieron de dejarle profundas impresiones que luego evocó en forma de imágenes. De idéntica manera, y según el testimonio de Lafuente Ferra-

---

[85] *La poesía lírica española,* cit., pág. 246.
[86] Edith F. Helman, «The Elder Moratín and Goya», en *Hispanic Review,* XXIII. 1955, págs. 219-230.

ri [87], la *Carta histórica sobre el origen y progresos de las fiestas de toros en España*, nueva demostración de las aficiones taurinas de Moratín [88], le sirvió a Goya como punto de partida y le proveyó de temas e ideas para sus series de la *Tauromaquia*.

LEANDRO FERNÁNDEZ DE MORATÍN

Vida. La importancia de Moratín el Viejo dentro del marco literario del XVIII suele quedar oscurecida en muchos puntos, no siempre justamente, por la fama mayor de su hijo Leandro [89]. Nació éste en Madrid en marzo de 1760 [90]. A las viruelas que tuvo a la edad de cuatro años y que le dejaron feas huellas en el rostro y delicada complexión atribuía al propio Moratín su carácter tímido y retraído, que sólo en la intimidad de pocos amigos se manifestaba espontáneamente. Educado en el ambiente familiar, casi sin juegos ni amigos de su edad, se apasionó por la lectura desde muy niño. Su padre que deseaba, sin embargo, para él una ocupación distinta a la literaria [91], le puso a trabajar como joyero, oficio que aprendió rápidamente, pero que no apagó su gusto por las letras. En 1779 se presentó bajo seudónimo al concurso de la Academia Española con un romance endecasílabo titulado *La toma de Granada por los Reyes Católicos don Fernando y doña Isabel*; obtuvo el premio Vaca de Guzmán, el mismo que había vencido a don Nicolás en el certamen anterior sobre *Las naves de Cortés destruidas*, pero el joven Moratín se llevó el accésit. Poco des-

[87] En *Archivo Español de Arte*, núm. 75, julio-sept. 1946; cit. por Helman, pág. 229 nota 24.

[88] Va dirigida al Príncipe Pignatelli; con ella se cierra la serie de obras de don Nicolás Fernández de Moratín en la ed. cit., *Obras...*, págs. 141-144.

[89] En su estudio —luego citado— sobre este último, dice Julián Marías que de toda la obra de Moratín el Viejo «no ha sobrevivido en verdad más que la *Fiesta de toros en Madrid* y su hijo Leandro» (pág. 79).

[90] Cfr.: Manuel Silvela, *Vida de Don Leandro Fernández de Moratín*, en *Obras Póstumas de D. Leandro Fernández de Moratín*, vol. I, Madrid, 1867, págs. 1-58 (había sido publicada previamente en el vol. II de las *Obras póstumas* del propio Manuel Silvela, Madrid, 1845). *Vida de Don Leandro Fernández de Moratín*, en *Obras...*, cit., páginas XXI-XXXVIII. Joaquín de Entrambasaguas, *El Madrid de Moratín*, Madrid, 1960.

[91] Más que apartarle del cultivo de las letras, lo que no quiso don Nicolás fue enviar a su hijo a cursar estudios oficiales en ninguna Universidad por el pésimo concepto que de ellas tenía: no deseaba, según cuenta Silvela en la *Vida de don Leandro*, cit. (pág. 8), que se lo echasen a perder. No deja de ser curioso, en efecto, que un hombre tan apasionado de la literatura como Moratín el Viejo dejara a su hijo sin estudios y títulos académicos. Aunque el ambiente familiar y el círculo literario en que se movía su padre fueron excelentes maestros para el joven Moratín, hubo de resultar en buena parte un autodidacta. Esta condición no perjudicó, sin duda, su formación literaria, pero la falta de títulos oficiales pudo quizá crearle cierto complejo frente a algunos de sus amigos más íntimos, poseedores todos ellos de diplomas universitarios.

pués murió su padre, hecho que hundió en la mayor tristeza al sensible Moratín. Para mantenerse a sí y a su madre siguió trabajando en el taller de joyería, pero en 1782 se presentó nuevamente al concurso de la Academia con una *Lección Poética. Sátira contra los vicios introducidos en la poesía castellana*, en el que fue derrotado esta vez por Forner, pero obtuvo nuevamente el accésit con derecho a la impresión [92].

Las amistades de su padre permitieron al joven y tímido Moratín relacionarse con escritores y políticos. Cuando en 1786 el conde de Cabarrús salió en misión diplomática para París, pidió a Jovellanos que le recomendara a un joven a quien llevarse como secretario, y éste propuso a Moratín. Un año aproximadamente duró su estancia en París durante la cual supo ganarse la mayor amistad y confianza de Cabarrús, pero la caída política de éste le dejó sin protección y sin ingresos. Intentó estrenar su comedia *El viejo y la niña*, que había escrito antes de su viaje a París, pero el Vicario eclesiástico negó la autorización. Un año después, en 1789, publicó su sátira *La derrota de los pedantes*, que obtuvo un gran éxito; y, a poco, debido al envío de unos versos que hicieron gracia al conde de Floridablanca, logró de éste un beneficio de 300 ducados sobre el arzobispado de Burgos, y Moratín se ordenó de primera tonsura, que le administró el obispo de Tagaste. (Es innegable que la calidad de la ayuda, el procedimiento, el otorgante y el favorecido componen aquí un curioso cuadro, poco propicio para inspirar entusiasmos hacia muchas de nuestras viejas instituciones y costumbres). En unión de Forner logró Moratín ponerse en contacto con Godoy, recién ascendido a la privanza real, y desde entonces gozó de la protección del favorito que fue decisiva; gracias a él consiguió estrenar, en mayo de 1790, *El viejo y la niña*, y obtuvo otras dos sinecuras *eclesiásticas*: un beneficio en la iglesia parroquial de la villa de Montoro y una pensión sobre la mitra de Oviedo. Escribió y estrenó *La comedia nueva* (1792) y obtuvo después del favorito una pensión de 30.000 reales para viajar por Europa. Salió para Francia en mayo de 1792, y en Burdeos y luego en París tuvo ocasión de presenciar los horrores de la Revolución y la prisión y el traslado de Luis XVI al Temple; asustado por los acontecimientos escapó a Londres. Un año después salió de Inglaterra, recorrió Bélgica, Alemania, Suiza e Italia y regresó a Madrid a comienzos de 1797. Consiguió entonces el puesto de Secretario de la Interpretación de Lenguas [93], que le permitía mantenerse sin grandes

---

[92] Aquel mismo año solicitó Moratín un empleo en la real guardajoyas, donde habían servido su abuelo y su padre, pero no le fue concedido; cfr. J. C. Dowling, «Moratín suplicante», en *Revista de Archivos, Bibliotecas y Museos*, LXVIII, 1960, páginas 499-503.

[93] Cfr.: F. Ruiz Morcuende, «Moratín, secretario de la Interpretación de Lenguas», en *Revista de la Biblioteca, Archivo y Museo del Ayuntamiento de Madrid*, X, 1933, páginas 273-290.

preocupaciones haciendo la vida de literato en corte, frecuentando el trato de escritores, asistiendo diariamente al teatro y tomando chocolate a cualquier hora: las dos pasiones —el teatro y el chocolate— de Moratín. Al crearse la Junta de Dirección y Reforma de los Teatros Moratín fue uno de sus miembros, pero renunció al puesto por desavenencias con el jefe de la Junta, un general, y convencido de la inutilidad de sus esfuerzos reformistas.

Hasta 1808 la vida de Moratín transcurrió sin grandes acontecimientos, ocupado en escribir y hacer estrenar sus obras de teatro, según hemos de ver oportunamente. Al producirse en marzo de 1808 la caída de Godoy, tuvo Moratín que huir de su casa. Tomó luego partido por los franceses y el rey José le nombró Bibliotecario Mayor de la Biblioteca Real [94]. Cuando el ejército francés hubo de evacuar Madrid tras la batalla de Arapiles, Moratín se refugió en Valencia [95]; en nueva huida hacia el norte quedó encerrado en Peñíscola y sufrió los horrores del asedio a que la sometió el ejército español. Al regreso de Fernando VII se dictaron decretos que clasificaban a los que habían servido al rey José y fijaban los que podían quedar en España perdonados; Moratín se creyó entre ellos y regresó a Valencia, pero el general Elío estuvo a punto de fusilarle por su oda a Suchet y lo envió para Barcelona con orden de que lo deportaran a Francia. La generosa disposición del general gobernador de dicha ciudad, barón de Eroles, le permitió quedarse allí hasta que el «juicio de depuración» le declaró exento de culpa y le devolvió parte de sus bienes aunque no las rentas «eclesiásticas». Temeroso, sin embargo, de la Inquisición que había ya prohibido dos de sus obras, se marchó a Francia, luego a Italia y en 1820 regresó a Barcelona donde fue nombrado juez de imprenta del Ayuntamiento. En esta ocasión fue la fiebre amarilla la que le hizo salir de nuevo de la Ciudad Condal y buscar otra vez refugio en Francia. Se estableció entonces en Burdeos donde su amigo Manuel Silvela tenía un colegio para españoles, y allí encontró la ansiada tranquilidad que nunca había podido disfrutar. A fines de 1821 o comienzos de 1822 fue

---

[94] Muy probablemente, Moratín introdujo en la Biblioteca Real —de donde hubo de difundirse luego a otras bibliotecas públicas españolas— el método de clasificación por papeletas sueltas en sustitución de los antiguos catálogos escritos en cuadernos, de incómodo manejo e inservible cuando aumentaban las obras de un determinado autor. Moratín, que observó este método en la Academia de las Ciencias de Burdeos y luego en la biblioteca del palacio Farnese de Parma, lo describe minuciosamente en su *Viaje de Italia;* dichas papeletas, que Moratín llama *naipes,* se ordenaban en cajoncillos, colocados a su vez en un estante, «donde se ve desde luego en qué parte está el autor que se busca: como los títulos están separados en los naipes, se va aumentando el índice sin necesidad de borrar, ni añadir, ni confundirle con llamadas, que al cabo de tiempo obligarían a renovarle para poderle entender, sin que esto obste a que en los estantes estén colocadas las obras por el orden de materias» (*Obras póstumas...,* cit., I, pág. 321).

[95] Cfr.: Rafael Ferreres, *Moratín en Valencia (1812-1814),* separata de la *Revista Valenciana de Filología,* tomo VI, 1959-1962.

elegido académico, pero no se decidió a regresar a España. Cuando Silvela trasladó su colegio a París, se fue con él Moratín y allí murió el 21 de junio de 1828 [96]. Silvela que le había atendido con generosidad ejemplar, le levantó un monumento en el cementerio del Père La Chaise entre las tumbas de Molière y Lafontaine. Cuando en 1853 se trajeron los restos de Donoso Cortés, fallecido también en París, se hizo lo mismo con los de Moratín, que quedaron depositados en la iglesia de San Isidro hasta que en 1900 junto con los de Goya y Meléndez Valdés fueron solemnemente conducidos al Panteón de Hombres Ilustres.

Moratín permaneció soltero, dato que puede mostrar una faceta más de su carácter tímido y retraído. Temperamento cerebral y equilibrado, no era hombre de pasiones ardientes, por lo menos en el terreno amoroso, o, en todo caso, poco propicio a comprometedoras decisiones [97]. Prudente epicúreo, aborrecía las responsabilidades vanas y engorrosas en la misma medida en que apetecía los pequeños placeres de una vida moderada: cierta comodidad, mesa sabrosa, teatro, paseos solitarios, amistosas tertulias. En sus cartas, particularmente, son frecuentes las alusiones a estos menudos goces y a su deseo de vivir en paz y no ser molestado; aspecto humanísimo de su personalidad, que hace simpático lo que algunos, no obstante, califican de retraimiento egoísta, reservado y un tanto poltrón.

Como perfecto intelectual, Moratín no sólo estaba mal dotado para la acción, sino que le aterraba lo que ésta comporta de actividad combativa y formas agresivas. En su magnífica semblanza sobre nuestro autor dice

---

[96] Durante este voluntario exilio francés, Moratín vivió en frecuente relación con otros compatriotas desterrados. Estas gentes que podían estar, y estaban, en contacto con los liberales de la Península, eran mirados con no poco recelo por la conservadora monarquía francesa, recién restaurada, para la cual la anterior devoción bonapartista de Moratín y de sus amigos era ya suficiente motivo de inquietud. René Andioc ha publicado unos curiosos documentos, según los cuales resulta que la policía francesa tenía vigilado a Moratín como a «extranjero peligroso». El celo de que parecen alardear los policías galos diríase que no corresponde a las actividades reales de Moratín —ajeno, por supuesto, a semejante vigilancia, que le hubiera llenado de horror, caso de conocerla— y suena más bien a fingida diligencia de funcionario. Lo cierto es que en algunos informes, según subraya Andioc, la policía ignoraba, o confundía, muchas circunstancias fundamentales de la persona y vida de Moratín, nada misteriosas. Cfr.: René Andioc, «Leandro Fernández de Moratín, hôte de la France», en *Revue de Littérature Comparée*, XXXVII, 1963, págs. 268-278.

[97] En este aspecto son del mayor interés sus relaciones con Paquita Muñoz, el «gran amor» de Moratín. Parece que el escritor conoció a Paquita cuando andaba por los 38 años y ella tenía sólo 18. Moratín entretuvo a la joven durante cerca de diez años pero sin decidirse al matrimonio, a pesar de la inequívoca presión ejercida por la enamorada y por su madre. Refugiado ya en Francia, y aunque no había vuelto a ver a Paquita desde su salida de Madrid en 1812, mantuvo con ella larga correspondencia, casi siempre insistentemente solicitada por la mujer, mientras Moratín procura evitar el tono amoroso y dar a sus relaciones el carácter de una mera amistad. Dos años antes de la muerte de Moratín, todavía Paquita le propuso ir a visitarlo a Burdeos, pero don Leandro la hizo desistir del viaje con habilidades y evasivas.

Julián Marías [98], para explicar las indecisas actitudes de Moratín, que éste deseaba ver y entender, pero no aspiraba a influir; definición global que no nos parece exacta. En las contadas cosas que de veras le importaban a Moratín —tal es, en primerísimo lugar, el caso del teatro—, defendió sus ideas con inquebrantable tenacidad y se esforzó sin desmayo por imponer sus puntos de vista y lograr la apetecida reforma de la escena; la considerable extensión y no menor importancia que tiene su producción satírica, casi toda ella dedicada a problemas del teatro, demuestra lo persistente y decidido de sus propósitos. Lo que sucede es que sólo se sentía capaz de combatir con pluma y papel; el combate directo y personal, con su secuela de ruindades, le era insoportable. Cuando le nombraron miembro de la Junta de Reforma del Teatro se retiró casi enseguida, incapaz de luchar al vivo con realidades y personas sentadas a su lado.

Muy exacto nos parece, en cambio, Marías cuando se refiere a las indecisiones de Moratín en el lado político y frente a los problemas de su país. Como sincero y hondo intelectual, evidentemente, había sopesado el pro y el contra de muchas cosas y en ninguna había encontrado la suficiente porción de verdad para morir por ella; o las suficientes ventajas para fingirlo, cosa en que, más o menos, consiste la política. Hablando de cómo fue indeciso Moratín, dice Marías que no lo fue «subjetivamente, sino fiel a la indecisión real de las cosas. Solía ver las dos caras de ellas, las que efectivamente tenían. Ilustrado, liberal, penetrado de aversión al fanatismo, a la torpeza, al espíritu de delación, a la Inquisición, sin duda; pero había presenciado los horrores, las estúpidas violencias, los crímenes repugnantes del Terror en la Revolución Francesa, en 1792; había visto las cabezas en las picas. *Obstupui* —anota en su diario: me quedé estupefacto—. Y siente «pavor». Esta es la huella, el traumatismo que lo frenará siempre». «Moratín —añade más abajo— fue siempre un liberal desencantado por la Revolución, escarmentado, que no reniega pero tampoco espera: de un lado ve la Inquisición; de otro lado, la cabeza puesta en una pica y los pechos cortados de la dulce, de la hermosa Princesa de Lamballe» [99].

Importa esto sobre todo para comprender el «afrancesamiento» de Moratín. Entendido en su amplio aspecto intelectual, fue uno más, bien que de los más insignes, entre los ilustrados españoles convencidos de que la europeización —no sólo, en manera alguna, el afrancesamiento— era el remedio único para su país; y lo que llevamos dicho sobre ello en páginas anteriores nos exime de insistir ahora (por lo que concierne a los problemas literarios del teatro, trataremos de ellos en el capítulo correspon-

[98] Julián Marías, «España y Europa en Moratín», en *Los españoles*, 2.ª ed., Madrid, 1963, págs. 79-119.

[99] Idem, íd., págs. 84 y 85.

diente). Del mismo modo, en el aspecto político del «afrancesamiento» de Moratín, al adherirse al régimen de José Bonaparte, es igualmente válido lo que hemos dicho, o diremos todavía, sobre la mayoría de los intelectuales que se pusieron a su servicio: para los «ilustrados», como dice exactamente Marías, seguir la causa de la independencia nacional en nombre de un monarca que había sido el primero en traicionar solemnemente a su país, suponía cooperar con fuerzas «que lo que primariamente querían era la resistencia a las innovaciones de Francia, el mantenimiento del antiguo régimen en sus formas más reaccionarias»[100]; colaborar con el invasor tenía la apariencia —sólo la apariencia, pensaban— de abdicar de la dignidad nacional y de su propia independencia, pero prometía la realización de todos los ideales reformistas por los que habían combatido. Moratín se puso, pues, al lado del invasor, fue «afrancesado». Por lo demás, su colaboración con el régimen francés «en la hora en que la España oficial, de los reyes para abajo, adulaba abyectamente a Napoleón en Bayona», fue *tremenda*, como dice con sarcasmo Marías[101]: «Moratín fue bibliotecario, y por si fuera poco, aceptó una condecoración de José Bonaparte». Quedan detalles secundarios, como el de la oda a Suchet, que veremos luego.

Parece evidente, en cualquier caso, que el fervor colaboracionista de Moratín no fue muy ardiente. Trabajó con entusiasmo en la biblioteca del rey por lo que esta tarea tenía de agradable para su amor a los libros, y allí puso en práctica el nuevo sistema de catalogación por fichas que había aprendido, durante sus viajes, en las bibliotecas de Italia y de Francia. Pero su actuación como «afrancesado» no fue más allá. Extremando ligeramente nuestro concepto sobre la persona de Moratín diríamos que —quizá por ese liberalismo desencantado «que no reniega pero tampoco espera»— su pensamiento «ilustrado» y su europeización quedaban limitados al mundo del teatro; más allá de este círculo, su escepticismo le paralizaba. La diferencia a este respecto entre Moratín y Meléndez Valdés es manifiesta. El «dulce Batilo», como veremos más abajo, consagró casi la mitad de su lírica a temas doctrinales y sociales que esbozan todo un programa reformista, y en sus discursos forenses conservados teorizó muy concretamente sobre ese mundo ideológico; bajo su dulzura bucólica, y alternando y luchando con ella, hay en Meléndez, aunque se disfrace bajo formas poéticas, una honda, dramática inquietud. Pero nada de esto encontramos en Moratín el Joven. Sus actitudes respectivas en los años de

---

[100] Ídem, íd., pág. 114.
[101] Ídem, íd., pág. 115. Sobre «El afrancesamiento de Moratín» véanse, bajo tal título, las certeras definiciones de Fernando Lázaro Carreter, en *Papeles de Son Armadans*, XX, febrero 1961, págs. 145-158. Cfr. también: Guillermo de Torre, «Hacia una nueva imagen de Moratín», en *Papeles de Son Armadans*, XVI, marzo 1960, páginas 337-350.

destierro, tras su «afrancesamiento» político, son muy reveladoras; Meléndez fue un pensador doblado de poeta, aunque éste fuera de muy subido sensualismo; Moratín, en cambio, era un epicúreo, no en los versos sino en la vida real, poco dispuesto a crearse problemas como no fuera en asuntos de teatro, su única verdadera pasión. Por esto en su obra lírica, muy a diferencia de Meléndez, no hallamos una sola composición que revele la tensión ideológica del hombre «ilustrado». Mucho más que todos los otros escritores de su tiempo fue Moratín un puro hombre de letras.

Obra poética. La calidad de Moratín como poeta lírico ha merecido apreciaciones muy dispares. Díaz-Plaja, por ejemplo, asegura que «no alcanza a su padre en la vena lírica» [102], aunque le supera en todos los demás géneros; por el contrario, Lázaro Carreter sostiene que algunas de las poesías líricas de Moratín el Joven «son las más perfectas que se escribieron por un español del siglo ilustrado» [103], y luego, al ocuparse de Meléndez y después de recordar que éste es considerado como el máximo representante de la lírica ilustrada, se pregunta «con cuánta justicia puede anteponerse a Leandro Fernández de Moratín» [104].

Moratín tiene, efectivamente, como dice Lázaro Carreter, un alto concepto de la poesía que le lleva a construir cada uno de sus versos con el más exquisito cuidado. Su afán de perfección rebasa ampliamente el correcto atildamiento de tantos poetas coetáneos para alcanzar una exquisitez de dicción, una cadenciosa armonía digna de un gran clásico. En este aspecto, Moratín el Joven es el más alto poeta de su tiempo; su depurado gusto, su sensibilidad, su sentido del equilibrio, su severa elegancia están patentes en cada verso sin un solo desmayo. Ajeno al blando sentimentalismo de un Meléndez, su exigente cerebralismo ajusta y tensa la intención de cada palabra.

Pero la proyección lírica de su intimidad no nos parece tan intensa —y, por supuesto, no es tan amplia— como parece deducirse de las palabras de Lázaro Carreter: «Moratín es uno de los pocos poetas dieciochescos que confía a sus versos latidos cordiales, acentos íntimos» [105]. Moratín —creemos— hace esto en muy contadas ocasiones, aunque es cierto que de forma perfecta; en su obra poética ocupan mucho espacio las composiciones de circunstancias y sobre todo las satíricas, cuya importancia nos parece, en cambio, muy superior a lo que suele concederse.

Su poema en endecasílabos a *La toma de Granada*, premiado por la Academia, dista mucho, como trabajo de juventud que es, de la elegante

---

[102] *La poesía lírica española*, cit., pág. 249.
[103] «La poesía lírica...», cit., pág. 62.
[104] Ídem, íd., pág. 84.
[105] Ídem, íd., pág. 62.

perfección que hemos atribuido a su obra de madurez. Por su asunto es un romance fronterizo compuesto en la línea de la poesía tradicional de su padre, pero sin la frescura y agilidad de éste; de él se apropia las descripciones brillantes y la preocupación plástica y ambiental, mas junto a aciertos ocasionales hay multitud de frases ripiosas; el poeta trata de dar movimiento con la variedad de episodios, pero sólo consigue ser difuso.

· Su segunda composición conocida, y premiada también por la Academia, la *Lección poética. Sátira contra los vicios introducidos en la poesía castellana,* levanta de repente a Moratín al nivel de su mejor forma y veta más personal; el gran satírico que él era, encuentra aquí su tema preferido: el teatro; pues aunque la *Lección* trata también problemas de lenguaje y poesía lírica y épica, los ataques contra la comedia barroca ocupan la parte más amplia y son los más agudos. Aunque hemos de ocuparnos de ello al tratar de la dramática, valga como ejemplo este pasaje, en que dibuja muy certeramente el tipo medio de la comedia tradicional, llevada en sus días a los más viciosos extremos:

> *¡Qué es ver saltar entre hacinados muertos,*
> *Hecha la escena campo de batalla,*
> *A un paladín, enderezando tuertos!*
>   *¡Qué es ver, cubierta de loriga y malla,*
> *Blandir el asta a una mujer guerrera,*
> *Y hacer estragos en la infiel canalla!*
>   *A cada instante hay duelos y quimeras,*
> *Sueños terribles que se ven cumplidos,*
> *Fatídico puñal, fantasma fiera,*
>   *Desfloradas princesas, aturdidos*
> *Enamorados, ronda, galanteo,*
> *Jardín, escala y celos repetidos;*
>   *Esclava fiel, astuta en el empleo*
> *De enredar una trama delincuente,*
> *Y conducir amantes al careo.*
>   *Allí se ven salir confusamente*
> *Damas, emperadores, cardenales,*
> *Y algún bufón pesado e insolente.*
>   *Y aunque son a su estado desiguales,*
> *Con todos trata, lo celebran todos,*
> *Y se mezcla en asuntos principales.*
> ....
>   *Mil lances ha de haber por un retrato,*
> *Una banda, una joya, un ramillete;*
> *Con lo de infiel, traidor, aleve, ingrato.*

> *La dama ha de esconder en su retrete*
> *A dos o tres galanes rondadores,*
> *Preciado cada cual de matasiete.*
>   *Riñen, y salta por los corredores*
> *El uno de ellos al jardín vecino,*
> *Y encuentra allí peligros no menores.*
>   *El padre, oyendo cuchilladas, vino;*
> *Y aunque es un tanto cuanto malicioso,*
> *Traga el enredo que Chichón previno.*
>   *Pero un primo frenético y celoso*
> *Lo vuelve a trabucar de tal manera,*
> *Que el viejo está de cólera furioso.*
>   *Salen todos los yernos allí fuera:*
> *La dama escoge el suyo, y la segunda*
> *Se casa de rondón con un cualquiera...* [106].

Al hablar de la lírica, Moratín establece los principios del neoclasicismo, a los que había de atenerse siempre escrupulosamente, y censura los excesos de estilo, las metáforas violentas y todo género de exageraciones, al tiempo que rechaza lo mismo el uso de voces y sintaxis latinas que las innovaciones galicistas, destructoras de la pureza y elegancia de nuestro idioma. Respecto a la épica, la descripción sarcástica que ofrece al supuesto discípulo a quien dirige la *Lección*, nos muestra las cosas que repugnaban a Moratín y que no era difícil encontrar, por cierto, en tantos poemas, más o menos épicos, desde hacía ya más de un siglo:

> *Luego amontonarás confusamente*
> *Cuanto pueda hacinar tu fantasía,*
> *En concebir delirios eminente.*
>   *Botánica, blasón, cosmogonía,*
> *Náutica, bellas artes, oratoria,*
> *Y toda la gentil mitología;*
>   *Sacra, profana, universal historia,*
> *Y en esto, amigo, no andarás escaso,*
> *Fatigando al lector vista y memoria.*
>   *Batallas pintarás a cada paso*
> *Entre despechadísimos guerreros*
> *Que jamás de la vida hicieron caso.*
>   *Mandobles ha de haber y golpes fieros,*
> *Tripas colgando, sesos palpitantes,*
> *Y muchos derrengados caballeros;*

---

[106] *Obras...*, cit., págs. 579-580.

> *Desaforadas mazas de gigantes,*
> *Deshechas puentes, armas encantadas,*
> *Amazonas bellísimas errantes.*
> *A espuertas verterás, a carretadas,*
> *Descripciones de todo lo criado,*
> *Inútiles, continuas y pesadas...* [107].

La sátira de Moratín —ágil, suelta, acerada— es formidable, y aunque repite, sin ampliarlos, los conceptos literarios que habían inspirado a todos los neoclásicos desde los días de Luzán, los compendia con acierto inimitable potenciándolos con el filo de su fina capacidad verbal. En su género, la *Lección* nos parece una pieza maestra.

El mismo carácter satírico tiene la epístola *A Andrés*, en que recoge larga serie de las preciosidades que atribuye a los poetas salmantinos; y también la dirigida *A Claudio*, en que ridiculiza a un «filosofastro» que clama tan pedantesca como hipócritamente contra la corrupción del siglo. La catadura de este personaje puede convenir a cualquier tiempo, pero no por eso es la sátira de Moratín una enumeración de tópicos, sino sarcasmo muy humano —aunque en esquema arquetípico— y escrito con la graciosa mordacidad del mejor Moratín.

A la misma línea satírica pertenece el romance dialogado *A un ministro*, en que el poeta se desahoga contra los maldicientes que le atormentaban —envidiosos de la protección que le dispensaba Godoy— y fisgaban su vida malignamente. De parecida condición es el romance *A Geroncio*, en que fustiga a los murmuradores que mordían en su fama literaria. También satírico-literarios son otros tres romances: *A una dama que le pidió versos*, en el que aduce, para ridiculizarlos, muchos nombres concretos de escritores contemporáneos, *Aguinaldo poético* y *Más vale callarse;* este último de índole más impersonal y genérica, pero los tres igualmente agudos y graciosos.

En el romance dirigido *Al Príncipe de la Paz en una de sus venidas a la corte desde el sitio de Aranjuez en 1780* encontramos una de las escasas muestras poéticas del Moratín «ilustrado», bajo la forma de leve pero divertida sátira anticlerical. Alude el poeta a las muchas tareas que le importunaban en su puesto de Secretario de Interpretación de Lenguas, entre ellas los despachos de la Curia Romana y gentes de iglesia:

> *¿Pues, cuando vienen de Roma*
> *Los diplomas sacrosantos*
> *Que aquella ciudad bendita*
> *Regala al orbe cristiano?...*
> *Las bulas y pergaminos*

---

[107] Idem, íd., pág. 578.

> *Con tanto sello colgando*
> *Para leche, para huevos,*
> *Para no comer pescado;*
> *Dispensas y absoluciones*
> *Para primos y cuñados,*
> *Que en vez de quererse bien*
> *Se quisieron demasiado;*
> *Para que don Agapito*
> *Diga una misa volando,*
> *Y supla por veinte mil*
> *Que en dinero le pagaron.*
> *Para que sor Dorotea*
> *Se vaya a tomar los baños,*
> *Y fray Serapión no rece*
> *Mientras le duren los flatos;*
> *Para que vuelvan al siglo*
> *Los que al siglo renunciaron...* [108].

Más intranscendentes y con carácter de pequeños cuadros de época son otros romances como *El coche en venta*.

La misma veta satírica, que anima la totalidad de la producción romancística de Moratín el Joven, inspira, aunque en tono menor, su breve colección de *Epigramas*, algunos de los cuales son famosos, como los dirigidos *A Pedancio* y *A un escritor desventurado, cuyo libro nadie quiso comprar*:

> *En un cartelón leí,*
> *Que tu obrilla baladí*
> *La vende Navamorcuende....*
> *No ha de decir que la vende,*
> *Sino que la tiene allí* [109].

Y habría aún que añadir las graciosas endechas tituladas *Los días*.

En su poesía más íntimamente lírica, Moratín sigue de preferencia la inextinguible vena horaciana, en la cual se había iniciado traduciendo algunas *Odas* del poeta latino como ejercicio para captar su maestría y su espíritu, según él mismo confiesa. En general, tales traducciones tienen la elegante justeza que distingue a la lírica de Moratín; usa de metros muy diferentes sin tratar de acomodarse a los ritmos del original, del cual a veces se aparta por completo; así, por ejemplo, traduce la *Oda XXII*

---

[108] Idem, íd., pág. 601.
[109] Idem, íd., pág. 606.

del Libro I —«Integer vitae...», sáfico-adónica— con ritmo anacreóntico, para conseguir ciertamente una de sus versiones más celebradas:

> *El que inocente*
> *La vida pasa,*
> *No necesita*
> *Morisca lanza,*
> *Fusco, ni corvos*
> *Arcos, ni aljaba*
> *Llena de flechas*
> *Envenenadas...* [110].

En sus composiciones originales, Moratín, como buscando campo más amplio a sus propios sentimientos, parafrasea los temas horacianos combinando con los de las *Odas* otros muchos extraídos de las *Sátiras* y las *Epístolas* del latino. Así sucede en sus epístolas *A Don Simón Rodrigo Laso, A Don Gaspar de Jovellanos* y *A un ministro sobre la utilidad de la historia*. En su segunda epístola *Al Príncipe de la Paz* (la primera, dedicándole *La mojigata*, tiene mucho menos interés) el poeta desciende de sus amplias teorizaciones morales y escribe más «pro domo sua», tratando de defenderse de los habituales murmuradores; el elemento satírico concreto se combina con el filosófico —casi lo oculta, en realidad— y el poeta ataca a los pedantes y vividores con una estampa final que recuerda al pedante don Ermeguncio de la epístola *A Claudio*. Y aquí volvemos a encontrarnos con el Moratín más personal.

Lázaro Carreter afirma que en las mencionadas composiciones horacianas, Moratín, acosado por todo género de envidias y mortificaciones «canta tan sincera y hondamente como el solitario de la Flecha» [111]. No lo dudamos; pero creemos que se corre el riesgo de falsear la personalidad de Moratín cuando se añade que él aportó la melancolía a las letras de su tiempo y que «a un hombre atormentado le estaba reservado este papel». No la melancolía, sino la ironía y la sátira cerebral son las notas más personales y constantes en toda la obra de Moratín; *atormentado* nos parece un término demasiado dramático para quien, fuera del teatro, tomó por lo serio —es decir, dramáticamente— muy contadas cosas. Moratín, hombre de muy aguda y delicada sensibilidad, auténtico aristócrata de la mente, debió de vivir en perpetua irritación, producida por el roce con tantos necios y malintencionados, más exacerbada todavía cuando batallaba en controversias teatrales que hacían imposible la reforma de la escena, de cuya necesidad estaba persuadido. Evidentemente, también su irritación se extendía al campo ideológico, religioso y moral. Pero el

110 Ídem, íd., pág. 594.
111 «La poesía lírica...», cit., pág. 62.

escepticismo desengañado de Moratín está muy lejos de la pasión atormentada de un Jovellanos o de un Meléndez, por ejemplo; toda su vida —su resistencia a contraer obligaciones, su tendencia evasiva— lo confirma. El «solitario de la Flecha» luchaba *dramáticamente* por sus convicciones; Moratín jamás. La levedad de su afrancesamiento político es otra prueba; no puso en ello pasión, ni dramatismo íntimo; su mismo destierro no puede compararse con el que afligió a Meléndez. Moratín hubiera podido quedarse, y podía regresar, como en efecto hizo temporalmente; se decidió por el destierro voluntario para vivir más tranquilo y evitarse complicaciones. Nada menos *dramático* —aunque, a veces, sucesos dramáticos, puramente anecdóticos, se precipitaran sobre él, como en los días de la salida de Valencia y el sitio de Peñíscola— que la vida de Moratín. Difícilmente podía serlo su poesía [112].

----

[112] El mismo Lázaro Carreter, en su ajustadísima semblanza de Moratín, citada anteriormente —«El afrancesamiento de Moratín»—, dibuja los rasgos de su personalidad en el sentido que nos parece exacto: «Don Leandro —dice— pertenece a la categoría general de *sentimentales introvertidos*. Uno de los rasgos vertebradores de este tipo psicológico es el de la celosa custodia de la intimidad. Los sentimentales precisan de un ambiente estable y nada coactivo, en el seno del cual no sufra amenaza su yo profundo. Hasta tal punto son celosos de aquélla, que huyen ante el menor riesgo de que sea invadida, y prefieren morir antes que verla desmantelada... Nadie ha buscado con más ahínco la libertad; pero libertad es para él autonomía de espíritu, alma no compartida y, por tanto, ausencia de compromisos. Lo vimos ya huir de Godoy, aunque albergara siempre en el corazón profunda gratitud para el dictador; los franceses le dan un destino grato y lo condecoran, y él no ve el momento de darles esquinazo. ¿Por amor a su patria? ¿Por lealtad a su rey? Tampoco; en 1823 escribirá: 'Yo no representaré nunca mis servicios al soberano, porque, en realidad, nunca le he hecho otro servicio sino el de desearle acierto en todas sus providencias'... Si era incapaz de comprometerse políticamente, menos dotado estaba para enajenarse mediante el amor. En lo erótico, don Leandro parece no haber superado la fase meramente fisiológica. Sus relaciones con la famosa Paquita Muñoz distan de constituir, como en otra parte he mostrado, un episodio doloroso para él; fue una amenaza de matrimonio, a la cual se opuso y venció con mil ardides. Moratín vive sólo para sí mismo. Sentía vivamente los problemas españoles, y ansiaba para ellos una nivelación europea. Pero su acción se detenía si implicaba lucha o compromiso. Apenas su intimidad se ve en peligro, huye a ponerla a salvo... Algo perturba, para poder afirmar el íntimo españolismo de Moratín, el verle exento de nostalgia, el no leer jamás en sus páginas una línea de añoranza. Cuando otros españoles, incapaces de sobrellevar el destierro, cruzan la frontera, él escribe frases sarcásticas... Moratín no podía experimentar estas urgencias, ya que, desde hacía años, había dimitido formalmente de sus deberes de artista y reformador... Francia supuso para Moratín un sólido sistema de defensa. Nada delata en él la nostalgia del exilado, porque en su espíritu, ansioso de independencia, funcionaba un mecanismo compensatorio que le permitía identificar satisfacción con seguridad...» (págs. 152-157).

Muy atinada también nos parece la semblanza de Moratín trazada por Domínguez Ortiz: «Moratín —dice— fue un introvertido que ni en su existencia personal ni en los partos de su fantasía se fundió nunca plenamente con la realidad circundante. Aunque colocado por las circunstancias en un magnífico observatorio, puesto en contacto con los hombres más eminentes de su tiempo, su círculo de intereses resulta más bien mezquino. La apelación a su timidez no explica ni disculpa todo; hay tímidos con intensa vida interior que hallan en la pluma un desquite a su fracaso personal. La verdad es que el comediógrafo madrileño estaba incapacitado para vivir con

Esto no obstante, hay algunos momentos, intensos pero breves, en que el espíritu de Moratín, insatisfecho, frustrado, amargado por la ramplonería y la rutina ambientes, dividido por tantos sentimientos encontrados, enamorado de su patria y asqueado de ella, persuadido y orgulloso de su propia superioridad siempre controvertida, encuentra un tono de profunda emoción que cristaliza en dos poesías humanísimas, y perfectas de forma, como suyas: el soneto *La despedida* y la *Elegía a las Musas*. Lázaro Carreter afirma, y creemos que con toda razón, que en este último poema Moratín «toca la cumbre de la lírica española» [113]. Evidentemente, son sus dos composiciones poéticas más hondamente sentidas. En el soneto, Moratín, con altanera energía que no le es habitual, afirma sus cualidades personales frente a la maledicencia y hostilidad de sus compatriotas:

> Nací de honesta madre; dióme el cielo
> Fácil ingenio en gracias afluente,
> Dirigir supo el ánimo inocente
> A la virtud el paternal desvelo.
>   Con sabio estudio, infatigable anhelo,
> Pude adquirir coronas a mi frente:
> La corva escena resonó en frecuente
> Aplauso, alzando de mi nombre el vuelo.
>   Dócil, veraz, de muchos ofendido,
> De ninguno ofensor, las Musas bellas
> Mi pasión fueron, el honor mi guía.
>   Pero si así las leyes atropellas,
> Si para ti los méritos han sido
> Culpas, adiós, ingrata patria mía [114].

En la *Elegía*, escrita fuera de su patria, Moratín que siente ya embotados los filos de su numen, se despide con noble tristeza de las Musas, después de agradecerles su larga asistencia:

> Esta corona, adorno de mi frente,
> Esta sonante lira y flautas de oro,

intensidad las dos grandes pasiones de su tiempo: la religiosa y la política, y por eso, aunque el episodio de su afrancesamiento no le hubiera arrojado al ostracismo, hubiera sido incapaz de representar un papel en el agitado escenario peninsular, ni aun siquiera de comprender el ímpetu de las corrientes que socavaban un edificio secular; corrientes cuya violencia salvaje le asustó de tal manera, que ello, más que imaginarias persecuciones, fue lo que le llevó a buscar un refugio en extraña tierra» (Antonio Domínguez Ortiz, «Don Leandro Fernández de Moratín y la sociedad española de su tiempo», en *Moratín y la sociedad española de su tiempo*, número especial dedicado a Moratín por la *Revista de la Universidad de Madrid*, vol. IX, núm. 35. 1960, págs. 607-642; la cita en págs. 608-609).
113 «La poesía lírica...», cit., pág. 64.
114 *Obras...*, cit., pág. 598.

> *Y máscaras alegres, que algún día*
> *Me disteis, sacras Musas, de mis manos*
> *Trémulas recibid, y el canto acabe,*
> *Que fuera osado intento repetirle.*

Sigue luego un recuerdo conmovido a la patria destrozada por la guerra y las convulsiones políticas, que se cierra con la justificación de haber buscado en tierra extraña la paz no encontrada en la propia:

> *Todas huyeron tímidas las aves*
> *Del blando nido, en el espanto mudas;*
> *No más trinos de amor. Así agitaron*
> *Los tardos años mi existencia, y pudo*
> *Sólo en región extraña el oprimido*
> *Ánimo hallar dulce descanso y vida.*

Y concluye la composición con nuevo pensamiento hacia la patria amada, y el ruego a las Musas de que dispongan su último descanso:

> *Breve será, que ya la tumba aguarda,*
> *Y sus mármoles abre a recibirme;*
> *Ya los voy a ocupar... Si no es eterno*
> *El rigor de los hados, y reservan*
> *A mi patria infeliz mayor ventura,*
> *Dénsela presto, y mi postrer suspiro*
> *Será por ella... Prevenid en tanto*
> *Flébiles tonos, enlazad coronas*
> *De ciprés funeral, Musas celestes;*
> *Y donde a las del mar sus aguas mezcla*
> *El Garona opulento, en silencioso*
> *Bosque de lauros y menudos mirtos,*
> *Ocultad entre flores mis cenizas* [115].

Dos palabras sobre la *Oda a Suchet*. En los días de la invasión francesa las autoridades valencianas ordenaron talar los árboles de la alameda que se extendía a lo largo del río, próxima a las murallas, para mejor defender la ciudad del inminente ataque francés. Algunos meses más tarde, Suchet, general francés de la plaza, de acuerdo con el Ayuntamiento valenciano ordenó restablecer el plantío de la alameda y formar junto a él una copiosa almáciga. Moratín, en elogio de esta repoblación, compuso una leve oda de tono muy lírico, pues se limita a vaticinar venturas a los pájaros que anidarán en las ramas y a los enamorados que arrullarán sus amores

---

[115] Idem, íd., pág. 611.

debajo de ellas; en los últimos versos dedica un convencional encomio a Suchet, promotor de la restauración forestal (sin nombrarlo, por cierto; sólo se sabe que es él por la dedicatoria de la oda), mas con el poco feliz acuerdo de mencionar al Cid, por eso, sin duda, de ser la cosa en Valencia. Este —fugacísimo— parangón desató la ira de los patriotas de entonces y de los de después. Dejemos que el propio Moratín se defienda de las acusaciones: «Esto alaba el poeta (y no más que esto), persuadido de que plantar una arboleda en España es acción que merece elogio, y si como fue un francés el que estableció en Valencia un paseo magnífico, hubiera sido un negro bozal de Mandinga, igualmente lo celebrara. Si en una especie de historia, impresa pocos años ha, se aplaude que el populacho de Madrid arrancase los árboles que mandó plantar José Napoleón desde palacio hasta la puerta de Castilla, el autor habrá tenido sus razones para adular aquel desahogo frenético de la plebe, hijo sólo de su ignorancia. Tal es la variedad de los juicios humanos; el poeta celebra al general francés, porque hizo plantar unos árboles; y el historiador se hace panegirista de los manolos, porque los arrancaron. Alguno de los dos se ha equivocado groseramente» [116].

Moratín prosista. Las páginas precedentes pretenden poner de relieve la importancia de la obra poética de Moratín, de tan amplio interés por sí misma, y que no puede en manera alguna estudiarse como mero apéndice

---

[116] Idem, íd., pág. 614. La *Oda* en íd., pág. 591; su título completo es: *Al nuevo plantío que mandó hacer en la alameda de Valencia el mariscal Suchet, año de 1812.*

Lázaro Carreter subraya el papel que le corresponde a Moratín, en la historia de nuestra lírica, por sus innovaciones métricas, y destaca las nuevas formas estróficas utilizadas en sus odas. *A los colegiales de Bolonia* y *A la duquesa de Wervick y Alba.* Moratín se sirvió, sin embargo, con preferencia, del endecasílabo libre, que manejó con extraordinaria fortuna, no aventajada, creemos, por ningún otro poeta español. Moratín tenía plena conciencia del especial valor que podía tener el verso libre; en las notas a sus poesías —*Obras...*, cit., pág. 614, nota 7— defiende el uso de la versificación sin consonancia, a la manera de los griegos y latinos, y el hecho cierto es que se sirvió de ella en sus obras líricas de más empeño. Para el estudio de las formas métricas de Moratín —versos y estrofas— véase la primera parte del trabajo de Antonio Oliver, «Verso y prosa en Leandro Fernández de Moratín», en el número, cit., dedicado a *Moratín y la sociedad española de su tiempo* por la *Revista de la Universidad de Madrid*, págs. 643-674. Oliver, que pondera también las «calidades marmóreas, parnasianas» de los endecasílabos sin rima de Moratín, subraya el hecho de que el octosílabo es el metro más abundante en su producción, condición que demuestra —dice— «el arraigado españolismo... de este afrancesado» (pág. 648); por el contrario —añade luego— «en la métrica de don Leandro Fernández de Moratín no hemos registrado eneasílabos, no obstante el origen francés de este verso. En este detalle, como en tantos otros, don Leandro es hijo fiel de don Nicolás» (página 649). Ambos datos permiten insistir sobre el carácter no necesariamente gálico del clasicismo de los poetas de la Ilustración, clasicismo de raíz predominantemente española y tradicional.

de su obra dramática, única, según el clisé más difundido, que parece importar realmente en la producción de nuestro autor.

Todavía, sin embargo, queda un tercer aspecto que no sólo completa la personalidad de Moratín, sino que le añade características fundamentales: son sus escritos en prosa, tan escasamente difundidos como poco estimados. Su obra en prosa más conocida es *La derrota de los pedantes* [117], artificio alegórico, compuesto a la manera del *Viaje del Parnaso* cervantino, *La República literaria* de Saavedra Fajardo o las *Exequias de la lengua castellana* de Forner: las Musas, ayudadas por los buenos poetas, arrojan del Parnaso a librazo limpio, a los malos escritores. Las páginas primeras, mientras se dispone la alegoría, pesan un tanto, pero cuando comienza la «batalla», salta a raudales la gracia y el talento satírico de Moratín. Muchas de sus burlas van contra los tópicos y vaciedades de los poetas de todo tiempo, pero otras muchas se dirigen contra autores concretos que se citan o que, por los datos aducidos, pueden reconocerse fácilmente. La cultura y el gusto artístico de Moratín hacen de la generalidad de sus juicios certeras definiciones, pero claro está que no puede faltar alguna estrecha interpretación propia del gusto de la época y de las ideas literarias del autor; así, por ejemplo, entre los libros que se disparan como «malos» se incluyen las comedias de Cervantes, el *Arte* de Gracián y no pocos poetas barrocos, como Jacinto Polo de Medina, Bocángel, Villamediana y otros varios.

Pero las más excelentes páginas en prosa de Moratín se encuentran en los tres volúmenes que bajo el título de *Obras póstumas* se publicaron en Madrid en 1867. Moratín legó sus papeles a su íntimo amigo don Manuel Silvela con quien, como sabemos, vivió sus últimos años en Burdeos y París y en cuya casa murió. De aquellos papeles, adquiridos posteriormente por la Biblioteca Nacional, se han formado los tres volúmenes dichos, en los cuales se incluyen unas notas interesantísimas a sus propias comedias *El viejo y la niña*, *La comedia nueva* y *La mojigata*; los apuntes, en varios cuadernos, de sus viajes por Inglaterra e Italia, y más de trescientas cartas. En el estudio mencionado, Julián Marías resume la importancia de tales páginas con esta afirmación que hacemos nuestra: «Los que sólo conocen de Moratín su teatro y sus poesías, no tienen la menor idea de quién fue; son sus cartas y diarios los que dan su medida» [118]. Por su parte, los editores de sus *Obras póstumas* estampan este elogio que dista muchísimo de ser una frase convencional o apasionada, y que está exigiendo un detenido y bien razonado comentario: «Para saborear en

---

[117] Ed. en *Obras...*, cit., págs. 561-572. Cfr.: José Francisco Gatti, «Anotaciones a *La derrota de los pedantes*», en *Revista de Filología Hispánica*, VI, 1944, págs. 77-82.
[118] «España y Europa en Moratín», cit., págs. 106-107.

castellano gracejo fácil, decente y sobre todo comprensible, hay que pasar de Cervantes a Moratín» [119].

Al estudiar la compleja personalidad de nuestro escritor, Marías subraya que aquélla se nos aparece escindida: de un lado está el escritor y hombre público *conocido*, el dramaturgo y poeta a quien se residencia y limita —también con problemática justicia, añadimos nosotros— dentro del marco estricto de su época; es el *neoclásico*, perteneciente a una época que termina. Pero del otro, queda el Moratín casi desconocido de sus escritos privados, el que tardó tanto tiempo en salir a luz y que luego, por ese tropel de fatales razones que dificultan el entendimiento del siglo XVIII, ha gozado de tan escasa, por no decir ninguna, difusión. Este segundo Moratín, abierto por entero al futuro, es una de las mayores sorpresas con que al lector español le es dado encontrarse: «Con él se fue, si no me engaño —dice Marías—, la posibilidad de que la literatura española del siglo XIX hubiese sido plenamente auténtica, no aquejada por una enfermedad oculta que le impidió ser como la francesa o la inglesa, como había sido en el Siglo de Oro, como había de volver a ser desde el 98» [120]. Y después de aludir al sabor *anticuado* que nos deja la mayoría de nuestra literatura del siglo XIX, añade: «El documento —si vale la expresión— que comprueba esto es precisamente la prosa de este Moratín de sus viajes. Ahí vemos lo que la prosa española *pudo* ser, lo que tenía que haber sido y no fue. Si hubiera *pasado* por esas formas, se hubiera ahorrado medio siglo de amaneramiento, de dengues, de tópicos, de afectación, de insinceridad, en suma. La prosa *italiana* de Moratín es mucho más moderna que todo lo que se ha escrito después, hasta el 98. Sería apasionante intentar reconstruir una posible historia de nuestra literatura que *partiese* en 1793 de estas páginas. Y como la literatura no es más que la expresión verbal de una forma de vida, de una contextura de alma, habría que preguntarse por la España que hubiese correspondido a esa prosa posible y muerta al nacer, suplantada por la que todos conocemos, como ha ocurrido con España misma» [121].

Las *Apuntaciones sueltas de Inglaterra* son, como indica su título, notas sobre las cosas más diversas, y varían en extensión desde unos pocos renglones hasta varias páginas. Ruiz Morcuende dice de estas *Apuntaciones* que muestran «plenamente las dos facetas: al lado de perspicaces y profundas observaciones de erudito reflexivo, hay minucias de paleto estupefacto» [122]; afirmación intolerablemente injusta. Moratín no hace observaciones de erudito, sino que toma notas al paso como un periodista

[119] *Obras póstumas*, cit., I, pág. VII.
[120] «España y Europa...», cit., pág. 107.
[121] Idem, íd., págs. 107-108.
[122] En el prólogo a su edición de *Moratín. Teatro*, «Clásicos Castellanos», Madrid, 1924, págs. 19-20.

curioso a quien lo mismo atraen los trajes de las damas que el régimen de comidas o la constitución política del país. Su aparente asombro —nunca de paleto, por descontado— y sus inventarios a veces minuciosos forman parte de la técnica irónica con que se enfrenta el escritor a las costumbres de una sociedad distinta de la suya. Las *Apuntaciones* forman un conjunto, no demasiado extenso, de amable despreocupación, en el que saltan a cada instante las observaciones agudísimas, como ésta a propósito de la incipiente industrialización del país: «Las artes en Inglaterra dependen tanto del tráfico y comercio, que lo que no se hace para vender por docenas no se hace bien; por eso sus estampas son tan excelentes, y sus estatuas tan ridículas» [123]; o aquel inventario, que encanta a Marías, de las veintiuna cosas necesarias «para servir el té a dos convidados en cualquier casa decente» [124], cuya sola enumeración encierra su propio comentario. Notable es asimismo la imparcialidad del observador que distribuye elogios y reproches según los cree justos, sin cegarse por prejuicio alguno.

Muchísimo más importante que las *Apuntaciones*, y bastante más extenso, es el *Viaje de Italia*. El «Cuaderno primero» lo llenan todavía sus jornadas desde Londres hasta las puertas de Italia, a través de Bélgica, Alemania y Suiza; a partir del segundo comienza el relato del viaje italiano propiamente dicho, trescientas páginas de desigual densidad y ritmo, pero rebosantes siempre de gracia, de agilidad, de intencionada agudeza, de humor, escritas con una prosa suelta y casticísima, tan moderna de ritmo y de vocabulario que no sólo parece imposible en su siglo, sino que es un modelo vivo donde podrían aprender mucho nuestros periodistas contemporáneos. Obligados a seleccionar algunos pasajes, quizás escogeríamos las descripciones de Nápoles, de Roma y de Venecia, en las que, según norma de todo el *viaje*, alternan los cuadros descriptivos, los comentarios artísticos, las reflexiones de todo género, y, ocupando lugar muy principal, la información pormenorizada sobre los teatros de cada ciudad por donde pasa Moratín. Su pluma lo mismo sirve para el apunte leve que para el aguafuerte tremebundo; véase, por ejemplo, esta estampa de los *lazzaroni* napolitanos: «No hay idea de la hediondez, la deformidad y el asco de sus figuras: unos se presentan casi desnudos, tendidos boca abajo en el suelo, temblando y aullando en son doloroso, como si fuesen a expirar; otros andan por las calles presentando al público sus barrigas hinchadas y negras hasta el empeine mismo; otros, estropeados de miembros, de color lívido, disformes o acancerados los rostros, embisten a cualquiera en todas partes; le esperan al salir de las tiendas o botillerías, donde suponen que ha cambiado dinero; le siguen al trote, sin que le valga

---

[123] *Obras póstumas*, cit., I, págs. 225-226.
[124] Idem, íd., pág. 171.

la ligereza de sus pies; y si se mete en la iglesia para sacudirse de tres o cuatro alanos que suele llevar a la oreja, entran con él, se hallan con otros tantos de refresco, le embisten juntos al pie de los altares, y allí es más agudo el lloro y más importuna la súplica...» [125]. Y mucho mejores aún —pero no es posible reproducirlas aquí por su extensión— son las páginas dedicadas a las prostitutas y alcahuetas, dos famosas instituciones de la ciudad. Véase esta nota de «costumbres» romanas: «La pasión del coche es una de las más vehementes en las mujeres romanas. Las Lucrecias más castas (si hay alguna) no resisten a un coche de cuatro asientos. Así es que, como no hay dinero para tanto, los paseos de Roma se componen de la primera o la ínfima clase; la primera en coche, y la segunda a pie: los que no pertenecen a ninguna de las dos están condenados a clausura violenta» [126]; o este «apunte de viaje»: «Salgo en un carricoche, en compañía de un veneciano, reviejuelo y arrugadito, que había servido veintisiete años al Emperador, muy tufillas, con una voz de cencerro que daba lástima oírle, y que no obstante ser conde, según decía, lloraba a lágrima viva por no saber bastante música para hacerse *virtuoso* del teatro: consolábale un hombrón gordo, que llevaba en el bolsillo unas arietas que había de cantar al día siguiente en Vicenza, porque el tal gordo era operista, y por todo el camino nos fue gorjeando, *sotto voce*, aquello *del Destin non vi lagnate*, etc., que era una de las arias con que se había de lucir. El otro era un personaje rústico, con un gorro lleno de flores azules y coloradas; su gran chupa verde, sus ligas fuera del calzón, y una gran capa, que llenaba el coche; hombre sencillo, que daba *eccellenza* al cantarín, y a nosotros *illustrisima* y los *signori*. El camino, malísimo en muchas partes: lodazales, atolladeros. Pie a tierra; socorro de bueyes; juramentos y latigazos. El campo con hermosos prados, tierra de siembra, plantío inmenso de moreras, parras y arboledas de chopos y sauces; a la izquierda los montes del Tirol: comimos en Montebello, caro y mal; a las ocho de la noche llegamos a Vicenza» [127]. O este otro mucho más breve: «...emprendemos nuestro viaje por el lago, en un barco chato, endeble, desabrigado y ridículo. Mucho miedo: cierra la noche; lobreguez profunda, montes a una parte y otra, sueño, frío; llegamos a Fluela a las doce; cenamos tortilla, y a dormir» [128].

Los comentarios sobre literatura y artes plásticas darían materia sobrada para un estudio sobre el pensamiento estético de Moratín, mucho más amplio y abierto de lo que viene repitiéndose. Sus alusiones a realidades españolas son poco frecuentes en estos libros de viajes; pero el «ilustrado» Moratín no podía menos de comparar de tarde en tarde ni-

---

[125] Idem, íd., pág. 343.
[126] Idem, íd., pág. 417.
[127] Idem, íd., págs. 453-454.
[128] Idem, íd., pág. 303.

veles europeos con la sordidez de algunas cosas españolas: «Como en Happenheim, lugar pequeño, situado al pie de unas montañas, delicioso en extremo por su amenidad y frescura; pero en este lugarejo de cuatro casas, distante de toda corte opulenta, ¡qué posada! ¡qué sopa con huevo desleído, a la alemana! ¡qué buen asado de carnero! Cuando en Las Rozas, en Canillejas o en Alcorcón haya otro tanto, entonces, para mí tengo que no se gastará el tiempo en escribir apologías»[129]. O esta otra nota, en Suiza: «Hice noche en medio de estos montes, en un lugarcillo infeliz, en cuya posada hallé una buena sopa, una excelente tortilla, pichones, pollos, jamón, un guisado de vaca, manteca, queso, barquillos y vino tinto y blanco. Apologistas, ¿se halla esto en Villaverde, a las once de la noche?»[130].

A todas estas páginas supera todavía, en calidad y en interés, el *Epistolario*, del que las *Obras póstumas* recogen unas trescientas cartas. En ellas da toda su talla Moratín. Las más están dirigidas a su íntimo amigo Juan Antonio Melón y a la que fue su amada, Paquita Muñoz, lo que ya da a entender que sus problemas íntimos y más personales ocupan lugar importantísimo; con desnuda franqueza Moratín da noticia de sí, sin recatar detalle ni esconder sentimientos u opiniones, lo cual permite de un lado penetrar en la real personalidad humana de Moratín y conocer de otro su verdadero pensamiento sobre las más dispares materias —literarias, sociales, políticas, religiosas—, sobre las cuales no podía manifestarse con igual libertad en sus escritos públicos. Las dificultades económicas de Moratín ocupan amplio lugar en este epistolario, no por tacañería o avaricia, sino porque, de hecho, el escritor, anduvo casi siempre angustiado por su escasez, lo cual le exigía cuidadosa administración y originaba constantes preocupaciones para adquirir el dinero de que vivía. Sus famosas prebendas eclesiásticas le dieron más quehaceres que rentas; el obispo de Oviedo no le pagó jamás, y este tema provoca en las cartas de Moratín muchos y sabrosos párrafos; cierta considerable cantidad, que Moratín consiguió reunir al cabo, se perdió íntegra en la quiebra, más o menos fraudulenta, de un banquero de Barcelona. La actitud de Moratín a este respecto es siempre, sin embargo, de una filosófica conformidad, lo que dice mucho de la excelencia de su carácter.

---

[129] Idem, íd., pág. 287.
[130] Idem, íd., págs. 297-298. Aludiendo a los comentarios que provocan en Moratín las visitas a otros países —bien que en esta ocasión se refiere concretamente a su primer viaje a Francia—, Lázaro Carreter hace esta rigurosa constatación: «Los testimonios que poseemos de esta primera salida de Moratín, nos revelan un espíritu crítico imparcial, con la mirada vuelta hacia su patria, hacia las reformas sustanciales que en ésta juzgaba imprescindibles su espíritu ilustrado». Y añade a continuación con oportunísima ironía: «El reconocimiento de una superioridad estimula sus ansias reformadoras; ignoro si esto puede ser motejado de extranjerismo» («El afrancesamiento de Moratín», cit., pág. 149).

Las alusiones a las condiciones político-sociales de su país son numerosísimas, sobre todo en la época de su destierro. La inevitable nostalgia de su patria le fuerza a recordar mil detalles de la vida ordinaria que le eran gratos; pero asoma enseguida la actitud crítica del «ilustrado» que observa y compara y vive en toda su intensidad, con el punzante amor de su país en el fondo, la experiencia de Europa. El epistolario de Moratín es un caudal inagotable para auscultar el drama de tantos «ilustrados» españoles, trágicamente distendidos entre las sabrosas vivencias de su tierra y su clima de aspereza moral, de intransigencia, de maledicencia y mojigatería que encendía a un tiempo su amor y su disgusto. Las cartas de Moratín transpiran por cada poro esa dolorosa antinomia, vivida por tantos españoles —desterrados o no— fuera de su país, y que no ha perdido su vigencia hasta hoy. En carta a Melón escribe Moratín: «Si en alguna carta vieres que cerdeo un tanto cuanto, y que me punza el amor de la patria, y dejo traslucir el laudable propósito de volverme a ella, envíame, para curarme de tales vértigos, alguna noticia semejante a la de la apoteosis de Urquijo; que te quedaré sumamente agradecido, y restablecerá, como por la mano, mi salud mental»[131]. En carta al mismo, desde Montpellier, escribe: «Cuéntame tus planes; y si son de vivir independiente, seguro, contento en Madrid u otro pueblo de España, ríete de ello, porque no tendrás ni libertad, ni seguridad, ni alegría. Tu carácter no es bastante flexible; dices muy pronto y muy claro lo que sientes; y tienes más cólera de la que se necesita para la digestión; esto, añadido a la costumbre de vivir ahí, te hará tan insoportable tu tierra, que renegarás de ella a los dos días»[132]. Cuando Moratín pensaba en trasladarse a Burdeos al lado de su amigo Manuel Silvela, le escribe a éste desde Bayona: «Me dirá usted también si hay por ahí muchos españoles de aquellos a quienes yo no podré sufrir. Mi carácter es la moderación; no hallo razón ni justicia en los extremos; los tontos me cansan, y los malvados me irritan. No quisiera hallar estas clases de gentes en donde hubiese de vivir»[133]. Ya desde Burdeos, y siempre con el torcedor de haber tenido que salir de su país, quizá para siempre, escribe a Paquita Muñoz: «Eso está malo, y estará peor dentro de seis meses: el que no lo ve, tiene corta vista. Yo, por mi parte, me hubiera estado quieto en Barcelona, si la codicia de algunos particulares, y la indecisión y torpeza de otros, no hubiese convertido la mejor ciudad de España en un desierto horrible; pero habiéndome visto precisado a salir de allí, y pasar otra vez el Pirineo, sería yo un bruto si volviera a entrar, mientras la ignorancia de todos los principios, la ambición, las venganzas y el furor de las pasiones están destrozando a mi patria y atropellando su ruina. El que no puede apagar el

---

[131] *Obras póstumas*, cit., II, pág. 131.
[132] Idem, íd., pág. 303.
[133] Idem, íd., pág. 375.

fuego de su casa, se aparta de ella» [134]. Algunas cartas son en su totalidad páginas memorables, como la dirigida, desde Narbona, a Jovellanos en agosto de 1787; ésta sola requeriría un largo comentario, aquí imposible: «¿No es desgracia nuestra que cuanto se hace, dirigido a la utilidad pública, si uno lo emprende, viene otro al instante que lo abandona o lo destruye? ¿Cuándo se educará la nación? ¿Cuándo se generalizarán las ideas de economía política, y convendrán los que gobiernan en no abandonar jamás lo que es urgente, lo que es conocidamente útil, y cesará el empeño funesto que los agita, de aniquilar y deshacer lo que sus predecesores fomentaron? Así es que todo empieza y nada sigue, y los establecimientos públicos padecen las envidias del Palacio. En odio del Conde de Aranda se abandona el Canal de Manzanares; en odio del mismo se prohibieron las máscaras, y aún nos han querido dar a entender que nadie puede ser cristiano católico, si una noche se viste de molinero o se pone una caperuza de pulchinela. No extrañaría que en odio del mismo volviesen los Padres Jesuitas con sus orillos, su probabilismo, y su buen chocolate. Mucho tardan en restablecerse los colegios mayores, en odio de D. Manuel de Roda; y entre tanto se ha logrado acabar, en odio de Grimaldi, con los teatros de los Sitios, lo único que teníamos en este género, decente y regular. ¿No es esto burlarse de los intereses de una nación, y mantenerla siempre en estado de infancia? Y ¡me dice usted que habrá una Academia de Ciencias, y un edificio magnífico, y una escogida y numerosa biblioteca! No lo crea usted: el Conde caerá del ministerio, como todos caen, y por consiguiente, el que le suceda enviará a los académicos a la Cabrera, a las Batuecas o al Tordón, los libros se machacarán de nuevo en el molino de Oruzco para papel de estraza, y el edificio servirá de cuartel de inválidos o de almacén de aceite. Mientras dure este tira y afloja, no se hará en España ninguna cosa parecida al Canal de Languedoc» [135]. Asimismo es muy notable la carta enviada aquel mismo año desde Montpellier a Juan Pablo Forner, acerca del propósito de éste de escribir un compendio de historia de España para uso de las escuelas [136], o la dirigida

---

[134] Ídem, íd., pág. 392.

[135] Ídem, íd., págs. 110-111.

[136] Merece la pena reproducir siquiera un fragmento de esta notable carta, porque no es solamente el conflicto íntimo de Moratín el que en estas líneas se transparenta, sino todo el sentido del siglo XVIII el que queda de manifiesto. Dice la carta en su comienzo: «Mi amado Juanito: Por la carta que escribí a tu vecino sabrás ya lo ocurrido en mi molesta peregrinación; ahora quiero responder a lo que me dices en la tuya. Bien me parece que te propongas escribir un compendio de nuestra historia, obra elemental para el uso de las escuelas. Nada hay en este género que merezca estimación; y no será inútil el estudio de quien, con buena crítica, económica distribución, concisión, claridad y elegancia, nos dé un epítome de los sucesos ocurridos en nuestra patria desde la época en que dejan de ser fabulosos hasta la edad en que vivimos. Si lo meditas mucho, tú lo harás; pero no quiero callarte que me parece obra de mucha dificultad. Por otra parte, es necesario que un autor moderno proceda ya de muy otra manera que los antiguos, en cuyas historias todo es exage-

al mismo, y también aquel mismo año, desde París a propósito de la manía polémica del agrio extremeño.

En cuanto al estilo de estas cartas se une siempre al encanto de su sencillez la gracia y viveza de la prosa y el atractivo de una personalidad no por equilibrada y cauta menos poderosa. En Moratín sobresale siempre su capacidad satírica, pero es una sátira sutil, sin acentos agrios, sin violencias ni desgarros, aunque intencionadísima en el propósito y sumamente eficaz en la expresión; más que de sátira, pues, en el recto sentido de la palabra, debería hablarse de humorismo, de un humor desengañado y pesimista pero comprensivo y tolerante como correspondía a su carácter y sus ideas [137].

rado y maravilloso. No es ya tiempo de poner en manos de un niño relaciones de acaecimientos imposibles; porque en los primeros años todo se cree, y dura el error lo que dura la vida, y porque un historiador que escribe para enseñar debe hacerse superior a la credulidad del vulgo, no pactar con la ignorancia, y no ceder ni a la autoridad ni al ejemplo. No se trate ya del Rey Beto ni del Rey Tago, ni de la gran sequedad de España, ni de los metales que liquidó el fuego en los Pirineos, ni de otras fábulas parecidas a éstas, de que están llenas las primeras páginas de nuestra historia. Y ¿qué dirás después, de la venida de Santiago y del pilar que trajeron los ángeles? ¿Cómo pintarás la muerte de S. Hermenegildo, y las causas de ella? ¿Qué te parece de aquello de Santa Leocadia, cuando le dijo a S. Ildefonso *per te vivit Domina mea?* La cueva de Toledo, la batalla de Covadonga, el descubrimiento del sepulcro de Santiago, la victoria de Clavijo, la de Calatañazor, la de las Navas el establecimiento de la Inquisición, la conquista de América, la expulsión de judíos y moriscos, y otros sucesos principalísimos de nuestra historia, ¿cómo ha de referirlos un escritor juicioso a fines del siglo decimooctavo? Si copia lo que otros han dicho, se hará despreciable; si combate las opiniones recibidas, ahí están los clérigos, que con el Breviario en la mano (que es su autor clásico) le argüirán tan eficazmente, que a muy pocos silogismos se hallará metido en un calabozo, y Dios sabe cuándo y para dónde saldrá. Créeme, Juan; la edad en que vivimos nos es muy poco favorable: si vamos con la corriente, y hablamos el lenguaje de los crédulos, nos burlan los extranjeros, y aun dentro de casa hallaremos quien nos tenga por tontos y si tratamos de disipar errores funestos, y enseñar al que no sabe, la santa y general Inquisición nos aplicará los remedios que acostumbra...» (*Obras póstumas,* cit., II, págs. 77-79).

[137] El *Epistolario* de Moratín, bajo la forma en que aparece en las *Obras póstumas,* ofrece, sin embargo, problemas tan interesantes como complejos, según ha revelado René Andioc en un minucioso estudio («Remarques sur *l'Epistolario* de D. Leandro Fernández de Moratín», en *Bulletin Hispanique,* LXIV bis, 1962, *Mélanges offerts à Marcel Bataillon par les hispanistes français,* págs. 287-303). Muchas cartas están erróneamente fechadas por negligencia del autor o, en ocasiones, por propia voluntad; por otra parte, los editores suprimieron numerosos pasajes que consideraban ofensivos para la moral o las jerarquías eclesiásticas. Mucho más importante todavía es lo que afecta a las dieciocho primeras cartas que figuran en el *Epistolario,* correspondientes todas ellas a los años 1787-1788, época del primer viaje de Moratín a Francia en compañía de Cabarrús. Según Andioc, estas dieciocho cartas —al menos en su forma *definitiva*— no fueron escritas en las fechas que allí se indican, sino lo menos treinta años después, y hasta puede dudarse de que fueran realmente enviadas. Andioc no juzga aventurado el afirmar que muchos pasajes de estas cartas no son sino refundición de un *diario de viaje* perdido, elaborado sobre notas tomadas día a día, al modo —más o menos— de como fueron compuestos los *Diarios* de Inglaterra y de Italia. Con esta especie de superchería literaria, Moratín habría querido

Unas palabras aún sobre ciertas páginas de Moratín que creemos poco difundidas, aunque están mucho más a mano que sus *Obras póstumas;* aludimos a las notas y comentarios puestos por él al *Auto de Fe celebrado en la ciudad de Logroño en los días 6 y 7 de noviembre de 1610* [138]. Se trataba de un proceso por brujería, cuyo texto se dilata en la exposición de las prácticas que se atribuyen a los sentenciados. Las cosas que allí se relatan y dan por ciertas, como sucedidas en los aquelarres, son tan asombrosas que no es extraño que el habitual equilibrio de Moratín se quiebre de vez en cuando y estalle en exabruptos. Pero, en general, predomina la sátira regocijada, con un poco de amargura, sin embargo, como debía de sentirla el ilustrado Moratín al leer aquella peregrina acumulación de horrores [139]. La lectura de estos comentarios es imprescindible

---

dejar a la posteridad una imagen de su juventud más parecida a lo que hubiera deseado ser. El tono de intimidad con sus corresponsales que se advierte en las cartas mencionadas —de haber sido cursadas realmente— no hubiera sido posible en aquel tiempo, ni tampoco la calidad de su prosa ni los conocimientos que allí se exhiben; con estas cartas, redactadas en su vejez, trataba Moratín de borrar el recuerdo de su modesta juventud autodidacta y necesariamente menos culta que la de sus amigos universitarios como Jovellanos, Melón y Forner: venían a ser como una especie de autobiografía disimulada y elogiosa. Andioc promete una edición de la corresponden dencia de Moratín, con amplio estudio, no publicada por el momento, según creemos, y que es forzoso esperar. El perfil humano del escritor puede quedar modificado en ciertos aspectos, pero la significación fundamental de su *Epistolario*, tal como arriba ha sido expuesta, no creemos que vaya a ser alterada. En todo caso, debemos aguardar las prometidas investigaciones de Andioc para cualquier posible rectificación Cfr. además: Ramón Esquer Torres, «Leandro Fernández de Moratín y Pastrana. Contribución al epistolario del dramaturgo del siglo XVIII», en *Revista de Literatura,* XVIII, 1960, págs. 3-32. José María de Huarte, «Más sobre el epistolario de Moratín», en *Revista de Archivos, Bibliotecas y Museos,* LXVIII, 1960, págs. 505-552.

[138] Ed. en *Obras...,* cit., págs. 617-631.

[139] En un sugerente artículo —«The Younger Moratín and Goya: on *Duendes* and *Brujas*», en *Hispanic Review,* XXVII, 1959, págs. 103-122—, Edith F. Helman ha examinado agudamente la posible relación entre los comentarios de Moratín al *Auto de Logroño* —y el mismo texto del *Auto*— y los *Caprichos* de Goya. Cotejando los comentarios del manuscrito goyesco del Museo del Prado con las notas de Moratín, llega Helman a las siguientes conclusiones: el contenido, el humor y el lenguaje son tan parecidos que parece probable o bien que ambos fueran escritos por Moratín o que Goya al escribir los comentarios imitó o modificó ligeramente las notas moratinianas; comparando los grabados de brujas y sus comentarios con las notas de Moratín y el texto del *Auto* se encuentran tan grandes paralelismos temáticos y tales semejanzas lingüísticas que parece lo más probable que Goya conoció y utilizó este material como punto de arranque para parte al menos de dichos grabados, en la misma forma en que se sirvió de la *Carta histórica sobre el origen y progresos de la fiesta de toros en España* de Moratín el Viejo para sus series de la *Tauromaquia*. Cuando Moratín se decidió a anotar el viejo texto —comenta Helman— debió de sentirse sobrecogido por el absurdo y la inhumanidad de aquel juicio, pero fascinado a la vez por la teatralidad del espectáculo en su conjunto y por algunos episodios en particular, como las orgías saturnales. Moratín debió de comunicar tales sentimientos a sus amigos, Goya entre ellos, y posiblemente le sugirió a éste que pintara una serie, al modo de sus propias notas, para demostrar cuán absurdas aparecían aquellas creencias y prácticas a la nueva luz de la Razón. Goya hubo de sentirse atraído por las enormes posibilidades plásticas de aquellas escenas, de las cuales le divertían

para completar la fisonomía humana y literaria de Moratín; permiten ver, en unión de sus viajes y sus cartas, si no cuán falso, cuán incompleto por lo menos es el concepto usual que se tiene del autor de *El sí de las niñas*. Cierta la afirmación de Marías de que quien no conozca más que sus pocas comedias y sus versos no tiene idea de quién es.

De particular importancia es también el *Diario* [140] de Moratín, que cubre los años entre 1780 y 1808, aunque con un largo paréntesis (1782-1792), quizá por haberse perdido el texto. El interés de este *Diario* es incalculable para la biografía del escritor y, a través de ella, para muchos sucesos coetáneos; pero su valor literario es inexistente: el *Diario* está redactado en abreviaturas, con supresión habitual de vocales internas, y en una jerga caprichosa formada por palabras en español, latín —clásico y macarrónico—, francés, italiano e inglés, que aumentan proporcionalmente a medida que el autor se familiariza con los distintos países y su lengua; pero, además, el texto es tan esquemático que, con no muchas excepciones, apenas llena un renglón para cada día; así, por ejemplo: «obrador; crepúsculo, promenade; chez tía Vicenta» (julio 81, día 27); «calles; chez Narildo manger. Calles; Ópera» (mayo 95, día 30). Evidentemente, el propio Moratín no concedía intenciones literarias a este *Diario*, concebido tan sólo como una agenda de sucesos y cuentas de dinero. Aspecto muy curioso de la vida del escritor, que el *Diario* pone de relieve, es el referente a su actividad erótica. Moratín, según de estas anotaciones se deduce, no poseía aquella sobriedad en los placeres que suele atribuírsele; se registran aquí frecuentes visitas a mujeres de mal vivir, por este tenor: «chez Gimbernat; cum il, Oxford Cafe manger; paseo; chez il; cum il, máscara in Ranelagh: optime; putas, bassia; ad 5 venimus» (mayo 93,

---

especialmente los componentes obscenos y jocosos. Muchas de las escenas pintadas por Goya están descritas en el texto del *Auto*, y los comentarios del manuscrito del Prado están redactados, según ya quedó dicho, con el inconfundible humorismo de Moratín. En las notas de éste —sigue diciendo Helman— no hay vestigio de la contención neoclásica que el escritor se había impuesto para escribir versos o comedias; se regodea visiblemente en las más viles y brutales actitudes de las brujas, en el vampirismo y canibalismo, en las orgías y las torturas increíbles. Las notas de Moratín subrayan puntos específicos que adquieren toda su fuerza gráfica en los alucinantes grabados de Goya. Cfr. también de la misma Edith F. Helman, «Moratín y Goya: actitudes ante el pueblo en la Ilustración española», en *Moratín y la sociedad española de su tiempo*, número especial de la *Revista de la Universidad de Madrid*, cit., págs. 591-605.

[140] De este *Diario*, conservado en la Biblioteca Nacional de Madrid, se publicó un extracto en las *Obras póstumas*, cit., vol. III, págs. 231-300; se reproduce el texto abreviado en su forma original, y se da en nota la interpretación del editor pero en versión española. El texto completo del *Diario* (*Mayo 1780-Marzo 1808*), con una Introducción y notas, ha sido publicado por René y Mireille Andioc, Madrid, 1968; los editores prescinden del texto original abreviado y suplen las letras omitidas, pero respetan la variedad idiomática. R. y M. Andioc rectifican muchos de los errores de interpretación cometidos en las *Obras póstumas*. Nuestras citas del *Diario* pertenecen a esta edición de Andioc.

día 28). Pero hasta semejantes desahogos, meramente fisiológicos, parecen estar regidos por una discreción que no desmiente, en efecto, la tradicional imagen del *cauto* Moratín; cuando el desahogo erótico se consuma, el escritor lo anota puntualmente: «ici Teresina, futtui: frígida; illa y Spinosa manger ici...»[141] (diciembre 84, día 19). Pero otras veces, y son las más, Moratín no va más allá de meros aperitivos del banquete erótico, con los cuales parece contentarse: «ici meretrix, tactus, bassia...» (mayo 94, día 16); «...in carretile, ad Mariina, tactus, bassia» (íd., día 24); «...calles; promenade, cum quaedam meretrix, tactus...» (septiembre 97, día 8): «...cum meretricula Rafaelita scherzi» (julio 1800, día 15). La *moderación* amorosa de Moratín no parece, evidentemente, quedar demasiado en entredicho por la lectura de su *Diario* íntimo[142].

Otras obras en prosa, tales como los comentarios a sus propias comedias y los *Orígenes del teatro español* los estudiaremos en el capítulo correspondiente a la dramática.

OTROS POETAS

Vaca de Guzmán. Por el hecho, al menos, de haber derrotado a ambos Moratines en sendos concursos de la Academia —al padre en un poema sobre las *Naves de Cortés* y al hijo en otro poema sobre la *Rendición de Granada*— merece una mención este poeta, que nació en Marchena en 1744, estudió en Sevilla y Alcalá, se doctoró en ambos derechos, fue rector —en esta última ciudad— del Colegio de los Caballeros de Manrique y Ministro del Crimen en la Audiencia de Cataluña. Después de los dos premios mencionados se presentó a un tercer concurso de la Academia en 1780 con una égloga titulada *Columbano* sobre la felicidad de la vida campestre; pero esta vez fue derrotado, en unión de otros poetas célebres como Iriarte, por otro entonces desconocido y, desde aquel momento, famoso, Juan Meléndez Valdés.

Vaca de Guzmán respondía fácilmente a los estímulos oficiales y no sería demasiada exageración calificarle de *poeta de concurso* (en nuestros días hubiera sido terrible); así, en 1784, a requerimientos de la Sociedad Económica de Madrid compuso un poema para cantar *El triunfo sobre el oro*, y a petición de la Sociedad Económica de Granada escribió otros dos: *La Felicidad*, en 1781, y *Las coronas del tiempo*, en 1788. La muerte de Carlos III le inspiró, aunque por sugerencia también de la misma So-

---

[141] En otras ocasiones, pocas, el escritor revela una satisfacción más plena: «ici Angelica, ruptura cum Narildo, illa in Via Stefani; ego chez illa, ubi futtui: optimissime; chez Narildo manger...» (julio 95, día 7).

[142] Es posible que la *cautela* de Moratín, siempre vigilante de su salud, se explique en parte por cierta experiencia desafortunada, aludida también en su *Diario*: «Calles; ici Gimbernat; cum il in Strand manger. cum il chez Lokton, quia aeger ex lue venerea» (diciembre 92, día 25).

ciedad granadina, el *Llanto de Granada*. Aparte otras muchas poesías sueltas, Vaca de Guzmán compuso una larga obra —casi dos mil heptasílabos— titulada *Himnodias o fastos del Cristianismo*, que consiste en una
breve biografía rimada del santo de cada día. Al autor se le acabó el
resuello al llegar al 31 de marzo, y aunque en el prólogo de los tres meses
logrados prometía escribir en otra ocasión lo que restaba del año, murió sin llevar a cabo la amenaza. Valmar pondera lo «fácil y animado»,
«noble y vigoroso» del romance endecasílabo a Granada [143], y la lozanía,
entonación poética y armonía de los versos en el canto a *Las naves de
Cortés;* y aunque no se siente capaz de justificar la *Himnodia*, ni aun admitiendo la «admiración fervorosa» del autor «por las heroicas virtudes
de los santos» [144], censura a Quintana por no haberle incluido en su *Tesoro
del Parnaso Español* donde dio acogida a poetas bien mediocres. Lázaro
Carreter señala, en cambio, la «voz sin matices, empalidecida, de tonos
incoloros» y la «falta de intrepidez imaginativa» de Vaca de Guzmán,
pero admite a su vez que cierta fluidez y amabilidad en sus versos así
como su «urbanidad estilística» aportan las cualidades que debieron de
hacerle grato en su tiempo a los académicos ilustrados [145]. González Palencia que ha estudiado la vida y la obra de este autor, resume su concepto
sobre él diciendo: «Es un verdadero poeta clasicista, frío y académico,
preocupado de la corrección y de la forma, un poco duro en la composición y ritmo de sus versos, empapado de mitología, erudito, gramático,
de escasa inspiración poética» [146].

El conde de Noroña (1760-1815).   Nacido en Castellón de la Plana, destacado militar durante la invasión francesa y ministro plenipotenciario en
la corte rusa, gozó en su tiempo de gran renombre como poeta. De su
poema heroico *Omníada*, destinado a cantar la separación de la monarquía árabe española del dominio de los califas de Oriente dice Valmar
que «no hay en el día voluntad bastante obstinada para leer de seguido
veinticuatro cantos interminables, en que nada cautiva, ni la entonación,
ni los afectos, ni la variedad, ni la armonía» [147]. Algo semejante podría
decirse de su otro larguísimo poema heroico-cómico, la *Quicaida*, en ocho
cantos, dedicado a cantar el enojo de una hermosa llamada Quica. En sus
anacreónticas ofrece el interés de apartarse un tanto en ocasiones, según
su declarado propósito, de las afectadas ternezas del género, como sucede
en su composición *Un borracho*, apunte que casi podría calificarse de

---

[143] *Bosquejo...*, cit., pág. CXLVIII.
[144] Ídem, íd., pág. CL.
[145] «La poesía lírica...», cit., pág. 58.
[146] Ángel González Palencia, «Don José María Vaca de Guzmán, el primer poeta
premiado por la Academia Española», en *Boletín de la Real Academia Española*,
XVIII, 1931, págs. 293-347; la cita en pág. 347.
[147] *Bosquejo...*, cit., pág. CLXXII.

realista. Mejores, sin embargo, son sus composiciones sobre temas más graves, como la *Imprecación contra la guerra* y *A la paz entre España y Francia. Año de 1795*, y algunas de sus canciones sobre motivos de amor, como *A Lesbia enojada, En alabanza de Lesbia* y *Dichas soñadas*.

Con todo, Noroña sólo se recuerda hoy por sus *Poesías asiáticas*, colección de composiciones árabes, persas y turcas que tradujo del inglés y que se publicaron póstumas en París en 1833. En estas obras suele señalarse su carácter prerromántico manifestado en el gusto por lo exótico que, junto con otros varios factores, contribuye a la descomposición del neoclasicismo y prepara el movimiento romántico de las décadas inmediatas. Así, por ejemplo, lo señala Díaz-Plaja [148], aunque Lázaro Carreter disiente de esta opinión: «Tal juicio —dice— está emitido, sin duda, desde una falsa perspectiva. Noroña es un neoclásico absoluto; el verdadero espíritu oriental de los versos que traduce de una versión intermedia, ha desaparecido; los poemillas asiáticos son, en su mayor parte, puras anacreónticas, que en nada salen de los moldes del siglo» [149].

Parece cierto que el resultado de las traducciones de Noroña es tal como dice Lázaro Carreter. Pero no nos parece desdeñable la intención declarada del propio poeta y la novedad del medio «geográfico» de estas composiciones. Noroña en el prólogo de dichos versos —que Lázaro también recuerda— escribe: «Me prometo que los amantes de la verdadera poesía distinguirán estas composiciones llenas de fuego e imágenes pintorescas, de las insulsas filosóficas prosas rimadas que nos han venido de algún tiempo acá de allende de los Pirineos, vendiéndonoslas como buena mercancía. Los genios españoles, que tanto han brillado por su fecunda y hermosa imaginación, deben abandonar esas gálicas frialdades, y no desdeñarse de leer los poetas del Oriente, en quienes todo es calor y entusiasmo, y entre los cuales suenan con honor algunos hispanos, cuyas obras yacen sepultadas en el Escurial» [150]. Y Lázaro comenta: «Tal actitud no es anticlasicista, y está en la misma línea que la que adopta Forner por ejemplo, rechazando la *frialdad* de Iriarte, y valorando los impulsos imaginativos y la coloración del lenguaje poético. Las *Poesías asiáticas* no son otra cosa que una manifestación más del afán por conocer costumbres y gustos exóticos, avivado, en lo oriental, por la traducción francesa de *Las Mil y una noches* (1704-1711). Noroña, tan neoclásico como Moratín, entró, como él, en esa fase de disolución de la escuela que supone la imitación de Young» [151]. Pero el solo ofrecimiento de dicho mundo exótico era ya mucho, y no menos la consciente aceptación del elemento imaginativo y del

---

[148] *La poesía lírica española*, cit., pág. 279. Véase también, del mismo, *Introducción al estudio del romanticismo español*, «Austral», 2.ª ed., Buenos Aires, 1954, pág. 144.
[149] «La poesía lírica...», cit., pág. 65.
[150] Ed. Valmar, cit., LXIII, pág. 471.
[151] «La poesía lírica...», cit págs. 65-66.

color. De hecho, estas *anacreónticas orientales* —admitámoslo— aportan, cuando menos, aquí y allá, elementos «decorativos» de lejanía exótica, destellos de pasión y atisbos de novedad ambiental, que rompen el habitual paisaje de la bucólica neoclásica. Reproduzcamos siquiera un ejemplo, en que el evidente anacreontismo de fondo adquiere una peculiar tonalidad:

> *Si una noche en tu pecho reposara,*
> *El alto empíreo con mi sien tocara,*
> *Rompiera al Sagitario sus saetas,*
> *La corona a la luna arrebatara,*
> *Me subiera veloz al nono cielo,*
> *Y el orbe con soberbio pie pisara.*
> *Entonces, si tuviera tu hermosura,*
> *O en tu lugar entonces me encontrara,*
> *Para los sin favor fuera piadoso,*
> *Benigno con los tristes me mostrara* [152].

Vargas Ponce. Una sola composición, pero no sin merecimiento, justifica el recuerdo de José Vargas Ponce (1760-1821), nacido en Cádiz, marino de profesión, político liberal, defensor de la Constitución del 12, dos veces diputado a Cortes y coplero por vocación irresistible. Escribió también numerosas obras en prosa sobre geografía, historia, viajes, temas políticos, etc., etc., que le llevaron a la Academia Española, a la de la Historia y a la de Nobles Artes. Gozó de gran renombre y estimación, aunque Forner, Huerta y Jovellanos —en particular el primero— le dirigieron duros ataques. Como poeta cultivó la vena festiva y familiar, según correspondía a su carácter abierto y chancero, y a este género pertenece la composición a que hemos aludido: *Proclama de un solterón a las que aspiren a su mano* [153], graciosa sátira en octavas, innegablemente regocijadas, que, si no puede calificarse en sentido estricto de poética, rebosa ingenio, acierto descriptivo y fuerza cómica. En una selección —aun la más exigente— de nuestra poesía festiva, la *Proclama* de Vargas no podría faltar.

Juan Bautista Arriaza (1770-1837) fue primero marino y entró después en la carrera diplomática, en la que sirvió como agregado en Londres y en París. Fue defensor incondicional del absolutismo y de los Borbones y enemigo declarado del rey intruso, de los afrancesados y de los constitucionales a los que combatió con las armas y con la pluma. Escritor fecundísimo, de vena tan fácil como chispeante, Arriaza es un señalado

---

[152] Ed. Valmar, cit., LXIII, pág. 485. Cfr.: James Fitzmaurice-Kelly, «Noroña's *Poesías asiáticas*», en *Revue Hispanique*, XVIII, 1908, págs. 439-467. E. Juliá Martínez, «Un escritor castellonense visto por Menéndez y Pelayo», en *Boletín de la Sociedad Castellonense de Cultura*, XXXIII, 1957, págs. 316-335, y XXXIV, 1958, págs. 8-23.

[153] Ed. en Valmar, cit., LXVII, págs. 604-606.

ejemplo —dice con justicia Valmar— «de la distancia que media entre el ingenio y la poesía» [154]. Fue muy leído en su tiempo y se repitieron las ediciones de sus versos hasta seis veces en vida de su autor. Podría estimársele como poeta de transición entre el neoclasicismo y el romanticismo, pero de hecho no le afectó profundamente ninguna de las dos escuelas. Bien dotado para la chanza satírica, mortificó a muchos de sus contemporáneos con poesías burlescas que contribuyeron a su celebridad. Escribió muchas poesías de amor, en las que su sonora fluidez disimula la vulgaridad del fondo y la ausencia de hondo sentimiento. Buscando lo más peculiar que pueda situarle en la historia de la lírica hay que citar sus numerosos himnos patrióticos; algunos de ellos fueron compuestos para ser cantados, en efecto, con música de banda municipal, como la *Canción cívica a los defensores de la patria*, *A la batalla de Salamanca*, el *Himno de la victoria*, etc.; otros son odas o elegías a diversos acontecimientos de la Guerra de la Independencia, como *El dos de mayo de 1808*, *La tempestad y la guerra o el combate de Trafalgar*, etc. Junto a estas composiciones de proyección más nacional, aprovechó diligentemente Arriaza toda ocasión que ofrecieran las andanzas de su amado Fernando y los sucesos de la familia real —bodas, embarazos, santos, cumpleaños—; su facilidad irrestañable le permitía en estos versos derramar ripios poéticos sobre todos los tópicos politiqueros en defensa del absolutismo del *Deseado*. Como valor de época y representante de una determinada mentalidad, la *lírica patriótica* de Arriaza no tiene precio.

LA ESCUELA SALMANTINA

Hemos aludido anteriormente, para señalar uno más de los entronques de la lírica del XVIII con la tradición poética del Quinientos, a la reaparición en Salamanca y en Sevilla de dos focos poéticos o *escuelas*. Hacia mediados de la centuria y como consecuencia del proceso cultural que se va desarrollando lentamente bajo el influjo de la *europeización*, la Universidad de Salamanca comienza a recuperarse de su prolongado letargo, acuden a sus aulas gentes estimuladas por las inquietudes de la época y así se hace posible la constitución y madurez del grupo de escritores que forman la llamada *escuela salmantina*. Es bastante común —quizá por un prurito de exigencia crítica— que se discuta esta denominación de *escuela;* en lo que atañe a la de Salamanca, Valmar la rechaza por considerarla «pomposa» y «sonora», «nacida acaso de engreimiento local» [155], pues dada la índole tan diversa de elementos que la componen no puede

---

[154] *Bosquejo...*, cit., pág. CCXX.
[155] Idem, íd., pág. CVII.

hablarse —dice— de *escuela* poética en sentido estricto. Díaz-Plaja, atendiendo más a lo que tienen de común que a sus inevitables y fecundas diferencias, ve en estos grupos la reaparición de lo que llama «constantes líricas de Castilla y de Andalucía» [156], y destaca —entre otros muchos influjos y direcciones posibles— el magisterio, más o menos difuso, pero caracterizador, que ejerce sobre los salmantinos la obra de fray Luis de León, mientras Herrera orienta los pasos del grupo de Sevilla. César Real de la Riva, en su fundamental estudio citado, defiende inequívocamente la existencia de la *escuela* poética de Salamanca; recuerda que todos los literatos y eruditos de la primera mitad del siglo XIX, algunos de los cuales convivieron y se educaron con los mismos poetas salmanticenses, reconocieron firmemente la existencia de dicha escuela, y hay que llegar a Valmar para que se suscite el debate. «La realidad de la escuela salmantina del XVIII como grupo literario —sostiene Real de la Riva— es indudable. Es más, acaso no haya en toda nuestra literatura una promoción formada con tan fuertes estímulos colectivos y rasgos ambientales y de época, como este conjunto de poetas» [157]. Y concretando luego los que definen a la *escuela* de Salamanca, escribe: «De abolengo claramente universitario ofrece esta poesía características hondas y duraderas: un buen gusto para la elección de modelos, una intensa preocupación por la pureza, dignidad y exactitud del lenguaje, un acertado sentido de la proporción y del equilibrio entre el fondo y la forma, el pensamiento y la sensibilidad, una marcada afición por los temas bucólicos y campestres. Provienen estas cualidades, principalmente, del íntimo contacto que a través de la Universidad se mantenía con las literaturas griega y latina y con la buena tradición patria, y también de otras circunstancias más vagas e imprecisas, que pudiéramos referir al medio en que nace esta poesía, a determinadas condiciones de ambiente, no sólo espiritual, sino también físico y natural» [158]. Precisamente, aquel entronque con la literatura clásica y con la tradición nacional, al que ya nos hemos referido en concreto, contribuye a robustecer y dar conciencia de escuela a este grupo de escritores; pero, a su vez, la imitación clasicista, que llega con frecuencia «hasta el plagio y el calco, pasando y deteniéndose frecuentemente en la copia de temas, metros, ambientes y fórmulas de expresión» [159], conduce en buena medida a cohibir y limitar la libertad personal de estos poetas tras el afán de descubrir el reflejo de sus sentimientos en los viejos maestros. Esta premeditada imitación se manifiesta en el arcaísmo del lenguaje [160], pues los salmantinos pretenden resucitar la lengua poética perdida

---

[156] *La poesía lírica española*, cit., pág. 261.
[157] «La escuela poética salmantina del siglo XVIII», cit., pág. 321.
[158] Ídem, íd., págs. 327-328.
[159] Ídem, íd., pág. 335.
[160] El abuso en el empleo de arcaísmos hizo que estos escritores fueran censurados por algunos contemporáneos y sobre todo por los críticos de las décadas siguien-

con su sello de pureza y corrección tradicional, y en el empleo de la mitología, objeto, por cierto, de largas polémicas desde principios de siglo.

En la formación del grupo poético de Salamanca tuvo notable participación la llegada a la ciudad, a consecuencia de su ruidoso destierro, de José Cadalso. No creó éste, como subraya Valmar, el movimiento salmantino, pero su persona sirvió de aglutinante de un grupo de jóvenes —José Iglesias de la Casa, Forner, Meléndez Valdés, a los que vino a unirse luego fray Diego González, de más edad que ellos—, que en él hallaron su consejero y ejemplo y gracias a él adquirieron conciencia de sus propias aspiraciones. A la atracción de su nombre unía Cadalso su gran simpatía personal, su capacidad de amistad y, sobre todo, el incentivo de su educación extranjera, sus muchos conocimientos literarios y su larga experiencia humana. Durante los tres años que permaneció en Salamanca, el influjo literario de Cadalso, superior a la calidad real de su obra poética, fue poderosísimo; años más tarde Iglesias de la Casa lo recordaba llamándole con terminología pastoril «el mejor de nuestros mayorales», y Meléndez Valdés, con ocasión de la heroica muerte del coronel, escribía: «Sin él yo no sería hoy nada. Mi gusto, mi afición a los buenos libros, mi talento poético, mi tal cual literatura, todo es suyo».

Después que Cadalso se ausentó de la ciudad en 1774, el grupo salmantino continuó unido por lazos de amistad y mantuvo correspondencia con el maestro. A partir de entonces fue fray Diego González quien congregó en torno a sí, en su celda del convento de San Agustín, al grupo de escritores, por lo demás reducido a sólo cinco poetas, según escribía el propio fray Diego en 1775 a un amigo de Sevilla. Estos poetas, que ocultaban sus nombres bajo seudónimos pastoriles, eran el mismo fray Diego —*Delio*—, el padre Juan Fernández Rojas —*Liseno*—, fray Andrés del Corral —*Andrenio*— (los tres del convento de San Agustín), Meléndez Valdés —*Batilo*— y Forner —*Aminta*—; aunque es seguro que concurrían otros varios poetas, naturales o avecindados en la ciudad.

Otro notable magisterio vino a influir después sobre el *Parnaso Salmantino*, nombre adoptado por fray Diego. Éste era muy amigo de Jovellanos y lo puso en relación con Meléndez, quien solicitó de aquel que, cuando sus ocupaciones se lo permitieran, mantuviera «alguna correspondencia con las musas salmantinas». Jovellanos aceptó la invitación y mantuvo correspondencia escrita, a través de la cual trató de influir sobre el grupo de Salamanca, imponiéndole sus propias ideas poéticas. Jovellanos les envió las obras de Pope y les exhortó a abandonar los temas amorosos y pastoriles y a cultivar la poesía moral y filosófica. Jovellanos llegó a

---

tes, que les aplicaron el mote de *magüeristas*, por el uso repetido de la conjunción anticuada *maguer*, equivocadamente escrita *magüer*.

proponer el plan de una comedia al padre Fernández, el del poema *Las edades* a fray Diego, y el de *Las bodas de Camacho* a Meléndez. La autoridad del famoso asturiano no se ejerció vanamente sobre sus nuevos pupilos, como veremos al ocuparnos en particular de cada uno de ellos, aunque Meléndez supo ser más fiel a su propia personalidad y siguió cultivando con preferencia la poesía bucólica y amorosa que le había mostrado Cadalso.

En 1780, cuando todavía era desconocido fuera de los círculos de Salamanca, Meléndez obtuvo un triunfo resonante al ser premiada por la Real Academia Española su égloga *Batilo* en competencia con el poeta oficial Tomás de Iriarte. Por entonces el grupo salmantino se dispersó: Forner y fray Diego marcharon a Madrid, fray Andrés del Corral y el padre Fernández Rojas fueron destinados a otros conventos, e Iglesias de la Casa marchó a ejercer su ministerio sacerdotal en pueblos de la provincia. Meléndez Valdés quedó solo en Salamanca, hasta 1789, como catedrático de la Universidad. Gracias a él se mantuvo el hilo conductor de la llamada *escuela salmantina*. Meléndez orientó a una nueva promoción de poetas jóvenes, que lo reconocieron como maestro, entre ellos Quintana, y prosiguieron la vigencia, e incluso la resistencia, de la poesía neoclásica hasta bien entrado el siglo siguiente.

Sin adelantar juicios, reservados a cada poeta en particular, debemos señalar aquí, como idea de conjunto, que por encima de influjos extranjeros indudables, tales como el de la poesía filosófica de Pope y de Young o el del sentimentalismo rousseauniano de los *Idilios* de Gessner, la fuente capital de inspiración de los poetas salmantinos está siempre en la más viva tradición nacional. Lo que no existe en absoluto en esta poesía neoclásica es la supuesta imitación de ninguna lírica francesa, de la cual sean nuestros poetas dóciles seguidores. Este es el gran tópico, que permite —que ha permitido desde sus mismos días— pasar apresuradamente, con gesto despectivo, sobre la obra de los neoclásicos, y despachar su lírica como una fría tarea imitativa, desprovista de todo interés.

FRAY DIEGO GONZÁLEZ

De fray Diego González dice Valmar que es «uno de los poetas de que con razón se envanece Salamanca, uno de los caracteres más simpáticos y más puros que han dado lustre al claustro y a las letras»[161]. Nació en Ciudad Rodrigo en 1733, y a los 18 años tomó el hábito de San Agustín y profesó en San Felipe el Real de Madrid. Estudió en esta ciudad y en Salamanca; desempeñó importantes cargos en su orden, llegando a ser prior

---

[161] *Bosquejo...*, cit., pág. CVIII.

de los conventos de Salamanca, Pamplona y Madrid. Fray Diego tuvo desde niño la pasión de la poesía, en la cual se formó leyendo, hasta aprenderlos de memoria, los grandes clásicos latinos y españoles, en especial Horacio y fray Luis de León. Como éste, gustaba de retirarse, siempre que le era posible, al huerto de la Flecha, donde gozaba recordando al maestro a quien logró imitar con notable aproximación. Fray Diego era un carácter tierno y delicado, a quien amaban, quienes lo trataron, por su llana modestia y su bondad. Al sentirse próximo a la muerte mandó destruir todas sus obras poéticas, que guardaba sin ningún orden; pero el padre Fernández Rojas las reunió y publicó en 1796, dos años después de la muerte de su autor, precedidas de una afectuosa *Noticia biográfica* [162] en que pondera tanto al hombre como al poeta.

En el deseo de destruir su obra, aparte su modestia singular, pudo mover a fray Diego el tono casi exclusivamente erótico de sus versos, rasgo que puede sorprender dada su condición de religioso. Sus poesías amorosas están dirigidas a dos mujeres disfrazadas con nombres poéticos, Melisa y Mirta, pero que ocultaban evidentemente a dos mujeres reales de Cádiz y Sevilla. Sin embargo, la vida de fray Diego fue ejemplo de honestidad. Para justificar esta sostenida pasión amorosa, escribe su biógrafo: «El maestro González no era de aquellos espíritus melancólicos y sombríos que desconocen lo amable de la virtud y lo maravilloso de las obras del Criador, porque se halle empleado en el sexo femenil. Amó cuanto conoció que era amable, porque era bueno, y procuró celebrar con sus versos los dones celestiales que admiró en alguna que otra belleza, pero en unos versos tan puros y castos como su alma» [163]. Valmar, por su parte, comenta la cálida afectividad del agustino: «Amó a las mujeres, y las amó con tan vehemente arrobamiento, que al referir poéticamente su vida a Jovellanos, vibraba todavía su alma al recuerdo de la extática ternura de su edad juvenil» [164]. El tono erótico llega a notable expresividad en ciertas ocasiones; por ejemplo, en los «sueños» de una de las canciones dedicadas *A Melisa*:

> *Volví a quedar dormido,*
> *Y sentado me hallé junto a una fuente,*
> *Mirando su murmullo muy atento;*
> *Y estando divertido,*
> *Allí llegaste apresuradamente,*

[162] Véase en Valmar, cit., al frente de sus poesías, LXI, págs. 177-180. Para la biografía de Fray Diego cfr. además: E. Fernández de Navarrete, «Fray Diego González», en *Semanario Pintoresco Español*, 7 diciembre 1845, págs. 385-388 y 14 diciembre, páginas 390-392. Padre Gregorio de Santiago Vela, *Ensayo de una Biblioteca Ibero-Americana de la Orden de San Agustín*, vol. III, Madrid, 1917, págs. 146-156.

[163] Idem, íd., pág. 178.

[164] *Bosquejo...*, cit., págs. CVIII-CIX.

> *Pidiendo de beber, y yo al momento*
> *Un vaso te presento;*
> *Y dices tú con risa y burla mía:*
> *«No es esa, Delio, el agua que pedía;*
> *La sed que yo padezco es amorosa;*
> *Y siempre codiciosa*
> *De tus eternos lazos,*
> *Sólo pueden templarla tus abrazos»* [165]

o en la descripción de Lisi en el bello romance titulado *A Lisi, malagueña:*

> *Salta del casto lecho,*
> *Sin buscar más decencia*
> *Que la que al acostarse*
> *Previene una doncella.*
> *El cabello sin orden*
> *Claramente demuestra*
> *Cuánto aventaja al arte*
> *La fiel naturaleza.*
> *El cambray delicado,*
> *Avaro y cruel, intenta*
> *Cubrir el blanco pecho,*
> *Tesoro de belleza,*
> *Y en parte lo consigue,*
> *Pero a la vista deja*
> *Dos breves hemisferios*
> *De nieve, que le afrentan...*
> *Como por dar a Delio*
> *La vista postrimera*
> *Salió del lecho Lisi.*
> *¡Oh Musa, si la vieras!* [166].

El tema erótico, aparte estas dos composiciones, le inspira la égloga *Delio y Mirta*, las canciones *Visiones de Delio, El triunfo de Manzanares, Cádiz transformado y dichas soñadas del pastor Delio*, las endechas *A Mirta ausente*, etc. En la *Historia de Delio*, enviada a Jovellanos, describe la pasión por sus dos amadas; la invectiva *El murciélago alevoso* [167], que

---

[165] Ed. Valmar, cit., LXI, pág. 187.
[166] Ídem, íd., pág. 203.
[167] Además de figurar, naturalmente, en las frecuentes ediciones de las poesías de fray Diego publicadas durante el siglo XIX antes de la recopilación de Valmar, *El murciélago alevoso* fue incluido en numerosas antologías y hasta publicado aparte seis veces por lo menos en este período. Véase además la ed. de León Verger, «El murciélago alevoso», en *Revue Hispanique*, XXXIX, 1917, págs. 294-301.

tuvo en su tiempo gran difusión, va dirigida contra el que entró una no-che en la habitación de Mirta, provocando su miedo, mientras estaba ocupada en escribir al propio Delio una canción amorosa. Otras musas femeninas le inspiraron la canción *A Vecinta desdeñosa*, las anacreónticas *En los días de Lisi*, *A la quemadura del dedo de Filis* y el mencionado romance *A Lisi, malagueña*.

Las composiciones a Melisa y Mirta traen el eco constante de la poe-sía de Garcilaso, aunque a fray Diego la palabra se le hace frecuentemente difusa y cae en prosaísmos y tópicos sensibleros; pero la pasión evidente les confiere emoción y sinceridad.

El magisterio de fray Luis de León fue, sin duda, más eficaz que el del toledano, según se manifiesta en sus pocas composiciones religiosas. Completó fray Diego la *Exposición del libro de Job* en forma, dice Val-mar, «que no desdice de la primera» [168], y con propósito de imitar al autor de *Los nombres de Cristo* tradujo los *Salmos IX* y *X*, los himnos *Te, Deum* y *Veni, Creator*, y el cántico *Magníficat*; pero Valmar afirma que fray Diego «no manifiesta nunca el estro intenso y arrebatado con que fray Luis de León exhala los sentimientos de la filosofía cristiana, ni aquella fuerza de contemplación extática con que éste se remonta a la idealidad religiosa y se desprende de los vínculos de la tierra. La fantasía de fray Diego González era viva y amena, pero no transcendental ni vi-gorosa» [169].

Quizá por esta razón, dice el citado crítico, los consejos de Jove-llanos debieron de confundir más que orientar los pasos del poeta. Hemos aludido más arriba a la epístola que aquél dirigió a sus amigos de Sala-manca y en la cual aconsejaba a fray Diego que abandonara la poesía amorosa como indigna «de una memoria perdurable» y dedicara sus can-tos a temas de filosofía moral; y así le daba la idea de un poema sobre *Las edades*. Fray Diego cedió al consejo de su amigo, a quien tenía por oráculo, y le prometió en carta desde Salamanca «de, o no cantar jamás, o emplear su canto en alguna de las graves materias que V. S. se sirve poner a su cuidado, haciéndole el honor de creerle capaz del desempe-ño» [170]. Pero la exhortación de Jovellanos se equivocaba de destinatario: la musa ligera y emotiva de fray Diego era la menos adecuada para cum-plir con la receta, y aunque se preparó con la lectura de graves filósofos que le recomendó Meléndez, puesto a colaborar en el proyecto de su co-

---

[168] *Bosquejo...*, cit., pág. CX. Fray Diego compuso para la obra de fray Luis vein-ticuatro «argumentos» o resúmenes preliminares de otros tantos capítulos del *Libro*, y cinco traducciones en verso. La opinión de Valmar sobre la calidad poética de las traducciones de fray Diego ha sido compartida generalmente por todos los críticos, antes y después de él, desde el primer editor de las obras de fray Luis, padre An-tolín Merino.

[169] Idem, íd.

[170] Cit. por Valmar, LXI, pág. CXI, nota 4.

mún mentor, la primera parte del poema, única que concluyó el dócil agustino, es lo más flojo de toda su obra poética [171].

IGLESIAS DE LA CASA

Lugar muy personal ocupa dentro del grupo el poeta José Iglesias de la Casa, nacido en 1748 en la misma Salamanca, en cuya Universidad estudió humanidades y teología. Desde edad muy temprana se dedicó a la poesía, a la música y a la pintura, y es muy probable que hasta sus 35 años, en que se ordenó de sacerdote, viviera de su trabajo como artífice platero, profesión que fue la de su padre. Después de su ordenación ejerció como párroco en varias pequeñas aldeas salmantinas, hasta su muerte prematura en 1791.

Tradicionalmente viene caracterizándose a Iglesias como poeta festivo y epigramático, pero no son éstas las únicas facetas de su compleja personalidad, aunque sean las más notadas y las que más popularidad le dieron en su tiempo. Los modernos comentaristas tienden, por el contrario, a anteponer a su obra festiva sus composiciones pastoriles, que le sitúan muy típicamente dentro del estilo eglógico de la época [172]. En este género deben destacarse las 35 letrillas que se agrupan bajo el título de *La esposa aldeana*, breves composiciones de gran sensibilidad y ternura, con gotas de ingenua malicia como en la letrilla VIII, que dice así:

> *El mi pastorcillo*
> *Bien sé yo que suele*
> *Por mí preguntaros,*
> *Si estoy de él ausente.*
> *Y que, aunque lo calla,*
> *Llora muchas veces,*

---

[171] Para el valor y la significación de la poesía de fray Diego dentro de su siglo, cfr.: Luis Monguió, «Fray Diego Tadeo González and the Spanish Taste in Poetry in the Eighteenth Century», en *The Romanic Review*, LII, 1961, págs. 241-260. El artículo de Monguió contiene abundantes y atinadas apreciaciones sobre el carácter general de la lírica del XVIII y los criterios pertinentes para su estudio y valoración.

[172] «La poesía de Iglesias —dice Joaquín Arce— está en gran parte situada en la línea tradicional de las letrillas ágiles y humorísticas. Dentro de los temas satíricos y de tono menor, algunos, insistentemente repetidos, como el del marido cornudo, pueden derivarle de Cadalso. Lo que individualiza, sin embargo, a Iglesias es su predilección por los motivos florales y su sentido colorista. Algunas escenitas mitológico-campestres, recortadas y compuestas, están, por tópicas, dentro del gusto que comentamos... Más interesante es su sentido de la naturaleza artificial, hecha jardín galante, con sus mármoles, fuentes y bullir de aguas y espumas, elementos ornamentales del peculiar hedonismo dieciochesco» («Rococó, neoclasicismo y prerromanticismo...», cit., pág. 467).

> *Porque a verle venga*
> *Y su mal consuele.*
> *Por otra zagala*
> *No temo me deje,*
> *Aun cuando enojado*
> *De sí me deseche;*
> *Pues sé que a la hora*
> *Su amiga han de hacerme*
> *De miel una orzuela,*
> *Y un cuerno de leche.*
> *Y si esto no basta,*
> *Con que yo le deje*
> *Jugar cierto juego,*
> *No podrá él valerse* [173].

Notables son también sus diez cantilenas, imitadas de Villegas, varios romances bucólicos y un grupo de 16 anacreónticas. En todas estas composiciones Iglesias se muestra poeta graciosamente delicado, que maneja con gran primor la amable y traviesa levedad peculiar de este género poético.

Distinto tono tienen sus *Idilios,* en los que puede ya advertirse el influjo de Gessner y también de Young; el gracioso juego artificioso de la bucólica neoclásica adquiere un tono de más sincero sentimentalismo, que se refleja en las tonalidades del paisaje —nocturnos, inviernos helados, tierras estériles— y en la voz melancólica del poeta, que oscila entre la resignada nostalgia y la amarga desesperación. Es frecuente señalar en estas composiciones de Iglesias los rasgos de la llamada lírica prerromántica, comunes a toda la poesía europea del momento, aunque no pueden desconocerse en estos *Idilios* acentos de íntima sinceridad personal. En el poeta salmantino había una veta de tristeza provocada por su delicada salud y la seguridad de una muerte temprana, y también por íntimas insatisfacciones vitales y escrúpulos de conciencia que, según ha señalado Valmar, se echan de ver en las cartas a sus amigos [174].

Y, sin embargo, este hombre triste, de humor muy desigual, debió su popularidad a sus poesías festivas y burlescas a las que pertenecen en especial sus *Letrillas satíricas* y su abundante colección de *Epigramas.* En aquéllas es bien visible la huella de Góngora y de Quevedo; muchos de

---

[173] Ed. Valmar, cit., LXI, pág. 417.
[174] Cfr.: Russell P. Sebold, «Dieciochismo, estilo místico y contemplación en *La esposa aldeana,* de Iglesias de la Casa», en *Papeles de Son Armadans,* mayo 1968, páginas 117-144. Sebold alude a posibles inclinaciones homosexuales del poeta, que si representaron para él un íntimo torcedor, fueron también, traducidas a la poesía, origen de elevados logros estéticos.

los temas de Iglesias son un reflejo literario de dichos maestros —maridos consentidos, damas livianas, médicos, alguaciles, tramposos—, pero hay mucho también que la sagacidad humorística del poeta toma del mundo circundante, hasta el punto de que el conjunto de estas composiciones puede mostrarnos un divertido panorama de la sociedad de su tiempo. En los *Epigramas* se acentúa su desenfado, sarcástico a veces y con alguna frecuencia desgarrado e incluso obsceno; las ediciones póstumas de estas poesías —pues Iglesias no publicó en vida sino dos de sus peores composiciones— tuvieron serias dificultades con la censura [175].

Bajo el título de *La lira de Medellín* agrupó Iglesias una treintena de romancillos heptasílabos, que él llamó *odas*, destinadas a satirizar la paciencia de los maridos cornudos. Un grupo intermedio entre la travesura desenfadada y el primor lírico representan las *Letrillas con estribillo*, que no se diferencian en la disposición, pero sí en el tono, de las *satíricas;* de entre estas composiciones, que en sus mejores momentos emulan la gracia lírica del Góngora menor, merecen destacarse las que comienzan:

> *Si el estilo en mis letras*
> *Mucho se humilla,*
> Como vengo del campo
> No es maravilla...

> *Llévame a Zurguén,*
> *Do está quien yo quiero;*
> Anda acá, llévame, carretero...

> En vano a la puerta llama
> Quien no llama al corazón...

> Anda, mi zagal, anda;
> Tráeme de Miranda flores
> Y un ramillo de amar amores... [176].

Mucho menos interés tienen, en cambio, los *Idilios* y las *Églogas* de arte mayor en las que imita a Virgilio y a Horacio, de los cuales hizo también diversas traducciones; en su versión de algunas odas de este último consigue notables aciertos cuando no se deja llevar por el prurito de la amplificación.

Hay, en suma, en Iglesias un lírico de calidades muy estimables e incluso sobresalientes sobre todo cuando maneja la cuerda epigramática y más aún, quizá, en sus composiciones pastoriles de ritmos cortos.

---

[175] Véanse las noticias biográficas recogidas por Valmar en LXI, cit., págs. 411 y ss.
[176] Idem, íd., págs. 420 y 421.

Un aspecto nos importa destacar sobremanera frente al tópico insostenible del afrancesamiento de nuestra lírica setecentista. En toda la poesía de Iglesias de la Casa, cuyo papel representativo dentro de su centuria es harto evidente, no cabe señalar —fuera del difuso influjo gessneriano a que hemos aludido— ningún aporte que no provenga de la más genuina tradición nacional. Como los otros poetas neoclásicos, Iglesias busca el magisterio de los líricos del Quinientos y a través de ellos, y no de poetas franceses, va a beber en los maestros de la Antigüedad. Cuando sus guías son los poetas del Barroco, como en el caso de Quevedo y Góngora, toma de ellos el espíritu de su lírica menor, la más afín, o menos opuesta, al sentir del gusto neoclásico. Omisión, pues, de todo barroquismo extremo, pero integración absoluta dentro de las corrientes más genuinas de la lírica española en una u otra forma [177].

Dentro del grupo de la lírica salmantina debe ser incluida la producción poética de Jovellanos y de Forner; pero su estudio queda hecho al ocuparnos de su obra global en el capítulo correspondiente.

JUAN MELÉNDEZ VALDÉS

Vida y carácter. Juan Meléndez Valdés es el poeta de mayor altura no sólo dentro del grupo salmantino sino en toda la lírica del Setecientos. Su vida, que no carece de anécdotas de especial relieve, es también genuinamente representativa del poeta y del intelectual «ilustrado» [178].

Nació Meléndez Valdés en 1754 en la aldea extremeña de Ribera del Fresno. Sus padres, labradores acomodados, lo enviaron a Madrid donde

---

[177] Sebold, en el artículo mencionado, al señalar los elementos estilísticos que Iglesias toma de la mística, puntualiza el influjo que sobre algunas de sus letrillas ejerce la obra de San Juan de la Cruz.

[178] Para la biografía de Meléndez Valdés. cfr.: Manuel José Quintana, «Noticia histórica y literaria de Meléndez», en *Obras Completas de M. J. Quintana*, B. A. E., vol. XIX, nueva ed., Madrid, 1946, págs. 107-121. Emilio Alarcos, «Meléndez Valdés en la Universidad de Salamanca», en *Boletín de la Real Academia Española*, XIII, 1926, págs. 49-75, 144-177, y 364-370. Antonio Rodríguez-Moñino, «Juan Meléndez Valdés. Nuevos y curiosos documentos para su biografía, 1798-1801», en *Revista de la Biblioteca, Archivo y Museo del Ayuntamiento de Madrid*, IX, 1932, págs. 357-380; reproducido en *Relieves de erudición (del 'Amadís' a Goya). Estudios literarios y bibliográficos*, Valencia, 1959, págs. 291-310. J. Deleito, «Meléndez Valdés en Montpellier. Una casa de historia», en *Colección de estudios ofrecidos a Rafael Altamira*, Madrid, 1936, págs. 413-433. José Simón Díaz, «Documentos sobre Meléndez Valdés», en *Revista de Bibliografía Nacional*, Madrid, V, 1944, págs. 483-485. William E. Colford, *Juan Meléndez Valdés. A Study in the Transition from Neo-Classicism to Romanticism in Spanish Poetry*, Hispanic Institute, Nueva York, 1942 (cap. II, págs. 81-140). Georges Demerson, «Meléndez Valdés. Quelques documents inédits pour compléter sa biographie», en *Bulletin Hispanique*, LV, 1953, págs. 252-295. Del mismo, *Don Juan Meléndez Valdés et son temps (1754-1817)*, París, 1961 (obra fundamental); traducción española, Madrid, 1971.

estudió tres años latín y filosofía con los dominicos, y griego en los Reales
Estudios de San Isidro. En 1770 marchó a Segovia donde su hermano Esteban era secretario particular del obispo, y atraído éste por las brillantes
condiciones del muchacho lo envió a Salamanca a estudiar Leyes. Meléndez
no sólo cursó con gran provecho las materias de su carrera sino que se
aplicó a la vez a la Historia, la Filosofía y la Literatura y perfeccionó sus
conocimientos en las lenguas clásicas. Muy pronto trabó estrecha amistad
con Cadalso, recién llegado a Salamanca, y su influjo, según hemos dicho
anteriormente, fue decisivo para la formación del futuro poeta. Por mediación de fray Diego González, como vimos también, trabó correspondencia con Jovellanos cuyo magisterio había de ser igualmente fecundo. En
1776 murió su hermano Esteban, golpe terrible para el sensible espíritu
de Meléndez que por aquel tiempo sufría además frecuentes crisis de salud.
Regresó entonces a Segovia y durante un año estuvo ocupado en organizar
la biblioteca del obispo, que deseaba atraer hacia el sacerdocio al joven Meléndez; éste consideró el proyecto por pura gratitud, pero se decidió al
cabo a terminar su carrera de Derecho. Antes de acabarla fue nombrado
substituto de la cátedra de Humanidades en la que debía comentar a Horacio y a Homero, y en 1781 se le confió en propiedad la cátedra de Gramática. Este mismo año hizo un viaje a Madrid para conocer personalmente a su mentor Jovellanos, que le recibió con gran cordialidad, le hospedó en su casa y le presentó a importantes personalidades de la política
y las letras. Meléndez era ya estimado en los círculos de la capital como
un gran poeta, pues el año anterior la Real Academia había premiado
en público concurso su égloga *Batilo* en competencia con Tomás de Iriarte,
candidato oficial, que obtuvo el segundo premio. Meléndez consiguió otro
gran éxito público al leer en 1783 en la Academia de San Fernando su
Oda a la gloria de las Artes; y al año siguiente obtenía de nuevo el premio de la Academia con su comedia *Las bodas de Camacho,* cuya idea y
plan le había trazado el propio Jovellanos, pero que fue ruidosamente
rechazada al ser estrenada en el Teatro de la Cruz. Este fracaso fue
compensado ampliamente cuando en 1785 publicó, con gran éxito, el primer volumen de sus poesías. Entretanto se había licenciado y doctorado
en Leyes mientras proseguía su labor como catedrático. En 1783 casó
Meléndez con la dama salmantina doña María Andrea de Coca, a la sazón
de 38 años, diez más que el poeta, matrimonio que constituye una curiosa página de su vida [179].

Razones no bien conocidas, y que han discutido sus biógrafos, hicieron
que Meléndez abandonara en 1789 la enseñanza para dedicarse a la magis-

---

[179] Cfr. Demerson, «L'étrange mariage du 'doux Batilo'»., cap. IV de su libro cit.,
páginas 90-110. Véase el pintoresco retrato de doña María Andrea de Coca que
hace José Somoza en su artículo «Una mirada en redondo a los sesenta y dos años»,
reproducido por Valmar en el *Bosquejo...,* cit., pág. CXXXVIII, nota 1.

tratura [180]. Fue nombrado Alcalde del Crimen en Zaragoza, y dos años después oidor de la Cancillería de Valladolid; y en 1797 fue trasladado a Madrid como Fiscal de Distrito. Un señalado caso, en que logró la condena capital para los culpables, hizo ruidosamente famoso al poeta-magistrado, y su discurso, impreso clandestinamente, circuló por todo el país.

La caída política de su protector Jovellanos arrastró también a Meléndez, que fue desterrado a Medina del Campo en 1798 y luego a Zamora en 1800. En 1802 se le concedió derecho a sueldo y libertad de residencia y Meléndez regresó a Salamanca, donde vivió seis años; allí encontró a muchos de sus antiguos amigos y recuperó en buena parte la paz de su espíritu. Pero el nuevo ascenso de sus protectores políticos lo llevó otra vez a Madrid en los más críticos momentos, pues a poco de su llegada a la capital sobrevino la invasión francesa. No es posible detenernos ahora en los detalles de la fluctuante actitud de Meléndez, que escribió dos composiciones excitando a la lucha contra el invasor y acabó colocándose al lado del gobierno extranjero, al cual sirvió como Fiscal de Distrito, Consejero de Estado y Ministro de Instrucción Pública [181]. Se aduce siempre, para explicar semejante conducta, la debilidad de carácter de Meléndez y su congénita irresolución. Pero habría que volver aquí sobre la trágica antinomia que desgarraba a tantos ilustrados entre sus sentimientos patrióticos y el convencimiento —o la esperanza— de que sólo bajo la dirección de una nueva dinastía extranjera podrían adquirir realidad los idea-

---

[180] Colford —obra cit., págs. 108-111— resume las razones que han aducido los diversos biógrafos de Meléndez: su propia ambición o, más probablemente, la ambición de su esposa; disgustos con sus colegas de la Universidad; deseo de distraer en una ocupación más activa su insatisfacción y conflictos domésticos, a los que el propio Meléndez parece aludir levemente en el prólogo a sus poesías en la edición de 1797. Demerson, que no niega el posible peso de tales razones, todas negativas, supone otras de índole positiva, qué nos parecen mucho más convincentes y acordes con la actitud moral del poeta, honda y sinceramente preocupado por altos ideales y sobre todo por la regeneración de su país. Meléndez —en opinión de Demerson, libro citado, págs. 150-151—, comprobando la inutilidad de sus esfuerzos en el seno de una Universidad rutinaria, buscó un campo en que su actividad intelectual pudiera ejercerse más libremente y donde los prejuicios no le detuvieran a cada instante; propósito al que no fue ajena la invitación de Jovellanos y otros ilustrados. Al primero alude en su epístola VIII dirigida al mismo; y al conde de la Cañada y a «otros miembros» del Consejo Real se refiere en la exposición que dirigió al rey en los días de su destierro. La idea que se tiene de Meléndez como hombre retraído e inadecuado para la acción polémica que exigía la magistratura, impide reconocer lo que en él había de hombre de su siglo, de ideal progresista y altruistas propósitos reformadores. El hecho cierto es que Meléndez actuó brillantemente en los puestos en que sirvió; no importa que aquella actividad, que le robaba el tiempo a sus amados versos, le pesara a veces y que tuviera que sufrir la incomprensión de quienes no juzgaban propia de un serio magistrado su obra de poeta.

[181] No es posible tampoco desconocer la parte que pudo tener el azar en la actitud de Meléndez; Quintana menciona que el poeta trató de seguir a la Junta Central, cuando ésta salió por segunda vez de Madrid, pero le fue imposible emprender el viaje «por mala suerte», aunque no explica las razones de este hecho.

les de progreso y reforma, de libertad y modernidad, que habían constituido la razón de su vida [182]. Es imposible poner en duda la honesta actitud íntima y el hondo amor a su país que inspiran todos los actos del poeta. Quintana nos ha descrito en emotivas líneas el momento en que Meléndez obligado a salir para el destierro tras la derrota y expulsión de las tropas napoleónicas, besó llorando la tierra española y dijo: «Ya no te volveré a pisar». En el prólogo a la nueva edición de sus poesías que preparó en Nimes en 1815, Meléndez trata de explicar su conducta y hace las más firmes protestas de su amor a España, al tiempo que pide a los nuevos poetas que se inspiren en los más auténticos temas nacionales. Después de residir en varias ciudades del sur de Francia, Meléndez murió en Montpellier en 1817. Sus restos, al cabo de complicados avatares, fueron traídos a España en 1866 y enterrados en la Iglesia de San Isidro de Madrid, de donde fueron trasladados en 1900 al Panteón de Hombres Ilustres del Cementerio de San Justo; allí reposa Meléndez al lado de otros tres hombres famosos muertos en Francia: Donoso Cortés, Goya y Moratín.

---

[182] Aunque en otro lugar hemos dejado expuestas las razones que determinaron la actitud política de tantos «ilustrados» durante el período de ocupación napoleónica, no podemos menos de aludir a las certeras páginas en que Demerson trata de aclarar la conducta de Meléndez; pasaje que sólo su demasiada extensión (págs. 556-562) nos impide reproducir completo. Sin la desgraciada casualidad que impidió a Meléndez dirigirse hacia el sur con la Junta Central —dice Demerson— es seguro que el escritor hubiera seguido el partido de los patriotas; pero la fulminante llegada de Napoleón a Chamartín, después de forzar Somosierra, deja al escritor encerrado en Madrid. Entonces el emperador, en un solo día y mediante varios decretos, suprime la Inquisición como atentatoria a la soberanía y la autoridad civiles, anula los derechos feudales y los privilegios señoriales, todos los ciudadanos pueden desde entonces ejercer libremente su actividad con tal que se sometan a la ley, suprime las aduanas interiores como perjudiciales para la marcha del comercio y las traslada a las fronteras, reduce a una tercera parte los conventos existentes y dedica los bienes de las comunidades disueltas a procurar al clero rural unos ingresos decorosos. Meléndez, en la soledad de su habitación, comprueba que este hombre odiado, que ha invadido su patria con la peor perfidia, ha conseguido en un día, en un solo instante, de un solo plumazo, buena parte de las reformas por las que él y tantos ilustrados han combatido vanamente durante decenios y cuya defensa les ha valido el destierro, la proscripción, el deshonor y la miseria: libertad de expresión, limitación de privilegios, libre circulación de bienes, reducción del clero regular, eran logros de un solo día, considerados inasequibles durante los reinados completos de dos monarcas reformadores. ¿Por qué obstinarse, pues, en la defensa de los Borbones? Cuanto más que, a tenor de los acontecimientos, el reconocimiento general del nuevo rey no es sino un problema de días; y el propio *Deseado* había renunciado cobardemente sus derechos en la persona de Napoleón. Hay que aceptar a este monarca que desea emplear todo su poder en bien de su amado país; las reformas comenzadas se extenderán a todos los órdenes de la vida nacional; prosperarán el comercio y la industria; la justicia, anulada por un régimen social corrompido, será implantada y traerá la prosperidad a la nación. Es necesario —concluye Demerson—, porque toda la vida y el pensamiento de Meléndez lo abonan, suponer estos ideales —fueran o no ilusorios— en la mente y el corazón del escritor, y rechazar cualquier otra intención egoísta o bastarda.

Poseía Meléndez un carácter de honda afectividad, a la vez que su simpatía y dotes personales le atraían la estima de cuantos le trataban; personas tan ocupadas como Jovellanos y los más famosos escritores le atendieron y mimaron cuando no era más que un jovenzuelo y pusieron su afán en ayudarle y dirigirle. Meléndez, por su parte, sometió su voluntad a la de sus amigos, a quienes amaba entrañablemente, y les dejaba que moldearan sus facultades, como en el caso de Cadalso y Jovellanos; el influjo de su tiránica mujer sobre su débil voluntad debió de ser muy grande y a él suelen atribuirle sus biógrafos buena parte de las contradicciones de su vida. La frecuente calificación de *dulce Batilo* con que se le designa, define bien la docilidad de su condición; los más pequeños reveses, así fueran propios como de sus amigos, le contristaban profundamente. La literatura y filosofía sentimentales, propias de la época, se avenían a maravilla con su afectividad natural; y así escribió tal número de versos tiernos y lacrimosos.

Por otra parte —sobre todo en su juventud—, Meléndez era un gozador epicúreo de los placeres de la vida. Amaba el campo —donde vivía todo el tiempo posible para ayudar a su delicada salud—, pero Cadalso, en carta a Iriarte, lo describía también como «mozo algo inclinado a los placeres mundanales, a las hembras, al vino, al campo, y sobre todo afecto con demasía a estas cosas modernas», condición que explica la más sostenida vertiente de sus versos, la de la lírica juguetona y sensual, igualmente característica de su siglo.

En sus relaciones personales era Meléndez extremadamente correcto, hablaba con lentitud y suavidad y vestía con severa elegancia. La violencia y la injusticia le eran insoportables. Cuando el odio político recayó sobre él tan injusta como abruptamente, su natural optimismo en la bondad humana derivó hacia un profundo recelo y una cierta «manía persecutoria» que explica las repetidas justificaciones de los últimos años de su vida y sus profundas crisis de melancolía. Su contacto, como magistrado, con los pobres y desgraciados favoreció en alto grado el humanitarismo que había aprendido en los filósofos. En modo alguno, dice Colford, fue Meléndez un soñador sentimental, puesto que tuvo una filosofía de la vida muy concreta que puede extraerse de sus escritos tanto poéticos como en prosa. Careció, sin embargo, de la voluntad suficiente para convertirla en realidad eficaz porque era un hombre de pensamiento y no de acción. Y así, es en sus escritos y no en su vida donde ha de buscarse la clave de su filosofía.

Salvo casos de incuestionable rivalidad personal, Meléndez gozó en su tiempo de general estima; Jovellanos lo proclamó restaurador de la lírica castellana, y críticos hubo que lo pusieron a la par de Lope y Garcilaso [183]

---

[183] Así lo afirma, por ejemplo, el Padre Masdeu; y Quintana, aun concediendo lo que puede cegar su juicio el hecho de ser su amigo y su discípulo, coloca a Melén-

Meléndez, en efecto, compendia todas las corrientes poéticas de su tiempo
y debe ser tenido como el más genuino representante de la lírica «ilustrada». Su aparición tuvo lugar en el momento más favorable de madurez
de su escuela y de su siglo, y al mismo tiempo cuando el comienzo de
una nueva sensibilidad preparaba la disolución del neoclasicismo y pre-
ludiaba la próxima aurora romántica. De este modo, la lírica de Meléndez se enriquecía a su vez con nuevos matices de modernidad. Resume,
pues, y anticipa; aunque es en lo primero donde reside la primordial importancia de su obra.

Obra poética. Cuatro son las vetas principales de que se compone la
lírica de Meléndez [184]: lo anacreóntico y sensual; el bucolismo; la actitud
sentimental, y la tendencia moral y filosófica.

---

dez por encima de Garcilaso, fray Luis de León, Herrera, Francisco de la Torre, Villegas y Góngora, que habían sido sus modelos. Tal opinión puede parecernos desaforada, pero todavía en nuestros días crítico tan agudo como Rodríguez-Moñino, al
referirse a la primera edición de las poesías de Meléndez, alude a sus «quince sonetos pastoriles, digno alguno de ir firmado por Lope de Vega», y califica de *bellísimo*
al conjunto de quince poemas dedicados a *La paloma de Filis* y al soneto con que
termina la *Elegía* a su muerte («Introducción bibliográfica» a su edición de *Poesías
inéditas*, luego cit., pág. 11). Quizás valga la pena señalar que Salinas en su edición
de Meléndez no selecciona ni uno solo de los mencionados quince sonetos pastoriles.
Para el proceso y variaciones de la crítica sobre Meléndez, cfr. la citada obra de
Colford, págs. 44-80.

[184] En vida de Meléndez Valdés se imprimieron dos ediciones de sus poesías. La
primera —Madrid, 1785— constaba de un solo volumen, aunque el autor prometía
la publicación de un segundo, que nunca vio la luz. La segunda edición —Valladolid,
1797— se componía de tres volúmenes, con cerca de ochenta composiciones más que
la anterior y numerosas correcciones en las repetidas. De ambas ediciones se hicieron diversas reimpresiones, algunas fraudulentas. Una tercera edición fue preparada
por Meléndez en el destierro, pero murió sin verla impresa; los originales fueron guar-
dados por la esposa del poeta y entregados a Quintana, que los publicó en cuatro
volúmenes, Madrid, 1820. El marqués de Valmar reunió, en su mencionada antología
de *Poetas líricos del siglo XVIII*, Madrid, 1871 —LXIII, págs. 67-262—, todas las poesías
de Meléndez publicadas hasta entonces, excepto una, y añadió diversas poesías inéditas proporcionadas por Fernández de Navarrete. A fines del siglo, Foulché-Delbosc
dio a conocer dos importantes series inéditas: «'Los besos de amor'. Odas inéditas
de don Juan Meléndez Valdés», en *Revue Hispanique*, I, 1894, págs. 73-83; y «Poesías
inéditas de don Juan Meléndez Valdés», en ídem, íd., págs. 166-195. Otras publicaciones de textos inéditos: M. Serrano y Sanz, «Poesías y cartas inéditas de D. Juan
Meléndez y Valdés», en *Revue Hispanique*, IV, 1897, págs. 266-313. María Brey Mariño,
«Poesías inéditas de D. Juan Meléndez Valdés», en *Revista de Estudios Extremeños*,
Badajoz, VI, 1950, págs. 343-352. Antonio Rodríguez-Moñino, *Juan Meléndez Valdés.
Poesías inéditas*, precedidas de una «Introducción bibliográfica», Real Academia Es-
pañola, «Biblioteca Selecta de Clásicos Españoles», Madrid, 1954. Jorge Demerson,
«Tres cartas —dos de ellas inéditas— de Meléndez Valdés a D. Ramón Caseda», en
Boletín de la Real Academia Española, XLV, 1965, págs. 117-139. Otras ediciones:
Meléndez Valdés. Poesías, ed. de Pedro Salinas, «Clásicos Castellanos», Madrid, 1925;
nueva ed., 1955. Cfr.: Georges Demerson, «Sur une oeuvre perdue de Meléndez Valdés: la traduction de *l'Enéide*», en *Mélanges offerts à Marcel Bataillon par les hispanistes français*, *Bulletin Hispanique*, LXIV bis, 1962, págs. 424-436.

Ya conocemos en qué medida estimaba el siglo XVIII la poesía amable y gozosa que valora la vida como un placer de los sentidos. Anacreonte era el gran modelo clásico de esta poesía sensual; Meléndez agrupó casi la mitad de sus composiciones en la primera edición de sus poesías bajo el título de *Odas anacreónticas*, y en 1776 se refiere al «continuo estudio que he puesto por imitar en el modo posible al lírico de Teyo y su graciosísima candidez». Casi todos los contemporáneos de Meléndez escribieron anacreónticas, pero ninguno con tal abundancia y perfección. Meléndez no siempre se inspira directamente en el poeta griego sino que llega a él con frecuencia a través de Villegas, el gran cultivador del género en el siglo XVII. Horacio fue el segundo maestro de Meléndez en este epicureísmo anacreóntico, y pueden asimismo rastrearse en sus versos huellas de Ovidio, Tibulo, Propercio y Catulo, que aportan a la poesía de Meléndez sus peculiares matices. Como advierte muy bien Salinas, no hay en Meléndez una servil imitación de la lírica de Anacreonte, sino que se trata más bien de «temas anacreónticos», de un modo general de sentir y pensar que no se circunscribe al campo de lo estrictamente anacreóntico «sino que corre y se difunde por toda su poesía y la impregna de un fuerte aroma sensual y festivo» [185]. «El amor suave, ingenioso, alegre y casi siempre voluptuoso —dice Valmar—, el amor que recrea y que no da al alma sinsabor ni aflicción, ese es el campo natural de Meléndez, donde su musa vaga y juguetea como ninfa antojadiza y ligera, que corre de flor en flor, sin pasión y por mero deleite, sin cuidarse mucho de encubrir con las santas galas del pudor su desnudez y su frivolidad» [186].

La sola enumeración de los títulos nos da idea del carácter amable y gracioso, tierno y delicado de estas composiciones, en las que una naturaleza estilizada de fuentes, arroyuelos, flores y guirnaldas, arrullada por delicadas aves canoras, sirve de marco al triunfo del dios omnipotente en los juegos deliciosamente atrevidos de los enamorados: *El amor mariposa, El consejo de amor, De los labios de Dorila, El espejo, La tortolilla, Del vino y el amor, El abanico, Los hoyitos*. Un grupo de especial interés componen las cuatro *Odas a Lisi* bajo el título común de *La inconstancia*, en que invita a la amada a renunciar a la gravedad del amor-pasión y a gozar con despreocupada volubilidad de todos los amores posibles. Muy importante también es el conjunto de breves odas —31 en total— titulado *La paloma de Filis*; el poeta canta el ir y venir de la paloma en torno a la bella, cuyas gracias describe golosamente con gran delectación sensual. He aquí la quinta de dichas composiciones:

> *Teniendo su paloma*
> *Mi Fili sobre el halda,*

---

[185] *Introducción a su edición*, cit., pág. XXXVII.
[186] *Bosquejo...*, cit., pág. CXXXIV.

> Miré a ver si sus pechos
> En el candor la igualan;
> Y como están las rosas
> Con su nieve mezcladas,
> El lampo de las plumas
> Al del seno aventaja.
> Empero yo, con todo,
> Cuantas palomas vagan
> Por los vientos sutiles,
> Por sus pomas dejara [187].

La tendencia erótica de Meléndez llega a su punto extremo en las 23 anacreónticas tituladas *Los besos de amor*, que compuso a imitación del poeta holandés Juan Segundo, y que se distinguen por «su voluptuoso descaro» según Valmar, hasta el punto, dice Colford, «que no deja nada a la imaginación del lector» [188]. Estas odas, en opinión de este crítico, son las que con mayor propiedad deben llamarse *anacreónticas*, puesto que no mezcla en ellas ninguno de los otros elementos, pastorales o bucólicos, que con tanta frecuencia introduce Meléndez en sus otras composiciones de esta índole. *Los besos de amor* no fueron publicados en ninguna de las ediciones de sus poesías, sin duda porque su propio autor las estimaba demasiado atrevidas, y tampoco Valmar las incluyó en su colección. Foulché-Delbosc las publicó finalmente en 1894 en la *Revue Hispaníque* según el manuscrito original [189]. Foulché rechaza la acusación de obscenidad y califica a *Los besos* de «obra maestra de la poesía anacreóntica española» [190].

El sentimiento de la naturaleza es uno de los principales componentes de la poesía de Meléndez; una naturaleza, por supuesto, vista a través

---

[187] Ed. Valmar, cit., LXIII, pág. 112.

[188] Obra cit., pág. 158.

[189] «'Los besos de amor'. Odas inéditas de don Juan Meléndez Valdés», en *Revue Hispaníque*, cit.

[190] Rinaldo Froldi, en su reciente estudio sobre el poeta —*Un poeta illuminista: Meléndez Valdés*, «Gruppo di ricerche per gli studi di Ispanistica, Sezione di Milano», Milán, 1967—, subraya la originalidad que existe en los *Besos* de Meléndez respecto a su modelo, incluso en las cinco composiciones de las que hace una traducción o adaptación más directa; y destaca, por su gran capacidad de sugerencia erótica, los diversos aspectos en que queda la ventaja de parte del poeta español. Para Froldi, *Los besos de amor* representan en la obra de Meléndez, al lado de su indiscutible valor estético, el propósito de escribir una composición de tono anticonformista, sostenedor de un desenfado ideológico y moral frente a una sociedad pacata, contra la cual el poeta se alza en rebeldía, aunque tenga luego que mantener sus versos en la clandestinidad. Froldi concede a *Los besos* de Meléndez la significación de una *poesía de ruptura* (págs. 29-31).

de premeditada idealización [191]. Dice Salinas [192] que el anacreontismo tiene no pocos puntos de contacto con la poesía bucólica, dado que el epicureísmo se complace en la sensual contemplación de las bellas formas de la naturaleza. Alcalá Galiano, en su estudio sobre Meléndez, afirma por el contrario que «nada dista más de lo anacreóntico que lo pastoril». Anacreonte —dice— era «por excelencia el poeta de la vida de las ciudades, de los convites, del regalo, de los amores sensuales y varios, de cuanto se aleja de la sencilla vida y puras costumbres campestres, y corresponde a un estado de sociedad adelantado, lujoso, muelle, corrompido. Si no recomienda el exceso, recomienda la gula y el vicio, y se deduce de su doctrina que hasta la templanza es un modo más exquisito de aprovechar el deleite. A gozar, o a lo menos a sentir, y a cantar la hermosura de la naturaleza en los campos y las sencillas y rústicas pasiones de quienes allí moran... no era muy aficionado el poeta de Teos, si por sus obras ha de juzgarse» [193]. Colford [194] señala la evolución que el sentimiento de la naturaleza experimenta en la poesía de Meléndez. En sus primeras anacreónticas, más que el auténtico espíritu de este género, el poeta nos ofrece meras descripciones de la naturaleza, a diferencia, pues, añade Colford, de lo que sucede con Anacreonte y con Horacio, para quienes el campo representa la fuga de un mundo urbano ultracivilizado. En cualquier caso, el concepto de la naturaleza evoluciona en nuestro poeta —a partir de los *romances* incluidos en la edición de 1797— hacia un sentimiento más íntimo, más subjetivo y personal; los colores brillantes y los aspectos placenteros, escogidos primeramente en una ideal selección de puras bellezas, ceden el paso a otras tonalidades más graves; *La lluvia, La tarde, El árbol caído* [195], señalan ya con su solo título el nuevo espíritu del poeta, y su nueva actitud frente a la *noche* y la *luna*, a la que dirige una oda completa en la mencionada edición, revela el paso de la gozosa contemplación neoclásica a la melancólica y atormentada interpretación de un inequívoco romanticismo.

---

[191] «En mis poesías agradables —escribe Meléndez en la edición de 1797— he procurado imitar a la naturaleza y hermosearla, siguiendo las huellas de la docta antigüedad, donde vemos a cada paso tan bellas y acabadas imágenes. Esta es una ley, en las artes de imitación, tan esencial como poco observada de nuestros poetas españoles, en donde al lado de una pintura, o sublime o graciosa, se suele hallar otra tan vulgar o grosera que le quita toda su belleza. Virgilio y Horacio no lo hicieron así, y si tal vez aquél es igual al grande Homero, lo es ciertamente por la delicadeza y cuidado en escoger y adornar sus imágenes» (reproducido por Valmar, cit., II, página 87).

[192] Introducción, cit., pág. XXXIX.

[193] Reproducido por Valmar, cit., LXIII, pág. 69.

[194] Obra cit., págs. 203 y ss.

[195] Cfr. Gregorio Salvador, *El tema del árbol caído en Meléndez Valdés*, Cuadernos de la Cátedra Feijoo, núm. 19, Oviedo, 1966.

La temperamental afectividad de Meléndez se avenía también a maravilla con otra de las más acusadas corrientes de su siglo: el sentimentalismo. Y no puede decirse que este rasgo se acuse de manera particular en ninguna de sus épocas o géneros; sólo varía el estímulo y la intensidad. En sus poesías pastoriles y anacreónticas, hasta en las de más epicúreo sabor, el amor entre los pastores se expresa con cálidas ternuras, y las mismas descripciones de la naturaleza están constantemente teñidas de subjetivos comentarios emocionales. Este sentimiento va en aumento, y los cambios de la naturaleza reflejan y arrastran la propia sensibilidad del poeta; actitud romántica que se manifiesta en el tono lúgubre de los epítetos y en la frecuente interpolación de expresiones afectivas, de admiraciones e interrogantes. La amistad, a la que fue tan sensible Meléndez, se expresa, particularmente en sus *Epístolas*, con frases de desbordante afecto; y hasta el amor paternal provoca raudales de enternecidas y dulces frases, como en el romance *El niño dormido*. Finalmente, el sentimentalismo humanitario de Meléndez estimulado por las ideas filantrópicas de la época, se vuelca en emocionadas frases sobre temas de índole social, en particular sobre la triste condición de los campesinos. Lo cual nos lleva hacia la vertiente filosófico-moral que hace de Meléndez el más característico de los poetas «ilustrados».

Este aspecto, el de la poesía moral y filosófica, es, sin duda alguna, el de más problemática definición en la obra de Meléndez. El lugar común consiste en afirmar que el «dulce Batilo» es por esencia un poeta bucólico y anacreóntico echado luego a perder por el filosofismo humanitario de su siglo, que le lleva a escribir composiciones enteramente ajenas a su vena más personal; y aquí entra el mencionar la nefasta influencia de Jovellanos, que aconsejó al poeta variar de temas y estilo.

William Colford mediante el estudio comparativo de las diversas ediciones de las poesías de Meléndez y el examen de su correspondencia, ha llegado a las siguientes conclusiones. No existen dos *épocas* o *estilos* en la obra de Meléndez [196]; en la edición de 1820 aparecen más anacreónticas que en las dos anteriores juntas, y las mejores de este género fueron compuestas después de 1797; a su vez, en el prólogo de la primera edición de 1785 Meléndez asegura que «el segundo tomo, preparado ya para la prensa, ofrecerá al público poesías de carácter más grave» [197]; consecuentemente, es falsa la idea de que Meléndez sólo al comienzo de su carrera

---

[196] Idea puesta en circulación por Wolf en 1837 en su *Floresta de rimas modernas castellanas* y repetida por todos desde entonces.

[197] Sempere y Guarinos da cuenta de este volumen, ya preparado, y menciona concretamente doce títulos de composiciones filosófico-morales (*Ensayo de una biblioteca española de los mejores escritores del reynado de Carlos III*, IV, Madrid, 1787, página 60; reproducción facsímil, Madrid, Gredos, 1969). Colford concluye que muchas de dichas odas filosóficas, aunque se publicaron por vez primera en la edición de 1797, estaban ya escritas cuando apareció el volumen primero en 1785.

poética escribió en su *primer estilo* y varió después por la presión de Jovellanos: la carta de éste a sus amigos de Salamanca exhortándolos a cultivar una poesía de mayor gravedad es de 1778, pero en 1776 era Meléndez quien escribía a Jovellanos hablándole de sus lecturas de filósofos ingleses, Locke en particular, cuyo *Ensayo* dice haber aprendido de memoria, lo que demuestra que la exhortación de Jovellanos cogía a Meléndez preocupado ya por temas mucho más serios. Meléndez —resume Colford [198]— no tiene sino una sola lira, de cuerdas alegres y graves, y recorrió la escala entera a lo largo de toda su carrera literaria; por lo demás, es perfectamente natural que en sus años maduros predominara, o se acentuara mejor dicho, la gama del pesimismo y la preocupación moral.

Otro aspecto es el de la calidad de estas composiciones. La apreciación comúnmente repetida —digamos nuevamente, el tópico más manido— es negativa: sus obras morales, filosóficas, sociales, son —se dice siempre— una cargante aglomeración de lugares comunes. Salinas establece una división en estas poesías: parte de ellas, sobre todo las que Meléndez colocó entre las *Odas* (temas de la inconstancia de la suerte, brevedad de la vida, inestabilidad de la fortuna) «corresponden perfectamente —dice— a la oda clásica salmantina, y este género procede, a no dudar, de la tradición poética local en que se educó el poeta» [199]. Pero las más de ellas, y las más significativas de esta índole, son las inspiradas por los problemas y las corrientes ideológicas del siglo XVIII; son el reflejo de la cultura de Meléndez, lector de los más difundidos filósofos de su tiempo. En todas ellas hay un afán de transcendentalismo, que se aplica lo mismo a los temas abstractos, que al fomento de la agricultura, o a temas de la Naturaleza, tomada ahora como una invitación a reflexiones de carácter moral. Salinas, aunque admite que estos nuevos motivos «miran al porvenir y ensanchan el horizonte poético», concluye que en la lírica de nuestro autor se manifiestan «únicamente en discursos declamatorios y lánguidos, donde las vulgares ideas se diluyen en los versos más blandos e inconsistentes que salieron de la pluma de Meléndez» [200].

Según nuestro entender, lo que de lánguido y declamatorio, de diluido y blando existe en esta vertiente de la lírica de Meléndez, no es mayor que lo que cabe descubrir en su vena bucólica o anacreóntica; es producto de su peculiar personalidad, según luego diremos, y no de la temática. En cuanto al ensanchamiento del horizonte poético, que ésta supone, no es asunto para apuntarlo así tan de pasada, sino para insistir y destacarlo como se merece. Es preciso volver a los conceptos que dejamos expuestos más arriba. La valoración de la poesía de intención ideológica que flore-

---

[198] Obra cit., pág. 183. Véase también Rinaldo Froldi, *Un poeta illuminista...*, cit., páginas 47-48.

[199] Introducción, cit., pág. XLV.

[200] Idem, íd., pág. XLVI.

ce en los días de la Ilustración y que tiene en Meléndez nuestro máximo representante, nos ha sido acuñada por una crítica hostil a esta índole de poesía y apasionada defensora de las *purezas* líricas; concepto «teórico» que sigue repitiéndose en los manuales, pero que de hecho ha sido barrido por la poesía «humana» de hoy, a la que se han incorporado con feliz inconsecuencia hasta los «puros» supervivientes del 27. Rechazar la poesía ideológica y humana de Meléndez ya no es posible, pues, en nombre de un principio, sino de acuerdo con su estricta calidad; para lo cual hay que comenzar por leerla y examinarla en sí misma y —esto es fundamental— como producto insoslayable de su tiempo; el hecho de que Meléndez le sea estrictamente fiel y no sea su obra un anacronismo, le confiere por sí solo un valor.

En sus *Discursos*, particularmente el II y el III, Meléndez se diluye inacabablemente en áridas exposiciones de ideas manidas sobre la virtud y el orden del universo. Pero en el I de ellos, titulado *La despedida del anciano*, el poeta dibuja un vivo cuadro de la corrupción y las injusticias sociales de su pueblo, donde vibra una nota vigorosa y distinta; Colford lo llama —con definición que nos permitimos recordar a los poetas de nuestros días— «el primer poema proletario de la literatura española» [201]. Y esto es algo.

En sus *Epístolas*, particularmente, Meléndez expone la mayoría de sus ideas de reforma y progreso; en la III, dirigida a don Eugenio de Llaguno y Amírola al ser nombrado ministro de Gracia y Justicia, solicita la total revisión de la enseñanza; en la VII, dirigida a Godoy, con ocasión de haber éste recomendado a los obispos la difusión del *Semanario de Agricultura* (¿no bastaría este hecho, poco poético quizá, para bendecir al siglo XVIII, en el que tales cosas eran posibles?), Meléndez hace una valiente denuncia de los males del agricultor, explotado por una aristocracia parasitaria, conceptos también expuestos en la Epístola VI, *El filósofo en el campo*. En esta última el poeta se manifiesta también contra la guerra inútil y el imperialismo egoísta, tema en el que insiste en la Epístola IV, dirigida *A un ministro sobre la beneficencia*.

Sin duda alguna, conceptos tales no pueden expresarse con la «pureza» lírica con que se canta a las ninfas o al amor; pero Meléndez consigue frecuentes momentos en que el robusto tono de su sincera voz indignada es inequívoca poesía:

> *...Ese bullicio,*
> *Ese continuo discurrir veloces*
> *Mil doradas carrozas, paseando*
> *Los vicios todos por las anchas calles;*
> *Esas empenachadas cortesanas,*

---

[201] Obra cit., pág. 197.

> *Brillantes en el oro y pedrería*
> *Del cabello a los pies; esos teatros,*
> *De lujo y de maldades docta escuela,*
> *Do un ocioso indolente a llorar corre*
> *Con Andrómaca o Zaida, mientras sordo*
> *Al anciano infeliz vuelve la espalda,*
> *Que a sus umbrales su dureza implora...* [202].

El sentimiento religioso, pero poco clerical, de Meléndez se expresa con poética fuerza en una estrofa de la citada epístola *El filósofo en el campo*:

> *Y mientras charlan corrompidos sabios*
> *De ti, Señor, para ultrajarte, o necios...* [203].

En su epístola X dedicada a *La mendiguez*, lacra convertida en una institución nacional y objeto de la cómoda caridad de los poderosos, Meléndez clama contra la existencia del falso mendigo y pide que se le ocupe en trabajos útiles:

> *El celo y la piedad a ambos retire*
> *De la vista común; a ambos reciba,*
> *Si no el taller, el afanoso arado;*
> *Su pecho inflame la ganancia activa,*
> *Y cada cual solícito, aplicado,*
> *De su noble jornal cual hombre viva...* [204].

Todas estas ideas y otras muchas, que animan la poesía «ilustrada» de Meléndez, pueden ser fácilmente calificadas ahora de vulgaridades, o vejeces; pero no es éste el criterio justo. En su día, incluso como mera ideología filosófico-social, lo eran bastante menos, o no lo eran en absoluto; en cualquier caso, como materia *poética* representaban una completa novedad, por lo menos en nuestra lengua; eran, ni más ni menos, un mundo inédito. La tradición renacentista-barroca había acotado como único objeto de la poesía una parcela de posibilidades, que había sido exprimida en la medida que la degeneración prolongada hasta mediados del XVIII permitía ver. Significado y significante —por decirlo en términos gratos a nuestros modernos estilistas— habían fenecido en igual medida. La lírica «ilustrada» trae entonces una nueva temática humana de muy largas posibilidades, que todo el siglo XIX, tanto el romanticismo como el realismo, habían de heredar, y que no queda, por lo tanto, tan limi-

---

[202] Ed. Valmar, cit., LXIII, pág. 205.
[203] Ídem, íd., pág. 206.
[204] Ídem, íd., pág. 212.

tada a su momento como suele decirse. Era la entrada en la poesía de toda una gama de inquietudes vivas y operantes frente a la delirante vaciedad de un barroco putrefacto. Por otra parte, el mismo prosaísmo en que una lírica de tal naturaleza podía fácilmente encallar y del que no está exento Meléndez, era un saludable tirón hacia una forma más directa y llana, más consuetudinaria y natural, remedio que una lengua atormentada por su propio delirio estaba pidiendo a voces.

Muchos otros poetas de su tiempo, antes y después de Meléndez, expresaron sus mismas ideas: Forner, Arjona, el conde de Noroña, Jovellanos, Cienfuegos, Lista; pero ninguno, dice Colford.[205], con tanta elocuencia y amplitud, y ninguno le iguala en la fuerza y la sinceridad ni mucho menos en el número de poemas dedicados a esta veta poética.

Los géneros poéticos. No fue Meléndez un poeta innovador en las formas métricas —cosa normal en un momento de rígidas exigencias preceptivas—, pero usó de las tradicionales con amplia libertad que le sitúa aparte de los clasicistas rigurosos. Se sirvió de gran variedad de metros y composiciones, pero manejó con especial soltura los metros cortos, en especial el heptasílabo y el octosílabo, en la oda anacreóntica y en el romance. El heptasílabo ya utilizado con gran maestría entre nosotros por Cetina y Villegas, adquiere en manos de Meléndez nuevos matices y flexibilidades: «Dio Meléndez a estas estrofas —dice Salinas— una fluidez cantarina y ligera, que, aplicándose sobre los temas de plástica y ardorosa sensualidad, hace un efecto como de gasa transparente, revestida más como incentivo que como vestidura sobre rosadas desnudeces. Este dominio de la anacreóntica fue uno de los secretos del éxito de Meléndez, y en los treinta primeros años del siglo XIX rarísimos son los poetas que a él escapan. Tal aceptación vino a tener la composición, que inmediatamente se pasó al uso exagerado de ella, y de aquí al abuso grotesco, como se ve en los periódicos de la época» [206]. Téngase en cuenta, sin embargo, según ya señalamos arriba, que el molde anacreóntico sirve a Meléndez para vaciar contenidos muy variados —no anacreónticos tan sólo— o para combinarlos, desde el bucolismo a la reflexión moral [207]. Ya nos hemos referido también a los grupos más importantes de estas composiciones.

[205] Obra cit., págs. 258-259.
[206] Introducción, cit., pág. XLVIII.
[207] Insiste Froldi en la ausencia de todo rigorismo formal en la obra y pensamiento de Meléndez y más aún en lo que atañe a los géneros y formas métricas, que nunca constituyen para él categorías rígidas. Así, la anacreóntica puede servir para temas más graves y el romance plegarse a los más diversos contenidos, con una libertad no conocida hasta entonces; a su vez, el espíritu anacreóntico puede expresarse en *letrillas*, en *romances* o incluso en *sonetos*. «Esta libertad —dice Froldi— nacía del hecho de que la forma era para el hombre 'ilustrado' más un instrumento que un fin» (*Un poeta illuminista...*, cit., pág. 135). Artista consumado —añade el crítico—, Meléndez Valdés no despreció nunca la forma, como lo prueba la atormentada obse-

En el romance Meléndez, dice Salinas, llevó a cabo una verdadera restauración «no arqueológica ni erudita, sino poética; esto es, infundiéndole una inspiración personal y una sensibilidad nueva, y le introdujo como moneda corriente en un mundo literario de donde estaba proscrito por vulgar»[208]. Meléndez cultivó el romance toda su vida y añadió nuevo número de ellos en cada una de sus ediciones de poesías. Salinas distingue un primer grupo de romances pastoriles y amorosos, con visible influjo de Góngora; a él pertenece, entre otros, el titulado *Rosana en los fuegos*, que comienza:

> *Del sol llevaba la lumbre*
> *Y la alegría del alba*
> *En sus celestiales ojos*
> *La hermosísima Rosana...* [209].

Después deja Meléndez su actitud imitativa y aplica el romance a sus peculiares visiones de la naturaleza, dentro de la técnica descriptiva que le es propia: «Estos romances son una cosa nueva en la poesía castellana —dice Salinas— y no ya imitaciones más o menos perfectas de Góngora»[210]. Destacan en este grupo *La lluvia* y *La tarde*. Un tercer momento, todavía de mayor altura, de romances auténticamente líricos en que se recogen ecos y tribulaciones de su vida lo representan los escritos en sus últimos años, «verdaderas poesías de confesión y confidencia», tales como *El náufrago*, *Los suspiros de un proscrito* y *Mis desengaños*. Colford, por su parte, señala la intensificación de la cuerda grave que tiene lugar al avanzar la vida del poeta; incluso en sus descripciones de la naturaleza se mezclan consideraciones moralizadoras y propósitos de crítica social. Igualmente se cambia la actitud respecto al amor, que se extiende ahora hacia la pasión conyugal y las delicias del amor paterno, mientras las cualidades espirituales de la amada son exaltadas por encima de la belleza corporal; a este momento pertenecen *El cariño paternal*, *El niño dormido* (citado anteriormente como característico de blando sentimentalismo), *La ternura maternal*, *La hermosura del alma*, etc.

Grupo aparte forman los dos romances titulados *Doña Elvira*, que pertenecen seguramente a la última época del autor. Formaban serie con un tercer romance que se ha perdido, con lo cual el relato queda incompleto.

---

sión con que pulía y variaba sus versos; pero la poesía le interesaba sobre todo como comunicación y tenía de ella un ideal moral y humano. Froldi pone muy de relieve la diferencia entre esta concepción poética de Meléndez Valdés, propia de su pensamiento 'ilustrado', y la pretensión de los auténticos *neoclásicos*, seguidores de Luzán, de imponer reglas o cánones, de acuerdo con un racionalismo abstracto.

[208] Introducción, cit., pág. LI.
[209] Ed. Valmar, cit., LXIII, pág. 132.
[210] Introducción, cit., pág. L.

El particular interés de estos romances, enteramente distintos de todos los otros del autor, reside en su condición de auténticos *romances históricos* —de *fronterizos* los califica certeramente Colford—, en los cuales podemos encontrar todos los elementos de una leyenda romántica al modo de Rivas y Zorrilla; asunto, ambiente, estilo, escenografía un tanto teatral y efectista, monólogo dramático, «todo ello del más puro color romántico» [211].

También escribió Meléndez *Letrillas*, casi todas en versos de seis sílabas, aunque las hay asimismo de cinco y de siete. La presencia de un estribillo justifica aquella denominación, pero, por su contenido, están muy cerca de las composiciones anacreónticas; sobre la consabida estilización del paisaje campestre se invita al amor, al vino, a la amistad, o se describen las gracias de la amada. Destacan en este grupo las dos letrillas a *La flor del Zurguén, A unos lindos ojos, El ricito, El lunarcito*. Especial interés ofrece la titulada *La libertad a Lice*, traducción de una *canzonetta* de Metastasio, que Colford pondera por la gracia con que Meléndez ha capturado el espíritu del original.

Menos valor encierran los *Sonetos* (pocos en número y pertenecientes a sus años de juventud) de tema pastoril. Sus doce *Silvas* son de mérito desigual. La titulada *Sobre mi amor. Silva poética en verso blanco endecasílabo* es importante por su respuesta a la carta de Jovellanos dirigida a los poetas de Salamanca. En la silva *A las musas* lamenta sus ocupaciones como magistrado que le impiden el cultivo de la poesía y suspira por la tranquilidad de su antigua vida en Salamanca; parecido tema desarrolla en *Mi vuelta al campo*: «Ya vuelvo a ti, pacífico retiro. Altas colinas, valle silencioso...». En ambas abundan los pasajes de gran belleza y emoción.

Los siete *Idilios* forman un conjunto de notable importancia en la poesía de Meléndez; seis de ellos —*Los inocentes, La corderita, La ausencia, El hoyuelo en la barba, La vuelta* y *La primavera*— están compuestos en versos de seis sílabas, y el séptimo —*A la amistad*— en heptasílabos. Todos ellos pertenecen a la forma bucólico-pastoril más característica del Meléndez joven, y sin duda alguna fueron escritos en dicha época aunque no aparecieron hasta la edición de 1820. A propósito de ellos se menciona siempre la influencia de Gessner, cuya maestría en el género le convertía en el modelo imitado en todas las literaturas de Europa. Colford discute, sin embargo, esta repetida afirmación. Meléndez no sabía alemán, aunque cierto que conoció al poeta suizo en sus traducciones francesas, italianas e inglesas; en carta a Jovellanos en 1778 le dice que acaba de oír por vez

---

211 Ídem, íd., pág. LI. No tenemos por aceptable, en cambio, la opinión de Salinas de que es Meléndez el primer cultivador de esta poesía histórico-legendaria en España, título que debe serle reconocido a Moratín el Viejo, según hemos dejado dicho en páginas anteriores a propósito de dicho autor.

primera el nombre de Gessner, pero que aún no ha visto ninguna de sus obras. Sin embargo, más de un año antes, también en carta a Jovellanos, habla Meléndez de su traducción de los *Idilios* de Teócrito; y dado que éste es el modelo reconocido del suizo, las posibles relaciones entre los dos bien pueden explicarse por el común maestro, sin acudir a ningún influjo directo; sobre todo, habida cuenta de que Meléndez cultivaba este género bastante antes de haber leído a Gessner. En cambio, Colford [212] sugiere la posible influencia del suizo más que en el tono idílico de sus versos, en ciertas ideas de sentimentalismo humanitario, que se atribuyen exclusivamente al influjo de la lectura de Rousseau, pero que también se encuentran en el prólogo de los *Idilios* gessnerianos.

De las cinco *Eglogas* de Meléndez merece destacarse la V, *El zagal del Tormes*, donde los recuerdos de su vida de Salamanca se mezclan con reminiscencias garcilasianas. Bella es también la titulada *Aminta*. Sin embargo, *En alabanza de la vida del campo*, la que premiada por la Academia, le conquistó la fama literaria, queda muy por debajo de las anteriores.

Entre sus *Elegías* hay que distinguir las así llamadas simplemente, que son de escaso valor, y las *Elegías morales*, más bien poemas filosóficos. En estas últimas, que el propio Meléndez confiesa haber escrito inmerso por entero en el espíritu de los *Night Thoughts* de Young, destaca la titulada *El melancólico a Jovino*, en la que solicita el consejo y la ayuda moral de Jovellanos, en tono excesivamente plañidero y sentimental. Todas estas composiciones están escritas en tercetos endecasílabos o en endecasílabos blancos.

Las *Odas* constituyen un importante grupo de la producción poética de Meléndez (bien entendido que las calificadas de *anacreónticas* son ajenas a las que ahora nos ocupan). Una parte de ellas, en número de 35, son llamadas así, simplemente, sin otra denominación. Están compuestas en metros muy variados y muestran toda la diversidad de temas y de géneros y la variedad de actitud moral que puede observarse en el conjunto de sus escritos. Algunas tratan asuntos amorosos; otras están dirigidas a sus amigos, y generalmente les exhorta a mostrarse firmes en la adversidad, con tonos muy horacianos que se acusan especialmente en dos de ellas: la oda XXIX, *Que es locura engolfarse en proyectos y empresas desmedidas, siendo la vida tan breve y tan incierta*, y la XXXII, *Que la felicidad está en nosotros mismos*. Es frecuente encontrar mezcladas en estas composiciones las huellas de los poetas clásicos y de los contemporáneos de Meléndez como Thomson o Saint-Lambert.

Las *Odas filosóficas y sagradas*, en número de 34, muy varias también en su versificación, comprenden algunas de las piezas más representativas de Batilo. Aunque varias de ellas, como la dedicada *A la muerte de Ca-*

---

[212] Obra cit., pág. 227.

dalso, fueron escritas en sus días de juventud, la mayoría pertenece a la fase más grave y meditativa de Meléndez, y muchas de sus preocupaciones filosóficas y sociales, a que nos hemos referido, tienen su expresión en estas poesías. *El invierno es el tiempo de la meditación* y *La tribulación* son meditaciones en que se vacía la melancólica insatisfacción del escritor; varias composiciones dan cauce al sentimiento religioso del poeta: *La presencia de Dios, Al ser incomprensible de Dios, Vanidad de las quejas del hombre contra su Hacedor, Inmensidad de la naturaleza y bondad inefable de su autor*, etc. Reflexiones morales se expresan en *La prosperidad aparente de los malos*. Meléndez acertó a captar sutilmente el espíritu poético de fray Luis de León, que por aquellos días estaba siendo redescubierto y amado por los poetas de Salamanca, y del gran agustino hay frecuentes reminiscencias en varias de las composiciones religiosas mencionadas [213]; pero esta imitación o apropiación es aún más patente en una de las mejores obras del grupo, la oda *De la verdadera paz*, oportunamente dedicada a fray Diego González, enamorado luisista, entonces ocupado en la *Exposición del libro de Job*. Toda la composición invita a la paz y la serenidad de espíritu, que traerían al fin la felicidad sobre la tierra.

La preocupación de la época por la ciencia natural, y particularmente por la astronomía, inspira varias composiciones de Meléndez: *A un lucero, Al sol, A las estrellas, A la luna*, en donde se mezclan conocimientos científicos y pensamientos religiosos con lecciones morales extraídas de la contemplación de la naturaleza.

Otro aspecto muy genuino de la centuria ilustrada es el que se encierra en las odas *A la verdad* y *El fanatismo*, flojísimas por cierto, diluidas en consideraciones de suma vaguedad. El sentimiento de la patria y el deseo de verla redimida de sus luchas fratricidas es el asunto de *Afectos y deseos de un español al volver a su patria* y *A mi patria en sus discordias civiles*.

Finalmente, la ideología de la Ilustración y el pensamiento humanitario de Meléndez encuentran su expresión más cumplida en las *Epístolas* y *Discursos*, a varios de los cuales nos hemos referido arriba a propósito de esta faceta de su obra. Aparte de la mencionada epístola a Godoy en relación con el *Semanario de Agricultura*, en otras dos ocasiones se dirigió Meléndez al Príncipe de la Paz; una, exhortándole a proteger las ciencias y las artes, y otra *Sobre la calumnia*, pero en ambas se debate en vagas consideraciones y queda muy por debajo de aquella primera. Otras *epístolas* van dirigidas a Jovellanos; una de ellas para dedicarle el primer volumen de sus poesías, otra al ser elevado al Ministerio de Gracia y Justicia. De este grupo forman parte *El filósofo en el campo* y *La mendiguez* arriba

---

[213] Cfr.: William Atkinson, «Luis de León in Eighteenth Century Poetry», en *Revue Hispanique*, LXXXI, 1933, págs. 363-376.

mencionada, a cuyo espíritu reformista, noble y audaz, nos hemos ya referido. Entre los *discursos* destaca *La despedida del anciano*, al que hemos aludido también.

El estilo poético de Meléndez. La precedente enumeración de la obra poética de Meléndez nos revela la amplitud de la temática y formas cultivadas y hace pensar en una producción de rica variedad. Así es, aparentemente, pero de hecho la obra de Meléndez nos deja con demasiada frecuencia la impresión de una tediosa monotonía, que puede explicarse por varias causas. En primer lugar, Meléndez tiene una invencible, irremediable proclividad a la amplificación; pasa y repasa, con insistencia de abejorro, sobre unos mismos temas, modulándolos con infinitos pequeños matices, pero sin añadir ninguna nueva nota esencial. Sus cuatro odas anacreónticas, por ejemplo, sobre *La inconstancia* están inspiradas por los versos de un romance de Góngora «Guarda corderos, zagala, — zagala, no guardes fe...», que Meléndez es capaz de estirar hasta sacar de este asunto varios centenares. Colford comenta que si Meléndez hubiera escrito música en lugar de poesía, estas piezas se hubieran titulado *Variaciones sobre un tema de Góngora*, y habrían sido arregladas para un cuarteto de cuerda a la manera de sus contemporáneos Haydn, Bach o Mozart. Lo mismo sucede con las 32 odas a *La paloma de Filis*, que modulan hasta el agotamiento los versos de Catulo *Al pájaro de Lesbia*. Salinas recuerda que muchas composiciones de Meléndez fueron retocadas en sucesivas ediciones, pero siempre para añadirles nuevas estrofas o versos, que a veces duplican y hasta triplican la extensión de la versión primera. Este prurito, que revela, como dice Salinas, la indecisión del gusto del poeta incapaz de entender que ciertas formas de su poesía eran ya intangibles[214], añade redondeces sobre redondeces, hasta convertir algunas composiciones en una masa algodonosa, sin contornos precisos, sin ángulos, casi sin perfil.

Meléndez asegura en sus prólogos que corregía escrupulosamente sus versos con alto afán de lima y perfección; pero, de hecho, poseía una caudalosa facilidad que es su mayor escollo; ignora el corte abrupto, la contenida insinuación, y nunca sabe cuándo hay suficiente.

A esta blandura, nacida de su técnica poética y enraizada en lo más hondo de su personalidad, se suma la que deriva de la misma materia tratada —entiéndase en los poemas de asunto amoroso— tanto en su aspecto humano como en la escenografía que la envuelve. Ya dijimos que Meléndez reduce la naturaleza a los solos aspectos placenteros y toda la adjetivación está escogida para producir sensaciones muelles, gratas, llenas de halago y suavidad: las ondas son *plácidas*, *gracioso* el arroyuelo, *florido* el valle, *claras* las linfas, las hojas *delicadas*, *alegre* el bullicio, *suaves* los

---

pasos, *fresca* y *mullida* la hierbezuela. El constante empleo de diminutivos forma parte de esta premeditada suavidad: *cupidillos, pequeñuela, labienzuelo, lengüecita, pececillos;* más acusado todavía cuando se alude a bellezas de la amada: *hoyitos, ricitos, lunarcitos, manecitas.* Los sustantivos, a su vez, se escogen de la índole más amable: *pichón, tórtola, palomita, jilguero, colorín, alondra, ruiseñor, mariposa, corderita, céfiro, jazmín...* [215]. Esta lindeza artificiosa, que no es, al cabo, sino la usual de toda lírica bucólica, parece adquirir en Meléndez un particular amaneramiento nacido simplemente de su multiplicación, del aludido tratamiento acumulador y amplificador a que la somete.

Tales aspectos, por muy acusados y visibles, son los que fueron más fácilmente imitados y contagiaron a muchos poetas de su tiempo; y fueron a su vez los que provocaron las censuras de los enemigos, tanto de sus contemporáneos como, más tarde, de los románticos. Refiriéndose a este aspecto decía Hermosilla de Meléndez que era «el corifeo de un nuevo gongorismo, tan detestable como el antiguo» [216]. Pero el paralelo es por entero desafortunado. La artificiosidad de Meléndez es sencilla y clara. Meléndez trató, con perfecta conciencia de su empresa, de levantar el estilo poético, evitando a la vez los dos extremos: el demasiado alambicamiento y la excesiva frialdad del prosaísmo de su época. En el prólogo a la primera edición de sus poesías escribe: «Estos versos no están trabajados ni con el estilo pomposo y gongorino, que por desgracia tiene aún sus patronos, ni con aquel otro lánguido y prosaico, en que han caído los que sin el talento necesario buscaron las sencillas gracias de la dicción, sacrificando la majestad y la belleza del idioma al inútil deseo de encontrarlas. El autor ha observado que los mejores modelos huyeron constantemente de estos dos vicios, y siguió sus huellas en cuanto pudo, seguro de que son las que dejaron impresas la razón y el buen gusto» [217].

A este propósito de elevar el tono de la poesía tiende su costumbre de servirse de ciertos vocablos y locuciones anticuadas; y, así, dice en el prólogo de su edición de 1797: «Ni tampoco he sido escrupuloso en usar de algunas voces y locuciones anticuadas, ya porque las he hallado más dulces, más sonoras o más acomodadas para la belleza de mis versos, ya porque estoy persuadido de que contribuyen en gran manera a sostener la riqueza y noble majestad de nuestra lengua, adulterada malamente y afeada a cada paso con voces y frases de origen ilegítimo, que sin necesidad introducen en ella los que no la conocen. Copiosa, noble, clara, llena de dulzura y armonía, la haríamos igual a la griega y latina si trabajásemos en ella y nos esmerásemos en cultivarla» [218].

---

[215] Véase Colford, obra cit., pág. 284.
[216] Cit. por Colford, en íd., pág. 285.
[217] Cit. por Colford, en íd., pág. 286.
[218] En Valmar, cit., LXIII, pág. 88.

El dulce lenguaje de las anacreónticas y pastorales se transforma cuando el poeta se ocupa de temas elevados. En éstos le interesa más a Meléndez el contenido que la forma y el lenguaje es mucho más sobrio. «En las poesías filosóficas y morales —dice en el prólogo de 1797— he cuidado de explicarme con nobleza, y de usar un lenguaje digno de los grandes asuntos que he tratado»[219]. Meléndez, según advierte Colford, se siente, en cambio, como un iniciador en la tarea de adaptar el castellano a los temas filosóficos, y después de enaltecer la abundancia y nobleza de su lengua, añade: «Mas, poco acostumbrada hasta aquí a sujetarse a la filosofía ni a la concisión de sus verdades, por rica y majestuosa que sea, se resiste a ello no pocas veces, y sólo probándolo se puede conocer la gran dificultad que causa haberla de aplicar a estos asuntos. Dése, pues, a mis composiciones el nombre de pruebas o primeras tentativas, y sirvan de despertar nuestros buenos ingenios, para que con otro fuego, otros más nobles tonos, otra copia de doctrina, otras disposiciones, los abracen en toda su dignidad, poniendo nuestras musas al lado de las que inspiraron a Pope, Thomson, Young, Racine, Roucher, Saint-Lambert, Haller, Utx, Cramer y otros célebres modernos sus sublimes composiciones, donde la utilidad camina a par del deleite, y que son a un tiempo las delicias de los humanistas y filósofos»[220].

El blando, melifluo y sensual Meléndez de la lírica amorosa se expresa, efectivamente, en las mencionadas composiciones con la prometida nobleza y dignidad; oímos ahora un nuevo vocabulario: *verdad, error, espíritu, nobleza, ambición, opulencia, grandeza, orgullo, razón, calumnia, inmortalidad, sombras, quietud;* y la adjetivación adquiere un tono más dramático y enérgico: *vasto, noble, alto, excelso, justo, divino, puro, profundo, fatal, horrible, umbrío*[221].

Lo que no varía, sin embargo, es la manía amplificadora; Meléndez necesita expresar una idea del derecho y del revés, sacarle los forros y darle la vuelta en todas direcciones. Ignora el arte supremo de encerrar la materia poética o conceptual en las palabras justas y acuñar esos versos insustituibles que son el patrimonio de los grandes poetas. Por esto, sin duda, sus composiciones ideológicas han podido parecer más débiles de lo que son en realidad. En su lira amorosa, la gracia juguetona, el primor menudo, la soltura descriptiva, el brillo halagador de las imágenes, hacen más soportable la insistencia en unos mismos motivos. Pero sus ideas de hombre «ilustrado» hubieran requerido para convertirse en moneda poética la capacidad troqueladora de un Quevedo. No es que sus temas no pudieran ser cantados poéticamente por prosaicos o por vulgares; nada más llano y vulgar que la lección ascética de las *Coplas* de Manrique;

---

[219] Idem, íd.
[220] Idem, íd.
[221] Véase Colford, cit., pág. 289.

pero si Meléndez hubiera expresado estos pensamientos los hubiese disuelto en una enorme masa, al modo como ciertos minerales diluyen sus átomos activos en toneladas de ganga inerte. Las poesías filosóficas y sociales de Meléndez no son, en la mayoría de ocasiones, lugares comunes, vaguedades abstractas y «rapsodias humanitarias», como generalmente se dice; son temas vivos de una sociedad en transformación que el poeta quiere ofrecerle a su lira. Lo que sucede es que, quien había sido capaz de escribir 32 odas a *La paloma de Filis*, difícilmente podía dar a sus pensamientos la urgente contundencia, tan indispensable como ajena a su derramada fluidez verbal. Por esto, cuando consigue restañar un tanto su consustancial prolijidad, logra momentos de intensa poesía, mucho más auténtica, a nuestro entender, que en los juguetes de su lírica amatoria que hicieron famosa la denominación de «dulce Batilo», y que viene siendo tradicional, y rutinariamente, preferida.

Los «Discursos forenses»: la prosa «ilustrada» de Meléndez. La solidez y coherencia del pensamiento filosófico-social de Meléndez se echa de ver en sus escritos en prosa, que suelen dejarse de lado frecuentemente. En 1821, un año después de la edición póstuma de sus poesías completas, se editaron en Madrid los *Discursos forenses de D. Juan Meléndez Valdés;* siete discursos y tres informes comprende esta colección. La variedad de los casos tratados permite conocer la actitud del poeta frente a numerosos problemas legales, sociales y filosóficos, y compararla con la expuesta en sus poemas «ilustrados». A la luz de esta confrontación, puede apreciarse cumplidamente, contra lo que viene repitiéndose, que no constituyen sus ideas la supuesta serie de vaguedades filantrópicas, propias de un poeta sentimental. Meléndez se ocupa, entre otras muchas cuestiones, de la reforma de los códigos penal y civil, del orden público en relación con la libertad de acción y de palabra, del empleo de la tortura, la prevención de la criminalidad, el régimen de las cárceles, los hospitales y los asilos, problemas de orden económico y social, mejora y reforma de la enseñanza; todo un programa reformista, amplio y coherente, que nos muestra a Meléndez como un riguroso experto en las materias de su profesión y profundo conocedor de las doctrinas políticas, económicas y sociales de su época. Colford, que considera a Meléndez como uno de los hombres más cultos de la España de su tiempo, señala los numerosos escritores europeos cuya presencia intelectual, a propósito de todas las materias citadas, se manifiesta en sus piezas forenses: Condorcet, Condillac, Destutt de Tracy, Turgot, Polignac, Quesnay, D'Alembert, Helvétius, Diderot, Voltaire, Montesquieu, Rousseau, Locke, Beccaria, Pestalozzi, junto a la de los grandes reformistas de su propio país, como Jovellanos, Campomanes y Cabarrús, y los pensadores clásicos españoles desde Vives al padre Mariana.

Señala Colford [222] igualmente las analogías entre el pensamiento de Meléndez y muchos puntos de la *Declaración de Derechos de la Constitución Americana*, y destaca el parecido moral de nuestro poeta-magistrado con los grandes forjadores de la libertad de los Estados Unidos: Washington, Jefferson, Franklin, Adams, en cuyo ambiente, dice, hubiera Meléndez encontrado fácilmente su sitio. Parece bastante, frente a los que imaginan a Meléndez tan sólo como un soñador de vagas delicuescencias pastoriles.

LA SEGUNDA ÉPOCA DE LA ESCUELA SALMANTINA

MANUEL JOSÉ QUINTANA

El poeta más representativo de los últimos años del siglo XVIII y primeros del XIX es el madrileño Manuel José Quintana, nacido en 1772, con el cual penetra en el nuevo siglo la más robusta voz de la poesía dieciochesca. El hecho de cabalgar sobre ambos siglos y haber prolongado su vida hasta 1857, aparte ciertas peculiaridades de su lírica, plantean el problema de su filiación entre el neoclasicismo y el romanticismo. Díaz-Plaja sostiene [223] que no pertenece plenamente a ninguna de las dos escuelas sino a una zona intermedia; Lázaro Carreter [224] le enmarca en una «segunda época» de la *escuela salmantina* del Setecientos —localización que adoptamos—; Menéndez y Pelayo, en su admirable estudio del poeta [225], afirma resueltamente que Quintana pertenece, sin posible equívoco, al siglo XVIII, es decir, al neoclasicismo: discípulo de Meléndez Valdés en Salamanca, imbuido de las más genuinas ideas políticas y sociales del enciclopedismo francés, clásico puro, seguidor de la poética de Boileau, admirador de la tragedia francesa, Quintana no transigió jamás con el romanticismo «ni en la teoría ni en la práctica»; de hecho —puntualiza Menéndez y Pelayo— no escribió ninguna composición poética de verdadera importancia después de 1808. César Real de la Riva excluye de la *escuela salmantina* a Quintana y a todos los poetas de su grupo, aunque admite que son «de formación salmantina» y que en sus versos, sobre todo en los de juventud, recuerdan formas y tonos característicos de dicha escuela, debido a la influencia que sus poetas, particularmente Meléndez, ejercieron sobre ellos; los considera más bien como «el puente que une esta

---

[222] Obra cit., págs. 332-333.
[223] *La poesía lírica española*, cit., pág. 295, nota 2.
[224] «La poesía lírica...», cit.
[225] M. Menéndez y Pelayo, «Quintana considerado como poeta lírico», en *Estudios y discursos de crítica histórica y literaria*, ed. nacional, vol. IV, Santander, 1942, páginas 229-260.

agrupación con la poesía nacional del siglo XIX, de la cual son algunos ilustres representantes» [226]. Para Real, el influjo de lo extranjero y la aproximación a lo romántico representan los imprecisos límites de la escuela salmantina propiamente dicha. Dérozier [227] acepta esta definición de Real, pero subrayando que se trata de un grupo homogéneo porque proponen una nueva orientación para la poesía y les distingue una forma y un estilo peculiares; comienzan unidos por el neoclasicismo y acaban estándolo por el prerromanticismo y por una identidad de actitudes derivadas de la guerra franco-española; Dérozier los caracteriza por la intransigencia y la expresión categórica, la ausencia de color y el predominio de la inteligencia sobre la imaginación. Luego veremos en dónde reside, a juicio de Dérozier, la novedad de su poesía. Por nuestra parte, no vemos inconveniente mayor en aceptar para este grupo la denominación de *Segunda época de la escuela salmantina* por haberse formado en ella y derivado de ella; los nuevos rasgos que los distinguen, no siendo opuestos sino desarrollo y proceso de una raíz anterior, justifican —y basta con ello— el epíteto de *segunda*, sin que parezca necesario buscar para este grupo de poetas una etiqueta nueva. Tan sólo una profesión de inequívoco romanticismo exigiría, a nuestro juicio, dar por cerrada la *escuela salmantina*, caracterizada esencialmente por sus directrices neoclásicas, cualesquiera que sean las vetas o matices que enturbien su pureza.

Hijo de un relator del Consejo de Órdenes y profesor de Derecho Canónico en la Universidad de Salamanca, Quintana [228] estudió retórica y

[226] «La escuela poética salmantina del siglo XVIII», cit., pág. 342.

[227] Albert Dérozier, *Manuel Josef Quintana et la naissance du libéralisme en Espagne*, Annales littéraires de l'Université de Besançon, París, 1968, pág. 251. La obra de Dérozier, fundamental para el estudio de Quintana y de su época, consta de dos volúmenes, el segundo de los cuales está dedicado a documentos inéditos y olvidados.

[228] Para la biografía y obra de Quintana, cfr.: Leopoldo Augusto de Cueto, marqués de Valmar, «Juicio crítico de Quintana como poeta lírico», en *Discursos leídos en las recepciones públicas que ha celebrado desde 1847 la Real Academia Española*, 14 de marzo de 1858. Antonio Alcalá Galiano, «Contestación al Juicio crítico de Quintana como poeta lírico de Leopoldo Augusto de Cueto», en ídem, íd. Manuel Cañete, prólogo a la edición de *Obras inéditas* de Quintana, luego citadas. Nemesio Fernández Cuesta, «Noticia biográfica de D. Manuel José Quintana», en Valmar, *Poetas líricos del siglo XVIII*, cit., LXVII, págs. 185-187. Antonio Pirala, «Discurso sobre Quintana», en *Discursos leídos ante la Real Academia de la Historia*, 19 de junio de 1892. Antonio Sánchez Moguel, «Contestación al discurso sobre Quintana de Antonio Pirala», en ídem, íd. Enrique Piñeyro, *Manuel José Quintana (1772-1857). Ensayo crítico y biográfico*, Chartres, 1892. M. Menéndez y Pelayo; además del estudio citado en nota anterior, véase: «Don Manuel José Quintana. La poesía lírica al principio del siglo XIX», en *La España del siglo XIX. Colección de conferencias históricas celebradas durante los cursos de 1885-1886 y 1886-1887*, 3 vols., Madrid, 1886-1887; *Historia de los heterodoxos españoles*, ed. nacional, 2.ª ed., V, Madrid, 1965, págs. 321-330; *Historia de las ideas estéticas en España*, ed. nacional, 3.ª ed., III, Madrid, 1962, págs. 409-418. Ernest Mérimée, «Les poésies lyriques de Quintana», en *Bulletin Hispanique*, IV, 1902, págs. 119-153. Juan Pérez de Guzmán, «Las mocedades de D. Manuel Josef Quintana», en *La Es-*

filosofía en el Seminario Conciliar de dicha ciudad y derecho civil y canónico en su Universidad, donde fue discípulo de Meléndez. Sólidamente formado y precocísimo para la poesía, en 1788, cuando sólo tenía 16 años, publicó su primer libro de versos inspirado por la lectura de su maestro y de los clásicos. En 1791 escribió un poema didáctico en tercetos sobre *Las reglas del drama*, que presentó a un concurso de la Academia y no fue premiado. Al firmarse en 1795 la Paz de Basilea, Quintana escribió su oda *A la paz entre España y Francia*, y obtuvo el cargo de agente fiscal de la Junta General de Comercio. Algunos trabajos críticos, dos obras teatrales —*El Duque de Viseo* y *Pelayo*— y nuevas composiciones líricas y patrióticas, que reunió en un volumen publicado en 1802, cimentaron su fama. En 1803 fundó el periódico *Variedades de Ciencias, Literatura y Artes*, donde dio a conocer notables artículos de crítica, y en 1805 escribió su oda *Al combate de Trafalgar*. En 1807 publicó el primer volumen de sus *Vidas de españoles célebres*, que continuó años más tarde, y los primeros tomos de las *Poesías selectas castellanas*, en las que ofreció una antología de nuestros clásicos que, si no exenta de defectos, difícilmente evitables en su época, superaba ampliamente a todas las colecciones anteriores; incluyó además unas introducciones críticas, de gran sagacidad y justeza, que sólo en contados puntos, mediatizados por su peculiar juicio de escuela, pueden ser hoy rectificadas.

Al producirse la crisis nacional de 1808 Quintana se entregó resueltamente a la causa nacional a pesar de sus ideas enciclopedistas, editó un volumen de *Poesías patrióticas* y comenzó la publicación del *Semanario patriótico*, que continuó luego en Sevilla y Cádiz cuando, al entrar Napoleón en Madrid, tuvo que huir de la capital. Al servicio de la Junta Cen-

paña *Moderna*, CLXXXV, 1904, págs. 116-139; del mismo, «Documentos para la bibliografía de D. Manuel José Quintana», en *Boletín de la Real Academia de la Historia*, LVII, 1910, págs. 376-381. Antonio Rodríguez-Moñino, *El retrato de Quintana pintado por Ribellas*, Madrid, 1954. Albert Dérozier, «Les étapes de la vie officielle de Manuel Josef Quintana», en *Bulletin Hispanique*, LXVI, 1964, págs. 363-390; y su libro citado en la nota anterior.
Ediciones de sus obras: Quintana dirigió personalmente la edición de sus *Obras completas* para la B. A. E., vol. XIX, Madrid, 1852 (nueva ed., Madrid, 1946), siendo el único autor vivo a quien se le concedía el honor de figurar en dicho «magnífico panteón literario», según dice en la nota preliminar Antonio Ferrer del Río. *Obras inéditas precedidas de una biografía del autor por su sobrino D. M. J. Quintana y de un juicio crítico por el Ilmo. Señor Don Manuel Cañete de la Academia Española*, Madrid, 1872. *Obras completas*, nueva edición de lujo revisada y anotada, con escritos inéditos, documentos históricos y políticos, cartas, apéndices, etc., 3 vols., Madrid, 1897-1898. Valmar, *Poetas líricos del siglo XVIII*, cit., B. A. E., LXVII, págs. 185-205. *Manuel José Quintana. Poesías*, edición de Narciso Alonso Cortés, «Clásicos Castellanos», Madrid, 1927. Narciso Alonso Cortés, «Poesías juveniles de Quintana», en *Revista de la Biblioteca, Archivo y Museo del Ayuntamiento de Madrid*, X, 1933, págs. 211-240. *Manuel José Quintana. Poesías Completas*, ed. de Albert Dérozier, Madrid, 1969. Para las ediciones anteriores a las primeras *Obras completas*, véase la «Noticia bibliográfica» en la citada ed. de Dérozier, págs. 40-41.

tral, que le confió diversos cargos, escribió entusiastas manifiestos y proclamas, convirtiéndose en la voz de la resistencia nacional española. Movido por su adhesión inquebrantable a la ideología liberal, participó activamente en las Cortes de Cádiz; pero al producirse la restauración de Fernando VII y del régimen absolutista, Quintana fue víctima de la reacción
que persiguió a los constitucionalistas: fue privado de cargos y honores —había sido elegido en 1814 académico de la Española y de la
de San Fernando—, procesado por la Inquisición y encerrado durante seis
años en la ciudadela de Pamplona. Al restablecerse la Constitución en
1820, Quintana fue libertado y nombrado presidente de la Dirección de
Estudios, pero la nueva reacción absolutista de 1823 le desposeyó y desterró al pueblo extremeño de Cabeza de Buey, donde permaneció cinco
años, hasta que en 1828 se le permitió volver a Madrid. A la muerte de
Fernando VII se le nombró prócer del reino, presidente de Instrucción
Pública, senador vitalicio y ayo instructor de la reina Isabel. Pocos escritores han conocido la gloriosa vejez de Quintana. Alejado casi por entero de toda actividad literaria, era reconocido como un clásico en vida;
la reputación de su integridad y su patriotismo, sus virtudes cívicas y morales le ponían a cubierto de los ataques partidistas, fueran éstos literarios o políticos. Cuando el periódico *La Iberia* propuso que Quintana fuera coronado solemnemente, todos los diarios y los escritores más notables
se adhirieron a la propuesta, y la propia reina ciñó al poeta una corona
de oro, honor no dispensado hasta entonces a ningún otro escritor español.

Hemos dicho que Quintana comienza su producción poética bajo el magisterio de Meléndez, cuya huella es patente en los romances, silvas y
elegías de su primera colección de versos (1788). Pero el influjo de Batilo
es menos importante en el campo de la lírica erótica, que Quintana abandonó enseguida, que en sus composiciones *filosóficas*. El propio Meléndez
en el prólogo a sus poesías en 1797 afirmaba que en este género él no era
sino un aficionado y señalaba la futura importancia de escritores jóvenes
como Cienfuegos y Quintana, a quienes él había contribuido a formar.
Bien pronto la influencia de Meléndez es sustituida por la de Cienfuegos,
que se le anticipa en el cultivo de la poesía filosófica y patriótica de potente entonación, en defensa de los ideales de libertad y de progreso. Pero
la obra de Quintana aventaja rápidamente a la de su compañero y nuevo
maestro y queda enseguida reconocido como jefe de este grupo o escuela.

De la lírica de Quintana se dice siempre que no poseía sino una sola
forma y una temática única: la oda heroica sobre motivos patrióticos y
humanitarios. Valmar fue el primero que definió la poesía de Quintana
según este criterio, refrendado luego por Menéndez y Pelayo y del que
apenas nadie ha disentido. Narciso Alonso Cortés, en el prólogo a la edición de sus poesías, trata de probar que no le eran ajenos los sentimien-

tos del amor, la religión y la naturaleza, y cita en su apoyo composiciones como *A la hermosura*, *La danza*, *A Celida*, *A Elmira*, y fragmentos de algunas pocas más. Dérozier dedica particularmente esfuerzos a demostrar también, con muchos más ejemplos y refiriéndose a mayor número de composiciones, aparte incluso de las líricas, que Quintana no era refractario al mundo de los sentimientos, que no era hombre «de piedra o mármol» [229] (el mármol es también una piedra, evidentemente) y a poner de relieve la falsedad —lugar común de la crítica sobre Quintana— de que su lira no tenía sino una sola cuerda. Los resultados de Dérozier son incuestionables; pero nos parece evidente, pese a todo, que lo que caracteriza inequívocamente la obra lírica de Quintana, lo que le dio en su tiempo la gloria de que gozó y le convierte en el maestro, no superado, de un específico mundo lírico, es su condición de *poeta cívico* [230].

Como poeta del enciclopedismo filosófico y cosmopolita, Quintana cree en el progreso indefinido y en la futura emancipación de la humanidad, canta los triunfos de la ciencia y de la industria, maldice a los opresores y a los déspotas y define con ardorosa elocuencia los derechos del hombre; «sus héroes son Gutenberg, Copérnico, Galileo, Jenner, Franklin, Rousseau, Confucio y otros por el mismo orden, con los cuales viene a constituir un nuevo panteón de divinidades» [231]. Sobre dichos temas escribe sus famosas composiciones *A la invención de la imprenta* (1800) y *A la expedición española para propagar la vacuna en América bajo la dirección de don Francisco Balmis* (1806). En la primera de dichas odas se propone celebrar las artes mecánicas y promete, gracias a los progresos técnicos, la libertad y la igualdad de los hombres. Como hace notar Daniel-Henri Pageaux, en su excelente estudio sobre el poeta [232], la libertad cantada en la oda *A Padilla* tenía el carácter de una revuelta, diríase *ocasional*, para abatir el despotismo; pero en la oda *A la imprenta* el canto a la libertad adquiere un significado filosófico mucho más amplio; el triunfo de las luces se convierte en un ideal revolucionario, un fermento social; el poeta presenta la ignorancia como hija de la tiranía y justifica así su lucha contra la oscuridad y el despotismo. En la segunda oda mencionada

---

[229] Véase *Manuel Josef Quintana...*, cit., cap. V.

[230] El hecho de que en la obra lírica de Quintana haya que buscar los sentimientos amorosos, etc., como se buscan trufas en un parque, revela, sin posible duda, que si Quintana también reaccionaba ante tales estímulos, no son éstos precisamente los que destacan en su poesía; el propio Dérozier, al tener que definir en una breve fórmula lo capital de su obra lírica, escribe: «Sin embargo, lo esencial de su vena poética le llama hacia preocupaciones francamente históricas y enciclopédicas. La colección de *Poesías* en 1802 alcanza una fama que se debe, en gran parte, a esta orientación» (Introducción a su edición cit., pág. 26).

[231] M. Menéndez y Pelayo, «Quintana considerado como poeta lírico», cit., página 250.

[232] Daniel-Henri Pageaux, «La genèse de l'oeuvre poétique de M. J. Quintana», en *Revue de Littérature Comparée*, XXXVII, 1963, págs. 227-267.

Quintana presenta a Balmis, portador de la vacuna a América, como un héroe humanitario, hijo de *las luces,* que va a disipar las tinieblas del nuevo continente y abolir la colonización española del Siglo de Oro. Encontramos aquí las ideas filantrópicas peculiares del siglo XVIII y el ataque a la tiranía española —tal, al menos, como Quintana la interpreta— de acuerdo con los argumentos de Las Casas que habían sido popularizados por los enciclopedistas franceses[233]. Idénticos motivos de inspiración *ilustrada* se encuentran en la oda *Al mar,* que podría parecer de primer intento un canto épico-lírico, de tono prerromántico, inspirado tal vez en la poesía de Ossian. Menéndez y Pelayo había ya señalado, sin embargo, que Quintana más que al mar, líricamente sentido, canta aquí la audacia del hombre que se atrevió a surcarlo. Pageaux subraya igualmente que el mar no es sino el pretexto para elevar un himno a los beneficios de la navegación, con alusiones a los grandes descubridores —Vasco de Gama, Cook—, aderezado con el vocabulario filosófico ilustrado. En cuanto a la primera parte, en la que el poeta parece adquirir conciencia del océano con sus bellezas e inmensidad, Quintana —según explica Pageaux[234]— utiliza un vocabulario de riguroso clasicismo español —hirviente espuma, alto escollo, aquilón, Trinacria, *tabla sutil* para designar la nave—, imágenes todas tomadas de Lope y de Góngora, lo que demuestra el carácter retórico y no esencial de esta parte meramente introductoria. Digna de comentario, además, es la fusión del tema del mar con el de la guerra, que el poeta, con propósitos humanitarios, trae a colación para denostarla; y pide al mar, en vibrantes versos, que pues ya fue vencido por el esfuerzo del hombre, no favorezca ahora sus desmanes bélicos:

> *Guerra: ¡bárbaro nombre! a mis oídos*
> *más triste y espantoso*
> *que este mar borrascoso,*
> *tan terrible y atroz en sus rugidos.*
> *¡Que no fuese yo un dios! ¡Oh, cómo entonces*
> *el horror que te tengo, el universo*
> *te jurara también! Ondas feroces,*
> *sed justas una vez: ya que la tierra*
> *muda consiente que la hueste impía*
> *de Marte asolador brame en su seno,*
> *vosotras algún día*
> *vengadla sin piedad: esas crueles,*
> *esas soberbias naos*
> *que, preñadas de escándalo y rencores,*

---

[233] Ídem, íd., págs. 261-262. Cfr.: Luis Monguió, «Don Manuel José Quintana y su oda *A la expedición española para propagar la vacuna en América»,* en *Boletín del Instituto Riva Agüero,* Lima, 1956-1957, págs. 175-184.

[234] «La genèse...», cit., pág. 249.

turban vuestro cristal con sus furores,
del cielo y vientos contrastar se vean,
y en ciego torbellino
todas a un tiempo devoradas sean.
Tal vez así de la discordia el fuego
no osará profanar el Océano,
tal vez el orbe dormirá en sosiego [235].

El tema nacional puede decirse que atraviesa en la poesía de Quintana dos momentos; en el primero, llevado de su criterio ilustrado y enciclopedista, se enfrenta con la obra histórica de España en el siglo XVI y no ve en ella sino déspotas y opresores. A este concepto corresponden significativamente la mencionada oda *A Padilla* y *El Panteón del Escorial*. Se interpretaba entonces el movimiento comunero como el alzamiento liberal de una España popular aplastada por el despotismo de Carlos V; por esto mismo, Quintana ve en Padilla al héroe de esta gesta política y lo canta con exaltados versos como a un libertador. En la segunda composición, los regios difuntos se yerguen ante el poeta en sus tumbas del Escorial para recriminarse mutuamente por las desdichas que han acarreado a su país, mientras el príncipe Carlos y la reina Isabel de Valois defienden la libertad oprimida por los reyes [236]. La misma oda *A la vacuna* le había servido a Quintana para describir una América bárbaramente explotada por los españoles —«Virgen del mundo, América inocente»— y lanzar crueles invectivas contra los hombres de la conquista, solamente atenuadas por una frase que pone en boca de un indígena:

> *...su atroz codicia, su inclemente saña*
> *crimen fueron del tiempo y no de España.*

La difusión de la vacuna por el Nuevo Mundo —tal es la idea de Quintana— serviría para expiar aquellos horrores.

---

[235] Ed. Dérozier, cit., pág. 233.

[236] Advierte Pageaux («La genèse...», cit., pág. 259) que la alusión al paisaje y a las bellezas del monasterio, con que comienza la composición, no tiene —paralelamente a lo que sucede en la oda *Al mar*— carácter lírico o ni siquiera ornamental, sino una *intención* del mismo orden filosófico-moral que el resto del poema. La maravilla arquitectónica del monasterio despierta en el poeta estas reflexiones:

> *En vano el Genio imitador su gloria*
> *quiso allí desplegar, negando el pecho*
> *a la orgullosa admiración que inspira.*
> *«¡Artes brillantes, exclamé con ira,*
> *será que siempre esclavas*
> *os vendáis al poder y a la mentira!*

> (Ed. Dérozier, cit., pág. 285.)

Pero la gran conmoción de la invasión francesa trocó a Quintana en patriota fervorosísimo; entonces compuso sus más célebres odas: *Al armamento de las provincias españolas contra los franceses, Al combate de Trafalgar* y *A España después de la revolución de marzo*. El hondo sentimiento de libertad de Quintana encontraba un tema digno de su pluma en la odiada tiranía del invasor de su patria, pero, además, en la última de las citadas composiciones, Quintana, estimulado por las pasadas grandezas y comparándolas con el abatimiento presente, comienza cantando en versos entusiastas la misma España imperial que antes había denostado:

> *¿Qué era, decidme, la nación que un día*
> *reina del mundo proclamó el destino,*
> *la que a todas las zonas extendía*
> *su cetro de oro y su blasón divino?*
> *Volábase a occidente,*
> *y el vasto mar Atlántico sembrado*
> *se hallaba de su gloria y su fortuna.*
> *Doquiera España: en el preciado seno*
> *de América, en el Asia, en los confines*
> *del África, allí España. El soberano*
> *vuelo de la atrevida fantasía*
> *para abarcarla se cansaba en vano;*
> *la tierra sus mineros le rendía,*
> *sus perlas y coral el Oceano,*
> *y dondequier que revolver sus olas*
> *él intentase, a quebrantar su furia*
> *siempre encontraba costas españolas* [237].

Y en la última estrofa se estremece su voz en un grito optimista de fe y de esperanza ante el futuro:

> *Sí, yo lo juro, venerables sombras;*
> *yo lo juro también, y en este instante*
> *ya me siento mayor. Dadme una lanza,*
> *ceñidme el casco fiero y refulgente,*
> *volemos al combate, a la venganza,*
> *y el que niegue su pecho a la esperanza*
> *hunda en el polvo la cobarde frente.*
> *Tal vez el gran torrente*
> *de la devastación en su carrera*
> *me llevará. ¿Qué importa? ¿Por ventura*
> *no se muere una vez? ¿No iré, expirando,*

---

[237] Ed. Dérozier, cit., pág. 318.

>   *a encontrar nuestros ínclitos mayores?*
>   *«¡Salud, oh padres de la Patria mía,*
>   *yo les diré, salud! La heroica España*
>   *de entre el estrago universal y horrores*
>   *levanta la cabeza ensangrentada,*
>   *y, vencedora de su mal destino,*
>   *vuelve a dar a la tierra amedrentada*
>   *su cetro de oro y su blasón divino»* [238].

Pageaux ha puesto de relieve sagazmente que la poesía patriótica de Quintana no representa en absoluto una ruptura con sus antiguos ideales ilustrados, sino que toda su obra mantiene una constante de inspiración ideológica. Quintana, que admiraba a Corneille como creador de una galería de héroes movidos por la virtud y el patriotismo, había cantado repetidamente a los antiguos héroes españoles —Pelayo, el Cid, Guzmán el Bueno—, que reaparecen una y otra vez en su producción literaria, no sólo en su poesía sino también en sus dramas y narraciones históricas. Ante la presencia de un nuevo tirano, los españoles actuales van a emular a los héroes antiguos; el pasado heroico va a convertirse en arma de propaganda cuando el poeta se proponga lanzar a su pueblo contra el invasor. La lucha por la libertad tiene un nuevo objetivo; la actualidad se convierte en determinante de la poesía patriótica, y la afirmación del ideal ilustrado puede sentirse revolucionaria a través del patriotismo. Este patriotismo, escribe Pageaux [239], bebía sus aguas en la crítica filosófica del siglo XVIII; la poesía patriótica, convertida en canto de libertad, en ideal revolucionario, no hace desaparecer el influjo de la ideología de la ilustración. Consecuentemente, el patriotismo de Quintana no tiene relación alguna con un romanticismo anticipado.

La obra poética de Quintana se completa con algunas composiciones dedicadas a sus amigos: *A Meléndez,* con ocasión de haber publicado sus poesías, *A Don Gaspar de Jovellanos,* al ser elevado al Ministerio de Gracia y Justicia, *A Don Nicasio Cienfuegos, A la Duquesa de Alba, A Somoza,* en las que, junto al elogio de la amistad, se canta al progreso y al triunfo de la inteligencia sobre el poder injusto.

En cuanto al procedimiento de composición y al estilo poético de Quintana, Menéndez y Pelayo dio una certera definición: «El plan de las odas de Quintana, no solamente es *clásico,* sino lógico y oratorio, mucho más que lírico, en el sentido en que hoy suele entenderse la poesía lírica. Hemos oído sobre este punto un detalle curiosísimo: dicen los que le conocieron que Quintana componía sus odas *en prosa* antes de versificarlas,

---

[238] Idem, íd., págs. 322-323.
[239] «La genèse...», cit., pág. 266.

y con efecto se advierte en todas ellas una construcción tan racional, un encadenamiento tan meditado y reflexivo de ideas y de frases, que sería imposible obtenerle por el procedimiento poético, directo y puro. Quintana, poeta muy rico de ideas y a veces de pasión, pero pobrísimo de imágenes, debía propender a esta manera, que es un medio entre la poesía y la oratoria, todo lo contrario del bello desorden de la oda»[240]. Junto a estos rasgos *oratorios* señala Pageaux[241] caracteres estilísticos propios de la poesía épica, que se entrecruzan a su vez con los líricos barajando procedimientos comunes: apóstrofe, diálogo imaginario, exclamación, interrogación oratoria, encadenamiento, repetición, abuso del ritmo ternario; y siempre con imágenes recogidas en la poesía clásica española desde Manrique a Luzán, aunque siempre reelaboradas por Quintana.

Casi todas las composiciones de Quintana comienzan con una sentencia de carácter universal y abstracto reforzada a veces por un recuerdo de la historia o la mitología, siguen luego con diversos razonamientos sobre el tema propuesto y acaban con una afirmación de esperanza en el porvenir de la humanidad. Con esta rigidez de construcción se corresponde la escasa variedad métrica; Quintana apenas usa otros versos que el endecasílabo, combinado en las silvas con el heptasílabo, pero dejando muchos versos sin rima. Composiciones en metros cortos apenas tiene ninguna, y de escaso interés, a excepción de la balada *La fuente de la mora encantada*, en la que pueden señalarse rasgos prerrománticos. También en metro de romance está escrita su poesía *A Somoza*.

Con tan escasa gama de tonos y de temas, Quintana posee, sin embargo, una robustísima voz de poeta[242]. Menéndez y Pelayo, a pesar de señalar que «no está libre del énfasis declamatorio y de la manera razonadora, abstracta, y por ende prosaica, que a trechos es el mayor defecto de Quintana»[243] y añadir que «labró sus poesías con escaso número de ideas, con escaso número de imágenes y hasta con escaso número de palabras»[244], afirma que no tiene más rival en nuestra lírica que fray Luis de León; sentencia arriesgada y harto discutible, pero que garantiza al menos la alta calidad de nuestro poeta. Si semejante opinión puede parecer influida por gustos de época o por la predilección de Menéndez y Pelayo hacia la poesía de gusto clásico, léase la que sostiene en nuestros días Lázaro Carreter: «Henos —dice— ante un extraordinario poeta, lejos de nuestro gusto y nuestra sensibilidad, pero ante el que es preciso rendir

---

[240] «Quintana considerado como poeta lírico», cit., págs. 253-254.

[241] «La genèse...», cit., pág. 265.

[242] Cfr.: Russell P. Sebold, «'Siempre formas en grande modeladas': sobre la visión poética de Quintana», en *Homenaje a Rodríguez-Moñino*, II, Madrid, 1966; reproducido en *El rapto de la mente*, cit., págs. 221-233.

[243] «Quintana considerado como poeta lírico», cit., pág. 259.

[244] Ídem, íd., pág. 260.

la admiración» [245]. Y con alguna mayor moderación, pero evidentemente elogiosa, se expresa Pageaux: «Quintana —dice— no se entrega por entero en su poesía; en realidad, no ha creado un mundo poético como Meléndez Valdés; la poesía para Quintana era más bien un medio que un fin, y lo que no dice en poesía lo confía al teatro y sobre todo a la prosa. Quintana no se nos muestra como un gran poeta; sin embargo, hay que reconocerle una innegable originalidad. Tanto por la utilización de los temas como por el vigor de la expresión, es uno de los mejores escritores españoles de fines del siglo XVIII» [246].

La poesía de Quintana, puesta, efectivamente, al servicio de unas ideas lógicamente desarrolladas y más cerca, por tanto, con frecuencia de la oratoria que de la lírica, se expresa en briosas y vehementes frases no exentas de énfasis y de recursos retóricos. Pero se trata de una retórica noble, ardiente y vigorosísima, y sobre todo apasionadamente sincera. Era Quintana un hombre de carácter integérrimo y justo dentro de la heroica pasión que puso siempre en la defensa de sus ideales, y estos rasgos que no bastan por sí mismos para engendrar una buena poesía, podían en cambio darle a la suya la autenticidad y el calor que la hace inimitable en su género. En el mundo de ideas y de conceptos poéticos en que se produce, la obra de Quintana posee un valor representativo de primer orden, que no puede negarse aplicándole criterios actuales ni medidas ajenas a su época.

Resta señalar ahora en qué consisten las novedades estilísticas aportadas por Quintana y señaladas por Dérozier. Recuerda este investigador [247] que Moratín, representante del grupo neoclásico puro y enemigo de Quintana, satirizaba el «extraño gusto», introducido en la poesía por Meléndez, Jovellanos, Cienfuegos, Quintana y todos sus imitadores, al que califica de «nuevo culteranismo» o «gongorismo»; un estilo que supone manchado por neologismos, divagaciones sepulcrales y expresiones altisonantes y retóricas. Dérozier aduce, para explicar la posición de nuestro poeta, el *Discurso leído por Don Manuel Quintana al ocupar su plaza de Académico en marzo de 1814;* en él hace Quintana el balance de su actividad durante la guerra y coloca en el mismo plano el lenguaje de su poesía, el de sus proclamas patrióticas y el de su periodismo de combate: todos ellos son para su autor productos de una misma vena. Quintana explica entonces en qué consiste el nuevo estilo. La lengua —dice— está llevando a cabo el aprendizaje de la libertad y se impregna de construc-

[245] «La poesía lírica...», cit., pág. 91.
[246] «La genèse...», cit., pág. 267. Eustaquio Tomé, «Manuel José Quintana. Ensayo crítico», en *Boletín de Filología,* Montevideo, VIII, 1959, págs. 59-106, y IX, 1962, páginas 57-127. Arturo Torres Rioseco, «La huella de Quintana en la literatura hispanoamericana», en *Revista Iberoamericana,* XXII, 1957, págs. 261-272.
[247] *Manuel Josef Quintana...,* cit., pág. 266.

ciones más libres, de movimientos más audaces, de formas más grandiosas que le van a comunicar una vida y una fisonomía nuevas. En esta efervescencia de ideas filosóficas, en este choque de pasiones, ¿no es posible —se pregunta el poeta— que la lengua sufra alteraciones viciosas y se corrompa en vez de mejorar? Pero, si la lengua ha emprendido un nuevo rumbo, ¿no quiere decirse que vive y combate a su manera? «Que el importuno censor —reclama Quintana—, que exige a los escritores corrección, orden y equilibrio, vaya también a pedir moderación a los gritos desmesurados del marino, cuando apostrofa a sus compañeros para salvar la nave en medio de la tempestad». La poesía de Quintana y su nuevo estilo de inflamada altisonancia se explica así —dice Dérozier [248]— como un producto del momento histórico; realidad que el investigador desea recordar a los críticos «abstractos» e «intemporales»; «esta es —resume— la historia de la génesis y aparición de la nueva expresión poética en España». La novedad de Quintana —afirma más adelante [249]— consistió en descubrir a sus contemporáneos que la literatura no es sólo un pasatiempo, sino que puede ser también un instrumento, pero entonces es indispensable renunciar al equilibrio humanístico y al sentido *clásico* en el sentido más estrecho de la palabra. Convendría, sin embargo, aclarar que la calidad de instrumento como posible condición de la poesía había sido defendida —como hemos visto repetidamente— por casi todos los poetas a lo largo del Setecientos, y bastaría recordar las composiciones filosóficas de Meléndez y las sátiras de Jovellanos. La diferencia consiste —aparte las insoslayables peculiaridades de cada personalidad, que nunca deben ser olvidadas— en que para aquéllos su objetivo tomaba el carácter de algo abstracto e intemporal, más genéricamente humanitario, mientras que en los días de Quintana la defensa de la libertad, en nombre de la patria y de las ideas, se había convertido en una realidad apremiante y momentánea, que exigía el grito. Por este grito, compartido con otros poetas de su momento, Quintana se convierte en un poeta de transición, despertador, quizá involuntario, de la lírica romántica que, como subraya Dérozier, había de servirse abundantemente de sus mismas expresiones.

Como prosista y crítico Quintana ocupa también un destacado lugar al que, en parte, hemos aludido arriba. Aun sin ser erudito sistemático, era uno de los hombres más cultos de su tiempo; sus introducciones críticas a su colección de poesías castellanas abundan en juicios sagacísimos; al referirse al siglo XVIII es de notar además la esforzada imparcialidad con que juzga a quienes fueron sus contemporáneos y amigos. Menéndez y Pelayo destaca el mérito especial, entre otros muchos, que hay que concederle a Quintana, de haber sido «el primer colector de romances y el

---

[248] Idem, íd., pág. 269.
[249] Idem, íd., pág. 309.

primer crítico que llamó la atención sobre este olvidado género de nuestra poesía» [250], aunque le fue imposible en sus días tener de ellos la ciencia necesaria, sólo iniciada más tarde por Jacobo Grimm y desarrollada por Milá y Fontanals; así, no dio acogida en su colección a los romances auténticamente viejos, pero expuso en cambio juicios que se expresaban por primera vez.

En materia dramática sus opiniones eran probablemente menos-firmes y están viciadas por algunos prejuicios de su tiempo. Suele censurársele en especial su ensayo didáctico *Las reglas del drama;* pero se trata —como el propio autor aclaró al incluirlo en la edición de sus *Obras* en la colección Rivadeneira— de un trabajo escrito cuando era auténticamente un niño; las notas, muy interesantes, que escribió para la mencionada edición, corrigen o matizan muchas de sus afirmaciones anteriores, y aportan juicios notables a propósito, por ejemplo, de la ausencia de obras trágicas en nuestra literatura. Por lo demás, es asombrosa —en obra tan de juventud— la rotunda armonía de los tercetos en que está compuesto el poema.

Para una edición del *Quijote* preparada por la Imprenta Real en 1797, escribió Quintana una valiosa *Vida de Cervantes,* y al frente de las poesías de Meléndez publicadas en 1820 escribió una *Noticia histórica y literaria* de su maestro, que abunda en observaciones de importancia. Lo más conocido de Quintana como prosista son las *Vidas de españoles célebres,* de las que publicó tres volúmenes, en 1807, 1830 y 1832. Sin entregarse en ellas a una tarea de minuciosa investigación, se sirvió de documentos desconocidos y aportó datos nuevos, aunque el tono general de estas biografías es el de una vulgarización inspirada por el deseo patriótico de celebrar a los héroes nacionales. Más secas las primeras, el brioso entusiasmo de Quintana supo convertir las dos series restantes en páginas magníficas de la mejor prosa de su tiempo.

Las diez *Cartas a Lord Holland,* en que relata y comenta los sucesos políticos de España en la segunda época constitucional, suelen despacharse casi siempre con leves palabras alusivas a su contenido. Pero creemos que son merecedoras de alta estima. Como prosa, son de las mejores salidas de la pluma de Quintana, que no es pequeño elogio; el escritor pone en ellas todo el esfuerzo, consustancial a su carácter, para entender y referir los hechos de aquellos años con la mayor imparcialidad y objetividad, y creemos que su interpretación global —y en la mayoría de los detalles— es inatacable. Pero al mismo tiempo, su heroico entusiasmo por la causa liberal enciende su ira contra los desleales manejos del monarca y la bajeza de sus aduladores cortesanos, y caldea su prosa hasta los límites de la elocuencia más robusta. No creemos que existan otras

---

[250] «Quintana considerado como poeta lírico», cit., pág. 237.

páginas escritas para comprender, justificar y valorar a los constitucionalistas de Cádiz más hondas y certeras que las de este poeta, que quizá sólo
creyó en dos dioses: la libertad y la patria.

De las obras dramáticas de Quintana —*El Duque de Viseo y Pelayo*—
nos ocupamos en el capítulo correspondiente al teatro.

OTROS POETAS DE LA ESCUELA SALMANTINA

El segundo período de la escuela salmantina comprende otros poetas
que no carecen de interés.

Francisco Sánchez Barbero. Nació en Moríñigo (Salamanca) en 1764,
estudió en la Universidad Salmantina y luego en el Seminario, pero dejó
la carrera sacerdotal por su afición a las letras. Luchó en el lado nacional
durante la Guerra de la Independencia y fue apresado por los franceses,
pero consiguió escaparse de Pamplona y llegar a Cádiz, donde fue redactor de *El Conciso*. Cuando fue liberado Madrid se le nombró bibliote-
rio de San Isidro, pero al regreso de Fernando VII fue acusado por sus
actividades constitucionalistas y encerrado en la cárcel durante 19 meses,
al cabo de los cuales, por orden del rey, fue llevado al presidio de Melilla —en la misma expedición que Argüelles, Calatrava, Martínez de la
Rosa y otros muchos—; allí murió de una dolencia del pecho en el verano
de 1819.

Barbero gozó en sus días de una popularidad como escritor que el
tiempo ha desvanecido no sin cierta injusticia. Escribió unos *Principios
de retórica y poética*, elogiados por Menéndez y Pelayo, que fueron puestos de texto en San Isidro varios años después de muerto su autor; durante su prisión en Madrid compuso una *Gramática latina* que fue editada
en 1829. Escribió varias obras para el teatro, que se perdieron entre sus
papeles al ser apresado por los franceses (Moratín menciona en su *Catálogo* [251] una tragedia, *Coriolano*, y un drama lírico, *Saúl*). Al modo de
Quintana, compuso numerosas poesías patrióticas y políticas, entre ellas
tres odas *A la batalla de Trafalgar*, otra *A la nueva Constitución*, una composición en cuatro partes sobre *La invasión francesa en 1808*, y una elegía
A la muerte de la duquesa de Alba. Estos versos, con frecuencia prosaicos
y descuidados, le dieron gran popularidad. Y, sin embargo, parece que el
verdadero mérito de Barbero estaba en otra parte; escribió numerosísimas poesías en latín, y todos los que las conocieron convienen en procla-

---

[251] *Obras de Don Nicolás y Don Leandro Fernández de Moratín*, B. A. E., cit., página 333.

mar su mérito y la facilidad con que las componía. Valmar [252] aduce escritos de algunos de sus amigos que recogieron estos versos, y aun descontando el favor de la amistad sorprende el tono de los elogios; Gil y Sanz afirma que «en nuestra opinión es el que *sin quizá* ha compuesto en España mejores versos latinos», y parecidas cosas escriben Ramajo y Calatrava; Menéndez y Pelayo asegura que Sánchez Barbero «ha dejado versos latinos admirables» [253], de los que. dice haber formado una colección que deseaba publicar [254]. Junto a estos versos latinos merecen salvarse también algunas de sus composiciones humorísticas y de tono menor, en las cuales se burló Barbero de sus propios sufrimientos, con una simpática conformidad que cautiva irremediablemente al lector. Destacan entre ellas la epístola *A Ovidio*, en la que compara su destierro con el del autor de las *Pónticas*, considerando el de éste muy leve; entre las chanzas del poeta nos conmueve hondamente su infortunio inmerecido y nos irrita el cuadro de la corrompida administración de la cárcel, que multiplicaba los horrores de la prisión. Compuso también Barbero en sus años de cárcel una decena de *Diálogos satíricos*, a base de tipos pintorescos, brujas, gente de presidio, etc., con incrustación de latines macarrónicos y jerga de germanía, que adquieren en ocasiones sabor de esperpento o dibujo goyesco. En el titulado *Los viajerillos* dialogan dos personajes, Andante y Estante, y el autor ridiculiza a los españoles que regresan del extranjero despreciando las costumbres de su país [255].

Somoza. Tan interesante ejemplar humano como Barbero y mejor poeta es José Somoza, nacido en Piedrahíta (Ávila) en 1781. En sus años mozos se distinguió por sus travesuras y nunca consiguieron sus padres que hiciera nada de provecho, aunque se trasladaron adrede a Salamanca para vigilar sus estudios. Al morir aquéllos, teniendo él 16 años, cambió de costumbres y se volvió a su pueblo, al lado de su hermano, donde se entregó al estudio en absoluta soledad. A los 20 años marchó a Madrid, en donde la amistad con la duquesa de Alba, que tenía un palacio en Piedrahíta, y con Quintana, que lo había conocido en Salamanca, le permitió relacionarse con los más famosos personajes, como Jovellanos y Goya. No se avino a cursar estudios regulares, ni a casarse, ni a permanecer por mucho tiempo en Madrid; y regresó a Piedrahíta, ante el asombro de sus amigos que no comprendían su actitud. Durante la Guerra de la In-

---

[252] *Poetas líricos del siglo XVIII*, cit., LXIII, págs. 551 y ss.
[253] *Historia de las ideas estéticas*, ed. cit., III, pág. 402.
[254] Dice Menéndez y Pelayo, a propósito de Marchena, que así éste «como su contemporáneo Sánchez Barbero, con quien no deja de tener algunas analogías, eran mucho más poetas usando la lengua sabia que la lengua propia» («El abate Marchena», en *Estudios y discursos...*, cit., IV, pág. 159). Sobre Sánchez Barbero cfr. también Dérozier, *Manuel Josef Quintana...*, cit., cap. V.
[255] Edición de sus poesías en Valmar, cit., LXIII, págs. 564-641.

dependencia luchó contra los franceses, pero no salió de su región por
no abandonar a su hermano enfermo ni a su hermana viuda. En los vaivenes políticos que siguieron a la restauración fue encarcelado por sus
ideas liberales, elegido jefe político de Ávila en 1820, y diputado a cortes
en 1834 y 1836. Pero abandonó la carrera política y volvió otra vez a su
aldea, donde murió en 1852.

Somoza es una personalidad de primer orden. Educado en la lectura
de la rica biblioteca paterna, se mantenía en su retiro muy al corriente
de las novedades literarias. Vivió como un estoico ejemplar, riéndose del
mundo pero con tolerancia de filósofo y zumba de castellano socarrón que
está al cabo de todo. No le importaba el dinero y dejó que sus hermanos
administraran su hacienda, libre para entregarse al goce de lo que apetecía;
«la poesía, música y pintura me han tenido en el paraíso —escribe en
uno de sus artículos—. El campo ha sido y es mi amigo íntimo, y así no
hay una sombra, un soplo de aire, un ruido de hojas o aguas que yo no
sepa entender y apreciar» [256]. Más abajo se jacta de ser feliz en su *dorada
medianía* al modo horaciano y de fray Luis, y escribe: «El que para vivir
y para colocarse tiene que empujar a otros y arrojarlos de su puesto, o
arrostrar los peligros y los precipicios por donde se camina a la fortuna,
ha de padecer muchas adversidades; y también, por otro estilo, el que
para ser feliz necesita figurar, ostentar, ensancharse, encaramarse en alto;
es decir, que no sabe ser feliz de incógnito; este tal, por lo mismo que
excita la envidia general, tiene que acarrearse muchos adversarios. El que
salve el tropiezo de la vanidad, cuenta con que todo el mundo le dejará
ir en paz por su camino. Los hombres cuando no se les humilla, no exigen ni siquiera que se les haga bien; se dan por muy contentos de que no
les hagan mal» [257]. Somoza vivía como un patriarca laico y filantrópico
entre las gentes de su pueblo, que le defendieron en más de una ocasión
cuando los agentes del absolutismo fueron a prenderlo.

Tan asombrosa personalidad humana se refleja inmediatamente en su
estilo. La prosa de Somoza produce la misma sorpresa que la de Moratín;
como la de éste, hace pensar en Larra, aunque en un Larra más natural y
sencillo, no tan acre, pero no menos alerta ante lo inauténtico, lo podrido
y lo injusto e igualmente abierto a los vientos renovadores y europeos.
Algunos de sus apuntes críticos, cuadros de costumbres, retratos de tipos,
no fueron superados en los días mejores de la novela realista; véanse, por
ejemplo, *Usos, trajes y modales del siglo XVIII, La justicia en el siglo
pasado, La vida de un diputado a Cortes,* o esa generosa visión anticipa-
dora de las comunicaciones rápidas que se titula *El árbol de la Cha-
ranga* [258].

---

[256] «Una mirada en redondo a los sesenta y dos años», en Valmar, cit., LXVII, página 454.

[257] Idem, íd., pág. 455.

[258] *José Somoza. Obras en prosa y verso,* ed. de J. R. Lomba y Pedraja, Madrid,

Su obra lírica es poco extensa y sería vano buscar en ella una gran personalidad lírica; pero se distingue, en cambio, por su moderado equilibrio. Conservamos unos 30 sonetos, entre los que pueden seleccionarse unos pocos de indudable belleza; Lázaro Carreter ha subrayado el que sigue:

> *La luna mientras duermes te acompaña,*
> *Tiende su luz por tu cabello y frente,*
> *Va del semblante al cuello, y lentamente*
> *Cumbres y valles de tu seno baña.*
>
> *Yo, Lesbia, que al umbral de tu cabaña*
> *Hoy velo, lloro y ruego inútilmente,*
> *El curso de la luna refulgente*
> *Dichoso he de seguir, o amor me engaña.*
>
> *He de entrar cual la luna en tu aposento,*
> *Cual ella al lienzo en que tu faz reposa,*
> *Y cual ella a tus labios acercarme;*
>
> *Cual ella respirar tu dulce aliento,*
> *Y cual el disco de la casta diosa,*
> *Puro, trémulo, mudo retirarme* [259].

En los versos de Somoza hay huellas del anacreontismo de su maestro Meléndez y también de la poesía filosófica, pero en forma mucho más atenuada y diluida, sin que lleguen a ser en realidad composiciones características de esta especie. Entre sus poesías amorosas cabe destacar *A una desdeñosa*, *La sed de agua* y *El beso*, todas ellas en redondillas. La composición titulada *A una novia en el día de su boda* nos parece anticipación de las *doloras* campoamorianas. El remoto influjo del gran maestro salmantino parece visible en tres odas en liras; en una de ellas, dedicada *A fray Luis de León*, «la contemplación del universo —dice Lázaro Carreter—, que era para el agustino motivo de meditación metafísica, desciende en Somoza al plano simplemente físico, que exige un siglo atónito ante el progreso de las ciencias de la naturaleza» [260]. En la oda *Al río Tormes* ve en este río no Arcadias y pastores, sino el sangriento escenario de la batalla de los Arapiles; y en la oda *El sepulcro de mi hermano* el sincero dolor del poeta acoge motivos efectistas de la nueva retórica romántica. Mayor presencia romántica acusan todavía dos bellas composiciones tituladas *A la cascada de la Pesqueruela*, geográficamente emplazada en una hacienda del escritor, y *A la laguna de Gredos*, ambas en octavillas italianas. El tono descriptivo, la preferencia por sustantivos y adjetivos

---

1904. Valmar recoge varios artículos de Somoza bajo el título de «Recuerdos e impresiones de Somoza», LXVII, págs. 453-464, y buena parte de sus poesías, págs. 464-479.

[259] Ed. Valmar, cit., pág. 465.

[260] «La poesía lírica...», cit., pág. 96.

de tono dramático, la misma visión espectacular de la naturaleza reflejan lo más característico del romanticismo.

Juan Nicasio Gallego. Otro importante poeta del grupo es Juan Nicasio Gallego [261], nacido en Zamora en 1777. Estudió en Salamanca filosofía y derecho civil y canónico y se ordenó de sacerdote. En 1805 hizo oposición a una capellanía de honor del rey, quien poco después le nombró director eclesiástico de sus caballeros pajes. Al producirse la invasión francesa se retiró a Sevilla y luego a Cádiz, de cuyas Cortes fue diputado, y desempeñó algunas actividades culturales en la Junta Central. Se distinguió por sus ideas liberales, aunque relativamente templadas, y defendió en las Cortes la libertad de imprenta como miembro de la comisión nombrada para su estudio. Esta actividad política le atrajo la persecución de los absolutistas al regreso de Fernando VII; estuvo preso en una cárcel pública diez y ocho meses y confinado luego en diversos lugares de Andalucía. Al sobrevenir la revolución de 1820 fue repuesto en su cargo de director de pajes y promovido a la dignidad de arcediano de Valencia, pero la nueva reacción de 1823 le atrajo nuevas persecuciones, que le obligaron a refugiarse en Francia. A partir de 1828 pudo reintegrarse a Madrid y obtuvo una canonjía en Sevilla, donde residió hasta la muerte de Fernando. A partir de esta fecha pudo ya vivir en la Corte, donde permaneció hasta su muerte en 1853. Durante este período desempeñó diversos cargos político-culturales, fue elegido en 1839 secretario perpetuo de la Academia Española, de la cual era miembro desde 1830, y en 1845 se le nombró senador del Reino.

En Salamanca hizo amistad Gallego con Quintana, Meléndez, Cienfuegos y los demás escritores del grupo, y se dio a conocer muy pronto como poeta, aunque su obra se fue produciendo en forma poco abundante y espaciada. Su primera composición importante fue la oda *A la defensa de Buenos Aires* (1807), con motivo del fracasado ataque inglés, y al año siguiente los sucesos de mayo le inspiraron su más famosa obra, la oda *Al dos de mayo*. En orden de méritos le sigue la composición dedicada *A la muerte de la duquesa de Frías*, incluida en la corona fúnebre que le ofrecieron numerosos poetas al ocurrir su muerte en 1830. Merece también destacarse *A la influencia del entusiasmo público en las artes*, leída en la Academia de San Fernando, de la que también era miembro Gallego. Además de esto escribió algunas composiciones amorosas y un cierto número de sonetos [262].

---

[261] Para la biografía de Juan Nicasio Gallego cfr. las dos notas que recoge Valmar: una de Ventura de la Vega y otra de Eugenio de Ochoa en *Poetas líricos del siglo XVIII*, cit., LXVII, págs. 393-399. Véase además, C. Fernández Duro, «Juan Nicasio Gallego», en *Colección bibliográfico-biográfica de noticias referentes a la provincia de Zamora*, Madrid, 1891, págs. 406-415.

[262] Ediciones: *Juan Nicasio Gallego. Obras poéticas*, edición de la Real Academia

Gallego, que debió en su tiempo buena parte de su fama a sus condiciones personales, a su mundano atractivo y a su constante presencia en el mundo literario, es un poeta al gusto neoclásico, bastante afín a Quintana en la estructura de sus composiciones, aunque, a diferencia del maestro, da mucha menos acogida a las ideas de revolución y de reforma; su campo es la elegía, y sus tres obras más importantes lo son. Gallego se sirve de toda una retórica conocida, de tono grandilocuente y espectacular, muy trabajado, pero a la que el poeta consigue comunicar fuerza y pasión. Sus silvas, de largas estrofas, pero sin versos libres —también a diferencia de Quintana—, están montadas con precisión rigurosa y limadas hasta el detalle para conseguir la más perfecta musicalidad y armonía. La abundancia de vocabulario retumbante y escenográfico incrusta constantemente elementos de sabor romántico en la marmórea severidad de las estrofas clásicas, por lo que bien puede tenerse a Gallego como poeta de transición entre ambas tendencias. Gallego no era ajeno, sin embargo, a un sentimiento más delicado y suave, menos aparatoso; Díaz-Plaja subraya con justicia sus bellos sonetos *A Garcilaso* y *A Judas*, muy original este último por la situación escogida, de impresionante patetismo. Podría destacarse también el soneto *A mi vuelta a Zamora, en 1807*, hondamente nostálgico, y algún otro como *Los hoyuelos de Lesbia*, en la línea de Meléndez [263].

Cienfuegos. Después de Quintana, el poeta más destacado del grupo salmantino es Nicasio Álvarez de Cienfuegos, del cual parece existir ahora un cierto movimiento de revalorización. Nació Cienfuegos en Madrid en 1764. Huérfano de padre a los seis años, hizo sus primeros estudios en San Isidro, y a los diez y siete pasó a Salamanca donde siguió la carrera de Leyes. Allí conoció a Meléndez, con quien le unió gran amistad y de quien recibió lección y estímulo para el cultivo de la poesía. Acabada su carrera se trasladó a Madrid, donde obtuvo un puesto como funcionario del Gobierno y anudó su amistad con Quintana, ocho años menor que él, con el cual compartía sus ideas de libertad y progreso. Asistía Cienfuegos a diversas tertulias literarias, entre ellas, la de la marquesa de Fuente-

---

Española, Madrid, 1854. Poesías, Valmar, LXVII, cit., págs. 399-426; Valmar reproduce la edición de la Academia, aumentada con algunas composiciones. Cfr.: Gerardo Diego, «Dos poesías no coleccionadas de Don Juan Nicasio Gallego», en *Boletín de la Biblioteca de Menéndez y Pelayo*, XII, 1930, págs. 367-372.

[263] Cfr.: A. Arnao, *Elogio de Juan Nicasio Gallego*, Discurso leído ante la Real Academia Española en la sesión pública inaugural de 1876, Madrid, 1876. José M. de Cossío, «El realismo de Don Juan Nicasio Gallego», en *Boletín de la Biblioteca de Menéndez y Pelayo*, V, 1923, págs. 345-347. M. Núñez de Arenas, «Los procedimientos de combate de don Juan Nicasio Gallego», en *Boletín de la Biblioteca de Menéndez y Pelayo*, IX, 1927, págs. 25-32. Gallego publicó también una versión de la novela *Los novios* de Alejandro Manzoni; cfr.: V. Todesco, «Postilla alla traduzione dei *Promessi Sposi* fatta da Juan Nicasio Gallego», en *Quaderni Ibero-Americani*, Turín, III, 1959, págs. 693-694.

Híjar, en cuyos salones se representó su tragedia *Zorayda*, y a la que reunía durante los veranos la duquesa de Alba en su palacio de Piedrahíta. En 1798 publicó Cienfuegos un volumen de poesías y obras dramáticas, y el Gobierno le encomendó la dirección de la *Gaceta de Madrid* y del *Mercurio de España*, periódicos oficiales, dependientes de la Secretaría de Estado. Consiguió estrenar en Madrid, con escaso éxito, alguna de sus piezas teatrales; y en 1799, cuando sólo tenía 35 años de edad, ingresó en la Academia. Acababan de nombrarle caballero de la Real Orden de Carlos III cuando se produjeron los sucesos de mayo. Cienfuegos publicó en la *Gaceta* dos noticias sobre la proclamación de Fernando VII como rey de España en diversas ciudades del país, lo que provocó la ira de Murat, que amenazó con fusilarle si no rectificaba la noticia en el periódico. Cienfuegos presentó la dimisión de su puesto, pero sólo le salvó de ser fusilado la actitud solidaria de sus compañeros en la Secretaría de Estado. Al retirarse los franceses de Madrid, tras la batalla de Bailén, Cienfuegos volvió a su puesto, pero, ante la nueva entrada de los franceses, le fue imposible seguir a Andalucía a sus amigos de la Junta Central por hallarse gravemente enfermo de tuberculosis, y se quedó en Madrid donde fue apresado y enviado a Francia en calidad de rehén. Allí murió, en la pequeña ciudad de Orthez, a los tres días de su llegada, el 30 de junio de 1809, a los 45 años de su edad [264].

Las primeras poesías de Cienfuegos, escritas bajo el influjo de sus maestros de Salamanca, principalmente Meléndez, reproducen la lírica anacreóntica y pastoril neoclásica, que llegaba ya a sus manos con todos los tópicos absolutamente exprimidos. Pero desde su llegada a Madrid en 1787, la poesía de Cienfuegos adquiere rápidamente el tono apasionado que le había de caracterizar y distinguir de los otros poetas de su tiempo [265]. «Cienfuegos —dice Cano— escribe, en efecto, una poesía efusiva, trémula, preocupada —social, diríamos hoy—, a la que cuadra perfectamente el calificativo de prerromántica»; este prerromanticismo —añade— «puede observarse no sólo en la expresión fogosa, exaltada, de sus sentimientos —especialmente el amor y la amistad—, sino en el gusto por ciertos temas muy característicos del romanticismo —soledad, ruptura amorosa, tumba, muerte—, y en la tendencia innovadora del lenguaje, que comprendía la incorporación de galicismos y de neologismos, algunos

---

[264] Cfr.: Emilio Alarcos, «Cienfuegos en Salamanca», en *Boletín de la Real Academia Española*, XVIII, 1931, págs. 712-730. José Simón Díaz, «Nuevos datos acerca de Nicasio Álvarez de Cienfuegos», en *Revista de Bibliografía Nacional*, V, 3.°, 1944, páginas 263-284. José Luis Cano, «Cienfuegos durante la invasión francesa», en *Mélanges à la mémoire de Jean Sarrailh*, I, París, 1966, págs. 165-176. José Simón Díaz, «Bibliografía de Nicasio Álvarez de Cienfuegos», en *Bibliografía Hispánica*, enero 1947.

[265] Ediciones: *Obras Poéticas de D. Nicasio Álvarez de Cienfuegos*, 2 vols., Madrid, 1816. *Don Nicasio Álvarez de Cienfuegos. Poesías*, ed. Valmar, cit., LXVII, págs. 7-36. *Nicasio Álvarez de Cienfuegos. Poesías*, ed. de José Luis Cano, Madrid, 1968.

no muy afortunados, pero otros perfectamente aceptables. Estas audacias de expresión y de lenguaje, unidas a la pasión que Cienfuegos pone en sus versos, logran dar un sabor personal, un raro acento a su poesía» [266]. Estas audacias de lenguaje eran las mismas que los moratinistas habían censurado en las obras de Quintana, y requieren pareja explicación y justificación. Acoge Cienfuegos, efectivamente, los mismos conceptos revolucionarios y el mismo apasionado humanitarismo, idéntico deseo de reformas, de igualdad social y de fraternidad entre los hombres, ideas todas absorbidas durante sus años de Salamanca. Estas ideas las expone sobre todo en su oda *En alabanza de un carpintero llamado Alfonso*, que excluyó del primer volumen de sus poesías y que quizá hubiera impedido su carrera en la Secretaría de Estado; no obstante, como subraya Cano [267], Cienfuegos no es ciertamente un propagandista revolucionario, sino un sentimental que escribe poemas sociales «movido por su corazón apasionado y tierno, por su ardiente amor a la humanidad», y más que una ideología política hay que ver en él un fondo ingenuo de humanitarismo a lo Rousseau, aunque exprese frecuentemente su protesta y sus anhelos pacifistas en tonos vehementes y ásperos. Por esto mismo, lo más genuino de Cienfuegos habría que buscarlo más bien en temas y motivos de mayor intimidad subjetiva, que iban a dominar en la época romántica: la soledad, la muerte, el desengaño amoroso, la despedida de los amantes, el tema sepulcral, el pesimismo en todas sus facetas. Si leyéramos separados —dice Cano— [268] algunos de sus mejores versos, podríamos creer que pertenecen a Espronceda o a Bécquer.

> *¡Oh, quién me diese el atrasar el tiempo*
> *hasta arrancarle mi verdor marchito!*

> *De mi país de amor vuelvo a esta tierra*
> *de soledad, de desamor y llanto.*

La soledad del campo, que canta particularmente en su poema *Mi paseo solitario en primavera* y en el titulado *El otoño*, no es para el poeta reducto clásico de paz y felicidad, sino refugio para la melancolía, la meditación filosófica y las penas de enamorado, como había de serlo para todos los poetas del romanticismo. La visión pesimista de la existencia se expresa también en el tema de la nostalgia, sobre todo de los años de la

---

[266] Introducción a su edición de las poesías de Cienfuegos, cit., págs. 31-32. Cfr., del propio José Luis Cano, «Cienfuegos y la amistad», en *Clavileño*, 34, 1955, páginas 35-40; y «Cienfuegos, poeta social», en *Papeles de Son Armadans*, VI, 1957, páginas 248-270. Véase también, Juan Ruiz Peña, «La inflamada voz de Cienfuegos», en *Escorial*, 41, marzo 1944, págs. 117 y ss.

[267] Introducción, cit., pág. 37.

[268] Idem, íd., pág. 32.

adolescencia, pasada la cual, dice el poeta, ya no sigue sino una *edad de dolor*, que sólo termina con la muerte [269].

Para manifestar todo ese mundo, que contrastaba con el riguroso clasicismo de la escuela de Moratín, Cienfuegos tuvo que forjarse un lenguaje hecho de exclamaciones, imprecaciones, aliteraciones, anáforas, innovaciones lingüísticas, adjetivos de llamativa sonoridad, que provocaron la denominación, a que ya aludimos a propósito de Quintana, de «nuevo gongorismo». Los neoclásicos, por boca de Moratín y sobre todo de Hermosilla, fueron implacables con los «excesos» de Cienfuegos, y no menos significativo es el juicio de Alcalá Galiano [270], hostil en conjunto. Los románticos, por su parte, no estimaron a su precursor porque, como dice Menéndez y Pelayo [271], conservaba demasiadas reminiscencias académicas. La crítica reciente está valorando, en cambio, la significación que tiene la poesía de Cienfuegos como fruta en agraz, en el camino de dos épocas: «Quizá el mayor interés de su poesía —dice Cano—, el extraño atractivo de algunos de sus poemas, estribe en esa nota nerviosa, estremecida, de febril desasosiego, que llevan consigo los intentos renovadores de un estilo y de una lengua, cuando el poeta, además de querer innovar, tiene un alma que siente y vibra al contacto del mundo» [272].

Debemos añadir, sin embargo, una observación sobre este prerromanticismo de Cienfuegos, tan defendido ahora. Un diligente investigador del siglo XVIII, Amédée Mas [273], ha estudiado con rigor este carácter de la poesía de Cienfuegos para llegar a las siguientes conclusiones. En su obra lírica se perciben los influjos de los prerrománticos europeos —Young, Gessner, Rousseau— y de la poesía de Ossian; acoge los grandes lemas prerrománticos —el primitivismo optimista, el sueño de la vida virtuosa, el sentimiento de la naturaleza—, sus temas —la luna, la noche, la melancolía—. A pesar de todo, Amédée Mas expone reservas capitales. La insatisfacción —dice—, el constante deseo de otra cosa son, en efecto, caracteres esenciales del alma romántica, pero Cienfuegos no acaba de descubrir ese estado del alma, y, sobre todo, no siente simpatía alguna por él, pues lo describe como una especie de enfermedad que debe curarse con la higiene moral de la razón, mientras que los románticos deseaban, por el contrario, embriagarse de esas vagas tristezas e inquietudes, complaciéndose y deleitándose en ellas y hallando en ellas su tema favorito. Entre Cienfuegos y los prerrománticos —dice Mas— existen, en efecto, pareci-

---

[269] Cfr.: José Luis Cano, «Un prerromántico: Cienfuegos», en *Cuadernos Hispanoamericanos*, 195, marzo 1966 (sustancialmente, contiene las mismas ideas que expone luego en la Introducción citada).

[270] Véase en Valmar, cit., LXVII, págs. 1-7.

[271] *Historia de las ideas estéticas*, cit., III, pág. 409.

[272] Introducción, cit., pág. 39.

[273] Amédée Mas, «Cienfuegos et le préromantisme européen», en *Mélanges à la mémoire de Jean Sarrailh*, II, París, 1966, págs. 121-137.

dos superficiales, pero cuando se pasa de un prerromántico como Meléndez y Cienfuegos a un auténtico romántico como Bécquer, o incluso Zorrilla, se tiene la impresión de entrar en otro mundo. La diferencia esencial consiste en que el hombre sentimental del siglo XVIII se conmueve intensamente por las ideas abstractas y muy poco por las personas y los objetos reales; de ahí proviene su invencible tendencia a las expresiones abstractas, que sustituyen a los seres concretos. El romántico, por el contrario, se siente ligado a las formas individuales, que ama por sí mismas y no por las ideas que representan; lo que le importa es el individuo, lo que le hace único y perecedero, «lo que jamás podrá volverse a ver»; de aquí su incurable melancolía y su apasionamiento por la propia individualidad. Mientras que Cienfuegos tiene por ideal forjar en él el tipo abstracto del hombre de bien, un romántico pretende realizar dentro de sí lo que posee de más personal y de más íntimo. Cienfuegos —resume Mas— se nos muestra como un hombre sensible del siglo XVIII, y como tal ofrece grandes semejanzas con los románticos, sobre todo en el predominio del sentimiento y de la pasión; «pero un examen más profundo nos revela que, por debajo de cierto parecido, existen diferencias fundamentales, de las cuales es la más acusada la dirección de dicha sensibilidad, vuelta en Cienfuegos hacia las ideas abstractas y hacia los individuos concretos en los románticos».

Semejantes conclusiones nos fuerzan a admitir que lo prerromántico en Cienfuegos —a semejanza de Quintana— consiste más en el tono y el ademán, aunque apoyados en una pasión sincera, que en su sustancia íntima. Quizá, pues, no eran injustos del todo los contemporáneos que hallaban en su lírica un frecuente desajuste entre la índole del sentimiento y su expresión, aunque en sus más felices momentos consiguieran armonizarse [274].

LA ESCUELA SEVILLANA

«Sevilla, la patria de los Herreras, de los Riojas y de los Arguijos, es decir, uno de los centros más gloriosos de noble, limpia y elevada poesía —escribe Valmar—, había caído, en el siglo XVIII, en un abismo de vulgaridad y de afectación literaria, que dejaba atrás, si cabe, los delirios *cultos* y *conceptuosos* y las insulseces *prosaicas* de Madrid, de Zaragoza,

---

[274] He aquí unas líneas del mencionado comentario de Alcalá Galiano: «Era Cienfuegos hombre muy honrado, amante por demás de todo cuanto es grande y noble. Por desgracia parece que era poco viva su fantasía. Así es que se apasionaba por medio de su juicio, y faltándole calor natural para expresar su pasión, y queriendo igualar con lo animado de la expresión lo vivo del deseo, se esforzaba y descomponía todo. Alguna semejanza hay entre su estilo y los extremos que para declarar sus conceptos hace un mudo» (cit., pág. 2).

de Valencia y de Salamanca» [275]. En 1751 se fundó la *Academia Sevillana de Buenas Letras*, pero estaba dedicada preferentemente a los estudios arqueológicos y otros problemas científicos y apenas influyó en el renacimiento de las letras. Pablo de Olavide, durante sus años de asistente en Sevilla, gustaba de reunir en su casa a los hombres más cultos de la ciudad que cultivaban las letras amenas, y poco después un grupo de jóvenes, dirigidos por Arjona y Matute, fundaron la *Academia Horaciana*, de corta vida y no mayor influjo. La constitución de un grupo de escritores, que pueda ostentar propiamente el nombre de *escuela sevillana*, no tuvo lugar hasta los últimos años del siglo XVIII, cuando se crea, en 1793, la *Academia particular de Letras Humanas*. En su nacimiento y desarrollo tuvo especial influjo el ejemplo del grupo salmantino y la presencia y estímulo de Jovellanos, del padre Miguel de Misas y de Forner, que vienen a representar en Sevilla lo que Cadalso en Salamanca. Al fin prenden allí las doctrinas del neoclasicismo, y el grupo sevillano establece contacto con los poetas de Salamanca, dispuesto a seguir el magisterio de Meléndez. Su existencia es más bien breve, pero, según subraya Díaz-Plaja [276], su interés es extraordinario, puesto que el grupo sevillano supone el último brote de poesía española informada por las doctrinas literarias del Renacimiento. Por otra parte, junto a las teorías neoclásicas y las normas del *buen gusto* se aceptan también las prerrogativas del genio, lo que confiere a la escuela un carácter más ecléctico. Finalmente, hay otro aspecto que configura la personalidad del grupo y le salva de ser un mero reflejo del salmantino: mientras éste había reconocido el magisterio de fray Luis de León, los sevillanos se proclaman continuadores de la escuela de Herrera y de Rioja; con ello declaran el derecho a servirse de una más entonada lengua literaria, según las directrices características de la lírica meridional, aunque la presión del momento neoclásico enfrena las exaltaciones de otros tiempos. Valmar señala que «el pecado más grave de la Escuela sevillana, en que no había incurrido la de Salamanca, fue el ser demasiado *escuela*, extremando la tendencia imitadora, funesta condición del clasicismo mal entendido, y dando a la entonación y a las formas del lenguaje cierta uniformidad palabrera y monótona» [277].

Bajo el punto de vista ideológico-político, las inquietudes de la época se reflejan en el grupo sevillano con mayor intensidad todavía que en el salmantino. Forner aportó con su influjo un hondo sentido religioso que se manifiesta en la abundancia de poesía sacra —de hecho, la mayoría del grupo pertenece a la clase sacerdotal—, pero la ideología enciclopedista prende con no menos vigor; así, el abate Marchena, que había compuesto

---

[275] *Bosquejo histórico-crítico...*, cit., pág. CLXXXII.
[276] *La poesía lírica española*, cit., pág. 280.
[277] *Bosquejo...*, cit., pág. CLXXXVIII.

una famosa oda *A Cristo Crucificado*, marcha a Francia para vivir activamente la Revolución, y Blanco apostata después de salir de su patria para siempre. Al producirse la Guerra de la Independencia, siguieron en su mayoría la causa nacional, aunque con actitudes más bien hábiles que heroicas. Este acontecimiento y las luchas políticas posteriores, en las que casi todos se vieron perseguidos, disolvió la escuela, aunque sus componentes quedaron siempre unidos por los lazos de una amistad que había presidido las relaciones de sus miembros y hasta fue repetido tema de inspiración poética; al menos, tal vigencia amistosa proclamaba años más tarde Alberto Lista, quizá con algo más de nostalgia que exactitud.

Dentro de la *Academia particular de Letras Humanas* se agruparon cultivadores de distintas ramas literarias, más o menos científicas, aficionados a la erudición y a la arqueología, abogados y médicos distinguidos, coleccionistas de obras de arte, etc. Pero, aparte el exclusivo interés que tienen aquí para nosotros, es evidente que quienes dieron mayor fama y animación al grupo sevillano fueron los poetas. Su papel en la renovación de nuestra lírica es de evidente importancia aun sin haber tenido ninguna figura de sobresaliente magnitud ni alcanzado tampoco la calidad global que su propio entusiasmo les hacía imaginar. «La escuela moderna sevillana —escribe Valmar— no logró, a pesar de las quiméricas creencias de algunos de sus individuos, el objeto que se propuso, que fue, según afirma Lista, 'resucitar la antigua de los Herreras, Riojas y Jáureguis'. Esto era aspirar a un imposible. La poesía verdadera no resucita nunca el espíritu genuino, ni siquiera el lenguaje espontáneo de las civilizaciones pasadas. Pero no por eso su gloria es menos grande. En su efímera vida, puso en lugar muy alto la cultura literaria de Andalucía, y con el ejemplo y la doctrina hizo recobrar a la poesía sevillana su dignidad perdida y alguna parte del esplendor antiguo» [278].

Sólo de los más destacados de estos poetas podemos ocuparnos ahora en particular.

MANUEL MARÍA DE ARJONA

Nació este escritor en Osuna en 1771 y estudió en Sevilla la carrera eclesiástica. Ocupó, siendo aún muy joven, cargos de importancia, acompañó a su arzobispo en un viaje a Roma y fue luego elegido canónigo penitenciario de Córdoba. Estaba en Madrid cuando se produjo la invasión napoleónica, y aunque consiguió salir entonces de la ciudad, tuvo al fin que colaborar más o menos estrechamente con los franceses, pues el mismo cabildo cordobés lo escogió para ofrecer sus respetos al gobierno

---

[278] Idem, íd., pág. CLXXXIX.

usurpador [279]. Utilizó cuanto pudo su influjo en defensa de numerosos compatriotas, pero, al terminar la guerra, fue objeto de persecuciones y encarcelamientos y hubo de publicar un escrito en defensa de su actitud. Vivió luego algún tiempo en Madrid y de nuevo en Córdoba, donde murió en 1820.

Gustaba Arjona de los trabajos de investigación y escribió varias obras sobre historia eclesiástica, entre ellas la *Historia de la Iglesia bética*, sobre temas político-sociales y también sobre escritores nacionales y extranjeros, aunque la mayoría de estos escritos han quedado inéditos. Llevado de su afición a las letras fundó la *Academia General de Ciencias, Bellas Letras y Nobles Artes de Córdoba*, elevando a tal la sección literaria de la *Sociedad Económica* de dicha ciudad. Todas estas aficiones explican el carácter de la lírica de Arjona; el peso de la erudición arqueológica, los aderezos retóricos, la preocupación doctrinal y el afán de imitar a los maestros quitan a su poesía toda posible espontaneidad en la misma medida en que le otorgan una fría perfección formal, aunque de tono elevado y noble. Posiblemente, su vena más auténtica hubiera estado en una poesía más directa y cordial, pero el gusto de la época exigía los temas cívicos, históricos, patrióticos y morales; presiones, a veces insoslayables, imponían también el comentario lírico a los sucesos contemporáneos —partos de reinas, idas y venidas de personajes—, que no podían ser cantados sin destapar el frasco de los tópicos. Hasta la poesía religiosa de Arjona se resiente de parecida artificiosidad. Sus composiciones más destacables hay que buscarlas dentro del cauce de la oda y de la elegía, en las que se propone —para quedar a enorme distancia— la imitación de Herrera.

---

[279] Arjona había escrito una oda para celebrar a los vencedores de Bailén, y el Ministro francés de policía le exigió que, en compensación, compusiera otra en alabanza del rey José. Arjona pensó entonces en refundir otra oda que había escrito para dar la bienvenida a Carlos IV con ocasión de un viaje a Andalucía en 1796, trabajo que realizó a medias con el abate Marchena, hospedado entonces en su casa durante el viaje por Andalucía del rey José, a quien Marchena acompañaba. Menéndez y Pelayo comenta así esta composición: «La oda no es tan mala como pudiera esperarse de un parto lírico de dos ingenios, y tiene algunos versos felices, por ejemplo, aquellos en que convida a José a gozar las delicias de las márgenes del Betis, en que el cantor de la venganza argiva fingió la mansión de los bienaventurados y donde los fabulosos reyes Argantonio y Gerión tuvieron su pacífico imperio. Pero son intolerables las tristes adulaciones a la dominación extranjera hasta llamar al usurpador 'delicias de España':

> *Así el Betis se admira cuando goza*
> *A tu influjo el descanso lisonjero,*
> *Al tiempo que de Marte el impio acero*
> *Aún al rebelde catalán destroza.*

Los versos son malos, pero aún es peor y más vergonzosa la idea. ¡Y no temían estos hombres que se levantasen a turbar su sueño las sombras de las inultas víctimas de Tarragona! No hay gloria literaria que alcance a cohonestar tan indignas flaquezas...» («El abate Marchena», cit., págs. 176-177).

Entre ellas merece citarse su más celebrado poema, *Las ruinas de Roma*, tema de larga tradición en la lírica andaluza [280].

FÉLIX JOSÉ REINOSO

Juicios no muy diferentes habría que exponer sobre la poesía de Félix José Reinoso, sacerdote también, nacido en Sevilla en 1772. Publicó Reinoso algunos escritos sobre temas morales, penales e incluso municipales, y un *Examen de los delitos de infidelidad a la patria, imputados a los españoles sometidos bajo la dominación francesa*, que alcanzó considerable difusión y fue varias veces reeditado, como correspondía, sin duda, a la importancia del asunto.

La trabajada afectación de sus versos no ha permitido salvar para la posteridad ninguna de sus epístolas ni sus odas, entre las que cabría destacar las religiosas, compuestas a la manera de Lista. De alguna mayor importancia es su breve poema en octavas *La inocencia perdida*, presentado a un concurso de la *Academia de Letras Humanas* y con el que obtuvo el premio en competencia con su colega Lista. Los poetas del grupo sevillano, movidos por generoso espíritu de cuerpo, ponderaron entonces con gran entusiasmo la obra de Reinoso, pero algunos contemporáneos, como Gallardo y Quintana, ridiculizaron ya tales ditirambos. La comparación con Milton es inevitable, y Reinoso no la resiste, habida cuenta, además, de la corta extensión del poema, exigida en las mismas bases del certamen. Díaz-Plaja señala, sin embargo, en esta composición el hecho de que se sale de la «tradición del coro apolíneo» y se inicia con ella «una nueva época cristiana, de inspiración distinta de la tradición grecolatina, que ha de ser, en suma, la epopeya característica del Romanticismo» [281].

EL ABATE MARCHENA

José Marchena y Ruiz de Cueto, conocido generalmente por el nombre de «El Abate Marchena», nació en Utrera en 1768. En él nos encontramos con un genuino representante del español afrancesado de la época revolucionaria, pero no bajo la forma de un reposado intelectual, pensador, erudito u hombre de gobierno, sino llevado en su actividad —sin dejar, a la vez, de ser todas aquellas cosas— al mayor grado de exaltación, hasta

---

[280] Ed. de sus poesías en Valmar, II, págs. 505-550.
[281] *La poesía lírica española*, cit., pág. 284. «Noticia biográfica» de Reinoso en Valmar, cit., LXVII, págs. 207-208. Valmar reproduce el juicio de Quintana sobre *La inocencia perdida* (págs. 209-211). Edición de sus *Poesías* en ídem, íd., págs. 212-232.

el punto de convertirse en un aventurero alucinado, de catadura más que novelesca.

Hijo de un abogado, Marchena hizo estudios eclesiásticos en Sevilla, aventajándose mucho en latín, pero no es seguro que recibiera órdenes mayores. Estudió en Madrid griego, hebreo y francés, y cursó luego leyes en la Universidad de Salamanca, donde fue alumno de Meléndez. Desde muy joven se entregó apasionadamente a la lectura de libros enciclopedistas y hacía gala de sus ideas antirreligiosas que comenzó a propagar de palabra y por escrito [282]; esto le atrajo inevitablemente la atención del Santo Oficio y, temeroso de ser encarcelado, se refugió en Gibraltar de donde embarcó para Francia en mayo de 1792, cuando contaba veinticuatro años. Se alistó en el club de los jacobinos de Bayona donde adquirió rápida fama como orador revolucionario, y luego marchó a París; allí conoció a Marat y colaboró en el famoso periódico *L'Ami du peuple*, que aquél dirigía, pero disgustado por los procedimientos terroristas de Marat y de los jacobinos, se pasó al partido girondino, ligándose especialmente con Brissot. Participó entonces en unos comités de propaganda revolucionaria que actuaban en la frontera pirenaica, y redactó, entre otros escritos, su famoso *Aviso al pueblo español*. Al ser proscritos los girondinos y desatarse la persecución contra ellos, Marchena fue encarcelado en Burdeos y trasladado después a París, a los calabozos de la Conserjería. Marchena fue casi el único, quizá por su condición de extranjero, que escapó al exterminio de los girondinos, e irritado por lo que consideraba una preterición dirigió a Robespierre un escrito con provocaciones tan teatrales como inverosímiles: «Tirano, me has olvidado...», «O mátame o dame de comer». Asombrado de aquella audacia, Robespierre trató de ganárselo y comprar su pluma, pero Marchena se negó «con digna altivez» y permaneció preso en la Conserjería hasta el golpe del 9 Thermidor. Al ser libertado, tomó parte en las luchas de los partidos y obtuvo un puesto como oficial de Estado Mayor en el ejército del Rin, que mandaba el general Moreau. Una anécdota puede tener interés para informarnos de la personalidad y talentos de Marchena. El general deseaba obtener estadísticas de una región del Rin escasamente conocida, y Marchena, que había aprendido en poco tiempo el alemán, leyó cuanto se había escrito sobre aquella comarca y redactó el documento que el general pedía «con el mismo aplomo con que hubiera podido hacerlo un geógrafo del país».

Al producirse el proceso y caída del general Moreau, Marchena, que había llegado a ser su secretario, se hizo bonapartista, y como secretario de Joaquín Murat fue enviado a España en 1808. «Acción es esta —comenta Menéndez y Pelayo— que pesa terriblemente sobre su memoria y más to-

---

[282] François López, «Les premiers écrits de José Marchena», en *Mélanges à la mémoire de Jean Sarrailh*, II, París, 1966, págs. 55-63.

davía cuando recordamos que ni siquiera la sangre de Mayo bastó a separarle del infame verdugo del Prado y de la Moncloa»[283]. Conviene, sin embargo, recordar un suceso «de parte contraria». A los pocos días de haber llegado Marchena a Madrid, el inquisidor general, don Ramón José de Arce, mandó prender al famoso girondino, cuya fama de irreligioso corría por toda España, y recoger todos sus papeles; Murat exigió la libertad de su secretario, pero, al negarse Arce, envió una compañía de granaderos que allanaron la cárcel de la Inquisición y libertaron a Marchena.

El inquieto abate ocupó algunos cargos durante el reinado de José I y lo acompañó durante su viaje por Andalucía. Al producirse la retirada del ejército francés lo siguió a Valencia, y después de la batalla de Vitoria volvió a emigrar a Francia. Residió primeramente en Nimes y luego en Montpellier y Burdeos, haciendo traducciones para ganar su vida. Cuando tuvo lugar la revolución de 1820 y regresaron los afrancesados, Marchena volvió a España y se estableció en Sevilla, donde se afilió a la *Sociedad Patriótica* y se mezcló enseguida, con su inextinguible fogosidad, en controversias doctrinales con las autoridades militares y eclesiásticas. Pero se enemistó muy pronto con la *Sociedad* y marchó a Madrid donde murió a principios de 1821, pocos meses después de su llegada[284].

No es este el lugar para hacer una exposición de los principios doctrinales de Marchena, que, por lo demás, difieren poco de la común ideología enciclopedista de la época[285]. Lo que confiere al abate su personalidad peculiarísima más que sus ideas es su actitud combativa, casi diríamos agresiva, nacida de su fogosidad temperamental y también de una arraigada persuasión en sus opiniones. Representó en sus días una posición extremista y radical porque no era un político de habilidades y cautelas sino un propagandista ideológico con tanto celo como tenacidad. Menéndez y Pelayo, que no exime al abate de los más ásperos denuestos y truena repetidamente contra su impiedad y su «sectarismo», le reconoce, como hubieron de hacer en su tiempo sus mayores enemigos, una sinceridad im-

---

[283] «El abate Marchena», cit., pág. 164. Este estudio «crítico-biográfico» de Menéndez y Pelayo sobre Marchena figuraba originariamente como Introducción a sus *Obras literarias recogidas de manuscritos y raros impresos*, 2 vols., Sevilla, 1892-1896; el estudio se encuentra al frente del tomo II.

[284] Cfr.: A. Morel-Fatio, «Une lettre de Marchena», en *Bulletin Hispanique*, IV, 1902, págs. 254-255. Del mismo, «Documents sur Marchena. Deux lettres, un interrogatoire», en *Bulletin Hispanique*, XXI, 1919, págs. 231-242. Emilio Alarcos, «El abate Marchena en Salamanca», en *Homenaje a Menéndez Pidal*, II, Madrid, 1925, págs. 457-465. Georges Demerson, «Marchena à Perpignan», en *Bulletin Hispanique*, LIX, 1957, páginas 284-303.

[285] Además del estudio mencionado, véanse las páginas que el propio Menéndez y Pelayo dedica a Marchena en su *Historia de los heterodoxos españoles*, ed. nacional, 2.ª ed., Madrid, 1965, vol. V, págs. 432-469. Cfr. además: Rudolf Schevill, «El abate Marchena and French Thought of the Eighteenth Century», en *Revue de Littérature Comparée*, XVI, 1936, págs. 180-194.

petuosa y ardiente que le hacía proclamar en voz alta lo que sentía, sin cuidarse de su interés ni temer riesgos, cualidad más que suficiente para perdonarle cualquier extremosidad. En materia de dinero era incorruptible —recuerda el propio don Marcelino—, y habiendo sido recaudador de contribuciones en el territorio ocupado por el ejército del Rin, regresó a París «tan pobre como había salido»; encuentra en él mucho de aquel «espíritu temerario, indisciplinado y de aventura que lanzó a los españoles de otras Edades a la conquista del mundo físico y del mundo intelectual» [286]; «en el siglo XVII —llega a decir— quizá hubiera emulado las glorias de Quevedo... con quien no deja de ofrecer remotas analogías por la variedad de sus estudios, en que predominaba la cultura clásica, por su vena sarcástica, por los caprichos de su humor excéntrico, por lo vagabundo de su espíritu, por la fiereza y altanería de su condición, y hasta por los revueltos casos de su vida» [287].

En medio de tal agitación, no son de extrañar las desigualdades en la producción literaria de Marchena, que, por otra parte, cultivó todos los géneros y hubo de escribir en muchas ocasiones para ganar su pan. Una anécdota divertida nos habla de sus varios talentos. Estando en el ejército del Rin falsificó un episodio del *Satiricón* de Petronio, y lo publicó haciéndolo pasar como una de las partes perdidas del famoso libro, descubierta por él en un códice del monasterio de San Gall; un filólogo alemán demostró la autenticidad del fragmento, y el propio Marchena hubo de revelar después su superchería. Años después repitió la broma en París publicando cuarenta hexámetros a nombre de Catulo, como si fuera el fragmento perdido del *Epitalamio de Tetis y Peleo*. Su gran capacidad como latinista se evidenció igualmente en varias traducciones de Tibulo y de Ovidio y en la versión completa, en versos sueltos, del poema de Lucrecio *De rerum natura*.

Durante su estancia en Francia publicó Marchena muchos opúsculos sobre política y religión y tradujo diversas obras del inglés y del francés. Cuando regresó a Francia tras la derrota de los ejércitos napoleónicos en España, Marchena volvió a la tarea de las traducciones para atender a su subsistencia. Tradujo entonces gran número de libros enciclopedistas, que circularon profusamente por España, entre ellos algunas obras famosas, como las *Cartas persas* de Montesquieu, el *Emilio* y *La nueva Eloísa* de Rousseau, *Cuentos y novelas* de Voltaire, *Las ruinas de Palmira* de Volney, etc. Menéndez y Pelayo comenta que algunas de estas versiones eran trabajos apresurados «de pane lucrando», pero otras —concretamente, los *Cuentos* de Voltaire— están escritas con el más primoroso estilo, que encantaba a don Juan Valera.

---

[286] «El abate Marchena», cit., pág. 108.
[287] Idem, íd., págs. 211-212.

Escribió Marchena una tragedia, *Polixena*, «ensayo de gabinete, que puede leerse con cierto aprecio», imitada de los clásicos antiguos y franceses —Eurípides, Séneca, Racine—, pero que nunca fue representada. Durante el reinado de José I, Marchena recibió una subvención para traducir el teatro de Molière, y parece, en efecto, que tradujo todas las comedias menos *La escuela de los maridos*, adaptada ya por Moratín. No se conservan, sin embargo, más que las versiones del *Tartufo* y de *La escuela de las mujeres*, que merecieron los elogios de Lista y de Larra.

En 1820 publicó Marchena sus *Lecciones de Filosofía Moral y Elocuencia*, que es su trabajo más notable. Consiste en una colección de trozos selectos de los clásicos, formada, en opinión de Menéndez y Pelayo, con un criterio caprichoso, muy limitado, con exclusión de muchos autores de primer orden y desconocimiento absoluto de grandes porciones de nuestra literatura, sobre todo de la Edad Media; para Menéndez y Pelayo, las *Lecciones* no pueden compararse con el *Teatro crítico de la Elocuencia española* de Capmany ni con la colección de *Poesías selectas* formada por Quintana. Lo más importante del libro, es, sin embargo, su *Discurso preliminar*, cuyas ideas críticas adolecen, naturalmente, de los mismos errores que presiden la selección. Pese a todo, la tarea crítica del abate «no es vulgar» y abunda en intuiciones felices, propias de su desenfadada independencia de juicio. Valmar estima en mucho la capacidad literaria de Marchena: «Como prosador castellano —dice— su carácter impetuoso y poco flexible se refleja en sus escritos. Esto lo decimos en alabanza suya, porque tiene cualidades esenciales, de que carece siempre la medianía: espontaneidad, vida, color, impulso propio. Su estilo es a veces extraño, pero siempre original y vigoroso»[288]. Y refiriéndose concretamente a las *Lecciones* dice de su *Discurso preliminar* que «prescindiendo de las singularidades de frase y de doctrina inseparables del hombre, honra en alto grado al escritor, y merece ser considerado como una muestra luminosa de buen decir y de crítica resuelta y levantada»[289]. Pero añade a su vez: «Los juicios de este célebre estudio no son siempre, sin embargo, imparciales y seguros. Marchena escribe de crítica literaria con la misma acerada pluma con que escribía de política en los periódicos *L'Ami du peuple* y *L'Ami des lois*. Lo ve todo desde un punto de vista demasiado rígido y absoluto. Tiene firme y elevado el pensamiento, pero le falta sensibilidad estética, y le cuesta trabajo admirar»[290]. En general, el criterio estético de Marchena es del más estrecho clasicismo, que le lleva a estimar sumisamente como dogmas los principios de la «iglesia neoclásica»; a este tenor, la mayor parte de la literatura española le parece monstruosa,

---

[288] *Bosquejo histórico-crítico...*, cit., pág. CCVII.
[289] Idem, íd.
[290] Idem, íd.

como le parecía Shakespeare, y todas las innovaciones del naciente movimiento romántico, que califica de desatinos de orate.

Como lírico [291] —aspecto bajo el que, estrictamente, nos interesa aquí—, su importancia no está a la par de su personalidad humana y su papel en las luchas ideológicas de su tiempo. Hemos mencionado arriba su famosa oda *A Cristo Crucificado*, que suele destacarse por el contraste de su temprana religiosidad con sus ideas posteriores. Creemos, sin embargo, que la pretendida religiosidad no existe —o es, a lo sumo, de un difuso sentimentalismo—, y que todo el Marchena ideólogo está ya presente en esta composición primeriza. En las primeras estrofas dice el poeta que no canta al Verbo ni como creador ni como azote de impíos ni aun en su terrible majestad del día postrero, sino en el sacrificio de la Cruz. Pero la razón de esta preferencia no se basa en motivos de religioso amor, sino en la idea de que el triunfo de Cristo —un triunfo que, implícitamente, asegura el poeta que no ha sido todavía cumplido— abatirá a los tiranos que hacen gemir al mundo y hará triunfar la paz y la igualdad entre los hombres:

> Sí, que nuestra ley santa
> Es ley de libertad, y los tiranos
> En balde se coligan contra el Verbo;
> Él los quebrantará con fuerza tanta,
> Cual león que destroza el flaco ciervo,
> Cual rompe el barro frágil metal duro.
> Iguales los cristianos
> Y libres vivirán siempre sin sustos,
> El Cristo reinará sobre sus justos;
> El orbe renovado,
> De la Sión celeste fiel traslado
> Será, Señor, bajo tu cetro puro [292].

Marchena que se asimilaba con mediana felicidad el ímpetu herreriano, se apropia también los recursos retóricos de la literatura religiosa, que no le es difícil imitar sin necesidad de sentirla; tras la segunda estrofa, que siempre se cita como canto a un Cristo doliente y amoroso, es inmediato el salto a la intención política que persigue el poeta.

Algo muy semejante sucede en la *Epístola a don José Lanz sobre la libertad política*, en donde una primera parte de bello acento lírico se encamina enseguida hacia intenciones políticas, que desde el lado ideológico no dejan de tener interés. Marchena viene a decirnos —sólo que hubiera sido mucho más eficaz en un ensayo en prosa— que las censuradas

---

[291] Ed. de sus *Poesías* en Valmar, cit., LXVII, págs. 621-633.
[292] Ed. Valmar, cit., pág. 622.

violencias de la Revolución no eran sino anarquía transitoria, producida por el mismo despotismo anterior y nunca comparable con la duración y maldad de éste:

> Nueva lógica, amado Lanz, es ésta,
> Olvidar la violencia perdurable
> Del déspota, y la furia descompuesta
> Alegar de la plebe, cuya instable
> Cólera se apacigua en un momento,
> Como las olas de la mar, mudable.
> Más de tres siglos hace que el sangriento
> Infame tribunal del Santo Oficio
> A España oprime con furor violento;
> Y dos años no más el ejercicio
> Fatal de la anarquía duró en Francia.
> ¿Cuál causa de los dos más perjuicio?
> La riqueza, el comercio, la abundancia,
> ¿De cuál de los dos pueblos han huido?
> ¿Dó está el saber y dónde la ignorancia?
> Tal la revolución francesa ha sido
> Cual tormenta que inunda las campañas,
> Los frutos arrastrando del ejido;
> Empero el despotismo las entrañas
> Deseca de la tierra donde habita,
> Cual el volcán que vive en las montañas,
> Y con perpetuo movimiento agita
> El suelo que su lava esteriliza,
> Y cuanto más destruye más se irrita.
> La esclavitud es quien desmoraliza
> Los pueblos, quien sofoca los talentos,
> Y quien toda virtud inutiliza.
> Ni tampoco están libres de violentos
> Vaivenes las naciones más esclavas
> Y de internos terribles movimientos... [293].

Los versos —es preciso reconocerlo— son malos. El escritor va recto a su propósito, pero se olvida por entero de los derechos de la poesía. Otra cosa es además destacable dentro de la descuidada ejecución de Marchena y que representa una de sus caídas más frecuentes; es el empleo de molestas asonancias en versos contiguos y las frecuentísimas incorrecciones en la acentuación.

---

[293] Idem, íd., pág. 623.

No carecen de interés las largas epístolas de *Eloísa a Abelardo* y de *Abelardo a Eloísa*. En la primera imita a Pope, pero a través de la traducción libre de Colardeau, y en la segunda las heroidas compuestas por el mismo Colardeau, La Harpe, Beauchamps y otros, dentro de la línea de Ovidio y del propio Pope. Estas dos epístolas, en romance endecasílabo, no siguen el tono de la oda herreriana, sino el sentimental característico de finales del siglo XVIII, y en algunos momentos parecen preludiar el gusto romántico [294].

También escribió Marchena muchas composiciones amorosas, inspiradas por diversas mujeres que, al parecer, tuvieron existencia real. Marchena, fogoso en todo, lo era también en el amor, y aun se dice que extremado. No obstante, estos versos eróticos, en que el autor sigue sobre todo los pasos de Meléndez, son de lo menos logrado de su lírica. En conjunto puede decirse de ésta que es la parte de menor importancia en su obra literaria.

JOSÉ MARÍA BLANCO-WHITE

Al lado de Marchena es fuerza siempre poner el nombre de este escritor sevillano, con quien se empareja por su trayectoria heterodoxa en materias de patria y religión. Su temperamento dista mucho, sin embargo, de la extremosa agresividad de Marchena, aunque su vida y escritos fueron no menos agrios en ocasiones.

Hijo del vicecónsul inglés [295] en Sevilla y de madre española, José María Blanco y Crespo nació en dicha ciudad en 1775 [296]. La extremada religiosidad de sus padres le llevó a estudiar, sin verdadera vocación, la carrera eclesiástica, y fue canónigo magistral, primero de Cádiz y luego de Sevilla,

---

[294] Las dos epístolas que bajo tales títulos figuran en la colección de Valmar no pertenecen a Marchena. En el llamado «manuscrito de París», conservado en la Biblioteca de la Sorbona, se encuentran las dos epístolas de Eloísa y Abelardo debidas a la pluma de Marchena y son las que Menéndez y Pelayo incluye en su edición de las obras del abate (véase Menéndez y Pelayo, «El abate Marchena», cit., págs. 194-196).

[295] Guillermo Blanco, el padre del escritor, era irlandés de origen, descendiente de una familia establecida en Sevilla durante el reinado de Fernando VI. Tradujeron su apellido inglés White por el de Blanco. Cuando el escritor, años más tarde, utilizó la forma inglesa de su apellido, no hizo sino recuperar la que había pertenecido originariamente a sus ascendientes.

[296] Para la biografía de Blanco, cfr.: *The Life of the Rev. Joseph Blanco White written by himself with portions of his correspondence*, edited by John Hamilton Thom, 3 vols., Londres, 1845. M. Menéndez y Pelayo, «Don José María Blanco (White)», en *Historia de los heterodoxos españoles*, ed. nacional, vol. VI, 2.ª ed., Madrid, 1965, páginas 173-213. W. Gladstone, «El español Blanco White», en *La España Moderna*, LXI, 1894, págs. 149-169; LXII, págs. 179-202; LXIII, págs. 197-202. François Rousseau, «Souvenirs d'un proscrit espagnol réfugié en Angleterre, 1775-1815», en *Revue Hispanique*, XXII, 1910, págs. 615-647; Rousseau se ocupa únicamente de la «vida española» del autor. Mario Méndez Bejarano, *Vida y obras de José María Blanco y Crespo (Blanco-White)*, Madrid, 1920.

cuando sólo contaba 26 años; y no menos temprana fue su fama poética. Pero pronto le sobrevino —o maduró, mejor dicho— una crisis espiritual y perdió por completo la fe: «No había pasado un año —cuenta él mismo— cuando me ocurrieron las dudas más vehementes sobre la religión católica. Mi fe vino a tierra. Hasta el nombre de religión se me hizo odioso. Leía sin cesar cuantos libros ha producido la Francia en defensa del deísmo y ateísmo. Diez años pasé de este modo. Me avergonzaba de ser clérigo, y toda mi ambición se encerraba en prolongar la *licencia del Rey*, que me permitía vivir en Madrid, donde, por no entrar en ninguna iglesia, no vi las excelentes pinturas que hay en las de aquella corte. Tan enconado me había puesto la tiranía» [297].

Para quedarse, efectivamente, en Madrid y «evitar la vuelta al enojoso empleo de oír cantar salmos en la Capilla Real de Sevilla», gestionó todos los recursos y hasta anduvo buscando un puesto en la Inquisición a la que tanto odiaba y tanto había de atacar en sus escritos; al fin, obtuvo una colocación honorífica, sin retribución alguna, en la Comisión de Literatos del Instituto Pestalozziano [298] que acababa de fundar Godoy por instigación del militar valenciano don Francisco Amorós, marqués de Sotelo [299], amigo del poeta; con el nuevo cargo, consiguió Blanco una Real Orden que le excusaba de residir en Sevilla, sin limitación de tiempo.

En Madrid asistió a la tertulia de Quintana, con quien le unía gran amistad, y regresó a Sevilla poco después de las jornadas de mayo de 1808. Al trasladarse a dicha ciudad la Junta Central, de la que Blanco fue nombrado capellán, se reanudó la publicación del *Semanario Patriótico*, aparecido hasta entonces en Madrid e interrumpido al ser ocupada la capital por los franceses en diciembre de dicho año. Quintana, alma hasta entonces del *Semanario*, pidió a Blanco, que se había entregado de lleno a la causa nacional, que se encargara de su redacción [300]; la revista sólo duró en esta nueva etapa desde el 4 de mayo hasta el 31 de agosto de 1809, y la participación de Blanco en la vida y muerte de aquélla es de gran interés. Los jóvenes patriotas se sentían en creciente hostilidad contra la Junta Central y desilusionados con Jovellanos, partidario de una reforma moderada y pacífica pero enemigo de la soberanía popular. Blanco, defensor en aquellas circunstancias de las ideas más avanzadas, deseaba que se activaran las reformas políticas y que se diera al pueblo

[297] Cit. por Valmar, en *Bosquejo...*, cit., págs. CCVIII-CCIX.
[298] Cfr.: Vicente Lloréns, «Blanco White en el Instituto Pestalozziano (1807-1808)», en *Homenaje a Rodríguez-Moñino*, I, Madrid, 1966, págs. 349-365.
[299] Sobre este interesante personaje, cfr.: A. Morel-Fatio, «Don Francisco Amorós Marquis de Sotelo, fondateur de la Gymnastique en France», en *Bulletin Hispanique*, XXVI, 1924, págs. 207-240 y 339-368; XXVII, 1925, págs. 38-78.
[300] Cfr.: Vicente Lloréns, «Jovellanos y Blanco. En torno al *Semanario Patriótico* de 1809», en *Nueva Revista de Filología Hispánica*, XV, 1961, págs. 262-278; reproducido en *Literatura, historia, política*, Madrid, 1967, págs. 89-119; citamos por esta edición.

la debida participación, porque sólo así podría reavivarse el ímpetu inicial, extinguido por los reveses militares y la falta de dirección política:
guerra y revolución eran entonces para Blanco inseparables; exigía, pues,
la prometida convocatoria de las Cortes y pedía que sus diputados fueran
verdaderos representantes de la nación, en lugar de «ser escogidos, siguiendo un viejo y corrompido procedimiento, entre nuestros Grandes,
Marqueses, Obispos y regidores, sin el menor conocimiento del pueblo» [301].
La radical actitud de Blanco alarmó desde el primer instante a la Junta
—que esquivaba, temerosa, el problema de las reformas—, mientras le con-
quistaba la adhesión de la masa de lectores: «No hay que olvidar —subraya Lloréns— que el *Semanario Patriótico* fue la primera publicación
española en que se debatieron públicamente cuestiones políticas, y que su
misma difusión dio idea a la Junta del poder que puede ejercer la prensa
sobre la opinión. No obstante la falta de libertad de los redactores, los
lectores se dieron cuenta de que podían decir mucho más de lo que decían,
despertando así la curiosidad sobre temas que desagradaban a la Junta» [302].
De hecho, añade el citado comentarista, los artículos políticos de Blanco
contenían los principios del liberalismo que habían de sancionar más tarde
las Cortes de Cádiz: soberanía popular, libertad política, igualdad civil,
monarquía representativa. Pero todos estos objetivos, «los fundamentales
de la *reforma*, constituían entonces una novedad detonante, una revolución.
La España de 1809 vivía aún en el antiguo régimen, aunque circunstancias fortuitas y extrañas a todo afán de innovación lo hubieran hecho desaparecer» [303]. La Junta trató de hacer imposible la vida del *Semanario*, y
Blanco lo dio por terminado escribiendo una nota en su último número
del 31 de agosto, donde, con las indispensables precauciones explicaba lo
sucedido. Años más tarde, desde Inglaterra, Blanco comentaba así la oscuridad de su despedida: «Los que están acostumbrados a la franqueza de
los países donde hay libertad de imprenta, acaso pensarán que este anuncio era demasiado oscuro para que el público se impusiera en lo que se
quería decir. Pero los que así piensen deberán recordar que los pueblos
sometidos a gobiernos que no les permiten expresarse libremente, tienen
la viveza de los mudos para entenderse por señas» [304].

Antes de que los franceses entrasen en Sevilla, Blanco salió para Cádiz
y poco después embarcó para Inglaterra.

Las palabras de Blanco arriba citadas —«tan enconado me había puesto la tiranía»— sugieren que su quiebra espiritual se produjo por razones
políticas, es decir, por los desengaños que le había causado la realidad
politicosocial de su patria y que le movieron a renegar de sus creencias

---

[301] Cit. por Lloréns en ídem, íd., pág. 98.
[302] Ídem, íd., pág. 100.
[303] Ídem, íd., pág. 109.
[304] Cit. por Lloréns en ídem, íd., pág. 108.

y a buscar en otro país la libertad. Pero junto a esto, que no puede negarse, había también motivos de índole muy personal. Blanco amaba a una mujer de la que había tenido varios hijos; semejante irregularidad y el temor al escándalo en el ambiente religioso de su patria, hubieron de influir inevitablemente en el proceso de su crisis.

Aunque Blanco había aprendido el inglés como segunda lengua nativa en su propia casa, luchó tenazmente en Inglaterra para adquirir facilidad en escribirlo, y durante cuatro años estudió diez horas diarias hasta dominarlo literariamente, así como el griego. Desde 1810 a 1814 editó un periódico mensual llamado *El Español*, en el que no sólo atacó a la Junta Central, sino a su propio país, convirtiéndose, dice Valmar[305], «en órgano y apoyo» de la rebelión de Caracas y de Buenos Aires. Las réplicas que se le hicieron desde España —donde se prohibió la entrada de *El Español* y se condenó a su autor como reo de lesa patria en una sesión de las Cortes— acabaron de excitar su resentimiento, y su aversión a todo lo español —comenta Alcalá Galiano[306]— llegó a convertirse en verdadera manía; en 1812, considerando definitivamente rotos los lazos que le unían a su patria, se puso al servicio de Inglaterra y aceptó la subvención de su gobierno, que prosiguió aún después de haber interrumpido la revista.

Convertido en escritor inglés de gran notoriedad, intervino Blanco en la política inglesa afiliado al partido *tory*, renegó del catolicismo y se hizo protestante: primero anglicano y luego unitario; fue profesor de la Universidad de Oxford y canónigo de la catedral protestante de San Pablo en Londres. Agregó a su apellido español el antiguo inglés de su padre y vino a llamarse Blanco-White, con el que generalmente se le conoce. El único hijo que le quedaba lo dedicó a la carrera militar en el ejército inglés de la India.

En los últimos años de su vida vivió Blanco-White hundido en la melancolía y los remordimientos; durante mucho tiempo había rehuido el trato con los españoles, pero al llegar a la vejez deseó escribir un libro en español, después de treinta años de haber abandonado su lengua, y compuso una novela titulada *Luisa de Bustamante, o la huérfana española en Inglaterra*: «Me empecé a convencer, algunos años ha —dice en la introducción a dicho libro—, que había entrado en los términos de la vejez, con el perpetuo revivir, que noté en mí, de imágenes y memorias españolas... El deseo de hablar por última vez a los españoles me rebosa en el pecho»[307]. Murió Blanco en Liverpool en 1841.

La vida de Blanco-White con sus repetidas apostasías, sus numerosas contradicciones, su frecuente extremosidad, parece ofrecer abundantes

---

[305] *Bosquejo histórico-crítico...*, cit., pág. CCX.
[306] Noticia sobre Blanco en *Crónica de Ambos Mundos, 1860*, reproducido por Valmar, *Bosquejo...*, cit., LXVII, pág. 653.
[307] Cit. por Valmar en ídem, íd., pág. CCXI, nota 1.

grietas, propicias a la fácil repulsa; sin duda posible, su violenta actitud antipatriótica, que dirigió a los más diversos campos —políticos, sociales o literarios—, resulta odiosa casi siempre. Pero sería injusto calificar a Blanco de vulgar oportunista o tachar sus ideas políticas o religiosas de mera inconsistencia. Es necesario admitir un fondo de sinceridad y esforzarse por auscultar las inquietudes en que hubo de debatirse angustiosamente su espíritu a lo largo de toda su vida; denostar a Blanco es bastante más fácil que penetrar en el complejo laberinto de su personalidad: «Ninguna de las vicisitudes de Blanco —escribe Lloréns— puede entenderse fuera del conjunto de circunstancias y reacciones personales que las acompañaron, ni es fácil traducirlas, por su ambigua o contradictoria naturaleza, a esquemas conceptuales, aunque él mismo tratara de racionalizarlas en más de una ocasión»[308]. Y comentando luego en qué medida fue sensible Blanco a los lazos de la amistad, define de este modo su esfuerzo para integrarse en la nueva patria que había elegido: «Mal podía renunciar a una compensación afectiva quien tras la ruptura de los vínculos políticos que lo unían a su país se veía en aquellos momentos, por primera vez en su vida, en un aislamiento personal casi absoluto. Y era inevitable, por otra parte, que buscase en la sociedad donde le tocaba vivir vínculos que supieran de algún modo a los anteriores. Las nuevas amistades, el apoyo del gobierno inglés, el acercamiento a la iglesia anglicana, todo forma parte de un conjunto indivisible que se le ofrecía como la única posibilidad de rehacer su existencia. Por ello no parece inexacto decir que hubo en Blanco un deseo de adaptación, de asimilación social, más que una conversión religiosa propiamente dicha. Buscó, sí, en la creencia, en el seno de una Iglesia nueva para él, consuelo a sus aflicciones, paz a su conturbado espíritu; pero lo que quiso sobre todo fue integrarse en la vida inglesa»[309]. Desde el principio de su existencia —añade el mismo comentarista— estuvo Blanco sometido a impulsos contradictorios, dos sobre todo: de un lado, al sentimiento que le empujaba a adherirse al grupo social en que vivía; de otro, al espíritu crítico que le forzaba a afirmar resueltamente su independencia. «Cuanto más me estudio a mí mismo —dice el propio Blanco— más seguro estoy de que, a no ser por mi amor a la verdad sobre todas las cosas, yo hubiera podido ser en manos de cualquier asociación o partido uno de sus instrumentos más fieles y activos. En verdad, esas dos fuerzas opuestas han sido causa de todos los sacrificios y sufrimientos de mi vida, y temo que hayan de seguir lacerándome hasta el borde del sepulcro»[310].

---

[308] Vicente Lloréns, «Los motivos de un converso», en *Literatura, historia, política*, cit., págs. 167-185; la cita en pág. 169.

[309] Ídem, íd., págs. 182-183.

[310] Cit. por Lloréns en ídem, íd., pág. 185.

Blanco escribió varias obras en inglés sobre problemas religiosos y políticos, por lo común de tono polémico; Valmar dice de Blanco que «la lucha política, y no la poesía, fue su verdadera vocación» [311]. Entre sus escritos de carácter literario redactados en dicho idioma tienen que destacarse sus *Letters from Spain*, publicadas primeramente, bajo el seudónimo de *Leucadio Doblado*, en el *New Monthly Magazine* y reunidas luego en un volumen. Menéndez y Pelayo, que abruma la memoria de Blanco con los más violentos dicterios, dedica altos elogios a las *Letters*, tanto más valiosos cuanto que despreciaba a su autor como persona; prescindiendo —dice— «del furor antiespañol y anticatólico que estropea aquellas elegantes páginas, y del fárrago teológico con que Blanco, a guisa de recién convertido, quiso lisonjear a sus patronos, analizando con dudosa verdad moral, ni siquiera autobiográfica, las transformaciones religiosas de un clérigo español, y describiendo nuestra tierra como el nido de la más grosera superstición y barbarie», «si las *Cartas de Doblado* se toman en el concepto de pintura de costumbres españolas, y sobre todo andaluzas, del siglo XVIII, no hay elogio digno de ellas. Para el historiador, tal documento es de oro: con Goya y D. Ramón de la Cruz completa Blanco el archivo único en que puede buscarse la historia moral de aquella infeliz centuria. Libre Blanco de temor y de responsabilidad, lo ha dicho todo sobre la corte de Carlos IV, y aún no han sido explotadas todas sus revelaciones. Pero aún es mayor la importancia literaria de las *Letters from Spain*. Nunca, antes de las novelas de Fernán Caballero, han sido pintadas las costumbres andaluzas con tanta frescura y tanto color, con tal mezcla de ingenuidad popular y de delicadeza aristocrática» [312]. Y añade más abajo: «Hoy mismo pasan por cuadros magistrales el de la corrida de toros, que no ha superado Estébanez Calderón ni nadie, el de una representación de *El Diablo Predicador* en un cortijo andaluz, el de la profesión de una monja y el de las fiestas de Semana Santa en Sevilla; cuadros todos de opulenta luz, de discreta composición y agrupamiento de figuras, y de severo y clásico dibujo» [313].

Blanco escribió numerosos trabajos de crítica literaria así en inglés como en español. Estos últimos aparecieron preferentemente en la revista *Variedades o El Mensajero de Londres*, publicación trimestral ideada y financiada por el gran promotor inglés de las artes gráficas Rudolph Ackermann, con destino a la América Hispánica, y para la cual trató Blanco de conseguir la colaboración de otros emigrados españoles como Moratín y Llorente [341]. Estos escritos de Blanco son del mayor interés para

[311] *Bosquejo histórico-crítico...*, cit., pág. CCXI.
[312] *Historia de los heterodoxos...*, cit., VI, págs. 191-192.
[313] Idem, íd., pág. 192. Cfr.: C. Palencia, «Blanco-White y sus *Cartas sobre España*», en *Cuadernos Americanos*, XX, 1961, págs. 179-193.
[314] Cfr.: Vicente Lloréns, «Moratín, Llorente y Blanco White. Un proyecto de revista literaria», en *Literatura, historia, política*, cit., págs. 57-73.

el estudio de la época literaria en que se gesta el triunfo del Romanticismo; algunos están dedicados a obras de la Edad Media castellana apenas conocidas o mal estimadas entonces, y entre ellos cabe destacar el que se ocupa de *La Celestina*. A propósito de esta parte literaria de la revista *Variedades*, tomada en su conjunto, dice Menéndez y Pelayo que en ella «tiene Blanco el mérito de haber sido uno de los primeros iniciadores de la crítica moderna en España»[315]. Sus artículos de crítica escritos en inglés no han sido traducidos nunca al español, al igual de lo sucedido con las *Letters from Spain*[315 bis] y con su autobiografía; esto, y el hallarse generalmente en publicaciones difícilmente accesibles, explica que la obra literaria de Blanco sea tan escasamente conocida y continúe casi en la sombra su importancia y valor real. Evidentemente, la antipatía que provocó su actuación fuera de España y su heterodoxia, más aún la patriótica que la religiosa, han contribuido decisivamente a este resultado. En nuestros días, fuera de Vicente Lloréns[316], muy pocos estudiosos han tomado la obra literaria de Blanco como objeto de su atención.

La obra lírica de Blanco-White —muy imperfectamente conocida[317], por lo demás— encierra menos interés que su obra en prosa y que su vida, pero no carece de calidades, que son las propias de la escuela sevillana. Blanco es un poeta elegante, atildado, suavemente armonioso, muy en la línea de Arjona, a quien él reconoce como su maestro. Suele tenérsele como poeta de transición, pues son abundantes los vislumbres de las nuevas corrientes románticas, pero de hecho lo que en su lírica predomina es la vertiente neoclásica. Paradójicamente también, como Marchena, debe buena parte de su fama a una composición religiosa, la oda *A la Inmaculada Concepción de Nuestra Señora*, que pertenece a sus años de juventud. Dentro de la temática neoclásica, Blanco escribió una oda *A Carlos III, restablecedor de las ciencias en España*, y otra *A las Musas*, y acogió el espíritu humanitario y progresista en la oda titulada *Al triunfo de la beneficencia*, elogiada por Quintana, aunque en ésta hallamos ya cierta adjetivación tonante que pone al servicio de un motivo didáctico los recursos de un naciente romanticismo. Probablemente es superior a

---

[315] *Historia de los heterodoxos...*, cit., VI, pág. 187.

[315 bis] Compuesto ya tipográficamente este capítulo llega a nuestras manos la traducción española, primera efectuada, de las *Cartas de España*, con una introducción de Vicente Lloréns. Ha sido publicada por Alianza Editorial, «El Libro de Bolsillo», Madrid, 1972.

[316] Además de los trabajos mencionados, para la obra crítica de Blanco consúltese en particular, Vicente Lloréns, *Liberales y románticos. Una emigración española en Inglaterra (1823-1834)*, 2.ª ed., Madrid, 1968: passim, pero en particular el Cap. X, páginas 386-427. Véase además Iris M. Zavala, «Forner y Blanco. Dos vertientes del siglo XVIII», en *Cuadernos Americanos*, XXV, núm. 5, 1966, págs. 128-138.

[317] Edición de sus poesías en Valmar, cit., LXVII, págs. 654-663. Algunas composiciones inéditas en M. V. de Lara, «Nota a unos manuscritos de José María Blanco White», en *Bulletin of Spanish Studies*, XX, 1943, págs. 110-120 y 196-214.

todas estas composiciones la dedicada *A Licio*, es decir, a Alberto Lista, en donde el manido tema de la vuelta de las estaciones, con su lección moral, es tratado con noble elegancia. El amor a la patria durante los días de la invasión francesa le inspiró su oda *A la instalación de la Junta Central de España*, que tiene en algunos momentos la robusta entonación de Quintana, aunque no la alcance en su conjunto; las ideas e imágenes de la composición no se salen de las que podrían esperarse en tal asunto, pero el ímpetu del poeta las caldea con cierta eficacia.

La mayor afinidad con el romanticismo la representa la silva, compuesta poco más de un año antes de su muerte, *Una tormenta nocturna en alta mar*, en donde Blanco se expresa con dramática sinceridad; el riesgo del naufragio es equiparado a la amenaza de la muerte cercana, que enciende el temor pero también la resignada esperanza del poeta:

> *¿Por qué no busco asilo*
> *En el estrecho y congojoso seno*
> *Del cerrado navío?*
> *No; rompa aquí, si quiere, el débil hilo*
> *De mi vida la suerte:*
> *No me arredra la muerte,*
> *Mas si viniere, ¡oh Dios! en ti confío.*
>   *¿Por qué temer? ¿No estás en la tormenta*
> *Lo mismo que en la calma más tranquila?*
> *La nube, que destila*
> *Aljófar, en presencia de la aurora,*
> *¿No es tuya, como aquesta que amedrenta*
> *Con su espesor mi nave voladora?*
> *¿Y qué es morir? Volver al quieto seno*
> *De la madre común de ti amparado...*
>   *¡Oh traidores recuerdos que desecho,*
> *De paz, de amor, de maternal ternura,*
> *No interrumpáis la cura*
> *Que el infortunio comenzó en mi pecho!*
> *¡Imagen de la amada madre mía,*
> *Retírate de aquí, no me derritas*
> *El corazón que he menester de acero,*
> *En el amargo día*
> *De angustia y pena, que azorado espero!* [318].

De sabor prerromántico son también algunas poesías intercaladas en la mencionada novela, particularmente la canción que comienza:

---

[318] En Valmar, cit., pág. 663.

¡Oh! ¿qué anhelar es este que me inspira?
¿Qué agitación, qué dulce y puro ardor?
Sin yo querer resuena ya mi lira,
Sin yo querer al aire doy mi voz...[319].

Afirma Menéndez y Pelayo que las traducciones de Blanco son mejores que sus versos originales, y llega a calificarle de «traductor eximio»[320] a propósito, sobre todo, de la *Canción de la alborada* de Gessner, y del monólogo de *Hamlet*, vertido —dice— con «áspera energía»[321]. También De Lara acepta la superioridad de las traducciones de Blanco en su producción total y lamenta la falta de una bibliografía sobre sus numerosas composiciones de esta especie.

Tampoco han sido coleccionadas todavía las abundantes poesías de Blanco escritas en inglés. Entre ellas se ha hecho especialmente famoso el soneto *Misterious Night*[322], del cual decía Coleridge que era de las cosas más delicadas que se habían escrito en lengua inglesa, y que figura en casi todas las antologías de su literatura. Ha sido traducido a varias lenguas, incluso al latín por Samuel Bond; al castellano lo tradujeron Alberto Lista y el poeta colombiano Rafael Pombo.

ALBERTO LISTA

Todos los mencionados poetas de la escuela sevillana quedan eclipsados por Alberto Lista, «el más ameno, el más variado, el más flexible, el más simpático de los poetas modernos sevillanos», dice de él Valmar que lo conoció y trató. La personalidad de Lista encierra, sin embargo, méritos mucho mayores que la de ser un escritor de discreta importancia, lírico de transición, crítico literario y profesor ocasional de algunos hombres notables, aspectos bajo los cuales se le menciona apresuradamente en todos los resúmenes de nuestra historia literaria. Su significación en muchos campos del pensamiento no suele ser debidamente valorada, o, en todo caso, el gran interés que encierran sus escritos y su misma actuación pública no forma parte aún de los conocimientos generalmente aceptados. Por otra parte, tampoco existe todavía ninguna colección de sus numerosos escritos en prosa, sobre todo de sus artículos, publicados en revistas difícilmente accesibles hoy.

Nació Lista en Sevilla, en el barrio de Triana, en 1775. Sus padres se ganaban modestamente la vida trabajando en un telar de seda, profesión

---

[319] Idem, íd.
[320] *Historia de los heterodoxos...*, cit., VI, pág. 181.
[321] Idem, íd., pág. 188.
[322] Cfr.: Fernán Coronas, «Blanco White y Draconcio», en *Boletín de la Real Academia Española*, VI, 1919, págs. 699-708. J. de Entrambasaguas, «La traducción castellana del famoso soneto de Blanco White», en *Revista de Literatura*, VI, 1954, páginas 337-349.

que Lista aprendió al mismo tiempo que estudiaba filosofía y teología en la Universidad; luego se aplicó a las matemáticas, y en 1796 fue nombrado profesor de esta asignatura en el Colegio de San Telmo de Sevilla. A los 28 años se ordenó de sacerdote.

Cuando se produjo la invasión francesa Lista abrazó primeramente la causa nacional, colaboró en *El Semanario Patriótico* y en *El Espectador sevillano*, compuso una oda a la victoria de Bailén y redactó la proclama en que la Junta de Sevilla daba cuenta a la nación del triunfo sobre los invasores. Pero luego, cuando éstos entraron en Sevilla, Lista se puso a su servicio. Es fácil cosa —y así se despacha en pocas líneas, por lo común— acusar a Lista de traición a la patria, de debilidad de carácter [323] o de oportunismo egoísta. No es lugar éste para seguir todos los pasos de su actividad política, pero algo es preciso señalar. Lista ejemplifica, en una medida tan importante como Meléndez y Moratín el Joven, el dramático desgarramiento intelectual y moral de todos los afrancesados. Lista era un liberal profundamente persuadido de que se alumbraba una nueva era, en que la constitución política de las naciones, su entramado social, el carácter y actitud de la Iglesia, tenían que ser cambiados; y a estas ideas permaneció fiel toda su vida. Desde los mismos días en que escribía en *El Espectador sevillano*, su propósito capital, muy por encima de instigar a la resistencia contra el enemigo, fue preparar la monarquía constitucional, explicar el mecanismo del sistema parlamentario y estudiar las condiciones para su buen funcionamiento en el país. Sevilla, considerando inútil toda resistencia, se entregó sin lucha al invasor, y Lista se convirtió enseguida en colaborador y consejero del mariscal Soult, a quien presentó un plan de reformas. Eran éstas las que anhelaba para su nación y no le importaba demasiado cúya fuese la mano que pudiese hacer el portento; Lista era uno de los muchos españoles convencidos entonces de que sólo bajo el régimen napoleónico, y no al servicio de una dinastía que se había envilecido hasta lo increíble, podía realizarse la apetecida transformación. La apreciación global sobre los afrancesados ha variado radicalmente desde los días en que Menéndez y Pelayo lanzaba su condena sin atenuantes, y a estas nuevas interpretaciones remitimos al lector sin posibilidad de demorarnos ahora en ellas; baste decir que Lista figuró a

---

[323] La supuesta debilidad de carácter se aduce con demasiada frecuencia para explicar la actitud política de Lista al seguir el partido del invasor. No creemos que Lista obrara por debilidad en ningún caso, aunque algunos de sus mismos contemporáneos aduzcan esta razón. Refiriéndose a una etapa muy posterior de su vida, escribe su biógrafo Juretschke: «Pensando que Lista tenía ya sesenta y tres años al encargarse de la dirección educativa del colegio [se refiere al de San Felipe Neri de Cádiz] es asombrosa su actividad y nos explica en parte por qué pudo vencer tantos obstáculos en su vida y ejercer tan honda influencia. Es indudable que tenía una fuerte personalidad y un carácter muy enérgico» (Hans Juretschke, *Vida, obra y pensamiento de Alberto Lista*, Madrid, 1951).

plena conciencia entre tales afrancesados; los testimonios de sus contemporáneos —aun de los liberales que permanecieron al lado de la resistencia— no pueden ser esgrimidos simplemente como repulsa de una actuación, que ahora valoramos ya con muy distinto criterio.

Hay otro aspecto de interés. Lista era sacerdote, y este carácter parece estar más reñido con algunas de sus actividades. Durante el tiempo de su afrancesamiento perteneció a una logia masónica [324]. Lista fue en su tiempo representante característico del catolicismo liberal; aborrecía los procedimientos inquisitoriales y estaba persuadido de que la Iglesia iba a evolucionar según el espíritu de los nuevos tiempos; en todo caso, él deseaba conciliar con la doctrina católica las aspiraciones filosóficas, políticas y sociales que había engendrado la ideología del siglo XVIII. Claro está que esto representaba en sus días la heterodoxia, pero es urgente recordar que, en lo esencial al menos, la Iglesia acaba ahora de hacer suyas las directrices de tolerancia y libertad que hombres como Lista habían defendido siglo y medio antes. Lista parece, pues, quedar automáticamente justificado; sólo que todos los estudios existentes sobre sus ideas y actuación son anteriores a este cambio, y son éstos, por tanto, los que quedan ahora sometidos a la exigencia de una inmediata revisión.

Para Lista, en cambio, su posición fue de lo más comprometida; hay indicios de que estuvo al borde de apostatar a la manera de Blanco y de Marchena; parece también que, a la manera del primero, Lista tuvo por algún tiempo relaciones con una mujer, a la que amó toda su vida. Con todo, el hecho cierto es que siempre tuvo en regla sus licencias eclesiásticas —incluso durante el tiempo en que perteneció a la logia— y jamás dejó de ser sacerdote católico. Sin embargo, no puede decirse que Lista moldease su vida sobre su condición de sacerdote; en él predominó siempre el literato y el escritor político. Pero tampoco puede negarse que careciera de honda religiosidad, a no ser que admitamos —y no es posible hacerlo— que toda su lírica religiosa fuera una pura hipocresía [325].

Su actuación como afrancesado le valió a Lista varios años de destierro al regreso de Fernando VII, pero en 1817 se le permitió volver. Al año siguiente ganó por oposición una cátedra de matemáticas en Bilbao, y en 1820 se trasladó a Madrid, donde enseñó matemáticas, historia y humanidades en el Colegio de San Mateo. Al restaurarse el régimen absolutista, fue clausurado el Colegio, considerado como un centro de enseñanza liberal, pero Lista continuó las clases en su casa particular de la calle de

---

[324] Sobre algunas composiciones poéticas leídas por el propio Lista en dicha logia véase Cossío en el «Estudio preliminar», luego cit., págs. 58-59.

[325] Señala Juretschke (obra cit., pág. 72) que Lista, habiendo podido permanecer en París cómodamente gracias a sus talentos, puso todo su empeño en repatriarse, y en carta a sus amigos de España pide que se divulgue que nunca había dejado de confesar y decir misa.

Valverde. En 1836 dio en el Ateneo de Madrid un *Curso de Literatura Dramática* que tuvo gran resonancia. Durante todo este tiempo colaboró activamente en diversos periódicos —*El Censor, La Gaceta de Bayona, La Estafeta de San Sebastián, La Estrella*—, donde publicó numerosos artículos sobre política, cuestiones sociales, enseñanza, problemas literarios, crítica de libros y teatro, etc., etc., a los que necesariamente hay que acudir para conocer la gran variedad de sus conocimientos y el panorama de su ideario [326]. En 1838 pasó a Cádiz para dirigir un colegio, y de allí marchó a Sevilla, donde fue nombrado canónigo y decano de la facultad de Filosofía de la Universidad. Pertenecía a las Academias de la Lengua y de la Historia. Murió en Sevilla en 1848.

Más aún que a sus propios escritos Lista debió la fama de que gozó en su tiempo a sus condiciones de profesor y a su capacidad proselitista y educadora. La misma modernidad que guiaba su ideario político y reli-

---

[326] La actividad político-periodística de Lista durante estos años presenta muchos aspectos de interés y ha sido objeto de encontradas interpretaciones. Parece cierto que el liberalismo de Lista, su destierro como afrancesado y la clausura de su Colegio de San Mateo no fueron obstáculo para que en 1828 pusiera su pluma al servicio de Fernando VII. Pero el hecho, que, expuesto sin más, permitiría acusar de oportunismo al escritor, necesita ser aclarado. Muchos de los antiguos liberales, afrancesados o no, desilusionados por la dificultad de imponer su programa político, habían evolucionado hacia un despotismo ilustrado, que creyeron posible apoyando a los ministros más liberales de los gobiernos de Fernando VII. Muchos afrancesados y liberales doceañistas adoptaron esta actitud y llegaron a colaborar eficazmente —no sería injusto decir que se *infiltraron*— en muchos puestos importantes del Estado; Lista debe ser incluido en dicho grupo. Por otra parte, Lista fue solicitado por su capacidad profesional para dirigir empresas periodísticas; así, fue encargado, junto con Miñano y Reinoso, de redactar la *Gaceta de Bayona*, órgano propagandístico del gobierno español de cara al exterior, que trataba, evidentemente, de enmascarar las limitaciones impuestas a todo género de libertades en la Península. Esta actividad puede calificarse de colaboracionismo, si se entiende rigurosamente a la letra, pero es lo cierto que Lista al lado de algunos artículos «de encargo» aprovechó su situación para favorecer a sus correligionarios. La mayoría de sus trabajos se ocuparon de temas literarios, con principal atención a liberales emigrados, prácticamente cerrados al público español. Parecido carácter tuvo después la participación de Lista en la *Estafeta de San Sebastián*.

Al suspenderse la publicación de este último periódico, y después de larga estancia en Inglaterra y Francia, Lista fue encargado de dirigir la *Gaceta* oficial y fundó al poco tiempo *La Estrella*. En ambos periódicos Lista siguió una política *posibilista;* en *La Estrella*, particularmente, defendió la candidatura de Isabel II, por lo que esto entrañaba de defensa del liberalismo posible contra la extrema posición tradicionalista del carlismo. Al llegar los días de Mendizábal, Lista apoyó la política ministerial, incluso al producirse las medidas de la desamortización. Juretschke, que se escandaliza de que el sacerdote Lista prestase «sus servicios técnicos a un Ministerio que era violentamente anticlerical» (obra cit., pág. 163), sugiere que «Lista se dejó comprar por Mendizábal» (ídem, íd.), pero no presenta prueba alguna. El liberalismo de Lista, hondamente empapado en la ideología del XVIII, no podía sentirse herido por unas medidas contra el poder material del clero que él había atacado en muchas ocasiones. Lista —tal es nuestra opinión— seguía fiel una vez más a la meta esencial a que había encaminado su actividad y su pensamiento.

gioso inspiró sus principios de enseñanza; sobre ellos, frecuentemente inspirados por las ideas de Jovellanos y de Quintana, trató de orientar la reforma de la Universidad española, y sobre ellos organizó los colegios en que enseñó. Hans Juretschke, generalmente hostil a la ideología y conducta de nuestro autor, califica el colegio de San Mateo de algo «nuevo en los anales de la pedagogía española» [327], y comenta más adelante: «El ideal educativo de Lista impresiona por su traza moderna en su aspiración a facilitar conocimientos útiles y positivos. Moderno parece también por la profunda incrustación de las ciencias de la naturaleza, que refleja el comprende perfectamente, según destaca también Juretschke, que en toviraje general de la pedagogía europea hacia las Realwissenschaften» [328]. Se das partes donde enseñó le confiaran sus hijos las familias mejores y más pudientes del país; estudiar bajo la dirección de Lista equivalía a gozar de una enseñanza desconocida hasta entonces en todos los otros centros, privados u oficiales, de la nación, y así se explica —y no por mero azar— que fueran tan numerosos los discípulos suyos que habían de sobresalir después en la literatura, la ciencia y la política. Alumnos suyos fueron en San Mateo el conde de Cheste, el general León y Navarrete, el general Mazarredo, Roca de Togores —luego marqués de Molíns—, Ventura de la Vega, Espronceda, Eugenio de Ochoa, Patricio de la Escosura, Luis Usoz del Río, Santiago Diego Madrazo, Felipe Pardo; entre los discípulos particulares, después de la clausura de San Mateo, figuraron Alejandro Mon, Castillo y Ayensa, Facundo Infante, Agustín Durán, los hijos de Clemencín, los hijos del duque de Osuna y del conde de Altamira; durante su estancia final en Sevilla fueron discípulos suyos Bécquer, Amador de los Ríos y el hijo del duque de Rivas. Sin ninguna exageración pudo decir Larra: «Discípula suya es casi toda la juventud del día».

Aparte la calidad de sus planes pedagógicos, las condiciones de carácter de Lista debieron de influir mucho también en su éxito como maestro. Eugenio de Ochoa asegura que el don de la enseñanza era ingénito en Lista; fuera del ámbito profesional proseguía su tarea, como un nuevo Sócrates, frecuentemente acompañado de sus más inteligentes y queridos discípulos: «Lista —añade— es el hombre que ha ejercido mayor y más saludable influjo sobre nuestra época en España: éste es acaso su título más glorioso. Como matemático, como publicista, como literato, tiene rivales que le disputan la palma: como hombre de prestigio y de influencia sobre sus contemporáneos, como autoridad, no los tiene. Bajo este concepto, sobre todo, creemos que le está reservado un puesto muy alto en la historia de nuestros días» [329]. Casi todos sus alumnos dejaron testimo-

---

[327] Obra cit., pág. 88.
[328] Idem, íd., pág. 95.
[329] En Valmar, III, pág. 270.

nios parecidos; Pérez de Anaya en su semblanza del escritor, escribe: «Su casa era frecuentada de las personas más distinguidas de la Corte, de todos los literatos de la capital y de los estudiosos que buscaban su dirección y enseñanza»[330]. Otro discípulo de Lista, Fernández Espino, describe así su llegada a Sevilla en los últimos años de su vida: «Su venida a Sevilla fue un verdadero acontecimiento literario. Todos los eruditos, todos los amantes del saber deseaban honrarse con su amistad; la juventud aplicada corrió ansiosa a escuchar sus elocuentes lecciones; todas las demás personas de la buena sociedad le buscaban para conocerle, siquiera de vista; y en su modesto retiro era considerado con ese respeto que nace, no del interés o de la ambición, sino de un sentimiento noble y generoso: la admiración al genio»[331].

Su misma ductilidad y variedad de facultades le impidió, sin embargo, a Lista ser un poeta de primer orden[332]. Valmar señala[333] que esa facilidad de su numen poético que le permitió superar en galanura, elegancia y limpieza a todos sus compañeros de Sevilla, le llevó de tal modo a connaturalizarse con el lenguaje artificial, los recursos del arsenal mitológico y los resabios de escuela, que ahogó su originalidad y auténtico arranque lírico. Lista escribía, sin embargo, muy preocupado por la calidad estética de su verso, que había aprendido en el constante estudio de los grandes maestros de la tradición clásica. Es inevitable repetir la fórmula que Lista, en el prólogo a sus poesías de 1837, escribió como su divisa poética: «Pensar como Rioja y decir como Calderón»[334] (Rioja era tenido entonces todavía como el autor de la *Epístola moral a Fabio*); pero, de hecho, sus modelos preferidos, mucho más que entre los barrocos, estaban en la línea clásico-renacentista, que va de Horacio a Herrera; el primero es su gran modelo[335]; el segundo representa el extremo de su posible exuberancia formal. Son significativas sus palabras en la epístola *A Don Fernando de Rivas*:

> *Habrás adelantado, si los versos*
> *Del tierno Garcilaso se deslizan*
> *A tu pecho halagüeños cual las ondas*

---

[330] Cit. por Juretschke, en obra cit., pág. 119.

[331] Cit. por ídem, íd., pág. 204.

[332] Edición de sus poesías en Valmar, cit., vol. LXVII, págs. 269-391. *Poesías inéditas de Don Alberto Lista*, ed. de José María de Cossío, Madrid, 1927; el estudio preliminar de esta edición está reproducido en el libro de Cossío *El romanticismo a la vista. Tres estudios*, Madrid, 1942, págs. 11-80.

[333] *Bosquejo...*, cit., pág. CXCV.

[334] He aquí literalmente sus palabras: «He pugnado por reunir en la versificación, muy variada en cuanto a los metros, la valentía y fluidez de mi maestro Rioja con el artificio admirable y generalmente poco estudiado de los versos de Calderón».

[335] «Horacio —dice Juretschke (obra cit., pág. 270)— es su gran poeta... Lista no alaba la espontaneidad, sino el arte; no la originalidad, sino el ejercicio de una sabia imitación y emulación; no un lenguaje popular y llano, es decir, naturalista, sino culto y de alto coturno».

> *De pura y mansa fuente entre las flores;*
> *Si te hechiza, severa cuanto dulce,*
> *La lira de Rioja; si de Herrera*
> *El desusado canto te arrebata.*
> *Imitarás la suavidad sublime*
> *Y candorosa de León; mas huye*
> *Tal vez su tosco desaliño; teme*
> *Como sierpes las gracias seductoras*
> *Del atrevido Góngora, y de Lope*
> *No te deslumbre, no, la fácil musa,*
> *Que da entre mil guijarros un diamante* [336].

Posiblemente, las poesías religiosas forman el grupo más notable en la obra lírica de Lista. Valmar no parece estimarlas demasiado y señala que se ve patente en ellas el estudio de la Escritura y de los Santos Padres; pero el reparo no nos parece justo, pues nada más natural en un poeta religioso que proveerse en dicha cantera. Puede que sea más discutible otro rasgo, y es la perfección con que Lista, en muchas de sus composiciones, les bebe el aliento a fray Luis de León y a San Juan de la Cruz, hasta el punto de parecer a veces un ejercicio de imitación. Su composición a *La muerte de Jesús* ha sido unánimemente celebrada, y un crítico —Antoine de Latour— ha llegado a calificarla, sin apenas exageración, de sublime; el sentimiento religioso del poeta vibra con emocionada sinceridad, patética en algunos momentos, expresada en imágenes de clásica belleza. El influjo de fray Luis es aquí el predominante, en el arranque sobre todo:

> *¿Y eres tú el que velando*
> *La excelsa majestad en nube ardiente*
> *Fulminaste en Siná? Y el impio bando,*
> *Que eleva contra ti la osada frente,*
> *¿Es el que oyó medroso*
> *De tu rayo el estruendo fragoroso?* [337].

que recuerda el comienzo de la oda luisiana *A la Ascensión*:

> *¿Y dejas, Pastor Santo...*

La huella de Herrera asoma también, como en la vibrante estrofa final:

> *Rasga tu seno, oh tierra:*
> *Rompe, oh templo, tu velo. Moribundo*

---

[336] Ed. Valmar, III, pág. 297.
[337] Idem, íd., pág. 273.

> *Yace el Criador; mas la maldad aterra,*
> *Y un grito de furor lanza el profundo:*
> *Muere... Gemid, humanos:*
> *Todos en él pusisteis vuestras manos* [338].

El propósito de imitar a San Juan de la Cruz es patentísimo en dos composiciones de carácter místico: *El sacrificio de la esposa*, escrita con motivo de la profesión religiosa de una hermana de Blanco-White, precisamente, y *El canto del esposo*, compuesto también con motivo de otra profesión. En ambas toma como lema unos versos de San Juan de la Cruz de las *Canciones entre el alma y el esposo*. En la primera, la imitación es más difusa, pero en la segunda se apropia Lista a la perfección el ritmo de las quintillas del gran místico y hasta el sabor de su dulzura, de tal modo que a estas estrofas sólo un grave reparo cabe hacerles, y es que no sean de San Juan de la Cruz, pareciéndolo tanto. He aquí el comienzo de la composición y algunas estrofas en que habla el Esposo:

> *El amante sagrado,*
> *Que de la cruz pendiente nos convida*
> *Al seno regalado,*
> *A la preciosa herida,*
> *Del mísero mortal asilo y vida...*
> *Oye, feliz esposa,*
> *Oye su voz; que el céfiro callado*
> *Ni juega con la rosa,*
> *Ni vaga en el collado,*
> *Por no turbar su acento enamorado.*
> *Ven, ¡ay!, esposa mía,*
> *Dice herido de amor, ven; ¿floreciente*
> *No ves la cumbre fría*
> *Del Líbano eminente,*
> *Que de alto hielo coronó su frente?*
> ....
> *De los demás pastores*
> *Desoye el canto y deja la guarida,*
> *Sepulta tus amores*
> *En mi huerta escondida;*
> *Muerte dulce es mi amor y dulce vida.*
> *Aquí yo las manzanas*
> *De suave olor arrojaré en tu seno;*
> *Y cuando a las mañanas*

---

338 Idem, íd., pág. 274.

Brindare el sol sereno,
Lirios te cogeré del prado ameno.
      Del prado, que mil fuentes
Del altísimo monte despeñadas,
Riegan; de relucientes
Azucenas preciadas
Haremos nuestras cándidas moradas.
      Aquí apacible sueño,
En mi divino gremio recogida,
Mientras vuela risueño
El aura de la vida,
Gozarás entre flores adormida...
      Y luego en despertando,
Aromas pedirás, pedirás flores,
Y con gemido blando
Te quejarás de amores,
Y exhalarás la vida en mis loores... [339].

La robustez herreriana moldea otras composiciones religiosas de Lista, principalmente *La Ascensión de Nuestro Señor* y *La Concepción de Nuestra Señora;* esta última, la más extensa de todo el grupo,‾ con su glosa del relato del Apocalipsis casi podría considerarse como un pequeño poema épico.

En sus poesías filosóficas Lista rindió tributo a las preocupaciones ideológicas de su tiempo, y en ellas es visible el influjo de los poetas salmantinos, especialmente de Meléndez; bastan los títulos para advertir su contenido sociológico y filantrópico, en el que Lista se derrama con su proclividad profesional a la didáctica y al propagandismo político [340]: *La Beneficencia, La bondad es natural al hombre, La amistad, La gloria de los hombres benéficos, La felicidad pública, El triunfo de la tolerancia.* Lista, en opinión de Juretschke [341], salvo en contadas, excepciones, no logra convertir sus ideas en imágenes vividas ni posee tampoco el fuego apasio-

---

[339] Ídem, íd., págs. 280-281.

[340] Adviértase que esta proclividad didáctica forma parte del concepto fundamental que, como buen neoclásico, tenía Lista sobre la poesía: «Para Lista —dice Cossío— el puro arte, el arte por el arte, como decimos ahora, sin una trascendencia social, o moral, o política, es una superfluidad sin justificación, y así lo reitera a lo largo de toda su carrera de escritor» (José María de Cossío, «Don Alberto Lista, crítico teatral de *El Censor*», en *Boletín de la Real Academia Española*, XVII, 1930, págs. 396-422; reproducido en *El romanticismo a la vista*, cit., págs. 83-168 —la cita, en esta última edición, pág. 91—). En cierta ocasión —cit. por Cossío en ídem, íd., pág. 116— condensa Lista su pensamiento en esta fórmula, merecedora de atento estudio: «La suma perfección del artista consiste en que dé a sus obras toda la filosofía que puedan admitir, según su naturaleza».

[341] Obra cit., pág. 40.

nado e incontenible de Quintana. Valmar encarece, sin embargo, dentro del citado grupo, la lozanía con que está escrita *La vida humana*, obra —dice— «de puro ingenio y más de poeta que de filósofo»[342].

Sus *Líricas profanas* son de desigual valor. Merece destacarse su composición *Al sueño. El himno del desgraciado*, en la que olvida —dice Valmar— «el *estilo poético* de la escuela sevillana» para escribir «con el estilo poético de la naturaleza».

> ....
>
> Corta el hilo a mi acerba desventura,
> Oh tú, sueño piadoso,
> Que aquellas horas que tu imperio dura,
> Se iguala el infeliz con el dichoso.
>
> Ignorada de sí yazca mi mente,
> Y muerto mi sentido;
> Empapa el ramo, para herir mi frente,
> En las tranquilas aguas del olvido.
>
> ....
>
> Ven, termina la mísera querella
> De un pecho acongojado.
> ¡Imagen de la muerte! después de ella,
> Eres el bien mayor del desgraciado[343].

Lista escribió también muchas composiciones amorosas según el gusto erótico-pastoril de su tiempo, aprendido en la tradición de Meléndez, pero sin alcanzar en ellas ningún especial relieve. Juretschke señala[344] que lo que en parte le diferencia de su maestro es su mayor inclinación hacia el petrarquismo, bebido en los poetas renacentistas[345]. En cambio manejó

---

[342] *Bosquejo...*, cit., pág. CXCVII.
[343] Ed. Valmar, cit., III, pág. 294.
[344] Obra cit., pág. 37.
[345] Al estudiar las poesías contenidas en el volumen de *Inéditas*, cit., señala Cossío que en esta colección dejan, sin embargo, de aparecer los grandes nombres clásicos, en cuyo estudio se había ejercitado siempre, y aparecen con insistencia las imitaciones de poetas contemporáneos franceses e italianos, con los cuales le permitieron familiarizarse su conocimiento de ambos idiomas y sus largas estadas como proscrito en Francia; tales composiciones revelan una nueva vertiente de Lista: «Pudiera estudiarse con detenimiento —dice Cossío— la influencia que esta manera de poesía ejerció en Lista. Provisionalmente examinado el caso, juzgo que gran parte de las limitaciones, y también de las excelencias, de su arte lo son de estos autores por él tan frecuentados. Releídas imitaciones y traducciones se llega a la convicción de que a Lista se le ha juzgado, hasta ahora, limitadamente inscrito en el círculo literario español, cuando la verdadera perspectiva de su arte es la del conjunto de la poesía extranjera, su contemporánea. Su sentimiento moderado, su peinado orden, su limpia dicción, su tono opaco, su decoro meticuloso son resonancias de los Delilles y los Leonios, y no de los Arjonas ni Cienfuegos. A esta nueva luz la figura de Lista desborda del cenáculo sevillano en que por rutinaria sentencia se hallaba confinada, y

con notable soltura el romance, que aplicó a temas muy diversos, pero especialmente amorosos. Merecen destacarse los cuatro que forman *El puente de la viuda,* basados en una leyenda valenciana, y que recuerdan en muchos momentos el sabor prerromántico de los romances de Meléndez sobre la leyenda de doña Elvira; he aquí el comienzo del segundo:

Por la orilla del Mijares
Discurre el fuerte mancebo,
Fija la vista en el río,
Y en su amada el pensamiento.
Redobla el Noto su furia;
La oscuridad va creciendo;
Sólo el relámpago a veces
Traspasa su denso velo.
En diluvios se desatan
Los copiosos aguaceros,
Y las pobres fuentecillas
Corren arroyos soberbios... [346].

No carece de interés, aunque su lectura resulte engorrosa, la traducción libre, en cuatro cantos, que del poema de Pope, *Dunciad,* hizo Lista bajo el título de *El imperio de la estupidez.* Allí expone muchas de sus ideas literarias y juzga, elogiándolos o denostándolos, a muchos escritores de su tiempo.

LOS FABULISTAS DE LA ILUSTRACIÓN

IRIARTE

El siglo XVIII, tan dado a la didáctica, produjo los dos únicos fabulistas que, por sola esta condición, se han incorporado a la historia de nuestra literatura y conseguido dilatada popularidad: Tomás de Iriarte y Félix María de Samaniego. El carácter sencillo y vulgarizador, aparentemente infantil a veces, de sus *fábulas,* ha podido dejar en el vulgo una idea poco adecuada de estos autores; pero ambos fueron representantes genuinos

---

si castizos temas y nobles preocupaciones patrióticas, artísticas y filantrópicas, que ocuparon a sus contemporáneos españoles, siguen sirviendo de amarras que le aseguran y adscriben a un momento literario español, esos otros temas más libremente tratados le incorporan al movimiento literario europeo, aunque, infelizmente, en una de sus horas menos dichosas» («Estudio preliminar», cit., págs. 54-55).

[346] Ed. Valmar, cit., III, pág. 375. Cfr.: Luis Guarner, «Una leyenda castellonense escrita por un poeta sevillano», en *Boletín de la Sociedad Castellonense de Cultura,* XXXVIII, 1962, págs. 129-147.

de las corrientes ilustradas y piezas importantes del movimiento renovador en nuestra patria durante el siglo XVIII.

El apellido Iriarte no sólo evoca a un autor —en este caso, al fabulista— sino a todo un clan de escritores; un tío y tres sobrinos, que llegaron a convertirse en una potencia intelectual y social durante los años clave del reinado de Carlos III [347]. Aunque navarros de origen, los Iriarte residían en Canarias, de donde fue a Madrid el que podría calificarse de patriarca de la dinastía, don Juan de Iriarte. Se había éste educado en Francia, y en el colegio de Louis-le-Grand, donde estuvo ocho años, fue condiscípulo de Voltaire. Su afición a los libros le llevó en Madrid a la recién fundada Biblioteca Real, donde se atrajo la atención del Bibliotecario Mayor, don Juan de Ferreras, por cuya mediación fue designado preceptor de los hijos de los duques de Béjar y de Alba, y oficial de aquella institución. Don Juan de Iriarte poseía un saber considerable y una gran manía: la de traducir al latín los asuntos más peregrinos que se le pusieran a tiro. Su sobrino Bernardo, que escribió la *Vida* del patriarca, dice de él, muy respetuoso, que «apenas oyó o leyó pensamiento ingenioso de poeta nacional o extranjero, que inmediatamente no pusiese en latín con singular naturalidad de expresión» [348]; pero la verdad es que don Juan convirtió asimismo en versos latinos cosas bien extrañas: series de dioses, reyes de España y de Francia, pontífices, maravillas del mundo, mandamientos, sacramentos, pecados mortales y veniales, bienaventuranzas, oraciones diversas, una gramática latina completa, cerca de dos mil refranes castellanos, epigramas de cualquier procedencia, etc., etc.; y compuso todo un poema en hexámetros para describir la suciedad de Madrid. Estos trabajos, que desencuadernaban de risa a Forner, no le hubieran granjeado la inmortalidad a don Juan de Iriarte, pero le dieron fama de culto entre sus contemporáneos y robustecieron su posición social; debido a su gran pericia filológica, precisamente, fue nombrado oficial traductor de la primera Secretaría de Estado, cargo que conservó hasta su muerte. En razón de este cargo redactó despachos latinos para diversas Cortes de Europa y todas las inscripciones oficiales que se pusieron durante aquellos años en tumbas de reyes, palacios, fachadas de conventos, puentes y calzadas. Hasta su propio testamento redactó don Juan en latín, quizá para que no se le olvidara esta lengua cuando más la podría necesitar.

Don Juan fue miembro de la Real Academia de la Lengua y de la de San Fernando. Participó con su habitual dedicación en diversos trabajos

---

[347] Para los Iriarte, el estudio fundamental continúa siendo el de Emilio Cotarelo, *Iriarte y su época*, Madrid, 1897, repetidamente citado en estas páginas. Cfr. también: Sempere y Guarinos, *Ensayo...*, cit., VI, págs. 181-190 y 190-223 sobre don Juan y don Tomás, respectivamente. Agustín Millares Carlo, *Ensayo de una Bibliografía de escritores naturales de las Islas Canarias (siglos XVI, XVII y XVIII)*, Madrid, 1932.

[348] Cit. por Cotarelo en ídem, íd., pág. 22.

académicos, sobre todo en materias de gramática, y compuso por su cuenta una *Paleografía griega* y una notable *Bibliotheca graeca* en la que describía los manuscritos griegos de la Real, que estaban bajo su custodia.

Quizá la actividad de don Juan más digna de mención sean sus artículos de crítica en el *Diario de los literatos de España*, algunos de los cuales tienen muy especial significado. Entre ellos deben destacarse el que escribió sobre el *Norte crítico* del padre Segura; su juicio sobre el *Teatro anticrítico universal* de Salvador José Mañer, en plena polémica sobre el padre Feijoo; y, sobre todo, el largo estudio dedicado a la *Poética* de Luzán, ya mencionado en el lugar correspondiente. Las críticas de Iriarte contribuyeron decisivamente al crédito adquirido por el *Diario* debido a la profundidad de su doctrina y sobre todo a la independencia de juicio, enteramente desasido de partidismos y dogmas de escuela.

Este hombre modesto, mediocre y trabajador fue el que introdujo a los otros Iriarte en la vida política y literaria madrileña.

El mayor de sus tres sobrinos, Bernardo, obtuvo puestos, gracias a los manejos de su tío, en la Secretaría de Estado, y fue por algún tiempo Secretario de la Embajada de Londres. También Domingo, el segundo sobrino, desempeñó cargos en la misma Secretaría, hasta llegar a embajador en Francia, donde murió. El tercero, Tomás, que es el que aquí particularmente nos interesa, nació en septiembre de 1750 en el Puerto de la Cruz (Tenerife), y estudió las primeras letras en la cercana villa de Orotava, hasta que, cumplidos los catorce años, se lo llevó su tío a la Península.

Cuando Aranda se propuso llevar a cabo la reforma de los teatros, encargó a don Bernardo de Iriarte, miembro ya de la Academia de la Lengua, una selección de antiguas comedias españolas y la redacción de un informe, de que tratamos en otro lugar [349]. Al fundarse en 1768 los teatros de los Reales Sitios, Tomás de Iriarte, muy joven aún, tradujo para ellos diversas obras francesas, y probó sus propias fuerzas con una comedia original, *Hacer que hacemos*. El estreno, y fracaso, de la *Hormesinda* de Moratín el Viejo movió al joven Iriarte a redactar su *Carta escrita al Pardo por un caballero de Madrid a un amigo suyo*, que Cotarelo descubrió en la Biblioteca Nacional y publicó en su conocido libro [350]. La *Carta* es un documento de positivo interés para conocer el desarrollo de las ideas neoclásicas, en especial sobre el teatro, pues contiene una exposición de principios, que quizá no sería exagerado calificar de verdadero «manifiesto»; Iriarte enjuicia con rigor e imparcialidad la tragedia de Moratín, y hace un estudio del teatro de Ramón de la Cruz, al que acusaban los neoclásicos de obstruir el camino para la reforma.

A la muerte de don Juan en 1771, don Tomás «heredó» su cargo de oficial traductor de la Secretaría de Estado, y a poco se le confió la direc-

---

[349] Véase cap. VII, págs. 594-599.
[350] *Iriarte y su época*, cit., Apéndice IV, núm. 3, págs. 433-447.

ción del *Mercurio histórico y político*, de la que dimitió al cabo de un año. En 1773 publicó *Los literatos en cuaresma* [351], sátira literaria en que se ocupa preferentemente del teatro, y que de nuevo viene a ser un testimonio de primer orden sobre las ideas dramáticas en litigio. En la *Tertulia de la Fonda de San Sebastián* intimó Iriarte con Cadalso. Ambos escritores mantuvieron luego una interesante correspondencia, a la que nos hemos referido en distintas ocasiones, y se enviaron poemas satíricos sobre asuntos diversos de la vida nacional.

Un nuevo cargo, el de Archivero del Consejo Supremo de la Guerra, aseguró desde 1776 la posición económica de Iriarte, convertido ya entonces en prototipo del intelectual en Corte y figura ejemplar del cortesano dieciochesco; asistía a tertulias elegantes, frecuentaba la mejor sociedad de la política y de las letras, coleccionaba pinturas y grabados, cultivaba la música [352] y, sobre todo, escribía versos, aunque no demasiados, porque su atildada corrección y su buen gusto estimulaban la exigencia para consigo mismo y pedían largo esfuerzo a la lima.

Iriarte, gran admirador de Horacio, tradujo en verso su *Arte poética* y la publicó en 1777. La versión provocó críticas adversas porque se la tachaba de falta de nervio poético, de abundar en versos facilones y de ser sobradamente difusa, pues en muchos pasajes doblaba el número de versos del original. Para defender su propia traducción, Iriarte puso de relieve los defectos de la de Vicente Espinel, que acababa de elogiar Sedano en el primer volumen de su *Parnaso español*, y con esto se encendió la polémica entre ambos. Iriarte, muy sensible a las críticas, compuso todo un libro para replicar a Sedano, cuyo *Parnaso* recorre volumen por volumen, después de haber sacudido sin misericordia a su tragedia bíblica *Jahel*.

En 1779 publicó Iriarte su poema didáctico *La Música*, que su hermano Bernardo logró hacer imprimir por cuenta del Estado con ilustraciones de los mejores artistas. El poema, en cinco cantos, fue bien recibido fuera de España y se le tradujo al inglés, francés, alemán e italiano; Iriarte, buen aficionado a la música, expuso ideas interesantes sobre este arte, que merecieron el aplauso de los extranjeros. En cambio, los lectores españoles, más sensibles a la forma que al contenido, estimaron el poema pesado y prosaico y hubo de nuevo sátiras y polémicas en el mundillo literario [353]

---

[351] Ed. en «Las cien mejores obras de la literatura española» (Compañía Ibero-Americana de Publicaciones), vol. 38, Madrid-Buenos Aires, s. a.

[352] Cfr., José Subirá. *El compositor Iriarte (1750-1791) y el cultivo español del melólogo*, Madrid, 1949-1950.

[353] Menéndez y Pelayo dice que *La Música* de Iriarte es el principal responsable de todos los poemas sobre las Bellas Artes que se escribieron hasta finales de siglo «pésimos imitadores de un modelo ya de suyo harto infeliz, engendros híbridos, de los cuales salía tan mal parado el arte de la poesía como aquel otro arte o ciencia cuyos preceptos se querían exponer»; «aunque hay que distinguir, sin embargo

Conocemos ya la participación de Iriarte en el concurso de la Academia sobre «la felicidad de la vida del campo» y las consecuencias del fallo.

En 1782 publicó sus famosas *Fábulas literarias*, de las que inmediatamente trataremos; en las páginas que dedicamos a Forner serán expuestos los ataques de éste, la respuesta de Iriarte y la contrarréplica de Forner. En 1786 la Inquisición lo sometió a proceso pues circulaban algunos escritos suyos más o menos atrevidos contra personas e instituciones eclesiásticas. La Inquisición de Madrid instruyó la causa y declaró al escritor sospechoso «de seguir errores de los filósofos ultrapirenaicos», pero todo se siguió a puerta cerrada, sin testigos; abjuró Iriarte y el Tribunal le impuso una pequeña penitencia secreta [354].

—añade—, a Iriarte de sus imitadores, que están a cien leguas de él en pureza, en corrección y en buen gusto» (*Historia de las ideas estéticas...*, cit., III, pág. 619). Recuerda don Marcelino que si el poema *La Música* ha sido poco estimado por los literatos, lo ha sido, en cambio, mucho por los profesores de este Arte, como lo acreditan las ocho o nueve ediciones castellanas y las diversas traducciones; pondera la soltura y facilidad de exposición, y aunque subraya la ausencia de calidades poéticas hasta el punto de lamentar que no esté escrito todo el poema en prosa llana, admite el interés de su contenido doctrinal: «No arrebata ni entusiasma nunca —dice—, pero instruye. No inspira grande amor a las bellezas de la música; pero inicia en sus rudimentos» (ídem, íd., pág. 620).

[354] Llorente, según recuerda Menéndez y Pelayo (*Historia de los heterodoxos españoles*, ed. nacional, V, 2.ª ed., Madrid, 1965, págs. 306-307), apenas da noticias, y muy confusas, sobre el proceso de Iriarte. El favor oficial de que gozaba, debió de influir para que se hiciera el silencio en torno a este problema. Según don Marcelino, la pieza capital de la acusación fue una fábula que circuló mucho manuscrita, y que fue impresa por primera vez en *El Conciso* de Cádiz durante la primera época constitucional. Valmar publica esta composición (*Poetas líricos del siglo XVIII*, cit., LXIII, página 66), que reproduce también Menéndez y Pelayo (*Heterodoxos*, cit., V, pág. 307) y Cotarelo (*Iriarte y su época*, cit., pág. 308, nota 3). La damos a continuación completa por ser breve y no carecer de gracia:

> *Tuvo Simón una barca*
> *no más que de pescador,*
> *y no más que como barca*
> *a sus hijos la dejó.*
> *Mas ellos tanto pescaron*
> *e hicieron tanto doblón,*
> *que ya tuvieron a menos*
> *no mandar buque mayor.*
> *La barca pasó a jabeque,*
> *luego a fragata pasó;*
> *de aquí a navío de guerra*
> *y asustó con su cañón.*
> *Mas ya roto y viejo el casco*
> *de tormentas que sufrió,*
> *se va pudriendo en el puerto;*
> *¡lo que va de ayer a hoy!*
> *Mil veces la han carenado;*
> *y, al cabo, será mejor*
> *desecharla y contentarnos*
> *con la barca de Simón.*

El estreno de sus dos comedias —*El señorito mimado* y *La señorita malcriada*— de que nos ocupamos en otro lugar, colocó a Iriarte en el centro del nuevo movimiento dramático, casi como un jefe de escuela. Pero el escritor gozaba de escasa salud; hubo de abandonar la corte y pasar todo el año de 1790 en Sanlúcar de Barrameda en busca de mejor clima; regresó a Madrid y falleció en septiembre de 1791, un día antes de cumplir los 41 años.

La fama de Iriarte ha quedado vinculada a sus *Fábulas literarias*[355]. Al llegar a este punto, ya no parece necesario aducir de nuevo razones que justifiquen la existencia en el siglo XVIII de una obra poética tan premeditadamente didáctica. Sin embargo, no carece de interés el preguntarse por qué reaparece ahora precisamente este género, olvidado desde la Edad Media, y con temática exclusivamente literaria. Iriarte tenía pretensiones de innovador, y es muy posible que le tentara la vanidad de escribir la primera colección completa de fábulas de esta naturaleza, sólo incidentalmente cultivada por los maestros clásicos del género[356]. Por otra parte, Iriarte era por esencia un crítico literario; la literatura y sus problemas, los del teatro en particular, eran los únicos capaces de apasionarle y de inspirarle. Siendo, como fue, amigo de hombres como Cadalso, agitados por inquietudes más profundas, personales y nacionales, Iriarte parece olímpicamente ajeno a los grandes temas humanos, que sólo de modo incidental le inspiran un epigrama o una alusión satírica; era un escéptico elegante; lo que no se pudiera destilar en alambiques literarios, le interesaba poco[357]. Digamos además que los problemas de la literatura,

---

[355] Ed. Valmar en *Poetas líricos del siglo XVIII*, cit., LXVI, págs. 5-23. Ed. Alberto Navarro González, «Clásicos Castellanos», Madrid, 1953. Para la significación de la *fábula* como género y de las de Iriarte en particular, cfr. el breve pero agudo ensayo de Alejandro Cioranescu, «Sobre Iriarte, La Fontaine y fabulistas en general», en *Estudios de literatura española y comparada*, Universidad de La Laguna, 1954, págs. 199-204.

[356] Carlos Pignatelli, en su *Noticia histórica de la vida y escritos de don Thomás Yriarte*, sugirió este motivo que nos parece muy convincente: «Yriarte —dice—, cuyo talento se extendía a varias clases de poesía, quiso también ensayar sus fuerzas en el Apólogo: mas al ver que los mejores Fabuladores, empezando por Fedro, se habían contentado, exceptuando una u otra Fábula, con glosar a su modo los cuentos inventados por Esopo o atribuidos a él, intentó separarse del camino trillado y se propuso presentar al Público una colección de Fábulas originales, no sólo en la invención de los asuntos sino también en el objeto de la moralidad, dirigida únicamente a reprender y corregir los vicios de la profesión literaria, por cuya razón las dio el título de *Fábulas Literarias*». Pignatelli, amigo de Iriarte, se había encargado de escribir una introducción para la edición póstuma en 8 volúmenes impresa en Madrid en 1805; Bernardo de Iriarte no consideró aceptables las páginas de Pignatelli y se abstuvo de publicarlas; estas páginas se creían perdidas hasta que fueron descubiertas y publicadas por Antonio Aguirre (seudónimo de Foulché-Delbosc) en el *Bulletin Hispanique*, XXXVI, 1916, págs. 200-252; la cita en pág. 232.

[357] Cfr.: Alberto Navarro González, «Temas humanos en la poesía de Iriarte», en *Revista de Literatura*, I, 1952, págs. 7-24. De hecho, Navarro González no consigue destacar en la poesía de Iriarte otros *temas humanos* fuera de la preocupación por la «fama literaria», la «valoración del quehacer poético» y el «menosprecio de la vida de

las luchas de escuela, los principios del arte, la crítica, no habían sido hasta el siglo XVIII cuestión de interés general, temas de discusión en revistas y periódicos, populares, aunque fuera en cierta medida. Parece evidente que unas fábulas literarias hubieran sido impensables antes de mediar el siglo de la Ilustración; pero en dicho momento diríase que surgen como una cosecha natural: no es poco mérito para el autor que las compuso en el único instante posible.

Iriarte reunió en su colección sesenta y siete apólogos, que después de su muerte fueron aumentados con otros nueve. Forner, como veremos, se burló de las *Fábulas literarias* diciendo que consistía en escribir con mucha difusión en prosa rimada lo que habían dicho en prosa suelta millares de autores, y que no trataban sino materias comunes al alcance de cualquier fortuna. Entendido esto sin la intención peyorativa que quería darle Forner, la definición no puede rechazarse; las *Fábulas* no contienen doctrina literaria de particular novedad o profundidad, y todas sus máximas o moralejas, que cualquiera podría suscribir, vienen a ser como un *catecismo literario*, prácticamente ineficaz de tan genérico. Las *Fábulas*, sin embargo, tienen una particular orientación: están inspiradas por firmes principios clásicos y de hecho constituyen una defensa de las reglas, sin las cuales, como el pollino de la fábula VIII, sólo se acierta por casualidad. Aparte este espíritu, que da a las *Fábulas* un especial valor como exponente del pensamiento literario de su tiempo, sus enseñanzas son intemporales: importa la calidad de la obra y no el tiempo que se tarda en hacerla; una obra no se acredita de buena si la aplauden los necios; más vale saber una cosa bien que muchas mal; pero el saber sólo una cosa es igualmente malo; la variedad es indispensable; nadie emprenda obra superior a sus fuerzas, etc. A veces la enseñanza que se nos brinda es como para hacer reír a Forner, efectivamente: no deben estimarse los libros sólo por su encuadernación (XXXVI) o por su bulto o tamaño (L); la ciencia no consiste en saber sólo títulos de libros, etc., etc. Algunas pocas fábulas atacan cuestiones más concretas, que fueron en su tiempo motivo de controversia y que afectaron realmente a direcciones literarias de gran alcance; tales son, por ejemplo, la V, en que se aborda el problema del purismo, y la XXXIX en la que se reprende la caprichosa introducción de palabras extranjeras pero también el afectado uso de voces anticuadas:

> *¿no hemos de reírnos siempre que chochea*
> *con ancianas frases un novel autor?*
> *Lo que es afectado juzga que es primor,*
> *habla puro a costa de la claridad,*

Corte» en relación precisamente con su propio desencanto ante la vaciedad y pedantería reinantes, según diremos luego.

y no halla voz baja para nuestra edad,
si fue noble en tiempo del Cid Campeador [358].

Repetidamente se ha hecho notar que las *Fábulas* más todavía que una preceptiva literaria son una ética literaria. Según la cuenta de Navarro González [359], tan sólo 16 fábulas tratan de las condiciones que debe reunir la obra, mientras que hay en cambio 26 que se refieren a cualidades no meramente literarias de los autores, y 29 especialmente dirigidas a los críticos. Como en el caso de Moratín, diríase que el eje de esta ética literaria es también una exigencia de autenticidad: «con hablar poco y gravemente, logran muchos opinión de hombres grandes» (VII); «nadie pretenda ser tenido por autor, sólo con poner un ligero prólogo o algunas notas a libro ajeno» (X); «no falta quien quiera pasar por autor original, cuando no hace más que repetir con corta diferencia lo que otros muchos han dicho» (XII); «muy ridículo papel hacen los plagiarios que escriben centones» (XVI); «nada sirve la fama si no corresponden las obras» (XVII); «ordinariamente no es escritor de gran mérito el que hace venal el ingenio» (XXXVIII). Y lo mismo cabe decir de las fábulas dedicadas a los críticos, a los que reprocha además el ceder a la malevolencia, a la envidia o al espíritu de grupo o de partido.

El reproche más frecuente que se ha venido haciendo a las *Fábulas literarias*, desde los mismos días de su aparición, es que son frías y prosaicas, pero si la lírica del Setecientos debe ser absuelta de su frecuente prosaísmo y frialdad en gracia a su peculiar concepto de la poesía y a sus propósitos didácticos y a su pretensión reformadora y doctrinal, ninguno de sus géneros puede acogerse a tal indulto con mayor derecho que las *Fábulas*, exprofesamente compuestas para tales fines. El autor deseaba, por añadidura, dar lecciones de orden y de claridad, y sólo podía ser eficaz a condición de que sus propias palabras fueran ordenadas y claras; las *Fábulas* se destruirían a sí mismas si no fueran como son, sencillas y transparentes. El interés de estas obritas —y esto es lo que hay que responder al preguntarse por el motivo de su aceptación y dilatada popularidad— no reside en su altura poética ni en la profundidad de los problemas planteados, sino en la gracia de la exposición, en la traviesa ironía, en la agilidad y amenidad del relato. Hay que destacar que Iriarte no se sirvió de temas incorporados ya a la tradición del género, y que eran apropiados para fines morales pero no literarios, sino que inventó motivos originales para la casi totalidad de sus fábulas. En esta búsqueda Iriarte de-

---

[358] Ed. Navarro González, cit., pág. 51. La fábula se titula *El retrato de golilla*, y según Cotarelo (*Iriarte y su época*, cit., pág. 256) iba dirigida contra Meléndez Valdés, el jefe de los *magüeristas*, como después los llamó Hermosilla burlándose del frecuente uso que hacían de vocablos arcaicos.

[359] Introducción a su ed. cit., pág. XLVII.

mostró una fértil imaginación y notable ingenio para extraer del motivo anecdótico la lección que pretendía sugerir, tendiendo entre ambos el arco de un convincente y fácil simbolismo [360].

Creemos que en estas cualidades, nada despreciables, descansa el interés y el mérito de las *Fábulas*, género menor y obra menor, al fin y al cabo. El propósito de atribuirles significados más transcendentes o valores de gran tonelaje en la literatura del Setecientos, nos parece una pretensión desmesurada que no se corresponde con la importancia real de la obra [361].

A las razones dichas, que bastan para explicar el éxito de las *Fábulas*, debió de sumarse en su tiempo la picante curiosidad de relacionar cada una de ellas con algún escritor conocido. Se ha pretendido despojarlas de esta relación, pero existía sin duda alguna; Forner decía maliciosamente que en el original de cada fábula estaba escrito el nombre de la persona contra la cual había sido compuesta, y la atribución puede ser cierta en buen número de casos. De todos modos, el poeta logra hábilmente encerrar la finalidad particular en un principio universal, pero se transparenta muchas veces el placer del autor de disparar el dardo satírico contra un blanco concreto. En el ensayo mencionado, Cioranescu no sólo otorga un gran valor al elemento personal en las *Fábulas*, sino que cree que en él reside lo más permanente y vivo de estas composiciones. Iriarte —dice Cioranescu— no tenía la pretensión de emular a La Fontaine, con quien tenía pocas afinidades; a diferencia del francés, que escribe fábulas narrativas en torno a caracteres y pasiones humanas, las del español son sátiras, y no cabe dudar que, más que poesía y juego de la imaginación, eran para él un instrumento de combate: «Las *Fábulas literarias* son nada más que la expresión polémica de sus desavenencias con el mundo de los literatos contemporáneos. Se trata, pues, de picar vicios y de indicar conclusiones morales, como en cualquier fábula. Pero, en este caso, los vicios son de personas con nombre y apellido conocidos; y las generalizaciones morales, por mucho valor universal que tengan, están destinadas a servir, antes que todo, las pasiones, el odio o la defensa *pro domo* de su autor. Esta es la principal originalidad de Iriarte, sin que se pueda decir si la buscó intencionadamente. Y, quizá, entre cuantos escritores escribieron fábulas después de La Fontaine, fue el fabulista canario el único que, sin ser tan gran poeta como él, logró crear una fórmula diferente» [362]. Para compenetrarse con estas fábulas —sigue diciendo Cioranescu— hemos de situarnos en la atmósfera de los círculos literarios madrileños de 1780;

---

[360] Cfr.: José María de Cossío, «Las fábulas literarias de Iriarte», en *Revista Nacional de Educación*, Madrid, septiembre 1941.

[361] Como ejemplo de este tipo de crítica, o de interpretación, cfr., Russell P. Sebold, *Tomás de Iriarte: poeta de «rapto racional»*, «Cuadernos de la Cátedra Feijoo», número 11, Oviedo, 1961; reproducido en *El rapto de la mente...*, cit., págs. 141-196.

[362] «Sobre Iriarte...», cit., pág. 203.

lo que interesa en ellas es el *universo de Iriarte;* un universo mucho más reducido que el de La Fontaine, pero también un mundo completo, con sus intereses y preocupaciones, sus artificios y sus mañas, sus pasiones y sus bajezas; es el mundo de los escritores y los artistas, que, desde los días de Horacio, no ha dejado de ser el *genus irritabile vatum.* El fabulista canario nos dice cómo deberían ser los poetas y qué tentaciones habrían de evitar; pero más que principios abstractos nos describe una situación de hecho, las pasiones y los mecanismos secretos que producen la literatura. Y si ese curso de preceptiva literaria —concluye Cioranescu— no ha perdido su interés es porque, debajo del apólogo indiferente, nos muestra el espectáculo, siempre instructivo, de los defectos que, al cabo de dos mil años de experiencia literaria, siguen caracterizando a cuantos hacen profesión de escribir [363].

Bajo el aspecto de la versificación las *Fábulas* son particularmente interesantes, pues Iriarte emplea hasta cuarenta metros diversos, veinte de arte mayor y otros tantos de arte menor. Los versos oscilan entre cuatro y catorce sílabas, siendo los más usados el endecasílabo, octosílabo, heptasílabo y hexasílabo. En cuanto a la rima, más de veinte fábulas están escritas en versos asonantes, pero cuando el autor usa el consonante exhibe gran variedad y riqueza de rimas. Respecto a las estrofas predomina la silva, el romance y la redondilla. Advierte Navarro González que con este alarde métrico no se propone Iriarte renovar la métrica de nuestra poesía, sino tan sólo presentar la mayor cantidad posible de metros empleados en el Parnaso castellano; y aunque deja muchos todavía por incluir, es de notar su esfuerzo en una época de tan notable empobrecimiento de las formas métricas.

Las *Fábulas* tuvieron gran difusión en el extranjero y se hicieron varias ediciones en portugués, francés (seis desde 1801), inglés, italiano y alemán; influyeron muy directamente en el fabulista Florian, y Schopenhauer las cita con elogio en varias ocasiones.

Iriarte dejó además un discreto número de composiciones poéticas [364]: once epístolas, varios poemas extensos, una égloga y algunas anacreónticas, sonetos y epigramas. Probablemente son las *Epístolas* la parte más interesante de esta producción. La primera fue dirigida a Cadalso, cuando éste le describió el régimen de vida que llevaba en su guarnición de Extremadura; Iriarte le pide que no envidie su suerte y le describe a su vez la vida literaria de Madrid, que, como siempre, es el único mundo que le importa; satiriza Iriarte a los malos gramáticos y a los traductores, lan-

---

[363] Idem, íd., pág. 204.
[364] Ed. Valmar, a continuación de las *Fábulas literarias,* págs. 23-66.

za una puntada al teatro y lamenta sobre todo la vulgaridad de las gentes, a las que todo divierte menos la buena literatura.

La segunda *epístola* fue también dirigida a Cadalso para dedicarle la traducción del *Arte poética*, y de nuevo los temas literarios ocupan casi toda la composición. El autor explica con finísima ironía por qué su versión no ha sido dedicada a algún magnate, pues no se trata de un sainete chabacano, o de alguna zarzuela o tonadilla o romance sobre toreros, que es lo que apasiona a tales próceres; ni tampoco a cualquier famoso erudito, porque éstos no hacen más que mirar los libros por el forro o despojar a autores extranjeros:

> *Y el otro, que pretende*
> *Ganar la palma de escritor, emprende,*
> *Salga melón o salga calabaza,*
> *Cualquier libro francés, y le disfraza,*
> *A costa de poquísimo trabajo,*
> *En idioma genízaro y mestizo,*
> *Diciendo a cada voz: Yo te bautizo*
> *Con el agua del Tajo,*
> *Por más que hayas nacido junto al Sena;*
> *Y rabie Garcilaso enhorabuena,*
> *Que si él hablaba lengua castellana,*
> *Yo hablo la lengua que me da la gana* [365].

Y, por supuesto, tampoco puede dedicar su traducción «al matritense vulgo», que describe a renglón seguido a propósito, sobre todo, de sus gustos en el teatro, cuya pintura ocupa casi un tercio de la *epístola;* nueva estampa del teatro «popular» que pretendían desterrar los ilustrados:

> *Pues quiso mi fortuna que una tarde*
> *Entrase en lo que llaman coliseo,*
> *Donde ofrecen recreo*
> *Que no fuera recreo en Berbería,*
> *Ni en el siglo duodécimo lo fuera* [366].

La tercera *epístola* va dirigida a un hipotético amigo que había pedido al autor que imprimiera alguna de sus composiciones. La epístola es un precioso testimonio de lo que hubo de ser la íntima comezón del poeta, hombre de refinado y exigente gusto, perdido entre la batahola de la gente vulgar o, lo que era peor aún, entre necios presumidos y farsantes de la cultura: el poeta viene a decirnos que para tales gentes no merece la

---

[365] Idem, íd., pág. 25.
[366] Idem, íd.

pena publicar, y que el cultivo del arte sólo tiene sentido como recreo y satisfacción solitaria.

Parecida intención tiene la *epístola* cuarta, dedicada a un amigo que le pedía sus poesías. En medio de su aparente éxito social y literario, el poeta percibe la ineficacia de su tarea, sufre la abierta hostilidad de sus émulos y se asfixia entre la indiferencia general; toda la composición respira este desaliento.

La *epístola* séptima es de especial interés porque el poeta nos describe lo que llama «su vida semifilosófica»; hastiado de la vida de sociedad, se refugia en su casa como en un santuario, donde ha ido acumulando los objetos de arte, cuadros y libros que hacen su delicia. Una vez más se pregunta el escritor si debe exponer sus propias obras a la curiosidad general o guardarlas para su solo goce; de nuevo se le plantea el dilema entre la egoísta —pero, a la vez, atormentada— soledad, o una problemática comunicación, de la que teme salir cada vez más insatisfecho. Esta insatisfacción, esta íntima sensación de fracaso es el gran tema de Iriarte; en realidad es la suya una queja egoísta, de orgullo resentido porque no recibe de la sociedad el tributo que cree merecer. Este único tema provoca a su vez la sátira, que es la casi única cuerda de su lira; por lo menos, la más feliz. Iriarte es, por esencia, un gourmet del arte, un delicado catador de excelencias, que ridiculiza el mundo de la gente vulgar, en medio de la cual sufre la soledad del incomprendido. Digamos, en cambio, que su sátira es suave y correcta, sin estridencias; un cortesano nunca se descompone. El carácter de Iriarte no se avenía con el reproche amargo ni el trazo violento; hasta para quejarse era moderado.

En toda esta obra lírica, hecha como en confidencia, a media voz —al fin y al cabo, eran *epístolas* dirigidas a íntimos amigos—, es muy difícil eximir a Iriarte de la tacha de prosaísmo, del que siempre ha sido acusado; los mayores esfuerzos de la reciente *crítica rosa* para mostrarnos los raptos mentales de este escritor, no consiguen su objeto. Pero ser prosaico no es ningún delito, y mucho menos cuando la lírica se hacía consistir precisamente en la exposición clara y transparente de un pensamiento luminoso y claro a su vez. Nos parece mucho más justo estimar a Iriarte como arquetipo de la mentalidad y la sensibilidad que explican y justifican aquel momento ilustrado, valorarlo como representante de un equilibrio y una contención esforzadamente mantenidas, que atribuirle cualidades que en modo alguno le definen. La *poesía prosaica* de Iriarte, sin una sola imagen —no escribió una en toda su vida—, ofrece, en cambio, otras muchas excelencias: tersura, elegancia, matices delicados, agudeza crítica, precisión, lenguaje impecable, dominio completo del instrumento que se maneja. Esta aristocrática corrección, que el autor trata de mantener en cada molécula, tiene también otro riesgo que no consigue evitar: el de la demasiada amplificación; el poeta teme los ángulos, las aristas, que pueden parecer *ineducadas*, y redondea, lima y rellena con exceso. Si Iriarte hubiera conseguido hacer su sátira más ceñida, habría alcanzado la perfección que había de distinguir a Moratín.

Las otras poesías de Iriarte nos interesan mucho menos. De sus sonetos preferimos los satíricos («Levántome a las mil como quien soy. — Me lavo. Que me vengan a afeitar...»); y merecen ser recordados algunos de sus epigramas, justamente famosos.

SAMANIEGO

Félix María de Samaniego, señor de las cinco villas del valle de Arraya, nació en la villa de La Guardia, en la Rioja, el 12 de octubre de 1745. Sus padres pertenecían a ilustres familias guipuzcoanas, y el fabulista era sobrino nieto del conde de Peñaflorida, fundador de la Sociedad Vascongada de Amigos del País. Se tienen pocas noticias de la niñez y juventud de nuestro escritor. Su biógrafo, Eustaquio Fernández de Navarrete [367], dice que estudió latín, humanidades y ciencias en un colegio de Francia, pero no precisa en cuál. Cursó leyes en Valladolid durante dos años, pero sin concluir sus estudios regresó a Vergara donde se instaló con la protección de Peñaflorida. Fue uno de los primeros socios de número de la Sociedad Vascongada, en cuyas listas figura desde 1765; tomó parte en todas sus actividades con gran entusiasmo y logró atraer gran número de afiliados. Peñaflorida quiso estimular las condiciones literarias de su sobrino instándole a que escribiera algo para la sección de Historia y Bellas Artes de la Sociedad; Samaniego leyó unas fábulas en las juntas del Seminario, y como fueran bien recibidas, se aplicó al cultivo de este género y así nació la primera colección de ellas, que fue publicada en Valencia en 1781.

Samaniego era hombre de carácter muy jovial, dado a la chanza y a la sátira; vivía como un hidalgo campesino en las villas de su mayorazgo, haciendo la vida del ilustrado rico, entregado a los placeres de la mesa, la lectura, la hospitalidad y la conversación con cultos amigos, sin afanarse con mayores preocupaciones. Su escepticismo y epicureísmo no le impidieron, sin embargo, ocuparse eficazmente en alguna ocasión de importantes asuntos públicos; la provincia de Álava le comisionó en 1782 para obtener del gobierno de Madrid que no tomara determinadas medi-

---

[367] *Obras inéditas o poco conocidas del insigne fabulista don Félix María de Samaniego, precedidas de una biografía del autor, escrita por don Eustaquio Fernández de Navarrete*, Vitoria, 1866. Cfr. también: *Obras críticas de don Félix María de Samaniego precedidas de unos estudios preliminares por Julián Apraiz*, Bilbao, 1898. Conde de Superunda, «De la vida de Samaniego», en *Boletín de la Real Sociedad Vascongada de Amigos del País*, I, 1945, págs. 377-381. J. Berruezo, «¿Cómo era Samaniego?», en ídem, íd., págs. 383-387. N. Marín López, «El fabulista Samaniego, maestrante de Granada», en *Berceo*, XII, 1958, págs. 233-236.

das contra los Fueros, concediera a los vascos el libre comercio con América y accediera a la creación de una sede episcopal en Vitoria, y al mismo tiempo llevó a cabo determinadas gestiones al servicio de la Sociedad, entre ellas el establecimiento de un colegio de señoritas. Samaniego fue muy bien recibido en las tertulias de Madrid, y el conde de Floridablanca, atraído por su gracia y su ingenio, trató de retenerlo en la capital ofreciéndole un cargo de importancia, pero Samaniego rehusó. Como no había querido aceptar dietas ni honorarios por su viaje, su provincia le regaló una vajilla de plata de gran valor, pero el fabulista aceptó tan sólo una pieza, como símbolo y recuerdo.

Samaniego escribió cierto número de cuentos, pero por su índole desenfadada y escabrosa no fue posible imprimirlos en su tiempo; luego han sido editados en forma muy restringida y constituyen una rareza bibliográfica. Por alguno de estos escritos la Inquisición de Logroño procesó al fabulista y le obligó a residir durante varios meses en un convento próximo a Portugalete. Samaniego dedicó a los frailes una composición satírica titulada *Descripción del convento de carmelitas de Bilbao, llamado El Desierto*, que el propio autor leyó a Jovellanos con ocasión de una visita, según refiere este mismo en su *Diario*: «Visita de Samaniego, que reside en la hacienda de Juramendi; graciosísima conversación. Nos recitó algunos versos de su *Descripción del Desierto de Bilbao*, dos de sus nuevos cuentos de que hace una colección, todo saladísimo; estuvo hasta las diez dadas; nos instó mucho a quedarnos mañana para comer con él». Lo mismo que en el caso de Iriarte, se desconocen los detalles del proceso inquisitorial, que ningún investigador parece haber visto, y hasta se ignora de qué se le acusaba exactamente; de todos modos, Samaniego utilizó sus relaciones familiares para detener el golpe haciendo un rápido viaje a Madrid, aunque ocultó los detalles hasta a sus más íntimos amigos [368].

Su filosófica despreocupación no vedó a Samaniego participar en algunas polémicas literarias, ocupación inevitable de todos los escritores de su siglo. Había sido amigo de Iriarte y le envió a éste sus fábulas manuscritas pidiéndole opinión. Iriarte las aprobó, y Samaniego se decidió a darlas a la imprenta dedicándole a su amigo el Libro Tercero con grandes elogios:

> En mis versos, Iriarte,
> Ya no quiero más arte
> Que poner a los tuyos por modelo.

Pero al año siguiente Iriarte publicó sus propias fábulas y en la *Advertencia* a los lectores puntualizó que aquélla era «la primera colección de fá-

---

[368] Cfr.: M. Menéndez y Pelayo, *Historia de los heterodoxos españoles*, cit., V, páginas 306-309. Julio de Urquijo, *Menéndez Pelayo y los Caballeritos de Azcoitia*, San Sebastián, 1925; cap. V, «La Inquisición y la Real Sociedad Vascongada», págs. 102-115.

bulas enteramente originales» que se había publicado en castellano y la primera en cualquier nación con todos sus asuntos dedicados a la literatura.

Estas palabras irritaron a Samaniego, aunque no se le mencionaba, y en el mismo año de 1782 publicó anónimo y sin pie de imprenta un folleto satírico titulado *Observaciones sobre las fábulas literarias originales de D. Tomás de Iriarte*, y lo divulgó desde Madrid por medio de pliegos echados al correo y dirigidos a las personas más destacadas de la Corte. Samaniego no se contentó con ridiculizar las fábulas de su rival, sino que atacó además la traducción del *Arte poética* de Horacio y el poema *La Música*. Iriarte no respondió a las *Observaciones*, pero como se habían impreso sin las debidas licencias, se valió del influjo de su hermano para hacer buscar al furtivo impresor. Éste no fue encontrado, pero, durante las pesquisas, toparon con *Los gramáticos* de Forner, según referimos en otro lugar.

Cuando surgió la polémica provocada por la pregunta de Masson de Morvilliers, Samaniego editó otro folleto, igualmente anónimo y clandestino, titulado *Carta apologética al señor Masson*. Samaniego fingía sarcásticamente refutar al francés, diciéndole que las obras de Iriarte bastaban por sí solas para acreditar la cultura de España y representaban la mejor apología de la nación.

Cuando García de la Huerta publicó su *Theatro Hespañol*, Samaniego inició los ataques de lo que iba a ser una enconada polémica con un folleto —también anónimo y sin pie de imprenta— titulado *Continuación de las Memorias críticas de Cosme Damián*, al que Huerta replicó agresivamente con otros dos folletos [369].

Pero ninguno de estos escritos, claro es, hubiera dado a Samaniego la fama literaria, que debe exclusivamente a las *Fábulas;* ya hemos dicho que publicó una primera colección, compuesta de cinco libros, en Valencia, en 1781; en 1784 publicó en Madrid una segunda parte con cuatro libros más. Los nueve suman un total de 157 fábulas [370].

Según se dice en la portada, y se explica en el prólogo, de la edición príncipe, Samaniego compuso sus fábulas a instancias del conde de Peñaflorida para instrucción de los alumnos del Real Seminario Patriótico Vascongado, a los cuales se las ofrece en un romance que sirve de dedicatoria.

A diferencia de Iriarte, que, como vimos, pretende ser original cultivando las fábulas literarias fuera de la habitual tradición del género, Samaniego se atiene a ella casi por entero renunciando a la originalidad en

---

[369] Cfr.: M. Menéndez y Pelayo, *Historia de las ideas estéticas*, cit., III, págs. 322-324.
[370] De las *Fábulas* de Samaniego existen numerosas ediciones. Véanse, entre las más asequibles: Valmar, cit., B. A. E., LXI, págs. 356-393. *Fábulas Completas de Tomás de Iriarte y Félix María de Samaniego*, ed. y prólogo de María Teresa Pérez Gardeta, Madrid, 1949. *Félix María de Samaniego. Fábulas*, ed. y prólogo de Ernesto Jareño, Madrid, 1969.

los asuntos y buscándola tan sólo en el modo de contarlos o en los diversos accidentes que añade o modifica.

En el Prólogo que escribió para su colección, Samaniego confiesa que se había propuesto por modelos, entre todos los fabulistas, a Esopo, Fedro y La Fontaine. Los dos primeros —dice— le parecieron difíciles de imitar por la concisión de su lengua tan ajena a la frondosidad española; por eso, sin duda, se atiene con preferencia a La Fontaine, al que sigue fielmente en un gran número de fábulas. Para excusar sus posibles defectos aduce la novedad del intento, suponiendo que los ingenios españoles no habían cultivado aquel género. Esto quiere decir que, muy probablemente, Samaniego, nutrido casi exclusivamente de cultura francesa, desconocía por entero la tradición medieval española que había acogido en tan gran medida la fábula y el apólogo, recogiendo a su vez la herencia oriental y clásica; y hasta le eran ajenos los infinitos «cuentos» y «ejemplos» diseminados en las comedias del Siglo de Oro y en las numerosas colecciones de «historias» y ejemplarios morales de la misma época. Para aprovechar todo aquel tesoro, sin mayores propósitos que una sencilla vulgarización, le bastaba a Samaniego con servirse a manos llenas de La Fontaine, que ya lo había utilizado.

El fabulista español no iguala a su maestro, al que no ha superado, efectivamente, ningún otro en las literaturas modernas. Samaniego suele ser más descriptivo y amplificador que el francés y se diluye sobre todo en la moraleja, que ocupa en ocasiones mayor extensión que la parte expositiva. Pero a veces alcanza la adecuada concisión y consigue aciertos como en *El asno y el cochino, El león vencido por el hombre, La zorra y el busto, El ratón de la corte y el del campo, Los dos amigos y el oso La lechera, El asno sesudo, El charlatán, El camello y la pulga, El gato y las aves,* etc.

Dado el propósito educativo, fundamental, Samaniego sitúa su logro en acercarse lo más posible «al lenguaje en que debemos enseñar a los muchachos», según declara en el Prólogo citado, y afirma en consecuencia que se sentiría fracasado en su intento si en su colección no hubiera «más de la mitad de fábulas que en la claridad y sencillez del estilo no pueda apostárselas a la prosa más trivial». Ante tan declarada aceptación no es necesario esta vez defender a un poeta del Setecientos de la tacha de prosaísmo, en el que el propio autor cifra su excelencia. Samaniego no es, sin embargo, más prosaico que Iriarte; casi diríamos que no lo es tanto, pues la índole de sus fábulas, menos cerebrales y «literarias», más humanas y universales que las de su rival en razón de sus asuntos, permite un movimiento y colorido más intensos. Las fábulas del vascongado son con frecuencia, efectivamente, cuadritos animados de cierta dramática intensidad.

En lo que sí excede Iriarte a Samaniego es en la variedad métrica. Samaniego, mucho más monótono, se sirve preferentemente de pareados con endecasílabos y heptasílabos, aunque también emplea otras diversas combinaciones, como los romances, las décimas, las redondillas y las seguidillas. Debe mencionarse asimismo la sextina de endecasílabos y heptasílabos alternos con un pareado final, utilizada en la fábula de *La lechera*.

Las *Fábulas* de Samaniego han conocido innumerables ediciones, aunque en los últimos decenios su popularidad ha descendido de forma vertical. Los nuevos conceptos literarios, particularmente los poéticos, han menospreciado este género por su pueril y adocenado didactismo. Es posible, no obstante, que el creciente interés por el siglo XVIII haga renacer la atención hacia este escritor que, en fin de cuentas, representa una forma literaria de inconfundibles características.

CAPÍTULO VII

EL TEATRO

I

LAS POLÉMICAS SOBRE EL TEATRO

La historia de la dramática española durante el siglo XVIII podría resumirse diciendo que consiste en el proceso de una larga polémica y en la aparición, ya en sus postrimerías, de una fórmula válida: el teatro de Moratín. Pero tan simple esquema se descompone en una de las más complejas realidades con que debe enfrentarse el historiador de nuestra literatura.

De acuerdo con el criterio tópico con que se enjuicia el siglo XVIII y que está vigente todavía no sólo en los manuales sino en muchos incluso de los trabajos monográficos, el teatro del siglo XVIII debe entenderse más o menos así: la primera mitad de la centuria prolonga penosamente la dramática del Barroco, sin que aparezca un solo autor capaz de darle nueva vida; a partir de mediados del siglo los defensores del neoclasicismo se empecinan en desterrar de la escena el antiguo teatro español y reemplazarlo por uno nuevo, forjado según las normas de los preceptistas y los modelos extranjeros, particularmente franceses; pero el genio tradicional español rechaza de plano tan extrañas innovaciones —cuya sola conquista, de muy limitado interés, son las pocas comedias de Moratín—, y da pujante fe de vida con el teatro popular de Ramón de la Cruz, en el cual se remozan las glorias de nuestros antiguos entremesistas y se anticipa el triunfo clamoroso del teatro romántico, restauración escénica del genio nacional. Semejante esquema puntualiza, pues, algo inequívoco: el hecho de una absoluta decadencia —que hace del siglo XVIII un estéril paréntesis entre el Barroco y el Romanticismo— y el fracaso rotundo de una corriente extranjerizante, incapaz de entender y valorar las esencias de nuestro drama áureo. Trazado el esquema, falta tan sólo rellenarlo con unos pocos nombres y no muchas más obras, añadir unas severas consideraciones contra las reglas y los afrancesados y el capítulo queda listo. Contad si son catorce, y está hecho.

La realidad es algo menos simple, sin embargo. Evidentísimamente, la producción dramática original del siglo XVIII podría calificarse de inexistente en comparación con cualquier otro período de nuestra historia literaria, anterior o posterior. No obstante, la expeditiva definición global de «decadencia» falsea la realidad de su importancia para la historia del teatro, y oculta un hecho incuestionable: el de la enorme difusión y arraigo que el espectáculo teatral tuvo a lo largo de todo el siglo XVIII. La «decadencia» literaria —admitámosla provisionalmente— no supone de ninguna manera la debilitación de la vida teatral. Muy al contrario, quizá ningún otro período de nuestra historia gozó tan apasionada y largamente de este espectáculo, ni fueron tan abundantes las representaciones, ni conquistaron los actores tan ruidosa popularidad y ascendiente como en este siglo. Pero, aun omitida esta circunstancia, queda el hecho fundamental de que jamás se escribió, teorizó ni polemizó tanto sobre el teatro como en aquellos años, ni fue tan viva la preocupación por su trascendencia artística y social. En el peor de los casos, por lo tanto, el interés de la dramática en esta centuria si es muchísimo menor en cuanto atañe a la creación, excede a cualquiera otra bajo el aspecto crítico y por la magnitud de los problemas que suscita y estudia.

LUZÁN Y LA DRAMÁTICA

El comienzo de la apasionada polémica en torno al teatro barroco podría fijarse con bastante exactitud en la publicación de la *Poética* de Luzán en 1737 [1]. En todo caso, la censura contra el teatro barroco no había sido formulada hasta entonces de modo que hiriera la atención de un público extenso, aunque en algunos círculos, más o menos amplios, afectos a la casa real, se habían representado comedias francesas que la élite cortesana prefería a las españolas. Luzán, al establecer en las páginas de su *Poética* las bases de todo el movimiento neoclásico español, formulaba los primeros reparos sistemáticos contra el teatro del Siglo de Oro. Los dos censores de la obra —fray Miguel Navarro y fray Manuel Gallinero— no ocultan la alarma que les produce la actitud de Luzán respecto a los más gloriosos autores de nuestro teatro, y más todavía temen por lo que pueda pensar el lector común. Cook sugiere [2] que si Gallinero hubiera imaginado que la *Poética* podía ser la señal para el ataque concentrado contra la antigua *comedia*, hubiera denegado su aprobación al libro. El propio

---

[1] Sobre la *Poética* de Luzán en su conjunto véase nuestro cap. IV, págs. 206-254.
[2] John A. Cook, *Neo-classic Drama in Spain. Theory and Practice*, Dallas, 1959, página 24.

Luzán entiende, por ser el primero, que no estaba todavía preparado el campo para semejantes ideas y procede con la mayor cautela. En sus palabras preliminares al lector advierte que sus opiniones no son novedades, sino las normas acreditadísimas de Aristóteles y de Horacio, y que si algunas críticas contra los dramaturgos españoles pueden sorprender, están compensadas con parejo reconocimiento de excelencias.

En todo caso, es evidente que la crítica de Luzán se distingue por su moderación y buen sentido; los neoclásicos que siguieron su magisterio, aunque no modificaron en sustancia sus ideas, les dieron, en cambio, un tono más apasionado que pudo contribuir a hacer más agria la polémica. Pero Luzán, repetimos, se mantiene alejado de toda demasía.

Como el carácter e ideas capitales de la *Poética* quedaron ya expuestos oportunamente, sólo debemos ocuparnos aquí de lo que concierne al género dramático. Desde los días del Romanticismo, el clasicismo propuesto por Luzán ha sido estigmatizado como una absurda codificación, tercamente empeñada en someter el arte literario a reglas imposibles; consistía —se ha repetido hasta la saciedad— en el propósito de ajustar la dramática española al canon de la francesa, que nuestro genio nacional repudia por entero. De aquí el fracaso rotundo del teatro neoclásico, que no produjo una sola obra de interés y que el espectador castizo rechazó con indignación: con reglas no se produce un genio, y, además, las defendidas por los críticos del siglo XVIII eran un puro dislate. Menéndez y Pelayo, desde su adversa actitud global a dicho siglo, comienza de este modo uno de sus párrafos sobre la *Poética* de Luzán: «Los errores de Luzán no hay para qué señalarlos muy menudamente: son los del clasicismo de su tiempo, y desde las primeras páginas del libro se revelan»[3]. Con lo cual da dogmáticamente por probado lo que habría que demostrar. La *Poética* de Luzán la leen muy pocos en nuestros días, sin duda alguna; resulta más sencillo repetir los conceptos que vienen retransmitiéndose de tratadista en tratadista, como una rueda de peones que hacen circular un ladrillo.

Cuando Luzán expone de modo positivo sus preceptos, parece, en efecto, que sienta criterios tan estrechos como discutibles. Tales son las famosas tres unidades —tiempo, lugar y acción—, la necesidad de que la obra dramática encierre un propósito docente o moral, y el concepto de la verdad realista, es decir: lo representado debe producir en el espectador la ilusión de que está contemplando un suceso auténtico. Evidentemente, Luzán y todos sus seguidores invocan con rigor, una y otra vez, tales principios, y como es innegable —según arguyeron y demostraron con obras los escritores del Barroco y ha podido verse después bajo cualquier fórmula literaria— que es posible alcanzar altas cimas dramáticas sin

---

[3] *Historia de las ideas estéticas en España*, ed. nacional, III, 3.ª ed., Madrid, 1962, página 222.

unidades, ni lección moral ni ilusionismo realista, parece, pues, que los hombres del neoclasicismo pretendían poner puertas al campo con una beatería preceptista tan raquítica como arbitraria.

Cierto, decimos, que los neoclásicos aducen con equivocada insistencia la letra de la ley, pero creemos que el mayor error que puede cometerse al enjuiciarles es tomar sus palabras a la letra. El vocear sus preceptos con terquedad, y a veces con pedantería de dómine, fue para ellos la necesidad que comporta toda reacción, es decir, el tirón violento hacia el lado opuesto de lo que se pretende dejar en el medio ideal. Sólo entendiendo a los neoclásicos según su espíritu, podemos ser justos al enjuiciar sus ideas sobre la dramática.

Las teorías de la *Poética* de Luzán en este punto son inseparables de las censuras concretas que formula contra los dramáticos del Barroco; y hay que leerlas ambas. Sus reparos, propios de un liso «buen sentido», son idénticos a los que hoy escribiría un crítico cualquiera —sin siquiera noticia de ningún clasicismo— en el caso de enfrentarse con obras dramáticas contemporáneas equivalentes a las que enjuiciaba Luzán. Si ante éstas esgrime el rigor de una férrea preceptiva, sólo peca por énfasis, cediendo a ese propósito de rigor científico, muy propio de su carácter y formación, que señorea toda su obra. Menéndez y Pelayo dice, para defenderla esta vez, que la *Poética* dista infinito «de los tratados empíricos, que tanto abundan, así en nuestra literatura como en la italiana y francesa»[4]. Luzán siente el prurito de razonar y dar soporte filosófico a cada idea que expone; porque su libro es un tratado de estética y de filosofía del arte. Al censurar, por ejemplo, la inverosimilitud de muchos enredos de Lope, no se propone hacerlo con su solo criterio o gusto, sino que aduce el oportuno principio basado en la razón y apoyado por la autoridad de Aristóteles o sus comentaristas. Con menos afán de rigor científico y *más empirismo*, es decir, sin apelar a otro principio o regla que al sentido común, la crítica de nuestra dramática hubiera podido hacerse con tanto o mayor alcance y no se hubiera encendido la polémica de las *reglas* que, por su misma rigidez, provocaron entonces la oposición más refractaria y siguen siendo ahora objeto de idéntica incomprensión.

La beatería acumulada por siglos de erudición y de exégesis sobre nuestros clásicos ha levantado en torno a ellos un tabú mucho más amenazador que el que vedaría a los Santos Padres hacer cuestión de las Sagradas Escrituras. Los últimos ciento cincuenta años han asistido a la entronización irrevocable de todas las figuras posibles: grandes, medianas y pequeñas. Los clásicos son sagrados. Por esto, cuando se oye que Luzán reprendía muchos aspectos del teatro de Calderón o de Lope, es tentador pensar que se trataba de un mentecato; juicio al que se llega más fácil-

---

[4] Idem, íd., pág. 224

mente cuando sólo se tiene en cuenta, olvidándose de todas las demás, la media docena de obras más excelsas de Lope o de Calderón. Decir que nuestro gran teatro áureo, tomado en forma global, nació para la diversión espectacular de un pueblo indiscriminado, ansioso de apasionantes novedades, no es nada insólito; y, sin embargo, es algo de lo que cuesta trabajo persuadirse. Pero es un hecho incuestionable y lleva tras sí largas consecuencias. Aparte las debilidades inevitables de lo que fue en la mayoría de los casos una atropellada improvisación, el teatro barroco abusó de todos los tranquillos que podían facilitar su redacción y asegurar el éxito. Los convencionalismos de que se sirve son tan innumerables como frecuentemente pueriles. No aludimos ahora a los conceptos de índole política, religiosa o moral —como el honor o la lealtad al monarca, por ejemplo— sobre los que se asienta aquel teatro (ese es otro problema); sino a los recursos técnicos, a los de índole más mecánica y de construcción, de los que constantemente se echa mano para urdir cómodamente la trama. Se habla mucho a este propósito de la *libertad* del genio, pero parece hipócrita confundirla con las *libertades* del escritor expeditivo para poder trabajar a destajo. Si los requisitos mínimos de verosimilitud, propiedad en los caracteres, verdad en las situaciones que exigimos a cualquier comedia contemporánea se aplicaran a la gran mayoría de las que pusieron en escena los dramaturgos del Barroco, el resultado sería sorprendente. Sin ensañarse en modo alguno —hemos de verlo—, es esto lo que hizo Luzán. Y queda algo todavía para aducirlo en su descargo. En su tiempo, los dramaturgos barrocos no tenían aún ese carácter de institución sagrada que les ha conferido la historia; eran no sólo del inmediato ayer, sino vigente actualidad, pues que seguían representándose. Menéndez y Pelayo —y tras él, cualquiera— se escandaliza de que Luzán osara, en nombre de reglas o de lo que fuese, censurar defectos del teatro español; pero Luzán podía sentirse ante él con la desenvuelta libertad de un crítico de nuestros días frente a Galdós o a Benavente. Todavía no se habían celebrado centenarios ni proclamado «la vuelta a ...» con el beato acatamiento de una definición dogmática.

Es imposible, por su extensión, traer aquí todos los pasajes de la *Poética* que importarían a nuestro propósito, aunque sería deseable, porque creemos necesario absolver a Luzán de esa estrechez de criterio que se le supone y que se deduce de la severa semblanza trazada por Menéndez y Pelayo. De acuerdo con ésta, Luzán «restringe caprichosamente la fábula cómica a no ser más que el trasunto poco o nada idealizado de los accidentes de la vida común, sin admitir tampoco en las comedias de costumbres recurso alguno que salga de la más trivial y diaria realidad, aunque pueden darse, y de hecho se den, en el mundo casos mucho más raros y estupendos que cuantos imagina el arte». Y refuerza a continuación el comentario: «En lo cual se ve que Luzán, arrebatado por el furor censorio y por deducciones y consecuencias falsas de su doctrina, a la cual repito que es infiel en casi todo este libro, no sólo condena el teatro español, sino de rechazo todos los teatros del mundo, incluso el teatro francés, dado que no son casos frecuentes ni muy verosímiles en la vida los de Rodoguna ni los de Fedra»[5].

Es curioso, por cierto, que líneas más arriba de lo citado, pretendiendo quitarle también autoridad e importancia por la parte opuesta, diga don Marcelino que en lo tocante a la «*crítica negativa*, es decir, a la censura de los defectos más comunes y palpables de nuestras comedias, Luzán suele acertar, y se le puede dar la razón en casi todo»[6]. ¿A qué pues, escandalizarse de sus reparos y hablar de «furor censorio» y de «falsa doctrina»? Luzán reprende, en efecto, y nunca con «furor» sino con suma prudencia y moderación, algunos defectos que sólo la beatería más exaltada por nuestro teatro áureo puede silenciar o negar. Al rechazar por absurdos e inverosímiles los innumerables encuentros fortuitos, los escondites tras las cortinas o los muebles, la proliferación de tapadas, las variadísimas casualidades que permiten escuchar casi siempre las palabras justas para proseguir el enredo, la invariable condición de majeza y audacia en los galanes, la inevitable sesión de duelos y cuchilladas sin las que casi no se concibe comedia —como no hay película americana sin puñetazos ni novela francesa sin cabrón—, al rechazar, decimos, estos irritantes comodines que sólo tienden a facilitar la marcha de la fábula, Luzán no trata, como pretende Menéndez y Pelayo, de convertir el teatro en una copia aburrida de «la trivial y diaria realidad». Precisamente lo que más admira Luzán de nuestros dramaturgos es su talento para enredar el hilo de las comedias y mantener suspensa la atención del espectador: «No pudiendo —dice— referir aquí, distintamente y por menudo, los muchos aciertos de nuestros cómicos, porque para eso sería menester escribir un gran volumen aparte, me contentaré con decir, por mayor y en general, que en todos comúnmente hallo rara ingeniosidad, singular agudeza y discreción, prendas muy esenciales para formar grandes poetas y dignos de admiración; y añado que en particular alabaré siempre en Lope de Vega la natural facilidad de su estilo y la suma destreza con que en muchas de sus comedias se ven pintadas las costumbres y el *carácter* de algunas personas; en Calderón admiro la nobleza de su locución, que sin ser jamás oscura ni afectada, es siempre elegante; y especialmente me parece digna de muchos encomios la manera y traza ingeniosa con que este autor, teniendo dulcemente suspenso a su auditorio, ha sabido enredar los lances de sus comedias, y particularmente de las que llamamos de capa y espada, entre las cuales hay algunas donde hallarán los críticos muy poco o nada

---

[5] Idem, íd., pág. 228.
[6] Idem, íd.

que reprehender y mucho que admirar y elogiar» [7]. Y en la segunda edición de la *Poética*, menos favorable todavía a la dramática barroca [8], Luzán escribe nada menos que esto: «...por lo que mira al Arte, no se puede negar que, sin sujetarse Calderón a las justas reglas de los antiguos, hay en algunas de sus Comedias el Arte primero de todos, que es el de interesar a los espectadores o lectores, y llevarlos de escena en escena, no sólo sin fastidio, sino con ansia de ver el fin: circunstancia esencialísima, de que no se pueden gloriar muchos poetas de otras naciones, grandes observadores de las reglas» [9].

En una palabra: lo que Luzán reprende —a pesar de todas sus invocaciones a las reglas— no es sino el exceso, el desorden, los despropósitos manifiestos, el echarse por los atajos sin tomarse la tarea de buscar situaciones coherentes, caracteres consistentes y humanos, y lances verosímiles. Y esto, dentro siempre de la economía y condición de cada fábula; porque la peripecia novelesca, que es deliciosa en el marco de una comedia de enredo —y presupuesta la convención de sus arbitrarias medidas—, es inoportuna e inaceptable cuando el módulo general de la acción pretende enmarcarse dentro de un mundo real. Es decir: todo consiste en un simple problema de proporciones [10]. Nos parece injusto suponer que Luzán no tenía idea clarísima de que el teatro era una ficción, pero con exigencias muy peculiares que había que respetar, una vez dadas, lo mismo que deben respetarse las reglas convenidas de un juego. Lo que no admite en él son las fullerías; hay que jugar sin trampa [11]. Al ocuparse de la prodi-

---

[7] Ignacio de Luzán, *La Poética o reglas de la poesía en general y de sus principales especies*, ed. de Luigi de Filippo, 2 vols., «Selecciones Bibliófilas», Barcelona, 1956; la cita en II, pág. 124. Como advertimos en nuestro cap. III, todas las citas de Luzán van por esta edición.

[8] Sobre este problema, véase nuestro cap. cit., págs. 222-232.

[9] *La Poética*, cit., II, pág. 310.

[10] Son numerosos los pasajes en que Luzán se refiere a este problema de la proporción, pero pueden bastar las líneas siguientes: «A veces, aunque el cuerpo de la fábula tenga bastante probabilidad, no dejan de ser inverisímiles algunos miembros de ella, quiero decir algunos lances y pasos, que tienen mucho más de maravillosos que de creíbles. No es ciertamente creíble ni verisímil lo que dice Segismundo en *El alcázar del secreto*, de Solís, que desde las costas de Epiro, donde se había arrojado al mar, sirviéndole de bajel el escudo, 'que la costumbre del brazo debió de aplicar al pecho', llegó a la isla de Chipre. Pero quien sepa cuántas leguas hay desde Epiro a Chipre, bien echará de ver que eso no podía suceder sin milagro. Asimismo no siempre se pueden esconder los galanes con bastante verisimilitud en las alacenas de vidrios o detrás de las cortinas o tapices, sin ser hallados ni vistos; ni son tampoco siempre verisímiles los lances de papeles y retratos de que abundan tanto nuestras comedias, de los cuales dijo muy bien Candamo que tienen 'una dureza intratable'. Como quiera que sea, cuando el poeta arriesgue alguna vez en las comedias tan extraños acasos y aventuras tan raras, es menester que junte tales circunstancias y disponga de tal manera los lances, que lo extraño y maravilloso de ello no sea del todo increíble» (ed. cit., II, pág. 129).

[11] Francisco Ruiz-Ramón, tan gran conocedor del teatro, ha tenido la generosidad de leer estas páginas y nos hace una observación de la mayor importancia, que debemos

giosa fecundidad de Lope y después de reconocer el portentoso milagro de su genio, advierte que aquella inmensa producción habría sido imposible si hubiera tenido que andarse con algo más de miramientos; porque no cabe duda que no se corre lo mismo por el campo llano que cuando hay que fijarse mucho dónde se ponen los pies. «¿Cómo pudo ser esto —se pregunta— por más fecundidad que tuviese? No parándose a elegir asuntos propios para imitados en la representación; tomando a veces por argumento la vida de un hombre, y por escena el universo todo; trastornando y desfigurando la historia, sin respetar los hechos más notorios, con la mezcla de fábulas absurdas y con atribuir a reyes, príncipes, héroes y damas ilustres caracteres, costumbres y acciones vergonzosas o ridículas; haciendo hablar a los interlocutores según primero le ocurría; a las mujeres ordinarias, criados y patanes como filósofos escolásticos, vertiendo erudición trivial y lugares comunes, defecto que comprende a todas sus obras, y a los reyes y personajes como fanfarrones o gentes de plaza, sin dignidad ni decoro alguno»[12].

Hay un aspecto del mayor interés. Luzán no siente simpatía por el *gracioso*, institución, como sabemos, de nuestro teatro barroco desde los días de Lope. Con ello es fácil suponer que Luzán era un dómine carilargo, enemigo de las gracias e incapaz de insinuar una sonrisa. El *gracioso* es una creación de tal volumen en la *comedia* y sus facetas son tan variadas que resulta difícil admitir denuestos contra tan resistente personaje. Pero las razones de Luzán son poderosísimas y tememos que pocas veces se las ha considerado debidamente. Lo que a Luzán le molesta del *gracioso* es la comodidad de su empleo, es decir, el truco o la añagaza que casi siempre supone. «Y como en la tragedia —dice— se han de mover las pasiones de lástima y terror con la misma constitución de la fábula lastimosa y terrible, asimismo, en la comedia se han de excitar sus propios afectos de risa

---

comentar. No parece justo, nos dice, enjuiciar el teatro barroco —que tenía su estética particularísima y su concepto peculiar de la obra dramática— a través de los principios clásicos codificados por Luzán en su *Poética*, y que correspondían a una concepción del arte completamente diferente; con la misma razón se podría condenar el clasicismo entero enfocándolo desde la actitud de la dramática barroca. Así es, en efecto. En nuestros días —añadimos por nuestra cuenta— ninguna modalidad de arte es recusable; todas se justifican por sí mismas: existo, luego tengo derecho a existir; y a este nivel del proceso histórico, las reglas y los códigos estéticos son ya una vejez que ni siquiera merece ser oída. Ahora bien: creemos que Luzán no rechaza concretamente ninguna *estética barroca*, problema que, sin duda, no se planteaba tampoco. A Luzán el teatro del siglo áureo no se le ofrecía como un teatro con distinta estética, sino como un teatro corrompido por todos los excesos facilones, por el desorden y la arbitrariedad; y éste es el hecho que intentamos poner de relieve en estas páginas. Se aducían las reglas en busca de una autoridad que respaldara la llamada al orden. Un espectador actual de películas comerciales, con la misma mentalidad exigente y reflexiva de Luzán, no rechazaría la puerilidad de esos espectáculos aduciendo textos de Aristóteles; se limitaría a no ir.

12 Idem, íd., II, págs. 306-307.

y alegría con el mismo asunto, que ha de ser festivo y regocijado». Y aclara luego: «Lo mismo se ha de observar en la perfecta comedia, cuyos principales papeles han de ser los que muevan al auditorio a risa y alegría, por medio de sus defectos bien pintados y de sus genios extravagantes... Así no juzgo del todo acertado el rumbo que han seguido otros cómicos españoles que ordinariamente hacen serio, y aun a veces trágico, todo el principal asunto de sus comedias, y fían lo jocoso de ellas de un criado del primer galán, que por eso tiene el nombre de gracioso» [13]. No puede ponerse en duda que es muchísimo más difícil —y, en consecuencia, mucho menos vulgar— montar una pieza en torno a un personaje esencialmente cómico —*El burgués gentilhombre* o *El médico a palos* de Molière pueden servir de paradigma de esta comicidad fundamental, o de base— qué dar lo cómico a gotas, o a chorritos, haciendo que el gracioso lo suelte, venga o no a propósito, tomando ocasión de cualquier circunstancia o palabra, aun las más graves, y por lo tanto de forma caprichosa y pegadiza. Se ha señalado muchas veces —y no precisamente por neoclásicos— la inoportunidad de muchas intervenciones del gracioso, pero quizá no se ha puntualizado convenientemente lo que esta práctica tenía de fácil recurso de comicidad al alcance del menos *cómico* de los autores. De hecho, la comedia áurea no comienza a crear tipos de esta *comicidad esencial*, que Luzán echaba de menos, hasta la aparición de las llamadas «comedias de figurón», cuya importancia dentro de la evolución de nuestra dramática habría que estudiar debidamente [14].

Este repudio del *gracioso* como elemento pegadizo, de quita y pon, que pudiera eliminarse casi siempre, así como multiplicar sus intervenciones, sin hacer variar un punto la marcha de la comedia, creemos que tiene todavía un alcance mayor del que hemos comentado. En realidad, está fundido con el discutido problema de la mezcla de géneros, de la fusión de comedia y tragedia, combinación que había rechazado Horacio y que Cascales calificó de «monstruo hermafrodito»; Luzán, naturalmente, se adhiere y defiende esta doctrina. Los defensores de la *comedia nueva* habían aducido que lo artificioso es la separación, pues en la vida real se dan unidos constantemente lo trágico y lo cómico; argumento capcioso, pensaban los neoclásicos, porque en la vida se mezclan y revuelven ambos ingredientes, pero en un sentido muy amplio y general, nunca al modo de

---

[13] Idem, íd., II, págs. 120-121.

[14] Luzán sentía aprecio, efectivamente, por las *comedias de figurón* en las que hallaba esa comicidad esencial a que aludimos. Hace mención de sus más famosos cultivadores —Moreto, Rojas, Juan de la Hoz, Antonio de Solís, con sus ya casi contemporáneos Antonio de Zamora y José de Cañizares—, y después de citar sus producciones capitales del mencionado género, escribe: «No diré que en estas Comedias falte qué corregir, ni que contienen todas las circunstancias constitutivas de la perfección; pero van camino de ella, y tienen mucho de lo que llamaban los antiguos *vis cómica*» (*La Poética*, ed. cit., II, pág. 314).

las comedias, es decir, dándolas a porciones en una misma escena, como quien reparte alternativamente naipes de dos barajas. De hecho, lo que hace posible en la *comedia* la fusión de lo trágico y de lo cómico es esa condición inesencial y caprichosa del *gracioso*, que puede por eso mismo deslizar sus chanzas en instantes de la mayor gravedad. En la vida real, cuando se estuvieran discutiendo problemas decisivos de cualquier índole, un gracioso que pretendiera hacer chistes a su costa sería arrojado a puntapiés. En el teatro, cuando lo cómico es de auténtica raíz, es decir, cuando procede de la naturaleza y situaciones del personaje principal, llena la obra por entero y es de todo punto imposible barajarlo con ningún otro enredo dramático de suficiente entidad. Luzán rechaza en la obra teatral aquella convencional fusión, con los argumentos usados siempre por los clásicos [15]; antes había ejemplificado el despropósito aduciendo la comedia de Lope, *Obras son amores*, en la cual «provoca a risa el ver cómo un rey de Hungría admite a su presencia al escudero, y aun al cochero de una dama particular, y se entretiene con ellos en muy familiar conversación» [16]. Pero Luzán, mucho mejor teórico que polemista, no extrae —creemos— el partido posible de sus teorías ni de su ejemplo. Fácilmente podría venirse en su ayuda. *El mejor alcalde, el rey*, de Lope de Vega, por tantos conceptos representativa, lo es también por la impertinente y postiza intervención del *gracioso*. En docenas de ocasiones, y siempre en los momentos de mayor tensión dramática —cuando Sancho, el protagonista, exige a don Tello la devolución de su prometida, cuando acude en demanda de justicia al propio rey, cuando éste se presenta para ejercerla por sí mismo—, el gracioso, cuya sola presencia es ya absurda en tales ocasiones, interrumpe los parlamentos más angustiados y graves de su amo o del propio monarca con una serie de bobadas que ni gracia tienen la mayoría de las veces. ¿Es así como lo trágico y lo cómico se mezclan en la vida real, según pretenden todos los críticos hostiles al clasicismo, sea nuevo o viejo?

Otro aspecto importante es el que atañe al lado moral de las comedias. Ya conocemos la preocupación didáctica que orienta, en general, a toda la literatura del siglo XVIII, con su espíritu racionalista y su propósito de utilidad. Luzán prefiere, siguiendo a Horacio, un teatro en que la enseñanza moral se mezcla con el deleite, pero admite, según reconoce el propio Menéndez y Pelayo, las comedias sin otro fin que la placentera distracción, con tal que esto no ofenda las buenas costumbres. Al tratar en el Libro I de los fines de la poesía puede parecer que Luzán extrema la tendencia docente de su tiempo y llega a sostener que el fin de aquélla es el mismo de la filosofía moral [17]. Pero respecto al teatro, repetimos,

15 Véase II, págs. 136-137.
16 Idem. íd., pág. 115.
17 De ello le acusa, en efecto, Menéndez y Pelayo (*Historia de las ideas estéticas*,

las ideas de Luzán no encierran la rigidez que frecuentemente se le atribuye. La necesidad de que la comedia no ofenda las buenas costumbres ha de entenderse con la misma amplitud que hemos reclamado para otros puntos de la *Poética*. Después de explicar el efecto que la pintura de las buenas o las malas costumbres puede ejercer sobre el espectador, escribe: «Con todo esto no pretendo quitar al poeta la libertad que tiene de introducir y pintar en las comedias el carácter de un amante o de un duelista guapetón como otra cualquier especie de costumbres; antes le concedí esa libertad, como use de ella con el debido miramiento, sin equivocar los colores de la pintura, y de manera que no haga parecer gloria lo que es pasión, ni virtud lo que es vicio, ni prendas lo que son defectos, siendo esto en lo que con especialidad consiste el daño de semejantes pinturas» [18]. En otros pasajes aduce casos concretos que pueden esclarecer mejor aún su pensamiento. Este, por ejemplo: «¿Qué concepto podemos creer que habrá formado de la perfección de un príncipe el pueblo español, cuando habrá asistido a la representación de la comedia *El príncipe perfecto* de Lope de Vega Carpio? No me parece que se puede imaginar idea de príncipe más baja ni más indigna de la que allá se propone en la persona del príncipe don Juan, que da principio a sus perfecciones y hazañas por un homicidio que comete rondando de noche, a fuer del matón más plebeyo y haciendo de vil tercero y cómplice en los amores de un criado suyo. No menos errada idea de amistad habrá dejado impresa en el auditorio la comedia *Amigo hasta la muerte*, del mismo Lope, donde don Sancho mata a Federico, hermano de su amigo don Bernardo, y entrambos amigos cometen mil yerros contrarios a la razón y a la verdadera amistad» [19]. Y sigue luego: «¿Qué diremos del *Arenal de Sevilla*, y de *El acero de Madrid*, comedias del mismo autor? En la primera, las costumbres de Laura y de Lucinda, en la segunda las de Belisa (que no se suponen rameras) y el feliz éxito que logran sus desenvolturas y tropelías, son

---

cit., III, pág. 222), pero tan categórica afirmación es tendenciosa y no puede hacerse sin ser convenientemente matizada. La poesía que Luzán estima más perfecta es la que une el deleite con la utilidad, pero no niega el valor de la poesía compuesta para solo deleite. Para Luzán, la mayor utilidad de la poesía consiste en que, mediante la seducción de su belleza, puede hacer atrayentes y persuasivas las severas máximas de la filosofía, enseñoreándose del corazón como por sorpresa y conquistando «con estratagema lo que otras ciencias no pueden lograr con guerra abierta». Y añade a continuación: «Esta es la utilidad principal de la poesía, a la cual se puede añadir la que resulta de la misma considerada como recreo y entretenimiento honesto, en cuya consideración hace grandes ventajas a todas las demás diversiones, pues la poesía, finalmente, aunque carezca de toda otra utilidad, tiene, por lo menos, la de enseñar discreción, elocuencia y elegancia» (I, pág. 90). Con lo cual proclama inequívocamente la excelencia de la poesía no didáctica ni utilitaria, sin otros fueros que los de su belleza y el seductor influjo que ejerce sobre la humana sensibilidad.

[18] *La Poética*, ed. cit., II, págs. 92-93.
[19] Idem, íd., II, pág. 85.

en verdad ejemplos poco provechosos para las costumbres» [20]. Adviértase bien este detalle: *mujeres que no se suponen rameras, pero que se comportan como si lo fueran, siendo, en cambio, las «damas» de la comedia y cosechando el «final feliz» como en la más perfecta novela rosa.* Contra esta confusión, que buscaba tan sólo el halago del auditorio, protesta el autor de la *Poética*. No es que pida para los personajes una moralidad ejemplar de piezas de colegio; lo que desea es que los héroes de comedia no se rijan por un canon moral o ciudadano que sólo existe sobre las tablas. En el fondo, no es sino otra forma de falsedad y de inverosimilitud. Gentes de todas las tendencias han denostado en nuestros días a esos galanes de película que no se contentan con menos que con despachar a media docena de semejantes —con la naturalidad de quien descuelga frutos de un árbol— antes de llevarse a la chica. En la *comedia* son infinitos los galanes espadachines que podrían protagonizar, sin cambiar detalle, muchas películas de hoy. Contra ese género de «inmoralidad», que no podía engendrar sino émulos peligrosos de los galanes de teatro, se levanta Luzán. Contarle las palabras cuando cita en su apoyo textos de Aristóteles o reprocharle que pretende convertir la comedia en un sermón moral, es una tendenciosa y raquítica interpretación del pensamiento luzanesco, obstinada en no comprender lo que la *Poética* significa.

En cuanto a la pretendida docencia, lo que Luzán desea es que la pieza dramática sea algo más que un pasatiempo pueril sin contenido alguno, apto sólo para públicos desprovistos de toda exigencia intelectual. No se piense en esas pocas docenas de obras que rebasan este nivel común, porque sería formarse un concepto ridículamente falso de lo que había sido el teatro aún en sus días más gloriosos. La mayoría de las comedias que dieron ocupación a los *corrales* fueron meros juguetes entretenidos, cortados según patrones de probada eficacia popular, y fabricados casi siempre —salvadas las diferencias materiales, claro está— con espíritu muy afín al que estimula en nuestros días a los productores de cine comercial. Luzán propone que se destierre «aquel vulgar y común error de los que creen que no puede haber comedia buena ni de gusto, si su principal enredo y asunto no es de lances de amor, duelos, guapezas y cuchilladas, siendo cierto que cualesquiera otros asuntos bien pintados deleitarán igualmente, y tal vez más» [21]. Aduce a continuación el ejemplo de los antiguos y de otros teatros modernos, como el italiano y el francés, que «han escrito no pocas tragedias y comedias sin adocenarlas con estos argumentos comunes», de donde deduce «claramente que los amores y desafíos no son precisamente necesarios para divertir al pueblo» [22]. Luzán, que en sus viajes por Europa había tenido ocasión de conocer una pro-

---

[20] Idem, íd.
[21] Idem, íd., pág. 93.
[22] Idem, íd.

ducción dramática desarrollada en un ambiente más cortesano y exquisito, mucho menos popular por tanto, que el español, y más intelectual, se sentía frente al torrente aventurero del teatro de su país como cualquier sensato espectador de nuestros días ante la riada de las películas al uso, que no siempre carecen de ingenio y amenidad y de mil cualidades estimables, pero que acaban por ser insufribles a cualquier mente no adocenada, aunque el pueblo común —un pueblo también que, como el español del Barroco, se extiende desde el rey hasta el último villano— siga rindiéndoles su entusiasmo. El propósito docente quiere decir, en boca de Luzán, sustancia, un contenido humano de cierta calidad y profundidad, que no se limite a excitar las fáciles cosquillas de la risa o del deleite superficial, sin meollo ni hondura.

El problema de las unidades —tiempo, lugar y acción—, y sobre todo de las dos primeras, fue el mayor punto de fricción entre los neoclásicos y los tradicionales y sigue siéndolo todavía, porque aquí es donde los comentaristas de Luzán insisten especialmente para subrayar la estrechez agobiante de sus reglas. Sin duda alguna, Luzán prestó una atención nimiamente rigurosa a las exigencias de tiempo y de lugar, llevado de su deseo racionalista de atar bien todos los cabos; su propósito doctrinal no podía satisfacerse con una vulgar llamada al orden en estas materias, y le condujo a servirse del metro y del reloj. El principio de imitación, que es para Luzán axioma doctrinal básico, exige que la duración de la comedia sea la misma que la de los hechos representados [23]. Pero aquel texto de Aristóteles, que concede a la tragedia «un período de sol», y las diversas interpretaciones propuestas sobre la longitud de este plazo, enredan a Luzán en prolongadas disquisiciones, que hoy nos parecen pueriles. Con todo, su criterio final es la referida adecuación entre el hecho real y el tiempo en el teatro, aunque se aviene a conceder una o dos horas más «porque el auditorio no mide tan exactamente el tiempo de la acción que ésta no pueda exceder (como no sea mucho) a la representación» [24].

---

[23] «Unidad de tiempo, según yo entiendo —escribe Luzán—, quiere decir que el espacio de tiempo que se supone y se dice haber durado la acción sea uno mismo e igual con el espacio de tiempo que dura la representación de la fábula en el teatro. Esta correspondencia e igualdad de un espacio con otro constituye la unidad de tiempo. La razón sobre la cual se funda esta unidad es evidente, a mi parecer, y nace de la verosimilitud y naturaleza misma de las cosas. Siendo la dramática representación una imitación y una pintura (mejor, cuanto más exacta) de las acciones de los hombres, de sus costumbres, de sus movimientos, de su habla y de todo lo demás, es mucha razón que también el tiempo de la representación imite al vivo el tiempo de la fábula, y que estos dos períodos de tiempo, de los cuales uno es original, otro es copia, se semejen lo más que se pueda. Como, pues, la representación no dura más que tres horas o cuatro, será preciso que el tiempo que se supone dura el hecho representado no pase de ese espacio o, si le excede, sea de poco» (II, págs. 36-37).

[24] Ídem, íd., pág. 41.

Con la unidad de lugar le sucede algo semejante. Lo correcto para Luzán es que «el lugar donde se finge que están y hablan los actores sea siempre uno, estable y fijo desde el principio del drama hasta el fin» [25]; deducción lógica e inapelable de la exigencia primera. Mas, convencido a la vez de la dificultad que esto supone, y de la inverosimilitud que puede sobrevenir también de que todos los acontecimientos ocurran en un mismo lugar, se dilata en distingos, aventura y discute pequeñas concesiones y propone al fin alguna solución, entre ellas el «escenario múltiple», ocurrencia no tan peregrina como algunos han afirmado, puesto que tenía precedentes medievales —posiblemente, también en el teatro de la Antigüedad—, y ha sido usada en nuestros días y valorada como una genialidad de montaje.

El repudio absoluto que este rigorismo de las unidades mereció en el siglo de Luzán y que sigue hasta nuestros días después de haber encendido la indignación de los románticos —rigorismo que venía a condenar la desatada libertad de todo el teatro barroco— exige un comentario algo detenido.

En primer lugar, reclamamos de nuevo la necesidad de entender la *Poética* en el sentido de su espíritu, por encima de las minucias de la letra. El propósito de Luzán al exigirle al dramaturgo que se someta a un código estrecho, no es otro —en este problema del tiempo y el lugar— que contener la facilona libertad a la cual se debía el aludido torrente de fábulas pueriles, con sus trucos inverosímiles, peripecias absurdas y oportunas casualidades. Luzán entiende claramente la dificultad de encerrar los enredos y lances de una tragedia o comedia en un espacio y tiempo limitados, y contesta a ello con una frase que puede parecer inocua, pero que golpea sobre el problema como una maza: «Responderé primeramente que el ser difícil no prueba nada» [26]. Con el sistema de la *comedia* española, cuando el dramaturgo no sólo disponía del planeta entero sino de la misma corte celestial —tantas veces traída a nuestros escenarios— y del tiempo sin límites para manejarlos en una sola obra, cualquier asunto era a propósito, no importa que más que dramático fuera épico, biográfico, lírico, o novelesco. Las más de nuestras comedias —ya lo vimos en su lugar oportuno— son crónicas o novelas presentadas bajo forma dramática. Cuando el escritor ha de llevar al teatro lo que sólo es propio de él, las posibilidades argumentales se le encogen astronómicamente y ha de esforzarse mucho por hallar y hacer viables aquellos asuntos que pueden ser expresados en forma teatral. Luzán escribe a continuación de las palabras citadas: «Concedo también yo que es muy difícil el observar la unidad de tiempo con exactitud, y que son pocos los que la han observado perfecta-

---

[25] Idem, íd., pág. 43.
[26] Idem, íd., pág. 38.

mente; y por esto los buenos Poetas han compuesto muy pocas obras dramáticas, y éstas con mucho estudio y trabajo, contentándose con un pequeño enredo y absteniéndose de sucesos muy largos y muy intrincados, por no faltar a lo verosímil; al contrario, los malos e ignorantes poetas, libres de este yugo y de otros, a que la observancia de las reglas obliga, han dado a los teatros, con gran facilidad, centenares de comedias. Pero por esto no dejará de ser la unidad de tiempo lo que en sí es, y lo que dicta la razón y la verosimilitud» [27].

Evidentemente, la fórmula barroca había demostrado sobradas veces que sin regla alguna podían lograrse obras dramáticas geniales; el error de Luzán consistía en sostener que fuera de las reglas era imposible la perfección. Pero acertaba por entero cuando afirmaba que el desprecio a las reglas engendraba más despropósitos que genialidades, y más delicuescencias pueriles que comedias valiosas, dignas de ser escritas, representadas, y contempladas por un espectador sensato.

Lo que sí nos parece inadmisible es afirmar —y lo afirman con gran desenvoltura cuantos se ocupan del problema— que las reglas del neoclasicismo ahogaban o poco menos el arte teatral. Como habremos de ver cumplidamente —no se nos oculta que a costa de enfrentarnos con resistentes tópicos—, la fórmula neoclásica, en su pureza casi absoluta, se ha impuesto en el teatro como algo inherente a su estructura y a sus más insoslayables exigencias. Con la sola excepción del período romántico —cuya significación, harto equivocada, habremos también de traer a juicio—, el teatro moderno se ajusta como el hecho más natural a las famosas unidades. Las obras que se saltan el tiempo o el lugar —que claro está que existen— son más bien la excepción. Presiones casi insoslayables de orden práctico —problemas de montaje, de dinero, de simple comodidad para la actuación de los actores— han impuesto de hecho la escena única. Y

---

[27] Idem, íd. Dicho se está que Luzán da asimismo reglas o consejos para orientar en el difícil problema de encerrar un asunto en el marco de las unidades. Aspecto capital, dice el autor de la *Poética*, es encontrar el punto por el que debe comenzarse la acción dramática. Puesto que la acción de la tragedia o comedia está limitada a unas pocas horas, el autor «pondrá por principio de su comedia o poema, aquella parte del hecho, desde la cual hasta el fin no pueda verosímilmente pasar más tiempo del que requiere la fábula, si es que la quiere formar según las reglas del arte» (páginas 22-23). Es decir, la pieza dramática debe centrarse en el nervio y eje del caso, en torno a los sucesos que desatan la acción, sea dramática o cómica; todos los precedentes deben deducirse de lo que contempla y oye el espectador, sin que haya de tomarse el asunto desde sus orígenes, diluyéndolo en escenas y más escenas: lo cual sería propio del poema épico —o de la novela— pero nunca del drama, aunque ésta sea la técnica tantas veces seguida por la comedia barroca. La elección de este momento climático, haciendo que deriven de él todas las cosas necesarias para su comprensión, es más difícil que contar la historia completa, pero hace la obra más verosímil y adecuada a la realidad. Forzado un autor a someterse a esta razonable exigencia del género dramático, resultaba ya un tanto más arduo componer «centenares de comedias», como bien decía Luzán.

no entendemos que las exigencias sobre los planes de un autor sean menos rigurosas·si las ejerce un empresario en nombre de la técnica o del dinero que por respeto a las reglas de Aristóteles. La unidad de tiempo consiente una tolerancia mayor, pero tampoco demasiada. Es bastante habitual que en cada entreacto pueda suponerse transcurrido un cierto tiempo; jamás, sin embargo, entre escena y escena, como sucedía en la mayoría de las comedias barrocas; y aun el salto de un acto a otro se mantiene por lo común dentro de lapsos muy moderados: si un niño del acto primero apareciera hombre barbado en el segundo, según aquello de que se burlaba Boileau, es bien seguro que el público de hoy lo tomaría a risa. Pues bien: esto es lo que sostenía Luzán.

Si nos fijamos en estos hechos —que sólo de forma muy apretada podemos esquematizar aquí—, habremos de reconocer que la fórmula dramática del neoclasicismo lejos de ser una vejez, basada en reglas trasnochadas e inservibles, señalaba el rumbo futuro del teatro; es el de hoy; y es el que no ha dejado de tener vigencia durante todo el siglo XIX, aun en los mismos días del romanticismo, según hemos de ver. Lo que, en cambio, ha periclitado de manera absoluta es la fórmula dramática del barroco, con sus novelas en acción, sus saltos incesantes y el mundo entero por escenario. Hoy, este género de espectáculos se los ha traspasado al cine con su cámara omnipresente, mientras el teatro se ha reservado lo que no es espectacular, sino drama de espíritu, acción que pueda ser sustancialmente expresada en palabras y no en trapisondas estruendosas ni trucos escénicos. En una palabra: el teatro es más y más cada día —o no es sino un anacronismo absurdo para subdesarrollados mentales— una exigente tarea literaria de calidad intelectual; que fatal y lógicamente, dentro del más riguroso proceso histórico, no resulta viable para las grandes mayorías sino para grupos minoritarios.

Aquí está probablemente lo que nosotros llamaríamos el lado negativo de las reglamentadas exigencias neoclásicas; aspecto, precisamente, al que, según entendemos, no se ha prestado la debida atención.

El teatro patrocinado por los neoclásicos —un teatro para seguido con la cabeza más que con los ojos— hubiera dejado al buen pueblo sencillo no sólo sin su espectáculo favorito, sino *sin espectáculos* simplemente; hecho tanto más grave cuanto que se trataba de algo tan irrenunciablemente humano como el teatro, sin el que apenas podemos imaginar cultura alguna, y que ni siquiera cabía reemplazar entonces con espectáculos deportivos, inexistentes, fuera de los toros.

Por esto, todos los intentos del neoclasicismo ilustrado de imponer un teatro de índole cerebral, se estrellaron contra la resistencia de las buenas gentes, que no asistían a los teatros para hacer trabajar el seso de manera particular, sino para divertir su imaginación con la aventura, y sus oídos con la música y las canciones, y su vista con el prodigio de las tramoyas y mucho más con el regalo de las danzas y la presencia de las actrices, más atractivas cuanto mayor la fama de sus liviandades y atrevimientos. En esta pugna, que no es, al cabo, sino la tantas veces registrada entre el vulgo y la minoría, no sólo entraban en competencia el antiguo teatro barroco y el neoclásico. Aunque Luzán alude repetidamente en su *Poética* a los grandes dramaturgos del XVII para ejemplificar en ellos sus ideas, las obras de aquéllos ocupaban la escena entonces muchísimo menos que los engendros producidos por ínfimos comediógrafos, en cuyas manos la genial libertad barroca había degenerado hasta el más zafio nivel.

Luzán, en su grave exposición doctrinal, no desciende a la descripción real y gráfica de la escena de su tiempo; estos cuadros hemos de buscarlos en las páginas de otros escritores. Cabe añadir también que la degradación del teatro popular no había llegado todavía en los días de Luzán a los excesos que Moratín había de satirizar tan agudamente años más tarde, y que hemos de exponer luego.

De todos modos, lo que importa dejar bien claro es que una minoría ilustrada pretendía, en nombre de la dignidad literaria, convertir el espectáculo teatral en una auténtica manifestación de cultura. Pero, si se llegaba a este resultado, era evidente que el pueblo común —el populacho, en realidad— iba a quedar eliminado de él. El problema no dejó de ser advertido y meditado por los ilustrados. Existe un pasaje de Jovellanos altamente revelador a este respecto. El gran asturiano estaba persuadido de que el teatro, si ha de ser algo de veras digno, no es una forma de diversión que el vulgo pueda compartir. Y llega entonces a una conclusión tan lógica como arriesgada: que el pueblo se divierta con sus danzas y cantos, que ni exigen saber ni cuestan dinero, y deje el teatro para quienes sean capaces de desearlo y entenderlo de buena calidad. Dicho se está que el filantropismo de Jovellanos no podía egoístamente cerrar el teatro al pueblo; su ideal era elevar a los dos hasta que de nuevo pudieran encontrarse. Ello suponía, de un lado, educar al pueblo; del otro, llevar a cabo la drástica reforma del teatro español a través del poder público. Lo primero no podía alcanzarse sino con lentitud; pero lo segundo podía y debía llevarse a cabo con rápidas medidas: «Confesémoslo de buena fe —escribía Jovellanos—; un teatro tal es una peste pública, y el Gobierno no tiene más alternativa que reformarle o proscribirle para siempre» [28]; «Es necesario sustituir estos dramas por otros capaces de deleitar, instruir, presentando ejemplos y documentos que perfeccionen el espíritu y el corazón» [29]. Contra el gusto popular que sólo deseaba aquel teatro que le divertía y podía comprender, los neoclásicos recurrían a la ayuda del po-

---

[28] *Memoria para el arreglo de la policía de los espectáculos y diversiones públicas y sobre su origen en España*, en el tomo I de *Obras de D. Gaspar Melchor de Jovellanos*, ed. de Cándido Nocedal, B. A. E., XLVI, nueva ed., Madrid, 1951, pág. 491.

[29] Idem, íd., pág. 496.

der público para imponer autoritariamente las reformas. Se comprende perfectamente que, para el vulgo, el teatro neoclásico fuese algo extraño —no necesariamente extranjero—, ininteligible y aburrido, pero además algo tiránicamente impuesto por una autoridad entrometida, que pretendía enseñarles hasta cómo se tenían que divertir [30].

Luzán, anticipándose aquí, como en todos los demás problemas, había ya sugerido la intervención del poder público, idea que habían de hacer suya todos los neoclásicos (al fin —recordémoslo una vez más—, el neoclasicismo no era sino un propósito de cultura dirigida, una revolución desde lo alto), aunque el carácter eminentemente teórico de su *Poética* le impedía llegar a los detalles prácticos de los reformistas posteriores. Al final del Capítulo X del Libro III escribe Luzán estas palabras: «Sería también muy acertada política (que ya creo se observa en algunas partes) que los magistrados de las ciudades deputasen sujetos eruditos y entendidos de la poética y de todas sus reglas, los cuales tuviesen a su cargo el examinar con mucha madurez todas las comedias antes de darlas a luz y de representarlas; y según el dictamen de estos examinadores, se mandasen quemar las comedias del todo malas, concediendo al teatro

---

[30] De hecho, es innegable que Jovellanos se hacía escasas ilusiones sobre la posibilidad de que el *pueblo* pudiera compartir alguna vez la especie de teatro que él juzgaba literariamente decoroso. El teatro barroco —según venimos explicando—, que, con su mezcla de excelencias literarias y desenfrenos de aventura y espectacularidad, había podido atraer indiscriminadamente a altos y bajos, quedaba descalificado ante el criterio de los ilustrados, y cualquier otro teatro de mayor exigencia intelectual tenía que desplazar inevitablemente a las gentes sencillas. De hecho es lo que ha sucedido con el teatro en todas partes a lo largo de los cien años últimos, durante los cuales y sin escándalo para nadie la escena ha quedado reservada a las minorías literarias en una medida directamente proporcional a sus dificultades y calidad; ¿quiénes, si no, han sido los espectadores del gran teatro contemporáneo desde Pirandello y Shaw hasta Beckett y Ionesco? No obstante, en los días en que los ilustrados españoles se aventuraban a proponer esta revolución y desterrar el *teatro popular*, su pretensión parecía tan descabellada como inhumana, a más de petulante y antipática. Así, en efecto, suenan las palabras de Jovellanos con su excluyente aristocratismo, que sólo a la luz de lo que vamos diciendo tienen sentido y justificación. He aquí uno de los últimos párrafos de su *Memoria*: «Yo no pretendo cerrar a nadie sus puertas [las del teatro]; estén enhorabuena abiertas a todo el mundo; pero conviene dificultar indirectamente la entrada a la gente pobre, que vive de su trabajo, para la cual el tiempo es dinero, y el teatro más casto y depurado una distracción perniciosa. He dicho que el pueblo no necesita espectáculos; ahora digo que le son dañosos, sin exceptuar siquiera (hablo del que trabaja) el de la corte. Del primer pueblo de la antigüedad, del que diera leyes al mundo, decía Juvenal que se contentaba en su tiempo *con pan y juegos de circo*. El nuestro pide menos (permítasenos esta expresión): se contenta *con pan y callejuela*. Quizá vendrá un día de tanta perfección para nuestra escena que pueda presentar hasta en el género ínfimo y grosero, no sólo una diversión inocente y sencilla, sino también instructiva y provechosa. Entonces acaso convendrá establecer teatros baratos y vastísimos para divertir en días festivos al pueblo de las grandes capitales; pero este momento está muy distante de nosotros, y el acelerarle puede ser muy arriesgado; quédese pues entre las esperanzas y bienes deseados» (ed. cit., pág. 500).

solamente las buenas o, al menos, aquellas cuya utilidad compensase abundantemente el daño que de ellas pudiera resultar» [31].

La unidad de acción, referida particularmente a la obra dramática, ocupa menor espacio en las páginas de Luzán y ha dado origen a menos controversias; parece que la necesidad de una acción central y única, a la cual se subordinen de modo necesario las partes episódicas, es menos discutible. En la práctica, sin embargo, en la *comedia* barroca proliferaban las llamadas «intrigas secundarias», a las que Luzán no dedica particular atención, pero que fueron censuradas por otros neoclásicos. Estas intrigas pueden tener en ocasiones un especial valor que aquellos críticos no advirtieron, llevados demasiadamente por la letra del precepto tradicional. Pero en casos innumerables no eran sino episodios y partes de relleno, con el fin de engordar la obra y alcanzar las dimensiones exigidas cuando el asunto principal no daba para tanto o cuando hubiera resultado más difícil dilatarse en el desarrollo de los personajes principales. Para la prodigiosa facilidad de nuestros dramaturgos áureos era infinitamente más sencillo urdir acciones colaterales y multiplicar los episodios, renunciando a profundizar en el meollo de los protagonistas. De aquí la escasa hondura psicológica y la monotonía de los caracteres que preside nuestra *comedia* en líneas generales; mengua que hasta los más entusiastas del teatro barroco vienen admitiendo.

Luzán no está, a nuestro entender, particularmente afortunado en la defensa de la unidad de acción, tarea que lleva a cabo muy premiosamente; se limita a repetir del derecho y del revés los argumentos tomados de Aristóteles. Quizá debiera aceptársele como una prueba de buena voluntad hacia los dramaturgos barrocos el que prescinda de ejemplificar sus ideas con los muchos casos concretos que hubiera podido seleccionar. En cambio, hace algún mayor hincapié en algo que en buena parte deriva de aquella proliferación de intrigas o que, al menos, se relaciona con ellas; nos referimos al exceso de personajes en la *comedia*, punto que Luzán trata, sin embargo, a propósito del «aparato teatral». Dice así el texto de Luzán: «Aun es mucho mayor yerro el cargar de tanto número de personas el drama que sea imposible que el auditorio se acuerde de sus nombres ni de sus genios y fines. Todas las comedias de Lope de Vega pecan de ordinario en el número excesivo de personas. Dejando aparte las que no tienen menos de veinticuatro o treinta, la de *El Bautismo del príncipe de Fez y muerte del rey don Sebastián* tiene sesenta personas, con una procesión por añadidura, número bastante para [reponer las bajas de] un regimiento que hubiera salido muy derrotado de una batalla. Debe, pues, el poeta arreglar con juicio el número de los actores y reducirlos a los menos que se pueda, para facilitar la representación, pues de otra suerte

---

[31] *La Poética*, ed. cit., II, pág. 94.

sería preciso hacer levas de farsantes como de soldados. A mí me parece que el número de ocho o diez personas será bastante y tolerable; lo que pase de ahí será exceso y confusión»[32].

Este exceso espectacular podía tener una doble motivación. De un lado, como en el caso de las intrigas múltiples, era un recurso para el autor que compensaba en cantidad y en movimiento lo que faltaba en calidad y profundidad psicológica. De otra parte, tendía a darle al espectador ansioso de aventura y novedad, regalo cómodo a los ojos en lugar de cansarlo con parlamentos que requerían otro género de atención y que hubieran resultado mucho más aburridos. Como se ve, es una faceta más del mismo problema: teatro para minorías o para multitud.

El cultivo de aquel derroche espectacular adquiere importancia especialísima con la degeneración del teatro barroco en manos de la turba de escritores que fabricaron teatro ínfimo para las masas a lo largo del siglo XVIII. Como se supone que todo el siglo es un prolongado vacío teatral —y lo es, desde luego, si se atiende al mérito de las obras— se olvida el hecho de que una masiva producción de ínfimo rango llenó la escena y entretuvo gustosamente a la multitud, corrompiendo su gusto y haciendo absolutamente inviables las pretensiones teatrales de los ilustrados. Contra dicho teatro, que desplazó casi por entero a los maestros del XVII —de los que venía a ser como una caricatura— y no tanto contra éstos, se disparó la crítica de los neoclásicos, que querían para la escena obras inteligentes y no desfiles de carnaval. Éste y no otro es el género de teatro que ridiculizó Moratín en *La comedia nueva* y cuya descripción trataremos de hacer en páginas siguientes.

Al poco tiempo de aparecer la *Poética* de Luzán, el *Diario de los literatos* se hizo eco de su evidente importancia y publicó un resumen y una crítica de la obra. El resumen lo hizo uno de los redactores del *Diario*, Juan Martínez Salafranca, y la crítica estuvo a cargo de Juan de Iriarte, tío del famoso fabulista, Tomás. En conjunto, el trabajo ocupa ciento trece páginas del *Diario*. Menéndez y Pelayo pondera «el sentimiento nacional» de Juan de Iriarte, que se negaba resueltamente a asentir con Luzán «en lo que tocaba al mérito de nuestros poetas, y emprendía la defensa de la tragicomedia española, de la poesía en prosa, del teatro de Lope de Vega, y hasta de los versos más enigmáticos de Góngora»[33]. Las cosas son, sin embargo, menos sencillas de lo que explica don Marcelino. El *Diario* comienza por reconocer que «de ningún escrito tenía más necesidad nuestra España que de una entera y cabal Poética»[34]; los críticos

---

[32] Idem, íd., pág. 101.
[33] *Historia de las ideas estéticas*, cit., III, pág. 234.
[34] El comentario de Iriarte apareció en el vol. IV del *Diario de los literatos*, páginas 1-113.

anteriores habían sido demasiado condescendientes con los innegables abusos, y Luzán venía a llenar la exigencia de un código poético indispensable. Iriarte discrepa, en cambio, de Luzán en su apreciación sobre el *Arte nuevo* de Lope. Para Luzán, el *Arte nuevo* era una defensa de la *comedia nueva*, opuesta a la razón y a las reglas aristotélicas; Iriarte, por el contrario, cree que Lope, no menos admirador de los principios defendidos por el Pinciano, por Cascales y por Salas que el propio Luzán, despreciaba sus propias innovaciones, aunque tenía que justificarlas por la tiranía de los espectadores, que exigían aquel género de teatro. Para Iriarte, la obra de Lope «en realidad más es *Arte nuevo de criticar comedias* que de hacerlas»[35], y censura a Luzán por no haber tomado sus ejemplos de aquellas seis comedias que decía Lope haber escrito según los preceptos; lo cual hubiera exonerado al Fénix de la acusación de ser un ignorante de las reglas clásicas.

Pero la crítica de Iriarte, cuya agudeza subraya alborozadamente Menéndez y Pelayo, suponiendo que no iba a poderse «borrar de la memoria de las gentes», es bien ridícula. Sobre el verdadero sentido del *Arte nuevo* de Lope no vamos a insistir aquí; el Fénix se burlaba de los clásicos, sencillamente. Lo de las seis comedias «según las reglas» es más gracioso todavía, y si lo recordamos aquí es por lo que había luego de influir en la polémica sobre el teatro. Una vez más, la crítica literaria —como cualquier aspecto de crítica sobre realidades del país— se involucraba con el patriotismo, con lo cual se echaba todo a perder y no había modo de entenderse; ni tampoco de enmendar cosa alguna. Para Iriarte lo que importaba era probar a los defensores extranjeros del neoclasicismo que el teatro español había sabido escribir según las reglas tan bien como cualquiera de ellos, cuando le había venido en gana; Luzán resultaba poco menos que reo de traición por no haberse servido, para probarlo, de las misteriosas seis comedias clásicas de Lope. Desde entonces los neoclásicos *patriotas* —porque los había de ambas especies— se dedicaron afanosamente a descubrir aquellas seis comedias cuyos nombres el propio Lope no había revelado. Nadie fue capaz de encontrarlas para hacer callar a los extranjeros y a los «extranjerizantes» de casa, pero se consiguió, sin embargo, hacer impracticable la cuestión; en lugar de defender todo lo defendible de nuestro teatro, que era inmenso, y admitir la existencia de sus defectos, que eran inmensos también, se hizo cuestión de honor nacional el hallar auténtico clasicismo en nuestra vieja dramática, lo que, en fin de cuentas, denunciaba un evidente complejo de inferioridad, pues que venía a reconocer implícitamente la superioridad de una dramática con preceptos. A esto conducía la «patriótica» crítica de Iriarte.

Iriarte aceptaba también, contra Luzán, la mezcla de cómico y de trágico, con el consabido argumento de que ambas cosas se dan juntas en la

---

[35] Idem, íd., pág. 86.

vida (ya hemos expuesto nuestro juicio sobre lo capcioso de esta interpretación); bien es verdad que lo aceptaba «suponiendo que en su representación se observen las condiciones y leyes del decoro y de la propiedad». Pero aquí estaba justamente el problema: ¿se observaba el decoro y la propiedad en la práctica? Los neoclásicos sostenían que no, y eso era lo que había que rebatirles con ejemplos, no con afirmaciones abstractas. En cuanto a la unidad de tiempo, Iriarte discutía a Luzán, pero tampoco en el sentido que comenta Menéndez y Pelayo. Iriarte decía que era excesivamente estrecho el período de cuatro horas preconizado por Luzán, porque la limitación del tiempo oprimía la imaginación del escritor; pero no pedía, en manera alguna, como parece sugerir Menéndez y Pelayo, que se aboliera la unidad de tiempo, sino que se ampliara a veinticuatro horas, como habían establecido los más prudentes maestros[36].

En 1751 publicó Luzán sus *Memorias literarias de París*, que tratan también muchos aspectos esenciales para los problemas de la dramática, que ahora nos ocupan. Luzán, que permaneció en la capital de Francia desde 1747 a 1750, no escribe tan sólo en sus *Memorias* de cosas literarias, sino además sobre el estado de las ciencias en el país vecino —Física, Química, Matemáticas, Medicina, Historia Natural—, sobre las bibliotecas e imprentas, enseñanza, centros de estudio, Academias, etc., etc., siempre con un elogio y admiración que le hace decir a Menéndez y Pelayo que el gusto de Luzán se iba «afrancesando más cada día»[37]. El polígrafo santanderino destaca algunos aspectos de las *Memorias* que no pueden menos de encender nuestra admiración por el preceptista aragonés: su «ardiente y simpático entusiasmo por la cultura» y su protesta contra la incomu-

---

[36] Para responder a Iriarte, Luzán publicó un folleto bajo seudónimo, titulado *Discurso Apologético de Don Íñigo de Lanuza. Donde procura satisfacer los reparos de los señores diaristas sobre la Poética de Don Ignacio de Luzán;* fue impreso en Pamplona, sin fecha. De este escrito de unas 150 páginas, que no hemos podido manejar, dice Pellissier que se distingue por la cortesía de su tono. Luzán, muy lejos de incomodarse por la crítica de Iriarte, le agradece la moderación de sus advertencias y admite que quizá en sus propios juicios sobre Lope fue en algún punto demasiado lejos y se mostró exigente en demasía, rigor que excusa por la novedad del intento; él había atacado las obras del Fénix con el espíritu de un soldado que, espada en mano, entra en una ciudad por largo tiempo sitiada: «En el calor de esta acción —dice— no era fácil contener tan a raya las expresiones y voces que alguna no exceda tal vez algún tanto o en el objeto o en el modo» (cit. por Pellissier, pág. 43). Luzán —comenta Pellissier (págs. 43-44)— era hombre generoso y de buen sentido, y con suficiente criterio para comprender que la causa última por la que luchaban los diaristas era la misma por la que él había escrito su *Poética* y que, a pesar de diferencias de detalle, los diaristas eran sus más naturales aliados. Por lo demás, el *Discurso Apologético* es una insistencia en los puntos criticados por el *Diario*, con cita de nuevas autoridades, pero sin nuevas aportaciones en cuanto a teorías se refiere (Robert E. Pellissier, *The Neo-Classic Movement in Spain during the XVIII Century*, Stanford University, California, 1918).

[37] *Historia...,* cit., pág. 238.

nicación científica de unos pueblos con otros; precisamente los modernos historiadores de la cultura destacan, como un suceso capital de aquella época, el que se iniciase la comunicación entre los investigadores de todos los países, gracias a la cual comenzaban a cosecharse resultados que habrían sido insospechables en el tradicional aislamiento anterior. Al advertir y preconizar estos nuevos métodos, Luzán acredita tanto su perspicacia como su buena información; no comprendemos, pues, por qué Menéndez y Pelayo califica de «candoroso» este «insaciable afán de ciencia» [38], particularmente cuando Luzán trataba de «referirlo todo a utilidad de su nación» [39].

Pero lo que aquí nos interesa especialmente de las *Memorias* son las páginas sobre el teatro. Luzán, que no había tenido hasta entonces ninguna experiencia directa del teatro francés, se muestra ante la realidad bastante menos entusiasmado de lo que imaginaba. Le sorprendió, en primer lugar, la reacción que estaba produciéndose en Francia contra la tragedia y la comedia clásicas; Voltaire había denunciado —ya en 1739— la pérdida de popularidad del teatro de Molière, y un año antes de la llegada de Luzán a París el duque de Aumont había prohibido las representaciones de sus comedias porque el público les había retirado enteramente su atención. Por otra parte, Luzán advirtió que ni en las tragedias ni en las comedias francesas nuevas se cumplían las reglas con excesivo escrúpulo; a su vez, la pretensión de hacer de la tragedia un género de sentenciosa gravedad, la estaba convirtiendo en algo insoportablemente afectado y altisonante; por el contrario, las comedias, más próximas al mundo habitual, solían estar exentas de tales defectos. Finalmente, Luzán condena en la tragedia francesa la falta de originalidad en los temas y la servil imitación de los antiguos: las modernas *Fedras*, *Electras*, *Edipos*, *Ifigenias*, *Orestes*, etc., eran ya inconcebibles en una sociedad que no creía en los oráculos ni en los manes ni descansaba sobre los mismos supuestos de justicia y moralidad. Luzán encomia, por el contrario, muchas excelencias referentes a la parte material de la representación, que no puede menos de comparar con la rutina y pobreza vigentes aún en los teatros populares de su país: la propiedad y belleza de los escenarios, la maestría de los cómicos al actuar y pronunciar [40], el buen gusto de los vestidos, la perfección de los bailes, la brillante iluminación. La amplitud y riqueza de la escena francesa, tan distinta de los pobres escenarios españoles con sus

---

[38] Idem, íd., págs. 238-239.

[39] Idem, íd., pág. 239.

[40] Luzán admira especialmente la ejecución de los cómicos franceses, que sabían de tal manera su papel, que actuaban sin apuntador. Señala que los cómicos españoles ignoraban las reglas de la declamación, objeto de riguroso estudio en otros países y entregado en el nuestro a la nativa aptitud de los actores. Para remediar en lo posible este mal traduce en su obra una parte del *Arte del Teatro* de Francesco Riccoboni y da minuciosas instrucciones sobre el modo de gesticular.

cuatro cortinas, quitaron a Luzán su preocupación por el problema del escenario fijo e inmutable, pues éste era perfectamente apto para la unidad de lugar siempre que poseyera la anchura y variada disposición de los teatros franceses; en tales escenarios era bastante más sencillo conciliar la verosimilitud del argumento con la unidad de lugar.

Luzán coincidió en París con el creciente, y sorprendente, auge de un nuevo género dramático: la *comedia sentimental* o *lacrimosa*, cuyos más afortunados cultivadores fueron La Chaussée y Diderot, y manifestó su adhesión a este tipo de comedia traduciendo *Le préjugé à la mode* del primero con el título de *La razón contra la moda* y anteponiéndole un prólogo entusiasta. La nueva comedia combinaba elementos cómicos y sentimentales, aunque con claro predominio de estos últimos; lo dramático o lo trágico amagaban tan sólo y el desenlace era, por lo común, feliz; se acentuaba el propósito moral o pedagógico; se procuraba un lenguaje sin afectación y se seguían respetando las unidades clásicas. Diderot en sus *Bijoux indiscrets*, escritos en 1748, sólo tres años antes de publicar Luzán sus *Memorias*, parecía atacar la tiranía de las reglas y los principios del teatro clásico francés; el énfasis, la sostenida grandilocuencia de los personajes trágicos le parecían absolutamente antinaturales: «¿Acaso —se preguntaba— las reinas y los reyes andan de manera distinta que los otros mortales? ¿Han gesticulado alguna vez como locos u orates?». «Si la perfección de una comedia —añadía— consiste en imitar la naturaleza de modo que el espectador crea que está presenciando la realidad, ¿hay algo que se le parezca en estas obras de que estamos tan orgullosos?».

Menéndez y Pelayo vocea con alborozo lo que estima como cambio de parecer en Luzán, al que supone influido por las ideas de Diderot. Pero, de nuevo en este caso don Marcelino desvirtúa los hechos a favor de su personal interpretación. Como Cook puntualiza [41], la *comedia sentimental*, que recibió la aprobación de Luzán y de muchos neoclásicos españoles, no se parece en absoluto a la llamada *tragicomedia* española con su mezcla de reyes y de gente baja, de tragedia y de farsa; la *comedia sentimental* era una comedia seria, en la que el sentimiento sustituía al ridículo. Diderot censuraba en la tragedia francesa la acumulación de sucesos en un solo lugar y en un tiempo limitado, aduciendo las exigencias de realismo y de verosimilitud; pero no pedía la abolición de las unidades —de las cuales se muestra explícito defensor en el prólogo de su comedia *El hijo natural*, escrita en 1775, a la vez que se opone a toda confusión de géneros—, sino el cultivo de un teatro más sencillo y natural en sus argumentos, más próximo por tanto a la realidad normal, y capaz, consecuentemente, de ser expresado sin mengua de la verdad dentro de los moldes, que creía convenientes, de las leyes clásicas. La *comedia sentimental*, co-

---

[41] *Neo-classic Drama in Spain...*, cit., págs. 73-76.

media burguesa en última instancia, le parecía reunir a la perfección estas características y de ahí su elogio y su cultivo. Dicho se está que Luzán, al hacer suyas las ideas de Diderot, acepta la *comedia sentimental* en nombre de los mismos principios. Pellissier, que había aclarado ya estos conceptos con anterioridad aunque con menos extensión, resume así el problema: «De hecho, la única razón por la que Luzán prefiere Nivelle de la Chaussée a Racine es porque, a su juicio, el primero satisfacía mejor que el segundo las exigencias de la verosimilitud. Este proceso no significa un cambio de actitud por parte del padre del Neoclasicismo en España»[42]. Menéndez y Pelayo dice, en cambio, del aludido pasaje en que Luzán habla de las *Ifigenias*, *Electras* y *Fedras* francesas, que es un «trozo enteramente romántico»[43], interpretación inaceptable, ya que falsea de todo punto el pensamiento de Luzán.

LA TEORÍA DRAMÁTICA DESPUÉS DE LUZÁN. LOS CRÍTICOS DE LA «ACADEMIA DEL BUEN GUSTO»

Resulta imposible comprender la dirección adoptada por la crítica literaria en el siglo XVIII sin considerar el papel que en todo ello juega el patriotismo. A propósito del comentario hecho por don Juan de Iriarte a la *Poética* de Luzán hemos aludido ya a dicho problema. A lo largo del siglo, y sobre todo en su primera mitad, aparecieron numerosos escritos en Francia y en Italia con censuras a la literatura española y particularmente a su teatro. Uno de los más notables fue la obra de Du Perron de Castera, *Extraits de plusieurs pièces du théâtre espagnol avec des réflexions, et la traduction des endroits les plus remarquables*, publicado en París en 1738, un año después de la *Poética* de Luzán. Du Perron no se propuso exactamente ofender el orgullo español, pero ese fue el resultado. Du Perron ofreció a sus compatriotas una antología de comedias españolas, aconsejándoles aprovecharse de sus temas para revitalizar la comedia francesa en trance ya de agotamiento. Cook supone[44] que Du Perron debía de ignorar hasta qué punto se habían adelantado a su recomendación los dos Corneille, Scarron, Rotrou, Molière, Quinault y otros muchos dramaturgos de su país; y hasta desconocía quizá que en 1700 había publicado Lesage un volumen de *Teatro Español*, con el cual se proponía iniciar una colección de comedias españolas en traducción francesa, con la misma finalidad que el libro de Du Perron. Pero así como Lesage pensaba que la coacción de los preceptos clásicos ahogaba la imaginación de los autores franceses, mientras que la libertad española había hecho posible la rica variedad de accidentes que distinguen sus comedias con el natural acre-

---

[42] *The Neo-Classic Movement...*, cit., pág. 48.
[43] *Historia...*, cit., pág. 241.
[44] *Neo-classic Drama...*, cit., pág. 81.

centamiento de su interés, Du Perron afirmaba que tal espectáculo era monstruoso en comparación con el teatro de su país, y aconsejaba que los asuntos españoles fueran aprovechados de acuerdo con este método: simplificar el material, reducir el número de aventuras, acelerar en cambio el movimiento y acentuar en ocasiones el elemento cómico[45]; programa que, si conseguimos entenderlo sin que se nos alborote la suspicacia nacional, es muy digno de ser atendido (no son otros los fallos esenciales de nuestra *comedia* áurea, y a éstos precisamente había apuntado Luzán). Du Perron concluía su comentario afirmando que los españoles habían sido incapaces de cultivar la tragedia a la manera clásica.

Las repetidas censuras aparecidas en diversos países habían desarrollado entre los intelectuales españoles un acentuado complejo de inferioridad; era necesario demostrar al mundo que entre los nuestros había, al menos, un número considerable capaz de gustar la buena literatura y que conocía y practicaba las reglas. Como dijimos arriba —Cook resume perfectamente la situación—, el orgullo herido corrompió una vez más el problema: en lugar de defender las excelencias innumerables de nuestra dramática, y reconocer y enmendar los evidentes excesos sin empeñarse tozudamente en encontrar lo que nunca había existido, la reacción española se polarizó en dos direcciones igualmente nefastas: de una, los que pretendieron justificar en bloque la totalidad de nuestro teatro, haciendo cuestión de honor nacional el formular cualquier reproche mínimo; de otra, quienes se empeñaron en la vana tarea de encontrar en nuestra historia literaria una valiosa colección de piezas a la manera clásica, con la cual cerrar la boca a los denigradores extranjeros y refutar la calumniosa acusación de que nuestra dramática era una selva bárbara y sin cultivo.

En este punto intervienen Blas Nasarre y Agustín Montiano y Luyando. Cook recuerda que probablemente nuestros críticos sabían muy poco, o nada quizá, de las primitivas farsas francesas, de las tragedias irregulares, tragicomedias y pastorales de Hardy, de la sostenida popularidad de la tragicomedia en Francia después del *Cid* de Corneille. El conocimiento de estos hechos hubiera podido orientar un tanto la tarea de nuestros críticos literarios.

Nasarre. Don Blas Nasarre, aragonés como Luzán, catedrático de Derecho en Zaragoza, director de la Biblioteca de Palacio y miembro de la Española, gozó en su tiempo de gran fama como erudito, bibliógrafo y paleógrafo, pero ninguno de sus trabajos en estos campos le hubiera dado derecho a nuestro recuerdo de no haberse embarcado en la polémica sobre la dramática. Bajo el seudónimo de Isidro Perales y Torres reimprimió en 1732 el *Quijote* de Avellaneda, que tanto él como su amigo Mon-

---

[45] Cit. por Cook en ídem, íd.

tiano consideraban superior a la segunda parte de Cervantes; opinión que podría bastar por sí sola para descalificarle a perpetuidad en materia literaria. Irritado por la crítica de Du Perron, trató Nasarre de encontrar en la Biblioteca Real comedias y estudios críticos con que poder probar que el teatro español no había sido siempre tan irregular como decían los franceses. La lectura del famoso capítulo 48 de la primera parte del *Quijote* y de la *Adjunta al Parnaso* persuadió al bibliotecario palatino de que Cervantes había guardado los preceptos clásicos en sus primeras comedias, pero ninguna de éstas, a las que alude Cervantes en el prólogo de sus *Ocho comedias y ocho entremeses nunca representados*, se conocía todavía en su tiempo, ya que *Los tratos de Argel* y *La Numancia*, que pueden suponerse de la «primera época», no se descubrieron hasta 1782 y fueron publicadas por primera vez en 1784. Nasarre, vista la aparente contradicción, que tampoco llegó a entender ni a valorar, entre la teoría y la práctica de Cervantes, llegó a la conclusión de que aquellas ocho comedias y ocho entremeses no los había escrito en serio su autor, sino como parodia para ridiculizar el teatro de Lope de Vega; es decir, que así como en el *Quijote* se había burlado de los libros de caballerías, sus comedias y entremeses, como otros tantos *Quijotes*, pretendían mostrar los disparates de la *comedia nueva* y desterrar del teatro el mal gusto y el desorden que en él se habían introducido. Menéndez y Pelayo se indigna —y esta vez con más que sobrada razón— contra la peregrina ocurrencia de Nasarre, «que parece imposible —dice— que haya cabido en cerebro de hombre sano»[46], y que no merece ser refutada aquí. A continuación emprende Nasarre la defensa de nuestro teatro contra la crítica extranjera sosteniendo que es cierto lo que dicen respecto de Lope y Calderón, corruptores de nuestra dramática[47], pero que antes de ellos nuestro teatro

---

[46] *Historia...*, cit., pág. 244.
[47] Señala Cook que, en su crítica negativa sobre el drama del Siglo de Oro, Nasarre es apenas más severo que Luzán; la diferencia entre ambos consiste en su respectiva actitud hacia los méritos de Lope y Calderón: Luzán mezcla los elogios con las censuras; Nasarre ataca con irritación y no les deja hueso sano. Parece extrañísimo que un escrito concebido como defensa nacionalista contra las críticas de un francés, se ensañe con los máximos representantes de una dramática españolísima; pero, según explica Cook agudamente (pág. 105), Nasarre estaba obsesionado con el deseo de probar que su nación no era esencialmente «bárbara», y la crítica francesa le lleva a situarse en una posición defensiva exagerada; parece estar persuadido de que echando sobre Lope y Calderón toda la responsabilidad de las transgresiones cometidas por la *comedia* española contra las reglas sacrosantas, podía exonerarse a su nación tomada en conjunto. Sobre el afán de Nasarre, no menos obsesivo, de encontrar obras clásicas en el pasado, escribe Pellissier: «Esta esperanza de Nasarre representa el estado de ánimo en que se encuentran los neoclásicos españoles durante la primera mitad del siglo XVIII. Habiendo adoptado las reglas, comprendían que España estaba literariamente infamada, pero, siendo a su vez grandes patriotas, se resistían a creer en semejante desgracia; pensaban entonces que, fuera de esa avalancha de escritos que representaba la literatura del siglo XVII, habían de aparecer, alguna

se había caracterizado por la regularidad, según podían acreditarlo las numerosas piezas compuestas siguiendo las huellas de los clásicos y que todavía se representaban con general aceptación. Nasarre no da, sin embargo, ni un solo título de tales comedias, aunque asegura que tenía ya muchas reunidas y que pensaba publicarlas. Para demostrar que los españoles cultos del siglo XVII estaban perfectamente enterados de las reglas clásicas, cita pasajes de Manuel de Villegas, Cristóbal de Mesa, Rey de Artieda, Cascales, Antonio López de Vega y otros autores.

El deseo de encontrar comedias «perfectas» en nuestra historia literaria es tan vivo en Nasarre, según comenta Pellissier, que parece a punto de inventar una conspiración por parte de los autores de comedias «irregulares» para hundir a los defensores del teatro clásico: Cervantes tuvo que convertir sus ideas en comedias paródicas porque hubiera sido arriesgado hablar con claridad: «No pudo explicarse Cervantes —escribe Nasarre—, con la claridad que le era natural, porque se lo impedían la tiranía que se había apoderado del teatro y los autores afamadísimos que la fomentaban»[48].

A más de lo dicho, Nasarre escribe en su prólogo un resumen, frecuentemente arbitrario, de la historia de nuestro teatro, y teoriza sobre las leyes de la tragedia y la comedia. Es curioso, sin embargo, que, al ocuparse genéricamente de ellas, muestra Nasarre criterios más comprensivos que Luzán, aspecto éste no comentado por Menéndez y Pelayo. Nasarre deja de lado la *Poética* de su amigo Luzán y prefiere extraer los preceptos clásicos de los teóricos del Siglo de Oro, más liberales en sus ideas sobre el teatro que los neoclásicos del XVIII; esta mayor amplitud de criterio —que le lleva a rechazar la excesiva superstición en imitar a los antiguos y a reconocer ciertos cambios de gusto en los diversos tiempos y países y pedir una mayor holgura en la unidad de tiempo— le permite aceptar como obras *casi perfectas* algunas comedias de Rojas, La Hoz, Moreto y Solís, autores que «cuando quisieron —escribe Nasarre— respetaron los preceptos escrupulosamente». Por otra parte, parece que Nasarre al apartarse de los preceptistas franceses e italianos, utilizados por Luzán, y volver a los teóricos nacionales del Siglo de Oro, creía en cierto modo contribuir a la vindicación de su país. De momento Nasarre podía omitir —y quizá lo ignoraba— en qué larga medida los críticos citados habían sacado sus ideas de los comentaristas italianos de Aristóteles y de Horacio[49].

Los ataques de Nasarre contra Lope y Calderón, tan desmedidos como injustos, desataron las réplicas de los que se sintieron heridos en su orgu-

---

vez, en alguna parte, las obras clásicas capaces de devolver el honor literario a su país» (pág. 87).

[48] Cit. por Pellissier, pág. 87.

[49] Véase Cook, cit., págs. 93-95.

llo nacional. Menéndez y Pelayo da cuenta de cuatro impugnaciones aparecidas en el espacio de dos años (y probablemente hubo otras), de las cuales considera más importante la del abogado Tomás de Erauso y Zabaleta, que ocultó su nombre bajo el de *Un Ingenio de esta Corte* y tituló su escrito *Discurso crítico sobre el origen, calidad y estado presente de las comedias de España contra el dictamen que las supone corrompidas.* Zabaleta discute los habituales puntos de fricción entre neoclásicos y tradicionales: unidades, concepto y alcance de la verosimilitud, mezcla de lo trágico y de lo cómico, ilusión o realismo escénico, etc., etc.; y defiende calurosamente a Calderón de los ataques de Nasarre. Menéndez y Pelayo admite que la baja calidad del escrito de Zabaleta no estaba a la altura de las demás buenas intenciones con que había compuesto aquel «hermoso arranque de patriotismo y libertad estética», y la constante obsesión por encontrar romanticismo en cada parcela de la literatura española lleva al polígrafo santanderino a subrayar «la vena de romanticismo indígena que durante todo el siglo XVIII va resbalando silenciosamente por el campo de nuestras letras»[50] y a recordar que Böhl de Faber sacó de las páginas de Zabaleta, a quien menciona varias veces, buena parte de los argumentos que utilizó en su polémica romántica.

Montiano y Luyando. La «defensa» de Nasarre se había limitado a la comedia, pero el honor nacional no quedaba con ello vindicado enteramente; Du Perron había dicho que el genio español era inepto para el cultivo del género trágico, y don Agustín Montiano y Luyando se entregó a la tarea de aplicar a la tragedia los propósitos de Nasarre.

Montiano era hombre culto; miembro de la Española y fundador y primer director de la Academia de la Historia, cultivó la poesía y compuso trabajos de erudición, crítica literaria y temas políticos. Para llevar a efecto el mencionado plan publicó Montiano en 1751 su primer *Discurso sobre las tragedias españolas,* acompañado de una tragedia propia titulada *Virginia.* Con ello se proponía probar frente a los extranjeros la existencia de tragedias en nuestra literatura y ofrecer con su propia obra un posible modelo del género. En esto último no debe verse, sin embargo, una jactancia del escritor; Montiano comienza su discurso con una simpática declaración: tan sólo el amor a su país le lanza a dicha aventura; comprende lo limitado de sus facultades, inadecuadas en todo caso para semejante empresa literaria; pero hasta tanto otro ingenio más competente se decida a llevarla a cabo, no duda en exponer su nombre a la censura con tal de estimular a los demás. Esto dicho, se aplica a recorrer la lista de obras trágicas españolas. El gusto por éstas, dice, es tan antiguo en España que antes de 1533 Fernán Pérez de Oliva había publicado traduc-

---

[50] *Historia...,* cit., pág. 254.

ciones en prosa de Sófocles y Eurípides, perfectamente ajustadas a las reglas; menciona con igual elogio las dos *Nises* de Antonio de Silva, estudia las tragedias de Juan de la Cueva, que estima imperfectas, las de Rey de Artieda, las de Lupercio Leonardo de Argensola, alabadas por Cervantes, discute las de Virués y cita el *Pompeyo* de Cristóbal de Mesa, publicado en 1618. Para demostrar la afición del público español a las tragedias aduce además, aparte las traducciones de la *Poética* de Aristóteles, los numerosos comentaristas de este último y de Horacio que escriben sus tratados de arte poética en los siglos XVI y XVII: el Brocense, Correas, el Pinciano, Cascales, González de Salas, para llegar finalmente a Luzán.

De las palabras de Cervantes deduce Montiano que en su tiempo se representaban habitualmente tragedias no sólo para eruditos sino para el público común, pero fue entonces cuando comenzó a corromperse el gusto. Es lógico, pues, pensar que podría mostrarse un crecido número de tragedias pertenecientes a la época de Cervantes, y perfectas por añadidura; pero Montiano no cita ni una sola con tales requisitos. Al preguntarse cómo y con quién sobreviene la mencionada corrupción, Montiano recuerda que Virués se había jactado de combinar en sus tragedias las reglas clásicas con los usos modernos, y como el propio Lope había ensalzado a Virués en el *Laurel de Apolo* como el autor de quien la *musa cómica* había sacado sus principios, cabe deducir que la corrupción de la comedia y tragedia, con su peculiar confusión de géneros, mezcla de serio y cómico, de hechos sangrientos y de final feliz, se había producido al mismo tiempo[51].

Montiano estudia en detalle las seis obras que el propio Lope tituló *tragedias: El duque de Viseo, Roma abrasada, La bella Aurora, La inocente sangre, El castigo sin venganza* y *El marido más firme*, y señala las irregularidades en que abundan. Añade que las tragicomedias de Lope no se diferencian en nada de las calificadas por él como tragedias[52]; y

[51] Véase Cook, cit., págs. 115 y ss.

[52] Menéndez y Pelayo comenta esta afirmación de Montiano en un sentido que falsea el que pretende darle el autor. Dice don Marcelino: «Alguna vez, sin embargo, parece que los rayos de la verdad llegaron a herirle, y hay pasaje de su primer discurso en que no deja de reconocer que las llamadas tragicomedias de Lope difieren esencialmente muy poco de las que el mismo Lope apellidó tragedias, y que también son caracteres y pasiones trágicas las que dominan en *El Tetrarca de Jerusalén*, en *Reinar después de morir*, y en otras composiciones de varios autores, de las cuales confiesa el mismo Montiano que producen singularísimos efectos de terror y compasión en el ánimo de los oyentes» (*Historia...*, cit., pág. 255). Según la interpretación de Menéndez y Pelayo, cuando Montiano afirma que las tragicomedias de Lope difieren poco de las tragedias, hay que entenderlo en elogio de las primeras; pero Montiano decía justamente lo contrario: al sostener que unas y otras eran la misma cosa, quería decir que las supuestas *tragedias* no eran tales, dado que las *tragicomedias*, con su reconocida confusión o mezcla de géneros, eran exactamente iguales que las que Lope había llamado *tragedias* sin tener por qué. Lo que dijo Montiano queda claro, creemos, en el resumen que damos en el texto.

quizá sólo les dio aquel nombre para mejor excusar sus infracciones de las leyes clásicas. Siempre tras el propósito de mostrar el gusto español por las tragedias, añade Montiano que esto queda probado por la popularidad de que gozaban obras como *Los áspides de Cleopatra* de Rojas, *El tetrarca de Jerusalén* de Calderón, *Reinar después de morir* de Vélez de Guevara, *El conde de Essex*, de Coello, sin que el terror de sus finales trágicos aleje de su representación a las gentes, incluso las más ignorantes y más adictas a las formas vulgares de la comedia. Y concluye con este comentario de conmovedora ingenuidad: si los espectadores españoles dispensan tal favor a las tragedias imperfectas, ¡qué sucedería si estuvieran escritas con todo el rigor de los preceptos!

Prosiguiendo todavía con el intento de probar la devoción española hacia el género trágico, recurre a un argumento «ad hominem», extendido aquí a toda una nación. Si es evidente, dice Montiano, que las masas prefieren en última instancia los enredos amorosos y otras frivolidades, no es menos cierto, según el testimonio de Voltaire, que también en Francia por cada vez que se representa *Cinna*, duran tres meses los *festivales* venecianos. Al final viene Montiano a reconocer —y para tal viaje no precisaba alforjas— que aunque el cultivo de la tragedia había comenzado en España muy tempranamente, el período de popularidad había durado poco, arrollado por una ola de corrupción que se extendía hasta el presente.

Puesto a aceptar el hecho, Montiano sugiere todavía un remedio que estaba llamado a tener larga vigencia. Advierte que muchas de las piezas barrocas no pecaban excesivamente contra los preceptos y que parecía hacedero escoger las mejores y retocarlas, para hacerlas, al menos, aceptables. Luzán había ya recordado a este respecto el caso de Moreto, de reconocida habilidad para refundir viejos asuntos; y no era otro tampoco el caso del teatro francés, que había adaptado innumerables obras o tomado temas o situaciones de comedias españolas para sus propias creaciones, con óptimos resultados. Así se inició la costumbre de las adaptaciones o refundiciones no interrumpida hasta nuestros días.

En 1753 publicó Montiano un *Segundo discurso* que acompaña a otra tragedia suya, titulada *Ataúlfo*. En él se propone completar su demostración del desarrollo alcanzado por la tragedia en España, presentando los resultados de nuevas investigaciones. Según éstas, la antigüedad de nuestra tragedia era mucho mayor; Vasco Díaz Tanco de Fregenal, el último descubrimiento de Montiano, había publicado tres tragedias —*Absalón, Amón* y *Saúl*— en 1552, pero constaba que habían sido escritas muchos años antes, y Montiano supone que en los mismos comienzos del siglo, con lo cual la tragedia española sería más antigua que la italiana, cuya primera manifestación, la *Sofonisba* de Trissino, no había sido representada hasta 1520 y publicada en 1524. Montiano añadía además las tragedias, desconocidas, que el propio Cervantes declaraba haber escrito; dos

de Guillén de Castro —*Dido y Eneas* y *Progne y Filomena*— y otras dos
de Salas Barbadillo; encontró otras dos en el *Romancero* de Gabriel Lasso,
una sobre Dido y otra sobre la destrucción de Constantinopla; también
Juan de Mal Lara afirmaba que había escrito una tragedia, *Absalón;* el
Pinciano —recuerda Montiano— asegura que en su tiempo se representaban frecuentemente tragedias, y él había visto representar *Ifigenia* en
el teatro de la Cruz; finalmente, se decía que Boscán había traducido una
tragedia de Eurípides.

Lo más notable y característico de este *Segundo discurso* son, sin embargo, las disquisiciones sobre el *aparato escénico*, que, en opinión del
autor, contribuía decisivamente a la perfección de la representación trágica.
Montiano tomó todas las ideas aprovechables, sobre el arte de actuar y el
montaje escénico, que encontró en el Pinciano, en González de Salas, en
Scalígero, en Riccoboni y en Luzán. Menéndez y Pelayo dedica tres líneas
justas a comentar este aspecto del *Segundo discurso*, «que viene a ser un
tratado de declamación y de aparato escénico», y que «tiene —dice— verdadero mérito para su tiempo, aunque el autor muestra haber sacado de
Riccoboni lo mejor de su doctrina» [53]. Pero el enorme interés del tema requiere mucho más. Montiano insiste en la importancia de la representación, aspecto enteramente descuidado en su tiempo, y da minuciosas instrucciones sobre los vestidos, declamación, actitud, gesticulación, etc.,
insistiendo en la idea, ya expuesta por Luzán, de que el arte de la representación no era un don que se heredaba por testamento, sino algo que
había que aprender y desarrollar con esfuerzo y buenos maestros. Pre-
viene, en cambio, Montiano contra la idea de que basta la naturalidad
para convertirse en buen actor, ya que la dignidad del teatro exige estrecha vigilancia de todos los movimientos.

En lo que afecta al montaje escénico, Montiano formula una serie de
recomendaciones que en nuestros días consideramos esenciales y que requieren la intervención de directores tan inteligentes como adiestrados
en su oficio: estudio cuidadoso de la naturaleza y exigencias de cada obra,
propiedad en el decorado, situación de los actores, disposición del escenario, etc., etc.; y un detalle curioso: la disimulada reclusión en una
«concha» o la total supresión del apuntador, que en aquellos tiempos
solía actuar como un energúmeno incontrolado.

Semejante preocupación por la dignidad del espectáculo teatral, el concepto de la gran importancia que tienen en él los elementos materiales y
el deseo de mejorarlos, la exigencia de disciplina y estudio en los actores,
en una época en que la escena española —con excepción de los teatros
reales— vivía en la mayor rutina y vulgaridad, son aspectos que hacen a
Montiano merecedor de la mayor atención; despacharlos con ligereza y

---

[53] *Historia...*, cit., pág. 256.

displicencia, como manías de alguien preocupado por nimiedades, es una injusticia histórica que urge reparar. Tampoco prueba nada contra Montiano que tomara sus ideas de otros autores, fueran o no extranjeros; lo que pretendía, era llevar al teatro de su patria una reforma útil. Cualquier director de escena en nuestros días tendría como motivo de orgullo incorporar a su tarea las innovaciones y mejoras que descubriera en cualquier país, y sin duda alguna sería encomiado por ello. En cambio, es bien curioso lo que sucede con nuestro siglo XVIII; la sola mención de extranjerismo provoca la mayor irritación, como si de una traición se tratara. La provocaba entonces —y es más explicable—, pero sigue provocándola en nuestros días. Menéndez y Pelayo parece haber sentenciado cualquier problema de aquella época con precisar que tal o cual idea está tomada de Diderot o de Voltaire: es el *inri* definitivo; y a su zaga siguen repitiéndolo hoy incluso aquellos que, por su posición ideológica, parece que deberían oponérsele. Pero éste es el cliché inapelable para enjuiciar a priori a todo el Setecientos. La internacionalización es hoy tan patente, que sólo en mentes o medios particularmente obturados parece posible la repetición de aquella resistencia opuesta por lo tradicional a los esfuerzos de los ilustrados; sin embargo, con esta misma cerrazón nacionalista se sigue —hoy, ahora— hablando de aquel siglo.

Las dos tragedias de Montiano tienen, evidentemente, bastante menos interés que sus *Discursos*, y casi es ocioso decir que nunca fueron representadas. A la segunda, *Ataúlfo*, apenas dedica su autor algunas alusiones en el *Discurso* correspondiente, pero la primera, *Virginia*, le sirve a Montiano para ejemplificar punto por punto la idea que tenía de una tragedia clásica enteramente ajustada a las reglas. Menéndez y Pelayo comenta las dos tragedias de Montiano con palabras sarcásticas. Es curioso, no obstante, que ambas merecieron favorables juicios en Francia y en Alemania. En 1751 apareció en el *Journal des Savants* una elogiosa crítica del primer *Discurso*, ofreciendo la tragedia *Virginia* como muestra de que el teatro español iba entrando en razón; y en 1754 D'Hermilly publicó en París una traducción de los dos *Discursos* y las dos tragedias de Montiano. Lessing escribió entonces un resumen de *Virginia* y un comentario entusiasta de la obra en su *Biblioteca Teatral*, hecho que dispara la indignación de Menéndez y Pelayo. Es cierto que Lessing volvió más tarde a ocuparse de la obra de Montiano en su *Dramaturgia de Hamburgo* y atenuó bastante su primera apreciación [54]. En España, puede decirse que la repercu-

---

[54] Con su ponderación habitual se ocupa Cook de todos estos hechos. Según Menéndez y Pelayo, Lessing había escrito que «el numen trágico de D. Agustín Montiano podía competir con el de los más señalados trágicos franceses» (*Historia...*, cit., página 257). Cook reproduce literalmente las palabras de Lessing y hace ver que éste no compara a Montiano con los grandes autores de Francia o de España, sino que

sión favorable de las tragedias y *Discursos* de Montiano se limitó al círculo de sus amigos de la *Academia del Buen Gusto*, de la que era secretario, y ante la cual leyó su *Virginia* antes de publicarla. Luis José Velázquez, uno de los contertulios, llamó a esta tragedia «modelo de toda perfección», y en sus *Orígenes de la Poesía Castellana* dice de Montiano que nadie había expuesto las reglas dramáticas con tanto juicio y discreción ni las había practicado con igual excelencia.

Luis José Velázquez. Luis José Velázquez, el «tercer preceptista de la *Academia del Buen Gusto*», publicó en 1754 un pequeño tratado titulado *Orígenes de la Poesía Castellana*, en el cual dedica sendos capítulos a la comedia y a la tragedia. En esta parte, Velázquez sigue muy de cerca a Nasarre, del que reproduce párrafos enteros, y a Luzán; como el primero, considera también a Lope y a Calderón corruptores de nuestro teatro, y lamenta que Nasarre no publicara la prometida colección de obras ajustadas a las reglas, porque la escena española hubiera quedado vindicada. Al ocuparse de la tragedia se limita a extractar los dos *Discursos* de Montiano, porque después de éstos no queda, a su juicio, nada que decir; ya vimos arriba su elevada opinión de la *Virginia* y de *Ataúlfo*. A pesar, pues, de que nada nuevo añade a los estudios anteriores, Cook señala que los *Orígenes* de Velázquez contienen información de gran valor histórico, sobre todo acerca de la actividad de los neoclásicos en la traducción y adaptación de obras extranjeras.

Menéndez y Pelayo después de confirmar la fama de que Velázquez gozó en su tiempo como arqueólogo e historiador, dice de los *Orígenes* que es «un cuaderno de especies vulgares, erróneas muchas de ellas, y mal hiladas. Como libro de erudición ha envejecido de todo punto y no puede hoy prestar servicio alguno al estudioso de nuestra bibliogafía. Como libro de crítica es todavía más infeliz» [55]. Para quitar a Velázquez toda sombra de autoridad escribe: «Tenía tan absoluta falta de sentido poético, que cuando reimprimió los delicados y melancólicos versos de Francisco de la Torre, se empeñó en atribuírselos a su primitivo editor, Quevedo, sin reparar en el abismo que hay entre la índole literaria de ambos poetas». Y comenta a continuación: «Y estos hombres pasaban por

sólo habla de la preeminencia entre los «trágicos españoles contemporáneos», y añade que podía competir con los trágicos franceses «del momento». En cuanto a la rectificación posterior advierte Cook que es preciso asociarla con su cambio de actitud respecto a Corneille y Racine; el primitivo clasicismo del alemán se encaminaba entonces hacia un creciente nacionalismo que le hacía apartarse de la tiránica imitación del teatro francés; a esta nueva luz, la obra de Montiano le parecía simplemente a Lessing un experimento a la manera francesa, regular pero helado, sin ningún carácter nacional. En todo caso, resume Cook, ni su primer juicio ni su posterior rectificación deben estimarse como una rigurosa valoración del papel de Montiano dentro de nuestra literatura.

[55] *Historia...*, cit., pág. 260.

prototipos de sensatez y sabiduría» [56]. A tan desdeñosa opinión replica Cook [57] que nadie antes de Velázquez había intentado escribir una historia de nuestra poesía: era, pues, explicable que al roturar un campo tan virgen se extraviara en algunos juicios. En cambio, sigue Cook, los *Orígenes* tuvieron el mérito de informar a Europa de la importancia de nuestra lírica y nuestro teatro. Respecto a las poesías de Francisco de la Torre, Cook no duda en afirmar que don Marcelino procedió en esto un tanto de mala fe, porque en su tiempo la paternidad de las poesías de La Torre había sido ya discutida al menos por Quintana, Estala, el alemán Wolf, Gil y Zárate, Álvaro y Baena, Sedano, Bouterwek y Ticknor; largarle el muerto —el caso, por lo demás, se ha discutido hasta nuestros días— sólo a Velázquez es, evidentemente, juego poco limpio. Don Marcelino olvida, en cambio —sigue diciendo Cook— hacer mención de algo muy positivo en la cuenta de Velázquez, que es su descubrimiento del *Libro de Buen Amor* del Arcipreste de Hita, del que da noticias por primera vez en su «cuaderno de especies vulgares» [58].

LOS PRIMEROS INTENTOS PARA LA REFORMA DEL TEATRO

El teatro «popular». Según recuerda Cook, a pesar de los esfuerzos de los neoclásicos para reformar el teatro, incluso en lo referente a sus condiciones materiales, aquél seguía en la misma situación de pobreza y atraso que le venía distinguiendo desde hacía más de un siglo. Los dos *corrales* más famosos, el de la Cruz y el del Príncipe, no habían experimentado variación alguna desde su construcción en 1579 y 1582, y sólo fueron reconstruidos y provistos de estructuras modernas en 1743 y 1745 respectivamente; en el *Discurso preliminar* a sus comedias dice Moratín de estos

---

[56] Ídem, íd., pág. 261.

[57] Véanse págs. 143-145.

[58] Cook aconseja leer la valoración de Velázquez hecha por Valmar, que considera mucho más justa; vamos a complacerle: «Uno de los escritores que más en cuenta han de tenerse para comprender la época de transición que corresponde al reinado de Fernando VI, y aquilatar el carácter que tomó la crítica doctrinal en la época de Carlos III, es *don Luis José Velázquez, marqués de Valdeflores*. No era grande en verdad su ingenio poético; pero sí extenso su alcance crítico, seguro su buen gusto, tal como el buen gusto se entendía entonces, y ejemplar su constancia en las desabridas tareas de erudito y de investigador de antiguos monumentos históricos. Harto breve e incompleta es sin duda su obra *Orígenes de la poesía española*, publicada por primera vez en 1754; pero hay en ella asomos de un sentido crítico sano y elevado, poco común en aquellos tiempos, y tal cual es este bosquejo histórico, honra en alto grado el discernimiento de su autor, y demuestra cuánto camino había andado y cuánta fuerza habían adquirido las doctrinas exóticas que diez y siete años antes había sostenido en forma dogmática *don Ignacio de Luzán*» (Leopoldo Augusto de Cueto, marqués de Valmar, *Poetas líricos del siglo XVIII*, tomo I, B. A. E., LXI, nueva ed., Madrid, 1952, pág. CXX).

dos corrales «que por espacio de siglo y medio habían sido indecente asilo de las musas españolas» [59]. Montiano, entre otros, habla ya de notables mejoras en la representación; por su parte, los editores de las obras de Moratín, al reimprimirlas en la B. A. E., llaman la atención, en nota a pie de página, respecto. a que el atraso de que aquél habla era general en toda Europa y aducen la impropiedad en los vestidos que era achaque común en todos los países, Francia incluida. Pero, los reproches de Moratín no aluden sólo a este aspecto, sino a otros muchos, de cuya conjunción resultaba la pobreza y atraso de nuestros escenarios. Recuérdese la sorpresa que le produjo a Luzán, según refiere en sus *Memorias literarias de París*, la perfección de los teatros franceses respecto a los que había en su país, y podrá verse que la *patriótica* nota de los editores de Moratín no refuta su aserto [60].

El influjo de la ópera sobre los usos del teatro, muy desde principios de siglo, es un factor de gran transcendencia. Su difusión fue general por toda Europa, hasta el punto de convertirse en el espectáculo de moda, y en España inicia su importancia desde la llegada de Isabel Farnesio, segunda mujer de Felipe V. Acostumbrada ésta en su país a tales representaciones, hizo reconstruir el teatro de los «Caños del Peral» para tal propósito; Farinelli, el más famoso cantor italiano, fue traído a la Corte y en ella permaneció también durante todo el reinado siguiente; el teatro del «Buen Retiro», puesto bajo su dirección, fue reconstruido igualmente con el fin de adaptarlo a los grandes espectáculos de la ópera italiana que fueron allí representados con la magnificencia que nos describe Moratín [61]. Pero semejantes derroches, «dirigidos por un italiano y desempeñados por italianos, poco o ningún influjo pudieron tener en el adelantamiento

---

[59] *Obras de Don Nicolás y de Don Leandro Fernández de Moratín*, en B. A. E., II, nueva ed., Madrid, 1944, págs. 310-311.

[60] Merece la pena reproducir completa la descripción de Moratín, escrita con su peculiar gracejo: «Esta plausible novedad, que dio a la corte unos teatros regulares y cómodos [alude a las reconstrucciones mencionadas de 1743 y 1745], nada influyó en todo lo demás relativo a ellos: siguieron las cortinas, y el gorro y la cerilla del apuntador que vagaba por detrás de una parte a otra; siguió el alcalde de corte presidiendo el espectáculo sentado en el proscenio, con un escribano y dos alguaciles detrás; siguió la miserable orquesta, que se componía de cinco violines y un contrabajo; siguió la salida de un músico viejo tocando la guitarra cuando las partes de por medio debían cantar en la escena algunas coplas, llamadas *princesas* en lenguaje cómico. La propiedad de los trajes correspondía a todo lo demás: baste decir que Semíramis se presentaba al público peinada a la papillota, con arracadas, casaca de glasé, vuelos angelicales, paletina de nudos, escusalí, tontillo y zapatos de tacón; Julio César con su corona de laurel, peluca de sacatrapos, sombrero de plumaje debajo del brazo izquierdo, gran chupa de tisú, casaca de terciopelo, medias a la virulé, su espadín de concha y su corbata guarnecida de encajes. Aristóteles (como eclesiástico) sacaba su vestido de abate, peluca redonda con solideo, casaca abotonada, alzacuello, medias moradas, hebillas de oro y bastón de muletilla» (*Obras...*, cit., pág. 311).

[61] En *Obras...*, cit., pág. 314.

de los teatros españoles», sostenidos tan sólo por la adhesión del vulgo. Moratín añade que la escena española quedaba «en manos de ignorantes cómicos y de ineptísimos poetas», afirmación que si no se discute en su primera parte, ha provocado viva oposición en lo que afecta a la segunda; pues aunque eran abundantes las obras nuevas de nuevos dramaturgos representadas durante la primera mitad del siglo, se acepta, y parece cierto, que el repertorio predominante correspondía a los grandes autores del Barroco y a sus epígonos o continuadores; ante este hecho, se desata la habitual indignación de los tradicionalistas, justamente irritados de que los genios de nuestra dramática puedan ser englobados por Moratín en el fardo común de los poetas ineptísimos.

Pero la realidad, como sucede fatalmente en la interpretación más común de los problemas de nuestro siglo XVIII, era muy distinta de las habituales simplificaciones. Cierto que se escenificaban abundantes obras de Lope y de Calderón y de otros dramaturgos del XVII, pero las de autores contemporáneos eran mucho más numerosas; basta examinar el *Catálogo* del propio Moratín [62] para persuadirse de ello. En cualquier caso, hasta las mismas obras barrocas de mayor importancia quedaban afectadas por las condiciones generales que dominaban el teatro durante toda la centuria. Se equivocaría groseramente quien imaginara la representación de la más exquisita comedia de nuestros genios asistida de la misma veneración, casi religiosa, con que sería escuchada por un público de hoy. El teatro, único espectáculo entonces, era un jolgorio de vulgar y ruidoso esparcimiento, en el que lo puramente literario —ni aun entendido con la mayor generosidad— tenía poquísimo que ver; para buscarle un equivalente en nuestros días habría que acudir, sin duda, a las contiendas deportivas de los pueblos o de pequeñas ciudades; y hasta de las grandes. Los historiadores de nuestro teatro nos han descrito puntualmente las estruendosas querellas promovidas por los bandos de los *chorizos* y *polacos*, partidarios respectivos del teatro del Príncipe y de la Cruz, que frecuentemente convertían la representación en una gresca de barrio. Cada grupo defendía la superioridad de sus cómicos o sus autores favoritos y acudía al teatro de sus rivales a «reventar» la obra de un escritor contrario o a «patear» la actuación de los cómicos del otro bando. Las actrices solían repartir escarapelas de un determinado color, que sus admiradores ostentaban como reto a las del bando opuesto, y era frecuente que se interrumpiera el espectáculo entre los denuestos de ambos grupos, que jaleaban o silbaban a una comedianta. La hostilidad de una facción podía fácilmente hacer fracasar una obra, así como la bien concertada acción de sus defensores la sostenía en cartel mientras les pluguiera. En tal ambiente, puede imaginarse cómo habría de comportarse más de una actriz

---

[62] Véase en *Obras...*, cit, págs. 327-334.

para alimentar su popularidad. Moratín nos ha dejado estampas vivísimas, a todo color, de este teatro «popular», que vale la pena releer [63].

El tipo de obras teatrales que divertía a semejante público estaba lógicamente a su nivel. Basta pasar la vista por un catálogo de la época para advertir en sólo los títulos el género de comedias que se representaban; he aquí algunos: *El muerto disimulado; La mozuela del sastre* o *No hay disfraz en la nobleza; Cómo luce la lealtad a vista de la traición* o *La hija del general; En vano el poder persigue a quien la deidad protege y mágico Apolonio; Dar honor el hijo al padre y al hijo una ilustre madre; Los dos más finos amantes desgraciados por amor, o víctimas de la infidelidad; No hay mudanza ni ambición donde hay verdadero amor, o El Rey pastor; No hay en amor fineza más constante que dejar por amor su mismo amante, o La Nineti; Esmaltes del honor, virtud, lealtad y valor* o *La esposa fiel; Quedar triunfante el rendido y vencido el vencedor; Codro el ateniense; Crueldad y sinrazón vencen astucia y valor, o Majencio y Constantino; Para averiguar verdades, el tiempo el mejor testigo, o El hijo de cuatro padres; Un montañés sabe bien dónde el zapato le aprieta; Hallar en su misma sangre el castigo y el baldón y crueldad de Mitrídates; A suegro irritado, nuera prudente.* Y así, cientos y cientos de idéntico jaez [64].

---

[63] Cfr.: *Obras póstumas de D. Leandro Fernández de Moratín,* vol. I, Madrid, 1867, págs. 125-130. También el *Discurso preliminar,* cit., en *Obras...,* págs. 314-315. Reproduzcamos siquiera este pasaje del *Discurso* para ayudar al lector que no tenga a mano dicho texto: «El pueblo que tan estragado gusto manifestaba, se hubiera engañado mucho menos en sus juicios, si no se hubiese dejado sojuzgar por la opinión de ciertos caudillos que por entonces le dirigían, tiranizando las opiniones y distribuyendo como querían los silbidos, las palmadas y los alborotos. Los apasionados de la compañía del Príncipe se llamaban *Chorizos,* y llevaban en el sombrero una cinta de color de oro; los de la compañía de la Cruz *Polacos,* con cinta en el sombrero de azul celeste; los que frecuentaban el teatro de los Caños tomaron el nombre de *Panduros.* Había un fraile trinitario descalzo, llamado el P. Polaco, jefe de la parcialidad a que dio nombre, atolondrado e infatigable voceador, que adquirió entre los mosqueteros opinión de muy inteligente en materia de comedias y comediantes. Corría de una parte a otra del teatro animando a los suyos para que dada la señal de ataque, interrumpiesen con alaridos, chiflidos y estrépito cualquiera pieza que se estrenase en el teatro de los Chorizos, si por desgracia no había solicitado de antemano su aprobación, al mismo tiempo que sostenía con exagerados aplausos cuantos disparates representaba la compañía polaca, de quien era frenético panegirista. Otro fraile franciscano llamado el P. Marco Ocaña, ciego apasionado de las dos compañías, hombre de buen ingenio, de pocas letras, y de conducta menos conforme de lo que debiera ser a la austeridad de su profesión, se presentaba disfrazado de seglar en el primer asiento de la barandilla inmediato a las tablas, y desde allí solía llamar la atención del público con los chistes que dirigía a los actores y a las actrices, les hacía reír, les tiraba grajea, y les remedaba en los pasajes más patéticos. El concurso, de quien era bien conocido, atendía embelesado a sus gestos y ademanes, y el patio cubierto de sombreros chambergos (que parecían una *testudo* romana) palmoteaba sus escurrilidades e indecencias».

[64] Para conocer el teatro *vivo,* es decir, el que de hecho se representaba en la época, es impagable el libro de Ada M. Coe, *Catálogo bibliográfico y crítico de las comedias anunciadas en los periódicos de Madrid desde 1661 hasta 1819,* Baltimore, 1935. Coe acompaña la mayoría de las obras citadas de un resumen de su contenido

En este teatro, la cortísima porción que todavía podamos conceder a lo literario acababa por asfixiarse entre el aparato de la tramoya y el ruido de los comparsas que para gran parte del público suponían lo más delicioso de la representación; el éxito de una obra quedaba asegurado si se lograba hacer funcionar cualquier truco escénico, aun el más burdo, que halagara el deseo insaciable de espectáculos maravillosos. Por esto lo tuvieron tan dilatado durante todo el siglo —y continuó bastante tiempo después— las llamadas «comedias de magia», donde todo el efecto quedaba encomendado a las sorpresas prodigiosas, sin importar su puerilidad (las modernas películas de *ciencia ficción* podrían darnos una idea aproximada de dicho género); también la lista de sus títulos —*El mágico de Astracán, El mágico del Mogol, El mágico por amor*— llenarían páginas enteras.

En cuanto a las mencionadas aglomeraciones humanas, que Luzán estimaba suficientes para reponer un ejército diezmado, eran recursos de eficacia infalible, y, como tal, de constante utilización. Moratín nos ha conservado copia de varias de estas escenas multitudinarias, tan aplaudidas en su tiempo, y que podrían ser el «escenario» de cualquier película «tridimensional» de nuestros días; reproduzcamos una, perteneciente a *Catalina II, emperatriz de Rusia*, de Comella: «(Acto I). Gran Plaza de Petersburgo con arco triunfal a la derecha. Por el arco irán saliendo las tropas, mandadas por el Príncipe de Potemkin, las cuales traerán banderas otomanas arrastrando, una de ellas mayor que las demás, y cañones de campaña, para que puedan tirarse a brazo. Los capitanes, sargentos y soldados que se han distinguido vienen coronados de laurel, y entre ellos el capitán Weymar, el sargento Nicolás y un tambor; pero irán en sus

y algún comentario de los periódicos de la época. René Andioc ha coleccionado en libro luego citado una larga lista de títulos, representativos de una curiosa faceta del *teatro popular* de la época: se trata de la tendencia a los títulos superlativos que prometían héroes y sucesos de magnitud excepcional, única e inédita; a fuerza de repetir majezas, lances prodigiosos, mujeres valerosas, audacias inigualables, el espectador podía estar ya embotado de magnificencias y había que estimularle con asombros cada vez mayores: era el proceso inevitable de la «comedia heroica» del Barroco. Merece la pena reproducir algunos de los títulos reunidos por la diligencia de Andioc: *Lograr el mayor imperio por un feliz desengaño; La más heroica piedad más noblemente pagada y el Elector de Sajonia; El honor más combatido; El más heroico español; El rencor más inhumano de un pecho aleve y tirano, y condesa Jenovitz; Buscar el mayor peligro y hallar la mayor fortuna; A una grande heroicidad pagar con otra más grande; Exceder en heroísmo la mujer al héroe mismo; La más heroica espartana; El más valiente extremeño, Bernardo del Montijo; De los encantos de amor la música es el mayor; El imposible mayor en amor lo vence amor; El niño Dios en Egipto y más dichoso ladrón; Convertirse un gran pesar en la mayor alegría; Acrisolar el dolor con el más filial amor; La mujer más vengativa por unos injustos celos; Este es el mayor placer que el hombre puede tener; La más amada de Cristo, Santa Gertrudis la Magna; La mujer más penitente y espanto de caridad, la venerable hermana Mariana de Jesús; El asombro de la Francia, Marta la Romarantina; El monstruo de Barcelona*, etc., etc. (*Sur la querelle du théâtre...*, cit., páginas 150-151).

respectivas formaciones. Dan vuelta, y forman un cuadro con tres filas, no dejando más lugar que la entrada del arco. Después de acabada la formación... sale, precedida de damas, cortesanos y demás comitiva, Catalina II, a caballo, con el uniforme de sus guardias; Sofía y el capitán Weymar se miran con la mayor ternura; la Emperatriz examina con el mayor agrado sus tropas, y luego dice, etc.»[65]. Para situar estos engendros se buscaban los lugares más alejados —lo que permitía disparatar con menor esfuerzo— y se hacía a sus héroes irlandeses, rusos, escandinavos, ulanos o valacos. Claro está que se escogían nombres a propósito, de los cuales nos ofrece también Moratín, como botón de muestra, una preciosa colección. Limitémonos a copiar los nombres de la lista, que no tienen desperdicio: «Drunch, Apragin, Grothau, Patcul, Morosow, Mencicoff, Mollendorff, Meknoff, Ramanuff, Mirowitz, Kultenoff, Fiedfel, Deiforf, Eschulemburg, Kruger, Kulmen, Kenverhuller, Dening, Dunang, Neuperg, Rosling, Reychel, Renchild, Stoffel, Torfen, Strambol, Strugaw, Stronow, Vakerbat, Harcolth, Newmark, Zastrow, Brank, Goerts, Keit, Roht, Zrin...»[66].

El teatro «religioso». Las «comedias de santos» del Siglo de Oro conservaban toda su popularidad, no exactamente porque la religiosidad nacional se hubiera acrecentado —sería, claro está, pensar en lo imposible—, sino por su capacidad de reunir todo lo que en los otros géneros de comedias se solía dar por separado; magia, milagros, apariciones, aventuras de amor, lances caballerescos, comparsas abundantes, y también el correspondiente halago a la piedad popular sin privarse por ello de la codiciada presencia de las aplaudidas actrices del teatro profano ni de los entremeses y bailes en los entreactos. También puede ser instructiva una corta lista de títulos de las «comedias de santos» de la época: *Quitar el cordel del cuello es la más justa venganza*, o *El Padre fundador del hospital más famoso, el venerable Antón Martín*, primera y segunda parte; *El sol de la fe en Marsella y conversión de la Francia, Santa María Magdalena*, primera y segunda parte; *El Niño Dios en Egipto y más dichoso ladrón; La mujer más penitente y espanto de caridad, la venerable hermana Mariana de Jesús, hija de la V. O. T.; En la mayor perfección se encuentra el mejor estado, santa Catalina de Bohemia; Los tres mayores prodigios en tres distintas edades, y origen carmelitano.*

---

[65] *Obras póstumas...*, cit., I, pág. 111.

[66] Idem, íd., pág. 132. Sobre este teatro «popular» del siglo XVIII, cfr. el cap. II del citado libro de Andioc, «Le théâtre du XVIIIᵉ siècle et les goûts du public contemporain de Moratín». Andioc acumula textos y referencias con abundancia casi encarnizada para probar de modo inapelable el carácter del teatro representado entonces; la enemiga de los ilustrados hacia dicho teatro y sus campañas para suprimirlo requiriendo incluso la intervención de los poderes públicos, parecen mansas y tolerantes después de leer las páginas de Andioc.

Es fácil pensar que las obras mejores del XVII podían suponer una isla de excepción en que se refugiaba el buen teatro, y que todo el que hemos supuesto en el siglo XVIII no era así. Pero a tal objeción hay que enfrentar la siguiente realidad. La mayoría del teatro barroco representado en el XVIII estaba constituida por aquellas obras que mejor se avenían al gusto y costumbres del teatro que hemos descrito, añadido además el escaso respeto con que se las corrompía o mutilaba para la escena; esas, y así, eran las piezas que seguían ofreciéndose en los *corrales*. Lo que hubiera podido ser un teatro barroco escogido para los círculos selectos —Reales Sitios, etc.— quedaba sin utilización, dado que éstos eran acaparados por la ópera y espectáculos afines, mero recreo de la vista y del oído, aparato regio y fiesta cortesana.

Estos son estrictamente los hechos que es necesario tener en cuenta para comprender la hostilidad de los neoclásicos hacia el teatro popular vigente en su tiempo, en el cual la comedia barroca sobreviviente andaba revuelta con los peores detritus; cierto que los neoclásicos citan también concretamente a Lope y Calderón, pero, sobre lo mucho que en estos mismos era ya inaceptable bajo una nueva mentalidad, a los ojos de los neoclásicos se les mostraban todos confundidos y aparecían responsables de su inmensa y grotesca cauda. Contra aquella avalancha de puerilidades, absurdos, necias aventuras, religiosidad infantil, pobretona espectaculari- dad, ingenuos efectismos, pedían un teatro sencillo y natural, humano y verosímil, atento a la cotidiana realidad, inteligente y sensato. Como re- medio drástico se agitaba la bandera de las unidades, vigorosa ortopedia capaz de contener la derramada adiposidad del barroquismo degenerado. Quien no lo entienda así y pretenda seguir contándoles las sílabas a los hombres del XVIII en su constante apelación a la ley —exageradamente estrecha a veces, evidentemente— debe renunciar a la posibilidad de en- tender el espíritu de esta centuria y otorgarle la justicia que se merece.

Afirma Cook que aunque el teatro popular resistió todos los intentos de reforma de parte de los neoclásicos durante los reinados de Felipe V y de Fernando VI, tuvo menos fortuna ante los ataques de la Iglesia [67]. Queremos aclarar, sin embargo, que los intentos reformistas de la primera mitad del siglo no nos parece que fueran muy vigorosos; puede decirse que no pasaron del campo teórico, es decir, de las páginas de los precep- tistas, y no provocaron nada parecido a una «política oficial»; el influjo de los reformadores se limitó durante muchos años a crear un círculo de opinión, manifestado casi exclusivamente en las Academias y Salones y en las representaciones privadas de algunas obras francesas. Cuando Montiano, en su primer *Discurso*, enumera tragedias españolas, renuncia —dice— a ocuparse de otras muchas obras de que tiene noticia, aunque

[67] *Neo-classic Drama...*, cit., págs. 152 y ss.

son de gran calidad, porque no habían salido a luz; en lo cual alude visiblemente a obras compuestas por miembros de la *Academia del Buen Gusto* y que sólo de ellos eran conocidas.

Pero en la segunda mitad del siglo, el grupo ilustrado ensancha su ámbito, aunque nunca exceda de una minoría muy limitada, escala el poder al llegar al trono Carlos III, y los que ansiaban una reforma del teatro se encuentran por fin en situación de asociar a su empresa la autoridad coercitiva del Estado.

La actitud de la Iglesia, aludida por Cook, contra las representaciones teatrales, y contra las «comedias de santos» en particular, tiene en el siglo XVIII renovadas manifestaciones, pero no creemos que fueran más agresivas y tenaces que las del siglo XVII ni descubrieran nuevos argumentos; Cook recuerda, sin embargo, la prohibición de las representaciones en 1700 en la diócesis de Calahorra, el cierre de los teatros de Andalucía en 1734, muchos de los cuales permanecieron así hasta 1789, y el de los de Pamplona y Valencia en 1721 y 1748. Sugiere Cook que los neoclásicos aprovecharon los ataques de la Iglesia contra la inmoralidad del teatro barroco para llevar el agua a su molino, y que la prohibición de «comedias de santos» que tuvo lugar bajo Fernando VI resultó del esfuerzo combinado de la Iglesia y de los ilustrados. Lo que añade, en cambio, no nos parece aceptable. Dice Cook que al insistir en la finalidad moral de la tragedia y de la comedia, los neoclásicos trataban de ganarse la adhesión de la Iglesia a sus ideas, «de contrarrestar su oposición», dice exactamente; pero, hemos visto una y otra vez cómo la pretensión docente de la literatura clasicista es uno de sus postulados capitales y se apoya en razones de los mismos escritores de la Antigüedad; los preceptistas franceses e italianos habían difundido idéntica doctrina, y en ninguna ocasión se había pretendido ganar el favor de la Iglesia para ulteriores fines.

La hostilidad de los eclesiásticos contra las *comedias* era tan antigua como su misma existencia, y, por conocida, no vamos a insistir aquí. Muchos de estos ataques apuntaron preferentemente a las «comedias de santos», no por ellas mismas, sino por las circunstancias que acompañaban su representación. Los «ilustrados», como veremos enseguida, protestaban del plebeyismo en que habían degenerado tales comedias y de las inauditas irreverencias a que daban lugar. Naturalmente, se censura con acritud a los «ilustrados» por su falta de comprensión hacia aquella religiosidad popular, pero se olvida que idénticas razones habían aducido hombres eminentes del XVII, y aun del XVI, que no eran *ilustrados*. Lupercio Leonardo de Argensola dirigió un *Memorial* a Felipe II en 1598 [68] ex-

---

[68] Lo reproduce Emilio Cotarelo y Mori en *Bibliografía de las controversias sobre la licitud del teatro en España*, Madrid, 1904, págs. 66-68.

poniendo con gran crudeza sus puntos de vista a tal respecto, y allí se cuenta la famosa anécdota de la Anunciación a María, que había de repetir Moratín: hacía de Virgen una actriz bien conocida por sus aventuras amorosas, amancebada entonces por añadidura con el primer actor, que representaba en la obra el papel de San José; al anunciar el ángel a María que iba a concebir un hijo y responder aquélla «¿Cómo es posible esto?», se produjo en el teatro una escandalera, con todo género de chuflas y desvergüenzas, que fácilmente puede imaginar el lector. Hechos como éste eran habituales, y de ellos tratan siempre los escritores aludidos. Rechazar tales testimonios, alegando que eran producto de mezquinos criterios, es ignorar por entero lo que era el mundo de los *corrales*. Los estudiosos pueden afilar sus instrumentos estilísticos para revelarnos la belleza de una metáfora de Calderón o del autor que sea, pero la realidad de los tablados era muy otra cosa. Con excepciones bien contadas, las actrices de la época eran mujerzuelas, que se servían del teatro como cebo para pescar un protector —o varios, sucesivos o simultáneos— que les pusiera casa y les regalara con joyas, vestidos y vajillas, al modo de las «chicas» de nuestros cabarets (lo dice Argensola con estas clarísimas palabras que parecen de hoy mismo, y el anecdotario sobre la materia es inacabable y sabrosísimo). Ver representar comedias de santos a tales mujeres debía de producir a muchos el mismo efecto que si lo hicieran hoy las muchachas de un casino de Las Vegas. Sin entender estos hechos, repetimos, es imposible comprender las razones que condujeron en el siglo XVIII a prohibir las representaciones de las *comedias de santos* y de los *autos sacramentales*.

Clavijo y Fajardo. La subida de Carlos III al trono señala el momento de avance de las doctrinas neoclásicas, que cuentan desde entonces con la ayuda oficial desde el poder, sobre todo al ser nombrado primer ministro el conde de Aranda. Uno de sus protegidos, José Clavijo y Fajardo, se convirtió en el portavoz de los nuevos ataques contra el teatro barroco. Clavijo había nacido en Canarias en 1730; vivió largo tiempo en Francia, donde tuvo relaciones con Voltaire y Buffon, cuya *Historia Natural* tradujo al castellano. Subvencionado por su protector y por Grimaldi, tradujo también otras varias obras francesas —los *Sermones* de Massillon, la *Andrómaca* de Racine— y ocupó diversos cargos: director de los teatros de Madrid, secretario del Gabinete de Historia Natural y redactor del *Mercurio* en la Secretaría de Estado. En 1762 comenzó a publicar un periódico titulado *El Pensador*, o, más bien, una serie de ensayos de aparición periódica, a imitación de los *Spectator Papers*, de Addison. La colección se compone de 86 *Pensamientos*, nombre que dio a sus ensayos. En el tercero de ellos inició sus ataques contra la *comedia* española y siguió en otros varios: IX, XX, XXIII, XXVII. Clavijo no se propuso escribir ninguna poética a la manera de Luzán, ni estudiar el teatro español desde sus orígenes, como Montiano y Nasarre, para venir a demostrar que había sido corrompido por Lope y Calderón. Su método es el de un periodista, diríamos, y su instrumento más fuerte la sátira o incluso el sarcasmo; lo que no le impide repetir, junto con más o menos aportaciones de su propia minerva, las ideas de aquellos preceptistas. Clavijo censura el atraso material, todavía existente, en la escenificación, la falta de preparación en los cómicos, la pobreza de las luces, los gritos del apuntador, pero la emprende sobre todo contra los defectos genéricos de la *comedia*. El problema de las unidades ocupa largo espacio, y al discutir cada una de ellas ejemplifica su teoría con casos particulares humorísticamente comentados; así, por ejemplo, acerca de la unidad de tiempo sugiere que los denigradores extranjeros nada tendrán que decir cuando averigüen que un escritor, Melchor Fernández de León, había compuesto una comedia titulada *Las guerras civiles desde la creación del mundo, directamente tomadas de los Anales del cardenal Baronio*. Al referirse a la repetida inverosimilitud de las situaciones y al carácter de los personajes se sirve de escenas concretas y ridiculiza el caso de mujeres que, espada en mano, se defendían contra media docena de asaltantes, o vivían vestidas de hombre entre soldados, manteniéndose tan vírgenes como la madre que las parió. Para poner de relieve las impropiedades de todo género describe al detalle una comedia titulada *Riesgo, esclavitud, disfraz, ventura, acaso, deidad*, localizada en Egipto, y hay que admitir que el relato de Clavijo tiene evidente gracia. Dicho se está que se ocupa también de la mezcla de géneros y censura la caprichosa intervención de los *graciosos*, a cargo de los cuales corre tan sólo, de bien postiza manera, la parte cómica de la comedia. Se refiere asimismo al amontonamiento de personajes y de comparsas, en busca de una fácil espectacularidad que encandilaba a los asistentes.

Inevitablemente —porque tal es, como sabemos, el signo de la época— aparecía involucrado el espinoso problema del patriotismo. Clavijo deseaba barrer esta dramática que nos atraía el desprecio de los extranjeros, y cambiar de raíz el espectáculo teatral; cita comentarios de preceptistas, escritores y viajeros, y pide una reforma que acabe con el motivo de las burlas. Para justificar su campaña levanta precisamente la bandera del patriotismo; sus enemigos, a su vez, le acusaban de falta de patriotismo por lanzar el descrédito contra el teatro nacional. Clavijo pregunta indignado: ¿quién es más patriota, el que coloca el honor de la nación en un espectáculo que muestra tantos aspectos reprobables, o quien, viendo que no existe más razón para defenderlo que el hecho de haber estado en vigor durante casi dos siglos, y que es español, pone su esfuerzo en mejorarlo?

Las ideas de los ilustrados habían hecho ya su camino, y el tono más periodístico y popular de los escritos del *Pensador* le dio al problema una resonancia que los preceptistas anteriores no habían alcanzado. Luzán y sus seguidores habían sugerido el proyecto de crear una censura literaria para el teatro; Clavijo, dentro ya de las directrices más peculiares del despotismo ilustrado, defendió la idea de que los gobernantes no sólo no podían sentirse indiferentes a la calidad moral y artística de las representaciones, sino que tenían el deber de fomentar y procurar el buen teatro como un instrumento decisivo para la educación pública. En esta forma, Clavijo preparó el camino, más que ninguno de sus contemporáneos, para la intervención oficial en el teatro, que había de emprenderse bajo el gobierno del conde de Aranda.

Lo mismo Menéndez y Pelayo que Emilio Cotarelo [69] limitan sus comentarios sobre Clavijo al solo tema de los Autos Sacramentales; mas, como Cook subraya [70], los ataques del *Pensador* contra éstos no fueron sino parte de su programa, al que no se lanzó hasta después de haber expuesto suficientemente sus ideas sobre el teatro en general (sólo en el *Pensamiento* III hizo una leve alusión al tema). Cuatro son los aspectos en que basa Clavijo su hostilidad contra los *autos*: su propósito, lugar donde se representan, actores que intervienen, y modo de representación. Los argumentos de índole estética expuestos por Clavijo difieren poco de los de Nasarre y otros teóricos, y en conjunto son poco consistentes; el meollo de la cuestión, según entendemos, estribaba en razones que afectaban a los *autos* en su conjunto, es decir, a la *realidad* que entonces eran, a lo que de hecho habían llegado a ser, y la doctrina literaria que se aducía, cuando no era un relleno pedantesco, servía sólo para enmascarar el verdadero blanco del ataque. Como luego hemos de exponer la situación global del problema, prosigamos ahora con el curso de la polémica.

Contra Clavijo escribió Juan Cristóbal Romea y Tapia, que publicaba un periódico titulado *El escritor sin título*. Romea compuso una ardorosa defensa de Calderón, con razones, que, al llegar aquí, son ya tan conocidas como las de sus adversarios. Defiende los *autos* diciendo que son «legítima poesía sagrada» y que el sistema alegórico en que se basan tiene tan altos como numerosos ejemplos en la Biblia. Y rechaza las supuestas profanaciones de que se hacía responsable a los *autos* en la representación con unos comentarios evangélicos que sólo en un rapto de pasión pudo calificar Menéndez y Pelayo de «verdaderamente elocuentes» [71]. Al final se despide el autor con una cosa curiosa: admite que en lo tocante a la representación la crítica de Clavijo no andaba del todo

---

[69] En *Iriarte y su época*, Madrid, 1897.
[70] *Neo-classic Drama...*, cit., págs. 173-174.
[71] *Historia...*, cit, pág. 281.

descaminada, y para remediar los abusos de todo género que tenían lugar en los teatros propone que se eleve el precio de la entrada a dos pesetas, con lo cual se excluiría a la chusma y quedaría beneficiado el espectáculo: «Mejórese, pues, el concurso —dice—; salgan fuera los incultos, los miserables artesanos, los jóvenes sin instrucción, los que van por hábito malignante e inveterado, muchas mujeres que infelizmente lo pueblan, y veremos, con sólo este cáustico, curadas muchas heridas»[72]. «Aquella chusma —añade luego— que no van por la comedia sino por la conversación y por ser forzoso tomar las órdenes de los jefes respectivos de sus compañías, démela Vmd. por desertora, pues no ha de querer a tanto precio feriar las campanillas de su pasión. Tampoco irán los jóvenes ni las mujeres más desenvueltas y habrá menos confusión en el patio y cazuela. El concurso no sería tanto pero mejor. Fuera de que muchos que hoy no concurren por no manchar sus conciencias en los escándalos, por la incomodidad en el asiento, por la desmesurada gritería de la plebe, por la poca exactitud en la acción, libres de estos achaques concurrirían sin dificultad. Se aumentarían con éstos el primor en la representación y en la decoración del teatro. Hoy sucede que el representante deliberadamente y no sin prudencia comete un error en su papel, porque sabe que tiene en el auditorio un millón de bárbaros que le aplauden... La cómica que en acciones y movimientos es perjudicial a la quietud interior de las almas, entonces tuviera freno, pues la experiencia le haría ver que un racional bien instruido, aun cuando se deje atropellar de sus pasiones no gusta de desenvolturas... Muchos ingenios que hoy no quieren ser sacrificio de un vulgo desarreglado y descompuesto, entonces empuñarían gustosamente la pluma, llamarían respetables concursos, éstos estimularían el primor de los cómicos y sin duda viéramos prodigios en esta materia»[73]. La argumentación es preciosísima, porque no viene sino a dar toda la razón a los ilustrados que denunciaban el teatro *existente* como una diversión populachera y pretendían elevarlo a espectáculo de dignidad intelectual. Para alejar a la chusma, los ilustrados no precisaban elevar el precio de las entradas, sino variar la índole de las comedias, es decir, ofrecer un teatro que ahuyentara como la peste a los *chorizos* y *polacos*, a mujerzuelas y alborotadores, a mosqueteros y artesanos ineducados. Romea olvidaba —y de ahí su pintoresca contradicción— que el teatro tradicional de España se había siempre dirigido precisamente al espectador popular, al pueblo en su más global sentido, y que, si se excluía a ese pueblo, era aquel mismo teatro el que quedaba sin razón de ser; y lo mismo acontecía, naturalmente, con los autos sacramentales. El teatro que pudo un día interesar a un público sencillo pero fervoroso, había perdido su efica-

---

[72] En *Bibliografía de las controversias...*, cit., pág. 531.
[73] Ídem, íd.

cia; el pueblo ya no era pueblo, sino populacho, y suponía poco que sobre las tablas se recitaran versos de Calderón o de Comella; lo más aparatoso y grosero divertía más, y el teatro era una plazuela donde todo importaba menos lo literario.

Nipho. Otro famoso impugnador de Clavijo fue Francisco Mariano Nipho (1719-1803), de quien nos hemos ocupado en otro capítulo, a propósito del periodismo [74].

Entre sus críticas de teatro publicadas en el *Diario Extranjero*, Nipho escribió numerosos comentarios sobre dramática española, en particular sobre Calderón, con un criterio bastante justo y moderado, que le atrajo las iras de los dos bandos extremos. Al condenar la absurda inverosimilitud de algunas comedias calderonianas, Romea y Tapia le acusó de traidor a su patria por rebajar el valor de nuestro teatro nacional a los ojos de los extranjeros. Aquellos reparos, así como su recomendación de refundir las piezas de Calderón, recortando muchos de sus excesos tanto en la trama como en el lenguaje, parecían situarle al lado de los neoclásicos; pero, sus alabanzas, por otra parte, a la innegable genialidad de Calderón, le ganó el desprecio de estos últimos, y más aún porque sostenía que el medio mejor para apoyar las nuevas opiniones consistía en escribir y hacer representar comedias mejores que las barrocas y dejarse de teorías; lo que equivalía a nombrar la soga en casa del ahorcado. A diferencia de Nasarre, de Montiano y de Velázquez, Nipho no acusaba a Lope y a Calderón de haber corrompido nuestro teatro, hecho —decía— provocado por la falta de calidad y decoro en los actores y el mal gusto del público que había obligado a los poetas a satisfacer sus apetencias. Condenaba como Luzán el absoluto predominio de los enredos de amor en las comedias y pedía —posición neoclásica— que éstas atendieran más a la reforma de las costumbres mediante la sátira. En el problema de los autos alaba el ingenio de Calderón y dice que sus enemigos han exagerado sus defectos, pero que si se representan «con el candor y la pureza que requiere el espíritu de los *autos*» puede servir no sólo de recreo sino de instrucción para la multitud (recuérdese la condicional, porque ha de servirnos luego). En conjunto, Nipho pensaba que el teatro francés tenía muchas cosas estimables que debían ser aprendidas, pero sin renunciar a las excelencias del propio teatro nacional con sus características peculiares, porque la pretensión —decía— por parte de una nación de escribir reglas para las demás, es querer hacer de todas las naciones una sola.

No obstante esta ecléctica moderación, sostenida en un principio, Nipho se inclinó abruptamente del lado tradicional cuando en 1764 publicó su folleto titulado *La Nación Española defendida de los insultos del Pensa-*

---

[74] Véase cap. II, págs. 64-71.

dor y sus Sequaces[75], pues aunque en unas palabras preliminares afirmaba que el escrito era de un autor anónimo, pocos lo creyeron entonces. Los reformistas, aun aceptando el supuesto de que Nipho fuera mero editor del folleto, cayeron sobre él acusándole de haber cambiado de criterio, y recordando sus antiguos denuestos contra el teatro nacional, que ahora califica, en bloque, como el mejor del mundo. El escrito de Nipho adquiere un tono apasionado que deja atrás a cualquier otro de su especie, y dicho se está que las razones *patrióticas*, que tratan de absolver al país del dictado de bárbaro atribuido por ciertos extranjeros, ocupan importante lugar. Nipho aduce a continuación —apoyándose en testimonios de Corneille, Voltaire, Fontenelle, Saint-Évremond y Houdard de la Motte— la creciente corriente de opinión difundida en Francia contra la tiranía de las reglas. Al comentar esta parte del escrito de Nipho, recuerda Cook[76] que aquél se olvida de un importante detalle: ninguno de los franceses mencionados aboga por la total supresión de las unidades, a la manera que caracteriza al drama áureo español, sino tan sólo por su atenuación, de modo que, cuando el asunto lo exige, o cuando puede lograrse una belleza mayor, sea lícito alargar el tiempo o variar el lugar, como se practica en las óperas; el mismo La Motte, por otra parte —recuerda Cook—, no hacía uso de sus teorías, pues todas sus obras observan las unidades escrupulosamente. Nipho lo justifica diciendo que en Francia todo el mundo, hasta el mismo rey, se sujeta a la moda.

Es curioso que Nipho admite en otro pasaje que las reglas pueden ser convenientes para evitar la confusión, porque cuando faltan los principios se puede caer en cualquier género de extravagancia. Lo cual —hemos de argüirle inmediatamente— es otorgar por entero la razón a los neoclásicos, porque precisamente para evitar extravagancias —y no por beatería hacia las reglas mismas, aunque muchos se lo atribuyen así— habían preconizado las unidades. Nipho añade, inevitablemente, que tampoco las reglas por sí mismas pueden crear un buen poeta; perogrullesca verdad, repetida por todos los enemigos de los neoclásicos, los de entonces y los de hoy, pero que no por repetida deja de ser una simpleza.

Nipho se ocupa de los abundantes préstamos que el teatro francés había tomado del español, y aduce diversos testimonios, particularmente de Voltaire. Alega incluso la superioridad de la declamación española sobre la francesa, que juzga afectada y antinatural.

Al ocuparse de los autos sacramentales hace Nipho su defensa aludiendo a la existencia de teatro alegórico en otras literaturas de Europa; pero

---

[75] El título completo dice así: *La Nación Española defendida de los insultos del Pensador y sus Sequaces. En este escrito se manifiesta con testimonios franceses que las Comedias de España son las mejores de Europa, y que los famosos poetas españoles saben ser celebrados pero no reprendidos.*
[76] *Neo-classic Drama...*, cit., pág. 195.

no profundiza en las diferencias entre ambos. Se refiere a la repetida objeción de que sean los representantes de los autos personas de baja condición moral, y apunta como remedio —que más parece una broma— que a los actores encargados de encarnar personajes bíblicos se les obligue a prácticas religiosas y a confesar y comulgar por lo menos durante una semana antes de la representación.

El mérito principal de *La Nación Española defendida*, dice Cook [77], no consiste en la defensa de la *comedia* barroca, sino en el hecho de haber informado al lector español acerca de los cambios que la crítica sobre el teatro estaba experimentando en Francia; Nipho, que estaba bien enterado de la dramática de su tiempo, difundió las nuevas ideas que circulaban más allá de los Pirineos, poniendo al día la información, detenida desde los días de Luzán. El sentido moral de Nipho, tan encarecido por Menéndez y Pelayo, le llevó a coincidir con uno de los proyectos más gratos a los neoclásicos. Nipho reconoce que el teatro, tal como funcionaba en su tiempo, no sólo debía ser reformado sino totalmente abolido; el único remedio para cortar la inmoralidad y chabacanería del teatro consistía en poner su dirección en manos del Gobierno, y pagar a los actores, del erario público, un salario decente que les permitiera cuidar profesionalmente su trabajo y no servirse de las tablas como «lonja de contratación». El dato es del mayor interés y debe serles recordado a quienes imaginan la vida de la escena dieciochesca sólo a través del prisma literario y no descienden a su compleja realidad social en la que apenas tenía cabida la literatura. Sin entender lo que el teatro *era* —hemos de repetirlo una vez más— es imposible juzgar adecuadamente a los reformadores neoclásicos ni valorar las razones que condujeron a la supresión de los autos sacramentales.

Subraya Pellissier [78] que esta intensiva vulgarización a que eran sometidos los problemas del neoclasicismo al ser discutidos por hombres como Clavijo, Romea o Nipho no hacía sino perjudicar el futuro de las reglas; el fondo filosófico que las amparaba en la obra de Luzán se perdía en las manos de estos periodistas, que las simplificaban hasta convertirlas en algo mecánico y vacío. La crítica quedaba reducida a esto: si una obra deja de conformarse a las reglas, falla como obra de arte. Juicios tan simplistas no podían menos de provocar la indignación de quienes poseyeran un auténtico instinto literario, y encendían por otra parte la oposición y el desconcierto de las masas.

Nicolás F. de Moratín. La polémica entre neoclásicos y tradicionales, avivada con motivo de los autos, contó con un refuerzo de primer orden

---

[77] Idem, íd., págs. 205-207.
[78] *The Neo-Classic Movement in Spain...*, cit., pág. 98.

al intervenir en ella Nicolás Fernández de Moratín, «el más furibundo —dice don Marcelino— de cuantos entonces juraban por la autoridad de Boileau»[79]. En 1762 publicó Moratín su comedia *La Petimetra*[80], primer intento por parte de los neoclásicos españoles de escribir una comedia según las reglas, como declara efectivamente el subtítulo: *comedia nueva escrita con todo el rigor del arte*. A semejanza de lo que había hecho Montiano para la tragedia con su *Virginia* y su *Ataúlfo*, Moratín pretendió, para la comedia, mostrar la excelencia y viabilidad de las reglas con un ejemplo práctico, aunque advirtiendo que no lo suponía modélico y que intentaba tan sólo estimular a otros ingenios mejor dotados. Encarece la nobleza de su intención y aduce —eterna cantinela de la época— las razones patrióticas que le impulsaban, pues deseaba reivindicar a su país de las críticas de los extranjeros. También como Montiano, Moratín antepuso a *La Petimetra* un largo prólogo, mucho más importante que la misma comedia, en el que explica punto por punto lo que se había propuesto hacer. Al mismo tiempo expuso una vez más el ideario neoclásico respecto del teatro, sin añadir ninguna idea fundamental a lo que desde Luzán venía repitiéndose, pero comunicando a sus palabras una vibrante y eficaz contundencia. Al ocuparse de las unidades censura el habitual amontonamiento de sucesos en las comedias españolas, y el módulo, tan frecuente, de la «crónica en acción» que, al llevar a la escena la vida entera de un personaje, confundía la dramática con el género épico. A este propósito escribe Moratín unas líneas de especial importancia, que demuestran cómo —según hemos venido insistiendo— la apelación a las reglas no era, al menos para los más altos ingenios, cuestión de estrecho doctrinarismo legalista, sino deseo de hallar un freno o contención a los recursos facilones que permitían convertir en comedia hasta los asuntos menos aptos para el teatro; dice Moratín: «Toda esa redundancia superflua e inverosímil de acción y de enredo, es originada de la libertad que se toman de que dure la acción lo que ellos quieren, pues si la redujeran a los límites del arte, no pudieran en tan poco tiempo desatar tantos enredos, y, si alguno lo conseguía, tropezaba con la inverosimilitud, porque es imposible, o a lo menos muy extraño, que en un día y en un paraje le sucedan a un hombre tantos acasos»[81].

La Petimetra no pudo ser estrenada a pesar de los esfuerzos de los amigos de Moratín; los mismos reformistas reconocieron que la comedia

---

[79] *Historia...*, cit., pág. 286.

[80] Edición en *Obras...*, cit., págs. 66-84. Pese a su importancia, en esta reedición no se incluye la disertación preliminar —según recuerda y censura con justa indignación Menéndez y Pelayo (*Historia...*, cit., pág. 289, nota 1)—, cuyo texto resulta ahora difícilmente asequible.

[81] Cit. por Menéndez y Pelayo, en *Historia...*, cit., págs. 288-289.

tenía escaso valor, y hasta el propio hijo del poeta, Moratín el Joven, escribió sobre ella este severo juicio: «Esta obra carece de fuerza cómica, de propiedad y corrección de estilo; y mezclados los defectos de nuestras antiguas comedias con la regularidad violenta a que su autor quiso reducirla, resultó una imitación de carácter ambiguo y poco a propósito para sostenerse en el teatro, si alguna vez hubiera intentado representarla» [82]. Moratín atribuyó el fracaso a los manejos del famoso sainetero Ramón de la Cruz, que dominaba entonces de hecho en todos los teatros de Madrid, y escribió tres folletos con el título de *Desengaños al teatro español*, el primero de los cuales apareció en noviembre de 1762, y los siguientes en septiembre y octubre de 1763. Irritado por su fracaso, Moratín abandonó el tono todavía moderado del prólogo a *La Petimetra* y, después de arremeter contra los «poetastros que componían sainetes y entremeses», volvió sobre la antigua *comedia* con destemplado apasionamiento. En el segundo y tercer *Desengaño* acudió en ayuda del Pensador en su polémica contra los autos sacramentales, y atacó, por tanto, a Romea y Tapia acusándole de ignorante no sin cierta pedantería bastante antipática a veces. Los reparos que opone Moratín al arte dramático de Calderón y particularmente a los autos son certeros en ocasiones, pero, en general, su crítica es de cerrada incomprensión, sobre todo en lo referente a la alegoría. A propósito de su sistemático empleo en los autos, escribe esas palabras tantas veces citadas: «¿Es posible que hable la Primavera? ¿Ha oído usted en su vida una palabra al Apetito? ¿Sabe usted cómo es el metal de voz de la rosa?».

Moratín, según era habitual en los neoclásicos, insiste especialmente en el aspecto moral de la comedia barroca: «El teatro español —escribe— es la escuela de la maldad, el espejo de la lascivia, el retrato de la desenvoltura, la academia del desuello, el ejemplar de la inobediencia, insultos, travesuras y picardías. ¿Quisiera usted que su hijo fuera un rompeesquinas, matasiete, perdonavidas, que galantease a una dama a cuchilladas, alborotando la calle y escandalizando al pueblo, forajido de la justicia, sin amistad, sin ley y sin Dios?» [83]. No puede negarse que las palabras de Moratín tienen un cierto tono de sermón, pero tras esta invectiva moralizante contra los tenoriescos lances de la *comedia* —pantalla con que se pretendía dar gravedad doctrinal a la controversia— lo que de veras existe es el repudio de las tramas pueriles, con su secuela de aparatosas aventuras, siempre idénticas, siempre tan irrealmente *teatrales*, pero imprescindibles para capturar la atención de un público elemental. Es curiosísimo, sin embargo, el comentario de Menéndez y Pelayo a las palabras de Moratín que acabamos de transcribir: «Las antiguas costumbres ha-

---

[82] *Vida de Don Nicolás Fernández de Moratín*, en *Obras...*, cit., pág. VIII.
[83] Cit. por Menéndez y Pelayo en *Historia...*, cit., pág. 290.

bían pasado, y el teatro que las representaba tenía que resultar forzosamente ininteligible para una generación que sentía y pensaba de tan distinto modo, estimando cátedra de maldad la que en su tiempo había sido cátedra de virtud, de honor y de cortesía»[84]. Estas líneas precedidas y seguidas de duros sarcasmos contra el autor de *La Petimetra* son —nos parece— la mejor defensa de los reformadores que se pudiera apetecer; porque si las antiguas costumbres y el viejo espíritu que justificó comedias y autos sacramentales se había realmente desvanecido, ¿por qué extrañarse de que los ilustrados consideraran muerta la dramática que los encarnaba y pidieran su abolición? Limitándonos al discutido aspecto moral, las palabras de don Marcelino merecen también un subrayado; al admitir que lo que «había sido cátedra de virtud, de honor y de cortesía» podía ahora estimarse como *cátedra de maldad*, resume: «la justicia y la paz pública quizá ganaban en ello: la poesía sólo tenía que perder en el cambio»[85]. Es decir, que aquellas costumbres, tan favorables para la poesía, evidentemente, *estaban en pugna con la justicia y con la paz pública*; eran, pues, inmorales y delictivas, no meras travesuras de muchachos. Don Marcelino siente nostalgia por la pérdida de unas costumbres capaces de provocar delitos y turbar la paz, pero filón inextinguible de comedias divertidísimas. ¿Eran, pues, inmorales, o no, aquellas comedias de violencias y cuchilladas, alborotos y desenvolturas que denunciaban los reformadores?

Después del fracaso de su *Petimetra*, Moratín abordó la tragedia y en 1763 publicó *Lucrecia* precedida también de una introducción, donde da cuenta de sus propósitos. Insiste en que escribir según las reglas era bastante más difícil que urdir una comedia a la manera tradicional; repite también que no pretendía con su obra sino estimular a otros escritores más hábiles a componer tragedias regulares. La *Lucrecia* tuvo malas críticas, pero Moratín no se desanimó y compuso otra tragedia, *Hormesinda*, que fue estrenada en febrero de 1770 merced tan sólo a la protección de Aranda, según declara el propio Leandro F. de Moratín: tal era la oposición de los actores «a lo que llamaban estilo francés»[86]. La obra se representó seis días con buena aceptación, dice don Leandro, pero no se repuso más. «A este esfuerzo de Moratín —comenta su hijo—

---

[84] *Historia...*, cit., pág. 290.

[85] Idem, íd.

[86] Don Leandro refiere a este respecto una graciosa anécdota. Espejo, el barba de la compañía que había de representar *Hormesinda*, persuadido del fracaso que aguardaba a la obra, aprovechó la ocasión de hablar a solas con el autor y le dijo: «La tragedia es excelente, señor Moratín, y digna de su buen ingenio de usted. Yo por mi parte haré lo que pueda; pero, dígame usted la verdad: ¿a qué viene ese empeño de componer a la francesa? Yo no digo que se quite de la pieza ni siquiera un verso; pero ¿qué trabajo podía costarle a usted añadirla un par de graciosos?» (*Vida de Don Nicolás...*, cit., pág. XI).

se debieron las tragedias originales que desde aquel tiempo en adelante empezaron a componerse. Él desmintió la opinión absurda de que los españoles no gustaban de tragedias; confundió a los ignorantes que suponían imposible que una obra escrita con regularidad y buen gusto agradase al público de Madrid; introdujo este género en el teatro, a pesar de la resistencia que le opusieron...» [87]. Todavía, en 1777, publicó Moratín una tercera tragedia titulada *Guzmán el Bueno*, sobre el asunto utilizado por Vélez de Guevara en *Más pesa el rey que la sangre*; pero, a diferencia de éste, que sólo aborda el hecho capital al final del acto segundo, Moratín centra la acción en el íntimo conflicto del protagonista entre su amor filial y el deber a la palabra dada al monarca, aunque trató de dar mayor interés a la trama añadiendo otros episodios tomados de las *Crónicas*. Sempere y Guarinos [88] se refirió a la obra en forma poco favorable, aunque alaba su final trágico, contrario a la inveterada costumbre de las tragedias españolas de acabar felizmente, premiando la virtud y castigando al malo. *Guzmán el Bueno* nunca subió a la escena. Cook señala [89] que la tragedia de Moratín dio a la leyenda su definitiva versión, que fue seguida por Gil y Zárate en su drama romántico del mismo título, estrenado en 1847.

LA POLÉMICA SOBRE LOS AUTOS SACRAMENTALES: SU PROHIBICIÓN

Moratín el Joven cuenta en la mencionada *Vida* de su padre que la campaña emprendida por éste en sus *Desengaños* contra los autos sacramentales movió al gobierno a prohibir su representación, «apenas salió a luz el tercer discurso»; afirmación inexacta, porque la prohibición no se produjo hasta 1765, es decir, dos años después. Pero el influjo de los escritos de Moratín fue indiscutible al apoyar la campaña sostenida principalmente por Clavijo y Fajardo [90].

[87] Ídem, íd.

[88] Juan Sempere y Guarinos, *Ensayo de una Biblioteca Española de los mejores escritores del reynado de Carlos III*, tomo IV, Madrid, 1787, págs. 125-128 (reproducción facsímil, Gredos, Madrid, 1969).

[89] *Neo-classic Drama...*, cit., pág. 223.

[90] Sobre el problema de la prohibición de los autos y las campañas de sus enemigos, en especial Clavijo y Fajardo, véase el cap. VI, «La querelle des *autos sacramentales*», en el libro de René Andioc *Sur la querelle du théâtre au temps de Leandro Fernández de Moratín*, «Bibliothèque de l'École des Hautes Études Hispaniques», Burdeos, 1970, págs. 371-420. El libro de Andioc aduce multitud de textos en defensa de su actitud frente al problema —actitud que es exactamente la nuestra—, muchos de los cuales, que nos eran perfectamente conocidos, hubiéramos podido utilizar aquí; pero es imposible dilatar más esta exposición en un libro como el presente de divulgación y resumen. Una aclaración creemos necesaria en este momento. Las páginas referentes a todo este asunto fueron redactadas mucho antes de que llegara a nuestras manos el libro de Andioc. En el vol. II de esta *Historia*, cuya primera edi-

La prohibición de los *autos* por real decreto viene interpretándose, casi sin excepción, como consecuencia de las ideas afrancesadas, antipatrióticas, hostiles a la tradición dramática española, cerradas a la poesía religiosa de aquellas piezas sacramentales; sin contar la enemiga contra todo el teatro barroco —sostenida en nombre de las doctrinas neoclásicas— del que los autos no vienen a ser sino una porción. Al ocuparnos incidentalmente, en el volumen II de esta obra, de la crítica sobre Calderón en el siglo XVIII, dijimos que aceptábamos provisionalmente la interpretación habitual; pero dejamos ya sugerido en nota a pie de página nuestro concepto del problema, que ahora hemos de tratar con mayor detalle.

Los argumentos de los ilustrados contra los autos fueron de dos especies: literarios y morales. De los primeros hemos dado alguna referencia en páginas anteriores; son inconsistentes, por lo común, como inspirados por estrechos conceptos literarios y apenas merecen una refutación. Claro está que nadie ha oído hablar a la Primavera ni al Apetito, pero la alegoría es tan consustancial a la expresión poética —aunque cierto que en los autos se lleva a su límite extremo— que condenarla equivaldría a destruir de golpe campos poéticos inmensos cuando no a la poesía en su totalidad. De todos modos es urgente advertir —aunque podría parecer ocioso— que el argumento aducido contra la alegoría era puramente académico, o como de relleno, y el menos válido de los esgrimidos por los reformadores; sería ciertamente grotesco imaginar que el decreto real del 11 de junio de 1765 se dio porque la Primavera o el Apetito, el Tiempo o las Edades hablaban en el teatro como las personas.

Es fuerza, pues, atender a lo que hemos calificado de *argumentos morales*, aunque quizá la denominación sea un tanto imprecisa. En cualquier caso, es indispensable también establecer un concepto básico: todas las razones —exactamente idénticas— de índole moral, social o religiosa, aducidas contra las comedias de santos y contra los autos por los reformadores ilustrados, habían sido insistentemente repetidas por escritores religiosos y autoridades eclesiásticas de todo género desde hacía casi dos

---

ción es de 1967, sugerimos con toda claridad nuestra valoración de los autos sacramentales bajo el punto de vista de su condición espectacular, aunque no podíamos insistir allí en el aspecto estudiado ahora, porque se trataba en aquellas páginas de exponer, lo más objetivamente posible, lo que un auto *era literariamente*, y, por añadidura, durante su época de mayor esplendor y autenticidad, en la medida en que la tuvo; el estudio de su *realidad* pública, social y espectacular tenía que quedar reservado para su momento de crisis en el siglo XVIII, pero creemos que nuestra actitud global era inequívoca. Nuestro punto de vista sobre este problema tiene muy larga fecha; en 1944 redactamos un ensayo titulado *Talía y su sombra*, que intentamos publicar en España pero que hubo de quedar, y sigue, inédito. En él, sin aparato documental, como correspondía a un ensayo, pero en forma muy explícita y en tono polémico expusimos una interpretación del teatro del Siglo de Oro y de los autos en particular, exactamente la misma que ofrecemos ahora en resumen.

siglos, es decir, desde bastante antes de inventarse la Ilustración. La *Bibliografía* de Cotarelo, que dista de estar completa, reúne muestras abundantísimas de las voces que clamaron, en los días de mayor religiosidad y apogeo del género, contra los abusos e inmoralidades cometidas en la representación de obras religiosas: autos o comedias. Cargar, pues, a la sola cuenta de los ilustrados la censura contra los autos y las comedias de santos no puede hacerse sin una combinación, a partes iguales, de olvido de la historia y de absoluta mala fe. Lo que menos importaría en este caso sería dilucidar si la crítica de los eclesiásticos durante los siglos XVI y XVII se fundaba en justas razones o era producto de escrúpulos exagerados o ñoñeces beateriles; lo esencial es que se produjo.

Abordar con la atención debida este problema exigiría largo y difícil tratamiento que no cabe en este lugar. Pero algún comentario es indispensable. En las páginas mencionadas de nuestro volumen II adujimos el testimonio de un trabajo básico de Marcel Bataillon, titulado *Ensayo de explicación del auto sacramental;* sólo su extensión nos veda reproducirlo íntegro aquí, pero recomendamos encarecidamente al lector su estudio. Acostumbrados a mirar los autos sacramentales en el reposo de la página impresa, saboreando sus puras bellezas literarias, y mecidos por seculares tópicos como «la profunda religiosidad de nuestro pueblo» y «el pueblo teólogo», etc., etc., es bien difícil comprender lo que fueron aquellas representaciones en realidad, sin perjuicio —claro es— de sus incuestionables valores religiosos y literarios: «No habrá verdadera historia del auto sacramental —escribe Bataillon— mientras se razone acerca de las variedades del teatro religioso español desde un punto de vista meramente formal, o nos contentemos con invocar en bloque el sentimiento religioso del pueblo español y de sus dramaturgos. Es toda una política de los espectáculos la que será preciso mostrar en acción, en el caso particular del Corpus, manteniendo la balanza equilibrada entre la sed popular de diversiones y las exigencias austeras del espíritu reformador. Es a toda la organización económica del teatro a la que habrá que pedir razón no sólo de la importancia tomada por el auto sacramental, sino también de la prodigiosa floración del teatro profano» [91]. Es imposible estudiar aquí, ni aun someramente, esa estrecha simbiosis aludida por Bataillon, establecida entre los autos y el teatro profano, hasta en su espesa red de mutuos intereses económicos; hemos de limitarnos a aludir a los autos bajo el punto de vista de su espectacularidad masiva y callejera. El Corpus fue la gran fiesta primaveral de la Iglesia, al aire libre, y ocasión por lo tanto para el bullicio popular, muy diferente de las fiestas de Navidad y Resurrección que tenían tras sí una larga tradición litúrgica y estaban

---

[91] Marcel Bataillon, «Ensayo de explicación del auto sacramental», en *Varia lección de clásicos españoles,* Madrid, 1964, págs. 183-205; la cita en pág. 204.

de hecho mucho más vinculadas a la intimidad de los templos. Bastante antes de que los autos alcanzasen su espléndido desarrollo, la fiesta del Corpus se distinguía ya por la profusión de componentes espectaculares, que tenían su centro en la procesión; costumbres especialmente documentadas en las regiones levantinas y sobre todo en la ciudad de Valencia. En la procesión tomaban parte los *entramesos* o *roques*, a modo de grandes carros con figuras e invenciones destinadas a maravillar a la multitud, la tarasca de San Jorge, el arca de Noé, imágenes de santos y grupos escultóricos, que ya a comienzos del siglo xv fueron sustituidos por grupos vivientes, comparsas uniformados de diversas cofradías, personajes bíblicos portadores de simbólicos atributos; sin contar otros regocijos, más o menos directamente engranados con la procesión, como la degollación de los Inocentes, la elección del *obispillo*, danzas y cantos, etc., etc. La más pequeña relajación de la gravedad religiosa en dichos desfiles —y no es difícil imaginar lo que había de suceder fatalmente con tales ingredientes— convertía la fiesta en una explosión de bullicio pagano, enteramente alejado del pretendido espíritu del día. De los abusos que, efectivamente, se cometían nos han dejado inequívoco testimonio las provisiones de la propia Iglesia, que trataron de reprimirlos. Bataillon menciona, como muestra, disposiciones de los concilios de Valencia, Toledo, Salamanca y Compostela respecto de los espectáculos relacionados con la festividad del Corpus, la prohibición de que irrumpan las mascaradas danzantes en medio de los oficios, prohibición asimismo de la degollación de los Inocentes y de la elección del *obispillo*, etc., y provisiones para que la procesión acabe todo lo más a media tarde con el fin de evitar los consiguientes desórdenes caso de prolongarla hasta la noche, y que no se dé ocasión «a tanta beodez y dissolución». Bataillon reproduce un texto del Dr. Navarro, Martín de Azpilcueta, de quien son las palabras entrecomilladas, que escribe nada menos que lo siguiente, después de ponderar lo que «se ofende a Dios en las invenciones profanas y gastos que se sacan el día del Corpus y otros en que se hazen semejantes precessiones»: «De donde se sigue —dice— ...que alguna ocasión tovieron los luteranos de quitar la procession del día del Corpus por las muchas prophanidades y gentílicas vaziedades, y aun injuriosas inventiones que en muchas partes en ella se hazen pareciéndoles que más montan sus livianas inventiones, cantos y ruydos a la honra y gloria del redemptor que los graves officios de la Sancta Madre Yglesia. Los quales empero no tuvieron causa para la quitar bastante: Porque bien se pueden quitar estos abusos, quedando el buen uso» [92].

Sobre esta situación, que es de esperar que no fuese mejor en los días de los Felipes III y IV, se sobrepuso la fiesta máxima, la más atractiva

---

[92] Cit. por Bataillon en ídem, íd., págs. 190-191.

y espectacular, los *autos sacramentales*. Insistimos una vez más en que no pretendemos rebajar un ápice el valor literario de estas obras ni su significado religioso; tratamos solamente de comprenderlas en toda su complejidad. Para un pueblo tan apasionado de los espectáculos teatrales como el español, los *autos* se convirtieron en el más fastuoso y rico de todos, como que disponía de recursos materiales enteramente ajenos al teatro habitual de los corrales públicos. Los avances técnicos de que sólo se beneficiaron los teatros de los Reales Sitios y en los que invertían los monarcas recursos cuantiosísimos, fueron incorporados a las representa- ciones extraordinarias de los autos que sólo se celebraban una vez al año y en cuya magnificencia —aparte de ser subvencionada con fondos del estado— rivalizaban las distintas ciudades y las entidades y cofradías encargadas de su organización; el desarrollo de la zarzuela bajo el reina- do de Felipe IV llevó también a los autos sus mismos recursos espectacu- lares, y el auto sacramental acumuló toda la riqueza y grandiosidad que los mayores esfuerzos técnicos y económicos de la época podían permitir. Nada más interesante que leer las «memorias de las apariencias» redac- tadas por el propio Calderón, en que describe minuciosamente la maqui- naria escénica requerida para cada auto; la complicación y dificultad de los juegos espectaculares era tal, que hoy mismo crearía difíciles proble- mas a los escenaristas más expertos, no ya del teatro sino del mismo cine. Los relatos de época que refieren el bullicio callejero, la curiosidad de las gentes, las aglomeraciones y alborotos para presenciar semejantes alar- des son sobradamente expresivos para informarnos de la profana anima- ción que rodeaba a dichos espectáculos. Parte de ellos lo constituía tam- bién el desfile y traslado de los carros —la «fiesta de los carros»— desde el Palacio Real, donde se celebraba la representación para los monar- cas, hasta la Plaza de la Villa y otros lugares de la ciudad, en que se repetía el espectáculo ante las distintas corporaciones o personalidades. No parece necesario un gran esfuerzo imaginativo para medir la atención que habría de otorgar a la parte literaria y religiosa aquella multitud, impaciente por contemplar las invenciones espectaculares que se le reser- vaban, la tramoya inédita, el halago de las nuevas decoraciones, la actua- ción de sus actores y actrices predilectas, todo lo cual habría de atraer a la multitud bastante más que los abstrusos conceptos teológicos. Existe además una realidad física con la que no suelen contar los diligentes esti- listas, minuciosos investigadores de las barrocas metáforas calderonianas; aparte el inevitable rumor de la multitud, la distancia impedía a la ma- yoría del público oír las palabras de los actores, y ni el más ingenuo optimismo permite suponer que pudiera comprenderse medianamente un texto que requiere el atento estudio de los especialistas. Sólo el aspecto visual y espectacular, la música, las danzas y el aparato de la representación mantenían despierta la curiosidad, anualmente renovada, de la multitud.

Con el correr del tiempo, la relajación de las costumbres, el entibiamiento de la religiosidad popular, y el creciente apetito de goces y diversiones, aquellas fiestas que, aun en sus días mejores, habían atraído ya en tan gran medida por sus meros componentes paganos, acabaron de perder del todo su espíritu religioso para convertirse —procesión, autos, desfiles— en una mascarada callejera, ruidosa y carnavalesca. Las protestas de los mismos eclesiásticos reflejan cada vez más esta realidad, en cuya denuncia coinciden, como vimos, con los reformadores ilustrados. Cabría objetar que algunos, por lo menos, de estos últimos, de dudosa religiosidad, se dolían no sin hipocresía del tono pagano que había corrompido las representaciones y fiestas del Corpus, y que, al escandalizarse, como el fraile más escrupuloso, de que hiciera el papel de Virgen una ramera famosa, eran poco sinceros. Aun concediendo que así sea, queda en pie el hecho de que aquellas fiestas tradicionales habían perdido enteramente su significado para conservar tan sólo su cáscara populachera. Unos y otros coincidían, pues, en su apreciación aunque distintas razones les movieran: la gente sinceramente religiosa aborrecía aquella grosera algarabía, que era más ocasión de abusos que de piedad; a los ilustrados, con su concepto aristocrático, intelectual, racionalista y cosmopolita de las cosas, les irritaba el mismo sabor plebeyo de la fiesta que ni siquiera tenía ya la justificación de servir a un propósito religioso. Aquellos comparsas reclutados entre ínfima ralea alquilada, vestidos de apóstoles o de santos, cargados con atributos alegóricos que nadie entendía ya, desfilando entre el vocerío de los muchachos, los veían los ilustrados como un espectáculo denigrante, de calidad ínfima, que era urgente extinguir.

Menéndez y Pelayo, aunque no presta atención alguna a la fiesta de los autos en su auténtica realidad callejera durante la época que nos ocupa, se siente al fin forzado —muy a regañadientes, por supuesto— a reconocer el cambio de los tiempos y a conceder sustancialmente el hecho básico que justifica la supresión oficial de los autos sacramentales: «Como las creencias se habían entibiado —dice—, y el espíritu religioso había venido a menos, quizá sea cierto lo que amargamente consignan, lo mismo Moratín que Clavijo y Fajardo, esto es, que entre los espectadores de los autos sacramentales, pocos había que los viesen con espíritu cristiano, y que no convirtiesen en materia de risa muchas cosas que, en el sentido del autor, eran de gran ejemplo y enseñanza»[93]. Unas líneas antes, al ocuparse de las palabras de Moratín, en sus *Desengaños*, sobre los *autos*, escribe: «Todo aquel esplendor lírico de los autos calderonianos, toda

---

[93] «Calderón y su teatro», en *Estudios y discursos de crítica histórica y literaria*, ed. nacional, vol. III, Santander, 1941, pág. 97.

aquella maravillosa reproducción artística de los conceptos de la teología, eran para él enigma y letra muerta»[94]; luego, en páginas siguientes, se ocupa de la posterior reivindicación de Calderón, promovida particularmente por los alemanes, gracias a la cual las obras calderonianas comenzaron a ser valoradas en toda su belleza. Pero en toda esta exposición se barajan conceptos extraños entre sí, que no pueden fundirse sin falsear las cosas. El tiempo ha dejado la realidad de los autos, lo que de hecho tenía lugar en las calles y sobre los tablados, convertida en una noticia histórica; hoy leemos los textos en el reposo de la cuidada edición y no vemos en ellos sino el brillo de su magnificencia literaria. Pero los hombres del XVIII, que los prohibieron, se enfrentaron con ellos en toda su compleja realidad, de la cual el texto literario no era sino una parte, quizás la más pequeña; por lo menos, muchísimo más pequeña de lo que los investigadores literarios, y sólo literarios, son capaces de imaginar. Bataillon alude en un breve párrafo a la sustancia del problema, en el sentido que, para nosotros, es un hecho evidente: «Estas objeciones del puritanismo moral pesaron más todavía que las del puritanismo literario neoclásico en la campaña emprendida en 1763 por Clavijo y Fajardo, y que desembocó en 1765 en la supresión del auto sacramental. El auto, a partir del último cuarto del siglo XVI, ha sido cosa de los profesionales del teatro. De ello vivió y de ello murió»[95].

NUEVOS ESFUERZOS PARA LA REFORMA DEL TEATRO

Intervención gubernamental: Aranda. Desde los días de Luzán los neoclásicos habían sugerido, como sabemos, algún género de intervención oficial en los teatros, pero nada se había llevado a cabo hasta el reinado de Carlos III, bajo el influjo de su ministro el conde de Aranda. En 1763 se le encargó a Nipho un plan de reforma que no tuvo efectividad. Aranda atendió primeramente a la reforma material de las representaciones en los teatros de la Corte; gastó grandes sumas en sustituir los viejos decorados y hacer más confortable el local, y organizó su funcionamiento sobre mejores bases económicas. Para acabar con las algaradas de los *chorizos* y *polacos* hizo fundir las dos compañías que actuaban en los teatros del Príncipe y de la Cruz y ordenó que cambiaran temporalmente de local. A partir de 1768 se hicieron ya representaciones diarias en sesión de noche[96].

---

[94] Idem, íd., pág. 96.

[95] «Ensayo de explicación...», cit., pág. 203.

[96] En 1773 pondera Tomás de Iriarte en *Los literatos en cuaresma* la gratitud que se debe a la acción del Gobierno por haber mejorado y embellecido los teatros, por haber tomado medidas para hacer guardar silencio, orden y respeto durante la repre-

Para proceder a la reforma literaria exigida por los neoclásicos fue comisionado don Bernardo de Iriarte. Se encargaron traducciones de comedias extranjeras, sobre todo francesas, siempre que pudiesen acomodarse a las costumbres españolas, y el propio Iriarte trató de buscar en el repertorio del viejo teatro barroco aquellas obras que pudieran ser más fácilmente adaptadas a las unidades, pues, como Luzán y los demás críticos habían señalado, muchas de dichas piezas podían aprovecharse con pequeños retoques. Iriarte seleccionó veintiuna obras de Calderón, once de Moreto, siete de Rojas, cinco de Solís, tres de Lope, una de Alarcón y ninguna de Tirso; se suprimieron *apartes*, pasajes demasiado recargados de metáforas barrocas, y muchas intervenciones de los *graciosos*, sobre todo en las escenas dramáticas. Iriarte, como todos los reformadores, hubiera deseado suprimir de un plumazo todas las comedias de magia, de frailes y de diablos, tal como dice en las instrucciones que dirigió, para su gobierno, a don José Manuel de Ayala, comisario-corrector de dramas para el teatro de la corte, y asimismo «todas aquellas que tienen segunda, tercera, cuarta, quinta y milésima parte», auténticos folletines escenificados, que venían a representar en el teatro del tiempo lo que hoy serían entre nosotros los seriales de la radio y la televisión [97].

---

sentación, y por los esfuerzos para introducir obras ajustadas a las normas. Confía en que el teatro mejorará cuando se acepte lo bueno de otras naciones, sin que esto suponga renunciar a las propias excelencias; insiste luego en la necesidad de perfeccionar el arte de la representación, porque de los cómicos depende muchas veces el éxito o fracaso de una comedia.

[97] Merece la pena reproducir siquiera unos fragmentos de las «instrucciones» de don Bernardo de Iriarte, porque informan mejor que cualquiera explicación sobre la naturaleza del teatro de la época, no del teórico sino del que tenía viva realidad sobre la escena: «Suprimir de los sainetes todo lo que sea personal. Desterrar de ellos no sólo las indecencias y obscenidades en que abundan, sino también el equívoco más remoto que encierre idea lasciva o puerca. La regularidad en estos dramas se puede disimular en parte, aunque sería muy loable ir acercándose a lo más natural y verosímil, suprimiendo desde luego aquella tontísima fórmula usada por D. Ramón de la Cruz: 'y como la idea va muy larga, démosla fin con una tonadilla'.

»Va de callada que no se ha de consentir ni disimular el cabronismo, putanismo, ni demás sectas de esta naturaleza, y que los sainetes que las propaguen se han de condenar *in totum*, como también aquellos en que los cómicos hablen de sí propios, poniéndose apodos o censurando o alabando sus defectos de carácter o habilidad teatral, de que hay una gran porción. Sea en bien o en mal, jamás se deben tolerar farsas de personas existentes, y mucho menos de los mismos farsantes. Esta no sería diversión para el público, sino para los mismos cómicos, que no son individuos tan principales de la república que merezcan preste atención todo un pueblo a diálogos de sus intereses, gracias o desgracias particulares.

....

»Estoy en pecado mortal con las glosas. Suprímanse éstas, como de las relaciones las pinturas de caballos, aves, navíos, tempestades, batallas, leones y toda especie de fieras, monstruos y sabandijas, con lo cual se quitará también a nuestros ignorantísimos cómicos una grande ocasión de figurar ya la crin del caballo, ya las alas de la águila caudal, ya los cuernos de un toro, ya el rugido de un león, ya el bracear del nadador, ya el del remero, ya los movimientos del que lucha, etc.

En este último aspecto los propósitos de los reformadores fracasaron enteramente ante la demanda popular que hallaba sus delicias en semejantes representaciones. Las comedias de magia gozaron de ininterrumpida aceptación, sobre todo desde la prohibición de los autos y las comedias de santos, porque satisfacían el afán de espectacularidad y de tramoya, de sorpresas y trucos escénicos, aunque se lograran casi siempre con los medios más ingenuos y rudimentarios. Los cómicos, a su vez, que obtenían con estas obras sus mayores ingresos, se obstinaban en mantenerlas y resistieron denodadamente contra toda presión oficial para abolirlas.

Cuando se insiste en proclamar la enemiga de los reformadores contra el teatro barroco, se cierran los ojos a realidades esenciales. Examinando, por ejemplo, un catálogo de las obras representadas a lo largo del siglo XVIII, puede parecer que las del teatro barroco obtuvieron mayor éxito que las de magia y similares, dado que de aquellas aparecen muchos más títulos en cartel. Pero, como observa Cook muy sagazmente, esto es un dato falaz que ha de ser corregido con otras noticias. En dos temporadas —1795-1796— (las fechas permiten comprobar que las campañas neoclásicas habían sido del todo infructuosas) sólo cinco comedias de magia produjeron más dinero en sesenta y cinco representaciones que treinta y dos comedias del Siglo de Oro en un total de 127. En 1800 tres comedias de magia y tres «de santos» de parecida contextura recaudaron muchísimo más dinero en 76 representaciones que 33 comedias áureas en 137. Evidentemente, lo que determina el grado de aceptación popular —es decir,

---

»Toda comedia de magia, de frailes, diablos (allá va todo); todas aquellas que tienen segunda, tercera, cuarta, quinta y milésima parte deben sepultarse para siempre en el archivo de los idiotas, aunque clamen éstos y los cómicos. La razón de que hacen dinero con ellas no es razón para el Gobierno, ni para la gente racional, que debe impedir se cebe la plebe y los ignorantes en farsas disparatadas. Si esto valiese sería menester renovar el *Lecho de los adulterios*, que se permitía en los Mimos del teatro griego *(sic)* y el estilo de las meretrices que salían desnudas al teatro a servir de recreo a la vista del populacho espectador. Por consiguiente no haya más vuelos de teatro».

En los párrafos finales da instrucciones a los cómicos sobre el modo de representar, y no tienen tampoco desperdicio como complemento de la estampa anterior: «1.ª Que cuando representen comedias las representen en el tono, con la naturalidad, con el despejo y acciones sencillas con que hacen los sainetes. Apuesto que si éstos los representasen como las comedias no habría quien parase en el teatro. 2.ª Que cuando representen comedias o tragedias heroicas alcen un poco el tono y hablen con más pausa, bien que desterrando todo manoteo afectado, voz fingidamente trémula, pasmarotas y clamor pulpitable. En este particular debemos desengañarnos: los cómicos que tenemos en el día jamás podrán hacer cosa grave ni siquiera tolerablemente. 3.ª Que nunca cuenten con el patio o auditorio; que, por consiguiente, representen sólo mirando al actor con quien hablen, absteniéndose de volver alternativamente el semblante, ya al actor, ya al senado. Todo representante debe figurarse que el lienzo o telón está echado o que media entre él y el espectador una pared de dos varas de grueso...» (reproducido por Cotarelo en *Iriarte y su época*, cit., apéndice II, 2. págs. 420-423).

el teatro *real*— no son las obras escenificadas a teatro vacío, sino las que prolongan su duración con grandes ingresos [98].

Para que sirvieran como estímulo y modelo de la dramática neoclásica, Aranda hizo levantar teatros en los Reales Sitios —Aranjuez, El Escorial, La Granja— y que se representaran allí obras traducidas del francés en las mejores condiciones de escenificación; Clavijo y Fajardo, que fue nombrado director de estos teatros, contribuyó con varias traducciones, tarea en que le ayudaron Pablo de Olavide, su hermana Gracia, Jovellanos y Tomás de Iriarte. En algunas de estas obras se sustituyó el verso del texto original por la prosa, pues se admitía que ésta se acomodaba más a la conversación natural; y se modificaron algunas expresiones para mejor adaptarse a las costumbres del país o no ofender sus sentimientos. Algunas de estas obras fueron también representadas en los teatros de Madrid. Una de ellas, la comedia, traducida por Iriarte, *El filósofo casado*, original de Destouches, fue en opinión de Cook uno de los mayores éxitos del teatro neoclásico en las últimas décadas del XVIII —a juzgar por el número de las representaciones y los ingresos habidos— y siguió representándose en los comienzos del XIX, hasta los días del romanticismo. La tragedia de Le Mierre, *Hypermenestra*, traducida por Olavide, y representada en 1796, tuvo —según datos de Cook [99]— un ingreso medio exactamente el doble que las 32 obras del Siglo de Oro representadas el mismo año; proporción también casi idéntica para otras cuatro obras neoclásicas traducidas del francés y puestas en escena durante la misma temporada. Cook rechaza algunas afirmaciones de Cotarelo y Mori en su libro *La Tirana*, famosísima actriz del siglo XVIII, según las cuales había ésta conseguido grandes triunfos en la temporada de 1787 representando comedias del Siglo de Oro; pero, según las cuentas conocidas, cuatro de dichas comedias representadas durante el mes de abril alcanzaron sólo un total de doce representaciones, con un promedio de ingresos muy inferior a los que se estimaban económicamente indispensables. La pérdida de popularidad del teatro áureo al correr del siglo, y, sobre todo, en las décadas finales, es un hecho evidente que se produce por la presión de dos corrientes opuestas: de un lado, por la creciente aceptación de las traducciones, sobre todo del francés, que no fueron rechazadas de plano por público y actores, según se viene repitiendo gregariamente por todos los comentaristas hostiles al neoclasicismo ilustrado; de otra parte, por la avalancha del teatro populachero, de magia y espectáculo, a que nos hemos referido arriba. Entre el primero, que atraía en particular al público culto, y el segundo que acaparaba los bajos gustos de la plebe, el teatro del Siglo de Oro fue languideciendo, no a consecuencia de la «propaganda neoclásica», como demuestra

---

[98] Cook, *Neo-classic Drama...*, cit., págs. 227-228.
[99] Ídem, íd., págs. 230-231.

efectivamente Cook, sino porque había dejado de reflejar la vida española y no respondía ya al gusto del público.

Los datos registrados confirman una y otra vez el acentuado declive que iba experimentando el viejo teatro. En la temporada 1781-82, *El mágico de Astracán* estuvo en cartel 24 días, cifra impresionante para aquella época; mientras que *ninguna* de las obras áureas rebasó las dos representaciones. Dramas de Baso, Solo de Zaldívar, Laviano y Moncín, escritores de ínfima calidad —que según afirma Cotarelo sólo duraron uno o dos días—, constituyeron los mayores triunfos de la temporada, oscilando entre cinco y trece representaciones. El éxito del año 1782 fue alcanzado, con 19 días en cartel, por *La toma de San Felipe por las armas españolas*, drama «de desfile y ruido», de Danichi y Armendáriz, autor de bajísimo mérito. Uno de los grandes éxitos de 1787 fue *Los pardos de Aragón*, de Laviano; mientras que *El príncipe constante*, de Calderón, y *El mejor alcalde, el rey*, de Lope, no pasaron de dos representaciones con una recaudación total de 2.170 y 2.330 reales respectivamente, resulta que *Los pardos* obtuvieron un ingreso medio diario de 5.064. Recaudaciones todavía más bajas que aquellas dos gloriosas obras alcanzaron en 1788 tres comedias de Moreto: *Tía y sobrina* (dos días), *El rico-hombre de Alcalá* (un día) y *No puede ser el guardar a una mujer* (dos días); cuatro de Calderón: *Para vencer Amor, querer vencerlo* (dos días), *Apeles y Campaspe* (dos días), *Mejor está que estaba* (dos días) y *La vida es sueño* (tres días); y, de nuevo, *El mejor alcalde, el rey*, de Lope (dos días), que obtuvo los ingresos más bajos: 1.044 reales sumadas ambas jornadas. Importa advertir que en este mismo año de 1788 fue repuesta la tragedia neoclásica *Hypermenestra* que duró cinco días con una recaudación media de 5.146 reales [100].

Se irrita Cotarelo contra Moratín porque éste dijo, al retirarse de la Presidencia el conde de Aranda y ser cerrados los teatros de los Reales Sitios, que en los de Madrid andaba todo revuelto en «monstruosa confusión», alternando lo más alto con lo más bajo, que se estrenaban cada día nuevos absurdos y que la escena española estaba en manos de «ineptos escritores de farsas». Cotarelo había examinado la cartelera de espectáculos de Madrid correspondiente a un período de cuarenta años antes de aquellas palabras de Moratín, y resultaba que más de la mitad de los títulos correspondían a comedias del Siglo de Oro; pero ya hemos visto, por los ejemplos mencionados, a qué grave error conduce la mera suma de los títulos. Cook resume su comentario con estas palabras: «La afirmación de Moratín estaba plenamente justificada. El público mostraba una señalada preferencia por las obras nuevas de cualquier especie por encima de las producciones de la Edad de Oro» [101].

---

[100] Ídem, íd., págs. 249-250.
[101] Ídem, íd., pág. 250.

Respecto de las traducciones abundan también los testimonios de la época que se aducen frecuentemente como prueba de la general oposición que había contra ellas; pero la mayoría de estos textos se vienen interpretando tendenciosamente. Cook reproduce numerosos pasajes del *Memorial Literario* que sostuvo una auténtica campaña en dicho sentido; pero lo que rechaza el *Memorial* no es la práctica de las traducciones, que considera necesarias para enriquecer nuestro propio teatro y lograr la reforma apetecida —en el sentido clasicista, por cierto, aunque entendido con amplio criterio—, sino el constante desacierto en la elección de obras y, más aún, la baja calidad literaria de dichas traducciones, perpetradas frecuentemente por comerciantes de la pluma; así, por ejemplo, a propósito de *La bella labradora*, traducida por María Rosa Gálvez de Cabrera, dice el *Memorial* que «había sido traducida del francés, pero no precisamente al castellano»[102].

Las refundiciones. Luzán en su *Poética* había ya sugerido, como vimos, refundir aquellas comedias del barroco que pudieran más fácilmente acomodarse a las unidades, y don Bernardo de Iriarte había recomendado expresamente el procedimiento. En 1772 Tomás de Sebastián y Latre publicó bajo el título de *Ensayo sobre el teatro español* una comedia de Moreto, *El parecido en la corte*, y el drama de Rojas, *Progne y Filomena*, con un comentario preliminar. En éste vuelve sobre ideas ya conocidas: si nuestros grandes dramaturgos —dice— hubieran sabido refrenar su imaginación, tendríamos hoy modelos perfectos que imitar; habrían escrito menos obras, pero serían más dignas de un teatro cristiano y de la seriedad de nuestra nación. Pero fueron demasiado sensibles a los aplausos de la multitud indocta, y aunque estaban persuadidos de que aquél no era el buen camino, no se atrevieron a enfrentarse al mal gusto de las gentes ni a comprometer el prestigio ganado en sus primeras creaciones. Añade Latre que afirmar que las viejas comedias, con sus duelos, violencias y aventuras, eran reflejo de nuestras costumbres, es algo que sólo pueden hacer quienes consideran antipatriótica cualquier censura contra los dramaturgos de la Edad de Oro. Latre recomienda también, como todos los

---

[102] Cit. por Cook en ídem, íd., pág. 236. En sus *Literatos en cuaresma*, Iriarte escribe una brillante defensa del arte de la traducción, tarea menospreciada por quienes no tenían idea de su importancia y dificultad. Afirma —como interesado que estaba en ello— que traducir no supone carecer de talentos para la propia creación; antes bien debe estar en manos de buenos escritores y no de vulgares mercenarios. Aconseja traducir las obras de otras naciones que lo merezcan, pues sin necesidad de proclamar la superioridad de los demás, hay que dejar de lado la vanidad nacional. Cuando no se consigue escribir obras originales superiores a las extranjeras, es mejor traducir éstas que copiar o repetir lo que ellas ya han dicho. Por otra parte, al traducir obras, sobre todo del francés, no hacemos sino recuperar lo propio, pues es bien sabido que los extranjeros nos han tomado muchas cosas que nosotros ya hemos olvidado.

reformadores, la supresión de los *sainetes, entremeses* y *tonadillas* en los entreactos porque destruyen la «ilusión dramática» y cortan la unidad que debe tener una comedia.

El intento de Latre, que suponía un compromiso, o acercamiento, entre el partido nacional y los reformadores, desagradó a unos y otros; los primeros estimaban un desacato modificar unas comedias que juzgaban perfectas; los segundos, consideraban vano el intentarlo. De hecho, la escasa pericia de Latre, más que la naturaleza del propósito, contribuyó a su fracaso.

En 1800, Cándido María Trigueros repitió la aventura con mayor éxito, convirtiendo *La Estrella de Sevilla* en una tragedia, *Sancho Ortiz de las Roelas*, ajustada a las reglas, que Menéndez y Pelayo califica de «uno de los grandes acontecimientos teatrales de aquella época»[103]. En el prólogo a la obra, publicada aquel mismo año, Trigueros hace una fervorosa apología de la obra de Lope y explica las modificaciones introducidas y sus razones: omite todo lo que precede a la acción capital del drama haciendo que toda esta parte, puesta en acción por Lope —que podría, dice, dar materia para otro drama completo—, sea sugerida o narrada; e intercala varias escenas para desarrollar suficientemente algunas situaciones dramáticas que sólo habían sido esbozadas. *Sancho Ortiz de las Roelas*, que se representó en dos temporadas, enero y diciembre de 1800, dio una recaudación equivalente a la cuarta parte de la sumada por todas las otras producciones del Siglo de Oro no refundidas —33 en total— a lo largo de todo el año, y fue representada 49 veces entre 1800 y 1814.

El éxito alcanzado estimuló a Trigueros a refundir otras tres obras de Lope: *La moza de cántaro, El anzuelo de Fenisa* y *Los melindres de Belisa*, estas dos últimas con los títulos de *La buscona* y *La dama melindrosa*. La primera de ellas tuvo una acogida semejante a la de *Sancho Ortiz* y mereció ser repuesta numerosas veces hasta bastantes años después.

La práctica de las refundiciones provocó las habituales polémicas y se adujeron las opiniones más encontradas, pero siguió en vigor durante décadas con éxito creciente. Dionisio Solís, que se aplicó a esta tarea con reconocida habilidad, refundió entre 1810 y 1820, a petición del actor Máiquez, hasta 16 obras de los grandes maestros del Barroco; y en el período inmediatamente anterior al Romanticismo escritores famosos, como Hartzenbusch y Bretón de los Herreros, entre otros, refundieron numerosas comedias del Siglo de Oro, adaptándolas a las reglas en lo que cabía, aunque respetando a la vez todo lo posible del original. En opinión de Hartzenbusch —recuerda Cook— tales refundiciones permitieron la restauración del viejo teatro, que había sido proscrito de la escena.

---

[103] *Historia...*, cit., pág. 314.

PROYECTOS REFORMISTAS, HASTA EL PLAN DE 1799

La caída de Aranda y la supresión por Floridablanca de los teatros de los Reales Sitios parecieron señalar de momento el fracaso de los neoclásicos para introducir «el estilo francés en el teatro», según lo califica Cotarelo [104]; el cual añade con espectacular estrechez de criterio, que ni los esfuerzos del Municipio de Madrid, ni el proyecto de traer a la corte los más celebrados artistas de los suprimidos teatros de los Sitios ni otras realidades que enumera «pudieron conseguir que fuese adelante la *antinacional empresa*» [105] (el subrayado es nuestro).

Pero los esfuerzos por mejorar los espectáculos dramáticos prosiguieron sin apenas eclipse, atentos no sólo al aspecto literario de las obras sino también a las condiciones materiales de la escenificación. De hecho, las dos últimas décadas del siglo representan el período culminante de las campañas de los neoclásicos en pro de la reforma del teatro.

En 1782, Sempere y Guarinos publicó una traducción libre de la obra de Muratori, *Reflexiones sobre el Buen Gusto en las Ciencias y en las Artes*, precedida de un *Discurso* en el que anticipa muchas de las ideas que había de ampliar en su obra fundamental *Ensayo de una biblioteca española de los mejores escritores del reynado de Carlos III*. Sempere cita un texto del francés Saint-Évremond en que éste admite llanamente la superior capacidad inventiva de los autores españoles y recuerda que los escritores de su país tomaron de ellos muchos de sus asuntos. Sempere se pregunta si debe considerarse antipatriótico el reconocer con la misma espontaneidad del crítico francés las excelencias innegables del teatro clásico; que es lo que viene haciendo el *vulgo* español, para el cual es un delito de lesa patria cualquier género de censura contra los evidentes excesos en que incurren los grandes genios de nuestra dramática. Sempere pondera —más a tono con su deseo que de acuerdo con la verdad— el gran avance conseguido en las prácticas teatrales desde la *Poética* de Luzán, y subraya sobre todo los progresos logrados en el arte de la declamación, que atribuye al influjo de la ópera italiana y francesa. El *buen gusto* —sigue diciendo el escritor—, que se va difundiendo poco a poco explica la escasa producción de obras nuevas, porque ya no es tan fácil escribir sin estudio, al impulso de la libre espontaneidad, ni ganar fama de ese modo.

Pero, más que en libros o largos discursos, la polémica del teatro se difundió en publicaciones periódicas. Desde la desaparición, en 1742, del *Diario de los literatos* se echaba de menos en España la existencia de

---

[104] *Iriarte y su época*, cit., pág. 331.
[105] Idem, íd., pág. 332.

semejantes periódicos, donde, a la manera de los existentes en Italia y Francia, se diese cabida en forma regular a la crítica de la literatura contemporánea. Al fin, en enero de 1784 apareció el *Memorial Literario*, en 1785 el *Diario de Madrid*, en 1786 el *Correo de Madrid*, y en 1790 *La Espigadera*. Todos ellos, en sus abundantes espacios dedicados a temas literarios, aunque también admitieron en sus páginas escritos contrarios a su propia ideología, defendieron con tenacidad los principios neoclásicos acerca del drama, inspirados inequívocamente en la *Poética* de Luzán, al que aducen y citan constantemente como autoridad; lo que demuestra que la *Poética* no la había perdido ni había dejado de ser leída y comentada, como algunos investigadores actuales aseguran [106]. Innecesario, pues, dar en detalle, por sernos conocidos, los puntos contra los cuales se ejerce la crítica teatral de dichas publicaciones. Más interesantes y originales, quizá, que los problemas teóricos de la dramática, son las corruptelas y deficiencias de orden material descritas en aquellas páginas, y que demuestran la complejidad de la situación, que en modo alguno puede reducirse a cuestiones de escuela o gusto literario. Así, por ejemplo, se subraya el inconveniente de que los cómicos seleccionen las obras que han de representar, pues las eligen a la medida de su capricho o posible lucimiento, prescindiendo de toda calidad y decoro artístico; se señalan insistentemente las impropiedades en la representación y la falta de respeto a la más elemental verosimilitud; se ataca, sobre todo, la calidad de los actores, horros de todo estudio y preparación, como si el arte de actuar en el escenario no la requiriese; a este respecto se insiste una y otra vez en que sus manoteos y excesos declamatorios se deben a la costumbre de representar obras del Barroco, con su grandilocuente estilo, desaforadas metáforas y situaciones inverosímiles, con lo cual quedan incapacitados para dar vida a las nuevas comedias en prosa, de estilo llano y natural y sucesos cotidianos. Los periodistas del *Memorial*, del *Diario* o del *Correo* sugieren la organización de una compañía selecta, capaz de poner en escena un buen teatro, lejos de los corrales donde berrean *polacos y chorizos* ponderando la anatomía de sus actrices favoritas; y proponen la creación de premios anuales que estimulen la producción de buenas comedias, y el mantenimiento de una junta de censores que vigilen no sólo el tono moral sino también la calidad literaria de las comedias. Un teatro realista, decoroso, humano y natural debe reemplazar la inmoralidad y las extravagancias de la *comedia*.

Nuevos y todavía más calificados intentos para reformar el teatro tuvieron lugar en los últimos años de la centuria. En 1790 Jovellanos a requerimientos de la Academia de la Historia emprendió la redacción de un largo informe, al que volveremos oportunamente, que fue leído ante

---

[106] Véase cap. IV de este volumen, págs. 206-254.

dicha corporación en 1796, tras un trabajo de varios años; se titula *Memoria para el arreglo de la policía de los espectáculos y diversiones públicas y sobre su origen en España*. Ángel del Río, en el estudio preliminar que acompaña a su edición de las *Obras escogidas* de Jovellanos, dice que es éste uno de sus escritos «que se leen hoy con más provecho y con mayor placer» [107]; y alude a sus abundantes bellezas de estilo, a las múltiples ideas sobre materias históricas y estéticas y a su claridad de exposición. El informe de Jovellanos, según ha venido sucediendo con tantas obras del siglo XVIII, ha sido juzgado frecuentemente —Del Río lo recuerda— tan sólo por los lugares comunes propios de la escuela neoclásica. Jovellanos se refiere apenas a las reglas y demás problemas teóricos, aunque expresa inequívocamente su adhesión a las directrices del clasicismo y sus preceptos, porque lo que le importa esencialmente es el aspecto moral del teatro y su reforma en lo material. Insiste, según las ideas ya expuestas por Luzán, en la inmoralidad de la *comedia*; reconoce «sus bellezas inimitables, la novedad de su invención, la belleza de su estilo, la fluidez y naturalidad de su diálogo, el maravilloso artificio de su enredo, la facilidad de su desenlace, el fuego, el interés, el chiste, las sales cómicas que brillan a cada paso» [108], pero denuncia enseguida la desenvoltura de sus personajes y el corruptor efecto que se desprende de los asuntos que allí se muestran. Propone una vez más la creación de honores y premios en metálico para estimular la redacción de obras valiosas, y señala a la Academia de la Lengua como el juez más competente para decidir en los concursos. Una vez más afirma Jovellanos que de nada servirá disponer de excelentes obras, si no se cambia de raíz la calidad de la representación, comenzando por los actores, generalmente reclutados entre las clases bajas —aptos tan sólo, en consecuencia, para *caracteres* ínfimos— y faltos de toda instrucción en el arte de representar. Jovellanos sugiere que el Gobierno traiga maestros extranjeros o envíe a los actores nacionales a instruirse fuera del reino. Es igualmente indispensable la modernización de los decorados y escenarios y hasta de la misma planta de los coliseos; y el escritor enumera a continuación «el gusto bárbaro y *riberesco* de arquitectura y perspectiva en sus telones y bastidores; la impropiedad, pobreza y desaliño de los trajes; la vil materia, la mala y mezquina forma de los muebles y útiles; la pesadez y rudeza de las máquinas y tramoyas, y, en una palabra, la indecencia y miseria de todo el aparato escénico. ¿Quién que compare con los grandes progresos que han hecho entre nosotros las bellas artes este miserable estado del ornato de nuestra escena no inferirá el poco uso y mala aplicación que sabemos hacer de nuestras mismas ventajas?» [109]. Y añade más abajo: «El teatro

[107] *Jovellanos. Obras escogidas*, I, «Clásicos Castellanos», Madrid, 1935, pág. 130.
[108] Ed. cit., pág. 496.
[109] Ídem, íd., pág. 498.

es el domicilio propio de todas las artes; en él todo debe ser bello, elegante, noble, decoroso y en cierto modo magnífico, no sólo porque así lo piden los objetos que presenta a los ojos, sino también para dar empleo y fomento a las artes de lujo y comodidad y propagar por su medio el buen gusto en toda la nación» [110].

En el apartado siguiente se ocupa de la música y el baile, «dos objetos tan atrasados entre nosotros» y que no son —afirma— sino «una miserable imitación de las libres e indecentes danzas de la ínfima plebe». «Otras naciones —añade— traen a danzar sobre las tablas las *diosas* y las *ninfas*; nosotros los *manolos* y *verduleras*» [111].

Semejante reforma tiene que ser encargada a personas inteligentes —no confiada a la impericia de los actores o a la codicia de los empresarios o poetas de oficio—, que habrían de tener autoridad sobre la disposición, ornato y ejecución de los espectáculos «y facultades amplias y sin límites para cuanto diga relación a ellos» [112]. Jovellanos reclama también la intervención de la justicia, que a nadie dejará de parecer indispensable, dice, «a vista de la inquietud, la gritería, la confusión y el desorden que suele reinar en nuestros teatros»; desorden —añade enseguida— que no proviene sino «de la calidad misma de los espectáculos» [113].

«Una reforma tan radical y completa pide sin duda grandes fondos» y Jovellanos afirma que el mismo teatro los puede producir si se invierten en él sus ingresos en lugar de destinarlos a fines benéficos, haciendo del teatro «un objeto de contribución». «¿Qué relación —escribe— hay entre los hospitales de Madrid, los frailes de San Juan de Dios, los niños desamparados, la secretaría del corregimiento y los tres coliseos? Sin embar-

---

[110] Ídem, íd.
[111] Ídem, íd.
[112] Ídem, íd.
[113] Ídem, íd., pág. 499. En la descripción que hace Jovellanos del patio de los mosqueteros hace notar en qué medida las condiciones materiales del teatro pueden influir en su perfección: «No he visto jamás desorden en nuestros teatros —dice— que no proviniese principalmente de estar en pie los espectadores del patio. Prescindo de que esta circunstancia lleva al teatro, entre algunas personas honradas y decentes, otras muchas oscuras y baldías, atraídas allá por la baratura del precio. Pero fuera de esto, la sola incomodidad de estar en pie por espacio de tres horas, lo más del tiempo de puntillas, pisoteado, empujado, y muchas veces llevado acá y acullá mal de su grado, basta y sobra para poner de mal humor al espectador más sosegado. Y en semejante situación, ¿quién podrá esperar de él moderación y paciencia? Entonces es cuando del montón de la chusma sale el grito del insolente *mosquetero*, las palmadas favorables o adversas de los *chisperos* y *apasionados*, los silbos y el murmullo general, que desconciertan al infeliz representante y apuran el sufrimiento del más moderado y paciente espectador. Siéntense todos, y la confusión cesará; cada uno será conocido, y tendrá a sus lados, frente y espalda cuatro testigos que le observen, y que sean interesados en que guarde silencio y circunspección. Con esto desaparecerá también la vergonzosa diferencia que la situación establece entre los espectadores; todos estarán sentados, todos a gusto, todos de buen humor; no habrá pues que temer el menor desorden» (ídem, íd.).

go, he aquí los partícipes de una buena porción de sus productos. Otro tanto sucede en los que existen fuera de la corte y sucedía en los que no existen ya. La consecuencia es que los actores sean mal pagados, la decoración ridícula y mal servida, el vestuario impropio e indecente, el alumbrado escaso, la música miserable y el baile pésimo o nada. De aquí que los poetas, los artistas, los compositores que trabajan para la escena sean ruinmente recompensados, y, por lo mismo, que sólo se vean en ella las heces del ingenio. De aquí, finalmente, la mayor parte de la indecencia y lastimoso atraso de nuestros espectáculos» [114]. Jovellanos sostiene finalmente que en un teatro así mejorado podría elevarse el precio de las entradas «sin miedo de menguarlas», dado que esta carestía atraería a los hombres graves e instruidos, aunque, a la vez, alejaría del teatro al pueblo bajo: «y para mí tanto mejor», escribe Jovellanos. Aquí reside la parte que puede parecernos antipática de las ideas del gran ilustrado; «indirectamente, dice, conviene dificultar la entrada a la gente pobre, que vive de su trabajo, para la cual el tiempo es dinero, y el teatro más casto y depurado una distracción perniciosa. He dicho que el pueblo no necesita espectáculos; ahora digo que le son dañosos, sin exceptuar siquiera (hablo del que trabaja) el de la corte» [115].

Hombre tan generoso como Jovellanos no podía privar a la plebe de su preferida y casi única diversión por razones que pueden parecernos inhumanamente discriminatorias; pero sucede que Jovellanos tiene un concepto elevadísimo del teatro, no sólo como recreo honesto y espectáculo de arte sino como escuela de educación cívica y moral, y sabe que sólo puede dotarlo de tan alta misión arrancándolo de manos de la plebe. Desea —y así lo proclama en los párrafos finales— llegar un día a tan alta perfección que puedan crearse «teatros baratos y vastísimos para divertir en días festivos al pueblo de las grandes capitales»; pero Jovellanos no sueña con utopías y sabe que tan bello ideal aún queda muy lejos. Entre tanto, tan sólo una política de aristocrática selección —artística y social— podría proporcionar la apetecida reforma del teatro, «el primero —había escrito al comienzo de su exposición— y el más recomendado de todos los espectáculos; el que ofrece una diversión más general, más racional, más provechosa, y, por lo mismo, el más digno de la atención y desvelos del Gobierno. Los demás espectáculos divierten hiriendo frecuentemente la imaginación con lo maravilloso, o regalando blandamente los sentidos con lo agradable de los objetos que presentan. El teatro, a estas mismas ventajas, que reúne en supremo grado, junta la de introducir el placer en lo más íntimo del alma, excitando por medio de la imitación todas las

---

114 Ídem, íd., pág. 499.
115 Ídem, íd., pág. 500.

ideas que puede abrazar el espíritu y todos los sentimientos que pueden mover el corazón humano» [116].

Por los mismos días en que Jovellanos redactaba su *Memoria*, el bilbaíno Mariano Luis de Urquijo, que poco después iba a ser nombrado Ministro de Estado, publicó una traducción de la tragedia de Voltaire, *La muerte de César* (1791), acompañada de un *Discurso preliminar*, que originó un proceso de la Inquisición. En dicho *Discurso*, Urquijo proclama su admiración por el teatro francés y expone su convencimiento de que la aparición de tragedias originales en español, como *Hormesinda*, la *Raquel*, *Numancia destruida*, etc., y la entusiasta acogida dispensada a traducciones francesas como *Zaira*, *Fedra*, *Ifigenia*, *Electra*, demostraba el cambio general de gusto en el público y que había llegado el momento de dar el cese a la *comedia*. Urquijo ataca, como Jovellanos, la baja calidad de los actores y la pobreza de la representación, recomienda la creación de una escuela de arte dramático y de una junta de censura artística, encargada de autorizar o prohibir, según su calidad, las obras teatrales, antiguas o modernas, corregir las que fueran susceptibles de ello, y discernir premios que estimulasen a los nuevos escritores. Con tales reformas —dice—, los *Federicos* y los *Carlos II* serían sustituidos por excelentes piezas, representadas con decoro y propiedad; y no se vería a las actrices —acabada la representación— haciendo indecentes gestos a los espectadores, con el fin que puede imaginarse, ni se producirían los gritos y siseos que no dejan oír al espectador ni a los cómicos representar, y habría en los teatros el respeto y el orden necesarios.

Idénticas ideas, y por los mismos años, sostuvo Leandro F. de Moratín, algunos de cuyos comentarios y sabrosas ironías sobre la situación de la escena española han quedado ya expuestos en otras páginas de este libro. Moratín se dirigió desde Inglaterra al rey y a Godoy, en 1792, exponiéndoles un plan para la reforma del teatro y proponiéndoles el nombramiento de un Director de los Teatros de Madrid, con absoluta autoridad para aprobar o rechazar cualesquiera obras, nuevas o viejas, puesto para el cual se ofrecía él mismo. Proponía también la fundación de una escuela de declamación y arte dramático, donde se enseñaran las técnicas del montaje teatral —trajes, decorados, maquinaria—, caracterización, etc. Denunciaba la ausencia de comodidades en los teatros, así como la baja calidad de la música y actuación de los actores. Moratín ataca preferentemente a los autores de sainetes, los cuales aunque aciertan frecuentemente en la reproducción realista de las gentes bajas, halagan los gustos de éstas con todo género de procacidades y vulgaridades, contribuyendo

---

[116] Idem, íd., pág. 495.

como nadie a la degeneración del arte dramático. Ya sabemos que no menor desprecio que por los sainetes siente Moratín por las comedias de magia, las de santos y las «de ruido». Igual que Jovellanos, sugiere don Leandro que se desligue a los teatros de los hospitales y centros benéficos que son atendidos a su costa, y que se dediquen los ingresos de los teatros a su propio mantenimiento y mejora.

En 1796, don Santos Díez González, profesor de Poética en el Colegio de San Isidro de Madrid y censor oficial de los teatros de la corte, propuso al Consejo de Castilla un plan de reforma del teatro, que fue enviado, para su estudio, a Moratín. En él se especificaba que los actores no intervendrían en la elección de las comedias y que tendrían un salario fijo; que el autor recibiría una parte de los ingresos; que se crearían premios y recompensas anuales; que la dirección de los teatros sería confiada a una Junta, compuesta de un director, un censor y profesores de música y declamación. La tradicional clasificación de los personajes en *galán, dama, barba, gracioso*, etc., sería suprimida y reducido drásticamente el número de los actores en cada compañía. Moratín dio su conformidad al plan de reforma de Santos Díez; Urquijo, elegido Ministro de Estado en 1799, lo hizo aprobar en noviembre del mismo año; el general Gregorio de la Cuesta fue nombrado presidente de la Junta, Moratín director, y Santos Díez censor.

Pero Moratín, inesperadamente, renunció al puesto que venía solicitando desde hacía varios años; en carta al ministro Caballero afirmaba su falta de condiciones para dicho cargo, confesando que su escasa práctica en hacerse obedecer le incapacitaba para una actividad que habría de enfrentarse con enormes obstáculos. Moratín, como acabamos de ver, había propuesto su plan de reformas y ofrecido sus servicios desde Inglaterra, animado entonces de un cierto optimismo que se disipó con su regreso a Madrid; su obra *La comedia nueva* había provocado gran hostilidad en los medios no clasicistas; la escena española seguía hundida en la misma rutina anterior, dominada por los mismos hombres y los mismos defectos. Moratín, que como vimos oportunamente, nunca apeteció complicaciones que amenazasen su tranquilidad, rechazó aquel puesto de combate en una batalla de tan problemática victoria, y quedó con el cargo de «corrector de comedias antiguas», creado expresamente para él dentro de la Junta; cargo que dimitió también, medio año más tarde, a consecuencia de una discusión con su Director, el general Cuesta. La tarea de «corrector» consistía en designar las obras antiguas que habían de prohibirse y corregir las que parecían dignas de ser conservadas. Al parecer, Moratín no corrigió obra alguna; se limitó a formar la lista de las prohibidas —algo más de 600—, entre las cuales incluyó *La vida es sueño, La prudencia en la mujer, El príncipe constante, El tejedor de Segovia, El Caín de Cataluña* y otras. Emilio Cotarelo y el marqués de Valmar se desatan en denuestos contra Moratín; Cook, que reproduce sus palabras, señala que las 600 comedias de la lista no pertenecen al teatro del Siglo de Oro, como parece deducirse de las palabras de Valmar; apenas unas 50 proceden de esta época, mientras que las restantes son obras de ínfimos contemporáneos de Moratín, cuyos títulos son desconocidos hoy día. Ninguna comedia de la Edad de Oro, afirma Cook [117], verdaderamente popular entonces, fue prohibida. Y da a continuación los nombres de las muchas comedias áureas que fueron escenificadas en Madrid durante el tiempo en que la Junta ejerció su autoridad.

Cuando el municipio de Madrid fue desposeído de su control sobre los teatros, presentó un memorial al rey protestando del hecho, y haciendo constar que los teatros habían sido construidos por la ciudad y le pertenecían. A la protesta se sumaron todos los cómicos que habían sido eliminados de las compañías, los autores postergados por la nueva política teatral, y el pueblo que quedaba privado de sus comedias favoritas de magia y «de ruido»; los mismos cómicos seleccionados para trabajar fueron estimulados por el Ayuntamiento de Madrid a no firmar nuevos contratos y a boicotear los planes de reforma, contra los cuales llovieron artículos satíricos. Cotarelo informa con satisfacción sobre el fracaso de la nueva política teatral y el enorme déficit con que se encontraba la Junta a fines de 1801. Pero nuevamente tiene Cook que salir al paso acerca de la mala fe del informante; pues las más bajas recaudaciones señaladas por Cotarelo corresponden precisamente a comedias áureas —*Amar por señas*, de Tirso de Molina, *Don Lucas del Cigarral*, de Rojas, y *Encanto sin encanto*, de Calderón—. El fracaso, evidente, se produjo por el boicot de los propios cómicos y del público bajo; fue necesario, para salvar la situación, volver en agosto de 1801 a las comedias de magia. La resistencia organizada contra las reformas —informa Cook [118]— fue tan eficaz que el Gobierno se vio obligado a devolver el control de los teatros al Ayuntamiento de Madrid en enero de 1802. Los neoclásicos habían luchado durante medio siglo para lograr la mejora del teatro por medio de la intervención gubernamental, esfuerzos culminados con el Plan de Reforma y la creación de la Junta; pero su fracaso les desalentó por entero y desde entonces la participación del poder público fue eliminada de sus propósitos reformadores [119].

---

[117] *Neo-classic Drama...*, cit., pág. 380.

[118] Ídem, íd., pág. 382.

[119] Cfr. del libro de Andioc, cit., el cap. X, «La réforme», págs. 599-656. Véase además, I. L. McClelland, *Spanish Drama of Pathos. 1750-1808*, 2 vols., Liverpool University Press, 1970; el primer vol., titulado *High Tragedy*, contiene varios capítulos dedicados a los problemas que hemos tratado en estas páginas. Pueden hallarse muchas noticias y datos de interés para el teatro de la época en los siguientes libros de Emilio Cotarelo: *María Ladvenant y Quirante*, Madrid, 1896; *María del Rosario Fernán-*

II

LA DRAMATURGIA NEOCLÁSICA

LOS ÚLTIMOS DRAMATURGOS DEL BARROCO

Repetidamente nos hemos referido a los dramaturgos del XVIII que cultivan las formas ya exhaustas del Barroco, englobándolos en una común y anónima condena. Existen, sin embargo, dos autores, que deben ser salvados de esta indiscriminada relación: Antonio de Zamora y José de Cañizares.

Antonio de Zamora nació en Madrid, hacia 1670. Fue gentilhombre de cámara del último Austria y oficial de la Secretaría de Nueva España. Defendió luego celosamente la causa de los Borbones. En 1722 publicó sus *Comedias nuevas.* Zamora es sobre todo un refundidor de piezas del Barroco, en especial de Calderón, cuya retórica supo apropiarse con asombrosa fidelidad. En 1701, con motivo de la entrada de Felipe V en Madrid, se repuso el auto calderoniano *El pleito matrimonial del Cuerpo y del Alma,* arreglado y ampliado por Zamora tan hábilmente que sólo el cotejo con el texto original permite conocer las partes añadidas. Remozó asimismo, entre otras obras, *Lo que puede el oír misa,* de Mira de Amescua, con el título de *Por oír misa y dar cebada, nunca se perdió jornada;* el auto de Calderón *La devoción de la misa;* la trilogía de Lope sobre el patrono de la Villa y Corte en su comedia de santos *El lucero de Madrid y divino*

dez la Tirana, Madrid, 1897; *Isidoro Máiquez y el teatro de su tiempo*, Madrid, 1902; *Orígenes y establecimiento de la ópera en España*, Madrid, 1917. Cfr. asimismo: C. E. Kany, «Plan de reforma de los teatros de Madrid aprobado en 1799», en *Revista de la Biblioteca, Archivo y Museo del Ayuntamiento de Madrid*, VI, 1929, págs. 246-284. José Subirá, «La participación musical en las comedias madrileñas durante el siglo XVIII», en *Revista de la Biblioteca, Archivo y Museo del Ayuntamiento de Madrid*, VII, 1930, págs. 109-123 y 389-404. Eduardo Juliá Martínez, «Preferencias teatrales del público valenciano en el siglo XVIII», en *Revista de Filología Española*, XX, 1933, págs. 113-159 C. B. Qualia, «Corneille in Spain in the Eighteenth Century», en *Romanic Review*, XXIV, 1933, págs. 21-29. Del mismo, «The Campaign to substitute French Neo-Classical Tragedy for the Comedia, 1737-1800», en *P. M. L. A.*, LIV, 1939, págs. 184-211. Del mismo, «Racine's Tragic Art in Spain in the Eighteenth Century», en *P. M. L. A.*, LIV, 1939, págs. 1059-1076. Del mismo, «Voltaire's Tragic Art in Spain in the Eighteenth Century», en *Hispania*, XXII, 1939, págs. 273-284. Del mismo, «The Vogue of the Decadent French Tragedies in Spain, 1762-1800», en *P. M. L. A.*, LVIII, 1943. Pablo Cabañas, «Moratín y la reforma del teatro de su tiempo», en *Revista de Bibliografía Nacional*, V, 1944, págs. 63-102. Ada M. Coe, *Entertainments in the Little Theatres in Madrid, 1759-1819*, Nueva York, 1947. I. L. McClelland, «The Eighteenth-Century Conception of the Stage and Histrionic Technique», en *Estudios Hispánicos, Homenaje a Archer M. Huntington*, Wellesley, Massachusetts, 1952, págs. 393-425. Arturo Zavala, *La ópera en la vida teatral valenciana del siglo XVIII*, Valencia, 1960.

labrador, San Isidro; Las famosas asturianas, también de Lope, en su
Quitar España con honra el feudo de cien doncellas; la comedia de Alar-
cón *No hay mal que por bien no venga* en su *Don Domingo de Don
Blas*, etc., etc.

Supo también Zamora alzarse a creaciones más originales, como en su
Judas Iscariote, sacado de los Evangelios apócrifos, y en algunas comedias
«de figurón», como *El hechizado por fuerza* y *Don Bruno de Calahorra o
el indiano perseguido. La Poncella de Orleáns*, que es una de las primeras
obras sobre la famosa heroína, revela posibles influencias de fuentes
francesas e inglesas; y su *Mazariegos y Monteses* parece encerrar un eco del
Romeo y Julieta shakespeariano.

La obra más importante de Zamora, y por la cual sobrevive en realidad, es la comedia *No hay plazo que no se cumpla ni deuda que no se
pague, y Convidado de piedra*, versión de las aventuras del Don Juan del
Burlador de Sevilla, de Tirso, que por acomodarse mucho más que el original al gusto de sus contemporáneos y al estilo teatral de la época, se
convirtió en pieza obligada en las representaciones del Día de Difuntos,
hasta que fue sustituida, en los días del Romanticismo, por el *Don Juan
Tenorio*, de Zorrilla. Se ha discutido la relación existente entre la obra de
Zamora y la del dramaturgo romántico. La mayoría de los críticos ha
admitido con preferencia el influjo de Dumas padre y de Próspero Mérimée sobre el drama de Zorrilla y desatendido su posible deuda con la
comedia de Zamora. Pero, a juicio de Barlow [120], que ha estudiado el problema, la verdadera fuente de Zorrilla es la comedia del XVIII; aunque
no pueda hablarse de semejanzas textuales, son evidentes —dice— los
puntos de contacto. Enumera, entre otros: el parecido existente en la
escena inicial de ambas comedias; la utilización del *gracioso* —Camacho
en la obra de Zamora, Ciutti en la de Zorrilla— para producir la rápida
revelación del carácter de don Juan; el uso frecuente del dinero·para
sobornar a los servidores; en *El Burlador de Sevilla*, don Juan no es un
asesino y si mata a don Gonzalo es porque se ve forzado a ello para escapar de su casa; Zamora, en cambio, lo convierte en un matador gratuito,
que se jacta de estas hazañas sin darles importancia, y lo mismo hace el
don Juan de Zorrilla que enumera jactanciosamente sus 32 muertos; ambos don Juanes violan la santidad de un convento; los dos se enamoran
perdidamente de la mujer —doña Ana en Zamora, doña Inés en Zorrilla,
ambas de Ulloa— que les redime al fin de sus calaveradas, quebrando de
hecho su donjuanismo; los dos echan al hado la culpa de sus delitos
—«llamé al cielo y no me oyó...»—, etc.

Las semejanzas apuntadas —sólo unas pocas de las que Barlow enumera— permiten ver que Zamora delineó la estampa del don Juan, que

---

[120] Joseph W. Barlow, «Zorrilla's Indebtedness to Zamora», en *Romanic Review*,
XVII, 1926, págs. 303-318.

Zorrilla había de acuñar definitivamente, dotándolo de una arrogancia achulada, matonil, y de su peculiar capacidad de seducción, que le transforman de *burlador* en *conquistador*, casi un profesional de la aventura amorosa. Asimismo aumenta Zamora el elemento sobrenatural, en relación con la obra de Tirso, y subraya la actitud desafiadora de don Juan, que había de acentuar Zorrilla. En el desenlace, aunque no se declara inequívocamente la salvación por el amor de la versión romántica, se sugiere al menos, alejándose por entero de la condenación final que sufre el héroe de Tirso. Merece destacarse también que Zamora introduce escenas pintorescas y populares, que parecen preludiar el tono de Ramón de la Cruz; tendencia particularmente acusada en sus comedias de *figurón* y en los *entremeses*, género que cultivó también, no sin fortuna —*Las bofetadas, Los gorruminos y las gorruminas, Pleito de la dueña y el rodrigón*, etc.—.

Cañizares. El segundo autor dramático mencionado, José de Cañizares (1676-1750), nacido en Madrid, fue militar en sus años de juventud y luego censor de teatros de la corte. Estuvo al servicio de la casa de Osuna. Como Zamora, se dedicó con preferencia a adaptar comedias del XVII, aunque suele servirse de los asuntos con bastante libertad. Su producción es extensa y cultivó los géneros más variados. Entre las comedias *de santos* merece destacarse *A cual mejor, confesada y confesor*, en la que enfrenta a las figuras de nuestra mística Santa Teresa y San Juan de la Cruz. Para las *históricas* gustó Cañizares de escoger figuras descollantes, como el Gran Capitán en *Las cuentas del Gran Capitán*, inspirada en Lope, y Hernán Cortés en *El pleito de Hernán Cortés con Pánfilo de Narváez*. Destacó en las comedias *de figurón*, como *El dómine Lucas*, y *El honor da entendimiento y el más bobo sabe más*. Escenificó temas novelescos de Cervantes en *La muy ilustre fregona* y *Pedro de Urdemalas*.

La obra más notable de Cañizares es *El picarillo de España, señor de la Gran Canaria*, cuyo protagonista, Federico de Bracamonte, hijo del descubridor de las islas, tiene que ocultar su nombre y vivir en la corte castellana disfrazado de pícaro. Su ingenio y atractivo personal le granjean la estima de los reyes y de su privado, don Álvaro de Luna; y descubierta al fin su identidad, recupera el señorío de las Islas Canarias y consigue la mano de la dama que pretendía.

En el teatro de Cañizares se da, más todavía que en el de Zamora, el gusto por la escena y la frase popular y el rasgo pintoresco de la vida madrileña, que el autor lleva no sólo a sus comedias *de figurón* sino hasta a las *históricas* y *de santos*.

Con el propósito de llevar a la práctica las ideas dramáticas que alegaban contra la anárquica irregularidad del teatro barroco, diversos escritores intentaron la creación de una tragedia neoclásica, componiendo piezas de este carácter. Se insiste siempre en subrayar el total fracaso de estos intentos que, con alguna levísima excepción, no consiguieron incorporar a la literatura castellana ninguna obra valiosa. Pero se afirma al mismo tiempo, que si el espectador español coetáneo rechazó dichas producciones, lo hizo no sólo por su muy escasa calidad, sino por simple aversión a las innovaciones que pretendían introducir los *galo-clásicos*, es decir, por desprecio hacia un teatro *con reglas;* así, por ejemplo, lo asegura en diversas ocasiones don Emilio Cotarelo. Los escritores neoclásicos, fracasados en el teatro, acusaron repetidamente a Ramón de la Cruz, que dirigió dictatorialmente por largo tiempo los teatros de la corte, de hacer fracasar con sus manejos los esfuerzos de los pretendidos innovadores, acusación que, naturalmente, rechazan los críticos tradicionalistas. Cook destaca, sin embargo, una realidad muy digna de atención. Por el mismo tiempo en que fracasaban estrepitosamente las tragedias clasicistas originales de los ingenios españoles, el público aceptaba, hasta con cierto entusiasmo, como revelan las cifras de las recaudaciones, obras traducidas del italiano y del francés estrictamente sometidas a las reglas clásicas, algunas de las cuales habían sido traducidas o adaptadas por el propio Ramón de la Cruz. No queda, pues, lugar a dudas de que el fracaso de los intentos nacionales no era un problema de reglas sino de calidad, es decir, de falta de habilidad y talento dramático en los autores patrios. La composición de tragedias regulares —dice Cook [121]— era un reto que se ofrecía a los reformadores españoles, y las pocas que se escribieron, salieron de la pluma de intelectuales o de críticos que apenas tenían nada de dramaturgos. Equipados con sus reglas y sus buenos propósitos, invadieron un campo que no era el suyo y en el que no tenían experiencia ni aptitud. Es indudable que sus tragedias hubieran sido igualmente endebles si hubieran dejado libre su imaginación y violado las unidades sin freno alguno.

La tragedia neoclásica española siguió a la francesa en cuanto al molde y la estructura dramática, pero casi siempre buscó sus temas en la historia del propio país. Como Ruiz-Ramón ha puesto de relieve [122], lo que merece especial atención en la historia de nuestra tragedia neoclásica es el intento de crear una tragedia original española, temáticamente na-

[121] *Neo-classic Drama in Spain...*, cit., pág. 280.
[122] Francisco Ruiz-Ramón, *Historia del teatro español desde sus orígenes hasta mil novecientos,* 2.ª ed., Madrid, 1971, pág. 338.

cional, condición subrayada también por Daniel-Henri Pageaux [123] al estudiar en nuestra tragedia el tema de la resistencia asturiana. En la primera mitad del siglo, los escasos intentos de imitar el teatro clásico francés habían seguido también a éste en su preferencia por los temas y personajes de la Antigüedad; de hecho, habían consistido preferentemente en traducciones y adaptaciones francesas con predominio de asuntos clásicos, bíblicos y hasta orientales. Pero con el *Ataúlfo* de Montiano se inicia la nueva dirección [124], que queda ya afirmada a partir de la *Hormesinda* de Moratín el Viejo. René Andioc ha estudiado la significación de estos nuevos personajes trágicos españoles. En realidad, componen una galería de héroes nacionales, que son enaltecidos por el ejemplo que ofrecen de energía y de patriotismo. Ni Pelayo, ni Guzmán el Bueno, ni los numantinos —dice Andioc [125]— son comparables al «príncipe conquistador» (Alejandro o Luis XIV), cuya política agresiva condenaba Feijoo; el asturiano es un reconquistador, que lucha por liberar a su patria de manos enemigas; hasta el mismo Cortés no es concebido como un guerrero, sino como conductor de una misión pacificadora y civilizadora, héroe por lo tanto de una guerra justa inspirada por el patriotismo y la virtud.

Subraya muy oportunamente Andioc [126] que, a pesar de algunas concesiones ocasionales al gusto del público, las *tragedias neoclásicas* no pueden confundirse con las *comedias heroicas* aun cuando llevasen a escena los mismos sucesos y personajes. Todos los héroes que simbolizaban España «tal como ésta debía ser» los encontramos en las tragedias que por estímulo del conde de Aranda escribieron los dramaturgos de esta época; semejante floración de tragedias clásicas, dedicadas a héroes nacionales, está relacionada estrechamente con los esfuerzos del gobierno de Carlos III por regenerar el país. La comedia —sigue explicando Andioc—, como crítica de costumbres, vendrá más tarde y será seguida de un nuevo período en el cual la perspectiva de una movilización de energías hará preferir Alfieri a Racine; entonces aparecerá otro *Pelayo* —el de Quintana— y otro *Sancho García* —el de Cienfuegos—; al estallar la Guerra de la Independencia, Pelayo se convertirá en una «figura de actualidad».

Menéndez Pidal, según recuerda Andioc [127], señaló, al estudiar *El rey Rodrigo en la literatura*, que el tema de la *pérdida* de España, contenido en la leyenda de don Rodrigo y de la Cava, es sustituido, a partir del siglo XVIII, por el tema de la *restauración*, según convenía al concepto de

---

[123] Daniel-Henri Pageaux, «Le thème de la résistance asturienne dans la tragédie néo-classique espagnole», en *Mélanges à la mémoire de Jean Sarrailh*, II, París, 1966, págs. 235-242.

[124] Cfr.: G. Boussagol, «Montiano et son *Ataúlfo*», en *Bulletin Hispanique*, LXIV, bis, 1962, *Mélanges offerts à Marcel Bataillon*, págs. 336-346.

[125] *Sur la querelle du théâtre...*, cit., pág. 423.

[126] Idem, íd., pág. 425.

[127] Idem, íd., pág. 427.

una nación *renaciente* por el impulso de los ilustrados y a una imagen del absolutismo y dignidad del rey con la cual no era compatible la del último godo responsable de la pérdida de España. Guzmán el Bueno representa al perfecto ciudadano, tal como lo conciben los partidarios del poder absoluto; es un héroe que hace callar la voz de la sangre en nombre de los supremos intereses del país. El héroe numantino Aluro —en la tragedia de López de Ayala— antepone el amor de la patria al de su prometida; recuérdese que Ayala dedicó su obra al conde de Aranda, con evidente propósito de ofrecer aquel ejemplo de heroica tenacidad a los esfuerzos regeneradores del Gobierno. La tragedia neoclásica española trata de encumbrar a sus personajes asimilándolos a los héroes de la Antigüedad: el «feroz Pelayo» es, para Nicolás F. de Moratín, el Eneas español; Guzmán es un «segundo Bruto». Queda por todo ello bien justificado que Andioc califique a toda esta producción trágica española de *literatura comprometida*, término de hoy, pero perfectamente ajustado en su intención a la tragedia española del Setecientos.

Juan José López de Sedano. En páginas anteriores hemos aludido ya, a propósito de las polémicas en torno al teatro, a las tragedias compuestas por Montiano y por Nicolás F. de Moratín. Además de éstos, y por preceder cronológicamente a los que luego vamos a estudiar, debe mencionarse la tragedia *Jahel*, compuesta por Juan José López de Sedano y publicada en 1763 con un largo prefacio. Sedano (1730-1801), natural de Logroño, fue protegido de Esquilache, que le colocó en la Biblioteca Real en la sección de antigüedades y medallas; perteneció a la Academia de la Historia. Hizo viajes de investigación arqueológica por España y publicó algunos escritos sobre inscripciones y medallas de Cataluña y Valencia; publicó además algunas traducciones de Goldoni, Metastasio y Molière. Su trabajo más conocido es el *Parnaso Español. Colección de poesías escogidas de los más célebres poetas castellanos*, antología en nueve volúmenes, que le editó Sancha entre 1768 y 1778. Cotarelo califica a Sedano de «hombre de escasísima cultura, que suplía con una vanidad y una arrogancia casi increíbles» [128]. A este tenor juzga su colección del *Parnaso*, evidentemente defectuosa por la falta de criterio y preparación del bibliotecario riojano, que desatendió prudentes consejos de muchos eruditos; aunque no es menos cierto que, por ser la más amplia antología publicada hasta entonces, no careció de utilidad.

En el aludido prefacio a su *Jahel*, Sedano expone los argumentos, que ya nos son conocidos, contra la irregularidad, confusión, indecencia y barbarie del viejo teatro, muy particularmente en lo que concierne a las piezas religiosas; cita a Luzán, y sugiere que la vieja *comedia* debiera ser

---

[128] *Iriarte y su época*, cit., pág. 165.

oficialmente prohibida por «la autoridad del Supremo Magistrado»; recuerda la finalidad docente y a la vez deleitosa del teatro, y ofrece a continuación su *Jahel,* que puede quizá reunir teóricamente las apetecidas condiciones de una tragedia bíblica. Sedano no se hace muchas ilusiones de que su obra sea representada —por eso la publica—, porque en España —dice— obras como la suya son incompatibles con las monstruosidades que se han adueñado de los escenarios. Tomás de Iriarte, que había atacado a Sedano a propósito de la traducción del *Arte poética* de Horacio, hecha por Espinel e incluida en el primer volumen del *Parnaso,* la emprendió de nuevo contra Sedano en el libro *Donde las dan las toman.* A propósito de la *Jahel* escribe: «...toda la tragedia está llena de relaciones lánguidas e interminables. Casi no hay interlocutor, desde el principal hasta el más subalterno, que no tenga a lo menos una de buen tamaño. Jahel empieza con su arenga de 91 versos; su esposo Haber responde con otra de 133, y con la particularidad de que hay entre ellos 90 seguidos sin hacer punto redondo. —¡Pobre cómico que la hubiese de representar! A pocas relaciones de esas enfermaría de asma, o a lo menos no se libertaría de una ronquera de un mes, por buenos pulmones que tuviera». Y prosigue sacando cuentas minuciosas, para acabar diciendo: «Y ahora añado que no es como quiera fría, sino helada, garapiñada y acarambanada...»[129]. Por su parte Moratín el Joven, en el *Discurso preliminar* a sus comedias, enumera la *Jahel* junto con el *Munuza* de Jovellanos y el *Progne y Filomena* de Sebastián y Latre entre los «ensayos plausibles de lo que hubiera podido adelantarse en este género, si sus autores hubieran merecido al Gobierno más decidida protección»[130]; alusión no muy entusiasta tampoco.

La *Jahel* está escrita en endecasílabos sueltos, porque Sedano consideraba una puerilidad el empleo del consonante.

Cadalso. Un año después de haber sido puesta en escena la *Hormesinda* de Moratín el Viejo, José Cadalso hizo representar una tragedia, *Sancho García* (1771), en la cual hizo el papel de condesa de Castilla la famosa actriz, su enamorada, María Ignacia Ibáñez[131]. La obra posee un argumento histórico-nacional. Un rey moro, Almanzor, para apoderarse de Castilla, se finge enamorado de la condesa viuda, que corresponde ciegamente a la supuesta pasión del moro y se decide a matar a su propio hijo, Sancho García, heredero del condado. Al final del drama, por error de un criado, la condesa bebe el veneno preparado para su hijo, a quien antes de morir confiesa su pretendido crimen. Sancho perdona a su ma-

---

[129] Cit. por Cotarelo en *Iriarte y su época,* cit., págs. 167-168.
[130] Ed. cit., pág. 317.
[131] Véase cap. VIII, págs. 709-713.

dre y Almanzor se suicida. La versión más antigua de este episodio legendario se encuentra en la *Primera Crónica General* y lo recogen otros historiadores, como Mariana; había sido también tema de romances, recogidos por Sepúlveda y Juan de la Cueva. Pero, aparte una comedia perdida de Lope, *Los Monteros de Espinosa*, que trataba probablemente el mismo asunto, no existen versiones dramáticas anteriores a la tragedia de Cadalso.

Dos defectos principales han sido señalados a *Sancho García*. De un lado, la insuficiente justificación de la pasión de la condesa hacia Almanzor, que no posee ningún aspecto atractivo en su carácter; con lo cual se rebaja la tensión trágica de la obra; de otro, la monotonía que se deriva de la versificación en pareados, sostenida desde el principio al fin. Glendinning trata de disculpar este reparo, advirtiendo que Cadalso consigue cierta fluidez utilizando el encabalgamiento —cada pareado no contiene siempre una unidad de sentido— y variando la longitud de las frases; declamados convenientemente —dice—, desaparece, o se atenúa, la rigidez de la forma poética, que juzga adecuada a la índole de las ideas que estaba llamada a expresar [132]. Martínez de la Rosa [133] atribuía el fallo básico de la obra a que su acción, precipitada al comienzo, apenas da un paso luego durante tres actos enteros, en los cuales se mantiene siempre la misma situación; pero analiza además, escena por escena, las pasiones de los personajes y muchos detalles de la trama para llegar a un juicio global enteramente negativo [134]. Cotarelo juzga la obra despectivamente, la versificación «insoportable a castellanos oídos», insignificantes hasta la nulidad los personajes secundarios ya que «la rigurosa unidad de acción no permitía otras expansiones» [135]. De hecho, según informa el mismo Cotarelo, a pesar de los «supremos esfuerzos» de los actores, el estreno de *Sancho García* constituyó un desastre; duró en cartel sólo cinco días con escasísimos rendimientos, y en los dos últimos «puede decirse que se representó en la soledad más completa».

Sebold [136] se muestra también rotundamente adverso a la obra, pero defiende, como Glendinning, el uso de los pareados endecasílabos, la única crítica injusta —dice [137]— de que ha sido objeto la tragedia de Cadalso. Afirma Sebold que pueden hallarse versos muy armoniosos en la obra,

---

[132] Nigel Glendinning, *Vida y obra de Cadalso*, Madrid, 1962, pág. 54.

[133] Francisco Martínez de la Rosa, «Apéndice sobre la tragedia española», en *Obras de D. Francisco Martínez de la Rosa*, ed. de Carlos Seco Serrano, III, B. A. E., CL, Madrid, 1962, págs. 152-153.

[134] Martínez de la Rosa, que hace el estudio de la obra con toda seriedad, sin pretender burlarse, casi acaba por darle al lector la impresión de que está haciendo esfuerzos para ocultar la sorna.

[135] *Iriarte y su época*, cit., pág. 97.

[136] Russell P. Sebold, *Colonel Don José Cadalso*, Nueva York, 1971.

[137] Ídem, íd., pág. 150.

y que los pareados endecasílabos habían sido utilizados por Lope, Alarcón y Moreto en ciertos pasajes de algunas de sus comedias. La defensa es débil, sin embargo, aun apoyándola con apelaciones al arte europeo y a la tradición occidental, porque no es lo mismo servirse oportunamente de este metro en una breve escena, que dispararle al espectador cinco actos seguidos con idéntico sonsonete; la existencia de algunos versos hermosos no es obstáculo para que un martilleo rítmico se convierta al cabo de dos horas en una pesadez; y de esto se trata. Napoli-Signorelli [138] y Moratín el Joven [139], que disponían de un par de buenos oídos «clásicos» por cabeza y no tenían prejuicios de ninguna índole contra la literatura neoclásica que ellos mismos cultivaban, juzgaron ya entonces que los pareados endecasílabos, servidos en forma masiva, que es como los ofrecía Cadalso en su tragedia, resultaban insoportables; y Martínez de la Rosa, a quien por lo menos le quedaba un buen oído «clásico» —quizá los dos—, calificó también de «pesado martilleo... poco grato a los oídos españoles» [140] los endecasílabos del *Sancho García*.

René Andioc [141], que rastrea minuciosamente el contenido político del teatro español del Setecientos, subraya que la tragedia de Cadalso pretendía ofrecer al espectador «afectos de religión, honor, patriotismo y vasallaje», según se anuncia en el *Argumento*; el «buen vasallo», dice Andioc, se parece mucho a aquel cuya imagen habían popularizado los teóricos del absolutismo, aunque en el *Sancho García*, curiosamente, está encarnado por un enemigo de los castellanos, el moro Alek, consejero de Almanzor. Alek, aunque no está de acuerdo con los planes de Almanzor, se resiste a formular crítica alguna contra su dueño, actitud tanto más ejemplar —dice con mucha gracia Andioc— cuanto que el despotismo de Almanzor no era precisamente «ilustrado». He aquí cómo se expresa Alek:

> *Abomino a los hombres que se atreven*
> *A dar censura a quien obsequio deben.*
> *El Rey es como Dios, Señora, atiende:*
> *Quien más lo estudia menos lo comprende* [142].

Cadalso escribió otras dos obras para el teatro, hoy perdidas. La primera, una tragedia, *Solaya o los circasianos* (*las circasianas* escriben muchos por error), fue compuesta antes de *Sancho García* y entregada al director del teatro del Príncipe, pero el Vicario de Madrid la prohibió terminantemente; a juicio de Glendinning debió de ser particularmente in-

---

138 Pietro Napoli-Signorelli, *Storia critica de' Teatri antichi e moderni*, Nápoles, 1777, pág. 408; cit. por Glendinning, *Vida y obra de Cadalso*, cit., págs. 53-54.
139 *Discurso preliminar* a sus Comedias, cit., pág. 317.
140 «Apéndice sobre la tragedia», cit., pág. 153.
141 *Sur la querelle du théâtre...*, cit., pág. 433.
142 Cit. por Andioc en ídem, íd.

teresante, considerada la opinión de los censores. De la segunda, *La Numantina (Numancia* escribe Tamayo por error en el *Diccionario de Literatura Española* de la «Revista de Occidente»), no existe por el momento
rastro alguno.

Ignacio López de Ayala. Una tragedia, no desprovista de interés, es
Numancia destruida, compuesta por Ignacio López de Ayala, profesor de
Poética en el Real Colegio de San Isidro, miembro de la Academia de la
Historia y autor de diversas composiciones poéticas y obras históricas y
de erudición [143]. Su *Numancia*, impresa en 1775 y representada por primera vez en 1778, nada tiene en común con la de Cervantes, desconocida
entonces y publicada nueve años después que la de Ayala, ni con las dos
comedias de Rojas Zorrilla sobre el mismo asunto, la *Numancia cercada* y
la *Numancia destruida*. La de Ayala, según datos de Cook [144], tuvo una
discreta aceptación, al ser estrenada, con siete días en cartel, y a lo largo
de medio siglo fue repuesta en varias ocasiones, llegando a convertirse
en una de las más populares piezas de repertorio, aunque no siempre
en su forma original sino a través de la adaptación hecha por Antonio
Sabiñón. La obra cayó después en el olvido y no ha vuelto a ser impresa hasta la reciente edición de Sebold [145].

De la *Numancia* de Ayala se han ocupado, con mayor o menor extensión y en forma más o menos ocasional, diversos críticos y escritores
—Cadalso, Napoli-Signorelli, Forner, Sempere y Guarinos, Moratín el Joven, Alcalá Galiano, Martínez de la Rosa, Menéndez y Pelayo, Lista, Larra—,
que aunque no dejaron de hacer reparos, alabaron en general la obra
ponderando su espíritu nacional, la sonoridad y robustez de sus versos y
el ímpetu y nobleza de las pasiones. Lista y Martínez de la Rosa convienen en censurar la condición del argumento, pues la ruina de la ciudad
se le muestra al espectador como inevitable desde el comienzo, lo cual
produce monotonía y resta interés; para corregir estos fallos —dicen—
ideó Ayala los amores de Yugurta y Olvia y los de ésta con el numantino
Aluro.

Sebold defiende «numantinamente» la tragedia de Ayala, sin ceder un
palmo al enemigo, hasta llegar a concluir que alcanza en varios pasajes
«cimas poéticas». La apreciación puede que sea un tanto exagerada, aunque algunas consideraciones «teóricas» sean correctas. Así, por ejemplo,
Sebold sostiene, con el ejemplo de los clásicos en la mano, que lo cono-

[143] Cfr.: Juan Sempere y Guarinos, *Ensayo de una biblioteca española de los mejores escritores del reynado de Carlos III*, I, Madrid, 1785, págs. 154-171 (ed. facsímil,
Madrid, Gredos, 1969). Véase también la Introducción a la edición de Sebold, cit. luego.

[144] *Neo-classic Drama in Spain*, cit., págs. 281-283.

[145] Ignacio López de Ayala, *Numancia destruida*, ed. de Russell P. Sebold, Salamanca, 1971.

cido del argumento no es obstáculo para la perfección de una obra trágica, y que la intriga amorosa entretejida sirve para demostrar que la destrucción de la ciudad es una tragedia no sólo histórica sino también humana: «Cuando sentimos —dice— de modo más inmediato la angustia particular de uno de los personajes, sentimos en el mismo momento la inminencia del peligro general. Es decir, que el conflicto central de la tragedia se interioriza en cada uno de los amantes» [146]. Explicación inatacable; lo que falta aclarar es si las emociones individuales poseen la suficiente consistencia —allí en la obra, concretamente, y no en el plano del examen teórico— para hacernos sentir la fusión de la tragedia colectiva con la particular, y si Yugurta, metido en Numancia porque está enamorado de una chica de la ciudad, resulta todo lo convincente que sería necesario. Sebold subraya el *arte unanimista* de la *Numancia*, que examina en la disposición técnica de la obra y hasta en una serie de recursos estilísticos; y a propósito del intentado suicidio de Aluro señala oportunamente que el dramaturgo «se vale de todos los medios para demostrar que lo individual carece de sentido en la solución de esta tragedia» [147]; si el suicidio en masa de la ciudad es una virtud, el de Aluro hubiera sido un «pecado romántico». Las vibrantes palabras de Megara, el jefe numantino, son inequívocas:

> ¿Miras el daño universal sin miedo,
> y tu dolor te rinde? Oprime el llanto,
> ¿Vivimos? Resistamos... [148].

Sebold, lanzado a la empresa de encontrar por doquier valores neoclásicos y atento en particular a subrayar los aspectos formales y estructurales de la *Numancia*, se olvida, sin embargo, de un importante aspecto, al que la obra de Ayala debió precisamente la mayor parte de su no escasa popularidad, que es su contenido nacional. Hemos aludido páginas arriba al propósito de crear una tragedia nacional, temáticamente española, que animó a los escritores del siglo XVIII, y a la *Numancia* de Ayala le corresponde un importante papel en dicho intento; ninguno de los críticos antes mencionados —ellos sabrían por qué— dejó de señalar el carácter nacional y patriótico de la obra, y es muy significativo el hecho de que su mayor popularidad aconteciese en los primeros años del ochocientos, favorecida por las circunstancias políticas de la nación, y precisamente en la versión de Sabiñón, que suprime la trama amorosa para dejar a cuerpo limpio la resistencia de la ciudad (aunque bajo el aspecto literario semejante arreglo pueda empeorar la obra; ese es otro problema).

---

[146] Introducción, ídem, íd., pág. 49.
[147] Ídem, íd., pág. 46.
[148] Ídem, íd., pág. 140.

Hemos mencionado también el hecho de que Ayala dedicó su obra al conde de Aranda, uno de los más destacados promotores del movimiento regeneracionista; el sentido de la dedicatoria y su propósito de estimular las tareas del Gobierno es evidente. Subraya Andioc [149] que las alusiones de los personajes de la tragedia al letargo de que era forzoso sacar a España ponen muy de relieve la función que el autor asignaba a la obra: el desastre —viene a decirnos— es consecuencia de la discordia y la desunión, y la *Numancia destruida* se convierte en un llamamiento a la unidad nacional, que bajo Carlos III significaba el propósito de aumentar la centralización del poder; a pesar de la oposición manifestada en el motín de Esquilache de 1766. En las escenas finales, Aluro grita a los numantinos:

> *Muramos, campeones. Ved que España,*
> *Roma, Italia, la Europa, el mundo entero*
> *nos miran con zozobras, y entre dudas*
> *temerosos aguardan lo que haremos.*
> ....
> *Todos morid y fecundad el suelo*
> *con sangre que produzca el heroísmo;*
> *sangre implacable, que irritada incendios*
> *fomente de venganzas; sangre fértil,*
> *que activa excite a generosos hechos*
> *a la futura España; sangre libre,*
> *que reprehenda el torpe cautiverio*
> *de esta ciega nación; porque algún día,*
> *despierta de letargo tan funesto,*
> *os admire, os envidie, os llore y vengue* [150].

Creemos que precisamente esa intención «actualizadora» de Ayala origina un anacronismo de fondo que quita vigor a la obra; los numantinos hablan constantemente de la libertad de *España*, de la Europa que los contempla, etc., etc., como si el cerco de Numancia hubiera tenido lugar en los mismísimos días de los Borbones; y si los personajes que allí aparecen se hubieran vestido de casaca, es muy probable que no se expresaran de distinta forma. La tragedia tiene, pues, una finalidad patriótica, y hasta patriotera si se quiere, con sus latiguillos y todo, que debían de sonar espléndidamente en los años de Napoleón. Pero sospechamos que lo que impide a la *Numancia* poseer la debida fuerza trágica es justamente lo que le sobra de «literatura comprometida», según la idea de Andioc, y de intención gubernamental, y lo mucho que le falta de rudeza y primitivismo, de rabiosa elementalidad propia de una ciudad de aquellos

---

[149] *Sur la querelle du théâtre...*, cit., pág. 432.
[150] Cit. por Andioc en ídem, íd., pág. 431; págs. 143 y 144 en la ed. de Sebold, cit.

tiempos sola y perdida frente a la máquina implacable y mil veces superior de los sitiadores. Pero sería absurdo pedirle estos sentimientos en 1775 al atildado catedrático de San Isidro, a pesar de que era historiador.

García de la Huerta: la «Raquel». La más celebrada, y a la vez discutida, tragedia del neoclasicismo español es la *Raquel*, de Vicente García de la Huerta. Nació éste en Zafra, Badajoz, en 1734, de hidalgos pobres [151]. Estudió en Salamanca y se trasladó a Madrid, donde, con el apoyo del duque de Alba, de quien era archivero, se convirtió poco menos que en el poeta oficial de la corte; fue académico de la Española, de la Historia y de San Fernando. A consecuencia de unos amores extramatrimoniales, se vio envuelto en conflictos que le enemistaron con el entonces poderoso conde de Aranda. Huerta, con su habitual altanería, ofendió a éste en unas cartas e hizo además circular ciertas coplas contra el ministro; fue procesado, enviado al presidio del Peñón y luego confinado a Orán, de donde no regresó hasta 1777, al subir al poder Floridablanca. Durante su destierro, escribió Huerta su *Raquel*, que fue estrenada en Barcelona en 1775 y en Madrid en 1778 [152], reintegrado ya el autor a la vida de la corte. En una advertencia que precede a la edición de la obra, impresa a poco de su estreno en Madrid, declara Huerta que había escrito la obra para demostrar a los extranjeros la aptitud de los españoles para la tragedia. Voluntariamente había renunciado a la división en cinco actos, permitida por las reglas clásicas y que facilitaba el desarrollo de la acción, para reducirse de hecho a un solo acto, dado que las dos interrupciones que había establecido por exigencia de la representación, no eran necesarias en la lectura. La *Raquel* versa sobre la historia de la judía toledana, amante del rey Alfonso VIII, asesinada por los nobles, celosos de su influjo sobre el monarca. Sobre este tema había escrito Lope su comedia *Las paces de los Reyes y Judía de Toledo*, y Mira de Amescua su *La desdichada Raquel*; durante el reinado de Felipe IV, Luis Ulloa había compuesto un poema sobre el mismo asunto, y Juan Bautista Diamante, epígono de la escuela de Calderón, escribió, basándose en aquél —y en parte también en la obra de Amescua— su comedia *La judía de Toledo*. No parece que Huerta tuviera en cuenta aquellas dos obras primeras, pero se inspiró muy por extenso en el poema de Ulloa, recientemente publicado por Sedano en su *Parnaso*, y en la comedia de Diamante, que había sido muy popular en los escenarios españoles y que, según refiere Signorelli,

---

[151] Cfr.: Sempere y Guarinos, *Ensayo...*, cit., III, págs. 102-122.

[152] La *Raquel*, sin embargo, había sido puesta en escena por primera vez el 22 de enero de 1772 en Orán, donde Huerta estaba desterrado. Cfr.: Jean Cazenave, «Première représentation de *Raquel*», en *Les Langues Néo-latines*, n. 118, enero-mayo de 1951, págs. 1 y ss. Véase también Francisco Aguilar Piñal, «Las primeras representaciones de la *Raquel* de García de la Huerta», en *Revista de Literatura*, julio-diciembre 1967, págs. 133-136.

venía sirviendo para acreditar la capacidad histriónica de las actrices [153].

La obra de Diamante cubre un espacio de siete años; la *Raquel*, de Huerta, sucede por entero, y sin interrupción, según dijimos, en el salón del trono del alcázar toledano; añadamos que no existe *gracioso* alguno en la tragedia, y que está compuesta toda ella en romance endecasílabo.

Sempere y Guarinos afirmó ya entonces que «apenas se encontrará otra tragedia en que se guarden las unidades con tanta exactitud» [154], y pondera luego la consistencia de los personajes cuyo *genio* «está sostenido hasta el fin con bastante igualdad». Señala algunas inverosimilitudes, no pequeñas, pero las disculpa aduciendo parecidas deficiencias de piezas famosas como el mismo *Cid* de Corneille.

Los críticos tradicionalistas han ponderado las cualidades románticonacionalistas de la *Raquel*, con las cuales diríase que hasta puede perdonarse que Huerta respetara las unidades, suprimiera el gracioso y escribiera toda la obra en romance endecasílabo. Cotarelo, en efecto, tras decirnos cómo se observan aquéllas, escribe: «Y esto es lo único que tiene de clásico esta composición: la armazón, el esqueleto. En todo lo demás, argumento, ideas, sentimientos, caracteres, versificación es indígena; es un drama del siglo XVII. Así lo comprendía el autor cuando en el introito que, a uso antiguo, se recitó en la primera representación, pide a los concurrentes que oigan los trágicos acentos de la española Melpómene, no disfrazada en modos peregrinos, pues desdeña atavíos extranjeros, sino... ropaje castellano y con altos y nobles pensamientos que inspira el ibérico clima» [155]. Admite luego los reparos de la crítica extranjera —no dice cuál— sobre las inverosimilitudes de la acción y la pobreza de caracteres, «pero, en cambio —añade—, se distingue por otros méritos positivos, como su excelente lenguaje, su versificación robusta y armoniosa, la extraña y simpática caballerosidad de algunos personajes, y rebosan en ella el espíritu monárquico y el más ardiente españolismo, cosas todas que, o no bien sentidas o mal comprendidas por oídos extranjeros, suenan agradablemente en los nacionales, y la *Raquel* ha sido y será fervorosamente aplaudida cuantas veces se represente en nuestros teatros» [156]. Por su parte, Menéndez y Pelayo escribe: «La representación de la *Raquel*, de Huerta, en 1778, fue el grande acontecimiento teatral del reinado de Carlos III. Por primera vez se daba el fenómeno de aparecer una tragedia de formas clásicas, que, no sólo agradaba sino que excitaba el entusiasmo

---

[153] Para un estudio del tema de la Raquel, cfr., James A. Castañeda, *A Critical Edition of Lope de Vega's «Las paces de los reyes y judía de Toledo»*, Chapel Hill, 1962. Sobre las fuentes históricas y literarias de la obra de Huerta cfr., Enrique Segura Covarsí, «La *Raquel* de García de la Huerta», en *Revista de Estudios Extremeños*, VII, 1951, págs. 197-234.

[154] *Ensayo...*, cit., III, pág. 104.

[155] *Iriarte y su época*, cit., pág. 191.

[156] Idem, íd., pág. 192.

del público hasta el delirio... La *Raquel* se hizo popular en el más noble sentido de la palabra. Y consistió en que la *Raquel* sólo en la apariencia era tragedia clásica, en cuanto su autor se había sometido al dogma de las unidades, a la majestad uniforme del estilo y a emplear una sola clase de versificación; pero en el fondo era una *comedia heroica*, ni más ni menos que las de Calderón, Diamante o Candamo, con el mismo espíritu de honor y de galantería, con los mismos requiebros y bravezas expresados en versos ampulosos, floridos y bien sonantes...». Y perdonando incluso el metro mismo, añade: «Hasta el romance endecasílabo adoptado por Huerta y que luego trasladó con profusión y poco gusto a sus versos líricos a los cuales da carácter híbrido y desaliñado, contribuyó a poner el sello nacional a la pieza, siendo por decirlo así, una ampliación clásica del metro popular favorito de nuestro teatro, dilatado en cuanto al número de sílabas, pero conservando el halago de la asonancia, tan favorable a la recitación dramática» [157].

Todas estas opiniones nos parecen básicamente ciertas, como diremos luego, si no fuera porque debajo de ellas se transparenta una inequívoca reticencia hostil hacia la forma clásica de la obra, que era precisamente donde residía la importancia y el valor del experimento. Si Huerta hubiera pretendido escribir otra *Raquel* en forma de tragicomedia barroca, se podía haber ahorrado el trabajo.

El afán de don Marcelino de hallar tradición o romanticismo anticipado debajo de cada piedra del XVIII, como larvas que aguardasen la primavera favorable, le mueve a encarecer no sólo el mérito de la *Raquel* sino su éxito popular. Cook, en cambio, que parece haber asumido la estimulante misión de aguafiestas de tan problemáticos optimismos, ha reunido ciertos datos que, sin ninguna exageración, puede calificar de «alarmantes» (startling). Resulta que, a pesar de haber excitado «el entusiasmo del público hasta el delirio», según informa don Marcelino, la *Raquel* se representó tan sólo trece veces desde 1791 a 1819, frente a 46 representaciones de la *Numancia* de López de Ayala en el mismo tiempo. La *Atalía*, de Racine. traducida por Llaguno, fue representada 24 veces entre 1804 y 1815; la *Hypermenestra* de Le Mierre, traducida por Olavide, 44 veces entre 1788 y 1810; la *Celmira*, de Du Bellay, traducida por el mismo, 51 veces entre 1785 y 1810; y la *Andrómaca*, de Racine, adaptada por Pedro de Silva, 38 veces entre 1786 y 1816 [158]. Como se ve, no se llega a los mismos resultados dejándose llevar alegremente de la emoción al referirse al éxito de ciertas obras y autores, que consultando fríamente las carteleras de la época.

Claro está que este hecho no empece para considerar objetivamente el mérito de la obra. La *Raquel* es un perfecto ejemplo de cómo podía va-

---

[157] *Historia de las ideas estéticas*, cit., III, pág. 318.
[158] *Neo-classic Drama...*, cit., págs. 284-285.

ciarse un tema barroco y nacional dentro de los moldes de las unidades clásicas; representa, en una palabra, un esfuerzo más para crear en nuestro país una tragedia genuinamente nuestra, según hemos dicho a propósito de Ayala. En la Introducción mencionada escribe Huerta:

> *Hoy a escuchar los trágicos acentos*
> *De Española Melpómene os convido:*
> *No disfrazada en peregrinos modos,*
> *Pues desdeña extranjeros atavíos;*
> *Vestida, sí, ropajes Castellanos,*
> *Severa sencillez y austero estilo,*
> *Altas ideas, nobles pensamientos,*
> *Que inspira el clima, donde habéis nacido...* [159].

Lo que quiere decir inequívocamente que el autor se proponía escribir una tragedia de asunto español, pero compuesta con la severidad y austeridad que exigía la preceptiva clásica, sin los saltos y mutaciones de que se habían servido hasta entonces los que habían tratado el mismo tema. En el fondo se trataba de un «tour de force», casi de un reto; Huerta buscaba la dificultad para triunfar de ella en el mismo terreno en que lo habían hecho los maestros franceses, y por eso renunciaba hasta a la ventaja permitida de los cinco actos. Andioc afirma que el esfuerzo era tanto más de agradecer cuanto que se emprendía contra la íntima convicción del poeta —detalle importantísimo—, pues nadie había despreciado las reglas en mayor medida que Huerta[160].

En el comienzo de su comentario sobre la obra, Sebold parece tener interés en negar a la *Raquel* su condición, en el fondo, de «comedia heroica», porque esto es lo que habían sostenido los otros críticos y porque diríase que la defensa del clasicismo no queda cumplida si no se atenúa la

---

[159] En Valmar, *Poetas líricos del siglo XVIII*, cit., B. A. E., LXI, pág. 228. Las *Poesías* de Huerta recopiladas por Valmar ocupan las páginas 207-242.

[160] Huerta se hartó de ponderar las ventajas de la disposición natural sobre el estudio y en ello precisamente encontraba la superioridad de los dramaturgos españoles sobre los franceses, por los cuales sentía un desprecio casi cómico. Para Huerta, el genio dramático es producto del temperamento y éste a su vez, lo es del clima; suponía, en consecuencia, que el fuego que anima a los escritores españoles no podía producirse en Francia, país de tierras flojas y con poco sol: «De este principio y causa natural —dice— proviene aquella mediocridad que se observa en las más obras de ingenio de los Franceses». Decía de Racine que debía su fama más «a su exactitud en la observancia de las reglas y a la prolixa escrupulosidad con que trabajó sus piezas, que a la fuerza y masculinidad de su ingenio, ni a la viveza de su imaginación». Huerta encarece una y otra vez esta «masculinidad», el «entusiasmo dramático», la «fuerza del ingenio», el «fuego de la imaginación», de que carecen los que siguen las reglas para disimular «su falta de fuego e invención con el especioso pretexto de exactos y escrupulosos» (los textos reproducidos, cit. por Andioc en *Sur la querelle du théâtre...*, cit., págs. 352 y 355; véase el estudio y comentario en Andioc sobre este aspecto de la personalidad de Huerta, págs. 351-364).

parte nacional y tradicional que pueda contener[161]. Pero clasicismo y nacionalismo no eran incompatibles, aunque lo hubieran sido realmente en la práctica teatral española; precisamente, lo que los neoclásicos estaban pretendiendo, como hemos visto hasta la saciedad en este capítulo, era aclimatar la tragedia al modo clásico, demostrar que se podía hacer gran teatro sin recurrir a tranquillos cómodos, ni tomarse el mundo por escenario, ni introducir *graciosos* absurdos e impertinentes ni aparatosas peripecias para recreo de papanatas. La defensa, pues, de las excelentes cualidades de esta obra clásica no precisa negar que se trata de un asunto heroico de la antigua escuela, puesto que era así evidentemente, y todo consistía en presentarlo con distinta técnica. En su reciente edición de la tragedia, Fucilla[162] ha llamado la atención sobre los pasajes en que Huerta se inspiró en Diamante, aunque casi siempre para mejorarlos; afirma —apoyándose en las propias palabras de Huerta en la Introducción— que lo que estimuló principalmente al autor a escoger el tema de Raquel fue el deseo de presentar una hermosura desdichada, un tema sentimental típicamente español y muy a propósito para captar la simpatía de su público; y señala, finalmente, que Huerta se había empapado del viejo repertorio teatral español, en todas sus especies, lo que le permitía no sólo remedar su tono y estilo, sino también hasta sus artificios retóricos, fórmulas y tópicos. Ruiz-Ramón afirma que «dentro de este molde rigurosamente neoclásico insufla su autor numerosos elementos de tono y de estilo procedentes del drama nacional áureo»[163]. Y René Andioc ha dedicado largo espacio a poner de relieve precisamente este mismo carácter. Sostiene Andioc[164] que no podría afirmarse exactamente que Huerta haya nacionalizado la tragedia clásica, sino que, más bien, ha *regularizado* la comedia heroica tradicional; lo cual viene a ser la confirmación de lo dicho por Cotarelo y Menéndez y Pelayo, cuyas palabras recoge y aprueba Andioc. La *Raquel* es heroica —afirma el crítico francés— por un estilo perfectamente adaptado a la expresión de aquellos grandes sentimientos

---

[161] Russell P. Sebold, «Neoclasicismo y creación en la *Raquel* de García de la Huerta», en *El rapto de la mente. Poética y poesía dieciochescas*, Madrid, 1970, páginas 235-254. Sebold comienza su comentario de este modo: «Según la opinión más recibida, la *Raquel* de Vicente García de la Huerta (1734-1787) es una tragedia neoclásica tan sólo en la apariencia, por ser en el fondo, se dice, una comedia heroica a lo Calderón, Diamante o Candamo, o bien un drama romántico antes del romanticismo. Aunque tales ideas no se apoyan en un examen detenido de la obra, se han impuesto fácilmente; porque hasta ciertos adelantos historiográficos todavía muy recientes, *neoclásico* y *tragedia* eran palabras sucias para el hispanista» (pág. 235). El riguroso y extenso análisis de la *Raquel* hecho por Andioc parece, en cambio, demostrar que puede examinarse la obra muy detenidamente y llegar a la conclusión de que sí se trata, en el fondo, de una comedia heroica.

[162] V. García de la Huerta, *Raquel*, ed. de Joseph G. Fucilla, Salamanca-Madrid-Barcelona, 1965.

[163] *Historia del teatro español...*, cit., pág. 344.

[164] *Sur la querelle du théâtre...*, cit., pág. 329.

caballerescos e impregnado de aquella exaltación sin la cual no había, según el propio Huerta, auténtica creación literaria.

Andioc pasa revista a los defectos e inverosimilitudes que los contemporáneos neoclásicos encontraron en la *Raquel*, y subraya la importancia de estos juicios para valorar la obra adecuadamente. Este camino nos parece mucho más fértil que el tratar de refutarlos, porque si es dogma inapelable que hay que situarse dentro de los principios estéticos de un autor para juzgar sus creaciones, el principio no debe ser menos válido para con los críticos. Meléndez Valdés, Napoli-Signorelli, Moratín el Joven, Martínez de la Rosa convinieron en acusar a la *Raquel* de amplificaciones oratorias, «bambolla», «bravezas» inverosímiles en una mujer, «tiradas histriónicas de primera dama», afectación que lo mismo Meléndez que Martínez de la Rosa calificaban de *fría* por suponerla retórica y poco natural, sentimentalismos propios de la *comedia* áurea, e intromisión por doquier de lirismo en la acción dramática. Si los neoclásicos más sagaces —podrían añadirse muchos a la citada lista, entre ellos Forner— denunciaron tales defectos en la tragedia de Huerta, no cabe duda que es porque hería su sensibilidad todo el regusto de comedia heroica que hallaban en la obra; en estos hombres no existía prejuicio alguno contra la tragedia clásica, sino todo lo contrario, y lo que echaban de menos en la *Raquel* era la sencillez y severidad que estimaban indispensables en una tragedia. Ninguno de estos críticos estaba todavía «corrompido» por la crítica romántica ni había podido leer —claro está— a Menéndez y Pelayo. Es cierto que Huerta anunciaba en la Introducción citada «severa sencillez y austero estilo», pero se refería a la estructura técnica de la acción, porque el concepto de la austeridad que tenía Huerta, distaba muchas leguas de la ortodoxia clásica. Huerta era un desaforado, y mucho hizo con frenarse en la *Raquel*. Andioc trae muy oportunamente a colación el famoso estilo de que se sirvió en el Prólogo a su *Theatro Hespañol* —del que hablaremos luego— donde pueden coleccionarse hasta el derroche los excesos lingüísticos, las extravagancias de toda índole, todas las huecas exuberancias de que Huerta era capaz.

Todavía queda un aspecto capital para demostrar el *tradicionalismo* de Huerta. Andioc ha titulado «Raquel et l'anti-absolutisme» el largo capítulo de cien páginas que dedica al estudio de nuestro autor. Es imposible resumir siquiera aquí las líneas capitales de la exposición del crítico francés para probar su tesis, y sólo podemos dar una síntesis de sus conclusiones. Huerta favorecía a la aristocracia antiabsolutista, opuesta a la creciente centralización administrativa de los Borbones y al absolutismo real apoyado en la nueva clase de los golillas, o lo que hoy llamaríamos la tecnocracia de la política y la administración. La *Raquel*, según Andioc [165], venía a ser la encarnación dramática de la actitud política de su autor, que puede resumirse de esta forma: la aristocracia es indispensable a la monarquía, cuyo poder asegura contra las usurpaciones de consejeros y de advenedizos, mientras la defiende a su vez de los excesos del pueblo; pero al mismo tiempo protege a ese pueblo contra los excesos del poder real. Esta aristocracia no puede desempeñar su papel sino a cambio del pleno goce de sus privilegios; si se la destruye, se produce la subversión y la anarquía, lo cual significa que dicha aristocracia forma parte de un orden social inmutable, del que ella es a su vez el mayor beneficiario. Este liberalismo aristocrático —dice Andioc— es un liberalismo hacia atrás, vuelto hacia el pasado; es la capa con que se encubre un conservatismo intransigente. Andioc ha tratado de poner de relieve el paralelo existente entre la lucha de la aristocracia que pretende libertar al rey Alfonso VIII de las manos de advenedizos y extranjeros y la oposición de la vieja aristocracia conservadora hacia la política de Carlos III, tal como se puso de manifiesto en el motín de Esquilache; fechas, precisamente, en que escribió Huerta su tragedia. En un parlamento famoso, Raquel defiende un punto capital —el de los «economistas ilustrados», dice Andioc [166]—: la excelencia del hombre nuevo sobre la nobleza tradicional, cuando tiene mejores cualidades:

> *El frívolo accidente del origen,*
> *que tan injustamente diferencia*
> *al noble del plebeyo, ¿no es un vano*
> *pretexto que la mísera caterva*
> *de espíritus mezquinos valer hace*
> *contra las almas grandes, que en las prendas*
> *con que las ilustró pródigamente*
> *el cielo, las distingue y privilegia?*
> *No hay calidad sino el merecimiento,*
> *la virtud solamente es la nobleza* [167].

Excelente argumentación, que hubiera aprobado Cervantes; pero el hecho de que la mantenga aquí un personaje a quien se le atribuyen todos los vicios y que paga al fin sus ambiciones con su vida, demuestra bien —dice Andioc— que el autor defendía un punto de vista radicalmente distinto. Dejando aparte, dice Andioc, su concepto muy discutible de la poesía y de la hispanidad, es evidente que Menéndez y Pelayo había percibido bien lo que la obra de Huerta tenía de *tradicional*.

---

[165] Ídem, íd., pág. 316.
[166] Ídem, íd., pág. 291.
[167] Cit. por Andioc en ídem, íd.

Sebold ha señalado, en cambio, con acierto, desde el punto de vista técnico y estructural, la habilidad de Huerta para encerrar la acción de su *Raquel* en el marco de las unidades, la función unificadora del motín popular, la verosimilitud de que todo suceda en el salón del trono, santuario de la autoridad donde el rey se refugia, y cómo todas las unidades surgen orgánicamente de la propia acción, presionada por el motín, que oprime el tiempo y produce la extraña tensión de la obra. Sebold refuta oportunamente las supuestas inconsecuencias de algunos personajes y la atribución que se hace al rey de tener un carácter borroso y poco firme, porque Alfonso no era ya el monarca victorioso de las Navas, sino un viejo débil y abúlico capaz de dejarse encadenar por los encantos de una mujer. Hace hincapié —y este es un punto básico— en que Huerta no estropeó el asunto dramático de la Raquel al encerrarlo en las unidades, sino que dentro de ellas logró un perfecto enlace de la tragedia en forma clásica con un tema de largo abolengo español, admitiendo —ahora sí— de forma inequívoca, lo que califica de «españolismo de Huerta» [168]; y subraya también, en el mismo sentido, cómo casa el endecasílabo, propio de la tradición occidental de la tragedia, con la rima asonante del romance español, combinación en que consiste el romance heroico.

En 1785-1786 Huerta publicó un *Theatro Hespañol* en 17 volúmenes con el propósito de reivindicarlo; pretendía llevar a cabo, según declara en el prólogo, el proyecto de Nasarre, intentado también por López de Ayala, de reunir una colección de las mejores cómedias del Siglo de Oro. Pero su falta de criterio era tan grande como su ignorancia: «La colección de Huerta queda juzgada —dice Menéndez y Pelayo, tan admirador del españolismo del extremeño— con decir que no se inserta en ella *una sola comedia* de Lope de Vega, ni de Tirso de Molina, ni de Alarcón, ni de Guillén de Castro, ni de Mira de Amescua, ni de Vélez de Guevara, ni de Montalbán, ni de ningún otro poeta de la época más rica, más original y más brillante de nuestro teatro. Huerta ignoraba todo esto... El que no quiera conocer el teatro español guíese por la colección de Huerta. Todo es extravagante en ella: la elección de las obras, el estilo de los preámbulos, los cuales arguyen en Huerta una fanfarria y satisfacción de sí mismo que casi tocan con los límites de la insensatez, y, finalmente, hasta la ortografía, donde hay rarezas como la de escribir *España* constantemente con *h*, y *Sevilla* con *b*» [169]. Huerta parece que estaba particularmente interesado en lanzar invectivas contra los dramaturgos franceses y los críticos extranjeros que habían censurado el teatro español, cosa que hizo con tanta pasión como escaso tino; Menéndez y Pelayo reconoce que con su sinrazón e ignorancia Huerta hizo todo lo posible para desacreditar la

---

[168] «Neoclasicismo y creación...», cit., pág. 253.
[169] *Historia de las ideas estéticas*, cit., pág. 320.

causa que defendía. Contra las desmesuras de Huerta se levantaron enseguida Samaniego, Forner y Tomás de Iriarte, originando una de las más ásperas y prolongadas polémicas en que tanto abunda el siglo XVIII y que sería engorroso detallar aquí. Baste decir que, barajando sus teorías con burlas y ataques personales, Samaniego defendió en la línea más ortodoxa la universal validez de las reglas clásicas, sosteniendo que «el orden es la ley primera y principio de todas las cosas, que sin él no puede haber belleza ni perfección» [170]; Forner se despachó contra los delirios de la comedia áurea, defendiendo contra ella un teatro docente y realista, que pintara con verosimilitud lo que sucede en la vida realmente.

La persecución general de que fue objeto, quebró la salud, ya débil, de Huerta, que falleció en plena controversia, cuando todavía estaban apareciendo sátiras contra él. Iriarte, que había tenido una parte menor en la polémica, la remató con un cruel epitafio —en carta escrita a don Martín Fernández de Navarrete— a pesar de que, según afirma Cotarelo, la muerte del escritor «hizo callar a todos sus detractores»:

> *De juicio sí, mas no de ingenio escaso,*
> *aquí, Huerta el audaz, descanso goza:*
> *deja un puesto vacante en el Parnaso*
> *y una jaula vacía en Zaragoza* [171].

Las tragedias de Cienfuegos. Nicasio Álvarez de Cienfuegos, de quien nos hemos ocupado oportunamente como poeta lírico, compuso también cuatro tragedias: *Idomeneo, Zoraida, Pítaco* y *La condesa de Castilla*. Alcalá Galiano [172] dice que no quedaba memoria de que hubieran sido representadas, pero Cook [173] asegura que *Zoraida* lo fue en el teatro *de los Caños* en junio de 1798 —veinte años después del estreno de la *Raquel* de Huerta— con buena acogida; y que también *La condesa de Castilla* salió a la escena en abril de 1803, aunque con bastante menos suerte.

Zoraida, que suele ser tenida por la mejor tragedia de Cienfuegos, trata un tema de amor y celos en el mundo de los Zegríes y Abencerrajes. Martínez de la Rosa [174] dedica considerables elogios a la obra, y sólo censura el que después de la sangrienta escena en que mueren los dos enamorados, Zoraida y Abenamet, se entretenga el autor con varias escenas

---

[170] Cit. por Menéndez y Pelayo en ídem, íd., pág. 323.

[171] Cit. por Cotarelo en *Iriarte y su época*, cit., pág. 344. Acabada ya la confección tipográfica de este capítulo, llega a nuestra noticia la reciente edición de la *Raquel* preparada por Andioc —«Clásicos Castalia», Madrid, 1971—, con una Introducción de la cual dice el mismo autor —pág. 51, nota 155— que «es el resumen de varios párrafos del cap. V» de su libro citado.

[172] En una noticia y comentario sobre Cienfuegos reproducida por Valmar en *Poetas líricos del siglo XVIII*, cit., B. A. E., LXVII, pág. 5.

[173] *Neo-classic Drama in Spain*, cit., pág. 292.

[174] «Apéndice sobre la tragedia española», cit., pág. 167.

declamatorias, que prolongan la obra innecesariamente y destruyen el efecto conseguido con el clímax trágico. *Zoraida* respeta las unidades con el mayor escrúpulo, aunque a costa de pequeñas inverosimilitudes y algunas precipitaciones; la acción es única, dura un solo día, y sucede toda ella en un jardín del palacio, contiguo a la torre donde encierran a Abenamet.

El *Idomeneo* es una tragedia del mundo griego antiguo, cuyo asunto se limita al sacrificio que dicho monarca se dispone a hacer de su propio hijo para cumplir un voto imprudente y salvar a su patria. Una sublevación popular liberta al hijo en el último momento, pero muere en el motín. Idomeneo abandona el trono y marcha a buscar asilo en tierras lejanas. La obra está también sujeta a las tres unidades; a usanza griega, la acción sucede en un lugar público, donde se producen todos los acontecimientos sin atentar contra la verosimilitud. Martínez de la Rosa [175] considera que la situación del *Idomeneo*, no muy distante de la de *Edipo rey* de Sófocles, es bella y patética y no mal presentada por Cienfuegos; pero añade unos comentarios que merecen ser reproducidos. Para él, lo que destruye las excelentes cualidades de la obra es que el poeta español no consigue la sencillez de pensamiento y de expresión imprescindibles para lograr la apetecida intensidad trágica; en el teatro moderno —dice— se habla demasiado; se deslíen los pensamientos en un diluvio de palabras; se amplía un sentimiento en lugar de comprimirlo con energía; el poeta pretende hacerlo todo, porque parece que desconfía del corazón de los espectadores —debió decir, del entendimiento—; estoy muy lejos de reprobar —prosigue— el que se deje una parte de la expresión al gesto y ademán de los actores, porque muchas veces se logra más con una sola mirada que con una docena de versos; en el teatro de Sófocles se admira la elocuencia del silencio cuando se le emplea con oportunidad. Con todo ello, quedan bien indicados los fallos de Cienfuegos. Lo curioso es que en *Idomeneo* hay escenas mudas, lo que revela que el poeta conocía la eficacia de este recurso; pero cuando se echaba a hablar, desconocía ya la medida. De nuevo, como en tantos momentos de su lírica, el excesivo «fuego» derivaba en afectación, artificiosidad, metáforas hinchadas, más ruido que nueces; y frecuentes retumbos líricos sustituyendo la verdadera pasión dramática. Martínez de la Rosa reprocha igualmente al autor el que se dejara llevar de su afán *filosófico* e incurriera también por este lado en declamación: el poeta dramático —dice— debe enseñar al público de un modo más oculto y sagaz, pero no valerse de los personajes para hablar por su boca y dar lecciones.

Pítaco es otra tragedia de tema griego, no mal concebida, cuyo argumento tiene cierta semejanza con la *Electra* de Sófocles. Faón, acompañado de su amigo Alceo, regresa a Mitilene y halla que su padre, el rey, ha sido

---

[175] Idem, íd., pág. 165.

asesinado y que por decisión del pueblo ha sido puesto en el trono Pítaco, uno de los siete sabios de Grecia. A diferencia del Egisto de Sófocles, Pítaco es generoso y magnánimo, y desea atraerse la amistad de Faón y Alceo, cuyos bienes, que habían sido confiscados, manda que les sean inmediatamente devueltos. Pero Faón y Alceo desean la muerte del rey, contra el cual conspiran. Sus manejos fracasan, pero Pítaco, cansado de los riesgos que acechan al trono, lo abandona para volver a su retiro después de perdonar a Faón. Martínez de la Rosa [176] admite que Cienfuegos consiguió eliminar en esta obra muchos de sus habituales excesos discursivos y retóricos, pero, en cambio, supone inoportuno el enredo amoroso entre Faón y Safo y menos convincentes algunos aspectos de la trama. La obra se ajusta también estrictamente a las unidades.

La condesa de Castilla es quizá la tragedia más conocida de Cienfuegos y probablemente la peor. El asunto es el mismo que el del *Sancho García* de Cadalso, aunque Cienfuegos modificó bastante la marcha de los sucesos, creyendo, claro está, beneficiar la obra, pero no logró sino hacerla más inverosímil, más inconsistentes los personajes y más falsos los sentimientos. En *La condesa*, doña Ava se enamora del matador de su marido sin conocer su verdadera identidad; su drama es ahora la lucha entre su amor y las exigencias de la política belicista de Castilla; doña Ava no piensa en envenenar a su hijo hasta que averigua que éste trata de encerrarla a ella y de asesinar a Almanzor; su pretendido crimen se justifica así por la crueldad de don Sancho. Pero este esquema, que no parece inaceptable, se complica en la obra con frecuentes situaciones mal planeadas y peor resueltas.

Martínez de la Rosa, a pesar de la severidad de algunos de sus juicios, cree que había en Cienfuegos una cierta posibilidad de poeta dramático, que quizás hubiera cuajado de no haber muerto tan prematuramente.

Quintana como poeta trágico. Por los mismos años en que Cienfuegos escribía sus tragedias, Manuel José Quintana compuso también dos obras de esta naturaleza que conocieron un gran éxito y que, a juzgar por el favor del público, deberían tenerse —según dice Cook [177]— entre los más felices esfuerzos llevados a cabo por los neoclásicos para introducir la tragedia en nuestro país.

La primera de ellas, *El duque de Viseo*, estrenada en mayo de 1801, es una imitación muy cercana de *The Castle Specter* de Matthew Lewis, que se había hecho muy popular en los escenarios ingleses durante los últimos años del siglo XVIII. Se dice siempre que la obra de Quintana nada tiene que ver con el drama del mismo título de Lope de Vega. Dérozier

---

176 Idem, íd., págs. 171-173.
177 *Neo-classic Drama in Spain*, cit., pág. 296.

ha descubierto, sin embargo, ciertos curiosos puntos de contacto y llega a la conclusión de que si Quintana no imitó la obra, la había leído y retenido ciertos detalles [178]. La tragedia está escrita en romance endecasílabo y dividida en tres actos; toda la acción sucede durante un solo día en la fortaleza del duque, en Portugal, lo que quiere decir que se siguen las unidades fielmente, aunque resulta inverosímil la acumulación de tantos incidentes como en un solo día se producen. *El duque de Viseo* es un auténtico «drama de miedo», que, referido en prosa, podría hacer las delicias del más exigente devorador de folletines; el romanticismo del horror y de la truculencia apenas iría más allá. Cook [179] hace mención de algunas críticas que aparecieron en el *Memorial Literario* y que juzgaron la tragedia de Quintana con gran dureza. Desconcierta, en efecto, que un hombre tan devoto como él de las reglas clásicas y tan clásico en todos sus escritos, escogiera un asunto tan folletinesco para encerrarlo precisamente en la armadura de las unidades. Pero el hecho es que, para Quintana, *El duque de Viseo* no era un mero desfile de sucesos atroces, sino un asunto trágico que permitía desarrollar su tema favorito: la lucha contra el tirano, en este caso el duque, que es arrollado al fin por los defensores de la inocencia y la libertad. A propósito de su obra lírica hemos dejado dicho que su voz era enemiga de la «pureza» intemporal y fríamente clásica que exigía el grupo de Moratín; el estilo poético de Quintana se basaba en la inflamada altisonancia que demandaba su momento histórico. Del mismo modo, Quintana buscó para el teatro un asunto menos *puro*, menos *correcto*, más vehemente y pasional, que debió de estimar adecuado para llevar eficazmente hasta el espectador las emociones que deseaba. Quintana debió de poner considerable ambición en su obra, aunque falló por inexperiencia de la mecánica teatral. Dérozier [180] ha trazado bien el panorama de los afanes que debieron de brillar en la mente del poeta: Lewis —dice— ofrece el tema, Shakespeare la atmósfera, Alfieri el enfoque, Lope algunos detalles de la puesta en escena, y Voltaire las nociones filosóficas del tirano y del esclavo; Racine parece querer mostrar a su discípulo el lenguaje de las pasiones.

Quintana tuvo en cuenta algunas de las observaciones que se le hicieron y modificó o corrigió la obra para la edición de sus *Obras completas* de 1821. El público gustó de la obra, sin embargo, entendiera o no el «mensaje» de Quintana, y *El duque* fue repuesto varias veces en años sucesivos.

La segunda tragedia de Quintana fue el *Pelayo*, en cinco actos y verso de romance heroico. Se observan las unidades, con una pequeña libertad

---

[178] Albert Dérozier, *Manuel Josef Quintana et la naissance du libéralisme en Espagne*, París, 1968, págs. 89-91.
[179] *Neo-classic Drama...*, cit., págs. 298-299.
[180] *Manuel Josef Quintana...*, cit., pág. 98.

para la de lugar, que cambia tres veces en la obra. El tema había sido tratado en la *Hormesinda* de Moratín el Viejo y en el *Pelayo* o *Munuza* de Jovellanos. Dérozier, que dedica a ambas juicios sarcásticos (de la segunda afirma que es ilegible e irrepresentable, pues no es más que una escrupulosa caricatura de la tragedia raciniana), dice que si los argumentos se parecen en las tres obras, difieren las *argumentaciones* [181]. La mayor diferencia entre las tres versiones reside en el tratamiento dado a la hermana de Pelayo; en las dos primeras, Hormesinda es obligada contra su voluntad a casar con Munuza, se la acusa luego de traición y al final es reivindicada. Quintana, por el contrario, hace a Hormesinda enamorada del jefe moro; para salvar a su ciudad de la destrucción a manos de los invasores, se ofrece en matrimonio a Munuza, que conquistado por su amor trata a los habitantes con generosidad. Pelayo, a quien Hormesinda suponía muerto, se presenta en el palacio del moro para impedir el matrimonio de su hermana, que estima deshonroso y es aclamado rey por el pueblo. Pelayo es apresado por Munuza, vence éste a los asturianos, y cuando regresa, después de la batalla, para matar a Pelayo, se entera de que Hormesinda lo ha sacado de la prisión. Munuza se considera traicionado por el supuesto amor de Hormesinda y la apuñala en el momento en que regresa Pelayo para salvarla; en sus últimos segundos le declara a su hermano que muere por su causa, y Pelayo cierra la tragedia con palabras que debieron de tener en aquellos años especiales vibraciones patrióticas:

> *Muerto el tirano veis: ya no hay reposo;*
> *Siglos y siglos duren las contiendas;*
> *Y si un pueblo insolente allá algún día*
> *Al carro de su triunfo atar intenta*
> *La nación que hoy libramos, nuestros nietos*
> *Su independencia así fuertes defiendan,*
> *Y la alta gloria y libertad de España*
> *Con vuestro heroico ejemplo eternas sean* [182].

El *Pelayo* de Quintana gozó de gran popularidad; fue representado por primera vez en enero de 1805 y repuesto al año siguiente. No reapareció, claro está, durante los años de la ocupación francesa, pero tan sólo un mes después de la retirada enemiga fue repuesto con gran éxito, y luego diversas veces en años sucesivos. En la nota que antepuso Quintana a sus dos obras dramáticas en la edición de 1821, confesó la intención política que le había guiado al escribir el *Pelayo*, a la cual atribuía la favorable acogida del público; después de disculparse de algunos defectos

---

[181] Ídem, íd., pág. 103.
[182] *Obras completas del Excmo. Sr. D. Manuel José Quintana*, B. A. E., XIX, nueva ed., Madrid, 1946, pág. 73.

de la obra, añade: «Pero todo lo cubrió al parecer el interés patriótico del asunto: los sentimientos libres e independientes que animan la pieza desde el principio hasta el fin, y su aplicación directa a la opresión y degradación que entonces humillaban nuestra patria, ganaron el ánimo de los espectadores, que vieron allí reflejada la indignación comprimida en su pecho, y simpatizaron en sus aplausos con la intención política del poeta» [183]. Cook [184] puntualiza que si las representaciones de 1805 y 1806 fueron casi una profecía de la invasión francesa, la reposición en 1813 debió de sonar como un grito de triunfo del pueblo vencedor. No faltaron tampoco esta vez las censuras de los enemigos, y aun de los amigos, que Quintana atendió haciendo correcciones en su obra para la edición definitiva; pero, en general, el *Pelayo* conoció quizá la mayor popularidad otorgada a una tragedia clásica de tema español.

Quintana tenía adelantado el trabajo para otras tres tragedias: *Roger de Flor*, *El Príncipe de Viana* y *Blanca de Borbón*. Pero con la invasión francesa perdió sus papeles y ya nunca volvió sobre estas obras comenzadas.

LA COMEDIA

Tomás de Iriarte. Tras ejercitarse por algún tiempo en la dramática traduciendo obras francesas para los teatros de los Reales Sitios, Tomás de Iriarte se decidió a contribuir a la difusión de las nuevas ideas con una obra original y escribió la comedia *Hacer que hacemos*, que publicó en 1770 bajo el seudónimo de Tirso Imareta. La comedia, que no fue incluida luego en la edición que el autor hizo de sus obras ni en la póstuma que repitió su familia, constituía ya una rareza para Forner, que no consiguió leerla. Cotarelo, que da cuenta de ella, describe al protagonista como un tipo que finge estar siempre lleno de ocupaciones, cuando no hace nada en realidad; aunque, a fuerza de exageraciones —dice—, el personaje resulta inverosímil. Cotarelo alaba, no obstante, y reproduce completa, la descripción del héroe, hecha por su criado, que juzga digna de un poeta del XVII [185] (comparación espantosamente vaga —porque en el XVII hubo poetas de todos los niveles— pero que en la pluma de Cotarelo encierra una intención inequívocamente laudatoria). El asunto y el desarrollo lo estima, en cambio, de muy poco valor en este ensayo dramático, en el cual sólo destacan la versificación y el diálogo.

Iriarte se jacta en el prólogo de su comedia de haber proscrito «el estilo sublime de los versos, propio de la lírica y ajeno de la cómica, y las ocurrencias intempestivas de un gracioso» [186]; y asegura que si el público

---

[183] Ídem, íd., pág. 42.
[184] *Neo-classic Drama...*, cit., págs. 301-302.
[185] *Iriarte y su época*, cit., pág. 78.
[186] Cit. en ídem, íd.

no halla utilidad y diversión en su obra, «acabaremos de persuadirnos a que para agradarle no deben los escritores modernos tomar (como algunos de los antiguos) por asunto de sus comedias caracteres fijos, copiados de los originales que se ven en la vida humana, ni representar las costumbres de ella con aquella propiedad que requiere·el teatro, sino transformarle en academia de poesía, adonde se concurra sólo a oír recitar odas en boca de los héroes, madrigales en la de los amantes y epigramas en la de los criados» [187]; palabras arrogantes, sin duda alguna, como malicia Cotarelo, pero que definen con bastante propiedad los rasgos típicos de las comedias tradicionales.

Iriarte, que no consiguió hacer representar su comedia, atribuyó este fracaso a don Ramón de la Cruz, que monopolizaba los teatros de Madrid y divertía a la plebe con sus sainetes; tenía tal ascendencia sobre público y actores que éstos no aceptaban obra alguna sin su aprobación. La de Iriarte le fue enviada con este fin, pero se dijo que don Ramón de la Cruz la retuvo mucho tiempo y aún sacó de ella asunto para un sainete. El hecho enzarzó a Iriarte en una polémica con el famoso sainetero.

En 1783 Iriarte compuso una nueva comedia, *El señorito mimado*, sobre los pésimos resultados que una irresponsable y tolerante educación produce en un joven, viciado particularmente por el juego. Cotarelo admite el excelente trazado de los caracteres principales, lo adecuado del lenguaje y lo bien urdido de las situaciones, ligeramente atropelladas al final [188]. La comedia, cuyo propósito ejemplar es visible desde la primera escena, se atiene estrictamente a las unidades, usa un lenguaje coloquial, acierta en el tono detallado y realista de las situaciones y no carece de comicidad en los momentos oportunos. La obra no pudo ser estrenada de momento, porque la primera actriz que había de representarla, teniendo edad para ser abuela no quiso aceptar el papel de madre; e Iriarte hubo de contentarse con incluir *El señorito mimado* en el tomo IV de sus obras, que estaba publicando a la sazón. En 1788 consiguió, por fin, hacer representar su comedia en el teatro del Príncipe, tras minuciosos ensayos dirigidos por el propio autor. El estreno constituyó un gran éxito y la obra continuó en cartel ocho días con gran asistencia de público. Hubo envidiosos del autor —Forner entre ellos— o enemigos del teatro con unidades, que pretendieron minimizar el éxito de Iriarte atribuyéndolo no a la calidad de la comedia sino a la extraordinaria actuación de los actores; parecían olvidarse de que la dirección personal del autor, atento a corregir a los cómicos de sus tradicionales exageraciones y muletillas y a enseñarles las nuevas formas de representación que deseaban los reformadores, había hecho posible justamente tan infrecuente excelencia. En *El Correo de*

---

[187] Cit. en ídem, íd., pág. 80.
[188] Ídem, íd., pág. 347.

Madrid y en el *Memorial Literario*, que ocupaba entonces el primer lugar en la crítica literaria, aparecieron los más halagadores comentarios.

El mismo año de 1788 publicó Iriarte otra comedia, *La señorita mal criada*, sobre la tolerancia excesiva que algunos padres conceden a sus hijas; variante, pues, como se ve, de la obra anterior. Cotarelo dedica elogios entusiastas a la nueva obra del escritor canario: «La acción... se conduce con soltura, aunque con la precipitación consiguiente al poco tiempo en que se desenvuelve. Los caracteres están bien trazados...» [189]; «Los incidentes de la acción son muy oportunos e interesantes por sí mismos; algunas escenas están habilísimamente hechas...» [190]; «Y como el principal defecto que se había puesto a *El señorito mimado* era la carencia de alegría cómica, no quiso Iriarte reincidir; de modo que desde el principio se anuncia esta obra con mayor movimiento, abriendo la escena varias parejas de majas y majos que cantan y bailan seguidillas. Y durante el curso de la acción tampoco escasean los lances jocosos» [191]. Y todo ello —adviértase bien porque más no se puede encarecer—, *«a pesar de las unidades escrupulosamente observadas»* [192] —el subrayado es nuestro—, según concede Cotarelo en un arranque de generosidad hacia el teatro *galo-clásico*, aunque imitando incautamente la concesiva del chiste famoso: «era de noche y sin embargo llovía». Cook, por su parte, afirma que *La señorita mal criada* es superior en muchos aspectos a *El señorito mimado*, y que el carácter de Pepita, la protagonista, es por entero convincente y consistente [193].

Aunque la representación resultó esta vez menos perfecta, la comedia fue recibida con aplauso y duró siete días en el cartel con muy buenas recaudaciones: «Los días —admite Cotarelo— que lograban aun las comedias que obtenían mayor aplauso» [194]. El *Diario de Madrid* y *La Espigadera* le dedicaron elogiosos juicios, y don Santos Díez González, corrector de comedias, que la examinó para su representación, hizo de ella un elogio incondicional. Parece, sin embargo, que algunas sesiones fueron borrascosas y que hubo alborotos provocados por el cerrilismo de la plebe hostil a las reformas.

Todavía escribió Iriarte otra comedia, *El don de gentes*, mientras residía en Sanlúcar de Barrameda a donde se había retirado para cuidar de su salud. Iriarte compuso esta obra en homenaje a la condesa de Benavente, en cuyo palacio fue representada con participación de la propia condesa. La comedia, que nunca subió a los escenarios de Madrid y se

---

[189] Idem, íd., pág. 354.
[190] Idem, íd., pág. 356.
[191] Idem, íd., pág. 359.
[192] Idem, íd., pág. 354.
[193] *Neo-classic Drama...*, cit., pág. 256.
[194] *Iriarte y su época*, cit., pág. 363.

publicó mucho después de la muerte de su autor, conserva estrictamente las unidades aunque con una cierta holgura en la de acción, y no se preocupa demasiado de enseñanzas ni moralejas; es más bien una exaltación de la virtud y el atractivo femenino, vaciada en una optimista intriga que no hubiera rechazado el mismo Lope. Cotarelo califica de «linda» [195] esta comedia.

Leandro F. de Moratín. Medio siglo de esfuerzos —como subraya Cook [196]— por parte de los reformadores neoclásicos para crear un teatro nuevo en España había resultado estéril en la práctica y sólo se había mostrado fértil en el terreno de la discusión. Conquistar un público para semejante teatro —humano, realista, fino, discreto, verosímil—, sin halagos chillones para las más romas antenas del espectador, requería un largo proceso evolutivo que transformara la sensibilidad y el gusto de las gentes. Exigía igualmente, claro es, la existencia de dramaturgos tan tenaces como fecundos y bien dotados. Para luchar contra una tradición escénica ya secular, corrompida entonces por todos los excesos de un teatro populachero de magia y de espectáculo, hubiera sido necesaria la existencia de un Lope de la *comedia clásica* —y aun de varios— capaz de imponer no sólo por calidad sino por masa incluso —como en los días del triunfo de la *comedia* nacional había sucedido— el nuevo teatro que se pretendía. Pero, muy al contrario, según no pudieron menos de advertir los mismos contemporáneos, con dos docenas de obras, de discutible calidad, a lo largo de medio siglo era imposible consolidar un nuevo teatro. La misma naturaleza de esta dramática se oponía al alumbramiento de un nuevo *Fénix*. Desde los días de Luzán se venía repitiendo —y es un hecho incontrovertible— que si los dramaturgos del Barroco hubieran tenido que cohibir su libertinaje imaginativo con exigencias de verosimilitud, orden, medida o proporciones, hubieran producido bastante menos. Si cualquier intriga fantástica, desarrollada por añadidura sin freno alguno, era buena para comedia del XVII, o para cualquier dramón contemporáneo a lo Comella, resultaba bastante más difícil hallar y dramatizar asuntos que se ajustaran a los nuevos requisitos. Por otra parte, la lucha contra las preferencias de un público que defendía el espectáculo que le agradaba y entendía, se mostraba con perspectivas poco estimulantes. Cuando Lope y sus seguidores se alzaron en el XVI con la «monarquía» de la *comedia*, sólo tenían en frente a un reducido número de dómines, tan provistos de vieja doctrina aristotélica como absolutamente ineficaces para la acción; estaba, en cambio, a su lado todo un pueblo que aplaudía el alumbramiento prodigioso de un espectáculo creado exprofeso para él.

---

195 Idem, íd., pág. 386.
196 *Neo-classic Drama...*, cit., pág. 336.

En el siglo XVIII la situación era exactamente la opuesta: el reducido número de dómines era el que deseaba el teatro nuevo, y el público innumerable quien se oponía a la renovación; era como si un comité de académicos hubiera intentado a pecho descubierto el asalto de un castillo. Persuadidos de su inferioridad, los neoclásicos pretendieron, como ya sabemos, hacer intervenir a los poderes públicos en el programa de reformas; pero la autoridad española, tan fértil entonces en recursos dictatoriales de toda índole para imponer trabas políticas, intelectuales o religiosas, es arrastrada con frecuencia —por complacencia o ineficacia— cuando entra en juego el gusto popular en materia de fiestas, deportes, espectáculos, costumbres, horarios, régimen de vida. Ya conocemos el fracaso de los esfuerzos oficiales contra la resistencia del espectador tradicional.

El movimiento neoclásico no pudo, pues, imponerse por entonces en la escena española, pero no iba a extinguirse sin dar todavía una nota válida y señalar un rumbo con el teatro de Moratín el Joven. Moratín, dice certeramente Cook [197], salvó al neoclasicismo de una muerte afrentosa. Tomás de Iriarte había intentado españolizar la comedia clásica con obras merecedoras de una estima muy superior a la que se le viene concediendo, si bien tan escasas en número que resultaron ineficaces para su propósito. Por este mismo camino tenía que seguirle Moratín para convertirse en la personalidad más descollante y representativa del teatro neoclásico.

Antes todavía de que Iriarte hiciera estrenar *El señorito mimado*, había compuesto Moratín su primera comedia, en tres actos y en verso, *El viejo y la niña*. En 1786 pretendió estrenarla; hubo de hacer en ella, por exigencias de la censura, cortes y modificaciones que la destrozaron, y al fin no pudo ser representada porque la segunda actriz de la compañía, que no quería hacer papeles de vieja, se negó a actuar. Dos años más tarde —a su regreso de París tras el viaje con Cabarrús—, un nuevo intento de representarla fracasó porque el censor eclesiástico negó el permiso; y al fin, en 1790, gracias a la intervención de Godoy, amigo de Moratín, *El viejo y la niña* pudo subir a escena en el teatro del Príncipe. El propio Moratín dirigió los ensayos de la obra, y, como en el caso de *El señorito mimado*, de Iriarte, la calidad de la representación influyó decisivamente en el éxito de la comedia: «Éxito —dice Cotarelo—, el mayor que hasta entonces habían tenido obras de esta clase, excepción hecha de *El señorito mimado*. Duró diez días, siempre con regulares entradas, y quedó demostrado que, cuando la obra era buena, el público la aplaudía, sin importarle que estuviese o no escrita según las reglas del arte» [198]. De-

[197] Ídem, íd., pág. 337.
[198] *Iriarte y su época*, cit., pág. 390.

claración bien curiosa, evidentemente, porque parece ahora que escribir «según las reglas del arte» no era en sí mismo un disparate tan extremado, ni mucho menos una *empresa antinacional*, como había afirmado pocas páginas más arriba.

El viejo y la niña trata el tema que iba a ser dominante en el teatro de Moratín, es decir, la práctica de estipular matrimonios violentando el deseo de los contrayentes. En este caso, una muchacha, Isabel, a punto de casarse con Juan, un joven de su edad, es obligada por su tutor, que miente a la muchacha sobre los sentimientos de aquél, a matrimoniar con un viejo celoso y cruel. El azar de los negocios lleva a Juan a la casa del matrimonio y ambos jóvenes descubren el engaño de que han sido víctimas. El viejo, que sospecha lo que sucede, obliga a su mujer a fingir desamor a Juan y a despedirlo. Juan se marcha entonces a las Indias, y la muchacha decide abandonar a su viejo marido para ingresar en un convento. El melancólico desenlace, hábilmente dispuesto, apelaba al sentimiento del espectador, que había de reaccionar lógicamente contra los hechos que lo habían ocasionado.

El viejo y la niña obtuvo entusiastas críticas de los neoclásicos. El *Memorial Literario*, aunque señalando algunos defectos, ponderaba la perfecta fusión de escenas cómicas y graves y el interés de la acción que mantenía suspenso al espectador. La obra estuvo en cartel diez días con excelentes recaudaciones, que hicieron de ella —dice Cook [199]— uno de los mayores éxitos de aquella temporada; se mantuvo luego en el repertorio, con frecuentes representaciones, hasta 1814, y conoció renovada popularidad entre 1821 y 1832. Cuando en 1822 Alberto Lista se ocupó de esta obra en *El Censor*, escribió que la aparición de tal comedia en medio de la espantosa corrupción del teatro de su tiempo, iniciaba una nueva era en la historia de la escena española y hacía saber al país que tenía un Terencio en su autor y, con él, la esperanza de poseer un teatro clásico [200].

---

[199] *Neo-classic Drama...*, cit., pág. 342.

[200] Cotarelo reproduce parte de una graciosa letrilla de D. Álvaro Guerrero, aparecida en el *Diario de Madrid*, el 28 de julio de 1790; define maravillosamente la distancia que separaba la obra de Moratín, con su sencilla disposición, de las «comedias de ruido» al gusto popular de la época:

> *Por ser una pieza*
> *perfecta y cumplida,*
> *mil cosas se dicen*
> *del Viejo y la niña.*
> ....
> *Como no hay en ella*
> *moros con hebillas,*
> *persas con casaca,*
> *griegos con golilla,*
> *embajadas y otras*
> *cosas de tal guisa,*

Esta primera comedia de Moratín mostraba ya los rasgos característicos de su teatro, que son en sustancia los que exigía la preceptiva clásica. El argumento es muy sencillo y queda concentrado en una crisis certeramente escogida que sólo dura una mañana. En la *Advertencia* que escribió para la edición de París de 1825, Moratín define con matemática precisión la fórmula de sus comedias: «La de *El viejo y la niña* —dice—, y las demás que componen esta colección, no son de enredo, sino de carácter, y es perder el tiempo juzgarlas bajo de otros principios»[201]; y cita las palabras de Luzán, según el cual los buenos poetas se contentan con un pequeño enredo, absteniéndose de sucesos muy largos y muy intrincados por no faltar a la verosimilitud. Moratín que conocía el género de reparos formulados frecuentemente contra sus comedias, apela en esta ocasión al testimonio del público, que había juzgado suficiente el enredo argumental de *El viejo y la niña* y le había rendido su aplauso. Sólo los inteligentes —dice[202]— pueden decidir si un drama tiene demasiada acción; pero para saber si tiene la que necesita basta el voto del público, pues no hay nada más intolerable en el teatro que la frialdad provocada por una acción débil. Encadenar la atención del espectador con una peripecia mínima, sencilla y verosímil, pero suficiente, constituía el supremo orgullo del neoclásico Moratín. Con verdadera satisfacción incluye páginas adelante de la mencionada *Advertencia* la carta de Napoli-Signorelli, que pondera precisamente las cualidades más estimadas por Moratín: «La sencillez de la acción anuncia la fecundidad del pintor que no hubo menester representar el juicio universal, ni el incendio de Troya, ni la guerra de los gigantes, para manifestar el primor de su pincel. Los caracteres de D. Roque y Muño están coloridos con suma felicidad y conocimiento del arte. La regularidad, prenda ya común en otros climas, en el de V. debe ponderarse y apreciarse mucho. Los episodios son muy apacibles y se dejan leer con interés. Con mucha razón me complazco al ver que V. ha sabido hermanar a la gracia cómica toda la naturalidad y pureza del lenguaje de Calderón y la fluidez de la versificación de Lope, sin

---

> *mil cosas se dicen*
> *del* Viejo y la niña.
> *Como no hay asaltos,*
> *ni hay artillería,*
> *consejos de guerra,*
> *caballos de frisa,*
> *música y platillos*
> *de las tropas suizas,*
> *mil cosas se dicen*
> *del* Viejo y la niña.

(*Iriarte y su época*, cit., págs. 391-392).

[201] *Obras póstumas...*, cit., I, pág. 65.
[202] Idem, íd., pág. 66.

participar de ninguna de sus extravagancias. Esta comedia podrá hacer época gloriosa en el teatro español, si tiene imitadores, como lo merece» [203].

Dos años después del estreno de *El viejo y la niña*, Moratín compuso una de sus más famosas piezas, *La comedia nueva o El café*, en dos actos y en prosa, y la hizo representar en febrero de 1792. Según refiere el propio autor en la *Advertencia* que antepuso a la edición de la obra, había corrido la voz de que se trataba de un libelo infamatorio [204], por lo que hubo de afrontar cinco censuras antes de ser aprobada para su representación. *La comedia nueva* trata sobre el tema que más apasionaba a Moratín: el teatro, y es una sátira contra los dramones seudohistóricos de ruido y espectáculo que tenían invadida la escena de su tiempo. La trama es muy sencilla: un pobre diablo, don Eleuterio, ha compuesto una de estas piezas, *El cerco de Viena*, de cuyo éxito depende la solución de sus problemas económicos y el matrimonio de su hermana doña Mariquita con el pedante don Hermógenes; la obra constituye un fracaso, pero un caballero, don Pedro, que representa la voz del buen sentido, ofrece un empleo al desdichado autor.

Moratín asegura —y es así, en efecto— que no había pretendido satirizar a ningún comediógrafo en particular, sino que en don Eleuterio había compendiado a todos los malos poetas dramáticos que escribían en aquella época, y que la comedia de que se le supone autor era un monstruo imaginario compuesto de todas las extravagancias que se representaban entonces en Madrid. Pareció, sin embargo, que se había propuesto como modelo a Comella, Zavala y otros autores de su estilo, y los devotos de este teatro se propusieron «reventar» la obra de Moratín; pero la opinión favorable de los más salvó la comedia, que se representó otros siete días con gran aplauso y excelentes críticas.

La comedia nueva respeta las unidades escrupulosamente, aunque el autor se ve constreñido a cierta inverosimilitud para ceñirse a un solo lugar —un café cercano al teatro donde se representa *El cerco de Viena*— y comprimir la acción entre las cuatro y las seis de la tarde. No es verosímil, en efecto, que un dramaturgo en trance de estreno no ande puntual entre bastidores y se retrase al comienzo de su propia obra; pero un fallo en el reloj del pedante don Hermógenes explica la rara circunstancia.

Moratín da forma dramática en *El café* a las ideas sobre el teatro que desarrolla una y otra vez en diversos escritos; y el tema de la obra hace inevitable que don Pedro —doble de Moratín en este caso— teorice sobre materia literaria no sin cierto regusto de pedagógica requisitoria. Pese a todo, la comedia salva ágilmente el riesgo de convertirse en una sátira dramatizada, gracias, de un lado, a la calidad humana de los personajes

[203] Idem, íd., pág. 85.
[204] Idem, íd., pág. 89.

y al realismo de las situaciones; de otro, al ingenio y la gracia de Moratín, que sabe comunicar viveza a la fábula y sacar chispas al diálogo. Don Hermógenes, que es el pivote cómico de la obra, posee un andante caricaturesco, de farsa molieresca, de gran eficacia teatral, que contrasta con el tono medio, cotidiano, casi de sabor costumbrista, que distingue a los otros personajes.

Moratín tenía una idea exacta de los valores más permanentes de su obra y de los más ocasionales, aunque también, a la larga, no menos valiosos: «Las circunstancias de tiempo y lugar —escribe en sus notas a la comedia—, que tanto abundan en esta obra, deben ya necesariamente hacerla perder mucha parte de su mérito a los ojos del público, por haber desaparecido u alterádose los originales que imitó; pero el transcurso mismo del tiempo la hará más estimable a los que apetezcan adquirir conocimiento del estado en que se hallaba nuestra dramática en los veinte años últimos del siglo anterior. Llegará sin duda la época en que desaparezca de la escena, que en el género cómico sólo sufre la pintura de los vicios y errores actuales; pero será un monumento de historia literaria, único en su género, y no indigno tal vez, de la estimación de los doctos» [205].

En *La comedia nueva* Moratín no se propone atacar a la vieja *comedia* barroca sino ridiculizar a los contemporáneos que habían llevado el teatro a tales excesos; los aparentes elogios de aquella que pone en boca de don Pedro, no lo son tampoco, sino tan sólo en comparación con el teatro coetáneo. Dice don Pedro en el acto II: «... Menos me enfada cualquiera de nuestras comedias antiguas, por malas que sean. Están desarregladas, tienen disparates; pero aquellos disparates y aquel desarreglo son hijos del ingenio y no de la estupidez. Tienen defectos enormes, es verdad; pero entre estos defectos se hallan cosas que, por vida mía, tal vez suspenden y conmueven al espectador en términos de hacerle olvidar o disculpar cuantos desaciertos han precedido. Ahora compare Vd. nuestros autores adocenados del día con los antiguos, y dígame si no valen más Calderón, Solís, Rojas, Moreto cuando deliran, que estotros cuando quieren hablar en razón» [206].

En 1787 compuso Moratín su comedia *El Barón*, dos actos en verso, concebida originariamente como zarzuela y proyectada para representaciones privadas. La obra circuló mucho en copias manuscritas y, estando Moratín ausente de España, fue representada en un teatro de Cádiz. A su regreso, Moratín corrigió la comedia y la entregó a la compañía del teatro de la Cruz, pero los del teatro de los Caños del Peral se vengaron poniendo en escena una refundición hecha sobre la zarzuela original por un desconocido llamado Andrés de Mendoza. Cuando la obra de Moratín fue es-

---

[205] Idem. íd., págs. 93-94.
[206] *Obras...*, cit., págs. 368-369.

trenada en enero de 1803, se produjo una verdadera conspiración para hacerla fracasar, pero al fin pudo ser vencida y la comedia se representó con éxito. No obstante, la versión plagiada por Mendoza, bajo el nombre de *La lugareña orgullosa*, gozó de gran aceptación, y durante muchos años se representó en competencia con la obra original: caso único, quizá, en la historia del teatro. En *El Barón*, una madre ambiciosa pretende casar a su hija con un falso barón, que es al fin desenmascarado; con lo cual queda libre la muchacha para casar con el joven que prefería. Lista, al reseñar la comedia años más tarde para *El Censor*, afirmó que no desmerecía de las otras de Moratín en lenguaje y versificación, pero quedaba por debajo en cuanto a la trama y propósito moral.

Años antes que *El Barón* había compuesto Moratín otra comedia, *La mojigata*, cuyas primeras vicisitudes fueron bastante parecidas. Escrita en 1791 y antes de que su autor le diera forma definitiva, circuló manuscrita y fue representada frecuentemente en privado. A su regreso a España, Moratín corrigió la comedia y la hizo estrenar en el teatro de la Cruz en mayo de 1804 sin que hubiera esta vez —dice el autor en la *Advertencia* de la edición— «parcialidades, ni venganzas, ni conspiración ni alboroto; la experiencia había dado a conocer la inutilidad de estos medios, y el nombre del autor aseguraba ya los aplausos» [207]. Al final de esta misma *Advertencia* pondera la excelente actuación de los actores, cuyos ensayos fueron minuciosamente dirigidos por Moratín, según práctica ya generalizada entre los reformadores, y que tanto estaba influyendo en el éxito de sus comedias y en la mejora del arte de la declamación. *La mojigata*, al ser impresa en 1804, llevaba una dedicatoria al Príncipe de la Paz, cuya protección debió de ser necesaria para contener la oposición de quienes creían peligroso mostrar en el teatro las mañas de la hipocresía. La comedia, en efecto, presenta la doblez de una muchacha que disfraza sus aventuras con el manto de la piedad. Moratín se inspiró en buena medida en la obra de Molière, *La escuela de los maridos*, de la que él mismo hizo una adaptación al castellano, y tomó detalles sueltos del *Tartufo* y del *Don Juan* del mismo Molière; también ha sido aducida como fuente de *La mojigata* la comedia de Tirso de Molina, *Marta la piadosa*. Clara, la *hipócrita* de Moratín, tiene una indudable justificación —menor hondura dramática, en consecuencia— por el hecho de que su padre, estimulando en ella una supuesta vocación, quiere meterla en un convento para apropiarse de una herencia que va a recibir su hija; mientras que el Tartufo del francés es hipócrita de raíz, por mala calidad de su naturaleza. El único lado reprobable de Clara consiste en la falta de escrúpulos con que atribuye a una prima suya sus propias desenvolturas.

---

[207] *Obras póstumas*, cit., I, pág. 392.

En este sentido, podría decirse que no existe aquí la hipocresía de raíz religiosa, que se supone; la *mojigata*, se defiende como puede de la presión paterna, fingiendo ceder a sus propósitos, hasta que consiga zafarse de ellos; y así, se agarra, como a clavo ardiendo, al necio calavera que venía destinado para marido de la prima; matrimonio en el que va a consistir, precisamente, su castigo. Más que una falsa piedad, *La mojigata*, pues, censura —volviendo con ello al tema predilecto de Moratín— la coacción que ejercen los padres sobre la libre determinación de las muchachas [208].

Y, no obstante, había *razones* en la comedia para provocar en ciertos medios la inquietud a que hemos aludido. En la edición de las *Obras* de Moratín de la Biblioteca de Autores Españoles se dan en nota los pasajes que había modificado el autor «por motivos ajenos a la literatura» [209], variantes —dice el editor— tomadas de copias manuscritas. En estos pasajes Moratín expone sin equívocos su parecer, muy poco entusiasta, sobre la vida en religión, diciendo verdades como tomos que sólo a los pazguatos podían alarmar; pero Moratín conocía bien la eficacia de tales gentes, en su país y en aquel tiempo, y cuando trató de llevar su obra a la escena, suprimió o modificó los pasajes que en aquellas circunstancias la hubieran hecho irrepresentable. Tales pasajes, previamente conocidos por las copias que circulaban, debieron de crear la expectante hostilidad de sus enemigos.

La trama de *La mojigata* es bastante más compleja que en las restantes comedias de Moratín, aun siendo sencilla a pesar de todo; los personajes están perfectamente delineados, y el lenguaje es fácil y natural, propio, gracioso y agudamente intencionado. Como en las comedias barrocas, con las cuales mantiene una cierta afinidad de lances la fábula moratiniana, existe en *La mojigata* un criado, motor de la acción en muchos momentos, trazado al estilo de un *gracioso* aparentemente convencional, pero

---

[208] Parece cierto —según subraya Mérimée en el artículo cit. luego— que Clara se goza en sus mentiras, y que su defecto, disculpable en un principio dado el carácter de su padre, «aparece pronto como un vicio en el que se complace la joven» (pág. 746). Diríamos, más bien, que una vez que Clara ha tenido que entrar en el juego de simulaciones a que le conduce la actitud de su progenitor, lo encuentra divertido y lo lleva adelante como una travesura; quizá sea excesivo hablar de *vicio*, como quizá sea excesivo también el matrimonio no deseado que se le impone a la joven, cuya mojigatería no habría existido sin la culpable hipocresía del padre, que es el *mojigato* realmente; es él quien se aprovecha de una fingida virtud, que ni siquiera es la suya, para meterse una herencia en el bolsillo. De hecho, el tema de la comedia, más que la mojigatería, es el de la perniciosa educación basada en la falta de libertad y de sinceridad; la intención didáctica del escritor se dirige aquí una vez más —es el gran tema moratiniano— contra toda coacción que falsifique y deforme nuestra vida. Hablando de las fuentes de Moratín —en el artículo citado luego— José Francisco Gatti alude precisamente a la existencia en *La mojigata* de este tema, que los críticos suelen pasar por alto.

[209] *Obras...*, cit., pág. 392, nota.

que es aquí mucho más consistente; y las situaciones cómicas que provoca, no son producto de chistes pegadizos, de quita y pon, sino originados en la misma naturaleza de los personajes, y componentes por lo tanto de la sátira global de la obra.

Aludiendo al empleo de las unidades en *La mojigata* dice Paul Mérimée que «más vale no recordar que la comedia 'empieza a las diez de la mañana y se acaba a las cinco de la tarde'. Pues doña Clara, en aquel corto espacio de tiempo renuncia a sus primeros amores, se decide por don Claudio —quien había venido a casarse con la prima Inés, pero no congeniaba con ella—, y arregla secretamente su casamiento con él» [210]. La comedia, en realidad, tiene un cierto aire de farsa que hace legítimo este apresuramiento y quita al mismo tiempo gravedad a las desenvolturas e *hipocresías* de la protagonista, en el sentido que dejamos dicho.

La última de las comedias originales de Moratín, y la más famosa y mejor sin duda, es *El sí de las niñas*, en tres actos y en prosa, que fue estrenada en el teatro de la Cruz a fines de enero de 1806. Sus primeras representaciones —según nos informa la *Advertencia* que precede a la edición de la comedia— duraron 26 días consecutivos, hasta que por la llegada de la Cuaresma se cerraron los teatros, según costumbre. Continuaban aún las representaciones en Madrid cuando ya los cómicos habían llevado la obra por provincias, y un grupo de personas ilustres la representó en Zaragoza en un teatro particular. «Entre tanto —sigue informando la *Advertencia*— se repetían las ediciones: cuatro se hicieron en Madrid durante el año de 1806, y todas fueron necesarias para satisfacer la común curiosidad de leerla, excitada por las representaciones del teatro» [211]. No obstante, se presentaron a la Inquisición denuncias contra la comedia, pero bastó la presencia de Godoy en el teatro para alejar las dificultades.

El sí de las niñas vuelve una vez más al gran tema de Moratín: la joven Paquita sale del convento, donde se educaba, para contraer matrimonio, por decisión de su madre doña Irene, con el viejo don Diego. Paquita, que está enamorada de don Carlos, joven militar sobrino del viejo, llama a su amado para que impida la boda; acude don Carlos sin saber quién es el viejo pretendiente, pero cuando lo descubre y está dispuesto a renunciar a Paquita para no enfrentarse con su tío y tutor, es éste quien generosamente se sacrifica y deja que se casen los dos jóvenes enamorados [212]. La comedia, que, como todas las de Moratín, se ajusta fielmente a

---

[210] Paul Mérimée, «El teatro de Leandro Fernández de Moratín», en *Moratín y la sociedad española de su tiempo*, *Revista de la Universidad de Madrid*, IX, núm. 35. págs. 729-761; la cita en pág. 746.

[211] *Obras...*, cit., pág. 418.

[212] Algunos contemporáneos de Moratín señalaron ya la aparente contradicción entre el valor militar, a que se alude, del joven don Carlos y el respeto y hasta sumisión con que se comporta ante su tío, mostrándose dispuesto a renunciar a

las unidades dramáticas, se desarrolla entre las siete de la tarde y las cinco de la mañana siguiente en una sala de paso de una posada de Alcalá de Henares, donde la novia y su madre se reúnen con don Diego que acude a recogerlas; y allí acude don Carlos precipitadamente desde Zaragoza, donde estaba de guarnición.

A raíz del estreno de *El sí de las niñas* los enemigos de Moratín afirmaron que se trataba de un plagio: hablaban unos de una comedia inédita de su padre, desconocida hasta hoy; decían otros que se había inspirado muy de cerca en una comedia francesa, *Le oui des couvents (El sí de los conventos);* mencionaban otros finalmente la pieza en un acto de Marsollier, *Le Traité nul,* representada en París en 1797 y traducida efectivamente al castellano y publicada en Madrid en 1802. Según René Andioc, existen semejanzas entre ambas obras aunque con diferencias al final, y en las dos se plantea el mismo problema de la libre determinación de la mujer en asuntos matrimoniales; pero no es posible decidir —dada la fecha de redacción de su comedia y sus posibles correcciones hasta la primera edición de 1805— si Moratín conoció la traducción española y en qué medida pudo inspirarse en ella. Dentro de la literatura española cabe también señalar numerosos y bien conocidos antecedentes, más o menos próximos, lo mismo en la novela que en el teatro del Siglo de Oro, donde no son infrecuentes las rivalidades amorosas entre un joven y un viejo y el casamiento desigual. En este campo, se ha señalado en particular la comedia de Rojas Zorrilla, *Entre bobos anda el juego.* Pero mucho mayor contacto que con todos los modelos citados parece tener *El sí de las niñas* con la comedia en un acto de Marivaux, *L'école des mères,* estrenada en

Paquita. En su comentario sobre la comedia, Larra subrayó también este supuesto fallo. Casalduero ha hecho ver, en cambio, que *El sí de las niñas* no se funda en la rebeldía, como hubiera deseado la visión romántica de Larra, sino en el mutuo sacrificio y el dominio de sí mismo; estamos en un mundo —el de Moratín— donde los hombres son capaces de dominarse, porque la naturaleza humana no es sólo instinto, y de someter sus pasiones a la razón: «Es la razón —dice Casalduero— la que hace que la obediencia y el respeto sean auténticos, es la razón la que hace que la autoridad no se convierta en odiosa tiranía» (Joaquín Casalduero, «Forma y sentido de *El sí de las niñas*», en *Nueva Revista de Filología Hispánica*, XI, 1957, páginas 36-56; la cita en pág. 54). Por su parte, René Andioc señala que Moratín se propone con este don Carlos —no por valiente menos razonable y disciplinado— enfrentarse al concepto del galán popularizado por las comedias del Siglo de Oro, dispuesto a atropellar espada en mano todas las normas, o convencionalismos, sociales; tipo de galán que los tradicionalistas tenían por un símbolo de españolismo, pero que los ilustrados miraban como a un bárbaro, cuando no como a un delincuente. El nuevo héroe, tal como lo concibe Moratín, es tan valiente como su antecesor, pero actúa dentro del marco de la legalidad. El criado Calamocha, con actitud de comedia antigua, presenta a su amo como a un majo, con lenguaje de perdonavidas; pero don Carlos se define inmediatamente por sí mismo de forma bien distinta, con lo cual —dice Andioc— resalta más su novedad, en este caso su ejemplaridad (L. Fernández de Moratín, *La comedia nueva. El sí de las niñas*, ed. de John C. Dowling y René Andioc, Madrid, 1969, págs. 147-150).

París en julio de 1732 y cuya traducción fue publicada en Barcelona en 1779.

José Francisco Gatti, que ha examinado con detención este problema [213], dice que el influjo general de Molière, predominante en las demás comedias de Moratín, apenas puede advertirse concretamente en *El sí de las niñas;* y en cuanto a la comedia de Rojas, las semejanzas, aunque no deban desecharse en absoluto, son poco convincentes. En cambio, afirma Gatti, la verdadera fuente de la comedia de Moratín es la mencionada obra de Marivaux, en un acto y en prosa, asunto ya aprovechado anteriormente por Ramón de la Cruz en su sainete *El viejo burlado* o *Lo que son criados;* aunque Moratín conoció, sin duda posible, la obra original. El primer acto de Moratín nada debe a *L'école des mères:* la semejanza comienza con el acto segundo, y a partir de él Gatti señala hasta doce puntos paralelos que demuestran su tesis. Pero, a pesar de esta deuda, la originalidad de Moratín queda completamente a salvo; lo principal en todas sus comedias, según ya sabemos, no es el enredo o esquema argumental, sino los caracteres: «Y los caracteres de *El sí de las niñas* —afirma Gatti— le pertenecen a él, no a Marivaux» [214]. «Al utilizar la obra de Marivaux como fuente de su comedia —añade luego—, le guiaba sobre todo la identidad de ideas. El tema de *L'école des mères* coincidía con viejas meditaciones suyas y se adecuaba a su temperamento y a sus predilecciones éticas y estéticas» [215]. Sería innecesario recordar ahora el concepto, tan distinto del actual, que de la imitación tuvieron los clásicos; en cualquier caso, dentro de ella Moratín acierta a crear un clima humano diferente. El mundo dramático de Marivaux, dice Gatti, es irreal, brillante y esplendoroso, lleno de picardía, de coquetería y de encanto, es un mundo donde los jóvenes son los personajes dominantes y todo lo mueve el amor, un amor en el momento de nacer: «Real, gris, de tonos apagados, de luz vaga y de sombras apenas insinuadas, es —en cambio— el mundo dramático de Moratín. Se deslizan en él la sátira, la ironía, la reflexión, el engaño y el desengaño, la melancolía. Está profundamente enraizado en la tierra, se forma de la agrupación de múltiples detalles triviales, cotidianos, sencillos. Hay en él mucho que reflejar y no poco que corregir. Mundo crepuscular, mundo de viejos, donde los viejos son los personajes descollantes. Aquí también es el amor el sentimiento motor, pero amor encubierto, con sordina, que no osa mostrarse plenamente» [216].

Desde el estudio de Patricio de la Escosura se viene repitiendo que *El sí de las niñas* plasmaba literariamente las circunstancias biográficas del amor de Moratín por Paquita Muñoz; todavía Ruiz Morcuende afirma que

---

[213] José Francisco Gatti, «Moratín y Marivaux», en *Revista de Filología Hispánica,* III, 1941, págs. 140-149.

[214] Idem, íd., pág. 147.

[215] Idem, íd., pág. 148.

[216] Idem, íd., pág. 149.

la Paquita de la comedia fue en la vida real la enamorada del poeta. Pero semejante interpretación ha sido rechazada por Lázaro Carreter [217] y más recientemente por René Andioc: las relaciones entre Paquita y Moratín continuaron mucho después de ser estrenada la comedia; tampoco la diferencia real de edad entre ambos conviene a las circunstancias de la obra literaria; ni fue, sin duda posible, Moratín el no correspondido por Paquita —como le sucede al don Diego de la comedia—, sino Paquita la que fracasó al cabo en su pertinaz persecución del siempre irresoluto y fugitivo Moratín, como Lázaro Carreter ha examinado agudamente. La libertad de la mujer contaba entre las preocupaciones capitales de los ilustrados y de todo género de reformadores, intelectuales, políticos, o pedagogos, como Campomanes, Jovellanos, doña Josefa de Amar y Borbón; otros muchos escritores llevaron este problema a todos los géneros literarios, teatro inclusive, y a la prensa periódica. Nada obsta tampoco, por lo demás, para que Moratín proyectara literariamente ciertas circunstancias de su vida personal y ellas contribuyeran a cuajar en su mente la predilección por el tema de los matrimonios desiguales, o su *manía*, como maliciaba un contemporáneo [218]. Según refiere Juan Antonio Melón, Moratín, siendo un muchacho, se enamoró de Sabina Conti, hija de un conde italiano amigo de su padre, pero la joven se casó inopinadamente con un primo suyo de mucha más edad, causando un gran quebranto sentimental al joven Moratín. De acuerdo con la interpretación, muy verosímil, de Lázaro Carreter, cuando cayó en las manos del escritor la comedia de Marivaux, que pudo servirle de esquema para *El sí de las niñas*, andaba preocupado por sus relaciones con Paquita Muñoz, con la que no deseaba casarse, realmente; la diferencia de edad, no tan grande por lo demás, se le ofrecía como una aprensión plausible tras de la cual atrincherarse para su negativa; pensando en su propia situación, compuso la comedia, que no es transposición de su realidad biográfica pero sí la resolución literaria del conflicto que preocupaba al escritor [219].

En todo caso, y cualesquiera que fuesen las inmediatas deudas literarias de *El sí de las niñas* o sus resonancias biográficas, es evidente que Moratín había conseguido crear una obra modélica de la comedia neoclásica española, a la cual es necesario siempre referirse cuando se pretende señalar un paradigma de dicho género y estilo. El lugar donde se reúnen los siete personajes de la comedia es tan preciso y claro como su acción; a las pasiones exuberantes y al movimiento del teatro barroco Moratín «le enfrenta la delicia de la unidad, del límite, de lo sencillo» [220]; personajes, espacio y acción son de medidas estrictamente humanas;

---

[217] Fernando Lázaro Carreter, *Moratín en su teatro*, «Cuadernos de la Cátedra Feijoo», núm. 9, Oviedo, 1961.
[218] Cit. por Andioc en el estudio a su edición cit., pág. 142.
[219] *Moratín en su teatro*, cit., pág. 32.
[220] Joaquín Casalduero, «Forma y sentido...», cit., pág. 37.

dentro de ese marco, hecho de ritmo y proporción, fácilmente abarcable, la vida, como puntualiza Casalduero, se reduce a sociabilidad, a diálogo; la acción se concentra exactamente, sin precipitarse ni retardarse, en el corto tiempo acotado, y hasta la claridad material, perfectamente regulada, sirve para marcar el paso del tiempo. «El estilo cómico no cae nunca en lo chabacano, se mantiene siempre dentro de la sencillez y la gracia; el estilo serio no sólo evita lo campanudo, sino que adorna su nobleza con el afecto. El soliloquio casi no se usa; los dos ejemplos (II, 1; III, 4) son brevísimos. El propósito moral no se confunde con la predicación» [221].

El cronista del *Memorial Literario* mostró ya su entusiasmo por las excelencias de la comedia, que, a su juicio, reunía todos los requisitos de las reglas neoclásicas; encarece su plan y la perfecta ejecución, la verosimilitud de los sucesos y la naturalidad con que se encadenan, la verdad de los caracteres y el contraste entre sus sentimientos que mantiene despierto el interés hasta el desenlace, la animación y gracia del diálogo, la pureza y propiedad del lenguaje, la comicidad de algunas situaciones y, por descontado, la lección moral que se deduce de la comedia. Años más tarde, cuando Alberto Lista la reseñó para *El Censor*, a propósito de una reposición, afirmó que *El sí de las niñas*, no era quizá superior a las otras comedias del autor por su lenguaje y caracteres, pero las excedía a todas por su intriga y el interés del argumento. La finura y perfección del conjunto —sigue diciendo— y la sentenciosa gravedad del estilo colocan a Moratín por encima de Terencio, a quien excede en intensidad cómica, y le hacen digno rival de Molière y de Moreto. Por su parte Larra, en su estudio de la obra subraya el hecho de que Moratín es el primer poeta cómico que ha llevado rasgos sentimentales a la comedia de costumbres, en la cual sus antecesores sólo habían presentado el lado ridículo de las cosas. Se pregunta Larra si esta innovación era debida al gusto de la época, en la que el sentimiento comenzaba a invadir la escena, o producto de conscientes meditaciones por parte del autor [222]; en todo caso, la

---

[221] Idem, íd., págs. 44-45.

[222] Comentando esta observación de Larra, Paul Mérimée responde a su pregunta afirmando que el carácter lacrimoso y sentimental dado frecuentemente por Moratín a sus comedias, resulta probablemente de ambas razones a la vez: «La ola de sentimentalismo —dice— apareció temprano en la literatura dramática española del siglo XVIII. Pero además los tipos y asuntos de Moratín no eran lo bastante ridículos, es decir, cómicos en sí, para que se apelara únicamente a la risa a fin de conseguir el deleite. De modo que a la vez cedía con moderación a una moda y encontraba un aliciente más para gustar a los espectadores» («El teatro de Leandro Fernández de Moratín», cit., págs. 742-743). A propósito de *El viejo y la niña* Paul Mérimée llega a decir, páginas más arriba, que cabe perfectamente dentro del marco de la comedia sentimental, debido sobre todo a su final desgraciado que, como vimos anteriormente, produce compasión en el espectador. Con este desenlace patético Moratín se apartaba —y precisamente en la primera obra de su carrera— de las reglas estrictas

diferencia entre Molière y Moratín es que el primero se dirige preferentemente a la inteligencia mostrándole lo ridículo de los caracteres o situaciones, mientras que Moratín introduce ciertos personajes para alimentar la apetencia del espectador por lo sentimental y divertido, a la vez que apela a su inteligencia por las circunstancias en que coloca a sus héroes.

Larra reconoce, sin embargo, que a pesar de la gran calidad literaria de *El sí de las niñas*, no podría alcanzar una vigencia tan duradera como *El avaro* o *El hipócrita* de Molière, mucho más universales, sino que quedaría como una comedia de época, inspirada por circunstancias locales y destinada, por tanto, a servir preferentemente de documento histórico o modelo literario; nada de lo cual impide que *El sí de las niñas* sea, dentro de su marco, una obra maestra.

El juicio de Larra parece dejar en su punto el paralelo entre Molière y Moratín. De todos modos, puede parecer extremado el solo hecho de que los reformistas ilustrados, contemporáneos de Moratín, lo colocaran «a la par del primer escritor teatral de Francia». Lázaro Carreter, que se hace esta pregunta, contesta certeramente: «Nuestro autor venía a asumir, en el género cómico, casi medio siglo de tanteos poco felices, hechos en busca de una fórmula dramática que estuviera a la altura de los tiempos, es decir, de los ideales de vida y de los niveles de conciencia que se habían desarrollado en España en la época de Carlos III. Era el escritor que, alcanzando una talla europea en cuanto a su *manera* y a su estética, se incardinaba en la sociedad española de su tiempo, como un resultado» [223].

Cook rechaza la opinión de Larra, arriba citada, sobre la vigencia de *El sí de las niñas* sosteniendo [224] que la intervención paterna en los matrimonios no se eliminó tan fácilmente en un país como el nuestro, de tanto arraigo en lo tradicional. Lo cual puede ser cierto; pero, en todo caso, nos importa ahora menos [225]. Lo que quisiéramos destacar es que la obra tea-

---

dadas por todos los neoclásicos, y por él mismo, sobre el final *alegre y regocijado*, propio de la comedia; si bien ya no había de reincidir en esta contradicción.

[223] *Moratín en su teatro*, cit., pág. 15.

[224] *Neo-classic Drama...*, cit., pág. 358.

[225] Creemos que el hecho específico de la intervención paterna en los matrimonios de los jóvenes es el aspecto más accesorio del problema planteado por Moratín; consecuentemente, que esto desapareciera o no de la vida real, importa apenas no sólo para decidir el valor literario del teatro moratiniano, sino incluso en lo que respecta a su contenido sociológico. Aunque hemos venido aceptando hasta aquí —por comodidad de exposición— el parecer común de que es la libertad de decisión matrimonial el tema básico en las comedias de Moratín, estamos persuadidos de que aquélla no es sino el vehículo dramático de una intención más amplia. El tema auténtico de Moratín —diríamos— es el derecho a la autonomía moral, el derecho de toda conciencia a no ser violentada en cuestiones que le afectan esencialmente para salvaguardar así la verdad, la sinceridad, la autenticidad de nuestro ser más íntimo. Ahora bien: para dar realidad dramática a estas ideas, el autor las encarna en anécdotas amorosas por su mayor eficacia persuasiva sobre el espectador. Nos parece un poco pueril —ni aun admitiendo la proyección de sus propias preocupaciones

tral de Moratín, y concretamente *El sí de las niñas*, rebasa la limitación de un valor de época y alcanza la condición —según decía Larra— de un modelo literario. Porque la *comedia moratiniana* no muere con el XVIII, según dejamos ya sugerido más arriba y veremos con detención oportunamente, sino que da la fórmula para el teatro del futuro, aun a despecho de las frondas —que no huracanes— del romanticismo español. Lo que es, en cambio, irrevocablemente, un valor de época —hablamos ahora bajo el aspecto de fórmula dramática— es la *comedia* barroca; por el contrario, lo que se llama *comedia neoclásica* (con una mayor o menor elasticidad —nunca mucha— dentro de las discutidas unidades), es decir, teatro a base de palabras, con mínima peripecia argumental, predominio de los caracteres sobre la acción (lo había recomendado expresamente Moratín) y exclusión de «apariencias» espectaculares y tramoyas escénicas, es lo único que desde entonces, y más todavía en nuestros días, se viene llamando propiamente *teatro* [226].

en su teatro— que a Moratín le atormentara excesivamente el que hombres maduros se casaran con señoritas jóvenes: «Lo que se critica en el casamiento desigual —escribe Andioc con gran exactitud— no es la desigualdad como tal, sino la presión ejercida sobre uno de los contrayentes» (estudio a su edición cit., pág. 157). Adviértase además, tal como hemos señalado repetidamente, que junto al motivo de la libertad matrimonial Moratín insiste siempre en el problema de la educación, de esa viciosa educación que engendra la hipocresía al matar la espontaneidad y la libertad. Y este sí que es un tema básico. Lo que, para nosotros, resta «actualidad» y vigencia a los asuntos de Moratín es, en el fondo, la escasa entidad dramática de la anécdota escogida; la presión sobre los contrayentes —en general, queremos decir, y de eso se trata— nunca debió de ser excesiva; más bien sucedería siempre lo contrario. Ejemplificar, como mal social, la presión deformadora sobre la voluntad humana que se ejerce en *El sí de las niñas*, por ejemplo, es poca alforja para viaje tan comprometido. Quizá sea este el mayor, o el único, defecto del teatro de Moratín. Pero es grave.

[226] El concepto de que la *comedia moratiniana* no es tan sólo un valor de época, como se ha dicho tantas veces, sino que abre una ruta firme de cara al futuro, se encuentra ya frecuentemente en el comentario de muchos investigadores. Rechazando la opinión de Menéndez y Pelayo sobre la supuesta pobreza del estilo de Moratín, sostiene Paul Mérimée que con éste y con Forner nace, a fines del siglo XVIII, el castellano moderno: «La lengua de Moratín —escribe a continuación— es la del siglo XIX y apenas si, hace veinte o treinta años, empezó a escribirse de un modo distinto. ¿Quién prestará hoy otra vez a la gran lengua castellana el servicio que le hizo Moratín en los albores de la última centuria?» («El teatro...», cit., pág. 758). Refiriéndose más en particular a la prosa dramática de Moratín, afirma inequívocamente Dowling: «En *La comedia nueva* y más tarde en *El sí de las niñas* creó un nivel de prosa dramática que había de servir de modelo para los dramaturgos españoles del siglo XIX y aun del XX» (estudio a su ed. cit., pág. 52). El propio Mérimée recuerda la opinión expuesta ya por Cánovas del Castillo (*Arte y Letras. Del verdadero origen, historia y renacimiento en el siglo presente del genuino teatro español*, Madrid, 1887, pág. 220), según el cual Ramón de la Cruz pintó el mundo del siglo XVIII, la antigua España que se extinguía, «mientras Moratín sacaba por primera vez al teatro los tipos de la España nueva y de la nueva Europa». A lo cual comenta Mérimée que quizá la diferencia no fuera tan grande como asegura Cánovas, pero «es exacto que don Ramón de la Cruz miraba hacia el pasado y don Leandro hacia el siglo XIX»

Con *El sí de las niñas* Moratín se despidió de la escena como autor original: así lo comunicó en carta a su amigo Napoli-Signorelli; refiriéndose a dicha comedia, escribe: «...de todas maneras la llamo última porque no quisiera gastar el tiempo en componer más obras de esta especie. Trato ahora de hacer una edición magnífica de las cinco Comedias que he publicado hasta ahora, y las acompañaré con un prólogo en que daré una idea de las vicisitudes de la Poesía escénica en España durante el siglo XVIII» [227]. Cinco comedias, evidentemente, no eran volumen bastante para desalojar de la escena española el teatro contra el que había combatido. Manuel Silvela, en su *Vida de Moratín*, refiere que con frecuencia se chanceaba de él llamándole perezoso por el escaso número de comedias que había escrito, hasta que un día le respondió Moratín lleno de enfado: «El teatro español tendría por lo menos cinco o seis comedias más, si no me hubiesen hostigado tanto» [228]. Se refería a las denuncias que le habían hecho ante el Santo Oficio y a todo género de insidias; y añadió que había roto los apuntes para otras cuatro o cinco obras que ya tenía en el telar, con el fin de no caer en la tentación de escribir de nuevo. Pero aun sin estas razones —que ciertamente debieron de pesar en un carácter como el de Moratín— no es probable que hubiera escrito muchas más comedias. Para él, «escribir mucho significa lo mismo que escribir mal» [229]. En una de sus notas a *La comedia nueva* condena Moratín la fecundidad de Lope y de Calderón, así como la de Goldoni que, para resarcirse de un fracaso, prometió que daría en la temporada siguiente dieciocho comedias nuevas: «Con una excelente comedia que hubiera escrito en el tiempo que gastó

(«El teatro...», cit., pág. 755). Remitimos al lector a todo cuanto hemos dejado dicho sobre la prosa de Moratín en el cap. VI, págs. 420-431.

[227] Cit. por Dowling-Andioc en su ed. cit., pág. 19.

[228] *Obras póstumas*, cit., I, págs. 36-37.

[229] Notas a *La comedia nueva*, en ídem, íd., pág. 98. Lázaro Carreter, después de aludir a las razones que generalmente se aducen sobre la temprana retirada de Moratín, escribe: «Sin embargo, pienso que su temprano y definitivo silencio debe atribuirse a razones más hondas. En un escrito reciente, he señalado un rasgo que parece vertebrar el espíritu de Moratín: es el que los caracterólogos llaman *resignación presuntiva*, consistente en un rendirse por anticipado a la adversidad. El extremo dramático de esta actitud lo hallamos en muchos suicidas, que se entregan a la muerte antes de ver zarandeada, humillada, su delicada intimidad por acontecimientos que juzgan fatales. El propio Moratín fue suicida frustrado, en tres ocasiones, por lo menos. / Pues bien, con esta nota de su carácter, que corresponde al tipo de *sentimental introvertido* en la terminología de Le Senne, podemos interpretar aquella ruptura de Moratín con el arte dramático, en la madurez y en la gloria de sus cuarenta y seis años, como un típico gesto de resignación presuntiva. Cuando consideró que España era irredimible, cuando ante sus ojos ilustrados se desplegaron la barbarie, el fanatismo, la ignorancia, la crueldad de aquellos días de la guerra y de la victoria, se entregó voluntariamente al silencio, matando en sí mismo al poeta. Él revestirá luego este silencio con dos nombres justificadores: miedo y repugnancia. Ocurría, ni más ni menos, que, ante vientos adversos, él mismo había apagado, presuntivamente, la llama creadora» (*Moratín en su teatro*, cit., págs. 18-19).

en atropellar diez y ocho, hubiera hecho lo que nunca podría hacer la ruin caterva de sus enemigos, y hubiera complacido a cuantos conocen el arte y son apreciadores justos de quien le cultiva con acierto». Y añade a continuación: «No se proponga jamás el autor dramático abastecer de comedias nuevas un teatro, que es empresa de muchos, ni dar gusto a la insaciable curiosidad de sus apasionados, ni acallar (que es imposible) con la fecundidad culpable de su pluma el grito de la envidia. Cuide sólo de estudiar la naturaleza y los preceptos que ha dictado la sana razón; aproveche para componer, aquellos pocos, breves y felices momentos en que la disposición del ánimo lo consiente; sea él mismo el juez más rígido de sus obras. Y ¿cuántas, haciendo esto, necesitará publicar para merecer el concepto de insigne poeta? Una, si es buena; y diga lo que quiera Pipí» [230].

Moratín no se sintió atraído por la tragedia, género tan encomiado por los escritores neoclásicos, pero que él dejó de lado enteramente en beneficio de la comedia. En ningún lugar confiesa las razones de esta preferencia, pero diríase que allá en el fondo de sus palabras, muy veladamente, se oculta un cierto menosprecio por aquella forma dramática, que pinta a los hombres, de acuerdo con fórmulas abstractas, «como la imaginación supone que pudieron o debieron ser» [231], y que por eso mismo busca sus originales en naciones y siglos remotos, en los que no es difícil hallar los personajes, acciones, sublimidad y belleza ideal que requiere dicho género literario. «La comedia —dice a renglón seguido— pinta a los hombres como son, imita las costumbres nacionales y existentes, los vicios y errores comunes, los incidentes de la vida doméstica; y de estos acaecimientos, de estos individuos y de estos privados intereses forma una fábula verisímil, instructiva y agradable. No huye, como la tragedia, el cotejo de sus imitaciones con los originales que tuvo presentes; al contrario, le provoca y le exige, puesto que de la semejanza que las da resultan sus mayores aciertos. Imitando pues tan de cerca a la naturaleza, no es de admirar que hablen en prosa los personajes cómicos; pero no se crea que esto puede añadir facilidades a la composición. *Difficile est proprie communia dicere.* No es fácil hablar en prosa como hablaron Melibea y Areusa, el Lazarillo, el pícaro Guzmán, Monipodio, Dorotea, la Trifaldi, Teresa y Sancho. No es fácil embellecer sin exageración el diálogo familiar, cuando se han de expresar en él ideas y pasiones comunes; ni variarle, acomodándole a las diferentes personas que se introducen, ni evitar que degenere trivial e insípido por acercarle demasiado a la verdad que imita». Claramente nos da a entender también en otro pasaje que para él la mayor dificultad de la comedia, y su excelencia por lo tanto, consiste en su proxi-

---

[230] Notas a *La comedia nueva*, en *Obras póstumas*, cit., I, págs. 98-99.
[231] *Discurso preliminar* a sus comedias, en *Obras...*, cit., pág. 320.

midad al modelo y la facilidad que tiene el espectador de comprobar lo exacto de la copia: «En la comedia todo es diferente: acciones domésticas, caracteres comunes, privados intereses, ridiculeces, errores, defectos incómodos en una determinada sociedad: eso pinta, de estos materiales compone sus fábulas. Expone a los ojos del espectador las costumbres populares que hoy existen, no las que pasaron ya; las nacionales, no las extranjeras; y de esta imitación, dispuesta con inteligencia, resultan necesariamente la instrucción y el placer. Pero es muy grande la dificultad de pintar las costumbres del día con la gracia, la semejanza, la delicadeza, el arte y atinada elección que se necesitan para el acierto; y el juez ante quien debe presentarse un remedo de tal especie, como tiene perfecto conocimiento del original, echa de ver inmediatamente los defectos en que ha podido incurrir el artífice» [232].

En las palabras transcritas está el germen de toda la teoría dramática de Moratín. La comedia debe ser una imitación verosímil de la realidad, consistente en sucesos de lo que ocurre ordinariamente en la vida civil entre personas particulares: «Para apoyar con el ejemplo la doctrina y las máximas que trata de imprimir en el ánimo de los oyentes, debe apartarse de todos los extremos de sublimidad, de horror, de maravilla y de bajeza. Busque en la clase media de la sociedad los argumentos, los personajes, los caracteres, las pasiones y el estilo en que debe expresarlas. No usurpe a la tragedia su grandes intereses, su perturbación terrible, sus furores heroicos. No trate de pintar en privados individuos delitos atroces que por fortuna no son comunes, ni aunque lo fuesen pertenecerían a la buena comedia, que censura riendo. No siga el gusto depravado de las novelas, amontonando accidentes prodigiosos para excitar el interés por medio de ficciones absurdas de lo que no ha sucedido jamás ni es posible que nunca suceda. No se deleite en hermosear con matices lisonjeros las costumbres de un populacho soez, sus errores, su miseria, su destemplanza, su insolente abandono. Las leyes protectoras y represivas verificarán la enmienda que pide tanta corrupción; el poeta ni debe adularla, ni puede corregirla» [233]. Para expresar lingüísticamente este mundo verosímil y cotidiano la prosa es el mejor vehículo; y si se escribe en verso, «ni las quintillas, ni las décimas, ni las estrofas líricas, ni el soneto, ni los endecasílabos pueden convenirle» [234]: «sólo el romance octosílabo y las redondillas se acercan a la sencillez» que debe caracterizar el lenguaje de la comedia.

Parece ya innecesario añadir, por harto dicho, que Moratín encarece el exacto cumplimiento de las unidades, aduciendo inevitablemente la célebre frase de Boileau, pero recordando a la vez que lo mismo había reco-

---

[232] *Obras póstumas*, cit., I, pág. 131.
[233] *Discurso preliminar*, cit., págs. 321-322.
[234] Idem, íd., pág. 321.

mendado Cervantes 70 años antes que el poeta francés, y que 120 antes de que éste naciera lo había practicado en alguna de sus obras Torres Naharro.

Menéndez y Pelayo censura, claro es, la rigidez del credo dramático de Moratín: «El concepto —dice— que Moratín tenía de la comedia en ese año 25, después de Lessing, después de Schlegel, y cuando ya por todas partes triunfaba la revolución romántica, era el más estrecho que puede imaginarse, mucho más estrecho que la fórmula que el mismo Moratín había practicado» [235]. Pero, don Marcelino parece no tener en cuenta que a Moratín no le importaba la revolución literaria que se produjera cn otras partes, sino los hechos que estaban sucediendo en España. La beatería por las reglas —como hemos dicho en páginas anteriores—, evidentemente exagerada, era, sin embargo, la indispensable camisa de fuerza que debía enfrenar los desmanes de un teatro que era pura bazofia [236]; los reformadores como Moratín no atacaban los absurdos del teatro barroco, constantemente iluminados por relámpagos geniales, y apenas operantes entonces por lo demás, sino los pésimos engendros contemporáneos, calcados precisamente sobre las pautas peores de la fórmula antigua, que, por eso mismo, era preciso destruir. «La convicción neoclásica de Moratín fue maciza e insobornable —escribe Lázaro Carreter, definiendo certeramente lo que podría calificarse de espíritu de cruzada en nuestro comediógrafo—. Ya en su vejez, su fiel amigo D. Manuel Silvela le acusaba de haber procedido en esta materia con escrúpulos de monja, y le argumentaba con que no debía concederse a una comedia la importancia de un congreso. Pero Moratín no era atacable por ese flanco; había ocupado buena parte de su vida en meditar y estudiar las normas clásicas, en sus modelos eminentes y en los preceptistas, y para él la comedia poseía mucha, muchísima más gravedad que un congreso. Era la clave central, la piedra maestra de la regeneración moral del país; y en la observancia de las reglas, vía única de la perfección, no podía permitirse el más leve pecado. Él se sabía algo más que un mero artista; era el símbolo de un

---

[235] *Historia de las ideas estéticas*, cit., III, pág. 422.

[236] Moratín no sólo blandía las reglas contra las demasías ajenas sino para su propia disciplina. Mérimée exige acabar con la leyenda de que Moratín fue hasta cierto punto mártir de su doctrina literaria, y aduce, para rechazarlas, las palabras de Ruiz Morcuende: «Moratín fue un genio dramático *a pesar de las tres unidades*». Recuerda asimismo Mérimée los juicios expuestos por A. Lefebvre al frente de su edición de Moratín; afirma Lefebvre que Moratín «preconizó los cánones, y los usó, no para aplicarlos ni mucho menos para tomarlos como medidas de valor. Le fueron un regulador de la obra por hacerse. La normativa, la concepción teatral que practicaba, era expediente para dirigir la buena ejecución específica de la comedia...». A lo cual comenta Mérimée: «Estimamos este juicio perfectamente exacto. Tanto las notas críticas de don Leandro a sus obras, como los asertos de sus demás trabajos, demuestran que, al juzgar las obras ajenas, y especialmente las comedias del Siglo de Oro, admitía y hasta admiraba situaciones ajenas a las reglas *del arte*» («El teatro...», cit., pág. 753).

arte que constituyó la razón de su existencia. Jamás se extinguirá en él el amor al teatro; cuando ya había renunciado a los amargos placeres de la creación dramática, lo veremos ir, sin haber cenado a veces más que un vaso de agua, a ocupar su luneta en una sala de espectáculos» [237].

La actividad dramática de Moratín se limitó, después de *El sí de las niñas*, a dos traducciones —o adaptaciones, mejor dicho— de Molière: *La escuela de los maridos* y *El médico a palos*. En la *Advertencia* antepuesta a la primera, que fue estrenada en el teatro del Príncipe en 1812, dice Moratín que había traducido a Molière con la libertad que había creído conveniente «para traducirle en efecto, y no estropearle» [238]. Las libertades que se toma Moratín son, ciertamente, amplias suprimiendo digresiones inoportunas y frases inaceptables en su tiempo, modificando bastante a fondo algunos pasajes y añadiendo circunstancias para hacer más verosímiles algunas escenas. «La comedia española —dice Moratín— ha de llevar basquiña y mantilla» [239], y si en las piezas originales —añade— se atuvo a este designio, en la traducción de Molière trató de españolizar el original hasta el extremo de suprimir el menor indicio de su procedencia. Con el mismo criterio tradujo *El médico a palos*, en la cual suprimió tres personajes «para no interrumpir la fábula con distracciones meramente episódicas» [240], «redujo a tres las cinco palizas que halló en la pieza original», en lo que se echa de ver el ideal de moderación que inspira siempre a Moratín, omitió las lozanías y expresiones demasiado alegres, y tachó las «imágenes asquerosas» que «ni son donaires cómicos» ni deben nunca presentarse «ante un auditorio decente».

Bastantes años antes que sus versiones de Molière hizo también Moratín su famosa traducción del *Hamlet* de Shakespeare. Durante su estancia en Inglaterra tuvo ocasión de asistir a frecuentes representaciones shakespearianas. Trabajó en la mencionada traducción desde finales de 1792 hasta mediados de 1794, y la publicó, con un prólogo y notas, en 1798. Dice Menéndez y Pelayo [241] que resulta difícil absolver a Moratín de este pecado shakespeariano; y no —añade— porque la traducción sea mala, sino por la *Advertencia* y las notas. De la traducción de Moratín dice Alfonso Par [242] que son sus méritos el estar hecha de buena fe, guardar respeto al original y estar escrita en buen castellano; y sus defectos resolver frases concretas por expresiones perifrásticas y aguar las fuertes tintas del original. Menéndez y Pelayo elogia el hecho de que Moratín nos diera

---

[237] *Moratín en su teatro*, cit., pág. 17.
[238] *Obras...*, cit., pág. 442.
[239] Idem, íd., págs. 442-443.
[240] Idem, íd., pág. 460.
[241] *Historia de las ideas estéticas*, cit., III, pág. 426.
[242] Alfonso Par, *Shakespeare en la literatura española*, I, Madrid-Barcelona, 1935, pág. 113.

a conocer íntegro y sin mutilaciones el más grandioso drama de Shakespeare en 1798, cuando Le Tourneur lo recortaba sin conciencia y Ducis no se atrevía a presentarlo en escena sino clásicamente desfigurado y vestido como Arlequín con sayo de colores. Alfonso Par, que se extiende en detalles no recogidos por Menéndez y Pelayo, asegura que en toda Europa no se había realizado trabajo igual al de Moratín por aquella fecha: en Francia no aparecen versiones fieles hasta 1821 con las de Guizot; en Italia con las de Leoni por los mismos años; sólo Alemania tomó la delantera con las versiones de Wieland y Eschenburg, aunque la traducción tipo, la de A. W. Schlegel, de 1798, tampoco es anterior a la española [243].

En cuanto a la *Advertencia* y las notas que acompañan a la traducción, también Par asegura [244] que Moratín dio al traste con ellas a todos sus merecimientos shakespearianos. Moratín, en efecto, aplicaba al *Hamlet* la regla de su credo neoclásico y el resultado no podía ser sino una ristra de censuras. A pesar de todo, Moratín advierte en buena medida la grandeza y bellezas admirables del *Hamlet,* las terribles pasiones, la acción trágica «capaz de acalorar la fantasía y llenar el ánimo de conmoción y de terror», admira la vehemencia y sublimidad de las palabras de Hamlet a la sombra de su padre; y comparando el drama inglés con la *Electra* de Sófocles no duda en dar la preferencia al primero. Lo que Moratín, en cambio, no podía gustar eran las escenas de espectros, apariciones y sepultureros, que califica de *intempestivas* o *soeces.* No obstante, las alabanzas predominan hasta tal punto que Moratín, en opinión de Par [245], estaba muy cerca de entregarse sin reservas. En cuanto a las notas, el propio Menéndez y Pelayo se siente dispuesto a perdonarlas en gracia al criterio de la época y al exclusivismo ideológico de Moratín. Par, que se muestra más hostil a ellas, reconoce que «nuestra disconformidad está en el criterio, no en los pormenores; discutiéndoselas al menorete —dice— él tendrá razón, si el teatro ha de ser lo que él pretende y no una reproducción embellecida de la naturaleza» [246]. Vistas «al menorete», en efecto, las observaciones de Moratín tienen frecuentemente la gracia satírica que él derramaba en todos sus escritos; Moratín era un perfeccionista y le irritaban detalles, cuya problemática calidad particular cegaba sus ojos para la belleza del conjunto. Cualquier anacronismo o falta de exactitud, que nada suponen en la obra, excitaba su desagrado, del mismo modo que una pulga en la cama más confortable le hubiera impedido dormir.

Juan Pablo Forner. Aunque en plano muy inferior, es necesario colocar junto al de Moratín el teatro de su amigo Juan Pablo Forner, unidos

---

[243] Idem, íd., pág. 114.
[244] Idem, íd., pág. 115.
[245] Idem, íd., pág. 121.
[246] Idem, íd., pág. 116.

ambos en su común devoción hacia los cánones neoclásicos. En 1795 estrenó Forner su comedia en tres actos y en verso *La escuela de la amistad o el filósofo enamorado*, que tuvo una discreta acogida con once días de representación, y que fue repuesta con alguna frecuencia hasta bien entrado el siglo siguiente. La comedia, que se ajusta rigurosamente a las unidades, con cierta libertad en la de lugar, no carece de animación, a pesar de la excesiva longitud de algunos parlamentos, y en ciertos aspectos recuerda el lenguaje galante de las viejas comedias barrocas. Forner estaba muy satisfecho de su obra: «Salvo las comedias de Moratín el Mozo —escribió en respuesta a una carta publicada en el *Diario de Madrid*—, *El filósofo enamorado*, solo, solito, contiene más bellezas dramáticas que cuantas ha engendrado la escena española de cien años a esta parte» [247]. Varios años antes, en 1784, Forner había compuesto otra comedia, *La cautiva española*, que fue rechazada por el censor don Ignacio López de Ayala, contra el cual escribió Forner una larga carta llena de dicterios [248].

En esta carta, en un artículo publicado en *La Espigadera* en 1790, en sus *Exequias de la lengua castellana* y en una pieza satírica, *Apología del vulgo con relación a la poesía dramática*, que antepuso a su edición de *El filósofo enamorado*, desarrolló Forner sus ideas sobre el teatro, que aunque no se apartan substancialmente de las de Moratín o de cualquier otro neoclásico, encierran cierto interés en algunos detalles. La finalidad del teatro —viene a decirnos— ha sido, desde sus orígenes, enseñar y corregir, enmendando los vicios del pueblo con el ridículo —tal es la función de la comedia— y los de las personas altas con la atrocidad de los escarmientos o con la fatalidad inconstante de esto que llaman fortuna; en lo cual consiste la tragedia. Pero nada semejante puede lograrse si no se pintan sucesos de la vida real que puedan ser eficaces como ejemplo; y de esta necesidad se derivan todas las reglas del drama. En la *Apología del vulgo* ataca a Lope por haber cedido al desorden y a los caprichos de su imaginación con el único fin de complacer al vulgo, como si éste —dice— no fuera capaz sino de amar lo absurdo y admirar la extravagancia; los malos escritores culpan al vulgo de su propia falta de habilidad; el vulgo no debe ser reprendido sino por el solo hecho de no haber lapidado a los grandes escritores que le enseñaron a estimar insensateces; Lope escribió atropelladamente para ganar con qué vivir y atribuyó a la estupidez del vulgo las delirantes obras que su necesidad le llevaba a componer. Las reglas —cuya vigencia es universal e intemporal— son necesarias para evitar el riesgo de la extravagancia y el capricho. Al encarecer las excelencias de su *Filósofo enamorado*, señala Forner la sencillez y naturalidad de su argumento, en el cual no se encuentran grescas, confusión de

---

[247] Cit. por Cotarelo en *Iriarte y su época*, pág. 398, nota 3 de la página anterior.
[248] Véase cap. VIII, pág. 702.

personas a causa de la oscuridad, cartas perdidas, retratos encontrados, espadachines amenazadores, criadas que hacen de celestinas, reyes predicadores, heroínas de novelas de caballerías, lúgubres cavernas, batallas, monstruos ni serpientes.

Sucedió, sin embargo, que algunos Aristarcos acusaron al *Filósofo* de Forner de no someterse a las unidades por entero. Lo cual le condujo a su vez a clamar en su *Apología* por una cierta libertad del escritor, para evitar la sequedad a que conduce la excesiva rigidez. La vieja comedia —dice— desconocía las reglas del arte, pero la nueva las conoce demasiado bien. Como subraya Cook [249], Forner no estaba satisfecho, en todo caso, de los resultados que el movimiento neoclásico estaba produciendo; así, en las *Exequias de la lengua castellana*, después de lamentar el agotamiento del genio dramático en España, escribe: «Os digo de verdad que, conociendo yo muy bien cuánto se extraviaron del buen gusto muchos poetas de los tiempos de Felipe IV y Carlos II, prefiero sus sofismas, metáforas insolentes y vuelos inconsiderados, a la sequedad helada y semibárbara del mayor número de los que poetizan hoy en España; porque, al fin, en los desaciertos de aquellos veo y admiro la riqueza y fecundidad de mi lengua, que pudo servir de instrumento a frases e imágenes tan extraordinarias; pero en éstos no veo más que penuria, hambre de ingenio, y lenguaje bajo y balbuciente» [250].

Menéndez y Pelayo acota este mismo pasaje en su estudio sobre Forner para demostrar que el famoso satírico había evolucionado en su actitud hacia el teatro barroco al escribir sus *Exequias de la lengua castellana*, su obra última y más madura en opinión del polígrafo montañés. Cook advierte [251], sin embargo, que el párrafo en cuestión formaba parte del artículo de *La Espigadera* arriba mencionado, publicado en 1790 e incorporado luego a las *Exequias;* es decir: había aparecido seis años antes de ser escrita la *Apología*, de donde se deduce que si hubo evolución en Forner lo fue en el sentido de una mayor hostilidad hacia la *comedia*. Lo cual no sería exacto tampoco; los reformistas neoclásicos —como señala el propio Cook [252]— nunca niegan el genio de los grandes dramaturgos barrocos (Forner alaba inequívocamente a Lope y Calderón en muchos pasajes de sus cuatro escritos citados), y sólo deploran que echaran a perder su talento. Cook puntualiza certeramente [253] que Forner, lo mismo que Moratín, elogia a Lope y Calderón a causa sobre todo de su profundo desprecio por el teatro coetáneo, y aduce aquella frase de *La comedia nueva*, según la cual «valen más Calderón, Solís, Rojas y Moreto cuando deliran, que esto-

---

[249] *Neo-classic Drama...*, cit., pág. 392.
[250] Juan Pablo Forner, *Exequias de la Lengua Castellana*, ed. Pedro Sáinz Rodríguez, «Clásicos Castellanos», Madrid, 1925, págs. 146-147.
[251] *Neo-classic Drama...*, cit., pág. 390.
[252] Idem, íd., pág. 391.
[253] Idem, íd., pág. 392.

tros cuando quieren hablar en razón». El propio Menéndez y Pelayo, contradiciéndose en buena medida con lo transcrito anteriormente, y a continuación de la cita de Forner favorable a los dramaturgos del Barroco, afirma que «en lo esencial de la cuestión Forner no transige nunca» [254].

María Rosa Gálvez de Cabrera. Casi más a título de curiosidad que por su importancia real, acogemos a continuación el nombre de esta escritora, imitadora, en algún aspecto, de Moratín y también, como éste, protegida de Godoy, con el cual parece que tuvo amistad bastante íntima. Gracias a él logró que sus *Obras poéticas* en tres volúmenes fueran publicadas en 1804 a costa del Estado. En la carta dirigida al rey con tal propósito, justificaba su demanda alegando que ninguna mujer hasta entonces, ni siquiera en Francia, había compuesto una colección de tragedias originales como las que ella tenía dispuestas para su publicación. Las *Obras poéticas* contenían, en efecto, aparte dos comedias en tres actos y en verso —*El egoísta* y *Los figurones literarios*— y tres piezas menores en un acto, cinco tragedias en verso: *Florinda*, en tres actos; *Blanca de Rossi*, en cinco; *Amón*, en cinco; *Zinda*, en tres; y *La delirante*, en cinco. Escribió además otras dos comedias originales en tres actos: *La familia moderna* y *Las esclavas amazonas*, no publicadas, pero sí representadas; la comedia en un acto *Un bobo hace ciento*, que fue publicada en 1801 en la colección de *El nuevo teatro español*, y la tragedia *Ali-bek*, también publicada en la misma colección.

Esta última tragedia, única de las suyas que fue representada, mereció una reseña del *Memorial Literario*, escrita con innegable cachondeo. El articulista —como no podía ser menos después del siglo ilustrado— no negaba su admiración por las mujeres instruidas, pero dudaba que la naturaleza las hubiera dotado para el cultivo profesional de la literatura y recordaba, en particular, el mediocre nivel que habían alcanzado las pocas mujeres que se atrevieron con el género dramático; por supuesto, ninguna había intentado la tragedia, honor reservado a nuestro país con la obra de la señora Gálvez. A continuación hacía un resumen del argumento de la tragedia; la acumulación de horrores y violencias perpetrados por media docena de musulmanes que viven en el Egipto de los Mamelucos, narrada por el poco piadoso articulista, resulta un relato de estupenda comicidad. Cook opina [255] que *Ali-bek* es una de las peores y más confusas tragedias representadas durante todo el siglo neoclásico, y se pregunta cómo pudo ser publicada en *El nuevo teatro español* de no haber sido por la particular intervención de Godoy.

---

[254] *Historia de las ideas estéticas*, cit., III, pág. 328.
[255] *Neo-classic Drama...*, cit., pág. 395.

La escritora debía de gozar, evidentemente, de no pequeño influjo en las alturas. En agosto en 1801 se estrenó en el teatro del Príncipe su comedia en un acto *Un bobo hace ciento*, que años más tarde fue transformada en ópera; la censura eclesiástica se opuso a la representación, pero la señora Gálvez logró que se cambiara el censor y se aprobara la comedia. En 1805, otra comedia suya, *La familia moderna*, fue escogida para inaugurar las representaciones en el teatro de los Caños del Peral, tras la nueva reorganización de los teatros. De nuevo el censor eclesiástico vetó la obra pero la autora consiguió sacarla a flote. El principal papel corrió a cargo del famoso actor Máiquez.

La comedia *Los figurones literarios*, que nunca fue estrenada, es una imitación de *La comedia nueva* de Moratín, con estrecha sujeción a las unidades y escrita en romance octosílabo. Todos los personajes llevan nombres alegóricos, lo cual da ya idea del género de comicidad que manejaba la señora Gálvez. A propósito de *Un bobo hace ciento* dijo el cronista del *Memorial Literario* que su comicidad era mera bufonada y caricatura, opinión que Cook hace extensiva a *Los figurones literarios* y Cotarelo a *La familia moderna*. Cook admite, sin embargo, que las comedias de Gálvez de Cabrera, aun siendo muy mediocres, son superiores a sus tragedias. Quintana se ocupó de ambas, para decirnos en resumen —después de haber subrayado la falta de color y de interés de las tragedias— que su facilidad para escribir llevó a la autora a componer demasiado, sin tomarse tiempo para corregir debidamente; algunas escenas —dice— de *Amón* y *La delirante* demuestran su capacidad, y es de lamentar que malgastara en tantas obras el esfuerzo que debió dedicar a sólo dos de ellas.

LA COMEDIA SENTIMENTAL

El último período del siglo XVIII conoció el auge de la llamada *comedia sentimental*, cuya introducción y principales rasgos hemos visto en páginas anteriores a propósito de Luzán, que tradujo la comedia de Nivelle de la Chaussée, *Le Préjugé à la mode*, bajo el título de *La razón contra la moda*. La más renombrada producción de este género —más a causa de la importancia de su autor que de la misma obra— es *El delincuente honrado*, de Jovellanos [256], obra de juventud, escrita en 1773 de resultas —según refiere él mismo— de una disputa literaria suscitada en la tertulia sevillana de Olavide [257]. Se discutía por aquellos años la legitimidad de esta nueva forma teatral, puesta de moda en Francia, y aunque «se

---

[256] Ed. en *Obras de D. Gaspar Melchor de Jovellanos*, B. A. E., XLVI, cit., páginas 82-100.

[257] «Advertencia» del propio Jovellanos puesta al frente de una impresión de la obra hecha en Madrid en 1787, sin nombre de autor; reproducida en ed. cit., págs. 77-78.

convino en ser monstruosa», la mayoría de los contertulios se pronunció en su favor, y se pidió que algunos de ellos «por modo de diversión y entretenimiento» compusieran una obra de este género para leerla en la tertulia; se presentaron varias, pero la de Jovellanos mereció grandes elogios y fue preferida a todas las demás. Al referirse a ella en su *Curso de humanidades castellanas*, escribe Jovellanos: «Ha pocos años que apareció en el teatro francés una especie de comedia, que cultivaron después con ventaja los ingleses y alemanes. Esta es la comedia tierna o drama sentimental, de que tenemos un buen modelo en *El delincuente honrado* [258], original, y en la traducción de *La misantropía*. Esta especie de drama o comedia tiene por principal objeto el promover los afectos de ternura y compasión, sin que deje de dar lugar al desenvolvimiento de caracteres ridículos, que fueron desde sus principios el fundamento de las composiciones cómicas. No es fácil decidir cuál especie es más digna de imitación; pues si la primera castiga los vicios y extravagancias de los hombres con el ridículo, esta otra forma el corazón sobre los útiles sentimientos de humanidad y de benevolencia. Todas serán muy interesantes bien manejadas y dispuestas de forma, que induzcan el amor a la virtud, aunque se mire oprimida, y el horror al vicio, aunque parezca afortunado, que es el fin principal que se debe proponer todo poeta dramático, y aun los compositores en todos los demás géneros de poesía» [259].

---

[258] Jean Sarrailh, en su estudio sobre la obra, disculpa lo que califica de «ingenuo elogio de su propia producción» porque *El delincuente honrado* le parece, en efecto, superior a todas las otras tentativas dramáticas de la época dentro de su género; y por el problema social que plantea y las emociones que estimula lo juzga la más característica e importante pieza de la segunda mitad del XVIII español («A propos du *Delincuente honrado* de Jovellanos», en *Mélanges d'Etudes Portugaises offerts à M. Georges Le Gentil*, Instituto para a alta cultura, 1949, págs. 337-351; la cita en pág. 337. El volumen está impreso en Chartres). Nocedal, en su edición citada (página 152, nota 1), alude al referido autoelogio como un rasgo de «candorosa sencillez», muy propio de don Gaspar, y advierte que el texto en que lo escribió no iba destinado al público, sino a los alumnos de su Instituto Asturiano. En realidad, creemos que Jovellanos no pretendía elogiar su obra, sino ofrecerla como *ejemplo* o paradigma de una determinada especie dramática; y no había duda alguna de que lo era. Sempere y Guarinos dice de *El delincuente* que «aunque esta Comedia no tuviera más mérito que ser la primera que se ha publicado en España del género tan extendido en Europa en este siglo de las que llaman *lastimosas*, era muy recomendable por este solo motivo» (*Ensayo...*, cit., III, pág. 133). Con todo, tampoco cabe suponer que Jovellanos no se sintiera satisfecho de su obra; en la «Advertencia» mencionada, después de aludir a las distintas representaciones y traducciones, y justificando la presente edición, escribe: «Creemos, sin embargo, que un aplauso tan uniforme, tan general y tan constantemente sostenido, prueba a lo menos que ésta es una de aquellas comedias que interesan y agradan a todo el mundo; y ora se deba esta ventaja a la buena elección de su fábula, ora al acierto con que ha sido conducida, ¿quién nos podrá negar que hacemos un servicio al público en presentársela bien impresa y fielmente corregida?» (ed. cit., pág. 77).

[259] En *Obras...*, cit., pág. 146.

El propósito concreto de *El delincuente honrado* lo explica también el propio autor: se trata de «descubrir la dureza de las leyes, que sin distinción de provocado y provocante, castigan a los duelistas con pena capital»[260]. La trama de la obra es como sigue: un caballero (Torcuato), después de rechazar varias veces un desafío, mata en un duelo secreto a un hombre infame, con cuya esposa (Laura) casa luego; para salvar a un amigo (Anselmo), que es arrestado como autor del asesinato, confiesa su delito y es condenado a muerte por un severo juez (don Justo), que resulta ser su propio padre, pues lo había engendrado ilegalmente y no lo conocía. El amigo salvado por la generosidad de Torcuato, impetra la clemencia del rey y éste otorga el perdón[261].

La comedia consta de cinco actos en prosa; las tres unidades se respetan casi por entero. La de lugar se hace posible porque la acción sucede en el Alcázar de Segovia, escuela militar y prisión de estado, y residencia a la vez de don Simón, corregidor de la ciudad; al rey se le supone veraneando en La Granja, a corta distancia de Segovia, y por tanto resulta fácil solicitar su perdón y regresar en breve tiempo al Alcázar[262].

En su cuidado comentario sobre la obra, afirma Polt[263] que *El delincuente honrado* contiene bastantes peculiaridades de las que suelen hacer las delicias de los cazadores de «prerromanticismos». Hay muchas escenas melodramáticas, tales como la agnición de padre e hijo en el lóbrego calabozo, las súplicas de Laura para salvar a su marido, y la angustiosa espera de Anselmo con el perdón real mientras se prepara la ejecución de Torcuato. El mismo protagonista, hijo ilegítimo de un padre desconocido, impelido a cometer un acto ilegal (las insultantes alusiones a su origen ilegítimo habían sido la causa del duelo), forzado a ocultarle el delito a su mujer, dispuesto a separarse de ésta para expiar su culpa, acusador de sí mismo para salvar la vida del amigo, tiene mucho —subra-

---

[260] En carta escrita al abate de Valchrétien, en *Obras...*, cit., pág. 79.

[261] En el artículo mencionado, Sarrailh sostiene la originalidad de la obra de Jovellanos respecto de los diversos modelos propuestos; pero subraya a la vez la deuda ideológica del *El delincuente* con muchos temas de su tiempo.

[262] Polt, en el artículo citado luego, sugiere que Jovellanos no escribió *El delincuente* para que fuera representado en público, sino tan sólo como un ejercicio privado, pues de hecho se oponía en cierta medida a las severas disposiciones contra los duelos dadas por los Borbones. En la citada carta a Valchrétien alude Jovellanos a «la preocupación del Gobierno contra los duelos» (pág. 79), pero sin una palabra de elogio a estas medidas. Los duelos se habían convertido en una plaga nacional, que los monarcas del xviii trataron de extinguir con dudoso éxito, pero Jovellanos no era insensible a la idea tradicional del honor; así, pone en boca de Torcuato estas inequívocas palabras: «...Yo bien sé que el honor es una quimera, pero sé también que sin él no puede subsistir una monarquía; que es el alma de la sociedad; que distingue las condiciones y las clases: que es principio de mil virtudes políticas; y en fin, que la legislación, lejos de combatirle, debe fomentarle y protegerle» (ed. cit., página 85).

[263] John H. R. Polt, «Jovellanos' *El delincuente honrado*», en *Romanic Review*, L, 1959, págs. 170-190.

ya Polt[264]— del héroe romántico perseguido por un destino adverso, a la manera del don Álvaro del duque de Rivas.

Sin embargo, el conflicto básico de la obra no tiene nada que ver con la anécdota melodramática y sentimental que acabamos de describir. Lo que aquí se enfrenta son dos conceptos de la ley, sostenidos por don Justo y don Simón; el primero es el «magistrado filósofo», que no se limita a juzgar los delitos según la ley escrita, sino que somete a crítica dicha ley y trata de ajustarla a los valores morales; don Simón, en cambio, es el leguleyo vulgar, que se atiene a la letra de las leyes y condena sin más examen lo que se opone a ellas. En este caso concreto, lo que el «magistrado filósofo» considera injusto es que se castigue en los duelos con iguales penas al provocante y al provocado, pero además que se aplique la pena capital a una acción que la sociedad tiene por honrosa; si alguien no acepta un desafío cuando está comprometido su honor, queda descalificado ante los ojos de la sociedad; si lo acepta, perece a manos de la justicia. Jovellanos, siguiendo en esto a Montesquieu, desea que la ley sea aplicada de acuerdo con las costumbres, los usos, las distintas realidades de cada nación, y sostiene que puede ser injusto un cambio radical, aunque sea teóricamente mejor, como es el caso de los desafíos, si se enfrenta con las peculiaridades históricas que caracterizan y conforman a cada pueblo. En sustancia, pues, Jovellanos preconiza un concepto de la justicia más flexible y humano, abierto a la reforma pero sin violentas innovaciones.

No nos interesa ahora, sin embargo, este aspecto del pensamiento de Jovellanos, que queda expuesto en las páginas correspondientes, sino tan sólo la calidad dramática de *El delincuente honrado*. Como hemos apuntado arriba, la tesis jurídica o la lección moral de la obra es independiente de la trama que le sirve de soporte; las discusiones entre don Justo y don Simón, que son el nervio del drama, se hubieran producido lo mismo sin necesidad de que Torcuato fuera el hijo natural del primero, ni de que hubiera anagnórisis alguna, ni de que tuvieran lugar las distintas peripecias urdidas por el autor. Quiere decirse, pues, como subraya muy bien Polt[265], que la enseñanza no se deriva en forma natural de los caracteres o acontecimientos, sino que son unos determinados personajes los que expresan en forma dialogada los pensamientos propuestos por el autor; de esta manera *El delincuente honrado* deja de ser un drama *humano* para convertirse en un drama *legal*. El sacrificio —añade Polt— de las posibilidades dramáticas de la obra no supone necesariamente en Jovellanos falta de talento teatral, pues demuestra ser bastante hábil en la disposición del enredo, pero prueba inequívocamente que lo único que le

---

[264] Idem, íd., pág. 172.
[265] Idem, íd., pág. 180.

interesaba al autor era el aspecto jurídico y filosófico de su historia. Los personajes están ya *hechos* de antemano para sostener el *papel* que se les asigna en el conflicto, y la solución es igualmente caprichosa. Jovellanos recurre a un *deus ex machina,* o, como dice con gracia Polt, *rex ex machina* [266]; don Justo se ve obligado a condenar a su propio hijo en nombre de una ley que considera equivocada, pero el rey viene en socorro de la filosofía de don Justo, aunque movido no por la razón sino por la patética súplica de Anselmo, el amigo de Torcuato; en el más *ilustrado* estilo —dice Polt— el sentimentalismo real modera el rigor real.

Sarrailh se duele de que Jovellanos se hubiera prohibido a sí mismo el ser un completo hombre de letras para dedicarse a un ideal más noble, el de ser un pedagogo insobornable al servicio de la instrucción y la prosperidad de su país. La lectura de *El delincuente honrado* hace lamentar a Sarrailh que Jovellanos no dedicara mayores esfuerzos a lo que él sólo estimaba como un pasatiempo de juventud, y llega a pensar que hubiera ejercido más profundo influjo sobre el pueblo español si a través de su teatro le hubiera enseñado las virtudes del trabajo y de la cultura, que limitándose a los reducidos lectores que seguían sus escritos didácticos [267]. *El delincuente,* en efecto, revela posibilidades de autor dramático ahogadas enteramente en beneficio de otros propósitos. Por eso mismo, la sugerencia de Sarrailh casi es utópica; un Jovellanos capaz de interesarse dramáticamente en las pasiones humanas de sus personajes más que en sus ideas, hubiera sido un Jovellanos enteramente diferente; hubiera dejado de ser él.

Por otra parte, el drama de Jovellanos respondía exactamente a la función didáctica que exigía la Ilustración en aquel momento de la historia de Europa, en que los hechos sociales importaban más que la estética. Precisamente, para poder servir mejor estas intenciones, los dramaturgos de la época, siguiendo el ejemplo y la teoría de Diderot, estaban dispuestos a olvidarse de muchas exigencias del rigor preceptista clásico en favor de una mayor flexibilidad dramática, que es lo que estaba llevando a cabo la *comedia sentimental.* Las «impurezas» del nuevo género, las muchas concesiones encaminadas a excitar blandamente las lágrimas, el entendimiento y la compasión del espectador alarmaban, sin embargo, a muchos teóricos del teatro. Moratín, por ejemplo, en el *Discurso preliminar* a sus comedias, afirma de *El delincuente honrado* que «aunque demasiado distante del carácter de la buena comedia, se admiró en ella la expresión de los afectos, el buen lenguaje y la excelente prosa de su diálogo» [268]. La

[266] Idem, íd., pág. 173.

[267] «A propos...», cit., pág. 351.

[268] Ed. cit., pág. 319. Comenta Polt («Jovellanos'...», cit., pág. 190), que el aspecto esencialmente revolucionario de *El delincuente* que le distingue por entero del teatro neoclásico, le diferencia a su vez del romántico: es su orientación básicamente *social.*

reticencia inicial de Moratín, que más que a la calidad de la comedia apunta a su naturaleza, y sus elogios a los aspectos menos esenciales, nos revelan claramente cuáles eran los problemas suscitados en aquellos días por la *comedia sentimental*. Pero de hecho, este tipo de comedia fue aceptado por la mayoría de los neoclásicos, pues aunque veían que no se ajustaba a los estrictos moldes prescritos por las reglas, era incuestionable su difusión por todos los escenarios de las más cultas naciones de Europa. El padre Andrés, en su *Origen, progreso y estado actual de toda la literatura*, decía que ningún género dramático, cualquiera que fuese su nombre, debía ser rechazado si era capaz de inspirar vivas emociones y una moral provechosa, con lo cual llenaba la finalidad de todo teatro, que era deleitar y enseñar.

La obra del género que provocó los mayores entusiasmos fue una comedia extranjera, *Misantropía y arrepentimiento*, del alemán Kotzebue, traducida del francés por Dionisio Solís. Tan sólo algunas comedias de magia habían alcanzado mayores recaudaciones, y hasta los comentaristas del *Memorial Literario* ponderaron las excelencias de la pieza. Pero pronto se encendieron las polémicas contra aquella nueva forma dramática. Andrés Miñano hizo estrenar en 1802 su comedia *El gusto del día*, que publicó con un *Discurso preliminar* sobre la historia de la *comedia sentimental*. La de Miñano, muy discutida a su vez, no carece de gracia; de hecho, es una imitación de *La comedia nueva* de Moratín dirigida contra la nueva especie *lacrimosa* y concretamente contra *Misantropía y arrepentimiento*, que llevaba camino de reemplazar a todas las otras formas de comedia. En *El gusto del día*, doña Eulalia, la esposa del protagonista, que regresa de asistir a la representación de *Misantropía y arrepentimiento*, viene delirando a causa de las fuertes emociones sufridas y se imagina ser la heroína de la comedia, con lo cual se declara infiel a su marido y da ocasión a las complicaciones que pueden imaginarse, hasta que puede ponerse en claro que doña Eulalia, en su enajenación, está repitiendo situaciones y frases de la obra. En su exposición teórica Miñano

---

Este contenido no podía interesar al teatro romántico, concebido con un criterio estético, con sus pasiones individuales, su lirismo, su medievalismo. El equivalente del teatro de Jovellanos en el siglo XIX hay que buscarlo en la «alta comedia» de López de Ayala y de Tamayo, con su atención a los problemas sociales contemporáneos, su propósito de moralizar, su realismo en los detalles de la presentación. Esto es evidente, y de este hecho se deriva la especial significación de *El delincuente honrado*, y todo su valor como lección o germen de un teatro futuro. Pero Polt no parece conceder a este hecho toda su importancia, porque, después de señalarlo, dice que la obra de Jovellanos, lo mismo que los dramas franceses de su tiempo, pertenece a una escuela sin descendencia directa. No directa, en efecto, puesto que se interpone, y no del todo, el momento romántico, pero no por eso menos valiosa. Es éste un capital aspecto de la fecundidad y pervivencia de las fórmulas dramáticas del siglo XVIII, que hemos de ver con mayor detención al estudiar el teatro del siglo XIX.

afirma que los franceses, no hallando sucesor al inmortal Molière, habían abierto el camino al género sentimental para disponer de más numerosos y fáciles efectos teatrales. Para Miñano no existen, de acuerdo con los maestros del clasicismo, más que dos géneros dramáticos: tragedia y comedia, objeto respectivamente del terror y del ridículo. Miñano sostiene, no sin razón, que nada es más difícil que hacer reír a un público educado; la falta de talento para lograr este propósito, había conducido a la *comedia sentimental*, en la que más que fieles retratos de los aspectos ridículos del hombre, se hacían ensayos de *tragedia urbana*, género híbrido, y consecuentemente ilegítimo, que no era ni trágico ni cómico. Esto no quiere decir que hayan de proscribirse por entero las escenas sentimentales; en forma moderada habían sido utilizadas hasta por Terencio y Molière. Pero era urgente retornar a la sencilla y humorística pintura de costumbres, en lugar de cultivar las nuevas formas de comedia y tragedia, ambas monstruosas.

De hecho, sin embargo, iba abriéndose paso una nueva concepción de la comedia, según la cual no era indispensable que ésta fuese de naturaleza cómica ni encerrara tampoco un propósito moralizador. Un artículo del *Memorial Literario* [269], publicado con motivo de *El gusto del día*, de Miñano, sostiene que aquella definición de la comedia, extraída de las teorías de Aristóteles, fue correcta en otro tiempo, pero que la comedia moderna consistía realmente en una representación de caracteres, costumbres y acciones humanas extraídas de la vida civil, y bastaba que resultaran agradables, sin que los personajes hubieran de distinguirse necesariamente por excentricidades ni extravagancias. Esta definición —comenta Cook [270]— no excluía la comedia sentimental, ni tampoco las formas del drama romántico que habían de aparecer después. Jovellanos en su *Memoria sobre los espectáculos*, rechazaba los *afeminados amoríos* que no existían «en las tragedias de los antiguos, tan bellas y sublimes», pero que «hoy —dice— llenan tan fastidiosamente nuestros dramas»; y, sin embargo, aceptaba de buen grado el amor en la escena, con tal que fuera casto y legítimo; ya hemos visto cómo cedió por su parte al cultivo de la *comedia sentimental*. Moratín, ciertamente, consideró poco ortodoxa la obra del gran asturiano, pero recordemos asimismo la mencionada opinión de Larra, según el cual —y lo afirma en elogio de Moratín— éste había introducido rasgos sentimentales en la comedia de costumbres, en la cual los grandes maestros, como Molière, habían sólo presentado situaciones y caracteres ridículos.

Como muestra de la nueva actitud ante la comedia adoptada por nuestros neoclásicos, Cook da cuenta [271] de un artículo aparecido en octubre de

---

[269] Cit. por Cook en *Neo-classic Drama...*, cit., pág. 420.
[270] Idem, íd., pág. 421.
[271] Idem, íd.

1803 en *El Regañón general*, cuya publicación se había iniciado aquel mismo año. Existen —dice el articulista— muchos vicios de tal gravedad que no deben tratarse en broma; bien está que se ridiculicen en el teatro aquellos defectos que sólo originen molestias o engorros. Pero las lacras de más monta, que no pueden, sin embargo, ser objeto de castigo por parte de las leyes, deben ser expuestas a la condena pública, pero no a la risa sino a la indignación; y es la comedia seria la que puede cumplir este objetivo, mostrando las consecuencias de la corrupción moral y contrastándola enérgicamente con los deberes y las virtudes que hacen agradable y justa la vida en comunidad. ¿Pueden considerarse represibles, por escrúpulos de reglas literarias, unas comedias que toman sobre sí la tarea de hacer odioso el vicio?

En buena lógica, un teatro, como el neoclásico, que estimaba consustancial el propósito docente, tenía que aceptar el doble camino, negativo y positivo, que conducía a dicha meta. Quedaba, pues, abierta la puerta a la *comedia seria* o *sentimental* o *drama* o *tragedia urbana* o como quiera que se llamase, es decir, una forma dramática en la que no fuera esencial la presencia del elemento cómico; bastaba que se cumplieran las exigencias de un teatro regular, sometido a las normas clásicas: un teatro hecho de verosimilitud y buen sentido, copia de la realidad en sus aspectos más cotidianos y normales. Esta especie teatral, fórmula, como se ve, nacida del neoclasicismo del siglo XVIII, iba a ser, por esencia, la vigente en toda la centuria decimonónica; y ni siquiera el romanticismo, en sus días mejores, consiguió debilitarla. En su momento oportuno estudiaremos la proliferación de esta comedia urbana en manos de los continuadores de Moratín, que asimilan y desarrollan la lección del maestro.

LAS FORMAS POPULARES DEL TEATRO

LOS SAINETES DE RAMÓN DE LA CRUZ

Definir y dar un juicio sobre el teatro de Ramón de la Cruz, el más famoso, fecundo y popular de los autores dramáticos del XVIII, era hasta hoy bastante fácil. Para los críticos *nacionalistas*, cuya opinión dogmática sobre todo el siglo ilustrado ha prevalecido hasta hace muy poco, el teatro de Ramón de la Cruz era exponente genuino de la dramática tradicional, el único superviviente del gran naufragio del teatro popular y castizo; para Menéndez y Pelayo, por ejemplo, sus cuadros breves eran «un trasunto fiel y poético de los únicos elementos nacionales que quedaban en aquella sociedad confusa y abigarrada» [272]. Con los nuevos conceptos sobre el XVIII se corre, en cambio, el riesgo, que ya parece advertirse, de residenciar a Ramón de la Cruz como pintor superficial del más intrascendente costumbrismo.

Don Ramón de la Cruz Cano y Olmedilla nació en Madrid el 28 de marzo de 1731 [273]. Estudió humanidades y quizá jurisprudencia, aunque no consta que terminara carrera alguna. Pasó toda su vida como empleado en la Contaduría de penas de Cámara y gastos de Justicia, donde ingresó como oficial tercero en 1759; hasta 1771 no consiguió ascender a oficial primero. Gozó de la amistad y protección del duque de Alba y de la condesa de Benavente, en cuya casa murió [274] el 5 de marzo de 1794, a los 63 años de edad. Pese a sus éxitos en la escena, debió de andar muy corto de recursos, agotados probablemente además durante su larga enfermedad, pues su viuda hubo de dirigirse al jefe de la oficina, donde había servido cuarenta años, pidiendo algún socorro para los gastos del sepelio. La condesa de Benavente otorgó a la viuda e hija del escritor una pensión, que percibieron hasta su muerte.

Ramón de la Cruz tradujo y arregló del italiano y del francés un buen número de tragedias, comedias y zarzuelas: el *Bayaceto* de Racine, *Sesostris* del italiano Zeno, *Aecio* y *Talestris* de Metastasio, *La Escocesa* de Voltaire, *Eugenia* de Beaumarchais, etc.; tradujo además el *Hamlet* —con el título de *Hamleto, rey de Dinamarca*—, pero no del original shakespeariano sino de la versión francesa de Ducis. Transformó en zarzuelas diversas óperas italianas, pero en 1768 intentó la zarzuela española con *Briseida*, y animado por su éxito trató de llevar al género las costumbres contemporáneas con *Las segadoras de Vallecas*, *La mesonerilla*, *Los zagales del Genil* y *Las labradoras de Murcia*, la más popular de todas; luego pasó de las costumbres campesinas a las de la Corte con *En casa de nadie no se meta nadie, o el buen marido*, y *Las Foncarraleras*. Para estas piezas compusieron música diversos maestros de la época, sobre todo don Antonio Rodríguez de Hita, músico de la Encarnación. Escribió también gran cantidad de *loas, introducciones, intermedios* y *fines de fiesta*, obras de circunstancias y de encargo, aunque no carentes de gracia y habilidad.

Ramón de la Cruz había profesado en un comienzo ideas neoclásicas sobre la dramática y hasta llegó a escribir contra los *sainetes*, a los que califica de «lastimoso espectáculo», «donde sólo se solicita la irrisión, con notable ofensa del oyente discreto» [275], y contra las *tonadillas*. Pero sus

---

[272] *Historia de las ideas estéticas*, cit., III, pág. 315.

[273] Cfr.: Emilio Cotarelo y Mori, *Don Ramón de la Cruz y sus obras*, Madrid, 1899; del mismo, *Discurso preliminar* a su edición de los *Sainetes*, luego citada.

[274] Supone Cotarelo que don Ramón debía de vivir allí como empleado en la administración de la casa.

[275] Ramón de la Cruz expuso estas ideas en el prólogo de una zarzuela, calificada

convicciones neoclásicas estaban poco arraigadas y las olvidó bien pronto para entregarse de lleno al cultivo de aquellos géneros populares que había denostado. A ellos debe su fama.

El sainete es la forma dieciochesca del entremés tradicional, y en sustancia no se diferencia de él. Es pieza en un acto, de carácter cómico y popular; por lo común no se representaba independientemente sino intercalada entre los actos de una obra extensa o como fin de fiesta de otra cualquiera, que podía ser hasta un auto sacramental (en algunos sainetes de Ramón de la Cruz se dice para qué obra en concreto habían sido compuestos, aunque claro está que podían intercalarse en otra distinta). A su vez, los sainetes incluían diversos intermedios musicales, las *tonadillas*, que se cantaban y bailaban, y que casi nunca faltaban al final. También estas tonadillas podían componerse exprofeso para la obra o se tomaban del repertorio existente, aunque no tuvieran relación alguna con la pieza.

Es de advertir que, a lo menos en el caso concreto de Ramón de la Cruz, que ahora nos ocupa, los sainetes debían de escribirse contando muy de cerca con los actores que los habían de representar, para los cuales se adaptaban las circunstancias incluso físicas de los personajes y, por descontado, los chistes y gestos, situaciones y actitudes, en que aquellos actores sobresalían. Hasta tal punto es así, que en los sainetes de Cruz, coleccionados por Cotarelo [276], son muy pocos los que en el reparto dan el nombre correspondiente a los personajes de la obra, y casi siempre, por el contrario, el nombre real del actor, con lo cual queda definida de entrada la condición del personaje.

Para encarecer la libertad y audacia teatral de don Ramón dijo Menéndez y Pelayo que componía sus sainetes «no con tres, sino con tres mil unidades» [277]. El escritor, efectivamente, concede gran importancia al aspecto visual de sus obras, influido sin duda por el afán espectacular que distingue al teatro popular de la época, y varía la escena con frecuentes cambios, que sorprenden por su número en piezas de tan corta duración. Cuida mucho además el movimiento y variedad de los grupos, y dispone elementos que, dentro del pintoresquismo ambiental, aportan curiosas pinceladas; las acotaciones, por ejemplo, con que en *La pradera de San Isidro* se describen la escena y gentes frente a la ermita, podrían servir de guión para una secuencia al aire libre en una película italiana neorrealista. Los elementos plásticos, de bulto, y el movimiento escénico suponen

---

por él de «drama cómico-harmónico», titulada *Quien complace a la deidad, acierta a sacrificar*, publicada en Madrid en 1757; cit. por Cotarelo en el *Discurso preliminar*, cit., pág. VII.

[276] Emilio Cotarelo y Mori, *Sainetes de Don Ramón de la Cruz en su mayoría inéditos*, 2 tomos, «Nueva Biblioteca de Autores Españoles», vols. XXIII y XXXVI, Madrid, 1915 y 1928.

[277] *Historia de las ideas estéticas*, cit., III, pág. 317.

casi tanto, en multitud de ocasiones, como el texto escrito de la obra. En *El mal de la niña* don Ramón intercala una escena muda como de ballet o pantomima, graciosa y sugerente, que revela el fuerte sentido espectacular, deliciosamente poético en este caso, que poseía el sainetero [278].

Comúnmente se viene teniendo a los *sainetes* de don Ramón de la Cruz como manifestación ejemplar del tradicional realismo español. Cotarelo afirma que «en ellos vive y palpita una sociedad entera, hoy desaparecida, pero que, gracias a tales obras, podemos reconstruir casi con la misma verdad que si, por un milagro cronológico, retrocediésemos a la España del reinado de Carlos III» [279]; y enumera a continuación, reproduciendo sus propios párrafos del estudio más amplio sobre el escritor, los variadísimos tipos, escenas y costumbres, la vida toda de aquella sociedad, que «se ve reflejada —dice— en sus sainetes, verdaderos tesoros de historia interna que en vano se buscarán en otra parte» [280]. El propio Cruz, en el prólogo que escribió para la edición incompleta de sus obras en 10 volúmenes, publicada entre 1786 y 1791 [281], alegó como defensa contra sus enemigos que sus sainetes eran «pintura exacta de la vida civil y de las costumbres de los españoles», y se pregunta si los dramáticos antiguos y modernos hicieron otra cosa, porque «no hay ni hubo más invención en la dramática que copiar lo que se ve, esto es, retratar los hombres, sus palabras, sus acciones y sus costumbres»; y después de enumerar a su vez diversas escenas de la vida ciudadana pregunta si están o no captadas con fidelidad en sus sainetes, si éstos «son copias o no de lo que ven sus ojos y de lo que oyen sus oídos; si los planes están arreglados al terreno que pisan, y si los cuadros no representan la historia de nuestro siglo». Y concluye con estas palabras: «Yo escribo y la verdad me dicta» [282]. José Somoza, en un artículo sobre los *usos y costumbres* del

---

[278] He aquí las acotaciones o descripción escénica hecha por el autor: «Se descubre la mutación de calle, con gran botica a un lado, a cuyo mostrador estarán las señoras..., de mancebos, con almireces, cantando el cuatro siguiente, e Ibarro, de boticario, llevando el compás» (sigue ahora la letra de una tonadilla). «Sale Espejo, y al compás de una sinfonía correspondiente se hace la siguiente escena muda: Llama a cuatro puertas de las casas, y a un tiempo salen cuatro *Médicos*, que le hacen reverencias, le cogen en medio; él finge explicarles el mal; ellos llaman al *Boticario*; éste saca un gran tintero con cuatro plumas y papel; cada uno hace su receta sobre la rodilla, se la dan al *Boticario*; éste reparte a los *Mancebos*; repite el cuatro, ínterin bailan los *Médicos* al son de los almireces y el *Boticario* con Espejo; salen los cuatro *Mancebos* con papelillos, se los dan a Espejo; el *Boticario* le pilla el dinero y formando una ligera contradanza de ademanes amistosos entre *Boticario* y *Médicos* se van los cuatro con Espejo y los otros se vuelven a su botica, y vuelve a descubrirse la mutación de calle» (ed. Cotarelo, cit., I, págs. 462-463).

[279] *Discurso preliminar*, cit., pág. I.

[280] Idem, íd., pág. II.

[281] *Teatro o colección de los saynetes y demás obras dramáticas de Don Ramón de la Cruz y Cano, entre los Arcades Larisio*, 10 vols., Madrid, 1786-1791. Comprende esta colección 66 obras, de las cuales 47 son sainetes.

[282] Cit. por Menéndez y Pelayo, en *Historia...*, cit., III, págs. 315-316.

siglo XVIII, escribió unas palabras que se han convertido en el más repetido tópico sobre nuestro autor: «El que quiera —dice— conocer a fondo las costumbres españolas en el siglo XVIII, estudie el teatro de Don Ramón de la Cruz, las poesías de Iglesias y los *Caprichos* de Goya» [283]. Iglesias puede sin mucho riesgo descartarse a este respecto y los *Caprichos* parece que interesan muchísimo más bajo otros ángulos que como copia costumbrista; los *sainetes*, en cambio, sí que constituyen un retrato de aquella sociedad, lo bastante amplio y legítimo para que en este aspecto sea cotizable. Marías ha dicho de los *Diarios* de Jovellanos que gracias a ellos podemos saber cómo vivía y actuaba realmente un hombre de aquel mundo [284]. Si esto es un mérito, también hay que atribuírselo a los sainetes de don Ramón de la Cruz aunque el cuadro no esté cabal y su realismo pudiera considerarse problemático.

Porque, efectivamente, Cruz no capta de la realidad sino una sola vertiente, sus aspectos más pintorescos, el costumbrismo colorista y popular. Sus gentes se reducen a la clase baja y algo de la media, y siempre están vistas desde sus ángulos cómicos, con técnica caricaturesca, para producir a la vez la risa del espectador y la denuncia moralizadora. No se retrata, pues, una sociedad completa, sino sólo una parte y con óptica deformada. A pesar de todo, del mismo modo que por debajo de una caricatura descubrimos, potenciada, la realidad, bajo las farsas de Ramón de la Cruz vive, en efecto, realmente la parte de vida que se propuso capturar y que podríamos reconstruir tan fácilmente como nos permiten hacerlo, con sus mundos respectivos, los pintores «de género». Los radicales cambios de enfoque en la crítica contemporánea no pueden impedir que los sainetes de Cruz sean estimados por lo que tienen de «tajada de vida», pues el criterio estético de su siglo era bien distinto y con él hemos de juzgarlos.

Queda, en cambio, por decidir la densidad de la sátira y de la intención moralizadora del autor. Sería absurdo alinear a don Ramón de la Cruz entre los inquietos reformadores de su tiempo; su moral y su concepto de las cosas es llanamente tradicional; Cruz no parece tener dudas sobre los cimientos de la sociedad en que vive, cuyo orden jerárquico reverencia: muchos de sus sainetes pretenden ridiculizar a los que sacan el brazo de la manga, es decir, a quienes se proponen casamientos u otras audacias fuera de su clase. Sería injusto, sin embargo, negarle a don Ramón preocupaciones de cierto alcance, que pueden verse esparcidas, aquí y allá, por muchas de sus obras. En *Las mujeres defendidas*, por ejemplo, hay en boca de Mariquita una audaz defensa del comercio y del trabajo manual en el sentido que habían hecho suyo los ilustrados [285].

---

[283] Cit. por Cotarelo en *Discurso preliminar*, cit., pág. II.
[284] Véase cap. IX, pág. 820.
[285] Ed. Cotarelo, cit., I, pág. 167.

Igualmente enérgica es la acusación de Espejo, en *Chinica en la aldea*, contra los «caballeros» capaces de hacer encarcelar a un pobre que les debe veinte reales, mientras ellos se gastan mil pesos cada mes en mantener a una querida; los versos finales del parlamento de Espejo son dignos del bronce:

> Madril *solamente es bueno*
> *para ricos y mujeres,*
> *lacayos y zapateros* [286].

Pero es evidente que estos trazos más o menos aislados quedan sumergidos en la marea de una sátira bastante más superficial: médicos incapaces, abogados charlatanes, peluqueros y modistas «franceses» que explotan a sus clientes, cursis de toda laya, abates mujeriegos, artesanos perezosos, beatas hipócritas, mercaderes ladrones, lacayos tramposos, enfermos de aprensión, esposas dengosas, viejos verdes, alcaldes y alguaciles con pujos reformadores, maridos asfixiados por la tiranía conyugal, etc., etc. El panorama no es nuevo, pero quiza es eterno. El escritor ase a sus títeres por las orejas de la comicidad, para hacer reír al espectador, casi siempre sin más consecuencias; pero no deja de ser pedante exigirle otro tratamiento: Ramón de la Cruz se proponía escribir *sainetes* y no tratados de sociología. Al fundir la enseñanza con el placer, don Ramón se adaptaba a la más genuina preceptiva neoclásica; pero lo que primordialmente se proponía era divertir, ofrecer un espectáculo gustoso a la gente sencilla. Y en este terreno es innegablemente eficaz. Sus versos son con gran frecuencia ripiosos —no le importaba este género de perfección y se dejaba llevar de su pasmosa facilidad—; el invariable romance asonantado llega a fatigar y sólo lo hace soportable la variedad de personajes y agilidad del diálogo. Pero don Ramón de la Cruz tiene chispa a torrentes y un gran sentido de las situaciones teatrales que sabe disponer a maravilla; los sainetes hay que leerlos no sólo atendiendo al texto escrito sino, y sobre todo, a su realización sobre el tablado, sin omitir —como ya dijimos— la aportación física de cada actor para quien fue pensada la escena. Tampoco cabe olvidar que la naturaleza de la obra le permitía al autor manejar todo género de recursos con plena libertad, sin sentirse embarazado por absurdos ni inverosimilitudes; y tenía la facultad de atropellar el final para desatar el nudo como fuera. Todo esto —claro es— formaba parte de la técnica del sainete.

Independientemente de su valor real, los sainetes provocaban las iras de los reformadores ilustrados por las condiciones de su representación. El hecho de que *sainetes* y *entremeses* se intercalaran entre los actos de una comedia, cortaba evidentemente el clímax humano que en ésta pudie-

---

[286] Idem, íd., I, pág. 351.

ra alcanzarse, destrozando —teóricamente, al menos— su desarrollo normal y la ilusión escénica, contra lo cual tronaron sin cesar los dichos reformadores. Por otra parte, la índole popular y cómica del sainete, y —por encima de todo— los números cantables y bailables que estimulaban la desenvoltura de las actrices, hacían deseables por sí mismas estas piezas. La mayoría de los espectadores —Moratín no se cansaba de repetirlo— que acudían al teatro, soportaban a duras penas la comedia básica del espectáculo en espera de los movidos minutos de los sainetes y fines de fiesta, que eran todo cuanto les apetecía contemplar. También en este campo, el componente espectacular podía ir mucho más allá de lo que el texto escrito permite suponer. Las abundantes *censuras* que se conservan de los sainetes de don Ramón [287], o de cualesquiera otros autores, aclaran que se autorizaba la representación siempre que las actrices «se comportaran con la modestia conveniente»; lo que quiere decir que no siempre actuaban de ese modo con el claro propósito de atraerse al espectador.

Este hecho, sobre el cual hemos insistido, demuestra el error de considerar el teatro bajo el solo aspecto literario, que probablemente era el que menos importaba. Pero esto no quita tampoco para que los sainetes de Cruz sean en sí mismos lo que son. El mundo que él retrata —una sociedad pintoresca de majas, artesanos, petimetres, damiselas, desocupados y vividores— quizá esté visto con escasa hondura, de la que también este mismo mundo carecía evidentemente, pero es idéntico, en sustancia, al que Goya llevó a sus cartones y tapices (no a sus *Caprichos*, por supuesto); y no parece justo que se estime genial en las telas del pintor y vulgar en las escenas del dramaturgo.

Los ilustrados hicieron blanco a don Ramón de incesantes ataques, y contra él —según costumbre de la época— llovieron los escritos, frecuentemente anónimos, ridiculizando sus obras y denunciando su nefasto influjo en el teatro; en esta hostilidad se distinguieron en particular los Moratines, Clavijo y Tomás de Iriarte. Es curioso que casi todas estas censuras convienen en acusar a los sainetes de Cruz de *inmorales*, juicio que contrasta con la finalidad moralizadora que les hemos atribuido. Para los ilustrados, los sainetes de Cruz no eran sino una exhibición de gentes desvergonzadas, maridos tolerantes, mujeres chulas y andariegas; y así son, en verdad, porque el autor las dejaba moverse primero a sus anchas para «castigarlas» al final, como en el cuento moral que más se estime. De todos modos, las «libertades» de aquellas gentes nunca son tampoco cosa mayor (la terrible censura de la época no lo hubiera permitido) [288], y al acusar a don Ramón de ello los ilustrados se mostraban antipáticamente hipócritas.

---

[287] Cotarelo reproduce gran número de ellas en su edición citada.
[288] Cotarelo recoge muchos pasajes tachados por la censura, sustituidos a veces, para zurcir el corte, por unos versos que proponía el censor; y asombra casi siempre

Quizá tenían mayor razón cuando decían que Cruz, sostenido por su popularidad, se había alzado con la monarquía de la comedia (un poco, aunque en pequeño, a la manera de Lope), controlaba los dos teatros de la Corte y obstaculizaba cuanto podía desde allí la vida del teatro neoclásico.

Ramón de la Cruz cultivó el sainete paródico, contra la tragedia que los neoclásicos deseaban aclimatar, en el *Manolo, tragedia para reír o sainete para llorar*, escrito en campanudos endecasílabos, en *Inesilla la de Pinto*, caricatura de la *Inés de Castro*, en la *Zara*, parodia de la *Zaïre* de Voltaire, etc. Sus piezas más afortunadas suelen señalarse entre las que recogen escenas de la vida callejera o multitudinaria de la Corte: *El Rastro por la mañana, El Prado por la noche, La Pradera de San Isidro, La Plaza Mayor por Navidad*; a éstas habría que añadir *Las castañeras picadas, El fandango de candil, El deseo de seguidillas, Las tertulias de Madrid, Cómo han de ser los maridos, Los pobres con mujer rica, Las preciosas ridículas, Las majas vengativas, La presumida burlada, La república de las mujeres*, y *El mal de la niña* que hemos mencionado anteriormente.

Don Leandro Fernández de Moratín, autoridad no discutible en este caso y enemigo, como sabemos, de Ramón de la Cruz, en el *Discurso preliminar* a sus *Comedias* dedicó unas líneas a sus sainetes en las que, sin escatimar las censuras propias de su escuela, subraya méritos que, por salir de su pluma, tienen especial significación y merecen ser aducidos: «Don Ramón de la Cruz fue el único de quien puede decirse que se acercó en aquel tiempo a conocer la índole de la buena comedia; porque dedicándose particularmente a la composición de piezas en un acto, llamadas *sainetes*, supo sustituir en ellas, al desaliño y rudeza villanesca de nuestros antiguos entremeses, la imitación exacta y graciosa de las modernas costumbres del pueblo. Perdió de vista muchas veces el fin moral que debiera haber dado a sus pequeñas fábulas; prestó al vicio (y aun a los delitos) un colorido tan halagüeño, que hizo aparecer como donaires y travesuras aquellas acciones que desaprueban el pudor y la virtud, y castigan con severidad las leyes. Nunca supo inventar una combinación dramática de justa grandeza, un interés bien sostenido, un nudo, un desenlace natural; sus figuras nunca forman un grupo dispuesto con arte; pero examinadas separadamente, casi todas están imitadas de la naturaleza con admirable fidelidad. Esta prenda, que no es común, unida a la de un diálogo animado, gracioso y fácil (más que correcto), dio a sus obrillas cómicas todo el aplauso que efectivamente merecían»[289].

---

la increíble susceptibilidad de este personaje, que creía encontrar motivos de escándalo en las frases más inocuas.

[289] *Obras de Don Nicolás y Don Leandro F. de Moratín*, B. A. E., II, cit., pág. 317. Además de las obras mencionadas, cfr. sobre diversos aspectos de don R. de la C.:

GONZÁLEZ DEL CASTILLO

En la línea de don Ramón de la Cruz, aunque a larga distancia, puede colocarse a otro sainetero, Juan Ignacio González del Castillo, que nació en Cádiz en 1763 y murió allí mismo de la peste en 1800, tan pobre que fue enterrado de limosna. Por la escasez de medios de sus padres no pudo hacer estudios regulares. Se ganó la vida como apuntador y comenzó muy joven a escribir sus sainetes, que le dieron considerable fama en su ciudad natal pero que no consiguió ver estrenados en Madrid. Fue perseguido por suponérsele partidario de las ideas de la Revolución; en realidad, su liberalismo se limitó a vulgares y declamatorias frases en el poema *La Galiada* y en la tragedia *Numa*, y a censurar en la comedia *La madre hipócrita* a los padres que meten monjas a sus hijas sin tener vocación, en lo cual no hacía sino seguir la moda del teatro docente de su época.

Aparte unas pocas comedias y la tragedia mencionada, compuso González del Castillo 44 sainetes, cifra no despreciable, habida cuenta de que murió a los 37 años; como en el caso de Cruz, debe a los sainetes su supervivencia literaria. Sin ser concretamente un discípulo de don Ramón, su influencia es visible en muchos casos, como en *La casa de vecindad* y *El desafío de la Vicenta*, y también en algunos cuadros de vida callejera —no importa que sean ahora de costumbres andaluzas— como *El café de Cádiz*, *La feria del Puerto*, *El día de toros en Cádiz*, etc. Castillo tiene a veces una gracia más fina, más juguetona y colorista que su maestro, pero carece de su fuerza para apresar tipos y situaciones, y cae frecuentemente en caricaturas desmedidas, que destruyen los rasgos humanos del personaje [290].

C. E. Kany, «Cinco sainetes inéditos con otro a él atribuido», en *Revue Hispanique*, LX, 1924, págs. 40-185. Del mismo, *Ocho sainetes inéditos*, University of California Publications, Berkeley-Los Ángeles, 1925. Del mismo, «Más sainetes inéditos», en *Revue Hispanique*, LXXVI, 1929, págs. 360-572. F. C. Sáinz de Robles, «Nota preliminar», en *Sainetes de don Ramón de la Cruz*, Madrid. 1944. A. Hamilton, «Ramón de la Cruz, Social Reformer», en *The Romanic Review*, XII, 1921, págs. 168-180. Del mismo, *A Study of Spanish Manners, 1750-1800, from the Plays of Ramón de la Cruz*, Illinois, The University Press, 1926. G. Cirot, «Une des imitations de Molière par Ramón de la Cruz», en *Revue de littérature comparée*, III, 1932. págs. 422-426. A. Berteaux, «A propos de Ramón de la Cruz», en *Bulletin Hispanique*, XXXVIII, 1936, págs. 166-172. J. F. Gatti, «Un sainete de Ramón de la Cruz y una comedia de Marivaux», en *Revista de Filología Hispánica*, III, 1941, págs. 374-378. José Simón Díaz, «Don Ramón de la Cruz y las ediciones fraudulentas», en *Bibliografía Hispánica*, IV, 1946, págs. 712-722. M. Nozick, «A source of Don Ramón de la Cruz», en *Modern Language Notes*, LXIII, 1948, págs. 244-248.

[290] Cfr.: Nicolás González Ruiz y Ricardo Gómez de Ortega, «Juan Ignacio González del Castillo y el teatro popular español del siglo XVIII», en *Bulletin of Spanish Studies*, I, 1924, págs. 135-140. De los mismos, «Juan Ignacio González del Castillo: Catálogo crítico de sus obras completas», en *Bulletin of Spanish Studies*, II, 1924, págs. 35-50. González del Castillo, *Obras Completas*, ed. de Leopoldo Cano, 3 vols., Madrid, 1914.

CAPÍTULO VIII

LA PROSA SATÍRICO-DIDÁCTICA. FORNER Y CADALSO

I

FORNER

SU VIDA Y SUS POLÉMICAS

Entre los prosistas del siglo XVIII ocupa un puesto destacado Juan Pablo Forner, personaje tan discutido como discutidor. Forner, según recuerda Polt[1], ha tenido «buena prensa» desde el siglo XIX, debido sobre todo al juicio impuesto por Menéndez y Pelayo, que lo tenía como el principal de «los apologistas de la antigua España» y «defensor y restaurador de la antigua cultura española»[2]; opinión repetida insistentemente desde entonces, pero cuyo alcance tendremos ocasión de examinar. Cualquiera que sea, sin embargo, la valoración global que se le conceda, no puede negarse que la personalidad y obra de Forner resumen como pocas los problemas intelectuales y literarios de su tiempo y exigen por lo tanto demorada atención. La crítica reciente viene concediéndosela, en efecto. Aparte la semblanza trazada por Menéndez y Pelayo en sus *Ideas estéticas* y las abundantes noticias y comentarios que le dedica Cotarelo[3] en su fundamental estudio sobre Iriarte, se están sucediendo en fechas recientes las ediciones de textos de Forner, muchos de ellos todavía inéditos, con valiosos análisis a los que habremos de referirnos oportunamente.

Nació Forner en Mérida en febrero de 1756, de padres valencianos[4]. Asistió por algún tiempo a la Universidad de Salamanca, donde hizo amis-

---

[1] John H. R. Polt, Introducción a su edición de *Los gramáticos*, luego cit., pág. 23.

[2] M. Menéndez y Pelayo, *Historia de las ideas estéticas en España*, ed. nacional, 3.ª ed., III, Madrid, 1962, pág. 330. Véase también, del propio Menéndez y Pelayo, *Historia de los heterodoxos españoles*, ed. nacional, 2.ª ed., V, Madrid, 1965, págs. 388-395.

[3] Emilio Cotarelo y Mori, *Iriarte y su época*, Madrid, 1897.

[4] Su padre era médico titular de Mérida cuando nació nuestro escritor; su madre era sobrina del célebre Andrés Piquer, catedrático de Medicina en Valencia, de quien

tad con los escritores de su «escuela», pero se sabe poco de los estudios que cursó. Pasó después a la Universidad de Toledo donde parece que estudió Leyes y Cánones, aunque tampoco se poseen datos ciertos sobre ello ni si obtuvo título alguno. Andando el tiempo, sus enemigos literarios le dispararon reticencias sobre su problemática graduación. María Jiménez Salas [5] afirma que hay, en efecto, algún secreto en los estudios y grados de Forner. En 1778, a sus 22 años, llegó a Madrid donde vivió por algún tiempo oscuramente con un tío suyo, don Juan Crisóstomo Piquer, capellán de las Salesas Reales, y practicó como pasante del abogado don Miguel Sarralde, que fue luego Fiscal de Barcelona.

La vida de Forner, que no abunda tampoco en anécdotas de particular interés, está de tal manera unida a su actividad de escritor y polemista que no puede seguirse sino a través de ésta. Digamos solamente para cerrar su biografía que en 1790 fue nombrado Fiscal del Crimen en la Real Audiencia de Sevilla, ciudad en donde se casó, y que en 1796 fue ascendido a Fiscal del Consejo de Castilla. Un año más tarde murió en Madrid, a los 41 de su edad, sin haber tomado posesión de la Presidencia de la Academia de Derecho, puesto para el que había sido elegido a su llegada a la corte.

En sus años de oscuridad y retiro Forner había estudiado sin duda afanosamente y adquirido sólidos conocimientos humanísticos. La impaciencia por darse a conocer en el mundo de las letras y su carácter agresivo le lanzaron a su primera polémica contra Iriarte, de quien tenía que convertirse, según escribe Cotarelo, en «verdadero azote» [6]. La Real Academia de la Lengua convocó en 1778 un concurso para premiar una égloga en alabanza de la vida del campo. La Academia otorgó el premio a la égloga *Batilo*, de Meléndez Valdés, muy joven entonces, y el accésit a Tomás de Iriarte, famoso y consagrado ya, que había concurrido bajo el seudónimo de Francisco Agustín de Cisneros. Herido en su vanidad, Iriarte compuso unas *Reflexiones* sobre la égloga de Meléndez —que Cotarelo, entusiasta biógrafo, califica de «crítica infeliz» [7]—, entreteniéndose en minucias, como contar las veces que se repite tal o cual palabra, y llegando a la necedad de calificar a Meléndez de antipatriota porque, en un momento en que estábamos en guerra contra Inglaterra, decía que era más cómoda la vida del pastor que la del soldado y el marino. Iriarte no im-

aquél había sido discípulo. Para la vida de Forner cfr., María Jiménez Salas, *Vida y obras de Don Juan Pablo Forner y Segarra*, Madrid, 1944. Alonso Zamora Vicente, «La partida de bautismo de Juan Pablo Forner», en *Revista de Filología Española*, XXV, 1941, págs. 111-112. José Simón Díaz, «Documentos sobre Forner», en *Revista de Bibliografía Nacional*, V, 1944, págs. 472-475.

[5] *Vida y obras...*, cit., pág. 63.
[6] *Iriarte y su época*, cit., pág. 223.
[7] Idem, íd., pág. 222.

primió su escrito —fue incluido más tarde en el volumen VIII de sus *Obras*—, pero lo hizo circular profusamente en copias manuscritas.

Forner, que en sus años de Salamanca había contraído gran amistad con Meléndez, aprovechó la ansiada ocasión para salir de su oscuridad literaria respondiendo a un hombre como Iriarte, entonces en la cima de su fama y unánimemente reconocido como «genio» oficial. Redactó, pues, Forner su *Cotejo de las églogas que ha premiado la Real Academia de la Lengua* [8], que tampoco fue impreso, pero que circuló asimismo en copias manuscritas. Bajo el aspecto anecdótico, esta primera salida de Forner no tuvo excesiva resonancia: Iriarte calificó de simple envidia la actitud de aquel desconocido, aunque la futura guerra entre ambos quedaba declarada. Desde el punto de vista doctrinal el *Cotejo* ofrece considerable interés. En su primera parte Forner expone principios generales de estética, y en la segunda los aplica a las dos églogas que se comparan, llegando a la conclusión, tras una dura crítica de la obra de Iriarte, de que la Academia había sido justa en su fallo.

La parte primera, que, como señala muy justamente Lázaro Carreter, encierra escasa originalidad, tiene en cambio, por esto mismo, la mayor importancia como exponente genuino de los conceptos sobre el arte y la crítica que hace suyos el siglo XVIII, y no es exagerada la afirmación de su editor de que el *Cotejo de las églogas* es «uno de los más interesantes capítulos de la estética ilustrada española» [9]. Al extraer aquellos conceptos de las páginas de Forner y exponerlos con mucho mayor claridad que el propio autor, Lázaro Carreter nos da de hecho un esquema preciso de la actitud del neoclasicismo sobre los problemas capitales de la poesía, los géneros literarios, la imitación, el concepto de lo maravilloso, etc., etc.

En 1782 concurrió Forner al concurso abierto por la Real Academia Española para premiar una sátira, «contra los vicios introducidos en la poesía castellana» [10] y ganó el premio, derrotando a su amigo, Leandro F. de Moratín, que obtuvo el accésit. Cotarelo admite que la obra de Forner «tiene más intención, ideas más originales y estilo más enérgico y conciso» [11] que la de su amigo y rival, aunque su lenguaje es más duro y la versificación menos armoniosa. Forner, según su costumbre, deslizó en su sátira numerosas alusiones a diversas personas, entre ellas, como no podía ser menos, a Iriarte. Cuando éste publicó sus *Fábulas literarias*, muchas

---

[8] Edición y prólogo de Fernando Lázaro Carreter, Salamanca, 1951.

[9] Idem, íd., pág. XXXIX.

[10] Ed. en Leopoldo Augusto de Cueto, marqués de Valmar, *Poetas líricos del siglo XVIII*, B. A. E., LXIII (segundo volumen de la serie), nueva ed., Madrid, 1952, páginas 304-310; las *Poesías* de Forner, recogidas por Valmar, en págs. 297-374. Valmar publica una «Noticia biográfica» de Luis Villanueva, unos «Extractos y apuntes autógrafos de Gallardo» y un extenso «Elogio del señor Don Juan Pablo Forner» de Joaquín María Sotelo (págs. 263-297).

[11] *Iriarte y su época*, cit., pág. 245.

de las cuales se habían ya divulgado en copias manuscritas, Forner se lanzó decididamente al ataque publicando un folleto titulado *El asno erudito, fábula original, obra póstuma de un poeta anónimo, publícala D. Pablo Segarra* [12], nombre este último con que se disfrazaba el propio Forner, supuesto editor de la fábula anónima. El folleto, que fue publicado en Madrid en 1782, se reimprimió en Valencia en el mismo año. La obrita consta de un prólogo en prosa, del editor, y sigue luego la fábula en metro de silva. Las alusiones, apenas veladas, a Iriarte son numerosísimas y muchas de tipo personal; Cotarelo califica el escrito, no sin cierta exageración, de «libelo indigno, lleno de improperios y de ultrajes, que hubieran hoy castigado los tribunales» [13]; también Menéndez y Pelayo, refiriéndose simultáneamente al *Asno* y a *Los gramáticos, historia chinesca*, sátira posterior, de que hablaremos, los tacha de «libelos, verdaderamente inicuos... sátiras personalísimas las dos e indignas a toda luz del grande y robusto entendimiento de su autor» [14]. El *Asno*, según puntualiza Muñoz Cortés, contiene dos aspectos: una parte ideológica y unas razones personales. Respecto del primero, Forner elogia el Siglo de Oro de nuestra literatura, defendiendo sus locuciones y brío poético frente al frío logicismo de Iriarte y su inevitable prosaísmo, distinguiendo —como había hecho ya en el *Cotejo*— entre estilo prosaico y estilo poético, al cual exige que posea una vibración personal y cálida; «para acabar de desterrar de España el genio poético de su idioma —escribe—, no hay que hacer más que dedicarse a imitar la poesía francesa: poesía que no se distingue de la prosa más que en la rima y en las imágenes» [15]. Ridiculiza luego la supuesta dificultad de hacer fábulas, cosa asequible, dice, a cualquiera que sea capaz de componer buenas letrillas y buenos poemas burlescos o satíricos, pues «el hacer una fábula no tiene más regla que el antojo» [16]. Aludiendo en particular a las de Iriarte afirma que no tienen «más mérito que el de haber puesto con mucha difusión en versos muy fríos, o prosa rimada, materias tratadas en prosa suelta por millares de autores» [17]; más adelante califica estas materias de «bagatelas», «cosas generales, comunes, que cualquiera las sabe sin estudio y, por consiguiente, sin necesidad de cansarse en leer en malos versos, lo que él entiende y conoce por su buen juicio. Enseñan, por ejemplo, que vale más hacer una cosa bien que muchas mal, que quien trabaja sin reglas de Arte acierta por casualidad, si acierta en algo; que alguna vez es menester reprehender severamente; que un libro bien encuadernado puede estar mal escrito;

[12] Ed. de Manuel Muñoz Cortés, «Gallardo. Colección de opúsculos para bibliófilos», Valencia, 1948.
[13] *Iriarte y su época*, cit., pág. 257.
[14] *Historia de las ideas estéticas*, cit., pág. 302.
[15] Ed. Muñoz Cortés, cit., pág. 53.
[16] Ídem, íd., pág. 57.
[17] Ídem, íd., pág. 58.

que una casa puede tener buena fachada y malísima habitación. ¡Inmenso Dios, qué descubrimientos tan nuevos y tan útiles al género humano!» [18]. En la parte poética imagina Forner un monólogo de Iriarte —el asno de la fábula— en el que éste proclama su ignorancia total en todas las materias, no incompatible con la arrogancia más levantada:

> *¿Que un sabio en mi conciencia*
> *necesita saber alguna ciencia?* [19].

La pretendida caricatura de Iriarte no carece de ingenio en ocasiones:

> *Al borrical semblante*
> *la máscara antepuso de un gigante;*
> *y luego en la cabeza*
> *un peluquín que en la cerviz tropieza;*
> *en el cuerpo acomoda,*
> *de gentil cortadura,*
> *casaca con dorada bordadura.*
> *Media de Persia entre galán zapato*
> *sobre quien para ornato*
> *por ser otras sencillas*
> *puso sus herraduras por hebillas* [20].

La sátira de Forner hizo bastante ruido, según atestigua Jovellanos [21], a pesar de que los Iriarte se esforzaron cuanto pudieron para hacer desaparecer la edición. Don Tomás de Iriarte contestó a Forner casi inmediatamente con otro folleto a modo de carta, que se supone dirigida a él por un D. Eleuterio Geta, bajo el título de *Para casos tales, suelen tener los maestros oficiales* [22], respuesta calificada por Cotarelo de «mala tentación» [23], y que no sirvió realmente sino para dar a entender al público que se sentía retratado en las páginas de Forner. La réplica es más extensa y moderada que la de éste, cuya sátira califica de ilícita por su carácter personal. Le corrige varios defectos de gramática, y no le nombra sino por sus iniciales, aunque sin aludir para nada a sus costumbres ni circunstancias privadas.

La respuesta de su adversario irritó, sin embargo, a Forner que contrarreplicó violentamente con un nuevo escrito, *Los gramáticos, historia chi-*

---

18 Ídem, íd., pág. 63.
19 Ídem, íd., pág. 69.
20 Ídem, íd., pág. 71.
21 Cit. por Cotarelo en *Iriarte y su época,* cit., pág. 262.
22 El título completo es: *Para casos tales, suelen tener los maestros oficiales. Epístola crítico-parenética o exhortación patética, que escribió D. Eleuterio Geta al autor de las «Fábulas literarias» en vista del papel intitulado «El asno erudito».*
23 *Iriarte y su época,* cit., pág. 263.

nesca, pero no logró publicarlo. Durante el verano de 1782 se había difundido por Madrid, por medio de pliegos echados al correo y dirigidos a personas principales de la corte[24], un folleto anónimo sin pie de imprenta, titulado *Observaciones sobre las fábulas literarias originales de D. Tomás de Iriarte,* debido a la pluma de Samaniego. Su crítica, aunque templada, «no deja de contener insinuaciones bien malignas», y aunque Iriarte no respondió esta vez, se valió del influjo político de su hermano para hacer que el juez de imprentas realizara indagaciones, ya que el folleto se había publicado sin las licencias requeridas. Se hicieron pesquisas, sobre todo en Valencia porque allí se habían publicado las *Fábulas morales* de Samaniego y nadie dudaba de quién era el autor. La búsqueda fue infructuosa, pero toparon, en cambio, con el manuscrito de *Los gramáticos* de Forner, enviado al impresor valenciano Tomás Orga, bajo el nombre de Pablo Segarra, el mismo seudónimo de *El asno erudito.* La obra fue recogida por el regente de Valencia, que la envió a Madrid al juez de imprentas, y éste retuvo el manuscrito. En mayo del año siguiente Forner entregó una copia al Consejo de Castilla solicitando su impresión, y el Consejo la sometió a censura de dos académicos, que opinaron desfavorablemente. Los Iriarte recurrieron al rey contra la impresión de *Los gramáticos* y exigieron una satisfacción por parte del libelista. Enterado Forner, remitió dos días después un *Memorial* al conde de Floridablanca, quejándose de la tiranía ejercida en la república literaria por los Iriarte. Afirma que don Tomás, quien, sin más que algunos estudios gramaticales, se cree un sabio de primer orden, «es hoy el mayor estorbo que tienen los adelantamientos de las letras en España»; le acusa de que trata a todos los escritores como bárbaros sosteniendo que deben proscribirse sus obras, prevalido de su favor político del cual se jacta públicamente; la emprende luego con las *Fábulas* de Iriarte, diciendo que la celebridad que se les atribuía entre nosotros nos desprestigiaba ante los extranjeros; afirma que al pie de cada una de sus fábulas había escrito Iriarte el nombre de la persona contra quien iba dirigida y que todas estas personas eran de mérito superior. Movido por todas estas razones —añade Forner— había escrito su *Cotejo,* su *Asno erudito* y ahora sus *Gramáticos,* pero los Iriarte impedían la impresión de este último. Emprende entonces la exposición de sus propias excelencias, ponderando su educación al lado de su eminente tío Andrés Piquer, de quien había recibido su formación filosófica, «aprendida con tanto ahínco que a la edad de veinticuatro años pude escribir cinco *Discursos filosóficos* atados al número de la poesía, impugnando los sofismas de la impiedad y estableciendo las verdades que tocan a la naturaleza del hombre»[25]. Y tratando de captarse la atención del

[24] Véase ídem, íd., pág. 265.
[25] Cit. por Cotarelo en ídem, íd., págs. 272-273.

ministro, añade: «Había resuelto darlos a luz estampando a la frente de ellos el nombre de V. M., sin otro fin que el de dar a entender a los extranjeros que bajo el Ministerio de V. M. la España se ha puesto en estado de que un joven pueda hacer lo que hacen los ancianos en otras naciones»[26]. Solicita el permiso de dedicarle a Floridablanca este trabajo, «que tal vez no será ingrato a la posteridad y aun ahora a las naciones cultas, las cuales preocupadas, no sin razón, contra nuestro modo de filosofar, verían no sin complacencia lo que no se ha visto hasta ahora en nuestra patria; esto es, atados al número los asuntos filosóficos, y ejecutado por un joven, lo que ejecutó Alejandro Pope poco tiempo antes de su muerte»[27]. Floridablanca, a quien debió de impresionar la audacia del escritor, solicitó acerca de su persona un informe del juez de imprentas, y aunque fue favorable, denegó la publicación de *Los gramáticos*. Forner insistió de nuevo, y en abril de 1784 el Consejo de Castilla resolvió que la obra era «un libelo infamatorio» y «que se negase la licencia que pedía Forner y que todas las copias de su obra se recogiesen y archivasen»[28]. Todavía se dirigió Forner directamente al rey, quejándose de los Iriarte, diciendo que don Tomás era menos que mediano poeta y pidiendo otra vez permiso «para imprimir el citado libro, pues se ha compuesto para enfrenar y corregir la petulancia de los que sin el estudio necesario se meten a escritores»[29]. Pero el memorial al monarca no fue contestado.

Los gramáticos, que han permanecido inéditos hasta nuestros días, acaban de ser publicados en dos ediciones prácticamente simultáneas[30]. La segunda parte del título, *historia chinesca*, se justifica porque la acción alegórica que sirve de soporte al libro, sucede en la China, y los diversos personajes son transposiciones de los Iriarte y del propio Forner: Pekín representa a España, y Japón simboliza a Francia. He aquí la acción en resumen: un joven chino, Chao-Kong (don Juan de Iriarte), es nombrado preceptor del hijo de un noble después de haber estudiado con los bonzos del Japón; a pesar de su corta ciencia logra encumbrarse, y una vez situado en la corte imperial llama a sus dos sobrinos. Uno de ellos, Chu-su (Tomás de Iriarte) es adiestrado por su tío en el arte de ser poeta y de parecer sabio sin serlo. El filósofo Kin-Taiso, que lleva la voz de Forner, aunque no sea exactamente su retrato, intenta convencer a Chu-su de su ignorancia, pero no consigue amansar su vanidad. Un joven, acabado de llegar a la corte —doble de Forner, en este caso— publica un folleto llamando asno a Chu-su. Kin-Taiso le persuade a que haga un viaje a Europa

---

[26] Ídem, íd., pág. 273.
[27] Ídem, íd.
[28] Ídem, íd., pág. 274.
[29] Ídem, íd., pág. 275.
[30] Una de José Jurado, «Clásicos Castellanos», Madrid, 1970; otra, la mencionada de John H. R. Polt, *Los gramáticos, historia chinesca*, edición crítica, Madrid, 1970.

en compañía de un filósofo español amigo suyo. En Madrid se entera de una disputa entre dos literatos españoles, muy semejante a lo que acaba de sucederle a él mismo, y se informa de la pésima calidad de las obras de don Tomás de Iriarte, a quien se había propuesto imitar. Con ello queda persuadido de su propia ignorancia y regresa a su país para estudiar y corregirse de su petulancia. Además de los personajes capitales, aparecen otros menores que encarnan a diversos escritores contemporáneos.

Los dos modernos editores de *Los gramáticos* recuerdan oportunamente que el interés por la China, originado en las relaciones de misioneros españoles y portugueses de los siglos XVI y XVII había llegado a su auge en el siglo XVIII, hasta convertirse en una moda; la China se concebía como un país ideal, que servía para contrastar la corrompida sociedad de Europa; se publicaron abundantes obras literarias de asunto chino; se difundió la afición por el arte, la decoración, las telas, el café, los baños, las porcelanas chinas; el propio Iriarte había traducido *El huérfano de la China* de Voltaire. El hecho de que en esta traducción aparecieran asociadas dos personas que Forner odiaba por igual pudo mover a éste, en opinión de Polt [31], a servirse del escenario chino para burlarse de ambos y, en general, de toda la Ilustración tan apasionada por la China. Por lo demás, el componente chinesco, así como el hilo anecdótico de su sátira, son accesorios para Forner; la parte narrativa —acepta Polt— es rudimentaria, los personajes como tales no le interesan en absoluto, no hay diálogos animados, «sino más bien arengas de un personaje a otro» [32], apenas existen descripciones, y la pintura local queda reducida a unos pocos lugares comunes, tomados de la *Enciclopedia*, del *Ensayo sobre las costumbres* de Voltaire, y de otros libros de moda que el propio Forner ridiculizaba. Por otra parte, Forner no utiliza a los chinos para satirizar su propio país, según venía sucediendo con los diversos orientales, más o menos remotos, a quienes se hacía recorrer Europa —los *persas* de Montesquieu o los *marroquíes* de Cadalso—, sino que son los chinos los criticados, como pantalla que eran de las personas concretas objeto de su sátira.

Dicho, pues, queda que lo esencial de *Los gramáticos* es el ataque contra los Iriarte, contra sus ideas literarias, y a veces políticas, la crítica de otros muchos escritores, nacionales y extranjeros, y su repudio a las ideas reformistas de la Ilustración. Las alusiones a don Juan de Iriarte son abundantísimas, mencionándolo por su nombre en las largas digresiones que ocupan la mayor parte de *Los gramáticos*, o bajo el disfraz de Chao-Kong. Cierto que, como dice Polt, había en los escritos de don Juan cosas bastantes para tentar la comezón satírica de un hombre como Forner —su traducción de refranes castellanos en versos latinos,

---

[31] Introducción a su edición cit., págs. 19-20.
[32] Ídem, íd., pág. 15.

su gramática latina en versos castellanos, su descripción en hexámetros latinos de la suciedad de Madrid, etc.—, pero no escasean tampoco los estudios útiles realizados por don Juan con modesta probidad, contra los cuales se ensaña Forner mezquinamente. En lo referente a don Tomás, pasa revista Forner a todas sus obras, pero en particular al poema *La Música*, a las *Fábulas literarias* y a su traducción de Horacio. La acusación capital, en la que insiste, es la misma que había ya formulado en el *Cotejo* y en *El asno*: la frialdad y el prosaísmo; pero olvida siempre el carácter esencialmente didáctico que tiene la poesía de Iriarte·y, en consecuencia, lo que precisamente constituía el ideal del escritor canario: la claridad y la concisión. Constantemente le reprocha Forner faltas de gramática o defectos en su traducción latina; sus reparos son legítimos muchas veces, pero hasta en tales casos los formula con una cominería y mezquindad acongojantes. Y nada digamos cuando recurre a procedimientos de evidente mala fe; Polt señala [33] que, en ocasiones, cita versos de Iriarte cambiando el orden de las palabras y de las cláusulas «para acusarlos luego de no ser más que prosa rimada»; otras muchas veces, toma las palabras en sentido nimiamente literal —defectos, recuerda Polt, que el propio Forner censura en Iriarte—, con «evidente voluntad de no comprender los textos criticados» [34]. En cuanto al criterio lingüístico, Forner, en su defensa a ultranza de los escritores antiguos, sostiene que una palabra anticuada no pierde su calidad aunque pierda el uso [35], frente al *criterio histórico* de Iriarte, para quien una palabra, por *pura* que fuera en otros tiempos, puede no ser aceptable en la actualidad, porque la claridad y la ausencia de afectación constituyen los ideales de su estilo. Quién estaba en lo cierto, díganlo nuestros modernos lingüistas.

En el terreno ideológico Forner no pierde oportunidad de denostar a todos los escritores ilustrados de su siglo; y aunque, como en el caso de

---

[33] Idem, íd., pág. 21.
[34] Idem, íd.
[35] Forner cita unos versos de la fábula de Iriarte, *El retrato de golilla*:

Lo que es afectado juzga que es primor,
habla puro a costa de la claridad,
y no halla voz baja para nuestra edad
si fue noble en tiempo del Cid Campeador,

y comenta: «Conque ya tiene usted ahí una nueva doctrina literaria, y lo que es más, original: conviene a saber, que la pureza del lenguaje se opone a la claridad; y váyanse muy enhoramala todos los retóricos no originales que constituyen en la pureza la primera y principal virtud del habla. Es imposible de toda imposibilidad, amigo mío, que puedan decirse en cuatro versos más disparates. Porque dígame usted, ¿una voz por ser anticuada se hace baja? Claro es que no. Lo que pierde la tal voz, siendo *noble*, es el uso; pero ella en su fuerza se queda, y a veces suele contribuir a la magnificencia de la oración; y solamente el Señor Geta y su maestro ignoran que la antigüedad imprime en todo una cierta majestad que nos suspende» (ed. Polt, cit., pág. 192).

Iriarte, no le falta razón en muchos detalles, es inaceptable su machacona insistencia generalizadora, auténtica manía, que le dispara energuménicamente contra toda la ideología ilustrada, y, muy en particular, la francesa. No por citado tantas veces, hemos de renunciar a reproducir aquí su juicio global sobre «el siglo de las luces», párrafo que, como dice Polt [36], hace las delicias de quienes quieren ver en Forner el campeón de la España tradicional frente al contagio de las nuevas ideas ultrapirenaicas: «Estamos en un siglo de superficialidad. Oigo llamarle por todas partes siglo de la razón, siglo de luces, siglo ilustrado, siglo de la filosofía. Y yo le llamaría mejor siglo de ensayos, siglo de diccionarios, siglo de impiedad, siglo hablador, siglo charlatán, siglo ostentador, compuesto de gentes tinturadas de todo e incapaces, no sólo de imitar, pero ni de conocer el estudio y desvelos que costaron a nuestros mayores los adelantamientos en las ciencias. Un siglo tal como éste, no es mucho que sea pródigo en dar a cualquiera el honor y crédito de sabio. Un poemilla, un discursillo, un librete semibárbaro, basta para la reputación de la literatura de uno» [37]. En cuanto a los *ilustrados* españoles debe destacarse la animosidad que siente Forner contra Feijoo, ya manifestada en otros lugares. En el *Cotejo* había escrito que el Padre Maestro «estaba menos instruido en la poética general, y aun en la de su lengua, que en el arte de copiar los libritos franceses» [38]; en un texto inédito, citado por Polt [39], acusa al benedictino de atacar las *verdades comunes* para reemplazarlas por sus *errores particulares;* en *Los gramáticos* lo empareja con la *Enciclopedia,* el *Diccionario* de Bayle, las *Miscelania* de Voltaire, D'Alembert, etc., para calificarlos en común de «turba de libritos de moda», «códigos de la sabiduría universal de este género de humanistas». «¿Pero qué humanistas? —añade—. Lo peor es que pervierten y hacen despreciable el uso de muchos de aquellos libros útiles para la pronta investigación de algún punto ya olvidado, pero perjudicialísimos cuando se consagran a la primitiva o fundamental instrucción» [40].

LA «ORACIÓN» DE FORNER Y EL PROBLEMA DE LAS APOLOGÍAS

Quizá la más ruidosa publicación de Forner fue la *Oración apologética,* escrita con ocasión harto conocida, pero que es indispensable resumir aquí. Hemos aludido repetidamente —y será forzoso insistir en ello— al gran papel que juega la preocupación patriótica, y todavía más al con-

---

[36] Introducción, cit., pág. 25.
[37] Ed. Polt, cit., 199.
[38] Ed. Lázaro Carreter, cit., pág. 23.
[39] Introducción, cit., pág. 25.
[40] Ed. Polt, cit., pág. 199.

cepto que los extranjeros pudieran tener de España, en todo género de controversias sobre el estado de nuestro país, sobre sus ciencias, su pensamiento y su literatura; la tensa inquietud por la propia personalidad se convierte en el siglo XVIII en una obsesión morbosa, que se instala desde entonces en la entraña de todo español, y que en aquella época obstruye el normal desarrollo de nuestra cultura y enturbia todas las controversias en que el siglo XVIII fue tan pródigo.

He aquí los hechos. En 1782 apareció en la *Encyclopédie Méthodique* un artículo sobre España, escrito por Nicolas Masson de Morvilliers, en el cual se hacía esta pregunta: «¿Qué se debe a España? En dos siglos, en cuatro, en diez, ¿qué es lo que ha hecho por Europa?». La *Encyclopédie Méthodique*, derivada de la famosa de Diderot y D'Alembert, se publicó entre 1782 y 1832, y se estimaba como una «nueva Enciclopedia», avalada por la colaboración de una *Société de gens de lettres, de savants et d'artistes*, que habría de recoger toda la obra científica y literaria llevada a cabo por el «siglo de las luces», y llegaría a constar hasta de 27 diccionarios sobre las más varias materias; a cargo de Masson de Morvilliers y de Robert Vaugoudy estaba el *Diccionario de geografía*, y a él pertenece el artículo sobre España con la famosa pregunta.

Por conocido, resulta improcedente hacer aquí el resumen de los conceptos genéricos sobre todo lo español, ya de antiguo existentes al otro lado de los Pirineos, pero muy agravados durante el siglo XVIII. Particularmente representativos a este respecto son los muy difundidos juicios de Montesquieu sobre España en sus *Cartas persas* y los de Voltaire en tantos de sus escritos. Las palabras de Masson no eran, pues, un caso aislado sino lógica derivación de un ambiente cultural muy difundido [41]; su pregunta provocó, sin embargo, particular repercusión debido, como afirma Julián Marías [42], a su descaro y su insolencia [43].

La primera reacción contra Masson corrió a cargo del famoso botánico don Antonio José de Cavanilles, residente entonces en París como pre-

---

[41] Para todos estos problemas véase el libro, fundamental, de Luigi Sorrento, *Francia e Spagna nel Settecento. Battaglie e sorgenti di idee*, Milán, 1928; sobre este punto en particular, cfr., cap. IX, «Gli attacchi enciclopedici alla Spagna e il Masson», págs. 89-101.

[42] Julián Marías, *La España posible en tiempo de Carlos III*, Madrid, 1963, página 47.

[43] La publicación del artículo de Masson, aparte las repercusiones públicas, que veremos seguidamente, dio origen a todo un «affaire d'état», que Sorrento examina con minuciosidad. El Gobierno español protestó ante el francés y hubo intercambio de numerosas notas diplomáticas. El problema se complicó por razones comerciales, pues la censura española prohibió la circulación y venta de la *Encyclopédie Méthodique* en nuestro país, donde contaba con numerosos suscriptores; existía además un contrato del editor Sancha para publicar una versión de la obra en castellano. Véase Sorrento, cap. X, «Un affare di stato franco-spagnuolo per l'Enciclopedia», págs. 103-110, y XI, «Il diplomatico Bourgoing, uno scienziato spagnuolo e giornali francesi nella polemica franco-spagnuola», págs. 111-118.

ceptor de los hijos del duque del Infantado. En 1784 publicó Cavanilles en París un folleto titulado *Observations de M. l'abbé Cavanilles sur l'article «Espagne» de la Nouvelle Encyclopédie*, que fue traducido por Mariano Rivera y publicado en Madrid aquel mismo año. La defensa de Cavanilles, según subraya Zamora Vicente[44], parte del error inicial de centrarse en la contemplación de sus contemporáneos. Después de destacar las contradicciones de Masson y su ignorancia de las cosas de España, recorre los diversos puntos tratados por aquél, hace el panegírico de su patria y aduce los nombres que cree importantes en las artes, ciencias e industrias. Pasa después a la literatura; comienza por Iriarte y sigue con otros escritores de aceptable importancia, pero aduce otros muchos con bien escasa discreción: así, por ejemplo, menciona a Ignacio López de Ayala «que ha compuesto un poema sobre las aguas de Archena», y a Trigueros cuyo poema *La Riada*, del cual se había carcajeado Forner a mandíbula batiente, dice que le recuerda a Virgilio y a Milton; aduce también a la condesa del Carpio «que ha compuesto dos comedias muy buenas». Después de pasar revista a los teólogos, juristas, matemáticos, naturalistas, médicos, etc., hace una leve incursión retrospectiva sobre la cultura española, recordando a toda una serie de figuras representativas, a las que retrata, dice Zamora, «con afirmaciones no muy justas»[45]. «Este bosquejo —escribe Cotarelo, testimonio no recusable en este campo— no tiene más defecto de bulto que la brevedad y no precisar el influjo de España en el progreso general. Es una simple enumeración de nombres ilustres y hasta de productos naturales, y es desproporcionado en los elogios, pues a unos los ensalza demasiado y a otros no les da todo su valor. En literatura sobre todo es deficientísimo»[46].

---

[44] Introducción a su edición de la *Oración apologética* de Forner, luego citada, págs. XV-XVII.

[45] Idem, íd., pág. XVII.

[46] *Iriarte y su época*, cit., págs. 313-314. El propio Cavanilles tuvo, modestamente, clara idea de las limitaciones de su apología; en carta dirigida a Tomás de Iriarte desde París el 30 de septiembre de 1786, escribe: «Si mi Apología fue insuficiente, mirando la grandeza del objeto, no dejó de producir fuera de España, y aquí principalmente, efectos ventajosos al honor de nuestra nación; porque a lo menos, en medio de la ignorancia crasa y culpable en que nadaban estos aliados, descubrieron algunos rayos de luz»; y añade luego: «Yo he dejado para otros más instruidos y que tengan tiempo para trabajar apologías, la tarea de hacer una completa de nuestra patria. Hice lo que pude, irritado a la vista de las desvergüenzas de Masson; pero el celo no me dejó reflexionar sobre la falta de luces y materiales» (cit. por Sorrento en *Francia e Spagna...*, cit., pág. 125, nota 1; Cotarelo reproduce la carta completa en sus Apéndices, págs. 563-564, de *Iriarte y su época*, cit.). Las observaciones de Cavanilles tuvieron, sin embargo, buena acogida en Francia, y muchas revistas, entre ellas el *Journal des Savants*, las elogiaron al tiempo que condenaban la actitud imprudente de Masson. Sobre este punto véase el *Ensayo* de Sempere y Guarinos, en el artículo *Cavanilles* cuya actitud encarece (II, págs. 166-173). No obstante, en el *Discurso preliminar* de su obra, al referirse a toda esta cuestión, Sempere da a entender más claramente su verdadera opinión sobre el asunto, cuando

La primera réplica importante contra Masson fuera de España fue lanzada por el abate piamontés Carlos Denina, que había sido llamado a su corte por el Gran Elector Federico, y permaneció en Alemania hasta que Napoleón lo nombró bibliotecario en París, donde murió. El 26 de enero de 1786 Denina leyó en solemne sesión de la Academia de Ciencias de Berlín y en presencia de gran parte de la nobleza prusiana, su famoso discurso *Réponse à la question «Que doit-on à l'Espagne?»*. Las palabras de Denina tuvieron particular repercusión en Alemania porque recogían el sentir de su incipiente nacionalismo y se enfrentaban con la absorbente expansión cultural francesa [47]. Denina adopta a veces una actitud equivalente a la de Masson; a su irritante pregunta «yo contesto —dice— que España ha hecho por la propia Francia, desde Carlomagno y Alcuino hasta el gobierno de Mazarino, mucho más que Francia haya podido hacer por las demás naciones». En general, Denina sigue las direcciones apologéticas de Cavanilles, pero su exposición es mucho más amplia y consistente, y en lugar de concretarse a lo contemporáneo estudia en particular los siglos anteriores. Denina ha de reconocer, sin embargo, la innegable ausencia de España del teatro de las ciencias y de las artes en los últimos tiempos, aceptando que la tesis de Masson puede tan sólo ser verdad en un breve período [48].

Como escribe Marías, en el discurso del abate piamontés «el espíritu *comparatista* y de rivalidad prosigue a lo largo de todo el razonamiento, incluso para repartirse los *méritos* de las heterodoxias o de los desórdenes de origen religioso» [49]; y añade luego: «Denina permanece hasta el final de su discurso recluido en el punto de vista de las naciones particulares. No ve más que rivalidades, pugnas de unas con otras, cuestiones dinásticas, influencias italiana o francesa. Perdido entre las naciones, no es capaz de salir de ellas para defender a España o para comprender su decadencia: se le escapa, nada menos, la realidad de Europa» [50], es decir, el núcleo esencial del problema, que consistía en investigar el estado real de España, averiguar las razones de su evidente decadencia y señalar los medios para ascender al nivel de Europa desde su precedente aislamiento.

El mismo año de su discurso, Denina publicó una serie de *Cartas críticas* en tono más ligero y satírico, aunque no sin considerable erudición, también en defensa de nuestro país. Las *Cartas críticas* fueron traducidas por don Manuel de Urqullu, cónsul de España en Hamburgo, y publicadas

---

dice: «Una apología no es suficiente para esto» (pág. 41), y explica entonces su intención de escribir los seis volúmenes de su *Ensayo*.

[47] Véase Sorrento, cit., cap. XV, «L'ispanofilia tedesca e la ripercussione della polemica franco-spagnuola in Germania», págs. 149-157.

[48] Sorrento estudia minuciosamente la respuesta de Denina, cap. XVII, págs. 171-181, y cap. XIX, págs. 193-200.

[49] *La España posible...*, cit., pág. 52.

[50] Idem, íd., pág. 57.

en Madrid en 1788. El mismo Urqullu había traducido la *Réponse*, que fue publicada en Cádiz en 1786; Forner la reimprimió al final de su *Apología*, de que tratamos luego.

Las respuestas de Cavanilles y Denina no fueron las únicas que provocó el escrito de Masson; tales respuestas, a su vez, encendieron un vocerío de réplicas y contrarréplicas, desproporcionadas a la ocasión que las había promovido, pero muy reveladoras de la creciente irritabilidad del país, cada día más consciente de sus problemas. Cotarelo ha resumido muy exactamente esta situación; después de subrayar que el escrito de Cavanilles había producido excelente efecto en Francia, añade: «Donde lo produjo deplorable fue en España misma, viniendo a ocasionar una grave escisión, que tomó mal carácter desde el momento en que se puso en juego el amor de la patria, dando a este pueril asunto los tonos de causa nacional. Pronto se desnaturalizó la cuestión, llegando a plantearse en los términos de si España estaba tan atrasada como decían los franceses y si tenía algo que envidiar a éstos. El ciego patriotismo de unos (que eran los más) se pronunciaba por la negativa y devolvía a Francia injuria por injuria; el partido de los *éclairés* sostenía, al contrario, que engañaban y ofendían a su nación los que pregonaban un florecimiento que no existía más que en su cabeza y adormecían al pueblo en vez de estimularle a su mayor progreso» [51].

La Academia Española, arrastrada por la presión de los «patriotas», anunció como tema de su concurso anual una «apología» de la nación, pero el premio no llegó a adjudicarse. Y cuando el abate Denina pronunció su *Discurso*, Floridablanca, que no había olvidado la impetuosidad de Forner en la cuestión de *Los gramáticos* y compartía su inquina antifrancesa, lo llamó para que redactara una extensa apología en respuesta a Masson. La obra de Forner, *Oración apologética por la España y su mérito literario* [52], fue publicada a cuenta del Estado, se dejaba al autor el producto de la venta y se le gratificaba además con 6.000 reales. Forner parecía, en efecto, la persona adecuada para responder al impertinente francés; pero como su agresivo polemizar lo había enfrentado con medio mundo, atrajo sobre su causa a todos los enemigos que lo eran de su persona. El mismo tono de la *Oración apologética*, al convertir en apasionada polémica lo que debió haber sido exposición serena y razonada, contribuyó a complicar más el conflicto ideológico que pretendía resolver.

La opinión de Menéndez y Pelayo sobre Forner es bien conocida; don Marcelino lo llama «defensor y restaurador de la antigua cultura española» [53], «el adversario más acérrimo de las ideas del siglo XVIII» [54], «gladia-

---

[51] *Iriarte y su época*, cit., pág. 314.
[52] Ed. de Alonso Zamora Vicente, Badajoz, 1945.
[53] *Historia de las ideas estéticas*, cit., pág. 330.
[54] Ídem, íd., pág. 331.

dor literario de otros tiempos, extraviado en una sociedad de petimetres y de abates» [55], en quien «se encarnó la reacción más inteligente y más violenta contra el enciclopedismo» [56]. Pero ni la más apasionada admiración al defensor de los valores tradicionales impide reconocer los abundantes fallos de su apología. «Forner —escribe Zamora Vicente, cuya opinión acerca de la *Oración* es muy favorable en conjunto— pretende escribir su trabajo más como orador que como historiador. En consecuencia, su lengua está concebida en términos grandilocuentes y declamatorios, que al lector medio de hoy pueden parecerle fastidiosos. La *Oración* hay que oírla. El combativismo de su autor no tolera la exposición íntima, el suave paladeo de la expresión. Es únicamente una pieza oratoria y, como tal, los párrafos martillean el oído aun sin escaparse de una mesurada corrección» [57]. Sorrento pone de relieve en qué medida el deseo de reacción y de contradicción destruye la eficacia ideológica de la réplica de Forner; este mismo declara su postura casi al comienzo de su escrito: «Mi propósito —dice— fue escribir más como declamador que como escritor crítico» [58]. Por su parte, Julián Marías ha estudiado rigurosamente la actitud intelectual con que se enfrenta Forner a las ideas de su siglo, aspecto en el que reside, sin duda, lo más débil y peligroso de su alegato. Ante la imposibilidad de resumir aquí todo el comentario de Marías, remitimos al lector a dichas páginas aunque no sin referirnos a unos puntos concretos.

Con el propósito de defender a su país de su innegable ausencia de la moderna investigación, Forner lanza diatribas contra la ciencia de su tiempo, que son casi increíbles en una mente culta del siglo XVIII: «No hemos tenido —dice— en los efectos un Cartesio, no un Newton: démoslo de barato; pero hemos tenido justísimos legisladores y excelentes filósofos prácticos, que han preferido el inefable gusto de trabajar en beneficio de la humanidad a la ociosa ocupación de edificar mundos imaginarios en la soledad y silencio de un gabinete»; «no entendemos por Física el arte de sujetar la naturaleza al capricho, en vez del raciocinio a la naturaleza, y por eso claman que no la conocemos... Hemos tenido grandes juristas, sapientísimos legisladores, eminentes intérpretes de la razón civil; pero entre ellos ninguno ha escrito el espíritu de las letras en epigramas, ni ha destruido en las penas el apoyo de la seguridad pública, ni se ha resuelto a perder el tiempo y el trabajo en fundar repúblicas im-

[55] Ídem, íd.
[56] Ídem, íd., pág. 332.
[57] Introducción a su edición cit., págs. XXVIII-XXIX.
[58] Cit. por Sorrento en *Francia e Spagna*..., cit., pág. 233. Sorrento trata de disculpar en buena medida los excesos de la *Apología* de Forner, como deja ya entrever el mismo título del capítulo que expresamente le dedica: XXII. «Il Forner nobile difensore della Spagna: giudizi di allora e d'oggi» (págs. 229-247); pero tampoco deja de señalar los muchos puntos débiles, e incluso inadmisibles, de su obra.

practicables»; «no crea precipitadamente ninguno de mis españoles que en su Península, aunque no tan rica en depósitos de experimentos, se sabe menos Física que en Francia o Inglaterra. No se deje deslumbrar con los ásperos cálculos e intrincadas demostraciones geométricas con que, astuto el entendimiento, disimula el engaño con los disfraces de la verdad. El uso de las Matemáticas es la alquimia en la Física, que da apariencias de oro a lo que no lo es»; en España, dice Forner, «se desestima la peligrosa libertad de escudriñar los arcanos del Hacedor más de lo que es debido y de hablar de todo insolentemente». Comentando las palabras de Voltaire de que en España no se piensa, que la libertad de pensar es desconocida, porque un español para pensar y leer necesita la licencia de un fraile, responde Forner: «Pero ¿qué es lo que no se piensa en España, sofistas malignos, ignorantes de los mismos principios de la Filosofía que tanto os jactáis profesar? Es verdad, los españoles no pensamos en muchas cosas; pero señaladlas, nombradlas específicamente y daréis con ellas un ejemplo de nuestra solidez y vuestra ligereza»[59]. Todo el argumento de Forner, según puntualiza Marías, se basa en que, si en la república civil —son palabras de Forner— «se prohiben santísimamente las acciones que desbaratan el nudo de la seguridad pública, ¿por qué en la república literaria no se prohibirán con igual calificación las doctrinas en que... se atropellan los principios más sagrados de la religión y de la sociedad?». Forner, dice el comentarista, equipara los actos subversivos o delincuentes con las doctrinas en que se ponen en cuestión los principios admitidos; iguala al homicida, al sacrílego, al rebelde, con el *falso filósofo* o el *insolente literato*: «¿Qué privilegios dan las letras al hombre —dice Forner— para que pueda persuadir y enseñar en los libros aquellas acciones que ejecutadas se castigan con el dogal o con la cuchilla?»[60]. Y Marías comenta: «Naturalmente, Forner no se plantea el problema de quién decide el carácter delictivo de las doctrinas, cómo se establece el límite de lo que se puede pensar y decir. Da por supuesto el acierto de la autoridad y, ni que decir tiene, su derecho; y le parece admirable que los poderes decidan por sí mismos lo que se debe pensar, escribir y leer, y lo impongan coactivamente»[61]. Se suele hablar —añade Marías más adelante[62]— de la «vehemencia extremeña» de Forner, de su «españolismo», de su «desdén por el afrancesado siglo XVIII», pero se olvida o se soslaya su toma de posición frente a los temas básicos de la época: la filosofía moderna, la ciencia, la libertad. Al referirse luego a una de las numerosas respuestas a Forner, puntualiza que ésta apunta certeramente al verdadero núcleo de la *Oración apologética*, que es «su inadmisible idea de la ciencia o, mejor dicho, su

---

[59] Pasajes citados por Marías en *La España posible*..., cit., págs. 66 a 71.
[60] Idem, íd., pág. 71.
[61] Idem, íd.
[62] Idem, íd., pág. 73.

desconocimiento de las exigencias que la constituyen» [63]; porque la ciencia no es sino problema, indagación, busca, y no puede avanzar sino en medio de rectificaciones y tanteos y, por tanto, con un inevitable —necesario— margen de error.

La *Oración apologética* provocó, como ya hemos dicho, una tempestad de controversias disparadas desde todos los ángulos del agitado frente español. Algunas, evidentemente, pudieron ser estimuladas por el simple deseo de vengar cualquier intemperancia u ofensa de Forner; pero sería un error gravísimo calificar toda esta agitación intelectual como estériles disputas de plazuela o envidias de literatos suspicaces; los comentarios de Marías, que no podemos seguir en detalle, ponen de relieve la gravedad y profundidad de los problemas que se ventilaban. Por descontado, no faltaron los episodios cómicos o pintorescos, como aquella difundidísima quintilla de Huerta, que no carece de gracia:

> *Ya salió la* Apología
> *del grande orador Forner:*
> *salió lo que yo decía;*
> *descaro, bachillería,*
> *no hacer harina y moler* [64].

El periódico *El Censor* publicó una parodia bajo el título de *Oración apologética por el Africa y su mérito literario*, que empezaba con las mismas palabras de Forner: «La gloria científica de una nación no se debe medir por sus adelantamientos en las cosas superfluas o perjudiciales» [65].

Pero abundaron los comentarios sagaces y certeros. Don Bernardo de Iriarte, en una nota privada acusa al conde de Floridablanca de fomentar hacia los franceses la aversión que él mismo sentía: «Rompióse —dice— y manifestóse esta especie de guerra nacional tenaz y ridículamente con ocasión de haber Mr. Masson compuesto y estampado en la *Nueva Enciclopedia* el artículo *Espagne*, y se trabajó con encono en promover e incitar el odio de nación a nación protegiendo y fomentando los escritos apologéticos que entonces salieron, en que tanto se disparató con daño, atraso, necia presunción, jactancia e ignorancia, que se procuró aumentar entre los españoles, con sentimiento y dolor de los hombres de juicio e instrucción. Llovieron apologistas con motivo de aquel fatal artículo» [66].

---

[63] Idem, íd., pág. 79.

[64] Cit. por Cotarelo en *Iriarte y su época*, cit., pág. 317.

[65] Véase, en este mismo volumen, cap. II, pág. 75.

[66] Merece la pena reproducir completa la nota de don Bernardo de Iriarte; prosigue así: «El primero y principal de ellos fue Cavanilles, que publicó en París su obra en francés, y sobre los errores y ridiculeces que contiene, como sobre las malas resultas, formé un extracto y crítica, que pasé a manos del propio Conde de Floridablanca por insinuación suya. No obstante los convencimientos de este escrito, que dejó confuso e íntimamente persuadido al Ministro, o él por sí, llevando adelante su sistema de aversión a los franceses y el que ya había adoptado de ponderar

Tomás de Iriarte no intervino en esta polémica, pero como informa Cotarelo, opinaba lo mismo que su hermano, y de ello dejó diversos testimonios privados. En una nota inédita afirma: «Alabar lo bueno que ha habido o que se establece en la nación y predicar sobre lo que nos falta es el carácter de un patriota celoso. El que blasona de lo que la nación nunca ha tenido, ni en el día puede decir que tiene, es el mal patriota; el que engaña a sus conciudadanos y nos hace a todos ridículos en el concepto de los extranjeros... Nada prueba tanto nuestro atraso como los mismos loables esfuerzos del Gobierno en enviar a estudiar jóvenes a París la maquinaria, hidráulica, física, historia natural, mineralogía y hasta la cirugía y anatomía... El buen patricio será, no el que declame, sino el que obre; el que escriba alguno de los infinitos libros que nos faltan... Mientras esto no suceda, son infundadas y sofísticas todas las apologías; y en sucediendo serán inútiles» [67].

En 1788 se publicaron en la Imprenta Real de Madrid, en número de diez, unas *Cartas de un español residente en París a su hermano residente en Madrid*, que algunos atribuyeron a Tomás de Iriarte, escritas en nombre de su hermano Domingo, que desempeñaba entonces la Secretaría de la embajada de España en París. Cotarelo, para quien estas cartas aparecieron «a deshora», las juzga despectivamente y dice de ellas que «alardean de un anti-españolismo que disgusta, sin que por otra parte contengan cosa de mayor sustancia» [68]. Marías, en cambio, aun admitiendo que las *Cartas* son «de muy desigual valor» [69] y que abundan en afirmaciones discutibles y disputas ociosas con pasajes concretos de Forner, puntualiza su gran interés en no pocos aspectos, sobre todo en su actitud frente a la ciencia, ya aludida, en el problema de la libertad del escritor y también en el sentido mismo de las apologías.

En el mismo año que las *Cartas*, se publicaron en Madrid, sin nombre de autor, unas *Conversaciones de Perico y Marica*, «texto mediocre —dice Marías— bastante premioso y discursivo» [70], pero cuyo gran interés, en el mismo sentido de las *Cartas*, pone de relieve. Las *Conversaciones* tratan

---

y figurar el ventajoso estado de la España en todas líneas bajo su ministerio, o estimulado y lisonjeado de los que le rodeaban, empleó la pluma mordaz e indiscreta del disfamador público D. Juan Pablo Forner (*alias* Segarra), para que éste compusiese, como compuso, una voluminosa, impertinente y fastidiosa *Apología*, que se imprimió a Reales expensas en la Imprenta Real... En una adición o suplemento que Forner puso al fin de su *Apología*, o mejor diré mala y grosera sátira, cometió el bestial error de alegar a nuestro favor que si los ingleses nos introducían sus manufacturas y su bacalao, también nos sacaban nuestras lanas, ingredientes y otras primeras materias, sin reflexionar el bárbaro apologista lo que nos sacaban y lo que nos metían. Mira con quién y sin quién» (cit. por Cotarelo en *Iriarte y su época*, cit., págs. 315-316, nota 4).

[67] Cit. por Cotarelo en ídem, íd., pág. 323.
[68] Ídem, íd., pág. 321.
[69] *La España posible...*, cit., pág. 75
[70] Ídem, íd., pág. 85.

también de la libertad del escritor y sus riesgos, y hacen largos comentarios sobre las apologías, aludiendo, aunque sin nombrarla, a la de Forner. El anónimo autor explica irónicamente el éxito de los apologistas, aduladores del poder, optimistas oficiales que impiden que se remedien los problemas, con acentos —dice Marías— que anticipan en el siglo XVIII las palabras de Larra: «Son unos pequeños o escondidos Apologistas que están llenando los oídos del Monarca y de sus Ministros de ellas, con sólo estas pocas palabras: *todo va bien*. Y son así el estorbo de que se remedien los males sobre que ellos hacen sus progresos: y como no fundan en razones ni en otras cosas sus secretas apologías, las fundamentan en las públicas que se hacen; y pueden persuadir así: de que ellos no engañan ni es pernicioso su *todo va bien*, cuando se fundamenta en Obras públicas aprobadas»[71].

Dicho queda que Forner respondió incansablemente a la mayoría de sus impugnadores, en controversias inacabables que no podemos reproducir en detalle.

Aparte estos escritos, provocados por el artículo de la *Nueva Enciclopedia*, ya dijimos que la mayor parte de la actividad literaria de Forner consiste en polémicas con diversos escritores, en las cuales se mezclan siempre motivos de aversión personal con cuestiones de crítica o de ideología política o literaria. Tampoco es posible resumir siquiera la serie de estos escritos[72]; baste decir que Forner, aparte la sostenida hostilidad contra Iriarte, atacó en particular a Huerta con motivo de su *Theatro Hespañol*, a Trigueros al publicar éste *La Riada*, a muchos escritores de menos cuantía, como Nipho, Laviano, Valladares, etc., a Tomás Antonio Sánchez, a Vargas Ponce, a varios teólogos andaluces, sobre la licitud moral del teatro, con ocasión de haberse autorizado nuevamente en Sevilla las comedias durante su residencia allí como fiscal[73], etc.; sin contar las innu-

---

71 Cit. por Marías en ídem, íd., pág. 90.

72 Véase relación de las polémicas fornerianas en Menéndez y Pelayo, *Historia de las ideas estéticas*, cit., págs. 331-332, nota 1, y Pedro Sáinz Rodríguez en el prólogo a su edición de las *Exequias*, luego cit.; estudio detenido en el libro, citado, de Jiménez Salas, y en Cotarelo. Casi tan numerosos como sus polémicas son los seudónimos utilizados por Forner, *nombres de batalla*, como los llama con propiedad Menéndez y Pelayo: Pablo Segarra, Bartolo, Varas, Paulo Ignocausto, Bachiller Regañadientes, Silvio Liberio, Tomé Cecial, etc., etc.

73 Es posible que sea ésta una de las polémicas más nobles y mejor encaminadas de las sostenidas por Forner. Las representaciones estaban suspendidas en Sevilla desde hacía muchos años. En 1795 se reanudaron por iniciativa del gobernador, y Forner, fiscal entonces de la ciudad, compuso la *loa* que se recitó en la inauguración, defendiendo el teatro en general contra los ataques de algunos moralistas y de ciertos predicadores que lo habían atacado desde el púlpito. Como algunos de aquéllos censuraran las palabras de Forner, publicó éste la *Loa* (Cádiz, 1796) con una carta en la que defendía sus puntos de vista con mucho mayor brío, como era de esperar después del ataque. Contra Forner se publicaron entonces diversos escritos, a todos

merables lanzadas dirigidas en toda ocasión contra cualquier mortal que dijera o escribiera algo.

LAS «EXEQUIAS DE LA LENGUA CASTELLANA»

La fama más duradera y sólida de Forner está vinculada a dos obras «que conviene exceptuar cuidadosamente —decía Menéndez y Pelayo— y

los cuales contestó con su agresividad habitual, en una prosa desgarrada y chulesca, llena de improperios. Dos aspectos nos parecen los más sobresalientes de esta polémica, y en ambos se puede echar de ver lo mucho que había de *ilustrado* en este «campeón de las ideas tradicionales»: sólo que como ahora luchaba contra curas y moralistas, se sentía —siempre a la contra— reformador. El primero es su concepto de la religión; sus palabras para distinguir la verdadera piedad de las supersticiones, las prácticas externas de la intención del corazón, combatir la hipocresía, etc., etc., no las mejora un erasmista del siglo XVI. Forner no parece temer a los frailes demasiado: «Fue lástima —dice, por ejemplo, respondiendo al «literato de Écija»— que no se hubiera representado en un convento, haciendo de dama el maestro de novicios. Estos ojos, que ha de comer la tierra, han visto más de una funcioncita de esta calaña en las casas del silencio y de la austeridad; porque ya se ve, las comedias sólo son malas cuando las representan y las oyen las gentes profanas y de mundo...» (en Emilio Cotarelo, *Bibliografía de las controversias sobre la licitud del teatro en España*, Madrid, 1904, pág. 283; artículo correspondiente a Forner). El segundo aspecto es la actitud inequívocamente «regalista» de Forner. Asegura taxativamente que la prerrogativa de abrir de nuevo el teatro no pertenece al clero sino al gobernador: «¿Hasta qué punto y en qué tono —pregunta a su primer impugnador, Juan Perote— pueden los predicadores declamar contra los establecimientos que inmediatamente promueve y autoriza el gobierno?... ¿qué sabes tú, pobre hombre, de *Moral civil?*... ni ¿qué sabes tú de política, de disciplina eclesiástica, de los cotos de ambas potestades, de filosofía práctica, de buenas letras, ni de lo que conviene o no conviene a los pueblos considerados en su pura condición civil? ¿Qué sabes tú del influjo de las pasiones humanas, del efecto que la masa de ellas produce en una gran población llena de estímulos para ponerlas en movimiento; del modo como estas pasiones deben moderarse, regularse, modificarse y convertirse al beneficio de la sociedad misma que las engendra, cuando no sea posible extinguirlas, como parece que no lo es en efecto, pues no hay población sin vicio, y hay mayor copia de ellos donde es mayor la población? ¿Qué sabes tú de las obligaciones del orador sagrado, de los límites hasta donde puede llegar, ni de lo que entra o no entra en su jurisdicción?» (en ídem, íd., pág. 275). «¿Quién te ha dicho —pregunta al literato de Écija— que las cuestiones pertenecientes al teatro son peculiares de la Teología, como afirmas allí mismo? El filósofo y el político encajan también su pedacito de hoz en esta mies» (ídem, íd., pág. 282). «Esto de saber lo más conveniente —le dice al mismo «literato»— se ha dicho ya y se dirá mil veces, que lo alcanzan mejor los magistrados que los meros teólogos, que encerrados en sus gabinetes o estudios no poseen el intrínseco conocimiento del estado general del pueblo e ignoran los medios y caminos por donde, según la estimación de las cosas, se le debe llevar a la felicidad temporal, combinándola en lo posible con la espiritual» (ídem, íd., pág. 286). «Ahora bien, señor moralista, ¿entra en el ministerio de los oradores sagrados desconcertar a este magistrado el logro de los fines que se propuso, conjurándose contra el establecimiento antes de su existencia?... Te diré yo, que los magistrados son sólo responsables a Dios y a el soberano de sus operaciones, y que sólo en caso de escándalos intolerables y de un desconcierto total en la administración podrá tener lugar el celo de los profetas para anunciar la indignación del Señor: pero oye bien, sólo en caso de escándalos visibles, ciertos, evidentes, intolerables» (ídem, íd., pág. 287). Y así otros cien párrafos tan inequívo-

poner entre lo más selecto de la cultura española del siglo XVIII»: el *Discurso sobre el modo de escribir y mejorar la historia de España* y las *Exequias de la lengua castellana*.

En el *Discurso*, al decir de don Marcelino [74], Forner echa los cimientos de una verdadera teoría estética de la Historia. Traza un paralelo entre la Historia y la Poesía para deducir cuál debe ser la forma esencial de aquélla. Para Forner, «en la exposición de lo verdadero caben las mismas reglas que en la ficción y expresión de lo verosímil»; y del mismo modo que todas las partes de un poema deben converger en una unidad, la historia debe investigar el encadenamiento y dependencia que tienen los hechos entre sí, es decir, el *fin* a que tienden las acciones de los hombres, o de un grupo de hombres, para convertirlo en alma de su narración, del mismo modo que lo fue de sus acciones, de donde resultará la unidad de estructura que debe poseer la obra histórica. Porque «las sociedades civiles —dice Forner— son una especie de poemas reales y fábulas verdaderas, ya se consideren en el todo ya en sus partes... Un poema consta de fábula, esto es, de una narración verosímil, que no se diferencia de la verdad, sino en que no ha existido lo que cuenta. Una historia consta de narración cierta, que no se diferencia de la fábula sino en que realmente existió lo que cuenta... Queremos que el historiador imite al poeta en el modo de expresar con novedad hechos que no puede fingir, y que le imite también en el arte difícil de retratar con propiedad y excelencia los caracteres de las personas: queremos que se iguale al político en la averiguación y explicación de las causas de los hechos que cuenta: queremos que se convierta en filósofo para reflexionar y deducir documentos útiles sobre estos mismos hechos» [75].

Las *Exequias de la lengua castellana*, que su autor subtituló *Sátira menipea* por ser mezcla de prosa y verso, permaneció inédita [76], como otras

---

cos como éstos, amenizados con apelaciones cariñosas como «señor teólogo en pañales», «gaditano vinagre», «gaditano pimiento», etc., etc.

[74] *Historia de las ideas estéticas*, cit., pág. 334.

[75] Cit. en ídem, íd., págs. 335-336.

[76] Forner envió a Godoy el manuscrito de sus *Exequias* para que las hiciera censurar. Godoy remitió la obra al Inquisidor General, don Manuel Abad y La Sierra, pero éste la devolvió al ministro alegando que no tenía tiempo para leerla. Godoy recabó entonces el informe del arzobispo de Toledo, cardenal Lorenzana, que examinó el manuscrito atentamente y lo devolvió a Godoy acompañado de una epístola «muy cortés, moderada y diplomática» (Jiménez Salas, cit., pág. 118), en la que decía que no era *prudente* entonces la publicación de las *Exequias*. La carta del cardenal no carece de interés. Lorenzana, que ignoraba el nombre del autor, reconoce su talento, cultura y habilidad literaria, pero afirma que si las *Exequias* «estuviesen escritas con más templanza serían muy apreciables»; no obstante, «según están es una Sátyra mui fuerte no sólo contra una clase de personas o estados; sino comprehensión de casi todos...» (ídem, íd., pág. 119). Añade luego: «Aunque me persuado que el autor no las ha puesto [sus censuras] de mala fe, sino con deseo del mayor bien de la

muchas obras de Forner, hasta que Valmar la incluyó en sus *Poetas líricos del siglo XVIII* calificándola de «escrito singular»[77]; en 1925 Pedro Sáinz Rodríguez la reeditó para la colección de «Clásicos Castellanos» de «La Lectura»[78], reproduciendo el texto anterior. La sátira está compuesta a nombre del Licenciado D. Pablo Ignocausto, que, como sabemos, era uno de los seudónimos de Forner, mientras que él se presenta como editor de la obra. En la *Noticia* que le precede, Forner se describe a sí mismo, en la persona del supuesto Ignocausto, con rasgos que, en conjunto, lo retratan bien, salvo —quizá— en mostrar tan sólo el lado favorable de su postura quijotesca al perseguir la ignorancia y vanidad ajenas allí donde estuvieren, sin cuidar de su propio riesgo. Este hombre dotado —dice— de un «genio firme, resuelto, inflexible, incapaz de desmentirse, había de tropezar forzosamente con tal cual pesadumbre en la comunicación necesaria de la vida civil. Y en efecto, tuvo algunas y no flojas. Mas no conviene disimular que él llamó sobre sí estas persecuciones, por el uso menos prudente que hizo de una cierta franqueza y veracidad, a que irresistiblemente le arrastraba su natural. Jamás se le pudo reducir a que no llamase mal poeta a un mal poeta, crítico desatinado a un desatinado crítico, y sofista perverso a un perverso sofista, *et sic de reliquis*». «Cuando éstos —prosigue— añadían el orgullo y la vanidad a la miseria de sus coplillas, de sus críticas, de sus sofisterías, aullaba nuestro hombre, montaba en cólera, y arrebatando papel y pluma, escriborroteaba sus sentimientos lisos y llanos, como se los inspiraba el diablo de su indignación, y sin reparar en barras, ni acordarse de que sus cascos no eran de bronce, echaba a volar sus papelejos crítico-rabiosos, y caiga el que cayere. Ya se ve; era preciso que fuera él el caído, aunque no fuera sino porque tenía razón. ¡Qué! ¿es poca necedad ésta de entrarse de rondón a limpiar el establo de la literatura un licenciado a secas, falto de protección y de campanillas, sin reparar en las coces, mordiscos y topetadas que le podían regalar los inquilinos de tal establo?»[79].

---

monarquía, no se debe dar armas a nuestros enemigos para que nos ofendan con ellas» (ídem, íd.). El censor —comenta Jiménez Salas— temía que el efecto político de la obra fuera perjudicial. Se ocupa más abajo de la doctrina de Forner sobre la nobleza —aspecto éste de gran importancia para conocer la ideología política del autor—, que es —dice— «todo el fundamento de los Convencionistas de Francia contra los Reynos hereditarios, y contra toda la nobleza...» (ídem, íd.). En cuanto al objeto fundamental del libro, que es mostrar la corrupción presente de la lengua castellana, el cardenal se muestra bastante menos pesimista que el autor y elogia a los escritores de su tiempo, sin citar nombres, algunas de cuyas obras, dice, son tan buenas y aun mejores que las de los siglos XVI y XVII. Godoy devolvió las *Exequias* a Forner, que, según opina Jiménez Salas debió de ignorar el nombre del censor.

[77] *Poetas líricos...*, cit., LXIII, pág. 378, nota 1. Texto en págs. 378-425.
[78] *Exequias de la lengua castellana por don Juan Pablo Forner*, ed. de Pedro Sáinz Rodríguez, «Clásicos Castellanos», Madrid, 1925.
[79] En ídem, íd., págs. 60-61.

Forner debió de sentir la comezón de arribar a encumbrados puestos políticos, para lo cual su puesto de Fiscal del Consejo —cargo ocupado, valga como ejemplo, por Floridablanca y Campomanes en su camino hacia el poder— hubo de parecerle una sólida promesa. Dicha ambición se transparenta en la *Noticia*: «Yo le vi en un tris —escribe Forner de su Ignocausto—, más de dos veces, de arribar a cumbres muy empinadas, y le vi, por fin, salir triunfante de entre el torbellino de sus persecuciones. Pero todo desapareció luego que puso el pie en el zaguán de la prosperidad. Murió para la literatura en lo más floreciente de sus años. Téngale Dios en su santa gloria. Debió la protección a su modestia y a la aplicación infatigable de su estudio. Era hidrópico de libros, rara vez se le veía sino leyendo o escribiendo, y no por eso hacía grande caudal de sus letras, conociendo que, aunque su aplicación era intensa, no respondía el campo al cultivo; y acaso, por lo mismo que no desconocía la vanidad, le ofendía extraordinariamente en los mentecatos» [80]. La modestia, como ya sabemos, no era precisamente el fuerte de Forner, y no fue exactamente a tal virtud a la que debió la protección de Floridablanca y Godoy, sino a bien descaradas adulaciones.

Las *Exequias* son una ficción alegórica del género de *La República literaria* o *La derrota de los pedantes*. Con ocasión de un viaje al Parnaso, el autor traba contacto con diversos personajes, escritores famosos los más, y recorre casi todo el campo de nuestra literatura emitiendo juicios sobre los clásicos y repetidas ironías contra los modernos, defiende con pasión las glorias pasadas y la emprende implacablemente contra los corruptores de la lengua, a la que estima ya en trance de muerte entre desatinados galicistas y dómines pedantes, que continúan sirviéndose de un bárbaro latín. Teoriza además sobre los diversos géneros literarios, y tampoco pierde ocasión de disparar pullas contra instituciones y clases sociales.

Menéndez y Pelayo elogia con entusiasmo la obra de Forner: «Nada se escribió en el siglo XVIII con más plenitud de ideas, con más abundancia de dicción, con más enérgico estilo, con más viveza de fantasía, con sabor más español, que algunos trozos de esta *Menipea*, a la cual sólo daña su extraordinaria extensión, y el mismo empeño que el autor puso en acumular en ella todos los tesoros de su largo pensar y de su enorme lectura. Esta obra señala el apogeo del entendimiento de Forner. No creo que nadie en la España de entonces fuera capaz de escribir otra igual ni parecida» [81]. Nosotros añadiríamos que le perjudica además la misma calidad de su prosa, excelente casi siempre —la mejor, sin duda, de Forner— si se examina una página por separado, pero excesivamente retumbante para una lectura continuada. Leer a Forner es algo así como escuchar a una per-

---

[80] Ídem, íd., pág. 62.
[81] *Historia de las ideas estéticas*, cit., pág. 334.

sona que grita con exceso. Forner tiene, sin duda, bien digeridos a los clásicos, cuyo sabor es fácil advertir en la precisión de los vocablos, la rotundidad de la expresión, la aguzada agresividad con que dispara sus sarcasmos y espolvorea sus ironías, lección esta última recibida evidentemente de Quevedo, cuya fuerza satírica iguala a veces. Pero todas estas excelencias juntas parece como que se asfixian unas a otras, amontonadas en una prosa que no permite respirar, demasiado ramificada, sobrecargada de intenciones y de alusiones, como si el autor temiera dejar una sola palabra que no golpease con eficacia en algún blanco; media un abismo entre la prosa cristalina, finamente satírica de Moratín, o la reposada y exacta de Jovellanos, y este ininterrumpido estrépito de Forner, que a duras penas puede frenar sus aficiones de energúmeno. La sostenida alegoría de las *Exequias* aburre también un poco; en los días de Forner parece improcedente este artificio, ya muy repetido, que no supera en eficacia al estudio llano y directo de los problemas. Diríamos que así como la prosa limpia y funcional de Moratín mira al futuro, la de Forner, con sus exuberancias y su afición a la alegoría, está vuelta al pasado. Si se dijeran escritas las *Exequias* en el siglo XVII, nadie sospecharía que no. Finalmente los juicios de Forner, a pesar de las frecuentísimas referencias concretísimas y personales, son casi siempre demasiado vagos y abstractos —muy quevedescos también en esto—; valga un ejemplo, tomado rigurosamente al azar, en una página cualquiera: «La agudeza se ha convertido en frialdad, el ornato en desnudez, la sutileza en vulgaridad, la cultura de estilo en infacundia y desaseo, la sofistería en verdades de Perogrullo, las imágenes atrevidas en humildad servil, los vuelos insolentes en abatimientos, el exceso de invención en copias e imitaciones rateras; en suma, la demasía de elocuencia se ha mudado en penuria, pasando el abuso del extremo de la prodigalidad a la miseria» [82].

A pesar de todas estas salvedades, no cabe negar que abundan en las *Exequias* las definiciones agudísimas y, con ellas, las fórmulas remediadoras —abstractas casi siempre, nunca se olvide— para cualquier dolencia literaria. Seleccionándolas, como el que elige flores en una pradera, puede confeccionarse un prontuario de estética o, cuando menos, un completo índice de cuestiones a discutir.

LA PERSONALIDAD DE FORNER. SU SIGNIFICACIÓN

Resta apuntar alguna idea sobre la personalidad global de Forner y su actitud respecto a la ideología de su tiempo. Lo dicho hasta aquí puede llevarnos a aceptar la etopeya del extremeño, trazada por Menéndez y Pelayo, para el cual hay muchísimo en la obra de aquél de estériles riñas

---

[82] Ed. Sáinz Rodríguez, cit., pág. 159.

de plazuela, de polémicas menudas, acres y enfadosas, que esterilizaron «en gran parte las singulares dotes de Forner, robando a muchas de sus obrillas críticas todo interés duradero y universal»[83]. La gran admiración de don Marcelino por su combativo nacionalismo no le impide subrayar lo mucho que había en Forner arraigado en meras zonas somáticas, es decir, en su nativa constitución temperamental: «Su índole irascible, su genio batallador, aventurero y proceloso, le arrastraron a malgastar mucho ingenio en estériles escaramuzas, cometiendo verdaderas y sangrientas injusticias, que, si no son indicios de alma torva, porque la suya era en el fondo recta y buena, denuncian aspereza increíble, desahogo brutal, pesimismo desalentado o temperamento bilioso, cosas todas nada a propósito para ganarle general estimación en su tiempo, aunque hoy merezcan perdón o disculpa relativa»[84]. El propio Forner gusta de describirse a sí mismo con rasgos de casi caricatura, con el prurito evidentísimo de hacerse el coco en el cotarro literario: por el año 1783 «había acudido a la corte con el fin de concluir la carrera de sus estudios un joven adusto, flaco, alto, cejijunto, de una condición tan insufrible y de un carácter tan en sumo grado mordaz que no recelaba burlarse de los poetas ridículos, de los literatos ambiciosos y de los gramáticos arrogantes... Su genio naturalmente seco y ajeno de toda adulación servil le llevaba a atropellar por todo inconveniente por el gustazo de ajar la vanidad y bajar el toldo a cualquiera que se complaciese en ajar a todos»[85].

Es conveniente no olvidar este autorretrato de Forner, porque revela lo mucho que pudo haber en su actitud satírica de gratuita agresividad y petulante afán de ahogar con la propia la soberbia ajena. Si esto es cierto, nos sentimos muy inclinados a asentir a la conjetura de Polt, para quien «de haber vivido Forner en época de reacción cerrada, es muy probable que hubiera sido un revolucionario de los más *avanzados*»[86], y también cuando dice que, en sus ataques a casi todos sus contemporáneos, «a veces es difícil saber si fue por convicción o por rencor personal»[87]; poco antes afirma el mismo crítico que «bajo las ironías de Forner late siempre la ferocidad del ambicioso frustrado, pronta a desbocarse en improperios»[88]. Sería absurdo, sin duda alguna, negar sistemáticamente la sinceridad de Forner. Zamora Vicente, en su estudio citado sobre la *Oración apologética*, destaca como su aspecto básico «el haber encarrilado el problema desde un punto de vista de guerra de concepciones vitales, éticas», y que «lo capital es esta postura de exaltación de valores religiosos», en cuya defen-

---

[83] *Historia de las ideas estéticas*, cit., pág. 333.
[84] Idem, íd., pág. 330.
[85] *Los gramáticos*, ed. Polt cit., págs. 133-134.
[86] Introducción a su edición cit., pág. 24.
[87] Idem, íd., pág. 23.
[88] Idem, íd., pág. 22.

sa —dice— la actitud de Forner «cobra tintes heroicos»[89]. Pero, las páginas de Forner salían siempre tan de rebote de cualquier motivación personal y del afán de contradecir a cualquier rival que hubiera defendido lo opuesto, que las dudas asaltan con gran frecuencia al lector; Caso González califica de «aparente españolismo» el de la *Oración apologética*, y añade casi a continuación refiriéndose a la sima abierta entre tradicionalistas e innovadores: «Forner puso sus amplios conocimientos de nuestra historia cultural al servicio de los primeros, a pesar de que en el fondo de su alma estaba al lado de los segundos. Pero con éstos no pudo entenderse, porque su genio rudo y acre le empeñó en contiendas poco afortunadas que le apartaron de ellos y le lanzaron a una continua actividad polémica, excesivamente apasionada y con frecuencia injusta»[90].

De todos modos, cualquiera que fuese la sinceridad moral de Forner, su actitud intelectual frente a los problemas que se debatían y su cerrada intransigencia para enfrentarse con los males reales del país ya han quedado precisadas anteriormente con los razonamientos de Julián Marías. Si acertaba en muchos aspectos de la defensa de su patria, lamentablemente desconocidos o injustamente menospreciados, no es menos cierto que en su postura global, como en su prosa, miraba más hacia el pasado que hacia el porvenir.

Por otra parte, la misma hostilidad hacia la Ilustración que Forner voceaba constantemente, era, en opinión de Polt «más aparente que real»[91]. De hecho, Forner estaba de acuerdo en muchos aspectos con los reformistas españoles, católicos creyentes como él y amantes apasionados de su patria; así, por ejemplo, en la necesidad de reformar la enseñanza petrificada en métodos antiguos, en su condena de la escolástica con sus vacías sutilezas, en sus ataques contra la nobleza frívola y ociosa, según hemos podido ver a propósito de la prohibición de sus *Exequias*. Rodeado, en cambio, de ilustrados, muchos de los cuales eran enemigos personales suyos por razones muy diversas, se complacía probablemente en presentarse «como campeón de lo rancio frente a lo revolucionario, y como tal ha logrado que lo vea la posteridad»[92].

En materia literaria, a pesar de haber afirmado una y otra vez que el peor escritor del siglo XVI o XVII valía más que el mejor del siglo XVIII, y a pesar de su defensa del lenguaje poético contra la prosaica frialdad de sus contemporáneos, Forner era neoclásico como el que más, «menos flexible que sus mejores contemporáneos precisamente —dice Polt— porque el neoclasicismo en él fue cuestión no de gustos sino de fórmulas»[93]. A este

---

[89] Introducción a su ed. cit., pág. XXVIII.
[90] José Caso González, *Gaspar Melchor de Jovellanos. Poesías. Edición crítica*, «Instituto de Estudios Asturianos», Oviedo, 1961, pág. 489.
[91] Introducción a su ed. cit., pág. 29.
[92] Idem, íd.
[93] Idem, íd.

propósito el citado comentarista recuerda algunos asertos de Forner: «El arte —dice en el *Cotejo*— no es más que la naturaleza reducida a preceptos»; «las reglas fundamentales de los poemas —escribe en *Los gramáticos*— son tan invariables como la naturaleza, de quien derivan». Ya hemos visto cómo las teorías literarias expuestas en el *Cotejo* pueden considerarse como la más adecuada expresión de la preceptiva neoclásica. En cuanto al teatro, Menéndez y Pelayo se lamentaba, entre asombrado y dolorido, de que el tradicionalista Forner no hubiera estado al lado de Huerta en la polémica sobre la dramática áurea y hubiera defendido con empecinado tesón la vigencia de las unidades. Cierto que en las *Exequias* escribe palabras para ponderar el genio inventivo de Lope y Calderón y su enérgica locución poética, pero es para enfrentarlos con la «sequedad helada» de sus contemporáneos —su gran manía— y no sin acusarlos en toda ocasión de haber escrito delirios, extravagancias y metáforas insolentes. Véase, por ejemplo, lo que escribió en su famosa carta a López de Ayala cuando le prohibió su comedia *La cautiva española* [94] o lo que dice en las *Exequias*. En éstas —en la digresión que lee Cañizares, titulada *Reflexión sobre el teatro en España*—, aunque repite la verdad de Perogrullo de que las reglas no bastan para producir un buen poeta dramático, defiende las unidades y los más estrictos preceptos neoclásicos respecto a la finalidad docente del teatro.

---

[94] Forner había escrito una comedia con este título, cuya censura corrió a cargo de don Ignacio López de Ayala, que denegó la autorización. Forner envió una larga carta al censor, en el tono habitual de todos sus escritos, jactándose en diversos pasajes, como mérito particular, de que su obra se ajustaba en todo a la preceptiva clásica: «Mi *Cautiva* está ceñida a una acción, a un lugar, a doce horas, sin delirios, sin absurdos, sin mojigangas... Las unidades son visibles en mi *Cautiva*»; cita a Aristóteles y explica cómo su comedia atiende en todo momento a la mayor verosimilitud. Y refiriéndose al teatro español, escribe párrafos como éstos, englobando, evidentemente, al de su tiempo y al barroco: «No estoy para cansarme más por ahora. Yo no tengo interés en que se represente mi *Cautiva*. Al contrario, me avergonzaría de que saliese como mía a una escena donde salen santos bufones, príncipes tontos, lacayos políticos, caballeros duelistas, reyes bestiales, damas filósofas, princesas enamoradas de jardineros, y otras galanterías de igual calibre. Pero tengo un particular interés en que los extranjeros sepan que hay en España jóvenes que trabajan en desterrar aquellas sandeces, sustituyendo alguna cosa más regular. Esto se puede lograr de un modo muy llano, y es haciendo imprimir mi drama, acompañándole de un prologuito, en que cotejando la composición de mi *Cautiva* con cuatro o seis comedias de las que diariamente se representan, se deduzca del paralelo cuál era más digna de comparecer en el teatro. Después haré insertar en los diarios de Europa el siguiente artículo: 'El teatro de España ha logrado todavía pocas mejoras en lo que toca al arte y a la propiedad. Se ven aún en la escena aquellas extravagancias absurdas que han desacreditado los dramas de España, en medio de su prodigiosa abundancia. Los sabios españoles conocen esta infelicidad, y la lloran; pero la reforma se va imposibilitando de día en día; y tal vez no llegará nunca, si ya por casualidad no nace algún Corneille español, que sabiendo agradar en el arte al vulgo, se resuelva a vivir pobre en beneficio de su país...'» (en Valmar, cit., páginas 375 y 377; Valmar reproduce íntegra la carta, págs. 374-378).

En resumen, hemos de decir que Forner se nos presenta como una personalidad contradictoria, en cuyos escritos y actitudes resulta siempre problemático deslindar lo que le inspiraban sus convicciones íntimas y la irrefrenable comezón personalista de agredir y polemizar. Hasta en sus más inanes controversias fue, sin embargo, fértil en cierto aspecto, porque suscitó problemas y forzó a sus rivales, cuando lo fueron de calidad, a mantenerse en tensión sin deslizarse por la fácil corriente de los más vulgares tópicos reformistas; desenmascaró hipocresías y puso en cuestión problemáticas reputaciones; fue, en suma, una voz molesta, pero estimulante. Pese a todo, su aportación global es más valiosa en los aspectos señalados que en sus creaciones positivas. En un momento, en que el problema capital de España consistía en ponerse al nivel de Europa después de más de un siglo de aislamiento, en reestablecer su comunicación intelectual con las naciones más avanzadas, en reactivar sus resortes, en desterrar patriotismos comineros y en emprender una tarea reformadora sin dejarse adormecer estérilmente por glorias pretéritas, la actitud de Forner representa, inequívocamente, un freno.

No ignoramos que, precisamente por ese carácter contradictorio de su personalidad, Forner fue, y sigue siéndolo, objeto de juicios igualmente irreconciliables; en él se puede repetir a maravilla la famosa fábula india de los ciegos y el elefante: todo depende de que uno se agarre sólo a su rabo, a la pata o las orejas. Un estudio, valioso sin duda, pero muy representativo de lo que decimos es el artículo de José Antonio Maravall, «El sentimiento de nación en el siglo XVIII: la obra de Forner»[95]. Maravall enfoca la obra de Forner en un solo aspecto que considera nuevo: Forner —dice el comentarista— estudia a su patria como «nación» y trata de indagar su esencia en cuanto tal, cuál es su concepto del mundo y su actitud ante la vida, es decir, se coloca conscientemente frente al problema —tan acuciante en nuestra historia desde el siglo XVIII hasta nuestros días— del «ser» de España y de lo español. Por este camino, Forner —dice Maravall— no se limita a comparar «cuantitativamente número de científicos, filósofos, poetas, artistas, etc....», al modo como había hecho Feijoo, y luego Cavanilles y Denina con motivo de la pregunta de Masson, «sin atender a cuál pueda ser la significación de la obra de cada uno. Forner compara actitudes, visiones generales del mundo y de la sociedad, modos de ser. Él no defiende a una agregación humana en la que acumulativamente se den unos productos, sino a una entidad histórica de la que lo que cuenta es su modo de ser y de obrar. Atiende a sus obras en la medida en que éstas son expresión de la capacidad y manera de crear altura propias del grupo humano que las ha realizado»[96]. Cabría preguntarse —y no es problema que podemos estudiar ahora detenidamente—

---

[95] En *La Torre*, XV, julio-septiembre 1967, págs. 25-56.
[96] Idem, íd., pág. 41.

si es Forner el primero que se plantea en su siglo la existencia de su patria como conjunto en relación con el otro conjunto más amplio que es la comunidad europea; creemos que no, y para probarlo bastaría acudir a las páginas de Feijoo, cuyo *Teatro crítico* databa ya de medio siglo. Aceptemos, sin embargo, que Forner acentúe particularmente el sentido global de «lo español», para contraponer su orientación religiosa, moral, de formación normativa de la conducta humana, a las directrices más materiales y terrenas, más positivistas y prácticas de las otras naciones europeas. En este sentido, la disyuntiva es de primer orden, y de vivísima actualidad, porque es el dilema que el hombre de hoy, agobiado por sus propios avances científicos, no acierta a resolver. La defensa, pues, del espíritu sobre la materia —digámoslo así, sintéticamente—, de la *sabiduría* frente a la *ciencia*, o de la *cultura* frente a la *civilización*, sería de hecho una gloria de Forner si toda su argumentación no fuera de hecho una cortina de humo y una argucia dialéctica. Forner repite con excesivo descaro la fábula de la zorra y las uvas: como no podía presentar una adecuada réplica española a los avances de los demás, dice que están «verdes», es decir, los engloba en un desprecio agresivo, que va desde la física a la filosofía sin olvidarse de cocear al paso a las matemáticas, a las que califica de «alquimia de la física». Sin duda que, *sub specie aeternitatis*, es una cartuja lo que habría que preferir a la vida civilizada; pero el mundo marcha, a pesar de todo, creando nuevos males y nuevos remedios; ninguna de sus conquistas *terrenas* se opone esencialmente a las normas más sanas de la conducta humana; y nada más noble y digno del ser racional que «escudriñar los arcanos del Hacedor», esa tarea que Forner califica de «peligrosa libertad» [97].

---

[97] Ni siquiera puede decirse que las ideas sobre la ciencia expuestas por Forner en su *Oración apologética* estuvieran movidas ocasionalmente, como tantas veces, por su innato afán contradictor; respondían, inequívocamente, en él, a un concepto hondamente arraigado. En el primero de sus *Discursos filosóficos sobre el hombre* —aquella obra de juventud, de que con tanto orgullo le hablaba a Floridablanca— expone las mismas ideas:

> *¿Te harán dueño del cielo sus medidas?*
> *¿Daránte en él el suspirado asiento*
> *Sus inmensas esferas reducidas*
> *A tu cálculo fiel, o al devaneo*
> *De leyes a tu antojo prefinidas?*
> ....
> *Allá Newton en su atracción se cebe,*
> *Mientras tú en la virtud. ¿A sus colores*
> *La humanidad qué beneficio debe?*
> ....
> *Lo que debe saber no lo ha ocultado*
> *Del súbdito mortal la Providencia,*
> *Ni a su especulación juntó el cuidado...*

(Valmar, cit., pág. 357.)

Maravall tiene forzosamente que admitir —no podría ser menos— que la postura de Forner ante la ciencia es inaceptable; en ciertos pasajes de su comentario llama «estúpida» la opción de Forner y «ridículas» las derivaciones o desarrollos de la cosmovisión que Forner propone. Pero se esfuerza, con una tenacidad que creemos capciosa, a lo largo de toda su reivindicación forneriana, en valorar *positivamente* el pensamiento de Forner por lo personal y original de su postura ante lo español, por su concepto de nuestra *cultura* como expresión legítima de nuestra *nación*. Bien: aceptemos, pues, su originalidad a condición de rechazarla[98].

Por lo demás, justo es decir que este concepto de la ciencia era compartido por otras muchas gentes, no sólo las sencillas, de quienes no cabía esperar entonces otra actitud, o los teólogos y escolásticos, recelosos hasta el repeluzno de toda novedad, sino también por *ilustrados* y modernas inteligencias. Luzán, por ejemplo —y con ello tendía a contrapesar el optimismo ingenuo de tantos hombres del siglo XVIII—, en su *Oración gratulatoria* dirigida desde Madrid en 1752 a la Academia de Buenas Letras de Barcelona, escribe lo siguiente: «¿Qué diré de las matemáticas, que hoy andan tan desvanecidas con sus inventos, con sus máquinas, con sus averiguaciones? Demos que un geómetra, un excelente astrónomo, un curioso físico, con inmenso trabajo, consiga rastrear, y no con evidencia, que la figura de la tierra no es redonda, sino elíptica... ¿qué frutos sacamos de todos estos frutos? ¿Pueden gloriarse estas ciencias de que con tan decantados inventos nos hacen felices?... Por ventura cuanto publican los grandes matemáticos de provechoso para nuestras navegaciones ¿no servirá igualmente para perfeccionar las de un corsario, de un pirata, de un enemigo público? Cuanto descubren los más hábiles ingenieros para facilitar las conquistas y las victorias de un príncipe católico y justo ¿no servirá igualmente para adelantar las de un tirano, dándole iguales medios para defenderse y para ofendernos?...» (cit. por Jean Sarrailh, *La España ilustrada de la segunda mitad del siglo XVIII*, trad. española, México, 1957, págs. 479-480). Tales ideas son, a su vez, un eco del famoso *Discurso* de Rousseau pronunciado en Dijon en 1750, en donde el ginebrino asegura que el progreso de la ciencia no siempre va a la par con la calidad de las costumbres (cfr. J. R. Spell, «Rousseau's 1750 *Discours* in Spain», en *Hispanic Review*, 1934, págs. 334-344); discurso al que Feijoo —un gran amante, éste sí, del espíritu científico— contestó apasionadamente en sus *Cartas eruditas* (XVIII del tomo IV, «Impúgnase un temerario, que a la cuestión propuesta por la Academia de Dijon, con premio al que la resolviese con más acierto; *si la ciencia conduce o se opone a la práctica de la virtud*; en una Disertación pretendió probar ser más favorable a la virtud la ignorancia que la ciencia», Madrid, 1765, págs. 241-276). Es curioso, según recuerda Sarrailh (cit., pág. 482), que el propio Forner, en el IV de sus *Discursos*, movido quizá «por el odio que la *vieja* España siente hacia Rousseau», después de exponer la teoría de éste sobre el origen de la sociedad, lo ataca violentamente y llega hasta casi reconciliarse con la civilización y la ciencia, defendiendo el derecho de la razón a escrutar los arcanos divinos:

> *Triunfe nuestra razón. Si nos fue dada,*
> *Para usarla fue dada. ¿Por ventura*
> *Cabe en un Dios la creación inútil*
> *De un ente generoso?...*
>
> *Pues él ha puesto inteligencia tanta*
> *Sólo en mí entre los entes, ¿por ventura*
> *La puso sin objeto?...*

(Ed. Valmar, cit., pág. 367.)

[98] Antonio Elorza comenta la interpretación forneriana de Maravall en forma muy discreta, pero que no esconde su verdadero pensamiento sobre la actitud global

II

CADALSO

VIDA Y ETOPEYA. SU ACTIVIDAD LITERARIA

La literatura del siglo xvIII tiene en Cadalso una de sus figuras más interesantes como hombre y como escritor. Al igual que otros muchos de su siglo, Cadalso cultivó diversos géneros literarios, pero es en la prosa donde debemos enmarcarle.

José Cadalso y Vázquez, hijo segundo de una familia acomodada de origen vasco, nació en Cádiz en 1741 [99]. Su padre, dedicado al comercio de América, reunió una fortuna considerable que hizo posibles la educación y viajes del futuro hombre de letras. Muerta su madre al nacer Cadal-

---

de Forner: «Como ha visto Maravall —escribe—, la oración de Forner es algo más que un escrito reaccionario, siendo su objeto real demostrar que la nación española responde a una concepción histórica unitaria. España ha tenido su forma peculiar de hacer la ciencia que es al tiempo distinta y superior a la europea... Se trata de apreciar en su justo valor los méritos de la cultura española, de comprender esa filosofía práctica, la actitud peculiar ante el mundo que tiene la cultura española y que es su razón y modo de ser. Pero el ingenio desplegado por Forner, y que tanto alabara Menéndez Pelayo, no excluye que su visión de desprecio y superioridad sobre la ciencia europea tuviese desde el primer momento una clara implicación reaccionaria. Y que frente a aciertos como la valoración de la España árabe o la crítica de la escolástica, otros juicios suyos fueran totalmente inexactos» (_La ideología liberal en la ilustración española_, Madrid, 1970, pág. 227).

Además de los estudios mencionados, cfr.: M. F. Laughrin, _Juan Pablo Forner as a Critic_, Washington, 1943. José Simón Díaz, «Los últimos trabajos de Forner», en _Revista de Bibliografía Nacional_, VII, 1946, págs. 376-378. L. Araujo Costa, «Las influencias de Huet sobre Forner», en _Revista de Literatura_, IV, 1953, págs. 307-318. Giuseppe Carlo Rossi, «Teorica del teatro in Juan Pablo Forner», en _Filologia Romanza_, V, 1958, páginas 210-222; reproducido en _Estudios sobre las letras en el siglo XVIII_, Madrid, 1967, págs. 122-136. Marcelino C. Peñuelas, «Personalidad y obra de Forner», en _Hispanófila_, IX, núm. 2, 1966, págs. 23-31. José Jurado, «Repercusiones del pleito con Iriarte en la obra literaria de Forner», en _Thesaurus_, XXIV, 1969, págs. 3-53.

[99] Para la biografía de Cadalso, cfr.: Juan Tamayo y Rubio, prólogo a su edición de las _Cartas marruecas_, luego cit. Edith F. Helman, introducción a su edición de las _Noches lúgubres_, luego cit. Nigel Glendinning, _Vida y obra de Cadalso_, Madrid, 1962. Felipe Ximénez de Sandoval, _Cadalso (Vida y muerte de un poeta soldado)_, Madrid, 1967. _José Cadalso. Apuntaciones autobiográficas_, edición de Ángel Ferrari, en _Boletín de la Real Academia de la Historia_, CLXI, 1967, págs. 115-143; la edición va precedida de una nota de Ferrari, págs. 111-114, que explica la procedencia del original. Estas _Apuntaciones_ eran desconocidas hasta la presente edición; numerosos puntos de la vida de Cadalso, controvertidos por los biógrafos o dados como hipótesis, pueden quedar resueltos por estas notas del autor, aunque tan sólo recoge en ellas diversos aspectos sueltos de su vida. Las _Apuntaciones_ son jugosísimas, escritas con un desenfado y naturalidad, una sinceridad y viveza, que hace de ellas, aparte el interés biográfico, unas de las mejores páginas de Cadalso.

so[100] y ausente el padre muchas veces, la primera educación de Cadalso estuvo influida por su tío Mateo Vázquez, jesuita, profesor y rector del Colegio que tenía la orden en Cádiz, donde cursó el muchacho sus primeros estudios. A los nueve años[101] fue enviado al Colegio Louis-le-Grand, de París, dirigido también por jesuitas, tenido entonces por uno de los mejores centros de enseñanza de toda Europa, donde adquirió sólidos conocimientos en humanidades y en ciencias. En 1758, de regreso a su patria, ingresó Cadalso en el Real Seminario de Nobles de Madrid, regido por jesuitas igualmente[102], donde estudió otros dos años. La formación de Cadalso se completó con otros viajes por Europa, aparte su estancia como estudiante en París. Glendinning estima muy probable que, antes de su ingreso en Louis-le-Grand, estuviera cierto tiempo en Inglaterra y en algunas partes del continente, pero Cadalso dice en sus *Apuntaciones* que hizo el primer viaje desde Louis-le-Grand, con ocasión de haber llegado allí su padre desde España camino de Inglaterra, y no menciona para nada otros países. Al concluir sus estudios en el Seminario de Nobles hizo un segundo viaje por Europa, de año y medio de duración, durante el cual visitó de nuevo Francia e Inglaterra, y cabe en lo posible que siguiera después por los Países Bajos, Alemania e Italia[103]. De este contacto con Europa,

---

[100] Dice Tamayo, y repite Glendinning, que la madre de Cadalso murió cuando éste tenía dos años de edad; pero en sus *Apuntaciones autobiográficas*, en el apartado que titula «De mi nacimiento», dice Cadalso concretamente: «Nací a mi tiempo regular, muriendo mi madre del parto» (pág. 116).

[101] Así lo dice en sus *Apuntaciones* (pág. 116), aunque se venía afirmando que tenía más años en la fecha de su ingreso

[102] A pesar de tanta educación jesuítica, o precisamente por eso, no parece que Cadalso tuviera demasiada simpatía por la institución. Cuando refiere su entrada en el Seminario de Nobles, escribe: «Desde el mismo día empecé a tratar el modo de salir de aquella casa, que no se me podía figurar sino como cárcel» (*Apuntaciones*, cit., pág. 118). Para salir de allí ideó una treta, que fue fingir vocación de jesuita, porque «tuve por casualidad noticia de que mi padre aborrecía con sus cinco sentidos a la Compañía dicha de Jesús» (ídem, íd.). Después hubo de proseguir la farsa durante algún tiempo, y por ello precisamente lo envió de nuevo su padre a Londres, con el encargo, que confió a su tutor o acompañante, de que se divirtiera allí «con dineros y con libros, y con cuanto quisiese» (ídem, íd., pág. 120). Estando en Madrid después de la campaña de Portugal, refiere que recibió una carta del «famoso P. Isidro López, en que me decía que contestase al asunto de una adjunta (noticia de ciertos negocios jesuíticos, de que sólo mi padre y yo podíamos estar enterados). Añadió que informase yo, en la suposición de que el Rey mismo había de ver mi respuesta. Entonces pude haber hecho gran negocio con los jesuitas, informando a su favor, o con el ministerio, informando contra la Compañía, que se llamó de Jesús, hasta que se la llevó el diablo. Esta fue la primera experiencia que hice de mi hombría de bien, y fue preludio de algunas otras. Me separé de ambos respetos, e informé como hombre de bien la verdad lisa y llana» (ídem, íd., págs. 121-122).

[103] Los viajes de Cadalso por estos países europeos nos parecen un punto discutible, aunque así lo vienen diciendo sus biógrafos y se repite siempre. Glendinning, por ejemplo, supone que la mayor parte de los años 1753 a 1758 se los pasó viajando con su padre por Europa; pero no hay dato alguno en las *Apuntaciones* que permita sostener esta suposición, y no parece probable, ni aun reconociendo la índole muy esquemática de dicho escrito, que Cadalso lo hubiera silenciado. Al regresar a Madrid

tan decisivo para su orientación ideológica, trajo Cadalso un regular conocimiento de idiomas y provechosa información sobre las costumbres,
leyes, política y letras de los países más importantes.

A su vuelta, después del fallecimiento de su padre, ingresó Cadalso
como cadete en el Regimiento de Caballería de Borbón, cuando empezaba
la campaña de Portugal (1762), y siguió en la milicia durante 20 años,
hasta su muerte acaecida en el sitio de Gibraltar en 1782. Con cierta lentitud, que le irritaba, había ido ascendiendo en su carrera militar, hasta
llegar al grado de coronel, que obtuvo muy poco antes de su muerte. En
1766, y tras las pruebas de rigor, había sido armado caballero de la Orden
Militar de Santiago.

Poeta soldado, como tantos otros que le habían precedido en el manejo simultáneo de armas y letras, la carrera literaria de Cadalso queda en-
marcada en sus dos décadas de vida militar, en las que vida y obra se
van trenzando indisolublemente. Los primeros escritos poéticos de Cadalso
parecen pertenecer a los años 1762-1768, durante los cuales, y alternando
con sus estancias en diferentes guarniciones, pasó temporadas en Madrid
donde hizo amistad con el conde de Aranda, se relacionó con escritores,
sobre todo con Nicolás F. de Moratín, protegido del conde, y fue bien
acogido en las principales tertulias literarias y casas de la nobleza de
Madrid. A fines de 1768 se atribuyó a Cadalso un panfleto satírico, que
estaba circulando en copias manuscritas, titulado *Kalendario manual* [104],
en que se hacía burla de ciertas damas y caballeros de la corte con ocasión de los bailes de máscaras que se celebraban allí durante octubre y
noviembre. La paternidad de Cadalso, que habitualmente se le atribuye,
no puede demostrarse con pruebas fehacientes, en opinión de Glendinning;

---

desde Louis-le-Grand para ingresar en el Seminario de Nobles, dice que entró «en
él de dieciséis años bien cumplidos *después de haber andado media Europa*» (página 118); pero las etapas anteriores, bien detalladas, no parecen dejar lugar para
tales viajes, que, efectivamente, no son mencionados. Al salir del Seminario de Nobles, su padre lo envió de nuevo al extranjero, y dice Cadalso, concretamente, que
residió en París y en Londres; explica que pasó la mayor parte del tiempo recluido,
de donde le vino la afición a los libros. Y añade luego: «Muere mi padre viajando
por Dinamarca, en Copenhague...» (pág. 120); su padre, no él, según se ve bien claro.
«Volví a pasar cuarta vez por París y llego a Madrid» (íd., íd.); desde Londres, por
supuesto, que es donde estaba; y ni mención de otros viajes. Después, Cadalso ya
no volvió a salir por Europa. Casi al final de las *Apuntaciones*, Cadalso hace un minucioso recuento de lo que tiene recorrido durante su vida (págs. 141-142): «Noticia
de las leguas que he andado por vía recta, despreciando los viajes pequeños, hasta
la fecha de arriba» (22 de mayo de 1779), y en la tercera línea anota: «A Madrid
por donde fui por Holanda 381» (alude al regreso desde Londres, donde concluye la
partida anterior). Evidentemente desembarcó en dicho país a su vuelta de Inglaterra
y lo cruzó, simplemente, camino de Madrid. Nos inclinamos, pues, a aceptar que
Cadalso no conoció más países que Inglaterra y Francia, y Holanda sólo de paso.

[104] Editado por Foulché-Delbosc en «Obras inéditas de don José Cadalso», *Revue
Hispanique*, I, 1894, págs. 258-335; el *Kalendario* ocupa las págs. 329-335.

Cadalso, en el poema que dedicó después *A las ninfas de Manzanares* [105], para desagraviarlas, se refiere a «un crimen nunca comprobado». Lo cierto es, que en el último día de octubre fue desterrado de Madrid, si bien el destierro carecía de formalidades oficiales y tomaba el carácter de una «recomendación», que probablemente le hacía el propio Aranda.

Esta forzosa salida de Madrid tiene en la vida del escritor bastante más importancia que la de una mera anécdota, pues parece representar un punto de crisis para su talante reflexivo y preocupado. El inicial optimismo de Cadalso, que soñaba en un principio con ofrecer los frutos de su formación social y literaria al servicio de su patria y de la sociedad, se enfriaba notablemente ante la obstrucción que parecía frenar el ascenso en su carrera, quizá también a consecuencia de algún fracaso amoroso y más aún por el natural desengaño que le alumbraba su mirada crítica; en tal situación, el destierro de Madrid impuesto por ciertas damiselas «agraviadas» ensombreció los ánimos del escritor y fue entonces cuando, según sugiere Ernesto Lunardi [106] y recuerda Glendinning, «Cadalso pensó por vez primera en exponer por escrito sus reflexiones acerca del mundo que le rodeaba». Como consecuencia de todo ello, dice Glendinning, las obras de esta época, que habían luego de ser incluidas en sus *Ocios de juventud*, son «protestas apasionadas de inocencia, ardientes reproches a la tiranía de los hombres y de la suerte y una crítica mordiente de la sociedad (de las mujeres particularmente) y del orden mundano» [107].

Cumplidos los seis meses de destierro, Cadalso se incorporó a su regimiento, que estaba entonces en tierras de Aragón, y no regresó a Madrid hasta febrero de 1770 como secretario de un Consejo de Guerra; en la corte permaneció hasta 1773. Durante este período, Cadalso amplió sus relaciones sociales, procuró, sin excesivo éxito, medrar en su carrera militar, y vivió el episodio amoroso que ha contribuido a convertirle en el héroe romántico por el que más comúnmente se le tiene. Cadalso se enamoró apasionadamente de la actriz María Ignacia Ibáñez, que desde Cádiz había sido llevada en 1768 a la corte, donde se hizo pronto famosísima por su arte y belleza. María Ignacia representó por entonces la *Hormesinda* de Moratín, y la amistad que éste tenía con Cadalso contribuyó a establecer su intimidad con la actriz. En enero de 1771 se estrenó en el teatro de la Cruz la tragedia de Cadalso *Don Sancho García*, y María Ignacia representó el papel de la condesa; aunque, a pesar de sus esfuerzos por hacer triunfar la obra, que ella había ensayado «con verdadero amor», sólo aguantó en cartel durante cinco días, los dos últimos con el teatro prácticamente vacío.

---

[105] Véase en Leopoldo Augusto de Cueto, marqués de Valmar, *Poetas líricos del siglo XVIII*, I, B. A. E., LXI, pág. 261.

[106] Ernesto Lunardi, *La crisi del Settecento*, Génova, 1948, pág. 54.

[107] *Vida y obra de Cadalso*, cit., pág. 123.

A pesar de que la Ibáñez había sido solicitada por importantes personajes de la política y la nobleza, correspondió a la pasión de Cadalso con gran fidelidad hasta el punto de que éste llegó a pensar seriamente en casar con ella. La baja estima moral en que entonces solía tenerse todavía a la gente de la farándula, provocó la natural oposición entre las gentes de su mundo, de la milicia y de la Orden de Santiago. Pero el azar resolvió el conflicto. El 22 de abril, tras brevísima enfermedad, murió María Ignacia asistida por el propio Cadalso, que firmó como testigo de su testamento. Casi todos los biógrafos y críticos de Cadalso han supuesto hasta ahora que en su obra, las *Noches lúgubres*, escrita poco después de la muerte de su amada, el escritor refiere acontecimientos que sucedieron en realidad y que él protagonizó. La más concreta indicación para estimar como biográficas las *Noches lúgubres*, se encuentra en una carta escrita en 1791 por un desconocido que se firma M. A. y que dirige a Ag.º D.ª Ca..., personaje no menos misterioso. Esta carta fue publicada por primera vez en la edición de la obra hecha en Madrid, sin nombre de impresor, en 1822; Valmar la imprime en su citada colección de *Poetas líricos del siglo XVIII*, como adición a la *noticia biográfica* de Cadalso, reproduciendo, dice, la copia que don Bartolomé José Gallardo había hecho en Cádiz en 1824 [108]. Quintana recogió la tradición —«confusa», dice de ella Valmar [109]— del valor autobiográfico de las *Noches*, y luego la época romántica, durante la cual tuvo la obra gran difusión, la aceptó plenamente haciéndola llegar hasta nuestros días. De acuerdo con los sucesos que se refieren en las *Noches* y se repiten como ciertos en la mencionada carta, Cadalso, desesperado por la muerte de María Ignacia, dio en visitar día tras día la tumba de su amada que había sido inhumada en la iglesia de San Sebastián, y acabó por pretender desenterrar su cadáver; empresa que no consiguió llevar a cabo porque el conde de Aranda, enterado de la locura del poeta, lo desterró a Salamanca.

Glendinning rechaza la condición autobiográfica de las *Noches* [110] y, consecuentemente, la realidad de los hechos que en ellas se refieren y su atribución a Cadalso. Para Glendinning, no ofrece garantía alguna de autenticidad la carta aludida, sobre la cual, sin mejores pruebas, no puede levantarse tan novelesco episodio; es de advertir que hay en ella evidentes errores, como el de atribuir el nombre de *Dalmiro*, sobrenombre poético de Cadalso, a don Juan de Iriarte; el autor, además, confiesa al principio que ha compuesto su información «con noticias de esta parte, presunciones de la obra, memorias de aquí, palabras de allá, y a costa de mucha im-

---

108 *Poetas líricos...*, cit., I, págs. 247-248; también la reproduce Edith F. Helman como apéndice a su edición, luego cit., de las *Noches lúgubres*, págs. 113-115, y Nigel Glendinning en el prólogo a su edición de las *Noches lúgubres*, luego cit., págs. XIII-XVI.

109 Vol. I, cit., pág. 246.

110 Véase luego, con mayor extensión, en el estudio concreto de esta obra.

pertinencia, ...atando inmensidad de cabos...». Además de ello, los documentos conocidos de la vida de Cadalso en esta época desmienten algunos aspectos muy concretos de lo que se afirma en la carta. Como secretario del Consejo de Guerra, a que nos hemos referido, Cadalso permaneció en Madrid hasta mayo de 1773; no tuvo, pues, lugar el pretendido destierro de orden de Aranda; existen cartas de puño y letra de Cadalso, firmadas por el propio ministro, escritas en mayo, agosto y septiembre de 1771: las primeras, por tanto, quince días apenas después de la muerte de María Ignacia, y poco más tarde las restantes; lo que confirma que Cadalso residía en la corte por el tiempo en que el destierro se supone.

Glendinning acepta, sin embargo, que las *Noches* «están en cierto modo relacionadas con la vida de Cadalso»[111], aunque nada necesariamente autobiográfico exista en la trama de la obra. Por de pronto, es indudable que Cadalso compuso las *Noches* con motivo de la muerte de su amada; lo afirma el propio autor, aunque con cierto disimulo, en la LXVII de las *Cartas marruecas*, pues dice haber escrito las *Noches* «a la muerte *de un amigo mío*», y abiertamente lo confiesa en el breve poema, recogido por Valmar[112], *Sobre las Noches lúgubres que he compuesto con motivo de la muerte de Filis*. Es muy probable que Cadalso, abrumado por su dolor, visitara con frecuencia la tumba de su amada, y es seguro que cayó enfermo después de su fallecimiento, aunque se ignora a qué distancia de él[113]. Así pues, no puede dudarse que Cadalso escribió las *Noches* en tal estado de espíritu y que éste le hizo escoger la trama anecdótica que estimó adecuada como soporte literario. En carta escrita a Meléndez Valdés, poco antes de salir para la campaña de Gibraltar, nombrándole depositario de sus escritos, menciona Cadalso las *Noches lúgubres* y dice:

---

[111] *Vida y obra de Cadalso*, cit., pág. 70.

[112] Vol. I, cit., pág. 275.

[113] En las mencionadas *Apuntaciones autobiográficas* Cadalso da cuenta de esta enfermedad, que no debió de quedar muy distante de la muerte de María Ignacia y que en muy buena parte fue debida a ella: «Luego que muerta la Ignacia —escribe— se acabó cuanto podía distraerme de las consideraciones que me resultaban de mi crítico estado [alude a las dificultades que estaba teniendo con Aranda y con algunos amigos]; por lo tocante a la casa del Conde volví de nuevo a ellas, las cuales juntas a la pesadumbre de la muerte, lo mucho que trabajé en la comisión que tenía en Madrid, y la suma pobreza en que me hallé (pues pasé cuarenta y ocho horas sin más alimento que cuatro cuartos de castañas) caí enfermo de mucho peligro, que se hubiera aumentado con el médico, a no haber tropezado con uno que por ser de casa del Conde y conocer el estado de mis cosas, no se hubiera hecho cargo» (página 133). Tan sólo al cabo de ocho días —refiere luego— fue a visitarle, en efecto, su mejor amigo Oquendo —evidentemente el *Virtelio* a quien alude en las *Noches lúgubres* y que Glendinning se pregunta quién es (*Vida...*, cit., pág. 131)—. Esto demuestra dos cosas: que la soledad de que se lamenta Cadalso en las *Noches*, fue un hecho real, y no producto del *complejo de persecución* que Glendinning le atribuye; y que al referirse a este solo amigo que realmente le consoló y atendió, tenemos en las *Noches* un positivo reflejo autobiográfico del autor. Las *Apuntaciones* no dan más detalles de los amores con María Ignacia, porque Cadalso dice que «formarán artículo aparte» (pág. 133), probablemente en el *Diario reservado*, que se ha perdido.

«Las leyó usted en Salamanca y le expliqué lo que significaban: la parte verdadera, la de adorno y la de ficción» [114]. Luego veremos —al ocuparnos con detalle de la obra— de dónde supone Glendinning que tomó Cadalso el elemento de ficción para sus *Noches*.

Durante esta etapa de su estancia en Madrid concurrió Cadalso a la tertulia de la Fonda de San Sebastián, de la que era alma su gran amigo Nicolás F. de Moratín, y estrechó su amistad con la duquesa de Benavente, con la que, al parecer, mantuvo frecuente correspondencia. Tales relaciones pudieron levantar el ánimo de Cadalso, pero en mayo de 1773 recibió orden de incorporarse a su regimiento que estaba en Salamanca; este regreso a su destino militar pudo contribuir a forjar la idea de que había sido desterrado allí tras la muerte de María Ignacia. Cadalso consideró, en efecto, como un destierro su salida de Madrid, según confiesa en carta a Iriarte, pero en Salamanca iba a ganar nuevos amigos y a encontrar un amable refugio a la vez humano y literario. En otro lugar hemos aludido al influjo que su llegada a la ciudad del Tormes ejerció en el proceso de la llamada «Escuela Salmantina» [115]. Cadalso se relacionó en seguida con algunos jóvenes literatos y estudiantes de la Universidad, como Meléndez Valdés, Iglesias de la Casa, Forner, Ramón Caseda, y luego también con fray Diego González y otras personas destacadas de la vida política y universitaria. Meléndez e Iglesias acudían diariamente a la residencia de Cadalso, y allí tenían una a modo de «tertulia académica», donde, según escribía Cadalso a Moratín, leían composiciones propias o ajenas «sujetándose cada uno de los tres a la rigurosa crítica de los otros dos» [116].

A estos últimos cinco años —1770-1774— que se reparten entre sus estancias en Madrid y en Salamanca, corresponde el período de mayor actividad literaria de Cadalso. Como ya vimos, había comenzado a escribir durante el destierro sufrido por instigación de las «ninfas de Manzanares». A su regreso a Madrid presentó a la censura, en noviembre de 1770, su primer drama, *Solaya o los circasianos;* pero los censores exigieron profundos cambios. Cadalso recogió el manuscrito para revisarlo, pero ya no lo volvió a presentar y hoy puede darse por perdido. Poco después entregó su segunda obra dramática, *Don Sancho García*, que quizá ya tenía escrita por entonces, y que, una vez aprobada, fue representada privadamente en el palacio del conde de Aranda y luego en el teatro de la Cruz, como hemos dicho. Fue publicada por Ibarra en Madrid coincidien-

---

[114] «Quince cartas inéditas de Cadalso», publicadas por Felipe Ximénez de Sandoval como apéndice a su *Cadalso (Vida y muerte de un poeta soldado)*, cit., págs. 331-373; la cita en pág. 342. Estas cartas habían sido publicadas previamente por el mismo Ximénez de Sandoval en *Hispanófila*, núm. 10, 1960, págs. 21-45. Citamos siempre por la edición en volumen.

[115] Véase cap. VI, pág. 437.

[116] Carta a Nicolás Fernández de Moratín, publicada por Foulché-Delbosc en «Obras inéditas de don José Cadalso», cit., pág. 305.

do con el estreno, bajo el seudónimo de Juan del Valle. Contra lo que ha venido afirmándose, Glendinning no cree que el drama fuera escrito a consecuencia de la intimidad del poeta con María Ignacia Ibáñez ni para que ella lo representara[117]. En el capítulo correspondiente a la dramática ha quedado ya comentada esta obra de Cadalso, la única de las suyas que subió a la escena.

Quizás, en parte al menos, para dar salida a su natural resquemor por el fracaso de *Don Sancho García*, y con el fin de satirizar a un público que no había sabido apreciar el contenido de su drama, compuso Cadalso *Los eruditos a la violeta*, que, según piensa Glendinning[118], pudieron estar acabados antes de la muerte de María Ignacia, pero que no fueron impresos hasta fines de 1772. *Los eruditos a la violeta*, publicados bajo el seudónimo de José Vázquez dieron a Cadalso gran popularidad; él mismo alardea en el *Suplemento* de que fue vendida toda la edición, menos 27 ejemplares, antes de que pudiera anunciarse en *La Gaceta*. Estimulado por este éxito compuso y publicó casi inmediatamente el mencionado *Suplemento*, al que siguió todavía otra continuación, *El buen militar a la violeta*, que no fue impresa. Glendinning supone[119] que también por entonces compuso su *Linterna mágica*, papel —dice Cadalso en su mencionada carta a Meléndez Valdés—, que «iba para el mismo término del de *Los eruditos a la violeta*, aunque un poco más alto de tono»[120]; y sus *Notas a la Carta Persiana n. 78 en que el Sr. Presidente Montesquieu se sirve decir un montón de injurias a esta Nación, sin conocerla*. Pero tampoco fueron publicadas. De la *Linterna* dice en la referida carta: «Lo dejé así porque convino, y me quiero ir al otro mundo con este secreto, como con algún otro»[121]. Y a propósito de las *Notas a la Carta Persiana*, escribe: «Este es un manuscrito que haría fortuna imprimiéndose en un País en que hubiese algo de Patriotismo, pero en España de nada bueno servirá y sí tal vez en perjuicio al autor; no tanto en el estado en que la conservo como en el total de donde se extractó este cuadernillo»[122]. En cuanto a *El buen militar*, que no menciona en la carta a Meléndez Valdés, es muy probable que no lo hiciera imprimir por las dificultades que habría podido crearle con sus superiores, a muchos de los cuales no entusiasmaban precisamente sus aventuras literarias. En cambio dio a la estampa en 1773, también bajo el seudónimo de José Vázquez, una colección de sus poesías con el nombre de *Ocios de mi juventud*, que tal vez —dice— debieran titularse *Alivio de mis penas*. En el prólogo de la obra afirma que no desea publi-

---

[117] *Vida y obra...*, cit., pág. 130.
[118] Idem, íd., pág. 213.
[119] Idem, íd., pág. 136.
[120] Ed. Sandoval, cit., pág. 343.
[121] Idem, íd.
[122] Idem, íd.

car más obras serias o de crítica, y sólo las que, como las poesías, pertenezcan al «género menos útil».

No obstante, en 1774 trató de imprimir sus *Cartas marruecas*, que venía escribiendo desde 1768. Los censores de la Real Academia examinaron el original y autorizaron su publicación, pero de acuerdo con las correcciones que se indicaban. Los trámites se interrumpieron, sin embargo, a consecuencia de una nueva ley respecto a todo escrito que tuviera alguna relación con África o sus presidios. Una vez aclarado que las *Cartas marruecas* nada tenían que ver con ello, solicitó Cadalso la devolución del manuscrito para enmendarlo. Pero murió sin que se hubiera publicado la obra. Se ignoran las razones de este hecho, pero no son difíciles de imaginar. En una carta, probablemente de 1776, en que responde a Iriarte que le enviaba un poema filosófico, escribe Cadalso: «En mis *Cartas marruecas* (obra que compuse para dar al ingrato público de España, y que detengo sin imprimir porque la superioridad me ha encargado que sea militar *exclusive*) he tocado el mismo asunto aunque con menos seriedad» [123]. Hasta la grotesca equivocación del *exclusive* hace luz sobre el ambiente intelectual que rodeaba a Cadalso en su vida de milicia y cuál era la estima que tenían sus jefes por sus trabajos literarios; un militar, que se permitía escribir versos de amor o hacer críticas en prosa de las normas establecidas, debía de resultar tan desconcertante como incómodo.

Pero, a pesar de no haber sido impresas, las *Cartas marruecas* no fueron del todo ignoradas en su tiempo. Parte de la obra fue leída en la tertulia de la Fonda de San Sebastián, y es probable que, aún antes de la muerte de Cadalso, se hicieran copias de toda la obra. Después de su muerte se hicieron varias, que circularon bastante por Madrid, hasta el punto de que Vargas Ponce hablaba de las *Cartas* como «inéditas aún, aunque comunes» [124]. El primero que se propuso editarlas fue Meléndez Valdés, en Salamanca, en 1788; pero no pasó del proyecto. En el mismo año el *Correo de Madrid* publicó una parte de la Carta VII, y unos meses más tarde la Carta XLV entera. Por fin el mismo *Correo* publicó por entregas la obra completa —desde febrero a julio de 1789—, aunque omitiendo las cartas LV y LXXXIII, la «Protesta Literaria» y el Índice. Tres años más tarde Sancha imprimió las *Cartas marruecas* en forma de libro, del que hizo dos ediciones en el mismo año. No se sabe por medio de quién llegó el texto de las *Cartas* al *Correo de Madrid*, así como algunas poesías inéditas de Cadalso, aparecidas en el mismo periódico a fines de 1788, y las *Noches lúgubres* publicadas también allí a partir de diciembre

---

[123] Ed. Foulché-Delbosc, «Obras inéditas...», cit., pág. 311.
[124] Cit. por Dupuis-Glendinning, prólogo a su edición de las *Cartas marruecas*, luego cit., pág. XLVI. Cfr.: Nigel Glendinning, «New Light on the Circulation of Cadalso's *Cartas Marruecas* before its First Printing», en *Hispanic Review*, XXVIII, 1960, págs. 136-149.

de 1789; el *Correo* describía al mediador como «un oficial de mérito», distinguido por sus excelentes discursos publicados en otro periódico, y prometía enviar todos los manuscritos de Cadalso que paraban en su poder. Glendinning sugiere distintos candidatos [125], que en cierto modo reúnen las condiciones descritas: Manuel de Aguirre, oficial del mismo regimiento de Cadalso, José de Vargas Ponce, oficial de la Marina, que, según vimos, conocía las *Cartas* antes de su publicación y Martín Fernández de Navarrete, oficial también de la Marina; pero el mencionado investigador no cree posible, de momento al menos, decidirse por ninguno.

La grata y fecunda estancia de Cadalso en Salamanca concluyó cuando en octubre de 1774 hubo de salir para Extremadura con su regimiento; traslado que Cadalso tuvo de nuevo esta vez por el más duro destierro. En carta escrita a Iriarte el 31 de octubre, desde Montijo donde residía, exponía Cadalso sus pesimistas impresiones: «Concluida mi corta licencia me fue imposible obtener prórroga alguna, con lo cual me vi obligado a venirme con toda precipitación por no perder la revista a este destino que aseguro a vmd. ser el más infeliz que he tenido en la vida, sin que pueda figurarme que le haya peor en todas las pobres provincias de nuestra península; mediante lo cual se me hace cada día más tedioso este oficio... Nunca me ha sido tan sensible la salida de Madrid como ahora, porque había hecho ánimo de entablar mi gran pretensión que es la de retirarme; y de imprimir una obrilla la cual, sin mi presencia, nunca podrá salir a mi gusto; siendo lo peor de todo esto que el mismo día que me desaviaron de quedar en Madrid, se había presentado en el Consejo;...» [126]. En

---

[125] Ídem, íd., págs. XLVII-XLVIII.

[126] Ed. Foulché-Delbosc, «Obras inéditas...», cit., pág. 308. Iriarte respondió a Cadalso con una graciosa *Epístola*, en que consuela a su amigo de su «destierro» en Extremadura, describiéndole a su vez satíricamente la vida de Madrid, que Cadalso, en su ausencia, idealizaba:

> *Tú, que en ese rincón de Extremadura*
> *Desterrado te ves, tan triste y solo,*
> *Que ser habitador se te figura*
> *Del antártico polo,*
> *Deja ya de envidiarme la ventura*
> *De residir aquí, donde imaginas*
> *Que vivo acompañado*
> *De musas españolas y latinas,*
> *Y donde piensas tú que en alto grado*
> *Estiman al amante de las letras.*
> *¡Qué mal, qué mal penetras,*
> *Oh mi Dalmiro, el lamentable estado*
> *De la sabiduría en esta corte,*
> *Dos siglos ha maestra de las ciencias,*
> *Y en el nuestro aprendiz de las del Norte!*

Y concluía así:

> *Yo la suerte contigo trocaría*
> *Y en Montijo viviera solitario,*
> *Donde tratara simples labradores,*

una carta posterior —la que lleva el número 13 de Foulché-Delbosc— hace una tétrica descripción de la región donde se encuentra, «*Extremadura*, síncopa de *extremamente dura*, nombre que le conviene perfectamente por su suelo, clima y carácter de sus habitantes... En dicha Extremadura o extremamentedura hay un montón de chozas medio caídas con nombre de Montijo. En el Montijo hay unos animales de dos pies sin pluma que llaman hombres porque en lo exterior se parecen algo a los hombres de otras partes...»[127]. Y sigue luego con una larga descripción de una jornada de cuartel deliciosamente satírica, casi sarcástica. En otro escrito —carta número 6 de Foulché-Delbosc— da cuenta a Iriarte de haber sido nombrado Sargento Mayor de su regimiento, ascenso que, aunque leve, representaba un paso en su carrera: «Mire vmd. que a todos mis trabajos anteriores se me ha añadido el de ser sargento mayor de caballería, oficio en que sin duda alguna, a no dulcificarme vmd. la vida con sus renglones, se me alargarán las orejas, me crecerá el vello, criaré callo en las manos y pies y se me trocará la voz en rebuzno, como ha sucedido a otros muchos de mis gloriosos antecesores»[128].

Todos los críticos han puesto de relieve la desilusión cada día mayor que sentía Cadalso por su carrera militar y el pesimismo creciente que le inspiraban los asuntos públicos; Glendinning asegura[129] que la inclinación al retiro es permanente en la vida de Cadalso desde 1768. Sin embargo, en los últimos tiempos de su estancia en Extremadura se siente todavía dispuesto a escribir un *Nuevo sistema de Táctica, Disciplina y Economía para la Caballería española*, tarea de la que informa a Iriarte —carta 6, citada, de Foulché-Delbosc— con su socarronería habitual: «Si quiere vmd. saber el porqué he trabajado este asunto ha de saber vmd. que son dos las causas *impulsivas*. La 1.ª es que me he visto precisado a repetir el dicho de aquel sujeto que dijo en cierta ocasión *anche sono io pittore*. La 2.ª nace de aquella copla que oí cantar una vez a una gitana ojinegra, caripícara, etc., y era

> *Mi abuela parió a mi madre:*
> *mi madre me parió a mí:*
> *en mi casa todos paren:*
> *yo también quiero parir...*»[130].

> *Y no idiotas preciados de doctores.*
> *Por fin, Dalmiro, hagamos un ajuste*
> *(Y aunque es muy de temer que te disguste):*
> *Si me envías un cándido ignorante,*
> *Te regalo un fantástico pedante.*

(Ed. Valmar, *Poetas líricos del siglo XVIII*, cit., II, B. A. E., LXIII, págs. 23 y 25.)

[127] Ed. cit., pág. 325.
[128] Ídem, íd., pág. 313.
[129] *Vida y obra...*, cit., pág. 141.
[130] Ed. cit., págs. 313-314.

Si la decisión de escribir semejante obra podría engañarnos sobre el carácter de Cadalso, las razones con que la justifica nos descubren la verdadera imagen moral de su persona.

En 1778 Cadalso fue trasladado con su regimiento a Andalucía. Con el propósito, sin duda, de obtener ascensos, que le llegaban siempre con tanto retraso como parquedad, se ofreció voluntario para prestar servicio en la Marina y visitó después Gibraltar, donde tomó informes que remitió a Floridablanca. A petición propia, fue destinado al campamento español de Gibraltar como ayudante del general en jefe, y allí desempeñó importantes comisiones, aunque sus solicitudes de ascenso fueron denegadas. Al fin, fue ascendido a coronel en enero de 1782, justo un mes antes de su muerte.

Como hemos visto, Cadalso escribió y publicó —o trató de publicar— todas sus obras capitales antes de los últimos siete años de su vida. No obstante, según señala Glendinning [131], esta última etapa —1774-1783— no carece de interés para la carrera literaria de nuestro autor. Durante su residencia en Extremadura, probablemente, escribió una nueva obra dramática, *La Numantina*, inspirada por el drama que sobre el mismo tema había compuesto su amigo Ignacio López de Ayala. En la mencionada carta a Meléndez Valdés cita concretamente *La Numantina*, «tragedia en 5 actos», diciendo que había puesto en ella —sin duda alguna, en un estudio preliminar— cuanto creía necesario en materia de teatro. En carta a Iriarte —novena de Foulché-Delbosc— le dice que tiene la intención «de limar una tragedia», que irá remitiéndole, por actos, a su censura. La obra, no obstante, se ha perdido.

En 1775 comenzó a componer un poema sobre el cerco de Melilla, también perdido, y que probablemente no concluyó. También por entonces comenzó a redactar la serie de epitafios latinos para héroes españoles, que debió de terminar al año siguiente [132]. Y emprendió la preparación de una antología de poemas escritos por él y por sus amigos que llevaría el título de *Parnaso español de poetas vivos*. Y, aparte el *Nuevo sistema de Táctica*, ya aludido, prosiguió la redacción de su *Diario reservado*, perdido igualmente, que no sabemos cuándo había comenzado.

En las primeras páginas de su *Vida y obra de Cadalso*, Glendinning nos pone en guardia sobre un aspecto que no se puede soslayar por enjuiciar debidamente su obra; se refiere al obstáculo, o freno cuando menos, que para la normal exposición de sus ideas hubo de representar la censura. Sobre el problema en su conjunto no es posible tratar ahora. Digamos solamente que, según nuestro entender, la coacción sufrida por Cadalso no

---

[131] *Vida y obra...*, cit., pág. 145.
[132] Publicados por Foulché-Delbosc en «Obras inéditas...», cit.; ocupan las páginas 269-297.

debió de ser mayor que la ejercida sobre otros escritores —un Jovellanos, por ejemplo—, hasta el punto de que pueda caracterizársele por ello. Sí nos parece, en cambio, exacto que la década en que Cadalso produjo la mayor parte de su obra —1768-1778— «vio un aumento creciente, tanto de los poderes, como de las restricciones de la censura»[133]. También debe aceptarse que esa autocontención —bien conocida de nuestros escritores contemporáneos—, que cohibe la libre expresión ideológica de quien ha de someter luego sus escritos a la temible decisión ajena, pudo ser más enérgica en Cadalso por especiales razones nacidas en buena parte de su carácter[134]. Glendinning asegura[135] que Cadalso padecía un «complejo de persecución»; pero quizá este diagnóstico sea un tanto arriesgado. Cadalso poseía un temperamento básicamente pesimista, con mayor tendencia a la conformidad y al retiro que a la controversia. Soldado de oficio, sentía escasa afición por la milicia, y en el terreno de las ideas prefería la actitud del contemplador, ligeramente desdeñoso, que observa y juzga, sin descender al palenque de la disputa; gustoso deporte para tantos discutidores de su tiempo. En el fondo, con digna altivez aristocrática de intelectual, quizá medía su propia excelencia por los obstáculos que encontraba, y, como una afirmación de sí propio, se complacía en enumerarlos, sin esforzarse en combatirlos. Por eso dejó sin publicar sus mejores obras renunciando a regatear con la censura los detalles, mayores o meno-

---

[133] Glendinning, *Vida y obra...*, cit., pág. 11.

[134] El hecho, tan lamentable como cierto, de que fuera difícil, cuando no imposible, la discusión pública de ciertos temas, otorga verosimilitud a cualquier hipótesis, que cualquiera desee aventurar, respecto al obstáculo que podía representar la censura para la libre expresión del pensamiento. Pero, por esto mismo, y dado que son tan abundantes los casos de auténtica obstrucción censoria, parece innecesario forzar las pruebas y sacarlas de donde no las hay. Valga un ejemplo. Para demostrar la mencionada autocontención del escritor, temeroso de parecer poco ortodoxo, y el riesgo de difundir sus opiniones, Glendinning aduce la carta VIII de las *Marruecas* de Cadalso, donde —afirma el investigador— «sugiere que *tanto delito es comentar las leyes como quebrantarlas*» (*Vida y obra...*, cit., pág. 15; el subrayado es nuestro). En verdad, sentimos hondamente que Cadalso no escribiera estas palabras con dicho sentido, porque la frase es formidable, y, por desgracia, sería de tanta vigencia en sus días como en los nuestros. Pero el pasaje, y consecuentemente su sentido, es muy diverso. Helo aquí: «A medida —dice Cadalso— que se han ido multiplicando los autores de esta facultad —[está tratando de Jurisprudencia]— se ha ido oscureciendo la Justicia. A este paso, tan delincuente me parece cualquiera nuevo escritor de leyes como el infractor de ellas. Tanto delito es comentarlas como quebrantarlas. Comentarios, glosas, interpretaciones, notas, etc., son otros tantos ardides de la guerra forense. Si por mí fuera, se debiera prohibir toda obra nueva sobre esta materia por el mismo hecho» (ed. Dupuis-Glendinning, luego cit., pág. 32). En una palabra· la turba de los comentaristas, glosadores e intérpretes —quiere decir Cadalso— no hacía sino enturbiar la claridad de la Ley, haciendo posible con ello cualquier arbitrariedad de la justicia, que tenía en aquellos escritores un aliado para sus ardides. La intención, clarísima, de Cadalso dista astronómicamente de la interpretación dada por Glendinning. Como sería absurdo imaginar que crítico tan riguroso haya procedido de mala fe, es forzoso admitir que en esta ocasión anduvo un tanto distraído.

[135] *Vida y obra...*, cit., pág. 131.

res, que las hubieran hecho viables. Más que vencer, le encantaba la superioridad de saberse incomprendido. En carta a Arcadio [136], se llama a sí mismo «medio filósofo» pero debía de tenerse por filósofo más que mediano; para poder sentirse tal, dramatizaba un tanto los sucesos de su «extravagante suerte o fortuna» [137], con lo cual alzaba sobre ellos la elegante resignación de despreciarlos.

Movido por este carácter, decimos, renunció a combatir en las páginas que destinaba a la luz pública, mientras se vaciaba con mayor libertad en las cartas a sus amigos, que es donde hay que buscar al Cadalso más auténtico. Y decimos tan sólo «al más auténtico» y no al auténtico completo porque hasta en sus cartas íntimas Cadalso sigue siendo el escritor que desempeña, o vive, su papel. No olvidemos que pensaba en la posibilidad de que se publicara su correspondencia; de ello le habla a Meléndez Valdés, en la carta, varias veces citada, en que le envía sus manuscritos. En sus «cartas familiares», como él las llama, había estado cuidando evidentemente «su figura» tal como deseaba que la viese la posteridad. Lo cual no obsta para que podamos juzgar por ellas lo esencial de su pensamiento frente a las cosas, las personas, la religión, la guerra y la vida militar, la patria, el pasado y sus contemporáneos. En sus obras dedicadas expresamente a la imprenta hemos de encontrar, pues, a un Cadalso contenido —por la censura, si se quiere, o por su propia cautela— que no posee, por esto mismo, toda la garra que prometen los mejores momentos de su penetrante agudeza satírica. Quizá, también, es esta misma cualidad la que da a sus obras ese temple tan humano, tan ponderado, tan tolerantemente escéptico, lejos de la agresiva actitud dogmática de un Forner y otros gesticuladores de menor cuantía.

LA OBRA DE CADALSO

Examinada en el capítulo correspondiente la obra dramática de Cadalso, falta tratar ahora con detalle de sus restantes escritos, en los cuales se encuentra la parte capital de su producción.

Los eruditos a la violeta [138]. A esta obrita debió Cadalso su mayor popularidad en vida, dado que las más importantes, como sabemos, aparecieron póstumas y fueron sólo conocidas de un público limitado. *Los*

---

[136] Ed. Sandoval, cit., pág. 355.
[137] Idem, íd.
[138] Ediciones modernas: R. Miquel y Planas, «Bibliófilos Españoles», Madrid, 1928. Federico Carlos Sáinz de Robles, Madrid, 1944 (Colección «Crisol», núm. 82; varias ediciones). Nigel Glendinning, Salamanca-Madrid-Barcelona, 1967.

eruditos, según dijimos, fueron impresos en Madrid en 1772; la difusión que obtuvo la obra y la crítica que suscitó movieron al autor a escribir el *Suplemento al papel entitulado «Los eruditos a la violeta»*, publicado aquel mismo año. Con el mismo espíritu compuso Cadalso más tarde *El buen militar a la violeta*, que se publicó, póstumo también, en Sevilla en 1790.

En la misma portada de la obra anuncia ya Cadalso el propósito de su libro, «compuesto —dice— en obsequio de los que pretenden saber mucho, estudiando poco». Y aunque el contenido de la obra es tan transparente que no precisa aclaración, Cadalso, como si no tuviera mucha confianza en las entendederas de algún lector, se cura en salud anteponiendo al texto una «Advertencia» donde descubre su intención paladinamente: «En todos los siglos y países del mundo han pretendido introducirse en la república literaria unos hombres ineptos que fundan su pretensión en cierto aparato artificioso de literatura. Este exterior de sabios puede alucinar a los que no saben lo arduo que es poseer una ciencia; lo difícil que es entender varias a un tiempo; lo imposible que es abrazarlas todas, y lo ridículo que es tratarlas con magisterio, satisfacción propia y deseo de ser tenido por sabio universal. / Ni nuestra era, ni nuestra patria está libre de estos *seudoeruditos* (si se me permite esta voz). A ellos va dirigido este papel irónico, con el fin de que los ignorantes no los confundan con los verdaderos sabios, en desprecio y atraso de las ciencias, atribuyendo a la esencia de una facultad las ridículas ideas que dan de ella los que pretenden poseerla, cuando apenas han saludado sus principios» [139]. Sigue luego una dedicatoria jocosa «A Demócrito y Heráclito», acabada con este saludo que no ha perdido actualidad y que viene de perlas para quienes se empeñan en buscarle tres pies al gato a la obra de Cadalso: «Júpiter os guarde de todo mal, pero sobre todo de un mal erudito» [140].

La obra está compuesta a modo de siete lecciones, una para cada día de la semana, que un profesor imparte a sus discípulos. La primera expone una idea general de las ciencias y trata de las cualidades que los discípulos han de tener. Las otras versan sobre poética y retórica, sobre filosofía antigua y moderna, sobre el derecho natural y de gentes, sobre teología, sobre las ciencias matemáticas, para concluir —en la lección del domingo— sobre diversas materias, que se engloban bajo el epígrafe de «Miscelánea». A continuación —y suponiendo que las encuentra escritas en un papel en que le trajeron envueltos unos bizcochos— añade Cadalso unas «Instrucciones dadas por un padre anciano a su hijo que va a emprender viajes».

[139] Ed. Glendinning, cit., pág. 44.
[140] Idem, íd., pág. 45.

El siglo XVIII, como hemos dicho en otro lugar, produjo la más formidable explosión de pedantería que registra la historia; era su parte negativa, inevitable. Las ciencias, con su nuevo y arrollador prestigio, la erudición recién nacida, la crítica en todas sus ramas —religión, política, sociología, leyes, costumbres— pusieron de moda el saber, cuya posesión se convirtió en moneda de provechosa cotización en la vida social. Mientras los espíritus mejores se dedicaron con esfuerzo y rigor al trabajo científico, turbas de petimetres, pedantes y damiselas sin serios estudios ni ganas de emprenderlos, se aplicaron a fingirlos —aprendiendo superficialidades de quinta mano— y a exhibirlos en las conversaciones de salón a la par de su nuevo traje o el último peinado. Estas gentes son los «eruditos a la violeta», contra los cuales dirigió Cadalso su sátira. El hallazgo del nombre y su burla fueron tan oportunos que la denominación se convirtió desde entonces en frase de uso común para calificar la vanidad pedante y la superficialidad en todos los órdenes.

La sátira de Cadalso, como decíamos, es transparente. Toda ella está compuesta con la misma técnica irónica, que se repite desde el principio al fin: el profesor, con el objeto de preparar a sus discípulos para su triunfo y lucimiento en sociedad sin esforzarse en estudiar cosa alguna en serio, les enseña las cuatro nociones indispensables que les permitan aupar su petulancia de supuestos sabios, los tópicos que hay que repetir, los escritores a la moda que hay que ponderar poniendo los ojos en blanco, los conceptos, teorías o nombres que hay que despreciar, los conocimientos que hay que fingir aludiéndolos displicentemente, los diccionarios y resúmenes que hay que manejar, y las actitudes y habilidades de que han de servirse en cada caso. Dicho queda que, sin confusión posible en ningún pasaje, el pensamiento positivo del autor sobre cada materia queda irónicamente de manifiesto a través de las lecciones del profesor; y lo que prevalece sobre todo son los serios conceptos que tenía Cadalso de la ciencia, cada una de cuyas ramas requiere una vida entera de estudio, y el desprecio que le merece una sociedad superficial y vana, a la que sólo interesa la apariencia y el éxito a poco coste.

Valmar dice de Cadalso que su erudición «no era ni muy amplia ni muy profunda, y podría decirse que, sin caer en ello, se satirizó a sí propio en los *Eruditos a la violeta*» [141]; opinión que casi exactamente repite Menéndez y Pelayo [142]. Semejante reproche debió de hacérselo ya alguno de sus primeros lectores, pues Cadalso alude a ello en unas «Noticias» puestas al fin del *Suplemento*. Refiriéndose a las críticas que se le han hecho, escribe: «3. Que yo mismo me he retratado. Si se entiende por erudito a la violeta un hombre que sabe poco, declaro que me he retratado con vivísimos

---

[141] *Poetas líricos del siglo XVIII*, cit., I, pág. CVI.
[142] *Historia de las ideas estéticas en España*, cit., III, pág. 295.

colores, por más que el amor propio quiera borrar el cuadro. Pero si se entiende por erudito a la violeta lo que yo entiendo, y quise que todos entendiesen desde que puse la pluma al papel —a saber, uno que sabiendo poco, aparente mucha ciencia—, digo que no se me parece la pintura ni en una pincelada. De la calumnia apelo a los que me tratan, y digan si jamás se me ha oído hablar de facultad alguna con esa parada y ostentación, por más que me incitan a ello los ejemplos de tantos como veo y oigo por ese mundo lucir con cuatro miserables párrafos que repiten, así como un papagayo suele incomodar a toda la vecindad con unas pocas voces humanas mal articuladas» [143].

Glendinning, en el prólogo a su edición de *Los eruditos*, alude al concepto expuesto por Valmar y por Menéndez y Pelayo y dice que «sólo pueden sostenerlo en serio quienes no hayan comprendido bien la fuerza irónica de la obra» [144]. Pero tememos que sea Glendinning quien no ha entendido lo sugerido por aquellos críticos. La actitud de Cadalso está clarísima cuando se defiende a sí mismo en el párrafo citado: despreciaba la superficialidad y petulancia de los *violetos;* y es casi cómico suponer que la ironía de Cadalso, que la entiende un chico de escuela, no fuera comprendida por Valmar y por Menéndez y Pelayo. Pero es lo cierto que Cadalso, «sin caer en ello», dispara densas andanadas de superficialidad y petulancia con el propósito de combatirlas; que es justamente donde reside el fallo de la obra y lo que impide que estas páginas sean la sátira de primer orden que pudieron ser. Resulta cargante en grado sumo que Cadalso, en su lección del martes sobre poética y retórica, reproduzca *docenas* de pasajes de los clásicos latinos, con petulante exhibición no menor que la que reprocha, para darnos las citas que pueden servir a los propósitos de los *violetos;* y son igualmente cargantes las enumeraciones que endilga a propósito del derecho, la teología y las matemáticas. Cadalso reproduce —sin darse cuenta de ello— la anécdota famosa de Diógenes y Platón: es decir, pisotea una soberbia con otra soberbia; en su caso, para ser justos, pisotea una petulancia con otra petulancia. Los *Eruditos* hubieran estado en su punto si toda la retahíla científica que Cadalso enhebra por su cuenta hubiera sido sustituida por las sabrosas ironías que, para desconsuelo del lector, aparecen tan sólo de tarde en tarde. Con su pesada y pedante acumulación, que pudo sacar también cómodamente del mismo cajón de sastre que ridiculiza, Cadalso se pone muchas veces al nivel de un *violeto* más; porque nada se parece tanto a un calcetín como un calcetín del revés. Esto es lo que quieren decir, para quien bien lo entienda, Menéndez y Pelayo y Valmar. Sucede que a Cadalso su gravedad y seriedad, que es una cara de su moneda, le juega a veces

---

[143] Ed. Glendinning, cit., pág. 166.
[144] Idem, íd., pág. 26.

malas pasadas a su lado festivo, irónico, condescendientemente humano, que hace tan atractiva su persona; un caso extremo de esta autotraición son las *Noches lúgubres* en su totalidad; en *Los eruditos,* su moneda salta indecisa mostrando a intervalos la cara y la cruz de su inestable personalidad ambivalente, pero con más insistencia en enseñar la cara: una cara larga y estirada de dómine pedante. Ese es aquí su fallo.

Las «Noches lúgubres». Según subraya Glendinning, las *Noches lúgubres* [145] no es ahora quizá la obra más conocida y estimada del autor [146], pero gozó de fama extraordinaria en el pasado siglo, sobre todo en los años del romanticismo, y conoció numerosas ediciones a pesar de la intervención de la censura y hasta de alguna transitoria prohibición inquisitorial [147]. Fue traducida al francés, imitada por escritores cultos como Meléndez, objeto de relatos populares y convertida en tema de espectáculos de fantasía. Como más arriba quedó dicho, casi todos los estudiosos de Cadalso han admitido hasta hoy la autenticidad biográfica de las *Noches lúgubres,* negada, en cambio, ahora por Glendinning. Para éste, el argumento de la obra se basa en la historia de «la difunta pleiteada», de la

---

[145] Ediciones recientes: Emily Cotton, Liverpool, 1933, «Publications of the Bulletin of Spanish Studies»; Madrid, 1943, prólogo de Antonio Jiménez-Landi; Buenos Aires, 1943, prólogo de Luis Alberto Menafra. Edith F. Helman, con estudio y notas, Santander-Madrid, 1951. Nigel Glendinning, con estudio y notas, «Clásicos Castellanos», Madrid, 1961.

[146] Guillermo Díaz-Plaja ha puesto en duda la paternidad de Cadalso sobre las *Noches lúgubres,* en un Apéndice —«Un nuevo texto de la primera *Noche lúgubre* de Cadalso. Problemas que plantea»— de su *Introducción al estudio del romanticismo español,* 2.ª ed., Buenos Aires, 1953, págs. 159-186. Juan Antonio Tamayo ha rebatido la teoría de Díaz-Plaja, y demostrado, en consecuencia, la autoría de Cadalso, en su documentado estudio «El problema de las *Noches lúgubres*», *Revista de Bibliografía Nacional,* IV, 1953, págs. 325-370; conclusión confirmada por Edith F. Helman en «The First Printing of Cadalso's *Noches lúgubres*», *Hispanic Review,* XVIII, 1950, págs. 126-134.

[147] Sobre este último punto, cfr. la introducción de Helman a su edición de las *Noches,* cit. Según supone esta investigadora, el proceso de la Inquisición de Valladolid contra las *Noches* debió de iniciarse a poco de salir la edición de 1815, pero no hubo resolución hasta noviembre de 1819; la obra quedaba prohibida «por contener proposiciones malsonantes, y ofensivas a los oídos piadosos», sin que valieran los comentarios moralizantes añadidos por algunos editores (véase luego). Otro expediente fue iniciado por la Inquisición de Córdoba, con censuras semejantes al de Valladolid, pero con una novedad: la ocasión de la denuncia fue que un muchacho, por influjo de la lectura de las *Noches,* maltrataba a sus hermanos y amenazaba con quitarse la vida. La persona que descubrió y leyó el libro, lo denunció por «contener muchas expresiones escandalosas, peligrosas e inductivas al suicidio, al desprecio de los Padres, y al odio general de todos los hombres» (Helman, pág. 44). Debe advertirse que ambos procesos contra las *Noches* corresponden al recrudecimiento del poder inquisitorial, en los peores años del reinado de Fernando VII, con lo que sobra toda explicación. Antes de esto, las *Noches* habían conocido varias ediciones —ocho por lo menos, describe Glendinning (prólogo a su edición, cit., págs. LXXVII y ss.)—: la prohibición no debió de prolongarse mucho, pues existe una edición de 1822 en Madrid: es la primera que incluye la carta de M. A. y la *Cuarta Noche.*

que existen diversas versiones, cultas y populares, y que ha sido utilizada, entre otros, por Boccaccio, Bandello, Shakespeare, Lope de Vega, Castillo Solórzano y María de Zayas; también ha sido objeto de romances. De «la difunta pleiteada» piensa Glendinning que pudo tomar Cadalso el armazón central de su obra: el propósito de desenterrar el cadáver de su amada, el deseo de llevarlo a su casa, el soborno del sepulturero, la idea del suicidio, etc. [148]. El influjo más generalmente admitido sobre la obra

---

[148] Glendinning expone minuciosamente esta tesis en su artículo «The Traditional Story of *La difunta pleiteada*, Cadalso's *Noches lúgubres* and the Romantics», *Bulletin of Hispanic Studies*, XXXVIII, 1961, págs. 206-215; la repite con menor extensión en el capítulo correspondiente de su *Vida y obra de Cadalso*, y la desarrolla de nuevo en el prólogo a su edición de la obra, cit.; aduce también algunos otros detalles en «New Light on the Text and Ideas of Cadalso's *Noches lúgubres*», *The Modern Language Review*, LV, 1960, págs. 537-542. No podemos entrar aquí en la detallada discusión de esta hipótesis. Aventuremos tan sólo unas leves insinuaciones de nuestras dudas. En el prólogo dicho, escribe Glendinning estas líneas que nos parecen interesantes (los subrayados son nuestros): «Es claro que la mayor parte de esta extraña historia —[la de la «difunta pleiteada»]— *no tiene nada que ver con las «Noches»*, pero el episodio central del desenterramiento *pudo haber servido* a Cadalso perfectamente como trama de su obra. Si hubiese (sic) mucha oposición a sus amores con María Ignacia, *sería del todo natural que Cadalso pensara en esta leyenda después de su muerte*» (pág. XXXIX). Sinceramente, no vemos por qué. Puesto a pensar en la oposición a unos amores —tema que no aparece en las *Noches lúgubres* por ninguna parte; el mismo Glendinning nos asegura en otro pasaje que «las tres *Noches no cuentan los amores del autor*» (pág. LXV)— ¿por qué no acordarse de otras cien obras de la literatura universal que tratan este tema? Es curioso que el propio Glendinning, tras su propósito de negar a las *Noches lúgubres* toda base real, desliza en algunos pasajes su escepticismo sobre la misma existencia de los amores con María Ignacia; así, por ejemplo, en su *Vida y obra de Cadalso*, escribe: «¿Estuvo Cadalso relacionado tan estrechamente con ella como para querer casarse, como aseguraba la famosa pero inexacta carta firmada por M. A.? No lo sabemos a ciencia cierta...» (pág. 130). Y en nota correspondiente a este mismo párrafo, insiste: «Aparte de las obras del mismo Cadalso no hemos encontrado ningún dato que apoye el proyecto de matrimonio» (pág. 211, nota 116). Si son tan problemáticos los proyectos de matrimonio, y problemática, en consecuencia, la oposición, ¿cómo es *del todo natural* que Cadalso pensara en «la difunta pleiteada» por unas razones que no se sabe si existen? Es preciso reconocer que, en algunos momentos, la exposición de Glendinning resulta hasta graciosa. En el artículo citado —«The Traditional Story...», págs. 206-207— escribe: «Las *Noches lúgubres* es el relato del intento que hace un joven llamado Tediato para desenterrar el cuerpo de su amante muerta con la ayuda de un sepulturero llamado Lorenzo, al que ha sobornado para ello. Añádase a este argumento básico una introducción explicando que la muerte de la muchacha es el resultado de un matrimonio al que ha sido forzada contra su voluntad; añádase también un epílogo refiriendo cómo la muerta resucita para casarse con su verdadero amante que abre su tumba, y aquí tienen ustedes la historia tradicional de *La difunta pleiteada*, tal como aparece en la mayoría de las versiones». Es decir: añadan ustedes todas las cosas que no están en las *Noches lúgubres* —y que son casualmente las más importantes, características y decisivas para el asunto— y tendremos una semejanza entre ambas obras que no hay más que pedir. Puestos a añadir, y ya por lo que queda, sustituyan ustedes todas las *Noches lúgubres* por *La difunta pleiteada* y ya no cabe duda de que lo que Cadalso pretendió fue referirnos esa historia. En apoyo de su tesis, Glendinning señala *cinco* datos tomados de *La difunta*, que figuran en las *Noches* de Cadalso, tales como el tiempo que se pasa el protagonista orando ante la tumba de su amada y el haber buscado la ayuda de un sepulturero; pero

de Cadalso es el de las *Noches* —*Night Thoughts*— del inglés Young, según repetida confesión del propio Cadalso: así lo escribe en el subtítulo de la obra: *Imitando el estilo de las que escribió en inglés el doctor Young;* en el título del poema compuesto a la muerte de Filis, «imitando —dice— el estilo y los pensamientos de tristeza de los que compuso en inglés el doctor Young» [149]; y en la LXVII de sus *Cartas marruecas:* «Si el cielo de Madrid no fuese tan claro y hermoso y se convirtiese en triste, opaco y caliginoso como el de Londres..., me atrevería yo a publicar las *Noches lúgubres* que he compuesto a la muerte de un amigo mío, por el estilo de las que escribió el doctor Young» [150]. Esta influencia señalada por el propio autor hizo pensar a los críticos del siglo XIX y a muchos del presente que Cadalso no había hecho sino copiar al escritor inglés; pero los comentaristas más recientes tienden, por el contrario, a disminuir este influjo o a negarlo casi por entero. Evidentemente, los hechos que dan origen a ambas obras son semejantes: la muerte de personas amadas, aunque en la obra de Young se trata de su mujer, hijo y nuera; y este parecido pudo conducir a que Cadalso se interesara en principio por la obra inglesa.

La imitación de Young —decíamos— es un lugar común de la crítica sobre Cadalso. El editor de las *Noches,* en la edición de 1818, afirmaba que «sólo el haber imitado al famoso Young le corona de elogios» [151]; «Young —escribe Valmar— es el modelo que le ofrece cuadro adecuado para desplegar enfáticamente el fúnebre dolor que le abruma» [152]; idénticos conceptos repiten Ticknor, Fitzmaurice-Kelly, Salcedo Ruiz, Hurtado y González Palencia, Cejador, César Barja, y otros, en sus respectivas historias literarias. Allison Peers ha estudiado el problema [153] y negado en redondo la imitación de Young. Tal atribución —dice— ha sido provocada por las desorientadoras palabras del propio Cadalso y aceptadas sin comprobación; como mucho, Cadalso tuvo a la vista, aunque sin seguirla de cerca, la primera *Noche* de Young; pudo inspirarse inicialmente en su obra, pero no se atuvo a ella en absoluto. Cadalso —añade Peers— afirmó su imitación del poeta inglés, aparte los mínimos puntos de contacto dichos, debido a la fama de que aquél gozaba entonces y que, sin duda, pretendía atraer sobre su propia obra. Emily Cotton, discípula de Peers,

---

parece que esto se le hubiera ocurrido a cualquiera metido a desenterrador ocasional, con poca experiencia en la materia. Se nos ocurre preguntar: ¿qué concepto tienen los eruditos de la capacidad imaginativa de los escritores, si hasta para los datos más insignificantes suponen necesario que tengan que inspirarse en fuentes ajenas?

[149] Véase en Valmar, *Poetas líricos...,* cit., I, pág. 275.
[150] Ed. Dupuis-Glendinning, luego cit., págs. 145-146.
[151] Citado por Helman en su edición de las *Noches,* cit., pág. 33.
[152] *Poetas líricos...,* cit., I, pág. CV.
[153] «The Influence of Young and Gray in Spain», *The Modern Language Review.* XXI, 1926, págs. 404-418.

que ha escrito bajo su dirección una tesis sobre este tema, llega a las mismas conclusiones de su maestro, pero todavía más rigurosas. En un artículo en que resume su trabajo [154] afirma que Cadalso anduvo muy lejos de imitar a Young, y que probablemente ni siquiera leyó la obra inglesa hasta el final; pero, en el supuesto de que lo hubiera hecho, la olvidó por entero y sólo recordó lo que hacía referencia a la noche y a la tristeza. Parecidas afirmaciones hace Montesinos [155], quien también sospecha que Cadalso no leyó el original inglés y sólo la traducción francesa de Le Tourneur: «Prescindiendo —dice— de la nocturnidad, del tono retórico y pomposo de algunas máximas y apóstrofes, del nombre de Lorenzo, impuesto al sepulturero, y algún otro detalle, lo que Cadalso debe a Young es casi nada» [156]. Bruce W. Wardropper [157] dice que, como mucho, existe en Cadalso una imitación de ambiente, inspirado quizá por el grabado de Young abrazado al cuerpo de su hija, que Le Tourneur, algo gratuitamente, puso en la portada de su segundo volumen. Edith F. Helman, en el prólogo a su edición de las *Noches*, había ya sugerido, antes que Wardropper, el influjo que pudo ejercer sobre Cadalso el mencionado grabado de la edición de Le Tourneur, «que muestra a Young, angustiado, enterrando clandestinamente a la joven Narcisa en un hoyo que había cavado con sus propias manos, a la luz de una linterna que ilumina dramáticamente los dos cuerpos en medio de la densa oscuridad» [158]; cuadro —dice— que pudo bastar para sugerir al afligido amante el intento de desenterrar a su amada; y recuerda asimismo que la versión del francés había exagerado, en obsequio de sus lectores, ciertos elementos del original: el horror, la desesperación, lo nocturno y lo didáctico. En cuanto al influjo real del libro de Young sobre las *Noches* de Cadalso, afirma Helman que éste sólo tomó el tono personal, subjetivo, los sentimientos de tristeza, con la diferencia de que la melancolía resignada de Young se convierte en las *Noches lúgubres* «en tristeza sombría y frenética, negra desesperación» [159]. Y después de enumerar algunos leves detalles que Cadalso toma del inglés, resume su juicio diciendo que la imitación de Cadalso se reduce, pues, «al tono y al ambiente, y, sobre todo, a la manera subjetiva del poeta de registrar y exponer sus propios sentimientos» [160].

---

[154] «Cadalso and his Foreign Sources», *Bulletin of Spanish Studies*, VIII, 1931, páginas 5-18.

[155] José Fernández Montesinos, «Cadalso o la noche cerrada», *Cruz y Raya*, número 13, 1934, págs. 43-67; reproducido en *Ensayos y estudios de literatura española*, México, 1959, págs. 152-169 (citamos por esta edición).

[156] Idem, íd., pág. 160.

[157] «Cadalso's *Noches lúgubres* and Literary Tradition», *Studies in Philology*, XLIX, 1952, págs. 619-630.

[158] Introducción a su edición citada, págs. 34-35.

[159] Idem, íd., pág. 35.

[160] Idem, íd. Russell P. Sebold, en su reciente libro sobre Cadalso —*Colonel Don*

Para Glendinning —y este es un punto de vista nuevo— la imitación de Young reside más bien en las ideas filosóficas que en los detalles anecdóticos, aunque, a su vez, el modo de expresarlos sea también diferente; lo que descarta la imitación directa de Young y, consecuentemente, la existencia de plagio alguno [161]. Según Glendinning, eliminado todo el supuesto contenido biográfico y dejando también de lado la aparente importancia de la anécdota, existe un tema cardinal en las *Noches*, que es lo que da a la obra su peso y calidad: la lucha entre el hombre de bien y su adversa fortuna —que, en este caso, le había robado a su amada—, así como el conflicto entre él mismo y quienes le habían desterrado y criticado [162]. Cadalso, dice Glendinning, trata de dar mayor interés y transcendencia a su obra poniendo las situaciones anecdóticas en relación con la condición humana «para llegar a un modo de vivir y actuar en el mundo, útil para los demás humanos como para él» [163]. Sirviéndose —dice— del diálogo, más apto para la argumentación filosófica que el relato, las tres *Noches* no cuentan los amores del autor, sino los tres encuentros de Tediato —el protagonista— y Lorenzo —el sepulturero— con la adversa fortuna, mediante los cuales aprenden el valor de la firmeza estoica que les ayuda a hacer frente a sus desgracias. «Gracias a estas tres *Noches* Tediato aprende que su contraria suerte es la de todos. Y si empieza siendo un caso particular, acaba siendo general o universal» [164].

El comentarista quiere, pues, como vemos, dotar a las *Noches lúgubres* de un contenido de largo alcance, relacionándolo con el pensamiento estoico que, en su opinión, anima, en conjunto, la obra de Cadalso: «Toda la obra —resume— lleva inexorablemente al lector hacia la estoica per-

---

José Cadalso, Nueva York, 1971—, niega también la pretendida imitación de Young, salvo en dos pequeños detalles: «Parece —dice— que es perder el tiempo buscar un modelo para los egoístas y desconsolados lamentos de Tediato en los ascéticos sermones de Young sobre la vanidad de los logros humanos y la necesidad de prepararse para la vida futura» (pág. 94).

Otras fuentes han sido también propuestas para las *Noches lúgubres*. La misma Sra. Helman sugiere las *Meditaciones entre los sepulcros*, de Hervey (prólogo a la edición cit., pág. 34), y el libro *L'An deux mille quatre cent quarante: Rêve s'il en fût jamais*, utopía profética atribuida a Voltaire, pero escrita por Sebastián Mercier, publicada en Amsterdam en 1770 y muy popular en los días de Cadalso (véase Edith F. Helman, «A Note on an Immediate Source of Cadalso's *Noches lúgubres*», en *Hispanic Review*, XXV, 1957, págs. 122-124). Sebold afirma que *The Citizen of the World*, de Goldsmith, fuente reconocida de las *Cartas marruecas*, influyó también en las *Noches lúgubres;* la carta CXVII de Goldsmith —dice— contiene antecedentes para tantos detalles de las *Noches* como pueda tenerlos *La difunta pleiteada (Colonel Don José Cadalso*, cit., pág. 94). Añade también el influjo de Rousseau —negado por Glendinning— no sólo en su retórica sentimental sino en un buen número de elementos temáticos (ídem. íd., pág. 98).

[161] Prólogo a su edición de las *Noches*, cit., pág. LI.

[162] Ídem, íd., pág. LXIV.

[163] Ídem, íd., pág. LXV.

[164] Ídem, íd.

cepción y aceptación final de la inestable y penosa condición humana»[165].
Y para reforzar sus conclusiones cita a seguido las palabras finales de las
Noches, dichas por Tediato al sepulturero: «Andemos, amigo, andemos»,
que, a juicio del comentarista, refrendan «inexorablemente» el propósito
final del autor: «el de continuar la vida a pesar de todo y de ayudar a los
demás humanos»[166].

Tememos, sin embargo, que la minuciosa exégesis de Glendinning descubra cosas que no se encuentran de manera alguna en la obra de Cadalso.
El propio Glendinning reconoce, al concluir el análisis de la primera
Noche que, al contraponerse la soledad de Tediato y su identificación con
el resto de la humanidad, se advierte la tendencia «a desplazarse de lo
general a lo particular más bien que viceversa»[167]; luego —nos promete
para tranquilizarnos— se sigue «la dirección contraria». Pero el crítico
se siente una y otra vez embarazado porque la marcha de la obra no se
ajusta tan dócilmente a la curva ideológica que se propone describirnos
para probar su tesis. «El defecto principal de la obra —dice, en efecto,
más abajo— es que el equilibrio entre lo particular y lo general no se
mantiene constante a lo largo de las tres noches. Según transcurren éstas,
el aislamiento de Tediato como único en la virtud, va aumentando, y,
especialmente en la segunda, llega a convertirse en un obstáculo para
que el lector pueda apreciar el sentido más general que se da a los sufrimientos de aquél»[168]. ¿En qué quedamos, pues? ¿No se nos había dicho
que en las dos *Noches* siguientes se iba a seguir la dirección contraria?
Más alarmado aún el comentarista llega a preguntarse si «el concepto de
sí mismo como mártir escogido», que «vuelve a aparecer aún en esta
Tercera Noche» —la contradicción con lo que se nos había ofrecido demostrar es ya flagrante— no llegará incluso a disminuir «un poco el
efecto del fin de la obra, cortando ese movimiento tan lógico de lo particular a lo universal» —tan lógico sí, pero tan inexistente en el libro—
«y realzando, innecesariamente quizá» —no se trata de decidir si es innecesario, sino si está en la obra— «el deseo de Tediato (y acaso de Cadalso)
de justificarse»[169]. El comentarista se tranquiliza, sin embargo, respecto
a «la fuerza filosófica y moral de la obra», porque hasta «el estilo retórico y poético»[170], «los puntos de vista de los personajes», «el desarrollo

---

[165] Idem, íd., pág. LXXI.
[166] Idem, íd.
[167] *Vida y obra...*, cit., pág. 78.
[168] Idem, íd., pág. 83.
[169] Prólogo a su edición de las *Noches*, cit., pág. LXXI.
[170] Para reforzar su interpretación «filosófica» de las *Noches*, Glendinning aduce la
importancia que en ellas tiene el *estilo retórico*, es decir, «el uso de expresiones poéticas y exclamaciones retóricas» (prólogo, cit., pág. LXIV, nota 76), y agradece al profesor
E. M. Wilson el que le haya señalado en la obra la existencia de numerosos endecasílabos «como muestra de este estilo». Glendinning no explica —o, al menos, no suficientemente— la importancia que para el significado de la obra tiene el *estilo retórico* y los

de sus ideas» y hasta «la parte del adorno» le garantizan al lector «que se trata de una obra de pensamiento más que de sentimiento» [171]. Y allí está para rubricarlo la frase final, y clave, de la obra: «Andemos, amigo, andemos».

Pero resulta que incluso estas palabras distan astronómicamente de la intención que Glendinning les atribuye. He aquí su sentido. Cuando en los últimos momentos de la *Tercera Noche*, Tediato requiere de nuevo la ayuda del sepulturero Lorenzo para proseguir la obra interrumpida, corta sus pesimistas reflexiones —Lorenzo está afligido en ese momento por una melodramática avalancha de calamidades— diciéndole que «el gusto de favorecer a un amigo» debe hacerle «la vida apreciable», a pesar de todas las desgracias que sufre; «más bienes —añade— dependen *de tu mano*» —el subrayado es nuestro— «que de la magnificencia de todos los reyes» [172]. Éstos tan sólo pueden darle empleos, dignidades y rentas, que para nada quiere y sólo le traerían zozobras; en cambio, el sepulturero puede ayudarle con algo más eficaz: «no te deseo —dice— con corona y cetro para mi bien... Más contribuirás a mi. dicha *con ese pico, ese azadón*... viles instrumentos a otros ojos... venerables a los míos... Andemos,

---

endecasílabos; quizá deja este punto a la sagacidad del lector. Pero, de todos modos, la valoración de los endecasílabos nos parece pueril. Precisamente, en la misma página en que se ·ocupa de ello —una breve página de 21 renglones, excluida la nota, de caja tipográfica muy reducida— Glendinning escribe, distribuyéndolos en su prosa, quince octosílabos, un verso de arte mayor y tres heptasílabos: casi un verso por línea. ¿Qué consecuencia cabe extraer de esto? ¿Debemos deducir que Glendinning escribe crítica en coplas?

[171] Prólogo a su edición de las *Noches*, cit., pág. LXXI. No podemos asentir, en manera alguna, a la tesis de Glendinning de que las *Noches* de Cadalso son más «una obra de pensamiento que de sentimiento», porque creemos que toda la obra, de principio a fin, desborda del más desatado sentimentalismo. Podríamos requerir en ayuda de nuestro parecer buena porción de los más valiosos, pero puede bastarnos la autoridad de Helman, tan profunda conocedora de la obra de Cadalso. En todo su estudio, citado, subraya como característica de las *Noches* la constante tensión del elemento subjetivo; pero además, con palabras muy concretas, define el egoísta ensimismamiento que caracteriza la pasión del héroe, es decir, confirma la inexistencia de la intención universal que pretende Glendinning. «Tediato —dice Helman (pág. 35)— no sólo siente, sino que contempla y exhibe su tormento interior; además, *este sentimiento individual tiene un valor absoluto: es la medida de todo*»; «*...el estado de ánimo del héroe es todo el tema del diálogo. No hay otra acción que la pasión de Tediato*. El único intento de acción, el de desenterrar el cadáver de su amada Filis, con la ayuda del sepulturero sobornado, fracasa en cada una de las noches. *El tema, pues, de esta elegía en prosa* que se titula las *Noches lúgubres*, es el *sufrimiento del alma de Tediato, alma singular en su tristeza y desgracia*, alma excesivamente noble y sensible. Tediato se siente el más infeliz de los mortales: 'soy el único viviente a quien sus rayos [del sol] no consuelen...'» (pág. 36); «La vida entera. la ve Tediato a través de la niebla de su propia tristeza y desilusión...» (pág. 37); «*Tediato, que da un valor absoluto a sus propios sentimientos, no concede ninguno a los de los demás*» (págs. 37-38) (todos los subrayados son nuestros). Parece que las palabras de Helman no requieren explicaciones.

[172] Edición Glendinning, cit., págs. 65-66.

amigo, andemos» [173]. Es decir: lo que Tediato pide a Lorenzo, porque es la ayuda que más puede contribuir a su felicidad —más que el inútil favor de un rey— es que *con ese pico, ese azadón*, herramientas concretísimas e indispensables para el caso, desentierre a su amada, por quien suspira. Y para llegar a ese fin —tan material y concreto como el pico y el azadón—, por el que se afana desde el primer instante de las *Noches*, le suplica al sepulturero: «Andemos, amigo, andemos».

La obra concluye aquí necesariamente —«inexorablemente» podríamos decir nosotros ahora— sin que se le muestre al lector la captura final del cadáver con su traslado al domicilio del enamorado, según Tediato deseaba; y poco importa que supongamos el hecho real o fantástico, interrumpido por la policía de Aranda o imaginado por Cadalso a semejanza de «la difunta pleiteada». Lo único cierto es que el autor, *el escritor*, no podía darle aquel desenlace a la obra, desenlace que hubiera resultado improbabilísimo, ridículo, de pésimo gusto —con toda la gusanera que se nos había descrito— y, sin duda alguna, no aceptable por ningún censor de la época... ni de ninguna. El autor no podía sino dejar *poéticamente* incierto el resultado, sin enredarse estúpidamente en una descripción concreta; le bastaba con haber dejado constancia más que suficiente de la magnitud de su pasión.

Creemos que esta *poética* incertidumbre del final era la única viable y que Cadalso lo hubo de admitir así. Pero este desenlace abierto —que no era sino un subterfugio en realidad— debió de dejar insatisfechos a muchos lectores. Edith F. Helman, en su artículo citado [174], informa que el editor de la primera impresión hecha por el *Correo de Madrid* (1789-1790) consideraba que la obra estaba terminada: pone *puntos* tras las palabras «andemos, amigo, andemos» y escribe a continuación «Fin de la *Tercera Noche*». En cambio, la edición de 1798 introduce una importante modificación al final de la *Noche primera*: cuando Tediato se dirige al cadáver de su amada, suprime la frase: «te llevaré a mi casa» [175]. Evidentemente —pensamos— al eliminar el declarado propósito de Tediato de llevarse a casa el cadáver, se facilitaba el desenlace callado o evitado por Cadalso. Pero el editor de esta versión, aun con ello tiene sus dudas; por eso, en lugar del punto final al término de la obra, escribe puntos suspensivos y pone una nota que dice: «Desde luego habrá conocido el lector que estos diálogos no concluyen como deben. Y en efecto su Autor los dexó imperfectos, y sin darles la última mano, como consta del borrador original en que según su plan, se proponía el reconocimiento de Tediato, detestando su furiosa pasión, sirviendo de escarmiento a los jóvenes incautos

---

[173] Ídem, íd., pág. 66. Todos los puntos suspensivos de este último párrafo existen en el texto; lo que reproducimos, pues, es el texto completo.

[174] «The First Printing of Cadalso's *Noches lúgubres*».

[175] Edición Glendinning, cit., pág. 35.

para que se precaviesen, no dexándose arrebatar de un amor desordenado» [176]. Nos preguntamos con qué derecho atribuyó este editor a Cadalso semejante intención moralizadora; pero es evidente que era el único modo de cerrar las *Noches*: de no ser así, o llegaba algún policía a tiempo para impedir el rapto y llevarse a los dos desenterradores a la cárcel, o tenía Tediato que cargar con el cadáver, transportarlo a su casa, acostarse a su lado, incendiar su domicilio y morir entre sus cenizas, como había prometido al final de la noche primera. El editor de las versiones de 1817 y 1818 —sigue informándonos Helman— todavía refuerza la supuesta intención moralizadora y asegura haber encontrado un fragmento entre los borradores del autor que desarrolla la moraleja en la forma dicha; y lo añade, en efecto, para cerrar las *Noches*. Helman supone —y nos parece evidente— que el fragmento fue redactado por algún amigo del autor —Noroña, Navarrete o el editor mismo— para hacer viable la obra, bien a efectos de la censura o bien para la mera aceptación de los lectores. Helman recuerda con gran oportunidad que en la discutida carta de M. A. se dice que Cadalso nunca acabó sus *Noches*, porque, «disipada la melancolía», «le fue imposible seguir el mismo estilo, confesando que aquella obra era sólo hija de su sentimiento» [177]. Noticia que nos parece cierta, si sustituimos lo de «estilo» por algo más complejo: la dificultad de concluir razonablemente unas páginas inspiradas por una demencia temporal.

La difusión del romanticismo, según ya hemos dicho, acrecentó el interés por lo anecdótico y macabro de las *Noches lúgubres*. Los editores [178] fueron haciendo añadidos por su cuenta, y entre 1822 y 1879 aparecieron once ediciones por lo menos que agregan una *Noche cuarta* [179], durante la cual se cumplen los sucesos prometidos por Tediato al fin de la primera *Noche* original. Glendinning supone que estas versiones románticas, así como las muchas imitaciones que se escribieron, distorsionaron la significación de la obra de Cadalso y, polarizando la atención sobre lo fúnebre y fantasmagórico, hicieron olvidar su contenido moral y filosófico, que es lo capital para el crítico inglés. Evidentemente, un acrecentamiento de tumbas y desenterradores favorecía escasamente la eventual interpretación filosófica del libro; pero, lo que nos parece muy discutible es que las versiones «a la romántica» de las *Noches* tergiversaran o desviaran su lógica trayectoria. Los románticos —insistimos en que nada importa para el caso que la anécdota de la obra se estimara real o no— no hicieron sino llevar la obra de Cadalso a su desenlace inevitable, conducir hasta el

---

[176] Reproducido por Helman en «The First Printing...», pág. 130, nota 20.

[177] Ed. Valmar, cit., pág. 248.

[178] Véase Nigel Glendinning, «The Traditional Story of *La difunta pleiteada*, Cadalso's *Noches lúgubres* and the Romantics», cit.

[179] La publica, como Apéndice, Edith F. Helman en su edición cit. de las *Noches lúgubres*, págs. 127-131. También incluye la mencionada «conclusión de la *Noche tercera*», págs. 119-123.

cabo los sucesos. Lo exige de modo «inexorable» el tono y ambiente de
toda la obra, el propósito declarado de Tediato al final de la *Noche*
primera, y su perentoria conminación al sepulturero para acabar la tarea
empezada, con que concluye la versión original. Aquellos polvos trajeron
estos lodos. Los románticos no vieron sino lo que había, y lo redondearon
con tan perfecta lógica como escaso esfuerzo. El gusto de la época por
lo nocturno y funeral halló delicioso y apasionante el desenlace que el
ilustrado Cadalso, dramáticamente distendido entre su pasión y el racionalismo de su época, no se atrevió a intentar [180].

¿No existe, pues, ningún propósito filosófico en la obra, contra la tesis
tejida por Glendinning? Creemos que no. Lo cual no obsta para que puedan espigarse aquí y allá diversos pensamientos sueltos, tomados —según
Glendinning puntualiza— de la obra de Young, o de distintos autores españoles —fray Luis de Granada, Gracián, Quevedo— con los cuales adereza
su visión pesimista de la vida y extrae símiles para sus descripciones de la
miseria humana.

Sagacísima, a nuestro juicio, es, por el contrario, la interpretación
dada por Montesinos a las *Noches lúgubres* (permítasenos glosarla tren-
zándola con nuestras propias reflexiones). Montesinos comienza por recordar el *est quaedam flere voluptas* de Ovidio, que a través del dolorido
sentir de Garcilaso y las quejas de Lope había inspirado a tantos poetas
lágrimas de amor o de desconsuelo. Cadalso había escrito sus *Noches* a
raíz de la muerte de María Ignacia y bajo la impresión de su pérdida fulminante; nada impide aceptar que, en instantes de desesperación, imaginara —con «difunta pleiteada» o sin ella— acercarse a su cadáver y
soñar en su imposible resurrección. La boga que disfrutaba por entonces
la obra de Young, y que pudo provocar en diversos países, según recuerda Montesinos, extravagantes exhibiciones de dolor fúnebre, inspiró sin
duda a Cadalso el ambiente melodramático que sirve de escenario a sus
Noches. Las palabras con que Montesinos define a Young, creemos que
sirven a maravilla para describir la actitud de Cadalso: «Necesita crearse
una atmósfera para vivir de sus fantasías; necesita sustantivar el artifi-

---

[180] Es curiosa la presencia —hasta en instantes de la mayor exaltación— del espíritu ilustrado y racionalista que hace a Cadalso tan típico hombre de su tiempo.
Montesinos —«Cadalso o la noche cerrada», cit.— comenta alguno de estos rasgos
racionalistas que asoman en medio del patetismo de las *Noches*. Cuando Lorenzo, el
sepulturero, se asusta de su propia sombra, Tediato no se limita a decirle: «Lo que
ves es tu misma sombra», sino que, acordándose de sus bien aprendidas lecciones de Física, le suelta nada menos que esto: «¡Necio! Lo que te espanta es tu misma sombra con la mía. Nacen de la postura de nuestros cuerpos respecto de aquella lámpara»; y Montesinos comenta con mucho gracejo: «No hubiera dicho más
Feijoo» (pág. 158). Con parecida pedantería explica luego Cadalso el episodio del
bulto horroroso con que se encontró Tediato en la cripta y que resultó ser un perro.
Y no menos inoportunas, en tan dramáticos momentos, resultan las alusiones al oro
traído por el indiano «de la infeliz América a la tirana Europa».

cio» [181]. Cadalso lo sustantivó en la tétrica cripta de sus *Noches*, lo rodeó de la escenografía más detonante que su cerebro, habitualmente equilibrado, pudo imaginar, y lo envolvió con una catarata no menos desatada de desahogos pesimistas para crear la atmósfera que simbolizara y diese a la vez cuerpo a su dolor. El gran error de Cadalso consistió en pretender darle forma literaria cuando la proximidad de su crisis le impedía aún convertirla en adecuada ficción de arte. Young, dice Montesinos, había partido de un propósito artístico, pero fueron sus lectores quienes, impresionados por aquella nueva sensibilidad literaria que comenzaba a difundirse, asimilaron su libro a la vida. Podría decirse ahora que Cadalso cayó en esta trampa, sólo que partiendo del lado opuesto al de Young: no tuvo un propósito de arte, sino que quiso en este caso que la obra diera constancia de su vida, es decir, de la desesperación amorosa que le abrumaba entonces. No es necesario que fueran anecdóticamente ciertos los detalles de la obra; bastaba la realidad de su dolor y probablemente de sus delirios, que, cuando existen, no son menos *reales* que un dolor de muelas. A esta *realidad* global es a la que se refiere Montesinos, que no cree necesariamente en la verdad de la carta famosa de M. A., pues claramente apunta su escepticismo. Lo que Montesinos afirma es que aquella *realidad* de Cadalso, cualquiera que fuese, estaba aún demasiado cruda y en agraz, turbia y agitada para que fuera posible —Cadalso, al menos, no lo consiguió— vaciarla de otro modo sino como una explosión vociferante y gesticulante. Esto es lo que quiere decir Montesinos cuando escribe: «Lo que hay de falso, de radicalmente falso, en las *Noches* es que todo es verdad» [182], es decir sustancia cruda, no macerada o decantada, materia prima demasiado próxima a la vida; sea cual fuera, repetimos. Dejándose llevar de su desatada pasión, Cadalso acumuló en su libro «todo ese aparato romántico de cárceles, justicias, carceleros, gritos en la noche, ejecuciones nocturnas, etc.» [183]; sin contar con las truculencias que

---

[181] «Cadalso o la noche cerrada», cit., pág. 154.

[182] Idem, íd., pág. 160.

[183] Montesinos se pregunta por el origen de todo este «aparato romántico», que —según confiesa— no ve claro de dónde se lo saca. Bruce W. Wardropper en su artículo mencionado —«Cadalso's *Noches lúgubres* and Literary Tradition»— trata de aclarar las tradiciones literarias que convergen para alimentar este momento crítico de la vida de Cadalso. Wardropper señala en primer lugar la del barroco español tan vigente hasta en los mismos días de Cadalso; según dicho crítico, los elementos macabros del autor de las *Noches* fueron inspirados casi enteramente por la lectura de Quevedo y otros escritores barrocos, y también —como Montesinos había ya sugerido— por los cuadros de Valdés Leal; Wardropper aduce también algunos textos de Calderón. Glendinning en el prólogo a su edición de las *Noches*, menciona además la posible huella del *Criticón*, de Gracián, y la de Torres Villarroel; y añade pasajes de fray Luis de Granada, en su *Libro de oración* —capítulo «De la consideración de las miserias de la vida humana»—. Sobre toda esta visión barroca de la muerte —fuente, dice Wardropper, de la desesperación de Cadalso— se superpuso el vago recuerdo literario-vital de la obra de Young. Sin embargo, esta visión pesimista de

le suceden al pobre Lorenzo en sólo unas horas. La prisión de que es objeto Tediato en la segunda *Noche*, y en la que Glendinning encuentra tantos significados filosóficos, servía para acrecentar todavía el «nocturno» funeral, pero interesaba sobre todo para que el personaje, en peligro de ser ajusticiado, pidiera melodramáticamente su muerte a los carceleros como única liberación posible de su amorosa desesperación; era un episodio que necesitaba el autor para lograr un efecto más. A diferencia de esta acumulación de horrores, «los versos —dice Montesinos— que inspiró la muerte de Filis, los versos que suelen imprimirse como apéndice a las *Noches*, escritos sin la preocupación nocturna y tumbal de los admiradores de Young, dan la medida del sentimiento poético de Cadalso» [184]. En cambio, el resultado de las *Noches* es un libro «ingenuo y pueril» [185], definición que no nos parece injusta en absoluto; un libro en el que Cadalso pretendió «dar perennidad literaria a su luto, ya que no a su duelo» [186].

Tras esto, no resulta ahora improcedente preguntarse por qué las *Noches lúgubres* no fueron publicadas. Glendinning, que se lo pregunta, sugiere como «bastante probable» que Cadalso «no creía que la censura le dejaría editar su obra» [187]; y enumera a continuación las dificultades que tuvo con aquélla en otras ocasiones; respecto a la alusión que hace Cadalso en sus *Cartas marruecas* de que quizá se atrevería a publicar las *Noches* en Londres, dice Glendinning que esto era porque Cadalso sabía cuántas ideas heterodoxas encerraba su obra, y en Londres no había censura. Recordemos las palabras de Cadalso: «Si el cielo de Madrid no fuese tan claro y hermoso y se convirtiese en triste, opaco y caliginoso como el de Londres (cuya tristeza, opacidad y caliginosidad depende, según geógrafo-físicos, de los vapores del Támesis, del humo del carbón de piedra y otras causas), me atrevería yo a publicar las *Noches lúgubres*

---

la vida, de la que podrían espigarse millares de pasajes no sólo en los autores aducidos sino en multitud de escritores religiosos, no precisamente barrocos, carece de la truculencia espectacular que acumula Cadalso en sus *Noches*. El mismo tema de la noche —según precisa Wardropper— no tenía en la poesía inglesa o española de la época —incluso para el mismo Young— ese carácter de pesadilla: la noche poseía un encanto peculiar para el filósofo y el poeta. Cadalso, en cambio, deja bien claro que aquellas tres noches de angustia tienen especiales características que le son propias. ¿Por qué no aceptar, pues, que todas aquellas «fuentes», más o menos asimiladas por Cadalso y el ambiente del nocturno sepulcral prerromántico, que estaba ya en el aire en toda Europa, recibieron de Cadalso una particular intensificación, nacida de su carácter peculiar o de su transitoria enajenación por la muerte casi repentina de la mujer amada? Será preciso admitir —con permiso de eruditos y de fuentistas, claro es— que un escritor en cualquier momento, sin ser un genio necesariamente, puede tener también alguna ocurrencia personal, de ideas o de estilo, sin necesidad de tomarla de los textos puntualmente fichados por los pacientes investigadores.

[184] «Cadalso o la noche cerrada», cit., pág. 162.
[185] Idem, íd., pág. 156.
[186] Idem, íd., pág. 163.
[187] Prólogo a su edición de las *Noches*, cit., pág. LXXIII.

que he compuesto a la muerte de un amigo mío, por el estilo de las que escribió el doctor Young. La impresión sería en papel negro con letras amarillas...» [188]. Puestos a encontrar intenciones esotéricas y simbolismos hasta en las comas, que es lo bueno, habría que pensar que Londres, por su «tristeza, opacidad y caliginosidad» representaba un lugar hostil, lleno de obstáculos y asechanzas, obstruido por la censura, cerrado para el ejercicio de la inteligencia, función de claridad; mientras que Madrid, con su cielo claro y hermoso, debía simbolizar algo así como el Edén del pensamiento. O no entendemos nada de símbolos. Nos parece claro —tan «claro» como el cielo de Madrid— que las palabras de Cadalso apuntaban hacia otro lado. Transcurrido algún tiempo desde su grave crisis sentimental, Cadalso debía de encontrar sus *Noches* como, en efecto, eran: una producción aparatosa, que a los lectores de Madrid —de toda España—, poco dados a la excentricidad morbosa y ajenos aún —el Romanticismo quedaba todavía muy lejos— a la escenografía del horror, debía de producirles más bien ganas de reír que de llorar. En Londres, en cambio —digamos también, en toda Inglaterra— las *Noches* podían hallar una acogida más propicia tanto por el clima como por las aficiones de sus habitantes, frecuentemente dados a géneros morbosos. La humorada de imprimir las *Noches* sobre papel negro con letras amarillas, transparenta el sentir del propio Cadalso, que con esta no muy velada ironía trataba de hacerse perdonar su exceso sentimental y su fracaso literario. Las *Noches*, impresas en Madrid, le hubieran atraído entonces a su autor la misma rechifla que sus propios amores y su deseo de matrimoniar con la actriz le habían acarreado —no importa ahora con cuánta justicia— entre sus «sodales» y también, sin duda, entre todas las gentes de su mundo, más «prácticas» y realistas en sus aventuras amorosas. A esta incomprensión de sus colegas alude Cadalso en las *Noches*. En la primera, cuando el sepulturero dice que sus compañeros, si tuvieran noticia de ella, harían mofa de su cobardía, responde Tediato: «Más harían de mí los míos al ver mi arrojo. ¡Insensatos! ¡Qué poco saben!... ¡Ah, me serían tan odiosos por su dureza, como yo sería necio en su concepto por mi pasión!» [189]. Y en la segunda, aludiendo evidentemente a la desfavorable acogida que tuvieron ya sus amores y sus excesos de dolor a la muerte de María Ignacia, dice Tediato: «Sobre la muerte de quien vimos ayer cadáver medio corrompido me acometieron mil desdichas: ingratitud de mis amigos, enfermedad, pobreza, odio de poderosos, envidia de iguales, mofa de mis inferiores...» [190]. No es necesaria mucha agudeza para intuir que fue verdad. Hay otro texto no menos transparente. En la carta a Meléndez Val-

---

[188] Carta LXVII, edición Dupuis-Glendinning, luego cit., págs. 145-146.
[189] Edición Glendinning, cit., pág. 10.
[190] Ídem, íd., págs. 50-51.

dés le escribe a propósito de las *Noches lúgubres*: «Supongo en Vd. o por
mejor decir, creo y me consta en Vd. bastante discreción para no fiar este
papel a mucha gente, ni leerlo al profano vulgo (entendiendo por vulgo:
toda aquella gran porción del género humano que no piensa y que a fuerza de dejar en la [inacción] su racionalidad casi la han igualado con el
instinto de un bruto o el movimiento de una máquina)» [191]. Cadalso, en
efecto, sentía pudor de echar a los pies del vulgo ignaro, incapaz de comprender, el testimonio de su delirio amoroso, que sólo una inteligencia
delicada y comprensiva —la de Meléndez lo era— podía entender y perdonar. Cadalso no publicó su obra —tal es nuestra opinión— por razones
de autocensura: una autocensura que era esta vez sentimental y estética;
incapaz de renunciar a su pasión, tenía, en cambio, graves dudas de que
su exhibición fuera oportuna y, sobre todo, de haberla inmortalizado convenientemente en forma literaria [192].

---

191 Edición Sandoval, cit., págs. 342-343.

192 Es curioso que Glendinning no llegue a tales conclusiones, a pesar de que en una
ocasión da con la raíz de ello. En la nota 43 de su *Vida y obra de Cadalso*, pág. 195,
tras afirmar que «Cadalso siempre consiguió cambiar su tristeza en risa», escribe:
«Incluso el tema de las *Noches lúgubres* vino a ser más tarde para Cadalso tema
para chistes y gracias». Y aduce dos textos, aunque no muy convincentes por cierto.
Uno es la breve composición, ya citada, en que da cuenta el autor de haber escrito
las noches a la muerte de Filis; es así, completa:

> *De la muerte de Filis*
> *Tres noches he compuesto,*
> *Tan tristes, que con nada*
> *Comparártelo puedo...*
> *Mas sí que son tan tristes*
> *Como gustosas fueron*
> *Las que pasamos juntos*
> *Mientras vivió mi dueño...*
>   (Ed. Valmar, *Poetas líricos...*, cit., I, pág. 275).

No parece que en estos versos haya ningún «chiste ni gracia»; el autor contrapone
simplemente, con nostálgica gravedad, la tristeza de su escrito con el perdido gozo
de la compañía de su amada. El otro texto es una carta a Iglesias. Cadalso cita sus
propias palabras de la primera *Noche*, puestas en boca de Tediàto, contra la amistad,
y añade: «¿Pero tiene razón? Aquí entra un distingo escolástico. Si habla de la amistad
y amigos comunes, esto es de aquellos que en los Palacios, Cortes y Embajadas, empleos
grandes y máquinas de la ambición se buscan para construir cada uno su fortuna sobre
el trabajo del otro, tiene mil razones y hace bien en ponerse de mal humor. Pero no
dice bien, sino muy mal, si habla de la amistad que nace, crece y vive siempre entre
unos hombres honrados, algo filósofos, propensos a la lectura, y que limitan toda su
ambición a pasar su juventud adquiriendo noticias de literatura para tener una vejez
llena del consuelo que da la medianía, la instrucción y la jovialidad. En este caso no
tiene razón el Sr. Tediato» (ed. Sandoval, cit., pág. 352). Tampoco aquí hay «chiste ni
gracia», sino una palinodia que apoya nuestra tesis. Pero el texto tiene interés en
otro aspecto. Algunas ediciones de las *Noches* incluyen una nota a propósito de las
frases contra los padres (cit. por Glendinning en su ed. de las *Noches*, cit., pág. 22,
nota 13), de idéntico tono a la diatriba disparada por Cadalso contra los amigos;
dice así la nota: «Esta moralidad se ha de entender de los malos padres, y del mismo
modo las siguientes», es decir, las que escribe el autor contra amigos, madres, hi-

Las «Cartas marruecas» [193]. Es esta obra la más importante de las conocidas de Cadalso; no obstante, ha merecido muy varia aceptación a lo largo del tiempo. En general, las *Cartas* fueron elogiadas por sus contemporáneos, como, por ejemplo, Meléndez Valdés que se había propuesto publicarlas. Algunos neoclásicos posteriores, como Quintana y Marchena, pensaban que la dificultad para expresarse libremente coartó a Cadalso y le impidió desarrollar todas las posibilidades que su talento y el tema prometían; no faltaron, sin embargo, comentaristas que estimaron las *Cartas* por su acertada actitud crítica de los vicios nacionales y elogiaron su estilo y su imparcialidad [194]. Con todo, parece que nunca alcanzaron la popularidad de *Los eruditos a la violeta*, sátira mucho más ligera y adecuada al gusto común. Durante la época romántica fueron las *Noches lúgubres* la obra más conocida y gustada de Cadalso, según quedó ya dicho, con perjuicio de las *Cartas* que fueron objeto, en ocasiones, de juicios adversos. Alcalá Galiano decía de ellas que eran «pobres remedos de un hermoso modelo, donde no hay prendas de estilo, ni novedad, ni profundidad de pensamiento, ni sana crítica, ahogada tal cual agudeza y una u otra observación juiciosa entre abundantes errores y trivialidades» [195]. Con todo, las *Cartas marruecas* gozaron de considerable aceptación fuera de España; muy tempranamente (1808) fueron traducidas al francés, y fragmentariamente al inglés en 1825; en Estados Unidos fueron texto de uso frecuente para las clases de español en muchas universidades y colegios, incluso en Harvard, particularmente durante los años en que Ticknor fue allí catedrático; también fueron libro de texto bastante común en Francia y en Inglaterra, sobre todo en los años en que hubo exiliados españoles, que usaban la obra de Cadalso para la enseñanza de su idioma.

En las últimas décadas del pasado siglo, al agudizarse las polémicas sobre el ser de España y su regeneración, las *Cartas* de Cadalso adquirieron rápida vigencia. Menéndez y Pelayo, en sus *Ideas estéticas* [196], dedicó a Cadalso una breve semblanza en la que se parean los errores y las agudas intuiciones; en conjunto, siente escaso aprecio por su producción literaria, aunque lo estima como hombre y como patriota; de las *Cartas* dice que son «pálida imitación» de las de Montesquieu, opinión que viene

---

jos, etc. No creemos que esta salvedad, hecha, evidentemente, por censores o moralistas timoratos, sea tampoco para escandalizarse demasiado, pues, como vemos, el propio Cadalso había escrito muchos años antes, en carta privada, palabras casi idénticas.

[193] Ediciones modernas: ed. con prólogo de Azorín, Madrid, 1917; Juan Tamayo y Rubio, Madrid, 1935, «Clásicos Castellanos» (varias reimpresiones); Federico Carlos Sáinz de Robles, Madrid, 1944 (el volumen contiene además *Los eruditos a la violeta*, el *Suplemento* y *El buen militar a la violeta*); Lucien Dupuis y Nigel Glendinning, Londres, 1966.

[194] Cfr. Dupuis-Glendinning, prólogo a su edición cit., pág. VII, nota 1.

[195] Cit. por Dupuis-Glendinning en ídem, íd., pág. IX, nota 12.

[196] *Historia de las ideas estéticas en España*, ed. cit., vol. III, págs. 295-296.

siendo repetida hasta nuestros días. La Generación del 98 acrecentó el interés por Cadalso, en quien veía un precursor de sus ideas y actitud frente a los problemas nacionales; Azorín, en particular, le dedicó diversos comentarios y prologó en 1917 una edición de las *Cartas*. Unamuno, sin embargo, en una de sus frecuentes incomprensiones, dirigió a Cadalso palabras despectivas en su ensayo *Sobre la erudición y la crítica* [197] a propósito de que se utilizaran las *Cartas* para la enseñanza del español. Menéndez Pidal se ocupó del patriotismo reflexivo de Cadalso en su ensayo *Los españoles en la historia* [198], y Ricardo del Arco ha estudiado sus ideas a propósito de la polémica entre casticistas y europeizantes en su libro *La idea de imperio* [199].

En las dos últimas décadas la persona y obra de Cadalso han atraído poderosamente la atención de numerosos investigadores, según puede advertirse por los numerosos trabajos que citamos o comentamos en estas páginas.

Como su nombre indica, las *Marruecas* están escritas en forma de cartas —noventa en total—, que se cruzan entre tres personajes: dos marroquíes, Gazel y Ben-Beley, y un español, Nuño. Hemos aludido en otro lugar a la moda del orientalismo difundida en el siglo XVIII por toda Europa. Cuando este orientalismo se utilizaba para enjuiciar países europeos, el artificio consistía en enfrentar la mentalidad de un oriental, tan distinto de nuestro mundo, con la realidad que contemplaba; de esta manera, por vías de una aparente ingenuidad o contraste, a través de una mirada «virgen», el viajero ponía de relieve lo peculiar del país visitado, que casi siempre era absurdo para él. Montesquieu, con sus *Cartas persas*, proporcionó el modelo clásico del género, aunque ya antes de él venía preparándose. Hubo muchas publicaciones en que se fingía impresiones de un viajero, como *The Spectator*, de Addison, o las *Cartas de un espía turco*, del italiano Giovanni Paolo Marana, que recorre diversos países de Europa; también libros como el de Du Fresny, *Amusements sérieux et comiques d'un Siames*, o *El ciudadano del mundo*, de Goldsmith. Como dice el propio Cadalso en su «Introducción», no era tan natural en España esta ficción del remoto oriental por ser menor entre nosotros el número de tales viajeros: «Sería increíble —dice— el título de Cartas Persianas, Turcas o Chinescas, escritas de este lado de los Pirineos» [200]. Por eso su *orientalismo* hubo de ser más próximo y verosímil, sirviéndose además de personajes si no tomados directamente de la realidad, basados en ella. Un embajador de Marruecos, Sidi Hamet Al Ghazzali, llamado común-

---

[197] En *Ensayos*, VI, ed. de la Residencia de Estudiantes, Madrid, 1918, pág. 99.
[198] Ramón Menéndez Pidal, «Los españoles en la historia», en *España y su historia*, I, Madrid, 1957, págs. 13-130; la cita en págs. 114-116.
[199] Ricardo del Arco y Garay, *La idea de imperio*, Madrid, 1944, pág. 710.
[200] Edición Dupuis-Glendinning, cit., pág. 3.

mente El Gazel, había permanecido varios meses en España en 1766 y dejado amplia resonancia de su viaje. El Gazel de Cadalso se queda en España, después del regreso de su embajador, para viajar por su cuenta, y envía sus impresiones a su viejo maestro Ben-Beley al mismo tiempo que escribe a un amigo suyo español, Nuño, depositario de sus confidencias. Cadalso supone que había caído en sus manos esta correspondencia, y la publica[201].

El problema de la deuda de las *Cartas marruecas* de Cadalso respecto a las *Persas* de Montesquieu ha sido largamente debatido. Durante el siglo xix se aceptó, en general, que las del español no eran sino una mala imitación de las del francés; así opinaba Quintana[202], Alcalá Galiano[203], Menéndez y Pelayo[204], Cotarelo y Mori[205]; fuera de España sostuvieron el mismo criterio Adolphe-Louis de Puibusque y Ticknor. Pero la crítica de nuestro siglo ha modificado por entero este criterio. Tamayo y Rubio, en el prólogo a su edición citada, resume su juicio diciendo que «Cadalso no debe a Montesquieu caudal de ideas, ni es imitador servil, pues sólo recuerda las *Lettres persanes* para el título y el plan general de su obra»[206]; y desarrolla la prueba de este aserto en un extenso estudio[207]. Emily Cotton, en su artículo citado[208], afirma que la imitación de las *Cartas marruecas* respecto de las *Persas* va poco más allá del título y de la forma epistolar, que adoptó por creerla vehículo adecuado para la sátira que proyectaba. Después de enumerar algunas diferencias que juzga esenciales —el silencio, en Cadalso, sobre temas religiosos y políticos; la ausencia de todo color local «orientalista», tan abundante en Montesquieu; la aversión a la guerra, que Montesquieu, por el contrario, considera justa cuando se trata de ayudar a un aliado; la diferencia en número y condición de los interlocutores, etc.—, concluye que hay que dejar de ver a Cadalso como un servil imitador de Montesquieu y otorgar, en cambio, a su obra la originalidad que le corresponde por su peculiar ideología, su crítica jui-

---

[201] El primero que hizo notar la conexión entre la obra de Cadalso y una verdadera embajada de Marruecos fue Serafín Estébanez Calderón en su *Manual del oficial en Marruecos* (Madrid, 1844, pág. 85). Robert Ricard habla también de ello en su reseña de la edición de Tamayo, «A propos d'une nouvelle édition des *Cartas marruecas*, de Cadalso», en *Bulletin Hispanique*, XXXVIII, 1936, págs. 540-541.

[202] «Sobre la poesía castellana del siglo xviii», en *Obras Completas*, B. A. E., XIX, nueva ed., Madrid, 1946, pág. 148.

[203] *Historia de la literatura española, francesa, inglesa e italiana en el siglo XVIII*, Madrid, 1845, pág. 266.

[204] *Historia de las ideas estéticas*, cit., III, pág. 295.

[205] *Iriarte y su época*, cit., pág. 124.

[206] Página 40.

[207] Juan Tamayo y Rubio, «Cartas Marruecas del coronel don Joseph Cadahalso», en *Anales de la Facultad de Filosofía y Letras de la Universidad de Granada*, III, 1927.

[208] «Cadalso and his Foreign Sources», págs. 7-8.

ciosa y su patriotismo; y aun llega a decir que Cadalso no sólo no imitó las ideas de Montesquieu sino que se esforzó por ser diferente del francés.

John B. Hughes dedica un capítulo completo de su excelente estudio sobre Cadalso [209] a examinar la relación entre las dos obras. Hughes deja fuera de duda que las *Lettres persanes* sirvieron de modelo, en forma general, para las *Marruecas*: «Existen —dice— paralelos inconfundibles tanto en la *Introducción* como en el texto de las *Cartas*, semejanzas que demuestran, hasta disipar toda duda, la *función ejemplar* de la obra de Montesquieu. Al escoger el título y el plan general de su obra (el comentario epistolar hecho de su país por viajeros extranjeros) parece más que probable que Cadalso tuviera presentes en su pensamiento las *Lettres persanes...*» [210]. Pero tras esta afirmación que afecta al conjunto, detalla Hughes los numerosos y básicos aspectos particulares que diferencian ambos libros, a los que debe considerarse —dice— como dos realidades distintas en su enfoque ideológico, artístico y humano. Primeramente, Montesquieu realiza un examen objetivo y riguroso, de índole teórica, de las leyes y las instituciones humanas para aplicarlo luego a su país y otras naciones de Europa y Asia; varias cartas están dedicadas a esta construcción teórica, y toda la obra está elaborada desde una concepción intelectual, que pretende desnudarse de todo género de prejuicios, religiosos o tradicionales; dentro de ella el papel del hombre queda reducido al de las cosas, y las instituciones humanas son un mero accidente que depende del tiempo y del espacio histórico. A Montesquieu no le preocupa la búsqueda del carácter genuinamente nacional, y a pesar de las constantes críticas de las costumbres de su patria, no se afana en proponer soluciones porque, para él, Francia no es un problema; su país se le aparece como una sólida estructura, inmune a los ataques del satírico. Cadalso, por el contrario, no pretende, ni alcanza, ninguna originalidad como teórico: su visión del hombre no se sustenta en las corrientes racionalistas de la filosofía ilustrada, sino en sus sentimientos, en su visión afectiva estimulada por el dolor personal que le inspira su país; se propone descubrir el verdadero ser de España, su carácter nacional, que se apoya en cimientos sagrados e intangibles, aunque no necesariamente racionales y susceptibles de explicación. La crítica que aplica Montesquieu al pueblo francés y a sus costumbres permanece en un plano puramente conceptual; mientras que Cadalso examina a sus personajes como *integraciones*, como *existencias*, no como conceptos deducidos de leyes abstractas. Esta visión del hombre otorga a la obra de Cadalso unas dimensiones artísticas y humanas, una gravedad moral, un sentido cómico y compasivo a la vez, de que carecen las *Cartas* de Montesquieu, aunque éste le aventaje siempre en erudición y perspicacia crítica, en agudeza y mordacidad, en

---

[209] John B. Hughes, *José Cadalso y las «Cartas marruecas»*, Madrid, 1969.
[210] Ídem, íd., pág. 75.

amplitud temática y agilidad de estilo. Para entender las *Cartas marruecas* —resume Hughes— hay que abandonar el criterio basado en la forma externa de la obra y dejar de buscar su entronque entre las obras de forma epistolar aparecidas en la Europa del siglo XVIII, para hallarlo, en cambio, en el camino de los libros escritos por españoles y sobre España desde el siglo XV en adelante [211].

Otro posible influjo sobre las *Cartas marruecas* también discutido, aunque no tanto como el de las *Persas*, es el del *Citizen of the World*, de Oliver Goldsmith. La obra de éste consiste en cartas escritas por un mandarín chino, que reside en Londres, a los amigos de su país. Estas cartas, que alcanzan el número de 118, aparecieron primero en una publicación periódica y fueron reunidas por vez primera en volumen en 1762; al año siguiente se hizo una traducción francesa, que fue repetidamente editada y alcanzó mayor popularidad que el libro original. Ticknor señaló que las *Cartas marruecas* tenían grandes semejanzas con el *Citizen of the World*, y esta opinión fue aceptada por largo tiempo; pero Tamayo y Rubio y Emily Cotton, en sus respectivos estudios mencionados, han rechazado este juicio como totalmente inaceptable. Más recientemente ha vuelto sobre ello Katherine Reading [212], para la cual es evidente el influjo de la obra de Goldsmith, que ella concreta en diversos puntos; no existe, dice, ninguna imitación servil, pero la obra inglesa le proporcionó una serie de temas, que Cadalso pudo aplicar a su propia patria desarrollándolos a su manera. Por lo demás, señala Reading que las cartas en donde se advierte la huella del *Citizen* son, por lo común, de importancia secundaria en la obra de Cadalso.

Como quiera que lo que a Cadalso le interesa sobre todo es la crítica de costumbres, no insiste demasiado en la ficción novelesca de sus viajeros, y las notas ambientales que definen a sus marroquíes son más bien escasas. Del mismo modo no pone tampoco mucho empeño en caracterizar a sus personajes, y estamos de acuerdo con Tamayo y Rubio en que el lector «ve oscurecerse, entre nieblas, estas figuras imaginarias de Gazel y Nuño, para advertir ante sí, en el proscenio del libro, al soldado que fue cantor de Filis y a él solamente» [231]. Dupuis-Glendinning encuentran en las cartas de los distintos personajes ciertas diferencias de estructura y estilo, «que subrayan la diversidad de su sentido y alcance» [214], aunque creemos que sus observaciones no son siempre muy convincentes; sobre todo, su pretensión de escribir párrafos de Cadalso a modo de versos para

[211] Ídem, íd., pág. 86.
[212] Katherine Reading, «A Study of the Influence of Oliver Goldsmith's *Citizen of the World* upon the *Cartas marruecas* of José Cadalso», en *Hispanic Review*, II, 1934, págs. 226-234.
[213] Prólogo a su edición cit., pág. 42.
[214] Prólogo a su ed. de las *Cartas*, cit., pág. XXXVIII.

hacer resaltar efectos estilísticos de ritmo y contraste, nos parece bastante caprichosa. Asentimos, sin embargo, cuando afirma que los tres personajes «están ligeramente diferenciados» [215], y sobre todo al puntualizar que la disposición del libro «da lugar a discusión y debate más que al desarrollo de teorías sistemáticas o doctrinas» [216]. Urge advertir que, a pesar de la existencia de tres voces, es siempre el propio Cadalso quien se desdobla en ellas para exponer o defender el pro y el contra de una cuestión, y en esto justamente, según precisan los mencionados críticos, radica el interés y la modernidad de la obra; Cadalso —dicen— tiene menos confianza en el método científico que otros hombres de su siglo, como Feijoo, Jovellanos o Moratín, para los cuales todo problema tiene su solución; Cadalso, más escéptico, duda frecuentemente, a través del debate de sus personajes, y más que soluciones nos da puntos de vista [217]. En cualquier caso, las opiniones que reflejan el pensamiento básico de Cadalso van comúnmente a cargo de Nuño, tras el cual se esconde las más de las veces el autor; en algunos casos, en la carta LXVII, «De Nuño a Gazel», se presenta abiertamente, según hemos visto, como autor de las *Noches lúgubres*. Más todavía, en la «Introducción» el autor hace una pirueta que acaba de destruir la ficción y descubre el juego —o, mejor dicho, destruye todo posible juego novelesco— desde el comienzo. Dice Cadalso que el amigo que le dejó el manuscrito de las cartas y que «según las más juiciosas conjeturas, fue el verdadero autor de ellas, era tan mío y yo tan suyo, que éramos uno propio; y sé yo su modo de pensar como el mío mismo, sobre ser tan rigurosamente mi contemporáneo que nació en el mismo año, mes, día e instante que yo» [218]. No se pueden decir las cosas más claro.

---

[215] Idem, íd., pág. XXXVI.

[216] Idem, íd.

[217] Sobre este importante aspecto cfr. Mariano Baquero Goyanes, «Perspectivismo y crítica en Cadalso, Larra y Mesonero Romanos», en *Perspectivismo y contraste (De Cadalso a Pérez de Ayala)*, Madrid, 1963, págs. 11-26. Destaca Baquero Goyanes las posibilidades perspectivistas que se derivan del triple entrecruzamiento de voces, y señala además la aparente paradoja de que este procedimiento, que multiplica los ángulos de visión, le permite al autor expresarse de una manera más objetiva e imparcial, menos dogmática en todo caso, puesto que muestra los encontrados, y complejos, aspectos que ofrecen los problemas. Para conseguir este resultado, añade Baquero Goyanes, Cadalso recurre a la imitación del artificio de las cartas usado por Montesquieu, pero piensa a la vez en la manera crítica cervantina, a la cual alude en las primeras líneas de la *Introducción;* Cadalso advertía la densidad crítica de la obra cervantina, precisamente en la posibilidad de afrontar con visión perspectivista —realidad e ilusión— el espectáculo del mundo. Sobre este último punto cfr. A. Ramírez Araujo, «El cervantismo de Cadalso», en *The Romanic Review*, XLIII, 1952, págs. 256-265.

[218] Ed. Dupuis-Glendinning, cit., pág. 5.

Las *Cartas*, que fueron escritas probablemente entre 1768 y 1774[219], ni siquiera están ordenadas por fechas —de que carecen—, según advierte ya el autor, que dice renunciar a semejante trabajo. Tampoco siguen ninguna línea determinada de pensamiento ni se agrupan por temas; Cadalso debió de escribirlas sin plan determinado, sistema cómodo que le permite al autor barajar los asuntos según le vienen o le acomoda, y que da además al conjunto el carácter suelto y natural de auténticas cartas familiares.

Comúnmente se viene considerando a las *Cartas marruecas* como reflejo de la preocupación de los españoles por la naturaleza y estado de su país: una avanzada en el tiempo de lo que hoy se llama «el problema de España». El propio autor declara su propósito en la «Introducción»: «Estas cartas —dice— tratan del carácter nacional, cual lo es en el día y cual lo ha sido»[220]. Y aclara a continuación que no desea ni llenar a su patria de improperios ni alabar todo lo que existe —sistemas opuestos que tendrían su respectivo grupo de apasionados—, sino observar y escribir con equilibrada justicia, aunque resulte inevitable atraerse el odio de ambas parcialidades. Esta cardinal atención a la realidad de su país tiene por objeto descubrir su auténtica naturaleza, eliminando lo accidental y lo aparente; sólo tras este análisis podrá intentarse el remedio de los males de España, que angustian al dolorido y generoso patriotismo de Cadalso. Llevado de este afán, al autor le preocupan evidentemente las opiniones despectivas de los extranjeros, convertidas ya en tópicos, y son numerosas las alusiones que a semejantes ligerezas se hacen en las *Cartas*. Sin embargo, la atención a este aspecto apologético, que existe, ha inducido a error a ciertos críticos: se dice, por ejemplo, que Cadalso escribió sus *Cartas marruecas* para rebatir las opiniones de Montesquieu sobre España expuestas en sus *Cartas persas*. En su carta IX, sobre la conquista de América, Cadalso contesta, en efecto, a Montesquieu, aunque sin nombrarlo, pero no por lo que dice en las *Cartas persas* sino en *El espíritu de las leyes*; las cartas *persas* LX y LXXVIII, que censuran la expulsión de los judíos y el carácter español, no son comentadas por Cadalso. En cambio, la opinión de Montesquieu sobre el *Quijote*, en la última carta citada, sí lo es, pero no en las *Marruecas*, sino en el *Suplemento a los*

---

[219] Edith F. Helman da estas fechas en su artículo «*Caprichos* and *Monstruos* of Cadalso and Goya», *Hispanic Review*, XXVI, 1958, págs. 200-222. Nigel Glendinning en su artículo, cit., «New Light on the Circulation of Cadalso's *Cartas Marruecas* Before its Printing», pág. 136, nota 1, dice que las fechas sugeridas por Helman son una «sutil» —«shrewd»— deducción, «hecha sin ninguna evidencia externa que permite demostrarla». Sin embargo, el mismo Glendinning en su *Vida y obra de Cadalso*, cit., publicada con posterioridad, acepta las mencionadas fechas como límites de composición: «...desde 1768, en que, probablemente, se empezaron a escribir, hasta su conclusión, en 1774» (pág. 137).

[220] Ed. Dupuis-Glendinning, cit., pág. 6.

eruditos a la violeta —«Carta de un viajante a la violeta a su catedráti-co»[221]—. Ya conocemos además las *Notas a la Carta Persiana número 78, en que el Señor Presidente Montesquieu se sirve decir un montón de injurias a esta Nación, sin conocerla,* de las cuales habla Cadalso, como inéditas, en su carta a Meléndez Valdés.

La inequívoca y preferente atención, decíamos, al examen del país, con su finalidad patriótica y crítica, sitúa, pues, a las *Cartas marruecas* dentro de la más genuina literatura dieciochesca e ilustrada; así son tradicionalmente consideradas estas páginas de Cadalso y en ello creemos que reside su significación y su mérito. Dupuis-Glendinning tratan, en cambio, de modificar esta apreciación, que residenciaría la obra de Cadalso en el ámbito estricto del siglo XVIII, como mero valor de época, restándole una ulterior transcendencia temática de más permanente interés. Para ello, inquieren el contenido ideológico de las *Cartas,* en relación, sobre todo, con la supuesta actitud estoica de Cadalso y su pensamiento filosófico-moral. Creemos, en efecto, que su minuciosa exégesis puede enriquecer en algún aspecto la obra, pero no destruye ni varía su sentido básico. Era natural que Cadalso orientara su observación y examen crítico desde unos supuestos ideológicos y que éstos afloren una y otra vez entre la urdimbre de su análisis. Pero la actitud radical de Cadalso frente a la España que contempla y juzga no se apoya en esencia —como Hughes ha visto sagaz-mente[222]— en abstractas concepciones racionales susceptibles de sistema-tización, sino que arranca de una perspectiva *vital, existencial,* y conse-cuentemente atormentada y contradictoria. Cadalso —afirma Hughes— «no escribe desde su pensamiento, sino desde su vida»; su crítica se diferencia radicalmente de la que escribían los enciclopedistas, porque no es una crítica «objetiva» —pese a su reiterada afirmación de imparciali-dad, evidente en ciertos aspectos—, sino la postura dramática propia del defensor, del patriota, del preocupado. Por eso —insiste Hughes— al comparar España con Europa o al contrastar la España del presente con la del pasado, el proceso mental de Cadalso se basa más en intuiciones emo-

---

[221] Este comentario es el que provocó la respuesta del manuscrito anónimo de 1773, publicado y comentado por Julián Marías en su libro *La España posible en tiempo de Carlos III,* cit. en diversos lugares de este volumen.

[222] Recuérdense las opiniones de Hughes citadas más arriba sobre las diferencias entre Cadalso y Montesquieu. La técnica perspectivista que utiliza Cadalso en su obra le sirve, de hecho, más que para el logro de la objetividad, para expresar su problemática visión de la realidad española. Ya hemos visto también cómo los propios Dupuis-Glendinning subrayan la confianza de Feijoo, Jovellanos o Moratín en las soluciones científicas, frente al escepticismo, es decir, la inquietud dramática del pensamiento de Cadalso; lo cual se da de golpes con la pretensión que sostienen los mencionados críticos de encerrar en esquemas conceptuales la *lógica vital,* la atormentada inseguridad de nuestro escritor. El propósito de aprisionar el pensamiento de Cadalso dentro de una línea ideológica coherente puede ser el medio más eficaz de no entender su obra.

cionales que en análisis de índole racional y analítica; sus concepciones básicas se insertan en una serie de postulados no deducidos por la razón sino extraídos de sus propias vivencias como español y como hombre de su siglo.

Por otra parte, no creemos que se mengüe la importancia de las *Cartas marruecas* con enmarcarlas firmemente dentro de su época. Si en el siglo XVIII está la raíz, insoslayable, de la España moderna, con todos sus problemas y soluciones —logradas o truncadas—, el solo hecho de ahondar en ella confiere un valor permanente, no extinguido. La importancia de la tarea no se medirá por el propósito —sobradamente acreditado— sino por su calidad. Ahí es donde hay que poner a prueba la obra de Cadalso.

Con la misma pretensión de «enriquecimiento», Dupuis-Glendinning se esfuerzan también por hallar en las *Cartas* lo que ellos llaman «temas europeos», es decir, problemas —tal el del lujo, por ejemplo, o la imparcialidad histórica— que por ser de interés más amplio dilaten lo que podría estimarse «corto radio» de las *Cartas* al limitarse al ámbito nacional. Pero tampoco creemos necesaria esta pesquisa. Se cae de su peso que Cadalso tenía que ocuparse de asuntos comunes a toda sociedad; España no es un planeta que ruede por su cuenta en el vacío. La mención de tales temas no nos parece, sin embargo, que modifique el valor y la importancia de la obra; Cadalso no se propone examinar Europa, sino descubrir bajo la apariencia y lo accesorio la realidad viva de su patria. En este sentido, quizá podría justificarse el juicio peyorativo de que las *Cartas marruecas* son «pálido reflejo» de las *Persas* de Montesquieu. Los viajeros orientales que Montesquieu y otros cultivadores del género hacen viajar por el continente, pretenden, en efecto, evidenciar la maraña de convencionalismos, tópicos y mentiras que se esconden bajo la imaginada superioridad, en costumbres y pensamiento, del hombre occidental, del europeo, de la sociedad tradicional y cristiana. A Cadalso, hondamente enraizado, pese a todo, en su tierra y tradición hispanas, le importa mucho menos ese panorama global, que el diagnóstico de su país. El propósito no era pequeño, como no lo es el estudio de una molécula o de un virus. Le bastaba, y nos basta.

Supone Cadalso, muy en su siglo, que los rasgos de los habitantes de un país pueden proceder de condiciones naturales —climáticas, geográficas— pero también de las formas de gobierno. En el caso de España, piensa que sus mayores defectos proceden de errores políticos del pasado, y para ello —con el fin de encauzar el futuro— vuelve su mirada a la historia. La idea que tiene Cadalso de la «España imperial», a partir de Carlos V, es tajantemente negativa. Para él —con criterio que habían de hacer suyo los regeneracionistas del siglo XIX y el 98—, la ambiciosa política imperial de los Austrias con sus guerras incesantes, agravación de las no interrumpidas en dos mil años, había arrasado el país y conducido a sus habitantes a no combatir sino por motivos de religión, a mirar con desprecio el comercio y la industria, a envanecerse de su nobleza y a malgastar los caudales traídos de las Indias en lugar de aplicarse a las artes mecánicas y a aumentar su población[223]. Contrasta a primera vista la profesión militar de Cadalso, que ya hemos visto que sentía poco, con su declarado pacifismo.

Cadalso aborda otros muchos temas, que si eran de gran actualidad en su siglo, no siempre han perdido vigencia. Así, por ejemplo, la escasez de población, ya mencionada en la carta III, y repetida otras muchas veces; la enseñanza universitaria; los abusos de la filosofía escolástica; el abandono material en la policía de las ciudades; la falta de protección a las ciencias con su consiguiente atraso[224]; la inutilidad social de la clase noble[225] y la vana educación de sus hijos; la farsa de los triunfos militares; el abandono de la agricultura; la corrupción administrativa; la ambición y rapacidad de los políticos, sólo atentos a su propia fortuna. Al estudiar el carácter español insiste especialmente en su inercia, en su resistencia a variar ideas y costumbres tradicionales: «Por cada petimetre que se vea mudar de modas siempre que se lo manda su peluquero o sastre, habrá cien mil españoles que no han reformado un ápice en su traje antiguo. Por cada español que oigas algo tibio en la fe habrá un millón que sacará la espada si oye hablar de tales materias. Por cada uno que se emplee en un arte mecánica, habrá un sinnúmero que desean cerrar

---

[223] **Carta III.**

[224] «El atraso de las ciencias en España en este siglo —dice al comienzo de la carta VI—, ¿quién puede dudar que proceda de la falta de protección que hallan sus profesores? Hay cochero en Madrid que gana trescientos pesos duros, y cocinero que funda mayorazgos; pero no hay quien no sepa que se ha de morir de hambre como se entregue a las ciencias, exceptuadas las del *ergo* que son las únicas que dan que comer. / Los pocos que cultivan las otras, son como los aventureros voluntarios de los ejércitos, que no llevan paga y se exponen más. Es un gusto oírles hablar de matemáticas, física moderna, historia natural, derecho de gentes, y antigüedades y letras humanas, a veces con más recato que si hiciesen moneda falsa. Viven en la oscuridad y mueren como vivieron: tenidos por sabios superficiales en el concepto de los que saben poner setenta y siete silogismos seguidos sobre si los cielos son fluidos o sólidos» (ed. Dupuis-Glendinning, cit., págs. 21-22).

[225] La breve carta XIII, «De Gazel a Ben-Beley», es un burlesco comentario sobre este tema; dice así, completa: «Instando a mi amigo cristiano a que me explicase qué es nobleza hereditaria, después de decirme mil cosas que yo no entendí, mostrarme estampas que me parecieron de mágica, y figuras que tuve por capricho de algún pintor demente, y después de reírse conmigo de muchas cosas que decía ser muy respetables en el mundo, concluyó, con estas voces, interrumpidas con otras tantas carcajadas de risa: —Nobleza hereditaria es la vanidad que yo fundo en que, ochocientos años antes de mi nacimiento, muriese uno que se llamó como yo me llamo, y fue hombre de provecho, aunque yo sea inútil para todo» (ed. cit., páginas 49-50).

sus tiendas para ir a las Asturias o a sus Montañas en busca de una ejecutoria» [226].

El panorama de problemas que se detallan en estas cartas, o se sugieren cuando menos, con más o menos amplitud, es indudablemente tan amplio como atinado. Cierto, no obstante, que el escritor evita enredarse en algunos temas «peligrosos», aunque el mismo tono de las alusiones declara ya su pensamiento. En la «Introducción» a sus *Cartas* dice Cadalso que se había animado a publicarlas «por cuanto en ellas no se trata de religión ni de gobierno; pues se observará fácilmente que son pocas las veces que por muy remota conexión se toca algo de estos dos asuntos» [227]. En la carta XXXIX se pregunta Gazel por qué Nuño, que tiene escrito sobre tantas cosas de su patria, apenas se ocupa del gobierno de ella; a lo que Nuño responde: «Se ha escrito tanto, con tanta variedad, en tan diversos tiempos, y con tan distintos fines sobre el gobierno de las monarquías, que ya poco se puede decir de nuevo que sea útil a los estados, o seguro para los autores» [228]. Sobre problemas religiosos apenas hay mención en las *Marruecas;* lo cual no impide que el pensamiento de Cadalso se transparente; si bien, nunca con la claridad que en sus cartas privadas. Algunas leves insinuaciones no son sino la natural reacción de cualquier persona sensata —nada digamos de un ilustrado genuino; Feijoo había prodigado esta actitud a manos llenas— frente a prácticas viciosas o supersticiosas de la religión al uso. Probablemente, el pasaje más característico sea aquel de la carta LXXXVII en que comenta, para ridiculizarlas, las supuestas intervenciones del apóstol Santiago combatiendo contra los moros en las filas españolas; en lo cual no hacía sino seguir el criticismo usual entre los historiadores, aun los más ortodoxos, del siglo XVIII [229]. Muy interesantes son los comentarios que siguen al mencionado pasaje, a propósito de las consecuencias que puede provocar entre las gentes sencillas el desengañarlas de semejantes credulidades, y la difusión de doctrinas contra el dogma. Cadalso parece defender aquí una concepción utilitaria de la religión, y, en forma más amplia todavía, de muchas cosas que cree el pueblo buenamente «y de cuya creencia resultan efectos útiles al estado»; «no se hacen cargo —añade— de lo que sucedería si el vulgo se metiese a filósofo y quisiese indagar la razón de cada establecimiento» [230]. Pero es incuestionable que Cadalso escribe toda esta página en tono irónico, rechazando precisamente la actitud que finge defender [231].

---

[226] Carta XXI, ed. cit., pág. 59.

[227] Ed. cit., pág. 4.

[228] Ed. cit., pág. 94.

[229] No sólo la intervención del Apóstol, sino hasta el mismo hecho de su venida a España, fueron puestos en duda, o negados en redondo, por muchos historiadores, entre ellos el deán Martí y Mayáns y Siscar.

[230] Ed. cit., pág. 194.

[231] En este punto no podemos aceptar las conclusiones de Hughes, en su estudio

Cadalso, como buen ilustrado, deseaba la luz que disipara cualquier género de tinieblas, sin que le arredrasen las consecuencias de la transformación social que habría de sobrevenir, aunque en el cambio las aguas hubiesen entretanto de correr turbias en muchas ocasiones. Pero, a la vez, no deja de advertir y subrayar, en numerosos lugares de sus *Cartas*, las ridículas y peligrosas actitudes que provocaba en muchas gentes el nuevo criticismo racionalista y la arrogante pedantería, engendrada por un cientifismo todavía mal digerido [232].

---

citado, que interpreta toda esta página de Cadalso como un repudio del pensamiento y la crítica ilustrada; es decir, entiende que Cadalso habla en serio y que defiende positivamente lo que dice: «Basta con este nivel —escribe Hughes— para mostrar terminantemente la gran distancia que separa a Cadalso de las teorías de los 'philosophes'. Esto es evidente no sólo con respecto a la actitud esencialmente intuitiva del autor al proteger el dominio de *lo esencial* de las depredaciones de la razón, sino también con respecto al punto de vista de su conservatismo innato. Tanto Cadalso como la nación española se oponían a las teorías que en manos de las multitudes parisienses producirían la destrucción de la monarquía francesa en 1789» (pág. 54). La definición de la personalidad de Cadalso es correctísima, según esa *actitud vital* a que nos hemos referido; pero creemos que la interpretación del punto concreto que provoca estas palabras, no lo es.

[232] Como se ve, admitimos sin reservas la global actitud escéptica de Cadalso, sobre la que habremos de insistir luego; para nosotros no existe duda a este respecto. Pero creemos, con la misma firmeza, que los pasajes aducidos por Dupuis-Glendinning para mostrar el escepticismo religioso de Cadalso son inaceptables. Afirman, por ejemplo, estos críticos que toda la carta LXXXII es «una parodia del culto de la Iglesia», «en que se hace recitar a modo de catecismo un tejido de absurdidades patentes» (pág. XXIII, nota 65). Cadalso se propone precisamente ridiculizar en dicha carta muchas actitudes petulantes y «a la violeta» de sus contemporáneos: los *sabios* que no han leído ni dos minutos al día; los *patriotas* que hablan mal de la patria, se burlan de sus abuelos pero escuchan a los peluqueros y maestros de baile, y hacen como que han olvidado la lengua propia para hablar ridículamente trozos de las extranjeras; los que juzgan un libro sin verlo; los que atiborran el cuerpo de comida y bebida; los que se creen ciudadanos útiles durmiendo doce horas y consumiendo el resto entre el teatro, la mesa y el juego; los padres de familia que no ven en meses a su mujer, etc., etc.; ni por asomo se alude a nada de religión. La carta está compuesta como un diálogo entre dos «violetos» de la fauna bien conocida de Cadalso, que quieren persuadirse de la bondad de aquellas formas de conducta —expuestas por Cadalso con su ironía habitual—, y para mejor convencerse de ellas se recitan sus enunciados como si fueran preguntas y respuestas de un Catecismo que deben aprender como dogma de fe. Siguiendo la guasa, Gazel, que es quien escribe esta carta refiriéndole a su maestro lo que le ha contado Nuño, se pregunta por qué los mencionados «violetos» no componen «todo un catecismo completo análogo a esta especie de símbolo de sus extravagancias»; sería curioso averiguar, dice, «qué mandamientos pondrían, qué obras de misericordia, qué pecados, qué virtudes opuestas a ellas, qué oraciones» (ed. cit., pág. 185). Considerar esta transparente crítica de la sociedad como una «parodia del culto» es una deducción grotesca. ¡Alá nos libre —por decirlo como Ben-Beley— de un erudito empeñado en extraer de un texto las consecuencias que le acomodan! (Recuérdese lo que dijimos en el cap. II, págs. 62-63, a propósito del *Duende crítico* de fray Manuel de San José, sobre las frecuentes parodias de oraciones, mandamientos y fórmulas religiosas, cultivadas a lo largo de todo el siglo, hasta el punto de constituir casi un género literario. Era una forma de sátira muy vulgarizada, que en modo alguno puede aducirse —aparte de que no tiene, ni por los pelos, la intención religiosa que se pretende— para definir a Cadalso).

Junto a los capitales temas mencionados, Cadalso trata otros muchos de menor importancia, que sería imposible enumerar aquí: las corridas de toros —si bien no es clara la posición de Cadalso en este punto—, la preocupación por las modas y sobre todo por las extranjeras, los viajes sin propósito ni preparación, el empleo de galicismos, la frivolidad general, etc.; muchos de los cuales temas eran ya tópicos de época y habían sido satirizados infinitas veces en forma seria o jocosa. Cadalso, cosmopolita por sus viajes y educación, tiene presente siempre el nivel «europeo» para medir y enjuiciar el de su patria, pero no lo aduce concretamente con la petulancia de los necios extranjerizantes, que él precisamente ridiculiza. Ni mucho menos cree que el remedio de cualesquiera males de su país consista en la imitación de lo exterior: «Bien sé —dice en la carta XXXIV— que para igualar nuestra patria con otras naciones, es preciso cortar muchos ramos podridos de este venerable tronco, ingerir otros nuevos y darle un fomento continuo; pero no por eso le hemos de aserrar por medio, ni cortarle las raíces, ni menos me harás creer que para darle su antiguo vigor, es suficiente ponerle hojas postizas y frutos artificiales» [233]. Tampoco el cosmopolitismo de Cadalso ni su ideología

---

Sería una engorrosa tarea refutar cada uno de los puntos aducidos por Dupuis-Glendinning en la referida nota 65 y hemos de renunciar, por el momento. Pero aún debemos mencionar uno más siquiera. Dicen los críticos citados que «no faltan otras alusiones irreverentes o maliciosas»; y he aquí una de las pruebas. En la carta IV Gazel expone a su maestro los incontables fallos que advierte en las naciones europeas en un siglo que estiman todos tan próspero y feliz; refiriéndose en particular a España enumera multitud de aspectos en que se muestra evidente su retroceso; y entonces, un supuesto interlocutor responde: «—No consiste en eso la cultura del siglo actual, su excelencia entre todos los pasados y venideros, y la felicidad mía y de mis contemporáneos. El punto está en que se come con más primor; los lacayos hablan de religión; los maridos y los amantes no se desafían; y desde el sitio de Troya hasta el de Almeida, no se ha visto producción tan honrosa para el espíritu humano, tan útil para la sociedad y tan maravillosa en sus efectos, como los polvos *sans pareille* inventados por Monsieur Frivolité en la calle de San Honorato de París» (ed. cit., págs. 19-20). La ironía de Cadalso es aquí una vez más tan transparente como suele serlo por lo común. Frente a los graves problemas aducidos, el entusiasta defensor del siglo de las luces opone —sirviendo los propósitos satíricos del autor— el arte de comer, que resulta en este caso una frivolidad irresponsable; la amistad entre maridos y amantes, alusión que no precisa encarecimiento; los polvos *sans pareille* de los que parece que no es necesario hablar; y —aquí está la alusión «irreverente y maliciosa»— el hecho de que los lacayos hablen de religión: es decir, que gentes, a las que se supone sin instrucción alguna discutan arduos problemas de los que no entienden ni palabra. Si algo se desprende de esto último es un serio respeto por la religión, cuyos problemas no pueden dejarse en manos de los necios. Toda la carta rezuma el mismo espíritu: la sátira contra la parte negativa de la flamante ilustración, que el «ilustrado» Cadalso, según llevamos dicho, no podía menos de advertir y lamentar.

A la vista de tales interpretaciones, como las que nos brindan Dupuis-Glendinning, no podemos menos de preguntarnos cómo es posible que eruditos tan escrupulosos puedan leer tan mal un texto.

[233] Ed. cit., pág. 84.

ilustrada le impiden ver las muchas consecuencias nocivas que se derivan de la transformación que en todos los órdenes está provocando su siglo.

El patriotismo de Cadalso —un patriotismo dolorido y consciente pero nunca derrotista— es la secreta energía que tensa y justifica la crítica inquisitiva de sus *Cartas marruecas*. Su mala opinión de la política militarista de los Austrias no le impide admirar las glorias del pasado en su mejor momento, que Cadalso sitúa en el siglo XVI; el siglo que merece su mayor condena es el inmediato al suyo, que considera hundido en la decadencia, pero contempla con nostalgia los años de nuestra hegemonía: «¿Quién no se envanece —escribe en la carta XLIV— si se habla del siglo anterior, en que todo español era un soldado respetable? Del siglo en que nuestras armas conquistaban las dos Américas y las islas de Asia, aterraban a África e incomodaban a toda Europa con ejércitos pequeños en número y grandes por su gloria, mantenidos en Italia, Alemania, Francia y Flandes, y cubrían los mares con escuadras y armadas de navíos, galeones y galeras; del siglo en que la academia de Salamanca hacía el primer papel entre las universidades del mundo; del siglo en que nuestro idioma se hablaba por todos los sabios y nobles de Europa» [234].

La mirada de Cadalso nunca, sin embargo, ancla en el pasado ni vuelve a él sino para extraer ejemplos y energías. Con severa claridad nos pone en guardia contra el riesgo del blando y ciego patriotismo y sobre todo contra la estéril admiración por lo pretérito: «El amor de la patria —dice al comienzo de la carta mencionada— es ciego como cualquier otro amor; y si el entendimiento no le dirige, puede muy bien aplaudir lo malo, desechar lo bueno, venerar lo ridículo y despreciar lo respetable» [235]. Más adelante advierte sagazmente: «La predilección con que se suele hablar de todas las cosas antiguas, sin distinción de crítica, es menos efecto de amor hacia ellas que de odio a nuestros contemporáneos. Cualquiera virtud de nuestros coetáneos nos choca, porque la miramos como un fuerte argumento contra nuestros defectos; y vamos a buscar las prendas de nuestros abuelos, por no confesar las de nuestros hermanos, con tanto ahínco que no distinguimos al abuelo que murió en su cama, sin haber salido de ella, del que murió en campaña, habiendo siempre vivido cargado con sus armas; ni dejamos de confundir al abuelo nuestro, que no supo cuántas leguas tiene un grado geográfico, con los Álavas y otros, que anunciaron los descubrimientos matemáticos hechos un siglo después por los mayores hombres de aquella facultad. Basta que no les hayamos conocido, para que los queramos; así como basta que tratemos a los de nuestros días, para que sean objeto de nuestro odio o desprecio» [236]. Cadalso mira con optimismo hacia un futuro, que invita a forjar con un

---

[234] Idem, íd., pág. 104.
[235] Idem, íd., pág. 103.
[236] Idem, íd., pág. 105.

trabajo libre de prejuicios: «Trabajemos nosotros en las ciencias positivas —dice en la carta LXXVIII—, para que no nos llamen bárbaros los extranjeros; haga nuestra juventud los progresos que pueda; procure dar obras al público sobre materias útiles, deje morir a los viejos como han vivido, y cuando los que ahora son mozos lleguen a edad madura, podrán enseñar públicamente lo que ahora aprenden ocultos. Dentro de veinte años se ha de haber mudado todo el sistema científico de España insensiblemente, sin estrépito, y entonces verán las academias extranjeras si tienen motivo para tratarnos con desprecio»[237].

Cabe ya preguntarse si el panorama español desplegado por Cadalso en las *Cartas marruecas* permite considerarlas, por su amplitud y profundidad, como una obra maestra. Sería necio pretender hallar en estas páginas la exposición sistemática, propia de un minucioso estudio sociológico o cultural. Para escribirlo, quizá le faltaba a Cadalso preparación, pero más todavía la voluntad necesaria para llevarlo a cabo. La indolencia, un tanto soñadora a veces y casi siempre pesimista, que creemos advertir en su carácter, le impidió crear obras más compactas. Por eso mismo, la variedad, un tanto diletante, de sus *Cartas*, compuestas como al azar con que iban formulándose en su mente los problemas, se avenía bien con sus propósitos y modo de ser y de escribir. Las *Cartas* son, pues, un mosaico variadísimo y desigual, pero riquísimo de sugerencias, sembrado de ideas fértiles, que definen, si no todos, muchos de los problemas que constituyen la urdimbre del carácter y la historia españoles. Al lado de páginas, no escasas, que se ocupan de aspectos más banales, existen otras muchas que conservan una vigencia no extinguida. Quizás en toda la obra echemos de menos un poco de mordiente, de esa contundencia que habría puesto, por ejemplo, Forner, o de la agudeza envenenada que hubiera destilado Iriarte. Pero Cadalso, salvo el paréntesis de sus *Noches*, era un hombre equilibrado y sereno, y su ironía más refrenada y generosa que agresiva. Puede pensarse, si se quiere, en la contención que podía exigirle el espectro de la censura, aceptable en cuanto a la ausencia —declarada— de temas religiosos y de gobierno; pero no creemos que el timbre de su voz hubiera variado esencialmente en otras circunstancias, porque ese era el suyo, y precisamente en mantenerlo sin distorsiones está lo más noble y característico de su personalidad.

Juan Marichal, en su penetrante semblanza de Cadalso[238], hace ver cómo éste se forjó un estilo *mediano y moderno*, rechazando la tentación de los extremos del desbordamiento literario que representaban Feijoo y Torres Villarroel: el primero con su «desmesurada extensión inte

---

[237] Idem, íd., pág. 176.
[238] «Cadalso: el estilo de un hombre de bien», en *La voluntad de estilo*, Barcelona, 1957, págs. 185-197.

lectual» y el segundo con su «descomedida soltura verbal». «Equidistante
así —dice— del quijotesco afán *desengañador* del benedictino y del picaresco *desengaño* del catedrático salmantino, el autor de las *Cartas marruecas* revistió la máscara, voluntariamente *anónima*, de neoclásico *hombre de bien*» [239]; o como escribe más adelante: «Su voluntad de afirmación
personal se manifestaba precisamente en la intensidad misma de su principio de contención literaria» [240]. En los años decisivos de la redacción de
las *Cartas marruecas* —sigue explicando Marichal— tuvo que llevar a
cabo Cadalso un abnegado sacrificio literario, movido «por los principios
morales que regían su interpretación de España»; Cadalso sabía que al
rechazar la «desenvoltura» que le ofrecía el neo-quevedismo de un Villarroel, se condenaba a un estilo quizá excesivamente llano. Pero, «el *desahogo* exasperado de tantos escritores hispánicos quedaba dominado en
el estilo de Cadalso por su decidida voluntad de atenuación ideológica y
de *benignidad* rousseauniana» [241]. La observación que sigue nos parece de
gran importancia: esta voluntad de contención o de atenuación ideológica
—dice Marichal— tuvo sobre Cadalso «un efecto literariamente paraliza-
dor». La misma moderación —creemos— que disciplinaba su pensamiento
y su prosa frenaba su trabajo literario, sobre cuya eficacia debía de tener
frecuentes dudas. Dupuis-Glendinning, que tanto insisten en la obstrucción de la censura, aceptan en una ocasión —no sin contradecirse con lo
que afirman en otras partes— estos motivos más personales que comentamos; es decir, la poca fe de Cadalso en la eficacia de la crítica y, consecuentemente, en la posibilidad de mejorar la naturaleza humana: «Quizá
por esto —dicen— se negó a publicar la obra cuando, después de aprobada ésta en 1775 por los censores y haber quedado estancada cuatro años
en manos del Consejo de Castilla, pidió Cadalso que se le devolviera el
manuscrito de las *Cartas marruecas* en junio de 1778» [242]. A Cadalso no
le bastaba la vanidad de literato para publicar, sino que exigía a su obra
más profundas motivaciones. Quizás en esto se encuentre la prueba más
inconcusa de su hombría de bien.

Dupuis-Glendinning examinan el influjo que la literatura moralista de
España, así como los moralistas europeos, clásicos y modernos, han dejado
en las *Cartas* de Cadalso. Certeramente señalan que, si con frecuencia se
ocupa éste de los mismos temas, varía, sin embargo, con gran frecuencia
el enfoque, sobre todo respecto a la actitud de los autores españoles del
XVI y XVII. Donde la crítica de éstos había sido por lo común moral y
religiosa, la de Cadalso persigue fines utilitarios y sociales; la ética religiosa de los moralistas del Siglo de Oro es sustituida por una ética social.

[239] Idem, íd., pág. 189.
[240] Idem, íd., pág. 191.
[241] Idem, íd., pág. 189.
[242] Prólogo a su ed. cit., pág. XLV.

Cuando Cadalso critica la frivolidad y la relajación moral, como cuando quisiera ver restablecida la austeridad de costumbres, no le preocupa el peligro que corren las almas de los individuos, sino el interés colectivo y la salvaguardia de los valores sociales. Los actos humanos y las virtudes son valiosos de acuerdo con un criterio utilitario. Y otro tanto puede decirse de la religión, que no le importa en sus aspectos de culto y dogmas, sino como fuente de moral, que puede ser la misma, cualquiera que sea la religión que la inspire. En este traslado de lo religioso a lo social, Cadalso camina inequívocamente dentro de las corrientes de su siglo, en el cual se acelera de modo manifiesto el proceso de laicización en todos los órdenes de la vida.

¿Creía Cadalso —nos lo hemos ya preguntado anteriormente— en la eficacia de la crítica, es decir, era también en esto un hombre típico de la Ilustración, creyente en el progreso indefinido del ser humano? Aquí entra en juego el peculiar pesimismo de Cadalso y su actitud filosófica ante la vida. Dupuis-Glendinning, que estudian también este aspecto, hacen ver que Cadalso duda de que siempre sea fácil distinguir los valores buenos de los malos; la norma de todo es la naturaleza, pero resulta difícil oír con claridad sus voces, porque las ofuscan los prejuicios de los hombres, sus pasiones y flaquezas, y la misma dificultad de conocer a fondo las cosas. El hecho cierto es que la sociedad humana ha cambiado muy poco, y cada época conserva los vicios de la anterior si no los aumenta o inventa otros nuevos. La mezcla de ideas positivas y negativas, de fe y de duda, de confianza y de pesimismo, componen la compleja actitud de Cadalso, que califican de *estoica* los mencionados críticos. Existe el mal, la adversidad de la fortuna, la dificultad de conocer el bien y la verdad, pero hay que procurar enfrentar el mal —vendría a decirnos Cadalso— con ejemplos de fortaleza y de virtud, y vivir y combatir por la sociedad, a pesar de los falsos valores que abundan en ella. Los tres personajes de las Cartas, aunque en buena medida pretenden alejarse del tráfago mundano para conquistar la serenidad y quietud de espíritu y con ellas el mejor conocimiento de la verdad y el bien, creen a la vez en el deber de su participación activa en la vida social, no importa cuáles sean los sinsabores y fracasos, para mejorar al hombre en lo que sea posible. En esta tensión entre el estoicismo senequista, encaminado a lograr individualmente la serenidad del sabio, y el estoicismo ciceroniano, activo y heroico, se debate el *escepticismo entusiasta* de Cadalso [243].

---

[243] Russell P. Sebold, en su recensión de la referida edición de Dupuis-Glendinning —*Modern Language Notes*, LXXXIII, 1968, págs. 334-341— examina el problema del estoicismo, que dichos críticos —y Glendinning, por su parte, en todos sus trabajos anteriores— atribuyen a Cadalso como pivote cardinal de su actitud ideológica. Según Sebold, el término *estoico* es uno de los adjetivos menos adecuados que podrían escogerse si se tratara de calificar a Cadalso con una sola palabra; tan sólo, dice Sebold, en un sentido muy vago, lejos de todo rigor científico, cabría atribuir al

Según nuestro entender —y como resumen de lo dicho— resulta aventurada la pretensión de enriquecer la proyección de las *Cartas marruecas* atribuyendo a su autor un armazón ideológico de meditada consistencia y, consecuentemente, una mayor densidad de pensamiento a su obra. Debemos insistir en dos aspectos ya dichos: primero, la limitación de las *Cartas* al ámbito de las preocupaciones nacionales no disminuye su importancia, porque éste y no otro era su propósito; segundo, aunque es indispensable que las *Cartas* reflejen la global actitud ideológica del autor, no nos parece que ello permita acrecentar su contenido filosófico ni su «transcendencia temática», como pretenden Dupuis-Glendinning al plantear su nueva interpretación [244]. Estos mismos críticos, páginas más adelante —y contradiciéndose con todo, o buena parte, de lo anterior— admiten que sería posible «amontonar» [245] detalles de la obra que reflejan las experiencias del autor y que «es seductora la posibilidad de asignar las cartas más optimistas a la época de la vida de Cadalso en que sabemos que era feliz, y las cartas más pesimistas a sus momentos de desesperación» [246]. Y aunque reconocen, claro es, cuán difícil resulta adivinar el humor de una persona en un momento determinado y, en este caso concreto, fechar la mayoría de las cartas, afirman taxativamente: «Lo único que podremos decir es que el espíritu de las pocas cartas cuya fecha sabemos más o menos exactamente corresponde muy bien con lo que sabemos de Cadalso en la época respectiva» [247]; y enumeran a continuación una serie de casos concretos que confirman este último aserto. ¿Puede montarse —preguntamos— una coherente concepción ideológica de la vida, susceptible de sistemática exposición, sobre soportes tan inestables como el humor de cada día y el constante vaivén de los sucesos? La sugerencia de Dupuis-Glendinning no viene sino a confirmar de modo palmario que Cadalso escribe sus *Cartas marruecas* desde posiciones emocionales más que intelectuales, desde sus vivencias como español y como hombre, desde su atormentada y contradictoria *actitud vital*, según nos ha explicado Hughes tan luminosamente.

Dos palabras sobre el estilo de las *Cartas*. Aunque lejos de la transparente modernidad de la prosa de Moratín el Joven, la de Cadalso posee

autor de las *Cartas marruecas* esta filiación. En su libro sobre Cadalso, citado, Sebold rechaza también rotundamente la interpretación estoica de la personalidad de Cadalso, sobre todo a propósito de las *Noches lúgubres*; resultado a que habíamos llegado independientemente por nuestra parte, al redactar este capítulo mucho antes de la aparición del libro de Sebold. Huelga decir cuánto nos complace ver confirmada nuestra apreciación por los juicios de tan docto hispanista.

[244] Prólogo a su ed. cit., pág. X.
[245] Idem, íd., pág. XLIII.
[246] Idem, íd.
[247] Idem, íd.

una atractiva fluidez quizá no menor que aquélla. La misma actitud *vital*, no *ideológica*, de Cadalso, su escepticismo benévolo y tolerante frente a las cosas de la vida, lo alejaba de actitudes pedantes y conminatorias y comunicaba a su estilo la humana naturalidad que lo distingue. Las cartas de Ben-Beley poseen un estilo más sentencioso y ligeramente más grave, por el propósito de caracterizar al personaje como anciano y desengañado; pero nunca hay altisonancias que se distancien de la prosa sencilla y natural que Cadalso amaba. A veces el escritor siente el deseo de dar a sus palabras cierta contundencia aforística, pero nunca abusa de ella ni se afana por troquelarlas en antítesis artificiosas a la manera, por ejemplo, de un Gracián. En la prosa de las *Cartas* alternan oportunamente, según las circunstancias, las frases cortas, incisivas, y el estilo periódico de largas cláusulas expositivas; pero nos parece erróneo, según hacen Dupuis-Glendinning, presentar a Cadalso como un «maestro del estilo sublime» [248] y hablar de tendencias hacia «lo pindárico». Cierto que el propio Cadalso dice en su «Introducción» que algunas cartas, por conservar el genio de la lengua arábiga, contienen frases «sublimes y pindáricas» [249], que parecerán ridículas a un europeo por contraposición al «carácter del estilo epistolar y común». Pero Cadalso dice esto no sin ironía y con el propósito de enfrentar —nuevo aspecto de su «perspectivismo»— modos de locución distintos que pueden ser igualmente legítimos, mas no por caracterizar su prosa de pindárica; lo que en todo caso diferencia las cartas de Ben-Beley es una cierta solemnidad sentenciosa y grave, pero opaca, nunca declamatoria.

En su semblanza mencionada, Marichal describe el ideal estilístico del «justo medio» en la prosa de Cadalso como correspondiente «a un persistente deseo de integridad expresiva: entre las palabras y las creencias, como entre los gestos y los sentimientos, debía existir una entera y armoniosa adecuación. 'Unos hombres rectos... que tienen la lengua unísona con el corazón', así eran los *filósofos* según Cadalso» [250].

---

[248] Ídem, íd., pág. XXXIX.

[249] Ed. cit., pág. 4.

[250] «Cadalso: el estilo de un hombre de bien», cit., pág. 192. Marichal comenta sagazmente los problemas vividos por Cadalso en la adquisición de su personal acento literario: «Las tensiones —dice— a que estaba sometido Cadalso en el proceso formativo de su *persona* literaria cobran una amplia significación histórica al enlazarlas con su propia teoría del estilo. Según la *Carta XLIX*, tan reveladora del aprendizaje neoclásico de Cadalso, la lamentada decadencia de la lengua castellana había que atribuirla principalmente a la mayoría de los escritores del siglo XVII, por su 'poca economía en figuras y frases' y por su 'abuso' de la supuesta flexibilidad natural del idioma. Los malos traductores del siglo XVIII también habían contribuido a la corrupción lingüística, pero, en general, como se decía igualmente en la *Carta LXXVII*, las versiones castellanas 'de los extranjeros modernos' representaban un fecundo esfuerzo para contrarrestar la 'falsa retórica' del medio siglo inmediato. El mismo Cadalso, 'cuando muchacho', por lo que declaraba en la citada *Carta XLIX*, se había ejercitado en la traducción de textos extranjeros. En las cartas citadas declaraba,

Digamos finalmente que la prosa de Cadalso carece de afectaciones arcaizantes y de preocupaciones nimiamente puristas, pero evita a su vez los galicismos, contra los cuales escribe diversos pasajes de sus *Cartas*. No siempre, sin embargo, se libra por entero de ellos, pero sin duda alguna por momentáneo descuido. En la carta LXXXVIII, por ejemplo, advertimos uno que, por su gravedad, parece un lapsus «homérico» que extrañamos no fuera enmendado; aludiendo a las frivolidades que apasionaban a sus contemporáneos, escribe: «Una composición nueva de una música deliciosa, de una poesía afeminada, de un drama amoroso, se cuentan entre *los jefes de obras* del siglo»[251].

Las cartas privadas de Cadalso.   En diversos momentos hemos aludido a las cartas particulares de Cadalso[252], dirigidas a sus amigos. Sugeríamos que es en ellas —según sucede, por lo común, en casos tales— donde podemos sentirnos más próximos a la auténtica verdad del escritor. Vistas bajo el aspecto literario, no nos atreveríamos a sostener que fueran escritas con la suelta naturalidad propia de este género; casi diríamos, más bien, que Cadalso cuidaba en ellas su prosa con mayor amor y delectación que en las páginas dedicadas a la imprenta. Muchos de sus párrafos están pulidos evidentemente con el propósito de que fueran gratos a los cultos destinatarios que las habían de saborear. Abundan en frases de familiar desenvoltura y aparente espontaneidad, pero que no dudamos en suponer trabajadas para conseguir precisamente esa impresión de lo que se escribe como sin darle importancia y sin esfuerzo. Es difícil hallar en sus obras publicadas párrafos tan perfectos de musicalidad, de ritmo, de

---

al mismo tiempo, su auto-filiación literaria española al insistir en su pretendida familiaridad con los escritores del siglo XVI. Cadalso se encontraba así en la situación genérica del escritor *transicional* que ha de acudir a los modelos contemporáneos del extranjero y a los *antiguos* y *auténticos* de la literatura nacional para apoyar su oposición a la retórica dominante. La afinidad que sentían los primeros noventaiochistas por la obra de Cadalso y el siglo XVIII obedecía, entre otros motivos, a la aparente semejanza de su situación vital y de su esfuerzo por crearse un estilo literario propio. Pero, el contraste entre el impulso estilístico de los hombres del 98 y el del Cadalso de las *Cartas marruecas* resalta inmediatamente: mientras los primeros, todos más o menos *ególatras* literarios, aspiraban a la extrema diferencia individual, a que cada uno de ellos *dijera lo suyo*, el escritor del siglo XVIII, no obstante su natural deseo de notoriedad personal quería forjarse un estilo *común*, casi anónimo» (páginas 190-191).

251 Ed. cit., pág. 196. En *Los eruditos a la violeta* —lección del martes, ed. Glendinning, cit., pág. 67— se sirve de la misma expresión, que, sin duda alguna, se había hecho muy común: «Citad una pieza de cada uno, diciendo que *el jefe de obra* del primero es *El Cid*, y del segundo la *Fedra*...».

252 Además de las colecciones de cartas, ya citadas, publicadas por Foulché-Delbosc y Ximénez de Sandoval, cfr. «Cartas inéditas a don Tomás de Iriarte», ed. de Emilio Cotarelo en *La España Moderna*, LXXIII, 1895, págs. 69-96, con prólogo del mismo, págs. 60-67. Estas cartas están reproducidas en la mencionada colección de Foulché-Delbosc.

justeza, de gracioso decir, como en sus cartas familiares. Si Cadalso hubiera escrito sus libros como sus cartas, sería un prosista de primera línea. No debe olvidarse, según dijimos anteriormente, que Cadalso pensaba en la posibilidad de publicar sus cartas privadas, lo que demuestra el concepto que tenía de su calidad y permite suponer el cuidado que ponía en ellas.

Atendiendo a su contenido, estas cartas, dirigidas a amigos íntimos, con quienes podía comunicarse libremente, sin censores a la vista, nos dejan ver un Cadalso mucho más escéptico en cualesquiera materias de lo que cabe observar en sus escritos públicos. La carta número 2 y la segunda parte de la 10, de las publicadas por Foulché-Delbosc, hacen pensar, sin apurar demasiado la interpretación, en un Cadalso poco creyente a juzgar por la absoluta falta de respeto con que trata cosas de religión, aun las más graves. Lo mismo puede decirse respecto de su vida militar, que Cadalso describe en sus cartas con los más agrios colores y sin pizca de entusiasmo; digamos, más bien, que con claro desprecio. Y sin embargo, quizá resulte aventurado tomar estas páginas demasiado a la letra. La seguridad de dirigirse a destinatarios cultos, frente a los cuales era innecesario vigilar detalles o palabras que a gentes timoratas, necias o ignorantes podían alarmar, permite al escritor la desenvoltura de expresión que ya por sí misma constituye un descanso, cuando no un placer, entre personas capaces de distinguir lo esencial bajo los estratos acumulados por la estupidez humana. El pensamiento serio y responsable que empapa las páginas de las *Marruecas* principalmente, sería incompatible con muchas actitudes reflejadas en sus cartas particulares, si les diésemos una transcendencia excesiva o demasiado literal; habría que suponer en el autor una hipocresía —no importan cautelas más o menos ocasionales e indispensables— que toda la vida y la obra de Cadalso, en sus actitudes básicas, desmienten por entero. Como en tantos casos sucede, llegada la ocasión en que estuvieran amenazadas seriamente muchas de las cosas sobre las cuales parece sentir escasa estima, o posible desprecio, en la intimidad de sus iguales, no dudaría Cadalso en echar su espada en la balanza. Pensamos que la biografía de Cadalso abona esta conclusión [253].

---

[253] Repetidamente hemos insistido en el carácter poco militarista del militar Cadalso; pero de nuevo hemos de apelar a su personalidad contradictoria, a sus vivencias personales y a su *actitud vital*. Creemos que el antimilitarismo de Cadalso procedía más bien *de tejas abajo*; a Cadalso le irritaba el engorro de la vida militar en la realidad concreta —aquella que le inspiró las sátiras antes aducidas—, la vulgaridad de la vida de cuartel o de campamento, y más aún —aparte la escasa altura mental de tantos de sus congéneres— las mezquinas rivalidades por los honores y los ascensos. Pero no era ajeno en absoluto al ímpetu militar ni al esfuerzo heroico cuando lo encendían causas justas y era necesario. A este respecto merece destacarse un pasaje de sus *Apuntaciones* de transparente significación. Trasladado al campo de Gibraltar, Cadalso estudió minuciosamente las condiciones de la plaza

EL ROMANTICISMO DE CADALSO

Ningún aspecto tan controvertido en la persona y obra de Çadalso como su problemático romanticismo. Menéndez y Pelayo si no inventó, divulgó al menos la frase que definía a Cadalso como «el primer romántico en acción» [254]; sentencia que muchos han repetido aceptándola sin nuevo examen bajo palabra del gran polígrafo, y que algunos, por el contrario, rechazan de plano en nuestros días. Según hemos visto a propósito de las *Noches lúgubres*, Glendinning niega a este libro, y a Cadalso, todo carácter romántico, y se aventura en una interpretación filosófica de la obra, como supuesta expresión del estoicismo del autor, que hemos calificado de enteramente insostenible. Pero la valoración de Cadalso como personalidad inequívocamente romántica es defendida en nuestros días por sus más destacados comentaristas. Edith F. Helman —según hemos podido comprobar en las páginas precedentes (véase, sobre todo, nota 171)— al estudiar las *Noches* proclama su neta condición romántica, destacando no sólo los aspectos que pueden parecer más externos y superficiales —el escenario, la forma de relato corto y melodramático, la acumulación de componentes lúgubres prometidos desde el mismo título, el horroroso aparato de la naturaleza— sino lo que es más esencial: el carácter emotivo y no ideológico de la obra, la hipertrofia del sentimiento individual, la utilización de aquella espectacularidad para reflejar y realzar la pasión del protagonista, cuyo estado de ánimo —este es el punto básico— es el tema central, y prácticamente único, de las *Noches;* no hay otro, en realidad, más que el sufrimiento del alma de Tediato, alma que se cree singular en su tristeza y desgracia, la más noble y sensible y por eso la más infeliz, enfrentada a la hostilidad de los hombres y de la naturaleza: «Con esta sensibilidad consciente y razonada —dice Helman— estamos ya en pleno romanticismo» [255].

Montesinos, al reseñar la edición de Helman, rechaza sus conclusiones y afirma que, con las *Noches, no estamos* en pleno Romanticismo, sino en el mismo paraje de los *Ocios de mi juventud,* donde hallamos «actitudes,

---

y redactó un informe para su bloqueo: «Formé mi proyecto —dice— para un sitio de Gibraltar y lo remití en derechura al Ministro de Estado, Conde de Floridablanca. Me respondió a vuelta de correo. El proyecto y respuesta se halla entre mis papeles y legajos que tienen por título, *Relativos a la Carrera*. Pero un país mandado por tres golillas, no puede abrazar cosas que piden vigor» (págs. 140-141). Unas líneas más arriba había expresado otra idea tan representativa como lo transcrito: «Sin embargo, me atengo a mi pensamiento antiguo de tomar dos veces Portugal. La primera para que en cambio nos den dicha plaza [Gibraltar], y la segunda para quedarnos de veras con aquel reino» (pág. 140).

[254] *Historia de las ideas estéticas,* cit., III, pág. 296.
[255] Introducción a su edición, cit., pág. 35.

sufrimientos y expresiones análogas» a las que pueden encontrarse en Meléndez y Jovellanos, los cuales —dice— «a su vez no hubieran escrito las *Noches*»[256]. Pero las razones de Montesinos, tan agudas en muchos momentos, nos parecen equivocadas en este punto, porque si Meléndez y Jovellanos «no hubieran escrito las *Noches*» y Cadalso las escribió, algo había en él que no estaba en aquéllos, y ya no nos hallamos, por tanto, en el mismo paraje. En los *Ocios* sí predomina, en efecto, «ese aire de invernadero... del anacreontismo setecentista», común a Jovellanos y a Meléndez; pero el hecho de que Cadalso lo respirara desde el comienzo de su vida, no impide que las *Noches*, concretamente, sean un estallido romántico. El amante de Filis fue un hombre de básica formación neoclásica y en esta línea creó una parte de su obra; pero vivió a su vez en incómoda lucha con otras voces que alborotaban en su interior; voces que agrietaban constantemente su armadura de ilustrado racionalista y que le hicieron saltar al fin con el exabrupto de las *Noches*.

Esta tensión entre contrarios, que es el rasgo más personal de nuestro escritor, se descubre más todavía en el plano ideológico que en el literario. La propia Helman, al ocuparse de las *Cartas marruecas*, dice que aunque tratan aparentemente del mundo exterior, «están llenas de su sentimiento personal» y parece a veces que son «sólo un reflejo de su propio sentimiento de frustración y desesperación»[257]. Pero no creemos necesario insistir de nuevo en este punto; lo que hemos dicho arriba a propósito de las *Cartas marruecas* a través de los sagaces comentarios de Hughes, deja bien claro el carácter subjetivo y personal, dramáticamente distendido, disparado desde vivencias íntimas, desde una perspectiva existencial, que posee la visión española de Cadalso.

El romanticismo de su pensamiento ha sido subrayado asimismo bajo el aspecto político por Antonio Maravall[258]. Afirma éste —y habíamos tenido ya ocasión de sugerirlo en páginas anteriores— que las *Cartas marruecas* constituyen una de las primeras aportaciones válidas a la teoría del carácter nacional. Para Cadalso —dice Maravall— el verdadero saber, cualesquiera que sean las bases universales de que parte, acaba en el conocimiento singularizador de las cualidades de la comunidad a que se pertenece: «Cadalso nos hace suponer que ese conocimiento se logra en el trato con los historiadores, lo que implica que para él la Historia, más acá de sus principios generales, nos hace asequible el modo de ser de un grupo humano concreto que, como tal, posee un pasado caracterizador»[259]. La

---

[256] «Cadalso o la noche cerrada», cit., pág. 165 y 166.

[257] «Cadalso y Goya: sobre caprichos y monstruos», en *Jovellanos y Goya*, Madrid, 1970, págs. 125-155; la cita en págs. 149-150.

[258] J. Antonio Maravall, «De la Ilustración al Romanticismo: El pensamiento político de Cadalso», en *Mélanges à la mémoire de Jean Sarrailh*, II, París, 1966, páginas 81-96.

[259] Idem, íd., pág. 84.

ciencia de la política no está, pues, escrita en términos universales, o, cuando menos, no sólo en ellos, sino que ha de atender al proceso singular de formación de cada pueblo. Lo que el filósofo y el político deben encontrar es el *carácter nacional*, palabras que con todo su *aire de modernidad* —dice Maravall [260]— se encuentran escritas en las *Cartas marruecas*. Si Voltaire —comenta a continuación— contempla una Europa unida por los principios fundamentales de una misma cultura, Cadalso destaca lo diferente, mientras que lo común europeo pasa a segundo término; esas diferencias constituyen el carácter de cada pueblo, y puesto que afectan a algo tan entrañable y decisivo como el ser de cada cual, se produce la tendencia a la afirmación como una autodefinición válida para todos los individuos que participan en el grupo. Para Cadalso, pues, «no tener carácter es el peor carácter que se puede tener». Por este camino, la crítica de la nación se convierte en una polémica sobre el legado peculiar de España; esa crítica —dice Maravall [261]— la hizo Cadalso en modos hasta entonces no practicados, que le aproximan —según ya había subrayado Azorín— a otro gran crítico español, Larra. Es un error creer que los usos procedentes del extranjero pueden quitar a España su carácter, porque los elementos que lo integran han permanecido y permanecerán. El reconocimiento de esta realidad no impide admitir que existen cualidades nacionales buenas y malas; y a esto responde el espíritu crítico de Cadalso. Pero si es por ello necesario abrirse a todos los cambios posibles, sería necedad pretender arrancar de golpe ni siquiera los aspectos desfavorables y pretender sustituirlos con las virtudes ajenas, porque esto sería «fingir otra república como la de Platón». En consecuencia, incluso aquellas cualidades que estimamos malas pero que están arraigadas en el carácter nacional y no pueden arrancarse sin desbaratarle, deben soportarse [262].

Esta aceptación nos conduce al problema del patriotismo, que Cadalso no desea de una manera exclusivista, según suele engendrarlo la «pasión nacional» por decirlo con palabras de Feijoo, sino como fuerza unitiva que impulsa al deber y al sacrificio heroico, si es necesario, en defensa del grupo a que se pertenece: «En Cadalso —dice Maravall— el heroísmo no importa tanto como virtud personal que como factor de integración nacional. No le interesa como medio de educación ética de la persona, sino como soporte, socialmente eficaz, de cohesión y de impulso en la vida del grupo. Teniendo en cuenta esto y considerándolo más próximo a la renovación del culto a los héroes en la primera mitad del siglo XIX, esa actitud de Cadalso ofrece, una vez más, una anticipación de romanticismo» [263].

[260] Idem, íd., pág. 86.
[261] Idem, íd., págs. 88-89.
[262] Idem, íd., págs. 89-90.
[263] Idem, íd., pág. 94.

Por su parte, Russell P. Sebold, en su libro sobre Cadalso, ha refrendado y robustecido las conclusiones obtenidas por estos críticos mencionados, al subrayar la coherencia existente en el conjunto de su producción, gobernada toda ella por idéntico espíritu. Sebold no añade sustancialmente resultados nuevos al romanticismo de Cadalso inequívocamente afirmado por Helman a propósito de las *Noches lúgubres*, o a la posición crítica de índole existencial que se revela en las *Cartas marruecas* según la interpretación de Hughes, o al romanticismo político subrayado por Maravall; pero su estudio —por su misma extensión, además— tiene la importancia de haber «enfatizado» —por decirlo con término grato a los americanos— el romanticismo global del cantor de Filis y de hacer más patentes los rasgos que enlazan las distintas obras de Cadalso y la raíz común que las sustenta. Sebold aporta también numerosas observaciones y detalles que apoyan las conclusiones ya alcanzadas por los críticos dichos, y establece comparaciones de positivo interés con otras literaturas europeas. Cadalso —dice— es romántico por un gran número de razones. La más importante es que, al igual que Goethe en Alemania y Chateaubriand en Francia, es el primero en su país que escribe de acuerdo con la cosmología romántica, el primero que experimenta el panteísmo egocéntrico y el pesimismo cósmico de los románticos, la fusión del espíritu del poeta con la naturaleza, el placer exquisito de gozar la propia tristeza; y es aquí donde debe encontrarse su romanticismo y no en temas concretos y anecdóticos o en detalles estilísticos. El egocentrismo —confirma Sebold— caracteriza las *Cartas marruecas;* la relación entre el *yo* de Cadalso y España es la misma que liga su *yo* con la naturaleza en las *Noches lúgubres;* la realidad nacional se convierte en un gigante espejo que refleja su conflicto interior, mientras que los problemas de España están reflejados en su propio espíritu de forma idéntica a como había de suceder en Larra, romántico inequívoco. Para Sebold la cosmología romántica de Cadalso no se explica por el influjo de ninguna herencia nacional, aunque la literatura de su país tenga especial disposición, sino a consecuencia de un movimiento internacional, que es cosmopolita a pesar de las apariencias nacionalistas que desarrolla en algunos países. Es valiosa la afirmación de Sebold de que el héroe de Cadalso se encuentra en 1770 en posesión de todos los rasgos psicológicos que comúnmente asociamos con la literatura española de 1830 y 1840, y que, además, Cadalso había completado su evolución romántica en el año en que Goethe publicó su *Werther* y antes de que lo hiciera ningún escritor francés, aunque pocos años antes Rousseau hubiera dado una muestra parcial en su *Nueva Eloísa*. Tan sólo Inglaterra —dice Sebold— se adelanta a este movimiento, pero es dudoso que antes de 1774 pueda mostrar un ejemplo completo tan típicamente romántico como las *Noches lúgubres*. Esta última constatación lleva a Sebold a valorar este libro de forma singular, no sólo desde el punto de vista de su espíritu sino incluso estéticamente; afirmación en la que no podemos seguirle, pues si las *Noches lúgubres* poseen tan enorme importancia como heraldo de una nueva sensibilidad, como obra de arte nos siguen pareciendo mucho más problemáticas [264].

---

[264] Como hemos dicho en la nota 243, el libro de Sebold —*Colonel Don José Cadalso*, Nueva York, 1971— llegó a nuestras manos —recién salido de las prensas y por generosa atención del propio autor— muchos meses después de haber redactado este capítulo. Aunque hubiéramos podido enriquecerlo con numerosos detalles aportados por Sebold, no nos ha sido ya posible por exigencias editoriales, ni lo hemos creído absolutamente necesario, hacer modificaciones en nuestras páginas, habida cuenta, sobre todo, de que, como hemos dicho, las deducciones fundamentales de Sebold coinciden con nuestra exposición, apoyada en los diversos críticos mencionados. Nos hemos limitado, pues, a recoger algún punto concreto en unas pocas notas al pie y añadir este breve comentario final, con que hemos cerrado el capítulo.

CAPÍTULO IX

JOVELLANOS

Toda la problemática del siglo XVIII, en su más compleja variedad ideológica o literaria, se da cita en las páginas de este escritor que resume como ninguno las inquietudes y aspiraciones de su época. Aunque discutido, y aun perseguido, por sus contemporáneos, la posteridad no ha rebajado un ápice su gloria, y como dice Del Río[1], su entusiasta y riguroso investigador, pocos escritores que no sean los grandes clásicos de la Edad de Oro han merecido elogios más fervorosos que Jovellanos. Menéndez y Pelayo, nunca recusable cuando se trata de encomiar obras o personas del XVIII —dada la corta estima que profesaba al siglo de la Ilustración— se refiere a Jovellanos como «aquella alma heroica y hermosísima, quizá la más hermosa de la España moderna»; y alude luego «al varón justo e integérrimo, al estadista todo grandeza y desinterés, al mártir de la justicia y de la patria, al grande orador, cuya elocuencia fue digna de la antigua Roma, al gran satírico, a quien Juvenal hubiera envidiado, al moralista, al historiador de las artes, al político, al padre y fautor de tanta prosperidad y de tanto adelantamiento»[2].

En dos puntos coinciden cuantos juicios —todos favorables— pueden aducirse sobre Jovellanos: primero, en su condición de polígrafo, ya aludida arriba; segundo, en destacar por encima incluso de sus valores ideológicos y literarios, cualesquiera que éstos sean, su excepcional calidad humana, su carácter moral, su elevación de espíritu. Tal unanimidad desaparece, sin embargo, cuando se trata de enjuiciar su ideología, o sus tendencias literarias como mero escritor. En Jovellanos se produce, como en ningún otro hombre eminente de su tiempo, el choque de ideas, de pro-

---

[1] Ángel del Río, «Jovellanos», en *Historia General de las Literaturas Hispánicas* dirigida por Guillermo Díaz-Plaja, IV, primera parte, Barcelona, 1956, pág. 169.
[2] M. Menéndez y Pelayo, *Historia de los heterodoxos españoles*, ed. nacional, 2.ª ed., V, Madrid, pág. 348.

blemas, de tendencias y de propósitos que constituye la trascendencia y la dificultad del siglo XVIII.

Las facetas de Jovellanos son, pues, tan múltiples, y contradictorias a veces, como las de su siglo; de aquí que esté tan fuera de razón el pretender definirle con fórmulas esquemáticas que satisfagan el deseo de sus diversos intérpretes. Exactamente esto es, sin embargo, lo sucedido con Jovellanos: al producirse en el XIX la escisión ideológica de «las dos Españas», interesó más, según puntualiza Del Río, encasillarle dentro de un partido que estudiar imparcialmente su obra; su ortodoxia o su heterodoxia, su tradicionalismo o su liberalismo reformista se convirtieron en objeto de apasionadas polémicas; los tradicionalistas como Nocedal, Laverde[3] o Menéndez y Pelayo no vieron de su ideología más que el lado conservador; la crítica liberal lo tuvo, en cambio, por uno de los más destacados reformadores de la Ilustración y padre del liberalismo español; Américo Castro, según recuerda Del Río, ha calificado con el nombre de «jovellanismo» la tendencia que denomina la *hispanidad disidente*. Para unos y otros, dice Del Río, «se perdió de vista el rasgo más saliente: el eclecticismo de su obra, el esfuerzo verdaderamente ejemplar por armonizar todas las corrientes contradictorias que influyeron en su pensamiento y formaron su sensibilidad»[4].

Su formación y primeras actividades públicas. Gaspar Melchor de Jovellanos nació en Gijón el 5 de enero de 1744[5]. Su padre, regidor y

---

[3] G. Laverde Ruiz, *Ensayos críticos sobre Filosofía, Literatura e Instrucción Pública españolas*, Lugo, 1868.

[4] «Introducción» a su edición de *Jovellanos. Obras escogidas*, I, «Clásicos Castellanos», Madrid, 1935, pág. 10. Cfr.: Patricio Peñalver, *Modernidad tradicional en el pensamiento de Jovellanos*, Sevilla, 1953; bajo el epígrafe «La disputa por un clásico», páginas 29-50.

[5] Para la vida y personalidad de Jovellanos, cfr.: Juan Agustín Ceán Bermúdez, *Memorias para la vida del Exmo. Señor D. Gaspar de Jove Llanos y noticias analíticas de sus obras*, Madrid, 1814. R. M. Cañedo, «Noticia de los principales hechos de la vida de Jovellanos», en *Colección de Obras de don Gaspar Melchor de Jovellanos*, 7 tomos, Madrid, 1830-1832. Cándido Nocedal, *Vida de Jovellanos*, recopilación de sus dos prólogos a la edición de *Obras de Jovellanos* en B. A. E., núms. XLVI y L, Madrid, 1865 (nueva ed. de los mencionados volúmenes, Madrid, 1951 y 1952). Julio Somoza, *Jovellanos. Nuevos datos para su biografía*, Madrid, 1885. Del mismo, *Las amarguras de Jovellanos*, Gijón, 1889. Del mismo, *Documentos para escribir la biografía de Jovellanos*, Madrid, 1911. E. Mérimée, «Jovellanos», en *Revue Hispanique*, I, 1894, páginas 34-68. Edmundo González Blanco, *Jovellanos: su vida y su obra*, Madrid, 1911. A. Muñiz Vigo, *Árbol genealógico y rasgos biográficos de Jovellanos*, Oviedo, 1911. F. González Prieto, *Monografía de Jovellanos. Vida y obras*, Gijón, 1911. Julián Juderías, *Don Gaspar Melchor de Jovellanos; su vida, su tiempo, sus obras, su influencia social*, Madrid, 1913. J. E. Casariego, *Jovellanos o el equilibrio (Ideas, desventuras y virtudes del inmortal hidalgo de Gijón)*, Madrid, 1943. A. Barcia Trelles, *El pensamiento vivo de Jovellanos*, Buenos Aires, 1951. Miguel Artola, *Vida y pensamiento de D. Gaspar Melchor de Jovellanos*, estudio preliminar a su edición de las *Obras de Jovellanos*, continuación de la de Nocedal, en la B. A. E., vol. LXXXV, Madrid, 1956. Gaspar Gómez

alférez de aquella villa y concejo, era noble, pero de modesta posición económica; poseía un pequeño negocio de ferrería y su corto mayorazgo, que le permitieron, sin embargo, educar esmeradamente a su larga familia de cinco hijos y cuatro hijas. El carácter de nuestro autor fue moldeado desde su infancia por un ambiente familiar de orden y trabajo, pero a la vez por un firme sentido de orgullo nobiliario que se transparenta en sus obras y hasta en sus actitudes y porte físico: «Este aristocratismo suyo, rasgo esencial de los hombres que presidían el llamado despotismo ilustrado, nos da una de las claves de su compleja personalidad, porque para él aristocracia no significaba abuso de privilegio, sino responsabilidad y servicio, necesidad de actuar en la vida según una elevada norma de valores morales» [6].

Según costumbre tradicional en las familias españolas de su clase, Jovellanos, tercero de los varones, fue destinado al sacerdocio; estudió primero en la Universidad de Oviedo, luego en Ávila bajo la protección del obispo de dicha ciudad, y marchó luego a Alcalá, como becario del Colegio de San Ildefonso, donde terminó sus estudios y obtuvo el grado de bachiller en Cánones en 1764. En Alcalá hizo amistades importantes que en buena medida condicionaron su futuro, tales como la de Juan José Arias de Saavedra, y la de Cadalso, a quien debió de conocer en algún viaje ocasional de éste y por cuyo influjo, según afirma el propio Jovellanos, escribió sus primeros versos.

Acabados sus estudios en Alcalá, Jovellanos se disponía a oposita a una canonjía en la catedral de Túy, pero a su paso por Madrid le convencieron sus amigos de que abandonara la carrera eclesiástica y se dedicara al servicio del Estado; así ingresó Jovellanos en la Magistratura, «profesión que mejor que ninguna otra representa el espíritu legalista, reformador, del siglo y de la nueva sociedad que bajo el influjo del llamado *despotismo ilustrado* y de otras corrientes menos moderadas empezaba a adquirir forma» [7]. En octubre de 1767 Jovellanos fue nombrado Alcalde del Crimen de la Audiencia de Sevilla, cuando sólo contaba 23 años. Al despedirse de Aranda, Presidente entonces del Consejo de Castilla, le invitó éste a que, en su toma de posesión del cargo, prescindiera de la peluca, símbolo tradicional de la justicia, y desterrara «tales zaleas»;

---

de la Serna, *Jovellanos entre cuatro fuegos*, Madrid, 1964. Para la bibliografía de Jovellanos, cfr.: Julio Somoza, *Inventario de un jovellanista*, Madrid, 1901 (contiene la bibliografía completa de Jovellanos hasta dicha fecha). José Simón Díaz y José María Martínez Cachero, «Bibliografía de Jovellanos, 1902-1950», en *Boletín del Instituto de Estudios Asturianos*, V, 1951, págs. 131-152. C. Suárez y José María Martínez Cachero, «Jovellanos. Bibliografía», en C. Suárez, *Escritores y artistas asturianos*, IV, 1955, págs. 583-616. José Caso González, «Notas críticas de bibliografía jovellanista (1950-1959)», en *Boletín de la Biblioteca de Menéndez y Pelayo*, XXXVI, 1960, páginas 179-213.

[6] Del Río, «Introducción», cit., pág. 12.
[7] Del Río, «Jovellanos», cit., pág. 171.

recomendación que siguió Jovellanos y que fue interpretada como muestra de sus afanes innovadores.

En Sevilla vivió Jovellanos años felices y a la vez decisivos para su formación. Primero como Alcalde del Crimen y luego como Oidor, a partir de 1774, tuvo oportunidad de poner en práctica su nuevo sentido de la justicia, inspirado en las ideas de Beccaria, fundador del Derecho penal moderno, ideas que llevó también a su drama *El delincuente honrado*. En la tertulia del famoso Pablo Olavide, intendente de la ciudad y superintendente de las Nuevas Poblaciones de Sierra Morena, que dirigía entonces la vida social y literaria de Sevilla, se relacionó Jovellanos con gente culta que influyó poderosamente en la orientación de sus ideas reformistas; allí llegaban, y se leían y comentaban, los últimos libros de Europa, y se discutían las nuevas corrientes filosóficas, económicas y políticas [8]. Al calor de esta tertulia e influjos compuso Jovellanos sus primeras obras literarias y sus primeros *informes* de carácter didáctico; se aplicó también al estudio del inglés, cuya cultura tenía que disputarse siempre en él la admiración por la francesa; tradujo el Canto I del *Paraíso perdido* de Milton [9], y algunas poesías francesas, al tiempo que estudiaba los grandes clásicos españoles de los siglos XVI y XVII, en particular los didácticos.

En 1778, por influjo probablemente de Campomanes, Jovellanos fue nombrado Alcalde de Casa y Corte de Madrid. Al salir de Sevilla, donde había vivido durante diez años, y camino ya de la capital, escribió una de sus más notables composiciones poéticas, *Epístola de Jovino a sus amigos de Sevilla*. La Corte, donde Jovellanos iba a residir hasta 1790, vivía entonces el momento de plenitud del movimiento ilustrado y reformador, que caracteriza al reinado de Carlos III. Fueron éstos los años de mayor actividad de Jovellanos; en breve tiempo ingresó en la Sociedad Económica de Amigos del País, en las Academias de la Historia, de San Fernando, Española, de Cánones, y de Derecho, y formó parte de la Real Junta de Comercio, Moneda y Minas. En todas estas instituciones desempeñó cargos y para todas ellas redactó informes y memorias, participando en todo género de tareas encaminadas a impulsar el renacimiento nacional. Se granjeó por entonces la amistad de numerosos aristócratas y de los más famosos políticos, escritores, artistas, eruditos, etc.; entre los políticos debe destacarse a Francisco Cabarrús, francés naturalizado, fa-

---

[8] Para la vida de Olavide y su importante papel en la «cruzada de la Ilustración» véase el fundamental estudio de Marcelin Defourneaux, *Pablo de Olavide, el afrancesado*, traducción española, México, 1965. Cfr. además, Francisco Aguilar Piñal, *La Sevilla de Olavide 1767-1778*, Sevilla, 1966. Cayetano Alcázar Molina, *Los hombres del reinado de Carlos III: Don Pablo de Olavide, el colonizador de Sierra Morena*, Madrid, 1927.

[9] Cfr., J. B. A. Buylla, «La traducción de Jovellanos del libro primero del *Paraíso Perdido* de Milton», en *Filología Moderna*, Madrid, 10, 1963, págs. 1-47.

moso hacendista, con quien tuvo gran amistad hasta los últimos años de su vida y a cuya suerte política unió prácticamente la suya.

No pertenece a esta época ninguna de sus obras capitales como escritor; su actividad se concentró principalmente en sus quehaceres políticos y económicos; son, sin embargo, notables algunos de sus *Elogios*, como el del arquitecto Ventura Rodríguez y el de Carlos III, el *Informe sobre el libre ejercicio de las Artes*, leído en la Junta de Comercio, el discurso de ingreso de la Academia de la Historia, *Sobre la necesidad de unir al estudio de la legislación el de nuestra historia y antigüedades*, y el *Elogio de las bellas Artes*, leído en la Academia de San Fernando.

Durante estos doce años de residencia en Madrid efectuó dos viajes —únicas ausencias de la capital— de gran importancia para su actividad como educador. El Consejo de las Órdenes Militares, al que se había incorporado también en 1780, lo envió dos años más tarde a visitar el Convento de San Marcos de León y asistir a la elección del nuevo prior. Jovellanos aprovechó su estancia en la ciudad para reorganizar el archivo y la biblioteca, que estaban, según escribe en carta a Antonio Ponz, en estado lamentable; y acabada la visita salió para Asturias con una comisión del Ministerio de Marina para inaugurar la carretera de Oviedo a Gijón: regresaba así a su país natal, a donde no había vuelto en catorce años. Durante este viaje maduró su propósito y los planes para impulsar la mejora económica, moral e intelectual de su provincia, y aunque no pudo de momento desarrollar ninguna acción concreta, expuso sus proyectos en un discurso leído en mayo de 1782 en la Sociedad de Amigos del País, de Asturias, *Sobre la necesidad de cultivar en el Principado el estudio de las ciencias naturales;* el año antes, en otro discurso dirigido desde Madrid a la misma Sociedad, *Sobre los medios de promover la felicidad de aquel Principado*, había ya expuesto parecidas ideas, en las cuales se encierra, según dice Del Río [10], todo un programa educativo de pasmosa modernidad con muy sensatas palabras sobre el concepto práctico de la ciencia; en ambos escritos está la raíz del pensamiento de Jovellanos en materia de educación, y la «idea germinal» del Instituto Asturiano. En este primer viaje le salió al encuentro desde Salamanca, y le acompañó durante dos jornadas de viaje, su entrañable amigo Meléndez; y durante él escribió las tres primeras *Cartas a Ponz*, que cuentan, como veremos, entre lo más importante de su obra literaria.

El segundo viaje lo emprendió, comisionado también por el Consejo de las Órdenes, para visitar los colegios salmantinos de Calatrava y Alcántara. Su deplorable opinión sobre estos colegios y de la enseñanza salmantina en general le inspiró diversos informes, que envió al Consejo, y un *Reglamento literario e institucional para llevar a efecto el plan de*

---

[10] «Introducción», cit., pág. 39.

estudios del Colegio Imperial de Calatrava; expone en éste sus planes de reforma de la enseñanza, rechaza la vieja rutina escolástica, juzga con dureza muchos de los libros de texto españoles, condena los estudios de humanidades, cánones y teología, tal como allí se profesaban, y defiende la implantación de otros nuevos sobre materias de utilidad inmediata; con su habitual minuciosidad se ocupa hasta de los más pequeños detalles concernientes a la vida de los estudiantes, aseo personal, provisión de cátedras, adquisición de libros, etc., y recomienda nuevos textos de orientación reformadora [11].

Durante este viaje tuvo noticia de la caída de su gran amigo Cabarrús. La muerte de Carlos III y la subida al trono de su hijo Carlos IV habían detenido el movimiento reformista; los excesos de la Revolución Francesa habían alarmado a la Corte y promovido la reacción contra los amigos de Jovellanos, que formaban el equipo ilustrado del anterior monarca. Jovellanos interrumpió su viaje y regresó a Madrid para defender a Cabarrús abandonado entonces por todos sus amigos; con este motivo hubo de enfrentarse con su también amigo y protector Campomanes, con quien rompió violentamente por su pasiva actitud frente al caído. En los seis días que permaneció en Madrid luchó inútilmente para salvar a Cabarrús y escribió una vigorosa apelación a Campomanes, quien por medio de Ceán Bermúdez, el gran amigo y biógrafo de Jovellanos, respondió verbalmente que si éste quería ser heroico, él no podía serlo. Se conminó entonces a Jovellanos para que partiera inmediatamente a concluir la misión que tenía encomendada y se le ordenó que fijara su residencia en Gijón, orden que era un destierro disfrazado.

Se han discutido largamente las razones de la hostilidad oficial que desde entonces comienza a perseguir al reformador. Los motivos hay que buscarlos básicamente en lo que su persona e ideas significaban, y los detalles no son sino pretextos. Suelen aducirse la querella con los franciscanos de Salamanca con ocasión de la visita a los Colegios, acusaciones de inmoralidad personal, intervención en el asunto del Banco de San Carlos en que estaba envuelto Cabarrús, etc. Ángel del Río sugiere también como probable el resentimiento de muchos nobles de la corte por la dura condena de sus costumbres que había hecho Jovellanos en sus dos *Sátiras a Arnesto* [12].

El Instituto Asturiano. El destierro a Gijón tuvo, sin embargo, la virtud, como escribe Artola [13], de poner a Jovellanos en el momento y lugar adecuados para llevar a cabo la obra de que realmente era capaz; en Asturias —añade el mencionado historiador—, Jovellanos pasa de proyec-

---

11 Sobre este último punto véase luego, nota 26.
12 Ídem, íd., pág. 44.
13 *Vida y pensamiento...*, cit., pág. XXVII.

tista a realizador y logra su mejor obra como político, el Instituto Asturiano, al mismo tiempo que compone el más importante de sus tratados doctrinales: el *Informe sobre el expediente de la Ley Agraria*. Señala Artola que una de las notas más destacadas en el movimiento producido por la Ilustración fue la vitalidad de las provincias, que en muchas ocasiones superan las realizaciones de la misma Corte, y en este aspecto le cabe a Jovellanos papel principalísimo en el progreso intelectual y económico de su región.

Diez años —1790-1798— permaneció Jovellanos en su ciudad natal, años que dedicó al servicio de sus ideales y que cuentan entre los más fecundos, y también felices, de su vida, aunque no faltaron las obstrucciones de sus enemigos. El mismo día de su salida de Madrid —20 de agosto— comenzó la redacción de un *Diario*, que prosiguió hasta el fin de su vida, sin más interrupción que los meses de su Ministerio. Este *Diario*, que, según dice Del Río [14], nos da una visión íntima, a nueva luz, de su autor, es de capital importancia como fuente de sucesos y realidades de su época. En él recogió Jovellanos noticias de todo género adquiridas durante sus viajes, la historia diaria de la fundación y desarrollo del Instituto Asturiano, comentarios sobre hechos e ideas, juicios sobre personajes contemporáneos, descripciones de pueblos y lugares del país, informes económicos.

En Gijón, instalado en su casa familiar, adoptó Jovellanos un regulado plan de vida, tranquilo y provinciano, que satisfacía en realidad sus más íntimas apetencias, de las cuales nos ha dejado muestras inequívocas en las páginas del *Diario*. Este marco, escribe Ángel del Río, «entre agreste y marinero, es el mejor para encuadrar la figura de este prócer del siglo XVIII, que aborrecía la corte y soñaba con una existencia plena, autónoma, de las provincias, en contra de las corrientes centralistas de la época; que en momentos, cuando su sensibilidad vacaba de preocupaciones políticas, sintió la emoción de la tierra como un poeta romántico, y que hacía compatible su dignidad de aristócrata con el amor al hombre sencillo y primitivo. Figura la de Jovellanos que en este fondo se nos aparece como la encarnación española de la Virtud y la Pedagogía, dos conceptos caros a los hombres representativos de su siglo, en los cuales se cifra todo el nuevo sentido social del movimiento filosófico triunfante entonces en toda Europa» [15]. Tan sencilla vida permitió, precisamente, a Jovellanos una gran actividad; aparte los incesantes trabajos en beneficio de su región, escribió numerosos informes y discursos, concluyó la redacción de algunos de sus escritos más importantes, como la *Memoria sobre espectáculos* y el *Informe sobre la Ley Agraria*, y viajó por muchas provincias del norte de España movido en particular por razones de estudios económicos, proyectos de obras públicas, inspección de minas, etc. Como depósito de todos estos

---

[14] «Introducción», cit. pág. 45.
[15] Idem. íd., pág. 48.

datos son inapreciables las páginas del *Diario,* así como las últimas cartas a Ponz.

A todas estas tareas excede, como dijimos, la fundación del Instituto. En los dos *Discursos* arriba mencionados sobre los problemas del Principado, había ya expuesto Jovellanos su idea de establecer en Gijón una escuela de enseñanza práctica, donde se diera preferencia a las ciencias útiles según el pensamiento de la Ilustración, enemigo de las disciplinas especulativas que hasta entonces se cursaban en las Universidades; para ello hubo de servirle de modelo y estímulo el Real Seminario de Nobles de Vergara fundado por la Sociedad Vascongada con idénticos fines renovadores. En 1789 había propuesto Jovellanos al Ministerio de Marina crear en Gijón una escuela de mineralogía, proyecto que fue la base del Instituto. Pero lo que en un principio concibió como sólo un par de cátedras, acabó por convertirse en un «centro modelo de enseñanza secundaria con predominio de la instrucción científica, a la que se añadirían como complemento las disciplinas que hoy llamaríamos formativas y el estudio de las lenguas modernas» [16]. Jovellanos cuidó hasta los más nimios detalles de su amado centro, de todo lo cual dejó puntual constancia en su *Diario.* Para quien siga en éste o en muchas de sus cartas —escribe Del Río— esta historia minuciosa y emocionante, «adquiere la figura de Jovellanos, superando a todas sus otras actividades, la trascendencia de un gran maestro, de un hombre que, como pocos en España, tuvo el don sutil, tan raro, de entender en toda su trascendencia el complicado mecanismo de la formación espiritual y científica de la juventud. Su obra no tuvo la importancia que tuvo casi un siglo más tarde la de Giner de los Ríos; pero en el sentido educativo es probablemente el más grande de sus precursores en España» [17]. El espíritu que informaba la orientación del Instituto, ya ha quedado aludido: la instrucción como base de la prosperidad; estudio de las ciencias útiles frente a la rutina escolástica; concepto armónico de la educación, que exigía enseñar junto a las disciplinas técnicas de cada oficio un mínimo de cultura intelectual, social y estética, indispensable a todo ciudadano [18].

---

[16] Del Río, ídem, íd., pág. 52.

[17] Ídem, íd., pág. 54.

[18] Aduciendo diversos pasajes del propio Jovellanos, Jean Sarrailh puntualiza las ideas de eficacia y utilidad pública que inspiraban los planes del reformador: «Precursor de Costa y de la Generación del 98, el gran asturiano sabe que la prosperidad de España va ligada al conocimiento de mejores técnicas. Sin desconocer la necesidad de una cultura desinteresada para ciertos hombres, no deja de aconsejar a sus compatriotas 'los buenos estudios', los de 'aquellas ciencias que se llaman útiles por lo mucho que contribuyen a la felicidad de los Estados': 'las matemáticas, la historia natural, la física, la química, la mineralogía y metalurgia, la economía civil. Sin ellas nunca se podrá perfeccionar debidamente la agricultura, las artes y oficios ni el comercio'. Por eso escribe en su *Informe sobre la Ley Agraria:* 'La agricultura no necesita discípulos doctrinados en los bancos de las aulas, ni doctores que enseñen

El Instituto fue inaugurado el 6 de enero de 1794 y Jovellanos pronunció una emocionada *Oración* en que invitaba con entusiasmo al estudio de la naturaleza. El propio Jovellanos desempeñó personalmente varias cátedras en sustitución de profesores ausentes o aún no designados, y, en forma permanente, en los primeros años al menos, las de humanidades y las de lengua francesa e inglesa, para cuya enseñanza compuso unos tratados elementales, varias de cuyas páginas, dice Del Río [19], pueden aún leerse con provecho.

El éxito del Instituto superó toda previsión, y en 1797 salían los dos primeros alumnos pensionados, uno a Segovia para estudiar química y otro a Francia para examinar las técnicas de extracción carbonífera. El edificio, cedido por el hermano de Jovellanos, Francisco de Paula, que fue el primer director del Instituto, resultó pronto insuficiente, y a fines de 1797 se iniciaban las obras de uno nuevo, de planta, en terrenos cedidos por el Ayuntamiento de la ciudad. Para atender al sostenimiento de su querida institución desarrolló Jovellanos incansable actividad escribiendo cartas, organizando colectas y recabando la ayuda de los asturianos de América. En carta a Carlos González de Posada expresaba Jovellanos la ambiciosa y patriótica ilusión de ejemplo y estímulo nacionales, que le inspiraba la creación de su Instituto: «¡Ah! si viera usted a lo que yo aspiro! No menos que a formar un modelo de aquella instrucción literaria que necesita la nación para ser instruida en aquella especie de conocimientos que ha despreciado hasta aquí, y poderle decir un día, o a su Gobierno: *¿Quieres ser verdaderamente sabia? Reforma tus universidades; erige en cada provincia un Instituto como éste; protege las letras y los*

---

desde las cátedras o asentados en derredor de una mesa. Necesita de hombres prácticos y pacientes, que sepan estercolar, arar, sembrar, coger, limpiar las mieses, conservar y beneficiar los frutos, cosas que distan demasiado del espíritu de las escuelas, y que no pueden ser enseñadas con el aparato científico'. Y en otro lugar: '¡Qué sería de una nación que, en vez de geómetras, astrónomos, arquitectos y mineralogistas. no tuviese sino teólogos y jurisconsultos?'» (*La España ilustrada de la segunda mitad del siglo XVIII*, ed. cit., págs. 176-177). En otro lugar comenta también Sarrailh: «La utilidad pública es la meta sagrada, la meta única de Jovellanos, el único móvil de su obra escrita, lo mismo que de su actividad y su conducta. 'El deseo del bien de este país me devora', escribe sin forzar su pensamiento al canónigo Posada. Cuando publica sus *Cartas a Ponz*, afirma que no lo hace 'para lucir y ganar aplausos', sino para que los lectores, al instruirse acerca de las cosas de Asturias, puedan sacar de ello algún provecho. Cuando funda su Instituto y piensa en mandar construir un camino que una a su provincia natal con Castilla, escribe: 'Si después de haber dado a Asturias la buena y útil instrucción lograre darle una comunicación con Castilla para empujar su industria y su comercio, se habrá saciado mi ambición Esta es la gloria a que aspiro, y no a la de gran literato, que, costando más. vale ciertamente menos'. Y en otra carta al mismo Posada: '¿De qué sirve toda la gloria de la literatura si no está acompañada de provecho?'. Provecho, claro está, para el bien público» (ídem. íd., pág. 180).

[19] Ídem, íd, pág. 55.

literatos, y volverás a ser, como fuiste un día, la primera nación del mundo sabio» [20].

El éxito del Instituto le acarreó también a Jovellanos no pocos sinsabores, nacidos muchos de ellos de la incomprensión, desvío o falta de interés de sus propios paisanos, que no siempre estuvieron a la altura de su entusiasmo; de ello se queja en los párrafos primeros de la mencionada carta a Posada. Pero los más graves problemas se los proporcionaron, como era de esperar, la hostilidad de sus enemigos políticos, adormecida pero no extinguida desde su salida de Madrid, y el recelo que provocaban sus planes innovadores. En este aspecto es importante el choque tenido con el inquisidor general, cardenal Lorenzana, a quien Jovellanos solicitó permiso para tener en la biblioteca del Instituto libros prohibidos. Lorenzana lo negó y Jovellanos comenta el suceso en su *Diario* al incorporar a él la respuesta del cardenal, perdida luego: «...Este monumento de barbarie debe quedar unido al *Diario* (como lo está). ¿Qué dirá de él la generación que nos aguarda, y que a pesar del despotismo y la ignorancia que la oprimen será más ilustrada, más libre y feliz que la presente? ¿Qué barreras podrán cerrar las avenidas de la luz y la ilustración?» [21].

Poco después encontró Jovellanos al párroco de Somió leyendo a Locke en la biblioteca del Instituto, y se produjo una difícil situación, referida y comentada también por Jovellanos en su *Diario*.

Actuación ministerial. Las persecuciones. Poco a poco se fue restableciendo el contacto de Jovellanos con los políticos de la corte, en lo cual intervino especialmente Cabarrús, que en 1793 había sido libertado de su prisión y ganado la amistad de Godoy, dueño entonces de los destinos del país. Cabarrús aconsejó a Godoy que aprovechara los servicios de algunos ilustrados, entre ellos Jovellanos y Saavedra; así comenzó una relación epistolar entre Godoy y Jovellanos, quien en una de sus cartas al favorito le refiere los hechos relacionados con su destierro, enumera sus servicios públicos y solicita que se repare su buen nombre. En 1796 Godoy inició una correspondencia política con Jovellanos sobre los modos de promover la prosperidad nacional; y en octubre de 1797, estando

---

[20] Ed. Nocedal, cit., B. A. E., pág. 202.
[21] Ed. Artola, cit., B. A. E., LXXXV, pág. 317 (corresponde al jueves, 6 de agosto, de 1795). El pasaje completo dice así: «El tonto del cardenal Lorenzana insiste en negar la licencia de tener libros prohibidos en la biblioteca del Instituto, aunque circunscrita a jefes y maestros. Dice que hay en castellano muy buenas obras para la instrucción particular y enseñanza pública, y cita el *Curso* de Lucuce, el de Bails y la *Náutica* de D. Jorge Juan, y añade en postdata que los libros prohibidos corrompieron a jóvenes y maestros en Vergara, Ocaña y Ávila; pero ¿serían los libros de Física y Mineralogía, para que pedíamos licencia? Y ¿se hará sistema de perpetuar nuestra ignorancia? Este monumento de barbarie debe quedar unido al *Diario*. ¿Qué dirá de él la generación que nos aguarda, y que a pesar del despotismo y la ignorancia que la oprimen será más ilustrada, más libre y feliz que la presente? ¿Qué barreras podrán cerrar las avenidas de la luz y la ilustración?».

el asturiano en Pola de Lena, le llegó la noticia de su nombramiento para la embajada de Rusia, noticia que Jovellanos recibió con la mayor consternación. Godoy cuenta en sus *Memorias* que la embajada no era sino un recurso de los enemigos de Jovellanos en la corte, y de la reina especialmente, para alejarlo de Madrid, cuando vieron que ya no era posible mantenerlo más tiempo en el destierro. Jovellanos se negó a aceptar; insistió Godoy, pero a los pocos días se le informó oficialmente que había sido designado ministro de Gracia y Justicia para sustituir a Llaguno. El *Diario* refleja también la inquietud de Jovellanos ante su vuelta a la política activa, sobre todo por el estado de la corte, tan distinto del que había existido en tiempo de Carlos III. Después de una entrevista con Cabarrús, camino de Madrid, pretendió todavía renunciar al cargo, pero su amigo le convenció de que aceptara.

Jovellanos permaneció en el Ministerio poco más de ocho meses: desde el 23 de noviembre 1797 hasta el 15 de agosto del siguiente año. Dos cosas deben destacarse a propósito de esta etapa de su vida: el silencio casi completo que guardó siempre en sus escritos sobre los meses de su gestión ministerial, y la absoluta esterilidad de su administración. Del Río subraya [22] el contraste entre el programa de regeneración expuesto en sus cartas a Godoy y lo que luego hizo. «En realidad —añade— la historia del Ministerio se reduce a la historia de su caída y a las causas que la determinaron» [23]. Sobre las cuales han polemizado todos los jovellanistas.

Llorente, en su *Historia de la Inquisición*, asegura que en su enemiga contra ésta se encuentran las razones de la caída de Jovellanos. Menéndez y Pelayo rechaza la insinuación de Llorente y explica, aduciendo el testimonio de Blanco-White en un pasaje de sus *Letters from Spain*, que Jovellanos fue apartado de su cargo por una intriga de la reina, cuyas escandalosas relaciones con el favorito pretendió cortar, es decir, fue víctima de su propia austeridad moral y no de su hostilidad a la Inquisición ni de sus ideas enciclopedistas [24]. Somoza, por el contrario, insiste en que hay que buscar las razones en motivos ideológicos más que en venganzas personales. Del Río avanza todavía en este camino y asegura que la raíz de todo está en un hecho que considera sencillo e indudable: «La filiación o, al menos, la inclinación jansenista de Jovellanos» [25].

Explica Del Río que el jansenismo en nuestro país no tuvo, en lo puramente dogmático, sino repercusiones superficiales, pero fue importante en lo que concierne a ciertas actitudes respecto a la política eclesiástica, la orientación intelectual, las Universidades y ciertos cuerpos privilegiados de la Iglesia. Hubo —recuerda el citado investigador— una tendencia ha-

---

[22] «Introducción» cit., págs. 78-79.
[23] Ídem, íd., pág. 79.
[24] *Historia de los heterodoxos*, cit., págs. 346-347, nota 1.
[25] «Introducción», cit., pág. 80.

cia la emancipación de la Iglesia nacional del poder de Roma, un deseo de austeridad moral que miraba nostálgicamente hacia el cristianismo primitivo y deseaba apartar a la Iglesia de su excesiva participación en los asuntos temporales. A esta tendencia —añade— obedecen los esfuerzos contra la Inquisición, el deseo de robustecer la autoridad de los obispos, los ataques contra la propiedad eclesiástica y el propósito de arrebatar de manos religiosas la dirección de la Universidad. «Jovellanos —resume Del Río—, que en el terreno de la fe y del sentimiento religioso puede considerarse como modelo de buenos católicos, fue una de las figuras directoras del grupo disidente»[26].

Las más recientes investigaciones sobre la vida de Jovellanos permiten afirmar, en efecto, que, contra lo supuesto por Menéndez y Pelayo, fueron motivos ideológicos, y muy en particular los manejos de la Inquisi-

---

[26] Idem, íd., págs. 80-81. Ningún jovellanista de estas últimas décadas parece haber puesto en duda la firme fe religiosa de Jovellanos, y, consecuentemente, la injusticia de quienes le persiguieron en vida o le han discutido luego por estas razones. José Caso González, en un importante artículo —«Escolásticos e innovadores a finales del siglo XVIII (Sobre el catolicismo de Jovellanos)», en *Papeles de Son Armadans*, XXXVII, núm. CIX, 1965, págs. 25-48—, después de aducir las terminantes declaraciones de Jovellanos en su testamento, otorgado en Bellver en 1807, escribe: «Por esto, y por otras razones que no son ahora del caso, puede afirmarse que dudar del catolicismo de Jovellanos es totalmente temerario. Que su catolicismo no coincida con el de algunos críticos, es cosa distinta que podemos dar de lado» (pág. 29, nota 3). Caso González se ocupa concretamente de uno de los «lunares» que le achacan al gran reformador incluso aquellos que han aceptado, como Menéndez y Pelayo, su sustancial catolicidad: se trata del hecho de que Jovellanos recomendara y ordenara estudiar en el *Reglamento para el Colegio de Calatrava* libros galicanos y jansenistas. Pero resulta que de los tres libros que se aducen, existían ediciones expurgadas y autorizadas por el Santo Oficio, a las cuales, con exclusión de las otras, se refiere y recomienda expresamente el reformador. En el caso concreto del *Curso teológico lugdunense*, objeto de larga controversia, explica el comentarista que «las auténticas razones de enemistad al libro no fueron dogmáticas» (pág. 35), sino nacidas de la cerrada obcecación a toda reforma y novedad cuando no de razones más mezquinas.

José Luis L. Aranguren —«Jovellanos desde el castillo de Bellver», en *Papeles de Son Armadans*, XVII, núm. L, 1960, págs. 221-237— afirma que al pretender, como buen *ilustrado*, que la reforma de la sociedad española fuera realizada por el poder *civil*, Jovellanos entendía que había de ser hecha *contra el poder eclesiástico* (página 228), cuyos abusos, producto de haberse mantenido muchas estructuras antiguas, han sido mil veces señalados. «El regalismo de Jovellanos es innegable —aclara Aranguren—. Pero esta posición jurisdiccional, todo lo discutible que se quiera, no le arrastró en ningún momento de su vida a caer en errores dogmáticos. Naturalmente, truncando sus textos, puede hacerse de él, como se ha hecho con otros, lo que se quiera; y la confusa terminología de la época, que denominaba jansenistas a los regalistas, ayuda a ello» (pág. 228). Y añade más abajo: «Jovellanos no fue heterodoxo, pero siguió inquebrantablemente fiel a su postura ilustrada en una época en que la monarquía, temerosa de la revolución, buscaba de nuevo la alianza con la Inquisición e iniciaba una política de reacción que aprovecharon los escolásticos, que, como escribe Jovellanos, 'acusan a sus contrarios de impíos y novadores y bajo el título de *filósofos* les achacan todas las propiedades en que han caído los incrédulos que en estos últimos años profanaron este nombre'» (pág. 229).

ción, los que determinaron la persecución contra el reformador. Edith F. Helman ha examinado y estudiado las repercusiones que tuvo la publicación del *Informe sobre la Ley Agraria*[27]. Este *Informe*, había sido pedido por el Real y Supremo Consejo de Castilla a la Sociedad Económica de Madrid, quien a su vez lo encargó a Jovellanos, miembro de la Junta nombrada para este efecto. Jovellanos dedicó diez años a esta tarea. Y al fin, en abril de 1794, remitió su *Informe* a la Sociedad, que lo aprobó y publicó como propio en el tomo V de sus *Memorias*, a fines de 1795. Según luego detallaremos, Jovellanos expone en su estudio las causas de la decadencia de la agricultura y la despoblación de los campos, que supone originadas en los abusos de la amortización, particularmente la eclesiástica, y en los excesos para fundar mayorazgos; y propone la abolición, en mayor o menor grado, de ambos obstáculos como eje cardinal de la reforma que se pretendía. El *Informe* se difundió ampliamente y provocó las reacciones que eran de esperar, sobre todo en ciertos medios eclesiásticos, dado que las proposiciones presentadas «no sólo atacaban —como dice Helman— a sus más arraigados principios, sino que amenazaban intereses fundamentales económicos»[28]. Lo cierto es que, a consecuencia de una delación anónima enviada al Santo Oficio acerca de la doctrina contenida en varios pasajes del *Informe*, la Inquisición de Corte abrió un «expediente de calificación», que fue iniciado en enero de 1796 y concluido en marzo de 1797. Los tres calificadores argumentaron detenidamente contra las proposiciones de Jovellanos y remitieron su censura a la Inquisición; mas, por razones que se desconocen, el Consejo Supremo de ésta, en su sesión del 4 de julio de 1797, ordenó que se suspendiera el expediente. Helman se pregunta[29] si pudo tratarse de un conflicto de poderes entre la Inquisición de Corte y el Real y Supremo Consejo de Castilla; al fin y al cabo, era éste quien había encargado el *Informe* a la Sociedad Económica de Madrid y entregado incluso para ello los numerosos expedientes y estudios sobre tales materias acumulados durante años en los archivos del Consejo. Así pues, detenido el expediente inquisitorial, el *Informe* de Jovellanos siguió circulando sin expurgar, y aunque no consiguió resultados prácticos de ninguna índole, produjo el apetecido influjo en el pensamiento económico de la época, según lo había expresado el propio Jovellanos en carta a Posada: «Corre la ley agraria con gran fortuna, y espero lograr completamente mi deseo, reducido a que se leyese en todas partes, y por este medio pasasen sus principios a formar opinión

[27] Edith F. Helman, «Some Consequences of the Publication of the *Informe de la Ley Agraria* by Jovellanos», en *Estudios Hispánicos. Homenaje a Archer M. Huntington*, Wellesley, 1952, págs. 253-273; reproducido, en versión castellana, con el título de «Algunos antecedentes de la persecución de Jovellanos», en *Jovellanos y Goya*, Madrid, 1970, págs. 33-69 (citamos por esta edición).

[28] Idem, íd., pág. 39.

[29] Idem, íd., pág. 43.

pública, único arbitrio para esperar algún día en su establecimiento, puesto que no cabe en las ideas actuales de nuestros golillas» [30].

La actuación inquisitorial que hemos descrito revela, sin embargo, aunque momentáneamente contenida, los poderosos enemigos que se enfrentaban a los propósitos de Jovellanos. No obstante, el interés favorable despertado por el *Informe* entre el equipo ilustrado de sus amigos fue parte decisiva para que se iniciara la mencionada correspondencia política con Godoy, y fuera posible la breve vuelta de Jovellanos al favor del rey y su nombramiento como ministro. Pero su corta gestión ministerial dio inmediata ocasión para que la hostilidad, sólo adormecida, se pusiera en marcha de nuevo. Dos fueron los asuntos de mayor importancia que provocaron esta reacción.

El primero fue con motivo de un pleito entre el Deán de Granada y los inquisidores de la misma ciudad. Jovellanos consultó a varios obispos, y después de oír sus pareceres, entre ellos el del obispo de Osma, Antonio Tavira, contrarios a la Inquisición y favorables a la autoridad episcopal, envió al rey un informe que Del Río califica de «ataque tremendo y razonado contra el Santo Oficio» [31]. Denuncia Jovellanos la ignorancia de los inquisidores y calificadores, dado que, por no estar dotados estos cargos vienen a recaer en frailes, y propone casi abiertamente la supresión del Tribunal y la devolución al episcopado de muchas de sus antiguas atribuciones. Del celo con que hubo de redactar este informe sobre ideas tan arraigadas en él y del modo como iban a ser acogidas, da clara idea el comentario escrito por Ceán: «El ingenuo ministro, abrasado del celo de la justicia, del orden y del bien de la humanidad, sin temer a los malsines que rodeaban al imbécil monarca, ni la conjuración que levantarían contra él, reunió antecedentes, practicó activas y secretas diligencias..., y formó y leyó a S. M. el manifiesto...» [32].

El segundo problema lo originó el propósito de Jovellanos de emprender la reforma de las Universidades. Con este fin y, de acuerdo con sus conocidas ideas, elevó al rey una *Memoria* en la que señalaba una vez más como causa fundamental de la ignorancia española los abusos del escolasticismo y el abandono de las ciencias útiles; y proponía para obispo de Salamanca al obispo Tavira, «cabeza reconocida del clero con tendencias jansenistas» [33], el cual con su «sabiduría, prudencia y virtud para regir la Universidad, que, por desgracia, parece todavía un establecimiento eclesiástico», se encargaría de la Reforma. «Es nuestro Bossuet —concluye— y debe ser el reformador de nuestra Sorbona» [34]. Del Río recoge ade-

---

[30] Ed. Nocedal, cit., B. A. E., L, pág. 193.
[31] «Introducción», cit., pág. 82.
[32] Citado por Helman en «Algunos antecedentes...», cit., pág. 53.
[33] Del Río, «Introducción», cit., pág. 83.
[34] Citado por Del Río en ídem, íd., pág. 83.

más algunos textos de los *Diarios* de Jovellanos en los que éste señala la existencia de un movimiento jansenista del cual espera la renovación intelectual y universitaria. Recordemos además que Jovellanos había apartado de sus puestos a los arzobispos Des Puig, Múzquiz y Lorenzana, «defensores acérrimos de los privilegios eclesiásticos», y con ello queda trazado el círculo de hostilidad con la cual tenía que enfrentarse. Del Río acepta también el posible influjo de otros factores en la caída del reformador; tales como la inmediata ruptura con Godoy, que provocó el pasajero eclipse del favorito, el odio de la reina y el mal efecto producido por su severa actitud moral frente a la corrupción de la corte y de gran parte de la nobleza. Aunque —insiste Del Río— todo esto último «no significa nada» [35] al lado de la reacción provocada por las tendencias ideológicas de Jovellanos. No diríamos, sin embargo, por nuestra parte, que todas estas razones de tipo personal, o próximo a él, no «significan nada». A nuestro parecer debe contarse en todo esto con una suma o cruce de motivos. Godoy en sus *Memorias* atribuye las desgracias de Jovellanos «a las envenenadas contiendas de jansenistas», lo cual apunta a la verdad, pero no destruye las otras causas, porque si la corte, y la reina muy en particular —cuyo carácter, costumbres y calamitoso influjo no precisamos detallar aquí—, deseaban alejar aquel molesto y austero reformador por muchas razones personales, pudieron fácilmente disponer los hilos de una compleja intriga contra Jovellanos interesando a muy diversos sectores de la política nacional, civil y religiosa, hostiles al asturiano por sus ideas y propósitos de reforma.

En varios pasajes de Helman vemos apoyado nuestro punto de vista; refiriéndose a los diversos poderes hostiles con los que tenía que habérselas Jovellanos al iniciar su gestión ministerial, comenta: «Entre estos poderes se encontraban sus enemigos en palacio, empezando con la reina, que le odiaba. La Tudó, al hablar en sus *Memorias* del destierro de Jovellanos, dice que 'fue debido a haber resistido las imposiciones de la reina en el despacho del rey porque aquélla quería disponerlo todo'. Sin embargo, la reina pudo deshacerse de él sólo porque la respaldaban otras fuerzas poderosas. Entre éstas, las congregaciones religiosas que veían su ruina en el *Informe sobre la Ley Agraria*» [36]. Y más adelante, al referirse al informe de Jovellanos sobre la Inquisición, a propósito del pleito del Deán de Granada, escribe: «El sentido de este informe encargado por el rey no tardaría en llegar a oídos de los agentes de diligencias inquisitoriales y no podría menos de acrecentar la malquerencia que le tenían a Jovellanos desde hacía años. Dado el carácter débil y cobarde de Carlos IV, era fácil que los poderosos y osados enemigos del ministro de Gracia y

---

[35] Ídem, íd., pág. 86.
[36] «Algunos antecedentes...», cit., pág. 52.

Justicia consiguieran que el monarca le exonerara y le mandara por segunda vez desterrado a Gijón; eso por ahora, pero dentro de dos años y medio conseguirían que se le mandara más lejos, a Mallorca, a un nuevo destierro que habría de durar casi siete años» [37]. Es bien sabido de qué presiones se dejaba llevar el «carácter débil y cobarde de Carlos IV»; al despedirse éste de Jovellanos le dijo que «quedaba satisfecho de su celo y buen empeño, pero que tenía muchos enemigos». ¡Valiente manera de justificarse un rey! Líneas más arriba, refiriéndose a la persecución posterior, pero con palabras de absoluta validez también en este caso, pues es el mismo, señala Helman quiénes eran los «muchos enemigos» que perseguían al reformador: «Caballero, sin duda alguna, atizaba el odio de la reina contra Jovellanos y servía a todos los poderes opuestos a la manera de ser y de pensar de su desgraciada e indefensa víctima» [38].

Al abandonar el Ministerio, Jovellanos fue reemplazado por su mayor enemigo, el citado Caballero, que destituyó a todos los amigos del asturiano que ocupaban cargos, entre ellos Ceán y Meléndez Valdés. Jovellanos regresó a Gijón, para seguir con sus antiguas comisiones, y allí permaneció durante dos años y medio; reanudó entonces la redacción de su *Diario* y prosiguió sus tareas en el Instituto, aunque ya sin ningún apoyo oficial. A partir de entonces se suceden los ataques, abiertos unas veces, secretos otras, tanto contra su persona como a su tan amada Institución. Síntoma, casi curioso, de esta tenaz actitud contra el Instituto, es la fricción que se produjo entre Jovellanos y el obispo de Lugo, don Felipe Peláez Caunedo, que contestó de «manera insolente» a una petición de ayuda económica; del centro pedagógico de Jovellanos dice el obispo que «pocos progresos se pueden esperar para la educación y ejemplo de la juventud»; y añade: «En las actuales circunstancias sería lo más acertado que Vm. se dedicase al cuidado de su casa, tomando estado y olvidando otros proyectos y vanidades del mundo, que ya nos ha dado bastantes desengaños». La contestación de Jovellanos, escribe Del Río, junto con sus cartas de ruptura con Campomanes y Cabarrús y su respuesta al general

---

[37] Ídem, íd., pág. 54.

[38] Ídem, íd., pág. 63. El mismo Del Río («Introducción», cit., pág. 81, nota 1) aduce un testimonio valiosísimo, que bastaría por sí solo para demostrar que el odio de la reina sobraba para empujar el mecanismo de la Inquisición, ya puesto a punto, y hasta para inventarlo si no existiera: se trata del libro de Lord Holland, *Foreign Reminiscences* (Londres, 1850), donde se dan —dice Del Río— datos interesantes sobre sus relaciones con la reina. De los que reproduce nos parece éste el más interesante porque resume el espíritu que debió de presidir estas relaciones: Saavedra reveló a Jovellanos que la reina estaba persuadida de que era él el autor o instigador de un libelo obsceno publicado en París con el título de *Les trois reines*, que contenía descripciones infamantes de la vida privada de las reinas de Francia, Nápoles y España. Del Río recuerda también el mismo pasaje aducido por Menéndez y Pelayo de las *Letters from Spain* de Blanco-White.

francés Sebastiani durante la Guerra de la Independencia, pertenece a un grupo extraordinario de escritos, «donde brillan la altivez y energía de Jovellanos cuando se trataba de defender causas justas o de rechazar ataques en contra de su dignidad personal; energía que, lejos de ser incompatible con la cortesanía de su trato, hace resaltar más lo armónico de su carácter» [39].

El ataque final contra Jovellanos comenzó aprovechando una denuncia anónima dirigida a los reyes por un paisano suyo, cuando llevaba aquél más de dos años retirado en Asturias. El denunciante le acusa de haber usurpado el apellido «Jove» y de ser «uno de los corifeos o cabezas de partido de esos que llaman Novatores, de los que, por desgracia y tal vez castigo común nuestro, abunda en estos tiempos nuestra España, que antes era un emporio del catolicismo»; habla luego de su ambición y orgullo intolerable, sostiene que actuaba en su ciudad con «un verdadero despotismo, independencia y libertad, arrollándolo todo y cerrando los ojos y oídos a toda ley»; como confirmación de ello menciona el «magnífico monumento» que le habían erigido en el mismo Principado de Oviedo «no habiéndose dedicado otro igual con tal publicidad a ningún héroe, conquistador y soberano españoles»; la emprende después el delator contra el Instituto, al que califica de escuela «de disolución, de vicios, de libertad e independencia, a la que sólo concurren los niños y jóvenes más

---

[39] «Introducción», cit., pág. 93. Merece la pena reproducir algunos fragmentos de esta respuesta de Jovellanos: «...Aquella carta prueba que yo no ignoraba las obligaciones de usted como obispo cuando le recordaba las que tiene como miembro de la sociedad que le mantiene, y es bien extraño que usted sólo recuerde las primeras para desentenderse de las últimas. / Sin duda que un obispo debe instruir al clero que le ayuda en su ministerio pastoral; pero debe también promover la instrucción del pueblo, para quien fue instituido el clero y el episcopado. Debe mejorar los estudios eclesiásticos; pero debe también promover las mejoras de los demás estudios, que usted llama profanos, y que yo llamo útiles, porque en ellos se cifra la abundancia, la seguridad y la prosperidad pública; porque con la ignorancia ellos destierran la miseria, la ociosidad y la corrupción pública; y, en fin, porque ellos mejoran la agricultura, las artes y las profesiones útiles, sin las cuales no se puede sostener el Estado, ni mantenerse los ministros de su Iglesia. Y de aquí es que si los obispos deben aversión a los filósofos que deslumbran y a las malas costumbres que corrompen los pueblos, deben también aprecio a los sabios modestos y protección a la enseñanza provechosa que los ilustra. / Lo que ciertamente no cabe en las obligaciones ni en los derechos de un obispo, es injuriar a sus prójimos con injusticia y sin necesidad. / ...Me aconseja usted que cuide de gobernar mi casa y tomar estado. El primer consejo viene a tiempo, porque no vivo de diezmos y cobro mi sueldo en vales; el segundo tarde, pues quien de mozo no se atrevió a tomar una novia por su mano, no la recibirá de viejo de la de tal amigo. / Concluye usted exhortándome a que aproveche los desengaños. No puede tener muchos quien no buscó la fortuna, ni deseó conservarla. Con todo, estimo y tomo el que usted me da, y le pago con otro consejo, que probablemente será el último, porque de ésta no quedará usted con gana de darlos ni recibirlos. Sea usted, si quiere, ingrato con su patria y desconocido con sus amigos; pero no caiga otra vez en la tentación de ser desatento con quien pueda tachárselo tan franca y justamente como *Jovellanos*». (Ed. Nocedal, cit., L, págs. 341-342).

despreciables y muy pocos de calidad; donde nada se enseña de lo que tanto se vocifera y en el que expenden Vuestras Majestades caudales harto crecidos»; y concluye recomendando: «Parece que el mejor medio sería separarle, sin que nadie lo pudiese penetrar, muy lejos de su tierra, privándole toda comunicación y correspondencia».

El ministro Caballero encargó inmediatamente al Regente de la Audiencia de Oviedo, Andrés Lasaúca, que iniciase una información secreta, y éste remitió al ministro tres minuciosos informes, hechos con evidente deseo de justicia —Ceán describe a Lasaúca como «ministro de probidad y buenos sentimientos»— que sólo demostraron, para quien hubiera querido entenderlos, la hipocresía y mezquindad de las acusaciones.

Otra circunstancia fue también aprovechada por los perseguidores del asturiano. En 1799 se había publicado en Londres una traducción española del *Contrato social* de Rousseau con unas notas contra el Gobierno español y elogios para Jovellanos. Cuando éste tuvo noticias de ello, escribió en seguida a Urquijo, entonces ministro de Estado, negando toda responsabilidad propia, y Urquijo lo tranquilizó privadamente, aunque en forma oficial —en nombre del rey— le pedía información sobre cómo había tenido noticias del asunto. Dice Del Río [40] que aún debe añadirse, aunque el hecho no está muy claro, la existencia de un proceso inquisitorial, afirmado por Llorente en su *Historia* y por Godoy en sus *Memorias*; dice este último que Caballero hizo avivar los procesos que la Inquisición tenía pendientes contra Jovellanos, Urquijo y algunos obispos y una multitud de sujetos «acusados de jansenismo y de opiniones perniciosas en materia política», y hasta asegura que se proyectaba contra Jovellanos un auto de fe análogo al de Olavide. En todo caso, es bien posible que, cuando menos, se tratara de poner en marcha de nuevo el expediente abierto contra Jovellanos al publicarse su *Informe sobre la Ley Agraria*, entonces misteriosamente detenido. No debe olvidarse como muestra de la persistente hostilidad inquisitorial contra Jovellanos que todavía en 1825 el Santo Oficio incluyó el *Informe* en el Índice; y en 1816 la Inquisición de Mallorca prohibió «aun para los que tienen licencia de leer libros prohibidos» la primera biografía de Jovellanos, titulada *Noticias Históricas de D. Gaspar Melchor de Jovellanos, consagradas a sus respetables cenizas*, publicada en Palma en 1812, por sus doctrinas inductivas a la revolución popular [41].

El resultado de todo ello fue la orden de detención, encargada al propio Lasaúca. Éste sorprendió a Jovellanos en su cama en la madrugada

---

[40] «Introducción», cit., pág. 95.

[41] Se desconoce la identidad del autor, que firma sólo con las iniciales Y. M. de A. M. El inquisidor mallorquín estima que la ocultación que hace el autor de su nombre es razón suficiente para su prohibición. (Véase Helman, «Algunos antecedentes...», cit., pág. 65).

del 13 de marzo de 1801, se apoderó de todos sus papeles, lo llevó escoltado por soldados, y absolutamente incomunicado, a León, y diez días después a Barcelona, de donde fue trasladado a Palma y encerrado en la Cartuja de Valldemuza o Valldemosa [42]. Allí vivió el reformador algo más de un año, en casi completa tranquilidad, siguiendo la regla de los monjes, que le trataron con grandes atenciones y respeto. Indignado, no obstante, por la injusticia de la persecución, dirigió dos *representaciones* al monarca, pidiendo que se hicieran públicos sus delitos, se le oyera y se le juzgara, pero ninguna de ellas llegó a manos del rey; la segunda había de llevarla el sacerdote don José Antonio Sampil, pero fue apresado y encerrado durante siete meses. Para que no enviara más *representaciones*, Caballero ordenó el traslado de Jovellanos al Castillo de Bellver con órdenes severas de incomunicación, prohibición absoluta de disponer de papel y pluma, y la más estrecha vigilancia. «En torno al prisionero —dice Artola— se crea un ambiente de temor y sospechas por parte de los guardianes, que transformarán el encierro de Jovellanos en una vigilancia inexorable. El miedo a las represalias llega a extremos ridículos» [43].

Ya a partir de 1803 y sobre todo de 1804, desde que se le autoriza a ocuparse de su testamento por medio de cartas que ha de dirigir abiertas, se afloja algún tanto la vigilancia, y Jovellanos reanuda la redacción de su *Diario*; emprendió diversos trabajos literarios, entre ellos las *Memorias del Castillo de Bellver*, un *Tratado teórico-práctico de enseñanza*, un extracto y comentario de la *Crónica del rey don Jaime*, y varias composiciones poéticas.

Entre tanto transcurren los años sin que sus repetidas demandas, ni las de sus amigos, encuentren el menor eco. En estos años, según comenta Del Río, es cuando el espíritu de Jovellanos adquiere toda su dimensión heroica; si en la actitud de su retiro gijonés —dice— puede verse algo del sentimiento orgulloso de un filósofo racionalista, en el encierro del castillo de Bellver «Jovellanos es íntegramente español, paradigma de una raza y de una literatura, que cuenta entre sus grandes títulos a la universalidad no sólo la obra escrita, sino también la viril y noble resignación con que soportaron adversidades e injusticias los hombres que mejor encarnaron su pensar. El recuerdo de un Quevedo, de un Fray Luis

---

[42] Cfr. José Caso González, «Notas sobre la prisión de Jovellanos en 1801», en *Archivum*, XII, 1962, págs. 217-237.

[43] «Vida y pensamiento...», cit., pág. XXXIX. «Ni siquiera el capitán general —sigue explicando el historiador— se atreve a resolver los menores problemas. Si Jovellanos tiene que confesarse, si se encuentra enfermo y se hace preciso que pasee o que tome las aguas, la consulta a Madrid se hace imprescindible, y sólo se le permite hacer lo que Caballero autoriza. Y no puede decirse que sus concesiones fuesen muy generosas, pues no le autorizaban sino a hacer ejercicio 'en la terraza del Castillo' o a tomar baños de mar acompañado del gobernador, un oficial y dos soldados» (ídem, íd.).

de León —citado éste más de una vez por el mismo Jovellanos en escritos de esta época— ante semejantes circunstancias es un obligado lugar común. No por serlo pierde su significación. A ellos más que a nadie se parece Jovellanos visto desde este ángulo; inferior, sin duda, en originalidad o en poder creativo, no cede ante ninguno de los dos en calidad de heroísmo espiritual» [44].

Jovellanos y la invasión francesa. El 22 de marzo de 1808, tres días después del Motín de Aranjuez, Caballero, ministro ahora de Fernando VII, firma la orden de libertad de Jovellanos, «con la misma frialdad que había firmado la de prisión, sin una palabra de desagravio para el perseguido» [45]. Jovellanos se dirigió inmediatamente al nuevo rey por medio de su favorito el canónigo Escoiquiz, pidiendo un juicio público que restaurara su buen nombre, por tanto tiempo puesto en entredicho,

---

[44] «Introducción», cit., págs. 100-101. Cfr.: José Sureda Blanes, «Jovellanos en Bellver», en *Boletín del Instituto de Estudios Asturianos*, I, 1947, págs. 29-105. Nigel Glendinning, «Jovellanos en Bellver y su *Respuesta al mensaje de Don Quijote*», en *Mélanges à la mémoire de Jean Sarrailh*, II, París, 1966, págs. 379-395. Glendinning publica en su artículo un romance inédito de Jovellanos, escrito en Bellver, a propósito de la polémica sobre el *Quijote* provocada por el setabense Nicolás Pérez; pero da además noticias curiosas sobre la estancia del reformador en la fortaleza mallorquina.

[45] Idem, íd., pág. 103. Se ha discutido la participación de Godoy en la prisión de Jovellanos. Godoy en sus *Memorias* echa toda la culpa a Caballero, quien, según dice, sólo tuvo que avivar los procesos que tenía pendientes la Inquisición; el favorito no vio tales procesos, pero afirma que era esto lo que se decía. Es cierto que Godoy no estaba en el poder mientras tuvo lugar toda la maquinación de Caballero, pero volvió enseguida a la gracia real y poco después se encargó de nuevo del poder. Cuesta admitir que no pudiera hacer nada para salvar a Jovellanos si hubiera querido hacerlo. Godoy afirma que Caballero era también su enemigo y que, con toda su autoridad, no consiguió alejarlo del gobierno debido al favor de que gozaba con Carlos IV. Marías subraya («Jovellanos: concordia y discordia de España», luego cit., pág. 62) que, pese a todo, es evidente que Godoy no se empleó a fondo en defensa de Jovellanos, a quien probablemente tenía alguna hostilidad, y, en consecuencia, su responsabilidad es insoslayable, si no en haberlo encarcelado, sí en no haberlo libertado en siete años de gobierno. Recuerda Marías que cuando en 1807 Godoy fue nombrado Decano del Consejo de Estado, Jovellanos le escribió felicitándole en términos muy cordiales y pidiéndole ayuda; lo cual demuestra que, cuando menos, Jovellanos no creía que el favorito «fuera el enemigo encargado de perderle». Contra esto existe, sin embargo, otro dato recordado por Del Río. En 1803 hubo un intento de libertar a Jovellanos, siguiendo un plan trazado probablemente por su gran amiga, la condesa de Montijo; se trataba de aprovechar el miedo de Godoy a perder el dinero que había acumulado, ofreciéndole invertirlo con seguridad en Londres a cambio de la libertad del reformador. El plan se frustró, aparte otras razones, porque disminuyeron los temores de Godoy al alejarse el peligro de una guerra inmediata; pero el solo hecho de que se pensara en tal propuesta prueba que se creía al favorito con suficiente autoridad para libertar al prisionero. Lady Holland, que refiere todo este asunto en su *Diario*, hace notar que el odio de Godoy contra Jovellanos «es tan rencoroso que no deja esperanza de su libertad» (cit. por Del Río en su «Introducción», cit., pág. 98). Cfr.: C. Seco, «Godoy y Jovellanos», en *Archivum*, XII, 1962, págs. 238-266. P. Penzol, «Jovellanos en el diario español de Lady Holland», en *Boletín del Instituto de Estudios Asturianos*, VII, 1953, págs. 570-576.

y solicitaba, por única recompensa, regresar al trabajo de sus comisiones en Asturias. Pero los acontecimientos españoles, derivados de la invasión francesa, se atropellaban, y la carta de Jovellanos ni siquiera llegó a manos del rey, que entretanto había dejado de serlo. Libertado de la prisión, Jovellanos, durante mes y medio, recorrió en triunfo la isla, y el 20 de mayo llegaba a Barcelona en los momentos más graves para la historia de su país. Por Zaragoza, donde lo reciben con aclamaciones, se dirige a Jadraque, mientras en todas partes se forman juntas y se organiza la resistencia contra los franceses. Al día siguiente de su llegada a Jadraque recibe una carta de Murat, nombrado Lugarteniente General del Reino, pidiéndole que se presente en la corte, pero Jovellanos se excusa pretextando su mala salud; a continuación llegan cartas de Azanza, O'Farril, Mazarredo, encargándole diversas comisiones de parte del emperador; y casi al mismo tiempo otras varias de sus más queridos amigos —Meléndez, Moratín, Llorente, Cabarrús— incitándole para que deje sus escrúpulos y abrace la causa napoleónica. Azanza le pide que vaya a Asturias y empeñe su prestigio para hacer desistir a sus paisanos de hacer la guerra a Napoleón. José Bonaparte le nombra Ministro del Interior y Jovellanos tampoco acepta. Pocos días después de la batalla de Bailén —16 de julio— llega una carta de Cabarrús, su gran amigo, por cuya defensa había comprometido la suya, pidiéndole que se sume a la causa de los franceses. Y Jovellanos le responde rompiendo con él y afirmando resueltamente la libertad de su patria: «España —dice en uno de sus párrafos, tantas veces citados— no lidia por los Borbones ni por Fernando; lidia por sus propios derechos, derechos originales, sagrados, imprescriptibles, superiores e independientes de toda familia o dinastía. España lidia por su religión, por su Constitución, por sus leyes, sus costumbres, sus usos; en una palabra: por su libertad, que es la hipoteca de tantos y tan sagrados derechos. España juró reconocer a Fernando de Borbón; España le reconoce y reconocerá por su rey mientras respire; pero si la fuerza le detiene, o si la priva de su príncipe, ¿no sabrá buscar otro que la gobierne? Y cuando tema que la ambición o la flaqueza de un rey la exponga a males tamaños como los que ahora sufre, ¿no sabrá vivir sin rey y gobernarse por sí misma?» [46].

Todavía, según dice Marías, quedaba en reserva una tentación más: en abril de 1809, cuando la guerra ensangrienta ya desde hace un año toda España y no queda ya «ni ficción de los Reyes, ni de la Corte, ni de todo el aparato del régimen entregado y vendido», Jovellanos recibe en Sevilla una carta del general francés Horacio Sebastiani, en que le invita a formar parte de las tareas de gobierno con la posibilidad de llevar a cabo todos los proyectos por los que había luchado a lo largo de su vida. Jo-

---

[46] Véase la carta completa en Artola, ed. cit., B. A. E., LXXXVI, págs. 342-345; el párrafo cit., en pág. 343.

vellanos contesta con esta memorable carta, que es imposible leer sin
emoción: «Señor General: Yo no sigo un partido. Sigo la santa y justa
causa que sostiene mi patria, que unánimemente adoptamos los que reci-
bimos de su mano el augusto encargo de defenderla y regirla, y que todos
hemos jurado seguir y sostener a costa de nuestras vidas. No lidiamos,
como pretendéis, por la Inquisición ni por soñadas preocupaciones, ni por
el interés de los grandes de España; lidiamos por los preciosos derechos
de nuestro rey, nuestra religión, nuestra constitución y nuestra independencia. Ni creáis que el deseo de conservarlos esté distante del de destruir
cuantos obstáculos puedan oponerse a este fin; antes, por el contrario, y
para usar de vuestra frase, el deseo y el propósito de regenerar la España y levantarla al grado de esplendor que ha tenido algún día, y que
en adelante tendrá, es mirado por nosotros como una de nuestras principales obligaciones» [47].

Poco después salía Jovellanos para Madrid como delegado de su provincia en la Junta Central. Sus esfuerzos en ella tendieron a armonizar
las dos tendencias: la conservadora, dirigida por Floridablanca, y la revolucionaria conducida por los elementos más jóvenes como Blanco, Quintana, Argüelles, Toreno, Tineo y los futuros legisladores de las Cortes de
Cádiz. Entre ambos —escribe Artola [48]— Jovellanos se debatirá inútilmente
sin que su inmenso prestigio baste para formarle un partido; las actas
de las sesiones registran la gran cantidad de votos que presentó por escrito y el casi inalterable rechazo de sus proposiciones. Tres fueron los
principales objetivos a que tendió su actividad dentro de la Junta: reunión de Cortes, libertad de imprenta y establecimiento de un sistema moderno de educación. Respecto al primero defendió la necesidad de dos
Cámaras: una alta, con nobleza y clero, y otra baja con diputados del
pueblo, para que el país se diera una Constitución, que, según él, debía
inspirarse en las instituciones tradicionales y en el sistema parlamentario
inglés. En cuanto a la libertad de prensa, aunque aceptaba plenamente el
principio, defendió ciertas restricciones, a medio camino también entre
los obtusos reaccionarios y el radicalismo de quienes pedían la libertad
absoluta. Para la reforma de la enseñanza presentó en 1809 sus *Bases
para la formación de un plan general de Instrucción pública*, en que siste-
matiza las ideas sostenidas durante largos años: combinación de las ciencias especulativas y prácticas para formar a la vez buenos técnicos y
buenos ciudadanos, que desarrollen las riquezas del país; estudio de las
lenguas modernas y muy en especial de la propia; y extensión de la enseñanza a todos los ciudadanos, con el propósito de que, al menos en su

---

[47] Ed. Nocedal, cit., B. A. E., XLVI, págs. 590-591; la incluye Jovellanos entre los
Apéndices a la Memoria en defensa de la Junta Central, «Número VIII», a continuación de la carta de Sebastiani.
[48] «Vida y pensamiento...», cit., pág. XLIII.

primera educación, sea enteramente gratuita. En líneas generales, los planes políticos de Jovellanos representaban el programa de la Ilustración, defendido por él desde los días de su ingreso en la Academia de la Historia [49]: fomentar la educación mediante una enseñanza adecuada, progresar gradualmente hacia un estado de mayor libertad en lo político y mayor justicia en lo social y reformar los abusos introducidos en el Gobierno.

Al producirse la caída de la Junta en 1810, Jovellanos hubo de sufrir las mismas persecuciones que los otros miembros, acusados de fugarse con grandes cantidades de dinero, por lo que fue registrado ignominiosamente en Cádiz. El 26 de febrero salió de esta ciudad para Asturias en un bergantín, pero la travesía fue durísima a causa de los temporales y hubieron de entrar de arribada en Muros de Noya, en Galicia, donde tuvo que permanecer cerca de un año por hallarse Gijón en poder de los franceses. Un militar delegado de la Junta de Galicia repitió en Jovellanos las injurias de Cádiz, pretendiendo recoger todos sus papeles; la Junta de Galicia zanjó la cuestión tras varias reclamaciones de Jovellanos, pero éste sintió la necesidad de justificar su conducta de los años últimos y escribió entonces su *Memoria en defensa de la Junta Central*. Al quedar Asturias libre de los franceses, Jovellanos pudo volver a Gijón donde fue recibido en triunfo. Su querido Instituto, que había servido de cuartel a los franceses durante la ocupación, estaba destruido, y Jovellanos se dispuso enseguida a su reconstrucción y hasta organizó la reapertura, que debía tener lugar el 20 de noviembre. Todavía tuvo alientos para redactar el *Canto guerrero para los asturianos* que fue publicado en el *Semanario patriótico de Sevilla*. Pero en noviembre los franceses tornaron a apoderarse de Gijón y Jovellanos tuvo que huir de nuevo en un bergantín con rumbo a Cádiz. Un furioso temporal le obligó a refugiarse en el pequeño puerto asturiano de Vega, donde enfermó y murió a los pocos días, el 29 de noviembre de 1811 [50].

La personalidad de Jovellanos. Su ideario. Jovellanos educador. Dijimos al comienzo de estas páginas, haciendo nuestras las palabras de Del Río, que ningún escritor español, a excepción de las grandes figuras de la Edad de Oro, ha merecido tan grandes elogios como Jovellanos. Es imposible, sin duda, encontrar un solo comentarista que le haya negado la condición no sólo de hombre eminente, sino de ser el primero de todos en el siglo XVIII español; y esto, cualquiera que sea la interpretación dada a sus doctrinas o la voluntad partidista de hacerlo suyo o de rechazarlo. Puede, pues, sorprender que en el comienzo de sus agudas

---

[49] Véase ídem, íd., pág. XLIV.
[50] Cfr.: B. Acevedo y Huelva, *Últimos momentos de Jovellanos*, Gijón, 1891.

páginas sobre el gran reformador, escriba Julián Marías [51] que Jovellanos «casi nunca ha tenido *buena prensa*»; y da estas razones: «Porque no la ha tenido en España la mesura, sino las dos tradiciones de desmesura y extremismo que han pretendido, alternativa o simultáneamente, identificarse con nuestra realidad histórica» [52]. Quizás habría que distinguir diciendo que quien no ha tenido «buena prensa» entre nosotros no ha sido la persona, sino las ideas o, mejor aún, la posición ideológica y política de Jovellanos; y la afirmación sería así indiscutible. Se admira, pues, a Jovellanos como la encarnación de un ideal que no queremos o somos incapaces de realizar. Entonces la *mala prensa* o el fracaso de Jovellanos es un problema de eficacia. En su época, el hecho es evidente sobre todo en la última etapa de su vida; durante los días de la Junta Central, situado entre los extremismos del tradicionalismo y la revolución, la mesurada voz de Jovellanos no logró hacerse oír. A lo largo de su prolongada actividad de reformador, su fracaso se explica por las mismas razones que esterilizaron toda la obra de la Ilustración, sin que sea preciso atribuirle causas especiales.

Pero queda otro aspecto en que se muestra singular o, por lo menos, camina con poca compañía; nos referimos al hecho de que fuera objeto de una tenaz persecución que dejó, en cambio, incólumes a otros muchos políticos, escritores y reformadores que tuvieron sus mismas ideas y propósitos. ¿Qué había en Jovellanos que atraía el rayo de manera tan particular? Su moderación puede justificar su fracaso en un ruedo de energúmenos, pero no la hostilidad encarnizada. Creemos que el propio Marías, en sus páginas mencionadas nos da la clave del hecho. «Sería difícil —escribe— encontrar en toda la historia de España una figura de mayor limpieza y mérito que Don Gaspar Melchor de Jovellanos». Y se pregunta a continuación: «Si encima hubiera tenido gracia ¿qué hubiera sido?» [53]. No se tomen estas palabras como una ingeniosidad baladí, porque son tremendamente certeras. Jovellanos, en quien se dieron con exceso las más excelsas cualidades, careció, sin duda, de esa especial facultad que las hace viables y eficaces entre la gente. Es casi imposible hallar a lo ancho de su copiosa obra un solo rasgo de humor; su actitud, por ejemplo, frente a las diversiones populares —con excepción de las romerías de Asturias—, como los toros o el teatro, posee un tono de estirada gravedad, que sólo la apasionada admiración que sentimos por Jovellanos nos impide calificar de antipática. No es posible que Jovellanos sintiera mayor desprecio que Moratín por los comediones de la época o los dramas de magia o «de ruido»; compárese, sin embargo, la sátira de ambos. Su

[51] Julián Marías, «Jovellanos: concordia y discordia de España», en *Los españoles*, 2.ª ed., Madrid, 1963, págs. 23-71.

[52] Idem, íd., pág. 24.

[53] Idem, íd., págs. 29-30.

incorruptible firmeza, su dignidad, su rectitud moral exceden a toda ponderación y son su mayor gloria. He aquí una anécdota que lo demuestra y que sirve a la vez para nuestro objeto; es bien conocida. Apenas llega a Madrid para hacerse cargo del Ministerio de Gracia y Justicia, Godoy le invita a comer a su casa y encuentra que éste tiene sentada a un lado a su esposa y a la mano opuesta a su amante, Pepita Tudó; y Jovellanos escribe en su *Diario*: «Este espectáculo acabó mi desconcierto; mi alma no puede sufrirle; ni comí, ni hablé, ni pude sosegar mi espíritu; huí de allí; en casa toda la tarde, inquieto y abatido, queriendo hacer algo, y perdiendo el tiempo y la cabeza»[54]. La situación, en efecto, representativa del estado moral de la corte, merecía el mayor reproche; pero, ¿es éste el tono de un ministro? Más bien parece el de un seminarista escandalizado en su primer encuentro con la vida.

Cabe imaginar sin dificultad el efecto que habría de producir esta persona, casi pudibunda, en una corte manejada por María Luisa, y el odio que habría de dedicarle esta mujer. No pedimos —huelga decirlo— que Jovellanos adulara sus liviandades; pero si hubiera sabido, como tantos otros, eludir por lo menos su malquerencia, habría evitado que María Luisa se aliara con la Inquisición y ahogaran entre todos sus planes de

---

[54] Ed. Artola, cit., B. A. E., LXXXVI, pág. 11; corresponde al miércoles, 22 de noviembre de 1797.

[55] Parece cierto que la irreprochable compostura de Jovellanos —moral y física— y su sentido aristocrático de la vida, así como su exquisita finura y sensibilidad, rebasaban ligeramente esa línea de oro, más allá de la cual lo mejor se convierte en enemigo de lo bueno. Lady Holland —en pasaje citado por Del Río, «Introducción», cit., pág. 12— recoge en su *Diario* el juicio del abate francés Mélon, para el cual Jovellanos era «a man of haughty manners, obstinate and *muy aristocrático*». El biógrafo Ceán, que traza la etopeya del gran asturiano con rasgos de casi arquetípica perfección, deja entrever ciertos matices de altivez menos favorable: «Era —dice— de estatura proporcionada, más alto que bajo, cuerpo airoso, cabeza erguida, blanco y rojo, piernas y brazos bien hechos, pies y manos como de dama, y pisaba firme y decorosamente por naturaleza, aunque algunos creían que por afectación» (cit. por Del Río en «Jovellanos», cit., pág. 174). Caso González, en el prólogo a su edición de las *Poesías* (luego citada), a propósito de «Jovellanos y el amor», dibuja una silueta que concuerda exactamente con la actitud general que hemos creído intuir; el carácter de don Gaspar —dice Caso— estaba predominantemente determinado por una timidez congénita y al mismo tiempo por un concepto favorable de sí mismo: «Como tímido tenía un miedo extraordinario al ridículo; pero al mismo tiempo, al sentirse en posesión de la verdad o superior a los otros, reaccionaba con una especie de suficiencia, que le hacía poco grato, sobre todo para aquellos que resultaban víctimas de su superioridad. La afectación de que fue acusado más de una vez (Moratín imitaba este rasgo de su amigo y protector) es una consecuencia directa del complejo de timidez y propia del que se vigila constantemente para evitar el menor desliz... La historia amorosa de Jovellanos demuestra que a él le ocurrió precisamente esto; puso en Enarda su ilusión, pero Enarda se burló de él... Aquí entra en juego otro rasgo del carácter de Jovellanos: su honradez intelectual y profesional. Acaso fuera mejor llamarla *seriedad*. Jovellanos tuvo un concepto rigidísimo de la justicia. Jamás se prestó a medias o equívocas tintas. Y no sólo la justicia, sino la vida entera la vio él desde este ángulo serio. Como magistrado fue siempre incapaz de preparar un informe o de llevar a cabo una comisión sin entre-

reforma; más sustanciales, sin duda, que las rijosidades de una reina[55].

Lo mismo que en lo moral, las cualidades intelectuales de Jovellanos son excelsas; y excelsa igualmente la fervorosa dedicación con que las entrega al servicio del país. Marías ha descrito magistralmente la actividad incansable de este hombre: tiene —dice— curiosidad por todo, le interesa la realidad entera, las costumbres, los pueblos, los caminos, los cultivos, las minas, la arquitectura, las obras de arte; participa en todas las actividades de las admirables Sociedades Económicas de Amigos del País: «De todo está informado, por todo se preocupa seriamente, con desusado buen sentido, con extraña moderación»[56]. Y comenta Marías a continuación con palabras que son una radiografía del asturiano: «Pero se diría que en él se extrema la tendencia intelectual que caracteriza toda la modernidad: el miedo al error, más fuerte que el afán de alcanzar la verdad. Por esto, intelectualmente, Jovellanos se queda siempre corto. Su claro entendimiento está siempre frenado, no se abandona, está trabado por sus propias virtudes. Por eso también Jovellanos no fue un *escritor*, sino sólo un hombre que escribía (mucho y con frecuencia bien), después de ser el que era, no *haciéndose* a sí mismo al escribir; no, por tanto, escribiendo *dramáticamente*, por ser el escribir su vida misma»[57]. La carrera eclesiástica, que había comenzado, y la de la magistratura que abrazó después le dieron —dice Marías— «un fuerte sentido de la responsabilidad, una conciencia escrupulosa, un puritanismo que probablemente se desarrolló sobre un temperamento espontáneamente tímido. Toda la obra y la vida de Jovellanos son de una pureza extremada, casi angeloide, sin ímpetu, y sólo las sostiene la rectitud moral, la energía de las convicciones, el *puro respeto al deber*, más que las inclinaciones de la sensibilidad o del carác-

---

garse plenamente a la tarea; como poeta, cuando escribió sátiras puso cara triste, con un rictus de amargura, y flageló despiadadamente a los satirizados. Cuando las circunstancias pedían una sonrisa y tomar a burla las cosas, o le costaba trabajo, o renunciaba a ello; sus romances burlescos no son un producto espontáneo, sino una variante de la seriedad, que adopta entonces la mueca exigida por las circunstancias. Cuando en León alguno de sus acompañantes le insinúa que el interés de la Majestuosa podría anunciar boda, reprende al atrevido, sin acertar a admitir la broma». Y concluye Caso con estas palabras, que afectan a momentos cruciales de su actuación pública como los que hemos señalado (el subrayado es nuestro): «De aquí el finchamiento o estiramiento de Jovellanos, que algún contemporáneo señala; *de aquí sus choques con la corte*, por donde sólo marcha bien el que sabe doblegarse en el momento preciso; *de aquí sus enemistades y sus fracasos, sus destierros y su prisión*» (págs. 19-20). El mismo Caso González escribe en otra parte sobre Jovellanos (Introducción a su Antología de *Obras en prosa*, Madrid, 1970, pág. 17): «Cualidades diplomáticas tenía muy pocas. Amaba la sinceridad y la justicia. Hasta es muy posible que a veces se olvidara de que para los políticos no siempre es lo mejor lo más justo. Frente a él los resentidos, los envidiosos y los que se veían claramente puestos en ridículo era natural que reaccionasen en contra. En las alturas comenzaba a vérsele con malos ojos».

[56] Julián Marías, «Jovellanos...», cit., pág. 27.

[57] Idem, íd.

ter. Jovellanos sin duda no supo nunca de Kant, pero fue uno de los poquísimos kantianos que en el mundo han existido» [58].

Prosiguiendo luego en la exposición de las grandes virtudes políticas que adornaron a este hombre incomparable, Marías dice de él que era uno de esos para quienes la realidad cuenta: no le interesaba suplantarla, ni olvidarla, ni brincar sobre ella a cualquier fantasmagoría; «por eso no fue nunca ni un demagogo, ni un arbitrista, ni un ideólogo. Las cosas, grandes o pequeñas, le importaban: con ellas, pensaba, hay que vivir, y para ello hay que ocuparse de ellas». Y resume con estas palabras que definen exactamente a Jovellanos: «Sólo le sobró una virtud: moderación; quiero decir que la tuvo inmoderadamente, con exceso, ya que el carácter que acabo de apuntar la hacía en él menos necesaria» [59]. En esta moderación se encuentra la raíz de todas sus ideas políticas. Con un sentido eminentemente práctico, despojado de ilusiones utópicas y abstractas ideologías, Jovellanos entendió siempre la política como un camino de mejoras parciales que fueran produciendo poco a poco la transformación que anhelaba para su país. Su vida entera y todos sus escritos son una permanente ilustración de esta actitud; pero pocos textos tan explícitos como su famosa carta al cónsul inglés Jardine, del 3 de julio de 1794, «que es todo un programa de serenidad, moderación y concordia»: «Usted se expresa muy abiertamente en cuanto a la Inquisición: yo estoy en este punto en el mismo sentir, y creo que en él sean muchos, muchísimos los que acuerden con nosotros. Pero ¡cuánto falta para que la opinión sea general! Mientras no lo sea no se puede atacar este abuso de frente; todo se perdería: sucedería lo que en otras tentativas; afirmar más y más sus cimientos, y hacer más cruel e insidioso su sistema: ¿Qué remedio? No hallo más que uno. Empezar arrancándole la facultad de prohibir libros; darla sólo al Consejo en lo general, y en materias dogmáticas a los obispos; destruir una autoridad con otra. No puede usted figurarse cuánto se ganaría con ello... Dirá usted que estos remedios son lentos. Así es: pero no hay otros; y si alguno, no estaré yo por él. Lo he dicho ya; jamás concurriré a sacrificar la generación presente por mejorar las futuras. Usted aprueba el espíritu de rebelión; yo no: le desapruebo abiertamente, y estoy muy lejos de creer que lleve consigo el sello del mérito. Entendámonos. Alabo a los que tienen valor para decir la verdad, a los que se sacrifican por ella; pero no a los que sacrifican otros entes inocentes a sus opiniones, que por lo común no son más que sus deseos personales, buenos o malos. Creo que una nación que se ilustra puede hacer grandes reformas sin sangre, y creo que para ilustrarse tampoco sea necesaria la rebelión. Prescindo de la opinión de Mably, que autoriza la

---

[58] Ídem, íd.
[59] Ídem, íd., pág. 30.

guerra civil, sea la que fuere; yo la detesto, y los franceses la harán detestar a todo hombre sensible... Si el espíritu humano es progresivo, como yo creo (aunque esta sola verdad merece una discusión separada), es constante que no podrá pasar de la primera a la última idea. El progreso supone una cadena graduada, y el paso será señalado por el orden de sus eslabones. Lo demás no se llamará progreso, sino otra cosa. No sería mejorar, sino andar alrededor; no caminar por una línea, sino moverse dentro de un círculo. La Francia nos lo prueba. Libertad, igualdad, república, federalismo, anarquía... y qué sé yo lo que seguirá, pero seguramente no caminarán a nuestro fin, o mi vista es muy corta. Es, pues, necesario llevar el progreso por sus grados» [60].

Quince años más tarde, el 22 de mayo de 1809, en carta a su amigo Lord Holland, repite idénticas ideas: «Nadie más inclinado a restaurar y afirmar y mejorar; nadie más tímido en alterar y renovar. Acaso este es ya un achaque de mi vejez. Desconfío mucho de las teorías políticas y más de las abstractas. Creo que cada nación tiene su carácter; que éste es el resultado de sus antiguas instituciones; que si con ellas se altera, con ellas se repara; que otros tiempos no piden precisamente otras instituciones, sino una modificación de las antiguas; que lo que importa es perfeccionar la educación y mejorar la instrucción pública; con ella no habrá preocupación que no caiga, error que no desaparezca, mejora que no se facilite» [61].

Con estas últimas palabras hemos llegado a lo que tuvo siempre Jovellanos por llave mágica de la reforma: la educación, sobre la cual vuelve una y otra vez en todos sus escritos con tenacidad casi obsesiva. Jovellanos no sólo se propone la reforma de la educación y la enseñanza sino servirse de ella como instrumento de la transformación social. Para Jovellanos en la ignorancia está el origen de todos los males: si el labrador cultiva mal la tierra, si hay tierras sin labrar, si existen pueblos sin alegría ni felicidad es porque allí la pereza se santifica «y la ignorancia se regala»; si la nobleza se encanalla en un achulamiento pueblerino y mantiene a la vez distinciones sociales que avergüenzan al reformador, es también porque la ignorancia mantiene absurdas preocupaciones; si España está abatida es porque la ignorancia triunfa en todas partes.

Este mismo principio lo aplica a todas sus actividades y orienta su concepto de la literatura, hasta en aquellos géneros que pueden parecer más ajenos a los propósitos de educación; ya en su juventud aconseja a los poetas de Salamanca que den un fin útil a sus poemas; pide a sus amigos que hagan del teatro escuela de buenas costumbres, y exige un fin moral a la novela para que no se convierta en lectura peligrosa. Ya

---

[60] Ed. Nocedal, cit., B. A. E., L, págs. 366-367; el fragmento reproducido, en página 366.
[61] Ed. Artola, cit., B. A. E., LXXXVI, pág. 377.

sabemos que su empresa más querida fue un centro de enseñanza, el Instituto de Gijón, y que en los días de la Junta Central prefirió a cualquier otro puesto la presidencia de la Junta de Instrucción Pública «por el íntimo convencimiento que siempre estuvo grabado en mi espíritu de que la buena instrucción pública es el primer manantial de la felicidad de las naciones y que de él sólo se derivan las demás fuentes de prosperidad» [62].

En esta sostenida actitud se muestra Jovellanos plenamente arraigado en el espíritu del siglo XVIII con su ansia de reforma y su fe en el progreso y en la ilimitada capacidad del hombre para mejorar [63]; y todo ello por el camino de la educación y de las etapas graduales, sin saltos ni revoluciones. La posición teórica de Jovellanos frente a los temas capitales como la Inquisición, abusos de la Iglesia, reforma económica, gremios, existencia de la clase noble, abunda en soluciones de inequívoco radicalismo. Sin embargo, su actitud política práctica se caracteriza siempre por ese deseo de reforma gradual que hemos descrito y que tuvo sus más difíciles momentos en los días de la Junta Central. Como es sabido, fueron los excesos de la Revolución Francesa los que frenaron en gran medida la política reformadora de nuestro país e hicieron dar marcha atrás a muchos de sus hombres más señalados. Pero es preciso advertir que el caso de Jovellanos es bien distinto de la nueva posición reaccionaria del asustado Floridablanca. Sánchez Agesta se pregunta cómo pudo Jovellanos conciliar su fidelidad a las ideas del siglo y el temor a sus consecuencias; de una parte, dice, porque discernió en las ideas de la Revolución Francesa junto a ciertos principios legítimos que habían sido exagerados también por el frenesí de los revolucionarios, un núcleo de principios espúreos a los que había que atribuir sus desmanes, y en cabeza de ellos

---

[62] Citado por Luis Sánchez Agesta, *El pensamiento político del despotismo ilustrado*, Madrid, 1953, pág. 197.

[63] Esta fe, profundísima, en el progreso y en la capacidad humana de mejora no nos debe hacer pensar en un Jovellanos utópico, creyente en teorías abstractas e irrealizables; su sentido práctico de las cosas hallaba el límite justo y moderaba vanas ilusiones, sin cohibir, en cambio, su optimismo fundamental de entusiasta reformador. En este sentido, es inapreciable un pasaje de sus *Cartas sobre Instrucción pública*, conservadas en la Biblioteca pública de Gijón, reproducido por Caso González en el Prólogo a su edición crítica de las *Poesías* de Jovellanos, luego citada: «Si yo hubiera dicho que el hombre era infinitamente perfectible, mi proposición fuera, sobre falsa, muy temeraria, ¿pues quién no toca a cada paso que el hombre es un ente limitado? Y, ¿quién, al lado de los grandes y portentosos descubrimientos que hizo, no ve la oscuridad y ignorancia en que vive respecto de sí mismo y de la naturaleza? Quedamos, pues, que es ciertamente un ente limitado, y ésta es una de las verdades que ha descubierto él mismo... Sentemos, pues, que la perfectibilidad del hombre no es infinita; lo es, que hay un término al cual no puede llegar jamás; pero también lo es que dentro y aun fuera de este término puede recibir una extensión *indefinida*, esto es, que *no hay límite conocido al cual no pueda alcanzar*. Así que, cuando llamamos indefinida a la perfectibilidad del hombre, queremos decir que *el hombre puede perfeccionarse hasta un punto no conocido aún* y que no se puede conocer» (pág. 50; los subrayados existen en el texto).

aquel que reiteradamente denuncia como símbolo de la *moderna sofistería*: «la igualdad de todos los hombres». En segundo lugar —prosigue
el comentarista—, condenó el medio por el que habían querido llevar a
la práctica aquellas ideas; «no era la revolución democrática y su cirugía
sangrienta, sino la reforma autoritaria y la pedagogía social, quienes debían y podían darles vida» [64].

Para llevar a cabo la transformación politicosocial apetecida había que
comenzar por una educación del pueblo con el fin de que éste usara de
su libertad debidamente, «porque siendo tan peligroso el abuso como provechoso el buen uso de esta libertad —escribió en su *Memoria en defensa
de la Junta Central*—, y siendo mayor aquel peligro en sus principios,
cuando no sólo la malicia, sino también la temeridad, la ligereza, la instrucción superficial y la ignorancia, hacen que el primer uso de ella de-
cline hacia la licencia y corra desenfrenadamente por ella, la sana razón
y la sana política aconsejaban que no se anticipase este peligro» [65].

LA OBRA LITERARIA DE JOVELLANOS

Quizá más que en ninguno de nuestros escritores del siglo XVIII es difícil en Jovellanos separar los escritos que pertenecen a la literatura pura
de los específicamente didácticos o políticos. Según dice Del Río, en nuestro autor «arte y erudición, poesía y ciencia social van unidos, se influyen
mutuamente» [66], y más que un criterio de género, imperan conceptos que
determinan lo mismo el acto del magistrado que el verso del poeta o el
juicio del crítico y el erudito. No obstante, habida cuenta de la intención
inequívocamente didáctica y práctica de todos sus escritos en prosa, parece que habría que residenciarlos más en una historia de las ideas políticas que en una historia de la literatura. Sin embargo, el gusto artístico
de Jovellanos y su sensibilidad hacen que hasta las más áridas exposiciones doctrinales posean frecuentemente una viveza y colorido que justifican
su consideración como obra literaria.

La variedad enciclopédica de los escritos de Jovellanos y su gran número hacen imposible la exposición minuciosa de su contenido, que, por
otra parte, dados sus temas, tampoco sería propia de este lugar. Trazadas
ya esquemáticamente las directrices capitales de su ideario como político
y reformador, hemos de limitarnos ahora a la somera descripción de sus
obras más importantes, algunas de las cuales ya han sido aludidas a lo
largo de su biografía.

---

[64] L. Sánchez Agesta, *El pensamiento político del despotismo ilustrado*, cit., página 209.
[65] Cit. por Sánchez Agesta en ídem, íd., pág. 232.
[66] «Introducción», cit., pág. 17.

Discurso de ingreso en la Academia de la Historia. Elegido miembro de dicha Academia a poco de su llegada a Madrid, Jovellanos pronunció su discurso de ingreso (1780) *Sobre la necesidad de unir al estudio de la legislación el de nuestra historia y antigüedades.*

Jovellanos tuvo toda su vida gran amor a la historia y la cultivó con entusiasta asiduidad[67]. Dos razones, según apunta Del Río, aparte el historicismo enciclopedista, contribuyeron a forjar la preocupación por el pasado, tan peculiar del siglo XVIII: el afán de erudición y «el examen de conciencia nacional que la decadencia del país obligó a hacer a los escritores más preclaros»[68]. De ambas inquietudes, aunque en distinta medida, participó Jovellanos, insaciable lector de historiadores clásicos españoles y de muchos contemporáneos extranjeros. No puede tenérsele, sin embargo, por un historiador en sentido estricto, sobre todo por haberle correspondido vivir en una centuria, según tenemos explicado en las páginas correspondientes, durante la cual florecieron en nuestra patria los más preclaros historiadores, a ninguno de los cuales iguala. Pero, según explica Sánchez-Albornoz[69], habría acabado siendo un verdadero y grande historiador, si por tres veces no hubieran torcido el rumbo de su vida los azares de la política y su actividad de hombre público[70].

Tres períodos distingue el mencionado investigador en la labor histórica de Jovellanos. En el primero, durante su estancia en Madrid como Alcalde de Casa y Corte, Jovellanos frecuentó la historia en busca de apoyo y ejemplo para sus doctrinas económicas y políticas. A este primer grupo de tratados históricos pertenecen diversos informes y monografías, pero, en particular, el *Informe sobre la Ley Agraria* y la *Memoria sobre espectáculos*, que, aunque concluidos en Gijón, corresponden sustancialmente a esta etapa inicial. Durante ella Jovellanos se limita, con escasas excepciones, al manejo de las fuentes narrativas y legales —crónicas y códigos— de que pudo tener noticia, pero sin penetrar en el estudio directo de los archivos. En los trabajos de esta época, sin excluir las dos obras citadas, el saber histórico de Jovellanos —precisa Sánchez-Albornoz— sufre de grandes lagunas, extracta con preferencia obras ajenas, y sus cuadros históricos resultan frecuentemente rápidas *galopadas*, tan incompletas como llenas de geniales atisbos y de sugestivos juicios. No obstante, a lo largo de estos trabajos, Jovellanos se saturó de historicismo, y desde entonces «jamás pudo sustraerse al hechizo de la investigación del

---

[67] Para la producción historiográfica de Jovellanos cfr. el magnífico estudio de Claudio Sánchez-Albornoz, «Jovellanos y la Historia», en *Españoles ante la Historia*, Buenos Aires, 1958, págs. 161-212.

[68] «Jovellanos», cit., pág. 191.

[69] «Jovellanos y la Historia», cit., pág. 205.

[70] Cfr.: *Jovellanos en la Academia de la Historia*, número extraordinario del *Boletín de la Real Academia de la Historia*, noviembre, 1911.

pasado de su patria, ni dejó de escuchar y de intentar obedecer en su vida pública los mandatos del ayer»[71].

El segundo período se inicia durante su estancia en Gijón. Jovellanos, entonces, «salta de los códigos, fueros, crónicas, tratados, epístolas, libros de erudición, y estudios extranjeros modernos, a la investigación diplomática o documental en los archivos»[72]. En sus repetidos viajes por las provincias del Norte copió incansablemente todo género de documentos inéditos en las ricas colecciones de catedrales y monasterios, intactas todavía, y en diversos archivos asturianos, castellanos y leoneses: «La historia —dice Sánchez-Albornoz— ha dejado ya de ser, para él, la rica cantera de que podía extraer bellos y sólidos sillares donde cimentar sus construcciones teoréticas. La historia ha adquirido corporeidad en su mente; de bajo relieve, con que adornar los edificios de sus diversas teorías, ha pasado a ser, para el nuevo erudito gijonés, estatua independiente que se admira y se contempla por sí misma»[73]. Jovellanos nunca llegó a escribir la obra de conjunto para la que había reunido tan copioso material pero en su abundante correspondencia, sobre todo en las cartas a su gran amigo González de Posada, fue dando cuenta de sus hallazgos y diseminando multitud de ideas y noticias eruditas.

El destierro de Bellver puso término a esta segunda etapa, haciendo imposible la redacción de sus proyectados trabajos historiográficos, al quedar privado de todos sus papeles. Pero su gran amor a la historia pudo desarrollarse plenamente en Mallorca, en los forzados ocios de sus largas jornadas de prisión, aunque cambiando necesariamente de temas. La lectura de las obras dedicadas a la isla le convenció de que su historia estaba por hacer, y probablemente le sedujo la idea de redactarla. Sólo tuvo tiempo de componer los trabajos sobre el castillo y otros monumentos de la ciudad, como diremos luego; pero estos estudios, según afirma Sánchez-Albornoz[74], son excelentes monografías que superan con mucho, en valor científico, a todos los anteriores trabajos del polígrafo gijonés; y al socaire del tema principal, examina Jovellanos muchos problemas fundamentales de la historia de la isla desde los mismos días de la conquista por Jaime I de Aragón. Cuando la madurez historiográfica de Jovellanos se hallaba en su sazón, los nuevos acontecimientos políticos, arriba descritos, ponen fin a su destierro y con él, al abrirse su última etapa de vida pública, a sus tareas de investigador.

El mencionado discurso de ingreso en la Academia de la Historia es «una pieza oratoria sin relieve», dice Sánchez-Albornoz[75], pero contiene

71 «Jovellanos y la Historia», cit., pág. 185.
72 Idem, íd., pág. 192.
73 Idem, íd., pág. 195.
74 Idem, íd., pág. 201.
75 Idem, íd., pág. 174.

dos atisbos geniales «que la avaloran extraordinariamente y que nos descubren la agudeza mental de nuestro autor» [76]. El primero, idea central del discurso, es la necesidad de unir al estudio de la legislación el de la historia jurídica; con ello «Jovellanos acredita que había sabido captar el vivísimo interés de ésta, que había escapado hasta allí a sus contemporáneos de España y de Europa» [77]. El segundo es su anticipada intuición de los nuevos conceptos historiográficos: «La nación —escribe Jovellanos— carece de una historia. En nuestras crónicas, anales, historias, compendios y memorias, apenas se encuentra cosa que contribuya a dar una idea cabal de los tiempos que describen. Se encuentran, sí, guerras, batallas, conmociones, hambres, pestes, desolaciones, portentos, profecías, supersticiones, en fin, cuanto hay de inútil, de absurdo y de nocivo en el país de la verdad y de la mentira. Pero ¿dónde está una historia civil, que explique el origen, progresos y alteraciones de nuestra constitución, nuestra jerarquía política y civil, nuestra legislación, nuestras costumbres, nuestras glorias y nuestras miserias? Y ¿es posible que una nación que posee la más completa colección de monumentos antiguos; una nación donde la crítica ha restablecido el imperio de la verdad, y desterrado de él las fábulas más autorizadas; una nación que tiene en su seno esta academia, llena de ingenios sabios y profundos, carezca de una obra tan importante y necesaria?» [78].

Cuando Jovellanos escribía estas páginas, aún triunfaba en toda Europa una concepción historiográfica muy diferente. Pero la Ilustración estaba renovando estos conceptos; si la Historia había sido escrita hasta entonces desde el punto de vista de los gobiernos, tenía ahora que escribirse de acuerdo con los intereses de los súbditos, sobre todo de la clase que estaba ascendiendo al primer plano; la burguesía, y con ello prestar atención a la historia de la agricultura, del comercio, de la industria, de la cultura, siempre soslayadas. Dentro, sin embargo, de esta tendencia, capital en la mente del gran reformador, Jovellanos se atuvo a la tradición historiográfica de su país, prefiriendo a los amplios cuadros históricos sobre todo un pueblo o siglo, a la manera de Voltaire y los grandes historiadores ilustrados, los trabajos monográficos basados en estudios documentales.

En cuanto a la mencionada idea central del discurso es aún más notable la sagaz anticipación de Jovellanos. Muchos años después, según explica Sánchez-Albornoz [79], la caída de los regímenes creados por influjo de la Revolución, demostró lo caduco de las organizaciones improvisadas,

---

[76] Idem, íd.
[77] Idem, íd., págs. 174-175.
[78] Discurso de ingreso en la Academia de la Historia, ed. Nocedal cit., B. A. E., XLVI, pág. 298.
[79] «Jovellanos y la Historia», cit., págs. 206-207.

«no nacidas por obra del proceso normal y despacioso de la historia»[80], y probó la necesidad de estudiarla para encontrar dentro de ella la singularidad de cada país y la razón de ser de sus instituciones. Según este concepto, ningún hombre público podría cumplir sus deberes satisfactoriamente sin conocer a fondo la historia de su patria, y para el jurista y el magistrado era tan indispensable el estudio de la constitución histórica de su pueblo como el de la legislación de su propia época; así nació la ciencia moderna de la historia del derecho, que crearon Eichhorn y Savigny con sus famosas obras sobre la historia jurídica germánica y romana. Ahora bien: cuando Jovellanos leía ante la Academia de la Historia las páginas de su discurso, Eichhorn y Savigny no habían nacido todavía[81] y ni siquiera la Revolución Francesa se había producido. Caso González recuerda, no obstante, que la circunstancia de que el discurso de Jovellanos permaneciera inédito hasta 1817 impide concederle el mérito «de haber iniciado en Europa esta doctrina, porque no consta que Savigny lo conociera, [pero] esto no obsta para que se le reconozca el de haber sido el primero en propugnar el método y en lanzar la idea de una historia civil bien distinta de la que se venía practicando»[82].

En la mencionada línea ideológica, expuesta por Jovellanos en su discurso, y repetida también después en muchos de sus informes, memorias, cartas y monografías se inserta su arraigada creencia de que la constitución interna de un país, es decir, «la arquitectura social y política de una nación, era fruto de un lento proceso histórico, y de que sólo dentro de la proyección institucional hacia el mañana de esa constitución tradicional del pueblo español, debía trazarse la silueta del Estado y de la Sociedad futuros»[83]; ideas que, como hemos visto, orientaron su actividad como político y reformador: evolución y no revolución, mejora y reforma progresiva de lo existente, pero no saltos en el vacío.

Añádase aún que la necesidad de profundizar en el estudio de la historia, tal como él la concibe, conduce a Jovellanos a recomendar a su vez el estudio de la lengua de los viejos códigos, «casi desterrada de nuestros diccionarios», llena de significados que «o se han perdido del todo, o se han cambiado o desfigurado extrañamente», y sin cuyo conocimiento es imposible que los jurisconsultos entiendan el verdadero sentido de las leyes. Jovellanos tuvo siempre gran interés por los problemas lingüísticos, como evidenció en el estudio de la lengua de su región, y su aplicación en este caso constituye también «una auténtica novedad»[84].

[80] Ídem, íd., pág. 207.
[81] Para ser exactos, debemos precisar que Savigny había nacido un año antes de la lectura del discurso de Jovellanos, es decir, en 1779; Eichhorn nació en 1781.
[82] José Caso González, *Gaspar Melchor de Jovellanos. Obras en prosa*, cit., página 27.
[83] Sánchez-Albornoz, «Jovellanos y la Historia», cit., págs. 208-209.
[84] Caso González, *Gaspar Melchor de Jovellanos*, cit., pág. 28.

Muy importantes, según destaca Caso González, son asimismo las referencias que, en el comienzo de este discurso, hace Jovellanos a sus propios estudios. Con gran crudeza describe «el método vulgar» de sus preceptores, sus estudios de filosofía «siguiendo siempre el método común y las antiguas asignaciones de nuestras escuelas», y explica cómo entró en la jurisprudencia «sin más preparación que una lógica bárbara y una metafísica estéril y confusa, en las cuales creía entonces tener una llave maestra para penetrar el santuario de las ciencias». «En este estado —añade luego— me vi repentinamente elevado a la magistratura y envuelto en las funciones de la judicatura criminal. Joven, inexperto y mal instruido, apenas podía conocer toda la extensión de las nuevas obligaciones que contraía» [85]. Asoman con ella las primeras protestas del que había de ser apasionado reformador de la enseñanza, obligado entonces, como dice Caso, a «descubrir fuera de la Universidad lo que la Universidad debía haberle dado» [86].

Elogio de Carlos III. El *Elogio de Carlos III*, es, con palabras de Del Río, una «admirable síntesis de las ideas sobre la decadencia española y sobre el ideario reformador del despotismo ilustrado presidido por aquel monarca» [87]. El *Elogio* fue leído ante la Sociedad Económica de Madrid el 8 de noviembre de 1788 para conmemorar el aniversario de su inauguración. No se trata de un elogio fúnebre del rey, pero éste moría poco después, el 14 de diciembre. Tampoco, en realidad, consiste el discurso en una directa alabanza al monarca —«El elogio de Carlos III, dice al comienzo de su disertación, pronunciado en esta morada del patriotismo, no debe ser una ofrenda de la adulación, sino un tributo del reconocimiento» [88]—, sino a la política ilustrada desarrollada en su reinado, y sobre todo a las reformas económicas impulsadas por las Sociedades de Amigos del País.

El discurso es breve, pero contiene mucha enjundia, y Jovellanos aprovecha la ocasión para insistir en las ideas que le son más queridas. Traza un cuadro elogioso de la grandeza alcanzada por su país en el comienzo del siglo XVI, para enumerar a continuación las razones que lo derribaron de aquella altura y provocaron la decadencia: «¿Qué humano poder —dice— hubiera sido capaz de derrocar a España del ápice de grandeza a que entonces subió, si el espíritu de verdadera ilustración la hubiese enseñado a conservar lo que tan rápidamente había adquirido?» [89]. Y cita los estudios eclesiásticos, corrompidos por la sutileza escolástica que les

---

[85] Ed. Nocedal, cit., B. A. E., XLVI, pág. 288.
[86] *Obras en prosa*, cit., pág. 27.
[87] «Jovellanos», cit., pág. 186.
[88] Ed. Nocedal, cit., B. A. E., XLVI, pág. 311.
[89] Ídem, íd., págs. 312-313.

robó «toda la atención que debían a la moral y al dogma»; la jurisprudencia obstinada en multiplicar las leyes y someter su sentido al arbitrio
de la interpretación; las ciencias naturales, sólo conocidas por el ridículo
abuso que hicieron de ellas la astrología y la química; las matemáticas,
sólo cultivadas especulativamente y nunca aplicadas a fines prácticos.
Echa de menos el estudio de la economía civil, «ciencia que enseña a gobernar», y enumera las miserias del país, que no movieron a la indagación
de sus causas y al remedio de tantos males, mientras que «el abandono de.
los campos, la ruina de las fábricas y el desaliento del comercio sobre-
saltaba los corazones, las guerras extranjeras, el fausto de la corte, la
codicia del ministerio y la hidropesía del erario abortaban enjambres de
miserables arbitristas, que reduciendo a sistema el arte de estrujar los
pueblos, hicieron consumir en dos reinados la sustancia de muchas generaciones» [90].

Jovellanos alude, de pasada, pero muy claramente, a la polémica sobre
la ciencia española planteada por el artículo de Masson, para condenar
la actitud, que muchos interpretaban como la más patriótica, de quienes
creen que la nación es lo ilustrada y rica que podría y debería ser y que
está a la altura de la Europa culta: «Si la utilidad es la mayor medida del
aprecio, ¿cuál se deberá a tantos nombres como se nos citan a cada paso
para lisonjear nuestra pereza y nuestro orgullo?» [91]. Jovellanos pasa luego
revista a los abundantes economistas del Siglo de Oro que habían propuesto remedios *empíricos*, para llegar al siglo presente que, con la entronización de los Borbones, había traído el comienzo de la renovación. Al
llegar a Carlos III enumera los progresos realizados: reforma de la enseñanza, libertad de filosofar que «empieza a restablecer el imperio de la
razón», abandono de la escolástica por parte de la Teología, fomento de
las ciencias exactas, renacimiento de las escuelas matemáticas, y desarrollo, sobre todo, de la «ciencia del Estado, la ciencia del magistrado público», en la cual ve Jovellanos la gloria que más distinguirá el nombre de
Carlos III en la posteridad. Jovellanos no cita por sus nombres a los mayores políticos de su tiempo, aunque son inequívocas las referencias a los
más destacados reformadores, como Aranda y Campomanes; pero se refiere concretamente a las Sociedades de Amigos del País, protegidas por
el rey, cuyos trabajos y logros prácticos encarece con entusiasmo. El discurso concluye con un vibrante párrafo dirigido a la mujer —cuya admisión en la Sociedad Económica había defendido Jovellanos en una *Memoria*—, invitándola a sumarse a la gran tarea nacional, formando hombres
«sencillos, esforzados, compasivos, generosos; pero sobre todo... amantes
de la verdad, de la libertad y de la patria» [92].

---

[90] Idem, íd., pág. 313.
[91] Idem, íd.
[92] Idem, íd., pág. 317. A lo largo de este discurso, como en tantas otras de sus

Informe sobre la Ley Agraria. En páginas anteriores nos hemos referido a las causas concretas que llevaron a Jovellanos a la redacción de esta obra, así como a las consecuencias que su publicación tuvo para él. Resta exponer algunos detalles de su contenido. Comúnmente se considera el *Informe* como la obra maestra de Jovellanos, tanto por su densidad doctrinal como por la precisión, claridad y esmero de su prosa; de él se ha dicho que es uno de los pocos escritos clásicos en la literatura del siglo XVIII, sólo comparable con los escritos filosóficos de Cicerón.

El Informe, según precisa Del Río, sigue el método común a otros trabajos de Jovellanos: «Parte histórica, exposición de principios, descripción del estado actual de la cuestión objeto de estudio y remedios o recomendaciones para la mejora» [93]. En la primera parte Jovellanos rechaza la excesiva intromisión del Estado en los asuntos económicos, estableciendo el principio —uno de los más arraigados de su ideología— de que el fin de las leyes consiste tan sólo en proteger el libre juego de los intereses individuales, removiendo los obstáculos que pueden entorpecer su acción. Entre estos últimos enumera los derivados de la legislación: formas de propiedad comunal, como los baldíos y tierras concejiles, que disminuyen el interés particular; disposiciones que se oponen al cierre de las heredades; privilegios concedidos a la ganadería transhumante represen-

---

páginas, Jovellanos repite con frecuencia la palabra *felicidad*, referida a la que puede o debe alcanzar un individuo dentro de una comunidad social. Refiriéndose, por ejemplo, a las grandes empresas militares de su país y hasta a los máximos nombres de sus doctores y sus artistas, se pregunta Jovellanos: «Pudiera, en fin, amontonar ejemplos de heroicidad y patriotismo, de valor y constancia, de prudencia y sabiduría. Pero con tantos y tan gloriosos timbres, ¿qué bienes puede presentar, añadidos a la suma de su felicidad?» (ed. Nocedal, cit., pág. 312). Caso González comenta muy oportunamente: «La palabra *felicidad*, que tantas burlas ha merecido de quienes no la entendieron, quiere decir lo mismo que hoy expresamos con la frase *alto nivel de vida*. Jovellanos la define como la posesión, por parte del individuo o de la nación, de todos los medios de conservación y de progreso material y espiritual. Queda así claro que las guerras y los imperios, consecuencia de la ambición de los poderosos, no son la *felicidad* de un pueblo, sino frecuente causa de *infelicidad* para la mayor parte de los individuos, víctimas de la ambición de unos pocos» (*Obras en prosa*, cit., pág. 176, nota 59). Pretendiendo también aclarar el sentido de esta discutida palabra, escribe Patricio Peñalver: «Aquellas palabras, bien del país, felicidad del pueblo, son equívocas. Conceptos sospechosos cuando se pronuncian en aquel siglo que no tenía otro afán que la búsqueda de la felicidad —la de los individuos y la de los pueblos—. Y ello con tanta prisa, que se quedaba en una felicidad inmediata — hoy, enseguida, eran las palabras que contaban; mañana parecía tardío a aquella impaciencia de placeres'—; una felicidad que se contenta con lo posible, 'hecha de mediocridad', calculada, que terminaba siendo materialista. Pero el sentido de estas palabras en la mente de Jovellanos es muy distinto, y aparece bien definido en 1785 [*Discurso a la Sociedad Económica de Madrid*, 16 julio 1785]. El mismo, por lo pronto, se da cuenta de aquella peligrosa equivocidad: 'vendrá un tiempo en que el nombre de la felicidad, tan repetido en nuestros días, señale una idea menos equívoca, más agradable y más digna de los deseos del patriotismo'» (*Modernidad tradicional en el pensamiento de Jovellanos*, cit., pág. 74).

[93] «Jovellanos», cit., pág. 186.

tada sobre todo por la Mesta; amortización eclesiástica y civil, que estancó la mayor y mejor parte de las propiedades en manos ociosas o desidiosas. Al referirse a los estorbos morales o derivados de la opinión subraya la protección del Gobierno al comercio y la industria con detrimento de la agricultura, y la incultura de los labradores. Entre los obstáculos físicos se refiere a la falta de riego, de comunicaciones y de puertos para el comercio.

Con los defectos dichos pueden intuirse las soluciones propuestas por Jovellanos: parcelación y venta de baldíos y tierras comunales, vallado de heredades, abolición de los privilegios de la Mesta a excepción del derecho de cañada, y, sobre todo, la desamortización tanto civil como eclesiástica, asunto de grandes repercusiones sociales y políticas, como quedó ya dicho anteriormente.

Jovellanos, tan cauto y moderado en el terreno de la libertad política, era defensor apasionado de la mayor libertad en el económico, punto en el que se inserta y origina toda su ideología liberal. Para Jovellanos sobran leyes y es preciso reducirlas al mínimo; es indispensable conceder la máxima libertad posible a la propiedad individual de la tierra y del trabajo y dejar que el interés particular aporte el estímulo que neciamente se espera de la legislación. «Sólo la esperanza del interés —escribe— puede excitar al cultivador a multiplicar los [productos] y traerlos al mercado. Sólo la libertad, alimentando esta esperanza, puede producir la concurrencia y por su medio aquella equidad de precios que es tan justamente deseada» [94]. Y añade más abajo: «Cuando el colono se halle en proporción de multiplicar sus ganados y frutos; cuando pueda. venderlos libremente al pie de su suerte, en el camino o en el mercado, al primero que le saliere al paso; cuando todo el mundo pueda interponer su industria entre el colono y el consumidor; cuando la protección de esta libertad anime igualmente a los agentes particulares e intermedios de este tráfico, entonces los comestibles abundarán cuanto permita la situación coetánea del cultivo de cada territorio y del consumo de cada mercado» [95]. Difúndanse a la vez —pide Jovellanos— los conocimientos necesarios para la perfección de las artes útiles, sobre todo de la agricultura —la primera y más importante de todas—, y en lugar de franquicias y sistemas de protección parcial anímesele por medio de caminos, canales de riego, desecación de lagos y reparto de tierras públicas incultas. Para la difusión de los conocimientos útiles entre propietarios y labradores, Jovellanos, siempre tan realista y cerca de las cosas, proponía como inmediata y primera medida la redacción de unas cartillas rústicas «que en estilo llano y acomodado a la comprensión de un labriego, explicasen los mejores métodos de pre-

---

[94] Ed. Nocedal, cit., B. A. E., L, pág. 108.
[95] Ídem, íd., págs. 109-110.

parar las tierras y las semillas, y de sembrar, coger, escardar, trillar y aventar los granos, y de guardar y conservar los frutos y reducirlos a caldos o harinas; que describiesen sencillamente los instrumentos y máquinas del cultivo y su más fácil y provechoso uso; y, finalmente, que descubriesen y que señalasen como con el dedo todas las economías, todos los recursos, todas las mejoras y adelantamientos que puede recibir esta profesión» [96].

Sobre la amortización, tanto eclesiástica como civil, escribe Jovellanos las páginas más vibrantes de su *Informe*. Refiriéndose a la eclesiástica afirma que «si es contraria a los principios de la economía civil, no lo es menos a los de la legislación castellana. Fue antigua máxima suya que las iglesias y monasterios no pudiesen aspirar a la propiedad territorial, y esta máxima formó de su prohibición una ley fundamental... No hubo código general castellano que no la sancionase... ¿Qué importa, pues, que la codicia hubiese vencido esta saludable barrera? La política cuidó siempre de restablecerla, no en odio de la Iglesia, sino en favor del Estado, ni tanto para estorbar el enriquecimiento del clero, cuanto para precaver el empobrecimiento del pueblo, que tan generosamente le había dotado» [97]. Después de hacer la historia de la gran acumulación de tierras en manos del clero regular y subrayar la multiplicación innecesaria de órdenes religiosas y de conventos y monasterios, comenta el reformador: «No quiera Dios que la Sociedad consagre su pluma al desprecio de unos institutos cuya santidad respeta, y cuyos servicios hechos a la Iglesia en sus mayores aflicciones sabe y reconoce. Pero forzada a descubrir los males que afligen a nuestra agricultura, ¿cómo puede callar unas verdades que tantos varones santos y piadosos han pronunciado? ¿Cómo puede desconocer que nuestro clero secular no es ya ignorante ni corrompido como en la media edad; que su ilustración, su celo, su caridad son muy recomendables, y que nada le puede ser más injurioso que la idea de que necesite tantos ni tan diferentes auxiliares para desempeñar sus funciones?» [98]. Al referirse a la amortización del clero secular justifica las adquisiciones efectuadas originariamente, cuando el clero participaba con la nobleza en la defensa militar del pueblo y recibía las mercedes que aseguraban su subsistencia y recompensaban sus servicios: «Pero cuando el olvido de las antiguas leyes —añade a continuación— abrió el paso a la libre amortización eclesiástica, ¿cuánto no se apresuró a aumentarla la piedad de los fieles? ¡Qué de capellanías, patronatos, aniversarios, memorias y obras pías no se fundaron desde que las leyes de Toro, autorizando las vinculaciones indefinidas, presentaron a los testadores la amortización de la propiedad como un sacrificio de expiación! Acaso la masa de bienes amortizados por

---

[96] Idem, íd., pág. 126.
[97] Idem, íd., pág. 101.
[98] Idem, íd., pág. 102.

este medio es muy superior a la de los adquiridos por aquellos títulos gloriosos, y acaso los perjuicios que esta nueva especie de amortización causó a la agricultura fueron también más graves y funestos» [99].

La amortización civil tiene también en Jovellanos un adversario no menos decidido; estudia los antecedentes legislativos de los mayorazgos, su aparición y su vicioso desarrollo, y propone la limitación del derecho de vincular las tierras. Limitación y no total supresión, porque Jovellanos no podía aventurarse más allá del punto en que sus mismos colegas de la Sociedad Económica hubieran sido capaces de aceptar sus atrevidas teorías; hablaba además en nombre de la Sociedad y no de sí propio, como tiene buen cuidado en advertir, y solamente si la Sociedad daba su aprobación al *Informe* quedaba asegurada su publicación y difusión y, consecuentemente, la posible eficacia de sus ideas. Por eso hace distingos y salvedades en favor de los mayorazgos de la nobleza y de aquellas personas que, por sus eminentes servicios al país, se hubieran hecho acreedores a esta merced. Pero el auténtico pensar de Jovellanos está muy claro si se piensa que en otro lugar había llegado a poner en duda el derecho de transmitir la propiedad en la muerte [100].

En su *Informe*, Jovellanos combina ideas económicas de muy diverso origen [101], desde los clásicos latinos y los tratadistas españoles del XVI y el XVII a los modernos economistas ingleses y franceses. De los fisiócratas franceses Quesnay y Turgot extrae su fundamental concepción económica de que la tierra es la principal fuente de riqueza; de Adam Smith, su concepción de la libertad y de los derechos sagrados del trabajo; de unos y otros, la idea de la necesidad casi absoluta de libertad para el progreso de la agricultura, y el concepto del Estado como poder sólo vigilante y no como director del interés privado.

En lo que concierne a la desamortización, Jovellanos, que precisaba contener las inevitables censuras sobre este punto, toma ideas de los varios informes presentados en el mismo sentido a las Cortes de Castilla durante los siglos XVI y XVII contra la acumulación de bienes por la Iglesia, y recuerda los muchos y doctos eclesiásticos que clamaron contra

---

[99] Idem, íd.

[100] En una famosa carta al cónsul Jardine, luego citada, dice al final de ella, refiriéndose a su *Informe sobre la Ley Agraria*: «Este en suma es mi sistema; aunque confieso que le hubiera acercado mucho más al buen término si hablase a mi nombre. Pero escribía a nombre de un cuerpo, que entonces no hubiera adoptado mis ideas, que ahora no las aprobará sin dificultad, y cuya aprobación sin embargo es importante, no sólo para darles un peso de autoridad, sino porque sólo así podrán esperar la luz pública y alguna aceptación» (ed. Nocedal, cit., B. A. E., L, pág. 367). Cfr.: Gonzalo Anes, «El informe sobre la Ley Agraria y la Real Sociedad Económica Matritense de Amigos del País», en *Homenaje a Ramón Carande*, Madrid, 1963, páginas 23-56.

[101] Cfr.: Del Río: «Introducción», cit., pág. 127, y «Jovellanos», cit., pág. 187.

tales abusos; se inspira a su vez, lógicamente, en otros escritores de la época, particularmente en Olavide [102] y Campomanes [103].

Lo fundamental en todo el *Informe*, puntualiza Del Río [104], es el tacto con que armoniza ideas procedentes de distintas escuelas, a veces contradictorias, para llegar a puntos de vista enteramente personales, basados de manera particular en sus propias y directas observaciones y reflexiones, que nunca subordina a la autoridad de los textos escritos.

En conjunto, puede decirse que el *Informe sobre la Ley Agraria* sintetiza todo el pensamiento politicosocial de Jovellanos, su programa de reformas, sus ideas históricas sobre las causas de la decadencia española y sus planes como educador; en una palabra: es su obra más completa [105].

---

[102] Marcelin Defourneaux, que estudia muy detenidamente el *Informe* de Olavide —redactado para responder al Cuestionario enviado por el Consejo de Castilla a varios Intendentes de provincias sobre los problemas de la reforma agraria—, sostiene que el proyecto de aquél, anterior en treinta años al de Jovellanos, era más práctico y positivo que el de éste, puesto que, basándose en ideas de Campomanes, creía indispensable la intervención del poder público en muchas cuestiones que no podían dejarse al mero juego de la concurrencia individual, concepto cardinal, como hemos visto, del *Informe* de Jovellanos. «A pesar de la autoridad que se concede a su *Informe sobre la ley agraria* —escribe Defourneaux—, Jovellanos se manifiesta —y Joaquín Costa lo ha subrayado— como más *retardatario* que los reformadores que le habían precedido. Basta referirse a los planes de reforma agraria elaborados en España desde hace medio siglo para darse cuenta de que los problemas que se planteaban —y continúan planteándose— en el campo español, tienen más probabilidad de encontrar su solución por el camino trazado por Olavide y sus émulos que por el del liberalismo absoluto preconizado por el *Informe sobre la Ley agraria* de Jovellanos, cuya gloria —debida en gran parte a sus cualidades literarias— ha borrado el recuerdo de los proyectos que le habían precedido» (*Pablo de Olavide, el afrancesado*, cit., pág. 125). Para el *Informe* de Olavide, además del largo comentario de Defourneaux (págs. 94-125), cfr.: Ramón Carande, «Informe de Olavide sobre la *Ley agraria*», en *Boletín de la Real Academia de la Historia*, CXXXIX, 1956, págs. 357-462 (Introducción y texto). Para el estudio de los problemas agrarios en el siglo XVIII cfr.: Gonzalo Anes, *Las crisis agrarias en la España moderna*, Madrid, 1970.

[103] El estudio fundamental de Campomanes, en que expone las ideas a que aquí se alude, es el *Tratado de la regalía de amortización*, publicado por primera vez en Madrid, en 1756. Cfr.: G. Desdevises du Dézert, «Les *Lettres politico-économiques* de Campomanes», en *Revue Hispanique*, IV, 1897, págs. 240-265. Felipe Alvarez Requejo, *El Conde de Campomanes. Su obra histórica*, Oviedo, 1954. Robert Ricard, «De Campomanes à Jovellanos. Les courants d'idées dans l'Espagne du XVIIIᵉ siècle d'après un ouvrage récent» (se refiere al libro de L. Sánchez Agesta, cit.), en *Les Lettres Romanes*, XI, 1957, págs. 31-52.

[104] «Jovellanos», cit., pág. 187.

[105] Sobre la parte histórica del *Informe*, Sánchez-Albornoz ha expuesto, sin embargo, considerables reparos. Pertenece esta obra, según quedó explicado más arriba, a la época en que Jovellanos estaba lejos aún de poseer conocimiento suficiente de las fuentes sobre la materia que trataba. De sus exposiciones históricas dice el mencionado investigador que «son rapidísimos esbozos, en ocasiones balbucientes, sobre cuestiones que importaban al examen económico, sociológico y político de la tesis central de su informe. Entre sus noticias históricas, a veces vaguísimas y erróneas, y las que hubieran podido trazar sobre los mismos problemas un Flórez, un Burriel, un Capmany, un Floranes o un Masdeu hay, o pudo haber, toda la diferencia que de ordinario separan las grandes, prematuras y atrevidas síntesis historiográficas

La «Memoria sobre espectáculos». En las páginas que dedicamos a la dramática hicimos ya mención de esta discutida obra de Jovellanos. Este trabajo, cuyo título completo es *Memoria para el arreglo de la policía de los espectáculos y diversiones públicas y sobre su origen en España*, le fue encargado en junio de 1786 por la Academia de la Historia, a la que había sido pedido por el Consejo de Castilla. Jovellanos envió a la Academia una primera redacción en 1790; más tarde la reescribió por entero y fue leída ante la citada corporación el 14 de julio de 1796, pero no fue impresa hasta 1812. En su parte histórica, Jovellanos describe el origen y desarrollo de los diversos juegos y espectáculos a partir de la Edad Media; en la segunda parte, se ocupa de las diversiones populares y propone las reformas que juzga necesarias para que aquéllas, y particularmente el teatro, desempeñen la función social de instrucción y deleite que correspondía al ideal neoclásico y reformista.

La parte más importante de la *Memoria* es la que concierne al teatro. Jovellanos hace suyas las ideas expuestas por los neoclásicos desde Luzán y, en lo esencial, difiere poco de todos ellos: critica la dramática del Siglo de Oro por la inmoralidad de sus asuntos y la falsedad de sus caracteres; reprocha la ausencia de reglas; aprueba la prohibición de los autos sacramentales; aboga por la censura, moral y estética, y por la intervención gubernamental para remediar la decadencia en que se había hundido el teatro; y defiende, sobre todo, la finalidad docente de éste. A tenor de estas ideas, la *Memoria* ha sido juzgada comúnmente como una pieza más de las doctrinas neoclásicas, aunque dejando siempre a salvo la sensibilidad de Jovellanos, cuyo gusto, muy superior al de otros críticos, le permitía en ocasiones aceptar por motivos literarios lo que rechazaba como preceptista. Del Río propone [106] dar a estos problemas distinta interpretación: al ocuparse —dice— del popularismo del teatro español y de sus relaciones con la moral, más que en un estrecho academicismo se inspiraba Jovellanos en un concepto aristocrático del arte. Pero no se olvide que este concepto aristocrático, intelectual y minoritario, era la almendra, justamente, de todo el neoclasicismo ilustrado, con el que estaba estrechamente fundido, y las reglas —según hemos explicado en otras páginas— sólo la armadura ortopédica que trataba de contener y disciplinar las tentaciones de la facilidad, siempre propicia a la caída en lo populachero.

También hemos mencionado en otra parte la actitud no ciertamente simpática con que Jovellanos propone, mediante el aumento de las entradas y otras medidas, hacer el teatro inasequible a los plebeyos, único medio de llevar entonces a cabo la reforma culta apetecida. Jovella-

de los políticos, sociólogos o economistas, de las áridas construcciones monográficas de los auténticos historiadores» («Jovellanos y la Historia», cit., pág. 188).

[106] «Introducción», cit., pág. 130.

nos desea que el pueblo se divierta tan sólo con sus fiestas tradicionales, como las romerías, paseos y meriendas, y deje el teatro en el cual consume su tiempo, que es dinero. Jovellanos llega a afirmar que para la gente que trabaja «el teatro más casto y depurado [es] una distracción perniciosa», y añade a continuación que el pueblo no solamente no necesita espectáculos sino que le son positivamente dañosos. Un crítico reciente se pregunta [107] para qué se quería, pues, convertir el teatro en un medio de instrucción, si quienes más la necesitaban no podían asistir a él. La contradicción del gran reformador no puede cohonestarse sino apelando a raíces más hondas, que informan y dirigen todas sus actitudes: es decir, a su posibilismo, a la necesidad de ir por grados o por etapas y aceptar lo posible como escalón para lo mejor. En el caso del teatro lo dice él mismo enseguida: «Quizá vendrá un día —escribe— de tanta perfección para nuestra escena que pueda presentar hasta en el género ínfimo y grosero, no sólo una diversión inocente y sencilla, sino también instructiva y provechosa. Entonces acaso convendrá establecer teatros baratos y vastísimos para divertir en días festivos al pueblo de las grandes capitales; pero este momento está muy distante de nosotros, y el acelerarle puede ser muy arriesgado; quédese, pues, entre las esperanzas y bienes deseados» [108]. Entretanto, había que hacer salir al pueblo para reformar la escena, como el que saca fuera las aves para limpiar bien el corral; una vez adecentada, se le permitiría volver, compuestito y callado, para recibir la lección moral que le tenían preparada los intelectuales. Por lo demás, las medidas que propone Jovellanos en su *Memoria* tanto para mejorar el teatro en su aspecto material como en el artístico, son acertadísimas, y de ellas nos hemos ocupado también en otra parte [109].

Cabría todavía mencionar la descripción, tan evocadora como elocuente, que hace Jovellanos de muchos pueblos españoles, en donde el celo de los gobiernos hacía imposibles muchas distracciones por supuestas razones de orden y moralidad; «razones» que no son aún mera arqueología entre nosotros [110].

---

[107] Cfr. René Andioc, *Sur la querelle du théâtre au temps de Leandro Fernández de Moratín*, Burdeos, 1970, págs. 262 y ss.

[108] Ed. Nocedal, cit., B. A. E., XLVI, pág. 500.

[109] Cfr.: R. del Toro y Durán, *Jovellanos y la reforma del teatro español en el siglo XVIII*, Gijón, 1892.

[110] También sobre la parte histórica de la *Memoria* formula importantes salvedades Sánchez-Albornoz (véase estudio cit., págs. 188-192). Las páginas que dedica Jovellanos a la historia de la escena española son, aunque sumarias, muy superiores a las que consagra a los otros espectáculos, de los que no poseía demasiada información. La viveza y colorido de algunos de estos cuadros no les permite remontar «la etapa preliminar del esbozo en la mayoría de los apartados» (pág. 191). Sánchez-Albornoz admite, sin embargo, en Jovellanos, un progresivo dominio de las fuentes y de la bibliografía, y, en todo caso, el estudio de algunos espectáculos públicos es «muy superior, en erudición y en conocimiento del problema examinado, al consa-

Memoria en defensa de la Junta Central. Hemos referido más arriba las circunstancias y motivos que inspiraron a Jovellanos la redacción de esta obra, cuyo título completo es *Memoria en que se rebaten las calumnias divulgadas contra los individuos de la Junta Central del Reino, y se da la razón de la conducta y opiniones del autor desde que recobró la libertad.*

Como explica Del Río [111], aunque el afán enciclopédico impulsó toda la obra de Jovellanos, las actividades del hombre público estuvieron determinadas en gran medida por las circunstancias; así, mientras sus años de estancia en Sevilla y Madrid están dedicados con preferencia a los estudios jurídicos, sociológicos y económicos, y los de Gijón a sus afanes como educador, en la última etapa de su vida su preocupación fundamental es la política a consecuencia, sobre todo, de la crisis constitucional provocada por la guerra contra Napoleón y de su participación activa en los sucesos como representante de Asturias en la Junta Central.

La *Memoria* es, a la vez, una defensa del honor personal agraviado, una historia y defensa de la Junta y una exposición de principios políticos. «La perfecta fusión de estos tres elementos —dice Del Río—, personal, histórico y político, unida a una elocuencia de sabor clásico, le dan un carácter único en la literatura española y nos hacen pensar en algunas de las grandes oraciones y alegatos de Cicerón, uno de los maestros del estilo y del pensamiento de Jovellanos» [112]. El autor detalla minuciosamente los hechos refiriéndolos con ejemplar claridad, y los comenta entrelazando sus ideas políticas, que no son así meras definiciones abstractas sino aplicación concreta de su modo de entender los problemas. Al mismo tiempo, su directa participación personal da a todo el conjunto una excepcional viveza y calor humano, sin que en ningún momento caiga en declamaciones ni lamentos [113].

Jovellanos añadió a la *Memoria* hasta 26 *Apéndices*, acompañados de notas, muchas de las cuales son de la mayor importancia para conocer su pensamiento político, sobre todo el número XII, *Consulta sobre la convocación de las Cortes por estamentos*, y el XV, *Exposición sobre la organización de las Cortes*; e incluye además varios documentos personales, como la orden de libertad firmada por Caballero, las *Representaciones*

---

grado por el mismo autor a la historia de la agricultura y de la ganadería en su informe sobre la Ley Agraria» (pág. 191).

[111] «Jovellanos», cit., págs. 192-193.

[112] Ídem, íd., pág. 194.

[113] Cfr.: Vicente Lloréns, «Jovellanos y Blanco. En torno al *Semanario Patriótico* de 1809», en su libro *Literatura, historia, política*, Madrid, 1967, págs. 89-119. El artículo de Lloréns es del mayor interés para comprender la ideología política de Jovellanos y su actuación en la Junta Central, y, al mismo tiempo, a través de los escritos de Blanco en el citado *Semanario*, los problemas que se debatían en aquellas difíciles jornadas, tan decisivas para la historia del país.

enviadas a Fernando VII y a Carlos IV, la carta a Escoiquiz, los oficios cursados sobre su arresto y trato en Bellver, la carta de Sebastiani y su respuesta, etc., etc.

De gran importancia también, entre los escritos políticos de esta época, son las cartas —algunas ya aludidas— de Jovellanos a Lord Holland [114], con quien comenta muchos de los más apasionantes problemas del momento, como la libertad de imprimir, y que son imprescindibles para conocer el ideario de nuestro autor. Lord Holland, liberal inglés, defiende soluciones mucho más radicales que Jovellanos, sobre todo en materia de libertad de imprenta, sin la cual, dice, es imposible formar opinión pública, y Jovellanos argumenta con su conocido programa de reformas progresivas propio de la Ilustración. Jovellanos y Holland se conocieron cuando éste pasó por Gijón en 1792, y desde entonces les unió estrecha amistad. A través de la correspondencia mencionada puede seguirse con detalle gran parte de la actuación de la Junta Central y las campañas contra los franceses. Jovellanos continuó escribiendo a Holland hasta casi el final de su vida; su última carta está fechada en Gijón el 28 de agosto de 1811.

Del mayor interés también es la correspondencia mantenida por Jovellanos con Alexandre Jardine (Hardings escriben algunos editores), que entre finales de 1793 y comienzos de 1799 fue cónsul inglés en La Coruña; desgraciadamente, no se conservan en este caso las cartas, pero el *Diario* de Jovellanos permite conocer el contenido de los escritos del inglés y de los propios. Jovellanos y Jardine se conocieron también en Gijón, en noviembre de 1793, cuando éste, tras un accidentado viaje llegó a dicha ciudad en vez de a La Coruña a donde se dirigía. Jardine regaló a Jovellanos un libro suyo, *Letters from Barbary, France, Spain, Portugal, etc.*, en dos volúmenes, publicado en Londres en 1788. Desde entonces, Jardine proporcionó a Jovellanos, regaladas o prestadas, muchas obras extranjeras, entre ellas las *Confesiones* de Rousseau, que el inglés podía introducir en España mediante un permiso especial que había conseguido para recibir cajas de libros sin intervención de las autoridades del puerto. Las discrepancias ideológicas entre Jardine y Jovellanos eran muy profundas, y su correspondencia y amistad corrió diversa suerte que la de Holland; Jardine era un radical y un ideólogo utópico, y Jovellanos no podía suscribir las opiniones del inglés. A él le dirigió, aunque es casi seguro que

---

[114] Se conservan las cartas de ambos corresponsales. Fueron publicadas por Julio Somoza, *Cartas de Jovellanos y Lord Vassall Holland sobre la Guerra de la Independencia (1808-1811)*, 2 vols., Madrid, 1911; reproducidas en la edición de Artola, cit., B. A. E., LXXXVI, págs. 345-479. Sobre Lord Holland, su personalidad, y sus ideas políticas y literarias, cfr.: José Alberich, «Un hispanista temprano: Lord Holland», en *Revista de Literatura*, VIII, núm. 16, 1955, págs. 295-308. Véase además, Bruce W. Wardropper, «An Early English Hispanist», en *Bulletin of Spanish Studies*, XXIV, 1947, páginas 259-268.

no la envió luego, la famosa carta[115], arriba citada, en que expone con toda contundencia y precisión su programa de reformas evolutivas. A Jovellanos le alarmaba además el atrevimiento con que se expresaba Jardine; la correspondencia se fue espaciando y, consecuentemente, las alusiones en el *Diario* al cónsul y a sus cartas. La última referencia data del 21 de abril de 1797, en carta dirigida al cónsul inglés en Gijón. Jardine murió, en circunstancias dramáticas, cuando las autoridades españolas le obligaron a salir de España, estando muy enfermo, al cambiar la situación política con Inglaterra. Sugiere Polt, apoyándose en una nota del *Diario* del 20 de enero de 1797, que Jovellanos —y esto explica su desaparición— destruyó la peligrosa correspondencia de Jardine y sus propios borradores, en tiempos en que la Inquisición vigilaba estrechamente al Instituto y a su fundador. Sólo se salvó la carta mencionada, quizá porque se trataba de un borrador no utilizado, que luego fue archivado con los demás papeles.

Bellas Artes. Lugar capital ocupan entre los trabajos de Jovellanos las abundantes páginas dedicadas a las Bellas Artes, de las cuales, aparte los estudios más específicos y concretos, se ocupó incesantemente en muchas de sus monografías, en sus cartas y en su *Diario*, a lo largo del cual dejó constancia de su apasionado interés por todo género de creación artística y de manera particular por la pintura y la arquitectura[116].

Entre sus estudios monográficos merecen destacarse el *Elogio de las Bellas Artes*, leído en la Academia de San Fernando en 1781, «elocuente galopada a través de la historia del arte español, llena de juicios sugestivos, de agudos atisbos y de algunas fobias»[117], y el *Elogio de Ventura Rodríguez, arquitecto mayor de la Corte*, que leyó en 1790 ante la Sociedad Económica de Madrid. Caso González no duda en colocar a Jovellanos a la altura de los mejores especialistas de su tiempo, y recuerda que su afición a las Bellas Artes le llevó a coleccionar gran cantidad de cuadros y dibujos, «en tal abundancia —dice— que la colección de bocetos y dibu-

---

115 Esta carta figura en la edición de Nocedal, B. A. E., L, págs. 366-367, sin fecha, firma ni destinatario, como dirigida «A desconocida persona». Julio Somoza, en su *Inventario de un jovellanista*, cit., pág. 44, identificó a Jardine como seguro destinatario, y desde entonces la atribución no ha sido puesta en duda. Sobre la fecha y circunstancias de esta carta, cfr. J. H. R. Polt, «Una nota jovellanista: carta *A desconocida persona*», en *Homenaje a Rodríguez-Moñino*, II, Madrid, 1966, págs. 81-86; véase también Edith F. Helman, «Jovellanos y el pensamiento inglés», en *Jovellanos y Goya*, cit., págs. 91-109. Para la ideología de Jovellanos contenida en la referida carta, cfr. J. H. R. Polt, *Jovellanos and his English Sources: Economic, Philosophical and Political Writings*, Transactions of the American Philosophical Society, New Series, vol. 54, Part. 7, Filadelfia, 1964.

116 Cfr.: Ricardo del Arco, «Jovellanos y las Bellas Artes», en *Revista de Ideas Estéticas*, IV, 1946, págs. 31-64.

117 Claudio Sánchez-Albornoz, «Jovellanos y la Historia», cit., pág. 181.

jos donada a su muerte al Real Instituto de Náutica y Mineralogía ha sido una de las mejores de Europa»[118]. Caso González incorpora a su *Antología* un breve trabajo, pero del mayor interés, titulado *Reflexiones y conjeturas sobre el boceto original del cuadro llamado «La familia»*, es decir, *Las Meninas*. Jovellanos difícilmente podía sustraerse a los conceptos academicistas de su época, y así no deja de emitir juicios —sobre el Greco, por ejemplo— que es imposible aceptar hoy. Sin embargo, sorprende la aguda comprensión que muestra del arte medieval, particularmente del gótico[119]. Respecto de Velázquez, sobre todo en las *Reflexiones* mencionadas, son exactísimos los juicios que emite sobre el carácter de su pintura, cuyo realismo naturalista examina y estudia con un criterio muy moderno.

Pero su nombre en este campo está especialmente vinculado a la *Descripción del Castillo de Bellver*, que forma parte de unas *Memorias histórico-artísticas de arquitectura*, compuestas durante su encierro en la fortaleza. Estas *Memorias*, además de las dos partes de la *Descripción*, constan de cuatro *Apéndices*, uno sobre el mismo castillo y tres sobre diversos edificios de Mallorca[120].

Afirma Caso González que la *Descripción del Castillo de Bellver* constituye «quizás la obra más representativa de Jovellanos»[121], y lo es sin duda en muchos aspectos, aunque claro está que no es aquí donde hemos de buscar al ideólogo ni al reformista. La obra comienza con una minuciosa descripción, de exactitud técnica, del castillo y de sus alrededores, extendiéndose en éstos a la fauna, flora y geología. Pero el preciso inventario se anima enseguida con las reflexiones del autor y los complejos sentimientos que le produce el imaginar la vida que, en los pasados siglos, pobló aquellos salones. Jovellanos tuvo tiempo de examinarlos bien, y debió de acabar por sentirse inmerso, como en una realidad, en aquel mundo pretérito que su imaginación reconstruía: «De mí sé decir —escribe— que a veces [se] me representan tan al vivo aquellas fiestas, que creo hallarme en ellas; y siguiendo la voz y los pasos de sus concurrentes, admiro la enorme diferencia que el curso de pocos siglos puso entre las ideas

---

[118] *Obras en prosa*, cit., pág. 38.

[119] Cfr.: José María de Azcárate, «La valoración del gótico en la estética del siglo XVIII», en *El Padre Feijoo y su siglo*, «Cuadernos de la Cátedra Feijoo», núm. 18, vol. III, págs. 525-549. Además de ocuparse del gótico en los dos *Elogios* mencionados, Jovellanos trata de él en un estudio, en forma de carta, firmado en Bellver en mayo de 1805, titulado *Sobre la arquitectura inglesa y la llamada gótica*, ed. Artola, cit., B. A. E., LXXXVII, págs. 365-382.

[120] Estos escritos no han sido publicados conjuntamente, pero figuran todos ellos en la edición de la B. A. E.: la parte primera de la *Descripción* y los Apéndices 1.°, 3.° y 4.° en el vol. XLVI; la parte segunda y el Apéndice 2.° en el LXXXVII. Para la historia bibliográfica de cada uno de ellos, cfr. Caso González, *Obras en prosa*, cit., páginas 51-55.

[121] Idem, íd., pág. 55.

y costumbres de aquel tiempo y del nuestro» [122]. La estancia en Bellver avivó en Jovellanos su devoción por la Edad Media; «avivó», puntualiza Caso González, porque era en él muy anterior a su destierro en Mallorca, si bien su intensa capacidad emotiva halló el mejor estímulo en aquel prolongado contacto con tan puro escenario medieval. Caso González que subraya el carácter prerromántico de este entusiasmo del gran asturiano, escribe que, si Jovellanos lo era ya mucho antes de 1806, «en estas páginas se expresa el sentimiento de lo medieval de tal forma que sólo cabe compararle con Chateaubriand, cuyo *Génie du Christianisme* (1802) no parece que él hubiera leído hasta entonces» [123].

Más fundamentalmente prerromántico —añade el mencionado comentarista— es aún el sentimiento de la naturaleza, siempre vivo, como diremos, en todos los escritos de Jovellanos, pero que también en esta ocasión, con mayor reposo y atención sin duda, tuvo más oportunidad de expansionarse. Su emoción del paisaje es tal que hasta la puntual enumeración y descripción de plantas o rocas tiene acentos de entusiasmo lírico y aciertos expresivos propios de un espíritu sensibilísimo y de un gran escritor. Páginas, en suma, de gran belleza y prosa digna de ser equiparada a la de cualquier clásico.

El ilustrado asoma también a cada instante, aunque sin mengua de su temperatura literaria. Con el dolor de quien avizora la fatal ruina de un ser amado, examina las causas que van debilitando la aparente dureza del castillo; comprueba los defectos de su estructura que desgarran la resistencia de sus muros, las filtraciones que los desmoronan, los pájaros innumerables que anidan en sus grietas y las socavan, las ratas y alimañas que minan sus cimientos, los insectos que ensucian sus paredes; y si son tan graves las injurias producidas por los animales, no son menores las que ocasiona el reino vegetal, los musgos, hierbas y plantas que roen sus muros y hasta las mismas bóvedas del interior. Observa, a su vez, que los vientos, secos de una parte, húmedos de la otra, atacan el gluten y desunen los granos de la piedra abriendo paso a los rayos del sol que penetran hasta la entraña de los sillares corroyéndolos y deshaciéndolos; y se pregunta si, con ayuda de la mineralogía, no se podría encontrar alguna materia o preparación que resistiera el influjo de aquella plaga.

Al recorrer los alrededores de Bellver, advierte los despojos causados en el bosque circundante por una desaforada poda, aparentemente cohonestada por exigencias militares, pero empujada en realidad por particulares codicias. Las mutilaciones del bosque ocasionan a su vez la huida de los pájaros y de la caza menor, antes tan fecunda.

---

[122] Ed. Nocedal, cit., B. A. E., XLVI, pág. 395.
[123] *Obras en prosa*, cit., pág. 57.

En la segunda parte de la *Descripción*, Jovellanos dibuja el ancho panorama que se divisa desde el castillo: la ciudad con sus monumentos, sus campos y su puerto, los montes lejanos que limitan su vista, el mar cercano. Abunda esta parte en las mismas bellezas que hemos señalado en la primera, y en igual proporción se combina la visión lírica del paisaje con las observaciones del economista y el político, que calcula los cultivos, valora su riqueza, juzga calidades, examina las obras de los hombres y sugiere reformas para mejorarlas o ampliarlas. Particularmente bellas son las páginas que le inspira la contemplación del mar, y la visión, en cuatro tiempos, de la campiña mallorquina, durante las cuatro estaciones, con su diversidad de cultivos, colores y agitación humana.

Las «Cartas». Uno de los géneros que más cultivó Jovellanos fue el epistolar. Nocedal publicó muchas de las cartas de don Gaspar, que representan la tercera parte de uno de los dos volúmenes de su edición. Artola ha dado a la imprenta otras muchas que componen las dos terceras partes de uno de la suya; en conjunto, pues, puede decirse que de los cinco volúmenes de *Obras* publicados por la B. A. E., uno entero está dedicado a la correspondencia. Jovellanos escribió cartas, con diferente motivo y ocasión, a innumerables personas, por lo que su *Epistolario*, aparte el gran interés que encierra para el conocimiento íntimo de su persona, contiene un acervo extensísimo de su ideología y de los problemas que le preocuparon, desde la economía a las Bellas Artes. Nos hemos ya referido a las cartas dirigidas a Lord Holland y al cónsul Jardine, así como a unas pocas de especial interés como las enviadas a Sebastiani y a Cabarrús; también hemos aludido a la correspondencia con Godoy. Algunas cartas de Jovellanos son verdaderos *informes*, como las destinadas a Campomanes remitiéndole el proyecto de erarios públicos, al conde de Floridablanca sobre los «prados secretos», o al doctor Prado sobre el método de estudiar el Derecho; con Rafael Floranes se cruzó una correspondencia de tono polémico a propósito del *Informe sobre la Ley Agraria;* al padre Masdeu le envió cartas sobre temas de erudición histórica y trabajos de archivos. Sin embargo, quizá las cartas más espontáneas y personales sean las dirigidas a su hermano Francisco y a su íntimo amigo Carlos González de Posada, con quien mantuvo larga correspondencia. En muchas de las cartas dirigidas a este último se ocupa largamente del dialecto asturiano, de acuerdo con su aludida afición a la lingüística, que se aumentaba al referirse a la lengua de su región.

De especie algo distinta, en realidad, a pesar de su título, son las diez *Cartas a don Antonio Ponz*, que cuentan entre lo más valioso de la obra de Jovellanos. Cuando éste visitó León para asistir a la elección de prior en el convento de San Marcos, comisionado por el Consejo de las Órdenes, escribió dos cartas a Ponz, que estaba publicando entonces su *Viaje de*

España; la primera describe el viaje desde Madrid a León, y la segunda
el convento de San Marcos. Responde este tipo de escritos —según subraya Caso González [124]— a un género literario muy propio de la Ilustración,
del que es ejemplo primordial el mismo *Viaje de España* del propio Ponz.
Los ilustrados sentían el afán de conocer, por observación directa, las
gentes y sus medios de vida con todas las circunstancias posibles, y describir después lo observado con el correspondiente comentario crítico
orientado hacia la reforma social, política y económica. Ponz había emprendido su obra para estudiar concretamente los monumentos artísticos,
aunque bien pronto le fueron atrayendo otros muchos aspectos, que fue
comentando en su *Viaje.* Jovellanos deseaba que Ponz dedicara a Asturias
alguna parte de sus futuros volúmenes, y Ponz le pidió información sobre
los monumentos artísticos del Principado; esto movió al reformador a
redactar las ocho cartas restantes. Jovellanos regresó a Madrid sin haber-
las concluido y Ponz murió en 1792 sin haber tratado de Asturias y de otras
varias regiones. Jovellanos pensó entonces en publicar las *Cartas* como
una obra independiente y volvió sobre ellas en 1794 durante su destierro
en Gijón.

La segunda carta de la serie «es un modelo de cómo se hace el análisis
de un monumento artístico» [125], descripción que el propio Jovellanos tenía
que superar con la del castillo de Bellver. Como en esta ocasión, Jovellanos combina la descripción con la historia del convento de San Marcos,
para lo cual estudia los documentos del archivo con un rigor crítico «que
tiene poco que envidiar a los métodos modernos». De acuerdo con su
peculiar afición, Jovellanos va trenzando con los datos objetivos sus propios comentarios y hasta sus desahogos líricos; en este caso, llega incluso
a interrumpir su exposición —suponiendo cansado al destinatario de la
carta— para incluir su famosa *Epístola a Batilo,* que, no sin cierto dejo
de coquetería, finge atribuir a un miembro de la comitiva «un si es no es
tentadillo de la manía poética».

La carta primera, según dijimos, refiere el viaje desde Madrid a León.
Al comienzo de ella refiere cómo Meléndez Valdés se incorporó en Salamanca a los viajeros para acompañarlos durante dos jornadas, y los
entretuvo leyendo sus poemas. A este propósito hace Jovellanos unos comentarios del mayor interés. Ya conocemos la afición del asturiano a la
poesía moral y filosófica, hacia la cual pretendió encauzar a sus amigos
de Salamanca. En esta carta muestra, en cambio, su aprecio por la poesía erótica; y no sin cierta contradicción en la que parece aludirse, quizá
irónicamente, a sí mismo, dice «cuánto era reprehensible el ceño de aquellos ceñudos literatos, que deseosos de ennoblecer la poesía, reprehenden

---

[124] Idem, íd., pág. 31.
[125] Idem, íd., pág. 32.

como indigna de ella toda composición en que tenga alguna parte el amor». Y añade: «Yo, sin aprobar los abusos a que conduce este género, que así como los demás tiene sus extravíos, creo que una nación no tendrá jamás poetas épicos ni didascálicos, si antes no los tuviese eróticos y líricos». Explica luego que este género tiene su puesto en la primera juventud como actividad natural de ella, pero, además, como ejercicio indispensable para alzarse después a temas más serios y profundos de la metafísica y la moral, «cuando sosegado el tumulto de las pasiones, sólo habla en su interior el conato de su existencia, sustituyendo al gusto de sentir y gozar los placeres, el de conocerlos y juzgarlos» [126].

El resto del viaje revela la sagacidad de Jovellanos para captar detalles —plástica y certeramente descritos, con precisión de técnico y bellezas de poeta— y su insaciable curiosidad por todos los aspectos de las cosas. Merece destacarse la descripción de los silos y las cuevas o bodegas de Castilla, y la de las cocinas de la Tierra de Campos, insuperables «cuadros de costumbres», enriquecidos, por añadidura, con el comentario crítico del ilustrado.

Las siete cartas restantes —siete, adviértase bien, porque la quinta puede tenerse por perdida— se refieren todas a Asturias, aunque centrada cada una en temas diferentes. Movido por su múltiple curiosidad y el gran amor a su país, Jovellanos se derrama en aspectos, que no interesaban directamente a Ponz. La tercera carta describe el viaje de León a Oviedo. Una vez más, Jovellanos da rienda suelta a la emoción del paisaje, que siente como muy pocos hombres de su tiempo, y al comentario crítico que le inspira su atención a cada detalle. Después de cruzar el paso de Puente Tuero, y tras anotar la sublimidad de aquel paisaje, escribe: «Sin este antemural, decía yo alguna vez dentro de mí mismo, ¿qué habría sido de la libertad de España?» [127]. Al llegar a la antiquísima Colegiata de Santa María de Arbas del Puerto, consigna los datos históricos pertinentes, y después de referirse al abad y a los canónigos, únicos moradores de aquel yermo, que viven solos sin más trato que el de sus amas y sepultados por ocho o nueve meses del año en montañas de nieve, comenta: «No me toca a mí realzar los inconvenientes que semejante situación puede inducir; pero jamás dejaré de admirar el extravagante celo de quien quiso poner en la cima de un puerto asperísimo, lejos del camino y de toda humana correspondencia, no sólo un monasterio, sino también una especie de hospital o alberguería de peregrinos. Las demás fundaciones de esta clase, tan frecuentes en el tiempo de las peregrinaciones, estaban a lo menos colocadas sobre los caminos públicos; pero fuera de ellos y donde es preciso hacer viaje de propósito, huyendo del rumbo y embos-

---

[126] Ed. Nocedal, cit., B. A. E., L, pág. 273.
[127] Idem. íd., pág. 282.

cándose en aquel hórrido desierto, ¿cuál pudo ser el fin de semejante establecimiento? Me dirá usted que socorrer a los que peregrinaban a San Salvador de Oviedo, e iban a visitar sus reliquias; que de esta devoción hay memorias bien antiguas; pero note usted el discreto modo de ejercitar la caridad con estos romeros, que prescribe el privilegio de que voy hablando, y dígame si conoce una especie de superstición más favorable a la holgazanería». Y añade luego: «En el día se compone esta colegiata de un abad y doce canónigos, aquélla rica y éstos infelizmente dotados. La abadía y algunas canonjías se hallan actualmente vacantes, y parece que el Gobierno, dirigido por principios más ilustrados y benéficos, piensa destinar estas prebendas rurales sin perjuicio de sus cargas piadosas, a un objeto de más general y conocida utilidad» [128]. Atrae luego su atención el estado de las calzadas, la nueva carretera de Oviedo, la necesidad de comunicar mejor el interior con el puerto de Gijón para facilitar el comercio de Castilla y el paso y aprovechamiento de ovejas merinas.

La carta cuarta es una minuciosa descripción, histórica y arquitectónica, de la catedral de Oviedo; la sexta y séptima son, respectivamente, estudios de la agricultura e industria del Principado, hechos con el rigor del político y el economista. En ellas expone Jovellanos sus ideas y proyectos de reforma de la propiedad y sus planes para el desarrollo industrial, sin que falten bellos fragmentos literarios.

La carta octava trata de las romerías de Asturias, tema predilecto de Jovellanos, tan amante de las diversiones tradicionales del pueblo campesino. La carta es un primoroso cuadro de costumbres, que el escritor dibuja con poética delectación de égloga, demorándose en la descripción de muchos elementos folklóricos. Caso González considera esta carta inapreciable como antecedente de los estudios etnográficos, que tanto habían de desarrollarse durante el siglo XIX; en ella, recuerda el comentarista, se encuentran las primeras noticias que se conocen sobre la *danza prima*. Jovellanos se extiende también en consideraciones sobre el derecho del pueblo a gozar libremente de sus fiestas y diversiones; censura por ello a quienes, como el padre Feijoo, las habían criticado, y rechaza las disposiciones oficiales que pretendían prohibirlas o reglamentarlas [129].

La carta novena, muy famosa y citada, trata de los vaqueros de alzada en Asturias. Con su habitual rigor, animado por la vivacidad de la pintura, Jovellanos describe su género de vida y costumbres, y traza su historia comentando las tradiciones y noticias que existen sobre ellos. A Jovellanos le preocupa especialmente la desestimación en que los tienen los restantes

---

[128] Idem, íd.

[129] Recuerda Caso González (*Obras en prosa*, cit., pág. 34) que estas mismas ideas tenía que exponerlas más tarde en su *Memoria sobre los espectáculos y diversiones públicas*, según dejamos ya dicho arriba; y sugiere la posibilidad de que estos párrafos fueran incluidos más tarde, al corregir la carta en 1794.

pueblos de Asturias, hasta el punto de señalarles lugar aparte en las iglesias y en los cementerios. El reformador alza su voz de ilustrado para condenar «tan bárbara costumbre», indigna de un país culto, «a quien infama harto más que a las familias que la sufren»; costumbre —dice— «que será eterna mientras la religión y la filosofía no venzan el desprecio de los que ofenden y el desvío de los ofendidos» [130].

La carta décima trata de don Luis Fernández de la Vega, escultor asturiano del siglo XVII, prácticamente ignorado, y que Jovellanos se propone sacar del olvido, pues lo tiene por «uno de los mejores escultores españoles». El escritor hace valiosas observaciones sobre la escultura de su tiempo, que cubre enteramente con ropa las figuras sin dejar aparecer más que las manos y la cabeza, de donde aquéllas vienen a resultar macizas y pesadas; y censura el abuso «de contrahacer estofas y brocados tan del gusto de nuestros modernos doradores o estofadores», que rellenan hasta los pequeños vacíos de los pliegues haciendo desaparecer aquella suavidad y ligereza «en que consiste principalmente su flexibilidad y su gracia». Y comenta el ilustrado: «Semejantes abusos me parecen a mí, no sólo extravagantes, sino también muy dignos de la censura de los señores prelados y visitadores eclesiásticos, porque ningún cuidado, ningún celo parecerá excesivo cuando se trate de restituir a los templos la seriedad y el decoro que la superstición y el mal gusto han casi desterrado de ellos» [131]. ¿No son modernos, absolutamente modernos, la sobriedad, elegancia y buen gusto de este ilustrado que aborrecía en las Artes todos los floripondios estimados como populares y tradicionales?

El «Diario». Cada vez parece más claro —dice Julián Marías [132]— que la obra capital de Jovellanos, desde nuestra perspectiva actual, son los *Diarios* [133]. La historia de estas páginas, que parece simbolizar el extraño sino que persigue a la persona y la obra del gran reformador, merece ser narrada. Cuando Jovellanos fue preso en Gijón en 1801 para ser desterrado a Mallorca, todos sus papeles fueron confiscados y llevados a Madrid,

---

[130] Ed. Nocedal, cit., B. A. E., L, pág. 305.

[131] Idem, íd., pág. 310.

[132] Prólogo a su selección de los *Diarios*, Madrid, 1967, pág. 9. Este prólogo resume magistralmente, dentro de su brevedad, la personalidad de Jovellanos y la obra que nos ocupa. Es de advertir, sin embargo, que Marías compone su Antología a base tan sólo de los nueve *Diarios* publicados en la edición, luego citada, de la Diputación de Asturias (1953-1954), sin tener en cuenta, al parecer, la edición de Artola, que incluye fragmentos de cinco *Diarios*, que llegan hasta el mismo año de la muerte de Jovellanos.

[133] Así, en plural, se denominan en las ediciones que existen de esta obra. Edith F. Helman propone, sin embargo («Algunos antecedentes de la persecución de Jovellanos», cit., págs. 66-67, nota 3), emplear el título en singular, ya que, de hecho, se trata de un solo *Diario*, aunque interrumpido en ocasiones por diversas circunstancias. Debido, no obstante, a la común utilización del título en plural, usamos indistintamente de una u otra forma.

y con ellos los manuscritos del *Diario*. Al recobrar su libertad, Jovellanos reclamó la devolución de sus papeles y pidió que se entregaran a su gran amigo y biógrafo Ceán Bermúdez. Trató éste de publicar el *Diario* poco después de la muerte del escritor, pero lo impidió mediante litigio un pariente de Jovellanos, Baltasar González de Cienfuegos. En 1814 Ceán imprimió su *Memorias para la vida del Exmo. Sr. D. Gaspar Melchor de Jovellanos y noticias analíticas de sus obras*, aunque este libro no pudo aparecer hasta 1820 durante la época constitucional; en las *Memorias*, Ceán incluyó un breve extracto del *Diario*, con lo cual se tuvo noticia de su existencia. Todavía preparó Ceán un segundo extracto, que no vio, sin embargo, la luz hasta que en 1885 lo editó Somoza en su obra *Jovellanos. Nuevos datos para su biografía*. Entretanto, muerto Ceán, se vendieron sus libros y papeles, y don Vicente Abello adquirió en 1840, en una librería de lance de Madrid, el manuscrito del *Diario*. Cuando Nocedal prepara la edición de las obras de Jovellanos para la B. A. E., Abello, amigo de aquél, le facilitó los manuscritos con los que habría de formarse un tercer volumen; se compusieron las galeradas, pero el volumen no tuvo tiempo de aparecer porque en 1861 se interrumpió la publicación de la B. A. E. El manuscrito fue luego a poder de un sobrino de Abello, don Alejandrino Menéndez de Luarca, tradicionalista como su tío y como Nocedal. Las galeradas de la frustrada edición pasaron de manos de Nocedal a las de don Agustín González de Amezúa, y de éste a la biblioteca de Menéndez y Pelayo, quien al escribir sus páginas sobre Jovellanos en los *Heterodoxos* utilizó algunos fragmentos del *Diario*, si bien, como indica Julián Marías [134], no siempre refleja con exactitud su contenido. Cuando Somoza leyó el segundo extracto de Ceán, hizo pública la existencia de diferencias importantes entre dicho texto y el impreso en las galeradas, de lo cual acusó a Nocedal y a Abello. Nocedal, en efecto, había suprimido los pasajes que no se avenían con su concepto «conservador» de Jovellanos, o con el que él deseaba imponer a los lectores; así, por ejemplo, el que refiere la oposición del cardenal Lorenzana a que se adquieran libros prohibidos para la biblioteca del Instituto Asturiano, con la dura apostilla de Jovellanos; o el fragmento en que comenta la actitud jansenista de la juventud de Salamanca y sus esperanzas de mejora a causa de aquélla; o las palabras sobre el palacio de la Inquisición de Logroño: «Palacio magnífico para alojar tres clérigos y oprimir a algunos infelices».

El «descubrimiento» de Somoza desató una viva polémica; se trató de convencer a Menéndez de Luarca para que autorizara la impresión de los *Diarios*, pero éste respondió publicando en el periódico de Oviedo, *La Victoria de la Cruz*, un artículo bajo el título de *Los Diarios de Jovellanos: Apuntes para el prólogo*, en que explicaba sus escrúpulos y decía

---

[134] *Prólogo cit.*, pág. 11.

que los *Diarios*, caso de publicarse, debían serlo en su integridad, sin correcciones, para que fuesen «si no el contraveneno de sus Obras, el segurísimo medio de arrancarle al autor la máscara». «Para don Alejandrino —comenta Marías— Jovellanos era un *espíritu fuerte*, un descreído, hereje y revolucionario. Sus invectivas son violentísimas. Es inútil intentar apropiarse a Jovellanos, dice el tradicionalista don Alejandrino; hay que renunciar a él y mostrar claramente quién fue y qué pensaba. Para eso se deben publicar sus *Diarios* sin atenuaciones ni modificaciones»[135].

Al cumplirse en 1911 el centenario de la muerte de Jovellanos, se intentó de nuevo publicar los *Diarios*, y al cabo se logró que la viuda de don Alejandrino cediera el original, mas con la condición de incluir como prólogo el artículo de su marido: «Uno de los más violentos ataques contra la personalidad de Jovellanos», según dice Artola[136]. La edición apareció por fin en 1915: *Obras de D. Gaspar Melchor de Jovellanos —Diarios (Memorias íntimas)— 1790-1801. Publícalos el Instituto de Jovellanos, de Gijón* (Madrid, Sucesores de Hernando); pero no podía ser peor: Somoza publicó en el *Boletín de la Biblioteca de Menéndez y Pelayo* una *Fe de erratas cometidas en la transcripción e impresión del «Diario» de Jovellanos*, en la que anotaba más de 3.000. Preparó entonces una nueva edición de los *Diarios*, que legó a su muerte al Principado, y que al fin vio la luz, costeada por la Diputación de Asturias, a través del Instituto de Estudios Asturianos, con un prólogo de Ángel del Río. Consta de dos volúmenes (1953-1954) más un tercero de Índices (1956) preparados por José María Martínez Cachero.

Esta edición no recoge, sin embargo, más que los *nueve diarios* conocidos por Ceán. Somoza había dado a conocer otros cinco *Diarios* más, que enlazan con los concluidos en 1801 y que siguen, aunque con grandes interrupciones, hasta la muerte del autor. Estos cinco *Diarios* han sido recogidos en la edición de Artola, que es, por ahora, la más completa[137].

Una gran parte del *Diario* son relatos de los viajes que hizo Jovellanos por distintas regiones españolas; son, pues, dice Marías, *itinerarios*, como se llaman en el mismo *Diario*, durante los cuales anota día a día las incidencias del camino, los lugares visitados, y el estado de innumerables cosas y circunstancias de la vida nacional, las más diversas, sean de índole económica, política, costumbres, etc.; los objetos de arte atraen su atención de modo particular, y los describe con su habitual exactitud, copiando a veces inscripciones. Aunque limitado a las regiones que visitó, «los *Diarios* son un formidable repertorio de noticias artísticas»[138]. Otras

---

[135] Idem, íd.
[136] «Vida y pensamiento...», cit., pág. LXXXV.
[137] Vol. LXXXVI de la B. A. E., IV de las *Obras de Jovellanos*, Madrid, 1956.
[138] Marías, Prólogo, cit., pág. 10.

partes del *Diario* corresponden a épocas de vida estable, y entonces los comentarios son de distinta índole: noticias políticas, referencias a las cartas enviadas o recibidas, a las lecturas de prensa o de libros [139]. En ambos casos, Jovellanos habla de personas presentes o ausentes, a propósito de cualquier relación con ellas, y les dedica un comentario. De vez en cuando —dice Marías— deja que se trasluzca algo de su intimidad, aunque sólo de tarde en tarde; «pero los *Diarios* están muy lejos de ser una deliberada confidencia, y el subtítulo *Memorias íntimas* con que originariamente se publicaron es desorientador» [140].

En realidad —pensamos— los *Diarios* no fueron escritos, efectivamente, con propósito de confidencia, pero sí de *memorias* para uso particular, o de *memorandum*, pues la minuciosidad, casi obsesiva, de Jovellanos precisaba de este estado de cuentas al detalle, para conservar recuerdo de los hechos y situarlos en su momento, si era necesario, con todo rigor. En su conjunto, sin embargo —precisa Marías—, los *Diarios* «sí que significan una gran confidencia de Jovellanos, precisamente porque no se propuso hacerla, sino más bien dejar constancia de su mundo y de los temas con que se debatía. Casi siempre veló pudorosamente su yo; pero lo vemos actuando, luchando con las cosas, enfrentándose con ellas, recibiendo su impacto, y al final se va dibujando ante nosotros» [141].

Al justificar la edición de su Antología explica Marías que Jovellanos tiene hoy *estudiosos*, pero no tiene *lectores*, y ello se debe, en el caso concreto de los *Diarios*, aparte su considerable extensión, al hecho de que «no son íntimos, ni dramáticos, ni apasionantes» [142]; en su mayor parte están ocupados por *noticias*, del mayor interés para quien las busca, pero

---

[139] Los cinco últimos *Diarios* podrían tener quizás algunos rasgos distintos, dadas sus circunstancias; pero, por su carácter fragmentario, no permiten tampoco modificar sustancialmente el esquema trazado por Marías. El primero de ellos —décimo de la serie— y único completo del grupo, es el *Itinerario del destierro;* asombra la serenidad de Jovellanos, en tan difíciles jornadas, al consignar detalles mínimos y dar cabida a pinceladas de humor, quizá de las pocas que pueden hallarse en sus escritos. El undécimo es tan sólo un fragmento de menos de dos páginas del *Diario de Valldemosa.* El duodécimo es un fragmento del *Diario de Bellver,* bastante largo, que corresponde al último período de su destierro, desde febrero de 1806; muy minucioso, atiende preferentemente a consignar las lecturas y trabajos literarios a que entonces se dedicaba; también, muy de tarde en tarde, asoma una nota de humor: «El gobernador bajó a la ciudad temprano y desde anteayer noche apenas nos hemos visto. ¿Si estará de cuerno? *To provechu,* como decía Bastiana» (ed. Artola, cit., pág. 73). Y al día siguiente: «El gobernador, aún de *cuerno.* Anoche, con segundo recado, vino, estuvo serio y se marchó sin jugar ni cenar» (ídem, íd.). El decimotercero, *De vuelta del destierro,* que podría ser tan interesante, se extiende sólo del 5 de abril al 23 de junio de 1808. Y el decimocuarto es un fragmento brevísimo, de sólo un par de páginas, sobre el viaje desde Cádiz a Muros de Noya en febrero-marzo de 1810.

[140] Prólogo, cit., pág. 10.

[141] Idem, íd.

[142] Idem, íd., pág. 12.

fastidiosas para quien se encuentra con ellas. Los detalles sobre la agricultura, las minas, el comercio, la industria, los salarios, son inapreciables para reconstruir la historia económica de su tiempo; y nada digamos de la historia política, que tiene en el *Diario* datos, alusiones, juicios emitidos en la mayor intimidad, que son reveladores para la comprensión de personas y circunstancias de toda una época fundamental para nuestra historia.

Nada de esto, sin embargo, y mucho menos en la forma en que está expuesto, puede atraer al lector no especializado en la materia. Pero quedan otros aspectos de primordial valor para todo género de lectores: «En estas anotaciones personales —dice Marías—, Jovellanos filtra una época entera, va registrando con serenidad, con veracidad, una imagen de España —y de la Europa a que siempre estuvo atento— en años decisivos» [143]. A través del punto de vista personal «se vivifica la historia», y sobre todo se nos revela la vida cotidiana de entonces en toda su inmediatez, «el sabor de la vida», que queda apresado en ese conjunto de «anotaciones mínimas referentes al tiempo, la comida, el estado de salud, el aseo, la manera de sentirse al despertar por la mañana, una conversación trivial» [144]; sabemos, en suma, lo que era en toda su integridad una vida en el siglo XVIII. Mucho menos favorecida por la novela, la realidad cotidiana del siglo de la Ilustración hay que buscarla, según recuerda Marías [145], en las estampas de Goya, en los sainetes de Ramón de la Cruz, en las cartas de Moratín, en los libros, tan personales, de Cadalso. Pero a todos ellos excede, por su versión múltiple, directa y natural, este *Diario* del gran reformador, que, siendo tan celoso de su intimidad, nos la ofreció toda entera, y, a través de la propia, nos descubrió la compleja trama del mundo de su tiempo.

Repetidas veces hemos hablado de la especial aptitud de Jovellanos para sentir la emoción del mundo natural, pero es preciso repetir que es el *Diario* donde pueden hallarse los mejores y más abundantes pasajes de esta faceta del reformador. A veces no son, sin embargo, más que unas líneas o quizá una sola pincelada, como al pasar; pero a causa, precisamente, de esta sobriedad impuesta por el género —dice Del Río [146]—, las palabras de Jovellanos adquieren una enorme eficacia expresiva y se concentra en un solo matiz toda una visión del paisaje, que en otra pluma hubiera ocupado largos párrafos. La agudeza del observador le permite captar detalles muy delicados y menudos, con un primor que le aproxima a la sensibilidad de fray Luis de Granada o de Azorín, según ya señaló Gerardo Diego

---

[143] Idem, íd., pág. 13.
[144] Idem, íd., pág. 14.
[145] Idem, íd., pág. 15.
[146] Ángel del Río, «El sentimiento de la naturaleza en los *Diarios* de Jovellanos», en *Nueva Revista de Filología Hispánica*, VII, 1953, págs. 630-637.

y recuerda Del Río. El amor a la naturaleza no es sólo el del contemplador atento pero pasivo, sino que está presente en él de formas muy diversas: una, por ejemplo, muy característica, en la diaria anotación de las variaciones del tiempo: temperatura, viento, lluvia o nieve; otra, en el amor con que atiende por sí mismo a las plantas y árboles de su propiedad o vigila y recomienda el cuidado de los públicos, pensando tanto en su hermosura como en su utilidad: «Belleza natural y riqueza; estética y economía —resume Del Río—, maridaje típico de una época cuya preocupación fundamental era la de conseguir la felicidad del hombre en este mundo» [147].

JOVELLANOS, POETA

Está fuera de duda que si de la obra de Jovellanos conociéramos sólo sus versos, ocuparía muy distinto lugar en la historia literaria de su siglo. Pero no es menos cierto que sólo el parangón con sus tareas de reformador y de escritor didáctico relega a un plano secundario su producción poética. Como sucede con tantos otros hombres de parecidas condiciones, su capacidad lírica hay que buscarla más en su prosa que en sus versos; acabamos de hablar de la emoción que ilumina constantemente las páginas de su *Diario* y de tantos otros escritos doctrinales cada vez que se enfrenta con el paisaje o con otras bellezas del mundo natural. Y, sin embargo, la obra en verso de Jovellanos merece por sí misma un puesto destacado entre los poetas de su tiempo, aun entre los mejores, a los que excede en sus momentos más felices [148].

Cualesquiera que fuesen las dotes poéticas de Jovellanos, es innegable que sus ideas sobre la poesía, muy de su siglo, condicionaron y cohibieron en buena parte su obra lírica. A este respecto es inapreciable la carta que dirigió a su hermano Francisco de Paula al enviarle el manuscrito de sus versos. Explica en ella que sólo a sus más íntimos los había dado a conocer: de un lado, por su escaso valor y haber sido compuestos en escasos ratos de ocio y sin haber logrado la corrección y pulimento necesarios: «Pero sobre todo —añade inmediatamente—, nada debió obligarme tanto a reservarlos y esconderlos, como la materia sobre que generalmente recaen. En medio de la inclinación que tengo a la poesía, siempre he mirado la parte lírica de ella como poco digna de un hombre

---

[147] Idem, íd., pág. 633. Cfr., porque podría considerarse como una glosa a las palabras de Del Río, el artículo de Joaquín Casalduero, «Las nuevas ideas económicas sobre la agricultura en el siglo XVIII y el nuevo sentimiento de la naturaleza», en *La Torre*, XVI, núm. 61, 1968, págs. 45-60.

[148] Para la obra en verso de Jovellanos, cfr.: José Caso González, *Gaspar Melchor de Jovellanos. Poesía. Edición crítica, prólogo y notas de...*, «Instituto de Estudios Asturianos», Oviedo, 1961.

serio, especialmente cuando no tiene más objeto que el amor» [149]; más abajo insiste: «Vuelvo a decir que la poesía amorosa me parece poco digna de un hombre serio; y aunque yo por mis años pudiera resistir todavía este título, no pudiera por mi profesión, que me ha sujetado desde una edad temprana a las más graves y delicadas obligaciones. Y ve aquí la razón que me ha obligado a ocultar cuidadosamente mis versos, conociendo que pues al componerlos había seguido el impulso de los años y las pasiones, no debía hacer una doble injuria a mi profesión con la flaqueza de publicarlos» [150]. Podría pensarse que sólo la materia de estas composiciones vedaba a Jovellanos su divulgación; mas no era así, porque las había entre ellas dedicadas a más graves asuntos, y ni aun con eso quedaba apaciguada su conciencia literaria: «Es verdad —dice— que entre estas composiciones hay algunas de que no pudiera avergonzarse el hombre más austero, al menos por su materia. Pero, prescindiendo de su poco mérito, es preciso ocultarlas sólo porque son versos. Vivimos en un siglo en que la poesía está en descrédito, y en que se cree que el hacer versos es una ocupación miserable. No faltan entre nosotros quienes conozcan el mérito de la buena poesía, pero son muy pocos los que saben, y menos los que se atreven a premiarla y distinguirla. Y aunque no sea yo de esta opinión, debo respetarla, porque cuando las preocupaciones son generales, es perdido cualquiera que no se conforme con ellas» [151].

Cabe pensar —y así lo supone Gerardo Diego [152]— que en estas palabras había su poco de insinceridad; porque Jovellanos no sólo cultivó la poesía en sus años de juventud, sino a lo largo de toda su vida; ni es cierto tampoco que dejara sus versos sin lima, porque es sabido que corrigió muchas veces sus poemas, como hacía con todos sus escritos, años incluso después de su primera redacción. Gerardo Diego supone, en consecuencia, que la carta a su hermano era una «disculpa» que Jovellanos anticipaba a los futuros lectores de sus poesías y que posiblemente estaba pensada para servir de prólogo a una hipotética edición. Caso González admite, sin embargo, la sinceridad del escritor, porque en otras muchas ocasiones había expuesto idénticas ideas, y es casi seguro además que destruyó efectivamente una parte de sus versos, no los peores, sino los más íntimos. Nada tiene de censurable esta aparente contradicción; era natural que Jovellanos amara su obra lírica, en la que había vertido sentimientos irrenunciables y sus ideas más arraigadas, y que gozara comunicándola a sus amigos, para los cuales multiplicaba las copias de sus versos; pero sentía a la vez, con su característica gravedad y alto concepto que tenía de su

---

[149] Ed. Caso González, cit., pág. 90.
[150] Idem, íd., págs. 90-91.
[151] Idem, íd., pág. 92.
[152] «La poesía de Jovellanos», en *Boletín de la Biblioteca de Menéndez y Pelayo*, XXII, 1946, pág. 213 (cit. por Caso en ídem, íd., pág. 437).

papel de hombre público, el rubor de entregar su intimidad al lector común y hacer públicos unos escritos que las ideas de su tiempo estimaban
como tarea secundaria. La hora de la belleza como un valor autónomo
no había llegado todavía.

El concepto *ilustrado* que tenía Jovellanos de la poesía es visible
igualmente en sus ideas de orden técnico. Caso subraya que fue Jovellanos quien dio carta de naturaleza en nuestra lírica al verso suelto, a
pesar de que ya lo habían utilizado esporádicamente otros poetas del Siglo
de Oro. Sus propios contemporáneos lo advirtieron y destacaron, según
consta en diversos testimonios que Caso aduce [153]. Tineo, en carta sobre
las poesías de Moratín, revela que Jovellanos «tenía miedo a los consonantes», según había confesado él mismo [154]; en carta a su hermano Francisco de Paula escribe: «Por más que sea el primer partidario del verso
suelto, no puedo negar que escribiría en consonante si no hallase una
resistencia invencible a acomodar a él mis ideas» [155]. Caso comenta que
aquí puede verse una confesión de impotencia, pero también una declaración de libertad, porque «el consonante se le resistía sin duda, pero Jovellanos necesitaba, o prefería, decir sus ideas, y la rima se las condicionaba. Entre ambos extremos prefiere el primero. Por esto es partidario
del verso suelto, porque deja al poeta la libertad de poder expresarse con
mayor precisión o exactitud, cosa para él anterior a la belleza que la rima
puede añadir al poema» [156]. La preferencia por el verso suelto —añade
Caso [157]— no obedecía al deseo de eliminar dificultades, pues Jovellanos
estaba efectivamente preocupado por los recursos técnicos que deben enriquecer el verso a falta de consonante, y había llegado a establecer toda
una teoría detallada sobre la técnica del verso suelto, que concreta en
varias leyes fundamentales, basadas en la calidad de las palabras, su colocación en la frase, y la distribución de las pausas o cesuras. Caso afirma
que acaso Jovellanos sea el único autor del siglo XVIII que lleva la preocupación técnica al punto de analizar detalladamente los valores intrínsecos del verso [158].

En cuanto a las reglas, tan traídas y llevadas en su siglo, Jovellanos
admite la preceptiva del neoclasicismo, pero nunca supone que baste para
engendrar un gran poeta, ni mucho menos que deba cohibir la fuerza de
la imaginación, sin la cual no hay poesía posible. Lo que de las reglas
espera es que enfrenen la fantasía desbocada, no regida por las normas

---

[153] En ídem, íd., pág. 55.
[154] Cit. por Caso en ídem, íd.
[155] Cit. por Caso en ídem, íd.
[156] Ídem, íd.
[157] Ídem, íd., pág. 56.
[158] Ídem, íd., pág. 17. Cfr.: José Caso González, «Teorías métricas de Jovellanos en
dos cartas inéditas», en *Boletín del Instituto de Estudios Asturianos*, XIV, 1960, páginas 125-154.

universales de belleza, capaz de engendrar monstruos y sofocar la claridad que debe presidir todo el conjunto: «A cada paso —dice en su *Tratado teórico-práctico de enseñanza*— damos con poemas en que el gusto destruye los esfuerzos del genio, y en que una dicción lánguida y prosaica, una frase sin colorido ni hermosura, hace frías y desmayadas las más sublimes sentencias; o bien, por el contrario, en que una frase hinchada, llena de rimbombos y palabrones, y adornada de figuras y metáforas atrevidas y descabelladas, aturde la razón y la imaginación del que lee, a las que no presenta ninguna idea juiciosa, ninguna imagen agradable, ni causa ninguna instrucción ni deleite. Y damos también en otros, en que la dicción más bella y escogida no satisface el gusto ni contenta al oído, por falta de número y de armonía. Los autores de los primeros no han conocido que en el lenguaje de la poesía la imaginación ocupa el lugar y ejerce los oficios de la razón; y aunque recibe de ésta el fondo de sus ideas, se encarga de colorarlas y de engalanarlas; no han conocido que esta facultad sabe tomar de la naturaleza las bellezas de unos objetos para transportarlas a otros, y adornarlas, inventar formas e imágenes para representar las ideas más abstractas, y hacerlas reales y sensibles; no han conocido, en fin, que pues en este lenguaje la imaginación habla a la imaginación, el estilo debe ser siempre gráfico, aun en los poemas didácticos, y que la poesía que no pinta, jamás será digna de este nombre» [159].

Las poesías amorosas. La historia amorosa de Jovellanos es apenas conocida por el pudor, ya mencionado, con que siempre ocultó su intimidad. En sus versos amorosos asoman, sin embargo, bastantes nombres de mujeres, algunos de los cuales parecen corresponder a personas reales, pues alude a ellas en la correspondencia a sus amigos. El nombre que más frecuentemente aparece es, no obstante, el de Enarda, bajo el que se ha supuesto, sin gran fundamento, que se esconde Gracia Olavide, la hermana del famoso intendente de Sevilla, la cual parece cierto que atrajo intensamente al reformador, durante alguna época de su estancia en la ciudad. Gracia, por su particular encanto e inteligencia, influyó poderosamente en el espíritu de Olavide y representó un importante papel en la tertulia y en las fundaciones de su hermano [160]. En un soneto que comienza

---

[159] Cit. por Caso en ídem, íd., pág. 18.

[160] Cfr.: Marcelin Defourneaux, *Pablo de Olavide, el afrancesado*, cit., pág. 51. Véase además, del propio Defourneaux, «Pablo de Olavide et sa famille. (À propos d'une *Ode* de Jovellanos)», en *Bulletin Hispanique*, LVI, 1954, págs. 249-259. La oda de que aquí se trata es la que compuso Jovellanos a la muerte de Gracia Olavide, designada con el nombre de Filis. Escrita en estrofas sáficas y con frecuentes alusiones mitológicas en su parte primera, la composición revela, no obstante, el sincero dolor de Jovellanos. En su segunda mitad alude el poeta a la referida participación de Gracia en las tareas colonizadoras de Sierra Morena:

Di, ¿no te acuerdas cuando señalaba
su blanca mano con devotos signos

«Cuando de amor la flecha penetrante», afirma el poeta que Enarda fue su primer amor, y Jovellanos el primer amor de Enarda; pero ésta, tras una larga ausencia, se olvidó de sus amores; al cabo de los años volvieron a encontrarse y renació la vieja pasión, pero durante la ausencia ella se había entregado a otro. La *Historia de Jovino* y la primera versión de la *Epístola del Paular* aluden también a estos amores, que al fin quedaron rotos. A Enarda dedicó asimismo Jovellanos, entre otras composiciones, el soneto «Quiero que mi pasión ¡oh Enarda! sea», y el *Idilio* primero «Mientras los roncos silbos».

De la mayoría de las poesías amorosas conservadas dice Caso, y creemos que con toda justicia, que no pasan de juguetes poéticos, intrascendentes, llenos de todos los tópicos de la época [161]: diríamos que llenos de los tópicos de siempre, quizá los más manidos, a los cuales no logra infundirles Jovellanos ninguna particular vibración [162]. Se advierte, sin embargo, que detrás de todos estos tópicos existe un sentimiento sincero, pero que no consigue manifestarse con pareja fuerza expresiva. Señala Caso que quizá el poema más innovador sea la *Elegía a la ausencia de Marina*, llena por una parte de imágenes tradicionales, palabras de sabor arcaizante y epítetos manidos, pero interesante a su vez por el desarrollo dado al tema de la *ausencia*, que es tratado con voluptuosidad sentimental y abundancia de exclamaciones, propias de la poesía prerromántica: «Una temprana muestra —dice Caso González— (acaso de 1796) de

---

> sobre la arena del futuro pueblo
>   todo el recinto;
> cuando miraba del cimiento humilde
> salir erguido el majestuoso templo,
> el ancho foro, y del facundo Elpino
>   la insigne casa;
> cuando al anciano documentos graves
> daba, y al joven prevenciones blandas,
> y a las matronas y a las pastorcillas
>   santos ejemplos;
> cuando sus lares consagraba pía,
> cuando sus fueros repetía humana,
> cuando ayudaba en la civil faena
>   al sabio Elpino;
> o cuando, envuelta en celo religioso,
> su voz enviaba del augusto templo
> votos profundos, reverentes himnos
>   al Dios eterno?
>
> (Ed. Caso González, cit., págs. 115-116).

[161] Ed. cit., pág. 23.

[162] No todos los críticos asentirían a este parecer; véase, por ejemplo, Arturo Torres-Rioseco, «Gaspar Melchor de Jovellanos, poeta romántico», en *Revista de Estudios Hispánicos*, Madrid, I, 1928, págs. 146-161, que considera el soneto *A Clori*, «Sentir de una pasión viva y ardiente», como «de corte modernísimo» y anuncio de «una manera muy especial», muy favorecida después por los poetas del Romanticismo.

cómo el prerromanticismo español se amparaba en los poetas renacentistas, especialmente Garcilaso y fray Luis de León (aquí no visible), para desarrollar, por exageración de los elementos tristes, melancólicos y amargos, una nueva poesía» [163].

El mejor poema amoroso de Jovellanos, en opinión de Caso, es la primera versión de la *Epístola del Paular* [164]. En la soledad del monasterio el poeta no puede echar de sí el recuerdo de las infidelidades de Enarda; la paz del convento le invita a encerrarse en él en busca del olvido, pero su corazón, lleno de deseos mundanos, le trae incesantemente la imagen de la mujer. Pide entonces consuelo a la soledad del bosque, y aquí es donde advertimos la nueva sensibilidad que aporta Jovellanos frente a la naturaleza: aunque no faltan reminiscencias del paisaje de las églogas, la naturaleza se asocia ya estrechamente a la intimidad del poeta, que encuentra palabras, inspiradas en el silencio, la soledad, el misterio, la tristeza otoñal del espectáculo que contempla, para expresar el dolor de que su espíritu está impregnado. Diríamos que la peculiar mentalidad del autor, al evadirse del convencional marco amoroso y derramar su sentimiento hacia consideraciones de más dilatada transcendencia, le permite comunicar a sus versos una intensidad que el amor por sí solo no conseguía inspirarle.

Al lado de los amorosos coloca Caso otros cuatro poemas líricos, que guardan con aquéllos alguna afinidad: son el idilio *Al Sol*, y tres *Epístolas*: la dirigida *A sus amigos de Sevilla*, la segunda versión de la *Epístola del Paular* y la primera *A Posidonio*. El primero, muy alejado todavía de la desmesura romántica, que había de seducir a Espronceda, tiene menos interés. La *Epístola de Jovino a sus amigos de Sevilla* fue compuesta, según dijimos páginas atrás, al dejar la ciudad para tomar su nuevo cargo en la corte. Lo mejor de la epístola es la tristeza, sinceramente sentida y comunicada, que experimenta el autor al salir de la ciudad donde había vivido feliz, y el temor al futuro que atormenta su ánimo, siempre preocupado y medroso. Joaquín Arce ha destacado a su vez, como de primordial importancia, las descripciones de sus jornadas en la diligencia, pasajes que Hermosilla estimó como demasiado familiares en una composición de tono tan patético: «En un período de poesía —dice Arce— en que se vive de abstracciones, de descripciones genéricas gastadas por el uso de la tradición poética, el sabio de Gijón, el serio magistrado y economista se atreve a hacer una descripción vivaz y pintoresca de un medio de loco-

---

[163] Ed. cit., pág. 24.

[164] De dicha Epístola se conocía tan sólo, hasta fecha muy reciente, la segunda versión que Antonio Ponz publicó por primera vez en su *Viaje de España*, tomo X, carta IV; la primera versión la ha dado a conocer Caso González en su artículo «'Entretenimientos juveniles de Jovino'. Un manuscrito de Menéndez Pelayo y una versión inédita de la *Epístola del Paular*», en *Boletín de la Biblioteca de Menéndez y Pelayo*, XXXVI, 1960, págs. 109-138.

moción que pertenece a una forma de vida no aristocrática y personalista, sino indiferenciada y popular y con un hondo sentido de comprensión hacia lo incómodo y desagradable como elemento constitutivo de la realidad circundante» [165]. No toda la epístola es, sin embargo, del mismo valor; posiblemente, el autor compuso un núcleo del poema durante el mismo viaje o en días inmediatos: es la porción más espontánea y sincera. Más tarde elaboró las partes en que alude a sus amigos de Sevilla y a las colonias de Olavide en Sierra Morena o describe el paisaje andaluz. En estos versos hay ya un exceso de retórica, que el poeta toma en préstamo a sus modelos.

La segunda versión de la *Epístola del Paular* muestra, en efecto, cómo Jovellanos se sentía incómodo, o premioso, cuando manejaba temas eróticos. En esta segunda versión Jovellanos eliminó la parte dedicada a Enarda y al amor, y la sustituyó por una consideración sobre los azares y peligros del mundo, que son los que ahora le mueven a buscar en el claustro y la naturaleza circundante el retiro y la paz de su espíritu. La nueva versión es ya menos «romántica», aunque subsiste, claro es, la mencionada adecuación entre su alma atormentada y el paisaje; pero el tema tenía detrás una larga herencia clásica y el poeta no puede evitar la huella de Horacio y de fray Luis al transformar la composición amorosa en filosófica. La retórica, incorporada posteriormente, perjudica al poema, aunque le confiere mayor profundidad y aporta en ocasiones mejoras de dicción, debidas a la lima del poeta.

La primera *Epístola a Posidonio* iba dedicada a su gran amigo Carlos González de Posada, que, disfrazado de monje, visitó a Jovellanos durante su encierro en la Cartuja de Valldemosa. Jovellanos agradece la valentía de su amigo y trata después de la injusticia de su prisión. El asunto no podía sino inspirar al poeta ideas y sentimientos de la mayor sinceridad: y, sin embargo, todos los versos de esta epístola, dice Caso, «parecen retóricos y acartonados» [166]. Y creemos que el crítico acierta con el motivo: el reformador pensaba, sin duda, que aquel escrito iba a correr por toda España y se defiende de la calumnia; la obra, entonces, adquiere el tono de una defensa personal, en la que el autor estaba demasiado interesado, para que la Poesía, con mayúscula, pudiera encontrar su puesto. Por lo demás, la obra abunda en expresiones de viril energía, que revelan una vez más el admirable espíritu de Jovellanos.

Las sátiras. La poesía satírica, en especial las dos *Sátiras a Arnesto*, es la que otorga a Jovellanos su importancia como poeta. La primera de

---

[165] Joaquín Arce, «Jovellanos y la sensibilidad prerromántica», en *Boletín de la Biblioteca de Menéndez y Pelayo*, XXXVI, 1960, págs. 139-177; el pasaje cit., en página 165 (cit. por Caso en ídem, íd., pág. 30).

[166] Ed. cit., pág. 33.

ellas fue publicada en 1786 sin título especial; Caso propone el de *Sátira contra las malas costumbres de las mujeres nobles*, pues toda ella es «un alegato contra el desorden sexual de la alta sociedad» [167]. Jovellanos sintetiza en una mujer, Alcinda, los vicios que desea mostrar, y describe sus desvergüenzas; para tales damas el matrimonio no es sino cobertura de sus liviandades; por eso aceptan a cualquiera, porque cualquiera sirve para el caso:

> *el sí pronuncian y la mano alargan*
> *al primero que llega...* [168].

frase que Goya había de tomar como pie de uno de sus *Caprichos*. Cuando después de haber pasado la noche fuera de casa, regresa al amanecer,

> *Entra barriendo con la undosa falda*
> *la alfombra; aquí y allá cintas y plumas*
> *del enorme tocado siembra, y sigue*
> *con débil paso soñolienta y mustia,*
> *yendo aún Fabio de su mano asido,*
> *hasta la alcoba, donde a pierna suelta*
> *ronca el cornudo y sueña que es dichoso* [169].

En la última parte de la sátira ataca una de las causas del desorden moral, el afán de lujo, en el cual se consumen, y pierden fuera del país, riquezas que deberían emplearse en obras útiles:

> *...Zarpa, preñada*
> *de oro, la nao gaditana, aporta*
> *a las orillas gálicas, y vuelve*
> *llena de objetos fútiles y vanos;*
> *y entre los signos de extranjera pompa*
> *ponzoña esconde y corrupción, compradas*
> *con el sudor de las iberas frentes.*
> *Y tú, mísera España, tú la esperas*
> *sobre la playa, y con afán recoges*
> *la pestilente carga y la repartes*
> *alegre entre tus hijos. Viles plumas,*
> *gasas y cintas, flores y penachos,*
> *te trae en cambio de la sangre tuya,*
> *de tu sangre ¡oh baldón!, y acaso, acaso*

---

[167] Idem, íd., pág. 37.
[168] Idem, íd., pág. 237.
[169] Idem, íd.

de tu virtud y honestidad. Repara
cuál la liviana juventud los busca [170].

En tan fútiles objetos se consume la riqueza de la nación:

Todo lo agotan: cuesta un sombrerillo
lo que antes un estado, y se consume
en un festín la dote de una infanta [171].

La severidad moral de Jovellanos encuentra en estos temas los conceptos y palabras precisos para expresar su indignación; sobran tan sólo, a nuestro entender, para que esta primera sátira *A Arnesto* sea una pieza perfecta, algunas exclamaciones retóricas y ciertas alusiones mitológicas que alejan y debilitan la fuerza gráfica del cuadro descrito.

La segunda sátira *A Arnesto*, mucho más extensa que la primera, es conocida con el título de *Sátira sobre la mala educación de la nobleza*. A diferencia de aquélla, más abstracta, en la que el autor había declarado que pretendía atacar el vicio y no al vicioso, ahora las alusiones son transparentes, y muchas personas de la corte debieron de verse claramente aludidas. Jovellanos no ataca a la nobleza por sí misma; de hecho, era uno de los pocos en su siglo que la defendieron y justificaron como institución, y ya sabemos cuán arraigado estaba en él el sentimiento aristocrático. Lo que le indigna, en cambio, es que la nobleza se hubiera degradado y perdido las cualidades que la hacían necesaria.

Contra dos géneros de nobles se dispara principalmente la ira del satírico: contra los aplebeyados, y contra los afrancesados y degenerados. En sus primeros versos describe a los primeros:

¿Ves, Arnesto, aquel majo en siete varas
de pardomonte envuelto, con patillas
de tres pulgadas afeado el rostro,
magro, pálido y sucio, que al arrimo
de la esquina de enfrente nos acecha
con aire sesgo y baladí? Pues ese,
ese es un nono nieto del Rey Chico.
.... Sus dedos y sus labios,
del humo del cigarro encallecidos,
índice son de su crianza. Nunca
pasó del B - A ba. Nunca sus viajes
más allá de Getafe se extendieron.

170 Idem, íd., pág. 239.
171 Idem, íd., pág. 240.

> *Fue antaño allá por ver unos novillos*
> *junto con Pacotrigo y la Caramba* [172].

Su ciencia

> *No la debió ni al dómine, ni al tonto*
> *de su ayo mosén Marc, sólo ajustado*
> *para irle en pos cuando era señorito.*
> *Debiósela a cocheros y lacayos,*
> *dueñas, fregonas, truhanes y otros bichos*
> *de su niñez perennes compañeros;*
> *mas sobre todo a Pericuelo el paje,*
> *mozo avieso, chorizo y pepillista*
> *hasta morir, cuando le andaba en torno.*
> *De él aprendió la jota, la guaracha,*
> *el bolero, y en fin, música y baile.*
> *Fuéle también maestro algunos meses*
> *el sota Andrés, chispero de la Huerta,*
> *con quien, por orden de su padre, entonces*
> *pasar solía tardes y mañanas*
> *jugando entre las mulas. Ni dejaste*
> *de darle tú santísimas lecciones,*
> *oh Paquita, después de aquel trabajo*
> *de que el Refugio te sacó, y su madre*
> *te ajustó por doncella. ¡Tanto puede*
> *la gratitud en generosos pechos!* [173].

Y pasa a describir al lindo afrancesado:

> *¿Será más digno, Arnesto, de tu gracia*
> *un alfeñique perfumado y lindo,*
> *de noble traje y ruines pensamientos?*
> ....
> *Mira cuál corre, en polisón vestido,*
> *por las mañanas de un burdel en otro,*
> *y entre alcahuetas y rufianes bulle.*
> *No importa, viaja incógnito, con palo,*
> *sin insignias y en frac. Nadie le mira.*
> *Vuelve, se adoba, sale y huele a almizcle*
> *desde una milla... ¡Oh, cómo el sol chispea*
> *en el charol del coche ultramarino!*
> *¡Cuál brillan los tirantes carmesíes*

---

[172] Idem, íd., págs. 242 y 244.
[173] Idem, íd., pág. 246.

sobre la negra crin de los frisones!...
Visita, come en noble compañía;
al Prado, a la luneta, a la tertulia
y al garito después. ¡Qué linda vida,
digna de un noble! ¿Quieres su compendio?
Puteó, jugó, perdió salud y bienes,
y sin tocar a los cuarenta abriles
la mano del placer le hundió en la huesa [174].

La indignación del satírico estalla al fin, y en los últimos versos apela sin rebozos a un cambio social, que barra y sustituya a la aristocracia corrompida:

.... Todo
se precipita: el más humilde cieno
fermenta, y brota espíritus altivos,
que hasta los tronos del Olimpo se alzan.
¿Qué importa? Venga denodada, venga
la humilde plebe en irrupción y usurpe
lustre, nobleza, títulos y honores.
Sea todo infame behetría: no haya
clases ni estados. Si la virtud sola
les puede ser antemural y escudo,
todo sin ella acabe y se confunda [175].

Esta sátira, corregida por Meléndez, fue publicada anónima en *El Censor* el 31 de mayo de 1787 [176]. Jovellanos creía que nadie sabía que él era su autor, pero sin duda no fue así, y ya hemos visto en qué medida pudo influir para acrecentar el ambiente de hostilidad contra el reformador, que había de perderle.

Todavía escribió Jovellanos una tercera sátira, *Contra los letrados*, en tercetos, valiosa sin duda, pero que no iguala ni en conceptos ni en mordacidad a las dos primeras.

Edith F. Helman publica, y comenta, una sátira de Jovellanos «sobre teatro y toros» [177], aparecida en el *Diario de Madrid* el 19 de septiembre de 1797, firmada cón sus iniciales, y que ha sido omitida en la edición de Caso. Jovellanos ridiculiza a los moralistas y predicadores de la época,

---

[174] Idem, íd., págs. 250-251.
[175] Idem, íd., pág. 253.
[176] Cfr.: Alfred Morel-Fatio, «La satire de Jovellanos contre la mauvaise éducation de la noblesse», en el suplemento al *Bulletin Hispanique* de 1899. José Caso González y Georges Demerson, «La sátira de Jovellanos sobre la mala educación de la nobleza», en *Bulletin Hispanique*, LXI, 1959, págs. 365-385.
[177] Edith F. Helman, «Una *sátira* de Jovellanos sobre teatro y toros», en *Jovellanos y Goya*, cit., págs. 71-90.

que condenaban el teatro como escuela de malas costumbres, y defendían, en cambio, y aun aplaudían, las corridas de toros. El tema preocupó largamente a Jovellanos y de él se ocupa en su *Memoria sobre los espectáculos* y en varias cartas a diversos corresponsales. Jovellanos, que sentía hacia las corridas una instintiva aversión —es muy probable que no hubiera visto jamás una corrida entera—, condena este espectáculo, que precisamente entonces se estaba convirtiendo en una «fiesta nacional» a cargo de profesionales, por la crueldad que encierra en sí mismo y por su efecto embrutecedor sobre el pueblo que acude en masa para gozarse en sus violencias. Los argumentos de Jovellanos sobre la suerte injusta de los toros y los caballos, el riesgo inútil de los lidiadores, etc., etc., son los mismos que habrán de repetirse siempre contra semejantes diversiones. La sátira, que sólo consta de unos ochenta endecasílabos libres, se ocupa principalmente de estos aspectos, pero carece de la fuerza satírica que el autor había sabido dar a sus versos contra la nobleza degenerada; Jovellanos odiaba a los toros, pero no los conocía lo suficiente para extraer de su misma contemplación imágenes justas y eficaces.

También entre las satíricas, pueden incluirse otras composiciones de Jovellanos: los romances contra Huerta y contra Forner. Jovellanos, que aborrecía las polémicas literarias porque enfrentaban estérilmente a los escritores e impedían todo trabajo serio y fecundo, cedió, sin embargo, en alguna ocasión al vicio de su siglo. Cuando Huerta publicó su *Theatro Hespañol*, aparecieron, como sabemos, multitud de escritos polémicos o satíricos contra dicha colección y Jovellanos se sumó a ellos con dos romances, que se difundieron anónimos y manuscritos: uno, de fines de 1785 o principios de 1786, se titula *Nueva relación y curioso romance, en que se cuenta muy a la larga cómo el valiente caballero Antioro de Arcadia venció por sí y ante sí a un ejército de follones transpirenaicos;* el segundo, de 1786, lleva un título igualmente burlesco: *Segunda parte de la historia y proezas del valiente caballero Antioro de Arcadia. En que se cuenta cómo venció y destruyó en singular batalla al descomunal gigante Polifemo el brujo.* Ambos están escritos al estilo de los romances de ciego, muy cultivados en la época. Su éxito fue enorme, aunque no debemos suponer en ellos grandes valores poéticos. Como no se conocía su autor, Forner se los atribuyó, y aun llevó su descaro hasta incluir una parte del romance primero —que completó con una segunda original suya— en el volumen III de sus obras manuscritas que regaló a Godoy. Ceán lo desenmascaró años más tarde mostrándole los originales de Jovellanos, y éste mismo se refiere a la usurpación de Forner en una nota de su *Diario* [178]. Contra el propio Forner escribió Jovellanos un largo romance,

---

[178] Corresponde al 24 de septiembre de 1795 y dice así: «La *Gaceta* publica un folleto, *La corneja sin plumas,* obra de Forner, contra Vargas (autor de la *Declamación contra los abusos de la Lengua castellana),* parto de la envidia, como todos los

que quedó, no obstante, sin concluir, y que ha sido editado por vez primera en tiempos recientes [179]. Jovellanos lo compuso para terciar en la polémica a propósito de la «ciencia española», provocada originariamente por el artículo de Masson, cuando se enzarzó la disputa entre Forner y *El Censor*. El romance se diluye con excesivos pasajes burlescos, pero es de gran importancia para conocer las ideas de Jovellanos sobre el estado de la ciencia española y el valor de las «apologías».

Poesía didáctica y filosófica. Debe incluirse en ella un pequeño grupo de *Epístolas*: las dirigidas *a Batilo, a Inarco, a Bermudo*, y la segunda *a Posidonio*. La *Epístola a Batilo* fue intercalada, como sabemos, en la segunda de las *Cartas a Ponz*. El poeta comienza describiendo el paisaje que se contempla desde San Marcos e invita luego a su amigo Meléndez a dejar el ruido de las aulas y unirse a él para gozar de la naturaleza, en cuyo solo estudio podrá saciar sus ansias de saber.

La *Epístola a Inarco* fue respuesta a la que Moratín le había enviado desde Roma en enero de 1796. La composición encierra gran interés, porque en ella vuelve Jovellanos al tema de la perfectibilidad humana. Después de describir la muerte y desolación que siembra el hombre con su codicia, imagina una utópica edad de oro, colmada de armonía y de paz, que el poeta parece anhelar con ansias de iluminado:

> *Un solo pueblo entonces, una sola*
> *y gran familia, unida por un solo*
> *común idioma, habitará contenta*
> *los indivisos términos del mundo.*
> *No más los campos de inocente sangre*
> *regados se verán, ni con horrendo*
> *bramido, llamas y feroz tumulto*
> *por la ambición frenética turbados.*
> *Todo será común, que ni la tierra*
> *con su sudor ablandará el colono*
> *para un ingrato y orgulloso dueño,*
> *ni ya, surcando tormentosos mares,*

de aquella pluma; el título prueba su descaro. ¿Cómo culpa de plagio, él, que se dijo y se dice autor de los *Romances* contra Huerta, que trabajó ésta? Viólos hacer Ceán; viólos el viejo Ibarra (impresor), que primero se ofreció a imprimirlos en la forma de coplas de ciego (era la idea de repartirlos en una mañana por los vendedores de *Gacetas*), y luego no se atrevió; el conde de Cabarrús, *Batilo* (o Meléndez Valdés), todos mis íntimos amigos lo supieron. Entre mis libros hay un *manuscrito* de letra de Ceán que los contiene, con otras frioleras de aquella época, y con la divisa *Sic vos non vobis*, que aludía a estar atribuidos a Forner, Samaniego y otros» (ed. Artola, cit., B. A. E., LXXXV, pág. 326).

[179] Cfr.: Georges Demerson, «Quatre poèmes inédits de Jovellanos», en *Bulletin Hispanique*, LXIII, 1965, págs. 36-47.

hambriento y despechado marinero
para un malvado, en bárbaras regiones,
buscará el oro, ni en ardientes fraguas
o al banco atado, en sótanos hediondos,
le dará forma el mísero artesano.
Afán, reposo, pena y alegría,
todo será común; será el trabajo
pensión sagrada para todos; todos
su dulce fruto partirán contentos [180].

En carta dirigida a su amigo Posada, en junio de 1796, anunciándole el envío de una copia de la *Epístola*, escribe Jovellanos: «Ya sabe que no quiero pasar por poeta, séalo o no, ni bueno ni malo. Es concepto que tardará en sentar bien. Pero menos quiero pasar por filósofo extravagante, y por lo mismo tampoco que mis sueños poéticos pasen por opiniones. Con esto digo que van los versos para usted, y a lo más para el amigo Inquisidor; no sea que los que me notan de lastrar mal el buque, crean que quiero inclinarle del todo» [181]. Recuérdese el pasaje de sus *Cartas sobre Instrucción pública*, citado más arriba, en el que Jovellanos había expuesto como pensador práctico y realista su idea sobre los límites de la perfectibilidad del hombre; el poeta, ahora, deja, sin embargo, que su imaginación cabalgue ilusionada hacia un ideal que sabe imposible, gozándose en el ensueño para resarcirse de la realidad. La *Epístola* expresaba, pues, un mito y no un programa político, y es a esta luz, según subraya Caso [182], como es preciso entender el contenido de la composición.

La *Epístola a Bermudo*, titulada *Sobre los vanos deseos y estudios de los hombres*, fue dirigida a su fiel amigo Ceán Bermúdez, a quien el autor imagina agobiado por no sabemos qué desgracia. El poeta persuade a su amigo de que la felicidad no se encuentra en la ambición de mando ni tampoco en el afán de riquezas ni en los placeres del cuerpo. El ansia de saber es, en cambio, digna del hombre, pero puede desviarle también el culto ciego que rinden a la ciencia sus adoradores, cuando es la ciencia por sí misma lo que buscan; el estudio de la Naturaleza sólo ennoblece cuando a través de él se busca a Dios para adorarlo en sus obras. Hermosilla, siempre tan severo, dijo, en cambio, de esta obra que era «la primera epístola filosófica en verso libre que dictaron las Musas castellanas, y hermosa sobre toda ponderación» [183]. Caso la califica de «otra obra maestra de Jovellanos» [184], y añade luego que en ella volvió a encontrar su

---

[180] Ed. Caso, cit., pág. 301.
[181] Cit. por Caso en ídem, íd., págs. 49-50.
[182] Ídem, íd., pág. 51.
[183] Cit. por Caso en ídem, íd., pág. 52.
[184] Ídem, íd., pág. 52.

autor el dominio de los recursos expresivos del verso, siendo rápido, conciso y nervioso, o blando y lento, según el pensamiento requería.

De mucho menos valor es la segunda *Epístola a Posidonio*, en la que Jovellanos torna al manido tema del «desprecio de corte y alabanza de aldea», aunque tiñéndolo de visibles reminiscencias prerrománticas y rousseaunianas.

CAPÍTULO X

ERUDICIÓN, HISTORIA Y CRÍTICA

La erudición, la investigación y la crítica —la didáctica, en suma— dan la característica dominante de nuestras letras a lo largo de todo el siglo XVIII, según hemos puntualizado repetidas veces. De hecho, aunque este capítulo final se agrupe bajo el título específico de erudición y crítica, toda la producción de la época lo es esencialmente, y si algunos escritores han sido tratados en capítulos aparte bajo distintos epígrafes, sólo es debido a su especial significado o importancia en algún aspecto particular. Didáctico es Feijoo, hasta dejárselo de sobra; didáctico Luzán; didáctica en la intención —y en sobrada medida hasta en la forma— la que hemos calificado de prosa novelesca; didácticos Cadalso y Jovellanos, con muy leves incursiones por lo específicamente literario; didáctico Forner; y hasta la lírica y el teatro han podido merecer los desdenes de quienes proclaman el escaso valor de nuestra literatura creativa o de imaginación en la centuria ilustrada, precisamente por su particular tendencia a lo didáctico. Esto debe explicar el hecho casi paradójico de que este capítulo final, dedicado en concreto a la didáctica, sea más breve que los consagrados a determinadas figuras aisladas. En realidad se agrupan aquí los escritores menos brillantes, más oscuros —más no por eso menos eficaces—, los peones de brega de este gran intento de regeneración cultural que el siglo XVIII representa. Los escritores que aquí se mencionan —una pequeña parte, realmente, de los que existen— toman a su cargo la tarea menos espectacular, pero más urgente y necesaria; son los investigadores de archivos, los que descubren, analizan y clasifican documentos, redactan memorias eruditas, publican crónicas y textos de autores olvidados o ya inasequibles, emprenden colecciones básicas, investigan nuestras instituciones y nuestra historia, sacan a luz textos desconocidos. Gracias a ellos se crea nuestra historia económica, se inicia entre nosotros la ciencia de la arqueología, la numismática, la epigrafía, la filología comparada, la investigación y la crítica literaria, se estudia nuestra geografía, se emprenden viajes de exploración artística y científica, y se discuten los problemas de nuestra cultura y de la viva realidad nacional. Con gran frecuencia la obra de estos hombres queda incompleta y se detiene inevitablemente en la tarea de desbrozamiento y preparación, porque el tajo era inmenso y exigía la tenacidad de varias generaciones; pero fueron casi siempre las inmediatas las que cedieron en el esfuerzo y malograron la empresa de aquellas aguerridas avanzadas; sin perjuicio, claro está, de aprovecharla en lo posible y apropiarse el fruto. Refiriéndose concretamente al campo de la Historia, el padre Batllori ha escrito este juicio, que debe ser tenido muy en cuenta: «Quien, por estudio o por mero solaz, haya tenido que alternar la lectura de historiadores españoles del XVIII y del XIX, habrá advertido su contraste. La historia decimonónica representa un bajón. Risco, Flórez, Burriel, Masdeu, vierten sus tesoros en un siglo que les olvida. Los historiadores románticos —fuera de excepciones cimeras, como Toreno, Piferrer y Quadrado— nos parecen ahora de una ingenuidad lastimosa. Y, si se meten a estudiar temas dieciochescos, la superioridad del Setecientos crece, por contraposición, en nuestro espíritu» [1].

BAJO EL SIGNO DE LA HISTORIA

De los dos grandes campos en que se produce la revolución ideológica del siglo XVIII —el de las ciencias naturales, matemáticas y físicas, y el que, de modo un tanto genérico, podríamos denominar del pensamiento filosófico—, es evidente que el primero se cultiva en España durante la época ilustrada en una medida inconmensurablemente menor; en último caso, su estudio caería fuera de estas páginas. Tampoco el pensamiento filosófico en sentido estricto alcanza dimensiones válidas en nuestro país. En cambio, adquiere gran intensidad entre nosotros una de las corrientes más representativas de la época, que es la germinación de una mentalidad historicista. En España esta corriente es de especial importancia —de hecho, es primordial— porque se enlaza con los problemas fundamentales de nuestra cultura. José Antonio Maravall ha estudiado este fenómeno en un penetrante artículo [2] que lo define luminosamente, y del que sólo unos pocos conceptos podremos aducir aquí. Maravall hace notar la considerable parte reservada entre nosotros a la Historia y la «frecuencia altísima» con que la palabra *historia* es utilizada. Las breves exposiciones que

---

[1] Miguel Batllori, *La cultura hispano-italiana de los jesuitas expulsos. (Españoles - Hispanoamericanos - Filipinos, 1767-1814)*, Madrid, 1966, pág. 123.
[2] José Antonio Maravall, «Mentalidad burguesa e idea de la Historia», en *Revista de Occidente*, núm. 107, febrero 1972, págs. 250-286.

haremos luego sobre diversos investigadores nos excusa de reproducir el recuento que hace Maravall de quienes escribieron *historias* específicas o trabajos de cualquier índole con propósito histórico. Es altamente significativo que entre los cultivadores de la Historia se encuentre la mayor parte de los que fueron acusados entonces de «*novatores*, de heterodoxos, de antipatriotas, de poco afectos a los poderes constituidos»[3], y esto se debe a que entre nosotros la Historia se convierte en buena medida en un instrumento crítico, en una vía de reforma intelectual e incluso social; si los males del país proceden de errores pretéritos, sólo hay un medio de corregirlos, que es indagar en el proceso de nuestro pasado.

Maravall aclara que semejante indagación conduce a ver la historia como un movimiento progresivo y a considerar a la nación concreta como el marco de la visión historiográfica. Lo que dichos historiadores ilustrados, deseosos de reformas, piden a la Historia es que les informe de la situación real del país y les enseñe los resortes de que pueden servirse o aquellos cuya acción pueden anular. La actividad humana, centrada en otro tiempo en el espacio vital de los reyes y los caballeros, se traslada ahora a otros campos, es decir, a los grupos civiles, y la Historia trata de demostrar la eficacia real de éstos a lo largo de la vida de los pueblos. Así es —recuerda Maravall[4]— cómo Capmany emprende la tarea de una «historia económica», y Jovellanos habla de «nuestra historia civil y económica», y Fernández de Navarrete protesta —como lo hacía también el propio Jovellanos— de que nuestras crónicas e historias, «escritas por lo general en siglos poco ilustrados», perpetuasen solamente hazañas y batallas, rivalidades de estados y de príncipes, y se olvidaran de la historia civil, de los progresos de la legislación, del influjo de las costumbres, del desarrollo de las artes útiles y mecánicas. «A nuestro parecer —dice Maravall—, si interesan estos nuevos campos es porque, en definitiva, se quiere poner de relieve el papel de las gentes que en ellos actúan; se quiere buscar una nueva respuesta a la pregunta de quién hace la Historia»[5], y dirigir después la vida del país de acuerdo con las ideas y los planes de este nuevo protagonista. De hecho, pues, es el conocimiento del pasado el que permite penetrar en la realidad nacional viva y, consecuentemente, en la posibilidad de gobernarla.

Este conocimiento del pasado debe ser científico y exige —claro está— la inmensa acumulación de materiales y su depuración crítica, que realizan los eruditos de la época; con la rigurosa veracidad de los datos será posible que «caigan tantos errores, tantas supersticiones, tantas leyendas, que ofuscan las mentes y mantienen el imperio de la ignorancia»[6]. La

---

3 Idem íd., pág. 253.
4 Idem íd., pág. 257.
5 Idem íd., pág. 258.
6 Idem íd., pág. 259.

Historia se convierte, pues, como hemos dicho, en una tarea eminentemente crítica; pero crítica en un doble sentido: primero, en el rigor de la información; segundo, en cuanto que este conocimiento riguroso permitirá averiguar el verdadero estado de la nación, la raíz de su carácter, las razones de sus virtudes y sus vicios, y sólo así se podrá enderezar su desarrollo y planificar la obra reformadora, que era la suprema finalidad de los ilustrados. Esto supone —como recuerda Maravall [7]— admitir que la sociedad en que se encuentran es efectivamente enmendable y que está necesitada de enmienda; pues no se trata —como dice más adelante [8]— de buscar a través de la historia una tradición inmutable, sino de descubrir su proceso vivo, cambiante, creador, en el cual se forma la nación y se individualiza su ser.

Pero, claro es que en este punto comienza la disputa: «El papel de la Historia en el pensamiento ilustrado —dice Maravall—, como instrumento para promover la reforma de una sociedad con cuyo estado presente no se está conforme, da a aquélla un carácter polémico» [9]. Porque todo depende de la interpretación de los hechos que han sucedido en el pasado nacional y de la medida en que se les tenga por recusables o valiosos. Así se promovió la controversia sobre el valor de la cultura española que escindió el pensamiento español en los dos campos harto conocidos.

La tarea de los investigadores —y tal es el motivo que obstaculizó o paralizó a Mayáns y a Burriel, entre otros varios— suscitaba sospechas entre la Iglesia y la nobleza de que el descubrimiento y estudio de documentos históricos destruyera supuestos derechos de ambas y diera firmeza a las pretensiones de los reformadores. Jovellanos, con palabras que cita Maravall [10], recordaba que las ideas revolucionarias del día se nutrían «en sistemas soñados que forja su razón», pero que el verdadero conocimiento del pasado nacional no podía sino dar seguridad al Estado y combatir opiniones absurdas y perniciosas. Demostraría, a su vez, que ningún siglo fue igual a otro, que las leyes y la situación política habían evolucionado y variado, y que no debía admirar que el siglo XVIII no se pareciera a ninguna de las antiguas épocas. Las palabras de Jovellanos —comenta Maravall [11]— encierran en cierto modo la historia de nuestra Ilustración. Un crecimiento efectivo —dice—, aunque de cortas proporciones, estimula el afán de investigación para conocer el estado de la sociedad y promover las reformas. Pero —esto es lo grave— «la conciencia de su propia de-

---

[7] Idem íd., pág. 272.
[8] Idem íd., pág. 276.
[9] Idem íd., pág. 277.
[10] Idem íd., págs. 283-284.
[11] Idem íd., pág. 284.

bilidad ralentiza la acción de tales reformadores y les inclina a dosificar e incluso a disimular sus pretensiones» [12].

El esfuerzo de nuestros investigadores queda, pues, frecuentemente calificado por un doble heroísmo: el de su propio trabajo —oscuro, prolongado, ingrato, falto por lo común de toda remuneración— y el de las resistencias que había de vencer, hasta el punto de que —como dijimos en nuestras páginas preliminares— era a veces más fatigosa la lucha para hacerla posible que la propia tarea.

Maravall ha puesto de relieve [13] que a la endeblez de la transformación político-económica de nuestro país corresponde la insuficiencia de una historiografía en la que no pudo expresarse con plenitud la mentalidad de un grupo, que fue entre nosotros flaco y vacilante. Pero esto, que disminuye la trascendencia efectiva de la historiografía de nuestra Ilustración, no quiere decir que no se corresponda con las directrices ilustradas de todo el Occidente europeo. Preliminar, incompleta, débil en muchas de sus manifestaciones, representa, sin embargo, uno de los más importantes capítulos culturales de nuestro siglo XVIII.

La división, que hacemos a continuación, es arbitraria en cierto modo. Salvo algunos escritores —tal, por ejemplo, sería el caso de Ponz— más polarizados en un campo específico, casi todos los demás cultivan materias muy diversas, dada la mentalidad enciclopédica del momento. Así pues, hemos situado a cada escritor dentro de la materia que de manera predominante le caracteriza.

LA ERUDICIÓN

MAYÁNS Y SISCAR

Entre los eruditos españoles del siglo XVIII ocupa un puesto de especial relieve don Gregorio Mayáns y Siscar. La gran importancia global de su tarea ha sido siempre encarecida, y, sin embargo, muchos aspectos decisivos han permanecido ignorados hasta que estudios recentísimos de Antonio Mestre han aportado nueva luz sobre su obra y su persona [14].

---

12 Idem íd.
13 Idem íd., pág. 259.
14 Cfr.: Antonio Mestre, *Ilustración y reforma de la Iglesia. Pensamiento político-religioso de Don Gregorio Mayáns y Siscar (1699-1781)*, Valencia, 1968. Del mismo, *Historia, fueros y actitudes políticas. Mayáns y la historiografía del XVIII*, Valencia, 1970.

Giralt y Raventós, al prologar uno de estos estudios [15], subraya que Mayáns apenas es aludido por Sarrailh, y ni siquiera es mencionado por Corona Baratech, Rodríguez Casado, Sánchez Agesta y Richard Herr; silencio que se define por sí mismo y que da todo su valor a las referidas investigaciones.

Gregorio Mayáns y Siscar nació en Oliva, provincia de Valencia, el 9 de marzo de 1699 [16]. En 1706 la familia Mayáns se trasladó a Barcelona, donde Gregorio estudió latín en el Colegio de Cordelles, regido por los jesuitas. En 1713 regresaron a Oliva, y Mayáns emprendió sus estudios de Filosofía en la Universidad de Valencia, a los que siguieron los de Derecho que continuó en Salamanca desde 1719 hasta 1722, para doctorarse finalmente en Valencia en este mismo año. Al siguiente obtuvo en esta última Universidad la cátedra de Derecho de Justiniano, y en 1733 fue nombrado bibliotecario real, cargo que dimitió en 1739 para retirarse a su villa natal y luego a Valencia, donde residió, entregado a sus tareas literarias, hasta su muerte en 1781. La vida de Mayáns, desprovista casi por entero de anécdotas relevantes, fue la de un tenaz y paciente investigador cuya biografía son sus libros. Mas no por eso debe pensarse en una vida de olímpico recogimiento; Mayáns fue un incansable agitador del mundo intelectual de su siglo, estudió y discutió variadísimos problemas, y a través de su copiosísima correspondencia, mantenida con hombres de letras de dentro y fuera del país, estuvo presente en todas las avanzadas de la controversia ideológica de la Ilustración.

Una de las más persistentes actividades de Mayáns fue el estudio y divulgación de los grandes escritores del Siglo de Oro. Ya en 1725 publicó la *Oración en alabanza de las obras de D. Saavedra Fajardo*, que corrigió después e incluyó en sus *Ensayos oratorios*, impresos en Madrid en 1739; editó además dos veces la *República literaria* del propio Saavedra. En 1727 publicó la *Oración que exhorta a seguir la verdadera idea de la Eloquencia Española*, y en 1737 los *Orígenes de la Lengua Española*, donde

---

15 E. Giralt y Raventós, Prólogo a *Historia, fueros...*, cit., pág. VIII.

16 Mayáns escribió en latín su propia biografía, que fue publicada con el título de *Gregorii Maiansii Vita, auctore Ioanne Christoforo Strodtman*, Wolfenbuttelae, 1756. Desde los días del propio erudito se había tenido esta obra como redactada por él mismo; Antonio Mestre asegura rotundamente que lo es (véase *Ilustración y reforma...*, cit., pág. 24). Cfr.: Juan Sempere y Guarinos, *Ensayo de una biblioteca española de los mejores escritores del reynado de Carlos III*, IV, Madrid, 1787, págs. 14-50. A. Morel-Fatio, «Un érudit espagnol au XVIIIᵉ siècle. Don Gregorio Mayáns y Siscar», en *Bulletin Hispanique*, XVII, 1915, págs. 157-226. V. Castañeda Alcover, *Don Gregorio Mayáns y Siscar*, Discurso, Instituto de España, Madrid, 1946. Luis Guarner, «Cómo vivía un erudito en el siglo XVIII: Gregorio Mayáns y Siscar», en *Revista de Bibliografía Nacional*, VII, 1946, págs. 231-236. A. de Hoyos Ruiz, «Notas a la vida y obras de Gregorio Mayáns y Siscar», en *Anales de la Universidad de Murcia*, XIV, 1955-1956, págs. 233-278. Y de manera muy particular los dos libros de Mestre, cit.

se publicó por vez primera el *Diálogo de la Lengua*, de Juan de Valdés. Editó en 1735, y de nuevo en 1765, las *Reglas de Ortografía*, de Nebrija, cuyos estudios sobre el castellano comentó y destacó en numerosas ocasiones; del propio Nebrija publicó también en 1774 el *Organum Rhetoricum*. Trabajó largos años en la preparación de las obras de Luis Vives y del Brocense; las del primero, que había dejado concluidas a su muerte pero que no pudo ver publicadas, lo fueron [17] por su hermano Juan Antonio, canónigo de la catedral de Valencia y luego rector de su Universidad; las del Brocense las editó en Ginebra en 1766. En 1761 había publicado las *Obras y traducciones poéticas de Fr. Luis de León*. De estos tres autores escribió, e incluyó en las *Obras* respectivas, su correspondiente biografía.

De capital importancia es la *Retórica* publicada en 1757, en dos volúmenes que suman un total de más de mil páginas. Su contemporáneo Sempere y Guarinos había ya destacado que la *Retórica* tenía, entre otras, «la ventaja de que los ejemplos están sacados de los mejores escritores españoles» [18]. Mayáns había leído intensamente a los escritores de su país y coleccionaba con amor los más antiguos y raros libros castellanos; de este intenso trato procede lo mejor y más útil de la *Retórica*. Menéndez y Pelayo recuerda que Mayáns fue el primero que destacó las preciosidades enterradas en el *Cancionero General* de Hernando del Castillo celebrando con certero juicio a muchos de sus poetas. La parte preceptiva de Mayáns es farragosa, pero los numerosos ejemplos que se aducen, constituyen una magnífica antología, una de las mejores publicadas durante el siglo XVIII; con ella y el *Teatro de la elocuencia española*, de Capmany, se tiene en poco espacio —dice don Marcelino— lo más selecto de nuestra literatura [19].

En 1733 publicó *El Orador Christiano*, en tres diálogos, para corregir los abusos de la oratoria religiosa, problema que había de preocupar a tantos ilustrados y que era un síntoma inconfundible de la decadencia general de la cultura. Mayáns denuncia la granjería en que se había convertido la predicación, los desmanes de la elocuencia culterana y la falta de profundidad doctrinal. Exige en el predicador cualidades morales y firmes propósitos de enseñanza, pero subraya además que la oratoria, como arte que es, tiene que ser objeto de aprendizaje dentro de las reglas que le son propias; requiere estudio y disciplina como otra cualquiera

---

[17] Ocho volúmenes, Valencia, 1782-1790. Cfr.: J. Alventosa, «Gregorio Mayáns y Siscar y su *Opera Omnia* de Luis Vives», en *Anales de Cultura Valenciana*, IV, 1929, páginas 38-41 y 81-83. Del mismo, «Una edición de la *Introducción a la Sabiduría*, de Luis Vives, por don Gregorio Mayáns y Siscar», en *Anales de Cultura Valenciana*, IV, 1929, págs. 115-122.

[18] *Ensayo...*, cit., IV, pág. 29.

[19] M. Menéndez y Pelayo, *Historia de las ideas estéticas*, ed. nacional, III, 3.ª edición, Madrid, 1962, págs. 269-270.

actividad. El orador, dice Mayáns, debe adquirir su formación teológica en sus fuentes, la Sagrada Escritura y los Santos Padres, pero ha de aprender los recursos de su arte en los maestros españoles, fray Luis de Granada, fray Luis de León, Saavedra, los grandes clásicos de la elocuencia española. Mayáns se muestra muy poco partidario de los sermones franceses e italianos, que se traducen, dice, «sin juicio ni elección». *El Orador Christiano* provocó entre los agraviados la misma tempestad que había de producir muchos años después el *Fray Gerundio* del padre Isla, y hasta hubo sus correspondientes denuncias a la Inquisición, que Mayáns consiguió salvar. Mestre afirma que Mayáns influyó en la predicación de su época, pero más por sus cartas que por su obra [20].

En 1737, para prologar la gran edición del *Quijote*, impresa en Londres, escribió Mayáns la *Vida de Miguel de Cervantes*, primera biografía del gran escritor [21].

En 1768 publicó una *Gramática latina* en cinco volúmenes. Aunque Mayáns era un humanista extraordinario, conocedor como pocos de las literaturas clásicas y consumado latinista desde su mocedad, escribió su *Gramática* en castellano, prosiguiendo la defensa del idioma patrio según venía haciendo a lo largo de toda su vida. Mayáns se opone a la práctica, que considera lamentable, de enseñar la gramática en latín; y propugna el mayor cultivo posible del español, que desea ver convertido en lengua de la ciencia. La *Gramática latina* de Mayans fue adoptada como texto por las Universidades del Reino de Aragón; la de Alcalá discutió su aceptación, pero aunque estimó excelente el hecho de que estuviera escrita en castellano, la rechazó por su excesivo volumen.

Morel-Fatio, que juzga con notable dureza algunos aspectos de la actividad de Mayáns e insiste hasta con cierta aparente complacencia en la repetida acusación sobre la extremada vanidad del erudito, subraya también sus grandes méritos con palabras que adquieren mayor valor por esto mismo. Dice Morel-Fatio que Mayáns tenía un espíritu lúcido, gran capacidad de trabajo, el gusto por la obra bien concebida y cuidadosamente ejecutada, y la noble ambición de contribuir al resurgimiento de su país [22]. Ningún hispanista ignora —añade Morel-Fatio [23]— lo que la historia literaria debe a las investigaciones de Mayáns sobre fray Luis de León, Antonio Agustín, Luis Vives, Cervantes, Diego de Saavedra, Manzano, Borrull y otros muchos, sin hablar de las reimpresiones de autores clásicos, aprobaciones, prólogos eruditos y comentarios de variada índole.

---

[20] Cfr.: Antonio Mestre, *Ilustración y reforma...*, cit., parágrafo «El Orador Christiano», págs. 84-97.
[21] Fue publicada aparte en Madrid el mismo año. Cfr.: Luis Guarner, «El primer biógrafo de Cervantes», en *Revista Bibliográfica y Documental*, II, 1948, págs. 57-72.
[22] «Un érudit espagnol...», cit., pág. 175.
[23] Idem íd., pág. 178.

Mejoró —sigue diciendo Morel-Fatio— los procedimientos de Nicolás Antonio, culpable muchas veces de negligencias o de errores; Mayáns, en cambio, es un apasionado de la exactitud; nada le irrita tanto como la falta de método, de regularidad, de precisión; parece que en sus páginas leemos algo muy moderno, hasta tal punto se acercan sus estudios a los de los críticos más famosos del siglo XIX. En materia de estilo profesa sanas opiniones, que atestiguan una exacta idea de los recursos del lenguaje. Respecto a los *Orígenes de la lengua*, aparte de habernos proporcionado el conocimiento del *Diálogo* de Valdés, opina Morel-Fatio que aportaron muchos datos útiles, lo cual no es poco —comenta— para un libro de aquella fecha [24]. Aunque Mayáns adolece en ocasiones de un estilo pesado y fatigosamente insistente, jamás peca contra la claridad y la propiedad. Algunos trabajos de Mayáns conservan todo su valor, como los de Agustín y Vives, aunque otros, como la *Vida de Cervantes* hayan sido ampliamente superados [25]. Como reformador de la enseñanza universitaria, Mayáns fue siempre a la vanguardia [26]; la campaña contra la enseñanza escolástica del latín no tuvo luchador más entusiasta que Mayáns [27]. Si el ejemplo dado por el erudito de Oliva —resume Morel-Fatio [28]— hubiera sido continuado, sobre todo en el dominio de las investigaciones literarias, tan descuidadas luego en España durante el siglo XIX, hubieran éstas conocido un gran desarrollo y se habría formado y acrecentado el gusto de la gente culta por dicho género de estudios.

La mencionada actividad de erudito, editor y crítico literario es la más conocida de Mayáns, pero existen otras vertientes de su obra y personalidad que sólo ahora comienzan a ser puestas debidamente de relieve: se trata de su gran importancia dentro del criticismo histórico de la época y su no menor significación en el movimiento ilustrado de reforma, de manera particular en el campo del pensamiento religioso.

Antonio Mestre, en sus dos monografías mencionadas, ha puesto muy especial interés en destacar unos hechos poco conocidos o admitidos. Repetidas veces hemos aludido en este volumen a la profunda decadencia que cubre todo el reinado del último Austria y que penetra tan profundamente en el siglo XVIII. Se admite comúnmente que en el terreno ideológico la tarea crítica de Fijoo representa la introducción del nuevo espíritu europeo y el comienzo de una nueva era en la historia de nuestra cultura. Menéndez y Pelayo en *La ciencia española* trató, sin embargo, de colmar la brecha del último tercio del siglo XVII con unas supuestas ex-

---

[24] Idem íd., pág. 181.
[25] Idem íd., pág. 182.
[26] Idem íd., pág. 186.
[27] Idem íd., pág. 188.
[28] Idem íd., pág. 226.

celencias, que la crítica posterior se ha visto obligada a rechazar o a reducir en gran medida. Mestre, con mucho mayor rigor y ciñéndose a campos más concretos, insiste en la idea de que no es posible atribuir al solo
influjo francés ni al despotismo ilustrado de los Borbones la única causa
del resurgir nacional del siglo XVIII. La ilustración española —afirma—
es un movimiento que tiene mucho de autóctono, y otros hombres, anteriores a los decretos gubernamentales y a Feijoo, se preocuparon de la
decadencia española, buscaron los caminos de la reforma y prepararon
las bases de la renovación. La Ilustración —sigue diciendo Mestre— tiene
muchas raíces en la tradición nacional, «especialmente en el pensamiento
abierto del siglo XVI» [29]; y señala como foco capital —o, al menos, uno
de los más importantes— el movimiento reformista de ˙la Universidad
de Valencia, que comienza en las últimas décadas del siglo XVII y del que
es Mayáns uno de los herederos y pieza clave de enlace entre el final del
Barroco y el criticismo de la Ilustración [30].

Este papel de Mayáns, aunque puede extenderse a muy diversos aspectos, se concreta de manera particular en la crítica historiográfica. Mestre
estudia detenidamente la formación del pensamiento crítico de Mayáns [31],
que se origina sobre todo por sus relaciones con el deán de Alicante
Manuel Martí [32] —colaborador, y casi único responsable, en la edición de
la *Bibliotheca Vetus* de Nicolás Antonio y autor de otros trabajos historiográficos—, con el trinitario padre Miñana, autor de la *Continuación
de la Historia del P. Mariana*, luego publicada por el propio Mayáns, y con
el dominico padre Jacinto Segura, del que afirma Mestre que es quizá
el primero de los historiadores españoles «que intenta instruir a los estudiantes en el espíritu crítico» [33]. Orientado y estimulado por estos maestros, Mayáns dedicó todos sus esfuerzos a buscar los manuscritos de
quienes cree que son los historiadores más críticos: Nicolás Antonio y
el marqués de Mondéjar; y así, poco tiempo después de ser nombrado

---

[29] *Ilustración y reforma...*, cit., pág. 12.

[30] Cfr. además: V. Peset Llorca, «La Universidad de Valencia y la Renovación
científica española (1687-1727)», en *Asclepio. Archivo Iberoamericano de la Historia
de la Medicina*, XVI, 1964, págs. 214-231. Del mismo, «Gregorio Mayáns (1699-1781) y la
Historia de la Medicina», en *Cuadernos de Historia de la Medicina Española*, IV, 1,
1965, págs. 3-53. José María López Piñero, «Los comienzos de la Medicina y de las
ciencias modernas en España en el último tercio del siglo XVII», en *Actas del segundo
Congreso español de Historia de la Medicina*, I, Salamanca, 1965, págs. 271-292. Del
mismo, *La introducción de la ciencia moderna en España*, Barcelona, 1969. Sebastiá García Martínez, *Els fonaments del país valenciá modern*, Valencia, 1968.

[31] Cfr., en particular, los dos capítulos primeros de la obra de Mestre, *Historia,
fueros y actitudes políticas...*, cit.

[32] Mayáns escribió, en latín, la vida de su maestro para incluirla en la edición de
sus *Epistolarum Libri duodecim*, que publicó primero en Madrid, en 1735, y luego en
Amsterdam, en 1738. Sobre Martí, además de las abundantes referencias de Mestre,
cfr., L. Ontalvilla, *El deán Martí. Apuntes biobibliográficos*, Valencia, 1899.

[33] *Historia, fueros...*, cit., pág. 46.

bibliotecario real, había encontrado los manuscritos del primero y las obras inéditas del segundo. Para reformar la cultura nacional —piensa Mayáns— es necesario estudiar las obras de los historiadores críticos y formar el espíritu según las directrices de su pensamiento. Su plan de reforma se propone desde entonces la tarea de publicar las obras de Antonio y de Mondéjar y a continuación las fuentes de nuestra historia. Nuestra deficiencia cultural puede encontrar un remedio en la historia crítica, cuya ausencia, dice Mayáns, nos avergüenza ante los extranjeros.

En una *Carta-Dedicatoria*, dirigida al ministro Patiño en 1734, expuso Mayáns sus proyectos ofreciéndose para realizarlos; entre ellos propone la redacción de una *España Eclesiástica* «donde estuviessen recogidas las principales memorias eclesiásticas, como concilios, bulas, privilegios...», proyecto —puntualiza Mestre— anterior en muchos años al del padre Flórez[34]. Es imposible, piensa Mayáns, imaginar un renacimiento cultural sin un exacto conocimiento del pasado, acreditado por una crítica rigurosa; las ficciones históricas han producido a la vez la decadencia de la cultura española y de la iglesia española; como comenta Mestre, la historia de la Iglesia se convierte en el eje de la reforma de nuestra cultura[35].

La primera manifestación pública de este espíritu la hizo Mayáns con motivo de la publicación de la obra de Huerta —uno de los fundadores del *Diario de los literatos*—, *España Primitiva. Historia de sus Reyes y Monarcas desde su población hasta Cristo*. La obra de Huerta obtuvo la aprobación de las Academias de la Lengua y de la Historia, pero el Consejo de Castilla detuvo la edición y encargó a Mayáns la redacción de un informe. El escrito de Mayáns, *Censura de la España Primitiva*, fue una tremenda crítica de la obra de Huerta que originó enorme revuelo, pero el libro se puso a la venta por presión de ambas Academias, que hicieron punto de honra de la cuestión. Mayáns no se atrevió a publicar la *Censura*, que permaneció inédita hasta que la incluyó Valladares en el *Semanario Erudito*. Poco después Mayáns renunció a su cargo en la Biblioteca Real y se retiró a Oliva para proseguir sus trabajos.

En 1742, después de grandes dificultades, consiguió editar la *Censura de Historias Fabulosas*, de Nicolás Antonio, para la que escribió una *Vida* del autor, en la cual atacó los falsos cronicones y las láminas de Granada. La publicación de la *Censura*, aunque poseía todas las licencias necesarias, desató la persecución contra Mayáns, al que le fueron requisados, de orden del Presidente del Consejo de Castilla, cardenal Molina, todos sus papeles y las *Obras Chronológicas*, de Mondéjar, en camino de publicación, decretándose también el embargo de la edición de la *Censura* de Nicolás Antonio. En carta al cabildo de Sevilla declaraba Mayáns que la intención

---

[34] Ídem íd., pág. 70.
[35] *Ilustración y reforma...*, cit., pág. 106.

de quienes decretaron el embargo no era sino «acabar con todos los manuscritos que tenía en su poder e impedir, así, las ediciones que podían esclarecer e iluminar la Historia Eclesiástica de España» [36].

El embargo duró sólo seis meses y todos sus papeles le fueron devueltos a Mayáns. El cardenal Molina, para desagraviar al erudito, aceptó para el rey la dedicatoria de las *Obras Chronológicas* de Mondéjar, en cuya *Prefación* expuso de nuevo Mayáns sus ideas sobre la crítica histórica y sus proyectos reformistas. Pero la persecución, como afirma Mestre [37], tuvo consecuencias irreparables, porque el erudito de Oliva, visto el proceso de las delaciones y obstáculos y la razón que los movía, actuó desde entonces con grandes precauciones. Con todo, aún consiguió hacer publicar en Lisboa las *Disertaciones Eclesiásticas* de Mondéjar, que había enviado a su amigo Francisco de Almeida, censor de la Academia de la Historia de Portugal.

La tarea historiográfica de Mayáns y, casi más aún, el contacto mantenido con otros eruditos y la tenaz defensa de sus ideales mantenida a través de una copiosa correspondencia [38], le permitieron ejercer un evidente magisterio. Mayáns remitió importantes documentos al padre Flórez para su *España Sagrada*, pero se desavinieron por diferencias de criterio, a que luego aludiremos, y la actitud poco generosa del agustino [39]. Poco después de renunciar a su cargo de bibliotecario real, Mayáns fundó la Academia Valenciana con el fin de recabar fondos para publicar documentos u obras críticas y agrupar a los eruditos valencianos interesados en las tareas de investigación. La Academia se hundió con motivo de la persecución contra Mayáns, pero no sin haber dado importantes frutos. Vicente Ximeno [40], miembro de la Academia, compuso sus *Escritores del Reyno de Valencia* con la ayuda de Mayáns, que corrigió además cuidadosamente la obra. El convento de Santo Domingo de Valencia, donde se había atesorado una riquísima biblioteca, fue centro de inquietudes intelectua-

---

[36] Ídem íd., pág. 145. Cfr.: A. de Hoyos Ruiz, «Embargo de los manuscritos de don Gregorio Mayáns y Siscar», en *Revista de Archivos, Bibliotecas y Museos*, LXII, 1956, págs. 795-802.
[37] *Ilustración y reforma...*, cit., pág. 144.
[38] La correspondencia de Mayáns es abundantísima y, con frecuencia, el vehículo más importante de sus ideas y el más eficaz de su magisterio. La mayor parte de la correspondencia de Mayáns permanece inédita; Mestre ha utilizado profusamente, y casi siempre por primera vez, el epistolario de Mayáns. Giralt y Raventós, en el prólogo mencionado, anuncia la publicación, por el Ayuntamiento de Oliva, del epistolario del gran erudito. Para la bibliografía de esta correspondencia, véase Mestre en la sección correspondiente de sus dos libros citados.
[39] Cfr. el capítulo VI, «Mayáns-Flórez: dos métodos históricos», del libro de Mestre, cit., *Historia, fueros...*, págs. 193-217.
[40] Cfr.: Francisco Martí Grajales, «El Dr. Vicente Ximeno y Sorli, autor de *Los escritores del Reino de Valencia*», en *Soluciones Católicas*, III, 1895, págs. 163-172, 207-214 y 271-276. L. Ontalvilla, «El Doctor Vicente Ximeno y Sorli, Presbítero, autor de *Los escritores del Reino de Valencia*», en ídem íd., págs. 458-463.

les; el padre José Teixidor, archivero del convento, trabajó infatigable-
mente y compuso sus *Antigüedades de Valencia*, muy influidas por la
orientación y criterios de Mayáns. Igualmente recibió su influjo y ayuda
muy directa el conde de Lumiares, autor de *Medallas de las colonias,
municipios i pueblos antiguos de España hasta hoi no publicadas*.

De gran importancia fue asimismo la presencia de Mayáns en la historiografía catalana; los intelectuales catalanes, afirma Mestre [41], constituyen el grupo que, después de los valencianos, mayor contacto tuvieron
con Mayáns, a través sobre todo de la amistad con José Finestres, «hecho
de verdadera trascendencia cultural en el siglo XVIII español» [42].

Dentro del ámbito nacional es aún, si cabe, más destacable el magisterio de Mayáns sobre el padre Burriel y los dos más importantes historiadores de Indias que produce el siglo: el italiano Lorenzo Boturini
y el valenciano Juan Bautista Muñoz; así como también en el gran erudito
Francisco Cerdá y Rico. Pero de casi todos ellos hemos de ocuparnos
luego en particular. Lo mismo debemos añadir respecto del padre Juan
Andrés, estrechamente relacionado también con Mayáns, del que trataremos especialmente.

El influjo de Mayáns en el criticismo histórico del siglo XVIII, del que
la relación anterior es sólo un apresurado resumen, es tan evidente como
profundo, y, sin embargo, es no menos cierto que la obra del erudito valenciano quedó frustrada en buena parte del mismo modo que fracasó
su actividad reformista y crítica. Mestre ha dedicado grandes porciones
de sus dos libros a estudiar las causas de este fracaso; causas que van
mucho más allá de un mero caso personal y que hacen luz sobre aspectos
muy varios de la vida cultural española durante el siglo de la Ilustración.

La actividad hipercrítica de Mayáns no resultó grata a los centros
ilustrados de la corte española. El afán principal del erudito de Oliva se
dirigía a la publicación de los documentos históricos, única fuente segura
para el conocimiento crítico del pasado, con el fin de eliminar las tradiciones tanto civiles como eclesiásticas que no tenían fundamento alguno;
era la lucha de la auténtica ideología ilustrada contra todo género de
supersticiones. Pero este proceso de desmitificación rebasaba los planes
de la *Ilustración oficial*, interesada en mantener en muchas ocasiones los
mitos históricos. Las críticas de Mayáns contra los abusos de la Iglesia
y sus denuncias sobre la decadencia española permitieron fácilmente acusarle de irreligiosidad y de antipatriotismo. Mestre ha tenido necesidad,
una vez más, como en tantísimos otros casos, de demostrar hasta la ex-

――――――
[41] *Historia, fueros...*, cit., pág. 256.
[42] Ídem íd., pág. 257.

tenuación la profunda religiosidad del erudito y su patriotismo apasionado. Pero Mayáns no creía que éstos fueran compatibles con el error y mucho menos con la falsificación interesada; la reforma y el resurgir del país no podían proceder sino del previo conocimiento de las deficiencias y los abusos. La retirada de Mayáns de la Corte y su renuncia al cargo de bibliotecario real se explican claramente por la oposición que en los medios oficiales encontró el erudito. La _Censura_ contra la obra de Huerta —«primera manifestación de la nueva ola de falsificaciones históricas que aparecerá en el siglo XVIII español», dice Mestre [43]— fue el punto de arranque, como hemos visto, de la enemiga de las dos Academias Reales contra Mayáns, y el mismo origen tienen las críticas que le lanzó el _Diario de los literatos_, acusándole de antiespañolismo y acuñando la definición que había de pesar sobre él durante toda su vida [44].

Mayáns, absolutamente persuadido de la legitimidad de sus propósitos, pretendió continuarlos al margen de la Corte, y a este fin se encaminó la fundación de la Academia Valenciana, para la cual ni consultó a Madrid, ni se pidió parecer a sus Reales Academias, ni se solicitó la protección del rey, ni se le puso el adjetivo de _Real_ [45]. La persecución emprendida por el cardenal Molina, Presidente del Consejo de Castilla, es bien sintomática. Cuando después de dedicar a Felipe V las _Obras Chronológicas_ de Mondéjar solicitó Mayáns el auxilio económico del monarca para sus proyectos culturales, ni siquiera obtuvo respuesta; y esto, al tiempo en que la Real Academia de la Historia conseguía la ayuda de cuatro mil ducados anuales. Frente a la actitud de Montiano, que patrocinaba amorosamente a las Academias provincianas siempre que consiguiera atarlas más o menos directamente a la Real de la Historia, que él presidía —y así lo hizo con la de Sevilla y la de Barcelona—, los académicos valencianos se negaron a recibir el interesado paternalismo de la Corte y defendieron su independencia. Lo que, con la ausencia de toda ayuda oficial, originó su ineficacia y acarreó su muerte a los pocos años.

Aspecto importante, que puede quedar mejor aclarado después de lo que precede, es la actitud del grupo erudito valenciano, y más concretamente de Mayáns, frente a la obra de Feijoo [46]. Mayáns era un científico de la Historia, un erudito riguroso, y no podía sentir aprecio por Feijoo,

---

[43] Idem íd., pág. 390.

[44] Cfr.: Javier Cruzado, «La polémica Mayáns-_Diario de los Literatos_. Algunas ideas gramaticales y una cuestión estética», en _Boletín de la Biblioteca de Menéndez y Pelayo_, XXI, 2, 1945, págs. 133-151.

[45] Sobre todos estos puntos véase en particular el cap. IX —«Reforma cultural, fueros y españolismo»— de _Historia, fueros..._, cit., págs. 366-437.

[46] Cfr.: V. Peset Llorca, «Feijoo y Mayáns», en _Boletín de la Sociedad Española de Historia de la Medicina_, V, 2, 1965, págs. 20-29. Véanse los dos últimos parágrafos —«Los _Novatores_ valencianos ante la obra de Feijoo» y «Espíritu de los reformistas valencianos»— del cap. II de _Historia, fueros..._, cit., págs. 79-89.

que no consultaba las fuentes de primera mano y formaba sus juicios por lo que decían los diccionarios y los libros de divulgación, lo que le llevaba a tratar los temas superficialmente y sin ningún rigor metódico. Reprochaba asimismo Mayáns al monje de Oviedo el uso desmedido de las fuentes francesas, en lugar de estudiar las obras españolas, muchas veces superiores en mérito y profundidad; reproche que no nacía de ningún género de xenofobia —nadie más abierto a la cultura europea que Mayáns, acusado precisamente de extranjerismo por ello—, sino del afán de verdad y de trabajar concienzudamente en vez de acudir a recursos facilones.

Mayáns no podía ignorar el mérito de la tarea de Feijoo y mantuvo correspondencia con él, pero surgieron pronto los mutuos recelos y la consiguiente hostilidad; incomprensión mutua, con la cual nadie salió perjudicado sino la propia cultura del país.

Mayáns ha sido frecuentemente acusado de mal carácter y de exacerbada vanidad. Mestre reconoce que no puede negarse su orgullo de hombre consciente de su propia valía, preciado de su independencia de criterio, que se negó a adular a nobles y eclesiásticos y exigió en todo momento el respeto a su dignidad de intelectual [47]. Es imposible desconocer que existe en él un cierto resentimiento, nacido de su evidente marginación oficial y de la oposición de muchas gentes inferiores que esterilizaron sus proyectos; y nada tiene de extraño que un hombre de su condición fuera sensible a todo ello y reaccionara doloridamente en tales circunstancias. Por lo demás, Mayáns fue siempre muy generoso con quienes creyó dignos de su estima y se volcó en la ayuda y colaboración a cuan-

---

[47] Morel-Fatio, que tan duro se muestra con la supuesta vanidad de Mayáns y con su actitud hacia émulos o adversarios, se ve obligado a reconocer la insobornable independencia del erudito: ni Felipe V, ni Fernando VI, ni Carlos III —dice («Un érudit espagnol...», cit., pág. 190)— le vieron piruetear sobre sus talones e implorar sus mercedes, ni tampoco los confesores o ministros, dispensadores habituales del favor real (pág. 194). Ningún dato —escribe Morel-Fatio (pág. 195)— permite acusar a Mayáns en su conducta respecto de los príncipes y los representantes del poder, y los honores o cargos que solicitó le eran debidos en justicia; en sus relaciones con la casa de Alba —se había negado a continuar la biografía del gran Duque a gusto de su actual heredero, que se la había encargado—, dio a sus compañeros de letras, dice Morel-Fatio (pág. 203), una buena lección de dignidad profesional. Entonces cabría preguntarle ahora al erudito francés si estas cualidades no justifican el orgullo del español, preciado de su independencia, en el sentido que ha valorado Mestre con más justo criterio. Morel-Fatio menciona todavía otras facetas muy atractivas de Mayáns, que no es frecuente aducir: en primer lugar, su buena voluntad para con los jóvenes (pág. 208), a los que ayuda en su carrera y de los que no se muestra celoso como otros «llegados» a las alturas (Morel-Fatio recuerda diversos casos que lo prueban). En segundo lugar, la diligencia mostrada por Mayáns para ayudar a los habitantes de su villa natal en diversos problemas de su comercio y administración; cuando era necesario —escribe Morel-Fatio (pág. 218)—, sabía salir de su gabinete de erudito para mezclarse en la vida común y prestar a sus conciudadanos el apoyo de sus altas relaciones.

tos las pidieron [48]. De todos modos, una cierta rigidez, un cierto grado de suficiencia es forzoso admitir en el erudito de Oliva. Feijoo podría ser infinitamente más superficial, pero logró resultados que era entonces indispensable obtener. La erudición a lo Mayáns —fertilísima, primordial, cimiento y base de tantas investigaciones posteriores— no era para todos, y la casa no podía comenzarse por el tejado; una obra de desbrozamiento y divulgación, popular y asequible, era tan urgente como los esforzados trabajos de Mayáns, y ambos debían complementarse. Las censuras de Feijoo y de los *diaristas* al erudito de Oliva eran tan lamentables como la incomprensión de éste hacia el autor del *Teatro crítico*, cuya novedad de forma y de tono, avanzada de un nuevo mundo literario, no fue capaz de comprender. Feijoo conquistó la eficacia que fue negada a Mayáns. Cierto que el camino era más fácil y mucho más adecuado para obtener la resonancia que era imposible a las áridas investigaciones del erudito; pero Mayáns ni siquiera consiguió llevar adelante sus planes dentro del círculo minoritario que le era propio. En consecuencia, no es del todo injusto que la tarea científica del grupo valenciano, y particularmente de Mayáns, necesite en nuestros días la paciente labor de eruditos no menores para ponerla de manifiesto; clara prueba de que buena parte de su labor quedó en la sombra y de que en muchos aspectos fue casi estéril, por lo que es forzoso admitir que, con sus evidentes superficialidades, hicieron más por la renovación española quienes fueron lo bastante hábiles para hacerse escuchar [49].

La capacidad y preparación de Mayáns fue, sin embargo, reconocida hasta por sus propios enemigos. Poco antes de la expulsión de los jesui-

---

[48] Mestre hace una larga enumeración de los eruditos españoles y extranjeros, historiadores, editores, etc., que se beneficiaron de la colaboración y ayuda de Mayáns. Y para subrayar la actitud de éste, reproduce un fragmento de una carta a Burriel: «Estamos obligados —dice— a ayudarnos mutuamente, porque ni uno puede tener todas las noticias esparcidas en tantos libros ni, aunque las tenga, puede tenerlas presentes ni combinarlas de una misma manera que otros, ni hacer sobre ellas todas las reflexiones convenientes; motivos que siempre me han obligado a franquear a cualesquiera estudiosos, bien intencionados, cuanto me han pedido y he sabido» (*Ilustración y reforma...*, cit., pág. 165, nota 56).

[49] Mestre ha tratado con amplitud el influjo de la personalidad de Mayáns en la eficacia de su obra literaria (véase el mencionado cap. IX de *Historia, fueros...*). Pero en el prólogo de *Ilustración y reforma...* hace un resumen del problema que, por su precisión, merece ser reproducido: «Mayáns —dice— nunca dudó de su capacidad intelectual y del valor científico de sus trabajos. Pero siempre dudó, en su intimidad, que la sociedad española reconociese sus méritos. De ahí la tendencia a alabar sus propios trabajos y el interés de que otros confiesen su valor. En el fondo, es la compensación y premio que le niega la sociedad española. Y, por cierto, el mismo Mayáns es, en parte, responsable del desdén que sufre. Su petulancia juvenil, el excesivo criticismo respecto a las obras de sus contemporáneos y su susceptibilidad —defecto muy frecuente entre los intelectuales de su tiempo, como demuestran tantas polémicas absurdas de nuestro siglo XVIII— provocaron una serie de oposiciones que disminuyeron sus posibilidades intelectuales» (pág. 20).

tas, el monarca, por medio de Roda, le pidió a Mayáns un informe sobre la reforma de los estudios, del cual hemos hecho mención a propósito de la reforma de las Universidades. También, cuando fue firmado con la Santa Sede el Concordato de 1753, el marqués de la Ensenada invitó a Mayáns, por voluntad del rey, a que escribiese sobre el Patronato Real, y Mayáns redactó sus *Observaciones sobre el Concordato.* Mayáns era un regalista convencido y tenía muchos puntos de afinidad con los jansenistas en lo referente a estos problemas y a sus ideas sobre la reforma de la Iglesia. Sin embargo, su informe provocó recelo en las esferas gubernamentales. Mayáns era un decidido partidario del aumento de poder de los obispos, sobre lo cual basaba precisamente el derecho de Patronato de los reyes, encargados de protegerlos y de mantener las leyes y costumbres eclesiásticas del país con independencia de la Sede romana, siempre que el dogma no fuera afectado. Pero este episcopalismo exigía la convocatoria y autoridad de los concilios nacionales, y los ministros de la corona se oponían a ellos porque hubieran obstaculizado el creciente despotismo borbónico.

Por otra parte, la crítica de los abusos eclesiásticos que hacía Mayáns y su deseo de reducir la jurisdicción eclesiástica al campo estrictamente espiritual, según los planes de los jansenistas europeos, enfrentaba al erudito con los miembros de la Iglesia y sobre todo con las altas jerarquías que brujuleaban en torno al poder. De este modo, sus planes para armonizar el predominio del poder civil con el conciliarismo, distantes de ambos extremos, provocaron la oposición de ambos, y como en otras muchas ocasiones quedó sin eco la voz de Mayáns. Su pensamiento en este orden de cosas queda como representante genuino del llamado cristianismo ilustrado; pero la exposición de su contenido, tan importante para la historia ideológica de nuestra Ilustración, nos alejaría demasiado del objeto principal de estas páginas [50].

CERDÁ Y RICO

Entre los discípulos y seguidores de Mayáns en el campo de la investigación histórica y literaria debe destacarse a Francisco Cerdá y Rico, nacido en Castalla, provincia de Alicante, en 1739 [51]. Hijo de familia hidal-

---

[50] Aunque todo el libro de Mestre, *Ilustración y reforma...,* está dedicado al estudio de la actitud de Mayáns frente a los problemas de la reforma eclesiástica, véanse en particular los caps. IX y X: «Filojansenismo y corrientes europeas en Valencia» y «El humanista cristiano».

[51] Cfr.: Sempere, *Ensayo...,* cit., II, págs. 173-185. Ángel González Palencia, «Don Francisco Cerdá y Rico. Su vida y sus obras», en *Boletín de la Real Academia Española,* XV, 1928, págs. 94-129, 232-277, 315-346 y 473-489; reproducido en su libro *Eruditos y libreros del siglo XVIII,* Madrid, 1948, págs. 2-167 (citamos por esta última edición).

ga, estudió leyes y cánones en la Universidad de Valencia, donde se graduó de Bachiller en Derecho Civil. Desde muy temprano entró en relación
con Mayáns, que orientó sus aficiones humanistas y con quien mantuvo
larga correspondencia. Ayudado por las recomendaciones de Mayáns se
trasladó Cerdá a Madrid; bien pronto obtuvo un puesto en la Biblioteca
Real, donde pudo entregarse fácilmente a sus trabajos preferidos. En 1775
fue elegido académico de la Historia, y en 1783 oficial de la Secretaría de
Estado y del despacho universal de Gracia y Justicia de Indias, lo que le
obligó a dejar el servicio activo en la Biblioteca Real; más tarde fue nombrado secretario del Consejo y Cámara de Indias para el departamento
de Nueva España. Murió en Madrid el 5 de enero de 1800.

Cerdá fue sustancialmente un bibliófilo, que, como su maestro Mayáns,
amaba apasionadamente cuanto representaba el humanismo español del
siglo XVI. Dedicó toda su vida a la publicación de textos antiguos con el
propósito de poner al alcance del lector obras de difícil o imposible
acceso. Como en tantos otros escritores del siglo XVIII, la tarea de Cerdá
está orientada por una vivísima preocupación patriótica. En numerosos
pasajes de sus publicaciones declara que le mueve el deseo de vindicar
el honor y nombre de la literatura española, dándola a conocer dentro
y fuera del país: los eruditos europeos —dice— apenas tienen noticias de
unas pocas obras españolas, debido en buena medida a nuestra propia
incuria, ya que no nos hemos cuidado de sacar de la oscuridad a nuestros
ingenios. Cerdá lamenta una y otra vez que por no haberse repetido las
impresiones se haya perdido hasta la noticia de muchas obras, que ahora
sólo con grandes esfuerzos pueden recogerse; de aquí —añade— procede
el desprecio de los extranjeros, que nos objetan sin razón el corto número de nuestros escritores. Y con llana modestia invita a quienes posean
manuscritos inéditos de famosos escritores o libros de especial rareza
a que los comuniquen, para poderlos difundir. En el Apéndice III que
puso a su edición de la *Retórica* de Vosio, trazó un resumen —quizá el
primero— de nuestra historia literaria, con el fin de que los jóvenes estudiantes pudieran conocer su propia lengua y literatura. Siempre que
le es posible, añade a las noticias biográficas y bibliográficas de cada
autor juicios de otros escritores sobre sus obras; y se excusa —en el
Apéndice II de la mencionada *Retórica*— de utilizar en gran medida notas
de Nicolás Antonio, porque no escribe para sabios, sino para los jóvenes
que no tienen tiempo ni ocasión de leer aquellos voluminosos tomos.

En cuanto a la técnica de las publicaciones, Cerdá propugna que se
den los textos íntegros, con el lenguaje y la ortografía peculiar de cada
tiempo, y, si se trata de obras completas, toda la producción del escritor,
así lo bueno como lo malo, porque hasta en lo malo existen cosas aprovechables, y es necesario conocer en su integridad la personalidad de un

autor [52]. Al emprender la edición de todas las obras de Lope, en prosa y en verso, no siendo todas ellas de igual mérito, explica que una selección hubiera dado origen a quejas y críticas y no hubiera satisfecho a todos [53]. Desea Cerdá que las publicaciones de esta índole lleven índices, y se jacta de ser el primero en nuestro país que hizo el de las obras y primeros versos de Lope.

Cerdá, a diferencia de su maestro Mayáns, fue muy bien acogido en las esferas oficiales y no debió de andar corto de habilidad para manejarse entre los grandes que le pudieran favorecer y patrocinaran sus trabajos. Gozó de la amistad y favor del bibliotecario real Juan M. de Santander, de los ministros Roda, Campomanes, Floridablanca, y, en las últimas décadas de su vida, de Godoy; González Palencia reconoce [54] que a la protección del Príncipe de la Paz, tanto como a sus propios méritos, habrá que atribuir los ascensos que el erudito escritor obtuvo en su carrera literaria. Gracias a estas relaciones y a las que tuvo con otros muchos miembros de la nobleza, poseedores de las bibliotecas más ricas y escogidas, pudo Cerdá disponer de escritos de particular rareza y valor y llevar adelante muchos de sus trabajos.

González Palencia ha publicado el catálogo de las muy importantes publicaciones literarias de Cerdá [55]. Editó éste obras de escritores españoles en latín y en castellano. Entre las primeras deben destacarse las obras completas de Alfonso García Matamoros; el *De Aphrodisio expugnato*, de Juan Cristóbal Calvete de Estrella, al que añadió varios poemas latinos del autor, recogidos en diversos libros; las *Obras*, editadas e inéditas, de Juan Ginés de Sepúlveda, acompañadas de una monografía sobre el autor «como pudiera serlo una hecha en nuestros días» [56]; una colección titulada *Clarorum Hispanorum opuscula selecta et rariora, tum latina, tum hispana*, en la que se incluyen varios trabajos inéditos con un resumen de la vida y obras de cada autor; González Palencia afirma que «la edición de Cerdá puede compararse con las mejores de la crítica moderna» [57]. Finalmente, hay que añadir la ya aludida *Retórica* (*Rhetorices contractae, sive Partitionum oratoriarum libri quinque*) de Vosio, a la que añade Cerdá un comentario sobre numerosos retóricos españoles, desde Nebrija y Luis Vives hasta Mayáns, con noticia bibliográfica de cada uno, y tres *Apéndices* sobre los *Retóricos antiguos, griegos y latinos*, sobre los *Españoles que han escrito en la más pura latinidad*, y, finalmente, sobre los

---

52 «Don Francisco Cerdá y Rico...», cit. pág. 164.
53 Ídem íd., pág. 96.
54 Ídem íd., pág. 23.
55 Ídem íd., págs. 69-158.
56 Ídem íd., pág. 76.
57 Ídem íd., pág. 83.

Principales escritores de la lengua castellana, resumen de nuestra historia literaria, a que arriba nos hemos referido.

Entre las ediciones en español deben destacarse las *Obras* de Francisco Cervantes de Salazar; *La Mosquea*, de Villaviciosa; la *Nueva idea de la tragedia antigua*, de Jusepe Antonio González de Salas; *La Diana enamorada*, de Gaspar Gil Polo, con un importante estudio y abundantísimas noticias, muchas de las cuales le fueron comunicadas por Mayáns; una colección de *Poesías espirituales*, de diversos autores; las *Tablas poéticas* y las *Cartas Philológicas*, de Francisco Cascales; las *Coplas* de Jorge Manrique, acompañadas de las glosas de varios autores. Mención aparte merece la gran colección, en 21 volúmenes, de las *Obras sueltas, assí en prosa como en verso, de don Frey Lope Félix de Vega Carpio*, publicadas hasta entonces por lo común en malas impresiones y ya de difícil acceso. Cada volumen lleva un prólogo referente a las obras que contiene. Cerdá reproduce en cada caso las *Censuras, Aprobaciones* y *Elogios* que llevan las obras en anteriores ediciones, fiel a su criterio de publicarlas siempre completas. La Colección, impresa por Sancha, fue editada por suscripción [58].

No menor que en el campo de la literatura fue la actividad de Cerdá en el terreno de la historiografía, donde todavía fue mayor, si cabe, el magisterio de Mayáns. Mestre subraya [59] el visible influjo del erudito de Oliva en el discurso de Cerdá al ingresar en la Academia de la Historia, cuando destaca la necesidad de publicar los documentos auténticos y desterrar las fábulas introducidas por personas carentes de la erudición que requiere el historiador.

Editó Cerdá la *Expedición de los catalanes y aragoneses contra turcos y griegos*, de Francisco de Moncada, no publicada desde 1623, con su estudio. En 1777 editó las *Memorias Históricas del Rei D. Alonso el Sabio i observaciones a su Crónica*, del marqués de Mondéjar, cuyo manuscrito poseía y facilitó Mayáns. Cerdá antepuso un prólogo que, según dice Mestre, «reunía todas las condiciones para gustar al erudito de Oliva» [60], y en cuanto a la edición seguía en todo su metodología: «Los textos en su lengua original, los errores de Mondéjar corregidos, las noticias confusas aclaradas, la exposición de las diversas opiniones en caso de duda, fidelidad absoluta al texto del autor y hasta la ortografía de Nebrija». En 1783 editó Cerdá las *Memorias Históricas de la Vida y Acciones del rey*

---

[58] Mestre da cuenta (*Historia, fueros...*, cit., pág. 345, nota 168) de que Mayáns facilitó a Cerdá, para su publicación, diversas obras literarias, aunque no todas llegaron a editarse, entre ellas el *Cancionero de la Academia de los Nocturnos de Valencia*, que no ha sido publicado hasta 1906-1912 por Martí Grajales.

[59] Véase en Mestre (*Historia, fueros...*, cit.) el parágrafo «Origen mayansiano del criticismo de Cerdá Rico», págs. 338-355, con abundante información sobre todas las obras que se mencionan.

[60] Idem íd., pág. 349.

D. Alonso el Noble, octavo del nombre, según manuscrito de Mondéjar facilitado también por Mayáns poco antes de su muerte, precedidas de un riguroso estudio. Y en 1787 editó la *Crónica de D. Alonso el Onceno de este nombre*, publicada por primera y única vez en 1551, asimismo según un manuscrito de Mayáns, que Cerdá cotejó con otro existente en El Escorial; la edición lleva también el correspondiente estudio del editor y numerosas notas críticas.

Es muy interesante la *Representación contra el pretendido voto de Santiago*, elevada a Carlos III por el duque de Arcos, pero compuesta por Cerdá a requerimientos del duque para eximirse del impuesto que correspondía a los pueblos de su casa y estados con dicho fin. El escrito es una documentada prueba de la falsedad de esta tradición [61].

LOS MOHEDANO

Un ambicioso afán enciclopédico, pero aplicado al estudio de la literatura española, estimuló el trabajo de los hermanos Rodríguez Mohedano, Pedro y Rafael, nacidos en Córdoba en 1722 y 1725 respectivamente. Ambos profesaron en la Orden Franciscana y ambos pasaron luego y vivieron juntos en el convento de San Antonio Abad de Granada. Los dos fueron nombrados académicos correspondientes de la Real de la Historia, y murieron hacia 1783 con escasa diferencia.

Su obra capital·es la *Historia literaria de España, desde su primera población hasta nuestros días*; título que se completa con esta aclaración: *Origen, progresos, decadencia y restauración de la Literatura Española, en los tiempos primitivos de los Phenicios, de los Cartagineses, de los Romanos, de los Godos, de los Árabes y de los Reyes Católicos, con las vidas de los Hombres sabios de esta Nación, juicio crítico de sus obras, extractos y apologías de algunas de ellas. Disertaciones históricas y críticas, sobre varios puntos dudosos, para desengaño e instrucción de la Juventud Española* [62]. El primer volumen apareció en Madrid en 1766 y publicaron hasta nueve, al cabo de los cuales no consiguieron ir más allá de la literatura hispano-romana. En realidad, la obra de los padres Mohedano desbordaba con mucho el campo literario prometido y se derramaba sobre los aspectos más varios de la historia y de la cultura. Con irrefrenable ambición enciclopédica tratan en sus volúmenes del gobierno, leyes, artes

---

[61] José López de Toro ha publicado una composición en verso contra Cerdá, atribuida a Ignacio Hermosilla, en que alude a diversas circunstancias y publicaciones del erudito. No es más que una ristra de insultos, inspirados por la envidia y la maledicencia, como podrían escribirse contra cualquier persona. Véase José López de Toro, «Cerdá y Rico en la picota», en *Boletín de la Real Academia de la Historia*, CXLIX, oct.-dic. 1961, págs. 137-149.

[62] Cfr.: Sempere, *Ensayo...*, cit., IV. págs. 66-72.

y ciencias de España desde sus tiempos más remotos; de los primeros pobladores, colonizadores y conquistadores; de los diversos nombres de España y viajes de los antiguos; de los reyes fabulosos y las relaciones de la Península con Salomón; de los comienzos de nuestra literatura, que suponen originada en los celtas, etc., etc.; el tomo III está dedicado a la cultura y literatura de Roma y al influjo de ésta en nuestra patria; y a partir del cuarto volumen se emprende el estudio de los escritores hispano-latinos hasta concluir en el noveno con la vida y escritos de Junio Galión y de Pomponio Mela.

La *Historia* de los Mohedano, que pretendió emular la *Historia literaria de Francia* compuesta por los benedictinos franceses, resulta, innegablemente, una acumulación de las más variadas noticias que sus autores pudieron adquirir, y de valor y crédito igualmente diverso. Forner, en sus *Exequias*, se burló sarcásticamente, con exageración muy suya, de este «fárrago enorme» de asuntos inconexos, de inacabables digresiones y de problemática erudición sobre asuntos —dice— carentes muchas veces de importancia[63]. Probablemente, la obra de los Mohedano, como conjunto, es, entre las de su tiempo, la que con más justicia ha quedado hundida en el panteón de la arqueología literaria. Y, sin embargo, los Mohedano tuvieron plena conciencia del valor y la necesidad del cultivo de una historia crítica como base de la reforma intelectual del país, y expusieron claramente estas ideas en el discurso o prólogo con que se inicia el volumen primero de su *Historia*[64]. Entendieron también, con criterio que se abre camino en su tiempo, la necesidad de incluir el estudio de las ideas, las costumbres, los modos de vida y, sobre todo, de las ciencias, para la adecuada comprensión de la vida real de un pueblo; todo ello formaba un conjunto que completaba y hacía inteligible su literatura. Pero semejante panorama no podía circunscribirse a una parte

---

[63] Ed. Pedro Sáinz Rodríguez, «Clásicos Castellanos», Madrid, 1925, pág. 152. Dice literalmente Forner: «Cuando en España eran leídos *Herodoto, Tucídides, Xenofonte, Livio, Salustio* y *Tácito*, ¿hubiera pasado por historia un fárrago enorme de noticias mal digeridas, una mezcolanza monstruosa de asuntos inconexos, una eterna obra de investigaciones pesadísimas sobre puntos de ninguna importancia al linaje humano? Dos gruesos tomos se emplean para decir que no se sabe qué se supo en España antes del imperio de Augusto. Jamás se ha visto fertilidad más estéril». Con más equilibrado juicio, Menéndez y Pelayo, aludiendo a la crítica hostil que dirigió a la *Historia* Ignacio López de Ayala, dice que nadie se hizo cargo de que el mérito de la obra de los Mohedano consistía precisamente en su prolijidad y en ser completa sobre todos aquellos puntos que abarcaba: «Si con igual diligencia y falta de preocupación literaria —escribe— se hubiese continuado, hoy tendríamos completo el arsenal, con cuyos materiales podría construirse la historia crítica del ingenio español, por tantos empezada y de tantos en vano deseada» (*Historia de las ideas estéticas*, cit., III, pág. 378). Añade que el solo anuncio de la obra de los Mohedano, «primer libro que llevaba al frente el rótulo de *Historia literaria de España*», manifestaba cuán grande iba siendo la curiosidad erudita respecto de nuestros orígenes literarios.

[64] Cfr.: Antonio Maravall, «Mentalidad burguesa e idea de la Historia», cit., passim.

o época, sino que había de establecerse desde los orígenes y seguir los diversos estados, alteraciones, aumentos y decadencias a través de las distintas dominaciones y siglos. Estas ideas explican, y justifican, su ambicioso plan, sólo que, por su misma magnitud, desbordó sus posibilidades; faltos también de método, se perdieron en una selva, cuyas orillas no consiguieron acotar. La obra de los Mohedano, tan imperfecta y dispersa, sirvió no obstante como acicate de estudios más valiosos y suscitó la curiosidad hacia muchos campos de la cultura.

Sempere y Guarinos[65] da cuenta de que en 1779 se publicó en Madrid una *Apología del tomo V de la Historia Literaria de España*, para responder a varias objeciones que se habían hecho a la obra, reprochándole que no contenía «observación alguna original ni pensamiento nuevo». La *Apología* incluye dos listas, una con lo nuevamente descubierto en el tomo V que no se halla en la *Bibliotheca* de Nicolás Antonio, y otra con lo descubierto y añadido sobre literatura española en los tomos precedentes.

Informa también Sempere[66] de los esfuerzos que los Mohedano hicieron en su Provincia de la Orden Tercera para introducir y promover los estudios de elocuencia, física, teología positiva y polémica, matemáticas y lenguas orientales. A solicitud suya se establecieron en aquella provincia cátedras de matemáticas, lengua griega, hebrea y arábiga; de su propio peculio adquirieron libros que se repartieron entre los catedráticos y discípulos, y sufragaron también los viajes y estudios de dos religiosos para que se perfeccionaran en Madrid en el conocimiento de lenguas orientales bajo la dirección de don Miguel Casiri.

Los Mohedano, además de su *Historia*, debieron de escribir un crecido número de monografías sobre temas muy varios de historia, crítica, literatura, etc. Sempere dice que le «consta»[67] que tenían «trabajadas» diversas *Memorias*, que cita a continuación con sus títulos. Entre ellas advertimos una, que no podía faltar: *Defensa de la Nación Española, su gobierno y literatura, contra algunos modernos extranjeros.* Y otra —perdida también, sin duda, con todas las demás—, que quizá encerrara mayor interés: *Reflexiones sobre la Literatura Española de los tres últimos siglos, comparada con la francesa, y de otras naciones.* Sería, probablemente, excesivo imaginar en este trabajo de los Mohedano un avance de los modernos estudios comparatistas; pero es evidente que estaba abriéndose paso el fecundo deseo de investigar y valorar las estrechas relaciones e influjos existentes entre las diversas literaturas de Europa.

---

65 Cit., pág. 69.
66 Idem íd., págs. 70-71.
67 Idem íd., págs. 69-70.

LLAMPILLAS

Historiador también de la literatura española, pero con acusada intención polémica fue un jesuita exiliado, Francisco Xavier Llampillas, catalán, profesor de Retórica en Barcelona y luego de Teología en Ferrara. Diversos críticos e historiadores italianos habían escrito en forma despectiva sobre los literatos españoles. Saverio Betinelli, también exjesuita, en su obra *Del risorgimento d'Italia negli Studi, nelle Arti e nei Costumi dopo il Mille*, publicada en 1775, había acusado a los españoles de servirse de un estilo pomposo y de que Góngora era el responsable de las exageraciones de Marino y, consecuentemente, de la corrupción del gusto poético en Italia. Decía asimismo que los dramaturgos españoles habían pervertido también el teatro de su país. Girolamo Tiraboschi, bibliotecario del duque de Módena, en su *Storia della letteratura italiana* (13 volúmenes, 1771-1782), remontaba la acusación hasta la época de Séneca y Marcial, corruptores —decía— de la literatura latina. El mismo Pietro Napoli-Signorelli, tertuliano de la Fonda de San Sebastián, admirador en tantos aspectos de las letras hispanas, expuso en su *Storia critica dei teatri antichi e moderni* opiniones adversas al drama español, que estimaba inferior al italiano [68].

Contra todos estos escritos compuso Llampillas su *Saggio apologetico della letteratura spagnuola contro le pregiudicate opinioni di alcuni moderni scrittori italiani*, en seis volúmenes, publicados en Génova en 1778-1781. El juicio de Menéndez y Pelayo sobre la obra de Llampillas nos parece enteramente correcto [69]: el jesuita catalán fue justo y convincente en multitud de cosas, pero comprometió su causa con evidentes exageraciones, propias de la actitud polémica adoptada. Llampillas probó perfectamente contra Tiraboschi, en los dos primeros volúmenes, que no habían sido los hispano-romanos quienes provocaron la corrupción de la literatura latina, puesto que Ovidio fue ya un poeta de decadencia y la oratoria había enmudecido con la muerte de la república. Demostró la excelencia de Séneca, Lucano y Marcial, escritores superiores a cuantos tuvo la len-

---

[68] Cfr.: U. M., *Nota biográfico-crítica del P. Francisco Javier Llampillas, S. J.*, Mataró, 1895; separata del *Semanario de Mataró*, 1 diciembre 1894. M. Menéndez y Pelayo, *Historia de las ideas estéticas*, cit., III, págs. 350-355. Giuseppe Carlo Rossi, «Calderón en la crítica española del siglo XVIII», en *Estudios sobre las letras en el siglo XVIII*, Madrid, 1967, págs. 71-76. Del mismo, «Metastasio, Goldoni, Alfieri y los jesuitas españoles», en ídem íd., págs. 277-279 y 285-286. Miguel Batllori, «La literatura hispano-italiana del Setecientos», en *La cultura hispano-italiana...*, cit., págs. 38-39; hace también numerosas referencias a Llampillas en otros diversos trabajos reunidos en dicho libro. Sobre las polémicas de Llampillas, véase también Guido Ettore Mazzeo, *The Abate Juan Andrés*, cit. luego, sobre todo en la Primera Parte, passim.

[69] En *Historia de las ideas estéticas*, cit., III, pág. 350 y sigs.

gua del Lacio después del siglo de Augusto. En los cuatro volúmenes restantes hizo una apología apasionada de la literatura española incluyendo la poesía provenzal, que confunde con la catalana, la escolástica medieval, considerada como obra de los árabes españoles, para recorrer después los escritores del Renacimiento, con sus humanistas, filósofos, teólogos, canonistas y médicos, «que fueron luz de las escuelas italianas en el siglo XVI», y los del Siglo de Oro.

En cuanto a la censura principal formulada por los italianos contra la poesía de Góngora, sostuvo Llampillas que el gongorismo y el marinismo habían existido simultáneamente, sin que uno influyera en el nacimiento del otro; que la afectación poética había aparecido también al mismo tiempo, o quizá antes, en Inglaterra y en Francia porque se trataba de un movimiento general y no privativo de nuestro país.

Respecto a la dramática, Llampillas defendió la libertad de la comedia española frente a la rigidez de los preceptos clásicos, utilizándo argumentos *ad hominem* de gran eficacia polémica; pedía para Calderón la misma comprensión que se concedía a la ópera italiana, con la cual tenían las obras de aquél mayores semejanzas que con la tragedia francesa, y hacía ver las transgresiones contra las unidades, cometidas en las más celebradas obras del clasicismo italiano o francés [70].

El tono de la obra, que fue traducida muy pronto al español por doña Josefa Amar y Borbón, alarmó a los italianos directamente atacados, particularmente a Tiraboschi, quien, según dice Batllori [71], temía represalias diplomáticas si se conocía su historia literaria tan sólo por la desorbitada impugnación de Llampillas. Por esto contestó al apologista mediante una carta pública dirigida al padre Andrés, mucho más prudente y moderado. Pero Llampillas, lejos de apaciguarse, contraatacó con una violenta respuesta, que fue añadida luego como tomo séptimo a la obra y traducida también al castellano.

Menéndez y Pelayo afirma que la obra de Llampillas, a pesar del fragor polémico que provocó, produjo en general buena impresión en Italia y contribuyó a rectificar muchos pareceres dominantes. La misma temeridad, añade, de muchas de sus proposiciones, hizo que fuera muy leído, y pudo convencer a muchos lectores de la medida en que ignoraban las cosas de su país. En España, donde el problema de las apologías estaba candente, según sabemos, a consecuencia de la pregunta de Masson, Llampillas obtuvo diversa acogida según se tratara de los patriotas impenitentes o de los reformadores, para quienes toda apología sistemática resultaba, de entrada, sospechosa.

---

[70] Sobre este problema en particular véanse los dos artículos de Rossi, cit.
[71] «La literatura hispano-italiana...», cit., pág. 39.

EL P. JUAN ANDRÉS

El padre Miguel Batllori ha puesto de relieve la primacía indiscutible que, de modo global, ostenta el grupo catalán y valenciano entre los jesuitas desterrados que pasaron a Italia, y lo explica por el ambiente ilustrado, muy superior al existente en el resto del país, que vivieron aquellos con anterioridad en sus provincias respectivas [72]. Mestre hace suyo el juicio de Batllori y recuerda unas palabras de Juan Antonio Mayáns, el hermano de don Gregorio, en carta a Vega Sentmenat: «¿Cómo es que habiendo en Italia tantos abates de toda la extensión de la monarquía, solamente se dan a conocer los catalanes y valencianos? Creo que si otras provincias hubieran tenido Finestres y Mayáns, sucedería lo mismo». Y Mestre comenta por su cuenta: «Nadie mejor que Juan Andrés resume en su actividad el doble aspecto de simbiosis intelectual hispano-europea. El ambiente que vivió en Valencia le facilitó la prodigiosa adaptación al pensamiento ilustrado que encontró en Italia. Su apertura a las ideas europeas está en consonancia con la actitud de los intelectuales valencianos, en especial Gregorio Mayáns, con quien le unía una sincera amistad» [73]. Añadiendo nuevas razones para explicar la superioridad del grupo valenciano, Batllori aduce su maravillosa capacidad de adaptación; mientras otros muchos miraban con recelo a los que entraban en contacto con la cultura italiana, los valencianos son los primeros en ambientarse en el nuevo clima, dando pruebas de una condición acreditada en muchos otros momentos de su historia, y así, mientras por una parte mantuvieron la afición por el pasado cultural y político del reino de Valencia, escriben en italiano o en latín con la misma naturalidad que si lo hicieran en su lengua vernácula o en castellano [74].

El padre Juan Andrés, el más destacado, probablemente, de este grupo, nació en Planes, provincia de Alicante, el 15 de febrero de 1740, de una familia perteneciente a la pequeña nobleza campesina [75]. Estudió primera-

---

[72] «La literatura hispano-italiana...», cit., págs. 23-24.

[73] Antonio Mestre, *Historia, fueros...*, cit., pág. 356 y nota 202.

[74] «Jesuitas valencianos en la Italia setecentista», en *La cultura hispano-italiana...*; cit. pág. 514.

[75] Cfr.: Sempere, *Ensayo...*, cit., I, págs. 100-112. Francisco Giner de los Ríos, «El Abate Andrés y el siglo XVIII», en *Cuadernos Americanos*, marzo-abril 1950, páginas 183-200. Miguel Batllori, «La literatura hispano-italiana...», cit., págs. 24-29. Del mismo, «Una memoria biográfica sobre Juan Andrés por Francisco Javier Borrull y Vilanova», en *La cultura hispano-italiana...*, cit., págs. 515-529. Del mismo, «Juan Andrés», en ídem íd., págs. 531-535. Del mismo, «Juan Andrés y el humanismo», en ídem íd., páginas 537-545. Guido Ettore Mazzeo, *The Abate Juan Andrés Literary Historian of the XVIII Century*, Hispanic Institute in the United States, Nueva York, 1965 (monografía fundamental).

mente en el Colegio de Nobles que tenían los jesuitas en Valencia, y en 1754 entró en la Compañía tras haber renunciado en su segundo hermano su derecho de primogenitura. Durante varios años hizo estudios en diversos colegios catalanes (Tarragona, Manresa y Gerona) para terminarlos en el Colegio de San Pablo de Valencia, donde fue ordenado de sacerdote. Fue entonces enviado como profesor de retórica y poética a la Universidad de Gandía, donde entonces ejercía de rector el famoso Mateo Aymerich. La proximidad de Mayáns, residente entonces en Oliva a sólo unos pocos kilómetros de Gandía, hizo posible la amistad del famoso erudito con el padre Andrés, que le visitaba frecuentemente para charlar con él y llevarse en préstamo libros selectos de su biblioteca. Mayáns llegó a sentir un gran afecto por el joven jesuita, y cuando en 1767 se produjo el decreto de expulsión —a pesar de que éste fue tan del agrado de Mayáns— trató de retenerlo en España pretendiendo incluso que abandonara la Compañía. Con este fin escribió al padre jerónimo Manuel Almagro, a quien creía encargado de los trámites relacionados con los expulsos, haciéndole ver que la permanencia de Andrés en España sería de gran utilidad para las letras del país. Pero Andrés rehusó la mediación y salió para el destierro con sus hermanos de orden [76].

Tras una estancia de varios meses en Córcega, se estableció en Ferrara, donde enseñó filosofía durante cinco años y publicó un tratado sobre esta materia que despertó la curiosidad en los centros literarios de toda Italia. El marqués Bianchi le ofreció entonces el cargo de preceptor de sus hijos, y el padre Andrés se trasladó a Mantua, donde residió desde 1774 hasta 1796, cuando las tropas de Bonaparte entraron en la ciudad. Estos fueron los años más fecundos de su vida. Allí tuvo ocasión de relacionarse con eruditos y escritores y disponer de auténticos tesoros en bibliotecas y archivos. En Mantua adquirió el padre Andrés una reputación que se extendió por toda Europa; Moratín pudo decir que «nadie sale de Mantua sin haber visto al padre Andrés» [77], y no exageraba, pues allí le visitaron escritores tan gloriosos como Herder y Goethe y muchos hombres públicos eminentes, entre ellos el emperador José II; Leopoldo II, dos papas —Pío VI y Pío VII— y diversos reyes y dignidades de todo género le dispensaron sus favores. Pocos años después de la expulsión el propio Carlos III le concedió, entre otros privilegios, un aumento de la pensión que el gobierno español había asignado a los jesuitas desterrados y que todavía fue aumentada por Carlos IV.

Las campañas de Napoleón llevaron sucesivamente al padre Andrés a Parma, Roma y Pavía, de cuya biblioteca fue nombrado director por el emperador de Austria, Francisco I. En 1804, el rey de Sicilia, Fernando IV,

---

[76] Cfr.: Antonio Mestre, *Historia, fueros...*, pág. 360.
[77] Leandro Fernández de Moratín, *Obras póstumas*, I, Madrid, 1867, pág. 552.

restableció la Compañía en sus estados, y el padre Andrés se dirigió a Nápoles para ingresar de nuevo en ella. Fernando IV le honró con altos cargos culturales, entre ellos el de Rector del Real Seminario de Nobles, pero la llegada de Napoleón a Nápoles obligó al rey y a los jesuitas a refugiarse en Sicilia. El padre Andrés fue retenido en Nápoles por el propio Napoleón, que le nombró director de la Biblioteca Real, cargo que confirmó Murat al suceder a su cuñado. En los años inmediatos fue elegido miembro de las más importantes Academias y centros culturales de Italia. Y cuando en 1814 regresaron los Borbones a Nápoles, el rey Fernando mantuvo en su mismo puesto al padre Andrés. Al año siguiente quedó ciego a consecuencia de unas cataratas, pero todavía continuó trabajando en diversas investigaciones hasta su muerte, acaecida el 12 de enero de 1817, en Roma, a donde se había trasladado para internarse en la Residencia de la Compañía.

Nos hemos demorado un tanto en los detalles biográficos del padre Andrés para subrayar con ellos la resonancia europea de que gozó su obra, comparable a la de los más divulgados y estimados escritores de su siglo.

El padre Andrés se nos muestra como un espíritu de universal curiosidad, y, con ello, sumamente característico de la tendencia enciclopédica de los tiempos de la Ilustración. Al jesuita valenciano le seducían por igual todos los campos de la ciencia y de la cultura. Hemos aludido al tratado de filosofía publicado en Ferrara; el mismo año de su llegada a Mantua fue invitado a participar en un concurso para resolver un problema hidráulico, y su trabajo, que recibió el segundo premio, fue publicado por la Academia de Ciencias. En 1776 publicó un ensayo sobre la filosofía de Galileo, destacando su capital importancia para la restauración de la ciencia en Europa [78]. Publicó asimismo trabajos sobre numismática, un análisis de las obras de Metastasio, estudios sobre las antigüedades árabes de España, un comentario —que es realmente una defensa de Cristóbal Colón— sobre un mapa del cartógrafo genovés Bartolomeo Pareto impreso en 1455 y que incluía el nombre de Antillas; y hasta llegó a escribir un folleto sobre el arte de enseñar a hablar a los sordomudos.

Esta variedad de temas puede hacer pensar en una curiosidad de *dilettante*, pero es lo cierto que el padre Andrés escribió con profundidad sobre muchas de estas materias. Batllori señala [79] que en muchos campos fue un auténtico investigador y no sólo un divulgador de la cultura; él

<hr/>

[78] Cfr.: Michele Federico Sciacca, «Giovanni Andrés e la filosofia italiana», en *Italia e Spagna*, Florencia, 1941, págs. 321-335.

[79] «Jesuitas valencianos...», cit., pág. 510. Cfr.: Juan Francisco Yela Utrilla, «Juan Andrés, culturalista español del siglo XVIII», en *Revista de la Universidad de Oviedo*, I, 1940, págs. 23-58.

fue uno de los primeros —dice— entre los eruditos de Italia, que comprendió la necesidad de estudiar a fondo los manuscritos de las antiguas bibliotecas sobre lo cual escribió una erudita disertación, y, por su parte, redactó un catálogo minucioso de los códices de la Biblioteca capitular de Novara y de los que todavía se conservaban en su tiempo en el palacio Capilupi de Mantua.

Con el fin de reunir materiales e información para su gran obra, *Origen, progresos y estado actual de toda la literatura,* cuyo proyecto trazó desde el comienzo de su residencia en Mantua, emprendió diversos viajes, dentro y fuera de Italia, durante los cuales visitó salones, academias, universidades, bibliotecas, museos y todo género de centros de interés cultural, y se entrevistó con numerosos personajes eminentes tomando notas de cuanto podía interesarle para su objeto. Al regresar a Mantua escribió una serie de cartas refiriendo sus andanzas y observaciones y las envió a España, a su hermano Carlos, que, sin atender las protestas del autor, las hizo publicar en Madrid, por Sancha, en cinco volúmenes bajo el título de *Cartas familiares a su hermano D. Carlos Andrés.* De todos modos, como sucede siempre en tales casos, es de creer que las protestas del padre no fueran muy sinceras, porque años más tarde publicó otro volumen de *Cartas,* dando noticias sobre los escritores que había conocido, las polémicas literarias de su tiempo y los problemas científicos que se discutían en Italia [80].

Batllori, al comentar el resumen del *Viaje* de Ponz escrito por el padre valenciano Antonio Conca, subraya la predilección valenciana por estos viajes eruditos. De la inmensa literatura viajera sobre España —dice [81]—, que se produjo en este siglo, los casi únicos libros que quedan aún vivos y útiles para los eruditos son el *Viaje literario a las iglesias de España,* del exdominico setabense Jaime Villanueva, el *Viaje* de Ponz, con el resumen de Conca, y las *Cartas familiares* del padre Andrés, que pertenecen realmente, por la índole de su contenido y la desenvoltura y amenidad de su prosa, a esta literatura viajera. Las *Cartas* de Andrés, añade Batllori, sirvieron para dar a conocer en su país nativo las más interesantes noticias artísticas y culturales de Italia.

Las *Cartas* tuvieron tal éxito que al poco tiempo tuvieron que ser reeditadas por el mismo Sancha; en Alemania se hicieron casi en seguida dos traducciones, y una en Italia; en Francia se comenzó una traducción, que hubo de ser interrumpida a causa de los acontecimientos revolucionarios.

---

[80] Este nuevo volumen, que se añadió como sexto a la colección anterior, lleva por título *Cartas a su hermano D. Carlos Andrés, en que le comunica varias noticias literarias* (Valencia, 1800).

[81] «Conca y su refundición del *Viage* de Antonio Ponz», en *La cultura hispano-italiana...,* cit., págs. 553-572; la cita en pág. 556.

La gran obra del padre Andrés fue, como hemos dicho, *Origen, progresos y estado actual de toda la literatura*, en la cual trabajó durante largos años, y que fue publicada originalmente en italiano, por Bodoni, en 7 volúmenes, entre 1782 y 1799. Andrés dedicó la obra a Floridablanca, quien encargó su traducción al español al mencionado Carlos, hermano del autor. La edición española fue publicada por Sancha entre 1784 y 1799.

Lo primero que atrae la atención en la magna obra del padre Andrés, según puntualiza Guido Ettore Mazzeo [82], es la peculiar interpretación, muy propia de la centuria ilustrada, que da el autor a la palabra *literatura*. Su propósito no fue sólo estudiar la literatura propiamente dicha, tal como hoy la entendemos, sino incluir también el análisis de las ciencias —filosóficas, exactas, naturales— en todas sus ramas y aplicaciones, y seguir su desarrollo en todos los países a través de los tiempos. De acuerdo con este concepto, Andrés dedica los volúmenes II y III a los géneros más específicamente literarios: poesía, novela, oratoria, historia, geografía, cronología, antigüedades, gramática, crítica; los dos siguientes al estudio de las ciencias matemáticas, mecánica, hidrostática, náutica, astronomía, óptica, acústica, física, química, historia natural, anatomía, medicina, filosofía, etc., etc.; los dos últimos tomos están consagrados a los estudios eclesiásticos y teológicos. En el primer volumen —el más personal de todos, según Batllori [83]— traza el autor un panorama general de toda la materia, que se extiende desde las culturas primitivas —china, indú, caldea, persa, hebrea, arábiga, fenicia y egipcia— hasta su propia época.

La vastedad de la empresa, que aun reducida a sus estrictos límites literarios hubiese sido ya temeraria, como subraya don Marcelino [84], explica sus muchos e inevitables fallos. Numerosos aspectos están tratados con innegable superficialidad; el padre Andrés tenía que valerse frecuentemente de historias ya escritas y de datos de segunda mano; son frecuentes las vagas generalizaciones, las digresiones innecesarias, las omisiones; las notas son muy desiguales y escasa a veces la información bibliográfica, de todo lo cual tiene plena conciencia el autor, que se excusa modestamente de ello, a pesar del coraje con que emprende denodadamente su obra. Pero, dada la imposibilidad de la empresa, dice Menéndez y Pelayo, era difícil salir de ella con más garbo que el padre Andrés; poseía muchas ideas propias sobre el conjunto —añade el polígrafo santanderino—, tenía un espíritu generalizador «de los que de vez en cuando produce la erudición literaria para hacer el inventario de sus riquezas, de una manera atractiva, popular, agradable y al mismo tiempo científica», manejaba con desembarazo el tecnicismo de todas las ciencias, comprendía los des-

[82] *The Abate Andrés...*, cit., pág. 69.
[83] «Juan Andrés», cit., pág. 533.
[84] *Historia de las ideas estéticas*, cit., III, pág. 342.

cubrimientos aunque no los hubiera hecho, y poseía una mente filosófica muy apta para descubrir el significado de las cosas y encajarlas en su lugar: «Era todo lo contrario de un *especialista;* pero era precisamente lo que debía ser para llevar a razonable término su empresa temeraria, que un erudito de profesión no hubiera intentado nunca» [85].

Sobre estos rasgos, sumados a la habilidad y gracia expositiva, hay que añadir otros muchos aspectos positivos que encierra la obra del padre Andrés. El autor deseaba describir el proceso de la cultura desde los más remotos orígenes, prosiguiendo el interés de su siglo por todos los pueblos; saltó por encima de las fronteras nacionales para mostrar un panorama universal donde quedaran de manifiesto las mutuas interdependencias, propósito desarrollado especialmente en el primer volumen de su obra; aspecto este —dice Mazzeo [86]— enteramente nuevo, como lo era también su metodología y la orientación cultural. Es innegable —añade el comentarista [87]— que la obra de Andrés ensanchó los horizontes de su tiempo aun por el solo hecho de haber acogido las poco conocidas culturas del remoto oriente y las del norte de Europa, Rusia en particular [88], a las que hizo entrar por vez primera en la historia literaria.

Un mérito especial de la obra del padre Andrés fue la atención prestada a la literatura de la Edad Media, tenida hasta entonces por una época oscura y desprovista de interés. También en este campo se sirvió de los estudios aparecidos ya en su tiempo en varias naciones europeas, pero armonizó sus resultados y contribuyó fundamentalmente a su difusión fuera de los pequeños círculos eruditos. Su aportación más personal en este campo reside en la valoración concedida a la cultura hispano-arábiga. El padre Andrés consideraba a los árabes como parte inalienable de la historia de España y no como un pueblo extraño e inasimilable, cuya defensa —dice Mazzeo [89]— es para él tan importante como la de sus mismos compatriotas; y trata de corregir los errores acumulados a este respecto. Su propósito principal fue revelar al mundo la decisiva influencia que habían tenido en la restauración de las ciencias y de las letras en Europa, con lo cual demostraría a la vez la importancia del influjo de su propio país. Si tampoco en este terreno eran nuevas las ideas del padre Andrés, pues aprovechó los trabajos del naciente arabismo, lo nuevo resultó de su valoración de las recíprocas influencias de varias culturas, tanto europeas como orientales [90]. Aunque el primer lugar en el influjo árabe lo coloca el padre Andrés en las ciencias, casi no menor fue el ejer-

---

[85] Idem íd.
[86] *The Abate Andrés...,* cit., pág. 72.
[87] Idem íd., pág. 77.
[88] Cfr., P. Berkov, «Don Juan Andrés y la literatura rusa», en *Revista de Archivos, Bibliotecas y Museos,* XXXIV, 1930, págs. 461-469.
[89] *The Abate Andrés...,* cit., pág. 155.
[90] Idem íd., pág. 156.

cido en el dominio de la literatura y particularmente en la lírica. Para el jesuita valenciano los españoles y los provenzales fueron los primeros europeos que cultivaron este género de poesía, pero ello fue debido al magisterio de los árabes con los cuales estuvieron en estrecho contacto en la península; en ellos, pues, se encuentra el comienzo de la poesía moderna.

Estas opiniones enzarzaron al padre Andrés en una complicada y larga polémica con el padre Arteaga, mantenedor de la tesis latino-germánica, que sostenía la independencia total, respecto de la árabe, de la poesía europea. Pero los más recientes descubrimientos en este campo han venido a dar la razón a las agudas intuiciones del padre Andrés.

Esta toma de partido en tan discutidos problemas no obstaculizó una de las más nobles características del abate exiliado. Menéndez y Pelayo había ya subrayado[91] el espíritu de imparcialidad y templanza con que toda su obra está escrita, sin que ninguna preocupación de escuela o celo religioso le hagan salirse un punto de la noble y alta manera con que formula sus juicios. Mazzeo ha destacado a su vez[92] el espíritu conciliatorio del escritor, capaz de armonizar puntos de vista que otros críticos habían rechazado como divergentes o contradictorios. Así, a lo largo de su obra, pudo sentirse sucesivamente clasicista, medievalista, orientalista o neoclásico, dando a cada escuela o corriente su oportuna valoración. Creía el padre Andrés que era tan necesario destacar la gloria de las culturas clásicas, como reivindicar la importancia de la literatura eclesiástica o el papel de los árabes en la Europa medieval o la trascendencia de la ciencia moderna.

En lo que concierne a la tolerante amplitud de criterio en materia religiosa, ponderada por Menéndez y Pelayo, dice Batllori[93] que el padre Andrés, frente a la erudición o la filosofía de la *Enciclopedia*, ya no adopta la actitud desconfiada u hostil mantenida generalmente hasta entonces por la cultura eclesiástica, sino que desea asimilar todo lo que pueda entrar en una síntesis con el pensamiento cristiano. Por su parte, Antonio Mestre[94], al estudiar minuciosamente las relaciones entre Mayáns y el padre Andrés, hace notar que es mayor en este último la apertura frente al espíritu ilustrado, para lo cual —dice— basta comparar el juicio de ambos eruditos ante la obra de Montesquieu: mientras la actitud de don Gregorio, que escribía sobre el francés en 1751, es un tanto recelosa, las palabras del jesuita, publicadas medio siglo más tarde, manifiestan una sincera admiración.

[91] *Historia de las ideas estéticas*, cit., III, pág. 346.
[92] *The Abate Andrés...*, cit., pág. 191.
[93] «Juan Andrés», cit., pág. 533.
[94] *Historia, fueros...*, cit., pág. 365.

En cuanto a la dirección filosófica que guía la obra del padre Andrés, Batllori ha puesto de relieve [95] el espíritu francamente antiescolástico que se advierte entre los jesuitas valencianos en el destierro; mientras los catalanes y mallorquines —dice— que enseñaban en la Universidad de Cervera, procuraban no enconar demasiado la escisión entre la antigua Escolástica y la nueva filosofía fundada en las ciencias modernas, «los de Valencia, en cambio, bajo el influjo de Tosca y de otros valencianos de su tiempo, eran decididamente antiescolásticos; y tal fue también la actitud de Andrés» [96].

La publicación de los *Orígenes* del padre Andrés representó uno de los mayores éxitos literarios de su tiempo en toda Europa. Con anterioridad a la aparición del tomo primero había hecho circular un folleto con el plan de toda la obra, que despertó la natural expectación, y también el natural escepticismo, pues se tenía por imposible que un hombre solo abarcara tan vasto proyecto. Pero el volumen primero satisfizo plenamente. En Italia se hicieron catorce ediciones completas de la obra [97] y cinco resumidas. La primera edición española apareció apenas dos años después de la primera italiana, y se hizo luego una segunda, aumentada en tres volúmenes, que fue la base de la traducción alemana; en Francia se tradujo el volumen primero sobre el original italiano. Carlos III ordenó que los *Orígenes* fueran adoptados como texto oficial para la clase de historia de la literatura en el Real Colegio de San Isidro de Madrid y en la Universidad de Valencia, que fueron así —afirma Mazzeo [98]— los dos primeros centros de Europa que tuvieron un curso de historia de la literatura universal.

Subraya asimismo el mencionado comentarista que la obra del padre Andrés anticipó un tipo de historia literaria, lleno de posibilidades, que no había de desarrollarse por entero sino a lo largo de los siglos XIX y XX; de hecho, dice [99], los *Orígenes* representan un decisivo avance hacia el dominio de los *comparatistas* de las últimas décadas. En los comienzos del siglo XIX —añade Mazzeo [100]—, Bouterweck y Sismondi tomaron muchos materiales de la obra del valenciano, hasta el punto de que Farinelli acusa a este último de haberle plagiado en muchos puntos, y Carlo Pellegrini asegura que lo saqueó y llegó hasta copiar párrafos enteros [101]. Aunque la historiografía y la crítica posteriores habían de actuar con un rigor y medios incomparablemente superiores a los del padre Andrés, es in-

---

[95] «Jesuitas valencianos...», cit., pág. 511.
[96] «Juan Andrés», cit., pág. 532.
[97] Cfr.: *The Abate Andrés...*, cit., pág. 77.
[98] Idem íd., pág. 45.
[99] Idem íd., pág. 85.
[100] Idem íd., pág. 86.
[101] Idem íd., pág. 87.

negable su influjo en los historiadores literarios de las primeras décadas del XIX y de manera particular en los de la época romántica.

TOMÁS ANTONIO SÁNCHEZ

Lugar de excepción, entre los investigadores de nuestra historia literaria en el siglo XVIII, ocupa Tomás Antonio Sánchez, afortunado editor de varios textos capitales. Nació Sánchez en 1725 en el lugar de Ruiseñada, provincia de Santander [102]. Siguió la carrera eclesiástica y fue Magistral de la Colegiata de Santillana, cargo que renunció en 1761. Fue bibliotecario de la Real, donde trabajó en la nueva edición de la *Bibliotheca Hispana Nova* de Nicolás Antonio. Ingresó en la Academia de la Historia antes de haber publicado escrito alguno, lo que demuestra —dice Menéndez y Pelayo [103]— la consideración de que gozaba en los círculos eruditos, y llegó a ser director interino de la mencionada corporación. Perteneció también a la Academia de la Lengua y a la Sevillana de Buenas Letras, que le nombró miembro honorario. Falleció en Madrid en 1802.

Compuso Sánchez varias obras menores de erudición y crítica, pero su gloria capital está vinculada a la *Colección de Poesías Castellanas anteriores al siglo XV*, de la que publicó cuatro volúmenes entre 1779 y 1790; la falta de suscriptores le impidió sacar a luz el quinto, que ya tenía preparado. El primero de ellos está dedicado al *Poema de Mío Cid*, aunque le preceden *Noticias* sobre la vida del marqués de Santillana y la *Carta* del propio marqués al Condestable de Portugal, acompañada de comentarios. El segundo volumen comprende las obras de Berceo; el tercero el *Libro de Alexandre;* el cuarto la obra del Arcipreste de Hita. El volumen inédito había de contener el *Rimado de Palacio*, del Canciller Ayala.

Menéndez y Pelayo subraya con justo orgullo que Tomás Antonio Sánchez fue en Europa el primer editor de una *canción de gesta*, cuando todavía el texto de innumerables poemas épicos franceses dormía en el polvo de las bibliotecas; pasaron más de cincuenta años —dice [104]— antes de que se inaugurase este género de publicaciones con el *Roman de Berthe;* y la *Chanson de Roland* no fue publicada hasta 1837. El mérito

---

[102] Cfr.: Sempere, *Ensayo*, cit., V, págs. 94-102. Marcelino Menéndez y Pelayo, «Dos opúsculos inéditos de don Rafael Floranes y don Tomás Antonio Sánchez sobre los orígenes de la poesía castellana», en *Revue Hispanique*, XVIII, 1908, págs. 295-431; reproducido, sin los opúsculos mencionados, en *Estudios y discursos de crítica histórica y literaria*, edición nacional, VI, Santander, 1941, págs. 41-82 (citamos por esta última edición). J. Montero Padilla, «Algunos datos para la biografía de don Tomás Antonio Sánchez», en *Boletín de la Biblioteca de Menéndez y Pelayo*, XXXV, 1959, págs. 347-358.

[103] «Dos opúsculos...», cit., pág. 71.

[104] Ídem íd., pág. 68.

de Sánchez no sólo consistió en ser el primer editor del *Poema de Mío Cid*, sino en haber comprendido la importancia del monumento que publicaba y valorado su condición de poema épico y sus cualidades de *sencillez* y *rusticidad*.

Advierte el polígrafo montañés que el valor de las ediciones de Sánchez es muy desigual. Para el *Libro de Buen Amor* —la más floja— formó un texto ecléctico con los tres códices conocidos, y suprimió además trozos importantes por escrúpulos morales; preocupación nimia que hubo de reprocharle Jovellanos al redactar la censura de la obra por encargo de la Academia de la Historia. También imperfectas son las ediciones de los otros libros, enteramente superadas hoy. Pero casi es superfluo señalar las dificultades con que Sánchez tuvo que enfrentarse en aquella etapa precientífica de la filología romance, que era entonces —dice Menéndez y Pelayo [105]— «ciencia adivinatoria más bien que positiva». En España tan sólo le habían precedido los elementales trabajos de Velázquez y de Sarmiento; y aun en Europa, para que pudieran servirle de ejemplo o guía, no contaba sino con la *Historia* de los benedictinos franceses y la del italiano Tiraboschi, que le adiestraron sobre los orígenes de sus respectivas literaturas; no existía aún la ciencia de las literaturas comparadas, y Sánchez —como subraya don Marcelino— «tuvo que atenerse al fondo nacional, poemas, crónicas, documentos diplomáticos, y a la literatura latino-eclesiástica que conocía bastante bien» [106]. Hubo, pues, de improvisarse bibliógrafo erudito, crítico y filólogo. Con este bagaje y su certero instinto y gusto literario pudo editar y valorar en buena medida poemas capitales no sólo inéditos hasta entonces sino olvidados o desconocidos, que yacían en bibliotecas particulares o monásticas.

Merece la pena recordar la polémica de Sánchez con Forner. Entre las aludidas obras menores publicó Sánchez la llamada *Carta de Paracuellos escrita por don Fernando Pérez a un sobrino que se hallaba en peligro de ser autor de un libro* (Madrid, 1789). El autor ironiza sobre los más comunes vicios y pedanterías de la literatura de su tiempo, y, amante como era de la vieja escolástica, en una nota expone su escepticismo respecto a los métodos de las ciencias experimentales, «que por otra parte —dice Menéndez y Pelayo— él aplicaba de tan buena manera a la investigación histórica». Forner asió del tema y le replicó en su famosa *Carta de Bartolo, el sobrino de don Fernando Pérez, tercianario de Paracuellos, al editor de la carta de su tío* (Madrid, 1790). Con mejores razones que Sánchez argumentó Forner contra la física de Aristóteles, defendida por Sánchez, pero aprovechó la ocasión, que él nunca perdía, para atacar a Sánchez en lo que constituía su mayor gloria, que era la edición de los

---

[105] Ídem íd., pág. 67.
[106] Ídem íd., pág. 68.

textos antiguos, carentes de toda importancia para la arbitraria mentalidad de Forner; y así lo llama «comentador de antigüallas», «editor de vejeces y coplillas de los Cancioneros de la Era de Bernardo del Carpio», después de calificar a nuestro gran poema heroico de «viejo cartapelón en loor de las bragas del Cid». Con mucho mejor juicio que Forner, Sempere y Guarinos había escrito antes: «El Señor Sánchez no es un mero colector, o centonista, como otros muchos, que quieren acreditarse y enriquecerse a costa del trabajo ageno. Todas las poesías de su *Colección* están ilustradas con observaciones y juiciosas congeturas acerca de sus Autores, del tiempo en que se escribieron, sobre el asunto de ellas, metro y demás puntos pertenecientes a nuestra historia literaria; añadiendo al fin *Indices* de las palabras y frases antiquadas y obscuras, sumamente útiles tanto para la inteligencia de las mismas Poesías, como para aumentar y perfeccionar el Diccionario de la lengua castellana» [107].

LA FILOLOGIA

HERVÁS

Como tantos hombres de su tiempo, Lorenzo Hervás y Panduro, con insaciable afán enciclopédico, se sintió atraído por todos los aspectos de la cultura humana, aunque la parte más importante de su tarea se orientó hacia los estudios lingüísticos. Nacido en Horcajo de Santiago, provincia de Cuenca, en 1735, ingresó en la Compañía y marchó al destierro con los demás jesuitas. Residió por algún tiempo en Forli; luego encontró un refugio en Cesena, en el palacio de los marqueses Ghini, donde vivió entre 1773 y 1784. Pasó después a Roma, y en 1798, al autorizar Carlos IV el regreso de los jesuitas expulsos, volvió a España, pero de nuevo hubo de expatriarse cuando el mismo monarca renovó la orden de expulsión como represalia por haber Pío VI reconocido la Compañía en los ducados de Parma. Hervás se estableció por segunda vez en Roma, donde fue nombrado bibliotecario del palacio pontificio del Quirinal, cargo que desempeñó hasta su muerte en 1809 [108].

Hervás, según informa el padre Batllori [109], se relacionó poco con los ambientes literarios italiano y apenas intervino en las polémicas de la

---

107 *Ensayo...*, cit., págs. 96-97.
108 Cfr.: Fermín Caballero, *Conquenses ilustres, I. Abate Hervás*, Madrid, 1868. E. del Portillo, S. J., «Lorenzo Hervás: su vida y sus escritos», en *Razón y Fe*, XXV a XXXIII, 1909-1912. Julián Zarco Cuevas, O. S. A., *Estudios sobre Lorenzo Hervás y Panduro, I. Vida y escritos*, Madrid, 1936.
109 «La literatura hispano-italiana...», cit., pág. 24.

época. Durante su estancia en Cesena planeó y comenzó sus grandes obras enciclopédicas, que completó después durante los años de Roma, aunque trabajó siempre incansablemente lo mismo durante su breve estancia en España que a su regreso a Italia.

En 1778 publicó Hervás en Cesena el volumen primero de su *Idea dell'Universo*, que se proponía abarcar toda la historia del hombre en sus más diversos aspectos. Los ocho primeros volúmenes, que completó en 1780, contienen la parte antropológica; la segunda parte, cosmológica, comprende los dos volúmenes siguientes; la tercera —volúmenes XI-XVI— está dedicada a la «historia de la tierra». Hasta aquí, afirma Batllori [110], la obra de Hervás no pasa de ser una amplia y original enciclopedia vulgarizadora, escrita con pintoresco y ameno estilo. Afortunadamente, una vez publicados los 16 primeros volúmenes, se decidió a emprender el estudio de un campo apenas entonces explorado, la lingüística, «en su concepto moderno de filología comparada, extendida no a tal cual rama filológica europea, sino a todas las lenguas del mundo» [111]. Hervás tuvo la oportunidad, que hizo posible su trabajo, de comunicar con numerosos misioneros procedentes de los más remotos países, que la disolución de la Compañía había llevado a Italia. Redactó entonces una cuarta serie de volúmenes —XVI a XXI, publicados entre 1784 y 1787—, titulados *Catalogo delle lingue*, que le colocan entre los grandes iniciadores de la lingüística; frente a la dispersa y amena curiosidad de las tres primeras series, en esta última predomina «el esquema, la aridez de la ciencia» [112]. Todavía, en 1792, añadió un último volumen de contenido religioso: *Analisi filoso-fico-teologico della carità, ossia dell'amor di Dio*.

En 1789 comenzó a imprimirse en Madrid una edición española de la *Idea dell'Universo*, traducida por el propio Hervás, que concluyó en 1805. Más que una simple traducción es una verdadera refundición y como la versión definitiva. El autor suprimió el título general y dio a cada serie título y ámbito independientes: *Historia de la vida del hombre* (7 volúmenes); *Viaje estático al mundo planetario* (4 volúmenes); *El hombre físico* (2 volúmenes), y *Catálogo de las lenguas de las naciones conocidas* (6 volúmenes). Como complemento de sus estudios lingüísticos americanos compuso Hervás cuatro volúmenes, que quedaron inéditos, sobre *La primitiva población de América y explicación de insignes pinturas mejicanas históricas*. Durante sus tres años de residencia en España escribió la *Descripción del Archivo de la Casa de Aragón y noticia del Archivo General de la militar orden de Santiago*. Llevado de sus aficiones bibliográficas compuso la *Biblioteca jesuítico-española* y el *Catálogo de manuscritos españoles y portugueses* existentes en Roma, «que responde —dice Batllo-

---

[110] Idem íd., pág. 26.
[111] Idem íd.
[112] Idem íd., pág. 27.

ri— a un concepto modernísimo y aún vigente de la investigación filológica».

Toda la obra enciclopédica de Hervás, tan característica del siglo XVIII, ha perdido por entero su valor y está hoy reducida a una mera curiosidad arqueológica. Pero la importancia capital de este escritor, viva todavía, radica —dice Batllori [113]— en sus trabajos que hoy llamaríamos de primera mano, principalmente en el estudio directo de las lenguas y en su clasificación sistemática: «Con haber querido ser lingüista, matemático, teólogo, filósofo, geógrafo, historiador..., para nosotros es casi solamente filólogo».

El *Catálogo de las lenguas* fue compuesto, como hemos dicho, para completar la historia de la humanidad, iniciada en la *Historia de la vida del hombre*. En ésta —según explica Lázaro Carreter [114]— se presentaba al hombre aislado, mientras que en el *Catálogo* se estudia «la historia de su nación, o por mejor decir, de su familia primitiva». En realidad, Hervás no se proponía en principio escribir una obra estrictamente lingüística, sino estudiar las lenguas al servicio de la historia humana. Hasta entonces los historiadores habían utilizado para clasificar las naciones medios que Hervás juzga engañosos: escrituras, símbolos, mitos, alfabetos; frente a estos testimonios petrificados propone Hervás otros medios naturales y vivos: las costumbres, las razas y las lenguas, a las cuales ciñe su estudio.

Según Lázaro Carreter [115], el propósito no era original, pues Leibnitz en 1710 había propuesto en un breve escrito algo semejante, pero se había limitado a una mera especulación. Hervás, en cambio, realiza el primer esfuerzo para establecer las lenguas como base etnográfica, y aunque se trate de un error, muy difundido luego por lo demás, corresponde a Hervás la genialidad de haberlo introducido. El jesuita establece, pues, la relación entre pueblo y lengua, y para llevar a cabo su estudio crea la primera metodología científica para el estudio de las lenguas.

Los méritos reales de Hervás han sido largamente discutidos. Humboldt, que trató a Hervás en Roma durante varios años, cuando era representante del rey de Prusia cerca de la Santa Sede, y aprovechó para su obra muchos de los datos proporcionados por el español, decía de él: «Acumuló con su laboriosidad muchísimos materiales, y hubiera sido de desear que los hubiera elaborado con mayor método y exactitud» [116]; y

---

[113] «II Centenario del nacimiento del padre Hervás. Restos de su epistolario en la Alta Italia», en *Cultura hispano-italiana...*, cit., págs. 275-300; la cita en pág. 275.

[114] «Las ideas lingüísticas en España durante el siglo XVIII», Anejo XLVIII de la *Revista de Filología Española*, Madrid, 1949, págs. 104-105.

[115] Ídem íd., pág. 105.

[116] Cit. por Batllori en «El archivo lingüístico de Hervás en Roma y su reflejo en Wilhelm von Humboldt», en *La cultura hispano-italiana...*, cit., págs. 201-274; la en pág. 203.

en carta particular a Wolf: «El viejo Hervás es un hombre desorientado y sin base. Pero sabe mucho, y posee un increíble caudal de noticias, y por ello es siempre útil» [117]. Hervás, en efecto, según admite Batllori [118], trabajaba de modo apresurado, sin hacer a tiempo ni cotejar adecuadamente sus consultas. Pero esto importa menos de momento para la importancia global de su construcción. Después que los filólogos alemanes de mediados del pasado siglo minimizaron la importancia de Hervás en el campo de la lingüística, el inglés Max Müller, en el volumen IV de sus *Lectures on the Science of Language* (1861), elogió largamente a Hervás por haber sido, según él, el primero que adivinó el parentesco de las lenguas semíticas, desechó la identificación del hebreo con la lengua primitiva, fijó el grupo fino-hungrio, precisó que el vasco no es un dialecto céltico sino aborigen de España, y anunció muchos años antes que Humboldt la extensión de las lenguas malayas y polinesias; finalmente, según Max Müller, Hervás fue el primero en mostrar que la verdadera afinidad de las lenguas debe ser determinada, sobre todo, por la estructura gramatical y no por el simple parecido de las palabras [119]. Menéndez y Pelayo, al escribir *La ciencia española*, recogió íntegramente las palabras de Müller, quien, de hecho, había descubierto al mundo científico la figura del filólogo español, recogiendo estas ideas sin más estudio; caso repetido asimismo por los escasos comentaristas de Hervás.

Lázaro Carreter ha tratado, en cambio, de aclarar la importancia real del jesuita. Puntualiza, al efecto, que, antes que él, otros investigadores habían ya expuesto parecidas ideas; lord Monboddo había afirmado en 1795 como criterio caracterizador de las lenguas los elementos morfológicos, defendidos antes, a su vez, por Armesto y el padre Larramendi. Pero Hervás no sólo atiende a los elementos morfológicos, que también utiliza, sino principalmente a los sintácticos, estableciéndolos, al igual que Monboddo, no como elementos *diferenciadores*, sino como criterio para establecer genealogías de lenguas: «El mérito gigantesco de Hervás —dice Lázaro Carreter— está, no en haber sentado ese principio, sino en haberle dado entrada en un trabajo constructivo, de inmediata aplicación práctica. Esto es lo que levanta a Hervás sobre los investigadores coetáneos, sobre Court de Gebelin, por ejemplo, y lo coloca en la línea científica de la lingüística comparada, de la que, justamente, con esa restricción inicial puede atribuírsele la paternidad» [120].

Lázaro Carreter destaca a continuación otro aspecto del método de Hervás que considera ignorado o al menos poco conocido: se refiere a la

---

[117] Ídem íd.
[118] Ídem íd., pág. 207.
[119] Cit. por Batllori en «El archivo lingüístico...», cit., págs. 205-206, nota 12, y por Lázaro Carreter en «Las ideas lingüísticas...», cit., págs. 101-102.
[120] «Las ideas lingüísticas», cit., pág. 110.

valoración del elemento fónico del lenguaje. Hasta entonces, para todos los lingüistas, el sonido era un elemento accidental frente a la sustancial calidad de la morfología. Pero Hervás rompe definitivamente este criterio general «haciendo de los sonidos el distintivo característico e indeleble de las naciones» [121]. Hay personas —explica Hervás— que aprenden a escribir con toda corrección una lengua extraña, pero basta que hablen para advertir inmediatamente que no es aquélla su lengua nativa: «A mi parecer —escribe— se puede establecer, por regla general, que todas las naciones siempre conservan substancialmente la pronunciación antigua de sus respectivos idiomas primitivos, y que la conservan no solamente aquellas que siempre la han hablado o hablan dialectos de ellos, mas también las que, habiéndolos abandonado, hablan lenguas forasteras» [122]. Y comenta Lázaro Carreter: «Yo no dudaría en atribuir a este principio una fecundidad igual o superior a la del anteriormente estudiado. Es, a la vez, el más original; si al otro hemos podido hallarle precedentes más o menos próximos, en vano los buscaremos aquí. En la enunciación de este principio de la indelebilidad de la fonética reside la más original aportación que el jesuita español hace a la lingüística posterior. Tanto este principio como el de la permanencia de los sistemas gramaticales, rigen hoy las investigaciones comparativas» [123]. Y añade luego: «Si las dificultades para la aplicación de esta doctrina no hubieran sido insalvables, Hervás nos habría dado los primeros resultados de un método que fructifica medio siglo después» [124].

Lorenzo Hervás dejó entre sus papeles muchos materiales sobre lingüística que, en opinión de Batllori [125], superan en importancia a sus obras impresas, según el propio Humboldt había ya sostenido. Hervás, ayudado por los mismos colaboradores que había tenido para su *Catálogo de las lenguas* —antiguos misioneros de América y de Oceanía, compañeros suyos de exilio—, planeó una obra complementaria del *Catálogo* [126] formada por los resúmenes gramaticales de las lenguas que él consideraba matrices, con un pequeño vocabulario de cada una de ellas. Su primera intención —sigue explicando Batllori [127]— fue limitarse a las lenguas de América; había reunido elementos gramaticales de 18 lenguas americanas con diccionarios de más de treinta. Pero añadió luego el irlandés, las lenguas nórdico-germánicas, la flamenca, inglesa, alemana, sueca, la mayor parte de las lenguas y dialectos eslavos y fino-hungrios, portugués, albanés, griego moderno, una lengua africana —la caconga— y varias orientales: turca,

---

[121] Ídem íd., pág. 111.
[122] Cit. por Lázaro Carreter en ídem íd.
[123] Ídem íd.
[124] Ídem íd., pág. 112.
[125] «El archivo lingüístico...», cit., pág. 203.
[126] Ídem íd., pág. 208.
[127] Ídem íd., pág. 209.

malabar, tamul, árabe-indostánica, siamesa, etc. Hervás se sirvió —informa Batllori[128]— de las ricas colecciones de gramáticas exóticas, impresas o manuscritas, de la biblioteca de Propaganda Fide de Roma, y también utilizó para las otras lenguas europeas gramáticas publicadas que él extractaba. Todos estos materiales tenían, pues, valor muy desigual, según su origen, y lo mismo sucede con los elementos gramaticales de las lenguas americanas, «que constituyen no sólo el grupo inicial, sino el más importante de todos, sin disputa»[129]. Hervás reelaboraba los materiales que le enviaban sus colaboradores, dándoles una estructura más o menos homogénea.

Aunque Hervás —escribe Batllori[130]— no concluyera su obra y la dejara inédita, sus esfuerzos no resultaron baldíos para la lingüística; Humboldt fue el conducto por el que aquellos elementos gramaticales, en lo que tenían de más valor, entraron en la circulación de los conocimientos filológicos europeos. Humboldt dispuso ampliamente de los materiales reunidos por Hervás, según confesó él mismo: «Por mi parte —dice—, he tenido ocasión de hacer algunas adquisiciones en España, y, sobre todo, he aprovechado las memorias manuscritas que [Hervás] había hecho redactar a jesuitas italianos y españoles; él no las ha publicado nunca, y me las ha permitido copiar durante mi permanencia en Roma»[131]. El jesuita le remitió en diversas ocasiones varias gramáticas y manuscritos propios o de sus colaboradores, y Humboldt envió copias al filólogo J. S. Vater, que se sirvió de ellas en su *Mithridates* para varias lenguas americanas. En otra ocasión escribe Humboldt (en tercera persona, pero refiriéndose a sí mismo, en el tiempo de su embajada ante la Santa Sede): «Reunió él en Roma, con su amistad con el abate Hervás, importantes materiales para el estudio de las lenguas americanas, pues pudo sacar copia de los escritos lingüísticos que Hervás había tenido la feliz idea de pedir a los ex-misioneros de la América española que después vivieron en Italia»[132]. Añade luego: «Como los papeles de Hervás, después de su muerte, se han perdido o destruido, de ese modo hemos salvado restos de unas lenguas sobre las cuales no tenemos otras noticias»[133]. Palabras que confirman la importancia de los papeles de Hervás, aunque no sea cierta la noticia de su pérdida[134].

---

128 Ídem íd., pág. 210.
129 Ídem íd., pág. 211.
130 Ídem íd., pág. 212.
131 Cit. por Batllori en ídem íd., pág. 213.
132 Cit. en ídem íd., pág. 215.
133 Ídem íd.
134 Para las vicisitudes de los papeles de Hervás véase ídem íd., págs. 202-203. Cfr.: Ángel González Palencia, «Dos cartas inéditas de Hervás y Panduro», en *Revista de Filología Española*, XXVII, 1944, págs. 455-463; reproducido en *Eruditos y libreros*

González Palencia ha publicado una serie de noticias bibliográficas sobre algunas de sus obras publicadas en España [135]. Hervás tuvo que luchar algunas veces con la censura, que consideraba atrevidas, e incluso heterodoxas, algunas de sus ideas. El primer volumen de su *Historia de la vida del hombre* hubo de ser publicado sin el prólogo, porque los censores encontraron en él peligrosos conceptos de tipo político. En el volumen V suprimieron los capítulos III y IV que trataban sobre el «Carácter y deberes del príncipe, jefe soberano de la sociedad civil, y carácter del hombre en gobierno o del ministro del príncipe». Los censores no debieron de encontrar oportuno que el jesuita desterrado se metiera a darle consejos al rey y escribieron en el informe lo que sigue: «Entre otras cosas nos ha merecido particular cuidado todo lo que escribe del carácter y deberes del príncipe, jefe soberano de la sociedad civil y del carácter del hombre de gobierno y del ministro público; materia sumamente delicada y de grande odiosidad en el día, y que por no parecernos esencial al objeto primario de la obra hemos tenido por más conveniente omitirla del todo» [136]. Las palabras, bien sintomáticas del estado de ánimo que dominaba en las esferas oficiales ante los hechos políticos europeos, son inapreciables para el estudio de la historia interna del país. El último volumen de su magna enciclopedia —*Analisi filosofico-teologico della carità*— no fue autorizado en España. Hervás impugnó siempre las decisiones de los censores con gran energía y en términos frecuentemente agresivos, atribuyendo sus decisiones a manejos de la ignorancia y rivalidad. A propósito del *Analisi*, Hervás adujo argumentos tan contundentes como el que sigue: «El revisor llama *nueva* y *errónea* la doctrina de dicho volumen: ella es literalmente la del anejo tomo italiano, impreso, no en el mundo de la luna, no en países de paganos o de anticatólicos, no a escondidas, mas públicamente en el centro del catolicismo a vista y noticia del que es su cabeza sagrada» [137]. Pero tampoco esta vez le valieron coplas, y la obra no fue autorizada [138].

---

del siglo XVIII, cit., págs. 181-192. C. García Goldáraz, «Un discurso inédito del P. Lorenzo Hervás y Panduro sobre códices de colecciones canónico-españolas en bibliotecas de Roma», en *Cuadernos de trabajo de la Escuela Española de la Historia y Arqueología*, Roma, XI, 1961, págs. 143-244.

[135] Angel González Palencia, «Nuevas noticias bibliográficas del abate Hervás y Panduro», en *Miscelánea Conquense*, 1.ª serie, Cuenca, 1929, págs. 199-296; reproducido en *Eruditos y libreros...*, cit., págs. 195-279 (citamos por esta última edición).

[136] Cit. en ídem íd., pág. 198.

[137] Ídem íd., pág. 212.

[138] Además de las obras mencionadas, cfr.: L. Sánchez Granjel, «Las ideas médicas de Hervás y Panduro», en *O Instituto*, CXV, 1953, págs. 236-253. Del mismo, *Las ideas antropológicas de Hervás y Panduro*, separata del *Boletín Informativo del Seminario de Derecho Político*, Salamanca, 1955.

LA ESTÉTICA

ARTEAGA

Esteban de Arteaga es el más importante tratadista de estética que produce el siglo XVIII español. No obstante, como ha venido sucediendo con tantos otros escritores de aquella época, ha merecido escasa atención hasta fechas muy recientes, y su obra básica, *La belleza ideal*, no se había vuelto a imprimir hasta la edición de Batllori en 1943[139]. Menéndez y Pelayo es el único, prácticamente, que se ocupó de Arteaga en el siglo pasado (en sus *Ideas estéticas*, y con bastante extensión por cierto; trata de él en tres pasajes de su obra[140]), y con juicios tan certeros en su conjunto como entusiastas. El padre Batllori, a lo largo de sus tenaces investigaciones sobre los jesuitas expulsos, ha dedicado en las tres últimas décadas numerosos trabajos a la vida y obra de Arteaga, despertando la curiosidad hacia la obra del olvidado abate[141]. En años recientes han aparecido también varios estudios de diversos eruditos[142], y finalmente una monografía extensa[143], que estudia ya, muy al pormenor, la aportación de Arteaga a la estética española del Setecientos.

---

[139] Esteban de Arteaga, *La belleza ideal*, «Clásicos Castellanos», Madrid, 1943.

[140] *Historia de las ideas estéticas*, cit., III, págs. 150-172, 358-363 y 640-647.

[141] Cfr.: Miguel Batllori, «Ideario filosófico y estético de Arteaga, en *Spanische Forschungen der Gorresgesellschaft*, Serie I, 7, 1938, págs. 293-325. Del mismo, «Esteban de Arteaga. Itinerario biográfico», en *Analecta Sacra Tarraconensia*, XIII, 1940, páginas 203-222. Del mismo, «Arteaga y la música grecolatina», en *Revista de Ideas Estéticas*, I-II, 1944, págs. 53-71. Del mismo, «Ideario estético de Esteban de Arteaga», en ídem íd., págs. 87-108. Del mismo, «Estudio preliminar» a la edición de *Lettere musico-filologiche* y *Del ritmo sonoro e del ritmo muto nella musica degli antichi*, C. S. I. C., Madrid, 1944. Del mismo, «Filosofía, ciencia y arte según Esteban de Arteaga», en *Revista de Ideas Estéticas*, III, 1945, págs. 387-393. En *La cultura hispano-italiana de los jesuitas expulsos*, cit., incluye los siguientes trabajos sobre Arteaga: «Los manuscritos de Esteban de Arteaga», págs. 133-157; «Arteaga y Betinelli», páginas 159-193; y «Amistad de Francisco Miranda con Esteban de Arteaga en Venecia», páginas 195-199.

[142] Cfr.: Francisco Mirabent, «Esteban de Arteaga, por el P. Miguel Batllori», en *Revista de Ideas Estéticas*, I-II, 1944, págs. 89-95. Angel González Palencia, «Posición del Padre Arteaga en la polémica sobre música y poesía arábigas», en *Al-Andalus*, XI, 1946, págs. 241-245. Manuel Olguín, «The Theory of Ideal Beauty in Arteaga and Winckelmann», en *Journal of Aesthetics and Art Criticism*, VIII, 1949, págs. 12-33. R. Allorto, «Stefano Arteaga e *Le rivoluzioni del teatro musicale italiano*», en *Rivista musicale italiana*, LII, 1950, págs. 124-147. Vittorio Borghini, *Problemi di estetica e di cultura nel Settecento spagnolo: Feijoo, Luzán, Arteaga*, Génova, 1958. José Luis Micó Buchón, S. I., «Aproximación a la estética de Arteaga», en *Revista de Ideas Estéticas*, XVII, 1959, págs. 29-50.

[143] Cfr.: Eva Marja Rudat, *Las ideas estéticas de Esteban de Arteaga. Orígenes, significado y actualidad*, Madrid, 1971.

Descendiente de una familia vascongada, Esteban de Arteaga nació en diciembre de 1747 en Moraleja de Coca, provincia de Segovia, según él mismo declaró al ingresar en el noviciado de los jesuitas de Madrid. Quizá, no obstante, por haber hecho sus estudios y residido en esta ciudad desde edad muy temprana, se calificó de «matritense» en las portadas de sus obras principales. Tras el decreto de expulsión, residió en Córcega con los otros jesuitas españoles, pero dos años más tarde abandonó la Compañía con la esperanza de regresar a su país; los expulsos no obtuvieron el permiso de regreso, y Arteaga hubo de vivir desterrado hasta su muerte. Sin duda alguna, como puntualiza Batllori [144], nunca fue ordenado de sacerdote, aunque suele llamársele *Padre Arteaga,* por la costumbre de hacerlo así con todos los jesuitas desterrados; en Italia se le llamaba *abate,* según solía hacerse con todo aquel que había recibido al menos la tonsura. Desde 1773 a 1778 estudió en la Universidad de Bolonia filosofía, ciencias, matemáticas y teología. Allí se le despertó su afán de conocimientos enciclopédicos, tan peculiar del siglo, y pudo conocer sistemas filosóficos modernos diferentes de la escolástica, hacia la cual manifestó siempre particular aversión.

Su relación con dos grandes musicólogos de la época, el jesuita español Antonio Eximeno y el italiano Giambattista Marini, le permitió adquirir gran conocimiento de las técnicas musicales y preparar su obra, *Le rivoluzioni del teatro musicale italiano,* cuyo primer volumen apareció en Bolonia en 1783. El libro tuvo tal éxito que en 1785, fecha en que aparecieron los volúmenes segundo y tercero, se hizo ya una segunda edición, «aumentada, retocada y corregida», en la que respondía al padre Andrés, en relación con el problema de la lírica árabe, y a los reparos formulados por Tiraboschi. Arteaga no se propuso escribir en sus *Rivoluzioni* una recopilación erudita de datos y nombres, sino un comentario filosófico sobre el espectáculo teatral, para lo cual estudia la naturaleza de la ópera y sus relaciones con las artes plásticas, la poesía y la música, siguiendo las diversas manifestaciones del drama musical en Italia desde los tiempos medios hasta el moderno melodrama de Metastasio. La idea capital del libro de Arteaga consiste en propugnar la fusión de poesía y música, escenificación y pantomima, en un todo armónico que conduzca a la creación de un espectáculo peculiar, síntesis de todas las bellas artes. Afirma Batllori [145] que la tesis de Arteaga no era nueva, pues la había difundido años antes el suizo Sulzer, al que conocía muy bien el exjesuita español; pero su mérito consistió en exponerla de modo tan razonado y *filosófico.* Un siglo más tarde, Wagner tenía que dar vida a las anticipaciones de Arteaga, si

---

144 Prólogo a la ed. citada, pág. XII.
145 Ídem íd., pág. XV.

bien existen también notables diferencias entre las teorías musicales de ambos.

Los ataques que dirigió Arteaga contra defectos evidentes del melodrama italiano y, lo que fue peor, contra famosos autores y eruditos de su tiempo, originaron inmediatas polémicas, que, junto con los méritos evidentes de la obra y la novedad de muchas de sus ideas, dieron a conocer el nombre del autor por todos los cenáculos literarios del país. Consecuencia de ello fue la invitación que el marqués Francesco Albergati Capacelli, famoso comediógrafo, le dirigió para que fuese el preceptor de su hijo. Esta ocupación permitía remediar la difícil situación económica del abate, y Arteaga se instaló inmediatamente en Bolonia, en el palacio del marqués. Pero la franqueza, muy propia de su carácter impetuoso y agresivo, con que hablaba de la literatura italiana, acarreó la ruptura a los pocos meses, y Arteaga hubo de dejar su puesto. Se trasladó entonces a Venecia, donde por medio de su amigo Melchiorre Cesarotti, famoso crítico y helenista, consiguió ser admitido en la Academia de las Ciencias de Padua. Poco después, otro amigo de Arteaga, Matteo Borsa, publicó un pequeño libro titulado *Del gusto presente in letteratura italiana*, al que Arteaga añadió unas *Osservazioni* sobre el mismo asunto. Las conclusiones de Arteaga provocaron otra tempestad de réplicas, que se prolongó durante años. De hecho, se trataba en todo esto de una versión «a la italiana» de aquella enfermiza susceptibilidad española —a que hemos aludido tantas veces— que rechazaba con indignación toda crítica extranjera sobre su historia o su cultura. Por su parte, la actitud de Arteaga representaba el nacionalismo exacerbado de los escritores españoles desterrados, como defensa contra el creciente nacionalismo italiano, que, jugando a la contra de todo, era también forzosamente antiespañol. Algunos escritores italianos, como Cavazzuti, valoraron, sin embargo, la objetividad de muchas afirmaciones de Arteaga. Así, entre éxitos y sobresaltos, iba fraguándose la fama literaria del abate español.

En 1786 se trasladó Arteaga a Roma, donde vivió bajo la protección del famoso diplomático aragonés José Nicolás de Azara, a quien había dedicado sus *Rivoluzioni*. Allí escribió *La belleza ideal*. Arteaga poseía una profunda formación humanista e idolatraba a los clásicos griegos y latinos. Durante su estancia en Venecia había publicado unos comentarios sobre la traducción italiana de Homero de su amigo Cesarotti; más tarde, comenzó una traducción de Teócrito en versos latinos y una versión castellana del *Hero y Leandro* de Museo, que no han llegado hasta nosotros. Concluyó, pero quedaron inéditas unas disertaciones sobre el ritmo mudo de los antiguos, y preparó una edición de la *Odisea*, traducida por Gonzalo Pérez, padre del famoso Antonio Pérez, con multitud de notas sobre los más recientes estudios homéricos, edición —afirma Batllori— que «de haberse publicado colocaría al abate Arteaga también entre los primeros helenistas españoles de su siglo [146]. En Roma, gracias al mecenazgo de Azara, preparó, en colaboración con otros eruditos, una edición de las obras completas de Horacio, que fueron impresas por Bodoni en 1791, y otra de Catulo, Tibulo y Propercio, impresa también por Bodoni tres años después. En el prólogo de esta edición prometía un extenso comentario sobre la famosa elegía de Catulo *De coma Berenices,* que escribió, en efecto, pero que Bodoni no pudo entonces publicar; Arteaga le retiró el manuscrito, que se ha perdido.

Alternando con estas ediciones, prosiguió la polémica aludida sobre la poesía de los árabes y publicó su disertación *Dell'influenza degli arabi sull'origine della poesia moderna in Europa,* aparecida en Roma en 1791.

Desde 1794 Arteaga ya no publicó ninguna otra obra. La ruptura entre Napoleón y el Papa Pío VI llevó al embajador Azara a intervenir como mediador, y Arteaga lo acompañó en sus gestiones y viajes. Cuando el Papa fue desterrado a Valence, Azara y Arteaga salieron para París, donde el abate murió a los pocos meses, inesperadamente (30 de octubre de 1799), a los cincuenta y dos años de edad.

Las *Investigaciones filosóficas sobre la belleza ideal considerada como objeto de todas las artes de imitación,* más conocidas por su título abreviado, *La belleza ideal,* constituyen la obra más importante de Arteaga. Escrita en Roma, como hemos dicho, fue publicada en Madrid en 1789, en español. El libro, que le valió al autor otra pensión especial del gobierno de España, pasó en su tiempo casi inadvertido. Se pregunta Batllori [147] las razones de este silencio. Evidentemente, influyeron los acontecimientos políticos que agitaron Europa durante los años siguientes; mucho también el hecho de haberse publicado la obra en español y no haber sido nunca traducida a ninguna otra lengua. En todo caso, el abate, que había sido capaz de apasionar tantas veces con sus frecuentes escritos polémicos, no consiguió influir en el pensamiento estético de su tiempo, a pesar de los muchos atisbos de gran modernidad y novedad que había esparcido por su obra.

Diversos son los puntos que constituyen la originalidad de *La belleza ideal.* Sin posibilidad de resumir aquí todo su pensamiento, subrayemos en particular la armónica conciliación entre el arte naturalista y el idealista, su teoría de lo feo como objeto posible de las Bellas Artes, la gran importancia que en su creación concede al sentimiento, y la valoración de los factores externos de carácter sociológico.

Frente a la estética neoclásica que había identificado la belleza con la verdad y afirmado la primacía absoluta de la razón, Arteaga centra su

---

[146] Idem íd., pág. XXIV.
[147] Idem íd., pág. XLIII.

interés en torno al hombre y sus sentimientos, sosteniendo que el poder de la razón no es absoluto, sino que está modificado por el sentimiento y el gusto. Separa claramente la belleza en abstracto de la belleza artística. Para los neoclásicos tan sólo lo bello de la Naturaleza debía ser imitado; pero Árteaga afirma la posibilidad de imitar lo feo, porque lo feo en la Naturaleza se transforma en lo bello en el arte en virtud de la capacidad creadora del artista; el arte no es copia, sino imitación, creación de algo nuevo; el arte no cambia la esencia de las cosas, pero sí la impresión que éstas producen en el espectador. Esto no supone que todas las artes sean igualmente adecuadas para cada caso, pues las cosas que se estiman bellas en un género pueden no serlo en otro. No existe, pues, frente a la teoría neoclásica, ni la belleza absoluta ni la unidad de todas las artes; la belleza no es la ciencia ni la verdad, ni en consecuencia son válidas las leyes abstractas que pretenden sistematizar lo bello. No existe un tipo único de belleza.

Arteaga construye toda su tesis en torno a la teoría de la imitación, pero insiste en la diferencia entre *imitación servil* e *imitación ideal;* el arte consiste en una combinación de ambas, pero lo más importante en el arte es la *invención*, es decir, «lo que el artífice añade de suyo al natural» [148]. La belleza ideal de origen platónico, tal como la habían aceptado los neoclásicos, consistía en seleccionar las propiedades de varios objetos para reunirlas en uno solo, que se convierte en dechado de perfección. Pero la belleza ideal para Arteaga, resultante de lo que él califica de «cuarto grado de imitación», es la que perfecciona el original, dándole atributos ficticios sacados de fábulas recibidas o de la propia imaginación [149]. Lo que destaca, pues, Arteaga es el valor de la aportación del artista, la importancia de la imaginación creadora, opuesta a la mera reproducción naturalista. O, más exactamente, su fórmula consiste en la adecuada fusión de naturalismo y de idealismo: «No hay idealista —dice— que no deba tomar de la naturaleza los elementos para formar su modelo mental, como tampoco hay naturalista que no añada mucho de ideal a sus retratos, por semejantes que los juzgue y cercanos al natural. De suerte que todo naturalista es idealista en la ejecución, como todo idealista debe necesariamente ser naturalista en la materia primitiva de su imitación» [150].

La negación de una norma absoluta de gusto y de belleza conduce a valorar los diversos elementos circundantes que pueden determinarla. Arteaga destaca entre éstos condiciones físicas, como el clima, la Naturaleza de las aguas y los alimentos, etc.; los factores sociales como la religión, las ideas políticas, la opinión pública, las costumbres, las prácticas comerciales, el pensamiento filosófico; y hasta las modas y el papel de la

---

[148] Ed. Batllori, cit., pág. 140.
[149] Ídem íd., pág. 54.
[150] Ídem íd., pág. 56.

mujer en la vida social. Estas ideas de Arteaga, recibidas en parte de Winckelmann, son sistematizadas por el abate español de forma mucho más coherente, que anticipa la interpretación sociológica del arte popularizada por Taine. A su vez, el reconocimiento de estos factores en la génesis de los diversos géneros de gusto y de belleza hace posible formular el concepto de gusto nacional, que, a diferencia del universalismo neoclásico, ya no se basa en normas absolutas, sino en los valores extrínsecos que lo condicionan. Se llega con ello a la aceptación de las literaturas nacionales, mediante lo cual —según comenta Rudat— «Arteaga se integra en la gran corriente europea que reacciona contra el neoclasicismo francés» [151].

Del resumen que hemos expuesto se deduce, evidentemente, la modernidad de muchas ideas de Arteaga, y no resulta exagerada la opinión de sus exégetas de que su obra —no sólo en *La belleza ideal*, sino también en *Le rivoluzioni* y otros diversos escritos— anticipa el *yo romántico* [152].

Creemos, no obstante, que su dependencia del pensamiento neoclásico, poderosísima en muchos aspectos, recorta el radio de las afortunadas intuiciones de Arteaga y que su audacia resulta bastante menor de lo que pretenden sus panegiristas. Al subrayar la parte subjetiva que Arteaga preconiza como constitutiva de la belleza ideal, Rudat habla en repetidas ocasiones de la importancia que adquiere para nuestro esteta «el proceso creador» del artista: «es el proceso creador lo que constituye el centro de su investigación» [153]; «la preponderancia conferida al acto de la creación, ingrediente esencial en la teoría de Arteaga...» [154]; «el reconocimiento de la individualidad del artista trajo como consecuencia que al estudio de la obra de arte en sí se antepusiera ahora el del proceso creativo» [155]. Batllori, por su parte, escribe: «En primer lugar, Arteaga concede una importancia primaria al acto de la creación artística» [156]. Es posible que en ambos autores se trate de una imprecisión de lenguaje; pero el resultado es una radicalización, o magnificación, de las ideas de Arteaga, que da al lector una falsa idea de sus teorías. Porque lo que nos parece evidente es que Arteaga no se propone ni el estudio ni la valoración del *proceso creador* del artista, ni mucho menos del *acto de la creación* [157]; esto hu-

---

[151] *Las ideas estéticas de Esteban de Arteaga*, cit. pág. 187.
[152] Ídem íd., pág. 151.
[153] Ídem íd., pág. 195.
[154] Ídem íd., pág. 213.
[155] Ídem íd., pág. 230.
[156] Prólogo a la ed. cit., pág. XLIV.
[157] Son abundantes los pasajes en que creemos que Rudat distorsiona el pensamiento de Arteaga y confunde al lector dándole una idea inadecuada del alcance de sus teorías: «El elemento dinámico —dice en una ocasión— que añade Arteaga al concepto de la imitación sugiere una afinidad con el movimiento iniciado por Shaftesbury, quien centra su investigación en el momento mismo de la concepción de la

biera representado, a nuestro entender, una proclamación de la autonomía del artista, una valoración tan radical de la creación en sí misma, y aun por sí misma, que hubiera acercado a nuestro abate del Setecientos a las más audaces interpretaciones modernas del arte; hubiera estado casi a las puertas de la famosa afirmación de Malraux de que «el arte es el rival de la realidad» y de que el artista «se define merced a lo que impone y no por lo que reproduce». De lo que Arteaga trata siempre no es del *proceso creador* o del *acto de la creación*, sino sencillamente de la parte, porción o papel que corresponde al artista para lograr esa síntesis de observación y de invención; parte o papel que siempre considera subordinado a lo que ha de tomar de la observación. El primordial respeto que ha de tenerse a lo natural lo define Arteaga con palabras inequívocas; cuando existe en la realidad la perfecta belleza que buscamos, «la regla —dice— que dicta la razón a los profesores de cualquiera facultad imitativa es anteponer la naturaleza existente a la ideal, y no sustituir a la nativa hermosura de las cosas las invenciones de la propia fantasía. Pero como en nuestros climas y en nuestras circunstancias la perfección física y moral de los objetos es tan rara y difícil, por eso es necesario establecer la máxima de que, no hallándola en ellos, deba buscarse el dechado dentro de nosotros mismos o en el concepto mental del artífice, teniendo siempre presente que lo ideal no es ni debe ser más que un suplemento de lo natural» [158]. Estas palabras echan un freno contundente a toda posible autonomía creadora del artista. «No es, pues, sólo la fantasía —añade más abajo— la que dirige la mano en la imitación de lo ideal, sino también la observación de la Naturaleza, de donde el artífice no debe jamás apartarse sino en el caso que ésta no baste a producir por sí sola los efectos que se desean, o que su elección y su asunto le obliguen a representar

obra de arte. Éste, precisamente, constituye el núcleo de la teoría del esteta español» (pág. 263). Nos resulta incomprensible el afán de atraer la atención hacia «el momento mismo de la concepción de la obra de arte», como si lo que hubiera pretendido Arteaga fuera el análisis del proceso psicológico de la creación en el artista, en lugar del examen de la belleza en la obra de arte lograda, que es lo que se propone en todo momento el autor. Líneas más arriba del punto citado escribe Rudat: «El genio, el artista 'hacedor', crea, pues, un microcosmos que no es idéntico a la naturaleza». Pero no se trata, como veremos en seguida, de crear un «microcosmos» distinto de la naturaleza, sino de adobar, mejorar, corregir, idealizar la naturaleza, sencillamente. Claro está que combinando naturaleza e idealización, en la proporción que se quiera, resulta algo *distinto;* pero cuando no se trata más que de un adobo o corrección, la palabra *microcosmos* —que, paradójicamente, es vocablo de mucho tonelaje— parece tener sabor de triunfalismo interpretativo; el crítico lanza aquí la flecha mucho más lejos de lo que fue el blanco del autor. En otro pasaje escribe Rudat: «... al definir Arteaga la función del poeta-filósofo, destaca la capacidad que éste posee para crear un mundo imaginario, mundo que contribuye a que el hombre olvide los males de la vida» (pág. 270). De nuevo las palabras *mundo imaginario* sugieren indefectiblemente una construcción ideal, de gran autonomía, que rebasa con mucho lo que el abate pretende realmente decir.

[158] Ed. Batllori, cit., pág. 150.

cosas cuyas imágenes no pueden entrar en el alma por los sentidos. Y aun
en tales circunstancias, deberá siempre tomar de lo natural los cimientos
de su invención y perfeccionar lo uno con el socorro de lo otro; pues
obrando diversamente sus conceptos no serán más que un agregado de
especies fantásticas, semejantes, como dice Horacio, a los sueños de un
enfermo...» [159]. Y, por si fuera poco, hasta recomienda la copia de los modelos, y aun de las reproducciones, como el academista más conservador:
«De aquí —dice— nace la necesidad de comenzar el estudio de la pintura
y de la escultura copiando modelos naturales o, en falta de ellos, los de
yeso, para acostumbrar a la exactitud la mano y los ojos, cosa que no
puede alcanzarse con sola la imaginación; como también la de estudiar
con mucho esmero las obras de los antiguos, tomándolos por el primer
suplemento de la naturaleza, antes de abandonarse al propio ideal. Lo
mismo digo del poeta y del músico, cuya primera educación debe enteramente formarse por los grandes maestros...» [160].

Para acabar de medir la corta audacia que muestra Arteaga en el
camino de la autonomía creadora del artista y de su íntima justificación,
es importante el examen de las razones que, a su juicio, hacen apetecible
la aportación imaginativa o ideal. En el capítulo noveno de su libro, Arteaga se ocupa de las «causas de la tendencia del hombre hacia la belleza
ideal»; después de examinar dos de ellas, no muy convincentes para el
caso, describe así la tercera: «La tercera causa que nos lleva a esto mismo
es el deseo de la propia felicidad. Por una parte, la naturaleza nos ha dotado de gran número de facultades exteriores e interiores; por otra, los
medios de satisfacerlas son escasos, y frecuentes los males que con su
acíbar inficionan la breve porción de deleite de que gozamos en esta vida;
y así no queda a los hombres otro modo de suplir lo que les falta, sino
el de valerse de su misma imaginación para forjarse una felicidad ficticia,
atribuyendo a los objetos las propiedades que en sí no tienen, pero que
debieran tener para satisfacer su curiosidad y apetito insaciable» [161]. Es
difícil exonerar la explicación de Arteaga de su burgués tufillo utilitario.
¿Hay algo más distante de la valoración moderna del arte que esta vulgar
interpretación? Pero la explicación utilitaria continúa. En el capítulo siguiente, Arteaga expone las «ventajas de la imitación de lo ideal sobre la
imitación servil»: «La imitación de lo ideal —dice— deleita más que la
imitación servil» [162]; «a esto se junta la novedad de sensaciones que excita
lo ideal, y no el natural, novedad que es una consecuencia de la libertad
que aquél, y no éste, permite a la fantasía» [163]; «otra ventaja no menos con-

159 Idem íd., págs. 151-152.
160 Idem íd., pág. 152.
161 Idem íd., págs. 122-123.
162 Idem íd., pág. 126.
163 Idem íd., pág. 128.

siderable es la de contener más instrucción y moralidad que la imitación natural» [164]. Sospechamos que si la imitación ideal no hubiera contenido tantas *ventajas*, Arteaga hubiera aconsejado la fotografía.

Hay un punto, de la mayor importancia, que Arteaga explica muy infelizmente, y es la razón por la cual los objetos que son «desagradables y aun horrorosos en la naturaleza pueden, no obstante, recibir lustre y belleza de la imitación» [165]. Arteaga aduce numerosos ejemplos sacados del arte o la literatura clásica; pero al llegar al momento de explicar este fenómeno, tan certeramente evidenciado por él, escribe: «Esta singularidad moral que hace nos sea agradable el disgusto y nos obliga a apetecer en el retrato lo que aborreceríamos en el original, proviene de varias causas que yo por ahora no tengo comodidad ni tiempo de averiguar. Quizá las principales son el deleite que percibe el alma en ver imitados los objetos; la complacencia que resulta en ella, encontrando en la imitación materia abundante sobre que ejercitar su facultad de juzgar y de comparar; la ilusión incompleta que producen las artes imitativas, la cual siempre deja algún resquicio abierto por donde se conoce que lo que se ve y se oye no es verdadero, y, finalmente, el efecto mismo del arte y la habilidad del artífice, los cuales, con la hermosura de la composición y con el conjunto de placeres que nos procuran, deshacen, o a lo menos templan, la impresión desagradable que nos causaría la presencia misma de los objetos» [166]. Era el momento de proclamar la autonomía de la obra de arte, de afirmar su derecho a existir por sí misma y, consecuentemente, de valorar —en el autor— la capacidad de crear *microcosmos* y *mundos imaginarios*. Pero sería pedir imposibles a un hombre de su tiempo; la proclamación de estos principios necesitaba muchos años aún para ser descubierta y formulada. Contentémonos con las afortunadas anticipaciones de nuestro autor, y sus apreciaciones de conjunto, sobre todo con esa feliz constatación de que la belleza natural no es la belleza artística. Al fin y al cabo, como subraya Batllori, el mismo Kant no avanza un paso más allá del terreno descubierto por Arteaga, cuando afirma —en su *Kritik der Urteilskraft*— que la belleza artística «no es una cosa bella, sino una bella representación de una cosa» [167].

Tampoco Arteaga acierta a resolver cuál es la causa del deleite que produce la imitación y, en último extremo, la obra de arte. Las razones de Arteaga son tan pueriles como las que había dado Luzán, aunque se debate aduciendo ejemplos que no explican el problema. Arteaga subraya como uno de los motivos básicos para el placer del espectador el que produce la dificultad vencida, lo que le lleva a concluir «que la admiración

---

[164] Ídem íd., pág. 129.
[165] Ídem íd., pág. 35.
[166] Ídem íd., págs. 37-38.
[167] Prólogo a ídem íd., págs. LXI-LXII.

es tanto más grande cuanto es más indócil el instrumento de que se sirve el artífice y mayores los obstáculos que ha debido superar en la imitación» [168]. Esta teoría conduce fatalmente a valorar como motivo estético el esfuerzo del autor y la dureza y resistencia del material. Batllori comenta con gracia que este principio desemboca naturalmente en un «concepto acrobático de las bellas artes» [169] (mejor, quizá, sería llamarlo circense: *más difícil todavía*), en que el mayor valor artístico correspondería a la mayor dificultad superada por el artífice. Pero como en tantos pasajes de su libro, la visión global de los problemas teje una afortunada corrección sobre muchos errores o insuficiencias de detalle. Precisamente por esto nos sentimos de acuerdo con el juicio *global* de Batllori, más justo que las apologías entusiastas: «Arteaga, siendo un potente ingenio, no es un genio. Columbra, adivina, desea...; pero le falta aquella seguridad de quien se siente capaz de enfrentarse con todos sus contemporáneos, sabiendo que las generaciones futuras —no la presente, una y mezquina— son las llamadas a comprenderle. Y Arteaga duda siempre y titubea, como quien teme la incomprensión de los suyos y no se siente con fuerzas bastantes para prescindir de ellos y contentarse con las ficciones de su espíritu, sus creaciones más reales y consistentes» [170].

Destaquemos, finalmente, una excelente condición del abate, muy justamente subrayada también por Batllori: «Su facilidad de frase, la elegancia y ductilidad de su castellano —muy de admirar en quien desde su misma juventud hubo de vivir en el destierro— y, sobre todo, su estilo animado y vivo, tan opuesto al de las soporíferas disertaciones del pedantesco siglo filosófico, le permiten codearse gallardamente con los más finos prosistas de su tiempo» [171].

LA HISTORIA

EL PADRE FLÓREZ

El puesto más sobresaliente en la historiografía del siglo XVIII corresponde, sin disputa, al Padre Enrique Flórez, nacido en Villadiego, provincia de Burgos, en 1702 [172]. Su nombre completo era Enrique Flórez de Se-

---

[168] Ídem íd., pág. 16.
[169] Prólogo a ídem íd., pág. LIX.
[170] Ídem íd., pág. LXIV.
[171] Ídem íd., pág. IX.
[172] Para la vida del Padre Flórez, crf.: Fr. Francisco Méndez, *Noticias sobre la vida, escritos y viajes del Rmo. P. Mtro. Fr. Enrique Flórez*, 2.ª ed., publicada por la Real Academia de la Historia, Madrid, 1860. El Padre Méndez da esta semblanza física del Padre Flórez, muy curiosa por la pintoresca noticia que añade al final: «Fue

tién y Huidobro. A los diecisiete años profesó en los agustinos de Salamanca, y después de estudiar en esta ciudad, en Valladolid, Ávila y Alcalá, se dedicó por algún tiempo a la predicación. Fue catedrático de Teología en Alcalá, pero renunció a la cátedra para entregarse a sus trabajos de investigación por los archivos españoles. Sempere y Guarinos [173] subraya dos cosas que deben ponderarse en este sabio: la primera, que habiendo tenido su educación dentro del claustro y seguido sus estudios escolásticos con todos los defectos en que abundaban a principios de aquel siglo, hubiera sido capaz de formarse un juicio crítico tan sólido y efectuar tantos progresos en la historia y en las antigüedades; y segundo —un poco más discutible—, que, a pesar de sus numerosas ocupaciones y de los honores recibidos del monarca, del Sumo Pontífice y de los sabios nacionales y extranjeros, nada alterara su vida de piedad ni torciera su gran modestia [174].

Además de cinco volúmenes de Teología, que le produjeron cierto renombre, el padre Flórez publicó diversos estudios sobre historia antigua. El primero de ellos fue la *Clave Historial* [175] (Madrid, 1743), que fue reedi-

---

el Mtro. Flórez algo pequeño de cuerpo, aunque de estatura bastante regular, delgado en todo, pero proporcionado y perfecto, el color blanco, rostro menudo con nariz aguileña y frente espaciosa, el aspecto grave y modesto, ojos castaños, cejas grandes y arqueadas, cabello negro, sin faltarle uno ni tener una cana. Mantuvo la dentadura casi entera hasta los sesenta años, y al fin se le cayeron todos los dientes y muelas. Era de pocas carnes, todo espíritu, de complexión muy fría, y tanto que con dificultad se encontrará semejante por lo extraordinario de las muchas mantas y ropa que echaba en la cama» (págs. 90-91). Y añade en nota al pie: «Las mantas que echaba en la cama, casi en todo tiempo, pesaban cuatro arrobas, sin entrar en cuenta los hábitos, chupas, calzones, medias y calcetas, que también ponía sobre sí. Pesáronse delante de tres sacerdotes y dos seglares» (pág. 91). Cfr. además: P. Guillermo Antolín, O. S. A., «Datos biográficos del P. Flórez», en *La Ciudad de Dios*, LXXI, 1906, páginas 345-354.

[173] Sempere y Guarinos, *Ensayo...*, cit., III, págs. 83-84.

[174] No por ello debe entenderse, sin embargo, que el Padre Flórez fuera insensible a sus méritos y gloria de escritor ni que dejaran tampoco de afectarle motivos muy humanos de competencia con otros investigadores. El Padre Méndez refiere en su biografía esta interesante anécdota: «Compuso D. Luis [José] Velázquez su obra de *Ensayo de Medallas desconocidas* en la celda del Mtro. Flórez, con tanta satisfacción y franqueza que estudiaba en ella, y las manejaba todas a su arbitrio, sin ninguna reserva; con las que principalmente formó su libro. Puso en él una lista de los nombres de los sujetos cuyos gabinetes había disfrutado, y no citando el del Mtro. Flórez (acaso porque era patente a los literatos de esta clase que dicho libro se había compuesto en su celda, y tal vez ayudado), se dio por sentido, y de allí adelante nunca más le mostró las monedas, ni le permitió el uso de sus libros, aunque lo intentó, dándole por excusa el que le interrumpía el tiempo, y que sin ellos podía muy bien bandearse. De todo soy testigo» (*Noticias...*, cit., pág. 28, nota 1).

[175] Se trata realmente de un manual de divulgación, cuyo título completo, según quedó abreviado a partir de la cuarta edición, es: *Clave historial, con que se abre la puerta a la Historia Eclesiástica y Política, chronología de los Papas y Emperadores, Reyes de España, Italia y Francia, con los orígenes de todas las Monarquías, Concilios, Hereges, Santos, Escritores y sucesos memorables de cada siglo.*

tada quince veces hasta fines del siglo [176]. En 1757 y 1758 publicó su estudio sobre *Medallas, Municipios y pueblos antiguos de España*, en dos volúmenes, a los cuales añadió un tercero, editado en 1773, con sus nuevos hallazgos. Esta obra, además de incluir las medallas ya publicadas por otros autores, describía las muy numerosas descubiertas por el padre Flórez en gabinetes y colecciones particulares. La fama de esta obra, tenida por muy superior a todas las existentes, cundió por toda Europa, y la Real Academia de Inscripciones y Bellas Artes de París nombró al padre Flórez socio correspondiente [177]. En 1761 dio a la imprenta, en dos volúmenes, sus *Memorias de las Reynas Católicas, historia genealógica de la Casa Real de Castilla*, en la que, a más de aclarar diversos puntos de cronología, dio noticia por primera vez de numerosos hechos históricos. Publicó además el padre Flórez el *Viage de Ambrosio de Morales*, efectuado por orden de Felipe II a los reinos de León y Galicia y Principado de Asturias, y diversas obras ascéticas.

Tuvo también el padre Flórez gran afición a la Historia Natural, para cuyo estudio formó una colección y gabinete de gran valor para su tiempo. Con el fin de incrementarla buscó corresponsales dentro y fuera de España, con los cuales intercambiaba piezas repetidas, además del mucho dinero que gastó en sus propias adquisiciones. Al infante don Gabriel, con quien tuvo amistoso trato, logró interesarle en el estudio de la Historia Natural y estimularle a emprender su propia colección en una sala de palacio. Y gracias a su intervención y consejo, adquirió el ministro Grimaldi la rica colección de don Pedro Dávila, con la cual se inició el Real Gabinete de Historia Natural de Madrid.

Pero su fama, con honores de inmortalidad, está vinculada a la publicación de la monumental *España Sagrada*, que inició en 1747 y de la cual llegó a imprimir veintisiete volúmenes. Se ha discutido cuándo y de quién partió la idea de esta publicación. En una *Noticia del origen, progresos y trabajos literarios de la Real Academia de la Historia*, publicada en el volumen primero de las *Memorias* de dicha institución [178], Antonio de Capmany, su secretario entonces [179], escribe que la Academia «o por no haber

---

[176] Véase Méndez, cit., págs. 115-117, y nota pág. 116.

[177] Cita el Padre Méndez unas palabras del francés Mr. Pellerin sobre el libro del Padre Flórez, *Medallas de las Colonias*...: «La obra de Medallas del Mtro. Flórez es la mejor que en la materia se ha dado al público, compuesta de notas y disertaciones juiciosas y sabias, a que podrá añadirse poco de medallas y menos de observaciones» (*Noticias*..., cit., pág. 132).

[178] *Memorias de la Real Academia de la Historia*, vol. I, Madrid, 1796, págs. I-CLXI; siguen a la 408 del volumen.

[179] La *Noticia* va sin nombre de autor, pero por ciertas palabras de la pág. CXIII se deduce claramente que fue Capmany quien la redactó. Así lo admite el conde de Cedillo en su *Discurso*, leído ante la Academia con motivo de la Fiesta del Libro de 1927, sobre «Las grandes colecciones publicadas por la Real Academia de la Historia», *Boletín de la Real Academia de la Historia*, XCII, 1928, págs. 334-401; la referencia en pág. 338.

recatado tanto como debiera sus proyectos, o por una laudable generosidad»[180], ha dado origen «a muchas obras que después han salido a la luz pública en nombre de autores particulares, robándole, si se puede decir, el pensamiento, y para muchas hasta el título, y aprovechándose para. otras de sus materiales y auxilios. Tales son la *España Sagrada...*»[181] y otras que cita; y luego concreta más aún: «Del seno de la Academia salió en 1748 la idea de una historia eclesiástica nacional, con el título de *España Sagrada*, distribuida por siglos, con sus disertaciones correspondientes en cada uno: formó y leyó su plan don Juan de Amaya, pero habiéndose pasado a la revisión y censura de los académicos Ribera y Ulloa, los reparos y las observaciones detuvieron la empresa hasta enfriar las manos de su autor»[182]. La afirmación de Capmany es evidentemente errónea, porque los dos primeros volúmenes de la *España Sagrada* se publicaron en 1747, y mal podía haber brotado la idea de la obra de un plan leído en la Academia en 1748. El conde de Cedillo intenta cohonestar el error del famoso secretario con hipótesis poco convincentes[183]; el mismo Cedillo aduce un texto del padre Francisco Méndez, amanuense y biógrafo del padre Flórez, en el que se explica la gestación de la *España Sagrada*. Según Méndez[184], la obra se empezó a concebir en 1742; el padre Flórez, que residía entonces en Alcalá de Henares, hacía frecuentes viajes a Madrid a causa de sus investigaciones históricas; en la Real Biblioteca hizo amistad con destacados escritores, y sobre todo con don Juan de Iriarte, que le visitaba muchas veces en el convento matritense de San Felipe el Real. El padre Flórez proyectaba entonces una *Geografía Eclesiástica de España*, y comunicó sus planes a Iriarte; éste alentó sus propósitos, pero le dijo que aquella idea debía extenderse a la de una historia general de la Iglesia española, que se titulara *España Sagrada*. Dudó el padre Flórez en un principio, por considerar excesiva la tarea, pero después de algún tiempo, y como hubiese reunido abundantes documentos, se decidió a seguir el consejo de su amigo. El propio padre Flórez confirma la decisiva intervención de Iriarte en carta escrita al mayor de sus sobrinos, Bernardo: «Yo me precio —dice, refiriéndose a aquél— de ser uno de los más favorecidos, y él fue quien me persuadió a escribir la *España Sagrada*»[185]. Muy posiblemente medió también otro estímulo, no mencionado por Cedillo. Como vimos en su lugar, el padre Flórez frecuentaba en Madrid la celda del padre Sarmiento, del que había de recibir después, efectivamen-

---

[180] Pág. III.
[181] Págs. III-IV.
[182] Pág. LII.
[183] «Las grandes colecciones...», cit., págs. 339-340; cierto es que el propio Cedillo reconoce más abajo que la idea de la *España Sagrada* no partió, en efecto, de la Academia, sino de su autor.
[184] *Noticias...*, cit., págs. 37-38.
[185] Cit. por Méndez, ídem íd., pág. 38.

te, importante ayuda para la _España Sagrada_, pues el benedictino le facilitó muchos documentos y manuscritos inéditos, según el padre Méndez certifica también [186]; ya conocemos asimismo que don Juan de Iriarte era habitual contertulio de Sarmiento. El proyecto de Flórez debió, pues, de discutirse en el seno de aquella ilustre tertulia, porque Sarmiento, en sus _Reflexiones literarias_, redactadas en 1743 [187], postula, según dijimos en su lugar, la redacción de una _Hispania Catholica_, a semejanza de las colecciones existentes en otros países. La idea de obras de este tipo había sido, en efecto, puesta en práctica en otras partes; en Bélgica, el padre Bolando, con sus compañeros de Amberes, inició en 1643 la publicación de sus _Acta Sanctorum;_ en Italia, el abad cisterciense Ughelli emprendió en 1644 la publicación de la _Italia Sacra;_ en Francia, los benedictinos de San Mauro editaron en 1715 los primeros volúmenes de su _Gallia Christiana;_ existía también una _Anglia Sacra._ El florecimiento histórico del siglo XVIII exigía un esfuerzo semejante en nuestro país, porque la idea estaba realmente en el aire. Aparte las mencionadas incitaciones de Sarmiento y de Iriarte, debemos recordar la propuesta hecha por Mayáns en 1734 al ministro Patiño para redactar una _España Eclesiástica_, en que se recogieran los documentos eclesiásticos de todo género: concilios, bulas, privilegios, etcétera. Informa Mestre [188] que en 1739 el famoso Muratori entabló correspondencia con Mayáns sobre inscripciones latinas de España, que éste le facilitó; en una de sus cartas le preguntaba el italiano si tenían los españoles una _Hispania Sacra_, y expresaba su deseo de que alguien emprendiera esa tarea. Mérito indiscutible del padre Flórez fue el haberla tomado sobre sus hombros y trabajado tenazmente el resto de su vida para darle realización.

Los dos primeros volúmenes de la _España Sagrada_ aparecieron, como hemos dicho, en 1747. En realidad, estos dos tomos, y hasta los dos siguientes, publicados en 1748 y 1749, son, según subraya Cedillo [189], como los prolegómenos de la obra, y todavía se advierte en ellos el impulso de la primitiva idea del autor. En la dedicatoria «Al Verbo Eterno» se dice:

---

[186] «La comunicación —dice Méndez— con los eruditísimos PP. MM. benedictinos Fr. Diego Mecolaeta, Fr. Martín Sarmiento y Fr. Domingo Ibarreta, la contrajo por medio de las letras; y si el primero supo mucho y le franqueó varios documentos y manuscritos inéditos, sin entrar en cuenta los cotejos que le hizo de otros, el Mtro. Sarmiento fue primero sin segundo de su siglo, y le comunicó más, pues era un mar de erudición que se derramaba con el Mtro. Flórez siempre que le iba a visitar, que eran muchas tardes, de que soy testigo. El tesoro grande que dejó este sabio está oculto, con gravísimo perjuicio de la literatura española, y aun me atrevo a decir que del orbe literario todo» (_Noticias..._, cit., págs. 26-27).

[187] Esta es la fecha que señala María Angeles Galino en su libro _Tres hombres y un problema. Feijoo, Sarmiento y Jovellanos ante la educación moderna_, Madrid, 1953, pág. 402.

[188] Antonio Mestre, _Historia, fueros y actitudes políticas..._, cit., pág. 91.

[189] «Las grandes colecciones...», cit., pág. 341.

«A vos acude y se consagra esta Geografía de la Iglesia de España»; y en las «Advertencias al que lea y razón de la obra», añade: «La idea general de mi *España Sagrada* es un *Theatro geográfico* de la Iglesia de España, en que, además de la antigüedad, establecimiento y división de sus Provincias, se trata de la situación de sus sillas antiguas y modernas». Los dos primeros volúmenes se ciñen a los problemas de la Geografía y la Cronología, ojos de la Historia; el tercero estudia la predicación de los Apóstoles en España y la propagación del Cristianismo; el cuarto se dedica al origen y progresos de los obispados, antigüedad de las provincias eclesiásticas y sus divisiones primitivas. A partir del quinto volumen comienza ya el verdadero asunto de la obra, que es la historia de las diversas iglesias metropolitanas, con sus sufragáneas, y dentro de ellas, y aun siendo ese su propósito fundamental, estudia el padre Flórez los más diversos aspectos de la historia española en todos sus campos, tan frecuentemente enlazados con los de la Iglesia, y reproduce con este fin multitud de documentos, textos, inscripciones, medallas, etc.; incluyendo además mapas de las respectivas diócesis y grabados que reproducen monumentos notables, sagrados y profanos. «No es una Historia eclesiástica de España —dice Menéndez y Pelayo de la monumental publicación del padre Flórez—, pero sin ella no podría escribirse. No es tampoco una mera colección de documentos, aunque en ninguna parte se haya recogido tanto caudal de ellos sobre la Edad Media española: cronicones, vidas de santos, actas conciliares, diplomas, privilegios, escrituras, epitafios y antigüedades de todo género. Es también una serie de luminosas disertaciones que tocan los puntos más capitales y oscuros de nuestra liturgia, que resuelven arduas cuestiones geográficas, que fijan la fecha de importantes acontecimientos, que discuten la autenticidad de muchas fuentes y condenan otras al descrédito y al oprobio que debe acompañar a la obra de los falsarios» [190].

«En esta grande obra —dice por su parte el padre Méndez— se hallan los más preciosos y raros documentos de la Historia de España, unos jamás vistos en el público y otros tan limados y restituidos a su ser y propiedad que hacen casi inútiles las ediciones que les precedieron, dando (no obstante que es cosa ardua) novedad a lo antiguo, autoridad a lo nuevo, esplendor a lo envejecido, luz a lo oscuro, gracia a lo fastidioso, fe a lo dudoso, y a todas las cosas su naturaleza, y a la naturaleza todas sus cosas. Abraza también una gran parte de disciplina eclesiástica antigua y moderna; se trata mucho de nuestros concilios nacionales y provinciales, en que se esmera nuestro autor, como en la cronología y geografía» [191].

---

[190] M. Menéndez y Pelayo, *Historia de los heterodoxos españoles*, ed. nacional, 2.ª ed. vol. I, Madrid, 1965, págs. 12-13.
[191] *Noticias...*, cit., pág. 129.

El padre Flórez prosiguió incansablemente su tarea hasta el volumen XXVII, que publicó en 1772, un año antes de su muerte. El volumen IV había sido dedicado al rey Fernando VI, quien tomó la *España Sagrada* bajo su protección, concediéndole a su autor una pensión anual de seiscientos ducados [192] y cuantos recursos precisara [193], y solicitó del Papa Benedicto XIV para el gran agustino la dignidad de *Provincial absoluto* [194] de su Orden con todos los honores a ella correspondientes.

El éxito de la obra fue extraordinario, y casi todos los tomos tuvieron que ser reeditados, con adiciones o correcciones del propio autor. La *España Sagrada* ha merecido en todo tiempo unánimes elogios, aunque el padre Flórez no siempre siguiera metódicamente su propio plan y adoleciera a veces de defectos de técnica, que la moderna historiografía ha perfeccionado. Menéndez y Pelayo, como antes Sempere y Guarinos, proclama el inmenso esfuerzo que hubo de realizar el gran agustino para compensar las deficiencias de su formación: «Para llevar a cabo su labor hercúlea —dice don Marcelino—, el P. Flórez, humilde religioso, que había pasado su juventud estudiando y enseñando Teología escolástica hasta que descubrió su verdadera y definitiva vocación, tuvo que educarse a sí propio en todas las disciplinas históricas, improvisándose geógrafo, cronologista, epigrafista, numismático, paleógrafo, bibliógrafo, arqueólogo y hasta naturalista: no todo con igual perfección, pero en algunas ramas con verdadera eminencia» [195]. Cedillo reproduce [196] algunos de los más valiosos elogios que se han tributado a la *España Sagrada*: los Bolandistas —dice—, tan parcos en el elogio, la llamaron *opus eruditissimum*; el padre Burriel la proclamó «luz de la historia eclesiástica de España»; Fernández-Guerra dijo que de ella «ha de partir por necesidad todo cuanto en nuestra historia nacional se haga bien encaminado y fructuoso»; Salvador y Barrera [197] la califica de gloria incomparable para la ciencia españo-

---

[192] Ídem íd., pág. 44.
[193] Además del consiguiente esfuerzo intelectual, el Padre Flórez hubo de llevar a cabo una paciente y trabajosa actividad, con grandes dispendios, para investigar en numerosos archivos del país y recorrer los lugares, cuyo examen necesitaba; para ello emprendió repetidos viajes de exploración y estudio, que el Padre Méndez detalla con gran rigor, hasta el punto de ocupar con ellos la mitad de su libro. Dirigiéndose a quienes podrían reprocharle esta prolijidad, escribe: «Yo estoy cierto que si estos tales hubieran visto volver al Mtro. Flórez de sus viajes, que mejor se podían llamar expediciones literarias, cargado de manuscritos inéditos, de monedas rarísimas, de inscripciones copiadas, y tal vez originales, de piedras literatas, de petrificaciones, conchas y otras mil curiosidades y juguetes de la naturaleza, con que adelantaba la historia, enriquecía su gabinete y aumentaba la estimación de su celda, no repararían en lo difuso de mi narrativa» (*Noticias...*, cit., pág. 166).
[194] Ídem íd., pág. 43.
[195] *Heterodoxos*, cit., pág. 14.
[196] «Las grandes colecciones...», cit., pág. 348.
[197] J. M. Salvador y Barrera, *El Padre Flórez y su España Sagrada*, discurso leído en la Real Academia de la Historia, Madrid, 1914.

la, pues creó la crítica histórica tal como desde entonces la han seguido todos los investigadores. Menéndez y Pelayo le dedica palabras de alta admiración: «Si quisiéramos —dice— cifrar en una obra y en un autor la actividad erudita de España durante el siglo XVIII, la obra representativa sería la *España Sagrada*, y el escritor Fr. Enrique Flórez, seguido a larga distancia por sus continuadores, sin exceptuar al que recibió su tradición más directamente. No ha producido la historiografía española monumento que pueda parangonarse con éste, salvo los *Anales*, de Zurita, que, nacidos en otro siglo y en otras condiciones, son también admirable muestra de honrada y profunda investigación. Pero el carácter vasto y enciclopédico de la *España Sagrada* la deja fuera de toda comparación posible, sean cuales fueren las imperfecciones de detalle que seguramente tiene, y la falta de un plan claro y metódico»[198]. Y refiriéndose a su prosa, dice más adelante: «Su estilo es pedestre y llano como el de Muratori y el de casi todos los grandes eruditos de aquel siglo, pero compensa su falta de literatura con la serenidad de su juicio, la agudeza de su talento, la rectitud de su corazón sencillo y piadoso que rebosaba de amor a la verdad y a la ciencia. La *España Sagrada* no sólo fue un gran libro, sino un gran ejemplo, una escuela práctica de crítica, audaz y respetuosa a un tiempo»[199].

Estos elogios de Menéndez y Pelayo, justos, sin discusión posible, en lo que tienen de apreciación global, han sido reproducidos por los comentaristas tradicionales hasta hoy mismo[200]. Es necesario, sin embargo, dar noticia de algunas salvedades. En los mismos días de Flórez varios investigadores opusieron reparos a la obra del agustino, sobre todo Mayáns y Siscar[201]. El padre Flórez solicitó la ayuda y consejo del erudito de Oliva

---

[198] *Heterodoxos*, cit., pág. 12.

[199] Ídem íd., pág. 14. El Padre Flórez era consciente de la gran sencillez y sequedad de su prosa, a la que sólo pretende concederle valor instrumental. En el prólogo al tomo III de su *España Sagrada* dice que él «no escribe historia, sino lo que se necesita para ella, y por esta confesión cesaría lo que le pudiesen oponer contra el estilo; pues siendo la materia una casi continuada controversia en obra dilatadísima, no ligada a leyes de la Historia, miraba más a lo formal del concepto que a lo material de las voces». El Padre Méndez cita unas palabras del Padre Nicolás Gallo sobre la prosa del Padre Flórez: «No me detengo —dice— en el estilo llano, sencillo y natural que nuestro autor usa en su obra, ya sea porque ha querido sacrificar voluntariamente en honor de la claridad la nativa elocuencia que descubre en su dedicatoria, ya sea porque, arrebatado de la grandeza de los sucesos que maneja, se detuvo poco en la elección de las voces y en la cultura del lenguaje» (*Noticias...*, cit., págs. 109-110).

[200] Cfr.: P. Conrado Muiños Sáenz, O. S. A., «El P. Flórez, modelo de sabios cristianos», en *La Ciudad de Dios*, LXXI, 1906, págs. 361-383. P. Graciano Zumel, O. S. A., «Elogios tributados al P. Enrique Flórez», en ídem íd., págs. 384-390. Gregorio de Santiago Vela, O. S. A., *Ensayo de una Biblioteca Ibero-americana de la Orden de San Agustín*, II, Madrid, 1915, págs. 507-607. Ángel Custodio Vega, O. S. A., *La 'España Sagrada' y los Agustinos en la Real Academia de la Historia*, El Escorial, 1950.

[201] Antonio Mestre dedica buena parte de su libro *Historia, fueros...*, cit., al examen de la relación Mayáns-Flórez y de sus diferencias de método y criterio historio-

para varias cuestiones; el espíritu crítico que el agustino manifestaba, coincidía tan exactamente con las ideas de Mayáns, que éste le facilitó de buen grado datos y documentos que el padre Flórez utilizó en su obra. No obstante, se desavinieron luego porque el autor de la _España Sagrada_ calló con poca generosidad la aportación del valenciano, y, por otra parte, puso visible interés en refutarle en aquellos puntos en que discrepaba, como acuciado por el afán de rebajar la importancia de aquél a quien debía positivas ayudas. El implacable criticismo de Mayáns encontró desde entonces en la obra de Flórez numerosos detalles en que cebarse y trató de poner en guardia a varios investigadores, como el nuncio Enríquez, José Cevallos y el padre Burriel, escribiéndoles con este objeto. En carta al nuncio Enríquez decía Mayáns que él y su hermano Juan Antonio le habían notado a Flórez «millares de errores clarísimos. No ai página sin ellos» [202]; en carta a Burriel sobre la liturgia mozárabe decía: «Pensar que su _España Sagrada_ no tiene dos o tres mil errores gravíssimos es no entender los asuntos que ha tratado» [203]. Para anotar mejor los numerosos fallos que encontraba, Mayáns hizo encuadernar ejemplares de los distintos volúmenes de Flórez con hojas blancas intercaladas, que iba llenando de observaciones. Mestre que da cuenta de este hecho, lamenta la pérdida de estos ejemplares, porque «tendríamos —dice— casi en columnas paralelas la doble visión de la historia de la iglesia española por los eruditos del siglo XVIII. La oficial, representada por la obra del P. Flórez, dentro de un moderado sentido crítico pero siempre conservador y tradicional, y las correcciones de Mayáns que nos darían la visión del ilustrado, católico pero seglar, animado de un mayor espíritu crítico y, al mismo tiempo, independiente de toda presión oficial, llámese iglesia o estado» [204].

Las palabras de Mestre nos ponen en el surco del verdadero problema. Aunque las anotaciones críticas de Mayáns a la obra del agustino fueran certeras en su censura, quizá no pueda negarse una cierta acrimonia resentida producida en Mayáns por la mezquina actitud del religioso. No obstante, la hostilidad del valenciano se originaba en discrepancias más profundas, que afectaban a la totalidad de la obra, es decir, a cuestiones de concepción metodológica. Es incuestionable el afán de Flórez por encontrar la verdad: pero, cuando se enfrenta con tradiciones religiosas, sus exigencias críticas se inhiben, según declara él mismo en el Prólogo general de su obra; se refiere a aquellas tradiciones particulares de las Iglesias, en las cuales «quisiera descubrir más firmeza: pero por ser sagradas,

gráfico. Véanse en particular los capítulos III a VI, en donde se estudian minuciosamente los problemas que aquí resumimos. En el Apéndice documental reproduce Mestre la correspondencia entre Mayáns y Flórez y otros documentos de gran interés.

[202] Cit. por Mestre en _Historia, fueros..._, cit., pág. 193, nota 1.
[203] Idem íd., pág. 195.
[204] Idem íd., pág. 198.

y no hallar convencimiento en contra, más quiero exponerme a la censura de los Críticos, que desayrar la reputación de la Piedad»[205]. Junto a este factor de tipo religioso, «no tardará en aparecer en su obra —escribe Mestre— otro criterio de valoración al juzgar las tradiciones históricas: el amor patrio. Amor que tomará cariz nacionalista al querer ver *envidia* y *arrogancia* en quienes se oponen a las tradiciones de la predicación de Santiago y de San Pablo en España»[206]. «Flórez —comenta Mestre más abajo—, a pesar de su criticismo, tiene mucho del espíritu de la Contrarreforma. El nacionalismo con que contempla el origen apostólico de la cristiandad española y su criterio de ver en la actitud de los historiadores extranjeros que niegan la tradición odio y envidia por las glorias de España son un claro síntoma»[207].

Mayáns, por el contrario, desea aplicar la crítica con todo rigor, aun en el caso de tradiciones eclesiásticas relacionadas con la piedad; distingue perfectamente entre el campo dogmático y la verdad histórica, pero las tradiciones eclesiásticas de iglesias particulares no pertenecen al dogma, y por otra parte el hecho histórico rigurosamente demostrado nunca puede ser opuesto a la verdad revelada. Para Mayáns la destrucción de las leyendas y falsas tradiciones es parte decisiva de la restauración intelectual del país; por eso acusa a Flórez de hacer política de la historia y fomentar el nacionalismo «buscando así el apoyo del vulgo y de la autoridad al presentarse como defensor de las tradiciones nacionales»[208].

Las palabras de Mayáns no eran meras apreciaciones, puesto que existen casos graves en la actitud del agustino. En cierta ocasión el padre Flórez por mediación del padre Rávago, confesor del rey, sacó de la biblioteca del Escorial un códice, *De Habitu clericorum*, de Leovigildo, clérigo cordobés del siglo IX. Al devolverlo, los monjes del Escorial advirtieron la falta de dos folios, que habían sido arrancados; protestaron ante Rávago, pero éste declaró que los había arrancado de acuerdo con el padre Flórez «porque eran contrarios al honor de España». Los monjes decidieron justificar ante la posteridad el interés con que cuidaban la biblioteca y levantaron acta del hecho; pidieron entonces al padre Flórez copia de los folios arrancados para incorporarlos al original, pero el agustino contestó que los había quemado «a fin que no perseverase vestigio», y pedía a los monjes que quemasen también aquella carta para que no quedase del hecho «la más mínima memoria»; los monjes, sin embargo, no le hicieron caso e incorporaron al proceso el sorprendente escrito del autor de la *España Sagrada*[209].

[205] Cit. en ídem íd., pág. 199.
[206] Ídem íd.
[207] Ídem íd., pág. 217.
[208] Ídem íd., pág. 210.
[209] Para todo este suceso véase ídem íd., págs. 93-95.

Mestre reproduce unas palabras del juicio que tales hechos le merecen a Pascual Galindo, quien llega a hablar del «espíritu anticrítico» de Flórez. Galindo —con mucho rigor, sin duda— se pregunta cuál es el crédito que puede merecer la obra del agustino: «Ante tal actitud, ante tan vituperable criterio de hacer desaparecer documentos porque *iban contra el honor de la nación* y queriendo luego rodear del mayor silencio tales desafueros y desaguisados *como punto de sigilo sacramental*, ocurre preguntar: ¿habrá sucedido igual a otros documentos?, ¿habrán desaparecido por esa misma causa u otras parecidas?, ¿serán de fiar desinteresadamente todas las transcripciones y publicaciones?» [210].

Sería absurdo extender a toda la *España Sagrada* esta mengua, que sólo le puede afectar en una pequeña parte; pero es evidente que en la tarea del agustino interfieren en ocasiones, con mayor o menor amplitud, «factores ajenos a la historia», determinados por la posición personal del autor.

El padre Flórez dejó a su muerte dos tomos inéditos, el XXVIII y el XXIX, que fueron publicados por el padre Manuel Risco, a quien se encargó la tarea de proseguir la ingente obra. Un mes escaso después de la muerte del padre Flórez, Carlos III, persuadido de la importancia de la *España Sagrada* y de la necesidad de su continuación, facultó por Real Decreto a la provincia de Castilla de la Orden de San Agustín para designar el sucesor de Flórez, encargo que recayó en el mencionado padre Risco, que publicó en años sucesivos otros trece tomos, hasta el XLII inclusive. A Risco le sucedieron, dentro ya del siglo xix, los padres Fernández de Rojas, Merino y La Canal; este último publicó otros cuatro volúmenes, del XLIII al XLVI, y dejó casi preparado el XLVII. Durante la invasión francesa, y con el saqueo del convento de San Felipe, se perdió gran parte de acervo documental allí reunido, y sólo con grandes esfuerzos pudo más tarde La Canal publicar los tomos mencionados.

Al producirse en 1836 la exclaustración de los religiosos de Madrid y ser suprimida la comunidad de San Felipe, el padre La Canal acudió al gobierno para que propusiera los medios de continuar la *España Sagrada* y conservar los documentos reunidos para ello. A consecuencia de estas gestiones [211], la Real Academia de la Historia, por decreto del 30 de junio de 1836, fue oficialmente encargada de proseguir la *España Sagrada* y trasladar a su domicilio la biblioteca de San Felipe. Muerto La Canal, que había sido director de la Academia de la Historia, la *España Sagrada* fue continuada por don Pedro Sáinz de Baranda, también de la misma

---

[210] Cit. en ídem íd., pág. 95. Cfr.: Pascual Galindo Romeo, *Tuy en la Baja Edad Media. Siglos XII-XV* (*Suplemento al tomo XXII de la 'España Sagrada' del P. Flórez*), Madrid, 1950.

[211] Cfr.: Cedillo, «Las grandes colecciones...», cit., pág. 345.

corporación, quien además del tomo XLVII, preparado por La Canal, publicó el XLVIII y reunió datos para el XLIX. En colaboración con don Miguel Salvá publicó en 1853 el libro *Clave de la España Sagrada* [212], indispensable para el manejo de tan vasta colección, habida cuenta además de las vicisitudes que sufrió y la falta de un plan metódico. Tras otra interrupción, don Vicente de la Fuente, académico de la Historia y catedrático de la Universidad Central, publicó los tomos XLIX, L y LI; y en 1917 apareció por fin el volumen LII, con el que quedó interrumpida nuevamente la obra [212 bis]. En 1918 don Ángel González Palencia publicó un *Indice de la España Sagrada* [213].

EL P. BURRIEL

Lugar aparte, dentro de la historiografía del Setecientos, merece el jesuita padre Burriel, «historiador frustrado» como lo había sido en buena medida el propio Mayáns, pero que, a pesar de no haber publicado obras de primordial interés, prestó servicios de gran utilidad a la investigación histórica. En buena medida Burriel es un paradigma de los tenaces y callados trabajadores del siglo XVIII que roturaron los campos para las cosechas científicas futuras.

Andrés Marcos Burriel nació en noviembre de 1719 en Buenache de Alarcón, provincia de Cuenca [214]. A los doce años ingresó como novicio en la Compañía de Jesús, y después de los estudios habituales de lengua latina, filosofía y teología, fue nombrado Maestro de Gramática del Colegio

---

[212] Ocupa casi todo el tomo XXII de la *Colección de documentos inéditos para la Historia de España*.

[212 bis] El P. Angel Custodio Vega ha publicado dos tomos más, el LIII y el LIV: *De la santa iglesia apostólica de Iliberris (Granada)*, Madrid, Real Academia de la Historia, 1961.

[213] Además de las obras mencionadas, cfr.: A. Barreiro, «Los orígenes del Museo de Ciencias Naturales de Madrid y la intervención del P. Flórez en su establecimiento», en *Razón y Fe*, XXVII, 1934, págs. 263-275. J. F. Ogando Vázquez, «Dos cartas inéditas del P. Flórez», en *Revista de Bibliografía Nacional*, V, 1944, págs. 121-133. José Zunzunegui, «Correspondencia inédita del P. Enrique Flórez, O. S. A., en *Hispania Sacra*, I, 1, 1948, págs. 13-19. P. Ángel Custodio Vega, O. S. A., «Catálogo de la Biblioteca del Rmo. P. Maestro Enrique Flórez», en *Boletín de la Real Academia de la Historia*, CXXVIII - CXXXI, 1951-1952. Antonio Rodríguez-Moñino, «Epistolario del P Enrique Flórez con don Patricio Gutiérrez Bravo (1753-1773)», en *Boletín de la Real Academia de la Historia*, CXXXIV, 1954, págs. 395-454.

[214] Cfr.: Sempere y Guarinos, *Ensayo...*, cit., I, págs. 233-245. Nicolás Magán, «El P. Andrés Marcos Burriel», en *Semanario Pintoresco Español*, 1944. P. Fidel Fita, *Galería de jesuitas ilustres*, Madrid, 1880, págs. 222-240. J. Contreras Pérez, «El Padre Burriel», en *La Ilustración Española y Americana*, XCVIII, 1914, págs. 295-299 y 311-315. PP. José Eugenio de Uriarte y Mariano Lecina, *Biblioteca de escritores de la Compañía de Jesús pertenecientes a la antigua asistencia española desde sus orígenes hasta el año 1773*, I, Madrid, 1925, págs. 580-604. José Simón Díaz, «Un erudito español: el P. Andrés Marcos Burriel», en *Revista Bibliográfica y Documental*, III, 1949, págs. 5-52 (estudio esencial). P. Miguel Batllori, «Burriel, Petisco y los plagiarios», en *La cultura hispano-italiana...*, cit., págs. 123-132.

de Toledo. Simón Díaz subraya que ninguno de los profesores de Burriel alcanzó notoriedad por ningún motivo, por lo que resulta sorprendente que durante tan oscuro noviciado pudiera adquirir su profunda formación intelectual y trabara relaciones amistosas con notables eruditos, a los que escribe asiduamente desde edad muy temprana[215]. Entre ellos debe destacarse a Mayáns y Siscar, que influyó decididamente en los proyectos de investigación del jesuita y en la gestación de sus ideas de reforma[216].

Después de unos meses de retiro en su aldea natal, a donde se había trasladado para reponerse de una grave dolencia, fue destinado Burriel al Colegio Imperial de Madrid, luego al Colegio de Alcalá de Henares y nuevamente a Madrid para explicar filosofía en el Seminario de Nobles.

Burriel había hecho voto de pasar a las misiones de California si recobraba la salud, y cuando se disponía a marchar a Cádiz para embarcar, el padre Rávago, confesor de Fernando VI, consiguió del rey una orden para impedir su partida. El confesor y el ministro Carvajal tenían noticia de la sólida preparación del padre Burriel y habían decidido encargarle de un importante asunto. España estaba entonces en trance de revisar sus relaciones con la Santa Sede, y sus gobernantes necesitaban encontrar en los archivos catedralicios los documentos oportunos en que apoyar los derechos de regalía «para amedrentar —dice Mestre— a la Curia romana»[217]. Comisionado para esta tarea, el padre Burriel, acompañado del famoso Pérez Bayer, se trasladó a Toledo con el fin de investigar en el archivo de su Catedral[218].

Burriel trabajó activamente en la búsqueda de los documentos que precisaban en Madrid, pero aprovechó todos los minutos libres para profundizar en los estudios que le interesaban, y así fue realizando el examen y cotejos de diversos códices de Concilios y del *Fuero Real*, preparando el del *Fuero Juzgo* y las *Partidas*, y copiando misales y breviarios mozárabes, cuya liturgia le atraía particularmente[219]. Imbuido de las ideas de

---

[215] «Un erudito español...», cit. pág. 7.

[216] Cfr.: Antonio Mestre, *Historia, fueros y actitudes políticas...*, cit., parágrafo «Los proyectos del P. Andrés Marcos Burriel», págs. 298-313.

[217] Idem íd., pág. 306.

[218] Cfr.: José Simón Díaz, «El reconocimiento de los Archivos españoles en 1750-1756», en *Revista Bibliográfica y Documental*, IV, 1950, págs. 131-170.

[219] Menéndez y Pelayo llevó al Padre Burriel a las páginas de sus *Heterodoxos* (ed. cit., V, págs. 75-78) por haber prestado su colaboración a la política regalista de los Borbones, allegando documentos «en defensa de las libertades de la Iglesia española». En otro lugar, en una pequeña nota a propósito de las opiniones de Burriel sobre el Tostado, escribe don Marcelino: «El Padre Burriel, a pesar de ser jesuita, era regalista, tanto o más que Masdeu» (*Heterodoxos*, II, pág. 364, nota 1). Como Masdeu, efectivamente, era defensor de la primitiva Iglesia española, pero, a diferencia de aquél, no era la animadversión a lo italiano lo que inspiraba su nacionalismo eclesiástico, sino un espontáneo entusiasmo por todas las cosas españolas; Burriel —dice el polígrafo santanderino— sentía pasión «por nuestra antigua liturgia,

Mayáns, Burriel había trazado un plan de reforma de la cultura española, según el cual era indispensable publicar, en rigurosas ediciones críticas, las colecciones de Derecho eclesiástico, Códigos antiguos, Liturgia, Actas de Santos y de mártires, a los cuales seguirían los estudios y comentarios pertinentes. Para el padre Burriel, como para Mayáns, el análisis e interpretación del pasado, limpio de falsedades y leyendas, constituía la base de toda regeneración de la cultura patria.

Al firmarse con la Santa Sede el ventajoso Concordato de 1753, la comisión dirigida por el padre Burriel quedaba sin objeto y la mayoría de sus colaboradores fueron licenciados. Burriel obtuvo permiso para proseguir sus trabajos de investigación con propósitos ya exclusivamente científicos; pero unos meses más tarde moría el ministro Carvajal, apoyo decisivo de la empresa del jesuita. Éste tuvo que dirigirse entonces al duque de Huéscar, que sucedía interinamente en la Secretaría de Estado, adjuntándole un Plan General de sus proyectos: y para deshacer posibles suspicacias sobre el resultado de su tarea, por si parecía que lo conseguido hasta el momento no guardaba proporción con lo gastado, escribió estas palabras que merecen reproducirse: «Por afuera he reservado mis ideas y pequeños trabajos para no malograr su ejecución con la publicación fuera de tiempo; y la impaciencia española, que murmura de mí, no me ha podido mover a atropellar frutos que sólo el tiempo y tesón secreto pueden madurar para el público» [220].

Huéscar autorizó a Burriel para que continuara su labor, pero el nuevo Secretario de Estado, Ricardo Wall, paralizó absurdamente la tarea del jesuita. Wall ordenó que se enviaran a Madrid todos los papeles relacionados con la Comisión que había dirigido Burriel. Éste escribió cartas y formuló protestas explicando que todos aquellos documentos perderían su valor al salir de las manos de quien venía estudiándolos y organizándolos, y reclamó también sus propios derechos a la tarea ya realizada, puesto que había «trabajado como autor y escritor y no como copiante»; pero se le contestó que no poseía el menor derecho de propiedad sobre aquellos papeles, y que, reunidos en la Biblioteca Real, podrían ser consultados por todos y todos podrían beneficiarse [221].

---

por nuestros concilios y colecciones canónicas y por las tradiciones de nuestra Iglesia. De continuo vivía con las sombras de los Isidoros, Braulios y Julianes, y había llegado a fantasear cierta especie de Iglesia visigoda, que sin ser cismática, conservara sus himnos, sus ritos y sus cánones y pudiera llamarse española» (V, pág. 76).

[220] Cit. por Simón Díaz en «Un erudito español...», cit., pág. 14.

[221] «No le alcanzó a Burriel la expulsión —comenta Menéndez y Pelayo—, pero sufrió el martirio más cruel que puede sufrir un hombre de letras, el de verse arrebatar en un día, de *real orden*, suscrita por el ministro Wall, el fruto de todas sus investigaciones y el tesoro de todas sus esperanzas. Aquel acto de absurdo despotismo le costó la vida» (*Heterodoxos*, cit., V, pág. 78). Simón Díaz niega que el despojo de sus papeles ocasionara la muerte a Burriel; el lamentable fin de la Comisión —comenta («Un erudito español...», cit., pág. 19)— hizo que sus admiradores póstu-

El padre Burriel residió todavía en Toledo durante dos años dedicado a sus deberes pedagógicos y sacerdotales; pasó luego a Madrid para enseñar de nuevo en los Reales Estudios, y murió en Buenache, víctima de rápida enfermedad, en junio de 1762.

Las rigurosas exigencias críticas que iban difiriendo la publicación de sus trabajos y su muerte prematura explican que la ingente tarea del padre Burriel haya podido parecer estéril. Pero la obra de Burriel —según subraya Simón Díaz [222]— no fue la de un mero catalogador o copista indiferente, sino la de un autor que piensa servirse largamente de aquellas fuentes históricas; por eso las copias hechas bajo su dirección contienen, además de escrupulosos cotejos, infinidad de notas, que anticipaban la labor proyectada. De muchos de estos datos e ideas se aprovecharon investigadores posteriores sin confesar las más de las veces su deuda con el jesuita [223]. Lo publicado por Burriel fue, sin embargo, muy poco, y de relativo interés. Cabe destacar la *Noticia de la California* —en la que trabajaba a ratos perdidos—, para la cual reunió muchos datos proporcionados por los misioneros de su Orden, y en la que trata variados problemas de geografía, historia, organización, actitud de los colonos, administración, etc. [224].

---

mos atribuyeran a aquel suceso su prematuro fallecimiento (contaba sólo 43 años de edad). Pero entre ambos hechos —añade— mediaron seis años, y se sabe además que el Padre Burriel no entregó todo el material que poseía, sino que guardó buen número de papeles. De todos modos, parece una especulación gratuita la de fijar en qué medida la paralización de todos sus proyectos pudo afectar a su salud; es imposible que la renuncia a tales planes, que eran la razón de su vida, no le afectara de algún modo.

[222] «Un erudito español...», cit., pág. 20.

[223] Refiriéndose al futuro aprovechamiento de los trabajos de Burriel, escribe Menéndez y Pelayo: «Con indecible y heroica diligencia, y en solos cuatro años, revisó más de 2.000 documentos y copió cuanto había que copiar en Toledo, en Misales y Breviarios, de los llamados góticos y muzárabes; de actas y vidas de Santos; de Martirologios y Leccionarios; de obras de San Isidoro y de los Padres toledanos; de códigos y monumentos legales; de diplomas y escrituras, dejando preparado en una forma o en otra cuanto después, con más o menos fortuna, sacaron a luz Arévalo, La Serna Santander, el Cardenal Lorenzana, González, Asso y Manuel y tantos otros, pues hoy es el día en que aún estamos viviendo, confesándolo unos y otros sin confesarlo, de aquella inestimable riqueza, que la tiranía *oficinesca* arrancó de manos del P. Burriel, cuando todavía no había comenzado a dar forma y orden a sus apuntamientos» (*Heterodoxos*, cit., V, págs. 76-77).

[224] Del Padre Burriel se han publicado varios centenares de cartas; Burriel —dice Simón Díaz («Un erudito español...», cit., pág. 22)— supo compensar el aislamiento de la vida social que le imponían su estado y sus quehaceres con una copiosísima correspondencia, que le permitía estar al día de los progresos culturales de su tiempo. Las cartas de Burriel, debido a la dispersión de sus papeles, se encuentran en los sitios más diversos de dentro y fuera del país, y han sido publicadas en series muy desiguales, tanto por sus asuntos como por el criterio de edición. Para la bibliografía de este epistolario, véase Simón Díaz, estudio cit., págs. 22-25. Hacía notar Simón que, cuando se dieran a conocer las cartas de Mayáns y Siscar y de otros muchos escritores del siglo XVIII, que se conservan, dirigidas o recibidas de Burriel,

Pero los proyectos de Burriel eran inmensos, prácticamente irrealizables por un hombre solo, ni aun poseyendo el entusiasmo y la capacidad de trabajo que él tenía. Persuadido de esta dificultad había pensado en la formación de «compañías de eruditos», y dentro de su Orden trató de agrupar a lós estudiosos de ella en una sociedad análoga a la famosa de Trevoux, «aunque opinaba —escribe Simón Díaz— que la necesidad más urgente era divulgar los conocimientos fundamentales entre el público medio, por lo que ligaba el proceso científico nacional mucho más al grado de instrucción del pueblo que al estado próspero o decadente de las universidades» [225].

Simón Díaz enumera las grandes colecciones históricas, para cuya publicación trataba de reunir Burriel tan ingente cantidad de documentos: *a*) Ilustración de Garibay, Morales y Mariana, o sea ediciones anotadas de las obras clásicas de estos tres autores; *b*) Colección de historiadores de Indias; *c*) Colección de obras de Reyes y Príncipes de España; *d*) Historia de las Órdenes Militares; *e*) Colección de escritores de cosas de España. Aparte éstas, pensaba Burriel en otras colecciones sobre Concilios y Decretales, o Derecho canónico godo, Liturgia goda y mozárabe, una Historia Eclesiástica de España, Historia de las Provincias españolas de la Compañía de Jesús, etc., etc. Aunque el principal interés de Burriel se centraba en las materias más estrechamente relacionadas con la vida de la Iglesia, le atraían también otros muchos campos, y así copió cuantos textos encontró de escritores hispano-godos. y mozárabes, y también obras medievales y renacentistas. Entre las ediciones propuestas en su Plan General elevado a los ministros figura la reimpresión de obras célebres y una colección de apócrifos españoles; a la proyectada Junta de jesuitas doctos propuso la confección de un Diccionario etimológico castellano y otro de arcaísmos; pensó también en un Catálogo General de manuscritos españoles conservados en las bibliotecas del país [226]. Y se ocupó asimismo de las obras *menores*, es decir, de cómo podrían mejorarse los manuales y compendios de Humanidades y Bellas Letras que se utilizaban entonces como libros de texto en los centros docentes. Por descontado, se dedicó con intensidad al estudio de todas las ciencias auxilia-

---

podrían conocerse importantes aspectos de las actividades de este último. Antonio Mestre, en su libro repetidamente citado *Historia, fueros...*, ha utilizado al fin la correspondencia entre Mayáns y Burriel, conservada en diversos archivos, y aclarado muchos aspectos del influjo ejercido por el erudito de Oliva sobre el jesuita de Buenache. Menéndez y Pelayo, según recuerda Mestre (pág. 299), había intuido la semejanza que presentan los planes reformistas de Burriel con las ideas repetidamente expuestas por Mayáns; ahora, el estudio de esta correspondencia ha permitido precisar en detalle la comunidad de proyectos existente entre ambos.

[225] «Un erudito español...», cit., pág. 34.

[226] Cfr.: Agustín Millares Carlo, «El siglo XVIII español y los intentos de formación de un corpus diplomático», en *Revista de la Biblioteca, Archivo y Museo del Ayuntamiento de Madrid*, II, 1925, págs. 515-530.

res de la Historia, en especial de la paleografía [227], epigrafía, numismática y diversos temas arqueológicos. Se ha supuesto que la *Paleografía española* publicada por el padre Esteban de Terreros (Madrid, 1758) fue obra de Burriel, tema que ha sido discutido largamente [228]; Mestre alude a la *Paleografía*, afirmando llanamente que es obra de Burriel aunque publicada a nombre de Terreros [229].

MASDEU

Entre los numerosos historiadores que alumbró el siglo XVIII ocupa muy destacado lugar el jesuita padre Juan Francisco Masdeu por el volumen e importancia de su *Historia crítica de España y de la cultura española*. Masdeu nació en Palermo, en 1744, de familia catalana que estaba al servicio de Carlos III cuando era rey de las dos Sicilias. Pasó casi toda su vida en Italia, pero aún fue a morir en Valencia, en 1817, después de haber sido restablecida la Compañía por el papa Pío VII [230].

Señala Batllori [231] que la vocación histórica de Masdeu fue bastante tardía. Sus primeros trabajos escritos en Italia fueron literarios: leves sonetos arcádicos, que califica Batllori de «insípidos, vanos y ridículos». Tradujo en verso italiano una bien escogida antología de líricos castellanos del Siglo de Oro, que publicó primeramente al final del tomo III de la segunda parte del *Saggio storico-apologetico della letteratura spagnuola* de Llampillas, y amplió luego en dos tomos que hizo imprimir en Roma en 1786. Durante los años que pasó en Bolonia, a partir de 1775, estudiando en la facultad de Derecho de su Universidad, se contagió —dice Batllori [232]— del prurito polémico que invadía a tantos españoles expulsos y concibió la obra histórica a la que debería su renombre. Antes de que cuajara esta idea pensó en escribir una obra polémica sobre España, que fue realmente el núcleo de su *Historia crítica*.

La raíz primera de su obra es la misma que había inspirado la de Llampillas, es decir, el propósito de rebatir la incomprensión e ignorancia de las cosas de España que mostraban los italianos, sobre todo los historiadores Tiraboschi y Betinelli. El padre Luengo se ocupa de Masdeu en su *Diario* [233] y refiere que aquella obrita inicial, a la que califica de

---

[227] Cfr.: Pedro Sáinz Rodríguez, «El P. Burriel, paleógrafo», Madrid, 1926.
[228] Véase relación de los distintos opinantes y su referencia bibliográfica en Simón Díaz, «Un erudito español...», cit., pág. 28.
[229] *Historia, fueros...*, cit., pág. 312.
[230] Cfr.: Miguel Batllori, «La literatura hispano-italiana...», cit., págs. 41-43.
[231] «La edición italiana de la *Historia* del Padre Masdeu», en *La cultura hispano-italiana...*, cit., págs. 413-435; la cita en pág. 414.
[232] Ídem íd., pág. 415.
[233] Cit. por Batllori en ídem íd., pág. 416.

«sátira acre, vehemente e impetuosa contra Italia, contra muchas de sus cosas y de su literatura», estuvo para imprimirse en Bolonia, aunque después, dice, «con más asentado consejo se suspendió la impresión». El padre Luengo comenta a continuación que sátiras como aquélla no dejaban de merecerlas los italianos «así por sus necias e injustas preocupaciones sobre la literatura y otras muchas cosas de España, como también por la vanísima persuasión de que todo entre ellos es sumo, perfecto y acabado, cuando apenas hay ramo alguno de literatura, de gobierno, de usos y costumbres, en que un ojo crítico no descubra vicios, absurdos y monstruosidades». Pero, por el bien de la paz —añade— y por agradecimiento al hospedaje de los italianos, todos se alegraron de que Masdeu desistiera de imprimir su sátira.

Una parte de ella, sin embargo, según supone Batllori [234], fue aprovechada para el *Discurso preliminar* que encabeza el primer volumen de su *Historia*, aunque tomando sólo la parte positiva y constructiva, es decir, la apología de España, de su clima, riquezas, ingenio, industria, agricultura, artes, ejército, marina, comercio, literatura, carácter político y moral, con un breve «Examen filosófico de los defectos que suelen atribuirse al ingenio español», sin que las agresiones contra Italia aparezcan por parte alguna.

El primer volumen de la obra, cuyo título original completo es: *Storia critica di Spagna e della cultura spagnuola in ogni genere, preceduta da un discorso preliminare*, se publicó en Foligno en 1781. Masdeu tenía el mayor interés en que su obra apareciese en Italia, y en italiano, antes que en España, e impresa además por el famoso Bodoni; pero tan sólo consiguió a duras penas publicar el segundo volumen en Florencia en 1787. Masdeu hubo de comprender con dolor que su obra no obtenía éxito alguno en Italia, y tuvo al fin que desistir de su publicación. En el prólogo al volumen primero de la edición española afirma Masdeu que había escrito su *Historia* para desengañar a Italia; pero «hace un año que publiqué en italiano mi primer tomo, y puedo contar con el dedo los literatos de Italia que han tenido la paciencia de leerlo. Es libro de glorias de nuestra nación, y esto basta para que lo miren con náusea y de reojo» [235].

Masdeu escribió en italiano los seis primeros tomos; él mismo tradujo el primero al español, y los restantes su paisano y compañero de destierro Bernardo Arana. La edición española se comenzó en 1783 y prosiguió hasta el vigésimo volumen, publicado en 1805. Afirma Batllori [236] que la indiferencia con que fue acogida en Italia su obra, agrió aún más el carácter, ya de suyo batallador y polemista, del fogoso catalán, y a partir del

234 Ídem íd., pág. 417.
235 Cit. por Batllori en ídem íd., pág. 420.
236 Ídem íd., pág. 431.

tomo séptimo —el primero que redactó en español— se acentúa más todavía la actitud antiitaliana.

Según Batllori, el fracaso de la *Storia* en Italia se debió a su intemperancia y falta de tacto político y sobre todo a su demasiada animosidad hacia aquel país. En España consiguió Masdeu del gobierno una pensión doble cuando apareció en Madrid el tomo primero, y más tarde se le otorgó una cantidad, por una sola vez, para que pagara las deudas que había contraído en la impresión del segundo tomo italiano. Pero la reacción en su propia patria fue de diversas especies, según Batllori informa [237]: de un lado, molestó a muchos su exagerado nacionalismo, a otros su criticismo desaforado, a otros finalmente su regalismo y galicanismo incondicionales, que motivaron sus constantes ataques contra la Iglesia de Roma y sus jerarquías y la defensa apasionada de la Iglesia nacional española y de su independencia. El padre Luengo hizo notar ya en su tiempo que su aversión hacia Italia y sus cosas pudo originar su prevención contra el papado por lo que tenía de romano [238]. Las proposiciones de Masdeu alarmaron bastante a algunos compañeros de su propia Orden, y la Inquisición puso la *Historia* entre los libros prohibidos, por decreto del 11 de diciembre de 1826, hasta que fuera corregida. Menéndez y Pelayo llevó a Masdeu a las páginas de sus *Heterodoxos* por este motivo; don Marcelino le censura su desmedido entusiasmo por la Iglesia primitiva española, que creyó posible restablecer en toda su pureza; para Masdeu —explica— todo cuanto había acontecido en España desde las reformas cluniacenses, la venida de los monjes galos y la abolición del rito mozárabe, eran usurpaciones e intrusiones de la Corte romana, favorecida y ayudada por los franceses [239].

Batllori comenta [240] que la intención apologética, que anima toda la *Historia*, no rima bien con el título de *crítica* que su autor le atribuye constantemente. Pero, aun admitiendo todos los mencionados reparos, sostiene la excepcional importancia de la obra de Masdeu, que en sus veinte volúmenes no llegó a concluir la Baja Edad Media. Si su España primitiva —dice— ha sido arrollada por los modernos estudios prehistóricos, y su España árabe quedó ya superada desde los trabajos de Dozy, su España romana «se yergue todavía firme y señera», «y aun en las partes más débiles de su enciclopédica *Historia* bulle y alienta un espíritu entusiasta, que no permitirá nunca sea retirada, como resto momificado, a los depósitos muertos de las bibliotecas» [241]. Por su parte, Menéndez y

---

[237] «La literatura hispano-italiana del Setecientos», en *Historia General de las Literaturas Hispánicas*, dirigida por G. Díaz-Plaja, IV, primera parte, Barcelona, 1956, página 21.

[238] Cit. por Batllori en «La edición italiana...», cit., pág. 433.

[239] *Heterodoxos...*, cit., V, págs. 230-231.

[240] «La edición italiana...», cit., pág. 418.

[241] Ídem íd., pág. 413.

Pelayo, aunque estima que la *Historia* de Masdeu es «libro de controvertido mérito», lo juzga «irreemplazable, y para ciertas épocas único, no tanto por lo que enseña como por las fuentes que indica, por los caminos que abre y hasta por las dudas racionales que hace nacer en el espíritu» [242]. La emprende, en cambio, don Marcelino con el decantado criticismo de Masdeu, que considera en muchas ocasiones arbitrario, «cuando duda no más que por el prurito de dudar, y tala implacable los personajes y hechos que no le cuadran bien o le son antipáticos o no encajan en su sistema, o declara a carga cerrada apócrifos cuantos privilegios y documentos se le oponen o le estorban» [243]. También Batllori califica de *ingenua* su «hipercrítica dieciochesca» [244], fruto de una pedantesca y altanera actitud; bien conocido es el caso del Cid, cuya misma existencia llegó a negar por no creerla suficientemente fundada. Menéndez y Pelayo habla del *ciego furor* «con que Masdeu interpreta la historia, siempre que se atraviesan regalías, inmunidad personal o local, Concilios nacionales, jurisdicción pontificia, liturgia gótica, etc.» [245].

Masdeu fue alternando la redacción de su *Historia* con diversas monografías, como su *Colección de lápidas y medallas* de la España romana (2 volúmenes, Madrid, 1789), y numerosos artículos sobre numismática y epigrafía, que publicó en revistas o han quedado inéditos.

Batllori se lamenta de que la edición italiana de la *Storia* quedase detenida en el segundo tomo, porque, de haberse continuado, España hubiera sido mejor conocida durante el romanticismo italiano, ya que allí, como en otras partes —dice—, la primera mitad del siglo XIX siguió dependiendo del siglo XVIII en lo que a historia y erudición se refiere, hasta que hacen su aparición las modernas escuelas críticas [246].

Masdeu, preocupado por la preceptiva literaria, compuso también un *Arte poética fácil* (1801) en forma dialogada, de mucho mayor interés que el que parece deducirse de su título. El afán polémico del jesuita le llevó a defender el estilo literario español y a combatir el neoclasicismo cuando éste se encontraba en su plenitud y era sostenido por los escritores más eminentes. Masdeu encarece en la poesía el ímpetu de la naturaleza y de la inspiración y proclama la superioridad de los escritores españoles, mejor dotados de semejante fuerza que los de otras naciones. Afirma «la superior capacidad poética de nuestra lengua sobre la italiana» puesto que puede recibir sin menoscabo formas expresivas poéticas que parecerían viciosas en el idioma italiano; calificar a los españoles de hinchados

---

[242] *Heterodoxos...*, cit., pág. 230.
[243] Ídem íd.
[244] «La edición italiana...», cit., pág. 413.
[245] *Heterodoxos...*, cit., pág. 231.
[246] «La edición italiana...», cit., pág. 435.

—dice— es una torpe manera de llamar a lo que sólo «es entusiasmo y dialecto poético» [247].

En semejantes afirmaciones podría sólo verse una variante de su apología nacionalista y fobia antiitaliana; no obstante, su actitud combativa le inspira audaces y felices intuiciones, como, por ejemplo, respecto a la metáfora. Frente al estrecho concepto neoclásico, Masdeu sostiene el valor esencial de la metáfora para la poesía, y explica que, una vez se ha descubierto «la calidad en que consiste la relación de los objetos», basta con «insinuar de algún modo aquella calidad, y hecho esto, pasar libremente de uno al otro como viniere». Lázaro Carreter escribe que sorprende encontrar la siguiente afirmación, escandalosa en su siglo, y que podría haber suscrito el más audaz barroco: «Una pieza poética, tanto más hermosa es y admirable cuanto son más lejanas y difíciles las relaciones de sus objetos; porque todos saben ver las relaciones fáciles y vecinas, pero el descubrir las más difíciles y lejanas es de muy pocos» [248]. Las palabras de Masdeu, que definen perfectamente la condición y valor sustancial de la metáfora, parecen sintetizar, como en una fórmula, lo que había de ser el programa reivindicador de la lírica gongorina llevado a cabo por la crítica contemporánea.

FLORANES

Como otros muchos eruditos e investigadores del siglo XVIII, Floranes espera todavía la monografía que corresponda a su importancia. Entretanto son válidas aún las notas trazadas por Menéndez y Pelayo [249], gran conocedor de sus escritos.

Rafael Floranes Vélez de Robles y Encinas, señor del despoblado de Tavaneros, nació en Tanarrio, actual provincia de Santander, en 1743. Estudió leyes en Valladolid y allí fijó al cabo su residencia tras vivir algún tiempo en las provincias vascas. Apasionado por los estudios jurídicos, a ellos dedicó todos sus desvelos, aunque nunca ejerció la abogacía. Su casa de Valladolid —dice don Marcelino— era un centro de instrucción y de cultura, una verdadera Academia de Derecho español y de antigüedades, a la cual concurrían los más célebres abogados de aquella Cancillería y los profesores más doctos de la Universidad. Generosísimo de sus noticias y papeles, mantuvo larga correspondencia con la mayoría de los eruditos de su tiempo, y trabajó para las obras de muchos de ellos. Ayudó

---

247 Fernando Lázaro Carreter, *Las ideas lingüísticas...*, cit., pág. 241.
248 Cit. por ídem íd., pág. 242.
249 Cfr.: «Dos opúsculos inéditos de D. Rafael Floranes y D. Tomás Antonio Sánchez», cit.

en varios volúmenes al padre Risco, continuador de la *España Sagrada*, a los doctores Asso y Manuel en sus ediciones del *Fuero Viejo de Castilla* y del *Ordenamiento de Alcalá*, en las Crónicas de Castilla que publicaron Llaguno y Cerdá; la *Tipografía Española* del padre Menéndez está formada en buena parte con los apuntamientos que Floranes le facilitó.

De los muchos libros que escribió ni uno solo se imprimió durante su vida. Como el padre Sarmiento, dice Menéndez y Pelayo, escribía más bien para estudio propio y utilidad de sus amigos que para ganar nombre y crédito de literato. Sólo unas pocas obras han logrado la impresión póstuma: la *Vida literaria del Canciller Ayala*, la *Vida del Dr. Lorenzo Galíndez de Carvajal*, las *Memorias históricas de las Universidades de Castilla, en especial las de Valladolid y Palencia*, la *Suma de las leyes* de Maestre Jacobo, y unos *Apuntamientos sobre el origen de la imprenta, su introducción, propagación y primeras producciones en España*. Pero muchas más obras han quedado inéditas: *El Fuero de Sepúlveda*, ilustrado con numerosas disertaciones, que revelan —dice don Marcelino— la portentosa erudición de Floranes, y la precisión y el rigor de su trabajo, hecho con los mejores métodos críticos del siglo XVIII; muchos estudios preparatorios para una edición del *Fuero Juzgo*, y una ingente masa de apuntamientos y memorias históricas sobre la legislación española desde los tiempos primitivos hasta sus propios días y sobre la vida y escritos de los jurisconsultos; sin contar los innumerables documentos legales, Cortes, Fueros, Ordenamientos y Pragmáticas que copió y comentó con gran prolijidad y erudición. Todos estos trabajos, aunque no publicados, han sido largamente aprovechados, según don Marcelino, por varios eruditos en obras tan importantes como las *Noticias históricas de las tres Provincias Vascongadas*, de Llorente, el *Diccionario Geográfico*, de la Academia de la Historia, y el *Ensayo histórico-crítico sobre la antigua legislación castellana*, de Martínez Marina.

Además de los trabajos jurídicos, Floranes se aplicó con igual afán al estudio de las antigüedades de las antiguas poblaciones de Castilla la Vieja, en especial de Valladolid, cuya historia tenía en proyecto y para la que acopió ingente material. Compuso las *Memorias históricas de la ciudad de Toro*, que dejó incompletas; y en uno de los Apéndices que preparó para las *Memorias históricas de la vida y acciones del Rey D. Alonso el Noble*, de Mondéjar, publicadas por Llaguno y Cerdá, hizo la descripción del *Cancionero de Fernán Martínez de Burgos*, que Floranes poseía, y cuyo actual paradero se ignora.

No fue Floranes —dice Menéndez y Pelayo— un historiador en el verdadero sentido de la palabra, porque le faltaban ideas generales, método y estilo; con frecuencia las digresiones valen más que el asunto principal. Participó del espíritu crítico de su tiempo, aunque más en lo pequeño que en lo grande. Pero fue infatigable investigador, que con el fruto de sus trabajos enriqueció a muchos capaces de aprovecharlo. Transcribía los documentos con el mayor rigor que podía exigirse en su tiempo, aplicando las reglas más sólidas de la crítica diplomática, y exponiendo lealmente sus dudas y vacilaciones. Para sus contemporáneos —sigue diciendo el polígrafo montañés— fue casi un desconocido [250], y hasta los mismos eruditos que tan a menudo le consultaban, nada hicieron por sacarle del apartamiento literario en que vivía, ni protegieron oficialmente ninguna de sus empresas de erudición jurídica que había proyectado, y le dejaron envejecer en Valladolid, atenido a los recursos de su propia biblioteca y a las universitarias y conventuales de su ciudad; tan sólo su mediana fortuna le permitió cultivar su pasión por los libros y formar una rica colección [251].

Como escritor —siempre según don Marcelino— es deficiente; no sólo su prosa, sino también su forma de exposición es poco lúcida y amena; su método y estilo no corrían parejos con su erudición. De tales defectos nunca pudo corregirse, porque su condición de autor inédito le impedía verlos. «No hay hipérbole —resume el comentarista— en decir que muchas de sus obras le tuvieron a él por lector único. Su influencia ha sido póstuma, latente y rara vez confesada». En una palabra, podemos añadir: hay en Floranes un ejemplo más de los tenaces y oscuros trabajadores del siglo XVIII, que roturaron campos vírgenes, e hicieron posible con su labor callada, poco propicia para atraer la admiración de la multitud, la madura cosecha de los siglos siguientes.

---

[250] El «desconocimiento» debe entenderse en el sentido de no alcanzar una difundida popularidad, pues en el círculo de los eruditos y hombres de letras era Floranes, como acabamos de ver, harto conocido. Aparte su colaboración o ayuda en diversas obras ajenas, la copiosa correspondencia referida con escritores e investigadores y su tertulia de Valladolid, Floranes fue asesor jurídico de la casa de Alba, y se le cita repetidamente por los tribunales como perito en paleografía. Fernando García Salinero, en un curioso artículo —«Una omisión en la polémica fornerïána: Rafael de Floranes», en *Estudios Extremeños*, 22, 1966, II—, ha comentado, sin embargo, un hecho que califica de «extraño»: el absoluto silencio mutuo que se guardan ambos escritores, a pesar de haber coincidido en multitud de temas y pareceres y de que uno y otro mencionan en sus escritos a toda persona de alguna significación en el mundo literario; parece imposible —dice Salinero— que un hombre como Forner, tan al corriente de toda la actividad literaria y de todo cuanto se escribía o hablaba sobre la lengua y la cultura españolas, «ignorara» completamente a Floranes.

[251] Cfr.: Camille Pitollet, «Datos biográficos sobre D. Pascual Rodríguez de Arellano y D. Rafael Floranes», en *Revista de Filología Española*, X, 1923, págs. 288-300. Pitollet reproduce una petición dirigida por Floranes a Carlos IV en junio de 1800, solicitando que se le diera el título de Intérprete y Censor Regio para cuantos problemas del «género diplomático» se presentaran en la Cancillería de Valladolid. Floranes no parece aludir para nada a recompensas de índole económica; se limitaba a pedir el título oficial —algo así, diríamos, como un reconocimiento público— de la tarea de perito en diplomática que venía ejerciendo de hecho desde hacía largos años. Pero el ministro Urquijo rechazó la petición de Floranes con una seca frase escrita al margen de su súplica.

MUÑOZ Y LA HISTORIA DEL NUEVO MUNDO

La investigación histórica, aplicada esta vez concretamente a la de América, tiene un representante de primerísimo orden en otro valenciano, también muy influido por Mayáns, Juan Bautista Muñoz.

Nació Muñoz el 12 de junio de 1745 en Museros, cerca de Valencia, y estudió filosofía, teología y matemáticas en su Universidad, donde recibió el influjo del jesuita Antonio Eximeno y de su famoso rector fray Vicente Blasco, que le inculcaron su peculiar aversión hacia el escolasticismo. Graduado de Doctor, opositó en 1765 a una cátedra de Filosofía, haciendo profesión pública de sus ideas filosóficas, que expuso luego en una disertación escrita, titulada *De recto Philosophiae recentis in Theologiae usu*: trataba de probar la utilidad de la filosofía moderna y la posibilidad incluso de convertirla en base de una ciencia teológica. En sus cursos de filosofía desarrolló los principios de un eclecticismo metódico, sosteniendo que ni en los antiguos ni en los modernos estaba exclusivamente la verdad.

En 1770, cuando sólo contaba Muñoz veinticinco años de edad, fue inesperadamente nombrado por Carlos III Cosmógrafo Mayor de Indias. Don Antonio Ballesteros, en su estudio sobre Muñoz [252], cree improbable que su fama aún incipiente fuera la razón de tan importante nombramiento, y se inclina a ver en él la mediación de fray Vicente Blasco, trasladado a Madrid como preceptor del infante Francisco Javier, y de Pérez Bayer, gran amigo de Blasco, que trataron de ayudar al joven profesor valenciano, discípulo y amigo de ambos. En Madrid publicó Muñoz varios trabajos filosóficos que acrecentaron su renombre, y en 1779 el rey le confió el encargo, igualmente inesperado, de escribir la Historia de América. Muñoz no se había dado a conocer como historiador, pero la intuición del rey, o de quienquiera que le aconsejase, no se equivocó de destinatario. El encargo tenía sus razones. Guillermo Roberston, rector de la Universidad de Edimburgo y cronista de Escocia, acababa de publicar una *Historia de América*, que la Academia de la Historia propuso traducir y publicar. Pero el giro que tomaron entonces las relaciones con Inglaterra y los errores y juicios que contenía la *Historia* de Roberston, fueron parte para que una Real Orden reservada mandara interrumpir su preparación. Poco después se encargaba a Muñoz la confección de una obra que refutase las

---

[252] Antonio Ballesteros Beretta, «Don Juan Bautista Muñoz: Dos facetas científicas», en *Revista de Indias*, II, núm. 3, 1941, págs. 5-37. Del mismo, «Juan Bautista Muñoz: La creación del Archivo de Indias», en *Revista de Indias*, II, núm. 4, 1941, páginas 55-95. Del mismo, «Don Juan Bautista Muñoz: La Historia del Nuevo Mundo», en *Revista de Indias*, III, núm. 10, 1942, págs. 589-660.

falsedades difundidas por los extranjeros y también las del padre Las Casas.

Muñoz, ajeno en principio a los métodos de la investigación histórica, se aplicó en seguida a la tarea con una tenacidad y entusiasmo que pocas veces habrán sido igualados. Durante varios años, prevalido de diversas órdenes reales que mandaron poner a su disposición, allí donde estuvieran, todos los tesoros documentales y bibliográficos, examinó y estudió Muñoz los más diversos archivos y bibliotecas del reino: Consejo de Indias, Archivo de Simancas, donde pasó largo tiempo; Colegios Mayores de Salamanca, conventos de las Provincias Vascas, bibliotecas de Córdoba, Casa de Contratación de Sevilla, Biblioteca Colombina, Universidad de Granada, Archivo del Consulado de Cádiz, Archivo de Lisboa, sin contar innumerables bibliotecas y archivos particulares de las ciudades dichas y de otras muchas del país [253]. Don Antonio Ballesteros ha seguido minuciosamente el itinerario de Muñoz y dado cuenta, casi día por día, de los descubrimientos bibliográficos realizados por la incansable actividad del investigador valenciano. Su tarea condujo a la creación, que se encarece por sí misma, del Archivo de Indias, depósito general donde había de agruparse todo lo concerniente a la historia americana. Ballesteros afirma que la idea estaba en el aire, pero, a la vez, que fue Muñoz su patrocinador más entusiasta, secundado por el ministro del Despacho de Indias, don José de Gálvez. Conocedor como nadie de los fondos que se trataba de reunir, Muñoz dirigió desde el comienzo la organización del magno archivo en el lugar señalado, que fue la Casa de Contratación sevillana. La Carta Magna, dice Ballesteros [254], de la creación del Archivo de Indias, fue el *Memorial* del 12 de marzo de 1784, que fue redactado por Muñoz.

Llegada a este punto su labor preparatoria, se dispuso a comenzar la redacción de la obra que le había sido encomendada, aunque sin interrumpir, por lo demás, su búsqueda tenaz por los archivos. La *Historia* de Muñoz iba, sin embargo, a verse comprometida por un curioso obstáculo. La Real Academia de la Historia, molesta ya en principio por haberse prohibido la publicación del libro de Roberston, no podía aceptar que el encargo de escribir una *Historia de América* fuera confiado a una persona ajena a la institución, teniendo en cuenta además que, cuando en 1744 fue suprimido el cargo de Cronista de Indias, se traspasó este empleo corporativamente a la Academia. El conflicto estalló cuando una Real Orden de 1787 ordenaba a la Academia que franqueara a Muñoz todos sus fondos, impresos y manuscritos. Los académicos alegaban que, precisamente por efecto del dicho nombramiento, su corporación había reunido con

---

[253] A. Muro Orejón, «Juan Bautista Muñoz: Las fuentes bibliográficas de la Historia del Nuevo Mundo», en *Anuario de Estudios Americanos*, Sevilla, X, 1953, páginas 265-337.

[254] «Don Juan Bautista Muñoz: La Historia del Nuevo Mundo», cit., pág. 589.

persistente celo memorias y papeles de asunto americano, y no les era lícito franquearlos a persona particular con mengua y desaire para ellos. La oposición contra Muñoz estaba dirigida, entre otros, por el entonces director de la Academia, el famoso fiscal Campomanes. La muerte de su protector Gálvez perjudicó mucho a Muñoz, pero éste trató de apoyarse en Floridablanca, que también le dispensaba su ayuda. En una carta al ministro, Muñoz defendía su obra, en la que estaba comprometido, y que, según decía, esperaba todo el país: «Si es verdad —escribe— que la Academia piensa en cumplir con su obligación, trabajemos todos y conviértase este falso pundonor en una emulación noble a beneficio común» [255]. La querella fue muy larga y complicada. Una Real Orden de finales de 1788 intimó a la Academia que eligiera como miembro a Muñoz y pedía que la institución promoviera y fomentara su empresa; pero todavía los académicos consiguieron diferir el ingreso del historiador hasta comienzos de 1791.

Al promoverse el mencionado conflicto, Muñoz redactó una Memoria sobre su idea de la *Historia General de América* y el estado en que estaba su trabajo: «Mi pensamiento —escribe— es dar la *Historia General de América* completa en todas sus partes, autorizada con documentos originales. Una historia donde se halle unido lo moral y lo físico, lo espiritual y lo temporal, lo civil y lo literario, con todas las anexidades de estos extremos; los cuales vengan a enlazarse con tal orden, que una variedad capaz, al parecer, de producir confusión, contribuya en gran manera a la hermosura del cuerpo, sin que éste pierda nada de su unidad. En ninguna historia veo tanta conexión entre los mencionados extremos cuanto en la de América» [256]. «Como buen filósofo —comenta Ballesteros—, aspira a un relato íntegro, adelantándose al concepto actual enciclopédico de la Historia, que no separa los acontecimientos políticos de los culturales y los ensambla como partes de un todo» [257]. Muñoz declara su sistema para elaborar la historia: «Quiero decir ponerme en estado de duda metódica, observar prolijamente todos los particulares, hacer generales inducciones, cimentar principios sólidos y fecundos, de donde nazcan todas las proposiciones que constituyen un perfecto sistema» [258]. Su firme propósito de imparcialidad no obstaculiza, sin embargo, la idea apologética que había inspirado la obra: «Para conseguir tan dignos fines, para cerrar de una vez la boca a tantos émulos maldicientes apasionados, para hacer inexcusable su ignorancia, era necesario tomar la cosa de su raíz, acudir a las fuentes y proceder en la investigación de documentos incontestables,

---

[255] Cit. por Ballesteros en ídem íd., pág. 603.
[256] Ídem íd., pág. 604.
[257] Ídem íd., pág. 605.
[258] Ídem íd., págs. 605-606.

como si nada hubiese escrito y publicado y criar, por decirlo así, nuevamente la Historia» [259].

Casi a fines de 1791 concluyó Muñoz su primer volumen, que fue presentado y sometido a la censura de la Academia. La comisión nombrada para ello dio su informe muy favorable y elogioso, pero de nuevo comenzaron los manejos contra Muñoz y nuevas disputas, provocando una crisis en la institución, que costó el puesto de director a Campomanes. Al fin el rey, para acabar aquellas discusiones, ordenó que la Academia devolviera los ejemplares recibidos y se entregaran al Consejo de Indias para que opinara sobre su publicación. Finalmente, en 1793, impreso por Ibarra, apareció el primer volumen, que se extiende desde la génesis del Descubrimiento hasta 1500, poco antes de la llegada de Bobadilla. Muñoz no publicó otro volumen de su *Historia*, pues murió —el 19 de julio de 1799— cuando tenía preparado el segundo para la imprenta. «El libro de Muñoz —afirma Ballesteros— señala un momento cumbre en los estudios americanos. El último gran historiador había sido el cronista Herrera. Hasta Muñoz no encontramos nada saliente... El libro del cosmógrafo puede conceptuarse como la primera obra de carácter científico moderno sobre la historia de las Indias» [260].

Ballesteros lamenta, sin embargo, lo que califica de extraño para un criterio moderno, y es la ausencia de notas en que apoyar lo que se dice en el texto. Cierto es que la documentación estaba diluida en él y el autor había prometido publicar los oportunos apéndices documentales, pero su muerte, y con ella la interrupción de la obra, le impidió cumplir la promesa. A pesar de todo, «hoy no puede escribirse —afirma Ballesteros— de asuntos colombinos sin consultar previamente los macizos capítulos de la *Historia del Nuevo Mundo* para tener en cuenta la opinión de Muñoz, siempre atendible, porque descansa en el conocimiento documental y en la seria interpretación de las fuentes» [261].

El segundo volumen preparado por Muñoz ya no fue publicado; los acontecimientos políticos demoraron su impresión, y con la invasión francesa quedó olvidada. Pero la magna tarea investigadora del valenciano no resultó inútil. La ingente mole de documentos, copias y extractos que había reunido, componen la fabulosa *Colección Muñoz*, custodiada en la Academia de la Historia, que sigue siendo cantera tan inagotable como imprescindible para los estudiosos de la historia americana; y no importan sólo los documentos, sino la multitud de notas, juicios e interpretaciones con que el colector los iba apostillando.

Antonio Mestre, en sus estudios sobre Mayáns, ha puesto de relieve el magisterio que sobre Muñoz ejerció el gran erudito de Oliva. Don Antonio

---

[259] Idem íd., pág. 606.
[260] Idem íd., pág. 629.
[261] Idem íd., pág. 646.

Ballesteros no tuvo noticia de la amistad que unió a los dos investigadores, y hasta afirma que no existió [262]; de aquí la necesidad de aclarar este importante punto sobre el que Mestre ha reunido extensa información [263]. El mismo año en que Muñoz escribió su mencionada disertación sobre la filosofía moderna se trasladó Mayáns a Valencia con motivo de haber sido nombrado Alcalde honorario de Casa y Corte. Desde ese momento se anuda entre los dos investigadores una amistad que no se interrumpió con la marcha del primero a Madrid. Muñoz asistía regularmente a la tertulia valenciana de Mayáns, y después de su marcha mantuvieron ambos frecuentemente correspondencia. La confianza que tenía Muñoz en Mayáns, a quien llama en muchas ocasiones su «maestro», se pone de relieve en el hecho de que, para establecerse en Madrid, le pidió un préstamo de 150 libras. De Mayáns —según afirma Mestre [264]— adquirió Muñoz su espíritu crítico, que aplicó en sus trabajos históricos rechazando las tradiciones religiosas carentes de fundamentos documentales. A Mayáns le enviaba Muñoz los manuscritos de sus obras filosóficas para que el erudito de Oliva los examinara y corrigiera. Una vez que Muñoz fue encargado de escribir la *Historia de América,* pidió frecuente ayuda y orientación a Mayáns, y según testimonio del hermano de éste, en carta a Vega Sentmenat, el consejo del erudito de que leyese la *Bibliotheca Oriental,* de León Pinelo, llevó a Muñoz por primera vez al Archivo de Simancas, hecho que Mestre pondera como de «fecundísimas consecuencias» [265], aunque quizá exagere un tanto el entusiasta estudioso de Mayáns al suponer que dicha visita fue el origen de las investigaciones de Muñoz, pues éste tenía formada previamente idea de sus trabajos. De todos modos, las palabras de Muñoz son inequívocas; en carta a Mayáns desde Simancas, escribe: «A Vm. debo en gran parte la luz y el gusto en las letras, si algunas tengo. Vive y vivirá en mi corazón este beneficio con el deseo de corresponder. Vm. no me escasee sus preceptos si en alguna cosa puedo servirle» [266]. Muerto don Gregorio en diciembre de 1781, Muñoz siguió pidiendo consejos al hermano del erudito, quien le facilitó además diversos escritos y libros raros existentes en la biblioteca mayansiana [267]. Igualmente le proporcionó dirección y elementos bibliográficos para su trabajo sobre Nebrija.

[262] Ídem íd., pág. 641.
[263] *Historia, fueros y actitudes políticas...,* cit., págs. 328-338.
[264] Ídem íd., pág. 331.
[265] Ídem íd., pág. 335.
[266] Cit. por ídem íd., págs. 335-336.
[267] En carta al hermano de Mayáns, Juan Antonio, Muñoz reconocía una vez más su deuda con el gran erudito de Oliva: «Procuraré servir a Vm. de modo que se eche de ver mi reconocimiento a los favores que debo a esa casa, particularmente al Sr. D. Gregorio que Dios haya. Yo sé cuánto aproveché de sus instrucciones y consejos, de sus libros, de su docta conversación. Me honro con el nombre de su discípulo; y cuando la ocasión se proporcione, pagaré alguna parte de mi deuda con una confesión pública» (cit. por Mestre en *Historia, fueros...,* cit., pág. 336).

Este trabajo, que completa su personalidad literaria, le fue encargado a Muñoz por la Academia de la Historia. Muñoz lo leyó, bajo el título de *Elogio de Antonio de Nebrija*, en sesión pública del 11 de julio de 1796. Ballesteros elogia sin reservas esta monografía, que califica de «lo más selecto que brotó de la pluma del filósofo americanista» [268]. «Nadie —añade— ha superado a Muñoz en el estudio de Nebrija. En su breve pero enjundioso estudio están esbozadas las varias aptitudes del nebrisense y se ve reflejado de modo transparente el proteico y fuerte espíritu del gran humanista» [269]. Y explica que sólo un gran humanista como era Muñoz podía escribir con dignidad y hondura sobre el gran humanista que había sido Nebrija.

CAPMANY

Antonio de Capmany y Surís de Montpaláu nació en Barcelona en 1742. Estudió humanidades y filosofía en el Colegio Episcopal de Barcelona; ingresó luego en el Regimiento de Dragones de Mérida y tomó parte en la guerra de Portugal de 1762, pero luego abandonó el ejército para proseguir sus estudios. Al fundarse las poblaciones de Sierra Morena, colaboró con Olavide, vivió algún tiempo en La Carolina y llevó allí varias familias catalanas como colonos. En 1773 trasladó su residencia a Madrid, donde se relacionó ampliamente con el mundo de las letras y de la política. Fue miembro de la Academia de la Lengua y de la de la Historia y también de las de Buenas Letras de Barcelona y de Sevilla; desde 1790 fue Secretario perpetuo de la de la Historia. Al producirse la invasión francesa, se refugió en Andalucía, y desde entonces dedicó su principal actividad a la política; fue diputado varias veces y miembro de las Constituyentes. En 1813 falleció en Cádiz víctima del cólera.

La producción literaria de Capmany abarca numerosas facetas. Durante sus años de Madrid compuso por encargo y con ayuda de la Real Junta de Comercio de Barcelona las *Memorias históricas sobre la Marina, Comercio y Artes de la antigua Ciudad de Barcelona* (Madrid, 1779) [270], tema que entonces constituía una novedad incluso en la historiografía europea. En la obra, dividida en tres partes, Capmany, dejando superfluas investigaciones sobre los tiempos fabulosos, refiere las navegaciones de los catalanes desde el siglo XI y los progresos de su marina. Traza la historia del puerto de Barcelona y su atarazana y de las gloriosas expediciones por el Mediterráneo. Examina luego la expansión del comercio catalán y estu-

---

[268] «Don Juan Bautista Muñoz: La Historia del Nuevo Mundo», cit., págs. 635-636.
[269] Ídem íd., págs. 636.
[270] Reedición anotada de la Cámara Oficial de Comercio y Navegación de Barcelona, 3 volúmenes, Barcelona, 1961.

dia la legislación mercantil de Barcelona, la más antigua conocida, con su famoso *Código* [271]. Y pasa luego a exponer el origen y desarrollo de las Artes en Cataluña. En relación con ello, se ocupa de la fundación de los gremios, de sus ordenanzas y magistrados, de la intervención de los artesanos en el gobierno municipal y de la consideración de que gozaron siempre en Barcelona; y, finalmente, trata de los organismos y providencias existentes para la mejor policía de la ciudad. Para autorizar las noticias recogidas en las *Memorias* incluye Capmany una colección diplomática de 302 instrumentos.

Menéndez y Pelayo dice de las *Memorias* que es «uno de los libros que más honra la cultura española del siglo XVIII» [272], y Sempere y Guarinos encarece la calidad de los documentos aportados por Capmany: los cuerpos diplomáticos europeos más celebrados —dice— distan mucho de contener tan crecido número de documentos y noticias útiles para la historia civil de aquellos tiempos [273].

Capmany hace un constante elogio en sus *Memorias* del espíritu mercantil de Barcelona, de la economía, inteligencia y actividades de los catalanes, y rechaza en contrapartida el régimen feudal con sus instituciones nobiliarias, sus trabas, su ignorancia y su tiranía; afirma que los pueblos que civilizaron a los demás siempre fueron comerciantes; en Barcelona —dice— el comercio no necesitaba de las preminencias góticas de la nobleza para tener un particular honor, y encarece la libertad política de que gozaron sus moradores y que hizo posible la industria: «La forma democrática —escribe— de su gobierno municipal, mediante la cual el pueblo, abatido en todas partes por la tiranía feudal, representaba al común de la Ciudad sin dependencia de la nobleza, contribuyó a poblarla de hombres activos y de ciudadanos laboriosos, cuya esencial ocupación debía ser el comercio, las artes y la navegación» [274].

Bajo el seudónimo de Ramón Miguel Palacio publicó Capmany en 1778 un *Discurso económico-político en defensa del trabajo mecánico de los menestrales y de la influencia de sus gremios en las costumbres populares, conservación de las artes y honor de los artesanos*, obra escrita como réplica a los numerosos ataques publicados contra esta institución en la *Enciclopedia* y en otros estudios económicos. Antonio Elorza se pregunta cómo podía armonizar Capmany su defensa de la sociedad burguesa y mercantil, basada en la libertad, y su apología de los «retrógrados gre-

---

[271] Capmany publicó en Madrid en 1791 una edición con el texto original catalán y su traducción castellana bajo el título de *Código de las costumbres marítimas de Barcelona, hasta aquí vulgarmente llamado Libro del Consulado*. Reeditado por la Cámara Oficial de Comercio y Navegación de Barcelona con el título de *Libro del Consulado del Mar*, Barcelona, 1965.

[272] *Historia de las ideas estéticas*, cit., III, pág. 569.

[273] Cfr., *Ensayo...*, cit., II, págs. 132-144; la cita en págs. 134-135.

[274] Reedición cit., vol. I, pág. 446.

mios, que hasta fin de siglo no aparecen en conexión amistosa con ella»[275]. En la visión de Capmany —explica Elorza— los gremios «desempeñan un papel similar al de los poderes intermedios de Montesquieu, como conductos políticos, a través de los cuales los vasallos se integran en el poder y son a su vez controlados por él»[276]. Capmany es defensor de las jerarquías sociales, que considera necesarias para coordinar la estabilidad y el progreso, pero no patrocina un orden estático, porque precisamente el crecimiento económico, con su movilidad, es el que trae la exigencia de una jerarquía. Por otra parte, según explica Elorza, Capmany es un crítico radical de las nacientes formas del capitalismo con su consecuente proletarización de los trabajadores, que quedarían indefensos frente al poder de los más fuertes sin la seguridad que da al artesano el sistema gremial. Capmany, a su vez, no es partidario del intervencionismo ilustrado; el gobierno no debe sustituir, sino tan sólo proteger, el interés particular, de cuyo fomento se han de encargar las asociaciones intermedias. La posición de Capmany, aclara Elorza[277], está a mitad de camino entre la crítica del despotismo ilustrado y la del naciente liberalismo. El espíritu burgués y mercantil, bebido en su tierra nativa, permite a Capmany formular una notable afirmación, que sentencia la tan debatida cuestión del lujo: «Las artes —dice— son hijas de la paz y de la libertad: la absoluta necesidad ha inventado muy pocas y sólo la comodidad, el lujo y la vanidad han sugerido infinitos modos de disfrutarlas»[278].

Aunque muy importante como investigador histórico, Capmany destaca sobre todo como filólogo. En 1777 publicó su *Filosofía de la elocuencia*, de la que en 1812 había de publicar una segunda edición, muy diferente, como veremos. Menéndez y Pelayo subraya el contraste existente entre el título de la obra y su contenido, reducido —dice— a un menudo examen analítico de las formas oratorias; por esto califica el libro de *Retórica*, aunque «excelente y utilísima como tal»[279]. Lázaro Carreter advierte[280] que Capmany se propuso romper con la seca enumeración de normas, basadas en la realidad empírica, para ascender a una interpretación filosófica y racional de los hechos; pero, como no es filósofo, según nota don Marcelino[281], su tecnicismo adolece de mucha vaguedad, y sobre todo —añade— no separa adecuadamente el sentimiento y el juicio, quizá precisamente por el conflicto que en él se da entre el neoclásico teórico que era y los muchos elementos prerrománticos que se filtran en su pensa-

---

[275] Antonio Elorza, *La ideología liberal en la Ilustración Española*, Madrid, 1970, página 64.
[276] Ídem íd., pág. 65.
[277] Ídem íd., pág. 66.
[278] Cit. en ídem íd., pág. 67.
[279] *Historia de las ideas estéticas*, cit., III, pág. 127.
[280] *Las ideas lingüísticas en España durante el siglo XVIII*, cit., pág. 161.
[281] *Historia de las ideas estéticas*, cit., III, pág. 128.

miento, según ha estudiado muy bien Baquero Goyanes, y veremos luego.

En la primera edición de su *Filosofía de la elocuencia* Capmany se muestra —dice Lázaro Carreter [282]— como un erudito europeizante e innovador, enemigo jurado de los puristas ramplones: «Únicamente los turcos —escribe—, que viven solos en Europa, conservan el lenguaje de su fiero Otomán, en testimonio de su barbarie» [283]. Y en otro pasaje: «No hemos de confundir la pureza del lenguaje con el *purismo*, afectación minuciosa, que estucha y aprisiona el ingenio. Todos los *puristas* son ordinariamente fríos, secos y descarnados en sus escritos» [284]. Capmany, en efecto, se muestra admirador de quienes toman de otras lenguas palabras brillantes y expresivas para hermosear la nuestra, lamenta la imperfección del castellano para expresar las nuevas ideas y descubrimientos científicos, denosta las abstracciones escolásticas que han infestado nuestro lenguaje y se felicita de que, llegado el siglo de la razón, haya tomado nuestra lengua nuevo lustre en manos de los imitadores de Francia.

Nueve años más tarde —1786— publicó Capmany su *Teatro histórico-crítico de la elocuencia castellana*, colección antológica, a la que antepuso unas *Observaciones críticas sobre las excelencias de la lengua castellana*. El autor afirma aquí que se ha propuesto mostrar a los extranjeros la existencia de una rica literatura y proporcionar a los españoles modelos de pura y noble elocución; modelos que selecciona con criterio muy riguroso. Para Lázaro Carreter [285] el *Teatro* representa el punto de madurez de la tarea filológica de Capmany. El escritor hace ahora una apasionada defensa de nuestro idioma, comparándolo con el francés, al que supone siempre esclavo de las reglas lógicas. Pero, a pesar de todo, a pesar de esta apelación al pasado y al casticismo, que podría convertirse en un principio de impotencia [286], Capmany advierte con dolor el vacío existente en el vocabulario científico español y se propone dotar a la lengua de ese instrumento imprescindible. Desea la introducción de palabras correspondientes a conceptos de adquisición reciente y que se incorporen al uso normal del idioma, porque esto —dice— «será señal de que no cedemos a los extranjeros en industria y aplicación»; pero advierte en seguida el daño causado a nuestra lengua por quienes han adoptado voces sin criterio ni selección, entre los cuales señala en particular a los apresurados traductores. Para contener la degeneración sufrida en los últimos años propone el ejemplo de los mejores autores castellanos. El casticismo de Capmany es aquí —dice Lázaro Carreter [287]— sano y eficiente, siempre

---

[282] *Las ideas lingüísticas...*, cit., pág. 264.
[283] Cit. por Lázaro Carreter en ídem íd.
[284] Ídem íd.
[285] Ídem íd., pág. 267.
[286] Ídem íd., pág. 266.
[287] Ídem íd., pág. 267.

compatible con la admisión de los neologismos necesarios. Este equilibrio conduce a Lázaro Carreter a estimar el *Teatro* como la obra más importante de la filología nacional en el siglo XVIII.

Como, por otra parte, era de absoluta necesidad la tarea de traducir libros que incorporasen a nuestra nación la ciencia de Europa, había que solventar urgentemente el problema de traducir las voces correspondientes a conceptos nuevos. Ya en 1776 Capmany había publicado un *Arte de traducir el idioma francés al castellano*, en el cual admitía el enorme crecimiento y variación experimentados por el vocabulario científico, y proponía un caudal de palabras, aunque evidentemente escaso. Al concluir la publicación de su *Teatro*, Capmany comenzó a trabajar en la preparación de un *Diccionario francés-español*, que vio la luz en 1801 y al cual dedicó seis años de esfuerzos: «Al hacer la historia de la lengua en el siglo XVIII —afirma Lázaro Carreter— habrá que estudiar con todo detenimiento lo que en ella representa esta obra de Capmany. Una enorme valentía, que contrasta con el apocamiento general ante la superioridad técnica del francés, informa toda su acción; por primera vez, un español se impone la tarea seria y científica de comparar ambas lenguas, intentando hallar una justa correspondencia, cuando se trata de palabras patrimoniales, o fijando una forma que corresponda al tecnicismo francés. Quizá sea muy prematura esta afirmación; pero creo que al hacer el estudio de nuestro léxico, la introducción de muchas docenas de palabras, hoy de uso general, habrá que referirla al *Diccionario* de Antonio de Capmany»[288]. Capmany propuso, siguiendo el ejemplo francés, poner nombres a los nuevos conceptos tomándolos del latín o del griego, cantera abierta para semejantes innovaciones. Muchas de estas palabras abstractas o técnicas, dice Lázaro Carreter, «como *simultaneidad, corporeidad, aerostático, vitrificación, ideología, estadística*, etc., penetran con su perfil definitivo, en nuestra lengua, por obra de Capmany, porque 'la necesidad las autoriza y la analogía las prohíja y españoliza'»[289].

La segunda edición de la *Filosofía de la elocuencia*, publicada en Londres en 1812, representa una apasionada regresión hacia el más intransigente purismo. Los acontecimientos políticos, en los cuales tomó parte muy activa, convirtieron a Capmany en un exaltado patriota, y el filólogo llevó este patriotismo a las páginas de su nueva versión de la *Filosofía de la elocuencia*. Menéndez y Pelayo, que aplaude esta actitud del escritor catalán, dice que «nadie se ha impugnado tan fieramente a sí mismo»[290] y que hizo cuanto pudo por desacreditar las páginas de sus primeros escritos. Capmany, convertido en campeón de la intolerancia castiza, se desata en invectivas contra la misma lengua francesa y contra el gusto y

---

[288] Idem íd., pág. 280.
[289] Idem íd., pág. 281.
[290] *Historia de las ideas estéticas*, cit., III, pág. 375.

estilo de sus escritores, y el propio Menéndez y Pelayo se ve forzado a reconocer que «yéndose de un extremo a otro, también reprehensible, no conoció que la lengua castellana vale bastante por sí para no necesitar del baldón ni del vituperio de ninguna otra»[291].

Baquero Goyanes[292] ha rastreado hábilmente en la segunda edición de la *Filosofía* de Capmany abundantes rasgos de sensibilidad prerromántica. Advierte, sin embargo, al comienzo de su comentario, que la tónica dominante en la obra del filólogo catalán es de signo clásico, y reproduce una explícita declaración de Capmany sobre sus preferencias en materia de arte. Pero, hecha esta salvedad, subraya los muchos pasajes en que aparecen las muestras del mencionado prerromanticismo. Baquero señala, entre otros varios rasgos, la insistencia en la exaltación de lo afectivo y lo espontáneo; la preferencia por la locución ardiente y arrebatada sobre la sensata y fría: «Si es vicio el ser incorrecto —dice Capmany— también lo es el ser frío; y más vale en ocasiones faltar a la gramática que a la elocuencia, esto es, que es menor defecto ser inexacto que lánguido»[293]; la devoción por los aspectos más románticos de la naturaleza, por el paisaje natural sobre el jardín regular, por el paisaje humanizado solidario de los estados de ánimo del contemplador; la aceptación, frente al ideal clásico de belleza, de lo feo, lo terrible, lo violento; el elogio de las palabras enfáticas y vehementes, capaces de anular los defectos procedentes del hiato o las repeticiones. «Lo grande, lo melancólico, lo terrible, lo fuerte, lo antitético —se pregunta Baquero—, ¿no bastarían para denunciar el temple prerromántico del clasicista Capmany?»[294].

Hay un capítulo importante en la vida y obra de Capmany perteneciente a los últimos años de su vida: nos referimos a sus relaciones con Quintana, de quien fue encarnizado enemigo y detractor, en parte por resentimiento y envidia literaria, y mucho por razones políticas, puesto que ambos militaban en opuestos campos ideológicos. Dérozier, en su voluminoso estudio sobre Quintana[295], se ocupa repetidas veces de Capmany, al que juzga casi siempre con gran dureza. Descontando lo que puede haber en las páginas de Dérozier de entusiasmo por la figura central de su investigación, parece cierto que fue el filólogo catalán persona de violentos contrastes, y lo mismo que la pasión romántica se le filtraba por entre el tejido de su cerrada urdimbre clásica, se le deslizaban también

---

[291] Ídem íd., pág. 376.

[292] Mariano Baquero Goyanes, «Prerromanticismo y retórica: Antonio de Capmany», en *Studia Philologica. Homenaje ofrecido a Dámaso Alonso*, I, Madrid, 1960, páginas 171-189.

[293] Cit. por ídem íd., pág. 178.

[294] Ídem íd., pág. 186.

[295] Albert Dérozier, *Manuel Josef Quintana et la naissance du libéralisme en Espagne*, 2 vols. (el segundo de *Appendices. Documents inédits et oubliés*), Annales Littéraires de l'Université de Besançon, París, 1968-1970.

entre sus grandes cualidades humanas vetas de apasionados odios, que afectaron en medida igual su vida pública y su obra literaria.

EL «VIAJE» DE ANTONIO PONZ

Los libros de viajes, tan abundantes durante el siglo XVIII y que, en no pocos aspectos, podrían caracterizar su literatura, tienen en la nuestra un representante de excepción en la persona de Antonio Ponz. Su libro, *Viage de España* [296], es una obra monumental, que bastaría por sí sola para dar valor a la producción didáctica de toda una época. Sería necio afirmar que el *Viage de España* es un libro desconocido; pero parécenos cierto que ha sido poco frecuentado por los lectores contemporáneos, que no sospechan la riqueza de su contenido y el enorme interés de su lectura.

Antonio Ponz nació en Bechí, pequeño lugar del reino de Valencia, el 28 de junio de 1725. Dedicado por sus padres a la carrera eclesiástica, comenzó sus estudios en el Seminario de Segorbe que dirigían los jesuitas, y pasó después a Valencia para seguir los de Filosofía y comenzar los de Teología. Pero, en dicha capital, se relacionó con el profesor de dibujo Antonio Ricart, que despertó su vocación artística. Abandonó sus estudios eclesiásticos y en 1746 se trasladó a Madrid donde siguió los cursos establecidos por la Junta Preparatoria de lo que fue después Academia de Bellas Artes. Cinco años más tarde, gracias a sus antiguas relaciones con los jesuitas que le facilitaron el viaje, consiguió marchar a Italia, y después de visitar varias ciudades se estableció en Roma, donde residió durante ocho o nueve años; en 1759 marchó a Nápoles, atraído por el reciente descubrimiento de las ruinas de Pompeya y Herculano. A poco de su regreso a España, merced a cartas de recomendación y a la fama de que venía precedido, se le encargó que pintara varios retratos de escritores famosos para la biblioteca del Escorial, tarea que le ocupó cinco años y que aprovechó a su vez para estudiar afanosamente. Su regreso a Madrid en 1765 coincidió con la expulsión de los jesuitas. Las casas de éstos contenían abundantes colecciones de pinturas que era preciso inventariar, y Antonio Ponz fue comisionado por Campomanes para desempeñar esta misión en los Colegios de Andalucía. De aquí surgió en la mente del valenciano la idea del *Viage*. La polifacética curiosidad de Ponz le permitió acumular, además de las descripciones de las obras pictóricas que se le habían encargado, multitud de datos referentes a antigüedades, instituciones, economía, usos y costumbres, situación de los

---

[296] Ed. e Introducción de Casto María del Rivero, Madrid, 1947. Ed. facsímil de la primera, Madrid, Atlas, 1972.

pueblos, industria y agricultura, problemas sociales y políticos. Esta cosecha de noticias atrajo la atención de muchos amigos de Ponz que aprobaron el proyecto de su viaje y le animaron a emprenderlo. Ponz deseaba también refutar las informaciones calumniosas sobre España acogidas por los viajeros europeos, que tuvo ocasión de leer durante su estancia en Italia, y de modo particular las del abate italiano Norberto Caimo.

El sobrino de nuestro autor, José Ponz Nepos, que escribió la *Vida* de su tío y completó el último volumen de la obra [297], afirma que el escritor salió «por primera vez a recorrer España en el año 1771» [298], pero el autor fecha en Toledo varias cartas de su volumen primero en 1769 y aun afirma en el texto que fueron redactadas en 1765 y 1766; en cualquier caso, el primer volumen salió de las prensas de Ibarra en 1772. Carlos III, persuadido de la importancia de la obra, concedió al viajero unas rentas eclesiásticas en Cuerva, del arzobispado de Toledo, y en 1776 se le nombró secretario de la Academia de San Fernando [299]. Ponz rechazó la especie de que estaba escribiendo su *Viage* subvencionado por el gobierno, y afirmó que lo hacía con sus propios medios. Parece, sin embargo, que además de los auxilios mencionados debió de recibir algún otro apoyo de parte de su protector y amigo Campomanes. Ponz dedicó el tomo tercero a Grimaldi, que había hecho llegar el primer volumen a manos del rey, y agradece en dicha dedicatoria la generosidad del monarca que le hacía posible «continuar en un trabajo arduo de su naturaleza y muy costoso» [300], si bien quizá ya aludiera a la mencionada concesión de las rentas eclesiásticas.

Ponz escribe su obra en forma de cartas, dirigidas a un personaje no mencionado por su nombre, pero a quien se trata en forma respetuosa y amistosa a la vez. Se ha supuesto que el referido corresponsal pudiera ser Campomanes o Jovellanos, amigos ambos del autor; pero por ciertas alusiones parece evidente que se trata del primero. En los dos volúmenes dedicados a la descripción de Madrid abandona Ponz la forma epistolar y reparte su exposición en «divisiones», siguiendo los distritos de la ciudad, quizá, como sugiere Casto María del Rivero [301], porque, residiendo en la Corte su corresponsal, no eran verosímiles las cartas sobre asuntos que tenía a la vista, y prefirió por eso la forma meramente expositiva.

---

[297] En la edición original, esta *Vida de don Antonio Ponz* figuraba al comienzo del tomo XVIII, pero en la edición de Castro María del Rivero ha sido colocada al principio de la obra.

[298] Ed. Casto María del Rivero, cit., pág. 10.

[299] Ponz fue también miembro correspondiente de la Academia de la Historia y, más tarde, supernumerario. Perteneció a las Sociedades Económicas de Amigos del País de Madrid, Granada y Vascongadas, y fue admitido asimismo en las Academias de San Lucas y de los Arcades de Roma, y en la de los Anticuarios de Londres.

[300] Idem íd., pág. 234.

[301] Introducción a su edición cit., pág. XXXVII.

La obra de Ponz, cuyo título completo es: *Viage de España, o Cartas en que se da noticia de las cosas más apreciables y dignas de saberse que hay en ella*, consta de 18 volúmenes, que fueron apareciendo regularmente entre 1772 y 1794. Ponz murió, a los sesenta y siete años de edad, en diciembre de 1792; pero su mencionado sobrino acabó y publicó el último tomo y le antepuso la biografía citada. A pesar del estímulo que recibió de sus amigos, Ponz no se atrevió al principio a dar su nombre a la obra y publicó los dos primeros volúmenes bajo el seudónimo de Pedro Antonio de la Puente, pero a partir del tercero declaró su nombre real.

Sin duda alguna Ponz había trazado aproximadamente el plan general que pretendía seguir en sus viajes, pero tuvo que modificarlo por la presión de algunos lectores que deseaban que se ocupara de ciertas regiones o ciudades. El volumen primero lo dedicó a Toledo y otras partes próximas a Madrid, como Alcalá de Henares y Guadalajara, pero el segundo hubo de consagrarlo al Escorial «por el empeño de algunos amigos» [302]; después, en el tercero y cuarto reanudó su interrumpido itinerario siguiendo las rutas de Cuenca y de Valencia. Los tomos quinto y sexto fueron dedicados a Madrid y a los Reales Sitios, para emprender después en el séptimo y octavo el recorrido de Extremadura, hasta llegar a Sevilla que ocupa el tomo noveno. De allí regresó Ponz a Madrid, pero en lugar de proseguir la exploración de Andalucía, emprendió la marcha por Castilla la Vieja y León, que llenan los tomos 10, 11 y 12. Este cambio de itinerario provocó el disgusto de muchos y Ponz hubo de dar explicaciones. En el tomo 13 emprendió el camino de Aragón, que recorrió en su mitad sur para seguir por la Plana castellonense y el sur de Cataluña, hasta Tarragona. El tomo 14 está dedicado a Cataluña por entero, y el 15 al centro y norte de Aragón. Tras un descanso de varios años, prosiguió sus viajes por la Mancha y Andalucía, a la que dedicó los tres últimos volúmenes; en Alhama, sin alcanzar Granada, quedó suspendida la relación. Buena parte de España se le quedó, pues, por describir: Murcia y las regiones orientales de Andalucía, así como Galicia y la costa cantábrica. Para suplir, precisamente, la parte de Asturias, Jovellanos, según dijimos al ocuparnos de éste, hizo la descripción del Principado a instancias del propio Ponz.

Tiénese el *Viage* de Ponz, primordialmente, por un inventario de los tesoros artísticos de nuestro país. Lo contiene, en realidad, y muy minucioso; pero semejante descripción no representa, como veremos, sino una parte del contenido de estos volúmenes. De acuerdo con la ocasión que había provocado su idea del *Viage*, Ponz recoge en primer lugar cuantas noticias puede sobre los objetos de arte, acompañándolas de su propia descripción y de su juicio personal. El *Viage* constituye, pues, una enume-

---

[302] Ed. Casto María del Rivero, cit., pág. 143.

ración amplísima, si no total, de las obras de arte existentes entonces en España. Esta acumulación informativa es tanto más importante cuanto que muchos de estos monumentos u objetos han desaparecido luego por distintos azares o han sido modificados o trasladados de lugar. Asombra, realmente, la cantidad de datos que fue capaz de reunir, sobre todo en los que anotó por sí mismo, de primera mano, frente a cada obra. En repetidas ocasiones da cuenta de su método de trabajo: «Mi ejercicio —dice al comienzo de la carta VIII del tomo VII— es ir siempre viendo y escribiendo en las calles, en los templos y en los caminos y mesones, sin cuya diligencia no era posible que yo me acordase de las especies, ni que yo se las comunicase a usted sino muy a bulto. Esta práctica de acercarme a las cosas y apuntarlas tan de continuo y tan de cerca no sé si será fácil en Portugal; hacer de otra manera el viaje lo tengo por inútil a mi propósito; no obstante, tomaré consejo, y el tiempo dirá» [303].

En cuanto a sus juicios artísticos, era inevitable que Ponz se resintiera de algunas equivocadas interpretaciones de época y de lagunas que sólo el tiempo y largos estudios han podido colmar. Hasta la aparición del gótico, que cierra un vacío de cinco siglos, los conocimientos de Ponz son tan inseguros como los de cualquier otro crítico de su tiempo. Luego, su valoración del gótico se contagia en parte de los habituales juicios de los neoclásicos, que, como es sabido, tenían este arte como bárbaro. Sin embargo, la apreciación de Ponz es muchísimo más abierta y comprensiva y no escasean sus elogios a varios edificios de este estilo, como, por ejemplo, los que en la carta II del tomo I dedica a la catedral de Toledo [304].

---

[303] Ídem íd., pág. 467. Comentando el valor incomparable que posee la obra de Ponz como inventario y descripción de nuestros tesoros artísticos, escribe Menéndez y Pelayo: «El *Viaje* de Ponz es más que un libro: es una fecha en la historia de nuestra cultura. Representa tanto en la esfera artística como los viajes de Burriel. Velázquez, Pérez Bayer, Flórez y Villanueva en el campo de las ciencias históricas, o el de Jorge Juan y Ulloa en las ciencias físicas. Fue la resurrección de nuestro pasado estético; vino a suplir todos los olvidos y las deficiencias de nuestros historiadores de ciudades, tan descuidados y tan poco competentes en todo lo que se refiere a los milagros del arte... Merced a su diligencia salió del polvo de los archivos un sin fin de nombres de arquitectos, de escultores, de pintores, de iluminadores, de vidrieros, de rejeros, de orífices, de plateros, de artistas de toda especie, sobre los cuales pesaba un silencio de tres, de cuatro o de cinco siglos» (*Historia de las ideas estéticas*, cit., III, pág. 561 y 562).

[304] «La arquitectura de este templo —dice— es la que comúnmente llamamos gótica, en la cual he tenido siempre mucho que admirar, considerando su buena proporción en aquel estilo, su firmeza, lo gentil de sus miembros y sus adornos, con ser todo tan diverso de los principios con que en Grecia e Italia se encontraron y perfeccionaron los órdenes de arquitectura conocidos» (pág. 37). «Esta arquitectura gótica —añade luego— nadie puede, con razón, decir que falta en la majestad y el decoro; al contrario, parece inventada para dárselo a los templos y casas del Señor. Los más insignes arquitectos han confesado su solidez, y han tenido mucho que admirar en el capricho de sus adornos y en la prolijidad con que están acabadas todas sus partes. Muchos países de Europa se precian de sus monumentos, y en España

El saber artístico del viajero entra en terreno firme a partir del Renacimiento, que atrae todos sus entusiasmos como imitación o desarrollo
de los cánones de la Antigüedad. Antonio Ponz era un neoclásico convencido, aunque, como en el caso del gótico, más tolerante que la mayoría
de sus contemporáneos. De todos modos, es un tenaz enemigo de las formas barrocas, a las cuales difícilmente otorga alguna comprensión. La
crítica moderna ha valorado el arte barroco con reacción apasionada a
su vez, y es fácil cosa denostar ahora a los neoclásicos por su cerrado
exclusivismo. Pero adviértase bien que no todo el arte barroco poseía
la misma excelsitud; las iglesias de España, sobre todo, habían acumulado altares, retablos, cuadros y hojarascas decorativas, equivalentes en las
artes plásticas a los sermones «gerundios» y a la lírica y la dramática más
infecta, y debe permitirse que un hombre de gusto clásico como Ponz,
que estaba recorriendo iglesia tras iglesia durante años, desahogara el
hastío que le ocasionaban aquellas acumulaciones de oros, exuberancias
carnosas, amontonamientos de columnas y templetes, que él califica, con
mucha gracia, de «promontorios de pino dorado»[305]. En una de las muchas
ocasiones en que satiriza estos excesos, recuerda Ponz el arte cristiano de
las iglesias primitivas, en las cuales no había retablos ni adornos, sólo la
mesa del altar. El arte religioso de hoy, recomendado por razones tanto
artísticas como religiosas, está muchísimo más cerca de la severa sencillez que Ponz preconizaba que de cualquier exuberancia barroca. ¿Existe
hoy en el mundo algún artista válido capaz de construir un templo o
altar en la línea de aquel barroquismo dorado, cuyas construcciones pedía
Ponz que fueran demolidas?

El *Viage*, sin dejar de ser, como decíamos, un tesoro descriptivo del
arte español, es a la vez una visión amplísima de la realidad nacional en
aquel momento y un inagotable caudal de sugerencias reformistas, inspiradas en la mentalidad crítica de la Ilustración[306]. Los comentarios de
toda índole sobre la vida nacional contemporánea ocupan tan amplia porción del libro, que es en ésta donde parece residir la principal preocupación del autor, y el inventario artístico semeja sólo un pretexto para el
Viage. El propio Ponz lo da a entender así al comienzo de la carta IV
del tomo XVI: «No iba totalmente descaminado —escribe— el que a
usted le dijo que yo había elegido las bellas artes como un pretexto para
comunicar a usted, y usted al público, otras noticias importantes de los

---

los hay magníficos, como son la catedral de Burgos, la de Sevilla, Palencia y
otras...» (pág. 38).

[305] Carta X, tomo II, ed. cit., pág. 307.

[306] Cfr.: Joaquín de la Puente, *La visión de la realidad española en los viajes de
don Antonio Ponz*, Madrid, 1968. De la Puente dedica toda la primera parte de su
libro a comentar la extensión e importancia que adquiere en el *Viage* el examen de
la situación económico-social del país. Véase, además, J. Dantín Cereceda, «España
vista por Don Antonio Ponz», en *Revista de Occidente*, VIII, 1925, págs. 331-358.

pueblos y territorios de nuestra Península. Digo que no iba del todo descaminado, pues por aquel solo objeto de las artes, antes de caminar tantos millares de leguas y exponerme a muchos riesgos, me hubiera mirado en ello». Y añade: «Algo conocemos al público en general, así usted como yo, y si nuestra conversación la hubiésemos ceñido a aquellos términos, hubiera, sin duda, empalagado pronto a los lectores, por lo común poco acostumbrados a las bellezas artísticas, ni hubiera sido extraño que, en lugar de las reimpresiones que Ibarra y sus hijos han hecho de los libros de este *Viaje*, estuviera parte del primero ocupándoles toda la casa» [307].

Con una insistencia y rigor, en que no le excede ningún político o economista de su siglo, insiste Ponz en la necesidad de mejorar los caminos y posadas, perfeccionar los cultivos, intensificar la producción agrícola, aumentar la industria, orientar debidamente la beneficencia eliminando los mendigos de profesión, aprovechar los ríos y hasta las aguas de las lluvias ocasionales. Es notable el elogio que hace Ponz de los pantanos y el agudo sentido que demuestra de sus posibilidades y utilidad, cuando apenas si los había en nuestro país y de forma muy rudimentaria; pero describe los existentes [308] y propugna la construcción de otros. Los árboles constituyen para Ponz una verdadera obsesión, y posiblemente no existe otro tema que repita tanto. Encarece una y otra vez las variadas ventajas de los árboles para la propia agricultura, construcciones, industria, aprovechamiento doméstico, etc., etc., y desarrolla una tenaz campaña desde el comienzo hasta el fin de su obra en pro del árbol, proponiendo medios para lograr la repoblación forestal. Con irritadas y patéticas palabras describe Ponz paisajes españoles hoy desolados, que fueron en otro tiempo bosques ubérrimos. Para esta cruzada en pro del árbol, de la agricultura, de los caminos, Ponz, según criterio muy común entre los ilustrados, llama a los eclesiásticos en primer lugar. En cierto pasaje, después de encomiar a los eclesiásticos o congregaciones religiosas que han construido obras públicas para el bien común, hace suyas las palabras del marqués Caraccioli, según el cual «la obra de hacer un puente es mucho más piadosa, laudable y meritoria que la de fundar un templo, un convento o cosa semejante (¡vea usted qué diría de la estupidez en gastar en una torre y en altares disparatados!)» [309]; y en otra parte se burla de aquellos lugares donde hay malos caminos y buenos campanarios [310]. En este aspecto está patente el sentido de integración y plenitud humanística tan peculiar de su centuria; en el Prólogo del tomo XI, con criterio que hubiera rechazado la ascética medieval y barroca, se refiere a los que, sólo preocupados por los bienes del otro mundo, descuidan los de éste diciendo que no

---

[307] Ed. cit., pág. 1425.
[308] Véase carta III, tomo XV, ed. cit., pág. 1330.
[309] Carta IX, tomo III, ed. cit., pág. 306.
[310] Carta I, tomo I, pág. 24.

son importantes; y en el Prólogo del tomo IX aludiendo a una carta del arzobispo de Toledo en elogio de los labradores y en defensa de los árboles, comenta por su parte: «Quien contribuye al bien del alma y al del cuerpo es, sin duda, más caritativo que el que cumple con una parte sola, como alguna vez se ha dicho en esta obra hablando de los señores párrocos» [311].

El espectáculo de las realidades físicas y económicas del país provoca en el viajero frecuentes comentarios de acusada intención social sobre la desigualdad de las contribuciones, los abusos de que son objeto los agricultores, el absentismo de los poderosos, la despoblación de los campos, las consecuencias de la emigración a Indias, el exceso de religiosos.

Asombra a veces la «modernidad» de algunos comentarios de Ponz. Son curiosos, por ejemplo, los que hace sobre el provecho que pueden dejar los forasteros que van a visitar una ciudad por sus monumentos. Y con el mismo criterio «turístico» encarece la necesidad —acreditada por sí misma, claro es— de construir buenos caminos y posadas: «Será también un proyecto imperfecto el de caminos —dice— si no se acompaña de posadas decentes en todos ellos, provistas de mantenimientos a todas horas, de camas limpias y aseadas, administradas por personas a quien no pueda perjudicar en este punto su ejercicio, como no les perjudica en algunos territorios de España. Todos los caudales que en esto se gastasen se pondrían a ganancia, pues al instante veríamos llenos los caminos de naturales y extranjeros, que viajarían de unas partes a otras, con mucho lucro para la nación» [312].

Toda la obra de Ponz, incluso las partes más específicamente expositivas, está orientada por una voluntad crítica; no se trata tan sólo de referir o de informar, sino de aplicar criterios de valoración y estimular, de acuerdo con ellos, a la búsqueda de lo más perfecto. En este sentido, el *Viage* es una de las obras más representativas del criticismo reformista del siglo XVIII. Como sucede a la mayoría de los ilustrados, Ponz se opone de un lado a las censuras injustas o exageradas de los extranjeros, que se ve constreñido a refutar, mientras tiene por otra parte que ejercitar su propia crítica: una crítica eminentemente constructiva y patriótica que constituye el propósito del libro. Por esto tiene que enfrentarse a su vez con sus propios conciudadanos, a quienes un patriotismo obtuso obstruye los ojos para ver y la voluntad para reformar; es el gran problema del siglo XVIII, como hemos visto repetidas veces. Ponz tiene, pues, una y otra vez, que persuadir al lector de la justicia y necesidad de dicha crítica: «¿Qué deshonor —escribe con su característica mesura— se ha de seguir a la nación en que las demás sepan que aquí se desprecia lo que es malo,

---

[311]   Ed. cit., pág. 754, nota 1.
[312]   Carta VII, tomo IX, ed. cit., pág. 824.

por mucho que sea? El que tal dice entiende poco en qué consiste el honor verdadero. Si se tratara de cosas ocultas, o sabidas de pocos, ya lo entiendo; pero de las que están a la vista de todo el mundo, sería un empeño necio el ocultar lo que son; y el no reprenderlas fuera dar motivo a que se continuasen otras tales. La crítica que no entra en los límites de la mordacidad es el mejor medicamento para cualquiera de las artes y de las ciencias; y la nación en donde ésta no florece, será con más justa causa despreciada que aquella en donde se usa, mayormente siendo no sólo para refinar lo bueno, sino para desterrar perpetuamente lo que es pésimo»[313]. En consecuencia, Ponz lanza sus reproches contra los patriotas necios o interesados, «que quieren que las cosas de su país sean las mejores que hay sobre la Tierra. Son en algún modo dignos de disimulo o por no haber visto otras desde que nacieron o, si las han visto, por no haber sido bastantes sus luces para discernir lo bueno de lo malo, lo útil de lo que nada sirve, y, por fin, lo blanco de lo negro. ¡Pobre nación si a cargo de ellos estuviera el promover su bien, su instrucción, su gloria, su grandeza! Serían el mayor obstáculo para que nada de esto se lograse, y para que la industria, el arte y el ingenio huyeran para siempre de nuestros confines... Sólo con ridículas aserciones o fanfarronadas, para decirlo más claro, quieren que su tierra haga gran papel en el teatro del mundo, empeñados en que se crean de ella mentirones clásicos, riquezas que acaso sólo existen en su caletre...»[314].

Ponz tenía plena conciencia de la eficacia de su obra y habla de ello con la natural satisfacción. En numerosas ocasiones da cuenta de las cosas que se han reformado o remediado —en monumentos u obras de arte o en los campos más varios de la vida nacional— a consecuencia de sus consejos, dados en volúmenes anteriores. Son frecuentes las informaciones de esta índole a partir sobre todo del tomo III y más aún en las reimpresiones, en las que suele añadir notas. Sin embargo, el volumen II ya lo concluye Ponz con una carta —la VIII—, que supone enviada por «un amigo del autor», encareciendo la condición del libro, sus propósitos críticos y los efectos positivos que se estaban logrando ya.

El carácter esencialmente didáctico del *Viage* no cohibe su andante literario, que constituye una de sus mayores excelencias. Toda la obra está escrita en un lenguaje ameno, suelto, familiar, que más parece propio de un viajero diletante y curioso que de un escrupuloso observador, atormentado por el detalle, como Ponz lo es. Claro está que abundan los pasajes inevitablemente áridos, con sus minuciosas descripciones —en las obras de arte sobre todo—, pero el autor acierta a combinarlos con párrafos de mayor ligereza y amenidad, frecuentemente sembrados de felices ras-

---

[313] Carta IX, tomo III, ed. cit., pág. 303.
[314] Prólogo del tomo XVI, ed. cit., pág. 1376.

gos de humor. Ponz es un magnífico escritor, dueño del difícil secreto de la prosa flexible y sencilla. Posee además una asombrosa riqueza léxica, que se echa sobre todo de ver en sus descripciones de la naturaleza o de las tareas campesinas. En la carta VII del tomo X hace un alarde de auténtico virtuoso describiendo con gran pormenor un esquileo de ovejas merinas y diluyendo incontables tecnicismos en una fluidísima descripción [315].

Además del encanto de su prosa, Ponz se sirve de muchos recursos literarios, y también de tretas, diríamos, para acrecentar la variedad y eficacia de su obra, sobre todo en el aspecto crítico. Es muy frecuente —como en la mencionada carta VIII del tomo II— que finja recibir cartas de amigos o desconocidos, que aprueban lo que lleva dicho el autor, o afirman por su cuenta lo que éste sólo se atreve a aventurar tras la pantalla de la supuesta voz ajena. En ocasiones no son cartas, sino caminantes o compañeros de posada, quienes hacen las veces del autor, especialmente cuando se trata de enjuiciar realidades de la vida nacional, con claras implicaciones sociales, como sucede en la carta VII del tomo IX.

Escribió también Ponz un *Viage fuera de España* [316], en dos tomos, publicados en 1785, es decir, entre los volúmenes XII y XIII del *Viage de España*. Ponz visitó Francia, Inglaterra, Holanda y Bélgica entre agosto y noviembre de 1783, tiempo muy breve habida cuenta del largo recorrido y la multitud de datos recogidos en sus páginas. Este *Viage* no difiere apenas del nacional en cuanto a su forma y disposición; consta igualmente de cartas y se combinan las descripciones artísticas con los comentarios más diversos sobre la vida de cada país. El autor declara al comienzo de su obra que la escribe con el fin «de sacar algún provecho para su na-

---

[315] «Para Menéndez y Pelayo —comenta Sánchez Cantón— 'el estilo de Ponz es rudo y desaliñado; la forma de sus cartas, indigesta'. Este juicio no puede contradecirse». Pero, sí, sí cabe contradecirlo, porque no creemos en modo alguno que de ruda y desaliñada pueda tildarse su prosa. El mismo Sánchez Cantón rectifica en seguida concediendo excelencias que anulan la afirmación anterior: «Los primores literarios —dice— no desvelaban al abate viajero, pero al gusto actual no desplace la lectura de su prosa sin afeites. Movido siempre por impresiones visuales, acierta con frecuencia a expresarlas gallardamente. La sencillez de su frase traduce sin violencia cuanto quiere decir, y a menudo su estilo, ya que no plástico, resulta gráfico». Y luego: «La variedad de temas evita que sea fatigosa la lectura del *Viage;* y de vez en cuando el encuentro con algún viandante y la charla consiguiente, o la refutación de asertos ridículos de otros autores de *Viajes,* dan notas de amenidad al relato, nunca lento. El vocabulario de Ponz es copioso, como de hombre de estudios al par que buen conocedor del campo y de las industrias, y hecho al trato continuo con las más diversas gentes». Con tales cualidades no es posible calificar de «indigestas» las cartas de nuestro infatigable viajero (Cfr.: Francisco Javier Sánchez Cantón, «El *Viage de España* y el arte español», en *Revista de Occidente*, VIII, 1925, págs. 307-330; las citas en págs. 325 y 326).

[316] Ed. de Casto María del Rivero, en el mismo volumen, a continuación del *Viage de España.*

ción» [317]; desea, en efecto, informar a sus compatriotas sobre las cosas dignas de mención existentes en otros países y mostrarles todo aquello que merezca ser imitado. Pero, además, la preocupación por lo que han afirmado de España los visitantes extranjeros es muy intensa en este libro. En el Prólogo al tomo I, Ponz hace memoria de algunos de estos escritores, a los que refuta cuando es necesario, al tiempo que alaba los comentarios hechos con verdad y corrección. A propósito de ciertos insultos contra España, Ponz no elude algunas réplicas comparativas, insinuando defectos o injusticias de otros países; pero, en general, se propone hacer un examen imparcial de los países que visita, mostrando a propios y extraños lo que deben ser los informes de un viajero. El prólogo del tomo II va dedicado íntegramente a refutar el famoso artículo de Masson, que había producido tanto ruido. Ponz, sin caer en las vaciedades de otros apologistas, se deja llevar de su indignación contra el escritor francés, estableciendo paralelos entre naciones y defendiendo a la propia con encendido patriotismo.

---

[317] Ed. cit., pág. 1663.

ÍNDICE DE NOMBRES Y OBRAS

ÍNDICE GENERAL